스펄전 설교전집 15

예레미야·애가

KB192442

● **독자 여러분들께 알립니다!**

'**CH북스**'는 기존 '**크리스천다이제스트**'의 영문명 앞 2글자와
도서를 의미하는 '**북스**'를 결합한 출판사의 새로운 이름입니다.

스펄전 설교전집 15

예레미야·애가

1판 1쇄 발행 2023년 1월 2일

발행인 박명곤　**CEO** 박지성　**CFO** 김영은
기획편집 채대광, 김준원, 박일귀, 이승미, 이은빈, 이지은, 성도원
디자인 구경표, 한승주
마케팅 임우열, 김은지, 이호, 최고은
펴낸곳 CH북스
출판등록 제406-1999-000038호
전화 070-4917-2074　**팩스** 0303-3444-2136
주소 서울시 강서구 마곡중앙6로 40, 장흥빌딩 10층
홈페이지 www.hdjisung.com　**이메일** main@hdjisung.com
제작처 영신사

'그리스도와 그의 나라를 위하여'
CH북스는 여러분의 의견 하나하나를 소중히 받고 있습니다.
원고 투고, 오탈자 제보, 제휴 제안은 main@hdjisung.com으로 보내 주세요.

스펄전 설교전집 15

The Treasury of the Bible

스펄전 설교전집
예레미야·애가

원광연 옮김

CH북스
크리스천
다이제스트

차례

■   예 레 미 야

■　예 레 미 야 애 가

예
레
미
야

제
1
장
—

왕중왕의 선포

—

"너는 가서 북을 향하여 이 말을 선포하여 이르라. 여호와께
서 이르시되, 배역한 이스라엘아 돌아오라 나의 노한 얼굴을
너희에게로 향하지 아니하리라. 나는 긍휼이 있는 자라. 노를
한없이 품지 아니하느니라. 여호와의 말씀이니라. 너는 오직
네 죄를 자복하라. 이는 네 하나님 여호와를 배반하고 네 길로
달려 이방인들에게로 나아가 모든 푸른 나무 아래로 가서 내
목소리를 듣지 아니하였음이라. 여호와의 말씀이니라" ― 렘
3:12, 13

배역(背逆)하는 사람들(혹은, 타락하는 사람들)이 매우 많습니다. 살아계신
하나님에게서 떠나는 일이 전혀 낯선 일이 아닙니다. 각 교회마다 떠나가는 많
은 사람들에 대해 애통하여야 할 처지입니다. 사실 그런 일이 많은 교회들에서
너무 흔하게 일어나기 때문에 교회들이 성도의 견인(the perseverance of the saints)
이라는 성경적 교리에 대해 충족한 믿음을 견지하지 못하는 경우가 많습니다.
마치 그저 입으로만 신앙을 공언하는 자들이 끝까지 믿음을 지키지 못하는 것
때문에 진리가 바뀔 수 있기라도 한 것처럼 말입니다. 그러나 영혼 속에 진정 하
나님의 생명과 능력이 있는 사람이 반드시 끝까지 신앙을 견지한다는 것은 불변
의 진리인 것입니다. 스스로 제자라며 공언한 사람들이 배도할 때에, 어린양을
진정 따르던 이들이 떠나갈 때에, 그 실망은 정말 쓰라립니다. 씨를 뿌렸으나 추

수를 기대할 때가 왔는데도 곡식 단을 가슴 가득 안지 못합니다. 돌밭에 떨어진 많은 씨들이 성급하게 싹을 냈다가 태양이 떠오르기가 무섭게 말라버린 때문입니다. 아침에 구름이 가득하여 비가 내리겠다는 희망을 갖게 하지만, 곧바로 사라져버립니다. 새벽이슬도 우리에게 습기를 약속해주지만, 그것도 사라지고 발밑의 땅이 뜨거워집니다. 복된 결과를 예상한 곳에서 희망이 깨어져버리니 우리 마음이 아파오는 것입니다. 입으로 경건을 공언하고는 한동안 잘 달리다가 갑자기 돌아서버리는 일이 아주 흔합니다만, 그 외에 심지어 하나님의 참된 백성들도 정상적인 보조를 유지하지 못하는 예가 허다합니다. 그리스도인들 중에는 어떤 때는 뜨겁다가 또 어떤 때는 미지근하고 심지어 냉랭해지기까지 하는 이들이 많습니다. 오늘은 근면하고 열정적이지만, 내일은 게으르고 무관심해집니다. 우리 중에 갈라디아 교인들처럼 이런저런 방식으로 오류에 사로잡힌 것 같은 사람들도 있습니다. 심지어 지극히 훌륭한 신자들조차도 항상 최상의 모습은 아닙니다. 우리 중에 그리스도를 향한 첫 사랑을 한결같이 유지하지 못했고, 등불을 항상 밝히지 못했고, 밤새도록 주께서 오시기를 기다리며 깨어 있지도 못했다고 고백할 수밖에 없는 이유가 없는 사람이 과연 어디 있겠습니까? 미련한 처녀들은 물론, 지혜로운 처녀들까지도 다 잠들어 있었습니다. 그럴 수밖에 없으니 참 안타깝습니다! 많은 경우 하나님의 은혜가 개입하지 않았다면, 타락했던 자들이 다시 회복되었다 해도 결국 다시 타락해버렸을 수도 있고, 쩍 벌어진 상처에서 피가 멈추지 않고 흘러 나와 치명적인 상태가 되어버렸을지도 모릅니다. 지금까지 우리가 하나님의 권능으로 보호하심을 받았으니, 하나님께서 무한하신 자비로 우리를 도우사 그를 믿는 믿음 안에 안식하게 하시고, 또한 우리로 지극히 조심하여 발이 실족하지 않고 우리 마음이 무너지는 일이 없게 해주시기를 바랍니다. 우리 스스로 정직한 것으로 그치지 않고, 지금까지 캄캄한 산 속을 방황해온 자들이 더 이상 방황하지 않고 이 예배가 끝나기 전에 그들의 영혼의 목자요 감독자께 돌아가서 전에 그랬던 것처럼 예수 그리스도의 발 아래서 안식을 찾도록 온 힘을 다하여 기도하게 해주시기를 바랍니다.

제가 성령의 능력으로 말씀을 전하여 그 캄캄한 산 위에서 넘어지고 있는 자들을 다시 돌이킬 수 있게 되도록 저를 위해서 기도해주시기 바랍니다. 그런 기도의 도움을 절감합니다. 저의 그런 바람을 다음과 같은 감미로운 여류 찬송 시인의 언어로 하나님께 토로하고픈 심정입니다:

오오 나를 강건케 하사,
반석 위에 든든히 서고 주님 안에 강건히 서서
풍랑 이는 바다와 씨름하는 이들에게
사랑의 손길을 내밀 수 있게 하소서.

(프랜시스 하버갈[Frances R. Havergal: 1836-1879]의 찬송시)

1. 선포

저는 본문 말씀에 주의를 기울이고자 합니다만, 먼저 이 본문에서 **선포**(the proclamation)가 나타나는 것을 주목하게 됩니다. 선지자는 이런 말씀을 받습니다: "너는 가서 북을 향하여 이 말을 선포하여 이르라. 여호와께서 이르시되, 배역한 이스라엘아 돌아오라."

그 말씀은 하나의 선포였습니다. 하나님은 왕이시니 말입니다. 신하들이 반역한다고 해도 그 때문에 하나님이 자신의 주권을 상실하시는 법은 없습니다. 그러므로 하나님은 그들을 향하여 왕적인 말씀을 보내시는 것이요, 왕의 말씀에 담길 수 있는 모든 권세가 거기에 담겨 있습니다. "너는 가서 선포하라." 이것은 하나의 엄중한 소환장과 같은 것이었습니다. 곧, 왕이 칙령을 반포할 때에 그의 사자가 그 왕의 이름으로 나아가 외쳐 전하는 그런 선포와 같은 것이었습니다. "너는 가서 선포하라." 이런 선포는 목적과 권위에 합당하게 질서와 격식을 갖추어 행해져야 합니다. 그러니 저도 이번에는 그런 식으로 말씀하고자 합니다. 오오 형제 여러분, 그리스도를 대신하여 여러분에게 간청하는 제 말을 들으시기 바랍니다. 영원히 복 받으실 그분의 이름으로 말씀드립니다. 오오 배역한 자들이여, 그리스도께서 여러분에 대한 권한을 상실하신 것이 아닙니다. 그가 돌아오라고 여러분을 부르고 계십니다. 여러분의 창조주시요 여러분의 주(主)이신 그분의 이름으로 여러분에게 말씀이 전해지고 있습니다. "내게 돌아오라"고 말입니다. 이 말씀은 제가 개인적으로 드리는 권면의 말이 아닙니다. 제 개인의 말이라면 여러분의 친구요 또한 여러분과 동등한 사람이 하는 말이니, 여러분 생각대로 처신해도 상관없을 것입니다. 그러나 이 말씀은 여러분이 언젠가는 반드시 그 앞에서 직고(直告)하게 될 여러분의 하나님이시요 여러분의 왕이신 분께로부터 오는 말씀입니다. 또한 이 말씀은 그 하나님이 단순한 권고의 말씀으로 주시는 것이 아닙니다. 하나님의 위엄이 서려 있는 말씀입니다. 그러니 이를 가벼이 대한다면 여러분 스스로 위험을 초래하게 될 것입니다. 그렇게 경솔하게 처신하는 일이 없기를 바랍니다. 이는 각 사람의 귀가 듣고, 각 사람의 마음이 그 앞에서 고개를 숙일 것을 요구하는 그런 선포인 것입니다. "너는 가서 이 말을 선포하여 돌아오라고 이르라"라고 여호와께서 말씀하시는데, 이러한 우리의 말씀을 멸시할 사람은 오로지 반역자들밖에는 없을 것입니다.

이 선포는 지극히 악한 죄인들에게, 배역하는 자들 중에서도 지극히 비열한 자들에게, 보내지는 것입니다. 선포란 공적으로 행해지는 것이지만, 여기서는 특정한 사람들을 대상으로 주어지는 것이요 또한 그들의 귀는 물론 그들의 마음을 대상으로 하고 있습니다. 이는 배역한 자들을 위한 선포였습니다. 이스라엘 집에는 노골적으로 배역하는 자들이 많았습니다. 그들은 하나님의 지극한 영광이 나타나는 것을 직접 목도하고 나서 하나님을 저버린 자들이었습니다. 온 땅의 하나님이 대체 어느 백성들에게 이스라엘에게 하신 것처럼 그렇게 자신을 계시하신 적이 있었습니까? 이스라엘은 애굽의 재앙에서 구원받은 백성이요, 반석에서 나오는 물을 마신 백성이요, 천사들의 양식을 먹은 백성이요, 하나님의 특별한 임재가 그들 중에 나타났던 그런 백성이었습니다. 하나님이 그들을 속량하시고, 먹이시고, 인도하시고, 가르치셨습니다. 그렇게 은혜를 누린 백성이 없었습니다. 그런데 이런 모든 것들을 누리고서도 그들은 살아계신 하나님을 저버리고 돌아섰습니다. 그들은 그야말로 진노를 불러일으키는 배역한 족속이었습니다. 살아계신 하나님을 버리고 조잡하기 짝이 없는 우상들에게로 향했으니 말입니다.

보이지 않는 하나님에 대해 무언가를 알고 난 후에 그들은 금송아지를 만들고는, "오 이스라엘아, 이것들이 너희의 신이로다"라고 했습니다. 그리고 후에는 지극히 비천하고 조잡한 우상의 형상들 앞에 고개를 숙이고 절했습니다. 그들은 주변의 짐승 같은 이방 사람들의 사악함을 따라 행하여 그들 자신을 더럽혔고, 하나님은 — 그는 절대로 과하게 말씀하시는 법이 없습니다 — "그들이 이방의 신들을 음란하게 섬겼노라"고 말씀하셨습니다(참조. 출 34:15; 신 31:16; 대상 5:25). 그들은 살아계시고 참되신 하나님과의 혼인 언약을 깨뜨리고 지극히 가증스러운 우상숭배를 통하여 스스로 하나님 보시기에 역겨운 존재가 되었습니다. 그런 배역자들의 세대가 있었다는 것은 정말 안타까운 일입니다. 그런데 정말 놀랍게도 그런 자들을 향하여 하나님께서 긍휼의 말씀을 보내고 계시는 것입니다. 그들은 배역자들 중에서도 가장 허접한 자들이었습니다. 그리고 그 동일한 명단 속에 들어가야 할 사람이 오늘 밤 여기 있다면, 그들이야말로 하나님의 은혜와 긍휼의 메시지를 받아야 할 자들이요, 저는 저를 보내신 하나님의 이름으로 그런 분들에게 그 말씀을 선포하고자 합니다. 이 배역자들은 오랫동안 자기들의 맹세와 언약을 어겨온 범법자들이었습니다. 한 번 곁길로 갔다가 채찍을 맞고 회개했지만, 그들의 참된 마음이 거기에 담기지 않았습니다. 그리하여 채찍이 사라지자 그들은 또다시 곁길로 들어섰고, 그들의 영혼이 거짓에 매여 있다는 것이 드러났습니다. 하나님께서는 여러 번 그들을 용서하셨고, 그의 진노를 뒤로 물리셨으나 그 때마다 그들은 다시금 진노를 촉발시켰습니다. 하나님이 그들을 향하여 수없이 은혜를 베푸사 그들의 범죄를 용서하셨으나, 그들은 더욱더 그의 진노를 촉발시켰고, 급기야 하나님은 그들이 그 자신을 배역하고 돌아섰음을 선포하셨습니다. 그것이 그들의 길인 듯했습니다. 그들의 본성 속에 거짓이 새겨져 있었습니다. 여호와께서는, "이스라엘은 완강한 암소처럼 완강하도다"라고 말씀하십니다(호 4:16). 그들은 바른 길을 가려 하지 않고, 하나님께로부터 돌아서려고만 했습니다. 지금 이 말씀을 듣는 분 중에 그런 분들이 있습니까?

오오 여러분, 하나님께서 저를 수단으로 사용하사 여러분에게 은혜를 베푸시고 그리하여 제 마음이 기뻐 뛰며 노래하게 하시기를 바라마지 않습니다. 그러나 이런 부분에 대해 구체적으로 말씀드리지는 않겠습니다. 하나님의 성령께서 여러분을 다루고 계시면 그가 구체적으로 적용시켜주실 것이니 말입니다. 최근 들어서 저는 저를 슬프게도 하고 기쁘게도 하는 사람들을 여럿 만났습니다. 그분들에 대해 생각하면 갖가지 감정이 교차합니다. 하나님이 그들로 하여금 자기들의 배역함을 지각하게 하셔서 그들을 매우 낮추고 계시기 때문입니다. 이것이 그들에게 복이 되기를 소망합니다. 여호와께서 그들을 채찍질하고 계시니, 그들이 그런 징계를 받고서 결국에는 돌아올 것이라 믿습니다. 그들의 죄가 그들의 제단 뿔에 철필(鐵筆)로 기록되어 있는데도 그들은 보지를 못했고, 또한 보려하지도 않았습니다. 그런데 이제 하나님께서는 그들이 보게 되리라고 말씀하시며, 또한 그들이 그 죄를 보면서 슬퍼하게 만드십니다. 여러분 중에 마음 속의 상처로 인하여 피를 흘리는 분이 있을 것입니다만, 그런 상처는 사람이 치료할 수 없고 오직 하나님만이 치료하실 수 있습니다. 오직 하나님만이 치료하실 수 있다는 것이 얼마나 다행인지요? 하나님께로부터 멀어져 있으면 편안치 않고 오히려 먼 나라에서 방황하는 가운데 큰 기근을 겪으며 핍절한 상태가 되리라는 것을 알게 될 것이니 말입니다. 오오, 여러분, 그런 궁핍한 처지에서라도 크신 아버지의 집으로 돌아오기를 바랍니다. 극한 환대가 여러분을 기다리고 있습니다.

이스라엘 사람들은 배역한 자들 중에 최악의 사람들이었을 뿐 아니라, 그 배역한 결과를 상당 부분 이미 당한 상태였습니다. 이미 포로로 끌려갔으니 말입니다. 그들은 앗수르 왕에 의하여 북방 지역으로 끌려갔습니다. 젖과 꿀이 흐르는 그 약속의 땅에서 머나먼 곳으로 말입니다. 그들은 지극히 잔혹스러운 압제자들에게 노예가 되어 있었습니다. 하나님을 떠난 것 때문에 온갖 해를 당했는데도 불구하고 그들은 그런 환난을 통해서 얻었어야 할 교훈을 하나도 얻지 못했습니다. 아직도 그들에게 회개하라고 촉구하는 것이 필요했고, 하나님께서는 그에게 돌아오라고 그들에게 촉구하셨습니다. 그의 선포는 바로 그들을 향한 것이었습니다. 부유한 상태에 있다가 죄로 인하여 궁핍한 처지로 떨어진 사람들을 보아 왔습니다. 그들은 건강과 행복한 상태에서 질병과 비참의 상태로 떨어졌습니다. 살아계신 하나님을 떠난 후 그 결과로 존귀한 처지로부터 수치의 상태로 떨어진 것입니다. 하나님과 함께 행하는 동안에는 모든 것이 좋았습니다. 하지만 하나님을 거스르자, 하나님이 그들을 거슬러 행하기 시작하셨습니다.

지금 이 순간 제 설교를 듣는 이들 중에는, "마음이 굽은 자는 자기 행위로 보응이 가득하겠고"(잠 14:14)라는 말씀이 무슨 의미인지를 잘 아는 분들이 있을 것입니다. 죄를 지었다가 채찍을 맞았습니다. 그리고 채찍을 맞는 중에 다음과 같은 생각이 그들의 뇌리에 떠올랐을 것입니다: '하나님은 절대로 나를 용서하지 않으시리라. 그가 무자비하게 나를 내리쳤고 나를 목표로 삼아 모든 화살을 다 날리셔서 내 영혼의 피가 다 소진되었도다. 나는 용(龍)들의 처소에서 쓰라린 상처를 받아 쓰러진 상태가 되었도다.' 그렇습니다. 이스라엘도 살만에셀에 의해서 그렇게 머나먼 땅으로 끌려갔습니다. 하지만 그들에게 하나님은 그에게로 돌아오라고 명령하셨습니다. 돌아오면 긍휼을 베푸시겠다고 약속하신 것입니다. 포로로 끌려가 궁핍에 찌든 상태에서 그들은 엎드렸고, 시온을 기억하면서 눈물을 흘렸습니다. 그러자 그들이 회개하면 화목이 있으리라는 이 왕의 선포가 그들에게 임한 것입니다. 정죄와 사형 선고를 기대했음직한 왕의 보좌로부터 이 명령이, 이 말씀이, 이 메시지가, 그들에게 전해진 것입니다: "가서 북을 향하여 이 말을 선포하여 이르라. 여호와께서 이르시되, 배역한 이스라엘아 돌아 오라."

이 메시지를 전하러 보내심을 받은 사자에게서 자비를, 그것도 결코 작지 않은 자비를, 보게 됩니다. 그 사자는 바로 예레미야였습니다. 그는 심령이 상하여 스스로 "나는 고난을 본 자로다"(애 3:1)라고 말하기까지 했던 사람입니다. 어쩌면 여러분이 밝은 눈으로 즐거워하는 모습을 보인다면 배역자는 그로 인하여 더욱 절망하게 될 수도 있을 것입니다. 그러나 그는, "그런 즐거움을 내가 누리고 있었을지라도 그 모든 것을 다 옆으로 제쳐두었도다"라고 외칩니다. 사자가 그런 즐거운 생각들을 가지면 불쌍한 죄인이 자기의 비참한 처지를 더욱 비참하게 여기게 되는 법입니다. 더욱이, 한 번도 죄에 대해 쓰라린 아픔을 경험해본 일이 없는 사람은 방황하는 형제를 향하여 교만하게 이야기하거나 거칠고 가혹하게 말하게 되기가 너무나 쉽습니다. 자기 자신의 참 모습을 제대로 기억해야 자기도 시험에 빠지지 않을 것인데, 그렇게 하지를 못하는 것입니다.

그러나 예레미야는 어찌나 울었는지 눈이 충혈되어 있었고, 뜨거운 눈물로 뺨이 얼룩져 있었습니다. 그리고 말씀을 전할 때에 그는 말씀 하나하나마다 깊이 절감하고 있었습니다. 그러므로 그는 슬피 우는 영혼들의 처지를 충분히 공감하며 그들을 대할 수 있는 충분한 자격이 있었습니다. 사람들이 그들을 택하신 하나님께 다시 돌아가기를 그가 얼마나 사모했는지 모릅니다! 그는, "어찌하면 내 머리는 물이 되고 내 눈은 눈물 근원이 될꼬? 죽임을 당한 딸 내 백성을 위하여 주야로 울리로다"(렘 9:1)라고 절규했습니다! 그런데 하나님이 바로 이 사람을 택하사 채찍에 맞은 자들을 향하여 나아가 엄중한 자세를 유지하면서도 따뜻함과 온화함으로 "돌아오라"는 말씀을 선포하게 하신 것입니다. 저는 예레미야처럼 자격을 갖춘 사람이 못됩니다만, 여러분 중에 하나님을 떠나 있는 사람이 있다면 제가 말씀을 전하는 동안 그에게로 돌아가게 되기를 간절히 바라마지 않습니다.

주님이 아십니다만, 최근 이 문제가 저를 얼마나 무겁게 했는지 모릅니다. 사람이 하나님의 미소를 한껏 누려오고는 어둠을 택하니 이것을 어떻게 견디겠습니까? 한때 그리스도 안에서 기뻐하고 그의 십자가를 자랑하던 사람이 이제는 그를 다시 십자가에 못 박고 노골적으로 그를 모욕하고 있으니 말입니다. "악한 자 안에 처한" 엄청난 세상이 바로 여기에 있습니다(참조. 요일 5:19). 우리가

그 세상을 밝히려면 우리의 평생을 거기에 들여야 합니다. 그런데 우리의 동료
요 또한 우리가 동지라고 여겼던 자들이 검을 들고서 원수에게로 넘어가버렸습
니다. 아니면 적어도 그런 것처럼 처신하고 있으니, 이것이 정말 고통스럽습니
다. 이것 때문에 마음에 큰 괴로움이 있습니다. 그러니 여러분, 지금 우리가 최
선을 다해 전하는 선포의 말씀을 청종하시기 바랍니다. 그리고 여러분의 마음
이 북방으로 향하고 있다면 방향을 살피고, 여러분이 처한 곳을 향하여 이 말씀
을 선포하기 바랍니다. 그 냉랭하고 차가운 곳을 향하여, 그 어둠과 비참의 처소
를 향하여, 저 먼 나라에 있는 여러분의 거처를 향하여 말입니다. 저는 여러분이
어찌 움직일지를 걱정 어린 마음으로, 그러나 소망을 갖고 바라보면서, 이 말씀
을 여러분에게 선포합니다. "여호와께서 이르시기를, 돌아오라"고 하시는 것입
니다.

　선포에 대해서는 이 정도만 말씀드리겠습니다.

2. 명령

　둘째로, 본문에서 우리는 명령(a precept)을 볼 수 있습니다. 이는 지극히 간
단한 명령이며, 또한 간단한 만큼 명확하기도 합니다. 이 명령은 "배역한 이스라
엘아 돌아오라"라는 선포 속에 주어져 있습니다. 돌아오라, 곧, 그 전처럼 되어라,
다시 돌이키라, 회개하라, 그리고 처음에 했던 일을 행하라는 말씀입니다. 방황
하는 자여, 그대의 하나님께 돌아갈지어다! 그대는 하나님을 잊어버렸고, 그를
대적하여 범죄하였으며, 극심하게 그를 근심하게 하였도다. 그리고 이 날들 동
안 그를 찾지도 않았고, 그를 부르지도 않았도다! 그를 신뢰하지도 않았고, 그를
의지하지도 않았도다. 그를 사랑하지도 않았고, 그의 존귀를 구하지도 않았도
다! 돌아오라! 지금의 모습 그대로 머물러 있으면 절대로 올바르게 될 수가 없
습니다. 그리고 하나님을 버리는 사람에게는 모든 화가 미치는 법입니다. 다시
돌이키십시오. 하나님의 임재 안에서 자신을 낮추던 옛 처지로, 믿음을 고백하
던 때로, 어린아이 같은 믿음을 보이던 때로, 거룩히 자신을 구별하여 드리던 때
로 돌아오십시오. 전에 최상의 상태일 때에 여러분이 거하던 그 복된 처소로 돌
아오십시오. 그렇습니다. 과거보다 더 하나님께 가까이 나아오십시오. 하나님께
돌아오시기 바랍니다.

　여러분, 이 말씀을 명심하십시오. 이것은 명령입니다. 여러분의 구주께로

돌아오십시오. 현재의 모습 그대로 그에게로 돌아오십시오. 여러분의 죄를 인정하고 그의 십자가를 바라보며 사함을 구하던 과거 때처럼 돌아오기 바랍니다. 여러분 자신이 이젠 크게 성장하여 구주가 없이도 얼마든지 살 수 있다는 생각을 했습니까? 돌아오십시오. 여러분 자신이 완전하여 구주의 의가 없이도 여러분 자신의 의로 충족하다는 꿈을 꾸셨습니까? 그런 허무맹랑한 생각일랑 버리십시오. 여러분 자신이 완전하다는 한가한 생각일랑 던져버리십시오. 그리고 돌아오십시오. 가슴을 때리며, 이렇게 이야기하십시오. "하나님, 저는 죄인이오니 저를 긍휼히 여기소서"라고 말입니다. 여러분의 교만을 회개하고, 주 예수 그리스도께로 다시 돌아오십시오. 마치 어머니가 그 잃어버렸던 자식을 가슴으로 꼭 안아주듯이, 그렇게 주께서 여러분을 맞아주실 것입니다. 여러분이 돌아오도록 길이 포장되어 있고, 길가에 거치는 돌들도 제거되었고, 아버지 집의 문도 활짝 열려 있습니다. 그러니 돌아오십시오. 그리고 예수님의 보배 피로 죄 사함 받으시고 깨끗이 씻음 받기 바랍니다. 그 피의 능력이 사라진 것이 아닙니다. 깨끗이 씻어주는 샘이 열려 있습니다. 일반 죄인들을 위해서뿐 아니라 배역한 여러분을 위해서도 활짝 열려 있습니다. 성경이 무어라 말씀합니까? "그 날에 죄와 더러움을 씻는 샘이 다윗의 족속과 예루살렘 주민을 위하여 열리리라"고 합니다(참조. 슥 13:1) 그 샘이 새로이 교회에 들어오는 자들에게만이 아니라 이미 하나님의 교회에 속한 자들을 위해서도 열려 있다는 것입니다. 그러니 즉시 돌아오십시오. 지체하지 마십시오. 이리저리 진창 속을 방황하느라 발이 더러워져 있어도 문제가 없습니다. 구주께서 여러분의 발을 씻겨주시고자 손에 수건을 드시고 대야에 물을 가득 담으시고 허리를 숙이고 계시니 말입니다. 여러분, 지금 이 순간에 다시 씻음 받아서 주께서 "네 온 몸이 깨끗하니라"(요 13:10)라고 말씀하실 수 있도록 하지 않겠습니까? 여러분은 이미 속죄하는 피에 씻음 받았으니 발 외에는 다시 씻을 필요가 없습니다. 발만 씻으면 온몸이 깨끗한 것입니다. 그러니 감사한 마음으로 가서 형제의 발을 씻어주기를 바랍니다. "너는 돌이킨 후에 네 형제를 굳게 하라"(눅 22:32).

　사랑하는 형제 여러분, 여호와께서 이 명령을 여러분에게 어떻게 제시하시는지를 보기 바랍니다. "돌아오라"고 하십니다. 여러분의 명부를 잃어버린 그 곳에서 그것을 다시 찾게 될 것이니 말입니다. 번연(John Bunyan)은 순례자가 곤고산(the hill Difficulty) 밑바닥에, 혹은 중턱에, 앉아 쉬다가 자리 밑에다 자신의 증명서를 떨어트리는 장면을 묘사하고 있습니다. 그런데 그는 거기서 그냥 쉬고만 있었던 것이 아니라 죄악된 나태에 빠져 있었던 것입니다. 여러분이 앉아서 잠들어 있던 바로 그 의자 아래에서 여러분의 증명서를 다시 찾게 될 것입니다. 아름다운 궁전에서 환영받기 위해서 반드시 가슴에 지니고 있어야 하는 그 증명서를 거기서 찾게 된다는 말입니다. 영적인 즐거움을 잃어버리셨습니까? 그것을 잃어버린 바로 그 곳으로 돌아가 거기서 그것을 찾으십시오. 기도를 소홀히 한 것 때문에 그것을 잃어버리셨습니까? 그러면 골방에 들어가 거기서 찾아보십시오. 먼지가 가득 덮인 성경책 때문에 그것을 잃어버리셨습니까? 그러면 그 성경책의 먼지를 털어버리고, 책을 펼쳐서 그 속에서 그것을 찾으십시오. 은혜의 수단들을 소홀히 한 것 때문에 그것을 잃어버리셨습니까? 안식일들을 허비하고, 주중의 집회들을 소홀히 했습니까? 그러면, 다시 말씀드립니다만, 여러분이 죄로 인하여 그 거룩한 확신을 흘려보내게 만들었던 바로 그 곳으로 돌아가십시오. 그러면 거기서 그것을 다시 찾게 될 것입니다. 바른 길에서 잘못 곁길로 빠진 바로 그 지점으로 돌아가면 거기서 바른 길을 다시 찾게 될 것입니다. "회개하여 처음 행위를 가지라"(계 2:5)는 것이야말로 주님이 오늘 밤 여러분에게 주시는 명령입니다. "배역한 이스라엘아 돌아오라!" 이것이 바로 왕이신 그분의 선언입니다.

제가 하나님의 이름으로 다시 이 선언을 하니, 여러분 잘 들으시기 바랍니다. 즉시 돌아오십시오. 뒤로 미룬다는 것은 항상 위험한 일입니다만, 배역한 자들에게처럼 위험한 경우는 없습니다. 하루라도 죄에 더 빠져있지 말고 즉시 돌아오십시오. 이 선언은 더 이상 배역하는 일을 용인하지 않습니다. 즉시 다시 오십시오. 다시 생각할 때까지 기다리지 마십시오. 여기서는 즉각적으로 드는 생각이 최고의 생각입니다.

그리고 온 마음을 다해 돌아오십시오. 회개를 흉내 내거나, 돌아오는 체하는 것 따위는 절대로 없어야 합니다. 온 마음과 온 영혼을 다해 하나님을 찾으면 반드시 그를 찾게 될 것입니다. 하나님께서 도우사 여러분이 즉시 돌아오게 되기를 바라마지않습니다!

그리고 실질적으로 돌아와야 한다는 것을 명심하십시오. 곧, 여러분의 삶이 바뀌어야 하고, 지금까지 섬기던 우상들을 깨뜨려버려야 하고, 행하지 않던 임무들을 다시 열심히 이행하여야 하고, 소홀히 하던 은혜의 수단들을 열정적으로 행해야 한다는 것이요, 또한 지금까지 행하지 않고 그냥 내버려두었던 것을 행하고, 그토록 어리석게 애지중지하던 그 악을 버려야 한다는 것입니다. 여호와께서 "돌아오라"라고 말씀하실 때에는, 그저 "돌아오는 문제를 생각해 보고, 돌아오겠다고 약속하고, 네 방황하는 모습에 대해 이야기하라"는 뜻이 아닙니다. 슬피 울며 뉘우치며, 실질적으로 그에게 돌아오라는 뜻입니다. 주 예수 그리스도를 믿는 참된 마음으로 긍휼을 구하는 마음으로 돌아와 다시 시작하라는 뜻입니다.

그런데 이렇게 말하는 사람이 있습니다. "아아, 나는 내가 배역한 자인지 아니면 지금까지 외식자였는지 잘 모르겠다!"라고 말입니다. 그런 문제는 전혀 따지지 마십시오. 저는 계속해서 사람들에게서 자기들이 과연 지금까지 참된 그리스도인이었는지 아니면 자기들의 상태에 대해 잘못 알아왔는지를 판단해 달라는 요청을 받습니다. 그러나 이런 것은 아주 힘든 요청이요 또한 실질적으로 별 가치가 없기도 합니다. 때때로 저는 제 자신에게 이렇게 이야기합니다. "자, 내가 만일 지금까지 전혀 하나님의 자녀가 아니었다 해도, 나는 내가 죄인이라는 것과 예수 그리스도께서 죄인들을 위해 세상에 오셨다는 것을 알고 있고, 그러니 나는 즉시 그를 신뢰할 것이라"고 말입니다. 저는 이렇게 해서 확신을 회복합니다. 만일 내가 과거에 하나님의 자녀였다면, 지금도 하나님의 자녀인 것이요, 따라서 그가 나를 다시 회복시키실 것입니다. 하지만 만일 내가 하나님의 자녀였던 적이 전혀 없고 내가 입으로 했던 모든 고백들이 다 오해였다 해도, 여전히 값없는 구원의 나팔 소리가 울려 퍼지고 있습니다:

> "죄인이여 오라, 너를 환영하리니 오라"
> (1792년 토머스 하웨이스[Thomas Haweis: 1734-1820])

그러니 속히 서둘러 그 초청을 받아들이는 것입니다. 여러분의 이전의 처지에 관한 문제는 우리 안에 다시 들어온 다음에 논의해도 늦지 않습니다. 하지만, 우리 바깥에 있는 동안에는 그것은 여러분에게 전혀 중요하지 않습니다. 그런 논의일랑 늑대의 손아귀에서 벗어나기까지 미루어두는 것이 좋습니다. 또한 여러분이 여러분 자신의 정확한 처지를 발견한다는 것도 거의 불가능할 것입니다. 하지만 오오 가련한 여러분, 하나님께서 여러분에게, "배역한 이스라엘아 돌아오라"라고 외치고 계시다는 사실은 너무나도 분명합니다. 이 명령은 마치 대낮처럼 분명합니다. 그리고 그 명령이 여러분에게 주시는 명령입니다. 돌아오십시오. 여러분의 본성 그대로, 모든 면에서 여러분의 하나님께로 돌아오십시오. 여러분의 구주께로 돌아오시고, 기도에로 돌아오시고, 거룩한 삶으로 돌아오시고, 하나님의 백성에게로 돌아오십시오. 여러분이 버려두고 곁길로 방황해온 바로 그 교회에로 돌아오시기 바랍니다. 또 하루의 태양이 떠오르기 전에 그렇게 하는 것이 지혜로운 일일 것입니다. 주의 성찬에로 돌아오시고, 그의 살과 그의 피로부터 영적 자양분을 얻는 데로 돌아오시고, 오직 주 안에서만, 또한 그로 말미암아서, 그를 향하여, 또한 그와 더불어 사는 삶에게로 돌아오시기 바랍니다. 하나님께서 도우사 여러분이 이 명령을 청종하게 하시고 그 명령을 실질적인 결과로 바꾸게 해주시기를 바랍니다!

3. 약속

자 이제 세 번째로, 약속의 말씀을 들으시기 바랍니다. "배역한 이스라엘아 돌아오라 나의 진노를 너희에게 임하게 하지 아니하리라." "나의 진노를 너희에게 임하게 하지 아니하리라"(한글개역개정판은 "나의 노한 얼굴을 너희에게로 향하지 아니하리라"로 번역함—역주)라고 하십니다. 자, 보십시오. 하나님의 진노가 마치 시커먼 구름처럼, 만물을 새롭게 적시는 비가 아니라 모든 것을 태우는 불꽃으로 가득 차 있습니다. 마치 지옥 불처럼 그 진노가 여러분의 존재의 가장 중심부까지 들어가 완전히 태워버립니다. 진노를 생각하면 마치 영혼에 지옥 불이 지펴지는 것 같습니다. 게다가 양심이 그 특유의 맹렬한 불꽃을 활활 불어넣어서 절대로 꺼지지 않는 그 마지막 심판의 불을 미리 보여주는 것 같습니다. 저 진노의 폭풍우가 여러분 주위에 모여드는 것이 보이지 않습니까? 그런데 여기에 귀한 약속이 있습니다. "돌아오라. 그리하면 나의 진노를 너희에게 임하게 하지 아니하리라." 하나님께로 돌아가면, 진노의 티끌만한 불씨 하나도 너희를 태우게 하지 아니하리라는 것입니다. 용서가 있습니다. 충만하고, 값없으며, 즉각적인 용서를 얻으리라는 것입니다. "내가 네 허물을 빽빽한 구름 같이, 네 죄를 안개 같이 없이하였노라"(사 44:22). 우리를 분리시키는 죄가 도말된다는 것, 이것이야말로 주께로 돌아와야 할 크나큰 동기가 되는 것입니다. 하나님이 여러분의 죄과를 말끔히 씻어내시고 여러분의 죄에서 여러분을 깨끗이 씻어주실 것이고, 여러분에게 필요한 것이 무엇이든 그가 여러분에게 주실 것이고, 여러분을 책하지 않으실 것입니다.

아버지가 탕자를 맞아들일 때에, 그의 배은망덕함이나 혹은 재물을 탕진한 것에 대해 책망했습니까? 그런 문제에 대해서는 한 마디도 하지 않았습니다. 의의 예복을 그에게 입히고 그의 입에서 새 노래가 나오게 했습니다. 하나님이 지금 이 순간 여러분에게 바로 그렇게 하고자 하십니다. "과연 그런 일이 가능할까?" 의심과 두려움에 싸여 계속해서 이런 질문이 나오리라는 것을 잘 알고 있습니다. 하나님께는 모든 일이 가능합니다. 특히 모든 자비를 베푸는 일은 더욱 더 그렇습니다. 그의 자비가 무궁하며, 그가 그것을 기뻐하시니 말입니다. 여러분 중에, "하지만 그 약속이 과연 나 같은 사람에게도 해당될까요?"라고 질문할 분이 있을 것입니다. 그렇습니다. 여러분에게, 여러분 같은 사람에게도 물론 해당됩니다. 여러분은 배역한 자요, 따라서 죄의 책임이 있는 자입니다. 그러니 바로 여러분에게 그 약속이 주어지는 것입니다. 하나님이 베푸시는 자비를 받아들이십시오. "배역한 자"라는 말로 정죄를 받는 바로 그 사람이 지금 돌아오라는 명령을 받는 사람이요 또한 그 사람이야말로 "나의 진노를 너희에게 임하게 하지 아니하리라"라는 약속을 받는 사람입니다. 이 모든 일에 여러분 자신이 개입되어 있는 사실이 명약관화하게 드러나는 것입니다.

본문을 "나의 얼굴을 너희에게 임하게 하지 아니하리라"라는 뜻으로 읽을 수도 있을 것입니다(한글개역성경이 이런 의미로 번역함—역주). 곧, 하나님의 자녀가 돌아오면 하나님이 그를 더 이상 화난 표정으로 대하시지 않으시리라는 뜻입니다. 이것은 지극히 큰 복이 아닐 수 없습니다. 주께서 그의 백성에게 심판과 진노로 벌하지 않으시더라도 매정한 자처럼 그들에게서 그의 얼굴을 숨기시거나 이맛살을 찌푸리시는 경우가 많으니 말입니다. 여러분이 죄를 지으면 하나님이 여러분에게 미소를 지으실 수가 없습니다. 오히려 여러분에게 채찍질을 하셔야 합니다. "내가 땅의 모든 족속 가운데 너희만을 알았나니 그러므로 내가 너희 모든 죄악을 너희에게 보응하리라"(암 3:2). 이것이 하나님 자신의 말씀입니다. 여러분은 그의 자녀입니다. 그러니 잘못을 범하면 채찍을 맞아야 마땅한 것입니다. 여러분을 사랑하시기 때문에 여러분을 징계하시는 것입니다. "무릇 내가 사랑하는 자를 책망하여 징계하노니"(계 3:19). 그런데 그 크신 아버지께서는 여기서 여러분에게 계속 이맛살을 찌푸리지 않으실 것을 말씀하십니다. 여러분에게 그의 진노의 얼굴을 임하게 하시지 않겠다고 하십니다. 그는 이렇게 말씀하십니다: "내가 그들의 반역을 고치고 기쁘게 그들을 사랑하리니 나의 진노가 그에게서 떠났음이니라"(호 14:4). 의로우신 하나님은 얼마든지 이렇게 말씀하실 수 있었습니다: "네가 내 자녀이나, 나는 네게 편안히 말할 수가 없으니, 이는 네가 불순종하므로 내가 너를 내게서 멀리 떠나보내어 너로 네 불순종의 악함을 느끼게 하여야 함이니라"라고 말입니다. 하지만 그는 그렇게 말씀하시지 않고, 오히려 "나의 진노를 너희에게 임하게 하지 아니하며, 나의 노한 얼굴을 너희에게로 향하지 아니하고, 너희를 은혜로 영접할 것이며, 너그러운 긍휼로 너희의 허물을 도말하고 나의 사랑을 너희에게 나타내리라"라고 말씀하시는 것입니다. "여호와께서 말씀하시되 오라 우리가 서로 변론하자 너희의 죄가 주홍 같을지라도 눈과 같이 희어질 것이요 진홍 같이 붉을지라도 양털 같이 희게 되리라"(사 1:18). 주께서 그렇게 말씀하시는데도 그에게로 나아오지 않으시렵니까?

> "돌아오라!
> 오오, 잘못을 범하나 여전히 사랑받는 자여!
> 그대의 피 흘리는 발을 싸매기 위해 내가 기다리니,
> 네가 처한 곳에 쓰라리고 아픈 장미 가시들이 있음이라;
> 돌아오라! 다시 한번 네 음성을 듣기를 내가 기다리며,
> 너를 새로이 환영하고 네 마음에 기쁨을 주기를 내가 기다리노라."

한 여인에게 그녀를 자기 자신처럼 사랑한 남편이 있었는데, 그 여인은 뱀에게 귀를 기울였습니다. 그는 아첨의 말로 그녀를 꾀었고, 결국 그 여인은 정절을 버리고 범죄하고 말았습니다. 그 여인은 다른 사람과 더불어 자신을 더럽혔고, 결국 멀리 떠나갔습니다. 그리고 그 여인이 속였던 그 남자도 그 여인을 버리고 말았습니다. 그 여인은 완전히 무너지고 버려진 상태로 비참한 처지가 되었습니다. 그 때에 한 친구가 그 여인에게 속삭입니다. "네 남편에게로 돌아가라. 지금보다는 과거 그 때가 훨씬 더 좋았다"고 말합니다. 하지만 그 여인에게 걸림돌이 있습니다. 곧, "남편이 과연 나를 받아줄까? 그가 나를 받아줄 수 있을까? 내가 그를 욕되게 했는데, 과연 그가 나를 다시 받아줄까? 젊은 시절 나를 기쁘게 해주었던 남편의 사랑이 다시 내게 풍성하게 베풀어질까? 나를 버린 자로 여

기고 내가 그의 집을 암울하게 만들었다며 다시는 집으로 들어오지 말라고 말하지는 않을까?"라는 것입니다. 그런데 만일 그 여인에게 소식이 와서 이르기를, "남편이 너를 은혜로이 받아주고 아낌없이 사랑하리라"고 한다면, 그 여인이 자기 집을 향해서 길을 재촉하지 않겠습니까? 그 여인이 방탕에 젖어 괴물이 되어버리지 않았다면, 자기가 속을 썩였던 그 남편을 찾아갈 것이요 그의 발 앞에 엎드려 그의 용서에 대해 감사하여 마지않을 것입니다. 이 비유는 주 예수 그리스도를 버리고 배역한 우리들 자신에 관한 것입니다. 주 예수께서 우리더러 다시 돌아오라고 초청하시는 말씀이 ― 아니, 왕으로서 그의 은혜의 선언을 하시는 말씀이 ― 들리는데 과연 지금 그에게로 돌아가지 않겠습니까? "여호와께서 이르시되, 배역한 이스라엘아 돌아오라 나의 진노를 너희에게로 향하지 아니하리라." 주께서 그가 복 주시기로 작정하신 사람들의 마음에 이 말씀이 와 닿게 하시기를 바랍니다.

4. 논리

다음 네 번째로 이 선언의 논리를 주목하고자 합니다. 여기서 사용되는 논리는 두 가지인데, 긍휼과 혼인이 그것입니다. 12절에서는 "나는 긍휼이 있는 자라 … 여호와의 말씀이니라"라고 말씀하고, 또한 14절에서는 "나는 너희 남편임이라"라고 말씀합니다.

먼저 하나님의 긍휼을 살펴보십시오. 하나님께서는 죄를 용서하시는 것보다 더 기쁜 일은 없습니다. 그는 이 복된 일을 기뻐하십니다. 어떤 이들은 잘못을 용서하는 일을 매우 힘들게 여기기도 합니다. 하는 수 없이 마지못해서 억지로 쥐어짜서 그 일을 합니다. 용서를 한다 해도 과연 용서를 하기는 한 것인지 의심스럽습니다. 억지로 하는 용서가 무슨 용서이겠습니까? 어떤 이들은 마치 죽어가는 사람이 사제에게, "내가 죽으면 내가 아무개를 용서하겠으니, 이를 알아주십시오. 하지만 내가 살아남는다면 그가 내게 행한 그대로 속히 갚아주겠소"라고 이야기하는 것과 별반 다르지 않습니다. 그대로 되갚아줄 수가 없기 때문에 용서하는 이들이 많습니다. 이들은 악을 행할 능력이 없기 때문에 덕을 베푸는 것뿐입니다. 하지만 하나님께는 용서하는 것이 그의 본성이십니다. 그는 사랑이십니다. 그러니 긍휼이 그 사랑의 꿀 송이에서 방울져 떨어지는 것입니다. 하나님은 의로우신 분이십니다. 그러나 벌을 내리는 일은 그에게 왼팔로 하는 일이지만, 용서하는 일은 오른팔로 하는 일입니다. 그는 그 일을 기뻐하십니다. 사람이 그에게로 돌아와 생명을 얻는 일에서 그는 즐거움을 찾으시는 것입니다. 긍휼은 이를테면 그의 막내 속성이었습니다. 죄가 오기까지 긍휼 — 즉, 용서하시는 긍휼 — 은 필요가 없었습니다. 그러므로 긍휼은 하나님의 베냐민이요 그의 오른손의 자식이며, 그의 속성들이 모여 함께 잔치를 벌일 때에 다른 속성들보다 열 배나 더 그 속성을 대접하기를 기뻐하시는 것입니다. 성경은 그가 "긍휼을 기뻐하시므로"라고 기록하고 있습니다(미 7:18. 한글개역개정판은 "인애를 기뻐하시므로"로 번역함—역주). 그러나 그가 공의를 기뻐하신다거나 지혜를 기뻐하신다거나 권능을 기뻐하신다는 말씀은 한 번도 없습니다. 그는 긍휼을 기뻐하십니다. 진홍 같은 죄인을 희게 씻는 일에 매혹되시는 것입니다. 지옥처럼 검은 죄인을 그의 마음에 받아들이시고 그의 죄를 도말하시는 일이야말로 그의 천국 중의 천국인 것입니다. 여호와께서는 "나는 긍휼이 있는 자라"라고 말씀하십니다.

떨리는 음성으로 이렇게 외치는 자가 있습니까? "오오, 하지만 목사님은 내가 무슨 짓을 저질렀는지 모릅니다"라고 말입니다. 예, 저는 알고 싶지 않습니다. 하지만 제가 아는 것은 여호와께서 긍휼을 기뻐하신다는 것입니다. 어쩌면 한밤중에 행한 일들이나 계속해서 여러분을 더럽혀온 죄들을 이야기하지 않는 편이 나을 것입니다. 죄수의 의자에 앉아 사람에게 죄를 고백하는 일은 절대로 건전하지 못합니다. 그 의자에서는 썩은 냄새가 진동합니다. 제게 고백하지 말고 하나님께 고백하십시오. 죄에 흠뻑 젖기까지 여러분은 염색된 상태로 있는 것입니다. 죄악의 진홍색으로 완전히 염색되어 있습니다. 그러나 주께서는 이 번쩍거리는 얼룩들을 제거하기를 기뻐하십니다. 그러니 그에게 나아가시고, 그의 긍휼을 믿으십시오. 더 이상 의심하지 말고 그가 사랑스럽게 베푸시는 긍휼을 사랑스럽게 받아들이시기 바랍니다.

과거 하나님을 알고 그를 사랑하고 그의 안에서 즐거워했던 분들에 대해서는 두 번째 논리, 곧 혼인의 사실을 지적하고 싶습니다. "나는 너의 남편임이라." 과거 복스러운 시절 여러분은 이렇게 노래하곤 했습니다:

"이루어졌네, 위대한 역사가 이루어졌네!
나는 내 주의 것이요, 그는 내 것이네.
그가 나를 이끄셨고 나는 따랐고,

하나님의 음성을 고백하였네."
(필립 도드리지[Philip Doddridge: 1702-1751])

그리고는 우리 모두와 함께 이렇게 찬송하곤 했습니다:

"복된 날이로다! 복된 날이로다!
예수께서 내 죄를 씻어내신 날이로다."

아, 가련한 자들이여, 그 이후 어디에 있었습니까? 여러분은 있지 말았어야 할 곳에 있었고, 이제 여러분의 신랑은 이렇게 말씀하고 계십니다: "돌아오라. 내가 너희 남편임이라. 혼인반지를 빼버렸을지 모르나, 너희는 내 것이요, 내가 너희를 내게 돌아오게 할 것이라. 돌아오라." 하나님께서 만드시는 끈은 끊어질 것이 아닙니다. 그리스도께서 보여주신 사랑은 없어질 것이 아닙니다. 죽음과 지옥보다 더 강한 것이 그리스도의 사랑이니, 과연 누가 우리를 그 사랑에서 끊어내겠습니까? 여러분에게 모든 죄와 허물들이 있으나, 그는 말씀하십니다: "돌아오라. 나는 너희 남편임이라." 이제 이루어졌습니다. 여러분에게 그럴 만한 자격이 없었는데 말입니다. 그가 행하십니다. 그 위대한 역사가 여전히 유효합니다. 여러분은 믿지 않으나, 그는 언제나 신실하십니다. 그가 그의 피로 여러분을 사셨으니 그 값이 절대로 그(예수)의 동맥 속으로 다시 돌아가지 않을 것입니다. 그가 영원한 사랑으로 여러분을 사랑하셨으니, 그 사랑이 끊어질 수가 없습니다. 그 사랑 안에서 그가 영원히 안식하실 것이요, 그의 맹세가 돌이켜지지 않을 것입니다. 그러므로 그에게로 돌아오시기 바랍니다.

"돌아오라!
오오, 타락하였으나 아직 버림받지 않은 자여!
너를 위해 드려진 그 생명을,
그 비웃음과 모욕과 그 가시면류관을 잊을 수 있으랴?
나의 흠 없는 예복을 너의 위에 펼치고,
기쁨의 기름을 네 머리 위에 부었을 때,
네 속에서 일깨워진 마음이 얼마나 뜨겁게 탔던가!

이 모든 일을 기억하고서 돌아오지 않겠느냐?

돌아오라!
오오 내 사랑하는 택한 자여!
너를 부르는 구주를 만나기를 두려워 말라;
너는 지극히 배반하여 행하나;
이제 내가 네 길을 보았나니, 내가 고치리라.
돌아오라! 아직도 나를 멀리하고 머뭇거리려느냐?
나의 진노가 사라졌고, 내가 너를 구속하였노라."

5. 권면

이제 마지막으로, 우리가 어떻게 돌아와야 하는지에 대해 여호와께서 주시는 권면을 살펴보고 마치겠습니다. 그는, "너는 오직 네 죄를 인정하라"(13절. 한글개역개정판은 "너는 오직 네 죄를 자복하라"로 번역―역주)라고 말씀하십니다. 여러분은 이렇게 말할지도 모르겠습니다: "오오, 나는 하나님께 돌아갈 수 없소. 그에게 돌아가는 길이 너무도 멉니다. 나 자신을 바로 세워야 한다는 것은 알지만, 그 과정이 쓰라리고 괴롭습니다." 그러나 여호와께서는 말씀하십니다: "오직 인정하기만 하라"고 말입니다. 성경에 이 "오직"이라는 말이 나온다는 것이 얼마나 감사한지 모릅니다! "오직 네 죄를 인정하라"는 것입니다. "아아, 내가 너무도 방황했구나!" 그것을 인정하십시오. "하지만 내가 너무도 많이 죄를 범하였도다." 그것을 인정하십시오. "내가 빛과 지식을 거슬러 방황하였도다!" 그것을 인정하십시오. 골방에 들어가 하나님 앞에서 여러분의 과오들을 고백하는 것은 별로 어려운 일이 아닙니다. 무엇보다 여러분 자신이 그것을 알고 있습니다. 그러니 그것을 인정하면 됩니다. 여러분의 죄를 느끼고, 그리고 나서 그것을 고백하십시오. 그것을 납득하시고, 그 다음 심판대 앞에서 여러분의 죄과에 대해 탄원하십시오. 그것을 변명하거나 핑계를 댈 생각일랑 하지 마십시오. 그렇게 하는 한, 절대로 평안을 얻을 수가 없습니다. 있는 그대로 여러분의 죄를 인정하여 그 위험천만한 존재를 여러분의 영혼으로부터 깨끗이 지워버리시기 바랍니다. 다윗도 "피 흘린 죄에서 나를 건지소서"(시 51:14)라고 말씀하며 자신의 죄를 인정했습니다. 그는 자기의 죄를 다른 이름으로 부르기를 여러 차례 했습니다. 그러나 그것이 살인이었다는 것을 스스로 인정할 때에 용서가 임했습니다. 우리가 우리 죄를 인정할 때에 하나님은 우리로 그의 은혜를 알게 하실 것입니다. 그러나 우리가 우리 자신을 의롭게 여기면, 우리의 교만이 우리의 패망이 되어버리는 것입니다.

"내가 무엇을 인정할까요?" 주로 다음 다섯 가지를 인정하십시오.

여러분이 언약을 어겼다는 것 — 여호와 여러분의 하나님을 상대로 범죄했다는 것 — 을 인정하시기 바랍니다. 여러분은 스스로 하나님의 자녀요 그리스도의 지체요 성령의 전이라 공언하고는 그 모든 공언에 거짓되게 처신했습니다. 여러분의 맹세들을 깨뜨렸고, 여러분의 세례에 대해서도 거짓되게 행하였으며, 주의 성찬에 대해서도, 여러분의 기도들에 대해서도 모두 거짓되게 행하였습니다. 가서 주님께 이 모든 사실을 말씀드리고, 여러분이 여호와 여러분의 하나님을 상대로 범죄하였음을 인정하기 바랍니다.

그 다음, 여러분의 **탐욕스러운** 죄를 인정하십시오. 여러분이 "모든 푸른 나무 아래서 낯선 자들에게 너희 길들을 흩어버렸다"(13절. 한글개역개정판은 "네 길로 달려 이방인들에게로 나아가 모든 푸른 나무 아래로 가서"로 번역함—역주)는 것을 인정하라는 것입니다. 이스라엘은 기회가 있을 때마다 어느 곳에서든 죄를 범하였습니다. 노골적으로 죄를 지었습니다. 이스라엘이 감히 그렇게 노골적으로 죄를 지었을 것이라고는 생각하지 않을 것입니다만, 그들은 사실상 계속해서 죄를 범하였고, 마침내 수풀에 있는 나무의 숫자만큼 많이 우상 신들과 간음을 했던 것입니다. 이것이 정말 사실이라면, 여러분, 이 범죄를 고백하십시오. "주여, 내가 주를 떠난 이후 양손으로 죄를 범하였나이다. 눈으로 죄를 범하였고, 발로, 손으로, 머리로, 마음으로 죄를 범하였나이다. 주의 거룩한 율법을 거슬러 죄를 범하였고, 주의 사랑과 피를 거슬러서 셀 수 없이 많은 무수한 죄를 범하였나이다. 저 광활한 대양의 모든 물방울의 수효만큼이나 내 죄가 많사옵니다." 마음을 다해 명확하게 이를 고백하십시오. 말을 더듬지도 말고, 죄를 줄여보려고 하지도 말고, 깊은 겸손으로 있는 그대로 다 고하기 바랍니다. 배역한 자로서 여러분은 여러분이 아는 것보다 훨씬 더 많은 악을 행하였습니다. 그러니 혹시 여러분의 죄과를 과장하지 않을까 하는 염려는 전혀 쓸데없는 것입니다.

자, 이제 이 말씀으로 말씀을 마치겠습니다. "내 목소리를 듣지 아니하였음이라 여호와의 말씀이니라"(13절). 다시 말해서, 여러분은 부작위(不作爲)의 죄

(sins of ommission. 마땅히 행하여야 할 것을 행하지 않아서 범한 죄를 뜻함—역주)를 범하였다는 것입니다. 이것만으로도 우리는 누구나 궁지에 몰리고도 남습니다. 작위(作爲)의 죄(sins of commission. 행하지 말아야 할 것을 행하여 범한 죄를 뜻함—역주)는 많이 범하지 않았을지도 모릅니다. 하지만 부작위의 죄만 가지고도 우리는 완전히 가라앉아서 모든 소망이 사라져버릴 것입니다. 예수 그리스도의 보혈과 그의 의가 아니었다면, 우리 모두 그렇게 되었을 것입니다. 사랑하는 여러분, 속히 여러분의 부작위의 죄를 인정하기 바랍니다.

또한 여러분의 마음의 완악함도 고백하십시오. 하나님이 말씀하셨으나, 여러분은 들으려 하지 않았습니다. 하나님이 간절히 촉구하셨는데도 여러분은 그의 말씀을 청종하려 하지 않았습니다. 그가 여러분에게 아주 가까이 오셨는데도, 여러분은 그에게 등을 돌려댄 것입니다. 그리하여 하나님은 여러분에 대해 이렇게 말씀하시는 것입니다: "내가 말하였으나 너는 듣지 아니하였고, 내 음성을 청종하지 아니하였느니라"(참조. 렘 22:21).

여러분의 배은망덕함도 고백하십시오. 하나님이 여러분의 아버지이신데도 여러분은 그의 음성을 듣지도 청종하지도 않았습니다. 이 얼마나 어처구니없는 일입니까! 아내가 남편의 음성을 모르겠습니까? 형제가 다른 형제의 음성을 잊어버리겠습니까? 그런데 한때 우리와 함께 있던 여러분 중의 몇몇 사람들이 바로 그렇게 했습니다. 여러분은 우리의 기쁨이었고, 우리는 여러분의 기쁨이었고, 또한 하나님은 우리 모두의 기쁨이셨습니다. 그런데 여러분이 곁길로 빠졌고 첫 사랑을 버렸습니다. 여호와의 길을 저버린 것입니다. 그러나 지금 이 순간 여러분을 위한 심판이 하나도 없다는 것을 기억하기 바랍니다. 여러분을 위협하거나 욕하는 말은 하나도 없고, "오직 돌아오라"는 말씀만 있습니다. 여러분을 향한 사랑의 마음이 그 속에 담겨 있습니다. 하나님이 여러분의 유일한 안식처이시니 속히 그에게로 돌아가십시오. 여러분이 처한 곳에서는, 또한 여러분의 현재 모습 그대로는, 결코 행복을 누릴 수 없습니다. 여러분 스스로도 이미 시도해보아서 잘 알 것입니다. 오오, 얼마나 오래 시도해보았습니까? 하지만 여러분은 계속해서 아래로 내려가고 있고, 그 상황이 더욱 악화되기만 할 뿐입니다. 오오 여러분, 여러분이 이렇게 말하기를 바라마지 않습니다. "이 상태를 끝내리라. 반드시 끝내리라. 그가 그의 피로 나를 구속하셨으니, 다시는 그를 떠나지 않으리라. 지금 즉시 나 자신을 그에게 드리리라"라고 말입니다. 하나님의 성령으로 말미암아 이런 역사가 일어난다면, 설교자가 얼마나 복되겠습니까! 여러분도 과연 복될 것입니다. 그런 일이 자기들 중에 일어났다는 것을 아는 이 그리스도인들이야말로 복된 사람들입니다. 하나님께서 여러분에게 복을 주시기를 예수님의 이름으로 구합니다! 아멘.

제
2
장
—

악한 불청객들과 그들을 처리하는 법

—

"예루살렘아 네 마음의 악을 씻어 버리라 그리하면 구원을 얻
으리라 네 헛된 생각이 네 속에 얼마나 오래 머물겠느냐" —
렘 4:14.

예레미야 4장 같은 본문을 읽다 보면 하나님께서 유다 백성들에게서 요구
하시는 변화가 매우 깊고도 철저한 것이었음을 주목하게 됩니다. 하나님이 요구
하시는 변화는 그저 겉의 손을 씻는 것이나 겉모양의 삶을 깨끗이 하는 것만이
아니라, 악으로부터 그들의 마음을 씻는 것이었습니다. 여호와께서는 사악한 행
위를 중지하는 것은 물론 헛된 생각까지도 하지 않을 것을 그들에게서 요구하셨
습니다. 하나님은 우리에게도 그 비슷한 것을 요구하십니다. 그의 종 야고보의
입으로 말씀하기를, "죄인들아 손을 깨끗이 하라. 두 마음을 품은 자들아 마음
을 성결하게 하라"(약 4:8)라고 하시니 말입니다. 이런 말씀 때문에 우리의 거룩
한 신앙이 그토록 무게 있고 엄숙한 일이 되는 것입니다. 순전히 외형적인 규례
의 문제뿐이었다면, 어린아이는 데려다 물을 뿌리고 어른은 데려다 물에 잠기게
할 수도 있을 것입니다. 아니면 거룩히 구별된 떡과 포도주가 사람들을 구원해
주는 것으로 여겨 모든 사람들을 성찬 상에 앉히고 그것들을 먹고 마시게 할 수
도 있을지 모릅니다. 이렇게 하면 모든 일이 쉽게 이루어질 것 같습니다. 그래서
사람들이 예식 중심의 신앙에 그렇게 집착하는 것입니다. 그러나 마음의 신앙
은 힘든 것이요 따라서 불경한 자들은 그것을 견뎌낼 수가 없습니다. 의식주의

(ritualism)야말로 세상에서 가장 인기 있는 종교입니다. 모든 것이 일사천리이니 말입니다. 단 몇 분이면 해결됩니다. 생각할 것도, 걱정할 것도, 안타까워할 것도 전혀 없습니다. 모든 것이 그저 형식의 문제일 뿐이요, 그것도 사제들에게 맡겨두면 그만입니다. 마치 세상적인 행위들에 대한 문제는 모두 변호사들에게 맡겨서 해결하게 하고, 약방문은 의사들에게 맡겨두듯이 말입니다. 그들에게 모자라는 약간의 것들도 아무런 생각이 없이 처리할 수 있고, 여느 때처럼 즐거운 마음으로 죄 가운데서 계속 나아갈 수가 있는 것입니다.

그 다음으로 인기가 있는 것은 그저 도덕성밖에는 없는 종교입니다. "그렇다. 우리에게 잘못이 있는 줄을 우리도 알고 있다. 고치면 될 것이 아니냐? 심한 악행들은 마치 담장 위로 자라 오른 덤불가지들을 쳐내듯이 쳐낼 것이다. 동료들에게서 욕을 먹을 만한 일은 모두 즉시 우리에게서 씻어버릴 것이다. 이 정도면 족하지 않겠는가?" 많은 이들이 그렇기를 바라고 또한 마치 정말 그렇다고 느끼는 것처럼 살아가고 있습니다. 그러나 하나님의 말씀이 가르치는 신앙은 그렇지 않습니다. 그것은 "옷을 찢지 말고 마음을 찢으라"(욜 2:13)고 합니다. 그러므로 예식들로는 모자랍니다. "너는 마음을 다하고 뜻을 다하고 힘을 다하여 네 하나님 여호와를 사랑하라"(신 6:5)라고 말씀하니, 겉모양의 행동만으로는 안 되는 것입니다. 이것은 너무나도 힘겨운 요구입니다. 회개와 믿음만 해도, 불경한 자들은 이런 영적 임무들을 이행할 수가 없습니다. 그것들에 대한 생각 자체가 없기 때문입니다. 육신적인 마음은 영적인 것들을 언급하는 것조차 혐오하는 법입니다.

이러한 사실은 기독교 신앙을 그토록 엄숙한 것으로 만들어주는 한편, 우리를 던져 그 신앙의 위대한 첫째 원리를 대하게 해줍니다. 곧, 구원이 은혜로 말미암는 것일 수밖에 없다는 사실입니다. 내 마음이 변화되어야만 하는 것이 필수적인 요건이라면, 과연 내가 내 마음을 바꿀 수 있습니까? 그렇게 하라는 명령이 내게 주어져 있습니다. 이런 본문들은 내게 마음을 씻어 악을 제거하라고 명령합니다. 하지만 내가 어떻게 그렇게 할 수 있겠습니까? 샘이 자기 자신을 깨끗하게 정화시킬 수 있겠습니까? 쓴 물을 흘려보냈습니다. 마라처럼 쓴 물을 말입니다. 그런데 과연 그 샘이 그런 상태를 스스로 역전시킬 수 있습니까? "구스인이 그의 피부를, 표범이 그의 반점을 변하게 할 수 있느냐?"(렘 13:23). 이 일은 매우 간단한 일일 것입니다. 피부와 반점 같은 것은 겉모양에 속한 것이기 때문입니다. 하지만 사람이 자기 마음을, 자기의 본성 그 자체인 것을, 어떻게 바꾼단 말입니까? 여러분은 야생 사과나무가 스스로 달콤한 사과가 열리는 사과나무로 바뀌기를 기대합니까? 바로 앞의 은유로 다시 돌아가서, 여러분은 과연 마라의 쓴물에게 가서 명령하여 그 물이 스스로 엘림의 단물로 바뀌기를 기대하겠습니까? 아닙니다. 그런 일은 오직 하나님의 손이 행하시는 일입니다. 만일 그런 일이 일어난다면, 그것은 반드시 하나님께서 개입하신 일입니다. 자연은 오로지 그 본래의 상태만큼만 오를 수 있습니다. 이것은 변함없는 법칙입니다. 아무 곳에나 물을 부어도 그 물의 양만큼 수위가 올라갑니다. 하지만 압력을 받지 않는 한 수위가 더 높이 올라가는 법은 없습니다. 이처럼 사람도 자신의 타락하고 부패한 본성 이상으로 높이 올라가지 않는 것입니다. "육신의 생각은 하나님과 원수가 되나니 이는 하나님의 법에 굴복하지 아니할 뿐 아니라 할 수도 없음이라"(롬 8:7). 무덤에서는 생명이 나오지 않는 법입니다. 불결한 것에서는 정결한 것이 나오지 않습니다. 우리가 올바른 상태로 나려면, 위로부터 나지 않으면 안 되는 것입니다. 창조주께로부터 새로이 창조받아야 하고, 그리스도 예수 안에서 새로운 피조물이 되어야 합니다. 그렇지 않으면 하나님의 율법이 요구하는 지점까지 절대로 오를 수가 없습니다. "네 마음을 씻어 버리라"라고 말씀합니다. 오오 하나님, 제가 어떻게 제 마음을 씻을 수 있겠습니까? 눈 녹은 물가로 가서 겉을 그렇게 깨끗할 수 없이 씻는다 해도, 내 마음은 어떻게 씻는단 말입니까? 주께서는 생각들을 마음에서 몰아내라고 명하십니다만, 오오 하나님, 때로는 내 의지와는 상관없이, 때로는 내 의지에 따라 생각들이 계속 일어나, 마치 쉴 새 없이 파도에 뒤흔들리는 가련한 바다의 모습처럼 제가 그 생각들로 인해 이리저리 흔들리고 있습니다. 그것들이 마치 벌들처럼 제 주위를 맴돕니다. 그렇습니다. 이 허망한 생각들이 제 주위를 맴돌고 있습니다. 그것들이 마치 벌들처럼 제 선한 욕망들을 찔러 죽이고 있습니다. 여름철 파리 떼처럼 그것들이 내 귓가에서 윙윙거리며 제 마음을 부패로 가득 채우니, 그것들이 사라지지 않을 것입니다. 얀네와 얌브레가 애굽의 재앙을 견디지 못한 것처럼 저도 그것들을 더 이상 저항할 수가 없습니다. 오오, 헛된 생각들을 어떻게 씻어낼 수 있단 말입니까? 과연 어디서 이 절실한 임무를 행할 힘을 얻을 수 있겠습니까?

　"너희는 그 은혜에 의하여 믿음으로 말미암아 구원을 받았으니 이것은 너희에게서 난 것이 아니요 하나님의 선물이라"(엡 2:8). 육신으로 인하여 연약하므로 여러분은 할 수 없는 그 일을 하나님이 여러분을 위해 하실 수 있습니다. 그리고 그의 성령께서 힘을 주사 하나님께서 여러분에게 요구하시는 그 모든 임무들을 능히 행할 수 있게 하실 것입니다. 여러분이 여러분 자신을 하나님의 은혜의 그 복된 복음에 굴복시키고 거기에 순종하고자 하면, 그가 여러분을 깨끗하게 하실 것이고, 여러분의 생각들 역시 불로 태우듯 깨끗이 없애주실 것이요, 그것들이 마치 하나님께 드리는 감미로운 향연처럼 올라갈 것입니다. 제 말씀을 듣기 전에, "이 말씀은 어렵도다. 누가 들을 수 있느냐?"(요 6:60)라고 말하려 하는 사람이 있다면 우선 이 말씀에서 격려를 받으시기 바랍니다.

　자, 오늘 본문은, "네 헛된 생각이 네 속에 얼마나 오래 머물겠느냐?"(한글개역개정판은 "헛된 생각"을 "악한 생각"으로 번역함—역주)라고 말씀합니다. 악한 불청객들입니다. 사람이 악한 불청객들을 제 방에 들이는 경우도 있었습니다. 선한 사람들이 그런 자들 때문에 괴로움을 당하는 경우를 많이 보았습니다. 그러니 그런 자들은 계속 머무르게 할 이유가 없습니다. 곧바로 쫓아내어야 합니다. 그러므로 본문은, "네 헛된 생각이 네 속에 얼마나 오래 머물겠느냐?"라고 말씀하는 것입니다. 이는 곧 그것들을 쫓아내는 일에 미적거리고 있어서는 안 된다는 뜻입니다. 그것들은 사람의 가슴에 깃들도록 용인해서는 안 될 것들이기 때문입니다.

　첫째로, 몇몇 이 악한 불청객들의 이름을 가르쳐드리겠습니다. 둘째로, 그것들이 얼마나 악한 불청객들인지를 말씀드리겠습니다. 그리고 셋째로, 그것들을 쫓아낼 방도에 대해 몇 가지 권면의 말씀을 드리겠습니다. 성령께서도 임하셔서 이 말씀이 발설될 때에 복 주시기를 바라며, 또한 그 불청객들보다 더 강한 자께서 오셔서 여러분 속에 영원토록 거주하시되, 그저 불청객으로서가 아니라 여러분의 존재 전체의 주요 또한 소유주로서 거주하시기를 바랍니다.

1. 악한 불청객들의 이름

　그러면 첫째로, 몇몇 악한 불청객들을 말씀드리겠습니다. 우리들 중에는 "헛된 생각들"이라 이름하는 이 악한 불청객들에게 마음과 머릿속에 방을 마련하여 제공해준 분들이 분명 있을 것입니다.

　많은 생각들을 헛되다고 부를 수 있는데, 이는 그것들이 교만하며 우쭐하는 생각들이기 때문입니다. 그러므로 어느 때든 사람이 자기 자신이 본성적으로 선

하다고 생각하면, 우리는 그의 생각에 대해서 "헛되고 헛되며 모든 것이 헛되
도다"(전 1:2)라고 말해도 무방할 것입니다. 만일 여러분이 새로움을 얻지 못
했으면서도 여러분의 부모가 경건했으니 여러분이 다른 이들보다 낫다는 식으
로 꿈꾼다면, 그것은 헛된 생각입니다. 하나님의 성령으로 거듭난 적이 없으면
서도 여러분이 받은 유아 세례를 믿는다면, 이는 헛된 생각입니다. 예수님을 믿
게 된 일이 한 번도 없는 데도 여러분이 존경받는 자요 예배의 자리에 정기적으
로 참석하고 있으니 여러분 자신이 매우 선하다고 생각한다면, 이 역시 헛된 생
각입니다. 우리가 죄인들에 대해 이야기할 때에 여러분은 거기에 해당되지 않
는다고 여기며, 또한 하나님의 말씀이 사람들의 죄를 정죄할 때에 여러분 자신
은 그 정죄 받는 처지에 속하지 않는다는 생각이 머릿속에 일어난다면, 이는 헛
된 생각입니다. 만일 여러분은 불쌍하고 가련한 죄인처럼 그리스도께로 나아올
필요가 없으며, 다른 이들과 똑같은 유의 변화가 여러분에게는 필요 없고, 사실
여러분에게는 무언가 천국으로 향하는 특별한 길이 있고 또한 여러분이 그 길
로 들어가는 열쇠를 찾았다는 식의 생각이 있다면, 여러분은 착각하고 있는 것
이며, 그런 생각은 헛된 생각입니다. 여러분은 반드시 거듭나야 합니다. 그렇게
두 번 나지 않으면 결국 두 번 죽게 될 것입니다. 예수 그리스도의 피로 씻음 받
아야만 합니다. 그렇지 않으면 여러분의 죄 가운데서 죽고 말 것입니다. 하나님
께 나아와 자비를 달라고 외쳐야 하고, 또한 그에게서 모든 것을 찾아야 할 것
입니다. 그렇지 않으면 여러분의 허물 가운데 정죄 아래 있다가 망하고 말 것입
니다. 그렇게 생각하지 않는다면, 그것은 헛된 생각입니다. 자기의(自己義: self-
righteousness)를 꿈꾸는 모든 생각은 다 헛된 생각입니다. 여러분이 이런저런 것
을 행하여 스스로 구원을 이룰 수 있다거나, 어느 때라도 여러분이 원하기만 하
면 어느 때라도 돌이켜 그리스도인이 될 수 있으므로 서두를 필요도 없고 성령
의 도우심을 구할 필요도 없다는 식의 자기 능력을 신뢰하는 생각은 무엇이든
다 헛된 생각입니다. 여러분 자신을 죗덩어리나 속수무책의 처지에 있는 존재
이상으로 보는 것은 무엇이든 헛된 생각입니다. 여러분 자신의 진정한 가치와
하나님 앞에서의 여러분의 처지를 잘못 생각한 것입니다.

자, 어쩌면 지금 이 자리에 정말 점잖고 훌륭한 사람들이, 스스로 그렇게 느
끼는 사람들이 있을 것입니다. 그분들은 개인적인 언사는 별로 듣지 못하는 그
런 예배의 자리에 참석하는 분들입니다. 그러니 목사가 개인을 지목하는 식으로

이야기하면, 그들은 이렇게 말합니다. "사람의 체면을 생각해주어야지, 대체 목사가 무슨 권리로 저런 식으로 말하는가?"라고 말입니다. 사람들이 지옥을 향해 내려가는데도 경고하지 않고 내버려두는 것을 사람을 생각해주는 것으로 여기는 것입니다. 그러나 저는 그들을 진정 생각하는 마음으로 할 수 있는 한 최선을 다하여 모든 속임수를 깨뜨리고자 합니다만, 분명히 단언하건대 자기의는 모두 속임수요, 치명적인 착각이요, 파괴적인 오류입니다. 이는 또한 수천수만의 사람들을 ― 선하고 조용하고 해를 끼치지 않고 점잖은 사람들을 ― 망치는 길입니다. 그들은 자기들의 일에서 너그럽고 친절합니다. 그리고 그 때문에 자기들이 영원토록 안전하리라고 결론지어버립니다. 그들은 이렇게 말합니다. "자, 나는 심하게 잘못된 일을 행한 적이 없으니 회개와 믿음이 내게 왜 필요하며, 십자가상의 그 불쌍한 도둑처럼 그저 그리스도를 바라보고 '주여 나를 기억하소서'라고 해야 할 이유가 무엇인지 모르겠소." 그러나 사랑하는 여러분, 저는 본문의 말씀 그대로 여러분에게 말씀드려야겠습니다. 곧, "네 헛된 생각이 네 속에 얼마나 오래 머물겠느냐?"라는 말씀이 그것이니, 사람들의 생각들이 모두 헛되기 때문입니다. "율법의 행위로써는" 하나님 보시기에 "의롭다 함을 얻을 육체가 없느니라"(갈 2:16). 천국으로 향하는 길은 허황된 우리의 의의 행위를 근거로 하는 것이 아닙니다. 구원은 오직 은혜로 말미암아 예수 그리스도를 믿는 믿음을 통하여 얻어지는 것입니다.

또 다른 유의 헛된 생각은 **육신적인 안정감**(carnal security)이라는 제목으로 분류할 수 있을 것입니다. 시인은, "모든 사람들은 자기들만 빼고 나머지 모든 사람들이 죽을 운명이라고 생각한다"고 말하는데, 이 말이 마치 그 이상 더 진실인 금언이 없었던 것처럼 그렇게 자주 인용되고 있습니다. 우리는 사흘 전만 해도 그렇게 건강하고 원기가 왕성하던 아무개가 죽었다는 소식을 듣고 깜짝 놀랍니다. 어안이 벙벙하여 한동안 멍하니 있습니다만, 그런 일이 우리 자신에게도 일어날 것이라는 생각은 꿈에도 하지 않습니다. 주일에 우리 옆자리에 앉아 함께 예배를 드리던 어느 사람이 이제 죽어 관 속에 있다는 소식을 들으면 크게 경각심을 갖습니다. 그러나 우리는 고령이 될 때까지 살 것이라는 소망을 철석같이 붙잡습니다. 폐병에 걸린 한 사람이 언젠가 갑자기 폐의 출혈로 사망하였는데, 또 다른 폐병환자는 이렇게 말합니다: "이런 안타까운 일은 폐에 병이 든 환자에게 일어나는 일이지 나 같은 사람에게는 전혀 일어나지 않을 것이야." 사람들은 일터에 나가면서, "오늘 아침 잠에서 깬 많은 사람들 중에 해가 지는 것을 보지 못할 사람들이 많으리라"라고 말합니다만, 정작 그들 자신은 저녁에 할 일들에 대해 이리저리 이야기합니다. 마치 자기들은 저녁때까지 아무 일 없이 살아 있을 것이 확실하기라도 한 것처럼 말입니다. 그들에게는, "주의 뜻이면 이것이나 저것을 하리라"(약 4:15)라는 식의 기미는 전혀 찾아볼 수가 없습니다. 우리는 모두 인생이 매우 불확실하다는 것을 잘 알고 있습니다. 하지만 수많은 사람들이 그 인생의 불확실성에다 자기들의 영혼을 겁니다. 말로 감히 표현하지는 못하지만 어찌하든 자기들이 아직은 죽지 않으리라는 것을 속으로 확실히 믿고서 그렇게 하는 것이지요. 그런 안정감이 헛된 생각이 아니고 무엇이겠습니까? 사랑하는 여러분, 사람이 80세나 88세, 혹은 90세가 되면 한 해를 더 넘기기를 기대할 수 없다는 것이 확실한데, 이것이 여러분에게 충격적으로 다가오지 않습니까? 이성이 있는 사람이라면 자기가 금방 죽게 되리라는 것을 인정해야 할 것입니다. 그런데 전혀 그렇지 않습니다. 그런 사람이야말로 죽음에 대해 가장 덜 생각하는 경우가 허다합니다. 여러분이 그 문제를 꺼내면 그 사람은 대화하기를 꺼리고, 금방 화제를 돌릴 것입니다. 그보다 젊은 사람들 중에는 노년에 대해서나 늙는 문제에 대해 언급하는 것조차 싫어하는 이들이 많습니다. 이 늙은 양 떼들에 대해 마치 어린양들을 대하듯 이야기해야지, 그렇지 않으면 그들이 좋아하지 않습니다. 그들의 노년의 실상에 대해 있는 그대로 진실을 이야기하면 거리낌을 갖습니다. 마차를 몰고 길을 가다가 나이 많은 사람을 만날 경우에 그 사람을 곧바로 길가로 비키게 만들려면, "이보게 젊은이 비켜주게!"라고 외치면 됩니다. 그러면 그 사람은 기분이 좋아서 곧바로 길을 비켜줍니다. 자기를 젊게 봐준다는 것에 기쁨을 느끼기 때문입니다. 그러나 그 사람을 늙었다고 하면 반감을 갖습니다. 그러나 이것은 정말 어리석은 일입니다. 여러분도 이 일에 미소를 짓습니다. 이것이 정말 어리석은 일이니 말입니다.

하지만 어리석은 일이 얼마나 흔한지요! 나이가 많아지면 남자든 여자든 그것을 인정하고 사람들이 그대로 봐주는 것을 그대로 받아들이는 것이 당연한 일 아닐까요? 어째서 사람들은 자기 날을 계수하거나 그 일을 염두에 두려 하지 않는 걸까요? 여러분과 제가 모든 일이 정상이라면, 늙을수록 더 좋은 것입니다. 누군가가 한 그리스도인에게 "나이가 몇입니까?"라고 물었답니다. 그랬더니 그 사람은 "저는 칠십보다 좋은 쪽에 있습니다"라고 대답했답니다. 그런데 그 사람이 75세인 것을 알고는 "당신은 칠십보다 좋은 쪽이라고 말하지 않았습니까?"라고 했습니다. 그러자 그는 이렇게 대답했답니다: "예, 그렇습니다. 좋은 쪽이지요. 저의 복된 본향인 천국에서 가장 가까운 쪽이니까요." 모든 그리스도인들이 그렇게 생각해야 하지 않겠습니까? 올바로 판단하게 되면 그렇게 생각하게 됩니다. 기쁨으로 다음과 같이 노래할 것이니 말입니다:

> "여기서는 육체 안에서 괴로움을 당하고,
> 주님이 함께 계시지 않아 방황하나,
> 밤이 되면 지고 다니던 나의 장막을 치리니
> 하루의 여정만큼 본향에서 가까우리."
> — 제임스 몽고메리[James Montgomery: 1771-1884]의 찬송시

하루의 여정이 그렇게 노래할 만한 가치가 있다면, 한 해 동안의 여정을 통해 그만큼 본향에 더 가까워진다는 사실이야말로 큰 기쁨이 아니겠습니까? 포로된 처지에서 한참 더 오래 머물러 있어야 하고, 사랑하는 주님의 얼굴을 뵈올 때까지 한참을 더 기다려야 하고, 성인의 나이가 된 상속자처럼 하나님께서 베푸실 우리의 기업을 얻어 누리기까지 그렇게 오랫동안 기다려야 한다는 사실을 잘 인식해야 하지 않겠습니까?

사랑하는 여러분, 죽지 않는 것에 관한 이런 헛된 생각들을 몰아내시기 바랍니다. 제가 그 길을 안내해드리겠습니다. 저는 이 땅을 사는 어느 다른 사람 못지않게 오늘 밤 죽을 수 있는 가능성을 지니고 있습니다. 여러분도 마찬가지로 다른 어느 누구 못지않게 또다시 주일을 맞지 못할 가능성이 있습니다. 무슨 특별한 질병이 있는데 여러분 자신이 그것을 알지 못하는 것은 아닌가 염려하기도 합니다. 물론 저는 여러분이 그렇지 않기를 바랍니다. 그러나 우리는 누구나 죽음의 화살에 맞아 넘어질 수 있는 그런 요인을 스스로 지니고 있습니다. 우리의 본성 자체에 죽을 수밖에 없는 사실의 씨앗들이 다 심겨져 있다는 것을 인정해야만 합니다. 어떤 한 사람을 — 아니 두 사람을 — 만났는데, 그들은 자기들이 죽을 것이라는 사실을 믿지 않았습니다. 하지만 그들은 매우 늙어가고 있고 그 중의 한 사람은 매우 몸이 쇠약해진 상태에 있습니다. 그러니 저는 그들이 반드시 죽을 것이라는 느낌을 지울 수 없습니다. 오늘 이 자리에 계신 분들 가운

데 누구든지 그런 생각이 바보 같은 생각이라고 여기는 분은 분명한 한 가지 사실을 기억해야 합니다. 곧, "나는 아직 죽을 때가 되지 않았다"라고 말하는 것도 정도의 차이는 있으나 결국 똑같이 바보 같은 생각이라는 것입니다. 어쩌면 여러분도, "나는 절대로 죽지 않을 거야"라고 말할지도 모르겠습니다. 결국 실제로 결론은 한 가지뿐입니다. 곧, 죽음은 멀리서는 우리에게 거의 영향을 미치지 못하기 때문에 죽음이 아예 없는 것과 똑같이 느껴진다는 것입니다. 그러나 여러분은 바로 다음 순간에 죽을 수도 있습니다!

사랑하는 여러분, 만일 지금 바로 이 순간 여러분이 교회당 좌석에 앉아 있는 동안 여러분의 벌거벗은 영혼이 갑자기 하나님의 심판대 앞에 서게 된다면 어찌시겠습니까? 만일 그렇다면 여러분은 어떻게 되겠습니까? 살아계신 하나님이 계시고 또한 여러분이 여러분의 영혼에 대해 애착을 갖고 계시니, 여러분에게 권면합니다. 그런 생각이 여러분의 뇌리에서 도망가지 않도록 항상 주의하시기 바랍니다. 제 경우는, 제가 최소한 앞으로 10분 동안은 죽지 않고 살아 있으리라고 여기는 것도 헛된 생각입니다. 나 자신이 앞으로 일주일의 삶을 더 보장받았다고 여기는 것도 헛된 생각입니다. 저는 그저 삶을 빌려 사용하는 소작인에 불과하니, 어느 때에라도 쫓겨날 수 있기 때문입니다. 그러니 저는 어리석고 헛된 육신적인 안정감을 내던져버리겠습니다. 여러분 중에 오래도록 살 것이라고 가정하고 있는 분에게 성령께서는 지금 이 순간 이렇게 말씀하십니다: "네 악한 생각이 네 속에 얼마나 오래 머물겠느냐?"

또 한 가지 다른 유의 생각들이 있습니다. 그 생각들은 더 그럴듯해 보이지만, 똑같이 헛된 것들입니다. 많은 것을 약속하지만 결국 아무것도 이루지 못하기 때문입니다. 그 생각들은 열매가 없으므로 헛된 것들입니다. 이 헛된 생각들은 마치 예루살렘의 좀 더 나은 부류의 사람들 — 그 나름대로 선한 사람들 — 과 비슷합니다. 그들은 하나님이 심판으로 그들을 경고하시니 하나님께로 돌아가리라고 정말로 생각했습니다. 반드시 그리할 생각이었습니다. 추호도 하나님을 대적하여 완악한 마음을 가질 의도가 전혀 없었습니다. 그들은 선지자의 호소의 권능을 인지하고 있었습니다. 경고를 발하시는 공의로우신 하나님의 임재에 어느 정도 경외감을 느끼고 있었습니다. 그러므로 그에게 돌아갈 의도였습니다. 마음을 깨끗이 씻고, 하나님이 금하신 행위들을 모두 버릴 생각이었습니다. 그러나 지금 당장은 아니고, 서서히 그렇게 할 생각이었습니다. 물론 오랫동안 미룰 생각은 아니었습니다. 오래 미룬다는 것은 매우 위험한 일이니, 그저 잠시만 미루는 것이 안전할 것이라는 생각이었습니다. 세상과 어울려야만 하는 일이 있으니, 그 일이 끝날 때까지만 미루어 놓고자 했습니다. 쉽사리 깨뜨릴 수 없는 긴밀한 관계가 이미 형성되어 있으니, 아쉽지만 좀 더 편리한 때가 오기까지 신앙의 문제를 뒤로 미루어놓는 것입니다. 몇 해 동안은 쉽게 파기할 수가 없는 모종의 사업에 묶여 있었습니다. 하지만 반드시 돌아오리라는 생각이었습니다! 오오, 여러분, 그들의 의도가 그랬습니다! 분명 하나님께로 돌아오고 그들의 영혼을 돌아보리라는 생각이었습니다! 실제로 말로는 그렇게 이야기하지 않았지만, 그들의 표정으로 설교자에게 간청하듯 이렇게 호소했습니다. "지금 당장 너무 우리를 압박하지 마십시오. 우리는 정직한 사람들이고, 하나님의 명령도 인정합니다. 다만 조금만 뒤로 미루자는 것입니다. 절대로 하나님의 요구 사항들을 깨뜨리려는 의도가 아닙니다. 가까운 시일 내에 그 요구 사항들을 반드시 이행할 생각입니다만, 오늘 당장은 아닙니다. 오오, 우리가 성경 말씀을 부인하는 것은 아니니, 우리를 불신자(infidels)로 취급하지 마십시오. 사람들을 향한 그리스도의 사랑이나 그의 복음의 능력을 믿어 의심치 않습니다. 바라건대 잠시 후면 우리가 그것을 느끼게 될 것입니다." 그들은 이 많은 날들 중 어느 한 날에 하나님의 사랑을 누릴 생각이고, 또한 성도다운 자세로 그들의 삶을 다시 정돈하기를 소망하고 있었습니다. 그들은 자기들이 그런 결단을 가질 만큼 자기들이 선하다고 여겨서 자기들 자신에 대해 흐뭇해합니다. 그들이 덕성 그 자체를 소유한 것은 아직 아니지만, 그것을 소유하기를 위하여 결단한다는 생각만으로도 우쭐해져서 자기들 자신을 크고 높게 여기는 것입니다. 선한 결단을 할 수 있다는 것만도 굉장한 일이라고 여기는 것입니다.

  자, 사랑하는 여러분, 지난 오랜 세월 동안 여러분의 생각의 스타일이 바로 이와 같지 않았습니까? 여러분, 어린아이 시절에 — 신앙의 길에 새로이 들어섰고 지금만큼 여러 다른 길들에 대해 아직 많이 모르던 시절에 — 그렇게 생각하지 않았습니까? 그 옛적의 신앙 감정들을 기억하십니까? 밤에 흘리던 눈물이며, 예수님께 부르짖던 어린아이 같은 외침들이며, 어머님이 믿는 주님이 기억나십니까? 그렇습니다. 기억이 날 것입니다. 그리고 얼마 전에는 그 모든 일들이 떠올라 하나님의 집에 앉아 두려워 떨며, 골방에 들어가 무릎을 꿇고 기도해야겠다고 생각하기도 했습니다. 그 때에 여러분은 임마누엘의 땅의 경계에 서 있었고, 한 걸음만 옮기면 생명에로 들어갈 수 있는 상황이었습니다. 그 때에 여러분은 자신이 이미 그 걸음을 옮긴 것이기를 바랐습니다. 하지만 아직 그렇게 하지는 못했습니다. 아직 발걸음을 옮기지 못하는 이유가 나름대로 있었습니다. 여러분은 여러분이 한가해질 때까지 기다리시기를 주님께 구했습니다. 주님을 마치 여러분의 문간에서 구걸하는, 여러분과 아무런 관계도 없는 거지처럼 대한 것입니다. 그리고는 계속해서 그 일을 뒤로 미루어오고 있다니, 정말 안타까운 일입니다. 대체 언제 그 일을 행하렵니까? 여러분의 머리에 늙어가는 증표들이 나타나고 있습니다만, 아직도 여전히 하나님께로 거듭나지 않고 있습니다. 시력이 나빠져 안경이 필요합니다만, 아직도 여러분은 예수님을 바라보지 않고 있습니다. 계속해서 세월이 흘러갔고 또한 여러분의 죄의 기록이 긴 두루마리 양편을 가득 메우고 있으나, 여러분은 여전히 무언가 매우 선한 일을 위해 결단만 하고 있고, 마음을 모으고만 있습니다. 여전히 적절한 시기가 오기를 바라고 있고, 그저 조금만 기다리면 된다고 여기고 있습니다.

자, 주님은 말씀하십니다: "네 악한 생각이 네 속에 얼마나 오래 머물겠느냐?" 이처럼 뒤로 미루는 것이나 이런 거짓 약속들이나 이런 자기 기만이나 모두가 헛된 것일 뿐입니다. 대체 얼마나 오랫동안 그것들이 여러분의 영혼을 가득 메우고서 여러분을 저주하고 있겠습니까?

어떤 이들의 경우에는 — 이들이 구원받았기를 바랍니다만 — 비슷한 방향에서 헛된 생각들을 갖고 있습니다. 그리스도를 믿는다고 스스로 여기면서도 공적으로 자기들이 제자임을 공언하여 주께 순종하는 일은 꺼립니다. 그들은 복음에 두 가지 계명이 있다고 알고 있습니다. 곧, "믿고 세례를 받는 사람은 구원을 얻을 것이라"(막 16:16)와 "마음으로 믿고 입으로 그를 시인하는 자는 구원을 얻으리라"(롬 10:9)가 그것입니다. 이들은 조만간 자기들의 믿음을 시인하리라고 결심합니다. 그런 결심은 변함없는 그들의 뜻입니다. 하지만 때가 아직 이르지 않았습니다. 지금은 자기들의 상태에 대해 온갖 의문거리들로 가득 차 있기 때문입니다. 한때 이들은 믿음이 있다는 것을 확실히 느꼈습니다. 그 때에 그 사실을 시인했더라면 그 확신이 지속되었을지도 모릅니다. 그런데 주께 순종하는 일을 그렇게 오랫동안 유보해오다 보니 이제는 자기들이 정말 믿어온 것인지에 대해 의심하기 시작하는 것입니다. 어쩌면 그런 의심이 옳을지도 모릅니다. 주 예수님은 이렇게 말씀하셨습니다: "누구든지 사람 앞에서 나를 시인하면 나도 하늘에 계신 내 아버지 앞에서 그를 시인할 것이라"(마 10:32). 그러나 누군가 이에 대해 코웃음칠 것입니다. 짊어져야 할 십자가가 있고 이 때문에 방해를 받게 될 것이니, 당분간 순종하기를 미루게 된다고 할 것입니다. 예수 그리스도께서 이렇게도 말씀하시니 말입니다: "자기 십자가를 지고 나를 따르지 않는 자도 내게 합당하지 아니하니라"(마 10:38).

그러나 그들의 의도는, 왕의 길을 따라가다가 정문에서 통행료를 지불하거나 왕의 관리들을 만나거나 혹은 왕의 원수들에게 발각되거나 하는 것이 정석인데, 할 수만 있다면 그것을 피할 다른 지름길을 찾고자 하는 것입니다. 할 수만 있다면 전투가 시작될 때에 수풀 속으로 기어들어가 전투 중에 혹시 당할지 모를 화(禍)를 피하려는 것입니다. 그들이 보여주는 신앙적인 용기는 구멍 속에 숨어 있는 생쥐의 용기 이상 아무것도 아닙니다. 아무도 보는 사람이 없는 밤이 아니면 바깥으로 나오지를 않습니다. 물론 언제까지나 계속해서 이런 비겁한 태도를 취할 의도는 없습니다. 조만간 매우 용감하게 나서서 굉장한 전공(戰功)을 세울 뜻을 갖고 있습니다. 머지않아 "나는 주님의 편이다"라고 공개적으로 밝히고 자기의 본색을 당당하게 드러낼 생각입니다. 그리고는 누구보다도 용맹한 군사가 될 것이라고 합니다만, 지금 당장은 그렇게 할 수 없다는 것입니다. 교회 직분자들을 만나 교회의 일원이 될 수 있는 또 한 차례의 기회를 그냥 보내버렸고, 또 다른 기회도, 그리고 또 다른 기회도 그냥 보내버렸습니다. 그런데도 아직 결정의 시점은 가까이 오지 않고 있습니다. 자, 이들의 결단은 헛된 생각입니다. "대체 어느 때까지 미루고 있을 것입니까?" 언제가 됐든 시기를 정하십시오. 하나님과 그의 교회와 그의 계명을 뒤로 제쳐두는 상태를 종결짓기 바랍니다. "네 악한 생각이" — 그리스도께 순종하겠다는 너의 그 효력 없는 약속들이 — "네 속에 얼마나 오래 머물겠느냐?"

결단들이 매우 유익하고 기도와 함께 하는 것들이요 거룩하지만, 그 결단이 이런저런 이유로 지연되기 때문에 결국 헛된 생각보다 나을게 거의 없을 경우가 허다합니다. 주 안에서 사랑하는 여러분에게 이 말씀을 꼭 드리고 싶습니다. 주님을 사랑하지만, 무화과나무의 결실 시기가 아직 되지 않아서 주를 위해 여러 일들을 해본 일이 없는 분들이 많습니다. 이들은 그저 잎사귀밖에는 내지를 못했습니다. 그들은 포도나무에 속한 살아 있는 가지들이지만, 아직 포도열매를 생산해내지 못했습니다. 그들은 지금까지 구차히 스스로 그리스도인임을 공언

하는 것 외에는 별로 보여준 것이 없습니다. 그러나 그러면서도 그들은 조만간
— 이 때가 언제일지는 그들도 모릅니다 — 에스골의 포도송이(참조. 민 13:24)
에 버금가는 훌륭한 포도송이들을 맺을 것이라고 생각하고 이로써 스스로 위안
을 삼습니다. 더 높은 삶을 향하여 일어서리라는 결심이 그들에게 있습니다. 은
혜 안에서 자라나리라는 생각도 합니다. 성경읽기와 기도에 더 많은 시간을 할
애할 마음도 있습니다. 하나님께 더 가까이 나아가는 삶을 살기를 바랍니다. 그
리고 강력한 그리스도인으로 자랄 것입니다. 그리고 그런 일이 일어나면 그 때
에는 무언가 큰 일을 하게 될 것이라고 생각합니다. 그들의 결단이 어떤 형태를
취하는지 저로서는 알 수가 없습니다. 하지만 그분들에게는 무언가 대단한 일을
행하리라는 결심이 있습니다. 주일학교에 들어가 수많은 어린아이들을 주님의
발아래로 불러오기도 할 것입니다. 젊은이들을 위해 성경공부 반을 시작하기도
할 것입니다. 그리고 그 반은 반드시 성장할 것이고, 거기서 많은 이들이 배출되
어 하나님의 교회를 세우게 될 것입니다. 그들은 이스라엘의 아버지나 어머니가
되고 그들의 영적 자녀들의 수가 많을 것입니다. 아니면, 마을의 정거장마다 나
아가 말씀을 전하여 많은 사람들을 모으고 수백수천의 사람들을 주께로 인도할
것입니다. 개인적인 수고를 기울여 주님을 섬길 의사를 갖고 있고, 혹은 하나님
의 대의(大義)를 위하여 큰 재산을 드릴 마음도 있습니다. 오랫동안 가난한 자들
에게, 국내의 교회에게, 또한 해외의 선교사들에게 아낌없이 베푸는 사람이 되
리라는 포부도 마음 깊이 갖고 있었습니다. 아직까지는 별로 드린 것이 없습니
다만, 머지않아 물을 강같이 솟아내는 풍성한 샘처럼 흘러넘치게 하겠다는 마음
이 있습니다. 이들은 지금도 결단을 하고 있습니다.

    하지만 대체 언제 그 결단을 시행한단 말입니까? 사랑하는 형제자매 여러
분, 지금까지 우리가 해야겠다고 생각한 것의 절반만 행했어도 우리는 이미 포
도나무의 아주 풍성한 열매를 맺는 가지들이 되어 있을 것입니다. 그런데 이렇
게 결심하고 또 결심하는 일에만 시간을 쏟는 나머지 무엇이든 실질적으로 시행
하는 일에 쏟을 시간이 거의 남아있지 않은 것입니다. 우리는 눈을 뜨고서 꿈을
꿉니다. 밤에 잠들어 있는 때에 꿈을 꾸어서 깨어난 후에 새로운 힘을 얻는 것이
아니라, 꿈이 전혀 유익이 없는 대낮에 꿈을 꿉니다. 그리고는 꿈을 꾼다는 것으
로 인해서 우리 자신을 대견하게 보도록 아첨하고 있는 것입니다. 이런 것들은
헛된 생각들입니다. 주님은 우리의 실질적인 섬김을 받으셔야 마땅한 분이시니

말입니다. 상상 속의 피로 여러분이 구속함 받은 것이 아닙니다. 그러니 상상 속의 열매로 구주의 사랑을 상급으로 얻는다는 것도 불가능한 것입니다. 그리스도께서 우리를 속량하셔서 지옥으로부터 구원하신 것이 그림으로 그린 십자가에서 그림으로 그려놓은 죽음으로 하신 일이 결코 아닌데, 우리는 그분께 제안이나 계획이나 방법론, 혹은 상상이나 결심 따위로 보답해드릴 생각을 하고 있단 말입니까? 어떤 이들은 자기들의 미래에 이루고자 하는 의도들을 너무나 오래 품는 나머지 그것들이 썩은 달걀이 되어 버려서 아무것도 속에서 부화되어 나오는 것이 없습니다. 오오 사람아, "네 손이 일을 얻는 대로" 할지어다, "힘을 다하여 할지어다"(전 9:10).

　　지금 여러분이 해야 할 일을 죽은 다음에 다른 사람이 하도록 남겨두는 일이 없기를 바랍니다. 죽을 때에 가서 큰 일을 행하겠노라고 마음을 먹는 이들이 많습니다. 돈을 자기 마음대로 쓰지 못하게 될 때가 오면 그 때에 그것을 포기하려 합니다. 하나님께 드리는 굉장한 희생이 아닐 수 없습니다! 그러나 진정 하나님을 섬기고자 하는 사람은, "내 재물이 내 상속자에게 넘어간 후가 아니고, 그 이전에 아직 나의 것일 동안에 그것을 하나님께 드리리라"고 결심하는 법입니다. 사랑하는 여러분, 여러분의 게으름을 스스로 후회하게 해드리고 싶습니다. 이층에 누워 한가히 보내거나, 아니면 행하고자 해도 행할 수도 없고 사실 한 번도 시도조차 하지 않을 모종의 큰 일을 행하겠노라고 결심하면서 죄악된 양심의 꾸짖음을 잠재우는 것보다 실제로 일을 행하는 것이, 그리고 여러분이 할 수 있는 적은 것을 행하는 것이 무한히 더 낫습니다.

　　지금까지 "네 헛된 생각이 네 속에 얼마나 오래 머물겠느냐?"라는 본문의 말씀이 언급하는 여러 종류의 악한 불청객들에 대해 말씀드렸습니다. 질질 끌고, 머뭇거리고, 뒤로 미루어온 이 자리의 모든 그리스도인을 향하여 하나님은 말씀하십니다: "네 헛된 생각이 네 속에 얼마나 오래 머물겠느냐?" 여러분의 결심이 과연 행했어야 옳을 그런 것이라면 여러분이 결심한 그 일을 즉시 시행하십시오. 하나님이 그의 성령으로 여러분을 도우사 꿈꾸는 삶이 아니라 실질적인 삶으로 인도함 받기를 바랍니다.

2. 불청객들이 얼마나 악한 자들인가

이제 두 번째로, 그 불청객들이 얼마나 악한 자들인지를 말씀드리겠습니다. 헛된 생각들은 우리 머리와 마음속에 들어오면 그곳을 자기 집으로 삼고 끝없이 악을 행합니다. 위층으로 아래층으로 온 집을 뛰어다니고, 또한 날마다 번식합니다. 그리고 그것들은 끔찍한 전염병이요, 영혼이 품을 수 있는 최악의 불청객입니다.

첫째로, 그것들은 사기성이 가득합니다. 벨릭스는 바울에게 "내가 틈이 있으면 너를 부르리라"(행 24:25)라고 말했지만 바울을 다시 부르지 않습니다. 그럴 의도가 전연 없었던 것입니다. 어떤 사람은 "내일"을 이야기하지만 내일은 절대로 오지 않습니다. "내일"이 되는 그 날이 오면 그 날은 "오늘"이 됩니다. 그러면 그는 다시 "내일"을 외치고, 이런 식으로 하나님 앞에서 거짓말이 계속 늘어나는 것입니다. 사람이 선을 행할 줄을 알면서도 행하지 않으면서, 헛된 약속들로 하나님을 물릴 수 있다고 생각한다면, 이 얼마나 악독한 사기이겠습니까? 자, 다음의 말씀을 들으시기 바랍니다: "사람이 선을 행할 줄 알고도 행하지 아니하면 죄니라"(약 4:17). "죄"라고 합니다. 이는 제 말이 아니고 하나님의 말씀입니다. 그런데 이런 의문이 들 수도 있을 것입니다: "선을 행할 줄을 알고 진정 그것을 행할 의도를 갖고 있는 사람의 경우는 그런 의도가 죄를 제거해주지 않을까요?" 저는 단호히 말씀드릴 수 있습니다만, 아닙니다. 그렇지 않습니다. "사람이 선을 행할 줄 알고도 행하지 아니하면 죄니라"라고 합니다. 옳다고 알고 있는 일을 행하기를 거부하는 한, 그 사람은 죄를 짓고 있는 것이요, 1분을 뒤로 미룰 때마다 또 하나의 죄가 쌓이는 것입니다. 그러므로 죄가 마치 복리로 차용한 돈의 이자가 눈덩이처럼 불어나듯 그렇게 불어나는 것이요, 죄과(罪過)가 계속 증가하므로 그것이 어느 정도까지 이르는지 여러분은 도저히 알 수가 없습니다. 임무를 이행하기를 미루는 것이야말로 가장 악독한 악이요, 거짓 위에 거짓을 더하여 더럽히고 그리하여 지극히 높으신 하나님의 진노를 촉발시키므로 그것이 들어가 거주하고 있는 그 마음에 무한한 해를 끼치는 것입니다. 오오, 저라면 당장 그런 불청객을 내쫓겠습니다. 다윗은 이렇게 말씀합니다: "거짓말하는 자는 내 집 안에 거주하지 못하리로다"(시 101:7). 이런 헛된 생각들이 하루라도 더 머물게 하지 마시기 바랍니다. 그것들이 여러분을 더럽게 하며, 여러분을 위험에 빠뜨리니 말입니다.

헛된 생각들이 악한 불청객인 것은, 그것들이 **집세를 지불하지 않기** 때문입니다. 그것들은 자기들에게 혜택을 베풀어주는 사람들에게 아무것도 선한 것을 가져다주지 않습니다. 예를 들어서, 자기의(自己義)라는 불청객이 있습니다. 자기의가 그것을 품는 사람에게 대체 무슨 선을 행하던가요? 그것은 구리 동전으로 값을 지불하는 체합니다. 그러나 그저 체할 뿐이고, 그 돈은 가짜입니다. 후에 회개하겠다는 헛된 약속을 마음에 품는 것이 대체 그 사람에게 대체 무슨 유익을 주던가요? 오히려 회개를 하지 못하도록 가로막는 경우가 허다합니다. 차라리 단도직입적으로 분명하게 이렇게 말하는 편이 낫겠습니다. "자, 여기 보시오. 나는 절대로 회개하거나 믿을 의사가 없소. 그 문제에 대해 나의 생각은 분명하고도 단호합니다"라고 말입니다. 이런 말은 최소한 진실되기라도 합니다. 그 사람이 마음을 바꾸게 되거나, 아니면 하나님이 그 사람의 마음을 바꾸어주실 것입니다. 그러나 저 부드러우면서 흐느적거리며, 고무 같이 늘었다 줄었다 하는 사람은 짓누르고 잡아당기고 억지로 힘을 가하고, 무슨 짓을 해도, 다시 옛 모양으로 되돌아가버립니다. 그 사람에게는 견고한 것이 하나도 없습니다. 그 사람을 바꾸어 무엇을 만들려 해도 절대로 할 수가 없습니다. 이처럼 우유부단한 사람들은 물처럼 일정한 형체가 없고, 실질적인 용도로도 장식용으로도 도저히 쓸모가 없습니다. 그런데 이런 유의 사람들이 너무나 많습니다. 여러분도 혹시 이런 부류에 속하지 않습니까? 만일 그렇다면, 하나님께서 도우사 이런 불안정함, 자기 만족, 끊임없이 약속만 하는 것 등의 악한 불청객들을 내던져버리게 되기를 바랍니다. 그것들은 집세를 전혀 내지 않기 때문입니다. 그리고 언제나 훌륭해지는 경계에 서 있는 그리스도인 여러분, 언제나 너그러워지겠다고 하면서도 한 번도 너그러워지지 않는 교회 회원 여러분, 이처럼 계속해서 머뭇거리는 것이 하나님과 여러분 자신에게 대체 무슨 유익을 가져다주던가요? 그런 불청객일랑 즉시 물리치기를 바랍니다. 그것들이 오래 머물수록 그것 때문에 잃는 것이 더 많아질 테니까요.

이 불청객들을 내던져야 하는 또 한 가지 이유는 그것들이 여러분의 재산을 허비하고 여러분의 재물을 파괴하기 때문입니다. 예를 들어서, 실행에 옮기지 않는 결심마다 시간을 허비하는 것인데, 시간은 황금보다 더 소중한 것입니다. 또한 생각을 허비하는 것이기도 합니다. 왜냐하면 행하지 않고 내버려둘 것을 생각하는 것이야말로 사고(思考)의 허비이기 때문입니다. 그저 에너지를 쏟겠다고 약속하는 일에 에너지를 쏟는 것이야말로 에너지의 낭비일 수밖에 없습니다. 강한 힘을 갖겠노라고 계속해서 결심하면서도 여전히 연약한 채로 남아 있다면 이것이야말로 힘의 엄청난 낭비인 것입니다. 최선을 다해 스스로를 다짐합니다. 그리고 거룩해지려고 하고 있습니다. 그런데 전혀 거룩해지지 않습니다. 하나님께로 돌아설 마음을 항상 갖고 있으나, 전혀 돌아서지 않습니다. 여러분, 이것은 시간 낭비입니다. 여러분은 생각을 허비하고 있는 것이요, 기회를 헛되이 쓰고 있는 것이고, 여러분이 접하는 복음을 허비하고 있는 것입니다. 이 악한 불청객들이 날마다 그처럼 손해를 끼치고 있으니 속히 그것들을 집에서 몰아내지 않으면 머지않아 여러분이 완전히 파산해버리고 말 것입니다. 그것들에게 피난처를 제공할 여유가 여러분에겐 없습니다. 그러니 즉시 그것들을 내던지기 바랍니다.

그것들이 여러분의 집을 상하게 하는 것보다 더 심하게 그것들은 여러분을 해칩니다. 악한 불청객들은 여러분 집의 창문을 깨뜨리고, 대문을 불살라버리고, 벽을 허물어버리는 등, 온갖 악독한 짓들을 다 저지릅니다. 그것들은 집세를 내지도 않고 나가지도 않을뿐더러 할 수 있는 대로 온갖 악행을 다 저지릅니다. 이런 식으로 헛된 생각들이 — 그것들은 어리석고 효력도 없습니다만 — 우리에게 극심한 악을 행하는 것입니다. 결심하고도 그것을 행하지 않는 사람에게는 그 결심이 무결심(無決心: irresolution)으로 변해버립니다. 어제 하겠노라고 말했으나 오늘 행하지 않는 자가 오늘 그 일을 하겠다고 말할 수도 있습니다. 그러나 어제만큼 그의 결심에 힘이 없습니다. 어제 실패하였으니, 지금은 실패할 가능성이 더 많은 것입니다. 10년 동안 영원에 대해 생각하겠노라고 결심하고만 있는 사람은 실제로 그렇게 할 가능성이 10분의 1도 못되는 것입니다. 10년 동안 진지하게 전해지는 설교를 들어왔으나 아직 진정으로 찔림을 받지 못한 사람은 마치 10년 동안 모루에 올려놓고 망치로 내려침을 당한 사람만큼 더 완악해져 있는 것입니다. 오오 하나님, 사람들이 헛된 생각으로 인하여 얼마나 완악해지고, 멍해지고, 바보가 되고, 종이 되는지요? 여러분은 언제까지 이것들이 여러분 속에 거주하도록 버려두려 하십니까? 여러분의 마음과 소망을 다 약탈해버리고 여러분의 생각을 완전히 망가뜨릴 때까지 그냥 머무르게 하렵니까?

이 헛된 생각들이 악한 불청객들인 최악의 이유는 그것들이 여러분을 정죄 아래 있게 만든다는 것입니다. 과거에 특정한 사람들을 접대하는 것이 반역이 되고 그리하여 많은 사람들이 반역자들에게 은신처를 제공한 것 때문에 죽임을 당하던 시절이 있었습니다. 사형수로 정죄받은 반역도들이 어느 사람의 집에서 발견되면 그 사람 역시 그들을 숨겨준 죄로 정죄를 받은 것입니다. 그런데 하나님은 여러분의 이 헛된 생각들이 정죄받은 반역도들이라 선언하십니다. 그런데도 그들에게 계속 은신처를 제공하겠습니까? 한 지나가는 불청객을 집에 맞아들였는데, 잠시 후 경찰이 와서 여러분에게 묻습니다: "문간방을 세 주신 것 같은데 맞습니까?" "그런데요." "거기에 투숙한 불청객이 어떤 사람이고, 또 직업이 무엇인가요?" 그런 식의 경찰의 방문을 한두 차례 받게 되면 그 불청객에게 이렇게 이야기할 것입니다: "미안하지만 다른 곳으로 가라고 말씀드리지 않을 수 없군요." 그렇게 의심받는 사람을 집 안에 들여놓는다는 것이 유쾌한 일이 아니기 때문입니다. 그것이 유쾌한 사람은 아무도 없습니다. 그런데 이 헛된 생각들은, 이 자기의로 가득하며 자기를 자랑하는 생각들은, 그저 의심만 받는 것이 아닙니다. 그것들은 이미 재판을 받았고 사형에 처해진 처지입니다. 그러니 여러분, 하나님이 가증스럽게 여기시는 것들에게 마음이 홀리는 일이 없기를 바랍니다. 그리고 오늘 저녁처럼 "네 악한 생각이 네 속에 얼마나 오래 머물겠느냐?"라는 본문의 말씀으로 여러분을 소환하실 때에, 오오 여러분, 하나님이 은혜를 베푸사 여러분이, 몸을 숨길 수 있는 동굴을 발견하여 그 땅에 오래 거하고 있는 저 가나안 족속을 몰아내게 해주시기를 바라는 마음 간절합니다. 다음과 같은 베돔(Benjamin Beddome: 1717—1795. 잉글랜드의 침례교 목사요 찬송시 작가―역주)의 찬송시가 여러분의 기도가 되기를 바랍니다:

> "놀랍고 곤혹스러워
> 내 마음 속 눈을 돌리네
> 내 마음이 죄짐으로 인하여 짓눌리니
> 모든 죄의 자리이네.
>
> 얼마나 많은 악한 생각의 무리와
> 얼마나 더러운 감정들이 거기에 있는지!
> 질투와 교만이요, 속임수와 거짓이며,
> 불신과 노예의 두려움이로다.
>
> 성도들의 전능하신 왕이시여,
> 이 폭군 같은 정욕들을 진압시키소서;

옛 뱀을 그의 자리에서 내쫓으시고,
내 모든 능력을 새롭게 하소서.

이 일이 이루어졌으니, 나의 즐거운 목소리로
호산나 높이 부르세;
내 영혼이 감사로 불타오르며,
내 입술이 주의 찬송을 선포하리로다."

3. 이 악한 불청객들을 어떻게 처리할까

이제 마지막 대지로 넘어가겠는데, 그것은 바로 이 악한 불청객들을 어떻게 처리하느냐 하는 것입니다.

첫째는, 그것들에게 즉시 떠나라고 통지하는 것입니다. 기다리는 것이 없게 하십시오. 사람이 회심할 때에는 그 일이 즉시 일어납니다. 회심에까지 이를 때까지 긴 과정이 있을 수도 있고, 선명한 깨달음을 얻기까지 기나긴 기간 동안 불빛이 비치는 일이 계속 있을 수도 있습니다. 그러나 돌아서는 것은 단번에 일어나는 것입니다. 면도날처럼 가느다란 선이 생명과 죽음 사이를 갈라놓고, 구원받은 자와 잃어버린 자를 분리시키는 결정적인 지점도 그와 같습니다. 우리 주님의 탕자의 비유에서, 회개하는 자의 결단을 주의 깊게 보신 일이 있습니까? 탕자는 "내가 일어나 아버지께 가리라"(눅 15:18)라고 말하고는 일어나 아버지께로 갔습니다. 어느 훌륭한 신학자는 말하기를, 그 탕자는 자기 주인에게 하루도 미리 통지해주지 않았다고 했습니다. 그 비유에서, 그는 스스로 그 땅의 사람들과 결탁했고, 그들은 그를 돼지가 먹는 먹이로 연명하도록 밭으로 보냈습니다. 그는 거기서 그런 몰골로 있었습니다. 만일 그가 주인에게로 가서, "주인님, 아버지를 뵈러 집으로 가야 할 것 같습니다"라거나, 혹은 잠시 일을 중지하고 몸을 깨끗이 씻어야겠다고 하거나, 혹은 집으로 가기 전에 좀 더 좋은 의복을 사야겠으니 일을 그만두어야겠다고 했다면, 그는 돼지 여물통에서 결국 굶어죽고 말았을 것입니다. 그러나 그는 그렇게 하지 않고 올바른 일을 행했습니다. 곧, 자기 목숨을 위해 곧바로 달렸습니다. 여러분, 바로 이것이 여러분이 해야 할 일입니다. "글쎄요, 그러겠습니다. 그랬으면 좋겠군요"라고 말하는 사람이 있습니다. 하지만, 여러분, 그 정도의 생각 갖고는 절대로 달려가지 않을 것입니다. 즉시 행해야 합니다. 아니 어쩌면, "지금 아니면 절대로 하지 않을 일"인 것 같습니다. 시계가 종소리를 치기 전에 곧바로 행해야 하는 일이란 말입니다. 여러분, 그리스도를 소유하고 천국으로 가겠습니까, 아니면 죄를 소유하고 지옥으로 가겠습니까? 속히 움직이십시오. 지금 당장 움직여야 합니다. 하나님께서 도우사 곧바로 응답하게 되기를 바랍니다. 바로 그 답변 여하에 따라 영원한 운명이 달려 있을 수도 있으니 말입니다. 언제나 일이 그런 것 같습니다.

　　사람들은 즉시 결단을 내리거나, 아니면 전혀 결단을 내리지 않거나, 둘 중의 하나입니다. 저도 그랬습니다. 제가 지금 여기 서서 설교하고 있습니다만, 제가 주님을 만난 날도 오늘과 날씨가 비슷했습니다. 그 날 아침 예배에 출석하지 않은 사람도 있었습니다. 눈이 굉장히 많이 왔기 때문입니다. 하지만 저는 마음이 무거웠고, 그래서 그 마음을 좀 가볍게 하고픈 마음이 있었습니다. 그래서 예배의 자리에 나아갔고, 그리고 그 때에 복음을 들었는데, 설교하는 분이 제게 이렇게 말씀했습니다: "바라보시오! 젊은이! 바라보시오! 지금 당장!" 저는 그 자리에서 예수님을 바라보았고, 그 외에는 아무것도 바라보지 않았습니다. 그 말씀이 제게 오자 저는 즉시 그것을 받아들였습니다. 문을 세차게 한 번 두드릴 때에 그 문을 열어야지, 그렇지 않으면 다시는 문을 두드리지 않을 수도 있습니다. 오늘 밤 이 자리에 누군가가 와 있습니다. 저는 하나님의 이름으로 그분의 마음의 문을 세차게 두드리고자 합니다. 그 문을 열고, "오오, 복되신 구주님, 어서 오시옵소서"라고 하면, 정말 일이 잘 될 것입니다. 그러니 여러분, 첫 번째로 해야 할 일은 모든 자기의를 버리기를 결단하는 것입니다. 그것을 던져버리십시오! 버리십시오! 그런 것을 갖고 있다니 저는 얼마나 어리석은 바보였는지 모릅니다! 자기를 의지하는 자신감일랑 던져버리십시오! 나 자신을 의지하느니 차라리 상한 갈대를 의지하겠습니다. 뒤로 미루는 습성들과 내게 한 주 여유가 더 있을 것이라는 모든 희망들일랑 다 던져버리십시오! 버리십시오! 그런 희망은 도무지 근거가 없는 것들입니다. 버리십시오. 헛된 생각들을 그만 없애버리십시오. 오오 그것들이 명령을 듣고 사라지기를 바랍니다.

　　여러분이 없어지라고 명령하는 데도 불구하고, 가령 이 헛된 생각들이 나가지 않는다고 생각해 봅시다. 그러면 어떻게 하시겠습니까? 제가 어떻게 할지를 말씀드리겠습니다. 그것들을 굶겨 죽이십시오. 문을 잠가버려서, 그 어떠한 것도 들어와 마음대로 먹고 마시지 못하게 하는 것입니다. 아직 회심하지 않은 사람들이 이렇게 말하게 되기를 바랍니다: "우리가 헛된 생각들을 먹여 살렸습니다. 그렇습니다. 우리도 인정합니다. 하지만 이제부터는 그것들이 양식을 얻을 수 있는 곳에는 절대로 가지 않겠습니다. 불경한 오락에도 탐닉하지 않고, 악한 사람들과 어울리지도 않고, 집으로 가는 길에서 한가한 사람들과 쓸데없는 이야기를 나누지도 않겠습니다." 헛된 생각들에게 독이 되는 것들을 여러분의 마음속에 들여보내십시오. 그 헛된 생각들에게 하나님의 말씀을 주십시오. 성경을 읽고 공부하십시오. 그리고 하나님께 긍휼을 베풀어달라고 외치십시오. 이 헛된 생각들이 살도록 도와주는 일은 절대로 하지 마십시오.

이제 한 가지 비결을 말씀드리고 말씀을 마치겠습니다. 제 생각에 헛된 생각들을 — 집에 들어와 있으나 도저히 내쫓을 수 없는 이 악한 불청객들을 — 여러분의 집에서 없애는 방법으로 세상에서 가장 좋은 것은, 그것들이 들어있는 상태에서 그 집을 팔아버리는 것인 것 같습니다. 집의 소유주가 바뀌게 만드는 것입니다. 그렇게 하면, 그것들을 몰아내는 수고로운 일이 새 주인의 몫이 되어버립니다. 그리고 그가 그 일을 할 것입니다. 지금 구원을 얻기를 바라는 죄인마다 모두 자기 자신을 포기하고 그리스도께 내드리기를 바랍니다. "너희 헛된 생각들아, 거기서 나오라!" 그래도 그것들이 나오지 않습니다. "우리가 너희에게 주는 통지를 보고서 당장 나가라!" 그래도 나가지 않을 것입니다. 자, 이제 그런 갈등의 본질을 완전히 뒤바꾸어줄 말을 그것들에게 해주는 것입니다. "주 예수여, 주께서 나를 모든 형태의 악에게서 구원하시는 나의 구주이심을 믿습니다. 주께서 나를 값 주고 사셨으니, 이제는 내가 나의 주인이 아닙니다." 아아, 그들보다 더 강한 주님께서 오셨습니다. 그리고 그가 저 강한 자들을 묶으시고 창문 밖으로 내던지실 것이요, 그래서 그들이 산산조각으로 깨어져 다시는 계단으로 기어오를 수 없게 될 것입니다. 주님은 그렇게 하는 법을 아십니다. 여러분은 그들을 내쫓을 수 없지만, 그는 하실 수 있습니다.

오오 여러분, 여러분의 창조주요 구속주께 여러분의 전 존재를 드리도록 은혜가 있기를 바랍니다! 집을 통째로 새 주인에게 넘기시고, 그를 불러들이십시오. 그러면 그가 그들을 내쫓으실 것이고, 그가 친히 거기서 사실 것입니다. 그리고 그의 성령께서 오셔서 그의 임재로 각 방마다 가득 채우실 것이요, 다시는 이 악한 불청객들이 또 찾아올 염려가 사라질 것입니다. 하나님, 구주의 이름으로 비오니, 이 단순한 말씀이 많은 이들에게 복이 되게 하옵소서. 아멘.

제
3
장
—

갑작스러운 슬픔

—

"나의 장막과 휘장은 갑자기 파멸되도다" — 렘 4:20
"네가 망할 때에 너는 어찌 하겠느냐?" — 렘 4:30
(개역개정판: "멸망을 당한 자여 네가 어떻게 하려느냐")

　　예레미야는 전쟁의 혼란상을 묘사하고 있습니다. 그의 나라를 완전히 망하게 만들고 사람들에게 듣도 보도 못한 비참한 일들을 당하게 만드는 그런 전쟁 말입니다. 그는 그 전쟁에 대해 이렇게 말씀합니다: "슬프고 아프다! 내 마음속이 아프고 내 마음이 답답하여 잠잠할 수 없으니 이는 나의 심령이 나팔 소리와 전쟁의 경보를 들음이로다. 패망에 패망이 연속하여 온 땅이 탈취를 당하니 나의 장막과 휘장은 갑자기 파멸되도다. 내가 저 깃발을 보며 나팔 소리 듣기를 어느 때까지 할꼬?"(렘 4:19—21). 우리가 사는 땅에 전쟁이 일어나지 않고 있다는 것이 얼마나 감사한지 모릅니다. 동방의 두 군대로 인해서 인간의 생명이 파괴된 그 끔찍한 이야기들을 들어보았을 것입니다. 어느 쪽이 승리하든지 간에 사람들이 사람들을 살육하고 대대적인 살인을 자랑스러워한다는 것은 날마다 애통해야 할 일일 것입니다. 이 땅의 생물이 아무리 격노하고 맹수들이 아무리 날뛴다 해도 사람들만큼 사람에게 끔찍한 원수가 된 일이 없다는 것이 얼마나 합당한지 모릅니다. 우리가 서로 나뉘어 살며 또한 침입자들에게 약탈당하지 않고 곡식을 거두어들일 수 있다는 사실에 대해, 또한 아무런 위협을 받지 않고 거리를 활보하며, 쳐들어오는 원수들의 왁자지껄한 외침 소리에 잠이 깨어날 걱정이 없이 편안히 잠자리에 들 수 있다는 사실에 대해, 정말 하나님께 감사해야 옳을 것입니다. 하나님의 택하신 성의 비옥한 들판과 골짜기에 기나긴 세월 동안 평화를 주신 하나님께 찬송을 드려야 옳을 것입니다.

> "오오 브리튼 섬(Britain)아, 그대의 전능하신 하나님을 찬송하며,
> 그의 존귀하심을 널리 전파하라;
> 그가 대양(大洋)을 명하여 그대 주위에 흐르게 하셨도다;
> 그 어떠한 쇠 무기도 그대를 그렇게 보호할 수 없었으리."
> ─아이작 와츠[Isaac Watts: 1674-1748]

우리의 국경에 평화를 주셨고 풍성한 곡식으로 가득 채우셨으니, 오늘 아침 여호와 우리 하나님의 이름을 찬송하기를 바랍니다.

그러나 이 땅을 비롯한 온 세상에는, 전쟁 중에 있든 평화를 누리든 관계없이 갑자기 사람들에게 온갖 재난이 닥쳐서, 쓰라린 마음으로, "나의 장막이 어찌 이리 갑자기 무너지고, 나의 휘장이 어찌 이렇게 순식간에 파멸되었는가"라고 하며 애통하는 일이 다반사로 일어납니다. 이 세상이 아무리 훌륭해도 우리가 안식할 곳은 아닙니다. 달 아래에서는 그 어떠한 것도 안정된 것이 없습니다. 우리는 이 땅을 terra firma("견고한 땅")라 부르지만 그 위에는 아무것도 견고한 것이 없습니다. 마치 풍랑 이는 바다처럼 이리저리 흔들리는 것뿐입니다. 어느 한 곳에 긴 시간을 머무는 법이 없습니다. 변화가 영구하게 작용하고 있습니다. 신적인 것 이외에는 아무것도 확실한 것이 없고, 하늘로부터 내려오는 것 이외에는 영구한 것이 없습니다. 모든 것들이 우리 앞에 지나가는 동안 바뀌고 또한 사용하는 동안 망가집니다. 지금 이 순간 여러분의 배가 고요히 바다에 떠 있습니다. 그러나 너무 안심하지 마십시오. 당장 몇 분 후에 돛대만 남은 채 태풍 속을 지나게 될지도 모릅니다. 오늘은 여러분의 정원에 활짝 핀 꽃들이 그득하여 그 향기가 집 안에 가득합니다만, 그 감미로움 속에서 지나치게 즐거워하지 마십시오. 조금만 지나면 아무것도 남아 있지 않을 수도 있고, 파괴하는 자가 와서 그 것들을 뿌리째 뽑아버려서 정원이 황폐화될 수도 있으니 말입니다. 해 아래에 있는 밝고 아름답고 멋지고 사랑스럽고 귀한 것들 중에 속히 시들어버리지 않을 것이 하나도 없는 것입니다. 이 모든 것들은 있다가도 금방 다시 보면 없어지고

맙니다. 한밤중에 하늘을 밝히며 떨어지는 운석처럼 우리 위에 섬광을 발합니다만, 그 다음에 이어지는 어둠은 그 이전보다 더 캄캄해지는 것입니다. "너는 내일 일을 자랑하지 말라"고 말씀합니다(잠 27:1). 예, 그렇습니다. 오늘 일도 자랑하지 마십시오. 내일이나 아니면 오늘 중에라도 예레미야처럼, "나의 장막과 휘장은 갑자기 파멸되도다"라고 외치게 될지도 모르니 말입니다.

이러한 본문의 표현은 여러 가지 문제들에 곧바로 적용할 수 있습니다만, 다음 세 가지에 특히 적용할 수 있습니다. 첫째, 인간의 모든 의(義)가 갑자기 망하는 것에 적용할 수 있고; 둘째, 이 땅의 모든 위로거리들이 갑자기 망하는 것에 적용할 수 있으며; 셋째로, 이것은 결코 이상한 일이 아닙니다만, 인간의 생명이 갑자기 망하는 것에 적용할 수 있습니다. 이처럼 땅에서 난 모든 것들의 불안정함에 대한 우리의 묵상에 성령께서 복 주셔서, 우리로 하여금 눈에 보이는 일시적인 것들을 멸시하고, 눈에 보이지 않는 영원한 것들을 추구하게 하시기를 바라마지 않습니다.

1. 인간의 의가 갑자기 망하다

인간의 의가 갑자기 망하는 일이 일어납니다. 사랑하는 여러분, 두 단어를 함께 연결시켜서 "인간의 의"라고 할 때에 저는 속으로 미소를 짓습니다. 이것이 마치 코미디나 풍자극처럼 들리기 때문입니다. "사람이 어찌 깨끗하겠느냐? 여인에게서 난 자가 어찌 의롭겠느냐?"라고 성경은 말씀합니다(욥 15:4). 인간의 본성과 의, 이 두 가지는 서로 쉽게 하나가 되지 않습니다. 잠시 하나로 연합되어 있다가도 금방 서로 분리됩니다. 이 둘은 마치 기름과 물처럼 서로 뒤섞이지 않기 때문입니다. 오직 우리의 복되신 구속주께서 이루셨고 또한 그의 모든 믿는 백성에게 전가된 그 신적인 의만이 영원히 남아 있는 것입니다.

> "망가진 본성은 세월이 흐르는 동안 무너져내리나,
> 저 영광스러운 예복은 시종여일하니;
> 아무리 세월이 흘러도 그 영광스러운 색깔은 변하지 않으며,
> 그리스도의 예복은 언제나 새롭도다."

그러나 사람에게서 나오는 의는 한낱 꿈에 불과하여, 갑자기 시야에서 사라

지고 마는 법입니다. 잔 거미줄보다 더 가볍고, 안개보다 더 희미하며, 바람보다 더 덧없고, 본질상 공허(vanity)일 뿐입니다.

인간의 의의 역사를 보십시다. 에덴 동산에서 시작합시다. 그리고 타락에 대해 애통해합시다. 인간의 의가 그 낙원의 나무 그늘마다 있었고, 사람은 그의 하나님과 더불어 행복했습니다. 아담은 무죄한 상태로 창조되었고, 그의 마음은 동등한 균형을 지키고 있었고 악에게로 빠지는 성향이 없었습니다. 그는 기쁨의 정원에 있었고, 단 한 가지 명령밖에는 그를 시험하는 것이 없었습니다. 그 명령은 아주 간단한 것으로, 조금만 자기를 부인하면 순종할 수 있는 것이었습니다. 아담이 얼마나 오래 그 동산에 있었는지 우리는 알지 못합니다. 그러나 분명한 것은 사람이 존귀한 상태에 거하는 일이 지속되지 못하며, 얼마 지나지 않아서 그와 우리의 모친 하와가 그들에게 있던 모든 것을 다 상실하고 말았다는 사실입니다. 뱀이 기어들어와 그들을 속였습니다. 처음부터 살인자였던 그가 그들을 다 약탈한 것입니다. 그들의 장막과 휘장이 갑자기 파멸되어버렸습니다. 눈이 떠지자 그들은 자기들이 모든 것을 다 잃어버렸다는 것을 지각하게 되었습니다. 그 어떤 의복보다도 훌륭하게 그들을 덮어주던 의(義)가 사라지니, 그들은 살아 계신 하나님 앞에 완전히 벌거벗은 처지가 되어 버린 것입니다. 사람의 입은 옷을 다 벗겨버리는 자는 정말로 잔인한 자입니다. 그런데 우리의 시조는 바로 이처럼 완전하게 강도짓을 당했고 약탈을 당한 것입니다. 그토록 만족스럽게 살았던 그 동산을 잃어버렸고, 평화와 행복을 잃어버렸고, 그들 자신과 그들의 후손과 모든 것을 다 잃어버린 것을 깨달았던 것입니다. 모든 것이 그들에게서 빼앗겼고, 남은 것이라곤 오로지 여자의 회복시키는 씨에 대한 은혜로운 약속의 형태로 베풀어진 그 무한한 긍휼밖에는 없었습니다. 타락에 대해 생각할 때마다 우리는 낮아지고, 자기의(義)에 대한 모든 생각들을 접을 수밖에 없습니다. 아담이 완전한 상태에서도 자기의를 유지하지 못했다면, 하물며 나면서부터 불완전한 상태에 있는 여러분과 제가 어떻게 자기의를 유지할 희망을 갖겠습니까? 우리 조상들의 장막이 에덴 동산의 환한 빛 속에 있을 때에 도둑들이 침입하여 그들의 의를 탈취해갔다면, 하물며 이스마엘 족속과 아말렉 족속의 땅에 있는 우리의 장막들이야 어떻겠습니까? 우리의 첫 조상이 아직 타락하지 않았을 때에 주위에 그들을 오도할 거리가 하나도 없는 상태에서 그들의 마음에 그 교활한 옛 뱀이 스며들어왔다면, 우리가 그 악한 자를 물리치고 율법의 행위를 통해서 영생에 이르기를 소망한다는 것이 과연 얼마나 허망한 일이겠습니까?

이러한 점을 보여주는 두 번째 비근한 실례는 **도덕론자의 결심이 실패하는 사실**에서 나타납니다. 어려서부터 모든 것이 선한 상태에서 교육을 받은 젊은이들을 보십시오. 그들은 성품이 훌륭하고 아름답습니다. 하지만 계속 그런 상태가 유지될까요? 원수가 그들의 장막을 허물지 않을까요? 예, 그런 경우가 허다합니다. 그 젊은이들은 자기는 저 비천한 죄인들과는 부류가 다르므로 절대로 그들의 수준에로 내려가는 일이 없으리라는 확신을 갖고 삶을 출발합니다. 시험에 빠져 방탕으로 자신을 망쳐버린 다른 젊은이들의 이야기를 들었습니다. 하지만 그는 자기는 그런 유와는 전혀 다르다고 확실히 믿습니다. 마치 하사엘처럼 이렇게 외칩니다: "이런 일을 하다니 당신의 종이 개입니까?"(왕하 8:13). 그는 자신이 모든 폭풍우를 다 잠재울 수 있다고 상상하며, 자기의 삶의 기록은 다른 사람들의 것과는 전혀 다를 것이라는 생각을 품습니다. 처음 보면 그의 모습이 정말 사랑스럽고 귀하게 보입니다! 얼마나 정직하고 너그럽고 진실한지 모릅니다! 심지어 예수님의 눈으로 바라보더라도 그를 사랑하게 되고, 그에게 한 가지만 부족해 보여도 안타깝게 여길 것입니다. 그가 보여주는 의(義)는 그저 인간적인 의요, 그 스스로 지켜가는 의입니다. 그러나 그는 자신이 그 의를 굳게 붙잡을 것이요 절대로 떠나보내지 않을 것이라고 믿습니다. 자기의 장막이 아주 든든하게 쳐져 있기 때문에 광야에서 어떠한 바람이 불어도 무너지지 않을 것이라고 여깁니다.

하지만 이런 생각들이 정말 안타깝게도 착각으로 끝나는 예가 허다하지 않았습니까? 맹렬한 시험이 일어나면 마치 바람에 휘 날리는 엉겅퀴 풀처럼 사람의 결심이 이리저리 이끌려갑니다. 그 젊은이는 자기에게 그런 시험거리가 닥쳐올 수 있다는 것은 생각조차 하지 않았습니다. 마치 온실의 꽃처럼 그는 부모와 친구들에게서 보호를 받아왔고, 그래서 그는 차가운 바깥 세상의 밤이 그토록 시리고 추울 수 있다는 것을 믿을 수가 없었습니다. 그런데 이제 죄의 그 쓰라린 영향력을 느낄 수밖에 없게 되었고, 급속히 시들어가는 것입니다. 사탄은 그의 약점을 발견하고는 그 약한 부분을 공격하고, 그가 가장 솔깃해할 만한 정욕거리를 그의 앞에 제시하고, 그가 침을 흘리며 정신없이 받아먹을 만한 죄의 그 미묘한 맛을 그의 앞에 내어놓습니다. 그렇게 되면 자기 자신에 대해 그렇게 희망적이던 그 젊은이는 더 이상 자신의 덕성을 이야기하지도 못하고 자신의 순결함을 자랑할 수도 없게 됩니다. 그 자신이 밑으로 떨어졌기 때문입니다. 자랑이라는 배가 암초에 부딪쳤고 이제 침몰해가고 있는 것입니다. 자기를 그렇게 신뢰하던 젊은이가 이제 자신이 인간이라는 것을, 인간이니 시험에 빠질 가능성이 있고 또한 시험을 받으니 기꺼이 죄에 굴복하게 되는 것을 알게 된 것입니다. "내가 본즉 구산의 장막이 환난을 당하고 미디안 땅의 휘장이 흔들리니"(합 3:7), 이는 결심의 끈이 끊어지고 원칙의 경계가 느슨해졌기 때문입니다. 안타깝고 불쌍하도다, 인간의 의(義)여, 곧 그대의 이마가 내리침을 당하며 속히 티끌 속에 뒹굴리라. 과연 그렇게 멋지던 인간 본성의 모습이 시험이 올 때에 얼마나 속히 사라져버리는지 모르는 것입니다.

수많은 젊은 남녀들이 갑작스럽게 시험을 당하고는, "나의 장막과 휘장이 어찌 이리 갑자기 파멸되었는가!"라고 외칠 수밖에 없습니다. 오오 여러분, 혹시 여러분 자신은 죄에 빠질 위험이 전혀 없다고 생각합니까? 그렇다면 여러분 자신을 잘 모르는 것입니다. 여러분의 마음이 중병에 걸려 있는 사실을 이해하지 못하는 것입니다. 그것을 이해했다면 여러분의 영혼 속에 온갖 허물이 가득하여 기회만 있으면 그것이 그 치명적인 본질을 드러내려 하고 있다는 것을 당연히 볼 것이고, 그리고는 그리스도께서 베푸시는 새로운 마음과 바른 심령을 추구하지 않은 것을 애통해할 것이니 말입니다.

오늘 두 번째 본문은 이렇게 말씀합니다: "네가 망할 때에 너는 어찌 하겠느냐?" 여러분 중에 이런 경험을 당한 분을 위해 이에 대해 진지하게 말씀드리고자 합니다. 그렇게 철저하게 망가진 여러분의 의를 다시 세우려 하지 말고 무언가 더 나은 것을 바라보시기 바랍니다. 장막을 버리고 대궐을 구하고, 여러분 자신이라는 휘장을 버리고 구원의 성벽에로 나아가시기 바랍니다. 여러분 자신의 결심이 여러분을 망쳐버렸으니, 이제는 그런 모래 같은 기초를 버리고 든든한 하나님의 반석 위에 집을 지으시기 바랍니다! 가서 깊은 회한의 마음으로 여러분의 죄를 고백하십시오. 주 예수께서 그의 보배피로 여러분을 씻어주시기를 구하고, 속마음으로 진리를 구하고, 성령께서 은밀한 가운데 역사하사 지혜를 깨닫게 해주시기를 구하기 바랍니다. 그렇게 되면 더 이상 모래 위에 집을 짓지 않고 ― 그것도 나무나 풀이나 짚으로 짓지 않고 ― 반석 위에 금과 은과 보석들로 집을 짓게 될 것입니다.

인간의 의가 당할 수 있는 또 하나의 일이 있습니다만, 이것이 크나큰 복의 시작인 점을 볼 때에, 이를 재난이라 해서는 안 될 것입니다. 곧, 하나님의 성령께서 오셔서 조명하심(illumination)과 깨우치심(conviction)으로 인간의 의를 다루시는 것이 그것입니다. 이는 우리가 체험을 통해서 아는 것입니다. 우리의 의가 얼마나 아름답게 보입니까? 그리고 아름다운 꽃처럼 얼마나 멋있습니까? 그런데 하나님의 성령께서 거기에 불어오시면, 마치 뜨거운 열풍에 풀이 마르듯이 곧바로 말라버립니다.

성령께서 마음에 주시는 첫 번째 교훈은 그 거짓됨을 낱낱이 드러내는 것입니다. 우리는 마음의 모든 것이 참이요 합당한 것이라고 생각했는데, 그것이 정말 혐오스러운 것임을 우리 앞에 속속들이 보이는 것입니다. 하나님의 성령께서 여러분을 대하시기 이전과 그 이후에 여러분이 바라보는 여러분의 자신의 모습이 얼마나 다른지 모릅니다. 정말이지 여러분의 아름다움이 마치 좀이 먹듯 소멸되어 버립니다. 이제 여러분이 지극히 거룩하게 여기던 것들에 대해 애통해하기 시작합니다. 죄가 그것들을 오염시켜 놓은 것이 보이기 때문입니다. 그리고 여러분의 허물들에 대해서도, 전에는 별로 생각해본 일이 없으나, 하나님의 성령께서 참된 빛 가운데 그것들을 세우시게 되고, 그러면 여러분은 그것들이 사랑의 하나님을 거스르는 무섭고도 끔찍한 과실들임을 발견하게 됩니다. 전에는 여러분의 이름을 황금으로 새겨갔고 있었지만, 진리를 깨닫게 되고는 검은 글자로 바꾸었고, 무거운 손으로 여러분 자신에 대한 정죄증서를 썼습니다. 그래야만 한다고 느꼈기 때문입니다. 자 여러분, 하나님의 성령께서 진리를 마음에 와 닿게 하셔서 사람의 겉모양이 얼마나 거짓된가를 보게 해주시면, 이는 정말 큰 자비가 아닐 수 없습니다. 지금까지 그런 일을 한 번도 겪어본 적이 없다면, 여러분 모두에게 그런 일이 일어나기를 기도합니다. 여러분의 장막이 파멸되어 여러분 자신이 완전히 망한 처지임을 보게 되기를 바랍니다. 여러분이 보든 보지 못하든 간에 여러분의 본성적인 모습이 그렇기 때문입니다.

죄에 대한 깨우침이 있는 모든 이들에게 이렇게 묻고 싶습니다: "그대는 언제 파멸되었으며, 이제 어떻게 하렵니까?" 그러면 여러분은 이렇게 답할지도 모르겠습니다: "어떻게 할지 잘 압니다. 우리 자신에게서 도망쳐서 예수께 나아갈 것입니다. 우리의 보배로운 것들이 제거되었고, 우리가 아끼던 것들은 사라졌으니, 주 예수님을 우리의 모든 것으로 취할 것이오." 이런 것이 여러분의 결심이라면, 여러분은 복되신 성령님의 목적과 계획을 이루고 있는 것입니다. 그는 사람을 자기 자신에게서 돌이키고 교만을 그에게서 감추기 위해 일하시니 말입니다. 이것 때문에 그가 사람을 구덩이에 내던져서 그의 의복이 완전히 더럽혀져 혐오스럽게 되게 하십니다. 그러면 그는 예수께로 돌아가 오직 그리스도 예수의 의만이 주실 수 있는 그런 의복을 구하게 되는 것입니다.

그러나 만일 지금까지 말씀드린 그런 일들이 일어나지 않으면, 모든 인간의 의에 또 다른 파멸의 때가 오게 될 것입니다. 후회가 찾아오게 됩니다. 그 전이 아니면 죽음의 시각에 찾아올 것입니다. 성령 외에도 양심이 아주 훌륭하게 역할을 하는 경우가 많습니다. 사람이 그렇게 열심히 수고하여 짜놓은 의의 휘장들을 양심이 다른 사람의 눈앞에서 갈기갈기 찢어놓는 것입니다. 죄인이 스스로 착각에 빠져서 행복해하고 만족해하는 것을 본 일이 없습니까? 하지만 갑자기 자신의 거짓됨과 외식을 하나님께서 아셨고, 그리하여 그 모든 것이 만천하에 드러나 자신이 형벌을 받게 되리라는 것을 깨닫게 됩니다. 그런 때에 그 사람은 하나님께로 돌아가는 것이 아니라, 스스로 절망에 빠져서, "나는 이제 망했구나. 내게는 소망이 없어"라고 여깁니다. 그리고는 더 깊은 죄에 빠져 들어가고 더 악한 사람이 되어버립니다. 그러는 동안 내내, 마치 독수리가 프로메테우스(Prometheus)의 간(肝)을 먹어치우듯이, 양심이 그 죄인의 마음을 계속해서 찢어놓고, 그의 영혼까지 파먹고 그의 인생의 즐거움의 피까지 마셔버려서 그는 결국 꼼짝달싹하지 못하고 고뇌로 인하여 완전히 피골이 상접한 상태가 되어 버리는 것입니다. 저는 사람들이 그런 상태로 죽는 것을 보아왔습니다.

복음의 위로가 선포되지만 쇠귀에 경 읽기입니다. 마치 목사를 내쫓기라도 하려는 듯이 손을 마구 휘젓습니다. 목사가 자비를 이야기하면 자기에게는 자비가 해당되지 않는다고 하고, 깨끗이 씻음에 대해 말씀하면 자기 죄는 진홍보다 더 붉어서 도무지 깨끗이 씻어 없앨 수가 없다고 대답합니다. 오오, 그들의 장막과 휘장이 어찌 그리 갑자기 파멸되었는지 모릅니다. 그리고 그렇게 파멸될 때에 사람이 어떻게 하겠습니까? 결국 마지막에 그를 휘어잡은 그 영구한 절망에 자신을 내던지기밖에 더하겠습니까? 누구든 아직 살고 있다면, 저는 아직도 늦지 않았으니 그리스도께 나아가라고 권면하고 싶습니다. 혹시 마지막 임종에 다다라서 마지막 숨을 쉬고 있다 해도, 저는 여전히 그의 희미한 눈길 앞에서 구속자이신 그리스도를 붙잡으라고 말씀드리고 싶습니다. 그러나 후회가 가득 압도하게 되면, 이런 권면이 별로 쓸 데가 없습니다. "너무 늦었어! 너무 늦었어!"라고 외치면서 계속해서 구주를 거부하고, 벌거벗어 가련하고 비참한 채로 생을 마감하여 하나님의 의로우신 재판정에 서서 영원하신 재판관의 입을 통해서 그들의 양심의 선고가 영원토록 확정되는 것을 듣게 되는 것입니다. 그 끔찍한 날에는 그들의 파멸이 정말 끔찍해질 것입니다. 하나님께서 우리를 이런 처지에서 구원해 주시기를 바랍니다.

사랑하는 여러분, 우리의 모든 장막이 훼파되어 우리가 자랑 삼던 모든 보배로운 것들이 파괴되는 것을 본다는 것이 무엇인지를 우리 모두가 알게 되고, 그리하여 주 예수님의 풍성하심 안에서 풍성해지고 그의 편에 열려진 반석의 틈속에서 안전을 누리게 되기를 바라는 마음 간절합니다. 우리가 그렇게 해왔다면, 우리 장막이 갑자기 파멸되고 휘장이 순식간에 무너져 내렸다 해도 후회하지 않을 것이요 오히려 크게 기뻐할 것입니다.

2. 이 땅의 위로거리들이 갑자기 망한다

오늘 본문의 말씀은 모든 이 땅의 위로들이 파멸되는 것에 특별히 적용될 수 있습니다. 우리의 모든 이 땅의 위로거리들이 갑자기 파멸하는 일이 온갖 사람들에게 비일비재합니다. 훌륭한 사람에게나 추악한 사람에게나 똑같이 그런 일이 일어날 수 있습니다. 욥에게 그런 일이 일어나지 않았습니까? 어느 날 아침 갑자기 종들마다 급하게 달려와서 그의 모든 재물이 사라졌다는 것을 그에게 보고했습니다. 마지막의 종은 그에게 달려와 그의 가족 전체가 광풍에 다 몰살되었다고 이야기했습니다(욥 1장). 갑작스러운 슬픔은 경건한 욥에게는 물론 반역한 바로에게도 일어났습니다. 한밤중에 보좌에 앉아 있던 그의 맏아들이 죽었고 또한 애굽 온 땅이 온 백성의 가족에게 그와 비슷한 재난이 일어나 그로 인하여 애곡 소리가 가득하다는 보고를 받고서 갑작스럽게 크나큰 슬픔에 잠겼으니 말입니다(출 12:29, 30). 의로운 자나 불의한 자나 자기에게 언제 환난이 닥칠 지 알 수 없습니다. 다윗은 블레셋 사람들에게서 돌아와서 시글락이 불타고 아내들과 자식들이 포로로 잡혀간 것을 알게 되었습니다(삼상 30:1-4). 그러나 그런 시련이 의인에게만 있는 것이 아닙니다. 벨사살 왕은 바벨론의 궁궐에서 잔치를 베풀었으나 바로 그 날 밤 그가 죽임을 당했습니다(단 5:1, 30). 화살이 사악한 왕 아합의 심장을 뚫었으나(왕상 22:29-35), 은혜로운 요시야 왕도 비슷한 방식으로 넘어졌습니다(왕하 23:29, 30). 온갖 부류의 사람들의 문간에 재난의 발걸음이 차별 없이 임합니다. 솔개가 그 먹이에게로 쏜살같이 날아가듯, 전혀 예상치 못하는 아담의 자손들에게 환난이 닥칩니다. 마치 지진이 갑자기 도시를 무너뜨리듯이, 재난이 사람들의 운명을 뒤흔드는 것입니다.

갑작스런 시련은 갖가지 형태로 다가옵니다. 롯의 경우에서 보듯이, 때로는 재물을 잃어버리는 형태로 다가옵니다. 왕들이 쳐들어와 포로로 잡고 가진 모든 재물들을 다 쓸어가고, 그 때에 그는 완전히 파멸되어 버립니다. 정상적인 무역에서도 똑같은 일이 일어납니다. 여호사밧의 경우는 다시스로 배들을 보냈는데, 그 배들이 에시온게벨에서 파선되어버렸습니다(왕상 22:48). 그와 거래하던 상인은 자신이 왕만큼 부자가 되었다고 생각하고 있었는데 어느 날 아침 그의 편지들을 접하고서 자기가 완전히 파산했음을 알게 되었습니다. 공포와 이변(異變)이 속출하는 시절에는 이런 일이 비일비재한 법입니다. 재난이 사랑하는 사람을 잃어버리는 방식으로 임하는 예도 허다합니다. 수넴 여인의 경우가 그랬습니다. 그녀에게 아들은 유일한 위로였는데, 어느 날 그 아이가 밭에 나갔다가 갑자기 "내 머리야, 내 머리야" 하더니 사망하여, 그 어미에게 크나큰 슬픔을 가져다주었습니다(왕하 4:19, 20). 야곱의 경우도 마찬가지였습니다. 사랑하는 아들을 떠나보냈는데 얼마 지나지도 않아서 그 아들의 의복이 피로 물들어 있는 것을 보고는, "악한 짐승이 그를 잡아먹었도다. 요셉이 분명히 찢겼도다"라고 외쳤습니다(창 37:33). 자식에 대해서도, 아내나 남편에 대해서도, 안심할 수가 없습니다. 끔찍이 아끼던 사랑하는 사람이 여러분의 옆에서 찢겨질 수도 있고, 사랑스럽기 그지없는 아기가 여러분의 품에서 숨을 거둘 수도 있습니다. 이 땅에서는 보편적인 불확실성 이외에는 아무것도 확실한 것이 없습니다. 우리에게 어떻게 채찍을 내리실지를 하나님만이 알고 계십니다. 우리는 하나님의 채찍을 맞고서 이렇게 외칩니다: "나의 장막과 휘장이 갑자기 파멸되도다."

그런데, 이것은 예상할 수 있는 것입니다. 우리가 갑자기 이 땅의 위로거리들을 빼앗긴다는 것이 이상한 일인가요? 그것들은 모두 덧없는 것들이 아니던가요? 그것들이 우리에게 왔을 때에 보증서를 받았던가요, 아니면 그것들이 영원히 지속되리라는 약속을 받았던가요? 요나는 말라 시들어가는 박 넝쿨 아래 앉아서 하나님께 항의했습니다만, 여러분과 제가 만일 그 자리에 있었다면 이렇게 말했을지도 모릅니다: "무엇 때문에 투정합니까? 박 넝쿨이 시든다는 것이 놀랄 일인가요?" 그는, "내가 불평하는 것은 뜨거운 햇빛을 가려주던 그늘이 내게서 사라졌기 때문이오"라고 말합니다. "하지만 박 넝쿨이 시드는 것은 자연의 이치가 아니오? 하룻밤 새에 그것이 올라왔으니, 하룻밤 새에 말라버리는 것은 당연한 일이니 놀랄 일이 무엇이란 말이오? 박 넝쿨의 뿌리에 벌레가 있는 것도 새삼스런 일이 아니오. 오오 선지자여, 그대의 하나님께 투정 부리지 마시오. 박 넝쿨이 자라는 것을 보고 그런 결말을 당연히 보아야 하는 것이니 말이오." 우리의 장막이 파멸되면, 그것들이 견고한 성(城)이 아니라 장막이요, 성벽이 아니라 휘장인 것을 기억해야 합니다. 그처럼 약한 재료로 지어진 거처이니 도둑이 얼마든지 마음대로 들어와 쉽게 약탈할 수 있는 것입니다. 여러분의 자식이 죽을 때에 의아하게 여깁니까? 왜 그러십니까? 여러분이 똑바로 읽을 줄 안다면, 그 자녀의 이마에 "죽을 존재"라고 씌어 있는 것이 보이지 않습니까? 죽을 존재인 어미에게서 죽지 않는 아들이 생산되기를 기대했습니까? 죽음이 앞에 있는 아버지로서, 딸의 죽음을 절대로 보지 않게 되기를 기대했습니까? 그렇다면 여러분의 사랑은 정말 갸륵합니다만, 여러분의 이성은 전혀 그렇지 못한 것입니다. 여러분의 애정은 그런 일을 이상스럽게 여기지만, 여러분의 지성은 그것을 흔히 나타나는 본성적인 과정에 따라 일어나는 일로 판단하는 것입니다. 여러분의 자녀들이 여러분에게 왔고, 여러분은 그들을 여러분의 마음과 집으로 맞아들였는데, 그 때에 벌써 그들이 언젠가는 죽을 존재들이라는 지식이 여러분에게 있었으니 여러분이 속은 것이 아닙니다. 그러니 여러분, 하나님의 뜻에 고개를 숙이고 이렇게 말씀하십시오: "주신 이도 여호와시요 거두신 이도 여호와시오니 여호와의 이름이 찬송을 받으실지니이다"(욥 1:21).

　　부귀를 잃어버리고서 그 때문에 애통해하기도 합니다. 그런 일이 의아스럽습니까? 여러분, 새를 붙잡아놓고 있습니까? 그런데 그것들이 날아가 버린 것을 이상스럽게 여깁니까? 부귀란 과연 무엇입니까? 황금 깃털로 만든 새들이 아닙니까? 그것들이 스스로 날갯짓을 해서 날아가 버리는 일이 허다합니다. 어린 아들이 새를 길들여 데리고 있다가 어느 날 그가 다가와서, "아버지, 내 새가 날갯짓을 해서 날아가 버렸어요"라고 말할 수도 있겠지만, 그런 일은 전혀 이상스런 일이 아닙니다. 그 아들에게 여러분은 이렇게 말할 것입니다: "아들아, 그 새가 벌써 날아갔어야 하는데, 어째서 아직까지 날아가지 않았는지 나는 항상 궁금했단다." 거래를 하다가 재물을 잃어버린 상인에게도 아마 그렇게 말할 것입니다. 이상한 것은 재물이 떠나갔다는 것이 아니라 그것이 사람에게 계속 머물러 있다는 것이라고 말입니다. 날개 달린 것은 본질상 날아가게 되어 있다는 것을 알기 때문입니다. 구름은 흩어지고, 방울은 터지고, 눈덩이는 녹아내리게 되어 있습니다. 이처럼 이 세상의 보화들은 사라지게끔 되어 있는 것입니다.

더욱이, 이 땅의 위로거리들은 소금 언약으로도 영원히 보유하도록 주어진 적이 없습니다. 그것들은 빌려온 것이지 선물이 절대로 아닙니다. 이 낮은 땅에서 우리가 소유하는 모든 것들은 하나님의 소유입니다. 그가 그것들을 우리에게 빌려주셨을 뿐이요, 그가 빌려주신 것이니 도로 취해갈 권리도 그에게 있는 것입니다. 우리의 소유와 친지들은 우리가 자유로이 보유하는 것이 아니라 지고하신 소유주의 뜻에 따라 종결될 수 있는 임대 조건에 따라 보유하는 것입니다. 그것들의 임대가 언제 종결되는지 궁금하십니까? 지혜로운 유대인 여인의 비유를 아십니까? 그녀의 남편이 랍비였는데 그가 제자들을 가르치러 출타한 중에 이웃들이 슬피 울며 물에 빠져 죽은 그녀의 두 아들의 시신을 안고 왔습니다. 그녀는 시신을 위층으로 옮겨다 침상 위에 눕히고 이불을 덮고는 남편이 돌아오기를 기다리며 깊은 탄식 가운데 있었습니다. 남편 앞에서 울면 남편을 괴롭게 하게 되므로 그 전에 흘릴 눈물을 거의 다 흘린 것입니다. 남편이 돌아오자, 그녀는 슬픈 얼굴로 문간에 서서 이렇게 말했습니다: "여보, 제게 큰 환난이 일어난 것을 아십니까? 한 친구가 제게 보화 하나를 빌려주어 내가 그것을 지니게 되었는데, 그동안 그것이 내게 얼마나 큰 기쁨이 되었는지 모릅니다. 그런데 오늘 그가 다시 그것을 도로 찾아가서 내가 정말 어찌 해야 할지를 모르겠습니다." 이에 랍비는 이렇게 말했습니다: "여보, 그렇게 말하지 마오. 본래 빌려온 것을 다시 돌려주는 것이 슬픔일 수가 있겠소? 오오 아브라함의 딸이여, 마음에 부정직한 것을 품어서는 안 되오. 그 보화가 빌려온 것이면 그동안 빌려준 그 친구에게 감사하는 마음을 가져야 하고, 기꺼이 다시 돌려보내는 것이 옳을 것이오." 그러자 그녀는, "당신이 그렇게 말씀하셨지요? 이리로 와 보시오"라고 말하고는 이불을 걷었습니다. 그러자 두 아들의 차가운 얼굴이 눈에 들어왔습니다. 그리고 그는 이렇게 말했습니다: "당신이 정말 지혜롭게 말했군요. 하나님이 과연 이 두 아들을 내게 빌려주신 것이니 그가 다시 취하여 가셨다는 것 때문에 불평해서는 안 된다는 것을 깨닫습니다."

여러분, 빌려온 것을 정한 때에 그 빌려준 자에게 되돌려주는 것이 당연한 일 아니겠습니까? 그러니 마치 여러분이 도둑이거나 혹은 유일하게 고통당하는 자이기라도 한 듯이, "내가 하나님의 진노의 채찍으로 인하여 환난을 당하였도 다"라고 이야기하지 마십시오. 이런 일을 당했다고 해서 여러분에게 큰 심판이 임한 것도 아니요, 이런 일은 사람들에게 보편적으로 일어나는 일이니 말입니다. 당혹스러워하며 이렇게 외치지 마십시오: "나의 장막과 휘장이 어찌 이리 갑자기 파멸되었는가?" 전쟁 중에는 장막이 파멸되는 일이 전혀 놀랄 일이 아닙니다. 밭에 가시와 엉겅퀴를 내는 그런 세상에서는 그 날카로운 것들이 여러분의 육체를 찌르는 일이 자연의 이치에 합당한 일입니다.

　뿐만 아니라 우리가 사는 세상은 도둑들로 가득합니다. 그러니 우리가 기뻐하는 것들이 도둑질당한다 해도 이상할 것이 없습니다. 우리 주님은 이 낮은 땅의 우리의 거처가 도둑이 없는 곳이 아님을 경고하신 바 있습니다. 그러므로 그는 도둑들이 들끓어 얼마든지 훔쳐가는 이 땅에다 우리의 보배를 쌓지 말라고 말씀하십니다. 동방의 흙집은 머지않아 도둑들의 침입을 받게 됩니다. 그들은 아무 곳이나 구멍을 뚫고, 잠자는 동안 주인의 재물을 훔쳐갑니다. 현세의 삶은 그런 식일 수밖에 없습니다. 이 세상은 거짓 친구들과 사기꾼들과 모략을 일삼는 자들과 비방하는 자들 같은 도둑들과, 사업상의 손해와 갈등, 원수들의 무정함, 아는 사람의 변덕스러움, 특히 질병과 죽음으로 넘쳐나고 있습니다. 그러니 여러분, 도둑 같은 존재가 우리의 장막을 그렇게 복되게 만들어주는 그 사랑스러운 애착거리들을 취하여 간다 해도 놀랄 이유가 없는 것입니다.

　사랑하는 여러분, 이런 재난들이 충분히 예상할 수 있는 것이니, 그것들을 미리 대비합시다. "어떻게요?"라고 반문할지 모르겠습니다. 이 땅의 것들과 일정한 거리를 두는 것입니다. 마치 그것들이 없는 것처럼 그렇게 그것들을 대하는 것입니다. 그것들을 덧없이 지나가는 것으로 바라보는 것이요, 또한 그것들이 영구히 여러분과 함께 있기를 절대로 기대하지 않는 것입니다. 피조물을 사랑하되, 그것들이 사랑받아 마땅한 정도만큼만 사랑하고 그 이상은 하지 않는 것입니다. 사라질 것들은 그 분수에 합당하게만 사랑해야 합니다. 그것들을 여러분의 신(神)으로 만들거나 그것들에게 마음을 다 주고 살거나 그것들에 애착을 두어서는 안 됩니다. 그것은 곧 여러분 자신을 위해 슬픔을 준비하는 격이 되고 말기 때문입니다. 그리고 "네가 망할 때에 너는 어찌 하겠느냐?" 아마도 미가처럼 이렇게 부르짖을 것입니다: "그것들이 내 신들을 빼앗아갔도다"(삿 18:24). 세상적인 것들을 갖고 있는 동안 여러분의 마음이 그것들로 온통 가득 차도록 허용하게 되면, 그것은 곧 그것들을 빼앗길 때에 여러분의 마음을 상하게 만드는 것이 될 것입니다.

위로거리들을 소유하고 있는 동안에 그것들을 선히 사용하도록 주의합시다. 그것들이 급하게 우리에게서 날아 도망하므로 그것들의 날개를 붙잡고, 부지런히 그것들을 사용하여 하나님의 영광을 도모해야겠습니다. 우리의 귀한 보배를 하늘에 쌓도록 조심합시다. 옛 스승 스윈녹(George Swinnock: 1627-1673. 잉글랜드의 청교도 목회자—역주)의 말처럼 "세상 사람들의 부귀는 땅에 있으므로 마치 지하실의 퀴퀴한 창고에 쌓아둔 물건들처럼 썩고 녹이 습니다. 그러나 경건한 자의 보배는 하늘에 있으므로 마치 위층의 방들에 쌓아둔 상품들처럼 계속해서 건전하고 안전한 것입니다." 하늘에 쌓아둔 보배야말로 진정 보배인 것입니다. 좀과 동록과 도둑이 침입할 수 있는 곳은 우리의 보배를 보관해둘 적절한 장소가 못됩니다. 우리의 모든 것을 하나님의 관리에 맡겨둡시다. 그분이야말로 우리의 모든 것 중의 모든 것이시니 말입니다. 하나님을 믿는 믿음이야말로 복된 보화입니다. 그러므로 신자가 이 땅에서 소유한 모든 것을 다 잃어버린다 해도 이 믿음을 지키고 있는 한 슬퍼할 이유가 없는 것입니다. 가령 넓은 땅을 소유한 사람이 거리를 지나가다 손수건을 강탈당했다고 합시다. 그렇다고 그 사람이 절망에 빠지겠습니까? 손수건을 잃어버렸다고 수선을 떨겠습니까? 그는 이렇게 말할 것입니다: "아, 그래봐야 그저 하찮은 것밖에는 빼앗아갈 수가 없고, 나의 정원과 농장과 해마다 들어오는 수입을 강탈할 수는 없는 것을."

신자들은 참된 보화를 절대로 뚫리지 않는 은행에 투자합니다. 그리고 이 땅의 것들은 어차피 그들의 것이 전혀 아니고 주님의 것이니 그것을 주님의 대의를 좇아 사용할 뿐입니다. 그러므로 주께서 그것을 취해 가신다 해도 그들은 자기들을 잃어버린 자로 보지 않고 오히려 책임에서 어느 정도 벗어난 자로 보며, 그리하여 주님께서 그렇게 책임을 덜어주신 것에 대해 감사하게 되는 것입니다. 여러분, 이 세상의 것들을 사용하되 남용하지 않도록 조심하시고, 또한 여러분의 기쁨과 사랑과 소망과 신뢰를 영원하신 하나님께 두십시오. 그러면 이 땅에서 어떤 일을 당하든 여러분은 안전할 것입니다. "마음이 주께 머무는 자를 주께서 완전한 평화 가운데 지키시리니 이는 그가 주를 신뢰함이니이다"(사 26:3 KJV).

그러나 여러분에게 엄중히 말씀드릴 것은, 우리에게 갑작스러운 재난이 닥칠 때에는 하나님께서 우리를 시험하시는 것이요 또한 스스로 그의 백성이라 공언하는 자들의 사랑과 믿음을 시험하고 계시는 것이라는 사실입니다. "네가 망할 때에 너는 어찌 하겠느냐?" 여러분은 하나님을 사랑한다고 생각해왔습니다. 그런데 지금도 여전히 그를 사랑합니까? 그가 여러분의 아버지시라고 말했습니다. 하지만 그것은 그가 여러분에게 입맞춤을 하실 때였습니다. 여러분을 채찍질하시는 지금도 여전히 그가 여러분의 아버지이십니까? 불경한 자들은 하나님을 걷어차 버립니다. 그들은 그가 달콤한 것들을 주시는 동안에만 그를 기뻐합니다. 그러나 하나님의 참된 자녀는 하나님의 막대기에도 입맞춤하는 법을 배우는 것입니다. 환난이 엄습하고 궁핍이 마치 무장한 군사처럼 여러분을 공격할 때에도 과연 예수님을 믿을 수 있습니까? 여름철에는 믿음을 이야기했습니다. 하지만 지금 춥고 힘겨운 겨울밤에도 여전히 믿음을 유지하고 있습니까? 광야에서 맹렬한 바람이 불어와 여러분의 장막을 뒤집어엎으려 할 때에도 여전히 주님을 신뢰합니까? 성령께서는 여러분에게 과연 환난을 견디는 하나님의 택한 자의 믿음을 주셨습니까? 시련을 견디지 못하는 믿음은 전혀 믿음이 아닙니다. 그러므로 자녀의 죽음이나 재물을 잃어버린 것이나 실망 또는 질병으로 내려침을 당하는 것 때문에 여러분의 하나님을 의심하게 된다면, 여러분이 죽게 될 때에는 어찌 하겠습니까? 걸어가는 사람들과 뛰는 일에서 지쳐버린다면, 달리는 말들과 경주하게 될 때에는 어찌 하겠습니까? 이런 사소한 시련들에 압도되어 버린다면, 모든 것들이 눈앞에서 사라지게 될 그 최후의 처절한 날에는 어찌 하겠습니까? 이 때야말로 여러분의 마음에게는 시련의 때요, 여러분의 은혜들에게는 시험의 때입니다. 우리 속의 모든 것들이 정상이라면, 우리의 장막들이 파멸될 때에는 오히려 이전보다 더 하나님과 가까이 나아가 살게 될 것이요, 그리하여 장막을 잃어버리는 것으로 인하여 오히려 얻는 것이 더 많아질 것입니다. 그 일로 인하여 우리의 영적인 삶과 평화가 더욱 커질 것이기 때문입니다. 지구가 금성과 태양 사이에 오는 일은 절대로 있을 수 없다는 것이 확실하니, 금성처럼 된다는 것은 복된 일일 것입니다. 세상이 하나님과 우리 사이에 끼어 그를 우리에게서 가리는 일이 자주 있습니다만, 이 땅의 위로거리들이 다 쓸려나가면 그렇게 될 일이 별로 없을 것입니다. 그런 것들이 사라지게 되어 하나님의 얼굴이라는 태양이 선명하게 영구히 우리 앞에 다가온다면, 전에 태양을 가렸던 그것을 잃어버린 것에 대해 정말 감사하게 될 것입니다.

"내 하나님이여, 주께 더 가까이 나아가기를 원하나이다!
주께 더 가까이 나아가기를!
십자가와 같은 일이
나를 격분시킬지라도,
나는 여전히 외치리니,
주께 더 가까이 나아가기를, 주께 더 가까이 나아가기를!"
―사라 아담스[Sarah F. Adams: 1805-1848]

욥처럼, "그가 나를 죽이실지라도 나는 여전히 그를 신뢰하리라"(참조. 욥 13:15. 한글개역개정판은 "그가 나를 죽이시리니 내가 희망이 없노라"로 번역함―역주)라고 결심하고 또한 은혜로 그 결심을 지켜갈 수 있는 사람은 복 있는 사람입니다. 우리는 이 세상의 삶에서 우리에게 사랑스런 모든 것을 포기하고 또한 오는 세상에 대한 소망 가운데서 위로를 찾는 법을 배워야 하겠고, 그리하여 다윗이 그의 사랑하는 아들을 잃고서 한 고백처럼, 우리도 "나는 그에게로 가려니와 그는 내게로 돌아오지 아니하리라"(삼하 12:23)라고 말할 수 있어야 하겠습니다. 이를 실천하는 사람은 복되고 행복한 사람입니다. 구름이 캄캄하게 뒤덮인 날에도 그는 전혀 움츠러들지 않을 것입니다. "그는 흉한 소문을 두려워하지 아니함이여 여호와를 의뢰하고 그의 마음을 굳게 정하였도다"(시 112:7).

오오 세상일에 젖어 있는 여러분이여, 환난의 때가 오면 어떻게 하시렵니까? 하나님의 심판이 임할 때에 어떻게 마음을 위로하시렵니까? 젊은 여러분 대부분은 즐거움과 기쁨이 가득합니다. 그렇게 여러분이 행복한 시간을 갖는 것이 저도 즐겁습니다. 그러나 젊음의 즐거운 날은 영원토록 지속되는 것이 아닙니다. 여러분이 즐거움을 누리는 그 어느 한 날에 갑자기 여러분의 장막이 파멸될 것입니다. 여러분이 지금 살아있는 것만큼이나 확실하게 그런 일이 올 것입니다. 그러면 그 때에는 어찌 하겠습니까? 이 세상의 우물에서 길어낼 수 있는 모든 기쁨이 조만간 소금기 가득한 물이 되어 버려서 여러분에게 괴로움이 될 것인데, 그러면 그 때에는 어찌 하시렵니까? 여러분의 젊은 전성기가 끝나고 궂은 날들이 오고, 또한 "내게 즐거운 것이 하나도 없구나"라고 탄식하게 될 그런 날이 가까이 오면, 이 순간적인 즐거움 중에 남아 있을 것이 하나도 없을 것입니다. 그러니 어째서 이런 변덕스럽고 덧없는 즐거움에 그토록 매여 있단 말입니까? 권면하건대, 정말 실체가 있는 행복을 추구하십시오.

영원한 복을 구하십시오. 예수 그리스도로 말미암아 하나님께로 가까이 나아가시고 그의 영원한 사랑 안에 있는 쇠하지 않는 복락을 구하기 바랍니다.

3. 삶 자체가 갑자기 파멸한다

세 번째로, 삶 자체가 갑자기 파멸되는 일이 닥쳐올 수도 있습니다. 질병에 이끌리어 죽음의 문턱에 다다를 때에 연약한 사람은 이렇게 외치게 될 것입니다: "나의 장막과 휘장이 어찌 이처럼 순식간에 갑자기 파멸되었는가!" 사람이 갑작스런 죽음을 맞는 것이 결코 이례적인 일이 아닙니다. 불행한 생각을 하고픈 사람은 아무도 없겠습니다만, 우리가 티끌에 불과하며 한순간에 죽음을 통해서 소멸될 수 있다는 것은 결코 우리 뇌리에서 떠나서는 안 될 유익한 생각인 것입니다. 이 사람 저 사람이 갑자기 부름을 받아 떠남으로 인하여 깜짝 놀라는 일이 끊임없이 일어납니다. 그런데도 그렇게 많은 사람이 남아 있는 것은 더욱 이상스럽습니다.

> "우리 인생에 천 개의 봄이 있으나,
> 그 중 하나만 사라져도 인생이 망하고 마는데;
> 이상하구나. 천 개의 현(絃)을 지닌 하프가
> 그렇게 오랫동안 소리를 유지하다니."
> ―아이작 와츠[Isaac Watts: 1674-1748]

모든 것을 내려다볼 수 있는 이 중앙의 강단에 서 있는 사람에게는, 이 큰 회중 가운데 나타나는 사망의 역사가 매우 분명하게 보입니다. 지난 며칠 동안에도 우리 교우들 중 몇 사람을 잃었습니다. 옛 친구들이 여러 해 동안 앉았던 좌석을 오늘 다른 사람들이 앉아 있습니다만, 그 좌석들을 일일이 지적하지는 않겠습니다. 하지만 사실 몇몇은 정말 갑작스럽게 세상을 떠났고, 그분들의 무덤이 아직 채 제대로 조성되지도 못했습니다. 그 다음은 누가 될까요? 정말 건장하고 강해 보이는 사람이 가장 먼저 세상을 떠나는 일이 흔히 일어납니다. 계속해서 병약한 상태에 있는 분들 중에는 오히려 여전히 우리와 함께 남아 있는 이들이 많습니다. 우리가 이미 슬픈 마음으로 포기해버린 분들 중에서 어떤 이들은 여러 달 동안, 심지어 여러 해 동안 여전히 살아남아 있는 것입니다. 결핵에 걸린 이들은 여러 달에 걸쳐서 서서히 영생으로 들어가는데, 건강하고 쾌활한 사람들은 순식간에 세상을 떠나는 것입니다. 그러므로 사람이 갑자기 죽는 일이 새삼스런 일이 아닌 것입니다.

이 자리에 있는 분들 가운데 내일까지 살 것이라는 보장을 받은 분은 단 한 분도 없습니다. 생명 보험을 운운한다는 것은 거의 언어를 잘못 사용하는 것입니다. 우리가 우리의 생명을 보장할 수가 없기 때문입니다. 이 땅에서의 삶에 대해서는 영원토록 보장이 없는 상태일 수밖에 없습니다. 만일 제가 오늘 아침 선지자가 되어 이 사람 저 사람을 지적하면서, "저 사람은 다음 주일이 되기 전에 죽을 것이오"라고 하거나 혹은 "저 여자 분은 한 주간도 살지 못할 것이오"라고 말할 수 있다면, 저는 아마도 그런 임무를 행하느라 큰 고통을 느낄 것입니다. 하지만 여러분, 우리 중에 누구에게라도 그런 일이 일어날 수 있다는 것을 잘 생각해보는 것이 지혜로운 일 아니겠습니까? 우리가 저 죽음이라는 막강한 사냥꾼을 하루 더 피하게 되리라는 것을 증명할 수 있는 근거가 하나도 없습니다. 남에 대해서는 그런 생각을 기꺼이 합니다. 모든 사람은 자기 이외에는 모든 사람이 다 죽게 되어 있다고 생각하니 말입니다. 그러나 우리에게 과연 실질적인 지혜가 있다면, 누구보다도 우리 자신이 죽을 존재요, 따라서 하나님의 활시위를 방금 떠난 죽음의 화살이 우리 심장을 향하고 있을지도 모른다는 사실을 생각하게 될 것입니다. 그러므로 우리가 물어야 할 질문은 바로 "네가 망할 때에 너는 어찌 하겠느냐?"라는 것입니다.

갑자기 우리 장막의 휘장이 둘로 찢어지고 장막대가 꺾어지고, 육체가 황량한 폐허에 눕게 될 때에, 우리는 과연 어찌 하겠습니까? 우리 중에는 그럴 때에 어떻게 할지를 잘 알고 있는 분들도 있습니다. "만일 땅에 있는 우리의 장막 집이 무너지면 하나님께서 지으신 집, 곧 손으로 지은 것이 아니요 하늘에 있는 영원한 집이 우리에게 있는 줄 아느니라"(고후 5:1). 가련하고 죄 많은 죄인들로서 우리는 그리스도를 피난처로 삼아 그에게로 피하였습니다. 그는 우리의 것이요, 또한 그가 과연 우리가 그에게 의탁한 그것을 그날까지 반드시 지키시리라는 것을 알고 있습니다. 그러므로 우리는 파멸하는 자들이 무슨 일을 해도 우리는 두려워하지 않습니다. 오오 사망아, 우리는 그대를 두려워하지 않노라. 그대는 불멸의 문들을 열어줄 짐꾼에 불과함이로다! 그리고 너희 벌레들아, 그대들도 두려워하지 않노니, 네가 아무리 이 육체를 파먹어도 그것을 파괴시키지 못할 것은 우리가 육체로 하나님을 뵐 것임이로다. 오오 무덤아, 그대의 음산한 모습에 당혹해하지 않노니, 너는 연단하는 가마솥 이외에 아무것도 아님이라. 이 가련한 흙의 몸이 네게로부터 모든 썩어짐에서 자유로이 일어나리로다! 시간이여, 우리는 그대의 시련을 두려워하지 않노라! 영원이여, 우리는 그대가 주는 공포를 몸서리쳐하지 않노라! 어떤 일이 일어나도 우리 영혼은 평안 가운데 거하리라. 주 예수님의 복되신 이름이 영광을 받을지니, 그가 다시 일어나셨으니 우리도 다시 일어날 것이요, 그가 사시니 우리도 살 것이요, 그가 통치하시니 우리도 통치할 것임이로다.

　　우리는 파괴하는 자들이 두렵지 않습니다. 하지만 오오 세상에 빠져 있는 여러분은 파멸이 임할 때에 어찌 하시렵니까? 부귀를 누리는 자여, 그대의 넓은 땅이 더 이상 그대의 것이 아닌 때가 올 것이요, 한가하게 거닐 정원도 없고, 자랑할 멋진 나무도 없고, 그대 자신을 영화롭게 하는 가문의 명성도 사라질 때가 올 것입니다. 여러분에게 아무것도 남아 있지 않을 때가 올 것입니다. 곡식 창고도, 풍성한 수확도, 고귀한 말이나 살찐 양 떼도 하나도 남지 않을 때가 올 것입니다. 언젠가는 그 모든 것을 버려두어야 할 것입니다. 그러니 이것들이 그대의 보배들이라면, 하나님이 그대의 영혼을 요구하실 때에 과연 그대는 어찌하려 합니까? 그 때가 오면 그대가 해놓은 그 엄청난 양의 투자금 때문에 죽기가 더욱 힘들어지며, 궁궐과 정원들로 인해서 그것들과의 영원한 이별이 더욱 고통스러워질 것입니다. 그대의 마음이 그렇게도 기뻐하던 그것으로부터 찢겨냄을 당하는 일이 정말 끔찍스러운 고통이라는 것을 알게 될 것입니다. "네가 망할 때에 너는 어찌 하겠느냐?" 그대가 지닌 돈 주머니들도 그대의 양심을 편안하게 해주지 못합니다. 그대가 그대 자신에게 쌓아놓은 그 모든 임대증서들과 재산 문서들과 저당권들도 죽어가는 그대의 마음을 소망의 생명으로 따뜻하게 해주지 못할 것입니다. 과연 어찌 하려 합니까? 정말 안타깝습니다. 어찌 하려 합니까?

　　그리고 온통 마음이 세상에 가 있으나, 재물은 없고 그저 현재의 쾌락을 위해서 사는 여러분, 그 때에 과연 여러분의 포도주 잔과 여러분의 댄스는 어디에 있겠습니까? 여러분의 독한 맥주는, 그 허튼 맹세들과 모독적인 언사들은 어디에 있겠습니까? 한밤중의 그 망령된 짓과 방자함은 어디에 있게 되겠습니까? 온 땅의 재판장이신 하나님 앞에 설 때에 여러분에게 대체 무엇이 남아 있겠습니까? 이처럼 허망한 쾌락거리들이 다 쓸려나가면 대체 남는 것이 무엇이겠습니까? 그렇습니다. 쾌락을 사랑하니, 오늘을 유쾌하게 보내고 즐거워하며 지내겠습니다만, 여러분이 망하게 될 때, 그 때에는 과연 어찌 하겠습니까? 자녀들과 함께 지내며 집에서 즐거워하고 하나님 없이 편안히 살고 있습니다만, 여러분이 망하게 되면 어찌 하시렵니까? 신앙을 멸시하십시오. 그것을 그저 사람들을 시리고 아프게 만들려고 만들어낸 꿈 같은 것이라고 여기십시오. 하지만 여러분이 죽어가고 있고 맥박이 흐려지고 기운이 소진해갈 때, 그 때에는 어찌 하시렵니까? 그 때에는 어쩌면 "너무 늦었다, 너무 늦었어! 이제는 들어갈 수 없어"라는 생각이 여러분을 사로잡게 될 것입니다. "보라 신랑이로다"라는 음성이 죽음이 임박한 상태에서 무지의 한밤중에 잠들어 있는 여러분에게 들려와 여러분을 소스라치게 놀라게 할 것이고, 그 때에 여러분은 손목을 비틀며 영원한 절망에 몸서리칠 것입니다. 다가올 진노를 피하도록 구원해주실 그분을 구할 시기를 놓쳐버렸으니 그럴 수밖에 없을 것입니다

여러분, 간절히 권면합니다만, 여러분의 게으른 마음을 일깨우십시오. 그리고 여러분의 나중의 종말을 바라보십시오. 주의를 기울이지 않는 자들의 마음에도 저의 이 말을 통하여 한두 가지 엄중한 생각들이 일어나기를 기도합니다. 그보다 성령 하나님께서 그들을 이끄사 지금 주 예수님을 믿고 영혼의 구원에 이르게 되기를 기도합니다.

제
4
장
—

사람의 죄를 막으시는
하나님의 장벽들

—

"여호와의 말씀이니라. 너희가 나를 두려워하지 아니하느냐?
내 앞에서 떨지 아니하겠느냐 내가 모래를 두어 바다의 한계
를 삼되 그것으로 영원한 한계를 삼고 지나치지 못하게 하였
으므로 파도가 거세게 이나 그것을 이기지 못하며 뛰노나 그
것을 넘지 못하느니라. 그러나 너희 백성은 배반하며 반역하
는 마음이 있어서 이미 배반하고 갔으며" — 렘 5:22, 23

하나님의 위엄이 창조와 섭리의 역사에서 드러나므로, 우리는 마음에 자극
을 받아 경이감에 가득 차게 되고 또한 마음이 녹아져서 그의 명령에 기꺼운 순
종의 자세를 가져야 마땅할 것입니다. 여호와의 전능하신 능력이 그의 손으로
지으신 만물에 너무도 선명하게 나타나므로, 그의 피조물인 우리는 그의 이름을
두려워하며 또한 겸손한 경외의 자세로 그의 보좌 앞에 부복해야 할 것입니다.
바다가 아무리 폭풍에 날뛰더라도 하나님의 명령에 전적으로 굴복한다는 것을
우리가 압니다. 그가 바다에게, "여기까지는 올 것이나 그 이상은 안 되느니라"
라고 말씀하시면 감히 그 이상 접근하지 못하고 그 파도의 교만이 멈춥니다. 또
한 아무리 광풍이 휘몰아쳐도 하나님이 그것을 제어하시며 사나운 폭풍을 잠재
우신다는 것도 압니다. 그러니 하나님이야말로 두려워해야 할 분이십니다. 과연

그렇습니다. 그는 그의 앞에서 우리가 땅의 티끌 위에 몸을 조아려 경배하는 것이 결코 불명예가 될 수 없는 그런 하나님이십니다. 그가 "크고 넓은 바다"(참조. 시 104:25)에게 행하시는 그 놀라운 역사들을 — 그는 파도를 이리저리 휘몰아 가시면서도 그 정하신 경로를 따르도록 지키십니다 — 생각할 때에, 우리에게서 경외와 경배의 감정이 솟아오르게 되는 것입니다. 오 여호와 하나님, 주는 위대하시옵니다. 주는 찬양 받기에 합당하시옵니다. 주께서 지으신 세상과 거기 있는 만물이 주의 영광을 선포하리로다! 하나님의 전능하신 능력의 증거들을 그렇게 똑똑히 보고서도 그에게 순종하여야 마땅하다는 느낌조차 지각하지 못할 만큼 그렇게 둔한 마음이나 그토록 아둔한 정신은 거의 생각조차 할 수 없습니다. 그런 감정이 속에서부터 자발적으로 우러나오며, 만일 그렇지 못하다면 이성이 그 직무를 행하여 천천히 생각의 과정을 거치면 모든 사람이 반드시 이를 납득하게 되리라 생각할 수 있을 것입니다.

눈을 들어 별들을 바라보십시오. 오직 하나님만이 그 숫자를 말씀하실 수 있습니다. 그런데 그는 그 모든 별들을 이름을 따라 부르십니다. 하나님의 명령대로 그 별들이 그 영역에서 움직이며 그가 정하신 대로 공중의 우주를 떠다니는 것입니다. 그것들은 모두 그의 종들이요, 주께서 명하실 때 기꺼이 그것을 따라 행하는 것입니다. 휘몰아치는 바람과 폭풍우 역시 종들처럼 그의 뜻에 복종하는 것을 봅니다. 저 광활한 대양의 큰 진동이 고동치며 밀물과 썰물을 만들어 내는데, 그 모든 것들이 전적으로 하나님의 통제 아래 있음을 우리가 압니다. 이처럼 위대한 하나님의 일들이, 이처럼 놀라운 그의 역사하심이 과연 우리에게 주는 교훈이 없겠습니까? 하나님의 영광을 선포하는 중에 이것들이 우리의 임무를 계시하지 않습니까? 우리 시인들은 신성하든 세속적이든 간에 그 생명 없는 존재들이 더 진실하게 그들의 존귀한 임무를 나타낼 수 있다는 의식을 기만하여 왔습니다.

그러나 만일 우리가 합리적이며 지성적인 존재들이라는 것 때문에 우리의 정당한 주권자에 대한 충성을 보류한다면, 우리의 그런 특권은 저주가 되고, 우리의 영광은 수치가 되고 마는 것입니다. 그렇기 때문에 안타깝게도 사람이 분명한 확신에 근거하여 처신하는 것보다 오히려 그들의 본능들의 충동을 통해서 더 지혜롭게 처신하는 경우가 비일비재한 것입니다. 폭풍우가 몰아치는 때에 무릎을 숙이지 않을 사람이 어디 있겠습니까? 우르르 쾅쾅 울리는 우레의 그 끔찍한 소리를 들으며 여기저기 날아다니며 대기의 짙은 어둠 속을 번쩍이는 번개를 볼 때에 하나님을 인정하지 않는 사람이 어디 있겠습니까? 큰 질병과 기근, 전염병이 난무할 때에 사람들은 흔히 종교를 피난처로 삼습니다. 마치 바로처럼 "여호와는 의로우시고 나와 나의 백성은 악하도다"(출 9:27)라고 고백할 것입니다. 그러나 "비와 우박과 우렛소리가 그친 것"(출 9:34)과 질병이 사라진 것을 보면, 다시 더 죄를 짓고 그 마음이 더욱더 완악해집니다. 그러므로 그들의 죄가 더욱 위중하게 되는데, 이는 심지어 자연 자체도 그 진리들이 지극히 정당하다는 것을 가르쳐주는데도 그들이 그 진리들을 거역하여 죄를 범하기 때문입니다. 우리의 어리석은 마음이 그토록 어두워진 것이 아니라면, 기록된 성경의 말씀이 아니고서도 하나님께 복종해야 마땅하다는 것을 배울 수 있을 것입니다. 그러므로 전능하신 창조주에 대한 불신앙이야말로 가장 위중한 범죄인 것입니다.

　어느 미미한 군주를 거슬러 반역했다면, 용서받을 수도 있을 것입니다. 그가 여러분 같은 사람이라면, 여러분의 과오들이 용서를 받으리라는 기대를 쉽게 할 수도 있을 것입니다. 하지만 그는 구름과 어둠이 깃들어 있는 곳에서 홀로 통치하시는 하나님이시요, 모든 자연 만물이 복종하며 또한 천국과 지옥 모두에서 그의 지고한 명령이 복종을 받는 그런 하나님이십니다. 그러므로 여러분이 그토록 놀라우리만큼 위대하신 하나님을 대적하여 죄를 범한다는 것은 범죄요, 그것도 말로는 표현할 수 없는 그런 끔찍한 범죄인 것입니다. 하나님이 위대하시므로 우리의 죄가 더 위중해지는 것입니다. 선지자가 오늘의 본문을 통해서 가르치고자 한 것이 바로 이 한 가지 교훈이라고 믿습니다. 그는 하나님의 이름으로 우리에게 묻습니다. 아니, 하나님이 그 선지자를 통하여 우리에게 물으십니다: "여호와의 말씀이니라. 너희가 나를 두려워하지 아니하느냐? 내 앞에서 떨지 아니하겠느냐?"

　그러나 이것이 한 가지 교훈이기는 하지만, 이것이 본문의 주요 교훈이라고는 생각지 않습니다. 이것 외에 본문에서 배워야 할 다른 내용이 있습니다. 하나님은 여기서 강한 것, 힘 있는 것, 거친 바다의 순종을 그의 백성의 반역을 서로 대조시켜 말씀합니다. 그는 이렇게 말씀합니다. "바다는 내게 순종하며, 절대로 그 경계를 침범하는 일이 없다. 절대로 그 수로를 뛰어넘지 않는다. 그 모든 움직임에서 내게 순종한다. 하지만 이 한심한 사람은, 나방처럼 얼마든지 눌러 없애버릴 수 있는 저 작은 피조물은 내게 순종하지 않는도다. 해변에서 해변까지 바다는 기꺼이 내게 순종하고, 그 썰물은 모래사장에서 흘러나가면서 조약돌의 음성으로, '오오 주여, 주는 우리의 주인이시니 우리가 주께 순종하나이다'라고 말하는도다." 그러나 "너희 백성은 배반하며 반역하는 마음이 있어서 이미 배반하고 갔도다"라는 것입니다.

그러니 형제 여러분, 이것이 기이한 일 아닙니까? 사람만 빼놓고 온 땅이 하나님께 순종한다니 말입니다. 깊음마저도 진부하게 만드는 저 막강한 리워야단조차도, 하나님을 대적하여 죄를 범하지 않고 오히려 그의 전능하신 창조주의 작정에 따라 정해진 경로를 운행합니다. 별들과 저 놀라운 광명체들도 하나님의 뜻에 따라 운행합니다. 구름도 그 움직임이 이상한 듯 보이지만 하나님을 그 파일럿으로 모시고 있습니다: "구름으로 자기 수레를 삼으시고"(시 104:3). 그리고 바람은 전혀 통제가 불가능할 것처럼 보이지만, 그럼에도 불구하고 하나님의 뜻에 따라 불기도 하고 멎기도 하는 것입니다. 하늘에서나 땅에서나 땅 아래서나, 사람이 행하고 있는 그런 불순종은 거의 찾아볼 수가 없다고 해야 옳을 것입니다. 최소한 하늘에는 기꺼운 순종이 있습니다. 그리고 지옥에는 억지로 하나님께 굴복하는 것이 있습니다만, 땅 위의 사람은 정말 비열한 예외가 되어 계속해서 그의 창조자를 대적하여 거역하고 반역하고 있는 것입니다.

그런데, 본문에는 이것 외에도 배워야 할 또 다른 교훈이 있습니다. 이것에 대해 말씀드릴까 합니다. 자, 본문을 다시 읽어 보십시다. "여호와의 말씀이니라. 너희가 나를 두려워하지 아니하느냐? 내 앞에서 떨지 아니하겠느냐?" 그런데 여기에 문제의 요점이 있습니다: "내가 모래를 두어 바다의 한계를 삼되 그것으로 영원한 한계를 삼고 지나치지 못하게 하였으므로 파도가 거세게 이나 그것을 이기지 못하며 뛰노나 그것을 넘지 못하느니라. 그러나 너희 백성은 배반하며 반역하는 마음이 있어서 이미 배반하고 갔도다." 하나님의 말씀은, "바다가 그냥 순종하는 것만이 아니라 그저 모래와 같은 하찮은 것의 통제를 받아 순종한다"는 것입니다. 굳은 거대한 바위도 아니고 그저 작은 모래와 조약돌 더미에 불과한 것이 대양이 마른 땅으로 범람해 들어오는 것을 배나 더 쉽게 억제한다는 것입니다. "내가 모래를 두어 바다의 한계를 … 삼고 지나치지 못하게 하였으므로 파도가 거세게 이나 그것을 이기지 못하며 뛰노나 그것을 넘지 못하느니라." 그리고 계속 말씀하시기를, "그러나 내 백성은 이성이 상상할 수 있는 가장 강력한 제어 장치들이 있는데도 불구하고, 거역하고 반역하는 백성이며, 내 명령, 내 약속들, 내 사랑, 내 심판, 내 섭리, 혹은 내 말씀으로도 그들을 죄에 빠지지 않도록 억제하기가 정말 어렵도다"라고 하시는 것입니다.

오늘 아침 우리가 상고하고자 하는 것이 바로 이 점입니다. 곧, 바다는 모래 띠만으로도 쉽게 제어되는데, 우리는 하나님의 모든 제어하시는 역사들이 있음에도 불구하고 그를 거역하는 성향을 지니는 백성이라는 것이 그것입니다.

본문의 가르침은 제가 볼 때 다음과 같습니다. 곧, 사람을 제외한 모든 피조물들은 하나님이 초자연적인 수단이 없이도 순종하게 만드실 수 있지만, 사람은 그 마음에 불순종이 너무도 가득하여 무언가 초자연적인 역사가 있어야만 하나님께 순종하게 만들 수가 있습니다. 바다는 그저 단순한 모래만으로도 제어됩니다. 하나님 편에서 구태여 무슨 강력한 신적인 권능을 베푸실 필요가 없이 그저 일상적으로 자연에서 발휘되는 역사만으로도 얼마든지 바다를 제어할 수가 있습니다. 하지만 사람은 그런 식으로 하나님의 뜻에 순종하게 되지 않는다는 것입니다.

자, 형제 여러분, 역사를 거꾸로 거슬러 올라가 보고, 과연 그렇지 않았는지를 보십시다. 하나님의 마음에 대해 감히 말할 수 있다면, 사람들을 죄에 빠지지 않도록 제어하는 문제보다 더 큰 문제가 어디 있었습니까? 하나님이 사람에게 얼마나 많은 제어 장치들을 베푸셨습니까! 아담이 동산에 있을 때 그는 순결하고 거룩했습니다. 그가 경멸스럽고 무익한 죄를 범하여 타락하였습니다만, 그런 죄를 범하지 않도록 그를 지켜주기에 충분하다고 누구나 생각할 만한 그런 제어 장치들이 그에게 있었습니다. 그는 선악을 알게 하는 나무를 먹지 않는다면 영구히 그 동산 전체를 소유하게 되어 있었습니다. 그의 하나님이 그와 동행하실 것이요 그를 친구로 삼으실 것입니다. 더욱이 서늘할 때에 그는 천사들과도, 천사장이신 주님과도 대화를 나누게 될 것입니다. 그런데도 그는 감히 하나님께서 금하신 그 거룩한 열매를 먹습니다. 그리고 그는 죽게 되고 맙니다. 순종에 대해 상급을 약속하고, 죄에 대해서는 형벌을 약속하는 것으로 족했다고 생각할 수도 있을 것입니다. 하지만 아닙니다. 그것은 실패하고 맙니다. 사람은 자신의 자유 의지에 맡겨지게 되면 열매를 먹고 타락하고 맙니다. 심지어 순결한 상태에서도 사람은 저 사나운 바다처럼 쉽게 제어되지를 않는 것입니다.

그 때 이후로, 하나님께서 사람을 제어하시기 위하여 어떻게 행하셨는지를 보십시오. 세상이 부패했습니다. 세상이 완전히 악으로 뒤덮여 버렸습니다. 그런데 선지자가 나옵니다. 에녹은 주님의 오심을 예언하면서, 수만의 성도들과 함께 오셔서 세상을 심판하시는 것이 보인다고 선포합니다. 그런데 세상은 전과 마찬가지로 타락하여 전혀 그런 말씀에 귀를 기울이지 않습니다. 또 다른 선지자가 일어나 외칩니다: "조금만 있으면 이 땅이 물의 홍수로 잠기게 되리라." 그렇다고 사람들이 죄를 벗어버립니까? 아닙니다. 방탕과 범죄와 온갖 사악한 악행들이 예전과 똑같이 만연되어 있습니다. 사람은 여전히 멸망을 향해서 돌진합니다. 홍수가 임하여, 몇몇 은혜를 입은 사람들 이외에 모든 사람들을 다 멸하고 맙니다. 그 후 그 새로운 가족이 땅에 퍼집니다. 그렇다면 이제는 세상이 깨끗하고 거룩해질까요? 조금만 기다리면 바로 보게 됩니다. 이 사람들 중 하나가 영원토록 저주 받을 짓을 행하게 되고, 여러 해가 지난 후 그의 아들 가나안이 그 아버지의 저주를 물려받게 됩니다. 그 후 얼마 지나지 않아서 소돔과 고모라가 하나님께서 하늘로부터 내리신 불에 삼켜버림을 당하게 됩니다.

하지만 그래서 어떻게 되었습니까? 오랜 세월 후 바로와 그의 마차들이 홍해에 빠져 몰살당하고는 세상이 어찌 되었습니까? 산헤립과 그의 군대가 대천사의 나팔로 인하여 한밤중에 몰살당하고 나서는 세상이 어찌 되었습니까? 하나님의 진노의 포도주에 취하여 세상이 마치 술 취한 사람처럼 이리 비틀 저리 비틀했는데 그러고는 어찌 되었습니까? 전쟁으로 인하여 세상이 온통 불에 타버렸는데, 그러고는 어찌 되었습니까? 홍수들로 온 땅이 범람하였는데, 그러고는 어찌 되었습니까? 기근과 질병과 전염병으로 짓눌림을 당하고는 어떻게 되었습니까? 세상은 여전히 똑같은 처지로 나아가고 있습니다. 이 시각에도 세상은 죄악되고 반역한 세상입니다. 하나님이 우리 시대에 무슨 일을 행하시기까지 계속 그럴 것입니다. 세상은 절대로 순결하고 거룩해지지 않을 것입니다. 누군가가 와서 그러리라는 말을 해도 우리는 도무지 믿지 못할 것입니다. 바다는 모래로 통제가 됩니다. 우리는 아름다운 시적(詩的)인 사실을 동경합니다. 그러나 사람은 본성적으로 폭풍보다 더 통제가 불가능하고 대양보다 더 맹렬하여 도무지 길들여지지 않습니다. 여호와께 목을 굽히지도 않을 것이요 온 땅의 하나님께 순종하지도 않을 것입니다.

아마 여러분은 이렇게 말할 것입니다: "하지만 이 사실이 무슨 의미인가요? 그것이 사실인 것은 잘 압니다. 그것을 의심치 않습니다." 잠시만 기다리십시오. 이제 여러분의 마음과 양심을 다루어 드리겠습니다. 성령께서 이 일에 도움을 베푸시기를 바랍니다! 하나님께서 그리하시겠지만, 저는 성도와 죄인을 서로 나누고자 합니다.

　우선 먼저, 성도이신 여러분에게 한 말씀 드리겠습니다. 이것을 그저 전체적인 인류 역사에서 분명히 드러나는 것만이 아니라 여러분 자신의 경우에서도 풍성하게 입증되는 사실로 바라보기를 바랍니다. 자 여러분, 오늘 아침 여러분에게 묻고 싶습니다. 여러분 자신을 진실되게 바라보고 대답하시기 바랍니다. "바다는 모래만으로 통제를 받지만, 나는 하나님께 거역하는 데로 늘 기울어지는 그런 사람 중의 하나여서 하나님이 어떠한 제어 장치들을 베푸셔도 나로 하여금 죄를 짓지 않게 할 수 없다"라는 말이 과연 여러분의 진실된 고백 아닙니까? 잠시 동안 하나님께서 그의 백성들을 죄로부터 멀리 있게 하기 위하여 그들에게 베푸신 각종 제어 장치들 ─ 이 장치들과 더불어 베풀어지는 저항할 수 없는 은혜의 권능이 없이는 이것들은 전혀 효력이 없습니다만 ─ 을 살펴봅시다. 제가 하나님께 엄청난 빚을 지고 있다는 생각만큼 저를 부추겨 하나님께 순종하도록 만들어야 옳은 것은 더 이상 생각나지 않습니다.

　오오 천국의 상속자인 여러분! 영원을 거슬러 올라가, 여러분의 이름이 하나님의 생명책에 기록되어 있는 것을 보십시오. 여러분은 하나님의 선택의 사랑을 찬양할 수 있습니다. 여러분은, 여러분을 대표하시는 그리스도와 언약이 맺어졌으며, 따라서 그 영원하신 아들이 손을 내밀어 모든 택한 자들의 대표자로서 그의 이름을 쓰고 서명을 하신 그 순간 여러분의 구원이 확실히 보장되었다는 사실을 믿습니다. 골고다에서 여러분의 죄가 모두 속하여졌다는 것도 믿습니다. 여러분이 지은 과거와 현재와 미래의 죄들이 모두 그 옛날 유월절 어린양의 머리에 드리워져서 그가 영원히 그 죄들을 지고 가셨다는 확신이 또한 여러분의 영혼 속에 있습니다. 죽음도 지옥도 결코 여러분을 구주의 가슴에서 떼어놓을 수 없다는 것을 믿습니다. 또한 쇠하지 않는 생명의 면류관이 여러분을 위해 예비되어 있다는 것도 압니다. 뿐만 아니라 손에는 종려나무 가지를 들고, 머리에는 황금 면류관을 쓰고, 발로는 황금 길을 걸으며 영원토록 복을 누리게 될 것도 압니다. 여러분이 천국에서 사랑받는 자 중의 하나요 하나님의 특별한 보살피심을 받는 대상이라는 것을 믿고, 또한 모든 일이 합력하여 선을 이룬다는 것을 알고, 섭리로 일어나는 모든 일이 여러분과 여러분의 사랑하는 형제들을 특별히 고려하여 일어나는 것임을 납득하고 있습니다.

오오 성도 여러분, 여러분에게 묻겠습니다. 이것이야말로 여러분을 죄에 빠지지 않도록 막아주기에 충족한 강력한 끈이 아닙니까? 여러분의 마음이 정말 어쩔 수 없이 불안정하지만 않다면, 이것으로 죄에 빠지지 않도록 제어되지 않겠습니까? 그러니 여러분의 죄는 그야말로 극심하게 죄악된 것이 아닙니까? 선택하신 사랑을 거스르고, 구속하신 화평을 거스르고, 모든 것을 능가하는 자비를 거스르며, 비할 데 없는 보살피심을 거스르며, 한없는 은혜를 거스르고, 흠 없는 사랑을 거스르는 것이니 말입니다. 아아! 이와 같은 사랑을 거스르고 감히 죄를 범한다면, 죄가 그야말로 절정에 이른 것입니다. 오오 그리스도인 여러분, 주님을 향한 여러분의 사랑으로 말미암아 여러분이 불의에 빠지지 않도록 제어되어야 마땅할 것입니다. 그런데 여러분의 마음속에 여전히 악이 남아 있어서, 그 모든 감사의 조건들이 거룩하지 못한 것에서 도무지 여러분을 지켜줄 수가 없으니, 이것이야말로 여러분의 현재의 마음의 끔찍한 상태를 보여주는 무서운 증거가 아니겠습니까! 어제 지은 죄들이 지금 여러분의 기억 속에 있습니다. 오오! 그것들을 돌아보십시오. 여러분이 지극히 배은망덕한 죄를 범하고 있다는 것을 그것들이 보여주지 않습니까? 오오 성도 여러분, 어제 주님의 이름을 망령되이 일컬었고, 주님뿐 아니라 아버지의 이름까지 망령되이 일컬었지 않습니까? 믿지 않는 마음이 어제 여러분에게 있지 않았습니까? 그렇게 큰 은혜로 허리를 두르고 있으니 산 사람이라면 도무지 불평할 거리가 없어야 마땅한 데도, 여러분은 짜증을 내지 않았습니까? 하나님이 여러분에게 일만 달란트를 탕감해주셨는데도 여러분은 일백 데나리온을 빚진 이웃에게 화를 내지 않았습니까?

오오 그리스도인 여러분, 여러분은 아직 죄에서 자유를 입은 것이 아닙니다. 죽음의 그 검은 물에 여러분의 의복을 씻기까지는 그렇지 못합니다. 그 이후에야 비로소 여러분이 거룩해질 것입니다. 보좌 주위의 천사들처럼 영화롭고 순결하며 흠과 티가 없이 거룩해질 것입니다. 하지만 지금은 아닙니다. 성도 여러분, 여러분에게 묻겠습니다. 여러분의 죄가 사랑과 자비를 거스르며, 언약의 약속들과 언약의 맹세들과 언약의 조건들과, 언약의 성취들을 거스르는 죄임을 직시하면, 여러분의 죄가 과연 몹쓸 것이 아닙니까? 또한 여러분이 인정하는 것처럼 그런 철석 같은 장벽으로도 여러분이 제어되지를 못하니, 여러분 자신이 과연 배역무도한 반역자가 아닌가요?

그 다음, 성도에게는 죄를 막는 이런 장벽 이외에도 다른 장치들이 많이 있다는 점을 주목하시기 바랍니다. 성도에게는 경고를 위해 주어진 하나님의 그 온전한 말씀이 있습니다. 그 말씀을 성도는 익숙하게 읽고 있습니다. 여호와의 율례를 어기고 계명을 지키지 않으면 아버지께서 그의 범죄를 채찍으로 다스리실 것이요 그의 악을 매로 대하시리라는 것을 그 말씀 속에서 읽습니다. 그 말씀 속에서 그것을 보여주는 무수한 실례들을 접하고 있습니다. 다윗이 범죄한 이후 뼈가 부러져서 무덤에 들어가는 것을 봅니다. 삼손이 머리털이 깎이고 눈이 빼진 상태로 무덤에 들어간 것을 봅니다. 죄가 사람을 잡는다는 증거들을 계속해서 접합니다. 타락한 자들의 마음이 온통 자기 길로 채워질 것을 봅니다. 하나님의 자녀를 위한 경고들이 풍부합니다. 그러나 이는 멸망한 성도에 대한 경고들이 아닙니다. 성경에는 그런 자들의 기록이 전혀 없고, 진정한 성도라면 마지막에 멸망하게 될 자들이 아무도 없기 때문입니다. 다만 하나님의 자녀들이 정상적인 경로를 벗어나 처신할 때에 크고 심각한 해가 미치리라는 경고들이 많이 나타나는 것입니다. 오오 그리스도인 여러분, 여러분은 그런 모든 경고를 거스르고, 모든 계명을 거스르고, 감히 죄를 범하고 있는 것입니다. 오오! 여러분은 반역자가 아닙니까? 오늘 아침 여러분의 크나큰 악행을 직시하고 여러분 자신을 낮추어야 하지 않겠습니까?

뿐만 아니라, 성도는 자기 자신의 체험을 거스르고도 죄를 범합니다. 자신의 과거의 삶을 뒤돌아보면 죄는 언제나 그 자신에게 해를 끼쳤습니다. 죄로 말미암아 유익을 얻은 적은 한 번도 없고 언제나 손해만 보았습니다. 이런저런 과실을 기억합니다. 당시에는 그것이 달콤하게 느껴졌지만, 아뿔싸! 그로 인하여 주님이 그의 임재를 물리셨고 그의 얼굴을 숨기셨습니다. 성도는 과거에 죄가 마치 목에 연자 맷돌이 둘러 있듯이 그 자신을 둘러 있던 때를 뒤돌아보기도 합니다. 그 당시 그는 끔찍한 회한의 불길이 그의 영혼 속에서 타오르는 것을 느꼈고 또한 하나님을 거슬러 죄를 짓는 것이 얼마나 악하고 처절한 일인지를 알았습니다. 그런데도 성도는 여전히 죄를 짓습니다. 자, 회심하지 않은 사람이 죄를 짓는 경우는 그 자신의 체험을 거슬러 죄를 짓는 것이 아닙니다. 죄가 그토록 죄악되다는 것을 실제로 가슴 저리게 체험한 적이 없기 때문입니다. 그러나 오오 머리칼이 희끗희끗한 성도 여러분, 죄를 범할 때마다 여러분은 해(害)를 알고서 죄를 범하는 것입니다. 죄가 과연 여러분에게 어떤 결과를 끼쳤는지 그 수많은 증거들을 평생토록 접해왔으니 말입니다. 여러분은 그것에 대해 속아온 것이 아닙니다. 그 쓰라림을 친히 가슴으로 느껴왔기 때문입니다. 죄의 쓰라린 저주받은 결과를 한 모금 맛보게 되면 그것에 얼이 빠져버립니다. 여러분이 이미 체험으로 알고 있는 것을 거슬러 죄를 범한 것이기 때문입니다.

그리고 젊은 성도 여러분, 죄의 그 쓰라린 것을 아직 맛보지 못했습니까? 여러분이 진정 성도라면, 분명 맛보셨을 것입니다. 그런데도 다시 가서 그 역겨운 잔에다 손가락을 집어넣으렵니까? 그 독이 든 잔을 다시 입술에 갖다 대겠습니까? 예, 분명 갖다 댈 것입니다. 그러나 여러분이 그 해악을 이미 체험한 바 있기 때문에, 그렇게 하면 분명 흐느끼게 될 것입니다. 그토록 사랑하시는 하나님을 대적하고 여러분이 또다시 그 끔찍한 반역자 노릇을 했다는 것을 깨닫게 되니 말입니다. 하나님은 여러분의 정욕을 제어하시기 위해 그저 모래 장벽이 아니라 여러 차례 제련한 강철로 장벽을 쌓아두셨건만, 그런데도 여러분은 그 장벽을 무너뜨리고 말 것입니다. 그러니 정말이지 여러분은 배역무도한 백성이 아닐 수 없습니다.

뿐만 아니라, 하나님은 그의 모든 자녀들을 죄로부터 보호하시기 위하여 그들에게 섭리를 베푸십니다. 영적인 일들에 대해 제가 겪은 작은 경험에 근거해서도 말씀드릴 수 있습니다만, 하나님의 섭리를 통해서 제가 죄로부터 보호하심을 받았다는 느낌을 받은 적이 많습니다. 죄의 강한 손길이 한동안 우리를 지배하고, 그리하여 우리 속에 있는 강한 정욕에 — 중생하기 이전에 우리가 늘 이끌리곤 했던 그 정욕들에 — 이끌려 질질 끌려갔던 시절이 있었습니다. 그 때에 우리는 정욕에 취해 있었습니다. 우리가 악을 행하던 시절 우리에게 그것이 얼마나 즐거웠으며, 그리하여 우리가 그 속에서 얼마나 반역을 일삼았습니까? 그러다가 갑자기 벼랑 끝에 몰려서 아래를 내려다보았습니다. 머리가 휘청거렸고, 제대로 서 있을 수가 없었습니다. 바로 그런 처지에서 무언가 충격적인 섭리가 우리에게 임하여 우리를 구원한 일이 기억나지 않습니까? 그 섭리의 역사가 없었더라면 우리는 건덕의 규범을 어긴 죄로 교회에서 출교되고 말았을 것입니다. 아아! 우리 중에 이상한 일들을 당한 분들도 있습니다. 여러분 중에도 이상한 일들을 경험한 분들이 있습니다. 여러분이 회상할 때마다 후회막심한 그런 참 안타까운 위기의 순간에 여러분을 구원한 것이 오로지 하나님의 섭리였습니다. 그 섭리가 없었더라면 여러분은 죄에 이끌려 결국 여러분의 인격에 몹쓸 딱지가 붙고 말았을 것입니다. 그런 섭리를 베푸신 하나님을 찬송하십시오! 그러나 기억하십시오. 하나님의 섭리가 그렇게 보호하는데도 불구하고, 여러분이 과실을 범한 적이 대체 몇 번입니까? 그렇게 번번이 죄를 범하니, 여러분은 정말 배역무도한 존재일 수밖에 없습니다. 하나님이 괴롭게 하셨는데도, 여러분은 죄를 범했습니다. 채찍을 때리셨는데도 여러분은 죄를 범했습니다. 여러분을 용광로 속에 집어넣으셨는데도, 그 죄의 찌꺼기가 여러분에게서 떨어지지 않았습니다. 오오, 여러분의 마음이 얼마나 부패했습니까! 하나님께서 여러분을 온갖 장벽들로 둘러 싸놓으셨는데도 여러분은 지금도 여전히 그렇게 쉽게 방황에 빠지고 있으니 말입니다!

사랑하는 여러분, 한 가지 더 말씀드리겠습니다. 하나님의 집의 규례들은 모두가 죄를 저지하게 하기 위한 것입니다. 하나님은 성소의 예배를 통해서 우리 허리를 동여매십니다. 거룩한 세례를 기억하게 하심으로 우리로 긴장을 늦추지 않게 하십니다. 그밖에 기독교와 연관된 다른 모든 것들이 우리를 죄로부터 저지하기 위한 것입니다. 이 규례들이 주는 효과가 정말 큽니다. 그러나 날마다 우리에게 베푸시는 하나님의 보존하시는 은혜가 없이는 이 모든 규례들로도 충족하지 않습니다. 사랑하는 여러분, 하나님께서 우리에게 예민한 양심을 주셨다는 사실도 생각합시다. 우리의 양심은 세상적인 사람들의 양심보다 더 예민합니다. 하나님은 우리에게 살아 있는 양심을 주셨으나, 그들의 양심은 무디어져 있고 죽어 있는 경우가 허다하니 말입니다. 그런데, 하나님의 성도들은 이 살아 있는 양심을 거스르고, 성령의 경고들을 거스르고, 계명들을 거스르고, 약속을 거스르고, 체험을 거스르고, 하나님의 존귀하심을 거스르고, 또한 하나님께 마땅히 드려야 할 감사를 거스르고서, 감히 죄를 범하여왔습니다. 그러니 하나님 앞에 스스로 배역무도한 자들이요 하나님께 반역을 저질렀다는 것을 고백해야 마땅한 것입니다. 여러분의 지금까지의 길을 돌아보고 부끄러운 줄 알고 머리를 숙이십시오! 그리고, 그리스도인 여러분, 여러분의 발이 지옥으로 급히 향하고 있을 때에 하나님이 여러분을 지켜주셨으니 그를 향한 지극한 사랑으로 여러분의 마음을 높이 드시기 바랍니다. 하나님의 보존하시는 은혜가 없었다면, 여러분은 지옥으로 향하였을 것입니다. 여러분의 하나님의 이 오래 참으심이, 그의 이 부드러운 사랑이, 날마다 "생명이, 그리고 생각, 또한 마지막으로 불멸함이 지속되는 동안" 여러분의 찬송 제목이 되어야 하지 않겠습니까? 여러분, 여러분이 이렇게 배역무도한 존재요, 그를 버리고 반역을 저질러왔지만, 하나님께서 여러분을 던지지 마시기를, 그의 성령을 취하여가지 마시기를 위해서 기도하지 않으시렵니까?

지금까지는 성도들을 위한 말씀이었습니다. 이제는 죄인들에게 이 말씀을 적용하고자 하는데, 성령께서 도우시기를 바랍니다! 죄인인 여러분, 이 아침 여러분에게 지극히 엄숙한 말씀을 드려야겠습니다. 몇 분 동안만 정말 주의를 집중해서 제 말을 들어주시기 바랍니다. 이것이 제가 여러분의 귀에 들려드리는 마지막 메시지라는 심정으로 말씀드릴 것입니다. 저는 제 하나님께 구했습니다. 죄인인 여러분에게 담대히 말씀을 전하여, 혹시 여러분의 마음을 얻지 못하더라도 최소한 여러분의 피에 대해 제가 자유로워질 수 있게 해주시며, 또한 제가 여러분의 죄에 대해 여러분을 납득시키지 못한다 할지라도 그 마지막 날에, 곧 "나의 복음에 이른 바와 같이 하나님이 예수 그리스도로 말미암아 사람들의 은밀한 것을 심판하시는 그 날"(롬 2:16)에, 여러분이 핑계하지 못하게 해달라고 말입니다.

그러니 죄인 여러분, 오십시오. 우선 여러분의 죄책을 생각하라고 말씀드리고 싶습니다. 지금까지 제가 한 말을 들었을 것입니다. 저 거대한 바다가 하나님께 순종하고, 그저 모래같이 하찮은 것에 의해서 그 수로가 제어를 받습니다. 그런데 정말 하찮은 벌레요, 하루살이에 불과한 여러분이 하나님을 거스르고 있습니다. 바다가 그에게 복종하는데, 여러분은 복종하지 않습니다. 여러분, 간청합니다. 하나님이 여러분에게 얼마나 많은 제어 장치를 붙여놓으셨는지를 생각해 보십시오. 여러분의 정욕들을 모래가 아니라 툭 튀어나온 절벽들로 제어하셨습니다. 그런데도 여러분은 격렬한 허물에 휩싸여 모든 경계를 다 뛰어넘었습니다. 하나님은 여러분의 죄책을 기억나게 하심으로 여러분의 영혼을 저지하기도 하셨습니다.

오늘 아침, 여러분이 하나님을 멸시하는 자임을 스스로 느꼈을 것입니다. 혹은 멸시하는 자는 아니더라도 그저 듣기만 하는 자요, 이 문제에 대해 전혀 개입하지 않는 상태일 것입니다. 어머니의 권면과 아버지의 강한 훈계 앞에서 여러분의 죄가 기억나지 않습니까? 어머니의 눈물이 여러분을 따라오는 광경이 생각나지 않습니까? 여러분의 아버지가 여러분을 위해 하는 기도를 들은 적이 없습니까? 여러분이 밤마다 방탕한 생활로 허비하고 늦게 들어와 잠자리에 누울 때에 여러분의 아버지가 침대 옆에서 참담한 심정으로 마치 다윗이 자기를 반역한 아들 압살롬을 위해 기도한 것처럼, 혹은 아브라함이 그의 아들 이스마엘을 위해 기도한 것처럼, 그렇게 기도했던 것을 생각해 본 일이 있습니까? 여러분, 거기서 과연 무엇을 배웠는지를 생각해 보십시오. 여러분은 어머니의 눈물로 세례를 받아 거의 흠뻑 젖으며, 일찍부터 하나님에 대해 무언가를 배웠습니다. 어머니의 무릎을 떠난 후에는 경건한 스승의 문하에 들어갔습니다. 주일학교에서 훈련을 받았거나, 아니면 여하튼 성경을 읽는 훈련을 받았습니다. 그러니 하나님의 경고들에 대해서도 알 것입니다. 죄인들이 반드시 정죄를 받는다고 제가 경고하고 있습니다만, 이것은 새삼스런 이야기가 아닙니다. 성도들이 찬란한 면류관을 쓰게 될 것이라고 제가 말씀드립니다만, 이것은 여러분에게 전혀 새로운 이야기가 아닙니다. 여러분이 이미 다 배워서 알고 있는 내용입니다. 그러니 여러분의 죄과가 얼마나 큰지 모릅니다.

여러분은 빛과 지식이 있는 상태에서 그것들을 거스르고 죄를 범하였습니다. 여러분은 어둠 속에서 죄를 짓는 미개한 죄인이 아닙니다. 높은 하늘 앞에서, 백주 대낮에 죄를 범하는 죄인 것입니다. 무지한 상태에서 죄를 지은 것이 아니라, 더 많이 아는 상태에서 죄를 지은 것입니다. 그러니 여러분에게는 형벌이 더 가중될 것입니다. 의무를 알면서도 행하지 않았기 때문입니다. 여러분의 양심에게 엄중히 책망해야겠습니다. 이것이 사실입니까, 아니면 사실이 아닙니까? 여러분 중에 어떤 분들은 그 이외에도 다른 일들을 하기도 했을 것입니다.

얼마 전, 여러분이 병이 깊어져 침상에 누워있었던 것을 기억하십니까? 그러던 어느 날 밤, 죽음의 그림자가 드리워졌습니다. 그 때에 저 정죄받은 자들이 가 있는 곳이 보였습니다. 눈이 아니라 양심에 보인 것입니다. 그들이 부르짖는 신음 소리가 들렸고, 여러분 자신도 곧 그들과 같은 신세가 될 것이라는 생각이 들었습니다. 여러분의 모습이 떠오릅니다. 얼굴을 벽으로 향하고 여러분은 이렇게 외쳤습니다: "오오 하나님, 제 목숨을 살려주시면, 하나님께 제 자신을 드리겠습니다!" 어쩌면 병이 아니라 사고를 당하여 똑같은 처지에 있게 되었을지도 모릅니다. 그 때에 죽음의 공포가 코앞에 닥쳐와서 두려워 떨었고, 이렇게 외쳤습니다: "오오 하나님, 안전하게 집으로 돌아가게만 해주십시오. 제가 이렇게 무릎을 꿇고 눈물을 폭포수같이 흘리면서 애원하니, 제 충심을 보시고 제 맹세를 받아주십시오."

그런데 여러분, 그 때에 한 맹세를 지키셨습니까? 아닙니다. 여러분은 하나님을 대적하여 죄를 범하였습니다. 맹세를 지키지 않았으니, 스스로 심판을 당할 처지가 된 것입니다. 이웃이나 형제에게 어떤 약속을 하고 지키지 않으면, 과연 그것이 작고 하찮은 일이겠습니까? 여러분으로서는 그렇게 여길 수도 있겠지만, 정직한 사람들은 그럴 수가 없을 것입니다. 그런데 하물며 여러분을 지으신 하나님께 약속을 해놓고 그것을 깨뜨린다는 것이 과연 작은 일이라 생각합니까? 전능하신 하나님을 상대로 죄를 범하면 그 형벌이 결코 작지 않습니다. 그런 식으로 계속 처신하게 되면, 그로 인해 여러분의 영혼과 그 영혼의 피를 영원토록 잃어버리고 말 것입니다. 한 번 맹세하였으면 갚을 것이고, 갚을 마음이 아니라면 맹세하지 말아야 합니다. 하나님이 그 맹세에 대한 책임을 여러분에게 물으실 것이고, 그 날에 피에 대해 물으시고 여러분의 영혼을 망하게 하실 것이니 말입니다. 이에 대해서 여러분은 이미 경고를 받아왔습니다. 여러분이 놀랍게 위경을 모면했다는 것을 기억하십시오. 그 질병에게 죽임을 당하지 않았고, 부러진 뼈들이 고침을 받았습니다. 여러분은 죽지 않고 살아났습니다. 죽음의 그림자가 드리워졌으나 여러분을 해치지 못했습니다. 여러분이 여전히 살아 있고, 목숨을 건진 것입니다.

　오오, 사랑하는 여러분, 여러분 중에 어떤 이들은 정말 최악입니다. 여러분은 이 예배의 자리에 정기적으로 참석해오고 있습니다. 제가 그리스도의 심장으로 얼마나 여러분을 사모해왔는지 하나님이 저의 증인이십니다. 저는 하나님의 온전한 뜻 전체를 여러분에게 선포하기를 주저하지 않았습니다. 만일 제가 시류에 편승하는 사람이어서 진리의 일부를 뒤로 감추어왔다면, 지금보다는 제가 사람들에게서 더 큰 존귀를 받았을 것입니다. 그러나 제가 믿기로 저는 여러분의 피에 대해서 제 양심이 깨끗합니다. 수많은 남녀들이 두 뺨에 뜨거운 눈물을 흘리며 외치는 것을 보고서 그들의 삶이 과연 변화되었을 것으로 기대했던 적이 얼마나 많았는지 모릅니다. 하지만 그런 분들 중에서 경고들을 무시하고 계속 죄를 지어온 분들이 얼마나 많습니까? 그들은 말에는 훌륭했을지 몰라도, 전혀 진정한 마음을 토로한 것이 아니었습니다! 하나님의 사자를 거슬러 죄를 짓는 것이 작은 일이라 여기십니까? 결코 작은 죄가 아닙니다. 우리가 경고를 받을 때마다 그 경고를 무시하고 죄를 지으면, 우리의 죄가 그만큼 더 사악해지는 것입니다. 그러나 개중에는 멸망의 길로 아예 돌아가버린 사람들도 있습니다. 저는 그들을 향해 외쳤습니다: "돌이키고 돌이키라 너희 악한 길에서 떠나라 어찌 죽고자 하느냐?"(겔 33:11). 그러나 저는 어쩔 수 없이 저를 보내신 주께 돌아가 이렇게 외칠 수밖에 없었습니다: "우리가 전한 것을 누가 믿었습니까? 여호와의 팔이 과연 누구에게 나타났습니까?"(사 53:1). 화 있을진저 너희 벳새다야, 그렇게 온갖 특권을 누리고도 결국 망하게 되었으니 차라리 너희가 두로와 시돈이었던 것이 더 나았을 것이로다!(마 11:21; 눅 10:13). 화 있을진저 뉴 파크 스트릿(New Park Street. 당시 스펄전 목사가 담임하던 교회당—역주)의 회중들이여! 화 있을진저 이 자리에서 목사의 음성에 귀를 기울이지 않는 여러분이여! 우리의 경고들을 무시하고서 멸망한다면, 그것은 정말이지 끔찍한 멸망일 것입니다. "가버나움아 네가 하늘에까지 높아지겠느냐 음부에까지 낮아지리라"(마 11:23; 눅 10:15). 젊은 처녀여 화 있을진저! 그대에게 경건한 어머니가 있었고 그대에게 수많은 경고가 있었느니라. 젊은 남자여 화 있을진저! 그대는 방탕아였도다. 그대는 어릴 적부터 이 기도의 집에서 자라났고, 지금도 예배의 자리에 앉아 있으며, 그대의 양심이 그대를 자주 찌르고 있고, 그대의 마음속에 그대가 잘못을 저지르고 있다는 가책이 있건만, 그런데도 그대에게는 여전히 변화가 없도다! 화 있을진저! 화 있을진저!

하지만 저는 제 하나님께 외칠 것입니다. "하나님, 그 화를 돌려주시고 저들을 용서하여 주시옵소서. 저들이 죄 가운데 망할까 하오니, 하나님, 저들을 그대로 죽게 두지 마시고, 하나님께로 돌이키게 하시옵소서." 죄인인 여러분! 하나님이 여러분과 변론하십니다. 바다는 하나님의 명령에 따라 통제를 받는데, 여러분은 도무지 통제를 받지 않습니다. 여러분의 정욕을 통제하는 길은 오직 하나님의 놀라우신 은혜가 여러분에게 역사하시는 것밖에는 없습니다. 여러분은 경고들과 책망들을 다 거스르고 죄를 범하여왔습니다. 하나님의 섭리도 긍휼도 심판도 다 거스르며 여전히 죄를 짓고 있습니다.

오오 여러분, 여러분이 죄를 지으면, 그것은 다른 이들처럼 값싸게 죄를 짓는 것이 아닙니다. 여러분이 죄를 지으면, 그것은 지옥의 문턱에서 죄를 짓는 것입니다. 확신합니다만, 이 자리에 있는 사람 중에는 죄를 지을 때에 그 필연적인 결과가 지옥이라는 것을 모르는 사람이 아무도 없습니다. 여러분, 여러분은 어둠 속에서 죄를 짓는 것이 아닙니다. 여러분의 불의에 대해 하나님이 합당한 삯을 주실 때에, "오오 하나님, 저는 이것이 제가 한 일의 대가일 거라는 것을 알지 못했사옵니다"라고 말할 수가 없습니다. 가라지를 심은 다음, 거기서 알곡을 거둘 거라고 기대할 수는 없습니다. 육신적인 것들을 심는 자는 육신적인 것들을 거두리라는 것을 여러분은 알고 있습니다. 여러분은 육신적인 것을 심고 있고, 그리고 거기서 구원을 거두리라는 소망도 갖지 않습니다. "자기의 육체를 위하여 심는 자는 육체로부터 썩어질 것을 거두리라"(갈 6:8)는 것을 잘 알고 있으니 말입니다.

　죄인인 여러분, 하나님이 여러분 앞에 지옥을 두고 계신데도 죄를 짓는다면 이는 정말 처절한 일입니다! 무엇이라구요! 하나님의 무서운 경고가 있는데도 죄를 짓는다구요! 시내산에 번개가 치고, 지옥이 번뜩이고 있는데도 죄를 짓는 다구요? 그렇습니다. 그것은 정말이지 죄악된 것입니다. 하지만 이 말씀을 듣는 여러분, 여러분 중에 이런 처지에서 죄를 지어온 사람이 얼마나 많습니까? 하나님이 이 집을 보김(우는 자들)으로 바꾸어주셔서 여러분이 여러분의 죄과에 대해 슬피 울게 해주시면 좋겠습니다(참조. 삿 2:1-5). 사람들로 하여금 자기들의 죄과를 믿고 인정하게 만드는 일이야말로 세상에서 가장 힘든 일입니다. 그렇게만 할 수 있다면, 분명 그리스도께서 그들에게 구원을 나타내실 것입니다. 그리스도 예수께서 그의 성령을 통해서 행하시는 역사가 아니고서는 여러분으로 하여금 여러분의 죄를 진정 느끼고 지각하게 해줄 수 없다는 것을 사람에게 어떻게 납득시키겠습니까? 저의 초라한 목소리와 저의 유약한 말로는 여러분으로 하여금 그것을 생각하게조차 만들 수가 없습니다. 그리스도 예수께서 그렇게 역사하셨습니까? 여러분 중에 과연 그리스도께서 제 설교에 복 주셔서 그렇게 행하신 것을 깨달은 분이 계십니까? 여러분 중에 과연 죄를 느끼는 분이 계십니까? 여러분이 반역을 저지른 자라는 것을 알게 되신 분이 있습니까? 지금부터는 나의 길을 바꾸리라고 결심하시는 분이 있습니까?

　여러분, 분명히 말씀드립니다만, 여러분 스스로는 할 수가 없습니다. 여러분이 이 세상에서 가장 강한 사람들보다 더 낫습니까? 아무리 훌륭한 사람도 사람이 최상의 상태에 있을 때의 모습 이상 아무것도 아닙니다. 그리고 자기들로서는 자기들 자신의 들끓는 격정들을 제어할 수가 없다는 것을 그들도 인정합니다. 하나님은 바다는 모래로 제어할 수가 있다고 말씀하십니다. 그러나 사람의 마음은 제어되지 않습니다. 여전히 반역을 꾀합니다. 하나님이 불가능하다고 말씀하시는 것을 여러분은 할 수 있다고 여깁니까? 여러분이 전능하신 하나님보다 더 강하다고 여기는 겁니까? 무엇이라구요? 사람이 위로부터 거듭나지 않으면 천국을 볼 수가 없다고 하나님이 분명히 선언하시는데도, 여러분은 여러분 자신의 마음을 변화시킬 수 있다고 본단 말입니까? 또 어떤 이들은 실제로 마음을 변화시키려고 시도해보기도 했습니다만, 하지를 못했습니다. 여러분에게 권면합니다. 여러분 자신의 힘으로 그렇게 하려고 하지 마십시오. 여러분의 죄과를 여러분이 안다면 정말 기쁜 일입니다. 그러나 여러분, 여러분 자신의 결단이라는 더러운 시냇물로 그 죄과를 씻어내리려고 애써서 오히려 그 죄과를 더 위중하게 만들지 마시기 바랍니다. 가서 하나님께 여러분의 죄과를 깨달았다고 말씀드리고, 그것을 하나님 앞에 고백하십시오. 그리고 여러분 속에 깨끗한 마음을 주시며 여러분 속에 바른 심령을 새롭게 해주시기를 구하십시오. 여러분이 배역무도한 자임을 알고 있으며, 또한 하나님이 여러분의 마음을 바꾸어주시기 전에는 여러분이 항상 그런 상태일 수밖에 없다는 것을 하나님께 말씀드리십시오.

그리고 권면합니다만, 여러분에게 새 마음이 생기기까지는 절대 만족하지 마십시오. 여러분, 세례로 만족하지 마십시오. 주의 성찬으로 만족하지 마십시오. 주일에 가게 문을 닫는다는 것으로 만족하지 마십시오. 술 취하는 습관을 끊어버렸다는 것으로도 만족하지 마십시오. 거짓 맹세하는 행위를 버렸다는 것으로도 만족하지 마십시오. 여러분, 기억하십시오. 그런 모든 일을 다 행하고도 얼마든지 정죄를 받을 수가 있습니다. 여러분에게 없는 것은 바로 새 마음과 올바른 심령입니다. 그것부터 시작하십시오. 그리고 그것이 있게 되면, 나머지 모든 것들이 바로잡히게 되는 것입니다. 여러분, 명심하기 바랍니다. 여러분 자신을 채색하고 금박을 입힐 수는 있지만, 여러분 스스로 자신을 변화시킬 수는 절대로 없습니다. 도덕적으로 변화가 있게 할 수는 있으나, 여러분 스스로 여러분의 마음에 영적인 변화를 일으킨다는 것은 절대로 불가능한 일입니다. 다만 명심하십시오. 오늘 아침, 여러분은 잃어버린 상태에 있습니다. 그러니 생각하십시오. 여러분 스스로 자신을 구원하려고 아무리 애를 써도 여러분으로서는 아무 일도 할 수 없습니다. 여러분의 심령 속에 그런 생각이 일어나야 합니다. 그리고 여러분 자신을 지극히 낮추게 되어야 합니다. 그리고 하나님께 나아가 이렇게 외치기 바랍니다: "오오 주님, 저로서는 할 수 없으니 주께서 행하시옵소서. 나의 하나님이여, 나를 긍휼히 여기사 나를 구원하소서."

사랑하는 여러분, 제가 여러분에게 너무 심하게 말했습니까, 아니면 여러분이 사랑으로 제 말씀을 받아주시겠습니까? 하나님을 대적하여 그렇게 끔찍하게 죄를 범하였는데, 여러분, 과연 그것이 느껴집니까? 제가 여러분에게 은혜를 나누어줄 수도 없고, 여러분에게 그리스도를 드릴 수도 없습니다. 하지만 여러분에게 그리스도를 선포할 수는 있습니다. 오오! 제가 무슨 말을 하겠습니까? 바로 여러분이 죄인이라는 이 말입니다. "미쁘다 모든 사람이 받을 만한 이 말이여, 그리스도 예수께서 죄인을 구원하시려고 세상에 임하셨다 하였도다"(딤전 1:15). 여러분이 죄인입니까? 그리스도께서 여러분을 구하시려고 오셨습니다. 오오! 이 얼마나 기쁜 말씀입니까? 이 말씀을 여러분에게 전하게 되니, 저는 정말 기뻐서 강단에서 뛰고 싶을 지경입니다. "미쁘다 모든 사람이 받을 만한 이 말이여 그리스도 예수께서 죄인을 구원하시려고 세상에 임하셨다 하였도다." 여러분에게 다시 이 말씀을 드리게 되었다니 정말 마음의 황홀함으로 손뼉을 치게 됩니다. 여러분, 말씀드립니다. 그리스도께서는 이 세상에 오사 십자가에 못 박히셨고, 거기서 처절한 탄식과 고뇌 속에서 죽어가셨고, 거기서 "나의 하나님, 나의 하나님, 어찌하여 나를 버리셨나이까?"(마 27:46; 막 15:34)라고 소리를 지르셨습니다. 그의 손과 발에서 피가 흘러내렸습니다. 그리고 그가 고난을 당하셨기 때문에 그는 또한 용서하실 수가 있습니다. 죄인 여러분, 이것을 믿으십니까? 여러분은 시커멓습니다. 여러분, 시커먼 얼굴을 한 상태로 과연 그리스도의 피가 여러분을 희게 할 수 있다는 것을 믿으십니까? 죄인 여러분, 무어라고 말하겠습니까? 하나님이 여러분의 죄를 납득하게 하셨습니다.

오늘 아침, 하나님의 방법으로 구원받기를 원하십니까? 원한다면, 구원을 받을 것입니다. 성경은, "누구든지 목마르거든 내게로 와서 마시라"(요 7:37)라고 기록하고 있습니다. 오늘 아침 목마르십니까? 이리로 와서 마십시오. 배가 고프십니까? 와서 먹으십시오. 죽어가고 있습니까? 이리로 와서 사십시오! 주님은 제게 이 말씀을 하라고 명하십니다. 곧, 자신의 죄를 느끼는 모든 여러분이 용서함 받는다는 말씀 말입니다. 자기의 죄과를 아는 여러분 모두에게 주님은 이 말을 하라고 명하십니다: "나 곧 나는 나를 위하여 네 허물을 도말하는 자니 네 죄를 기억하지 아니하리라"(사 43:25). 여러분, 지금까지 음행자였습니까? 도둑이었습니까? 술주정뱅이였습니까? 안식일을 망가뜨리는 자였습니까? 헛되이 맹세하는 자였습니까? "누구든지 목마르거든 내게로 와서 마시라"라는 말씀에는 예외 조항이 없습니다. "내게 오는 자는 내가 결코 내쫓지 아니하리라"(요 6:37)라는 말씀에도 예외가 없습니다. 여러분에게 죄과가 있다는 것을 아십니까? 그렇다면 그 죄과가 무엇인지 묻지 않겠습니다. 제아무리 사악한 자였다 해도, 다시 말씀드립니다만, 여러분이 여러분의 죄과를 안다면, 그리스도께서 여러분을 용서하실 것입니다. 이것을 믿으십시오. 그러면 구원받게 됩니다.

자, 이제 돌아가서 이 모든 사실을 잊으시겠습니까? 오늘 아침, 눈물을 흘린 분도 있습니다. 전혀 이상한 일이 아닙니다. 오히려 우리 자신이 구원받는 것을 깨닫기까지 우리 모두가 울지를 않는다는 것이 이상한 일일 것입니다! 내일 여러분은 다시 여러분의 일터로 돌아갑니다. 밭으로, 가게로, 사무실로, 사업장으로 돌아갈 겁니다. 그러면 이 안식일 아침 여러분에게 일어난 감동이 아침 안개처럼 사라질 것입니다. 사랑하는 여러분, 여러분이 생각할 수 있는 모든 이름들을 동원하여 저를 부른다 해도 저는 울지 않을 것입니다. 하지만 여러분이 여러분 자신을 위해 울지 않는다면 저는 울 것입니다. 죄인들이여, 어째서 정죄를 받려 합니까? 지옥 불 속에서 반역을 꾀하는 것이 유쾌한 일입니까? 여러분, 여러분의 죽음에 무슨 유익이 있습니까? 하나님을 대적하여 반역하는 것이 과연 존귀한 일입니까? 서서 하나님이 지으신 우주의 조롱이 되는 것이 과연 존귀한 일입니까? 여러분은 죽지 않을 것이라 보십니까? 하지만 얼마 후면 목숨이 끊어질 때가 올 것이 아닙니까? 죄인들이여, 이 이상 더 편리한 때는 절대로 없습니다. 오늘이 불편하다면, 내일은 더 불편할 겁니다. 오늘 그냥 눈물을 닦아내고 뒤로 미루어버리면, 나중에 무수한 눈물을 흘리고도 구원을 얻지 못하게 될 그런 날이 오고야 말 것입니다.

많은 사람들이 마음에 감동을 받습니다. 그러나 그것도 사라지고 몇 년이 지난 후 이렇게 말합니다: "오오, 눈물만이라도 흘릴 수 있다면 얼마나 좋으랴!" 오오 하나님! 주의 말씀이 오늘 아침 망치가 되게 하셔서 저 바위 같이 딱딱한 마음을 산산조각 내게 하옵소서! 지은 죄를 아는 여러분, 하나님의 사신으로서 말씀드립니다: "하나님과 화목하십시오"(참조. 고후 5:20). "그의 아들에게 입맞추십시오. 그렇지 아니하면 진노하심으로 여러분이 길에서 망할 것이니 그의 진노가 급하십니다"(참조. 시 2:12). 기억하십시오. 한 번 잃어버림을 당하였으니, 여러분이 영원토록 잃어버린 상태에 있을 것입니다. 그 옛날 바울은, "주 예수 그리스도를 믿으라 그리하면 구원을 받으리라"라고 말씀했습니다. "믿고 세례를 받는 사람은 구원을 얻을 것이요 믿지 않는 사람은 정죄를 받으리라"(막 16:16). 그러나 저주로 말씀을 마치지는 않겠습니다. "믿는 사람은 구원을 얻을 것입니다." 주 예수님을 의지하고 비오니, 하나님이여, 이들을 그 영원한 복에 참여하게 해주시기를 원하나이다!

제
5
장
—

이른 비와 늦은 비

—

"우리에게 이른 비와 늦은 비를 때를 따라 주시며 우리를 위하
여 추수 기한을 정하시는 우리 하나님 여호와를 경외하자"
— 렘 5:24

　때맞추어 내리는 비에 모든 농사의 성패가 걸려 있는 것이 팔레스타인의
기후와 토양입니다. 그래서 그 곳의 사람들은 날씨와 곡식을 하나님과 직접 관
련지어 생각하는 경향이 우리의 경우보다 더 많습니다. 보통 사람들의 일상적인
표현들 중에 전능하신 하나님의 역사를 칭송하는 경건한 것들이 많아서 여행객
들이 놀라는 예가 많다고들 합니다. 사람들이 먹는 양식 가운데 공장이나 상거
래를 통해서 얻어지는 것은 거의 없고, 인구 전체가 밭에 의존하여 살며 또한 밭
은 비에 의존한다는 사실을 볼 때에, 이는 분명 구약 성경의 농사와 관련된 약속
들에서 비롯된 것일 것입니다. 팔레스타인은 강을 통해 물을 잘 공급받게 되어
있는 애굽과는 정반대입니다. 또한 우리나라와도 사정이 전혀 다릅니다. 우리나
라는 비가 적은 건기에도 팔레스타인의 비가 많은 몇 년을 합친 것만큼 비가 많
으니 말입니다. 팔레스타인의 농사는 비가 절대적으로 필요합니다. 곡식을 땅에
심은 직후에 이른 비가 있어야 합니다. 그렇지 않으면 씨가 썩든지 먼지에 날아
가고 맙니다. 왜냐하면 여름의 뙤약볕으로 인하여 밭의 흙이 일종의 미세한 분
말처럼 되어 버린 상태이기 때문입니다. 그리고 곡식을 수확하기 직전에 늦은
비가 필요합니다. 그렇지 않으면 곡식의 낟알들이 수분이 부족하여 가늘어지고

메말라버려서 수확을 할 만한 가치가 없어지고 맙니다. 농부는 이른 비와 늦은 비에 전적으로 의존하는데, 적절한 때에 그 비가 풍족하게 내리지 않으면 기근 이 이어지게 됩니다. 우리나라의 기후는 우리가 하나님께 의존한다는 사실을 곧바로 상기하게 만들어주지는 않습니다만, 온갖 복들이 임하고 일용할 양식이 채워질 때에 그것들이 누구에게서 오는 것인지를 기억한다면 정말 좋은 일일 것입니다. 풀 한 포기 없는 포장된 도로가 계속 이어지고, 황량한 벽돌의 광야 속에 사는 우리는 계절이 바뀌는 것을 별로 인식하지 못하는 경우가 태반입니다. 봄의 제비꽃이 그 향기를 뿜어내도, 여름철에 마지막으로 피는 장미가 그 멋진 자태를 뽐내어도, 파종의 때와 수확의 때가 오고 가도, 사람들은 전혀 그것에 관심을 두지 않습니다. 그러나 밭의 곡식에 크게 의존하는 시민들과 상인들이나, 곡식을 거두고 밭을 가는 시골의 청년들은 그것에 큰 관심을 두는 법입니다. 그러므로 눈을 들어 여호와를 바라봅시다. 그가 비를 주시며, 그리하여 결국 하늘로부터 빵을 내리시는 것이니 말입니다. 그가 풍성한 수확을 얻기에 합당한 계절을 주시면, 그 하나님께 감사를 올립시다. 그리고 어느 때라도 그가 계절의 복들을 억제하시고 역병과 재해로 공기를 가득 채우시면, 그의 앞에서 두렵고 떨며 그의 채찍질하시는 손 앞에서 우리 자신을 낮추어야 할 것입니다.

> "추수의 노래를 계속 되풀이하리니
> 주께서 가장 좋은 알곡을 주심이로다.
> 추수의 기쁨을 우리가 알았으니,
> 오 주여, 찬송이 모두 주의 것이옵니다."

그러나, 이처럼 섭리를 통해 나타나는 하나님의 긍휼하심에 대한 감사가 오늘 아침 이 말씀의 주제는 아닙니다. 저는 본문을 영적인 의미로 사용하고자 합니다. 바깥의 세계나 속의 세계나 똑같습니다. 육신적인 문제나 영적인 문제나 사정이 같습니다. 사람은 하나의 작은 세계요, 또한 모든 날씨와 계절들의 형상이 하나님 안에 있는 것입니다. 땅은 하늘로부터 내리는 비에 의존합니다. 이와 같이 사람의 영혼도, 그들의 거룩한 일들도, 온갖 좋은 은사와 온전한 선물을 주시는 크신 빛의 아버지(참조. 약 1:17)께로부터 오는 은혜의 비에 의존하는 것입니다. 비가 내리지 않으면 반드시 기근이 뒤따라옵니다. 이와 마찬가지로 하나님의 은혜가 임하지 않으면 그보다 더 심한 영적인 재난이 반드시 일어나는 것입니다.

이 위대한 진리를 두 가지 중요한 문제와 결부하여 살펴보려고 합니다. 첫째는 우리 바깥에서 일어나는 하나님의 일과 관련된 문제요, 둘째는 우리 속에서 일어나는 하나님의 일과 관련된 문제입니다.

1. 우리 바깥에서 일어나는 하나님의 일

그러면 먼저 우리의 바깥에서 일어나는 하나님의 일부터 살펴보겠습니다.

언제든 어떤 거룩한 사업이 시작될 때마다 하나님의 성령의 도우심으로 이른 비가 반드시 있어야 합니다. 하나님 안에서 시작하지 않으면, 그 어떤 일도 잘 시작하는 것이 아닙니다. 성령께서 임하시지 않으면, 그 일이 뿌리를 내릴 수도 없고, 소망의 싹을 피어낼 수도 없습니다. 천국의 아침 이슬이 일찍부터 내리지 않으면, 마치 지붕 위에 난 풀처럼 시들어버릴 것입니다. 그리고 몇 해 동안 성장한 이후에도 마찬가지로 은혜가 필요합니다. 오래된 일이 다시금 새로워지고 처음의 싱싱함이 회복되기 위해서는 때에 맞는 비가, 부흥의 소나기가, 절실히 필요한 것입니다. 이 늦은 비가 없이는 수확기가 ― 그 일의 목표가 바로 이것입니다 ― 실망스러워지고 말 것입니다.

형제자매 여러분, 교우 여러분, 우리가 속한 교회의 사정에 이를 적용시켜 보면, 제 말씀이 더욱 실질적으로 다가오게 될 것입니다. 사정이 비슷한 다른 교회에 속한 분들도, 이 진리를 여러분들의 교회에 적용시켜볼 수 있을 것입니다. 여러 해 전 우리는 숫자도 적었고, 어둠 속에 있었고, 얼굴도 창백한 상태였습니다. 거룩한 예배에 참석하는 숫자도 거의 손가락으로 셀 정도였습니다. 우리의 시온이 완전히 버려진 상태였다 할 것입니다. 그런데 주께서 마음을 만져주신 활기 있는 사람들이 생겨났습니다. 이들은 하나님이 우리를 기뻐하사 기억해 주시기를 밤낮으로 쉬지 않고 기도했습니다. 이러한 간절한 기도에 하늘이 은혜로운 응답을 보내셨고, 이제 이 16년 동안 하나님께서 우리 교회와 회중에게 긍휼을 베푸사 계속되는 번영 가운데 우리가 날마다 즐거워하게 되었습니다. 오늘 여러분 가운데 계신 많은 분들이 바로 이른 비가 내린 그 초창기에 우리에게 임한 그 복의 열매들입니다. 회중의 숫자가 얼마나 급속히 불어났는지 모릅니다. 곳곳마다 사람들이 넘쳐나 비좁아졌습니다. 그런데도 여전히 하나님의 복이 우리에게 임하였고, 무수한 사람들이 말씀을 들으러 모여들었습니다! 주의 이름을 찬송합니다. 그저 말씀을 듣는 자들만이 아니라 진정 주께로 돌아오는 회심자들이 늘어났습니다. 사방에서 회개하는 죄인들의 부르짖음을 들었고, 수많은 이들이, "어찌 하여야 구원을 받을 수 있습니까?"라고 물었습니다. 우리 교회는 크게 성장했고, 그리하여 우리는 사도 시대에 임했던 복을 실감했습니다: "주께서 구원 받는 사람을 날마다 더하게 하시니라"(행 2:47). 마치 기드온의 양털처럼 천국의 이슬로 푹 젖어 있었던 것입니다. 그 때에 우리가 무슨 기도를 올렸는지요! 그 때에 마치 자라나는 곡식이 바람에 흔들리듯이 우리 모두가 하나님의 성령의 숨결에 감동되었던 기도회 모임에 참석한 분들이 지금 우리 중에도 있지 않습니까? 주께서 행하시는 그 놀라운 역사를 바라보며 우리 영혼이 티끌에까지 고개를 숙인 일이 얼마나 많습니까! 무리들을 바라보며, 크나큰 놀라움으로 이렇게 외치곤 했습니다: "저 구름 같이, 비둘기들이 그 보금자리로 날아가는 것 같이 날아오는 자들이 누구냐?"(사 60:8). 그 때에 우리는 성령의 세례를 받아 거룩한 사랑의 하나됨 가운데 함께 행하였고, 순전하게 열심을 내었고, 그리스도를 위해 아무것도 남겨두지 않고 풍성하게 베풀었고, 악을 마음에 품지 않는 사랑으로, 모든 것들을 다 이기는 열정으로, 반대를 무릅쓰는 담대한 용기로 행하였습니다. 우리의 은혜들이 번성했고, 우리의 하나된 교제가 감미로웠고 또한 끊어지지 않았습니다.

하나님께서 우리를 위해 행하신 이 모든 일을 보고서 저는 이 교회의 목회자로서 감사한 마음으로 이렇게 한 마디 덧붙일 수 있습니다: "주께서 이 16년 동안 우리 가운데서 그의 손길을 거두지 아니하셨도다." 회심의 숫자가 절대로 줄어들지 않았습니다. 제가 판단하는 한에서는 여러분의 진실한 수고가 거의 혹은 전혀 시들지 않았습니다. 물론 더 많이 수고할 수도 있었고 또 했어야 했겠지만, 그럼에도 불구하고 우리가 행한 수고에 대해서 전적으로 하나님이 찬양을 받으셔야 할 것입니다. 그러나 저는 두려움에 자주 빠집니다. 이는 하나님의 영광을 향한 열심에서 솟아나오는 두려움인데, 곧 이른 비를 받아 누린 다음, 늦은 비를 기대하지 않고 그냥 안일해지지 않을까 하는 것입니다. 아아 여러분, 그래서는 안 됩니다. 어느 교회도 오랜 세월 동안 잘 세워졌으니 이제는 그 얻은 힘이 있으니 홀로 설 수 있으며, 기도도 그렇게 겸손하고 그렇게 열정적일 필요가 없고, 교회 자체가 그 사역을 효력 있게 만드는 힘을 지니고 있다고 생각하며,

교인들의 영향력이 커졌으니 그 힘만으로도 사역을 뒷받침받을 수 있으며, 육체의 팔에 기대어도 괜찮다는 식의 꿈을 꾸어서는 안 됩니다. 그렇게 되면 곧바로 파멸의 시각이 다가오며, 그 몰락의 날이 가까이 임하는 것입니다. 교회가, "우리가 할 일을 다했다"라고 이야기해서는 안 됩니다. 교회가 그 근면과 풍족한 봉사의 *Ultima Thule*(최고점)에 도달했다고 자랑해서도 안 됩니다. 우리가 자만에 빠지면 성장이 거기서 끝나고 맙니다. 여러 해 동안 쌓아놓은 많은 자원을 자랑하면, 우리는 이미 벌거벗고 가난하며 비참한 처지에 있는 것입니다. 그러므로 저와 함께 여기 이 교회에 속하여 있는 형제자매 여러분에게 당부하고자 합니다. 과거에 이른 비를 누렸던 것처럼 늦은 비도 누리게 해주시기를 위해 진정으로 구하여야 합니다.

새로운 은혜가 우리에게 임하여, 과거에 우리를 복 주신 하나님이 우리에게서 돌아서지 않으시고 계속 선을 행하신다는 증거를 얻게 되기를 바랍니다. 15년 전에 회심하지 않은 상태에 있던 많은 이들이 우리 중에 있었는데, 그들 중에 아직도 회심하지 않은 상태로 우리와 함께 있는 분들이 많습니다. 참 안타깝습니다! 그 세월 동안 수많은 사람들이 구원받지 못한 채 영원 속으로 들어갔습니다. 무리들이 여전히 모여 말씀을 듣고 있습니다. 그러니 우리는 여전히 말씀을 전하는 설교자에게와 또한 진리의 말씀을 듣는 사람들에게 복이 베풀어지기를 원합니다. 그것이 없이는 할 수가 없습니다. 오오 이 교회의 교우 여러분, 그 누구도 우리의 면류관을 취해서는 안 됩니다. 이 교회에서 성령으로 말미암아 하나님께 회심한 영혼들이 바로 이 교회의 면류관입니다. 이 면류관을 계속 보유하도록 힘써야 하겠습니다. 이 영광을 잃어버리지 않고 오히려 그 속에서 하나님의 영광을 더욱 드높일 수 있도록 위해서 끊임없이 기도합시다.

저는 여러분에게 말씀을 전하는 법을 알지 못합니다. 제 자신의 능력보다 무한히 더 말씀을 잘 전하는 것일 테니 말입니다. 하나님이 우리를 떠나시면 우리 자신의 초라함과 우리 자신의 수치스러움이 악한 모습으로 드러날 것입니다. 우리의 성장을 바라보고 또한 비슷한 수고에서 격려를 받아온 분들이 실망하게 될 것이고, 주의 나라가 쇠퇴할 것입니다. 또한 주의 다른 종들이 그들의 수금을 버드나무에 걸어두게 될 것이고, 그리하여 우리 교회들에 오랫동안 그렇게도 만연되어 있는 그 무덤덤하고 죽어 있고 냉랭한 상태로 되돌아가게 될 것입니다. 형제 여러분, 여러분은 싸움을 아주 잘 시작했습니다. 적에게로 돌진하여 앞에 있는 적들을 다 쓸어버렸습니다. 살아계신 하나님의 종인 여러분, 낮이 뜨겁고 깁니다. 싸움이 여전히 계속되고 있고, 원수가 여전히 든든히 버티고 있습니다. 여러분, 이런 상태에서 전열을 계속 유지하고 든든히 서서 마지막까지 견딜 수 있겠습니까? 그리고 마침내 싸움에 이겨서, 그 승리를 얻으신 영원하시고 불멸하신 왕께 큰 기쁨의 함성을 올려드리기까지 더 큰 열정과 힘으로 전투에 임하여 행진할 수 있겠습니까?

어떤 교회든 이것이 해당됩니다. 우리 중 누가 어떤 수고의 영역에 개입하게 되든 이것이 그대로 적용됩니다. 지금 이 자리에 계신 신자 한 사람 한 사람이 모두 무언가 주님을 위해 해야 할 일을 발견했을 줄 압니다. 어떠한 분야의 기독교 사역을 시작하더라도, 새로이 무언가를 시작한다는 것이 사람들에게 열의를 갖게 만듭니다. 그래서 처음 일을 시작하는 사람이 그런 열의로 인해서 쉽게 성공을 얻는 것은 지극히 자연스런 일입니다. 어떤 일을 처음 시작하는 것에서 그리스도인이 어려움을 겪는 예는 별로 없습니다. 진정한 수고는 끝까지 인내하는 데 있는 것이고, 이것만이 승리를 얻게 해주는 것입니다. 성령께서 맡겨주신 한 가지 봉사의 일을 여러 해 동안 계속해서 감당해오고 있는 분들에게 말씀드리고 싶습니다. 젊은 시절 수고할 때에 이른 비가 임하고는 그 이후 오랜 세월 동안 기근이 계속되어왔는데, 지금도 여전히 기억 속에 남아 있는 과거의 그 촉촉했던 기운을 상기하기를 바랍니다.

형제 여러분, 힘을 내시기 바랍니다. 늦은 비가 아직도 임할 수 있습니다. 그것을 구하십시오. 여러분에게 그것이 정말 필요하기 때문에 그것으로 인해 안타까움이 있습니다. 그러나 그것이 필요하다는 것을 여러분이 진정 느끼고 있다면, 주께서 여러분 속에 그런 거룩한 욕망을 이루시는 것이니 기뻐해야 할 것입니다. 오히려 더 많은 은혜의 필요성을 느끼지 못한다면, 그것이야말로 정신을 차려야 할 이유가 될 것입니다. 하나님이 과거에 여러분을 통해서 온갖 일을 행하셨다고 해서 지금 여러분이 하나님이 없이 무슨 일을 행할 수 있는 자격을 부여받은 것이 아니라는 것을 분명히 직시하며, 또한 여러분이 예전이나 지금이나 항상 하나님의 능력에 전적으로 의존한다는 것을 지각하고 있다면, 이것이야말로 여러분이 과연 하나님께서 풍성히 복을 베푸시기에 합당한 상태에 있다는 반증인 것입니다. 그러므로 여러분, 하나님께서 늦은 비를 주시기를 바라고 기다리십시오. 하나님이 과거에 여러분에게 어느 정도 복을 베푸셨다면, 이제 지금 다시 임하셔서 여러분에게 과거보다 열 배의 복을 베풀어주시기를 구하십시오. 그렇게 되면, 눈물로 씨를 뿌리는 세월이 있더라도 그 후에 마침내 기쁨으로 곡식 단을 지고 기쁨으로 나아오게 될 것입니다.

아아, 여러분! 누구든지 그리스도인 사역자에게는 하나님의 일을 그저 습관적으로 행하는 일과로 치부해버리고 자기 만족감에 빠질 위험이 상존하는 것입니다. 우리는 익숙한 일을 지극히 쉽게 행하며, 또한 그 일을 졸면서 행하게 되기가 아주 쉽습니다. 세상에서 가장 힘든 과제 중의 하나는 바로 그리스도인들이 일상적인 일을 행하면서도 계속해서 깨어있게 만드는 것입니다. 오늘날, 아니 어느 시대나 그랬습니다만, 최면 상태에서 하나님의 일을 행하는 경향이 다분합니다. 우리의 공적인 봉사와 사적인 헌신의 활력과 능력이 급속하게 사라져가고 있습니다. 마치 꿈속에서 하듯 그렇게 기도하며, 마치 몽유병환자처럼 그렇게 찬송하고 말씀을 전합니다. 하나님께서 늦은 비를 부어주셔서 지친 우리를 새롭게 하사, 다시금 우리를 휘저어주시고, 일깨우시고, 살리시기를 소원합니다.

2. 우리 속에서 일어나는 하나님의 일

이제 두 번째로 넘어갑니다. 이는 우리들 각자에게 더 절실한 문제요, 우리 마음에 더 긴밀하게 와 닿는 문제입니다. 하나님의 성령님, 주의 진리를 나누어주도록 우리를 도우시기를 빕니다. 이제 이 본문을 우리 속의 영적인 삶에 적용시키고자 합니다.

여기서 먼저 주목할 것은, 대개 영적인 삶은 그것이 시작되자마자 이른 비를, 혹은 은혜가 임하는 기쁜 일을, 경험한다는 것입니다. 여러분의 옛 기억을 잠시 되살려드리겠습니다. 여러분, 처음 하나님께로 회심했던 때를 기억할 것입니다. 우리 중에는 그 정확한 날짜와 시간과 그 장소까지도 기억하는 분들이 있습니다. 또 어떤 이들은 그렇게까지 기억하지는 못합니다만, 그렇다고 해서 실망할 필요는 없습니다. 그들이 하나님께 대해 살아 있다면, 그들이 언제 났느냐 하는 것은 별로 중요한 문제가 아닙니다. 그들의 믿음이 오직 그리스도께 근거하고 있다면, 그들의 회심이 점진적으로 이루어졌든 갑작스럽게 이루어졌든 구원받았다는 확신을 가질 수 있습니다. 여러분 가운데 대략 언제 회심했는지 기억하는 분들이 많습니다. 자 여러분, 가장 행복했던 시절이 바로 예수님을 믿은 그 다음의 시기가 아니었습니까? 그렇습니다. 그 이후에도 즐거움의 시간이 있었지만, 그 시절이야말로 승리를 누리던 시기가 아니었습니까? 그 첫 회심이 얼마나 복된 것이었던지 그 처음 시절이 마치 어제처럼 우리의 기억 속에 푸르고 향기로웠던 날로 남아 있는 분들이 많을 것입니다. 마치 시간의 정원 속에 방금 막 순이 돋아난 것처럼 그렇게 신선하고도 아름답습니다. 다른 날들은 마치 시든 꽃처럼 더 이상 향기도 없고 보기에 사랑스럽지도 못합니다만, 이 날들은 과거가 아니라 현재처럼 아침의 신선한 이슬로 촉촉이 젖어 있는 듯합니다. 우리가 구원받았다는 느낌에 얼마나 행복했었습니까! 온전한 구원을 생각하기만 해도 우리의 마음이 뛸듯이 기뻤습니다. 정말 너무 좋아서 사실이 아니면 어떻게 하나 하는 걱정마저 들기도 했습니다. 우리의 믿음이 정말로 강했습니다. 십자가에 달리신 그리스도가 언제나 우리의 시야에 있었습니다.

그 당시에는 그리스도의 자리를 대신할 다른 체험이 아직 없었습니다. 우리로 하여금 의롭다 하심을 얻게 한 그리스도의 의(義)와 뒤섞여질 성화도 아직 없었습니다. 예수님을 믿는 우리의 믿음은 매우 단순했고 어린아이 같았습니다. 그래서 결과적으로 매우 편안했고, 우리는 매우매우 행복했습니다. 오오, 그 당시의 기도가 얼마나 복되었는지 모릅니다! 그 때에 우리는 정말로 하나님과 더불어 이야기했습니다. 그 당시에는 골방에 들어가 기도하게 만들기 위해 우리 자신을 채찍질할 필요가 없었습니다. 하루 종일 무릎을 꿇고 하나님께 우리 마음을 열어 하나님께 이야기할 수만 있다면 얼마나 좋을까 하고 생각했습니다. 그 당시에는 예배 장소가 덥든 춥든, 자리에 앉아 있든 서 있든, 별로 상관하지 않았고, 오로지 복음에만 관심이 가 있었습니다. 설교 말씀을 듣기 위해서라면 울타리도 넘고 웅덩이도 건너뛸 태세였습니다. 설교자의 스타일이 어떠했는지는 중요하지 않았습니다. 설교자가 언변이 좋았다 해도 그런 언변 때문에 그의 말씀에 귀를 기울인 것이 아닙니다. 복음을 어찌나 사모했던지 언변에는 전혀 개의치 않았습니다. 그저 평이하게 말하는 사람이 우리 주님과 그의 사랑에 대해 말씀했어도 우리는 그의 평이한 언변을 더 사모했습니다. 그 언변을 통해 주님이 선포되었으니 말입니다. 누구에게서든 귀하신 그리스도와 피로 값 주고 사신 죄 사함과 충만하고도 값없는 구원에 대한 말씀을 듣는 것이야말로 우리에게는 천국이었습니다. 그 당시에 만일 예수님을 위해서 무슨 고난을 당해야 했다면, 우리는 더 많은 고난을 당할 수 없다는 것 때문에 안타까워했을 것입니다. 그 시절 우리는 치욕의 길 바깥으로 도망하지 않았고, 사랑하는 주님의 이름을 위하여 그 길을 기꺼이 갈 준비가 되어 있었습니다.

> "그 때에 우리가 얼마나 평화로운 시절을 누렸던가,
> 그 기억이 지금도 얼마나 감미로운지!"

그것이 바로 이른 비였습니다. 씨앗이 방금 뿌려졌고, 그래서 주님은 그 씨앗이 더 깊이 뿌리를 내리고 더 속히 움이 돋아 푸른 잎을 발하도록 우리에게 그의 사랑스러운 임재의 거룩한 소나기를 베풀어주신 것입니다. 이런 부드러움 속에는 많은 섬세한 지혜가 있었습니다. 새로 거듭난 영혼은 매우 연약하기 때문입니다. 그 시절을 뒤돌아보면, 우리가 정말 어쩔 수 없는 어린 아기들이었다는 것이 선명히 보입니다. 지식에 있어서도 우리는 많은 일들을 나타내주어도 도무지 감당할 수 없는 정말 아기들이었습니다. 우리는 우리의 영적 싸움이 끝났고 마귀의 화살과 의심에서 벗어났다고 상상했습니다. 그러나 영적 싸움은 이제 막 시작되는 상태였습니다. 그 싸움은 죽음이 와서 천국이 마지막 승리를 얻기까지 절대로 중단되지 않을 것이었습니다. 주께서는 원수가 우리를 괴롭히지 않도록 막으셨습니다. 그 때에는 우리가 그와 싸울 수 없는 처지였기 때문입니다. 위대하시고 선하신 주님은 털을 갓 깎인 어린양에게 바람을 억제하셨고, 작은 새를 그의 날개깃으로 덮으셨습니다. 주님은 그 아기를 팔로 안으셨고, 연약한 어린 식물에게 물을 주셨고 그 주위에 사랑으로 울타리를 두르셨습니다. 위대한 농부이신 하나님은 우리의 연약한 뿌리에게 하늘의 이슬이 얼마나 필요한지를 알고 계셨고, 그리하여 그것을 풍성하게 베푸신 것입니다.

더욱이 우리 중 많은 이들이 회심하기 전에 불과 물을 통과했습니다. 죄에 대한 가책으로 괴로움을 당했고, 의심의 성(Doubting Castle: 잉글랜드의 청교도 존 번연[John Bunyan: 1628-1688]이 쓴 천로역정[天路歷程: The Pilgrim Progress]에 나오는 한 성[城])에 갇혀서 절망의 사과나무 몽둥이로 매를 맞았고, 우리가 버림받아 소망이 전혀 없는 자가 아닐까 하는 두려움 속에 빠져 있었습니다. 그러던 우리가 드디어 십자가에 달리신 주님 안에서 기쁨을 누리게 되고, 쉼의 시간을 누리게 되었는데, 이 때에 주께서 부드럽게 우리를 돌보아 주셨습니다. 그 때에 우리는 뼈가 부러져 있었고, 수분이 촉촉하던 상태가 여름철의 메마름으로 바뀌어 금방이라도 죽을 것 같은 처지였습니다. 두려움으로 인해 우리의 연약함과 심령

의 침체가 가중되어 있었을 때에 하나님은 우리에게 큰 기쁨의 시간을 주셨고, 그리하여 혼인의 사랑 덕분에 두려움을 잊게 되었으니, 이는 정말 하나님의 자비가 아닐 수 없었습니다.

뿐만 아니라 우리 주님은 그 때에, 말하자면 이른 비를 주사 우리의 어린 식물에게 하늘의 성장을 시작하도록 하셨습니다. 오랜 세월이 지난 후 돌아보니 과연 성장이 있었습니다. 그 때 이후로 슬픔을 만날 때마다 주의 촛불이 우리의 머리 주위에서 비치던 그 때의 일들을 ─ 그 초기의 복된 시절을 ─ 회상하며 새로움을 얻은 적이 얼마나 많습니까? 그 모든 일이 착각이었을 수가 있습니까? 그 모든 일이 실수였겠습니까? 그 때는 죄악 중에 사권 우리의 동료들이 모두 버린 바 되고, 우리가 애지중지하던 정욕들이 모두 갈가리 찢겨나가고, 오른눈이 빼어지고 오른팔이 잘려나간 때였습니다. 그 모든 일이 가짜였을 수가 있습니까? 그 때에 우리는 구주의 품에 머리를 기대고 있었고, 그 약속이 그렇게 감미로울 수가 없었습니다! 그런데 그 모든 것이 그저 흥분 때문이었겠습니까? 아닙니다. 적어도 우리의 기억은 그렇지 않다고 말합니다. 그것은 진짜였고, 참이었습니다. 그리고 그렇게 미리 맛보게 해주신 주님은 분명 전혀 변하지 않으셨습니다.

> "과거에 그가 우리를 그토록 사랑하셨으니,
> 절대로 우리를 그냥 버려두셔서
> 결국 어려움 중에 가라앉게 하시지 않으리."
> ─존 뉴턴[John Newton: 1725-1807]의 찬송시

저는 과거의 체험을 먹고 사는 믿음은 별로 인정하고 싶지 않습니다. 하나님의 택한 자들의 귀한 믿음은 날마다 새롭게 만나를 먹으며 나아가기 때문입니다. 하지만 동시에 캄캄하고 끔찍한 순간들에는 과거의 체험이 우리를 든든히 서게 해주기도 합니다. 사랑하는 그리스도인 여러분, 지금 오늘 어둠 가운데 있습니까? 어제의 제단에서 횃불을 뽑아들고 그 빛으로 오늘을 비추십시오. 약속을 신실하게 행하신 그분이 어제 여러분과 함께 계셨었습니다. 그의 사랑이 그 때에 여러분에게 용기를 북돋았습니다. 다시 한 번 그에게 나아가십시오. 그러면 은혜 위에 은혜를 베푸시는 그분께로부터 새로운 은혜의 늦은 비를 받게 될

것입니다.

이 문제에 대한 말씀을 마치기 전에, 지금 여호와 우리 주를 찾고 있는 분들에게 격려의 말씀을 한 마디 드리겠습니다. 여러분 중에 그런 분들이 계시리라 믿습니다. 오랫동안 말씀을 들어왔으나 아직 회심하지 못한 분들은, 그동안 많이 찾았으나 주께서 여러분을 아직 찾지 않으셔서 안타까운 심정일 것입니다. 분명히 말씀드리지만, 여러분이 여호와를 찾게 되면, 그동안 오랜 세월 동안의 기다림이 풍성하게 보상받게 될 것입니다. 주께서 그의 입술로 제게 한 번 입맞추심으로 보상해주신다면, 저는 팔십 년 동안이라도 계속해서 주의 문간에 머물러 있고 싶습니다. 저의 주홍 같은 죄가 마침내 씻기고 제 영혼이 눈보다 희게 될 수 있기만 한다면, 저는 평생이라도 주의 긍휼의 못가에 누워 있을 마음입니다. 하지만 이렇게 말하는 분도 있을 것입니다. "오오, 주께서 속히 오시지 않으면, 그가 오시기 전에 절망에 빠져 죽고 말 겁니다!"라고 말입니다. 그러나 주님은 여러분에게 놀라운 위로를, 잘 빚어진 포도주를, 주셔서 여러분의 절망이 날개를 달고 날아가 버리게 하실 것이요, 여러분에게 의심의 검은 까마귀 대신 부리에 평화의 감람나무 잎사귀를 물고 있는 위로의 비둘기가 임하게 될 것입니다.

여러분, 하나님을 바라십시오. 반드시 그의 얼굴의 도우심을 인하여 그를 찬양하게 될 것입니다. 이른 비를 속히 얻고자 한다면 더 이상 머뭇거리지 마십시오. 즉시 복음의 가르침에 순종하십시오. 단순한 순종이 즉시 이른 비가 내리게 할 것입니다. 그 가르침이란 바로, "주 예수 그리스도를 믿으라 그리하면 네가 구원을 받으리라"라는 것입니다. 오오 여러분, 저도 이 점을 여러분에게 수백 번 선포했고, 다른 이들도 선포했습니다. 그런데도 여러분은 그것에 마음을 드리지 않습니다. 주의 메시지를 따르지 않을 핑곗거리를 오만 가지도 더 둘러댑니다. 그러나 가라앉든지 헤엄을 치든지, 여러분 자신을 그리스도께 드리기 전에는 여러분에게 진정 위로가 없는 것입니다. 그리스도께서 여러분을 구원하실 것을 믿고 그를 의지하기만 하면, 지금 바로 이 시간에 구원을 받을 것입니다. 여러분의 죄짐이 여러분의 어깨에서 떨어지고, 평화가 강같이 흐를 것이요 또한 구원받았다는 놀라운 사실로 기쁨이 가득 차서 길을 가게 될 것입니다. 그러니 이 가르침에 순종하지 않을 이유가 무엇입니까? 성령께서 여러분을 강권하시기를 원합니다. 지금 그렇게 하기를 바랍니다. 하나님이 여러분을 택하셨다면, 확신하건대 여러분은 머지않아 그렇게 하게 될 것입니다. 여러분 자신을 버리고 그리스도 안에 있게 될 것이고, 느낌이 있든지 없든지 그것들을 버리고, 선하든 악하든 여러분의 행위도 버리고, 여러분 자신과 또한 자신에게서 나오는 모든 것을 다 버리고, 세상의 유일한 소망이신 구주께서 달리사 피 흘리시는 그 십자가로 나아오게 될 것입니다. 오오 여러분, "내 소망은 오직 거기에 있도다"라고 고백하게 되기를 바랍니다. 지금 여러분 자신을 구주께 드리면, 모든 것이 잘 될 것입니다. 그러면 오직 믿는 자들만이 아는 복된 계절이 여러분에게 임하게 될 것입니다.

은혜의 삶에서는 영혼이 여러 해 후에 매우 두드러지는 두 번째 성령의 역사를 받는 것이 보통인데, 이를 늦은 비에 비할 수 있을 것입니다. 이미 말씀드렸듯이, 늦은 비가 내리는 것은 곡식을 살지게 하고 충만하고 성숙하게 하고 잘 익어서 후에 수확할 수 있게 하기 위함입니다. 이와 마찬가지로 천국에 들어가도록 성도들을 준비시키고, 빛 가운데 있는 성도들의 기업을 함께 나누기에 합당하게 만들기 위해서, 성도들에게 특별한 은혜의 때가 임하는 것입니다. 어떤 이들에게는 이것이 흔히 — 제 생각에는 올바르게 — 제2의 회심이라 불리는 그런 형식으로 임하기도 합니다. 그리스도께서는 당시 이미 회심한 상태였던 베드로에게, "너는 회심한 후에(한글개역개정판은 "너는 돌이킨 후에") 네 형제를 굳게 하라"(눅 22:32)고 말씀하셨습니다.

형제 여러분, 일반 그리스도인이 세상 사람보다 은혜 면에서 훨씬 높은 위치에 있듯이, 그저 일상적인 그리스도인보다 은혜 면에서 훨씬 더 높은 위치에 있는 상태가 있는 것입니다. 제 말을 믿으세요. 은혜의 생명은 절대로 완전히 평평한 것이 아닙니다. 광활한 평원 같은 것이 아닙니다. 거기에는 산들도 있고 골짜기들도 있습니다. 골짜기에 사는 그리스도인 족속들도 있습니다. 마치 발레(the Valais)의 가난한 스위스 사람처럼 말입니다. 그들은 열병의 소굴이요 음산한 기운이 가득한 환경에서 삽니다. 그처럼 불신앙의 저지대에 거하는 자들은 자기들이 과연 그리스도 안에서 구원받았는지에 대해 언제나 의심하고 두려워하고 염려하며 이리저리 흔들립니다. 그러나 하나님의 은혜로 말미암아 충만한 확신과 긴밀한 교제의 산으로 올라와 있는 신자들도 있습니다. 이들의 거처는 독수리 둥지처럼 높은 곳에 위치합니다. 이들은 마치 건장한 산악인 같습니다. 산악인들은 아무도 밟지 않은 눈을 밟고, 산록의 신선한 공기로 숨을 쉬며, 그리하여 근육이 탄탄하고 다리가 강건합니다. 큰 공적을 세우며, 건장하며 유명한 사람들이 바로 이런 사람들입니다. 높은 곳에 거하며 믿음의 깨끗한 대기 속에 사는 성도들은 바로 기뻐하는 그리스도인들이요, 거룩하고 경건한 사람들이요, 온 세상에서 주를 위해 섬기며 또한 그들을 사랑하시는 구주로 말미암아 어느 곳에서나 승리를 거두는 자들입니다. 여러분이 그런 사람들이 되기를 저는 진정으로 바랍니다. 오오 제가 얼마나 간절히 그것을 바라는지 모릅니다! 저의 소원은 이른 비로 촉촉이 젖는 은혜를 누린 사랑하는 여러분 모두가 좀 더 특별한 늦은 비로 새로움을 얻어 일상적인 수준을 넘어서는 그리스도인들이 되고, 타작과 키질을 다 견디고 끝까지 거두어들여지는 충만한 알곡이 되는 것입니다.

최근 사탄이 교회에 대해 행하는 큰 책략은 노골적인 불신앙으로 교회를 공격하는 것이 아닙니다. 영국 내에 온갖 불신앙이 가득하지만 그것은 진정 교회라는 이름에 합당한 교회에게는 그저 아주 미세한 정도 외에는 실질적으로 영향을 거의 주지 못합니다. 일부에서는 필요 이상으로 많은 회의론이 성행하고 있습니다. 그러나 회의론자들은 우리 그리스도인들 사이에 호감을 얻는 경우가 거의 없습니다. 최소한 그동안 저와 상담한 사람들 중에는 그런 사람이 하나도 없었고 또한 제가 관계하는 그리스도인들과 관계 되는 사람들 중에도 하나도 없었습니다. 아니, 사탄이 취한 계획은 우리의 교리를 공격하는 것이 아니라 우리 중에서 탁월하고 뛰어난 그리스도인이 일어나지 못하도록 할 수 있는 만큼 막는 것인 것 같습니다. 바로는 "남자 아기를 죽이라"고 명했습니다만, 사탄은 이렇게 명령하는 것 같습니다. "남자 아이들이 끝까지 성장하지 못하도록 막으라"라고 말입니다. 우리는 그저 일반적인 성장을 추구하는 데에는 나름대로 훌륭합니다. 그리스도를 믿고, 그를 사랑하고, 그의 대의를 위해 무언가 공헌하기도 합니다. 설교하고 기도합니다. 나름대로 존경받는 사람들이기도 합니다.

하지만 완전한 성숙에까지 자라거나 최고의 수준에 오르려 하지는 않습니다. 그저 일반 신자들의 키보다 머리와 어깨 하나는 더 큰 키를 지닌 그런 은혜 안의 거인들은 거의 없습니다. 영웅적인 행적과 흔들림 없는 믿음의 수고로 우리를 이끌어주는 그런 사람들이 별로 없습니다. 기독교 교회의 사역이 물론 모두가 행하는 것이지만, 그럼에도 뛰어난 은혜를 지닌 몇몇 개인들 덕분에 이루어지는 경우가 많습니다. 이처럼 타락한 시대를 사는 우리는 사사 시대의 이스라엘과 매우 흡사합니다. 우리 중에서 이스라엘을 다스리며 원수들에게 공포를 자아내는 지도자들이 일어나니 말입니다. 오오, 교회 가운데 영웅들이 있다면 얼마나 좋겠습니까! 초대 교회를 풍미했던 그런 거룩한 기사들이 우리의 선교 활동에 가담할 수 있다면 얼마나 좋을까요! 사도들과 순교자들, 혹은 케리 (William Carey: 1761-1834, 현대 선교의 아버지라 일컬어지는 인도 선교사—역주)와 저드슨(Adoniram Judson: 1788-1850, 미국 침례교회 출신 버마 선교사—역주) 같은 사람들이 다시 우리와 함께 있다면, 얼마나 놀라운 일이 일어나겠습니까! 우리는 난쟁이 종족이 되어버렸고, 또한 대개의 경우 이런 사실에 그대로 만족해하고 있습니다. 옛날 런던에 소인들이 모이는 클럽이 있었는데, 그 클럽에는 키가 5피트(150cm) 이하인 사람만이 회원이 될 자격이 있었습니다. 이 난쟁이들은 마치 자기들이 다른 사람들보다 인간의 완전한 모습에 가깝다고 주장했습니다(아니면 그렇게 믿는 척했습니다). 그들의 주장에 따르면, 태고의 원시인들은 현재의 인류보다 훨씬 더 몸집이 거대했다고 합니다. 그러므로 점점 더 작아지는 것이 더 성장하는 길이고, 따라서 자기들처럼 몸집이 작아지는 것이 완전한 모습에 이르는 것이라는 것이었습니다.

만일 런던에 그런 그리스도인 클럽이 세워진다면, 아마 회원수가 엄청나게 많아질 것이 분명할 것입니다. 우리의 난쟁이식 기독교가 결국 표준이라는 식의 사고가 전반적으로 퍼져 있고, 심지어 고귀한 그리스도인들은 정열적인 광신자들이요 열광주의자들이라고 상상하는 이들이 많고, 또한 우리가 지혜롭기 때문에 냉랭한 것이요 또한 지성이 있기 때문에 냉담한 것이라고 주장하니 말입니다. 그러나 사실은 우리 대부분이 초기의 그리스도인들에 턱없이 모자랍니다. 그들은 철저한 그리스도인들이었기에 박해를 당했습니다만, 우리는 거의 그리스도인이 아니기에 박해를 당하지 않는다고 해야 옳을 것입니다. 그들은 구속하신 주의 나라를 전파하는 일에 얼마나 진지했던지 그들이 살던 당시에 성가신 존재들이 되었습니다. 그들은 잘못을 그대로 내버려두려 하지 않았습니다. 그들은 남이야 오류를 지니든 말든 상관없이 자기들만 진리를 따르면 그만이라는 식의 생각을 갖지 않았습니다. 그들의 생각들에 도전하고 그리스도 예수를 전하였고 모든 죄를 상대로 증언하기를 마다하지 않았습니다. 우상을 탄핵했고 미신을 상대로 외쳤고, 급기야 자기들이 완전히 뒤집어질까 우려하여 세상이 그들에게 이렇게 요구하기에 이르렀습니다. "그것이 너희들의 뜻이냐? 그러면 우리가 너희를 불에 태우고, 너희를 옥에 가두고, 너희를 멸하여버리리라"라고 말입니다.

그런데 이에 대해 교회는 이렇게 대답했습니다: "그 도전을 우리가 기꺼이 받아들이리라. 그리고 그리스도를 위하여 세상을 정복하리라는 우리의 결단에서 물러서지 않으리라." 그리하여 결국 불경한 세상이 기독교 교회 내에 박해의 불길을 일으켰습니다. 그러나 우리는 너무도 부드럽고 조용해서, 다른 사람들의 생각들에 대해 강한 언어를 사용하지 않습니다. 대신 사람들이 지옥에 들어가도록 사랑을 베풀어 그냥 내버려둡니다. 우리는 전혀 광신적이지 않습니다. 그래서 우리가 그 옛 살인자 마귀를 방해하기 위해 이런저런 일들을 해도 그는 아주 편안한 시간을 즐기는 것입니다. 특별히 구원받기를 바라지 않으면, 우리는 그 어떤 죄인도 구원하려 하지 않습니다. 사람들이 우리의 전도 사역에 순응하면, 기꺼이 아주 온화하게 그들에게 한두 마디를 해줍니다. 하지만 뺨에 눈물을 주르륵 흘리고 하나님 앞에서 탄식으로 간절히 사람들을 위해 간구하면서 말씀을 전하지는 않습니다. 뿐만 아니라 사람들이 십자가에 달리신 그리스도를 아는 지식이 없어 버려진 처지라는 것을 알면서도 그들에게 우리의 생각들을 밀어붙이는 법도 없습니다. 하나님께서 그의 교회에게, 저와 여러분에게, 늦은 비를 내리사 우리가 분발하여 우리 임금 예수님의 나라를 위하여 가장 높고 고귀한 진지함을 추구하게 되기를 바랍니다. 씨를 많이 뿌렸는데도 적게 거둔다는 불평을 하지 않게 되고, 우리 주 예수 그리스도의 은혜로 말미암아 백 배의 상급을 받게 되는 그런 날이 속히 오게 해주시기를 바랍니다.

저는 비록 매우 미약하지만 지극히 진지한 의도로, 더 높은 삶과 또한 더 높은 표준을 세우는 일을 향한 야망이 여러분 속에서 일어나도록 하고자 힘썼습니다. 여러분의 주님을 더욱 사랑하기를 구하시고, 그의 성령으로 충만하게 되기를 위해 기도하기를 바랍니다. 그저 기독교의 옷을 입은 직업인들이 되지만 말고 어디서든지 그리스도인인 그런 사람들이 되기를 바랍니다. 겉을 아름답게 치장한 상품이 되지 말고 견고한 금속이 되십시오. 먹든지 마시든지 무엇을 하든지 예수 그리스도의 종들이 되기 바랍니다. 두 손으로, 온 마음으로 그를 섬기십시오. 여러분의 남자다운 힘을 최대한으로 잡아당겨서 그 온 힘을 여러분의 구속주이신 주님을 섬기는 일에 쏟아 부으시기를 바랍니다. 사는 동안 정말 생명력 있게 살아있기를 바랍니다. 하찮은 목적을 향하여 여러분의 존재를 몰아가지 말고, 그리스도의 영광을 여러분의 힘을 쏟을 유일한 가치 있는 대상으로 여기고, 또한 진리를 전파하는 일을 여러분의 정신적인 능력을 발휘할 유일한 가치 있는 분야로 여기기를 바랍니다. 주님을 섬기는 일에 삶을 완전히 드리기를 바랍니다.

이제 본문이 세 번째 것을 말씀하는데, 이것에 대해 잠시 말씀드리고 마치기로 하겠습니다. 이른 비가 있고 늦은 비가 있습니다. 그리고 그 다음 주께서 "우리를 위하여 추수 기한을 정하셨다"고 말씀합니다. 그렇습니다. 이 늦은 비가 임하게 되면 ― 정말 그렇게 되기를 바랍니다! ― 그 때에는 우리의 추수를 바라보는 시간이 온다는 것입니다. 물론 곳간에서 끝을 맺지만 추수가 밭에서 시작된다는 것을 유념하기 바랍니다. 천국에 가는 일은 땅에서 시작됩니다. 본문이 기한을 말씀하는 것처럼, 영광을 향하여 나아가는 일이 기나긴 일일 경우가 많다는 점을 말씀드리고 싶습니다. 하나님께서는 여러 달과 여러 해가 걸려서 그의 곡식단을 거두신다고 믿습니다. 우리는 이것을 죽는 것이라 부릅니다. 그렇지 않습니까? 하지만 제가 지금 말씀드리는 것은 그처럼 죽는 것이 아닙니다. 그 일은 한순간에 끝나는 일입니다. 하지만 제가 지금 말하는 것은 본향에 들어가는 것이고, 이는 더 긴 과정을 거치는 일입니다. 낫으로 땅에서 곡식을 잘라내게 되면, 그것으로 수확이 시작되는 것입니다. 아직 알곡이 곳간에 들여지지 않았습니다만, 곡식이 땅에서부터 분리되기는 한 것이고, 그러면 이제 수확이 절반은 끝난 것입니다. 영혼을 하늘나라에 들어가게 하는 과정에서도 역시 그 영혼이 과거에 자라온 그 땅에서 잘라내어져야 되는 것입니다. 낫이 이미 이 땅의 많은 끈들을 베어낸 사람들도 우리 중에 있고, 때로 그 베어낸 상처가 매우 깊고 예리하기도 할 것입니다.

하지만 우리가 하나님의 알곡일진대 과연 땅에서 베어내지지 않고 어떻게 곳간에 들여질 수가 있습니까? 무엇보다도 우리의 불멸의 영혼이 먼저 이 낮은 땅에서 안식을 찾고자 했던 그 모든 것들과의 관계가 단절되지 않고서 어떻게 영원한 안식에 들어갈 수가 있겠습니까? 한때 우리가 영원히 함께 거하기를 바랐던 그런 것들에게 점점 작별을 고하게 되면, 거의 우상처럼 애지중지하던 위로거리들을 기꺼이 버리게 되면, 우리의 마음을 빼앗던 목표들이 뒷줄로 밀려나고 영원한 것들이 우리 영혼의 전면을 가득 채우게 되면, 이것이야말로 우리가 천국에 가까이 가고 있다는 하나의 증표인 것입니다. 눈에 보이는 것들에 무관심해지고 오직 보이지 않는 것들에 대해 진지해진다면, 이것이야말로 영광된 일입니다. 우리는 마치 끈으로 땅에 매어져 더 높이 오르지 못하는 풍선과도 같습니다. 천국으로 올라가는 것도 마찬가지입니다. 수천 가지의 끈들이 잡아당기고 있어서 우리를 자유롭게 하는 길은 하나씩 그 끈들을 잘라내는 것밖에 없습니다. 여러분 중에 늙고 약해져가는 것을 의식하는 분도 있습니다만, 하나님께서는 분명 땅의 끈들을 풀고 계신 것입니다. 여러분의 친척들 중에서 땅에 있는 분들보다는 하늘나라에 이미 가 있는 분들이 더 많습니다. 땅에 남아 있는 사랑하는 동료들의 이름을 세어보면, 몇 명 되지 않습니다. 하지만 여러분이 함께 교제를 나누던 사랑하는 성도들 중에 먼저 앞서서 하늘나라에 들어가 있는 분들의 이름을 세어보면, 그 수가 매우 많아질 것입니다. 위로 향하는 끈이 많고 땅에서 잡아당기는 끈이 얼마 되지 않는다는 것을 감사하시기 바랍니다. 그 많은 분들이 있는 그 곳을 향해 올라가기를 준비하십시오.

곡식은 예리한 낫에 베임을 당하는 것을 기뻐할 것입니다. 그것이 바로 곳간이라는 본향에 들어가는 증표이기 때문입니다. 곡식이 완전히 익은 상태에서 베어지면 단으로 묶여져 땅에 서 있게 됩니다. 그러나 땅 위에 서 있는 것일 뿐 땅에서 자라는 것이 아닙니다. 곡식 단은 지면에서 완전히 단절되어 있습니다. 그리스도인이 세상에 있으나 세상과의 관계가 그처럼 단절되어 있게 되면, 그런 그리스도인의 상태가 얼마나 복된 것인지 모릅니다! 완전히 무르익은 상태에서 흙에 여기저기 난알들을 흘립니다. 천국에 들어가기를 기다리고 있는 것뿐이요 땅과 본질적인 관계가 끊어져 있지만, 여전히 선을 행하고 있는 것입니다. 그런데 짐마차가 옵니다. 곡식이 거기에 실어지고, 즐거운 노랫소리와 함께 본향으로 들어가게 됩니다. 우리의 하늘 아버지께서 머지않아 그의 마차를 보내실 것이요, 늦은 비로 무르익었고 또한 그의 성령의 낫으로 땅에서 베임을 당한 우리가 그 승리의 마차를 타고 천사들과 세 배나 복된 영혼들의 찬양소리 가운데서 영원한 곳간으로 들어가게 될 것입니다.

오오, 우리가 거기에 들어가게 될 것이라니 이 얼마나 가슴 벅찬 일입니까! 이 땅에서 우리는 마치 눈 속에 파묻혀 있거나 혹은 서리에 주눅들어 있거나, 혹은 양 떼들에게 물어뜯기거나 질병과 곰팡이에 노출되어 있는 곡식과도 같습니다. 하지만 저 높은 하늘에서는 곳간에 있는 곡식처럼 될 것입니다. 모든 위험에서 벗어나 있고, 우리 주님의 영원한 분깃이요 그가 우리를 위해 쟁기를 갈고 심어놓으신 그 모든 고난과 슬픔에 대한 상급으로 있게 될 것입니다. 그런 상태가 영원히 계속될까요? 영원토록 언제나 머리에 그 찬란한 면류관을 쓰고 손으로

그 하늘의 거문고 줄을 계속 퉁기고 있을까요? 예, 그렇습니다! 반드시 그럴 것
입니다. 우리가 예수님을 믿었고, 예수님을 믿는 믿음이 복된 자들의 반열에 우
리를 세우니 말입니다.

희미한 마음을 지닌 여러분, 용기를 빼어 드십시오. 용기를 모으십시오. 또
한 강한 소원을 모으십시오. 여러분 자신의 성숙함과 완전함을 위해 기도하십시
오. 오늘 진지하고도 은밀한 기도 가운데서 늦은 비를 구하십시오. 그것이 있어
야 최상의 결과를 얻게 되리라는 것을 잘 알 것이니 말입니다. 그 늦은 비는 한
방울도 허비되지 않습니다. 그것이 떨어져 믿음과 사랑과 거룩함과 천국 시민다
움을 더욱 증진시키게 될 것이고, 그리하여 그리스도의 알곡이 거두어들여질 때
에 그리스도께서 행하신 그 수고에 합당하게 될 것입니다. 사랑하는 형제자매
여러분, 하나님이 여러분을 복주사 능력에 능력으로 인도하시기를 바랍니다. 여
러분 중에 아직 그리스도인이 아닌 분들에게는 주의 성령께서 인도하사 예수님
의 십자가로 나아가게 하시고, 그리하여 그에게 영광이 있기를 바랍니다.

제

6

장

—

불타는 풀무

—

"**풀무들이 불타고**" — 렘 6:29(KJV)

선지자들은 비유를 사용하여 말씀하는 경우가 많았습니다. 이는 듣는 사람들로 하여금 주의를 기울이게 만들기 위함이기도 했습니다. 교훈적인 진리를 추상적인 언어로 표현하면 듣는 이들이 그들의 말씀을 잘 듣지 않지만, 풀무라든가 납이라든가 혹은 구리 등의 일상적인 것들에 대한 이야기를 들으면, 이내 궁금해져서, "이 사람이 하는 말이 대체 무슨 뜻일까?"라고 묻곤 했을지도 모릅니다. 더욱이, 다른 방식으로는 도무지 이해하게 만들기 어려운 진리를 은유적인 표현들이 마음에 꼭 와 닿도록 전달해주는 경우가 많습니다. 있는 그대로 제시할 경우 잘 이해할 수 없었을 그런 복잡한 교리도 예증의 형식을 통해서는 사람들이 잘 알아듣는 경우가 많으니 말입니다. 예증법은 마치 창문과도 같아서 마음의 방에 빛을 드리워줍니다. 은유에는 이런 용도도 있습니다. 곧, 처음에는 잘 이해하지 못하더라도, 그것이 생각을 불러일으켜서 마치 어린아이들이 수수께끼에 정신을 몰두하듯이 그렇게 이성을 발휘하게 만들어주며, 그리하여 알듯 모를 듯 어두컴컴한 말보다는 처음 보기에도 선명한 그런 말을 통해서 더 확연히 깨닫게 되는 것 말입니다.

더 나아가서 은유적인 화법은 기억에 오래 남습니다. 심지어 원치 않는 사람의 마음에도 들어가 박히기도 합니다. 마치 사자가 광야에서 기린에게까지 뛰어오르는 것처럼 말입니다. 그냥 직설적인 말은 금방 잊혀지고 맙니다. 하지만 예증은 마치 낚싯바늘이 고기의 입을 꿰듯이 그렇게 마음에 들어와 박히는 것입니다. 그러므로 저는 오늘 아침 예레미야 선지자가 오래전에 그렇게 훌륭하게 사용했던 아주 간단하면서도 지극히 적절한 본문의 예증을 취하여 말씀을 나눔으로써, 과연 여러분의 마음에 무언가 진리들을 심어줄 수 있는지를 살펴보는 것이 합당하다고 여겼습니다. 어쩌면 그 예증들이 아주 적절한 시각적인 모습으로 나아오기 때문에 그것들을 더 즐거워하고 더 많은 생각을 기울이고, 또한 기억 속에 더 순전하게 간직하는지도 모르겠습니다.

1. 선지자 자신

"풀무들이 불타고"라고 말씀합니다(한글개역개정판: "풀무불을 맹렬히 불면"—역주). 예레미야가 사용한 이 짧은 문장은 선지자 자신에게 적용시킬 의도로 주어진 것입니다.

그는 이스라엘 백성을 금속 덩어리에 비유합니다. 이 금속 덩어리는 자신이 금이나 은처럼 고귀한 광석이라고 주장했습니다. 그것을 녹여서 불순물을 제거하고 순전한 금속으로 만들기 위해 용광로에 넣었습니다. 그리고 납을 용해제로 넣었습니다(옛날 사람들은 납을 썼으나 오늘날에는 수은을 씁니다). 불을 지폈습니다. 그런 다음 강한 열을 발생하게 하기 위해 풀무들을 사용하였는데, 그 풀무들이 바로 선지자 자신입니다. 그는 자신이 그토록 간절하게 마음을 다해 말씀하느라 기진맥진해 있는데도 사람들의 마음이 녹을 줄을 모른다고 탄식합니다. 그 광석이 어찌나 단단한지 풀무들이 불에 타는데도 그 금속이 녹지를 않는다는 것입니다. 백성들이 아직 감동을 받지도 않았는데, 선지자는 지쳐버렸습니다. 폐가 닳아버렸고, 말을 내뱉을 힘이 소진되어 버렸습니다. 정신이 지쳐버렸고, 생각하는 힘이 소진되어 버렸습니다. 마음이 상했고, 감정의 힘도 소진되어 버렸습니다. 그런데도 사람들을 죄와 갈라놓지 못했고, 보배로운 것을 악한 것과 분리시키지 못했습니다.

여러분, 안타깝게도 이것은 예레미야 혼자만 겪는 일이 아닙니다. 하늘로부터 보내심 받은 사신들의 역사 전체를 통틀어 이것은 결코 예외적인 일이 아니었고, 오히려 지극히 정상적인 일이었습니다. 거의 모든 경우에 풀무들이 불탔습니다만, 금속은 녹지를 않았습니다. 노아의 경우도 그랬습니다. 그 의의 전도자가 다가올 홍수에 대해 백이십 년 동안이나 계속해서 사람에게 경고했습니다. 그냥 말만 한 것이 아니고 행동을 통해서 그보다 더 강력한 메시지를 전했습니다. 두려움으로 방주를 지었습니다. 그래서 말로 하는 전도와 그의 행실이 완전히 일치했습니다. 백이십 년이라는 세월 동안 그가 그렇게 수고했건만 단 한 사람도 그가 지은 방주를 피난처로 삼은 사람이 없었습니다. 그리하여 그 자신과 가족을 제외하고는 그의 말씀을 들은 모든 사람이 그가 경고했던 그 심판을 받아 멸망하고 말았습니다. 그 이후에도 하나님의 종들의 사정은 거의 달라지지 않았습니다. 대부분이 심한 박해를 받았고, 좀 괜찮은 경우에는 무시를 당하는 것이 고작이었습니다. 이사야의 슬픈 탄식을 들어보십시오: "우리가 전한 것을 누가 믿었느냐 여호와의 팔이 누구에게 나타났느냐?"(사 53:1). 그는 또 이렇게 말씀합니다: "내가 종일 손을 펴서 자기 생각을 따라 옳지 않은 길을 걸어가는 패역한 백성들을 불렀나니"(사 65:2).

오늘 우리가 예레미야의 본문을 다루고 있습니다만, 그는 과연 불에 타고 있는 풀무와 같았습니다. 안타까이 외치는 그의 말을 들어보십시오. "어찌하면 내 머리는 물이 되고 내 눈은 눈물 근원이 될꼬? 죽임을 당한 딸 내 백성을 위하여 주야로 울리로다"(렘 9:1). 예레미야서 뒤에 나오는 그의 유명한 애가는 포로로 잡힌 백성들에 대해 한 애국자요 선지자가 포로로 잡힌 백성들에 대해 토로할 수 있는 가장 놀라운 기록적인 발언에 속하는 것으로 남아 있습니다. 굳이 덧붙일 필요조차 없는 말입니다만, 세례 요한의 때까지 하나님의 종들이 무자비한 백성들을 위하여 그렇게도 애를 썼으나 모두 허사였습니다. 아니, 선지자들만 그랬던 것이 아닙니다. 우리 주요 왕이시며, 모든 교사들의 으뜸이신 예수님도 그에 못지않게 사람들의 손에 잔인한 대접을 받으셨습니다. 이분처럼 말씀한 사람은 아무도 없었습니다. 그분은 그야말로 풀무이셨습니다. 그의 격렬한 힘으로 딱딱한 돌들을 다 녹이는 뜨거운 열기를 불러일으키실 수 있는 분이셨습니다. 그러나 그의 지극히 강력한 어느 설교를 들은 후에 사람들이 그를 언덕 위에서 떠밀어 밑으로 굴러 떨어지게 하려 했습니다. 그리고 여러분이 다 알다시피 그의 삶의 설교 마지막에 십자가와 가시 면류관이 그에게 돌아온 보답이었습니다. 사람들이 회개하고 녹은 금속이 되기 전에, 메시야께서 먼저 마치 불 앞에서 오래 사용하여 불이 붙어버린 풀무처럼 되신 것입니다.

이것이 마지막이 아니었습니다. 그리스도의 시대 이후 문명이 발달했으나 그것으로 인간의 마음이 부드러워진 것이 아닙니다. 과거나 똑같이 사람들은 하나님의 치리에 복종하려 하지 않습니다. 선지자들의 시대에는 마음이 마치 맷돌의 밑판 같았다가 오늘날에는 그것이 변해서 밀랍 같아진 것이 아닙니다. 사도들을 살펴보고 또한 그들을 따랐던 신자들을 살펴보면, 주의 사자들에게 베풀어진 상급이 어땠는지를 알게 됩니다. 그들은 돌로 침을 당했고, 불에 탔으며, 맹수들의 밥으로 던져졌고, 바다에 던져져 익사하였습니다. 하나님을 섬기고 진리를 섬긴 신실한 종들이 고작 사막의 암혈이나 공동묘지의 카타콤이나 지하 동굴에 거주하였습니다. 채찍, 족쇄, 고문 틀이 그들에게 베풀어진 위로거리들이었습니다. 화형대에 불이 타오르는 것이나 사형집행인의 도끼의 번쩍임이 그들의 마지막 죽음을 존귀하게 해주는 것들이었고, 장사를 치러주는 교인들도 없이 개들에게 시신이 뜯기는 예가 비일비재했습니다. 세상이 그들만큼 값어치가 없었는데도, 세상은 그들을 살려두어서는 안 될 정도로 사악한 자들로 여겨 내쫓았던 것입니다. 민족들이 하나님께로 돌아가기는커녕 그들은 임금의 사자들을 하나씩 붙잡아 잔인하게 처리했고, 그들을 죽이고 포도원 바깥으로 내쫓았습니다. 이처럼 마음이 철 같이 굳은 세상이니 녹아질 수가 없었습니다. 의(義)를 선포하는 자들이 힘을 다해 석탄에 바람을 불어넣어도, 불길이 풀무를 태울 뿐 금속은 전혀 녹지를 않습니다.

자, 이것이 무엇을 말해줍니까? 설교자가, 그리고 그리스도를 위해 수고하는 우리 각 사람이, 우리가 복을 베풀려고 애쓰는 사람들에게서 다소 거절을 당하더라도 절대로 좌절해서는 안 된다는 것을 말씀해주지 않습니까? 죄와 싸우되 아직 피를 흘리기까지 싸운 것은 아닙니다. 바보 취급을 당했다면 어떻습니까? 여러분의 귀한 수고를 사람들이 몰라주었다면 어떻습니까? 먼저 앞서간 분들의 고난에 비할 때, 과연 이 정도의 고난을 고난이라 하겠습니까? 마부들과 함께 달리는 중에 그들에게서 괴로움을 당하고 있습니까? 말들과 경주를 하게 되었더라면, 어떠했겠습니까? 이처럼 경미한 괴로움을, 그것도 한순간에 사라질 괴로움을 견디지 못하고, "이제 더 이상 주의 이름으로 말씀하지 않으리라"라고 외친다면, 여러분, 이런 변덕스러움이 어디 있겠습니까! 여러분이 이런 상태에 있으면, 그리스도와 함께 있고 그의 구속함 받은 백성들 속에 있게 되고자 그 고귀한 삶을 아끼지 않고 드린 사람들과 과연 어떻게 같은 명부에 이름을 올린단 말입니까!

여러분, 풀무가 되어 이 완악한 마음들을 녹이고 그리스도의 복음의 틀 속에 부어지게 만들고자 애쓴다면, 여러분 자신이 그 불에 타는 것도 예상해야 마땅합니다. 그런데도 약간의 박해나 멸시, 혹은 어려움을 만난다고 해서, 방으로 피하여 "이 일을 포기해야겠다"라고 울며 외친단 말입니까? 부끄러운 줄을 알아야 합니다. 오히려 수고를 배가시키고, 성공을 통해서 더 큰 복을 주시든지 아니면 그의 뜻을 견딜 더 큰 인내를 주시든지 해달라고 하나님께 기도해야 마땅할 것입니다. 형제 여러분, 풀무가 불에 타고 금속이 녹지 않는다 해도, 그 금속에 대해서만 그 일이 실패한 것이지 그 위대한 대장장이의 수고는 헛되지 않은 것입니다. 복음이 사람들에게 선포될 때마다 사람들은 이쪽 아니면 저쪽으로 하나님께 영광을 돌리게 됩니다. 사랑의 메시지를 거부하더라도, 그들은 그들의 완악한 마음을 견디시는 하나님의 오래 참으심을 자기들 속에서 드러낸 것입니다. 그처럼 무가치한 자들에게 복음을 보내신 하나님의 자비하심이 그들에게서 드러나니 말입니다. 그들은 하나님의 극심한 심판 앞에서 모든 비방을 던져버립니다. 악의로 자비하심을 거부한 자들에게 아무리 심하게 보응하신다 해도 결코 지나치지 않는다는 것이 분명하니 말입니다. 복된 소식밖에는 가져다주는 것이 없는 설교자를 괴롭히며 지치게 만드는 자들은 비참한 중에 그대로 남겨져 있어 마땅한 것입니다. 그런 자들은 다른 설교자가 무거운 소식을 들고 와서 심판에 소집한다고 해도 결코 그것을 불평할 수가 없습니다. 복음을 들은 자들이 정죄받은 자로 지옥에 있습니다. 그러니 그 사람들이 설교자의 간청을 거부했다고 해서 그가 헛수고를 했다고 말하지 마십시오.

우리의 수고가 헛되지 않고 우리의 힘이 허비되는 것이 아닙니다. 하나님의 존귀하심이 신원되며, 그의 공의가 온갖 비난을 깨끗이 제거하기 때문입니다. 우리 도시민 중에 버림받은 자들이 자비의 기회가 전혀 없이 망한 것이 아니며, 사람들이 회개하는 데도 하나님이 가혹한 공의로 그것을 거부하시기 때문에 그들이 구덩이에 내려가 있는 것이 아니니 말입니다. 그들에게는 회개할 여지가 주어졌고, 돌아오라는 간언이 주어졌습니다. 그런데도 그들이 감히 하나님의 진노를 촉발하기로 결심한 것입니다. 자비의 간곡한 청원이 그들에게 행해졌고, 사랑의 간청이 그들에게 베풀어졌습니다. 그러나 그런데도 그들이 오려 하지 않으므로 그들의 피가 그들 자신의 머리에 뿌려지는 것이요, 따라서 하나님의 저 끔찍한 진노 가운데서 거부당한 그의 자비하심이 존귀를 얻는 것입니다.

설교자는 만일 사람들이 회심하지 않으면 자기의 일이 허사가 되는 것이라는 식으로 생각해서는 안 됩니다. 망하는 자들에게나 구원받는 자들에게나 우리는 똑같이 하나님 앞에서 좋은 향기입니다. 물론 망하는 자들에게는 우리가 사람들 앞에서는 사망의 냄새이겠습니다만, 그러나 하나님 앞에서는 여전히 좋은 향기인 것입니다. 우리가 오로지 복음을 선포하며 또한 기꺼이 그 일을 하는 중에 우리 자신을 소진시키고자 한다면, 여러분, 분명히 말씀드립니다만, 풀무가 불에 탄다 할지라도, 여러분에게 우리의 상급이 있을 것입니다. 영혼의 회심으로는 보답받지 못하겠지만, 주께서 친히 여러분에게 주시는 말씀으로 그 보답을 받을 것입니다: "잘 하였도다. 착하고 충성된 종아! 비록 성공하지는 못하였으나 네가 충성을 다하였도다. 네 주의 즐거움에 들어가라!"

본문의 이 첫 번째 의미에 대한 말씀을 마치기 전에 주목하지 않을 수 없는 사실이 있습니다. 곧, 불타는 풀무처럼 다 닳아빠지기까지 계속 수고하는 것이 설교자의 임무이지만, 설교자가 그렇게 행하는 것이 그의 말씀과 수고를 배척하는 그 사람들에게 갖가지 엄중한 결과들을 가져다준다는 사실입니다. 오오 제 설교를 듣는 여러분, 이것은 귀한 그릇과 악한 그릇을, 택한 자들과 버림받은 자들을 구별지어주는 위대한 테스트 기준입니다. 복음은 과연 틀림이 없는 테스트 기준입니다. 복음이 간절한 자세로 전해지고 그것도 성령의 역사로 여러분에게 전해지는데도 그것이 여러분을 구원하지 못한다면, 이것이야말로 여러분이 멸망 중에 있다는 것을 확증해주는 것입니다. 복음이 여러분을 천국으로 들어올리지 못한다면, 그것이 마치 목에 연자 맷돌을 매달아놓은 것처럼 여러분을 저 낮고 낮은 지옥에까지 가라앉게 만들 것입니다. 설교자가 간절하고도 진지하게 전하는 복음을 오랫동안 들어왔으면서도 자기들의 그릇된 길을 계속 가기로 결심한 사람들보다 더 가망 없는 사람은 없습니다. 불에 집어넣기 전에는 금속의 상태가 어떤지 알 수가 없습니다. 하지만 불에 들어가면 그것을 알 수 있습니다.

여러분, 감동적인 복음 사역의 열기 속에, 그리스도의 사랑이 마치 화로처럼 뜨겁게 덥혀주는 자리에, 오랫동안 있어 왔는데도, 아직 한 번도 녹아진 적이 없고 또한 여러분 자신을 위해 두려워 떨지도 않는다면, 제가 여러분을 위해서 두려워 떨어야겠습니다. 어머니가 여러분에게 간청해왔다면, 그 어머니가 여러분의 완악한 마음 때문에 슬피 울며 무덤에 들어갔다면, 오오! 이것이 반드시 마지막 결산의 날에 여러분을 대적하여 증언하게 될 것입니다. 오늘도 이것이 죄의 사악한 속임수로 인하여 완악해진 여러분의 모습을 밝히 드러내줍니다. 여러분을 십자가 앞으로 데려가고자 끊임없이 수고한 신실한 친구들을 여러분이 차례로 모두 소진하게 만들었다면, 여러분이 여러분의 하나님을 아모스가 말씀한 대로 곡식 단을 가득 실은 수레가 흙을 누르는 것처럼 짓눌러왔다면, 오오 여러분, 주의하십시오. 주의하십시오! 전능자의 진노의 분량이 채워지고 있고, 거의 가득 차 있습니다. 그것이 완전히 채워지면 어떻게 되겠습니까! 주의하십시오! 주의하십시오! 주의하십시오! 하나님은 오래 참으십니다. 하지만 그의 진노가 드디어 그의 속에서 발하게 되면, 그의 진노를 촉발시킨 그 사람들에게 화가 있습니다. 기름은 부드럽고 유연합니다만, 일반 불길이 닿아 보십시오. 얼마나 놀랍게 타오릅니까! 사랑도 얼마나 부드럽고 온유합니까! 그런데 그것이 질투로 바뀌게 되면, 그 불길이 얼마나 무서운지 모르는 것입니다! 그리스도께서는 오늘은 어린 양이시지만, 여러분이 그를 거부하면 내일 그가 사자(獅子)가 되실 수도 있습니다. 예루살렘을 보며 우신 그 얼굴이, 애정이 가득한 모든 것의 거울인 그 사랑스러운 얼굴이, 여러분의 완악한 마음이 계속 더 굳어진다면, 끔찍하고 무시무시한 모든 것의 대명사가 되어버릴 것이요, 여러분은 돌들에게, "우리를 가리라"고 할 것이요, 산들에게 "우리를 가리라. 보좌에 앉으신 그분의 얼굴에게서 우리를 숨기라"라고 할 것입니다(계 6:16).

예레미야의 애처로운 간절함으로 여러분에게 간청할 수 있는 능력이 제게 있었으면 좋겠습니다. 그런 수준에는 제가 극히 미치지 못하지만, 그래도 그의 진지함을 좇아서 말씀드릴 수는 있습니다. 이렇게 간곡한 간청들로 우리를 소진하게 만들지 말기를 바랍니다. 하나님이 여러분에게 아직 여지를 주시는 동안 그에게로 돌아오십시오. 오랫동안 그를 거부해왔다면, 여러분 더 이상 목을 뻣뻣이 들지 말기를 바랍니다. 갑자기 멸망이 찾아와 속수무책으로 망하게 되지 않으려면 그렇게 하십시오! 설교자를 배척하는 것이 사소한 일인 것처럼 보일 수도 있지만, 그 사람이 하나님의 사신이라면 어찌하겠습니까! 주의 사신을 모욕하게 되면, 주께서 친히 보응하실 것입니다. 우리는 그저 사랑과 또한 긍휼의 초청의 자세로 나아가서, "주 예수 그리스도를 믿으라. 그리하면 구원을 얻으리라"라고 말씀하는 것뿐입니다. 그리스도를 대신하여 여러분에게 구합니다. 우리의 초청을 던져버리지 마십시오. 그렇게 되면, 우리는 기력이 소진되는 것뿐이지만, 여러분은 정죄를 받고야 말 것입니다. 여러분에게 주는 이 부드러운 권면의 말씀에 하나님이 복 주시기를 바라고, 그리스도께서 이 말씀으로 영광을 받으시기를 바랍니다.

2. 불경한 자들에게 보내는 환난

이제 본문의 두 번째 해석으로 넘어가겠습니다. 이 해석은 첫 번째 해석과 근본적으로 다른 것은 아닙니다. 여기의 풀무는 여러 주석가들의 설명에 의하면 하나님이 불경한 자들에게 보내시는 환난을 뜻한다고 하는데, 얼마든지 그럴 수 있습니다.

이 환난들은 사람들이 용광로에서 녹는지 녹지 않는지를 보고자 하는 목적으로 보내시는 것입니다. 권면의 말씀이 이들에게 성공을 거두지 못하면, 하나님은 그의 크신 자비하심 중에 불경한 자들을 섭리의 심판들로 시험하시는 예가 많습니다. 재물의 문제로 그들을 낮추시거나, 육체에 고통을 주시거나, 혹은 사랑하는 친지들을 여의게 하시거나 하여 그들이 더 낮아지고 더 나은 마음을 품게 되고 하나님의 자비하심을 구하게 하고자 그렇게 하시는 것입니다. 그런데 은혜가 이런 환난들과 함께 오는 경우 이러한 좋은 결과로 응답되는 일이 많습니다. 마치 므낫세처럼 죄인이 가시 가운데서 취한 바 되어 여호와를 구하고 구원을 찾는 것입니다. 그러나 은혜가 없이는, 성령의 부드럽게 만드시는 능력이 없이는, 세상의 모든 환난들이 불을 타게 하는 풀무 이상 아무것도 아닙니다. 풀무의 열기로 죄인의 마음이 녹기 전에 풀무가 먼저 타버립니다. 곧, 환난들이 먼저 소진된다는 뜻입니다.

하나님의 심판을 당하면서도 전혀 지각이 없는 사람들이 많다는 것이 역사에서 분명히 드러납니다. 이들 중에 바로가 으뜸이었습니다. 하나님은 그에게 거듭거듭 재앙을 보내셨습니다. 그 애굽 사람은 용광로 속에서 큰 풀무들이 불어내는 끔찍한 광풍을 맞았습니다. 열 가지 크고 맹렬한 진노의 폭풍이 차례로 이어졌습니다. 그 거대한 용광로는 석회도 녹일 만한 것이었으나 바로의 마음은 더욱 굳어졌고, 그 백성을 보내주려 하지 않았습니다. 풀무들이 맹렬히 열을 가하자 그는 잠시 동안 굽히고, "나를 위해 여호와께 구하라"고 청하기도 했습니다. 하지만 그것은 모두 거짓 회개였습니다. 개구리들이나 파리들이 사라지기가 무섭게 그는 다시 이렇게 말했습니다: "여호와가 누구냐? 나는 백성을 가게 하지 않으리라." 하나님의 자비로 녹아지지 않는 자들을 하나님의 권능이 깨뜨린다는 것을 드러내 보여주는 것, 이것이 바로 그를 세우신 하나님의 목적이었습니다.

그와 비슷한 다른 사람들도 있었습니다. 두려운 사실입니다만, 오늘 아침 이 회중 가운데도 그와 비슷한 사람들이 있습니다. 환난이 계속되자 포기하고 잠시 회개한 모습을 보이다가도 심판이 제거되자마자 다시 자기들의 우상들에 게로 돌아간 이스라엘 백성 같은 사람들 말입니다. 아하스는 계속해서 환난을 당하였으며 그에 대해서 "이 아하스 왕이 곤고할 때에 더욱 여호와께 범죄하였다"(대하 28:22)라고 기록되어 있습니다만, 이 사람들은 그를 닮았습니다. 예루살렘은 죄로 인해서 포위와 기근과 질병과 온역으로 채찍을 맞은 적이 많았으나 이런 연단의 불로도 연단되지 못했고, 마침내 이 배역한 성(城)이 그 최후를 맞고야 말았습니다. 거리들이 피바다가 되고 궁궐들이 잿더미가 되고, 그 패망이 공포의 이야깃거리가 되고, 그 이야기를 듣는 이들의 귀가 얼얼해졌습니다. 풀무 불에도 녹지 않는 금속은 내던져버릴 수밖에 없는 것입니다. 하나님의 심판의 역사들이 전혀 녹이는 능력을 발휘하지 못하는 것 같은 사람들이 과거에도 있었고 지금도 여전히 있습니다. 이 사람들은 하나님의 심판이 맹렬해질수록 오히려 더욱더 완악해집니다.

아아, 여러분 걱정스럽습니다만, 여러분 중에도 그런 분들이 있습니다. 여러분은 오랫동안 하나씩 하나씩 갖가지 시험들을 당해왔습니다. 여러분이 멸망에 빠지기 전에 하늘 아버지께서는 최소한 그의 섭리를 통해서 반드시 경고에 경고를 더하여 베푸십니다. 그는 여러분이 마치 모압처럼 편안하게 그냥 지내도록 버려두지 않으시고, 여러분의 그릇들을 하나씩 하나씩 비워가셨습니다. 그런데 이 모든 시험으로도 여러분이 그의 발 아래 엎드리지 않았다면, 아마 더 많은 시련이 오게 될 것입니다. 가벼운 채찍으로 되지 않으면, 채찍이 더 두껍고 더 무거워질 것입니다. 여러분 명심하기 바랍니다. 아니면, "그는 우상에게 내어주었으니, 그냥 두어라"라고 여호와께서 말씀하실지도 모릅니다. 그리고 만일 그가 다시 여러분에게 미소를 짓지 않으시는데도 여러분이 그냥 가만히 있다면 여러분의 사정은 더욱 나빠질 것입니다. 하나님이 포기하시면 지옥이 삼킬 것이요, 또한 하나님의 섭리와 은혜가 그냥 떠나버리면, 하나님의 공의와 진노가 시작되어 반드시 끝을 보게 될 것이니 말입니다.

오오 여러분, 지금 막 병석에서 벗어났습니까? 죽음의 문턱에서 구사일생으로 살아났습니까? 재물을 다 잃어버리고 부귀를 누리던 데에서 궁핍한 데로 떨어졌습니까? 하나씩 옆의 사람들을 여의어 깊은 상처를 지니고 있습니까? 여러분을 때리시는 하나님의 팔에 여러분 자신을 내어던지시고, 즉시 그분께 굴복하십시오. 나무뿌리로 불과 싸우려하지 마십시오. 베 조각으로 불길을 막으려 하지도 마십시오. 하나님의 그 무서운 날에는 여러분이 완전히 태워질 것입니다. 그가 그의 모든 화력을 있는 그대로 여러분에게 쏟아 부으실 것이니 말입니다. 그의 막대기가 고통스럽다면, 그의 검은 어떻겠습니까? 그의 감추어진 권능이 그렇게 무서웠다면, 그가 무기를 드시고 정면으로 여러분을 대적하실 때에는 대체 어떻겠습니까? 하나님이 그의 환난을 여러분에게 다 쓰시도록 만들지 말기 바랍니다. 오오 여러분, 하나님이, "에브라임아 내가 네게 어떻게 하랴? 유다야 내가 네게 어떻게 하랴?"(호 6:5)라고 말씀하시게 하지 말기 바랍니다. 하나님이 그의 포도원인 여러분을 갈고 할 수 있는 일을 다 행하셨습니다. 그러니 더 이상 긍휼로 되지 않으면 보응이 임하게 될 것입니다. 풀무가 불에 타버리면, 그 불이 꺼지지 않고 지옥 밑바닥까지 다 태워버릴 것입니다. 하나님께서 긍휼을 베푸사 그리로부터 여러분을 구원해주시기를 바랍니다.

3. 하나님께서 그의 백성에게 보내는 채찍

세 번째로 본문을 이렇게 적용할 수도 있을 것입니다. 풀무들이 불에 탑니다. 이것은 하나님께서 그의 백성에게 보내시는 채찍을 뜻하는 것일 수도 있습니다. 그 백성들에게 채찍이 가해지면 효과가 있어야 마땅하겠지만 그들의 마음이 완악하므로 언제나 그런 것은 아닙니다. 그러니 그들이 정결하게 되기 전에 그 채찍이 완전히 다 소진되는 것 같습니다. 금속이 녹기 전에 풀무가 불에 타버리는 것입니다.

사랑하는 그리스도인 형제 여러분, 우리가 하나님과 친밀하게 행하고 있다면, 저와 여러분은 하나님께서 작은 힌트로 우리에게 많은 교훈을 주신다는 것을 알아야 마땅하고 또한 압니다. 두 사람이 서로를 완전히 다 이해하고 있으면, 굳이 입으로 말을 하지 않아도 눈으로도 얼마든지 많은 말을 할 수 있습니다. 그런데 왕의 총애를 받는 여러분이 때로 육체적인 고통으로 어려움을 당하기도 하고, 사업에서 시련을 당하기도 하고, 상대적으로 가벼운 고난을 당하기도 합니다. 이런 작은 어려움은 주께서, 이를테면 머리를 흔드신다거나 손가락을 치켜 올리신다거나 해서 여러분에게 무언가 말씀하시는 것일 수도 있습니다. 무언가 사랑하는 주님이 씻어내기를 바라시는 것이 여러분 속에 있는 것입니다. 그를 불쾌하게 만들거나 여러분에게 위험한 무언가가 있는 것입니다. 그러니 이런 희미한 힌트를 통해서 그것이 무엇인지를 찾으시기 바랍니다. 주님은 "내가 내 눈으로 너를 인도하리라"(한글개역개정판은 "내가 네 갈 길을 가르쳐 보이리라")라고 말씀하셨으나, 또한 "무지한 말이나 노새 같이 되지 말지어다"라고 덧붙이셨습니다(시 32:8-9).

사랑하는 형제 여러분, 명심하시기 바랍니다. 하나님의 눈짓이 여러분에게는 보이지 않지만, 그는 여러분을 너무도 사랑하셔서 도무지 여러분이 죄를 짓게 내버려두실 수가 없습니다. 그러므로 힌트가 더욱 강해지고, 더욱 고통스러워질 것입니다. 자, 시편 기자의 말씀을 주목하십시오: "너희는 무지한 말이나 노새 같이 되지 말지어다 그것들은 재갈과 굴레로 단속하지 아니하면 너희에게 가까이 가지 아니하리로다"(9절). 하나님은 여러분을 재갈과 굴레로 단속하기를 원치 않으시고, 눈짓으로 부드럽게 경계하심으로 인도하기를 바라십니다. 그러나 그런 부드러운 인도하심을 받아들이지 않으면 재갈과 채찍이 오게 되어 있는 것입니다. 그저 보통의 열기로 녹지 않으면, 용광로의 온도가 더욱 높아져갈 것입니다. 한 번의 심한 시련으로 되지 않으면, 그보다 더 혹독한 또 다른 시련이 오게 될 것입니다. 위대한 제련자(製鍊者)이신 하나님은 모든 불순물을 다 제거하시고 우리를 순전한 금으로 만들고자 하시니 말입니다. 그렇다고 해서 우리가 당하는 모든 고난이 우리 속에 내주하는 죄를 지목한다는 식의 교리를 세우려는 것은 아닙니다. 오히려 저는 우리가 당하는 고난들 중에는 하나님이 주권적으로 보내시는 것도 있다고 믿습니다. 그리고 우리의 은혜들을 시험하기 위한 환난도 있습니다. 우리가 그런 환난을 이김으로써 하나님이 영광을 받고자 하시는 것입니다. 뿐만 아니라 세 번째로 우리가 은혜 안에서 전진하도록 북돋기 위한 시련도 있습니다.

하지만 제가 믿기로는 하나님의 집에서 막대기가 사용되는 것은 주로 그의 자녀들의 과실 때문입니다. 그러므로 그 막대기를 피하고 싶으면 — 물론 그 막대기가 채찍으로 사용되는 경우를 말씀드리는 것입니다만 — 오로지 순종하는 것과 아버지의 부드러운 눈짓을 극히 조심스레 관찰하는 것밖에는 피할 길이 없습니다. 사랑하는 자녀가 아버지에게 순종하며 그와 더불어 사랑을 나누며 살고 있을 때에는 아버지에게서 꾸중을 들을 만한 큰 잘못을 저지르지 않습니다. 아버지가 고개를 흔들 만한 일만 저질렀어도 그의 마음에 근심이 가득 찹니다. 그러니 아버지가 고개만 흔들어도 그는 곧바로 정신을 차립니다. 그리고 혹시 아버지가 격한 말로 꾸중을 했더라도 아들의 눈물을 보고서 따뜻한 마음으로 그를 다독거려주는 것입니다. 그런데 무정한 자녀도 있습니다. 계속해서 거역하여 스스로 채찍을 자초합니다. 심지어 매가 계속 늘어나고 아버지가 채찍을 계속 때리는데도 굽히지 않는 경우도 있습니다. 우리 중의 대다수가 바로 이런 불순종하는 자녀가 아닌가 싶습니다. 우리는 아주 자주 아버지의 채찍을 벌어들입니다. 그런데 우리가 이런 온갖 괴로운 채찍을 당하면서 괴로워한다면, 이렇게 말하는 것이 옳을 것입니다: "살아 있는 사람은 자기 죄들 때문에 벌을 받나니 어찌 원망하랴?"(애 3:39).

형제 여러분, 풀무가 다 닳아빠지기까지 사용됐는데도 여전히 우리가 녹아져 회개할 줄을 모르고 여전히 계속 죄를 범하고 있다는 말을 들어서는 안 될 것입니다. 여러분, 주께 구합시다. 주의 막대기에 굴복하고 스스로를 고치는 심령을 주시고, 사랑하는 마음과 민감한 본성을 주시기를 구해야 할 것입니다. 그의 말씀의 숨결에서 나오는 불길만으로도 우리의 마음이 녹아져 회개하게 되기를 바라고, 그래서 풀무까지도 태워버리는 그런 극심한 시련을 자초하는 일이 절대로 없기를 바라는 마음 간절합니다.

4. 불경한 자들의 활동

네 번째로, 불경한 자들의 활동의 불길이 왕성하게 타오르고 있으나 그것이 사라지고 그들이 결국 쇠하여 슬픔 중에 죽어가게 될 때가 오고 있다는 것을 가르치는 것으로 본문을 적용해도 큰 무리가 없을 것이라 생각합니다.

대장간에서 불이 왕성하게 타오르며 불꽃들이 춤추며 별처럼 공중으로 튀어 오르고 있습니다. 그러나 풀무로부터 오는 바람이 사라지면 그저 작은 불씨와 식어버린 석탄과 다 타버린 재밖에는 남지 않습니다. 모든 것이 풀무에 달려 있기 때문입니다. 어쩌면 오늘 아침 이 말씀을 듣는 여러분이 마치 풀무에서 나오는 바람을 받아 훨훨 타오르고 있는 용광로와도 같고, 거기서 부귀를 향한 불길이 타오르고 있을지도 모르겠습니다. 아침 일찍 일어나서 밤늦게까지 육체적인 기력과 정신적인 긴장을 다 감내하며 열심을 다해 일합니다. 관심이 오로지 재물을 쌓는 일에 가 있기 때문입니다. 그렇습니다. 하지만 갑자기 변고가 생겨

평생을 모아놓은 것을 다 잃어버리거나 혹은 마치 상자로 지은 집처럼 모든 것이 날아가 버리면 그 때에는 어떻게 하겠습니까! 오오, 막강한 사람들이 이 도시에서 얼마나 처절한 눈물을 흘렸는지 모릅니다. 그 눈물은 뺨으로 흘러내리는 것이 아닙니다. 그것은 전혀 해가 없습니다. 그 눈물은 바로 영혼 속에서 흘러내리면서 상처를 내고 화상을 입게 하여 영구적인 침체와 불구를 만들어내는 것입니다! 재물을 얻는 것이 과연 그들의 사기를 돋우고 위로를 주는 것이었는데, 그것이 사라지고 나니 그 바쁘던 상인들이 정신병원에 입원할 지경이 되고 자살을 하고픈 심정이 되어 버린 것입니다. 사람이 죽음을 맞을 때에는 이 황금의 풀무들이라도 바람을 멈추는 것입니다!

아아, 그 마지막 순간에 재물이 무슨 즐거움을 주겠습니까! 여러분이 여러분 자신을 위해 한 것이 기껏해야 대리석 무덤밖에 없으니, 정말 어리석습니다. 여러분의 시신의 티끌과 재에게 그것이 무슨 소용이 있단 말입니까? 이제는 갖고 있던 모든 것을 다 떠나보내야 합니다. 여러분의 처지는 마치 부화되지도 않는 달걀 위에 앉아 있는 암탉과도 같습니다. 여러분의 즐거움은 온통 다른 것을 위한 것이요, 여러분 자신을 위한 것이 아닌 것입니다. 재물을 불리는 일에서 행복감을 느끼고 그 일에 몰두해오다가 처절하게 비참한 최후를 맞은 사람들이 얼마나 많았는지 모릅니다. 이런 사람들은 그들이 누리는 성공으로 인하여 재물을 향한 탐욕의 풀무가 불이 붙어버렸고, 결국 희망과 야망의 불꽃이 속절없이 사라져버린 것입니다!

또한 명예를 사랑하는 것으로 인해서도 많은 활동들이 계속됩니다. 사람들은 공적인 명예의 사다리를 하나씩 오르면서 그 어지러운 높이를 좋아합니다. 명성의 풀무가 바람을 불어주는 동안 사람들이 얼마나 강렬하게 타오르는지 모릅니다. 똑같은 피조물들에게서 인정과 찬사를 받기 위하여 삶을 온통 불태우면서도 얼마나 만족해하는지 모릅니다! 하지만 이 세상을 떠나기 오래전에 이미 명예에서 얻는 모든 즐거움을 다 상실해버린 사람들이 얼마나 많은지요! 마지막 죽음 앞에서 희망의 불꽃을 발하게 만들어줄 것이 사람들의 찬사 이외에 아무것도 없는 사람들은 안타깝게도 그 불꽃이 시들 수밖에 없고, 그러니 마지막 죽음이 어둡고 캄캄할 수밖에 없는 것입니다. 명성의 나팔 소리가 귀에서 사라지고, 그 대신 죽은 자들을 불러 깨워 마지막 심판대에 서게 만드는 그 처절한 나팔 소리가 귀에 들리게 될 때, 그 영혼의 안타까움이 어떻겠습니까! 오오 사랑하는 여러분, 이런 것들을 목표로 삼고 살지 마십시오. 그렇게 살면 여러분의 풀무가 불에 타버릴 것입니다.

아아 여러분, 정말 안타깝습니다만, 사람들이 쾌락을 위해 살며, 쾌락을 위해 몸과 영혼을 파괴시키는 경우가 얼마나 많은지 모릅니다! 하지만 조금만 지나면 탐욕 뒤에 싫증이 찾아오고, 즐거움이 사그라지며 사람의 의욕이 쇠퇴해지고 쾌락도 사라집니다. 육체적인 쾌락에 탐닉하는 자의 마지막은 마치 소멸하는 불길 같아서, 이따금씩 불꽃을 발하지만 주변에 따뜻한 열기를 전하지도 못하고, 풀무가 바람을 불어주지 않으면 곧바로 꺼져버리는 것입니다. 안타까운 일입니다만, 육신은 살아 있으나 실제로 죽어 있는 사람들이 있습니다. 이들은 동료들 중에 서서 다니지만 마치 벼락을 맞은 나무가 숲속에 서 있는 것과 같습니다. 푸른 기운이 조금 남아 있어서 아직 목숨이 붙어 있다는 것을 보여주지만, 줄기가 썩고 있고 잎에 수액이 없는 모습이 이제 죽음이 얼마 남지 않았다는 것을 보여줍니다. 쾌락을 여러분의 생명의 풀무로 삼지 마십시오. 그 풀무가 불에 타게 되면 쾌락의 불꽃도 사라지고 말 것이니 말입니다.

또 어떤 이들은 외식(外飾)을 생명의 큰 풀무로 삼습니다. 이들은 존경을 받기 위해서 신앙을 가져온 자들입니다. 하나님의 집에 자주 찾아가는 것도 사람들에게 존경을 받기 위해서입니다. 하지만 마침내 그들의 가면이 벗겨지고 말 것입니다. 그렇지 않으면 마지막 죽음이 찾아올 때에는 그 가면이 벗겨지고 진실의 안경 너머로 그가 과연 어떤 사람이었는지를 보게 될 것입니다. 나병에 걸렸는데도 이를 감추려고 은빛 너울로 눈썹을 가리고 다니는 사람에게서 그 너울을 벗겨버리면, 그 사람 자신이 자기의 나병에 걸린 모습을 보게 됩니다. 그렇게 되면 풀무가 불에 타버린 처지가 되어 더 이상 자기의 가짜 열정과 꾸며낸 기쁨을 유지할 수 없게 되고, 희망이 재가 되어 버리고, 절망 속에서 위로거리들이 사라져버리고 마는 것입니다.

사랑하는 여러분, 여러분이 살아 있는 만큼 끝까지 지속되는 것 이외에는 그 어떤 것도 자극거리로 삼지 말기 바랍니다. 무덤 너머까지 여러분이 들고 갈 수 있는 것 이외에는 그 어떠한 것도 여러분의 근본 동기로 취하지 말기 바랍니다. 영원히 멸하지 않는 목적에 합당한 것 이외에는 그 어떠한 것도 여러분의 존재의 목적으로 삼지 말기 바랍니다. 기억하십시오. 이 세상의 삶이 전부가 아니요 또한 무덤이 존재의 목표점이 아닙니다. 여러분은 아무것도 모르고 도살장으로 끌려가 살육당하고 잊혀져버리는 가축이 아닙니다. 여러분은 이생의 문턱을 통과하여 영원의 궁전으로 들어가게 되거나, 아니면 여러분이 감히 일을 그렇게 만들어버린다면, 영원의 감옥으로 들어가게 됩니다. 이 세상의 삶이 예고하는 그대로가 여러분의 미래가 될 것입니다. 오오 여러분, 하나님의 은혜로 말미암아 이 세상의 삶을 살되, 후에 더 나은 곳으로 들어갈 수 있게끔 살게 되기를 바라고, 이 세상의 삶을 허비하여 끝이 없는 그 최악의 나락으로 떨어지는 일이 없기를 바랍니다.

5. 그리스도인의 열정

마지막으로, 이 본문이 말씀하는 내용, 곧 "풀무들이 불타고 있다"는 것을 적용시켜보겠습니다. 이는 그리스도인의 열정을 계속 살아 있도록 만들어주는 촉진제들에 적용될 수 있을 것입니다. 그런데 제가 이것을 부정적으로밖에는 적용할 수가 없다는 것이 정말 하나님의 자비입니다. 우리 모두 확신하는 사실입니다만, 우리의 영혼의 열정을 유지시켜주는 풀무들은 불에 타는 것이 아니니 말입니다.

형제 여러분, 오늘날 특정한 교회들이 마치 베수비오(Vesuvius)나 에트나(Etna) 화산이 폭발한 것처럼 그렇게 열광적인 불길에 휩싸여 있는 모습을 보게 됩니다. 이처럼 불길이 치솟아 오르는 것을 잘못하여 부흥(revivals)이라 부르기도 했으나, 이는 차라리 소동(agitations)이라 부르는 것이 합당했을 것입니다. 제 짧은 경험에서도 특정한 교회들이 발작적인 황홀경에 싸이고, 교회당들에 사람들이 모여들어 복도까지 가득 채우고 설교자들이 열정적인 메시지로 청중을 사로잡고 청중들이 흥분에 휩싸이며 사람들이 떼를 지어 회심하며 심지어 어린아이들까지도 수백 명씩 ─ 아니 수천 명씩이라고 주장합니다만 ─ 회심하는 현상을 접했습니다. 자, 그런데 한두 달이 지난 후 그 사람들이, 그 회심한 자들이, 다 어디 갔습니까? 메아리만이 대답합니다. "어디… 어디 갔나?"라고 말입니다. 왜 그렇습니까? 회심자들이 예전보다 더 악한 죄인들이 되어있었거나, 혹은 그저 겉모양의 모습으로만 우쭐대는 외식자들이었고 거기서 금방 도저히 어쩔 수 없는 냉랭한 상태로 떨어져서 다시 감동을 받기가 매우 어렵게 되어버렸으니 말입니다. 순전한 부흥을 저는 정말 전심으로 사모합니다. 그리고 그것들을 돕고자 하는 마음이 간절합니다. 하지만 지금 제가 말씀드리는 이런 현상들은 제가 본

가짜의 것들인데, 오늘날에는 어렵지 않게 볼 수 있습니다. 이런 일에는 하나님의 성령께서 계시지 않고, 그저 흥분과 시끄러운 소리, 큰 말들, 광신 같은 것들 외에는 아무것도 없습니다.

자, 이런 경우들에 어째서 그 불길이 사그라졌습니까? 풀무를 통해 바람을 불어넣던 사람이 다른 곳에서 풀무를 사용하려고 거기서 떠났기 때문입니다. 그 유능한 사람이 굉장한 모습과 아주 그럴듯한 스타일로 감동을 자아내고는 떠나가 버렸습니다. 그러자 곧바로 불길이 사그라진 것입니다. 조용하던 교회들에서 그와 똑같은 일이 일어나는 것을 보았는데, 그 역시 정말 안타까운 모습이었습니다. 교인들이 매우 진지했고, 선한 노력이 많이 기울여졌습니다. 하지만 훌륭한 담임목사가 하늘로 떠나자 교인들이 그 옛날 사사들이 죽고 난 후의 이스라엘 자손의 모습처럼 되어버렸습니다. 오오 하나님께서 그런 훌륭한 분들의 목숨을 살려 두시기를 바랍니다. 그래서 우리 교회들에서 하나님의 백성들이 더욱 순전해지면, 그것도 풀무들이 불타기 오래전에 그렇게 되면, 얼마나 좋겠습니까! 하지만 그렇더라도 우리의 열정이 그런 식으로 유지되어서는 안 됩니다. 교회의 열정이 어느 개인의 훌륭한 언변에 따라 좌우되어서는 절대로 안 될 것입니다. 우리가 진지해지는 이유가 어느 특정한 개인의 사역에 있게 되어서는 안 됩니다. 원리가 우리를 좌우해야지 감정이 좌우해서는 안 되는 것입니다. 곧, 격렬한 설교와 사람이 가득한 집회로 인해서 흥분이 일어나는 식이어서는 안 되고, 진정한 열정이 일어나야 한다는 말입니다.

형제자매 여러분, 정말 마음으로 깨달으라는 말씀 이외에는 더 자세히 말씀드리지 않겠습니다. 개중에는 지난 여러 해 동안 매우 진지했고, 영혼 속에서 불길이 열정적으로 타오르고 있는 분들이 있을 것입니다. 바로 그런 분들에게 말씀드립니다. 여러분은 은사들을 자비롭게 발휘해오셨고, 각종 은혜의 수단에도 신실하게 참석해오셨습니다. 그리고 기도회에도 언제나 참여해오셨고, 경건한 수고들에도 부지런히 임해오셨고, 그래서 교회에 많은 도움을 끼쳐오셨습니다. 하지만 지금은 다소 무기력한 상태로 가라앉고 말았습니다. 드리는 것도 조금, 기도도 조금, 수고도 조금 합니다. 그러니 느끼는 것도 거의 없습니다. 조금씩 계속 냉랭해져왔고, 급기야 이제는 북극처럼 차갑게 되어버렸습니다. 그러니 형제 여러분, 여러분의 풀무들이 불에 타고 있으니 어찌된 일입니까? 계속해서 생기를 불어넣던 그 영적인 감격이 사라져버렸으니 어찌된 일입니까? 그것들이 사라졌어야 했습니까? 여러분이 감당해야 할 의무가 예나 지금이나 똑같지 않습니까? 십 년 전에도 여러분은 예수 그리스도의 보혈 덕분에 구원을 얻었습니다. 지금은 무엇 덕분에 구원을 누리고 있습니까? 십 년 전에 여러분은 십자가에 달리신 구주를 바라보는 죄인에 불과했습니다. 지금의 여러분은 어떻습니까? 그리스도 예수께 진 빚을 그동안 얼마나 갚으셨습니까? 그동안 빚을 갚아서 지금은 그때만큼 빚이 많지 않다고 자랑할 수 있습니까? 솔직하게 고백합니다만, 이십 년 전에 주님께 많은 빚을 졌다면 오늘에는 그에게 진 빚이 그 때보다 더 많습니다. 그동안 빚을 갚아온 것이 아니라 빚 속에 더 깊이깊이 묻히게 되었습니다. 주님께 온통 빚을 지고 있는 것뿐입니다.

그러니 여러분, 여러분의 의무들이 그대로 남아 있는 것입니다. 그 의무들로 인해서 십 년 전에 여러분이 열심히 수고했다면, 지금은 왜 그렇게 하지 않습니까? 여러분을 값 주고 사신 그리스도를 위해 사는 것이 십 년 전에 지극히 옳고 정당한 일이었다면, 과연 지금은 그렇게 하지 않아도 되는 옳고 정당한 이유가 있습니까? 여러분의 의무가 여전히 동일한 것처럼, 여러분의 주님도 여전히 동일하십니다. 그 때에 여러분이 예수님을 사랑했고 또 그의 이름의 영광을 위하여 싸움터에서 선봉에 섰었다면, 지금은 예수님의 값어치가 그 때보다 떨어졌습니까? 그리스도께서 예전보다 사랑스럽지 못하십니까? 그가 여러분을 예전보다 덜 사랑하십니까? 그의 신실하심이 예전만 못해졌습니까? 오늘은 그가 덜 친절하십니까? 그의 간구하심의 효력이 떨어지고 있고, 그의 보혈이 정결케 하는 능력을 잃어버리고 있습니까? 그러니 여러분, 그리스도께서 어제나 오늘이나 영원토록 동일하신데 과연 그분을 예전보다 소홀히 대하는 것이 합당하겠습니까? 여러분이 계속해서 열정을 불태우도록 풀무의 역할을 하는 것이 진정 그리스도께 대한 의무요 또한 그의 성품에 합한 일이었다면, 오늘도 그 동일한 풀무들이 그대로 있습니다. 그러니 예전과 똑같이 진실하게, 아니 오히려 전보다 더 진실하게 대하는 것이 합당한 일이 아닙니까? 사랑하는 형제 여러분, 지금 이 순간 여러분의 영혼을 살아 있게 해주는 그 힘은 예전과 달라진 것이 없습니다. 과거에 여러분은 성령님으로 말미암아 지탱함을 받았습니다. 만일 성령께서 늙으셔서 그의 능력이 쇠한 것이라면, 여러분의 열정이 약해지고 또한 여러분이 이리저리 변명하는 것을 얼마든지 이해할 수 있을 것입니다. 그러나 성령께서 언제나 동일하시니, 그 열매도 항상 동일해야 마땅한 것이 아닙니까? 여러분이 오로지 여러분 자신의 힘으로만 버티는 것이라면, 여러분이 쇠하여지는 것을 얼마든지 이해할 수 있습니다. 우리 모두 세월이 흐름에 따라 늙고 쇠하여지기 때문입니다. 하지만 여러분 속에 있는 그 불멸의 생명은 육체가 쇠약해지는 것에 전혀 영향을 받지 않습니다. 그러니 늙어서도 당연히 열매를 맺어서 주께서 옳으시다는 것을 드러내 보여주어야 합니다. 여러분의 힘도 여전히 동일하고 또한 풀무도 불에 타지 않고 있으니, 오늘 새롭게 불길이 솟아오르게 하기를 바랍니다.

더 나아가서, 젊어서부터 하나님을 섬겨오신 여러분, 여러분이 하나님을 위해 섬겨오신 그 대상들이 여전히 동일하다는 것을 기억해야 합니다. 여러분이 청년 때에 그리스도께 마음을 드리던 그 때나 지금 오늘이나 똑같이 영혼들은 정말 귀합니다. 아아! 그 때에는 한 영혼을 구원하기 위해서는 여러분이 무슨 일이라도 할 수 있다고 생각했습니다. 그런데 그 때나 지금이나 사람들은 똑같이 정죄 아래 있습니다. 그 때나 지금이나 지옥 불이 똑같이 뜨겁습니다. 이십년 전이나 지금이나 죽음은 똑같이 끔찍한 존재입니다. 그러나 풀무가 불에 타게 해서는 안 됩니다. 여러분의 충만한 열정으로 다시 돌아가십시오. 그리고 예전 그와 처음 혼인하던 때와 똑같이 여러분의 주님을 섬기시기 바랍니다.

사랑하는 여러분, 여러분이 늙어가면서 믿음이 쇠퇴하여진다면, 세상이 이렇게 말할 것입니다. "저 사람은 하나님을 덜 사랑하는 것만큼 더 지혜가 많아지는구나. 그러니 하나님을 사랑한다는 것은 정말 어리석은 일이로구나"라고 말입니다. 저 불경한 자들로 하여금 그런 말을 하게 만들렵니까? 과연 마귀를 위하여 대변자가 되겠습니까? 하나님을 아예 무시해버리는 저 불경한 자들이 계속 잠에 빠져 있도록 실질적으로 돕는 역할을 하겠습니까? 그럴 뜻은 없으리라 믿습니다.

진정 그리스도인이라면 여러분이 반드시 은혜 안에 자라가고 있을 것인데, 과연 나무가 튼튼하게 자랄수록 열매가 덜해진다는 것이 합당하겠습니까? 어린아이 때에는 일하다가, 어른이 되고 나면 잠만 잔다는 것이 이치에 맞습니까? 소년 때에는 짐을 지고 다니다가, 장성한 성인이 되어서는 아무것도 지지 않는다는 것이 말이 됩니까? 하나님의 생명 가운데서 전진하고 있으니 그로 인해서 그리스도인의 모든 섬김을 점점 뒤로 물리고 핑계하게 된다는 것이 이치에 맞는 일입니까? 새로 충원된 풋내기들만 싸움터로 행진하고, 노련한 고참병들은 깃발을 흔드는 법도 없고 검을 흔드는 법도 없다면 과연 합당한 일이겠습니까? 오오 여러분, 그래서는 안 됩니다! 뿐만 아니라 여러분은 날마다 천국에 가까이 다가가고 있습니다. 그런데 그 새 예루살렘 성에 가까이 갈수록 여러분 자신이 천국과 먼 모습이 되어야겠습니까? 영원토록 지치지 않고 밤낮으로 하나님을 섬기게 될 그곳을 향하여 가까이 나아갈수록 하나님을 덜 섬기게 되어야겠습니까? 그리스도의 모습과 완전히 같게 될 그 곳으로 가까이 나아갈수록 여러분의 모습이 그만큼 그리스도를 덜 닮아 있어야겠습니까? 아닙니다. 그런 교묘한 생각들일랑 내던져 버리십시오.

> "날아가는 매 시간마다 고백하라
> 주의 복음을 새롭게 전하리니;
> 우리 삶과 수고가 끝나면
> 약속의 면류관을 소유하리로다."
> ―아이작 와츠(Isaac Watts)

　사랑하는 형제 여러분, 여러분의 열정이 쇠약해지고 있다면, 처음 여러분이 그렇게 활기를 갖게 되었을 때에 하늘에 속한 동기 이외에 무언가 다른 동기가 있지 않았나 하는 의심을 갖지 않을 수 없습니다. 왜냐하면 하늘에 속한 동기는 절대로 사라지지 않으며, 그 건실한 모습이나 그 효능을 잃어버리는 법이 없기 때문입니다. 여러분이 과연 순전하게 회심했는지 스스로 물어보시기 바랍니다. 여러분이 진정 믿음 가운데 있는지를 스스로 점검해보시기 바랍니다. 진정 믿음 가운데 있지 않다면, 여러분의 경건한 모습이 쇠퇴하는 것이 전혀 이상할 것이 없습니다.

　그러나 만일 여러분이 진정 회심한 사람이라면, 여러분의 믿음은 마치 대낮에 가까울수록 더욱 빛을 발하는 태양빛 같을 것입니다. 형제 여러분, 풀무들이 불에 타게 하지 말고 여러분과 제가 우리 육체를 움직일 수 있는 동안 나이가 들어 백발이 될수록 더욱더 열정을 갖고 행하다가 무덤에 들어가게 되기를 바라마지 않습니다. 마지막 순간이 오기까지 우리 주님을 섬길 수 있기를 바랍니다. 칼집은 닳아질지언정 칼은 더욱더 예리해져야 하겠습니다.

　하나님이여, 우리로 하여금 날마다 하나님을 더 잘 섬기며 살게 해주시고,

우리에게 주시는 매 시간마다 더욱더 신령한 마음을 갖게 되고 주의 이름의 영광을 더욱 널리 전하는 일에 전심을 기울이게 해주시옵소서. 하나님께서 여러분에게 그런 복을 주시기를 그리스도의 이름으로 구합니다. 아멘.

제
7
장
—

나았느냐, 속았느냐? 어느 쪽이냐?

—

"그들이 딸 내 백성의 상처를 가볍게 여기면서 말하기를
평강하다, 평강하다 하나 평강이 없도다" — 렘 8:11
"여호와여 주는 나의 찬송이시오니 나를 고치소서 그리하시면
내가 낫겠나이다 나를 구원하소서 그리하시면 내가 구원을 얻
으리이다" — 렘 17:14

예레미야 선지자 당시의 백성들은 심한 상처를 받았고, 또한 그것을 느끼고
있었습니다. 사악한 원수들이 침입하여 재물을 약탈하였고 자녀들을 죽였고, 성
읍들을 불태웠기 때문입니다. 예레미야는 그 민족을 진정 사랑하여 그들에게 경
고하였습니다. 그들이 당하는 그 모든 괴로움의 원인이 바로 그들이 하나님을
저버린 데 있다는 것이었습니다. 그들은 살아계신 하나님께로부터 돌아서서 주
위의 다른 민족들의 우상들을 신들로 삼았고, 그리하여 여호와의 질투를 촉발
시켰었습니다. 그러므로 하나님은 그들을 쓰라리게 채찍으로 때리셨고, 거듭거
듭 화를 당하게 하셨습니다. 옛적부터 그들에게 엄중히 경고해오신 그대로였습
니다. 그는 그 백성과의 언약의 내용을 그대로 취하셔서 그들을 아프게 하신 것
입니다. 예레미야는 백성들에게 그들의 상처를 고침받는 유일한 길은 그들의 죄
문제를 해결하는 것임을 보여주고자 애썼습니다. 그들이 우상숭배와 또한 거기
서 파생되는 그 모든 사악한 행위들을 버리고, 참되신 하나님께로 돌아와 그의
계명들을 순종하면 밝은 날이 올 것이라는 것이었습니다. 이 모든 것이 참이라

는 것을 그들이 양심으로 깨달아야 했습니다. 그런데 아뿔싸! 예레미야가 그들에게 선포한 말씀이 모두 허사가 되고 말았습니다. 그 옛날의 고전에 나오는 여선지자 카산드라(Cassandra: 그리스 신화에 나오는 여선지자 ─ 역주)가 진실을 말하자 사람들이 그녀의 말을 절대로 믿지 못하게 하기 위하여 영원토록 심판을 받았는데, 예레미야가 그랬습니다. 백성들이 그의 말을 들었으나, 그를 인정하지 않았습니다. 그러는 동안 선지자인 체하는 자들이 나타나 예레미야를 대적하여 예언하며 백성들의 신뢰를 얻고자 하였습니다. 그들은 와서 입으로 "여호와가 말씀하시되"라고 하며 말을 떠벌렸으나, 여호와께서 보내지 않으셨는데도 여호와의 이름으로 말씀하는 체하는 신성모독을 저질렀고 여호와의 영광도 구하지 않았습니다. 이들은 백성들이 보기에 회개보다 훨씬 손쉬운 해결책을 제시했습니다. 곧, 애굽과 동맹을 취하고 그리하여 앗수르 사람들을 몰아내야 한다는 것이었습니다. 애굽의 왕에게 공물을 보내어 그의 군대를 불러들여야 한다는 것이었습니다. 이들은 헛된 것들을 그럴 듯하게 이야기하여 백성들을 헛된 희망에 부풀게 만들고, 회개하고 하나님께로 돌아오는 일에 관심을 갖지 못하게 만들었습니다. 그들의 가르침에는 선한 것이 하나도 없었습니다. 그저 민족의 상처를 살짝 가려주고 그 속의 치명적인 독(毒)은 그대로 남겨두었습니다. 그들이 부추긴 희망은 얼마 가지 못했고, 결국 공허한 절망 속에서 사라지고 말았습니다. 그들은 고통의 뿌리는 전혀 손대지도 않았습니다. 민족의 죄를 가볍게 대하였습니다. 평강이 전혀 없는 데도 "평강하다, 평강하다"라고 말하여 유다 백성의 극심한 상처를 아주 가볍게 대한 것입니다.

　선지자들의 참된 후계자들인 오늘날 하나님의 종들에게는 옛날 선지자들보다 훨씬 더 힘겨운 임무가 주어져 있습니다. 연기 나는 폐허와 거리에 나뒹구는 시체들이 ─ 이것들이 극심한 재난의 증거임이 분명합니다만 ─ 우리 눈앞에 있는 것이 아닙니다. 우리의 임무는 영적인 병(病)을 처리하는 것이요, 상처가 전혀 없다고 이야기하는 사람들 가운데서 일하는 것입니다. 수많은 우리의 청중들은 천국의 치유에 대한 소식을 반기지 않습니다. 자기들이 병들어 있다는 것을 깨닫지 못하고 있기 때문입니다. 그들은 자기들이 사지가 멀쩡할 뿐 아니라 머리와 마음도 건강하다고 여깁니다. 면류관인 머리로부터 발끝까지 자기들에게는 흠집이 거의 없다고 여깁니다. 혹 여기저기에 사소한 흠집이 있다 해도 대다수의 다른 사람들보다는 훨씬 나으며, 따라서 특별한 영적인 치료를 받을 필요가 없다고 생각하는 것입니다. 의사가 이웃들에게 그들이 병들었다는 것을 납득시키는 일부터 시작해야 한다면, 그의 치료가 별로 희망적이지 못할 것입니다. 우리의 일이 그와 같습니다. 무엇보다 먼저 진리의 하나님의 이름으로 사람이 타락했다는 것을 선포해야 합니다. 만물보다 부패하였고 절망적이리만큼 사악한 것이 사람의 마음이며, 따라서 사람은 죽을 수밖에 없는 죄인이요, 또한 흑인이 살갗을 희게 할 수 없고 표범이 피부의 반점을 지울 수 없는 것처럼 스스로 자기를 치료할 수 없는 그런 죄인이라는 것을 선포해야만 하는 것입니다. 사람의 자긍심을 그렇게 짓밟아버리니 진리들이 결코 대중에게 환영받을 수가 없습니다. 사람들은 인간 본성의 위엄을 펼쳐놓는 설교자들의 부드러운 이야기 듣는 것을 더 좋아합니다. 인간의 존엄성이라는 말만 들어도 귀가 번쩍 떠집니다. 그러나 이는 퇴비 더미의 위엄에 대해 이야기하는 것과 마찬가지입니다. 타락한 상태의 사람은 멸망하는 짐승보다도 더 낮은 수준에 떨어져 있습니다. 짐승은 그 창조주를 거스르지 않으니 말입니다. 그런데 아담의 교만한 후손들이 이 진리에 대해 얼마나 격분하는지를 보십시오. 그 사람들에게 그 진리를 납득시킨다는 것은 정말로 희망이 없을 만큼 힘이 듭니다. 그러니 하나님의 영께서 친히 그 일을 행하지 않으시면 불가능한 일입니다. 그런데 그가 그 일을 행하신 것은 과연 하나님다우신 지혜로운 처사인 것입니다. 성경은 이렇게 말씀합니다: "진리의 성령이 오시면 그가 와서 죄에 대하여 세상을 책망하시리라"(요 16:8).

　이 위대한 수고가 행해지고 나면, 그 다음에 우리에게 또 한 가지 남은 것이 있습니다. 곧, 고침 받고자 하는 간절한 소원을 사람들 속에 불러일으키는 것이 그것입니다. 자기들의 질병 상태를 인정하고 고백하는 사람들은 많습니다. 하지만 죄의 질병이 그들에게 영적인 무능력을 일구어놓아서 도무지 영적인 건강의 상태로 일으킴받는 것을 사모하지 않습니다. 사실 그것에 대해 아무것도 모릅니다. 죄를 범하였습니다만, 그처럼 죄의 책임을 진 상태 그대로 있기를 바랍니다. 악에게 늘 이끌립니다만 그런 성향 그대로 만족하는 것입니다. 수많은 사람들이 이 상태에서 살다가 죽습니다. 죄 때문에 진노가 있다는 것은 압니다. 그러나 그 악한 날에 대한 생각은 멀리 떠나보내고 스스로 현재의 즐거움에 취하는 것입니다. 천국에 들어가려면 그전에 무언가 큰 변화가 자기들에게 일어나야 된다는 것도 부인하지 않습니다. 하지만 시간이 아직 넉넉하다고 여깁니다. 심지어 열한 시에도 은혜로 부르심을 받을 수도 있으니 말입니다. 회개의 기도를 마지막 순간까지 미루는 모험을 기꺼이 감행합니다. 그래서 자비가 베풀어져도 그것을 거절하고, 선하신 의사이신 주님을 거부합니다. 좀 더 나중에 고침 받아도 되는데 너무 이른 시기에 고침 받는 것이 아닐까 하는 염려가 있기 때문입니다. 아아, 안타까운 현실입니다! 하지만 이들을 이런 상태에서 건져내야 합니다. 죄의 마약을 제거하는 방책을 찾지 않고서는 그들이 잠자는 상태로 지옥에 들어가게 될 것이니 말입니다. 성경에 말씀하는 대로, 지옥에서 고통 중에 눈을 들어 쳐다보는 부자처럼, 이 사람들은 때가 늦어지기까지 꿈만 계속 꾸고 있을 것입니다. 십자가에 달리신 그리스도를 바라보고 그의 안에서 영원한 생명을 찾을 소망이 아직 있을 동안에 하나님이 그들의 눈을 뜨게 하셔서 높이 올려 보게 해주시기를 바라마지 않습니다.

그러나 이 문제들이 해결되어도 이제 우리는 겨우 성(城)의 외곽만 장악한 것뿐입니다. 아직 또 다른 난제가 남아 있습니다. 자신에게 치료가 없다는 것을 납득하게 되고 또한 그것을 찾고자 하는 간절한 바람이 생기더라도, 이처럼 각성(覺醒)을 한 사람에게 위험이 있습니다. 그저 엇비슷한 치료로 만족하고 진정한 은혜의 역사를 놓치고 말 위험이 언제나 있는 것입니다. 그저 가벼운 치료만으로 만족하고, 그리하여 오직 하나님께로만 오는 그 위대하고도 완전한 구원을 놓쳐버리는 치명적인 위험이 언제나 우리 앞에 있다는 말입니다. 오늘 이 자리에 계신 모든 분들에게 정말 간절한 심정으로 이 문제를 말씀드리고 싶습니다. 제 자신이 그 능력을 느낀 바 있기 때문입니다. 이 메시지를 전하기 위해서 저는 의사의 허락을 받아 병석에서 벗어나 절박한 심정으로 애썼습니다. 오늘날 흔한 가짜 치료법에 대해 정말 간절한 마음으로 여러분에게 경고해야겠다는 결의가 제게 있었던 것입니다.

저는 오늘 두 가지 본문을 취했습니다만, 이 본문들을 근거로, 첫째로, 가벼운 치료에 속아 넘어가기가 얼마나 쉬운지를 말씀드리고, 둘째로, 참된 치료를 구할 것을 간절히 호소하며, 마지막으로, 두 번째 본문 — "나를 고치소서 그리하시면 내가 낫겠나이다 나를 구원하소서 그리하시면 내가 구원을 얻으리이다" — 의 가르침에 근거하여, 과연 참된 치료를 어디에서 얻어야 하는지를 분명하게 보여드리고자 합니다.

1. 거짓 치료

첫째로, 안타까운 심정으로 단언하거니와, 우리가 거짓된 치료의 희생물이 되기가 너무 너무 쉽습니다. 제가 라퓨타 섬(조나단 스위프트의 『걸리버 여행기』에 나오는 가상의 섬으로 자력(磁力)에 따라 이리저리 날아다님 — 역주)의 주민에 대해 이야기하려는 것이 아니라는 것을 여러분도 아실 것입니다. 저는 지금 여러분 한 사람 한 사람에게 직접 말씀드립니다. 그리고 저도 제가 드리는 예리한 말씀이 여러분에게뿐 아니라 저의 가슴에도 들어오도록 저 중간쯤의 좌석에 앉아 있다고 가상하고 말씀드립니다. 여러분, 거짓된 치료의 희생물이 될 위험이 우리 모두에게 있습니다. 목사들도, 집사들도, 장로들도, 나이 든 교인도, 젊은 초신자도 모두 마찬가지입니다.

이 사실에서 우리는 수많은 사람들이 그렇게 속고 있다는 점을 유추해낼 수 있습니다. 수많은 사람들이 그렇다면, 우리도 얼마든지 그럴 수 있습니다. 어쩌면 다른 사람들의 성향이 우리에게도 있을 것입니다. 왜 아니 그렇겠습니까? 어릴 때부터 교회의 예배에 잘 출석해오고 있고, 또한 아직 행동에 책임을 질 만한 나이가 되기 전에는 부모님들이 자기들을 대신해서 잘 출석했으니 자기들은 문제가 없다는 식으로 생각하는 사람들이 많지 않습니까? 정당하게 세례를 받았고, 제대로 입교도 하지 않았습니까? 성찬도 받지 않았습니까? 자기들이 속한 교단에서 요구하는 대로 모든 신앙 고백을 다하지 않았습니까? 더 무엇이 필요하단 말입니까? 이런 예식들이 하나님 앞에서 자기들에게 완전하고 온전한 자격을 준다는 식으로 구태여 말로 단언하지는 않습니다만, 그래도 그들은 속으로 은밀하게 자기들의 영혼에게 이런 아첨의 기름을 붓고 고요한 중에 누워 있는 것입니다. 이런 사람들이 문제가 있다면, 대체 문제가 없는 사람을 어디서 찾겠습니까? 반면에, 지금 이 자리에 계신 분 중에 세례 받은 적도, 입교한 적도 없다는 것에 감사하며, 그런 예식들을 행하지 않은 것을 아주 잘한 일로 생각할 분도 있을지 모르겠습니다. 그러나 이런 잘못을 범해서는 안 될 것입니다. 앞에서 먼저 말씀드린 분들도 마찬가지입니다. 이런 분들은 자기들 자신의 관점에 따라서 신앙의 일에 참여해온 것입니다. 교회의 예배에 빠져본 일이 없습니다. 기도회에 참석하는 것도 좋아합니다. 기독교라는 이름으로 행하는 모든 일을 즐거워합니다. 그러니 더 이상 다른 것을 구하지도 않습니다. 그저 자기들이 안전하다는 것을 당연한 일로 여기는 것입니다. 더 깊이 파고 들어가기가 두려우니, 경건의 모양을 지니는 것으로 만족하는 것입니다. 마음의 변화도, 심령의 새로움도 느끼지 못했지만, 그럼에도 불구하고 자기들은 잘 되고 있다고 믿습니다. 최소한 그런 희망을 갖고 있습니다. 그러니까 이들이 시온에서 편안히 있는 것입니다. 그러나 이것은 정말 형편없고 초라한 영혼의 치료요, 결국 영원한 사망으로 끝나게 될 것입니다. 여러분, 바라건대, 은혜의 역사가 여러분에게 임할 수 있는 동안에 이런 상태에 빠지지 않도록 조심하기 바랍니다.

전적으로 겉모양의 신앙에 의지하는 사람들이 너무나 많습니다. 이들은 신앙의 겉모양을 조심스레 유지하면 모든 것이 괜찮을 것으로 생각합니다. 그들은, 마음으로는 한 번도 하나님을 찬송하지 않고 그냥 찬송을 부르는 것도 좋은 일이라고 여깁니다. 마음이 한 번도 하나님께 자비를 구하지 않아도 기도의 자리에 함께 참여하는 것만도 훌륭한 일이라고 여깁니다. 속이 텅 빈 겉모양만 갖고서 하나님을 욕되게 하는 그런 허울뿐인 외식에 무슨 마술적인 효력이 있는 것처럼 생각하다니, 정말 안타깝습니다! 그저 겨 껍데기에 불과한 겉모양의 헌신을 하나님께 드리면서도, 결코 그것이 하나님을 조롱하는 것이요 또한 더 큰 진노를 촉발시키는 짓이라고 여기지 않으니, 사람이 어찌 이토록 미친 상태일 수가 있단 말입니까! 기도하는 체하는 것으로 하나님을 조롱하면서도 자기들의 범죄와 더불어 즐거움을 느낍니다. 마음 없는 찬송을 불러 하나님의 성령을 괴롭게 만들면서도, 그런 허망한 노래로 자기들의 마음을 안돈시킵니다. 어둠 속에 있는 그들의 마음은 자기들을 정죄할 거리가 되는 그런 악한 행위들을 오히려 자기들을 정당화시킬 근거로 여기며 거기에 소망을 두는 것입니다. 외형적인 신앙은 가벼운 치료요 가장된 치료이며, 사실상 전혀 치료가 아닙니다. 평강이 없는 데도 "평강하다, 평강하다"라고 외치는 것에 지나지 않는 것입니다.

또한 신앙적인 의식들에 의지하지 않는 사람들 중에 교리에 대한 신념 ─ 정통, 복음주의, 칼빈주의 ─ 을 의지하는 이들이 많은 것 같습니다. 이들은 성경적이지 않은 그 어떠한 교리도 마음으로 혐오합니다. 그분들이 그렇다는 것이 정말 좋습니다. 하지만 그런 상태에 안주해서는 안 됩니다. 상처를 임금의 예복으로 덮는다고 해서 그 상처가 치료되는 것이 아닙니다. 마찬가지로 건전한 신조 뒤에 죄악된 기질을 숨기고 있는 것은 구원이 아닙니다. 여러분, 아무리 하나님의 모든 진리를 다 알고 있어도, 여러분의 믿음을 통하여 여러분의 마음이 변화되지 않고 여러분의 삶에 영향이 없다면, 여러분은 마귀보다 한 치도 나을 것이 없습니다. 마귀도 믿으니 말입니다. 아니, 마귀보다도 못할지도 모릅니다. 마귀들은 믿고 떤다고 하는데(참조. 약 2:19), 믿으면서도 떨지 않는다면 마귀의 수준에도 미치지 못하는 것이니 말입니다. 오오 사랑하는 여러분, 이런 가벼운 치료에 만족하고 거기서 머물지 마시기를 바랍니다. 사람들이 영국 국교도(Churchman)였다가 비국교도(Dissenter)로 돌아섰고, 또 비국교도였다가 국교도로 돌아섰다는 이야기를 들어왔습니다만, 제가 진정 듣고 싶은 것은 여러분이 죄에서 의에게로 돌아섰고, 자기 자신에게서 예수께로 돌아섰다는 소식입니다. 그리스도께로 돌아서는 것이 아니고 그저 교파를 옮기기만 하는 개종(conversion)은 타락(perversion)보다 나을 것이 하나도 없습니다. 마음속에서 진리를 알아야지, 그렇지 않으면 그것은 진리를 아는 것이 아닙니다. 메마른 교리는 영혼을 죽일 수도 있습니다. 영혼을 살릴 수 있는 것은 오직 하나님의 성령으로 말미암아 우리 속에서 역사하는 살아 있는 진리뿐인 것입니다.

영적 세계의 엉터리 치료법들이 매우 많고, 아무 쓸모도 없는 의사들의 비방들이 넘쳐나서 사람들에게 피상적이고도 허망한 소망을 갖게 만들고 있습니다. 다른 이들이 그런 것에 속아 넘어간다면, 여러분도 그럴 소지가 있는 것 아니겠습니까?

자, 이 사실을 명심하시기 바랍니다. 곧, 속아 넘어갈 가능성이 우리에게 조금이라도 있다면, 그것은 우리가 속아 넘어가도록 도움을 줄 준비태세를 우리 스스로 항상 갖추고 있는 것이라는 사실입니다. 감히 말씀드립니다만, 어느 용의주도한 아첨꾼이 제게 와서, 제가 매우 지혜로운 사람이라고 확신 있게 말하면, 저는 금방 그 사람이 아주 예리하며 사람을 꿰뚫어보는 안목을 지닌 사람이라고 여기게 될 것입니다. 누군가가 여러분에게 있지도 않은 어떤 덕스러운 모습에 대해 여러분을 비난하면 ─ 그리고 한동안 교묘하게 그런 식으로 계속하면 ─ 여러분은 속으로 미소를 짓고, 여러분 속에 훌륭한 모습이 잠재되어 있는데 이 사람이 선지자적인 혜안으로 그것을 발견해낸 것이라는 식으로 생각하기 시작할 것입니다. 초라한 인간의 본성에게 꼭 맞는 미끼가 무엇인지를 잘 알고 있는 마귀로서는 염려가 있는 사람에게 거짓 구원을 제시해줌으로써 그들을 안돈시키고 또한 온전한 것이 하나도 없는데도 모든 것이 잘 되고 있다는 식으로 생각하게 만드는 것이 매우 손쉬운 일입니다. 조금만 마음에 가책을 느끼면 이 거짓 돌팔이 의사는, "이것이 회개다"라고 속삭입니다. 그러면 이에 속아 넘어가는 사람은, "아아 그렇구나. 내가 회개하고 있구나"라고 여깁니다. 약간만 거짓말로 위로하여 우쭐하게 만들어주면 우리는 곧바로 거기에 빠지게 되고, 그러면 속이는 자는, "훌륭하도다. 정말 보배로운 믿음이로다"라고 노래를 불러주는 것입니다. 우리가 죽음에서 생명으로 옮겨졌고 또한 우리야말로 과연 살아계신 하나님의 종이라는 식의 결론에 성급하게 이르게 되면 우리가 얼마나 기쁜지 모릅니다. 뒤를 돌아다보고, 과연 중생이 있었는지, 진정한 마음의 변화가 있었는지, 죄를 포기하는 일이 있었는지, 의(義)를 붙잡는 것이 있었는지, 자기를 버리고 그리스도와 연합한 사실이 있는지를 확인하려 하지 않습니다. 이런 식으로 따져보는 일이 괴로울 수도 있습니다. 그러므로 이들은 자기를 점검하는 이 부담스러운 임무를 불신앙으로 깎아내립니다. 그리고 눈을 감고 모든 것이 정상이라는 생각을 굳게 하라고 명합니다. "네가 정상이고 잘 되고 있다는 것을 믿으라." 이것이 많은 사람들의 복음인 것 같습니다만, 이것은 예수님의 복음은 아닙니다. 상상뿐인 가짜의 안전 속으로 튀어 오르기가 너무나 쉽기 때문에 많은 사람들이 그것을 붙잡는 것입니다. 우리는 거의 대다수가 우리에게 손쉽고 편안한 쪽을 지지합니다. 이에 해당되지 않는 예외는 습관적으로 스스로를 괴롭게 만드는 몇몇 병적인 사람들과, 또한 성령께서 죄를 깨닫게 하셔서 스스로 위로를 찾고자 해도 감히 그렇게 하지 못하는 몇몇 은혜 안에 있는 영혼들뿐입니다. 이들은 음식을 먹지 못해 죽어가면서도 그들의 영혼이 온갖 고기를 싫어합니다. 오늘 아침 제 설교를 통해 유익을 얻을 분들은 바로 이 마지막 부류에 속한 사람들뿐이라 여겨집니다만, 이런 분들은 별로 많지 않습니다. 그러나 제가 전하는 말씀이 그들의 귀에 전해질 것입니다. 하나님께서 그들의 마음을 주장하사 그들에게 참된 위로가 전해지기를 기도합니다. 그러므로 분명한 사실은, 가볍게 치료를 받는 길이 무척 많으며 또한 우리들 대부분이 그런 치료를 기뻐하고 만족해할 가망이 극히 높다는 것입니다. 이 점을 명심하시기 바랍니다.

뿐만 아니라, 아첨꾼들이 아직도 여전히 활개치고 있습니다. 예레미야의 시대에도 거짓 선지자들이 차고 넘쳤거니와 지금도 여전히 그런 자들을 얼마든지 만날 수 있습니다. 그런 자들이 어디에 있는지를 알려드릴 수 있습니다만, 여러분, 그 자들을 좇아가지 말라고 권면합니다. 이들은 런던 여러 예배 처소들에서 찾을 수 있습니다만, 그들을 그냥 두는 것이 좋을 것입니다. 여러분 자신의 가슴속에도 아첨꾼이 있으니 바로 교만입니다. 그리고 또 다른 아첨꾼이 자주 여러분의 행로에 나타나서 여러분의 영혼을 멸하려 하는데, 다름 아닌 사탄입니다. 치료인 것처럼 보이지만 실제로는 치료가 아닌 것에 속아 넘어가서 그것을 용인할 수 있는 가능성이 여러분에게 조금이라도 있다면, 지옥의 모든 교묘한 책략과 음모가 여러분이 그렇게 되도록 도울 것입니다. 이것이 가능하다면, 택함받은 자도 얼마든지 그렇게 속임을 당할 수 있을 것입니다. 믿음 대신에 그들은 가정(假定)을 갖게 되고, 중생 대신 변화를 갖게 되고, 거룩함 대신 도덕성을, 순결함 대신 비판적 자세를, 열정 대신 광신(狂信)을, 은혜 대신 상상을 갖게 되고, 그리스도와 그의 십자가 대신 인간의 행위와 그 공로를 갖게 될 것입니다. 여러분을 사랑한다고 떠벌리는 많은 이들이 그 전반적인 거짓을 도울 것이고, 또한 여러분의 모습이 아닌 것을 여러분의 모습인 것처럼 아첨하여 여러분을 우쭐하게 만들 것입니다.

가벼운 치료는 분명 수많은 사람들에게 인기가 있습니다. 생각하고 따질 필요가 전혀 없으니 말입니다. 사람들은 다른 것은 다 해도 하나님의 말씀에 따라 생각하는 것은 하지 않습니다. 계시된 하나님의 뜻과 진리를 거슬러 생각하고 말하고, 여호와께서 하신 말씀을 곰곰이 생각하는 일은 전혀 안중에 없습니다. 마치 코미디의 글귀들처럼 읽을 그런 생각들을 철학으로 제시합니다. 가장 괴상한 이론을 창안해 내고 그것을 변증하는 이들이 오늘날 가장 존경을 받는 것 같습니다. 괴상할수록 더 좋습니다. 다만 성경을 반대하고 기존에 믿어오던 것들을 대적하기만 하면 됩니다. 주저하지 않고 말할 수 있습니다만, 자기의 이성을 내려앉히고 상상력을 보좌에 앉힌 사람이라면 누구나 지난 오십 년 동안 허망한 철학자들이 만들어낸 것만큼 좋은 이론들을 얼마든지 상상해 낼 수 있을 것입니다. 술을 주어서 절반쯤 취하게 만들면, 현시대의 지혜를 장악하고 있는 어리석은 이론들보다 훨씬 더 철학적인 이론들을 더 많이 만들어낼 수도 있을 것입니다. 철학자들이 비틀거릴수록 그들이 오늘날 이 시대에 더 잘 어울립니다. 진정 합리적이고 견실한 것을 거부하기 때문입니다. 개인의 영혼과 그 운명에 관한 진지한 생각은 결코 사람들이 좋아하는 것이 못됩니다. 자리에 앉아, "주님께 지고 있는 빚이 얼마나 큰가?"라는 질문에 대답할 사람이 얼마나 있겠습니까? 과연 자기들이 어디로 향하고 있는지를 돌아보라는 권면보다는 차라리 우렛소리를 더 듣고 싶어 합니다. 자리에 앉아 다음과 같은 질문들에 대답하기보다는 차라리 매질을 당하기를 바랄 것입니다: "너는 네 창조주를 어찌 대해왔느냐? 너는 네 구속주와 어떤 관계에 있느냐? 네 주 예수 그리스도께 과연 어떤 사랑을, 어떤 경외를,

어떤 거룩한 신뢰를, 어떤 거룩한 구별을 드렸느냐? 과연 너는 어떤 상태로 요단강을 건너겠느냐? 심판 날에 온 땅의 심판주를 과연 어떻게 만나려느냐?" 그들은 이런 질문들을 그저 여자들과 사제(司祭)들에게만 적합한 것으로 치부해버립니다. 그러나 그런 질문들을 정면으로 바라보기를 간절히 원하는 사람들이야말로 진정 어른들일 것입니다. 오오 여러분, 생각이 없어서 사람들이 버림받는다는 것이야말로 정말로 안타깝기 이를 데 없는 일입니다. 여러분의 옷깃을 잡고서라도 이것을 기억하고 진지하게 생각하라고 간청하고픈 마음입니다. 피상적인 신앙은 그저 교회에 가고, 설교를 듣고, 헌금을 내고, 경건한 구절들을 계속 암송하고, 경건한 이야기를 듣기만을 요구할 뿐이니, 생각이 없는 사람들에게 아주 어울립니다. 그러나 묵상과 기도와 고백과 믿음으로 하나님을 찾고 구하는 일은 도무지 할 수가 없습니다. 그것을 멀리해야 합니다!

　피상적인 신앙은 또한 자기 부인(否認)을 요구하지도 않습니다. 그렇기 때문에 언제나 인기가 있습니다. 사람이 겉모양으로는 신앙적인 모습을 보이다가 사사로이 있을 때에는 술에 절어 있을 수도 있습니다만, 이런 사람은 어떤 처지에서든 참된 그리스도인일 수는 없습니다. 그런 은밀한 더러운 행위들은 반드시 벗어버려야 합니다. 그러나 그것을 뿌리에 너무 근접하여 내리치는 것으로 여기는 자들이 많습니다. 그처럼 예리한 도끼는 좋아하지를 않는 것입니다. 혹은 사람이 형제에 대해 적개심을 품는 경우도 얼마든지 있을 수 있습니다. 그러니 성찬에 참석하면서도 동시에 형제를 미워할 수도 있습니다. 하지만 그렇게 행하는 사람은 천국에 들어갈 수가 없습니다. 중생한 사람이면서 동시에 그런 일을 행할 수는 없는 것입니다. 내내 은밀한 마음속의 정욕을 좇아가는 생활을 하면서도 교회 안에서는 훌륭한 사람으로 비쳐질 수도 있습니다. 사람들의 눈에 자신의 방탕함이 감추어지기만 하면 그렇게 될 수 있는 것입니다. 피상적인 신앙은 부정한 사람에게 알맞습니다. 그러나 순전한 경건은 그런 정욕이 살아 있는 것을 용납하지 않는 것입니다. 생명력 있는 경건이 평생토록 탐닉에 칼을 들이대고 전쟁을 선포하니 그것이 사람들에게 인기가 없는 것도 전혀 무리가 아닙니다. 그리스도와 함께 하는 것은 마치 병원의 수술대에 있는 것과도 같습니다. 두 사람의 저명한 의사가 폴립이라는 질병을 치료한다고 합니다. 첫째 의사는 자신은 폴립을 효과적으로 치료할 수 있으나 다만 자신이 칼을 자유로이 사용할 것임을 이해해야 한다고 합니다. 자라난 환부의 뿌리까지 완전히 도려내지 않고서는 결코 치료가 되지 않는다고 믿기 때문입니다. 그저 대충 잘라내는 것만으로는 안 되고, 완전히 잘라내야만 치료 효과가 있다는 것입니다. 그런데 길 건너편에 또 다른 의사가 있는데, 그는 외형적인 치료법에 의지하는 것으로 유명합니다. 고통이 전혀 없는 방식으로 환부를 다루는데, 그 의사의 말로는 그런 방법으로 치료 효과가 나타난다는 것입니다. 그 의사는 이렇게 말합니다: "저 친구는 너무 깊이 들어가고 문제를 지나치게 다룹니다. 이리로 오십시오. 그 병은 별로 대수롭지 않습니다. 저는 절단한다든가 도려낸다든가 하지 않고도 병을 완치시킵니다." 대중의 신뢰를 얻을 수 있다면, 이 후자의 의사가 대중적인 환영을 받으리라는 것을 쉽게 추측할 수 있습니다. 하지만 결말은 어떻게 되겠습니까? 그것이 문제입니다. 만일 전자의 의사가 하는 대로 예리하고도 깊이 도려내는 것이 궁극적으로 건강을 회복하게 하는 것이고 또한 그것이 치료에 절대적으로 필요하다면, 그것이 최선이 아니겠습니까? 그리고 후자의 경우, 그 모든 달콤한 말들의 결과가 그저 추하고 더러운 환부를 덮어버리는 것밖에는 없고 그 때문에 부패가 더 깊어지고 결국 사망을 재촉하게 된다면, 그것은 그야말로 사악한 사기(詐欺)가 아니겠습니까? 그러나 대부분의 사람들은 영혼의 문제에 대해서 어리석게도 둘 중에 더 나쁜 쪽을 선택하는 것입니다.

사람들이 가벼운 치료를 구하는 이유는 그 치료가 그들에게 신령한 상태를 요구하지 않기 때문이기도 합니다. 천국이 겉모양의 행위들을 통해서 얻을 수 있다면 그것이 아무리 힘들고 어렵더라도 당장 그 일을 시작할 사람들이 무수히 많을 것입니다. 가령, "수백만 파운드를 모아서 천국을 사라"고 하면, 그들은 스스로 굶어가면서 악착같이 그 돈을 모으려 할 것입니다. 육체를 통해서 할 수 있는 일이면 기꺼이 시도하려 할 것입니다만, 참된 신앙은 영적인 것이요 따라서 육신적인 사람들로서는 이룰 수 없는 것입니다. 그것은 너무 높아서 시야에서 벗어나 있습니다. 그들은, "어떻게 하면 구원을 얻을 수 있습니까?"라고 묻습니다. 그러면 우리는, "주 예수 그리스도를 믿으십시오"라고 대답합니다. 그러면 그들은, "하지만 믿는다는 것이 무엇입니까?"라고 묻고는, 믿는 것을 일종의 이성의 기계적인 행위로 만들려 합니다. 곧, 믿는다는 것을 그리스도에 관한 특정한 사실들을 받아들이는 것으로 만드는 것입니다. 마치 로마의 역사나 그리스의 역사를 믿듯이 말입니다. 그러나 믿는다는 것은 마음이 그리스도를 신뢰하고 의지하는 것이라는 것을 그들은 납득하지 못합니다. 회개와 믿음을 설교하기 시작하면 그들은 마치 안개 속에 있는 것 같은 반응을 보입니다. 우리의 말 뜻을 이해하지를 못합니다. 다른 방식의 사고를 갖고 있어서 편견을 지니고 있기 때문입니다. 그렇기 때문에 그들은 형식주의와 예식들과 잘 어울리는 가벼운 치료가 겉모양의 행위들을 다루는 것을 보고서 그것에 매료되는 것입니다.

그러나 사랑하는 여러분, 제게 있는 모든 기력을 다 동원하여 경고합니다. 오늘날 곳곳에서 외치는 그 가벼운 치료들에 절대로 만족해서는 안 됩니다. 결국 그것들이 실망으로 끝나고 말 것이기 때문입니다. 이것은 여러분이 살아 있다는 것만큼이나 확실한 사실입니다. 여러분이 다시 시작하고, 또 올바로 시작할 수 있는 여지가 있는 동안에 그것들이 속히 그런 식으로 결말지어지면 정말 좋겠습니다. 질병에 걸려 있는 때는 사람이 자기의 과거의 삶을 뒤돌아보며 다시 살피고 점검하게 되는 시기일 경우가 많습니다. 여러분의 영혼이 괴로움과 침체에 빠져 있을 때에 여러분이 지닌 모든 증거들에 얼룩과 티가 보이고 또한 눈앞에 보이는 진리의 손바닥으로 천국에 대한 소망이 다 사라지면 이는 정말 무서운 일일 것입니다. 고난의 때에는 한 점 오류 없는 견고한 진실과 영원한 진리가 필요한 법입니다. 왜냐하면 그 때에는 영혼에 침울한 생각들과 고민스런 의문들이 마음에 밀려오는데, 그것들에 대해 반드시 답변이 있어야 하고 또한 답변이 있게 될 것이기 때문입니다. 그럴 때에는 양심이 이런 식으로 이야기합니다: "네가 거듭나야 한다. 그런데 네가 과연 거듭났느냐? '피 흘림이 없은즉 죄 사함도 없느니라'(참조. 히 9:22)라고 말씀하는데 과연 그 피 흘림의 역사가 네게 가까이 임한 적이 있느냐?" 깊은 밤 이런 식의 생각들이 모여들어 지친 심령을 흘려서 이리저리 뒤척거리고 잠을 잘 수가 없게 됩니다. 십자가에 시선을 고정시키고서, "나는 구원을 위해 예수를 믿어왔고 지금도 믿고 있다. 모든 악한 길을 버렸고 여전히 죄와 싸우고 있다. 나는 새로움을 얻은 사람이다. 빛 가운데 행하려 애쓰고 있고 나의 하나님을 향하여 순결하게 살고자 힘쓰고 있다"라고 대답하지 못하면, 그런 식의 든든하고도 견고한 답변을 제시하지 못하면, 큰 괴로움을 겪게 되고 육체적인 고통을 통해 겪는 것보다 훨씬 더 깊은 침체를 겪게 될 것입니다. 그러니 여러분, 영원의 문제를 확실히 해두는 일을 절대로 뒤로 미루지 말기를 바랍니다.

기억하십시오. 속은 상태로 이생을 마감하게 되면 다음 세상에서도 끔찍한 일이 기다리게 됩니다. 거룩한 모습을 지닌 채 죽었는데도 자신이 영원토록 버림받았다는 것을 알게 되는 사람의 심정이 어떨지는 굳이 묘사하지 않겠습니다. 자신이 주 예수님께로부터 내쫓기고 주께로부터, "내가 너를 도무지 알지 못하노라"라는 말씀을 듣는다면 그 처절함이 어떻겠습니까? 목사님도 여러분을 알았고, 집사님들도 여러분을 알았고, 다른 교인들도 여러분을 알았습니다만, 주 예수님은 여러분을 도무지 아신 적이 없습니다. 여러분이 그분과 마음의 교제가 전혀 없었고, 마음속에서는 그를 믿는 신자가 아니었기 때문입니다. 오오 형제 여러분, 입으로 하는 여러분의 고백에 오류가 있다면, 지금 당장 바로잡으시기 바랍니다. 착각 속에서 계속 나아가서는 안 됩니다. 허망한 상상에 근거한 그릇된 희망으로 우쭐해지기를 바랄 수는 없습니다. 그러니 점검하고, 똑바로 보십시오. 주께서 친히 여러분을 살펴주시기를 구하십시오. 그리고 하나님 앞에서의 여러분의 처지를 진리를 따라 선명하게 해주시기를 구하시기 바랍니다.

시간이 날아가고, 저의 힘도 마찬가지입니다. 그러니 속히 다음 두 번째 대지로 넘어가야겠습니다.

2. 참된 치료

참된 치료를 얻기를 구해야 하겠습니다. 하지만, 이미 말씀드렸듯이, 이 참된 치료는 과격할 수밖에 없습니다. 오오, 여러분, 그런 과격한 치료를 얻기를 구하기 바랍니다! 우리에게 필요한 치료는 반드시 문제의 뿌리에까지 나아가 철저한 변화를 일구어내는 것이어야 합니다. 성경에서는 그런 역사를 가리켜 일종의 창조로 묘사합니다: "그리스도 예수 안에서 … 지으심을 받은 자니"(엡 2:10). 그 역사는 일종의 부활이어야 합니다: "허물로 죽은 우리를 그리스도와 함께 살리셨고"(엡 2:5). 사랑하는 형제 여러분, 물어보겠습니다. 여러분이 과연 이런 일을 할 수 있습니까? 사람은 결코 이런 유의 일을 하나도 할 수 없습니다. 그러므로 오늘 설교의 두 번째 본문을 주목하지 않을 수 없습니다: "여호와여 주는 나의 찬송이시오니 나를 고치소서 그리하시면 내가 낫겠나이다 나를 구원하소서 그리하시면 내가 구원을 얻으리이다"(렘 17:14). 형제 여러분, 여러분 한 사람 한 사람이 반드시 알아야 합니다. 여러분이 하나님의 능력에 힘입어서 여러분 자신이 전적으로 변화되어 마치 자신이 완전히 멸절되고 난 다음 다시 새로이 창조된 것처럼 여겨질 만큼 되어야 하는 것입니다. 이러한 하나님의 역사로 말미암아 여러분이 진정으로 변화되어야 하고, 마치 여러분이 죽어 장사되고 난 다음 죽은 자 가운데서 다시 살아난 것처럼 되어야 하는 것입니다. 이것이 없이는 영혼의 치료도, 영혼의 구원도 없습니다. 여러분, 이 때문에 절망감이 드십니까? 그렇다면 기쁜 일입니다. 왜냐하면 이런 유의 절망은 바로 영원한 소망과 이웃 지간이기 때문입니다. 사람이 자기 자신에 대해 절망할 때에 비로소 그의 하나님을 신뢰하기 시작하는 법입니다. 오오, 그리스도께서 우리를 만지시고 "살아나라"라고 말씀하실 때까지 우리 한 사람 한 사람이 그의 발 아래 엎드려 있기를 바라는 마음 간절합니다. 진심입니다만, 저는 그가 주시는 생명 외에는 그 어떤 생명도 바라지 않습니다. 그의 성령으로 말미암아 살고, 그의 안에서 나의 생명, 나의 전부를 찾기를 바랍니다.

이제 여기서 한 걸음 더 나아갑시다. 우리가 원하는 치료는 죄에 대한 책임(guilt of sin)을 치료하는 것이어야 합니다. 형제 여러분, 더 이상 죄책이 없어야 합니다. 과오로부터 자유로워야 합니다. 여러분이 지금까지 저지른 과실 하나하나가 다 완전히 씻겨져야 하고, 지극히 작은 얼룩까지도 제거되어서 마치 전혀 있은 적이 없는 것처럼 되어야 하고, 마치 여러분이 그런 과실을 전혀 저지른 적이 없는 것처럼 되어야 하는 것입니다. 아마도 여러분에게, "어떻게 그럴 수 있습니까?"라는 의문이 있을 것입니다. 여러분의 능력으로는 이런 일이 도저히 불가능하다는 것이 분명합니다. 그러니 이 사실 역시 여러분으로 하여금 오늘 본문의 기도를 드리지 않을 수 없게 만듭니다: "나를 고치소서 그리하시면 내가 낫겠나이다. 나를 구원하소서 그리하시면 내가 구원을 얻으리이다." 어떻게 그럴 수 있습니까? 우리 구주 예수 그리스도의 속죄의 제사를 통해서만 될 수 있습니다. 그가 그 백성의 죄를 자기에게 지우셨고, 그들의 대리자요 대표가 되셨고, 그들의 죄악을 지셨으며, 그리하여 그들을 위하여 저주가 되셨습니다. 그리고 그결과로 그들이 자유를 얻고, 깨끗이 씻겨지고, 의롭다 하심을 얻는 것입니다. "만군의 여호와가 말하노라 칼아 깨어서 내 목자, 내 짝 된 자를 치라"(슥 13:7)는 놀라운 말씀이 있습니다. 그 칼날 아래서 우리 목자께서 그의 목숨을 그 양 떼들을 위한 대속물로 드리신 것입니다. 아버지께 드리신 그 단 한 번의 제사를 통하여 주 예수께서 구속함받은 그의 모든 백성들을 구원하신 것입니다. 예수 그리스도를 바라보십시오. 그러면 순식간에 여러분이 지은 죄들이 사라져버립니다. "그가 채찍에 맞음으로 우리가 나음을 받았도다"(사 53:5). 할렐루야! 그 날 그 때에는 야곱의 죄악을 찾을지라도 찾지 못하리로다 여호와의 말이니라(렘

50:20). 이 얼마나 복된 치료입니까! 의사 되신 하나님 외에 누가 과연 그런 치료를 하실 수 있습니까? 이것이야말로 과연 하나님께서 하실 만한 용서인 것입니다.

그러나 죄로부터 자유함을 얻는 것은 물론, 죄악성(sinfulness)으로부터도 자유를 얻어야 합니다. 사랑하는 형제 여러분과 제 속에 한 가지 역사가 일어나 그로 인하여 악을 행하는 모든 성향 하나하나가 깨끗이 제거되어야 합니다. 삼중으로 거룩하신 여호와의 보좌(참조. 사 6:3, "거룩하다 거룩하다 거룩하다 만군의 여호와여"— 역주) 앞에서는 부패와 패역함은 결코 용납될 수가 없는 것입니다. 하나님과 거처를 함께 공유하게 될 그 영혼은 죄의 큰 뿌리들과 작은 뿌리들이 모조리 그 본성에서 제거되어야 하는 것입니다. 여러분, 이것이 여러분을 절망으로 몰아갑니까? 여러분, 이것으로 인해서, "나를 고치소서 그리하시면 내가 낫겠나이다 나를 구원하소서 그리하시면 내가 구원을 얻으리이다"라고 외치게 되지 않습니까? 반드시 그래야만 됩니다. 그리고 그러는 가운데 여러분의 안전이 이루어질 것입니다. 여러분의 그런 외침에 응답하사 영원하신 성령께서 여러분에게 임하시고, 그리스도 예수 안에서 여러분을 새로이 창조하실 것입니다. 그가 오사 여러분 속에 거하시며, 죄의 통치 권세를 깨뜨리사 여러분의 발 아래 놓으실 것입니다. 이 패배한 원수인 죄가 마치 등뼈가 부러진 뱀처럼 꿈틀거리며 애쓰겠지만, 그것은 이미 치명적인 상처를 입었기 때문에 예전처럼 여러분을 완전히 장악할 수가 없습니다. 이생을 사는 동안 그것이 꿈틀거리며 힘쓸 것입니다만 반드시 결국 죽고야 말 것이요, 여러분은 완전함에 이르게 될 것입니다.

> "예전에 내 최악의 원수였던 죄가,
> 다시는 내 눈과 귀를 괴롭히지 않으리니;
> 내 속의 모든 원수들이 죽임당할 것이요,
> 사탄도 다시는 내 평안을 깨뜨리지 못하리라."
> ─아이작 와츠(1674-1748)

죄를 향한 성향도, 악을 향한 애착도, 다시 넘어질 두려움도, 배도의 위험도 남아 있지 않을 것이요, 살아 있고 썩지 않는 씨가 우리 속에 있을 것이며, 또한 우리가 그리스도의 몸의 지체가 될 것입니다. 우리가 마치 처음 창조될 때의 아담처럼 순결해질 것입니다. 그저 피조물의 순결함 이상의 순결함이 우리에게 있을 것입니다. 곧, 하나님의 생명이 주입됨으로써 생겨나는 그런 순결함이 그것입니다. 우리는 원죄(原罪)로 인하여 더러워진 상태로 이 세상에 왔습니다. 그러나 이 모든 흔적이 하나님의 성령의 역사하심과 보배로운 피에 씻음 받음으로 말미암아 사라질 것입니다. 이 일은 오직 하나님만이 친히 우리 속에서 이루실 수 있는 일입니다. 오오 하나님의 살피심을 견딜 수 있도록 그렇게 구원받아야 하겠습니다. 흠이 있으면 하나도 남김없이 모두 다 하나님의 살피심 앞에 낱낱이 드러나게 됩니다만, 우리는 흠이나 티 같은 것이 하나도 없게 될 것입니다.

현재의 삶의 테스트를 능히 견디도록 그렇게 영혼이 치료를 얻는 것이야말로 지극히 바람직한 일입니다. 제가 아는 한 친구는 병원에서 치료를 받고 퇴원했는데, 일상생활로 돌아오자 크게 실망을 하고 말았습니다. 조금만 몸을 움직여도 예전처럼 몸이 아픈 것입니다. 손목뼈에 질환이 있는 사람이 있었습니다. 병원에 입원하여 의사의 치료를 받고 퇴원했는데, 그 당시는 팔이 완전히 치료된 것 같았는데, 일을 시작하자마자 전의 통증이 다시 찾아왔습니다. 치료 전에 겪었던 이상 증상이 그대로 있고, 뼈의 질환이 사라지지 않고 그대로 있었던 것입니다. 바로 이런 식으로 구원을 얻는 사람들이, 아니 스스로 구원을 얻었다고 생각하는 사람들이 있습니다. 하지만 진정 구원받은 것이 아니고, 그저 구원받은 것처럼 보이는 것뿐입니다. 이런 사람들은 세상 속에 들어가 시험을 당해보면, 과거의 모습과 전혀 다른 것이 없다는 것이 드러납니다. 이들은 실질적인 구원을 받은 것이 아닙니다. 그런데 실질적인 구원이 아니면 그 무엇이든 전혀 받을 가치가 없는 것입니다. 가짜 치료는 차라리 없는 것보다 못합니다. 뼈가 잘못 붙여졌을 경우 그것을 다시 잘라내야 하는 경우가 많습니다. 그런데 제가 보기에 때로는 회심한 분들 중에 참으로 위로를 얻기 위해서 다시 그 마음이 깨어지기를 바라는 이들이 있는 것 같습니다. 이 자리에 계신 분들 가운데 이미 고침을 받았으나 팔이 예수님과 그의 의를 위해 일하지 않으면, 그것을 다시 부러뜨려야 합니다. 그 사람이 그리스도께로 이끌림을 받아 그것이 올바른 상태가 된다면, 혹 저의 설교가 그것을 부러뜨린다 해도 저는 개의치 않을 것입니다. 여러분이 이생의 유혹거리들을 물리치지 못한다면, 그것을 근거로 여러분의 구원을 생각하는 것은 그저 신화에 지나지 않을 것입니다.

우리는 질병의 테스트와 죽음의 압박을 견딜 수 있는 구원을 소유하여, 침

상에 누워 이렇게 말할 수 있게 되기를 원합니다: "예수 그리스도께서 나를 온
전하게 만드셨으니 죽는 것이 두렵지 않다. 잠시 후에는 고침 받은 사람들과 함
께 하나님의 보좌 앞에 서서 영원토록 찬양의 노래를 부르리라." 오오 사랑하는
여러분, 여러분은 과연 그렇게 죽을 수 있습니까? 여러분의 마지막 임종의 빛을
견딜 그런 소망을 지니고 있습니까? 여러분 간절히 바라건대, 지금 즉시 예수께
부르짖으십시오. 그의 효력 있는 방법으로 여러분을 구원해주시기를 간청하시
기 바랍니다.

3. 어디에서 참된 치료를 얻을 수 있는가

이제 마지막으로, 과연 어디를 가야 참된 치료를 얻을 수 있는지를 보겠습니다.
하나님이 우리의 모든 죄에서 우리를 치료하실 수 있다는 것은 너무도 분명한
사실입니다. 그가 우리를 창조하신 분이시니 또한 회복시키실 수도 있는 것입
니다. 우리의 질병이 무엇이든 간에 그의 전능하신 사랑의 능력을 능가하는 것
은 없습니다. 여호와의 이름을 찬양합시다. 그 어떤 은혜의 역사도 그의 뜻을 넘
어설 수는 없습니다. 그가 자비 중에 기뻐하시니 말입니다. 그의 이름은 여호와
라파요, 여러분을 치료하시는 주님이십니다. 그런데 그가 우리에게 귀한 말씀
을 주셨습니다. 곧, "내가 그들의 반역을 고치고 기쁘게 그들을 사랑하리니"(호
14:4)라는 것입니다. 다윗이 어떻게 노래했는지 여러분도 아십니다: "그가 그의
말씀을 보내어 그들을 고치시고 위험한 지경에서 건지시는도다"(시 107:20).

여호와는 죄로 병든 영혼들을 고치는 일을 너무도 좋아하셔서, 오직 하나
밖에 없는 아들을 의사로 삼으사 그로 하여금 세상에 오게 하시고 인류의 치명
적인 상처를 치료하게 하셨습니다. 그리고 성자께서는 의사가 되사 우리 가운
데 오셔서 좋고 훌륭한 자들이 아니라 지극히 죄악된 자들을 그의 환자로 찾으
셨습니다. 그는 이렇게 말씀하십니다: "건강한 자에게는 의사가 쓸 데 없고 병든
자에게라야 쓸 데 있느니라 … 나는 의인을 부르러 온 것이 아니요 죄인을 부르
러 왔노라"(마 9:12-13). 그러므로 사랑하는 의사이신 예수님은 우리 모든 사람
의 병증을 치료하실 수 있고 또한 그럴 생각도 갖고 계십니다. 그의 상처들이 결
코 실패가 없는 치료책인 것입니다. 오오 여러분, 그에게 나아와 여러분의 사정
을 그의 앞에 펼쳐놓기를 바랍니다. 지금 즉시 나아오시기 바랍니다. 예수님은
분명 여러분의 사정을 보시고 처리하실 수 있습니다. 그분을 떠나서는 결코 소

망이 없는 것입니다.

이곳으로 오는 동안 오늘의 본문을 살펴보면서, 저는 이 본문이 죄인 중의 괴수에게 주는 격려에 매료되었습니다. 아무리 죄인 중의 괴수라도 스스로 이렇게 말할 수 있기 때문입니다: "결국 구원하는 일이 하나님의 일인가? 자, 그렇다면 그는 작은 죄인은 물론 큰 죄인까지도 다 구원하실 수 있는 것이 아닌가?" 만일 구원이 행위나 공로에 근거하여 베풀어지는 것이라면 많은 이들에게 구원의 소망이 전혀 없게 될 것이 분명합니다. 하지만 구원이 전적으로 은혜로 말미암는 것이라면 아무도 배제되지 않습니다. 그리고 구원의 능력이 우리에게 있지 않고 하나님께 있는 것이라면, 지극히 도덕적인 사람을 구원할 수 있는 그 동일한 능력이 또한 지극히 타락하고 추한 사람도 구원할 수 있는 것이요, 또한 경건한 간호사를 구원할 수 있는 그 동일한 은혜가 불경한 창녀까지도 구원할 수 있는 것입니다. 그 어떠한 이적에도 하나님의 능력은 동일하게 나타납니다. 말씀하십시오. 여러분, 예수 그리스도는 무지한 자들을 동정하실 능력이 있으시고 또한 정도(正道)에서 벗어난 자들을 구원하실 능력이 있는 분이시라고 말입니다. 정도에서 벗어난 죄인들, 괘씸한 죄인들, 시커먼 죄인들, 진홍같이 붉은 죄인들도 얼마든지, "나를 고치소서 그리하시면 내가 낫겠나이다 나를 구원하소서 그리하시면 내가 구원을 얻으리이다"라고 기도할 수 있습니다. 치료가 은혜로 말미암는 것이 아니라면 절망이 온통 사로잡겠지만, 그렇지 않고 그것이 은혜로 말미암는 것이라면, 분명 소망을 갖도록 격려를 받을 것입니다. 구원이 순전히 자비에 속하는 것이라면, 지극한 죄인이라도 그 영혼이 하늘로부터 완전히 배제될 이유가 없는 것입니다.

사랑하는 형제 여러분, 그리스도 예수께 나아와 그의 안에 있는 결코 헛되지 않는 은혜를 맛보시기를 진심으로 바랍니다. 그 은혜는 과연 모든 믿는 자를 위한 것이요 그들에게 임하는 것입니다. 제가 이렇게 선포하고 있는데도, 개중에는 "나는 너무나 흉악한 죄인이니, 나는 거기에 해당되지 않을 거야"라고 말할 분이 있을 것입니다. 또한 이와는 달리, 자기들은 죄가 별로 없으니 이 말씀이 자기들에게는 해당되지 않는다는 식으로 상상할 분들도 있을 것입니다. 오오 여러분, 이런 사악한 고집을 포기하기를 바랍니다. 그리고 모든 진리가 여러분에게 적용되고 또한 진정 여러분을 위한 것임을 알게 되기를 바랍니다.

로버트 번스(Robert Burns: 1759—1796, 스코틀랜드의 시인―역주)에 대해 들은 이야기입니다만, 한 번은 그가 교회당에서 한 젊은 부인의 옆자리에 앉았는데, 목사가 설교 중에 아주 무서운 성경 본문을 인용하자 그 부인이 그것에 크게 감동을 받는 모습을 보고는, 그 심술궂은 재담꾼이 종이 한 장에다 글귀를 적어서 그 부인에게 건네주었답니다. 그 글귀의 요지가 많은 분들의 귀에 속삭이는 경우가 허다하지 않은가 염려스럽습니다:

> "어여쁜 숙녀여, 한가하게 성경 본문들을 살펴보거나
> 거기서 가책을 받을 필요가 없다네;
> 그가 지목한 것은 죄인들뿐이고,
> 그대 같은 천사들은 아니네."

이 설교는 스스로 죄인임을 아는 사람들을 위한 것임은 물론 스스로 천사라고 여기는 사람들을 위한 것이기도 합니다. 온갖 꿈 같은 허황된 자신감일랑 버리십시오. 교만한 자기 만족감을 버리고 각성하고, 구주 되신 예수께로 나아오십시오. 오직 그분만이 죄와 사망으로부터 구원하실 수 있습니다.

저는 이 본문을 사랑합니다. 미래를 위하여 확실한 안전을 제시해주고 있기 때문입니다: "나를 고치소서 그리하시면 내가 낫겠나이다." 신학자들 중에 하나님의 치료의 영구한 본질을 의심하고 그리스도의 환자들이 결국 죽을 수도 있다고 상상하는 자들이 있습니다. 그런 자들은 대체 어떻게 된 것입니까? 우리더러, "주여 나를 고치소서. 그리하셔도 내가 낫지 않으리이다"라고 기도하라는 것입니까? 만일 우리가 은혜에서 떨어져 멸망할 수도 있다면, 그런 식으로 기도하는 것이 옳을 것입니다. 하지만 우리는 이런 의심쩍은 치료를 믿지 않습니다. 그리고 분명히 이렇게 기도합니다. "나를 고치소서 그리하시면 내가 낫겠나이다"라고 말입니다. 만일 사제(司祭)나 혹은 여러분 자신이 여러분을 구원하는 것이라면, 여러분이 구원에서 떨어져 잃어버린 처지가 될 수도 있습니다. 하지만 하나님이 구원하신다면, 여러분은 절대로 잃어버린 처지가 되지 않습니다. 하나님이 무슨 일을 행하실 때에는 영원하도록 행하시는 법입니다. 하나님은 일을 완전히 마치지 않을 뜻을 갖고서 어떤 피조물에게 그의 손을 대시는 법이 없는 것입니다. 거듭난 사람은 절대로 나지 않은 상태로 되돌아갈 수가 없는 것입니다. 자연이 짜놓은 모든 것들은 우리가 다 풀어헤칠 수 있습니다. 그러나 하나님이 행

하시는 역사는 지옥의 권능을 물리치고 남는 것입니다. 영원토록 확실한 주님의 약속이 서 있습니다. 곧, "내가 그들[내 양들]에게 영생을 주노니 영원히 멸망하지 아니할 것이요 또 그들을 내 손에서 빼앗을 자가 없느니라"(요 10:28)라는 약속이 그것입니다.

사랑하는 형제 여러분, 여러분이 구원받았다면, 여러분이 진정으로 구원받도록 주께 기도하십시오. 그리고 구원받지 못했다면, 주께 나아가, 여러분의 영혼 속에 그의 선하신 역사를 시작하시기를 기도하십시오. 이 회중에 대해 걱정이 있을 때가 많습니다. 저는 이 자리에 근거가 확실치 않은 온갖 소망들을 세우기를 원치 않습니다. 제가 여러분 중에서 말씀을 전할 만큼 건강하지 못합니다만, 반드시 와서 이 메시지를 여러분에게 전해야 한다고 느꼈습니다. 제가 하고픈 만큼 말씀을 전하지 못했습니다. 여전히 아쉬움이 있습니다. 하지만 하나님께 모든 것을 맡겨드립니다. 오늘 아침 말씀을 전하면 한 달 동안 후유증을 겪게 될 것이라는 말을 들었습니다만, 저는 그런 위험을 감수하고 말씀을 전했습니다. 제 영혼의 말씀을 전하기까지는 제가 편히 있을 수가 없었기 때문입니다.

오오, 관심이 없는 분들이 각성하게 되기를 바랍니다. 오오, 회개하는 분들이 위로를 얻게 되기를 바랍니다. 우리 중에 핑계를 대고 자기를 살피지 않는 자가 하나도 없기를 바랍니다. 설교자나 이 교회의 집사님들이나 일꾼들이 자기를 속이는 일이 없기를 바랍니다. 반석 위에 섭시다. 그리고 우리가 반석 위에 서 있다는 것을 압시다. 핵심에 이르기까지 참되며, 겉이나 속이나 똑같이 신실한, 그런 참된 사람들이 됩시다. 그저 인간적인 뜻과 상상과 자기 아첨의 결과물이 아니라 진정 은혜의 역사가 우리 가운데 있게 해주시기를 하나님께 기도합시다. 가벼운 치료를 느껴본 일도 없는 분이 있다면, 정말 기뻐할 일입니다. 예수께서 싸매어주시기까지 그들의 상처가 절대로 싸매어지지 않기를 바랍니다. 의로운 해(日)이신 주님의 날개 아래에서 얻는 건강이 아니라면 아무도 건강으로 여기게 되지 않기를 바랍니다.

우리 모두 함께 서서 눈물이 글썽한 눈으로 우리 주님의 십자가를 바라보게 되기를 바랍니다. 그분이야말로 나의 모든 구원이요, 나의 바라는 모든 것이요, 나의 모든 찬송이십니다. 제가 멸망한다면, 그의 발 아래에서 망하게 될 것입니다. 제가 산다면, 그 삶은 바로 그를 섬기는 삶이 될 것입니다. 아멘.

제
8
장
—

추수가 지나고 여름이 다하였으나 사람들은 구원을 얻지 못하니

—

"추수할 때가 지나고 여름이 다하였으나 우리는 구원을 얻지 못한다" — 렘 8:20

본 장은 매우 슬픈 장입니다. "어찌하면 내 머리는 물이 … 될꼬?"라고 말씀하는 9장 1절을 여기에 포함시키는 것이 옳은데, 그렇게 하면 더욱 그렇습니다. 이 단락은 애곡(哀哭)과 화(禍)로 가득 차 있습니다. 그런데 본 단락에서 주로 애곡하는 자가 괴로움 중에 있을 필요가 있었던 자가 아니라는 점이 다소 특이합니다. 예레미야는 하나님의 특별한 보호 아래 있었고, 그리하여 그는 그 악한 날에 피하였습니다. 느부갓네살이 지극한 분노를 발휘할 때에도 예레미야는 전혀 위험 중에 있지 않았습니다. 그 맹렬한 군주의 마음이 그를 향하여 친절했기 때문입니다.

이제 바벨론 왕 느부갓네살은 예레미야에 관한 조치를 호위대의 장관인 느부사라단에게 맡기며 말하기를, "그를 데려다가 선대하고 해하지 말며 그가 네게 말하는 대로 행하라"고 하였습니다(렘 39:12). 그런데 개인적으로 별로 슬퍼할 이유가 없었던 하나님의 사람이 무거운 슬픔으로 가득 차 있었습니다. 정작 모든 것을 잃게 되고 목숨까지도 잃게 될 백성들은 여전히 절반쯤 잠든 상태에 있었는데 말입니다. 그들은 불평하되 회개하지 않았습니다. 무서워하되 하나님 앞에서 겸비하지 않았습니다. 선지자의 마음과 입에서 나온 것과 같은 정도의 애절한 애곡을 그들 중 누구에게서도 볼 수 없었습니다. 선지자의 머리는 물처럼 되어버렸으나, 그들의 머리는 온갖 한가한 꿈들로 가득했습니다. 선지자의 눈에서는 눈물이 샘처럼 흘렀으나, 그들의 눈에는 온갖 허황된 것들이 가득했습니다. 그들이 자기들을 사랑한 것보다 오히려 선지자가 그들을 더 사랑한 것입니다. 그것이 그렇다는 것이, 병든 환자보다 의사가 더 걱정이 많다는 것이 이상한 일이 아닌가요? 그러나 어쩌면 양 떼가 자기들 자신을 보살피는 것보다 목자가 그 양 떼를 더 보살펴야 마땅하다는 것이 그렇게 이상한 일은 아닐 것입니다. 특히 양 떼가 사람들일 경우라면 분명 불합리한 일이 아닐 것입니다! 선지자는 슬피 울며, "딸 내 백성이 상하였으므로 나도 상하여 슬퍼하며 놀라움에 잡혔도다"(렘 8:21)라고 부르짖습니다. 그들보다 그가 더 크게 상처를 받은 것입니다. 하나님이 보내시는 설교자가, 사람들이 자기들 자신이나 자기들의 구원에 대해 느끼는 것보다 더 그들의 영혼에 대해 염려하고 걱정하는 경우가 많습니다. 구원받지 못한 자들이 그 구원받지 못한 것에 대해 염려하여야 마땅할 텐데도 그들은 그것을 거의 느끼지 못하고 관심도 없는데, 오히려 그것으로 인하여 구원받은 사람의 마음속에 걱정과 괴로움이 있으니, 안타까운 일이 아닙니까? 사람이 목숨을 잃을 위급한 지경에 처하여 있어서 그 주위의 모든 사람들이 그 때문에 전전긍긍하고 있는데 정작 그 본인은 절반쯤 잠들어 있어서 그 상황을 제대로 인식하지 못하고 있다면 이는 정말 안타까운 일일 것입니다.

저기 한 사람이 법정에서 사형 언도를 받을 처지에 있습니다. 검은 우단 모자(사형 언도 때에 판사가 쓰던 모자 ─ 역주)를 쓴 판사도 감정에 북바쳐서 제대로 선고를 하지 못할 지경이고, 법정의 모든 사람들이 그 사람의 일로 크게 안타까워하고 있는데, 정작 그 사람은 마치 법정의 마루바닥처럼 조금도 동요하지 않고 뻔뻔스러운 얼굴로 서 있습니다! 그 사람의 마음이 대체 얼마나 완악해졌기에 그렇게 된 걸까요! 그 사람에게는 동정심도 가져버릴 것입니다. 그런데 우리 회중 가운데서도 그런 안타까운 광경을 끊임없이 보고 있습니다. 죄로 인하여 "이미 정죄를 받은" 사람들이 자기들의 끔찍한 처지에 대해 전혀 무관심합니다. 경건한 그 부모들은 그들 때문에 마음에 큰 괴로움이 있고, 그리스도인들도 그들에게 간절히 권면하고, 하나님의 신실한 사자들이 그들에게 권고하는데도 그들은 꼼짝하지 않습니다. 하늘과 땅이 그들을 위해 움직이는데도 그들은 전혀 상관하지 않습니다. 오오 오늘 아침 이곳에서는 그런 일이 없기를 바랍니다! 여러분 중에서 죄의 완악함으로 인하여 완악하게 되는 일이 없기를 바랍니다. 무한히 자비로우신 하나님께서 반석을 치사 회개의 물길이 그리로부터 터져 나오게 하시기를 바랍니다. 모든 것을 변화시키는 하나님의 손길이 굳은 돌을 부드러운 살로 바꾸시고, 거룩한 성향들로 인하여 모든 완고함과 무정함이 사라지게 하시기를 바랍니다. 정말 고뇌하는 심정으로 이런 간구를 성령님께 드리는 것입니다.

　오늘 본문을 자기 자신에게 적용시킬 수밖에 없는데, 이 때에 사람들의 마음에 당혹감과 공포가 있는 것이 마땅할 것입니다. "우리는 구원을 얻지 못한다!"는 이 말이 마치 우렛소리처럼 들릴 것입니다. "우리는 구원을 얻지 못한다!"는 말이 마치 칼로 찌르듯 영혼을 찌를 것입니다. 자기들 자신에 대해 할 수 있는 말 중에 이보다 더 나쁜 것이 어디 있겠습니까? "우리는 구원을 얻지 못한다"고 하니, 우리는 하나님의 영구한 진노 아래 있는 것입니다. "우리는 구원을 얻지 못하니" 금방 하나님의 심판대 앞에 서게 될 것이고, 거기서 우리는 심판주로부터 정죄를 받을 것입니다. "우리는 구원을 얻지 못하니" 머지않아 하나님의 임재에서와 그의 권능의 영광으로부터 쫓겨날 것입니다. 그 때에 우리는 바깥 어둔 데로 내쫓겨서 거기서 슬피 울며 이를 갈게 될 것입니다. "우리는 구원을 얻지 못하니" 말입니다! 사람들이 이것을 생각하기만 해도, 혹은 생각한 다음 이를 모든 문제 중 가장 중요한 문제로 알아 이를 사용하기만 해도, 그들은 영혼의 쓰라림 속에 이렇게 외칠 것입니다: "어찌하면 내 머리는 물이 되고 내 눈은 눈물 근원이 될꼬? 우리 구주를 그가 우리 죄를 씻겨내고 우리를 구원하시기까지 주야로 울리로다." 추수한 곡식을 가득 실은 마차가 우리에게 전혀 복이 되지 않고, 잘 익은 포도송이들이 전혀 복이 되지 않는 것을 볼 때에 얼마나 안타깝고 슬프겠습니까! 온갖 꽃이 만발한 중에도 평화나 기쁨의 향기가 전혀 나지 않으니 그 해 여름은 정말 안타깝습니다. 그러나 형제 여러분, 추수가 끝나고 여름이 지나갔고 우리는 구원을 얻었으니 이 얼마나 복된 일입니까! 하나님을 찬송해 마땅할 것입니다. 이제 춥고 시린 겨울이 와도 걱정할 것이 하나도 없습니다. 구주의 의로 감싸지고, 그의 옆구리의 홈 속에 숨어 있으니 폭풍이 와도 든든히 견딜 것입니다.

　제가 하고자 하는 말씀에 하나님께서 복 주셔서 아직도 마음을 정하지 못한 많은 사람들에게 유익을 끼쳐 그들로 하여금 결단을 내리게 하고 또한 즉시 그리스도께 자기를 드리게 해주시기를 진심으로 기도합니다. 성령께서 수많은 사람들에게 이런 복된 결과를 이루어내시기를 바라마지 않습니다. 저는 너무 오랫동안 침묵할 수밖에 없었습니다. 그래서 능력으로 말씀을 전하는 일에 굶주려 있습니다. 성령이여 오시옵소서! 오시옵소서!

첫째로, 저는 오늘 본문을 하나의 불평으로 바라보고자 합니다: "우리가 구원을 얻지 못한다." 그리고 둘째로, 거기서 반드시 생각이 일어나야 한다는 점을 말씀드리고자 합니다. 불평을 발하는 자들은 반드시 그 탄식을 통해서 엄숙한 생각으로 이끌림을 받아야 하는 것입니다.

1. 불평

첫째로, 불평의 표현이 우리 앞에 있습니다. 이 유대인들은 말하기를, "계절이 지나가고, 해가 바뀌고, 추수도 지났고, 수확도 끝났는데, 아직 우리는 구원을 받지 못하는구나"라고 합니다. 그들 중 일부는 바벨론에 포로로 잡혀 있었는데, 먼 땅에서 다시 돌아오기를 간절히 기대했으나 그대로 되지 않았습니다. 그들은 나일강의 산물이 수확되고 나면 애굽의 군대들이 느부갓네살을 쳐들어와 그의 권세를 깨뜨려주기를 기대하고 바랐던 것입니다. 유대인 중 다른 사람들은 성곽을 두른 성들로 도피하여 예루살렘의 성벽들 뒤에 숨어 지내고 있었는데, 이들 역시 여름의 뜨거운 햇빛이 지나가고 나면 갈대아 사람들의 행군이 멈추어지고 그 땅이 그들의 침략에서 구원받게 되리라는 꿈을 가졌습니다. 그러나 구원은 오지 않았습니다. 오히려 예루살렘에서 그들은 바벨론 군대의 말 울음소리를 들었습니다: "그 말(馬)의 부르짖음이 단에서부터 들리고 그 준마들이 우는 소리에 온 땅이 진동하며 그들이 이르러 이 땅과 그 소유와 성읍과 그 중의 주민을 삼켰도다"(렘 8:16). 그러므로 그들의 소망이 무너졌다고 불평한 것입니다. 사실상 그들은 하나님이 자기들을 구원하시지 않은 것에 대해 불평했습니다. 마치 자기들을 구원하셔야만 하는 무슨 의무가 그에게 있기라도 한 것처럼, 혹은 자기들이 하나님께 개입을 요구할 만한 입장이기라도 한 것처럼 말입니다. 그리하여 그들은 마치 자기들이 억울하게 이용당한 백성인 것처럼 이야기했습니다. 그들을 보호해야 할 보호자로부터 소홀히 취급당했다는 식이었습니다. 농부들은 수확에서 곡식을 거두어들였고, 포도원 주인은 포도를 거두어들였으나, 자기들은 제대로 보살핌을 받지 못하였고 고통을 당하도록 방치되었으며, 구원받을 소망을 가졌으나 구원받지 못했다는 것입니다. 오늘날에도 동일한 사고를 지닌 사람들이 있습니다. 그들은 자기들이 구원받지 못했다는 것을 알고 있지만, 그것을 자기들의 탓으로 여기지 않습니다. 그것이 누구의 탓인지는 말하고 싶지 않지만, 최소한 자기들의 탓이라고는 생각하지 않는 것입니다. 그들이 구원받지 못하였으니 누군가에게 그 책임이 있는 것인데, 그들은 그 사실을 언급하면서도 자기들의 잘못임을 인정하지 않고 오히려 자기들이 억울하게 당한 불행이라는 식으로 이야기하는 것입니다.

이러한 불평은 지극히 부당한 것이었습니다. 그들이 구원받지 못했고 또한 하나님이 그들을 구원하지 않으신 여러 이유가 있었기 때문입니다.

그 첫째 이유는 그들이 잘못된 곳에다 소망을 두고 의지했기 때문이었습니다. 그들은 애굽 사람들이 자기들을 구원해줄 것이라 기대했던 것입니다. 시드기야 왕의 치세 때에 유대인들은 애굽 왕이 올라와 바벨론의 군대와 싸워줄 것을 기대하여 바벨론 사람들의 통치를 거역하고 모반을 일으켰습니다. 포로로 잡힌 자들은 바로의 위대한 군대가 아직 갈대아의 권세를 부술 수 있을 것으로 기대하였고, 그리하여 애굽을 바라보고 거기서 도움이 오기를 기대했던 것입니다. 이는 예부터 이스라엘이 계속 반복해온 과오요 또한 터무니없는 어리석음이었습니다. 자기들이 과거에 애굽 사람들에게 종노릇했는데 어째서 그 집을 바라보고 거기서 구원을 기대한단 말입니까? 이와 똑같은 어리석음이 오늘날 무수한 사람들에게 있습니다. 그들은 구원받지 못했습니다. 그러나 그들이 지금 바라보고 있는 곳을 계속 바라보는 한 그들은 절대로 구원받을 수가 없습니다. 우리 자신을 의지하는 모든 것이 곧 애굽을 바라보고 거기서 도움을 기대하는 것이요 또한 이미 부러진 갈대에 우리 몸을 기대는 것과 같습니다. 자기를 의지하는 것이, 의식들을 의지하는 것이나, 기도를 의지하는 것이나, 도덕적으로 우리 자신을 개선시키려는 노력을 의지하는 것 등 여러 가지 다른 모습으로 나타날 수도 있으나, 이 모든 것이 결국 똑같이 자기 자신을 의지하는 교만한 어리석음인 것입니다. 하나님께 무언가 공로를 세울 것을 바라고서 법적인 의를 추구하는 모든 것은 헛된 일입니다. 혹은 위로부터 오는 도우심이 없이 무슨 일을 행하는 것은 헛된 일입니다. 율법의 행위로는 의롭다 하심을 얻을 육체가 없다는 것을 하나님께서 친히 확실히 하셨기 때문입니다. 형제 여러분, 여러분이 지금까지 하나님의 일들에 대해 매우 진지하고 성실히 임하였을 수도 있습니다. 그러나 혹시 여러분의 현재 상태나, 여러분이 할 수 있는 일이나, 혹은 다른 사람이 여러분을 위해 해줄 수 있는 일을 바라보고 거기에 조금이라도 기대를 걸었다면, 여러분이 구원받지 못한 것이 전혀 이상한 일이 아닙니다. 거기에는 구원이 없으니 말입니다. 어떤 사람은 신실한 목사의 가르침 아래 있는 것이 정말 귀한 일이라고 생각합니다. 그래서 복음이 철저하게 선포되는 현장에 참석하기만 하면 자동적으로 구원을 받을 것으로 기대하기까지 합니다. 그러나 목사들에게 의지하는 것은 형태만 다를 뿐 결국 사제의 기술을 미신적으로 의지하는 것과 동일한 것입니다. 예수님 이외에 다른 것을 의지하는 것은 모두가 착각이요 거짓인 것입니다. 아무도 여러분을 도와줄 수 없습니다. 노아와 사무엘과 모세가 여러분을 위해 기도했다 해도, 여러분이 예수님의 피를 믿지 않으면 그 기도들이 아무 소용이 없습니다. 예수님의 피 이외에는 다른 어느 곳에도 구원이 없습니다. 온 교회가 한마음으로 연속적으로 기도를 이어가고 또한 그 모든 목사들이 7년 동안 여러분 한 사람만을 위해 설교하기로 결의한다 해도, 여러분이 주 예수 그리스도를 믿지 않으면 그 때 가서도 지금과 똑같이 여러분이 구원받을 희망이 없는 것입니다. 오직 예수 그리스도만이 사람들의 구원이신 것입니다. 아무리 수확이 풍성하고 아무리 여름이 쾌적하게 여러분에게 미소를 지어도, 여러분이 여러분 자신을 추구하는 한 하나님께로부터 햇빛이 임하여 여러분이 번성하게 되는 일이 없을 것입니다. 사람을 신뢰하고 육체를 자기 팔로 삼는 자들에게는 영원한 메마름이 그 몫인 것입니다. 사람들이 그리스도의 의에 자신을 굴복시키려 하지 않고 자기 스스로 의를 이루기 위해 이리저리 애쓰나, 이들은 마치 모든 가진 것을 다 의사들에게 바치나 결국 아무것도 나아지는 것이 없고 오히려 상태가 더 악화되는 병든 여인과 같은 처지가 되고 말 것입니다.

둘째로, 그 사람들은 자기들의 외형적인 특권들을 의지하고 스스로 교만했습니다. 자기들의 총애 받는 위치를 믿고 스스로 우쭐해진 것입니다. 본문 19절에서 그들은 이렇게 말합니다: "여호와께서 시온에 계시지 아니한가? 그의 왕이 그 가운데 계시지 아니한가?" 그들이 택함받은 민족에 속하였고, 또한 여호와께서 그들에게 거룩한 말씀을 맡기셨고 그 조상들에게 친히 자신을 나타내셨기 때문에, 그들은 자기들이 죄를 범해도 용납될 것이요 위험의 날에 당연히 구원받을 것이라고 생각했던 것입니다. 여러분 중에 겉모양의 의에 의지하거나, 혹은 군이 그리스도를 믿는 개인적인 믿음이 아니더라도 여러분의 경건한 관계와 거룩한 인간관계를 통해서 구원을 얻을 것이라는 식의 생각을 가진 사람들이 얼마나 많은지 저는 알지 못합니다. 그러나 그것이 여러분이 의지하는 것이라면, 확신하건대 여러분은 결국 그것에 속게 될 것입니다. 세례 받았다는 것이나 젊은 날 입교한 것은 다 헛것입니다. 오직 한 가지 필요한 것은 예수를 믿는 믿음입니다. 그리스도인 부모에게서 났다는 사실도 헛것입니다. 여러분이 다시 출생해야 합니다. 성소의 엄숙한 예배 중에 하나님의 백성과 함께 앉고 일어서는 것도 헛것입니다. 오직 여러분의 마음이 변화를 받아야 합니다. 여러분은 예수님의 피에 씻음받지 않으면, 주일을 지키는 것도, 성경을 읽는 것도, 밤과 아침에 형식적으로 기도하는 것도, 모두 허사일 뿐입니다. 살아계신 예수님을 믿는 살아 있는 믿음이 없이는 모든 것들이 다 헛것인 것입니다. 여러분이 한 번도 끊어진 적이 없는 성도의 가문의 후손이라 해도, 여러분의 친척 가운데 회심하지 않은 자가 하나도 없다 해도, 여러분의 출신 가문이나 혈통이 여러분에게 아무 소용이 없을 것입니다. 하나님의 자녀는 혈통으로나, 사람의 뜻으로나, 혈육의 뜻으로 나는 것이 아니라 오직 하나님께로부터 나는 것입니다. 마치 거인들이 산 위에 산을 쌓아올리고 펠리온산(Pelion) 위에 오싸산(Ossa)을 쌓아올렸듯이(그리스 신화에서 오투스[Otus]와 에피알테스[Ephialtes]가 올림포스[Olympus]를 공략하기 위해 펠리온산과 오싸산을 쌓아올린 것에 빗대는 것임 — 역주), 모든 외형적인 특권들을 여러분 위에 쌓아올리고, 여러분이 들은 설교들을 쌓아올리고, 복음 예배들을 더미로 쌓아올린다 해도, 그런 방법으로는 절대로 구원에 이를 수 없는 것입니다. 우리가 조금이라도 겉모양의 규례들이나 혹은 신앙 고백이나 기타 여러 특권들을 의지한다면, 추수가 끝나고 여름이 지났는데도 여러분이 구원을 받지 못하는 것이 전혀 이상한 일이 아닙니다. 여러분이 그쪽 방향을 바라보는 한, 마지막 심판의 날까지 여러분은 절대로 구원을 얻지 못할 것입니다. 죄인들처럼 여러분의 구주님을 바라보십시오. 그러면 구원을 받습니다. 이것 외에 다른 방도는 없는 것입니다.

셋째로, 이 백성들이 구원을 받지 못한 또 하나의 지극히 강력한 이유가 있었습니다. 그들이 종교심을 갖고 있었고 또한 하나님이 자기들 가운데 계시다는 민족적인 자긍심이 있었지만, 그들은 계속해서 하나님의 진노를 촉발시켜왔던 것입니다. 하나님은 19절에서 이렇게 말씀합니다: "그들이 어찌하여 그 조각한 신상과 이방의 헛된 것들로 나를 격노하게 하였는고?" 그들은 죄 가운데 살았고 하나님의 면전에서 그에게 불순종했습니다. 새로운 우상들을 세우고 이방 땅으로부터 거짓 신들을 수입해놓고도 그들은, "우리가 구원을 받지 못한다"라고 말하는 것이었습니다. 여호와께서 그들에게 구원을 보내심으로 자기들의 그 추한 우상 숭배를 인가해주실 것을 그들은 바라고 있습니다. 사람이 악인들과 어울리며 술에 취하기를 거듭하면서도, 복음을 들으러 나아와서는 자기가 구원받지 못했다며 투덜거리는 것을 본 일이 있습니까? 미치지 않고서야 어떻게 그럴 수 있겠습니까? 여러분에게 단도직입적으로 말씀드리겠습니다. 여러분, 여러분이 천국에 들어가는 것이 그 거룩한 거리를 흐느적거리며 돌아다니기 위함이라고 생각하십니까? 순결한 천국이 여러분의 그 더러운 짓들로 더럽혀지겠습니까? 만일 그렇게 상상한다면 이는 정말이지 지독한 착각입니다. 또 다른 사람이 정욕에 빠져서 부정한 삶을 살고 있으면서, 나아와 하나님의 말씀을 들으며 그 말씀을 사모하며 듣습니다. 그런데 그 역시 자기가 구원받지 못했다고 불평합니다. 오오 부정한 사람이여, 그대가 더럽고 추악한 것으로 스스로 더럽히고 있으면서 어떻게 구원을 꿈꿀 수가 있습니까? 그대와 그대의 음녀가 그리스도의 지체라도 됩니까? 오오, 그대는 순결하고도 거룩하신 나의 주님을 알지 못합니다.

　그분은 죄인들은 영접하시지만, 악행을 즐거워하는 자들은 거부하십니다. 죄의 책임에서 씻겨지기를 바라면, 죄에 대한 탐닉을 끊어 내버려야 했습니다. 허물 가운데 계속 행하면서도 구원을 얻는다는 것은 있을 수 없는 일입니다. 이것은 방자한 생각입니다. 그리스도께서 오신 것은 우리를 우리 죄에서 구원하시기 위함이지, 안전하게 악을 행하도록 만드시기 위함이 아닌 것입니다. 죄의 얼룩을 깨끗이 씻으시는 그 피가, 그렇게 얼룩지게 만든 그것에 대한 미움도 가져다주는 것입니다. 죄와 반드시 단절해야 합니다. 그렇지 않으면 구원을 얻을 수가 없습니다. 지금 저는 분명하게 말씀드렸습니다. 이 자리에 순전한 마음으로 있는 분들 중에는, 단도직입적으로 분명하게 말해야 사람의 양심에 와 닿을 수 있다는 것을 잘 모르는 분들이 있습니다. 그런데 해마다 은밀한 죄에 탐닉하면서도 정기적으로 하나님의 집에 나아오는 사람들을 생각하면, 정말이지 수치스럽습니다. 그런 분들이 분명 이미 회심했다고 생각할 수도 있고, 그들이 이 자리에 앉아 있는 것을 보면 그들이 금방 회심할 것이라고 생각할 수도 있습니다. 하지만 그들의 집에까지 따라가 보면 정말이지 그들에 대해 절망감을 느끼게 될 것입니다.

오오 죄를 사랑하는 자들이여, 여러분 자신을 속이지 마십시오. 여러분이 심는 그대로 거두게 될 것입니다. 여러분이 자신의 죄악된 열정에 노예가 되어 있는데, 어떻게 은혜가 여러분 속에서 다스릴 수가 있겠습니까? 여러분이 은밀한 죄에게 닻을 내리고 든든히 서 있는데, 어떻게 거듭나서 은혜의 물줄기를 따라 저 안전한 포구에까지 인도함받을 수 있단 말입니까? 여러분이 죄를 떠나든지, 아니면 천국에 대한 모든 소망을 버리든지 둘 중의 하나밖에는 없습니다. 죄를 계속 붙들면, 머지않아 지옥이 여러분을 붙잡을 것입니다. 예수님은 죄의 일꾼이 되도록 보내심받은 것이 아닙니다. 예수께서 세상에 오사 피 흘리시고 죽으신 것은 결단코 범죄자들이 아무런 염려 없이 마음껏 악을 행할 수 있도록 그들을 편하게 해주는 길을 만드시기 위함이 아닌 것입니다. 주님은 죄인들의 친구이자 동시에 죄의 원수이신 것입니다.

그저 한두 푼 동전을 바치고 그 값으로 사제(司祭)의 사죄(赦罪) 선언을 사는 종교가 있습니다만, 우리는 그것을 철저히 배격합니다. 그런 신앙은 악행을 조장하고도 남습니다. 그것이 얼마든지 애굽의 나일강처럼 될 수 있습니다. 모세의 시대에 그 강에서 수천 수만 마리의 부정한 개구리가 득실거리게 되지 않았습니까? 그리스도의 신앙에서는, 과거의 죄에 대한 용서는 오직 예수를 믿는 믿음을 통해서만 얻어지는 것이요, 또한 그 믿음은 과거에 저지른 과실에 대한 회개와 또한 미래를 위한 삶의 변화를 함께 가져다주는 것입니다. 여전히 불법과 악행을 껴안고 있으면서, 대체 어떻게 "우리가 구원을 받지 못한다"고 말할 수 있단 말입니까? 죄 가운데 거하면서 구원 얻기를 바라느니, 차라리 가시나무에게서 포도송이를 거두고, 엉겅퀴에게서 무화과를 거두기를 바라는 편이 나을 것입니다. 하나님께서 죄를 사랑하는 모든 것으로부터 우리를 구원하시기를 바랍니다. 바로 이런 구원이 모름지기 참된 구원이기 때문입니다.

넷째로, 뿐만 아니라, 그들이 구원을 받지 못한 또 한 가지 이유가 있었으니, 그것은 바로 눈앞에 보이는 어려움에서 구출받는 것이 그들의 주요 관심사였기 때문입니다. 많은 사람들이 구원에 대해 큰 실수를 범합니다. 용어의 의미를 잘못 이해하는 것입니다. 그들에게 구원이란 지옥 구덩이에 들어가는 데에서 구출되는 것을 의미합니다. 이 유대인들에게는 구원이 바로 느부갓네살에게서 구출되는 것을 의미했던 것처럼 말입니다. 그런데, 구원의 올바른 의미는 바로 악으로부터 정결하게 되는 것입니다. 이 백성들은 한 번도 그렇게 생각해본 일이 없습니다. 그들은, "우리가 씻음받지 못했도다, 우리가 거룩하게 되지 못했도다"라고 말해본 일이 없고, 오로지 "우리가 구원받지 못한다"고만 했습니다. 만일 그들의 탄식이, "추수 때가 지나고, 여름이 다하였으나, 우리는 아직 죄를 정복하지 못하였도다"라는 것이었다면, 이는 무언가 선하고 참된 것이 그들에게 있다는 하나의 증표였을 것입니다. 하지만 그들에게서는 그런 흔적을 전혀 볼 수 없었습니다. 사람이 구원받기를 바라도, 만일 그 구원이 자기가 범한 과실들에 대한 형벌을 피하는 것을 뜻한다면, 그 사람에게는 별로 진정성이 없는 것입니다. 살인자치고 교수대(絞首臺)를 피하고픈 소원을 갖지 않은 사람이 과연 하나라도 있었습니까? 사람이 짐승 같은 폭력의 행위로 인하여 묶여 끌려가고 매질로 인하여 등가죽이 다 벗겨질 때에, 그것 때문에 자기가 악행을 후회한다고 합시다. 다시 말해서 자기의 범죄로 인해서 자기가 고통받아야 하니 그것 때문에 후회가 생기는 것입니다. 그러나 그것이 전부입니다. 정말 안타까운 일이 아닐 수 없습니다. 무고한 희생자가 당한 괴로움에 대해서는 일말의 가책도 없습니다. 그 희생자를 평생 불구로 만든 것에 대해서도 전혀 미안함이 없습니다. 그런 후회가 무슨 가치가 있습니까?

여러분, 제 말의 요지는 바로 여러분이 과연 새로운 마음 갖기를 원하느냐 하는 것입니다. 그것을 원하면 그것을 얻게 될 것입니다. 여러분이 사랑하던 죄들을 버리기를 바라십니까? 그리스도께서 사신 것처럼 그렇게 살기를 바라십니까? 하나님의 계명들을 지키기를 원하십니까? 순결한 삶을 구하며 한숨을 내쉽니까? 지금부터는 저 위대하신 구주님의 모범을 따라 하나님이 바라시는 대로 의롭고, 사랑하며, 친절하고, 순결하게 살기를 바라십니까? 그렇다면, 여러분에게 있는 그 바람은 하나님께 진정 합당한 바람입니다. 하지만 여러분이 원하는 것이, 그저 두려움 없이 죽고 저 세상에서 깨어날 때에 저 밑바닥 없는 구덩이로 밀려 내려가지 않게 되는 것뿐이라면, 그것이 전부라면 거기에는 은혜에 속한 것이 하나도 없는 것이요, 따라서 여러분에게서, "추수 때가 지나고 여름이 다하였으나 나는 구원받지 못한다"는 말이 나오는 것이 전혀 이상한 일이 아닙니다. 구원받는다는 것이 무엇인지를 전혀 모르고 있는 것입니다. 거룩함을 사랑하도록 하나님이 여러분을 가르쳐주시기를 바랍니다. 그리하여 또 한 차례의 추수 때가 오기 전에, 아니 또 하루가 오기 전에, 여러분이 구원받게 되기를 바랍니다.

정말이지, 거룩함을 사랑하는 그 사랑이야말로 구원의 여명(黎明)인 것입니다. 여러분 속에 있는 하나님 나라를 구하듯이 구원을 구하십시오. 그것을 먼저 구하십시오. 그것을 지금 구하십시오. 그러면 여러분이 거절을 당하지 않을 것입니다.

다섯째로, 이 사람들이 구원받지 못했고 또한 구원받을 수 없었던 또 다른 이유가 있었습니다. 9절을 읽어보면 거기서 그들의 과오와 어리석음을 보게 됩니다: "보라 그들이 여호와의 말을 버렸으니 그들에게 무슨 지혜가 있으랴?" 사람들이 구원의 말씀을 무시하면서도 자기들이 구원받지 못하는 것을 불평하는 경우를 봅니다. 예배의 자리에 참석하고는 자기들이 구원받지 못하는 것을 의아하게 여깁니다. 그러나 말씀을 들어도 마음으로 주의를 기울이지 않으니 어떻게 구원을 받을 수 있겠습니까? 여러분, 홀로 개인적으로 성경을 읽습니까? 성경에 진정 무엇이 있는지를 하나님이 가르쳐주시고 그리하여 여러분을 그리스도를 믿는 참된 신자로 만들어주시기를 진심으로 기도하면서 성경을 읽습니까? 시험에 합격하고자 하여 책을 갖고 공부할 때처럼 그렇게 진지하게 성경을 읽어 왔습니까? 여러분이 어떤 진로를 택하는지 저는 잘 모릅니다. 하지만 예를 들어 약사가 되고자 한다고 합시다. 그렇다면 여러분은 약학을 배우는 과정을 따를 것이요 또한 약사 자격시험을 통과하기 위해서 특정한 교과서들을 친숙하게 접할 것입니다. 그 일에 전심을 기울입니다. 약사라는 직업에 필요한 모든 문제들을 친숙하게 알지 않고서는 시험을 통과할 수 없다는 것을 잘 알기 때문입니다. 그렇다면, 과연 여러분의 영혼과 여러분의 하나님에 대해서도 과연 그와 똑같은 근면한 열심을 기울이고 있습니까? 학생이 시험에 합격하기 위해서 교과서를 면밀히 공부하는 것과 똑같은 관심과 열정으로 여러분의 성경을 공부해본 일이 있습니까? 하나님이 그 뜻을 가르쳐주시도록 또한 그 말씀의 뜻이 여러분의 양심을 찌르게 해주시도록 그에게 간구하면서, 그 말씀을 여러분 자신과 연관지으면서 그렇게 성경을 읽어본 일이 있습니까? "나는 그렇게 해본 일이 없다"고 답변하십니까? 그런데 어째서 여러분이 구원받지 못한 것을 의아하게 여깁니까?

앞의 것보다 더 가벼운 테스트를 해보겠습니다. 복음을 들을 때마다 언제나, "이것이 나와 무슨 상관이 있을까?"하고 질문하게 됩니까? 아니면 복음을 들을 때에 그것을 여러분 자신과는 특별히 관계가 없는 그저 일반적인 진리로 여깁니까? 듣는 사람들의 반응이 서로 얼마나 다른지 모릅니다! 지금 이 자리에

와 계신 분들 중에 그저 스펄전의 설교를 듣고 그 사람이 어떤지를 평가하고자 오신 분들이 많습니다. 이것이 과연 하나님의 날에 합당한 일이며, 예배드리기 위해 모인 모임에 합당한 일입니까? 그런 관심사를 갖고도 그저 와주기만 하면 우리가 좋게 여길 것이라 상상하지 마십시오. 우리는 그런 청중을 탐하지 않습니다. 그들이 저를 어떻게 보든 무슨 상관입니까? 그리스도를 찾기를 바라는 가련한 영혼이 제 눈에는 다이아몬드입니다. 그러나 대중 연설이 듣고 싶어서 제게 나아오는 사람은 한가로이 던져버려도 괜찮은 저 흔한 조약돌에 지나지 않습니다. 다만 그 사람이 말씀을 듣는 동안 혹 하나님께서 그에게 복을 주실지도 모르기 때문에 그런 분을 환영하는 것입니다. 그리스도인들 중에도 많은 이들이 아주 멋들어진 문장과 함축성 있는 말들을 기억하고자 하여, 혹은 설교자의 진실성을 가늠하여 그가 과연 쓰임을 받을 만한가를 판단하고자 하여, 설교를 듣는 이들이 많습니다. 다른 사람들을 위해 듣는 것은 아주 흔히 볼 수 있는 오락 중의 하나입니다. 그러나 여러분, 배가 부를 때에 빵집을 지나가다가 선반의 빵들을 하나씩 세어보는 것과, 배가 고파 기진해 있을 때에 허기를 채우기 위해 빵집 문을 박차고 들어가 즉시 빵 한 조각을 베어 무는 것은 서로 굉장한 차이가 있습니다. 여행객이 물가를 바라보며 그 멋진 광경에 흐뭇해하는 것과, 목말라 죽어가는 사람이 갈증을 채우기 위해 그 물을 마시는 것은 서로 전혀 다른 것입니다.

오오, 사람들이 복음을, 각 사람이 받아먹지 않으면 멸망하는 것으로, 생명에 필수적인 양식으로 대하게 되기를 바랍니다! 사람이 하나님의 말씀이 자기를 살피사 자기를 시험하게 해달라고 기도할 때에, 그 사람의 말씀을 듣는 자세가 바로 그런 모습이 되는 것입니다. 듣는 사람이 가슴을 치며, "주여 간구하오니 제 영혼의 이 암 덩어리를 없애주시옵소서. 간청하오니, 저로 살게 해주시옵소서!"라고 외치면, 이것이야말로 모든 일이 잘 되는 것입니다. 그런 식으로 간절히 말씀을 듣게 되면 그런 말이 나오게 되는 것입니다. 위대하신 여호와께서 이렇게 말씀하십니다: "너희는 귀를 기울이고 내게로 나아와 들으라 그리하면 너희의 영혼이 살리라"(사 55:3). 그리고 다시, "내게 듣고 들을지어다"(사 55:2)라고 말씀하십니다. 이렇게 말씀하심으로써 하나님은 바로 부지런히 성실하게 들으면 거기에 복이 있을 것임을 보증해주시는 것입니다. 그런데 안타깝게도, 수많은 청중들의 경우는 말씀이 한 귀로 들어왔다가 다른 귀로 나가버립니다.

하나님의 음성의 소음이 세상의 온갖 시끄러운 소음에 완전히 묻혀버립니다. 엿새 동안의 일들이 일곱째 날의 영향력과 충돌해버립니다. 그러니 1월이 오고 12월이 가도 마음이 세상을 향해 있는 사람들이 구원을 받지 못하는 것이 전혀 이상한 일이 아닙니다. 말씀을 듣는 동안 꾸벅꾸벅 졸고 있는 한, 결코 구원을 받지 못할 것입니다.

여섯째로, 일부 사람들이 구원받지 못하는 또 한 가지 이유가 있는데, 그것은 바로 그들이 가볍게 처리하는 방식을 크게 선호하기 때문입니다. 그들은 속삭이며 아첨하는 음성을 ─ 평강이 없는데도 "평강하다 평강하다"(렘 6:14) 하는 말을 ─ 듣기를 좋아하고, 그리하여 자기들의 상처를 피상적으로 가볍게 고쳐주는 자들을 지도자들로 택합니다. 그들은 무언가 매우 편안한 것을 바랍니다. 그리고 어리석게도 건강에 좋은 소금보다는 독이 든 사탕을 더 좋아하는 것입니다. 누군가 말하기를, "그곳을 떠날 때 어찌나 비참한 느낌이 들었든지 다시는 그곳에 들어가지 않으리라 다짐했다"고 합니다. 그러나 그것은 어리석은 다짐이었습니다. 지혜로운 사람이라면, 말씀이 지극히 큰 능력을 발휘하여 죽이기도 하고 다시 살리기도 하는 곳에 반드시 갈 것입니다. 아첨하는 말을 해주어 여러분을 기쁘게 해주기를 바라서 의사를 부릅니까? 의사가 와서, "친애하는 자여, 이것은 지극히 작은 문제라오. 즐겁게 식사만 잘하는 것 외에 아무것도 할 필요가 없소. 금방 좋아질 것이오"라고 말해주어야 직성이 풀립니까? 여러분 속에 치명적인 질병이 시작되고 있다는 것을 알면서도 그렇게 부드럽게 이야기해준다면, 그 의사는 사기꾼이 아니겠습니까? 분명한 진실을 말해주는 이웃의 다른 의사는 물리치고 그런 사람에게 의료비를 지불한다면, 이는 그야말로 어리석은 짓이 아니겠습니까? 속임당하기를 바라십니까? 바보 취급 받기를 그렇게 바라십니까? 천국을 꿈꾸기를 원하다가, 지옥에서 꿈을 깨려 하십니까? 내가 과연 그런 바보 천치였습니까? 하나님이 이처럼 모든 것을 망하게 만드는 어리석음에서 사람을 구원해주기를 바랍니다.

제 경우에는, 저의 가장 최악의 경우를 알고 싶습니다. 여러분 중에 저와 똑같은 말을 하지 못하는 분이 있다면, 그 사람은 정말 지극히 나쁜 처지에 있는 것입니다. 장사꾼이 회계 장부를 차마 펼치지 못하겠다면, 그 사람의 처지가 어떤지를 얼마든지 짐작할 수 있습니다. 회계를 담당한 직원에게 그가 이렇게 말한다고 합시다: "아니, 현재 재정 상태가 어떤지 도무지 알고 싶지 않네. 염려하는 것을 견디지 못하겠네. 돈은 들어오기도 하고 나가기도 하는 것이고, 내게 신용이 있으니 또다시 돈을 빌릴 수 있겠지. 결국 일이 잘 될 것이니, 공연히 일을 어렵게 만들지 않을수록 좋을 것이네." 아마 며칠이 못되어 이 사람이 파산을 선고받으러 법정에 갔다는 말을 듣게 될 것입니다. 그런데 도무지 자기 자신의 진정한 상태를 대면할 자신이 없다고 하고, 질문을 당하고 시험을 당하는 괴로움을 견디지 못하겠다는 사람은 영적으로 이 사람과 똑같은 처지에 있는 사람입니다. 여러분 자신의 모습을 있는 그대로 볼 자신이 없다구요? 그래서 거울을 덮어버렸습니까? 도무지 여러분 자신의 모습을 볼 자신이 없어서 하나님의 말씀을 여러분 자신에게서 감추어버렸습니까? 아아 그렇다면, 여러분이 정말 악한 곤경 중에 있는 것이 틀림없습니다. 사람들이 그들에게 전해지는 철저한 진리를 감당하지 못하고, 그저 가벼운 노랫소리 같은 것을 좋아하며, 부드러운 음악소리를 들으면서 고요한 물길 위를 떠다니며 멸망으로 향하여 흘러가는 동안에는, 아무리 추수 때와 여름이 오고 가더라도 그들이 구원받을 소망이 거의 없는 것입니다.

이 사람들은 이렇게 자기들이 구원받지 못한 것을 이상스럽게 여기면서도, 한 번도 자기들의 죄를 회개한 일이 없었습니다. 여호와께서 친히 그들을 쳐서 증언하십니다: "내가 귀를 기울여 들은즉 그들이 정직을 말하지 아니하며 그들의 악을 뉘우쳐서, '내가 행한 것이 무엇인고?' 말하는 자가 없고 전쟁터로 향하여 달리는 말 같이 각각 그 길로 행하도다"(렘 8:6). "그들이 가증한 일을 행할 때에 부끄러워하였느냐? 아니라. 조금도 부끄러워하지 않을 뿐 아니라 얼굴도 붉어지지 아니하였느니라"(렘 8:12). 회개는 그들에게 일종의 농담이었습니다. 또한 수치를 느낄 만큼의 은혜도 없었는데도, 그들은, "추수할 때가 지나고 여름이 다하였으나 우리는 구원을 얻지 못한다"고 하며 불평하였습니다. 이 얼마나 터무니없는 어리석음입니까! 죄를 고백하지 않고 죄를 버리지 않을 자들에게 주께서 절반짜리 약속을 주신 일이 어디 있습니까? 과연 회개하지 않는 죄인들이 어떻게 용서함받을 소망을 가질 수 있단 말입니까?

이 부당한 불평에 대해서는 이 정도로 말씀을 마치겠습니다.

2. 생각할 것

이제는 하나님의 성령께서 우리를 도우사, 회심하지 않은 사람들을 이끌어

몇 분 동안이나마 이 문제를 곰곰이 생각하도록 해주시기를 바랍니다.

첫째로 생각할 것은, "우리가 구원을 얻지 못한다"는 것입니다. 저는 말하기를 원치 않습니다. 여러분이 생각하게 되기를 원합니다. "우리가 구원을 얻지 못한다"라는 말씀을 말입니다. 이것을 개인적으로, 일인칭 단수로, 바꾸어 보십시다. 다음과 같은 말이 과연 여러분 각자에게 참인지를 여러분 자신에게 말씀해보시기 바랍니다: "나는 구원을 얻지 못했다! 나는 구원을 얻지 못했다! 내가 여전히 죄를 사랑하니, 죄로부터도 구원을 받지 못했다. 율법을 지키지 못하여 정죄받았으니, 죄의 책임으로부터도 구원받지 못했다. 나는 진노로부터 구원받지 못했고, 심판으로부터 구원받지 못했고, 영원한 저주로부터도 구원받지 못했다. 나는 구원받지 못했다! 내 사랑하는 자식은 천국에서 영원토록 복을 누리건만 나는 구원받지 못했다. 내 사랑하는 아내는 복된 그리스도인이지만 나는 구원받지 못했다. 많은 사람들이 회심한 가문의 일원이지만 나는 구원받지 못했다. 이미 늙어 백발이 되었건만, 아직도 나는 구원받지 못했다. 내 사랑하는 어머니에게서 사랑받는 가족의 일원이고 나는 아직도 그의 자식이요, 그가 나를 위해 기도하고 있건만, 나는 구원받지 못했다. 나는 교회의 회원이건만 아직 구원받지 못했다."

여러분 중에 마음으로 이런 말을 하지 않을 수 없는 분이 있습니까? 그렇다면, 정직해지십시오. 아무리 끔찍해도 진실을 가리려 하지 마십시오. 진실을 있는 그대로 대면하는 것이 훨씬 낫습니다. 혹시 어떤 사람이, "나는 복음을 전하는 설교자이지만, 구원받지 못했다"라고 고백한다면 어떻겠습니까? 오오, 이 얼마나 끔찍한 일이겠습니까! 누구든, "나는 주일학교 선생이고, 오늘 오후 어린아이들이 내 주위에 몰려들 것인데, 나는 구원받지 못하였다. 사람들이 나를 존경하고, 나는 모든 일이 잘 되고 있다고 이야기들을 하지만, 내게 정말 필요한 한 가지가 내게 없다. 나는 구원받지 못했다"라고 말할 수밖에 없는 처지라면 이는 정말 참담한 일일 것입니다. 교사 여러분, 이 말이 여러분의 마음을 때립니까? 바라건대 이 말이 여러분에게 그 합당한 영향력을 발휘하게 하십시오. 자, 이제 아래층에 있는 여러분, 위층에 있는 여러분, 다음 두 가지 중 한 가지를 하시기 바랍니다. "하나님의 은혜로 내가 예수를 믿게 되었고, 나는 구원을 받았다"라고 말하든지, 아니면 한숨을 쉬며 조용히 속으로, "나는 구원받지 못했다"라고 말하든지 하십시오. 그러면 모든 의문들이 사라지고 과연 여러분이 그리스도 안에 있는지 그렇지 않은지를 단번에 알게 되어 큰 유익을 얻게 될 것입니다.

더 나아가, 나는 구원받지 못한 것은 물론, 오랜 세월 동안 구원받지 못했습니다. 계속 지체하여 스스로 멸망시키고 있는 분들의 입에 할 말을 붙여드리겠습니다. "세월이 날아가니, 얼마나 속히 지나가는가! 얼마 전만 해도 청년이었는데, 이제는 중년을 지나가고 있고, 조금씩 머리가 벗겨지고 흰 머리카락이 여기저기 눈에 띄는구나. 아아, 결혼한 것이 엊그제 같은데, 벌써 내게도 손자 손녀들이 생겨나는구나. 그렇다. 추수할 때가 지나고 수확할 곡식이 거두어졌으나 나는 구원을 얻지 못했구나. 이십 년 전 이 같은 설교자에게서 말씀을 들었을 때에도 나는 구원을 얻지 못했었다. 그의 말씀이 얼마나 내 양심을 찔렀는지 지금도 기억나는구나. 그런데 그 많은 세월이 흘러갔는데도 나는 구원받지 못하였다. 세상은 기회를 잡고 그것들을 이용해왔다. 씨를 뿌리고 곡식을 거두었다. 포도즙 짜는 사람은 칼을 사용하여 포도나무를 솎아주었고, 때가 되어 포도송이를 거두어들였건만, 내게는 추수도 없고, 거두어들이는 것도 없었구나. 돈도 모았고, 사업도 잘 되고, 적어도 내 앞가림을 잘 해왔고 내 가족을 잘 뒷받침했지만, 영적인 추수는 없었구나. 아니 영적인 추수를 위해 심은 적도 없었구나. 영적인 가지치기도 없었으니, 영적인 수확도 없구나. 위대한 농부이신 하나님께 나아가, 내 주위를 잘 파주셔서 나로 그의 이름에 합당한 열매를 맺게 해주시기를 구한 적도 없었구나. 내게 얼마나 많은 기회가 있었던가! 부흥의 사건들도 여러 차례 있었건만 그 거룩한 능력이 내게 임하지는 아니하였구나. 하나님의 성령께서 부어지는 놀라운 일이 여러 차례 기억나지만, 아직도 나는 구원받지 못하였구나."

이보다 더 나쁜 일은, 습관이 사람을 완악하게 만든다는 것입니다. "지난 이십 년 혹은 삼십 년 동안 내가 구원받지 못했다면, 지금 감동을 받아 구원받을 가능성이 더 적을 것이다. 느낌이 예전 같지 않다. 지금 공기를 흐리고 있는 그 악한 불신앙이 때때로 내게 엄습하는데, 그러면 나는 온통 의심에 빠진다. 전에 나를 전율하게 만들고 나의 육체를 꼼짝 못 하게 만들던 생각들이 지금 다시 내게 떠오르지만, 그런데도 나는 마치 강철같이 단단하구나. 아니, 심지어 말씀 아래서는 녹도 슬지 않으니, 도무지 구제불능이다. 추수가 나를 메마르게 만들었고, 여름이 나를 바싹 마르게 했고, 나이가 나의 영혼을 주름지게 만들었구나. 내게 있던 촉촉한 물기가 여름철의 가뭄으로 변하고 있으니 나는 오래되어 완전히 말라버린 풀이나 아니면 불에 태우기에 적당한 마른 가라지가 되어가고 있구나." 사람이 자기의 생각을 돌아본다는 것은 끔찍한 일입니다만, 지극히 필요한 것이기도 합니다. 왜냐하면 매년마다 성품이 고정되며 악한 생각들이 본성 속에 더 깊이 새겨진다는 것이 의심의 여지 없는 사실이기 때문입니다. 우리가 우리 자신을 고치지 않으면, 추수 때가 오고 여름이 와도 우리의 상태는 더욱 악화될 수밖에 없습니다. 무한한 자비의 하나님이 여러분을 현재의 처지에서 각성시키사 즉시 그리스도를 구하고 찾게 하사 영생을 얻게 하지 않으시면, 여러분 중에 현재 상태가 고착되어 그것이 그 마음의 영구한 상태가 되어버리고 만다는 것은 지금 여러분이 살아 있다는 사실만큼이나 분명한 사실입니다. 오오 여러분, 양초가 식어 도장이 영원히 찍혀버리기 전에 지금 즉시 회개하는 은혜가 있기를 바랍니다.

마지막 여름이 금방 올 것이고, 마지막 추수의 때가 금방 들이닥칠 것입니다. 사랑하는 여러분, 그러면 기다리던 집으로 가야만 할 것입니다. 저는 이 대목을 주로 제 자신에게 적용할 것입니다. 이제 마지막으로 제가 위층으로 올라가야 할 것이고, 마지막으로 침대에 눕게 되고 다시는 일어나지 못하게 될 것입니다. 제가 구원받지 못했다면 제 방은 제게 감옥이 될 것이고, 제가 침대에 누워 죽게 되리라는 것을 알면 — 며칠 혹은 몇 시간 후면 존재를 위한 이 싸움이 끝나고 제가 하나님 앞에 서고야 말리라는 것을 알면 — 그 침대가 나무판자처럼 딱딱해질 것입니다. 오오 나의 하나님, 준비되지 않은 임종의 침상에 눕지 않도록 나를 구원하소서! 죽어 지옥에 던져지는 데에서 이 사람들을 구원하소서! 여러분, 그 때가 오면 아무런 의심이 없어질 것입니다. 여러분이 하나님 앞에 서게 되어 있다는 것을 분명하게 보게 될 것입니다. 나의 이 벌거벗은 영혼이 그 육체의 옷을 벗어버리고서 심판주 앞에 나타나야 하는 것입니다! 그 때에 내가 어떻게 하겠습니까? 무슨 말을 하겠습니까? 나를 지으신 하나님의 타오르는 눈빛 앞에서, 완전히 벌거벗긴 수치스러운 모습이 드러납니다. 오오! 그 때에 과연 내가 어떻게 하겠습니까? 나의 죄책으로 인하여 침묵하며 그의 앞에 말문이 막힌 채 서 있을 때에, 과연 내가 무엇을 하겠습니까? 천국 문이 닫혔으니 그리로 들어갈 수가 없습니다. 내게 암호도 없습니다. 그리로 향하는 길을 이미 거부했습니다. 그 곳의 임금이신 예수 그리스도를 거절했습니다. 오오! 내가 과연 어디로 가겠습니까! 더 이상 상세히 말씀드리지 않겠습니다. 여러분, 여러분 속에 있는 모든 이성적인 것들을 걸고 엄숙히 명합니다. 생명을 위해 피하십시오. 그리고 죽지 않는 여러분의 영혼을 위하여 영원한 구원을 힘써 찾기를 바랍니다. 여러분은 사람들이 말하듯 개나 고양이나 말이나 가축이 아닙니다. 여러분은 더 고귀한 존재요, 불멸의 상태가 여러분을 기다리고 있습니다. 그런데 여러분은 오늘 그 불멸의 상태를 지극히 무서운 저주로 만들 수도 있고, 또한 말로 형언할 수 없는 무한한 특권으로 만들 수도 있습니다. 여기에 정말 중차대한 갈림길이 있습니다. 하나님께서 그의 무한하신 자비로 우리를 도우사, 우리가 영원한 거룩함과 영원한 기쁨을 택하게 해주시기를, 그것도 지금 바로 택하게 해주시기를 바랍니다.

자 여러분, 이제 몇 가지 도움이 될 수 있는 실질적인 진리들을 잠시 생각해 보도록 합시다. 여러분의 처지가 올바로 되기 위해서는 옛 길로 계속 가서는 안 된다는 것이 너무도 분명합니다. 추수 때가 지나갔고 여름이 다하였으나, 여러분은 여러분의 방식대로 계속 나아가다가 아직 구원을 얻지 못했습니다. 방법에 변화가 있어야 합니다. 구원을 다른 각도에서 생각해야 하고, 또 다른 심령으로 구해야 합니다. 자 여러분, 구원을 찾으려면 그 구원에 대해 더 진지해져야 합니다. 더욱 강렬한 소망을 가져야 합니다. 이 구원을 더 귀하게 여기는 자세가 있어야 하고, 만일 하늘이나 땅이나 지옥이나 그 구원을 내어놓지 않는다 할지라도 여러분 자신이 그것을 쟁취하리라는 엄숙한 결단이 있어야 합니다. "천국은 침노를 당하나니 침노하는 자는 빼앗느니라"(마 11:12)라고 말씀하기 때문입니다. 사람이 스스로 잠자다가 영생에 들어가는 법은 없었습니다. 구원은 모두 은혜에 속한 것입니다만, 게으름뱅이에게는 은혜가 없습니다. 주께서는 우리 속에 역사하셔서 잠들게 하고 게으름에 빠지도록 하시는 것이 아니라, 뜻을 갖고 행하게 하시는 것입니다. 사람들이 졸면서 천성(天城)에 이르게 되는 것이 아닙니다. 오히려 심령이 각성하여 영광으로 향하는 나그네 길을 가는 것만큼 가치 있는 것이 없다는 것을 진지하게 느끼면서 그곳을 향하여 나아가 마침내 거기에 이르게 되는 것입니다.

한 가지 분명한 사실은, 추수 때가 지났고 여름이 다하였는데도 우리가 구원을 받지 못했으니 우리가 구원을 잘못된 곳에서 찾아왔던 것이 틀림없다는 것입니다. 십중팔구 우리는 구원을 얻고자 이 땅 위에서 무언가를 찾아왔을 것입니다. 만일 그렇다면, 구원이 거기에 없기 때문에 우리가 발견하지 못한 것입니다. 선

지자는 묻습니다: "길르앗에는 유향이 있지 아니한가? 그 곳에는 의사가 있지 아니한가?"(렘 8:22). 그는 그 지역에는 그 백성들의 끔찍한 상처를 치료해 줄 수 있는 것이 하나도 없다는 것을 잘 알고 있었습니다. 길르앗에 유향이 있었지만, 그것은 그저 나무의 진액일 뿐이었습니다. 거기에 의사가 있었지만 그들은 대부분 백성들을 등치는 돌팔이들이었습니다. 거기에 진짜 유향과 진짜 의사가 있었더라면 그 백성의 딸의 건강이 회복되었을 것입니다. 아닙니다. 여러분, 길르앗에는 여러분을 위한 유향이 없습니다. 길르앗의 유향은 그저 특정한 육체의 상처와 쓰라린 곳에만 효험이 있었고, 이런 찔린 상처와 아픈 곳에는 아무런 효과도 없었습니다. 길르앗의 의사들은 그저 몇 가지 통증 정도만 고칠 수 있었을 뿐 이런 고통을 치료하기에는 역부족이었습니다. 길르앗의 모든 의사들을 차례대로 다 만났어도 여러분의 문제는 고치지 못했습니다. 여러분에게 길르앗보다 더 나은 병원을 소개해드리겠습니다. 그곳은 곧 골고다입니다. 여러분이 유향을 찾도록 거기서 예수께서 피를 흘리셨습니다. 거기 예수님이 사시니 거기서 의사를 만날 수 있습니다.

　사랑하는 형제 여러분, 여러분이 진지하게 경청해오셨다면, 제가 설교하는 동안 또 한 가지가 분명하게 드러났을 것입니다. 그것은 바로 내가 구원을 받으려면, **죄를 던져버려야 한다**는 사실입니다. 여러분을 대신해서 여러분의 말로 말씀드려보겠습니다: "지금까지 나는 무언가 이상한 변화를 경험하거나 무언가 신비한 충격을 받거나 아니면 환상이나 기이한 광경을 보아야만 내가 회심한 사람이 되었다고 말할 수 있는 것으로 생각해왔다. 그런데 오늘 아침 가장 중요한 요점은 죄를 던져버리는 것이라는 것을 알았다. 내 마음에서 죄를 몰아내야 한다는 것이다. 죄로 말미암는 행동과 죄에 대한 생각만 벗어버리는 것이 아니라 죄에 대한 나의 애착과 사람까지 모두 다 던져버려야 한다는 것이다. 내게 그런 일이 일어나지 않으면 나는 구원받은 사람일 수가 없다." 지금까지 여러분이 제 말씀을 잘 따라왔다면, 아마 그 다음 생각이 다가올 것입니다. 곧, 이런 생각 말입니다: "그렇다면 이 물은 내게 너무나 깊다. 나 자신의 힘으로는 철저히 실패할 수밖에 없다. 새 마음이 내게 있어야 한다면, 내가 나 자신에게 새로운 마음을 만들어줄 수는 없지 않은가! 죄에 대한 애착과 사랑 그 자체가 사라져야 한다면, 나로서는 도저히 그 일을 이룰 수가 없다. 극장 바깥에서 발걸음을 멈출 수는 있지만, 그리로 들어가고픈 마음까지 미리 없앨 수는 없지 않은가! 부정직한 생활을 버릴 수는 있지만, 그런 것을 탐내는 마음까지는 어찌할 수가 없는 것이 아닌가! 감히 범죄하지는 못하도록 막을 수 있겠지만, 형벌을 피하기 위해서는 범죄하고픈 마음의 느낌까지도 없어야 하지 않겠는가!"

여러분, 아무런 도움이 없이 사람의 본성만으로는 이 문제를 해결할 수가 없습니다. 죄에 대한 애착과 사랑이 사라지지 않으면 아무것도 행한 것이 아니라는 것이 참된 사실이니 말입니다. 하나님이 나를 도와주셔야 합니다. 그렇지 않으면 결코 그 일이 이루어질 수가 없습니다. 이것이 진리의 중심입니다. 여러분의 위대하신 창조주께서 오셔서 여러분을 다시 지어주셔야 합니다. 그의 사랑하는 아들께서 오셔서 악의 권세에 포로 잡힌 여러분의 상태를 종식시키셔야 합니다. 그런데 과연 그가 오셨습니다. 그가 죽으셨습니다. 하나님의 아들의 피 이외에는 그 어떠한 것도 여러분이 과거에 지은 죄의 얼룩을 제거할 수가 없습니다. 그 속죄의 피 이외에는, 여러분의 본성 전체에 역사하사 그리스도 예수 안에서 여러분을 새로 창조하시는 성령님의 역사 이외에는, 아무것도 죄에 대한 애착과 사랑을 여러분에게서 제거할 수가 없는 것입니다.

누군가가 이렇게 말합니다: "오오, 이제 모든 것이 보인다. 지금까지 돌로 쌓은 벽을 뚫고 가려고 했으니 더 이상 갈 수가 없었던 것이다. 그러니 여름이 다하였고 추수 때가 지나갔는데도 내가 이 모양이 아닌가! 이제 끔찍하게도 내 앞에 불가능의 벽이 가로막고 있으니, 어쩌면 좋은가?" 여러분, 할 수 있습니다. 하나님이 여러분을 도우사, 그리스도께서 그 모든 일을 하시는 것을 믿고 신뢰하게 되기 바랍니다. 여러분 자신을 그의 발 아래 던져놓으십시오.

"구주여, 구주여, 저 높은 천국에서 내려다보옵소서. 여기 한 죄인이 피투성이가 되어 있사옵니다. 죄인들이 자기들의 피로 얼룩져 있을 때에 주께서 그들에게 하신 말씀을 읽었사옵니다. 그 때에 주님은 그들에게 '살라!'(참조. 겔 16:6)고 하셨사옵니다. 내게도 그리 말씀하옵소서. 나는 정죄받은 자요 거의 죽게 된 자이오니, 나를 구원해주시고, 나를 용서하시고, 주의 의를 내게 전가시켜주시며, 나로 사랑하는 주께 영접받는 자로 만들어주옵소서. 주를 신뢰하나이다!"

여러분, 과연 예수님을 신뢰하십니까? 여러분이 그분을 믿는다는 것이 과연 참입니까? 그렇다면 여러분은 구원을 받은 것입니다! 그의 공로가 여러분의 것이요, 그의 피가 여러분을 깨끗이 씻었습니다. 여러분이 그를 믿는 순간 그 일이 이루어지는 것입니다. 여러분은 다시는 죄를 사랑하지 않을 것입니다. 시험을 받을 것이고, 또한 은밀한 정욕들이 여러분 속에서 기웃거리는 것 때문에 탄식하는 일도 자주 있을 것입니다. 하지만 이제 여러분이 예수를 믿었으니, 새 생명이 여러분에게 있는 것입니다. 그리고 그 새 생명은 죄를 미워할 것이요, 죄와 싸울 것이요, 죄를 정복할 것입니다. 그리고 하나님이 여러분을 도우실 것이요, 또한 성령께서 여러분 속에 거하실 것이며, 점점 저 죄가 여러분의 발 아래 조아리게 될 것입니다. 그렇습니다. 머지않아 여러분이 사탄을 쳐서 여러분의 발 아래 두게 될 것이고, 승리를 얻게 될 것입니다. 그리고 언젠가는 지금 여러분을 붙잡아두고 있는 이 조개껍질이 터져나갈 것이고, 여러분이 그리스도의 형상 가운데 "티나 주름 잡힌 것이나 이런 것들이 없이"(엡 5:27) 환히 빛나게 될 것입니다.

그렇습니다. 죄악된 여러분이 완전히 거룩하게 될 것입니다. 지금 온갖 악과 범죄와 죄로 가득한 여러분이 그렇게 될 것입니다. 오늘 아침 여러분은 하나님의 진노를 촉발시키는 반역자이지만, 그리스도 예수를 믿고 신뢰하면, 오늘 당장 새로이 씻음받아 하나님을 기쁘시게 하는 자가 될 것입니다. 오늘은 지옥만큼이나 검고 추하지만, 무한한 자비로 말미암아 하나님 앞에 있는 스랍처럼 밝아질 것이니, 이 모든 것이 여러분이 구주를 신뢰하기 때문에 임하는 것입니다. 오오 하나님, 구원 얻는 주의 은혜를 우리에게 베풀어주시기를 예수님의 이름으로 비옵나이다. 아멘.

제
9
장
—

하나님의 백성이 녹고 연단받으리라

—

"그러므로 만군의 여호와께서 이와 같이 말씀하시되, 보라 내
가 내 딸 백성을 어떻게 처치할꼬 그들을 녹이고 연단하리라"
— 렘 9:7

하나님은 여기서 친히 그 백성을 어떻게 처리할지에 대해 크게 마음을 쓰
시는 것으로 묘사하고 계십니다. 물론 그는 여기서 사람의 상황에 빗대어 말씀
하고 계시는 것입니다. 무한히 지혜로우신 하나님이시며 처음 시작부터 모든 일
을 다 아시는 여호와이시니, 그가 하실 일을 잘 알고 계셨습니다. 그러나 하나님
의 생각이 어떻게 역사하는지에 대해 조금이라도 깨닫도록 하시기 위해서 친히
자신을 낮추셔서 오늘 본문의 말씀대로, "내가 내 딸 백성을 어떻게 처치할꼬"라
고 말씀하는 것입니다. 세상에는 자기들을 사랑하고 자기들이 잘되기를 진정 바
라는 사람들을 크게 괴롭히는 사람들이 많습니다. 이 사람들은 함께 살고 또한
그들의 유익을 위해 수고하는 사람들에게 큰 골칫거리입니다. 그런데 하나님께
서 친히 "내가 내 딸 백성을 어떻게 처치할꼬"라고 말씀하셔서 그 일을 골칫거리
로 여기시는 것처럼 보이는 것입니다.

그러나 그 다음, 여호와께서 그가 사랑하시는 자들 가운데 하나도 잃어버리
지 않도록 철저한 수단을 사용하셔서 그 백성을 구원하실 결심을 하시는 것을
보게 됩니다. 그는 여기서 이렇게 말씀합니다. "내가 그들을 녹이고 연단하리라.
그들을 풀무 불에 던져 넣고, 끓는 주전자 속에 집어넣으리라. 내가 뜨거운 불을

지펴서 철 같은 그들의 마음을 녹이리라. 그들이 감정도 없는 지옥처럼 단단한 철일지라도, 내가 불을 뜨겁게 하여 그들을 녹이리라. 녹아서 벌겋게 달아오른 금속을 부어서 그것을 시험하듯이, 내가 그들을 녹이고 연단하리라.”

죄인들이여, 하나님은 여러분을 구원하시기 위해서 여러분에게 거칠고 거친 일들을 행하실 것입니다. 여러분을 그에게 데려가시기 위해서는 그 어떠한 슬픔이나 상실, 혹은 마음의 절망감도 남겨두지 않고 다 사용하실 것입니다. 그는 마치 그런 거친 방법들을 피하기를 매우 고심하시는 것처럼 이렇게 질문하십니다: “내가 내 딸 백성을 어떻게 처치할꼬?” 그러나 그는 이 질문에 대해 곧바로 그의 전능하신 사랑에서 우러나오는 극한 가혹함으로 대답하십니다: “내가 그들을 녹이고 연단하리라. 달리 그들을 처치할 일이 없으니, 그들을 구원할 수 있는 유일한 방법대로 행하리라.”

이제 서두에서 다시 한 번 주목하십시다. 그의 백성에 대한 하나님의 염려와 또한 그들에게 이상한 방법들을 사용하시겠다는 그의 결심이 바로 그들과의 친밀한 관계에서 비롯되는 것입니다. 하나님은, “내가 내 딸 백성을 어떻게 처치할꼬”라고 말씀하십니다. “내 딸 백성”이라고 말입니다. 그들이 비록 악한 길을 좇아서 하나님께로부터 멀어졌으나, 그들은 그의 소유였습니다. 그들이 악에 악을 더하고, 그들의 삶이 그의 극한 진노를 촉발시켰으나, 그는 여전히 그들과 의절하지 않으셨습니다. 하나님은 그들을 위하여 아브라함과 이삭과 야곱과 더불어 맺으신 그 언약을 기억하셨습니다. 그리고 그 언약으로 인하여 그들을 영원토록 자기 백성으로 여기셨고, 또한 어떻게 해서든 그들을 구원하시기로 정하신 것입니다. 하나님은 창세 전에 사람을 택하시고 그 사람을 그리스도의 영혼의 고난에 대한 상급의 일부로 그에게 넘겨주셨습니다. 그리스도는 그 거룩한 목적을 이루시기 위하여 이례적인 수단을 취하실 것이며, 또한 그 어떠한 대가가 치러지더라도 그 목적을 반드시 성취하실 것입니다.

이 원리들을 세 가지로 적용하고자 합니다: 첫째, 회심의 문제에 적용하고; 둘째, 그리스도인의 삶의 문제에 적용하고; 셋째, 공동체로서의 하나님의 교회에 적용하겠습니다.

1. 회심의 문제

첫째로, 이 원리들을 회심의 문제에 적용할 수 있습니다. 구원받는 방도는 매우 단순합니다. 그저 지극히 일상적인 방식입니다. 곧, 은혜의 부르심을 따르면 되는 아주 단순한 길입니다. 이것이 필경 여러분의 길이어야 합니다. 정말 그러기를 바랍니다. 복음이 전파되고, 여러분은 그것을 믿습니다. 그리스도께서 여러분 앞에 제시되고, 여러분은 그를 받아들이고, 그를 신뢰합니다. 그러면 여러분이 구원을 받는 것입니다. 그 어떤 강제적인 조치가 없이 여러분의 마음이 열립니다. 마치 은혜의 열쇠로 자물쇠를 열듯이 말입니다. 하나님이 열쇠 구멍에 열쇠를 대시고, 별다른 말씀이 없이 여러분의 마음속으로 들어가십니다. 루디아의 경우, "주께서 그 마음을 열어" 주셨다고 합니다(행 16:14). 주에 대한 두려움과 공포에 대해 아무것도 알지 못했어도, 이상한 감정의 격동이나, 지진이나 광풍이나 우렛소리 같은 것이 없었어도, 여전히 세미한 음성 중에도 하나님이 계신 것입니다. 여러분이 그렇다 해도, 더 깊은 체험을 한 사람들에 못지않게 여러분도 하나님의 은혜로 구원을 받은 것입니다.

이것이 구원의 길입니다. 그러나 이런 식으로는 주께 나아오지 않을 사람들도 있는 것입니다. 좁은 문이 있습니다. 그 문은 두드리기만 하면 열립니다. 그런데도 그들은 낙심의 늪을 통해 빙 둘러가기를 더 좋아하거나, 아니면 세속 현자 씨의 보살핌을 받아 그가 안내하는 대로 도덕 마을에 사는 합법 씨의 집을 통과하여 가기를 더 좋아합니다. 게다가 그들은 한 시간이라도 지고 갈 필요가 없는 짐을 등에 잔뜩 지고 그리로 나아갑니다. 예수님을 바라보고 그를 믿으면 곧바로 그 짐이 등에서 사라질 것인데 말입니다. 하지만 그들은 그렇게 하려 하지를 않습니다. 그들 중에는 하나님께서, "내가 내 딸 백성을 어떻게 처치할꼬"라고 말하셔야 하는 이들이 있습니다. 왜 그럴까요?

자, 어떤 이들은 생각이 꼬여 있어서 무엇이든 곧이곧대로 믿지를 못합니다. 반드시 빙 둘러가야만 직성이 풀립니다. 제가 아는 한 친구 중에 언제나 대화가 그런 식인 사람이 있습니다. 가령 그 사람은 킹 윌리엄 가에 있고, 저는 보로우 가에 있다고 합시다. 그러면 그냥 런던 브리지를 건너서 곧바로 제게 오면 될 것을 그는 군이 멀리 해머스미스까지 가서 거기서 강을 건너서 다시 제게로 옵니다. 그의 대화는 언제나 그런 식입니다. 때로는 그런 식의 대화 스타일이 다소 피곤하게 느껴지기도 합니다. 그냥 곧바로 본론에 들어가면 얼마나 좋겠습니까! 그런 식의 사고를 가진 사람들이 있습니다. 그런 이들에게, "믿으라, 그리고 살아라"라고 이야기합니다. 그러면 그들은 머리를 약간 긁적거리면서 이렇게 이

야기를 시작합니다: "믿는다는 것은 무엇이고, 또 산다는 것은 무엇이오? 그리고 사람이 어떻게 믿음으로 살 수 있단 말이오? 믿는 것이 먼저요, 아니면 사는 것이 먼저요? 그리고 믿는 것 이전에 사는 것이 먼저 있다면, 어떻게 믿는 것이 살게 해준단 말이오?" 저라도 원하면 그런 식으로 얼마든지 밤새도록 말꼬리를 물고 늘어질 수 있습니다. 그 어떤 바보라도 사람들 앞에 변기통을 놓아두어 거기에 발을 헛디디게 만들 수 있는 것입니다. 생각이 빙 둘러가는 식으로 아주 고정되어버린 사람들이 있는 것 같습니다. 이런 사람들은 하나님이 제시하시는 진리를 그대로 취하지 못합니다. 어린아이가 아버지를 믿듯이 그렇게 그를 믿지 못합니다. 어떻게든 그것을 뒤틀어놓고, 비틀고, 왜곡시켜야 속이 시원합니다. 주께서 그들에게 새로운 사고를 주시면 얼마나 좋겠습니까! "너희가 돌이켜 어린 아이들과 같이 되지 아니하면 결단코 천국에 들어가지 못하리라"(마 18:3). 자, 지혜로운 여러분, 생각이 깊고 예리한 여러분, 하나님이 하시는 말씀이 그 말씀에 나타난 그대로라는 것을 — 죄인이 그저 그리스도를 바라보면 살게 된다는 것을 — 액면 그대로 믿지 않고 무언가 특별한 안경을 쓰고 바라보거나 혹은 무언가 특별한 잣대를 들이대고 바라보아야 한다고 상상하고, 아니면 바라보는 것 외에 달리 무슨 특별한 일을 더 해야 한다고 여기는 사려 깊은 여러분, 여러분은 구원의 일을 쓸데없이 어렵게 만들고 있는 것입니다! 바로 이런 사람들에게 하나님은, "내가 내 딸 백성을 어떻게 처치할꼬"라고 말씀하시는 것입니다.

또 다른 어떤 이들은 죄 가운데 완악해져 있습니다. 죄 가운데서 행복하지는 않습니다. 그런데도 그것을 포기할 생각은 없습니다. 이들은 그들의 양심과 매우 진지한 대화를 했고, 그리하여 자기들이 그릇된 상태에 있다는 것을 압니다. 하지만 계속해서 그렇게 그릇된 상태를 고집하는 것입니다. 언젠가는 올바로 고칠 생각이지만 아직은 아닙니다. 어떻게든 현재의 어려움을 극복했으면 하고 바라지만, 그런 현실을 맞닥뜨릴 수가 없습니다. 그들의 악한 습관들을 포기할 수가 없는 것입니다. 그래서 여전히 그것들에 집착합니다. 그리하여 자주 설득을 당하고 위협을 당하여 마음이 동하지만 여전히 여느 때와 똑같은 상태에 서 있고, 계속해서 완악하게 죄 가운데 있는 상태를 지속시킵니다. 하나님은 이런 그들을 향하여, "내가 내 딸 백성을 어떻게 처치할꼬"라고 거듭 외치시는 것입니다.

또 어떤 이들은 아예 죄를 고백하기를 바라지 않습니다. 자기들이 잘못되었다는 생각을 합니다만, 그러면서도 계속 핑계를 대려 합니다. 잘못 된 것은 맞지만, 그래도 그렇게 심하게 잘못되었다고는 생각지 않는 것입니다. 이들은 정말 가엾고 유약한 존재들이고, 따라서 크게 유혹을 받습니다. 그들로서는 죄를 짓는 것이 그렇게 크게 잘못된 일일 수는 없는 것입니다. 이런 사람은 너무도 쉽게 곁길로 넘어집니다. 출신 성분의 탓으로 돌리고 환경의 탓으로 돌리며, 혹은 하나님의 탓으로 돌리기까지 합니다. 감히 겉으로 발설하지는 못하지만 속으로 그렇게 생각하는 것입니다. 입으로 죄인이라고 고백하지만, 마음으로는 거기에 미치지 못하는 것입니다. 그러니 이런 사람들은 "아버지여, 내가 죄를 지었나이다"라고 외치기 전에 먼저 마음이 녹아져야 할 것입니다. 먼저 용광로 속에 들어가 녹아지지 않고서는 결코 자기들의 불의를 고백하게 되지 않을 것입니다.

그 다음에는, 구원받지 않았으나 겉으로 보기에 매우 신앙적인 모습이 있는 사람들이 있습니다. 교회당의 예배에 빠져본 일도 없습니다. 아주 세심한 양육을 받아왔고, 정기적으로 기도를 드려왔고, 가정 기도도 해왔습니다. 성경도 갖고 있습니다. 많이 읽지는 않지만 그래도 성경을 갖고는 있습니다. 이들은 아주 좋은 사람들입니다. 누구든지 그들을 그리스도인으로 여깁니다. 하지만 이들의 이런 모든 신앙적인 모습은 한 푼의 가치도 없습니다. 왜냐하면 거기에 마음이 전혀 개입되어 있지 않기 때문입니다. 죄에 대한 회개도, 하나님을 향한 사랑도, 그리스도를 믿는 믿음도 없습니다. 그들이 입고 있는 자기의(self-righteousness)라는 예복이 그들을 붙잡고 있고, 그리하여 그리스도께 나아와 그의 안에서 안식을 얻지 못하도록 가로막고 있는 것입니다. 죄악된 자아(自我)도 악하므로 버려야 할 것이지만 의로운 자아는 그보다 더욱 나쁜 것입니다. 자기의는 도무지 솔로 털어낼 수 없는 그런 일종의 진흙창과도 같습니다. 진흙으로 얼룩진 사람은 그것이 마를 새가 없습니다. 날마다 새로운 얼룩을 묻히는 것입니다. 스스로 의로운 자는, 자기는 죄인들이 가는 그런 길로 천국으로 가기에는 너무나 선하다고 생각합니다. 그래서 아예 그 길로 가지를 않는 것입니다.

어떤 이들은 신앙의 모습이 전혀 없는데도 놀랍도록 스스로 의롭다고 여기기도 합니다. 이들은 그리스도인이 아닙니다. 하지만 그들 생각에 자기들은 그리스도인들에 못지않게 선하다고 봅니다. 사실 자기들이 그리스도인들보다 훨씬 더 낫다고 여깁니다. 하지만 이것이 거짓이라는 것을 양심으로 깨달아야 하는 처지입니다. 하지만 이들은 허풍을 부리며 스스로 아첨하고, 거짓이라는 안식처에 숨어버립니다. 하나님은 이런 자들을 향하여, "내가 내 딸 백성을 어떻게 처치할 꼬"라고 말씀하십니다. 우리는 이런 주의 말씀에 대해 본문의 말씀으로밖에는 대답할 수 없습니다: 여호와께서는 본문에서 "[내가] 그들을 녹이고 연단하리라"고 말씀하십니다. 이들은 불 속으로 들어가 녹아져야만 합니다. 그래야만 주께서 쓰시기에 합당하게 되는 것입니다.

어떤 이들은 너무도 경박스럽고 변덕스러워서 그리스도께로 나아오지 않는 이들도 있습니다. 이들은 온통 쓸데없는 한담(閑談)과 농담으로 가득합니다. 이들은 마치 나비처럼 살며, 이 꽃 저 꽃으로 옮겨 다니며 단물을 빨아들입니다. 이런 사람들은 이리저리 쉽게 감동을 받지만 거기에 마음이 가 있지를 않습니다. "에브라임은 어리석은 비둘기 같이 마음이 없어서"(호 7:11. 한글개역개정판은 "지혜가 없어서"로 번역함—역주). 이들에게는 안정된 것이 없고 온통 변덕스러운 것밖에는 없습니다. 이들은 마치 금방 사라져버리는 아침 안개와도 같고, 떠오르는 태양 빛에 곧바로 말라버리는 새벽이슬과도 같아서, 선한 것이 있어도 금방 사라지고 맙니다. 그러니 이들을 어떻게 구원받게 하겠습니까? 여러분 중에 이미 오십 번도 더 각성을 한 분도 있습니다. 예배의 자리에 참석해있었다면, 이미 열 번도 더 회심했노라고 말할 것입니다. 하지만 우리는 절대로 그런 식의 착각에 빠지도록 여러분에게 아첨하지는 않을 것입니다. 저는 사람들에게서 여러 번 회심했다는 말을 많이 들어왔습니다. 하지만 사람이 어떻게 한 번 이상 거듭날 수가 있단 말입니까? 한 번 거듭난다는 것은 얼마든지 가능한 일입니다. 그러나 계속해서 거듭난다는 것은 불가능한 일입니다. 그럴 수가 없습니다. 하지만 이런 사람들은 자기 기분에 따라서 좋기도 하고 나쁘기도 하고 무관심하기도 합니다. 항상 변하고 변덕스럽기 때문입니다. 이 사람들의 위치가 어디인지 도무지 알 수가 없습니다.

진실하지 못한 다른 부류의 사람들이 있습니다. 그들에 대해서는 도무지 선명한 것이 하나도 없습니다. 무언가 느낀다고 생각하지만 실제로 그것을 느끼는 것이 아니고, 믿는다고 말을 해도 마음으로 그것을 정말 믿는 것이 아닙니다. 병에 걸릴 때면, 주께서 일으켜 주시면 정말 훌륭한 성도가 되겠다고 약속합니다만, 다시 회복된 그들을 보면 성도가 아닙니다. 이런저런 난국을 피하기만 하면, 혹은 이런저런 질병에서 목숨을 건지기만 하면, 여호와를 따르겠노라고 약속하고 맹세하고는 아무것도 이행하지 않은 이들이 얼마나 많습니까! 오늘 밤 하나님은 이런 사람들에 대해서 또다시 이렇게 말씀하십니다: "내가 내 딸 백성을 어떻게 처치할꼬."

자, 이제 이 여러 부류의 사람들을 여러분 앞에 제시했고, 하나님의 말씀의 거울을 들고 그 속에 있는 여러분 자신의 모습을 보도록 했으니, 이제는 하나님이 그런 사람들을 흔히 어떻게 처치하시는지를 살펴보기로 하겠습니다. 본문에서는 그들이 풀무불의 혹독한 뜨거움을 느끼게 되어야 한다고 합니다.

상당 기간 동안 저는 몇몇 스스로 의롭게 여기는 사람들과 겉모양의 신앙을 지닌 사람들이 불 속에 들어가 녹는 것을 보아왔습니다. 그들이 무언가 크고 노골적인 죄 속에 빠지도록 하나님이 허락하신 것입니다. 제가 아는 어떤 청년은 겉모양으로는 매우 훌륭하고 귀한 사람으로 보였으나 속으로는 스스로 의롭다는 생각으로 똘똘 뭉쳐진 사람이었고 그에 대해 도무지 어찌 할 수가 없었습니다. 그런데 그가 일터에서 갑작스러운 유혹의 압박을 받아서 거짓을 진술하고 말았습니다. 그가 거짓말을 했다는 것은 자기 자신 외에는 아무도 아는 사람이 없었습니다. 발각된 적도 전혀 없었습니다. 하지만 자신이 분명하고도 고의적으로 거짓말을 했다는 것을 그 자신은 알고 있었습니다. 그리고 스스로 너무도 수치스러워서, 그 때까지 쌓아올린 자기의(自己義)의 멋진 건물이 한순간에 다 사라져버리는 것을 느꼈습니다. 그러자 그 전처럼 스스로 거만을 떠는 자세가 사라지고 그리스도께 나아와 세리처럼, "주여 죄인을 불쌍히 여겨주옵소서"라고 기도할 수밖에 없게 되었습니다. 옳고 그름에 대한 분명한 지각이 생겨서 곧바로 자기 자신을 정죄하게 된 것입니다. 그는 정말 큰 고뇌의 상태에서 저를 찾아왔습니다. 그 사람이 행한 일을 똑같이 저질렀지만 전혀 그것으로 인해서 그렇게 자책하지 않은 이들이 수천 명이 됩니다. 그러나 그는 양심이 있었고 순전한 심령이 있었습니다. 그래서 주인에게 거짓을 이야기한 것으로 인해 자기 자신을 더럽고 추하게 여긴 것입니다. 하나님은 그런 체험을 통해서 그에게 복을 베푸셨고, 그는 곧바로 녹아졌습니다. 심령의 쓰라린 아픔 속에서 여러 주간을 외치며 긍휼을 구했고, 구주의 발 아래서 그 긍휼을 발견하고는 기쁨을 얻었습니다. 스스로 의롭게 여기는 여러분 중에 한 사람도 노골적인 죄에 빠지게 되지 않게 되기를 하나님께 기도합니다. 하지만 어쩌면 주께서 여러분을 여러분 자신에게 내어맡기셔서 여러분이 진정 어떤 사람인지를 여러분 스스로 바라보게 하실지도 모릅니다. 여러분이 과연 어떤 사람인지를 여러분 자신도 알지 못할 것이니 말입니다. 만일 하나님의 억제하시는 손길이 여러분에게서 물러날 때에 과연 여러분이 어떻게 처신하게 될지를 제가 예언할 수 있다면, 저는 하나님의 종으로서 얼굴이 눈물범벅이 된 채로 여러분을 위해 슬피 울게 될지도 모릅니다. 여러분의 마음속에 온갖 죄들의 알(卵)들이 있어서 조건만 맞으면 그것들이 곧바로 부화되어 아주 부정한 새들을 가두어놓은 새장 속으로 날아들 것이기 때문입니다. 이것이 하나님이 사람들을 녹이시는 방법 가운데 제가 본 한 가지입니다.

또 어떤 이들은 세상적인 재난을 통해서 녹아지기도 합니다. 아주 부귀한 사람을 본 일이 있습니다. 그는 손가락에서 다이아몬드 반지가 번쩍였고, "발끝에 종(鐘·bell)이 달려 있다"고 말하고 싶을 정도였습니다. 아마 그는 할 수만 있으면 그렇게라도 해서 자신의 고귀한 지위와 높은 수준을 사람들 앞에 드러내려 했을 것입니다. 그는 신사였고, 스스로도 그렇게 느끼고 있었습니다. 그러니 그를 불쌍한 죄인으로 취급하는 설교가 마음에 닿을 리가 없었습니다. 그는 아주 건강했고 힘이 넘쳤고, 당장 죽을 기미 같은 것도 전혀 없었습니다. 그는 매사에 신경을 쓰지 않는 일을 가장 지혜로운 일로 여겼습니다. 그는 쾌활했고, 활기가 넘쳤고, 복음이 그에게 전혀 능력을 발휘하지 못했습니다. 그는 이렇게 말했습니다: "그런 것은 죽어가는 사람에게나 가져다주시오. 저기 빈민가에 있는 불쌍한 사람들에게 주시오. 그들에게는 아주 적합할 것 같소. 하지만 나에게는 필요가 없소." 그런데 그의 처지가 녹아지자 그 자신도 조금씩 녹아지기 시작했습니다. 그러다가 건강을 잃고 병상에 누워 있는 신세가 되자, 전에 그에게 굽실대던 사람들이 그를 잊어서 친구가 거의 없는 처지가 되었습니다. 그러자 그는 뒷문으로라도 하나님께 나아가고 싶어 했고, 그에게 나아가 "하나님이여 죄인을 불쌍히 여겨주옵소서"라고 외쳤습니다. 그렇습니다, 여러분, 은수저로 밥을 먹는 동안에는 도무지 구원받기를 못하다가 가난에 처해질 때에 비로소 아버지께로 돌아오는 사람들이 있습니다. 먼 나라로 가서 거기서 모든 것을 탕진하고 돼지가 먹는 쥐엄 열매로 배를 채워야 하는 신세가 되어서야 비로소 아버지의 집으로 향하는 것입니다. 몇 해 전, 한 젊은 신사가 ─ 그의 아버지는 경건한 사람이었습니다 ─ 자기는 계속해서 경마장에서 마권을 샀다고 제게 이야기했습니다. 저는 그에게 이렇게 말했습니다: "그렇군요. 있는 돈을 몽땅 경마에 탕진하십시오. 아무것도 없이 빈털터리가 되고나면 당신의 아버지가 믿던 하나님께로 돌아올 것입니다. 어쩌면 그 길이 당신이 집으로 돌아오는 길이 될지도 모릅니다. 빈 지

갑과 허름한 옷과 병든 몸으로 말입니다. 그렇게 되면 아마 하나님께로 돌아오게 되겠지요." 주님이 사람들을 그렇게 처리하시는 경우가 많습니다. 지금 그 비슷한 시련을 겪고 있는 분들이 혹시 이 자리에도 계시는지 모르겠습니다. 하나님께서 여러분의 궁핍한 사정을 통해서 여러분을 최고의 부요의 자리로 이끄시고, 여러분의 질병을 통해서 여러분을 영원한 건강에로 인도하시기를 원합니다!

때로 하나님께서는 겉으로 드러나는 죄나, 세상적인 괴로움 같은 것이 전혀 없이도 사람들을 동료들에게서 떼어놓으시고 문 뒤에서 그들에게 채찍을 때리기도 하십니다. 그런 경우를 당한 분들을 만나는 것이 저의 몫이었습니다. 수백 명이 아니라 수천 명을 만났을 것입니다. 어디를 가든 저는 비참한 상한 마음을 지닌 심령들과 만나는 것에 강렬한 행복을 느낍니다. 왜냐하면 그들이 새 마음과 바른 심령을 소유하는 데로 향하고 있다고 믿기 때문입니다. 그들은 하나님의 방법이 매우 거칠다고 여길지 모르나 하나님께서는 그들을 사랑의 방법으로 다루고 계시는 것입니다. 저는 그들의 사기를 높여주려 했고, 그들과 함께 기도하고 그들을 위해 기도했습니다. 그들은 제게 말했습니다. 그들의 죄가 밤낮으로 그들을 욱죄인다고 말입니다. 긍휼을 얻을 소망을 가질 수가 없습니다. 하나님이 그들의 과실들을 제거해주시리라는 생각을 도무지 할 수가 없습니다. 성경을 읽어도 그 말씀이 그들에게 벼락을 때리는 것처럼 여겨집니다. 마음이 무겁습니다. 주위의 친구들도 그들이 우울증이라고 생각합니다. 그들을 격려시켜야 한다고 이야기하기도 합니다. 그 이외에 제가 모르는 더 자세한 사정들이 있습니다. 이들은 땅바닥에 떨어졌고, 낮아졌습니다. 그러나 이 모든 일은 그들의 유익을 위해 일어나는 일입니다. 다른 방식으로는 그들이 하나님께로 나아오지 않을 것이기 때문에 그런 일이 일어나는 것입니다. 하나님은 이런 경험을 통해서, "그들을 녹이고 연단하리라"는 그의 말씀을 이루고 계시는 것입니다.

이 모든 일에서 하나님께는 한 가지 큰 목표가 있습니다. 그것은 다름이 아니라, 첫째, 교만을 사람들에게서 숨기는 것입니다. 하나님은 우리를 구원하시고 우리를 교만하게 만드시는 법이 없습니다. 누구도 자기 모자를 던져버리며 자기가 얻은 구원에 대해 자기 자신을 칭송하도록 내버려두지 않으십니다. 처음부터 마지막까지 하나님의 은혜가 칭송을 받아야 마땅한 것입니다.

게다가 하나님은 우리를 우리 죄에서 건져내고자 하십니다. 그리고 그 일을 위해서 그는 쓰라리고 궂은 일을 우리에게 베푸시는 것입니다. 그가 행하시는 일은 모두가, 우리 죄가 너무 무거워 도무지 질 수 없게끔 만들고 또한 죄에 대해 염증을 느끼게 하고, 그리스도를 사모하고 거룩함을 진실로 좇게 만들기 위함입니다. 여러분이 크게 맞아서 거의 무너져내렸다 할지라도 그것으로 인해서 여러분과 죄 사이의 긴밀한 관계가 깨어진다면, 그것이야말로 복된 일입니다.

이 모든 경험은 우리를 그리스도께로, 그 위대한 희생 제물에게로, 인도하기 위함입니다. 그 어디에도 갈 곳이 없는 사람들 이외에는 아무도 그리스도께로 나아오지 않을 것입니다. 궂은 날씨 때문에 억지로 나아오게 되지 않으면, 그 누구도 이 항구로 나아오지 않는 것입니다. 영혼들은 그리스도께가 아니면 어디라도 가려 합니다. 그러나 다른 어느 곳으로도 갈 수 없게 되고, 완전히 망해버리고 잃어버린 처지가 되면, 그 때에야 비로소 그에게로 나아가며 그를 자기들의 모든 것으로 취하게 되는 것입니다. 심지어 하나님의 자녀에게도, 희생을 통하는 구원의 방법을 온전히 깨닫기까지 기나긴 세월이 걸립니다.

어제 저는 저의 존경하는 친구 조지 로저스 목사(George Rogers)를 만나러 갔었습니다. 그는 92세나 되었고, 침대를 떠나지 못하는 처지입니다. 거기 그냥 누워 있을 수밖에 없고, 자기 스스로는 아무것도 하지 못합니다. 하지만 그의 정신력은 예전처럼 맑고 총명합니다. 그와 만난지 얼마 지나지 않아서 그는 제게, "사람들이 지금도 그리스도의 희생 제사를 잘 깨닫지 못하는 것 같습니다"라고 말하고는 이렇게 덧붙였습니다: "베드로가 우리 주님의 신성을 믿지 않았습니까? 그래서 그리스도의 신성에 대해 그렇게 귀한 고백을 했는데, 주님은 그에게, '바요나 시몬아 네가 복이 있도다. 네게 이를 알게 한 것이 혈육이 아니요 하늘에 계신 내 아버지시니라'라고 말씀하시지 않았습니까?" 그리고 로저스 목사는 계속 말을 이어갔습니다: "베드로가 그리스도의 신성을 알았고 그것도 잘 알았지만, 그리스도의 희생 제사는 알지 못했지요. 주님이 장차 십자가에 달리실 것을 말씀하자마자 베드로가 주님을 책망하면서 '주여 결단코 그 일이 주께 미치지 못하리이다'라고 이야기하지 않았습니까? 베드로는 그것을 믿지 못했습니다. 희생 제사를 볼 수가 없었던 것입니다. 그러자 주님은 그를 '사탄'이라 부르시고는 '내 뒤로 물러가라. 너는 나를 넘어지게 하는 자로다. 네가 하나님의 일은 생각지 않고 도리어 사람의 일을 생각하는도다'라고 말씀하지 않으셨습니까?" 저의 사랑하는 나이 많으신 친구는 이렇게 말했습니다: "그리스도의 희생 제사를 볼 수 있기 전에는, 여러 일들을 하나님이 보시는 대로의 진정한 모습 그대로 본

것이 아니오. 그 어떠한 복음도, 그것이 그리스도를 영화롭게 하는 것 같고 또한 그 속에 그리스도의 신성을 담고 있다 할지라도, 그리스도의 희생 제사가 거기에 있지 않으면 그것은 사람의 일을 생각하는 것이요 하나님의 일을 생각하는 것이 아닙니다."

로저스 목사의 말씀이 옳았습니다. 그리스도의 희생 제사가 반드시 있어야 합니다. 이것이야말로 어느 곳에서나 우리가 퍼뜨리고 알려야 할 향기입니다. 이것이야말로 우리가 말을 할 수 있는 동안에는 절대로 멈추지 말고 계속 선포해야 할 하나님의 향기인 것입니다. 그러나, 하나님의 아들의 그 희생 제사의 그 복된 향기를 맡고 누리게 되기까지 많은 시간이 걸리는 사람도 있는 법입니다! 그것을 지각하고 누리게 되면 그들은 평안과 빛과 사랑과 자유를 얻습니다. 하지만 그렇게 되기까지 하나님은 친히 그들에 대해서 "보라 내가 내 딸 백성을 어떻게 처치할꼬"라고 말씀하시는 것 같습니다.

지금까지 회심에 관한 문제에 대해 길게 다루느라 제 시간을 많이 소비했습니다. 제가 드린 말씀에 하나님께서 복을 주시기를 저와 함께 기도할 수 있게 되기를 바랍니다.

2. 그리스도인의 삶의 문제

그러나 이제 두 번째로 그리스도인들에게 말씀드리고 싶습니다. "보라 내가 내 딸 백성을 어떻게 처치할꼬. 그들을 녹이고 연단하리라"라는 하나님의 말씀은 그리스도의 삶과 관련한 문제에 대해서도 그대로 적용되는 것 같기 때문입니다.

어떤 그리스도인들은 기쁨에 기쁨이 가득 찬 상태로 나아갑니다. 그들의 행로가 마치 빛 속의 길 같아서 그 완전한 날을 향하여 나아갈수록 더욱 환하게 빛을 발합니다. 여러분과 제가 그렇게 되면 안 될 이유가 어디 있겠습니까? 그저 단순하게 믿고, 또한 계속 믿으며, 계속해서 즐거워하고, 마음을 다해 하나님을 섬기며, 예수님의 보배 피 속에서 안식을 누려서는 안 될 이유가 무엇이겠습니까?

또 어떤 그리스도인들의 경우는 하나님의 일들에서 많은 진보가 있는 것처럼 보이나 참된 진보가 아닙니다. 어떤 이들은 굉장한 지식을 갖고 있는 것으로 보입니다. 마치 모든 것을 다 아는 것처럼 이야기합니다. 하지만 그들을 면밀히 살펴보면, 마땅히 알아야 할 것 가운데 알고 있는 것이 거의 없다는 것을 발견하게 됩니다. 어떤 이들은 아주 놀라운 체험이 있습니다. 그래서 으스대고 뻐기고 다니며 결국 사람들에게 역겨움을 줍니다. 그러나 사람이 자랑으로 삼는 체험이 있다면, 그것은 오히려 부끄러워해야 마땅한 체험입니다. 또한 어떤 이들은 큰 능력을 소유한 것처럼 보입니다. 그들이 할 수 있는 일에 대해 그들이 하는 이야기를 들으면 마치 교회를 몰고 갈 수 있고 또 세계를 끌고 갈 수 있기라도 한 것처럼 상상하게 됩니다. 그러나 바울은 이렇게 말씀합니다: "내가 약한 그 때에 강함이라"(고후 12:10). 그러나 이 사람들은 너무나 강해서 도무지 약함이라는 것이 무슨 의미인지를 알지 못합니다. 입으로 신앙인이라 스스로 칭하는 자들이 자기들이 이룬 성화(聖化)에 대해서 이렇게 저렇게 이야기합니다만, 그들의 진면목을 알려면 그들이 하는 아주 화려한 이야기를 들어보면 됩니다! 그들은 몇 해 동안 전혀 죄를 짓지도 않았습니다! 죄의 원리 그 자체가 그들에게는 이미 죽은 것 같습니다! 이렇게 착각에 빠져 있으니 이 얼마나 가련한 심령들인지요! 여러분, 제가 그렇게 믿는 것이 아니고, 그들의 말이 그렇습니다. 그들이 받은 은혜로 치면, 그들은 모든 것을 다 풍성하게 받았습니다. 그들은 마치 순교자들처럼 참고 견딥니다. 그들은 존 녹스(John Knox)나 마르틴 루터(Martin Luther)처럼 믿음이 강합니다. 여러분처럼 보통 그리스도인은 그들의 수준에 도무지 이를 수가 없습니다. 그 자리에 서서 점프를 하면, 있는 자리에서 별들에까지 손이 닿을 기세입니다. 그들은 너무도 크고 위대합니다. 하지만, 결국 그들의 자랑에는 아무것도 없습니다. 자기들이 내세우는 그 놀라운 신앙이 거짓이라는 것을 그들 스스로 알고 있다고는 말하지 않습니다. 하지만 그들은 그릇된 생각과 혼동된 개념과 공허한 두뇌를 갖고 있는 것이요, 그래서 자기들의 진정한 상태를 알지 못하는 것입니다. 자기들이 부요하고, 선한 것이 많고, 아무것도 부족한 것이 없다고 말하지만, 그들은 사실 벌거벗었고, 눈이 멀었고, 가난하고 비참한 상태인 것입니다.

　그런데 가장 최악의 상태는, 자기들의 진정한 상태를 알기를 원치 않는다는 것입니다. 자기들의 말과 자기들의 진정한 상태가 서로 다르다는 것을 절반쯤 의심합니다. 하지만 그것이 그렇게 밝혀지는 것을 좋아하지 않습니다. 사실 그들은 다른 사람이 진실을 암시하기만 해도 매우 역정을 냅니다. 그 완전한 사람만큼 역정을 내는 일에 불완전한 사람이 없습니다. 그 사람은 금방 자기의 불완전한 모습을 스스로 드러내고 마는 것입니다. 그 사람은 그저 절대로 손을 대어서는 안 되는 형제일 뿐입니다. 그저 멀리 떨어진 곳에 서서 그를 존경의 눈초리로 바라보아야 하지, 그렇지 않으면 그는 금방 여러분을 심히 노여워하게 됩니다. 자기들의 진정한 상태를 알기를 원치 않는 사람도 있습니다. 자기들의 진정한 상태가 자기들이 아는 것과는 다르다는 생각을 어렴풋하게 갖고 있기는 하지만, 자기들의 꿈이 깨어지는 것을 원치 않는 것입니다. 그들은 가르침과 교훈을 바라지 않습니다. 무엇 때문에 가르침을 바라겠습니까? 그들에게 가르침을 줄 수 있는 그 어떤 사람보다도 자기들이 더 많이 알고 있습니다. 그리고 자기들에게 아첨의 말을 해주는 사람이나 자기들의 말이 모두 복음이라고 믿게 만들어주는 사람을 좋아합니다. 그런데, 우리 회중 가운데도 그런 사람들이 있습니다. 이들에 대해서도 하나님은 "보라 내가 내 딸 백성을 어떻게 처치할꼬"라고 말씀하실 것입니다.

　지금 거짓된 은혜로 한껏 부풀어 있는 수많은 이들에게 하나님이 하실 일이 바로 이것입니다. 만군의 여호와께서, "내가 그들을 녹이고 연단하리라"고 말씀하시는 것입니다. 하나님이 그들로 시험을 당하게 하실 것입니다. 가령 어떤 사람에게 금속으로 된 접시가 매우 많은데, 그 사람이 그 값어치를 모른다고 합시다. 그러면 그 사람은 금 세공업자에게 그것들을 보이고, 그 값어치가 어느 정도인지를 물을 것입니다. 그러면 그 세공업자는 이렇게 말할 것입니다: "글쎄요, 당장은 정확히 말씀할 수가 없군요. 하지만 시간을 좀 주시면 이 모든 접시를 녹여 보겠습니다. 그 다음에 그 값어치를 알려드리겠습니다." 여호와께서 그의 백성 중 많은 이들을 바로 그렇게 처리하십니다. 자기들은 아주 훌륭해졌고 아주 위대해졌다고 상상하지만, 여호와께서는, "내가 그들을 녹이고 연단하리라"고 말씀하시는 것입니다.

　금이나 은을 시험하는 데에는 이것이 자연스러운 시험 방법입니다. 보석을 감정하는 데에는 그 이상 좋은 방법이 없습니다. 하지만 녹는 과정에서 — 여러분도 그렇고 저도 그렇습니다 — 그 양이 굉장히 줄어듭니다. 맹렬한 부패한 것들을 우리 속에서 태우시거나 아니면 우리의 심령이 침체되고 우리의 마음이 어두워지도록 허락하심으로 우리를 녹이시기 시작하면, 그 끓는 가마 속에서 모든 것들의 부피가 즉시 줄어드는데, 과연 얼마나 줄어드는지 모릅니다! 우리가 줄어들다 못해 무(無)가 되어 완전히 사라지지 않을까 하는 두려움이 엄습하게 됩니다!

그럴 때에는 또한 값진 금속의 아름다운 형태가 일그러집니다. 그 아름다움이 곧바로 사라집니다. 저 은 그릇의 모양이 정말 아름다웠습니다. 하지만 풀무 속에서 녹게 되면, 그 세련된 디자인 중에 남는 것이 하나도 없습니다. 인간이 만들어놓은 모든 것이 그 풀무 속에서 사라져버리는 것입니다. 사랑하는 형제 여러분, 풀무 속에 들어가 본 적이 있습니까? 저는 거기에 들어가 본 적이 있습니다. 저와 함께 저의 설교들도, 저의 감정과 느낌도, 저의 모든 선행까지도 풀무 속에 들어갔습니다. 불이 붙기 전에는 그 모든 것이 풀무를 가득 채울 만큼 부피가 컸습니다. 주 예수 그리스도를 믿는 단순한 믿음이 제게 없었더라면, 정말이지 제게 아무것도 남지 않고 다 사라져버렸을 것이라 여겨집니다. 하나님의 백성이 겸손하게 하나님과 함께 행하지 않으면 하나님이 그들에게 바로 이렇게 행하실 것입니다. "낮은 곳에 있는 자는 떨어질까 염려할 필요가 없다"는 말이 있습니다. 순금(純金)인 사람은 녹는 과정에서 아무것도 잃어버리지 않을 것입니다. 그러나 자기 스스로 무언가 되었다고 생각하는 사람은 머지않아 상당히 떨어지게 될 것입니다. 일이 그렇게 된다는 것이 아주 좋은 일입니다. 만일 그렇지 않으면, 우리는 금방 교만해지고, 세상적이 되고, 부주의하게 되고, 심지어 방종에 빠지게 되고 말 것이니 말입니다. 완전한 거룩을 자랑하는 일 바로 다음에는 — 역사를 통틀어서 거의 언제나 그랬습니다만 — 강렬한 방종이 이어져왔습니다. 참 이상한 일이지만 이것은 사실입니다. 어떻게 그럴 수 있는지, 어쩌면 형이상학을 연구하는 사람들은 말해 줄 수 있을지 모르겠습니다. 하지만 인류의 역사에서 언제나 끊임없이 그래왔습니다. 내가 사격권에서 벗어나 있다고 상상할 때에, 원수가 바로 가까이에 와 있는 것입니다. 도로가 안전하다고 꿈꿀 때에 바로 여러분 앞에 구덩이가 있는 것입니다. "내가 완전히 거룩하다"라고 이야기할 때에, 그렇게 말하도록 만드는 바로 그 교만이 여러분의 영혼 속을 좀먹는 그 치명적인 자기의라는 암 덩어리를 드러내 보여주는 것입니다.

그런데, 사랑하는 여러분, 이렇게 녹고 나면 그 결과로 진실함과 겸손이 오게 됩니다. 사람이 녹아짐으로써 가치 판단을 참되게 하는 데에 이르게 됩니다. 우리가 녹아지면, 그 결과로 우리가 새롭고 더 나은 형태로 부어지게 되는 것입니다.

티나 흠을 없애버릴 수만 있어도, 순결해질 수만 있어도, 좀 더 완전하게 우리 주님의 모습을 입을 수만 있어도, 오히려 풀무에 들어가기를 사모하고 바랄 수 있을 것입니다!

이미 회심한 분들 가운데 지금 그렇게 녹고 있는 과정 가운데 있는 분이 계십니까? 그것 때문에 괴로워하거나 비틀거리지 마시기 바랍니다. 여러분에게 일어난 그런 일은 이상스러운 일도 아니고 악한 일은 더더욱 아닙니다. 여러분에게는 반드시 그런 일이 필요했습니다. 너무 교만해졌고, 너무 부주의하고 있었기 때문에 그런 일이 필요하게 된 것입니다. 여러분이 녹아져야 할 필요가 있게 된 것입니다. 이제 하나님께서는 이처럼 여러분을 녹이심으로, 여러분을 괴롭게 하고 고난당하게 하시며, 깨뜨리시고, 육신적인 교만을 없어지게 하시며, 이 교만의 목을 졸라 죽게 하셔서 여러분 자신이 죽고 오직 예수께서 모든 것이 되시게 하심으로써, 과연 그가 여러분을 사랑하신다는 최상의 증거를 주신 것입니다.

3. 공동체로서의 하나님의 교회

이 원리를 공동체로서의 하나님의 교회와 결부시켜 말씀을 드릴 예정이었습니다만, 하나님이 허락하시는 대로 다음 기회에 말씀드리기로 하겠습니다. 이 점을 사실로 받아들이시기를 바랍니다. 곧, 하나님이 우리를 택하셨는데도 우리가 기꺼이 그의 길로 가며 겸손히 예수님을 신뢰하고 그를 우리의 모든 것으로 삼으려 하지 않으면, 하나님께서 그냥 포기하지 않으시고 우리를 녹이시고 연단하셔서 그가 사용하시기에 적합한 형체로 변화되어 달려가도록 만드신다는 사실입니다.

하나님이 여러분을 복 주시고, 여러분을 구원하시고, 여러분을 위로하시기를 주 예수님의 이름으로 빕니다. 아멘.

제
10
장
—

행하지 아니하는 죄

—

"그들이 순종하지 아니하며 귀를 기울이지도 아니하고 각각
그 악한 마음의 완악한 대로 행하였으므로, 내가 그들에게 행
하라 명령하였어도 그들이 행하지 아니한 이 언약의 모든 규
정대로 그들에게 이루게 하였느니라" — 렘 11:8

　　예레미야는 배역한 이스라엘을 향하여 엄숙히 책망하고 정죄하라는 사명
을 받았습니다. 그리하여 그는 마땅히 행하여야 할 바를 행하지 아니하는 이스
라엘의 죄부터 엄숙하게 말씀합니다. 본문에서는 하나님의 명령을 소홀히 하는
것이 혐의로 제시되고 있다는 점을 주목하기 바랍니다. 다음에 이어지는 본문에
서 선지자는 계속해서 그들이 행함으로 지은 죄에 대해 말씀합니다. 하지만 그
는 적극적인 섬김에 있어서 그들의 부족한 점들에 우선순위를 부여하고 있습니
다. 그 백성들이 마땅히 행하여야 할 바를 행하지 않은 것들을 상기시켜주며, 또
한 그들이 지극히 높으신 하나님의 의로운 뜻에 능동적으로 순종하기를 얼마나
줄기차게 또한 고집스럽게 거부해왔는지를 말씀하고 있는 것입니다. 형제 여러
분, 우리의 죄과를 기억 속에 떠오르게 하는 것이 우리에게 좋은 일입니다. 오늘
아침 이 짧은 시간에 성경이라는 거울 속을 들여다보고 우리의 얼굴에서 잡티들
을 발견하게 된다면 지극히 유익하리라 여겨집니다. 여러분 중에 죄 사함을 한
번도 구한 적이 없어서 여태까지 한 번도 죄를 용서함 받은 적이 없고 또한 죄로
인하여 처하게 된 그 위험한 상태를 아직 충분히 깨닫지 못하는 분들이 계시면,

오늘 아침 성령께서 인도하사 죄를 깨닫게 되고 그리하여 예수께 인도함 받게 되기를 바랍니다. 여러분의 큰 부작위(不作爲: 행하지 않음)에 대해 말씀드리는 동안, 양심이 일깨워지고 또한 성령께서 양심을 통하여 역사하셔서 여러분이 회개에 이르고 또한 믿음에 이르며, 또 믿음을 통해서 구원에 이르게 되기를 바라마지 않습니다. "완성을 열심히 바랄지니라." 그리고 죄사함을 받았고 또한 그리스도의 십자가 밑에서 찾은 그 완전한 죄사함 가운데서 날마다 즐거워하는 분들 역시 그들의 죄를 생각함으로써 유익을 얻을 수 있을 것입니다. 그렇게 해서 그들이 낮아지고, 그렇게 해서 그리스도의 저 위대한 속죄의 제사를 더 높이 기리게 될 것이며, 그렇게 해서 여호와께서 그 모든 백성의 죄과를 보상하게 하신 그분을 바라볼 때에 그들의 믿음의 단순함을 새롭게 하게 될 것이니 말입니다. 하나님께서 그렇게 되게 해주시기를 주의 이름으로 구합니다.

오늘 아침 저는 본문의 단어들보다는 그 속에 담긴 뜻에 치중하여 말씀드리고자 합니다. 말씀드릴 주제는 바로 '행하지 아니하는 죄'입니다.

1. 행하지 아니하는 죄가 흔하다

첫째로, 이것이 얼마나 흔한지를 주목하게 해드리고자 합니다. 넓은 세상에도 흔하고, 우리들 가운데서도 흔히 볼 수 있고, 각 남자 각 여자에게, 아니 여러분의 마음속에 얼마든지 있는 것입니다.

우선 살펴야 할 것은, 어떤 의미에서 하나님의 법을 거스르는 모든 과실들이 행하지 아니하는 죄에 속한다는 점입니다. 행함으로 범하는 모든 죄 속에는 행하지 아니하는 것이 있는 법이기 때문입니다. 최소한 불순종을 방지해주는 경건한 두려움은 거기에 없습니다. 우리 주님은 온 율법이 다음 두 계명으로 귀결된다고 말씀하신 바 있습니다: "네 마음을 다하며 목숨을 다하며 힘을 다하며 뜻을 다하여 주 너의 하나님을 사랑하고 또한 네 이웃을 네 자신 같이 사랑하라"(눅 10:27). 그러므로 모든 죄는 이 모든 것을 포괄하는 율법을 어기는 것일 수밖에 없고, 모든 죄는 어떤 면에서 행하지 아니하는 죄일 수밖에 없는 것입니다. 그러니 여러분과 제가 행하지 못하여 범한 죄들이 얼마나 많았는지를 생각하기 바랍니다. 과연 우리는 우리 하나님 여호와를 마음을 다하여 사랑했습니까? 어쩌면 여호와 하나님을 사랑하는 일을 전혀 행하지 않았는지도 모릅니다. 그를 사랑해온 분이라도 "마음을 다하여" 그를 사랑하는 일을 행하지 못했을 것입니다. 그리고 혹 어느 때에 "마음을 다하여" 그를 사랑했더라도, 그런 사랑을 계속해서 행하지는 못했을 것입니다. 하나님을 향한 우리의 사랑에 시들해지는 것과 들쭉날쭉한 것이 있었습니다. 그리고 순종으로 행하지 않는 것 하나하나가 지극히 높으신 하나님을 향한 분명한 불순종의 행위가 되는 것입니다. 우리는 마음을 다하여는 물론이고 "뜻을 다하여"서도 그를 섬기지 못했습니다. 다시 말해서, 하나님의 무한하신 지혜와 권세에 대해 깨달음으로 복종하지 못했습니다. 우리는 심지어 감히 그의 판단을 다시 판단했고, 그의 섭리들에 대해 원망하기도 했습니다. 우리의 뜻을 그의 뜻에 굴복시키지도 않았고, 오히려 그의 목적과 그의 진리에 반대되는 것을 바랐습니다. 뿐만 아니라 우리의 힘도 그를 섬기는 일에 전적으로 드리지 못했습니다. 우리의 창조주와 보존자이신 하나님께서 우리에게 베풀어주신 은덕에 합당하게 그에게 보답해드린 적이 없습니다.

십계명의 첫 돌판을 이루는 첫 네 가지 계명을 보십시오! 우리가 행하지 않음으로 범한 죄들이 모두 거기 있습니다! 우리는 하나님을 최우선으로, 첫째로, 우리 영의 유일한 주로서 으뜸의 자리에 모시지 못했고, 오히려 다른 신들을 그의 앞에 둔 적이 너무나 많습니다. 우리는 하나님이 명하시는 대로 그의 이름을 존숭(尊崇)의 자세로 대하지 못했습니다. 하나님을 욕한다든가 신성모독을 저지르지는 않았지만, 항상 그의 이름을 거룩히 여겼어야 하는데도 우리는 그렇게 하지 못했습니다. 그의 날에 대해서도, 우리는 항상 그 날을 육체적인 안식은 물론 정신적인 안식의 날로서 거룩하게 지키지는 못했습니다. 손으로는 하지 않았더라도 온갖 근심과 걱정으로 인해서 우리의 생각 속에서 온갖 일들을 행하였고, 그리하여 하나님께 드려야 마땅한 그런 기쁨의 예배를 드림으로 우리 하나님을 존귀하게 하지 못했습니다. 사랑하는 여러분, 생각해보십시오. 특히 하나님을 알고 그의 안에서 즐거워하는 여러분, 여러분의 영혼의 아버지를 얼마나 막 대하였는지를 생각해보십시오. 하나님이 그의 사랑하는 아들의 피로 값 주고 여러분을 사셨으니 그는 마땅히 전적인 순전함으로 섬김을 받으셔야 합니다. 우리의 생각의 정수와 우리의 묵상의 최고를 요구하실 권리가 그에게 있습니다. 그리고 우리의 영혼은 언제나 부지런히 그를 섬겨야 마땅합니다. 그런데 얼마나 안타까운지 모릅니다! 우리는 게으름뱅이들이었습니다. 하나님의 이름을 높여 부르지도 않았습니다. 그의 영광을 널리 외치지도 않았습니다. 그의 뜻에 순종하지도 않았습니다. 우리는 무익한 종들입니다. 우리 하나님을 향하여 행했어야 할 우리의 임무를 행하지 못했습니다.

　　우리 주님은 말씀하시기를, 율법의 다른 부분은 바로 "네 이웃을 네 자신 같이 사랑하라"라는 말 속에 담겨 있다고 하셨습니다. 우리 중에 그렇게 한 사람이 과연 누구입니까? 상세한 내용에 들어가기 전부터 이미 우리는 죄 지은 자들입니다. 이 계명을 있는 그대로 취하면, 이 땅에 출생한 모든 남녀 중에서 자신이 이 계명을 완전히 지켰노라고 감히 주장할 수 있는 사람은 아무도 없습니다. 특히 날마다 일어나는 우리의 삶의 각종 인간관계들에서 범하는 그 부작위(不作爲)의 죄들(곧, 행하지 않음으로 범하는 죄들)에 대해 상기시켜드리겠습니다. 이웃에게 사랑으로 행하여야 하는데 행하지 못한 적이 많았고, 병든 자와 가난한 자들을 도와주어야 하는데 그런 일을 행하지 못했습니다. 무식한 자들을 훈계하여 올바른 일을 행하게 해야 하는데 그렇게 하지 못했습니다. 우리 중 많은 이들이 이웃들에게 복음을 전하지 않고 그들의 무지함 그대로 내버려두어서 그들의 피를 우리 옷자락에 묻혔습니다. 그들이 죄 가운데 죽으면 그들이 혹 마지막 죽어가면서 우리를 책망한다 해도 우리는 대답할 말이 없을 것입니다. 빛을 받고서도 그 빛을 그들에게 전해주지 않았으니 말입니다. 여러분은 창문을 내다보며, "내 주위에 사는 모든 이들에 대해 나는 깨끗하다. 죽을 때에 전혀 후회가 없도록 능력껏 그들을 위해 최선을 다했다"라고 이야기할 수 없을 것입니다.

　　형제자매 여러분, 여러분의 친 자녀들에 대해서는 부작위의 죄를 범한 것이 없습니까? 이미 장성해 있는 자녀들도 있습니다. 하나님에 관한 문제들에서 과연 후회할 것이 없을 만큼 그 자녀들에게 했습니까? 아니면 여러분 주위의 연약한 자들에 대해서는 어떻습니까? 과연 그들을 하나님을 경외하도록 훈련시키는 일을 위해 하나님께서 명하실 만한 모든 일을 언제나 다 하고 있다고 확신하십니까? 가정 일에서는 부작위의 죄가 없습니까? 제 경우를 말씀드리면, 이 교회와의 관계나, 세상과의 관계나, 예수 그리스도의 다른 교회들과의 관계나, 제 가정과의 관계에 대해서 얼굴이 붉어지고 눈물을 흘리지 않고는 감히 생각할 수가 없습니다. 형제 여러분, 우리가 범하는 부작위의 죄들의 숫자를 헤아릴 수가 없습니다. 우리 자신을 살펴보면 볼수록 그 숫자가 더 늘어나서 머리털보다 더 많아집니다. 그러니 만일 우리 자신의 행위로 의롭다 하심을 받아야 할 처지라면, 감히 하나님을 쳐다볼 수가 없고 그저 범죄자로 고개를 숙이고 하나님의 지엄한 선고에 복종할 수밖에 없는 것입니다.

부작위의 죄들을 다른 각도에서 한 번 바라봅시다. 복음의 필수적인 첫 번째 명령들을 아직 따르지 않은 사람들이 얼마나 많습니까? 복음은 가는 곳마다, "회개하고, 회심하라"라고 외치고, 또한 "회개하고 주 예수의 이름으로 세례를 받으라"라고 외치고, 또한 "주 예수 그리스도를 믿으라. 그리하면 구원을 얻으리라"라고도 외칩니다. 자, 그런데 여기서 세례를 무시하는 것에 대해서는 말씀드리지 않겠습니다. 오늘날 교회와 세상에서 세례를 거부하고 자기들이 만들어낸 예식을 따르는 사람들이 얼마나 많은지 모릅니다만, 이에 대해서는 거론하지 않겠습니다. 여기서 제가 말씀드리고자 하는 것은 바로 회개를 무시하는 것입니다. 오늘 이 자리에 계신 여러분 가운데도 많은 이들이 회개하라는 말씀을 듣고 또 들었습니다만, 그런 신성한 권면을 거부했습니다. 회개할 여지도 충분했고, 마음의 변화를 위한 원인도 충분했습니다. 그런데 회개에 대한 갖가지 말씀들을 다 들었는데도 여러분의 마음은 여전히 하나님을 향하여 완악하여 있고, 여러분의 심령 속에 죄에 대한 진정한 안타까움과 슬픔이 없습니다. 예수 그리스도를 믿는 믿음이 여러분의 임무요 또한 특권이며, 오직 그것만이 여러분을 구원할 수 있다는 말씀이 얼마나 자주 여러분에게 선포되었습니까! 그런데도 그 믿음을 여러분은 구하지도 바라지도 않았습니다. 구원 얻는 믿음이 무엇인지를 이론으로는 잘 압니다. 예수님을 믿는다는 것이 무엇인지를 다른 사람들에게 설명해 줄 수도 있습니다. 하지만 여러분이 그 말씀을 계속 들으면서도 행하지는 않고, 그리하여 여러분 자신의 영혼을 속이고 있는 것입니다. 이 거대한 도시 전체에서 무수한 사람들이 복음을 압니다만, 순종하지는 않습니다. 복음을 들어보았습니다. 혹은 원하면 듣고픈 마음도 있습니다. 하지만 복음에 순종하지는 않았습니다. 이사야 선지자의 말씀처럼, 그것이 마음을 새롭게 하는 은혜로운 수단이 되지 못했고, 오히려 그들의 마음을 완악하게 만드는 것이 되어버렸습니다. 오오 불신자들이여, 믿음이 없는 것은 부작위의 죄이며, 이 죄로 인하여 여러분은 지옥의 가장 밑바닥에 가라앉을 것입니다. 예수 그리스도를 믿지 않고 빛보다 어둠을 사랑하는 것이야말로 모든 죄 가운데서 가장 악한 죄요, 다른 모든 죄보다 지옥 문을 가득 채우는 죄입니다.

뿐만 아니라, 신앙적인 임무들에도 부작위의 죄들이 모여 있습니다. 동료 시민들 대다수가 아예 하나님께 드리는 외형적인 예배를 무시하고 있습니다. 하나님께서 그들을 용서해주시기를 바랍니다. 그리고 사람들의 마음을 변화시켜 기도의 집에 줄 지어 들어가게 해 주시기를 바랍니다. 그러나 우리가 소홀히 한 죄를 찾고자 할 때에 다루어야 할 것은 이런 것이 아닙니다. 형제자매 여러분, 우리 주 하나님을 향하여 범한 죄들이 여러분에게 있지 않습니까? 기도에 대해서는 어떻습니까? 우리에게 부작위의 죄가 얼마나 많습니까? 마치 하나님이 계시지 않는 것처럼, 혹은 무신론적인 사상에 홀린 것처럼, 그렇게 사는 사람도 있습니다! 아침부터 밤까지 수많은 무리들이 지극히 높으신 하나님을 잊고 살며, 그의 이름을 부르지도 않습니다. 혹시 기억나면 겉모습으로 무릎을 꿇습니다만, 과연 진정으로 창조주 하나님을 앙모하는 사람이 얼마나 적은지 모릅니다. 우리들 대부분의 헌신이 얼마나 느슨합니까! 온갖 핑곗거리들로 하나님과의 교제를 소홀히 하는 경우가 얼마나 많습니까! 기도들이 얼마나 짧고 또한 우리 마음이 거기에 얼마나 적게 부어지는지 모릅니다! 성경이 우리 앞에 펼쳐져 있으면서 무언(無言)이면서도 얼마나 엄숙한 능변으로 우리를 책망합니까! 여러분, 과연 부끄러움 없이 성경을 바라볼 수 있습니까? 날이면 날마다 성경을 읽지 않고 그냥 내버려둡니다. 하루살이처럼 없어지는 신문이나 그저 하찮은 일들에 대한 기록은 열심을 다해서 읽으면서, 하나님의 법의 그 큰 일들은 무시해버리는 것입니다. 정말이지, 예배를 위해 모이는 장소를 빙 둘러보아도 부작위의 죄로 인하여 찔림을 받지 않을 수가 없습니다. 여기 모여 있을 때에 생각을 전적으로 하나님께 두지도 못했고, 찬송을 부를 때에도 마음을 다하여 부르지 못한 때가 너무나 많습니다. 기도 시간이 와도 우리의 생각들은 헛된 것들을 향하여 이리저리 날아올랐습니다. 형제자매 여러분, 예배시간의 어떤 순서를 살펴보아도 우리가 마땅히 했어야 할 것을 하지 않은 채 시간을 보냈음을 고백할 수밖에 없습니다. 갓난아기 시절부터 호호백발이 될 때까지 인생 전체가 그와 같습니다. 어릴 때에는 부모를 공경하지 못했고, 장성한 시절 내내 하나님을 공경하는 데에 매우 더뎠습니다. 그리고 인생을 마감하는 시기까지도 갖가지 형태의 동일한 부작위의 죄가 우리를 정죄할 수 있습니다. 하나님은 우리의 전적인 섬김을 받으실 자격이 있습니다. 우리는 우리의 능력을 다하여 그의 영광을 도모해야 합니다. 그런데 우리의 달란트들이 손수건에 싸여 있었고, 우리의 섬김은 우리 자신에게 드려졌습니다. 우리 자신을 기쁘게 하기 위해, 혹은 우리 동료의 칭찬을 얻기 위해 살았고, 찬양받으실 우리 하나님께는 우리 생각의 조각들과, 우리 시간의 자투리들과, 우리 행동의 찌꺼기만을 드려온 것입니다.

우리가 행하지 않은 것들을 명부로 만들면 너무나 깁니다. 그리고 쓰라린 양심으로 그것을 읽는다면 애곡이 가득하여 시커멓게 될 것입니다. 그리스도의 속죄가 없었다면, 하나님이 우리의 실질적인 범죄 행위들은 물론 임무를 이행하지 못한 것들을 일일이 다 기록해 놓으신다는 사실을 과연 우리 중에 누가 감당할 수 있겠습니까? 우리의 불의를 제거하시고 진홍 같은 우리의 얼룩을 깨끗이 씻겨주신 복되신 하나님의 아들의 그 상처가 아니었다면 과연 누가 감히 하나님을 대할 수 있겠습니까? 부작위의 죄들이 우리에게 얼굴을 찌푸리고 우레를 발합니다. 끔찍한 폭풍우를 몰고 오는 저 거대한 검은 구름처럼 그 죄들이 기억의 지평선에 웅크리고 있습니다. 주께서 정하신 화목의 역사를 먼저 바라보고 그의 안에서 안식을 찾지 않고서는 아무도 감히 그쪽으로 눈길을 돌릴 수가 없는 것입니다.

2. 부작위의 죄들이 늘어나는 원인

형제 여러분, 두 번째로, 이처럼 부작위의 죄들이 과도하게 늘어나는 원인은 무엇입니까?

형제 여러분, 물론 큰 원인은 우리의 악한 마음에 있습니다. 우리가 하나님께 열매를 맺지 못하는 것은 우리의 부패한 본성이 그를 향하여 메말라 있기 때문입니다. 사람은 본성적으로 죄 가운데 죽어 있습니다. 그러니 죄 가운데 죽어 있는 자가 어떻게 영적인 생명을 보여주는 행동을 한단 말입니까? 시들어버린 나무에서 포도 열매나 무화과 열매를 거둘 수 있겠습니까? 거듭나야 합니다. 이러한 내적인 변화가, 본성의 철저한 중생이, 이루어지기 전에는 우리가 메마른 상태요 따라서 하나님께 무익하고 용납되지 않는 상태인 것입니다. 새로운 본성의 결핍이야말로 불경한 자들의 문제와, 새 마음과 올바른 심령의 부재(不在)의 큰 뿌리입니다. 성령께서 돌 같은 마음을 제거하고 부드러운 마음을 주시기 전에는 사람이 절대로 주의 계명에 순종하지 않는 법입니다. 오오 구원받지 않은 여러분, 하나님께서 여러분을 위해 그 일을 해주시고, 그리하여 그가 찬송 받으시기를 바랍니다.

부작위의 죄가 그렇게 많은데도 이를 눈치 채지 못하는 이유는 사람의 양심이 부작위의 죄들에 대해 제대로 살아 움직이지 못하는 데에 연유하는 것일 수도 있습니다. 여러분 중에 누가 만일 도둑질을 범했다면, 그 사람은 아마 굉장히 수치를 느낄 것입니다. 또 혹시 부정(不貞)한 행위에 빠졌다면, 습관적으로 그런 일을 범하여 무더지지 않은 이상 한동안 양심에 못이 박힐 것입니다. 직접적인 잘못된 행위에 대해서는 대개의 경우 이처럼 양심이 적극적으로 꾸짖습니다만, 행하여야 할 것을 행하지 않은 잘못에 대해서는 양심이 십분의 일도 제대로 책망하지 않습니다. 사실 행하지 않고 버려둔 임무들에 대해서는 고의적으로 기억 속에 남겨두기를 거부하기까지 하는 것입니다. 그러나 사랑하는 여러분, 악을 향하여 정욕을 품는 것도 죄이지만 하나님을 적극적으로 사랑하지 않는 것도 그만큼 큰 죄입니다. 하나님께 순종하지 않는 것도 하나님의 계명을 어기는 것만큼이나 반역 행위인 것입니다. 저울에 달아서 그 경중을 따져보면, 심지어 부작위의 죄가 작위의 죄보다 더욱 죄악된 것으로 드러나는 일도 있을 것입니다. 부작위의 죄는 죄악되고 부패한 마음의 상태를 대변하지만, 작위의 죄는 마음이 하나님과 바른 상태에 있는데 다만 유혹의 폭력으로 인하여 생겨난 것일 수도 있기 때문입니다. 우리가 전혀 고백하거나 알아차린 적도 없이 세월이 흐르는 동안 마치 꿈처럼 슬그머니 사라져간 그런 우리의 죄들이 하나님의 책 속에 기록되어 있습니다. 그리하여 사함 받지 못한 죄인들이 양심이 일깨워진 상태로 온 우주가 모인 자리에서 그 책이 낭독되는 것을 듣게 될 날이 올 것이요, 그 날에 그들이 여호와께 순종하기를 거부한 것으로 인하여 그들에게 화가 있을 것입니다.

부작위의 죄는 또한 게으름을 통해서도 증가되는 것이 분명합니다. 어떤 이들은 노골적으로 자신의 악을 드러낼 만큼 성품이 강하지를 못합니다. 그들은 그저 있으나마나 한 존재들이고, 남자다운 것이 전혀 없습니다. 이들은 너무나 게을러서 심지어 사탄의 부지런한 종들이 되기에도 부족합니다. 할 수만 있다면 침대에 누워 게으름으로 썩어가기를 바랄 사람도 있을 것입니다. 아무것도 하는 일이 없고, 생각할 일도 없이, 그저 약간 다양하게 먹고 마실 수만 있으면 그것을 최상의 행복으로 아는 그런 사람들 말입니다. 이런 게으름이 널리 만연되어 있기 때문에 많은 사람들이 의에 대해서와 하나님을 섬기는 일에 대해 깨어 있지 못하고 잠자고 있습니다. 회개한다는 것은 귀찮은 일입니다. 예수 그리스도를 믿는 일은 생각을 해야 하는 일입니다. 여러분의 행실과 처신을 살피는 것은 너무도 과도한 요구입니다. 만일 푹 잠자는 동안에 천국에 이를 수 있고 또한 잠자는 자들이 저 천성을 향하여 달려갈 수 있다면, 이들이야말로 가장 앞장서서 그리로 향할 사람들일 것입니다. 하지만 이들은 아무리 예수님을 보기 위해서라도 눈을 부비는 일조차 하지 못하고, 아무리 천국을 얻기 위한 일이라 할지라도 자기들의 마차에서 내려서는 일조차 하지를 못하는 것입니다. 그렇게 한가하게 몽롱한 상태에서 살다가 지옥의 닫힌 문 안에서 정신을 차리게 될 때에 과연 이 한심한 사람들의 심정이 어떨지 궁금합니다! 하나님은 결코 그렇게 한가하게 대해도 괜찮은 분이 아니십니다. 하나님이 불멸의 존재들을 만드신 것은 나비처럼 이 꽃 저 꽃을 전전하며 한가하게 놀라고 하신 것이 아닙니다. 그가 영혼들을 창조하시는 것은 그들이 어린아이 장난으로 소일하며, 경박한 것들에 관심을 쏟고 시간을 죽이며 살게 하시기 위함이 아닌 것입니다. 그런데도 영원과 생명과 죽음과 천국과 지옥을 앞에 보면서도 무수한 사람들이 그 큰 구원을 소홀히 대하며, 너무나도 게으른 나머지 영원한 문제에 대해 관심을 갖지 않기 때문에 멸망에 빠지는 것입니다. 그들은 꾸벅꾸벅 졸면서 정죄에 빠지며, 잠자는 중에 영원한 불에 들어가는 것입니다! 그 때에 깨어나서 얼마나 놀라겠습니까! 오오 사랑하는 여러분, 그런 위험을 그냥 무시하지 마십시오! 그런 위험을 무릅쓰지 말기 바랍니다!

무지(無知) 역시 부작위의 죄에 대해 더 많은 핑곗거리이며 그러면서도 실질적인 열매는 적은 그런 원인일 것입니다. 하지만 이것은 아주 두드러지게 나타나는 원인입니다. 어떤 이들은 하나님의 말씀이나 그의 뜻, 그의 복음을 알지 못하기 때문에 그를 섬기기를 소홀히 합니다. 하지만 많은 사람들의 경우에는 무지에 사악한 의도가 개입되어 있는 것을 봅니다. 각 나라마다 신민(臣民)들은 마땅히 그 나라의 법을 알아야 할 의무가 있습니다. 그리고 사람들이 처음 제정된 새 법을 거스를 경우 처음 한두 번은 국가의 관리들이 이에 대해 너그러이 처리합니다. 하지만 그런 호의는 처음 한두 번에 대해서만 베풀어지는 것입니다. 그러므로 혹 어떤 법이 제정된 지 여러 해가 지난 후에 어떤 사람이 그 법을 어기고는 자기는 그 법을 몰랐다고 항변하면, 그 법을 아는 것이 마땅한 의무라는 답변을 들을 수밖에 없을 것입니다. 특히 우리의 경우가 그렇습니다. 성경 속에 이미 법이 제시되어 있고, 뿐만 아니라 우리 양심에 그 법이 기록되어 있어서, 혹 우리가 죄를 범하면 이는 이방인처럼 무지하여 죄를 범하는 것이 아니라 분명한 빛과 지식을 거슬러서 죄를 범하는 것입니다. 사람이 무지로 인하여 죄를 범하면, 무지가 용납되는 한도 내에서 그 죄가 용납됩니다. 하지만 그 이상은 용납되지 않습니다. 그리고 이 나라에서는 그리스도에 대한 무지와 복음의 임무에 대한 무지, 하나님의 법에 대한 무지는 도무지 핑곗거리가 될 수 없습니다. 거의 모든 거리마다 예수님이 선포되고 있고 하나님의 말씀이 각 사람의 활동 범위 내에 있으므로 원하기만 하면 얼마든지 하나님의 뜻을 곧바로 알고 발견할 수 있기 때문입니다. 하지만 많은 사람들의 경우 무지는 악의가 담겨 있는 고의적인 것으로서 많은 부작위의 죄의 원인인 것이 분명합니다.

부작위의 죄가 그렇게 많은 또 한 가지 이유는, 사람들이 더 편한 시기에 그 일을 행할 것처럼 가장하여 너무도 쉽게 스스로 변명하기 때문입니다. 사람들은 이렇게 말합니다: "아직 회개하지 않았지만 반드시 회개할 생각이다. 지금은 믿지 않지만 머지않아 믿을 것이다. 오늘은 기도를 제대로 하지 못한 것이 사실이지만, 조만간 기도를 드릴 생각을 갖고 있다." 이렇듯 사람들은 하나님을 자기들이 편리한 사정과 편리한 때에 섬기면 그것으로 족한 분 정도로 상상하는 것입니다. 자기들이 기뻐하는 때에 그의 명령을 행하기까지 하나님이 기다리셔야 한다고 믿습니다. 그리고 좀 더 편리한 때가 오면 그의 말씀과 그의 성령의 인도를 다시 귀담아 들을 것이라고 여기는 것입니다. 오오 여러분, 장차 개선하겠다는 식의 핑계는 애석하게도 전혀 실효가 없습니다. 우리는 언제나 즉시 하나님을 섬겨야 하고, 따라서 섬기는 것을 뒤로 미루는 것은 영구히 반역하는 것이 되기 때문입니다.

많은 이들은 하나님의 뜻을 무시하면서 그 비슷한 행실이 만연되어 있다는 것을 핑계로 삼습니다. 하나님을 사랑하고 섬기기를 행하지 않는 것이 대다수의 관습이 되어 있습니다. 어디서든 관습이 선한 것을 찬동하는 곳에서는 그 관습을 깨뜨리는 것을 사회적인 유행을 거스르는 것으로 여기고 또한 죄악된 것으로 여기게 됩니다. 그리고 사회적인 유행을 거스르기보다는 기꺼이 악인이 될지언정 사회적인 유행은 거스르려 하지 않는 사람들이 무수히 많습니다. 그러나 사회에서 올바른 것을 공통적으로 준수하지 않을 경우에 사람들은 곧바로 그 올바른 것이 필수적이 아니라고 생각하기 시작하고, 그리하여 그 일을 행하지 않은 채 내버려둡니다. 이는 마치 옥에 갇힌 죄수가 법정에서 이렇게 말하는 것과도 같습니다: "제가 도둑인 것은 사실이지만, 제가 사는 곳 사람들 모두가 다 도둑들이니, 제가 처벌 받는 것은 억울합니다. 물론 제 손이 물건을 슬쩍 훔치고 도둑질하지 못하게 하지 못한 것은 사실이지만, 제 가족 중에 누구도 그리하지 못했습니다. 우리 가족들은 그런 환경에서 자라났습니다. 아버지와 어머니가 습관처럼 행하는 일을 저버릴 사람이 과연 어디 있겠습니까? 제 부모님은 전문적인 도둑들이었습니다. 저는 그저 그들의 모범을 따른 것밖에 없으니 이것을 어찌 탓할 수 있겠습니까?" 하지만 양심이 일깨움을 받은 우리로서는 관습이 죄의 핑계가 될 수는 없다는 것을 알고 있습니다. 여러분의 주인이신 하나님 앞에서 여러분 각자가 서든 넘어지든 할 것입니다. 그러니 여러분, 여러분이 살고 있는 동네가 아무리 은혜가 없는 곳이라 해도 여러분의 동네를 탓할 필요가 없고 오직 여러분 자신을 탓해야 하는 것입니다. 여러분이 사는 시대가 아무리 탐욕스럽다 해도, 그 시대를 탓할 이유가 없고 오직 여러분 자신을 탓해야 하는 것입니다. 여러분, 하나님의 이름으로 권면합니다. 행여 여러분의 죄에 대해서 관습을 핑계로 삼지 마시기 바랍니다. 관습은 하나님의 법정에서는 핑곗거리가 되지 않으니 말입니다. 여러분이 저 버림받은 무수한 사람들과 함께 바깥 어두운 곳으로 내쫓길 때에, 그 무수한 사람들이 함께 있다는 것이 추호도 여러분의 고통을 덜어주지 못할 것입니다.

부작위의 죄들이 널리 퍼져 있는 이유를 더 늘어놓을 필요가 있을까요? 그 죄들은 우리 마음의 황무지 곳곳에서 자라나고, 그 씨앗들이 마치 엉겅퀴의 솜털처럼 어디나 날아가고, 또 양귀비 씨처럼 많기도 합니다.

3. 부작위의 죄의 죄악성

이제 셋째로, 부작위의 죄의 죄악성을 확실히 제시하고자 몇 말씀 드리겠습니다.

이 문제에 대해 하고픈 만큼 말할 수 있는 능력이 제게 있으면 좋겠습니다. 우리들 가운데 잘못한 것들이 무수히 많은 것을 깨닫고서 마음이 상하는 것을 보고픈 마음이 가득하니 말입니다. 상한 마음이야말로 하나님이 받으시는 제사입니다. 우리 중에는 예수님이 필요하다는 느낌이 들지 않기 때문에 예수님을 믿지 못하겠다고 한탄하는 사람들도 있습니다. 저는 오늘 아침 그들이 얼마나 큰 일을 행하지 않고 내버려두었는지를 깨닫게 되고, 그리하여 예수님이 필요하다는 느낌을 갖게 되기만을 바랄 뿐입니다. 자, 성령께서 여러분으로 하여금 다음의 말씀에 비추어서 여러분의 부작위의 죄를 깨닫게 해주시기를 바랍니다.

한 번 잠시 생각해보기 바랍니다. 만일 하나님께서 일 분 동안 여러분에게

숨을 공급하는 일을 그만두신다면, 만일 하나님께서 일 초 동안이라도 여러분에게 생명을 공급하지 않으신다면, 과연 어떤 결과가 일어나겠습니까? 가령 무한하신 하나님께서 한 시간 동안 그의 오래 참으시는 긍휼을 발휘하지 않으신다고 가정해봅시다! 그가 심판의 도끼를 붙잡아 제어하시는 일을 한 시간만이라도 중단하신다면, 과연 여러분은 어떻게 되겠습니까? 만물을 보존하시는 위대하신 하나님께서 우주를 다스리시면서 하루만 그의 선하심을 뒤로 물리신다고 가정해보십시오. 태양이 빛을 발하기를 중지할 것이고, 공기가 폐를 가득 채우지도 못할 것이고, 생명이 존재하기를 잊어버릴 것이고, 세상이 존재를 중단하게 될 것이고, 온 우주가 본래 나온 대로 다시 무(無)로 돌아갈 것입니다. 하나님 편에서 한순간이라도 역사하시기를 잊으시더라도 그의 모든 피조물들이 멸절되고 말 것입니다. 예수께서 구원 계획에서 한 가지를 행하지 않으셨다고 가정해 보시기 바랍니다. 우리의 구원을 위한 역사에서 단 한 부분만 이루어지지 않았더라도 모든 사람들은 영원히 저주를 받아야 할 처지가 되었을 것입니다. 만일 그랬다면, 여러분은 오늘 아침 손을 가랑이 속에 집어넣고 절박한 슬픔 속에서 이 소망 없는 세상을 오르락내리락하면서, 서로에게 이렇게 말할 것입니다: "소망이 없다. 구원이 완결되지 않았으니 소용이 없다. 구주께서 하셔야 할 일을 한 가지 하지 않으셨으니, 우리 중 누구도 구원받을 수가 없다." 이 두 가지 점만 잘 새겨도, 필수적인 일들을 소홀히 한다는 것이 얼마나 처절한 것인지를 맛볼 수 있을 것입니다.

할 일을 하지 않고 내버려두는 것은 결코 사소한 것일 수가 없습니다. 하나님의 사회에서는 물론이고 세상의 사회에서도 할 일을 행하지 않을 때에 생겨날 파급 효과가 얼마나 클지를 생각해보기만 해도 이 점을 알 수 있을 것입니다. 생각해 보십시오. 한 사람에게 자기 임무를 행하지 않을 권리가 있다면, 다른 사람도 그럴 것이고, 그러면 모든 사람이 다 그럴 것입니다. 그렇다면, 파수꾼이 집을 지키는 임무를 하지 않을 것이고, 경찰은 도둑을 체포하는 일을 하지 않을 것이고, 판사는 범법자에게 형을 선고하는 일을 하지 않을 것이고, 치안관은 피의자에 대한 형 집행을 행하지 않을 것이고, 정부는 그 법을 집행하는 일을 행하지 않을 것입니다. 그렇게 되면 모든 직업이 중지될 것이고, 세상은 질식하여 죽게 될 것입니다. 상인이 자기 임무를 돌보려 하지 않을 것이고, 농부도 밭을 가는 책무를 행하지 않을 것입니다. 그러니 사회가 어떻게 존재하겠습니까? 나라가 제대로 돌아가지 않을 것입니다. 바퀴들마다 물려 있는 톱니바퀴들이 서로 어긋나서 그 기계가 망가질 것입니다. 사람들이 모여 사는 사회가 대체 어떻게 존재할 수 있겠습니까? 사람들의 사회에서도 이런 일이 용납되어서는 안 될 일이라면, 하나님께서 왕이 되시고 천사들과 영화롭게 된 영들이 그 귀족들이요 모든 피조물들이 시민인 그 위대한 나라에서는 얼마나 더 용납될 수 없는 일이겠습니까? 그의 권위를 거스르고 여기저기서 할 일을 하지 않은 것들이 있는 것을 과연 하나님께서 어떻게 용납하실 수 있겠습니까? 온 땅의 심판주로서 그는 이런 부작위들을 강한 손으로 내리치실 것이고, 그렇게 그의 뜻을 거역하는 심령을 영원토록 깨뜨리실 것입니다.

여러분 자신에 대해 해야 할 일을 하지 않았을 경우 그것에 대해 여러분은 어떻게 판단할지를 잠시만 생각해보시기 바랍니다. 여러분 스스로 아마 이렇게 말했을지 모르겠습니다: "술을 마시거나 거짓 맹세하거나 저주하거나 거짓말하거나 도둑질하지 않는 한, 하나님을 경외하는 일에 소홀히 하는 일은 큰 문제가 아니다." 그런데 여러분, 들어보십시오. 여러분의 종이 있습니다. 그런데 그 종은 여러분의 물건들을 도둑질한 일도 없고, 여러분의 집에 불을 지른 적도 없고, 여러분의 귀에 총을 들이댄 일도 없는데도 여러분은 그를 쫓아냈습니다. 왜 그랬습니까? 여러분은 이에 대해 이렇게 대답합니다 "그 친구가 집의 모든 일을 소홀히 하기 때문이오. 내가 하라고 시키는 일을 이행하는 법이 없습니다. 그 친구가 주인이든지 내가 주인이든지 둘 중의 하나인데, 내가 하라고 시키는 일을 행하지 않으면, 대체 그 친구가 무슨 소용이 있단 말이오? 제 갈 길을 가라고 할 수밖에 없지 않습니까?" 여러분의 종을 이렇게 처리하지 않겠습니까? 그런데 하나님은 여러분이 그를 섬기는 일을 소홀히 해도 그냥 처벌이 없이 계속 내버려두셔야 한다고요? 군대의 병사의 예를 들어봅시다. 꼭 총검을 들어서 자기 상관을 살해해야만 반역죄가 성립되는 것은 아닙니다. 보초를 서라는 명령을 받고서도 그냥 집으로 돌아가거나, 전투가 벌어질 때에 무기를 내려놓으면서, "나는 나가서 싸우지 않겠다"고 말한다고 합시다. 과연 그런 반역죄를 묵인할 사람이 어디 있겠습니까? 어떻게 그런 일을 용납할 수 있겠습니까? 임무를 행하지 않는 것도 악을 행하는 것만큼이나 사악한 것입니다.

여러분의 아들이 매를 맞았습니다. 왜 그랬을까요? 거짓말을 하거나 도둑질을 한 적도 없고, 직접 악한 행동을 하지도 않았습니다. 하지만 여러분이 그에게 심부름을 시켰는데, 가기를 거부했습니다. 거듭거듭 이야기했는데도 (하나님은 여러분이 자녀에게 이야기한 것보다 훨씬 더 많이 여러분에게 명령하셨다는 것을 기억하십시오) 계속 고집을 피우며 움직이려 하지 않습니다. 그러니 그런 행동이 여러분의 집에서 허용될 수 없다는 것을 그 자신이 느끼도록 해주어야 했습니다. 자, 우리 집에서도 아이의 그런 행동을 용인할 수 없다면, 저 위대하신 아버지께서는 더더욱 우리의 이런 완악한 부작위를 용납하지 않으실 것입니다. 그런데 이렇게 말할지도 모르겠습니다: "아하! 하지만 저는 교회에 가는 일이나 예배 모임에 정기적으로 참석하는 일을 빼먹은 적이 없습니다. 찬송을 부르고 기도하는 등등의 일도 빠지지 않고 다 했습니다. 제가 행하지 않은 것은 그저 영적인 문제일 뿐입니다. 그를 사랑하지 않았다는 것이지요." 사랑하는 여러분, 가령 여러분에게 아내가 있는데, 그 아내가 다른 것은 다 하면서 여러분을 사랑하는 것만 하지 않는다면 여러분은 어떻게 생각하겠습니까? 글쎄요, 아무리 집 안이 깨끗하고도 질서 있게 정돈되어 있다 해도 그녀가 여러분에 대해 사랑이 없다면, 그녀는 여러분에게 아내가 아닙니다. 사랑이 없다는 것이야말로 치명적인 것이라고 느낄 것입니다. 마찬가지로 하나님을 사랑하는 것이 없는 것이야말로 정말 끔찍한 결함입니다. 모든 것을 다 앗아가 버리는 그런 결함입니다. 여러분이 이 점을 느끼게 되기를 바랄 뿐입니다. 여러분, 하나님을 사랑하지 않는 것이 얼마나 죄악된 것인지를 말입니다.

또한 하나님께서 임무를 행하지 않는 것에 대해 어떻게 생각하시는지를 잠시 생각해보는 것도 도움이 될 것입니다. 사울은 아말렉 사람들을 한 사람도 남김없이 다 진멸하라는 명령을 받았습니다. 그러나 그는 아각 왕을 살려두었고 가축 중에 좋은 것들을 남겨두었습니다. 그는 적극적으로 무슨 악행을 한 것도 아니고 그저 손을 거두고 할 일을 행하지 않은 것뿐이었습니다. 그러나 여호와께서는 이로 인하여 그에게, "그대를 버려 이스라엘 왕이 되지 못하게 하였노라"라고 말씀하셨습니다(참조. 삼상 15:26). 아합은 잔혹한 범죄를 무수히 저지를 벤하닷을 죽이라는 명령을 받았습니다. 벤하닷이 포로로 잡혔습니다. 그런데도 아합은 그에게 관용을 베풀었고, 결국 이 일로 인하여 아합은 여호와께로부터, "네 목숨이 그의 목숨을 대신하리라"라는 말씀을 듣고 말았습니다(왕상 20:42). 불순종이 아합을 망하게 만들었습니다.

우리 주 예수 그리스도는 모든 사람 중에 가장 온유한 분이셨습니다만, 그가 행하신 이적 가운데 그 속에 보복의 기미가 서려 있는 것이 한 가지 있었습니다. 그것이 무엇이었는지 아십니까? 그는 한 무화과나무가 잎사귀만 있고 열매가 없는 것을 보시고, "이제부터 영원토록 네가 열매를 맺지 못하리라"라고 말씀하셨습니다(마 21:19). 마치 열매 없는 것들이 그의 진노를 촉발시킨다는 것을 보여주고자 하신 것 같습니다. 가시를 맺는 가시나무가 아니라 반드시 무화과를 맺어야 하는데 맺지 못하고 있는 무화과나무에게 그렇게 말씀하신 것입니다. 오늘 아침 우리가 읽은 비유도 기억하시기 바랍니다. 여러분, 기억하십니까? 한 달란트 받은 종이 정죄를 받았습니다. 그 연유가 무엇이었습니까? 주인의 돈을 탕진해버렸다는 것 때문이 아니고, 그것으로 이윤을 남기는 일을 행하지 않았다는 것 때문이었습니다. 그러므로 하나님 보시기에는 선을 행하지 않는 것만으로도 사람을 정죄하기에 족한 것입니다. 그들이 적극적인 악을 행하지 않았더라도 말입니다. 성령께서 죄에 대해 사람들을 책망하실 때에, 그가 드러내시는 특별한 죄가 무엇입니까? 간음죄입니까? 강도의 죄입니까? 아닙니다. 한 가지 부작위의 죄입니다. "죄에 대하여라 함은 그들이 나를 믿지 아니함이요"(요 16:9). 예수님을 믿는 일을 행하지 않는 것이야말로 성령께서 세상을 책망하시는 가장 큰 죄인 것입니다. 바울의 엄숙한 질문을 기억하시기 바랍니다. 그는, "우리가 어찌 큰 보응을 피하리요?"라고 말씀합니다. 어떨 경우에 큰 보응이 임하리라는 것입니까? 거짓 맹세를 할 경우입니까? 술집에서 자주 소일할 경우에 그렇다는 것입니까? 아닙니다. "우리가 이같이 큰 구원을 등한히 여기면" 그렇다는 말씀입니다(참조. 히 2:3). 평생 구원을 등한히 여기면, 우리는 도무지 피할 길 없는 위험 속에 처하게 되는 것입니다.

4. 부작위의 죄의 결과와 그 형벌

드릴 말씀이 더 많지만, 시간상 이만 줄이기로 하고, 마지막으로 부작위의 죄의 결과와 그 형벌에 대해 매우 엄숙하게 상기시켜드리겠습니다.

부작위의 죄들이 우리를 정죄할 것입니다. 오늘 아침 마지막으로 읽은 비유를 봅시다. 임금이 왼편에 있는 자들에게 말씀하십니다: "내가 주릴 때에 너희가 먹을 것을 주지 아니하였고 목마를 때에 마시게 하지 아니하였도다"(마 25:42). 그는 이렇게 말씀하시지 않았습니다: "너희가 악한 집에 자주 드나들었고, 모두 똑같이 술주정뱅이들이요, 정직하지 못했고, 사기를 치고 파산한 자들이요, 안식일을 등한히 여겼으며, 거짓 맹세를 하였도다." 아닙니다. 오히려 "내가 주릴 때에 너희가 먹을 것을 주지 아니하였다"는 것입니다. 그들이 정죄를 받은 것은, 그들이 악을 행하였기 때문이 아니라 선을 행하지 않았기 때문인 것입니다.

"거룩함을 따르라 이것이 없이는 아무도 주를 보지 못하리라"(히 12:14)라 고 말씀합니다. "하지만 주님, 그 사람에게는 악행이 없습니다. 스스로 노골적인 악행을 저지른 적이 없습니다"라고 변명해도 소용이 없습니다. "아하! 하지만 그 것으로 다 되는 것이 아니다. 그의 속에서 거룩한 삶을 일구어내는 성령의 적극 적인 열매들이 없으면 주를 보지 못하리라"는 것입니다. 오오 여러분, 우리 중에 자신을 속이는 자가 하나도 없기를 바랍니다. 우리의 종교적인 겉모습이 단정하 고 정숙하다고 해서, 우리가 이웃들에게 예의바르게 처신한다고 해서, 그것 때 문에 하나님께서 우리를 받아주시는 것이 아닙니다. 성령으로 말미암아 우리 속 에 바리새인과 서기관들의 의(義)보다 나은 의가 이루어져야만 합니다. 그렇지 않으면 결단코 그 나라에 들어가지 못할 것입니다. 은혜가 역사하여, 죄를 끔찍 이 혐오하는 것과, 순결함을 진지하게 붙잡는 것과, 평화롭고 사랑스러우며 덕 스러운 모든 것을 추구하리라는 결단이 우리 속에 있어야만 합니다. 그렇지 않 으면 우리가 아무리 떠들어대도 하나님 나라에서 기업을 얻을 수가 없는 것입니 다. 저는 그 어떤 의미로도, 그 어떤 형식으로도, 행위로 말미암는 구원을 전하는 것이 아닙니다. 오직 구원은 은혜로 말미암는 것입니다. 그러나 세례 요한의 말 씀의 메아리가 여전히 제 귀에 쟁쟁하게 울립니다: "이미 도끼가 나무뿌리에 놓 였으니 좋은 열매 맺지 아니하는 나무마다 찍혀 불에 던져지리라"(눅 3:9). 나쁜 열매 맺는 나무를 불에 태우는 것은 물론, 열매를 맺지 않는 메마른 나무도 찍어 서 불에 던지는 것입니다. 구원 얻는 참된 열매들을 맺지 않으면, 구원 얻는 믿 음이 우리에게 없는 것이라 확신할 수 있을 것입니다.

부작위의 죄들은 정죄를 받게 할 뿐 아니라, 그 죄들을 고집하게 되면 결국 죄 사함의 가능성이 우리에게서 닫혀져 버리고 맙니다. 복음에 대해 부작위의 죄를 범하게 되면 복음의 특권들이 우리에게 닫혀져버립니다. "믿지 않는 자" — 이 사람에게 죄 사함이 있습니까? "믿지 않는 자" — 이 사람에게 구원이 있습니 까? 아닙니다. 이 사람은, "하나님의 독생자의 이름을 믿지 아니하므로 벌써 심 판을 받은 것이니라"(요 3:18). 회개하지 않는 자 — 이 사람에게 은혜가 임하겠 습니까? 회개하지 않은 죄들을 하나님의 긍휼이 제거해주겠습니까? 아닙니다.

그렇지 않습니다. 우리가 죄에게 매달리면, 죄가 우리에게 매달리게 됩니다. 마치 나병이 게하시의 집에게 그랬던 것처럼 말입니다. 하나님께서는 예수 그리스도를 통하여 모든 죄를 사하십니다. 그리고 우리가 오직 예수 그리스도만을 신뢰하고 그에게 나아가면 우리의 지극히 악독한 죄까지도 기꺼이 사해주십니다. 그러나 예수 그리스도를 믿는 믿음이 없으면 하나님께로부터 죄 사함을 받는 것이 불가능합니다. 그것은 오직 예수님을 믿는 자들에게만 주시겠다고 약속하시는 것입니다.

복음서에 나타나는 혼인 잔치에 많은 사람들이 참석하려 하지 않습니다. 그리고 그 사람들은 참석하지 않은 것 때문에 멸망하고 말았습니다. 그들이 무슨 그릇된 일을 실제로 범한 것 때문에 정죄를 받은 것이 아닙니다. 오지 않은 것 때문에 멸망한 것입니다. 그 잔치에 참석한 사람 중에 혼인 예복을 입지 않은 자가 있었습니다. 그 사람이 누더기를 걸쳤다거나 집 주인의 눈에 거슬리는 차림을 했다는 이야기는 본문에 없습니다. 다만 혼인 예복 입는 일을 하지 않은 것뿐이었습니다. 그런데 그것이야말로 치명적인 죄였습니다. 그 사람에 대해 어떤 선고가 내려졌습니까? "그 손발을 묶어 바깥 어두운 데에 내던지라"는 것이었습니다(마 22:13). 여러분 중에 오늘 도덕적인 기준에 어긋나는 옷차림을 한 사람이 있더라도 저는 그 사람을 정죄할 수가 없습니다. 하지만 여러분 명심하시기 바랍니다. 예수 그리스도를 믿는 살아있는 믿음을 통하여 그의 의(義)를 입고 있지 않다면, 여러분은 결국 바깥 어두운 데로 내쫓기게 될 것입니다.

오오 여러분, 이 진리가 여러분의 귀와 여러분의 마음속에 깊이 들어가 박히게 되기를 바라마지 않습니다! 모든 부작위의 죄들에 대한 용서가 바로 예수님의 상처 속에 있습니다. 그를 바라보는 것에 생명이 있습니다. 이런 수많은 잘못들의 머리 위에 하나님의 긍휼이 신자들에게 임할 것입니다. 그러나, 오오 여러분, 여러분의 불신앙 속에 머물러 있지 마시기 바랍니다. 성령께서 그의 권능으로 여러분을 움직이사 회개하게 하시고, 이제 믿게 하시기를 바랍니다. 그럴 때에 구원과 다함이 없는 세상이 여러분의 것이 될 것이요, 하나님께서 영광을 받으실 것입니다. 아멘.

제
11
장
—

죽을 준비가 되셨습니까?

—

"요단 강 물이 넘칠 때에는 어찌하겠느냐?" — 렘 12:5

　　가나안을 그리스도인의 삶의 두 가지 상태 혹은 조건을 보여주는 하나의 모형으로 생각할 수도 있을 것입니다. 가나안은 광야의 지치고 힘든 여정을 지나온 이스라엘 자손에게 안식의 땅이었습니다. 성경은, "믿는 우리들은 저 안식에 들어가는도다"라고 말씀하고 있습니다(히 4:3). 아무리 믿음이 강한 참된 그리스도인이라도 광야의 상태에서 젖과 꿀이 흐르는 땅을 누리지는 못할 것입니다. 다만 그의 믿음이 그가 바라는 것들의 실상을 누리게 하고 보지 못하는 것들의 증거를 제시할 것입니다. 많은 제자들이 침울함과 비참함과 불편함의 삶을 살고 있습니다만, 하나님을 믿는 믿음을 갖고서 좀 더 고귀한 헌신과 사랑의 삶을 살면, 그런 삶의 모습이 완전히 뒤바뀔 것입니다. 가나안은 일부가 누리는 한층 나은 기독교의 상태를 보여주는 하나의 모형으로 생각해도 무방할 것입니다. 거기에 어려움이 없는 것은 전혀 아닙니다. 가나안 족속들이 그 땅에 거하고 있고, 따라서 여전히 전쟁과 싸움이 있습니다. 그러나 거기에는 안식이 있고, 또한 거기에는 그 약속한 땅을 경작하면서 스스로 생겨나는 섬김의 정신이 있습니다. 그러나 가나안은 일반적으로 하늘 저 너머에 "하나님의 백성에게 남아 있는 안식"을 그림자로 보여주는 데에 사용됩니다. 이렇듯 하늘이 유대인들의 이 땅의 기업에 해당되는 것으로 묘사되는 경우가 많습니다. 하늘이야말로 우리의 소망이요 우리의 나그네 길의 종착점입니다. 거기에는 우리의 예루살렘이 있고 또한 "손으로 짓지 아니한" 성전이 있습니다. 그 모형에 대해 이런 견해를 취하게 되면, 요단 강을 죽음과 연관짓는 것도 부자연스럽지 않습니다. 요단 강의 시커먼 물을 통해서, 죽음이 다가올 때에 우리가 걸어서 통과하게 되는 그 차가운 물줄기를 우리의 마음에 그려주는 것입니다. 요단 강은 아름다운 상징이요, 우리는 와츠 박사(Isaac Watts: 1674-1748. 잉글랜드의 찬송가 작가—역주)의 다음과 같은 찬송을 감격에 차서 자주 불러 왔습니다.

> "순결한 기쁨의 땅이 있으니,
> 거기서 성도들이 영원토록 통치하리;
> 밤이 없이 낮이 무한히 계속되고,
> 고통이 사라지고 즐거움만이 있으리.
> 거기는 영원히 봄이며,
> 꽃들이 영원히 시들지 않으며;
> 죽음이 마치 비좁은 바다처럼 이 하늘의 땅과
> 우리의 땅 사이를 갈라놓고 있네."

"요단 강 물"을 바로 죽음의 시각을 나타내는 것으로 본다면, 문제는 바로 우리가 죽게 될 때에 과연 어떻게 하겠느냐 하는 것입니다.

1. 실천적인 질문

첫째로, 우리는 이 질문이 지극히 실천적인 질문이라는 것을 감지합니다.

여러분은 과연 어떻게 하겠느냐 라는 것입니다. 순전한 믿음과 개인적인 느낌의 문제들이 주로 결부되는 그런 주제들도 있습니다. 그리고 기독교의 모든 교리들이 다소간 그리스도인의 삶에 직접적으로 연관됩니다만, 그것들을 가리켜 흔히 말하는 실천적인 주제들이라고 하지는 않습니다. 그러나 오늘의 본문은 본질적으로 우리의 행동과 행위와 결부되는 문제를 대하게 해줍니다. 곧, 죽음이 닥치는 시각에 과연 우리는 어떻게 처신할 것인지를 묻고 있는 것입니다. 때로 우리는 교리적인 설교를 반대하는 사람들이 하는 이야기를 듣기도 합니다. 곧, 너무 사색적이라거나 우리 자신의 견해를 설파하는 것이라고 하며, 그런 것은 사람의 헛된 상상력만을 자극할 뿐이요 삶을 일구어내지 못한다는 것입니다. 하지만 우리는 성경의 약속 하나하나가 다 계명에로 이어지고, 교리 하나하나가 다 임무와 결부된다고 믿습니다. 그러므로, 설사 우리가 계명들은 완전히 도외시하고 교리만을 전적으로 설교했다 하더라도(물론 우리는 그런 적이 전혀 없습니다만), 그런 교묘한 말은 받아들일 수 없습니다. 그러나 여기서는 지극히 실천적인 주제를 접하고 있습니다. 오히려 어떤 이들이 보기에 너무나 지나치게 실천적이지 않을까 염려가 되기까지 합니다. 그런 사람들은 이 주제를 하나의 정서와 느낌으로 바꾸어 버리고, 실천에 옮기려 하지 않을 것이고, 그리하여 나중에 그 능력을 실증하려 하지 않을 것입니다. 그리스도인들 중에 저와 어떤 점에서 견해가 다른 이들도 있을 것입니다. 그러나 이 문제에 있어서는 우리가 한 가지 믿음을 갖고 있다고 확신합니다. 우리 모두 죽게 되어 있고 또한 준비가 없이 죽음을 맞이해서는 안 된다는 것입니다.

그리스도인의 삶을 시작할 때에 어떻게 해야 하는지에 대해서는 견해의 차이가 있습니다. 저는 우리가 그리스도의 모범을 따라 물 속에 잠겨야 한다고 주장합니다. "이와 같이 하여 모든 의를 이루는 것이 합당"하기 때문입니다(참조. 눅 3:15). 그러나 다른 이들은 그것은 필수적인 요소가 아니라고 하며 반대합니다. 영적 삶의 시작에 대해서는 우리의 견해가 다릅니다. 하지만 그 마지막에 대해서는 견해가 일치합니다. 우리는 죽게 되어 있습니다. 그리고 우리 모두 의인의 죽음을 죽기를 바라고 우리의 마지막이 의인의 마지막과 같기를 바라는 것입니다.

2. 개인적인 질문

둘째로, 이것은 의심의 여지 없이 개인적인 질문입니다.

여러분은 과연 어떻게 하겠느냐 라는 것입니다. 이는 우리 개개인을 돌아보게 하고, 우리 각자 자신의 죽음의 시각과 대면하게 해주는 질문입니다. 우리 모두에게 이것이 필요합니다. 우리 각자가 잠시 동안 무덤 속을 들여다보는 것이 좋을 것입니다. 우리는 우리 자신을 빼고 나머지 모든 사람들이 죽을 자들이라는 식으로 생각하기가 너무나 쉽습니다. 우리 모두가 공통적으로 지니고 있는 모든 연약한 것들은 물론 삶의 덧없음도 다른 이들에 대해서는 분명하게 바라보면서도 우리들 자신에 대해서는 그렇지 못한 것 같습니다. 우리 자신의 연약함에 대해 너무나 몽매합니다. 그러니 우리 각자 자신에게 이렇게 질문해보는 것이 좋겠습니다: "내 영혼아, 요단 강 물이 넘칠 때에 어찌하려느냐?"라고 말입니다. 고대의 용사는 불과 백 년이 되기 전에 자신의 막강한 군대가 다 죽어 없어지고 남아서 그 용맹스러운 이야기를 전해줄 자가 한 사람도 남아 있지 못할 것이라는 생각에 슬픔에 잠겼습니다만, 그가 자기 자신을 위해서도 슬퍼했더라면 — 자기 홀로 저 피비린내 나는 전쟁에서 홀로 남고 그리고는 언젠가는 죽어야 하고 죽은 후에는 심판의 날이 닥치게 될 것이니 — 더욱 지혜로웠을 것입니다.

여러분 모두가 반드시 죽을 목숨입니다. 만일 제가 세상의 현인(賢人)들의 무리에게 말씀을 전한다면, 저는 이렇게 말씀할 것입니다: "여러분의 지혜를 모두 다 합쳐도 여러분 중 한 사람의 날을 단 일 분이라도 늘릴 수가 없습니다. 별들의 거리를 계산할 수도 있고, 세계들의 무게를 잴 수 있다 해도, 여러분 중 어느 한 사람이 언제 죽을지도 이야기해줄 수가 없고, 각 영혼이 세상을 떠나기까지 과연 모래시계 속에 모래가 몇 알이나 남아 있는지도 이야기해줄 수가 없습니다." 여러분에게 이제 말씀드리거니와, 여러분 중에 아무리 지혜로운 자도 반드시 죽습니다. 여러분 자신도 머지않아 죽을 수 있다는 것을 잘 알고 있습니다. 아무리 막강한 힘을 지닌 사람도, 아무리 재물이 많은 사람도, 반드시 죽게 되어 있습니다. 삼손은 사람보다 더 강력한 존재에게 사로잡혔습니다. 그러니 아무리 부자라 할지라도 죽음에게 뇌물을 먹여서 한 시간만이라도 그의 화살을 뒤로 미루게 할 수가 없습니다.

우리 모두가 한 사람씩 한 사람씩 세상에 왔으니, 세상을 떠날 때에도 홀로 떠날 것입니다. 사랑하는 자들이 그 어두컴컴한 강가에까지 함께 옵니다만, 그들은 거기서 손을 흔들고 "안녕"이라고 작별 인사를 하고, 우리는 그 다음부터 홀로 떠나는 것입니다. 선지자의 동료요 후계자가 불마차가 와서 스승을 데려갈 때까지 그를 따라갔습니다. 그러나 하나님의 사자들이 오자, 그들은 그 종을 떠나보내며, 허망하게 외칩니다: "내 아버지여, 내 아버지여, 이스라엘의 병거와 그 마병이여"(왕하 2:12). 그러니 이 땅의 친구의 도움을 받으려 하지 말고, 이 질문을 우리 각자 개별적으로 대할 문제로 여겨야 할 것입니다. 젊은이들에게, 늙은이들에게, 부자들에게, 가난한 자들에게 말씀드립니다. 오늘 함께 모인 많은 무리들 한 사람 한 사람에게 말씀드립니다. 우리 하나님 앞에 우리 각자가 홀로 있는 것처럼 말씀드립니다: "요단 강 물이 넘칠 때에 여러분은 어찌 하시겠습니까?"

3. 엄숙한 질문

세 번째로, 이 질문은 그야말로 지극히 엄숙한 질문이라는 사실에 주목하고자 합니다.

죽음과 삶은 처절하고도 끔찍한 현실입니다. 무엇이든 "생사(生死)가 달린 문제"라고 말하면, 그 문제야말로 지극히 절박하고 엄숙한 문제라는 뜻입니다. 그런데 우리가 이 아침에 살펴보고자 하는 이 문제가 바로 그런 성격을 지닌 것입니다. 그러니 영혼의 영원한 처지가 걸려 있는 문제를 살피는 일에 걸맞게 이 문제를 대해야 할 것입니다. 이 질문은 모든 사람에게 무한히 중요한 문제입니다만, 특별히 더 중요한 사람들이 있습니다. 이분들은 마음의 허리띠를 졸라매고 정신을 바짝 차리고 관심 깊게 이 문제를 대하여야 할 것입니다. 한두 가지 경우를 주목하고자 합니다. 물론 모든 분들의 마음이 휘저어지기를 바랍니다만, 특히 몇 분들에 대해 정말 안타까운 마음이 있습니다. 그분들에게 변화가 일어나 마치 나뭇가지가 불 속에서 타고 있다가 건져냄을 받는 것처럼 그렇게 되기를 바랍니다.

저는 그리스도께서 메시야이심을 거부하는 유대인에게 이 질문을 해야 할 것이라고 진지하게 생각했습니다: "요단 강 물이 넘칠 때에 그대는 어찌하렵니까?" 율법에 의하면 ― 유대인이라면 누구나 날 때부터 율법 아래에 있습니다만 ― "누구든지 율법 책에 기록된 대로 모든 일을 항상 행하지 아니하는 자는 저주 아래에 있는 자"입니다(갈 3:10; 참조. 신 27:26). 그런데 "율법 책에 기록된 대로 모든 일을 항상 행"하거나 할 수 있는 자는 한 사람도 없었고 앞으로도 한 사람도 없을 것이니, 결국 모든 사람은 다 저주 아래 있는 것입니다. 자기 자신의 종교적인 신앙으로 정죄를 받고 저주 아래 죽는다는 것은 사람에게 그야말로 끔찍한 일입니다. 그런데 유대인은 누구나 다 그렇습니다. 자기들 자신의 율법 책에 의해서 저주를 받으며, 그것도 영원토록 저주를 받으니 말입니다. 그러니 요단 강 물이 넘칠 때에 과연 무슨 위로가 그에게 있겠습니까?

또한 불신자와 무신론자에게도 같은 질문을 해야 하리라고 생각했습니다. "요단 강 물이 넘칠 때에 그대는 어찌 하렵니까?" 어쩌면 그는, 자기는 영혼의 멸절(滅絶: annihilation)을 믿는다고 말할지도 모르겠습니다. 그러나 마지막 임종의 순간에 그에게는 위로가 조금도 없을 것입니다. 과연 그가 그 순간을 잘 견디겠습니까? 존재 자체가 사라지는 총체적 파멸이라는 처절한 공허(blank)가 앞에 있는데 말입니다. 영혼이 고통과 유약함 속에서 이리저리 흔들리는 가장 위로가 필요한 처지에서 과연 그를 무엇이 도울 수 있겠습니까? 아무것도 없습니다.

또한 로마 가톨릭교도에게도 그 질문을 해야 할 것이라 여깁니다. "요단 강 물이 넘칠 때에" 그 사람은 과연 어찌하겠습니까? 여러분도 기억하시겠습니다만, 얼마 전 가톨릭교회의 한 고위 성직자가 세상을 떠났습니다. 저는 그 사람의 문제에 대해 잘 알지 못하고 또한 다른 사람의 영혼에 대해 판단하고픈 생각도 없습니다만, 그 추기경의 관(棺) 위에 그의 영혼을 위해 기도해 달라고 요청하는 문구가 있었고, 또한 그의 영혼의 평온한 안식을 비는 미사가 행해지기도 했습니다. 그러니 그 추기경의 영혼은 기도가 필요한 곳에 가 있는 것이 분명하고, 또한 평온한 안식이 없는 곳에 가 있는 것이 분명합니다. 자, 추기경의 처지가 이러하다면, 그와 동일한 믿음을 갖고 있는 보통 사람들의 처지는 어떠하겠습니까? 교회의 고위 성직자가 죽어서 우리가 바라는 천국에 가지 못하고 또한 영원한 안식에 들어가지도 못하고, 오히려 우리의 중보 기도가 필요하며 또한 그 영혼의 안식도 없는 그런 곳에 가 있다면, 그런 신조(信條)를 갖고서 죽는 일이야말로 정말 끔찍한 일일 것이 틀림없습니다. 그런 신조를 제 임종 시에 베개로 삼느니 저는 차라리 지극히 날카로운 가시가 가득한 덤불에다 머리를 박겠습니다.

오오, 우리는 이보다 더 나은 것을 원합니다. 안식도 없고 이 땅의 죄악된 사람들의 기도가 필요한 그런 곳으로 가는 확신보다 더 나은 것이 우리에게 필요합니다. 더욱 기쁨이 넘치고 더욱 신성하고 더욱 불멸이 가득한 그런 소망이 필요한 것입니다. 하지만 우리가 과연 이 사람들과 무슨 상관이 있는지 잘 모르겠습니다. 그들은 자기 길을 갈 것이니 말입니다. 그들이 마지막에 잘못 되었다는 것이 드러나면, 일이 그렇게 된 것에 대해 우리는 정말 애석해할 것입니다. 하지만 가장 중요하고 시급한 문제는 분명 우리 자신의 문제입니다. 그러니 그들에 대해서는 잊어버리고, 우리들 각자가 스스로에게 이 질문을 해야 할 것입니다: "요단 강 물이 넘칠 때에 그대는 어찌하려느냐?"

4. 책망으로 주어진 질문

넷째로, 이 질문은 선지자 예레미야에 대한 책망으로 주어졌다는 것을 기억하시기 바랍니다.

그는 함께 살고 있는 주위의 사람들에 대해 약간 두려워하는 마음이 있었던 것 같습니다. 그들은 그를 매우 박해했고, 그를 조롱했고, 그를 모욕한 것이 분명했습니다. 그러나 하나님은 그에게 얼굴을 마치 부싯돌처럼 단단하게 하고 그들에 대해 개의치 말라고 말씀하십니다. 그들을 두려워하면 "요단 강 물이 넘칠 때에는 어찌하겠느냐?"는 것입니다. 이는 사람을 두려워할 처지에 있는 모든 그리스도인에게 주는 책망이기도 합니다. 오랫동안 설교해오고 있는 설교자 치고 강단에서 이 사람 저 사람에 대해 두려워할 유혹을 받지 않는 사람이 어디 있겠습니까? 자신의 순전함 위에 견고하게 서 있지 않으면, 가장 가까운 사람들 몇몇이 그의 위에 군림하는 것을 깨닫게 될 것입니다. 그러나 하나님의 사역자에게 이런 일은 절대로 금물입니다. 부자에게나 가난한 자에게나, 선한 사람에게나 악한 사람에게나 하나님의 말씀을 공정하게 다루어야 하고, 하늘에 계신 주인 이외에는 그 누구도 주인으로 두지 않기로 결단하여야 합니다. 하나님께서 친히 입에다 두신 사려 깊음과 분별의 재갈 이외에는 그 어떠한 재갈도 입에 두지 말아야 합니다. 언젠가는 죽을 사람을 두려워하고, 좀이 먹어 깨어지고 말 사람의 아들을 두려워한다면, 저 엄하시고 처절한 왕과 대면해야 할 때에는 과연 얼마나 두렵겠습니까! 하잘것없는 사람을 두려워한다면, 저 심판 날의 끔찍한 시련 앞에서는 과연 어떻게 그것을 대면할 수 있겠습니까? 그런데 제가 아는 그리스도인 중에 세상 사람들의 평가에 따라, 가족이나 직장 동료들의 생각에 따라, 매우 흔들리는 이들이 있습니다. 세상 사람들이나 가족 혹은 직장 동료들의 생각이 무슨 문제입니까? "겉옷에 대해 비웃음을 당하는 사람은 큰 바보다"라는 옛 속담이 있습니다. 그리고 이것을 좀 더 발전시킨 것으로, "살갗에 대해 비웃음을 당하는 사람은 더 큰 바보다"라는 것도 있었습니다. 그런데 한 가지 더 있는데, 곧 "자기 영혼에 대해 비웃음을 당하는 사람은 가장 큰 바보다"라는 것입니다. 인기를 누리기 위해서 정죄 받기를 마다하지 않는 사람은 자신이 얻는 그것의 대가를 크게 치러야 하는 법입니다.

오오 여러분, 올바르게 행하는 것이 유별난 일로 여겨진다면, 담대하게 유별나기를 바랍니다. 하지만 만일 사람을 두려워한다면, 요단 강 물이 넘칠 때에는 어찌 하겠습니까? 삶의 작은 어려움을 당하여 투덜거릴 때에도 동일한 책망을 받아 마땅할 것입니다. 사업상 손해를 보았습니다. 가정에 근심거리들이 있습니다. 지니고 가야 할 온갖 십자가들이 있습니다. 하지만 본문은 여러분에게 말씀합니다: "이것도 견디지 못하면, 요단 강 물이 넘칠 때에는 어찌하겠느냐?

갖가지 비상 상황을 당하는 것이 일상적인 일인데 네 믿음이 그것을 감당하지 못한다면, 저 특별한 날, 곧 네 삶에서 가장 중요한 그 날이 이를 때에는 어찌하겠느냐?"

사랑하는 여러분, 이런 일들로 의기소침해지지 말고 즐겁게 그것들을 감당하시기 바랍니다. 이 삶의 전투에서 지금껏 당해온 그 어떠한 것보다 더 엄중한 일이 우리 앞에 있으니 말입니다. 또한 육체의 고통을 당하며 짜증을 낼 때에도 동일한 책망을 받을 수 있습니다. 우리가 다소 몸이 나빠진다 싶으면 곧바로 짜증을 내므로, 오히려 우리와 가장 먼 사람이 우리를 가장 좋아하는 사람들이라는 생각이 들기까지 하게 만드는 이들이 우리 주위에 있습니다. 마음이 조금만 울적해져도 곧바로 모든 것을 다 포기해버리고는 마치 요나처럼 "우리가 화가 나서 죽겠습니다"라고 토로합니다만(참조. 욘 4:9), 이래서는 안 됩니다. 남자답게 처신하여야 하고, 이런 조그만 개울 때문에 불평해서는 안 될 것입니다. 우리가 이런 조그만 개울에 떠내려간다면, 요단 강 물이 넘칠 때에는 과연 어떻게 그 물을 건너가겠습니까?

순교자 중에 포밀리(Pommily)라는 다소 특이한 이름을 가진 분이 있는데, 그분이 화형을 당하기에 앞서서 구금되어 있었고, 그의 아내 역시 이단의 혐의로 투옥되어 있었습니다. 그 선한 여인은 남편과 함께 죽기로 작정했었고, 모든 사람들이 보기에 그녀의 믿음이 확고해 보였습니다. 그런데 간수의 아내는 비록 신앙은 없었으나 그 여자의 일에 대해 측은하게 여기고서, '이 여자는 절대로 그 시련을 견디지 못할 것이다. 남편과 함께 화형을 당하지 못할 것이다. 그 시련을 견딜 믿음도 힘도 없다'라고 생각했습니다. 그리고 어느 날 그녀를 감옥에서 불러내어 이렇게 말했습니다: "이보시오, 젊은 처자, 저 정원으로 달려가면 거기 열쇠가 있을 터인데 그것을 집어서 내게 가져오게." 그 가련한 여인은 기꺼이 달려갔습니다. 그런데 열쇠를 손에 쥐자 손에 화상을 입었습니다. 간수의 아내가 그 열쇠를 벌갛게 달구어놓았기 때문입니다. 그 여인은 고통 때문에 소리를 지르며 달려왔습니다. 그러자 간수의 아내는 이렇게 말했습니다: "아아, 이 여자야, 손에 생긴 조그만 화상도 견디지 못하는데 온 몸이 불에 타는 것을 어떻게 견디겠느냐?" 안타까운 일입니다만, 이 일로 인해서 그 여자는 자신이 입으로 고백한 믿음을 철회했습니다. 그 여인은 마음속에 믿음을 가진 적이 없었던 것입니다.

이 이야기를 이렇게 적용해보겠습니다. 손가락을 데는 것처럼 일상적인 생활 중에 우리에게 닥치는 사소한 아픔들을 견디지 못한다면, 심장의 고동 소리마다 고통이요, 고뇌가 되고, 영혼이 떠나게 되어 온 육체가 무너져 내릴 때에는 과연 어찌하겠습니까? 자 여러분, 용기를 가지십시다! 다가올 저 거대한 괴물과 싸워야 합니다! 그러니 이런 난쟁이들일랑 두려워하지 맙시다! 날마다 다가오는 일상적인 시험거리들은 웃으며 넘깁시다! 하나님의 은혜의 능력으로 시인과 함께 다음과 같이 노래합시다!

> "나는 비록 약하나, 주의 힘으로 말미암아,
> 모든 일을 다 행할 수 있노라."

이런 것들을 견디지 못한다면, 요단 강 물이 넘칠 때에는 어찌하겠습니까? 이것이 바로 이 본문이 본래 가르치고자 하는 내용이었습니다. 이제 또 다른 목적으로 이 본문을 사용하고자 합니다.

5. 경계의 목적으로 주어진 질문

다섯째로, 경계의 목적으로 이 질문을 제기할 수도 있습니다.

오늘 여러분 중에 그리스도를 믿는 믿음도 소망도 없는 분들이 있습니다. 제 생각에는 그분들이 자기들의 경험을 토대로 바라보면, 그들이 전혀 편안하지 않다는 것을 이미 잘 알 것입니다. 이 세상의 쾌락들은 매우 달콤합니다. 하지만 구미가 사라지지 않는다 해도 얼마나 금방 그것들이 싫증나는지 모릅니다. 밤에 유쾌하고 즐겁게 보낸 뒤에, 이튿날 아침이 되어 후회가 생기는 경우가 많습니다. "재앙이 뉘게 있느뇨! … 붉은 눈이 뉘게 있느뇨? 술에 잠긴 자에게 있고 혼합한 술을 구하러 다니는 자에게 있느니라"(잠 23:29-30). 땅의 쾌락은 그것이 실제로 주는 것보다 더 많은 것을 약속하며, 또한 지혜로운 자는 그것을 뒤돌아보면서 솔로몬과 더불어, "헛되고 헛되니 모든 것이 헛되도다"(전 1:2)라고 고백하기 마련이라는 것이 거의 누구나가 하는 고백입니다. 자, 육체가 건강할 때에도 이 쾌락들이 헛되게 보인다면, 병들었을 때에는 어떻게 보이겠습니까? 그것들을 누릴 수 있는 동안에도 헛되다면, 그 모든 것들과 작별을 고해야 할 때에는 과연 어떻겠습니까? 부자가 자색 옷과 가는 세마포로 치장하고 또한 호화로운 생활을 즐기고 있을 때에도 그것이 헛되다면, "오늘 밤에 네 영혼을 도로 찾으리니 그러면 네 준비한 것이 누구의 것이 되겠느냐?"라는 말씀을 들을 때에는 얼마나 더 헛되겠습니까? 요단 강 물에 서서 이런 모든 쾌락거리들이 사라지고 끔찍한 공허만이 있는 것을 볼 때에 여러분은 과연 어찌하겠습니까?

더욱이, 양심이 여러분을 찌르는 것을 이미 느끼고 있습니다. 혹 완전히 눈이 멀고 마음이 완악해진 상태로 영원히 내버려진 것이 아니라면, 여러분은 하나님이 없는 상태로 완전한 평안을 누리며 살 수가 없습니다. 여러분 자신과 여러분의 처지에 대해 한 시간 동안 곰곰이 생각하고 난 다음 편안한 마음으로 잠자리에 들 수는 없습니다. 여러분이 마음의 평안을 유지할 수 있는 유일한 길은 유쾌하게 떠드는 모임을 전전하거나, 아니면 이 사업 저 사업에, 이 일 저 일에 골몰하는 것밖에 없다는 것을 여러분도 잘 알고 있습니다. 여러분의 가련한 영혼이 마치 몰록의 제단에 던져질 갓난아기처럼 울부짖고 있는데, 정작 여러분은 그 울음소리를 듣지 못합니다. 이 세상의 쾌락과 근심걱정의 시끄러운 북소리에다 그 울음소리를 파묻어버렸기 때문입니다. 그런데도 여러분에게는 안식이 없습니다. 여러분의 멋진 열매 속에 벌레가 들어있고, 지극히 달콤한 술잔 밑바닥에 찌꺼기들이 있습니다. 여러분이 그것을 잘 알고 있습니다. 지금 여러분에게는 완전한 안식이 없습니다. 자, 여러분이 그렇게 믿고 신뢰해온 이 평안의 땅에서도 이런 일들로 지쳐간다면, "요단 강 물이 넘칠 때에는 어찌 하겠습니까?"

더욱이 제가 잘못 알고 있는 것이 아니라면 때때로 여러분에게 아주 이상스런 염려가 있기도 합니다. 제가 아는 몇몇 지극히 무모한 죄인들의 경우에는, 끔찍한 두려움에 빠져있어서 그 누구도 사기를 올려줄 수가 없었습니다. 심판에 대한 갖가지 무서운 생각에 홀려 있었기 때문입니다. 가장 속된 사람이야말로 세상에서 가장 미신적인 사람들입니다. 참 이상한 일입니다만, 지극히 완악해 보이는 그 사람들에게 언제나 그런 약점이 있습니다. 하지만 여러분은 그렇게까지 완악하지는 않습니다. 감히 죽음을 기쁨으로 고대할 수가 없다는 것을 여러분이 압니다. 무덤에 들어가는 일은 여러분에게 절대로 유쾌한 일이 아닙니다. 그렇습니다. 만일 더 이상 죽음이 있을 수 없다는 것을 확신한다면, 그것이야말로 여태껏 들은 소식 중에 가장 좋은 소식일 것입니다. 반면에 우리 중 어떤 이들에게는 그것이야말로 들을 수 있는 소식 중에 가장 나쁜 소식일 수도 있을 것입니다. 예, 좋습니다. 죽음을 생각하는 것이 그렇게 쓰라리다면, 죽음이 현실이 될 때에는 어떻겠습니까? 죽음을 멀리서 바라보는 것조차도 너무 힘든 일이라면, 그 죽음의 멍에를 지고 가야 하고, 그 캄캄한 골짜기를 지나고, 그 화살을 몸소 느끼고, 그 죽음의 독이 여러분의 피에 스며들어 쑤실 때에는 어떻게 되겠습니까? 그 때에는 어찌하겠습니까? "요단 강 물이 넘칠 때에는 어찌하렵니까?"

여러분이 어찌할지는 굳이 말씀드리지 않겠습니다만, 저도 그것을 본 일이 있으니 여러분도 분명 그것을 보았을 것입니다. 때로는 사람이 자신감이라는 아편을 맞고는 양들처럼 편안하게 죽기도 합니다. 또 어떤 경우는 사람이 각성하여 죽음으로 인해 자신에게 닥칠 그 끔찍한 파멸을 보고는 다가올 진노로 인하여 뒤로 물러서고 움츠러들며, 울부짖고 비명소리를 지르면서 자신은 죽지 않을 것이라고 맹세하기도 합니다. 하지만 그는 반드시 죽게 되어 있습니다. 눈을 들어보아도 소망을 줄 수 있는 것이 아무것도 보이지 않는 ─ 그 처절한 고뇌를 없애줄 수 있는 것이 아무것도 없는 ─ 그런 곳으로 질질 끌려가고 마는 것입니다. 이 점에 대해서는 이 정도로 줄이겠습니다. 하나님께서 지금 이 자리에 계신 많은 이들로 하여금 이를 경계로 받아들이게 해주시기를 바랍니다. 이 자리에 계신 여러분 중에는 여러분이 꿈꾸는 것보다 죽음이 더 가까이에 와 있는 사람들이 있을 수도 있습니다. 여러분, "요단 강 물이 넘칠 때에 그대는 어찌하려느냐?"라는 이 질문에 대답할 마음이 일어나게 되기를 바라마지 않습니다.

6. 묵상을 자극하는 도구인 질문

그러나 이제 저는 이 질문을, 이미 마음을 그리스도께 드렸고 그리하여 언제든 주께서 부르시면 기꺼이 죽을 준비가 되어 있는 사람들의 가슴속에 묵상을 자극하는 도구로 사용하고자 합니다. 자, 여러분, 죽음이 우리에게 다가올 때에 우리는 어찌 처신하려 합니까? 자리에 앉아 이 문제를 곰곰이 생각해보았습니다만, 제게 주어진 이 짧은 시간으로는 제 뇌리에 스쳐간 생각들을 간단히 조감하는 것조차도 할 수가 없습니다. 먼저 저는, "요단 강 물이 넘칠 때에 나는 어찌하겠는가?"라고 묻는 일부터 했습니다. 글쎄요, 저는 그리스도 안에 있는 신자이니, 어쩌면 요단 강 물이 넘치는 일 자체가 내게 오지 않을지도 모릅니다. 인자께서 오실 때에 죽지 않고 살아 있을 자들이 있을 것이고, 그들은 절대로 죽지 않을 것이기 때문입니다. 사도께서 이렇게 말씀하니 말입니다: "보라 내가 너희에게 비밀을 말하노니 우리가 다 잠 잘 것이 아니요 마지막 나팔에 순식간에 홀연히 다 변화되리니"(고전 15:51). 이런 생각은 언제나 우리 앞에 두기를 바랍니다. 저의 진정한 소망은 주 예수 그리스도께서 오시는 것입니다. 죽음의 사자를 보기보다는 주께서 재림하시는 것을 보기를 더욱더 바랍니다. 저는 인자의 오심을 고대하며 재촉하는 자로서 살도록 제 자신의 삶을 다스립니다. 만유의 주님에게보다 종에게 더 많은 주의를 기울이지 않을 것입니다. "주 예수여 오시옵소서. 속히 오시옵소서!"가 우리 마음속에서 계속 일어나는 기도입니다(참조. 계 22:20).

그리스도의 신부로서 우리는, 그가 다시 오셔서 우리를 그의 것으로 삼으실 일을 생각하며 감격으로 가득 차야 마땅할 것입니다. 그가 우리에게 종을 보내시면, 그것도 좋은 일입니다. 하지만 가장 좋은 일은, 그가 친히 구원에 이르게 하기 위하여 죄와 상관없이 두 번째 임하시는 일입니다(참조. 히 9:28). 이는 그야말로 감미로운 진리요, 이것이 우리의 묵상이 첫 번째 자리를 차지하는 것입니다. 제가 잠들지 않을 수도 있습니다만, 그러나 반드시 변화되어야 하고 또 변화될 것입니다. 그 다음, "요단 강 물이 넘칠 때에 나는 어찌하겠는가?"를 다시 생각했습니다. 제가 눈 깜짝하는 사이에 그것을 통과할 수도 있을 것입니다. 기억하십니까? 얼마 전 한 귀한 설교자가 평상시대로 설교할 준비를 갖추었습니다만, 이 땅에서 그 설교 말씀이 전해지지 못했습니다. 웨슬리 컨퍼런스의 의장님(the President of the Wesleyan Conference) 말씀입니다. 그가 얼마나 갑자기 안식에 들어갔는지 모릅니다. 이 땅에서 눈을 감고 곧바로 천국에서 눈을 뜬다는 것은 얼마나 복된 일인지 모릅니다.

진리를 위해 신실하게 싸우신 나이 많은 하나님의 종 가운데 한 분인 얼라인 목사(Mr Alleine. 청교도인 리처드 얼라인[Richard Alleine: 1611-1681]을 지칭하는 것으로 보임―역주)의 죽음 역시 그랬습니다. 그가 갑자기 병에 걸려서 누워 있으라는 권고를 받았습니다. 그러나 그는 말하기를, "아닙니다. 나는 내 의자에 앉아서 죽겠습니다. 저는 죽음이 두렵지 않습니다"라고 말했습니다. 그는 의자에 앉아서, "나의 삶이 그리스도와 함께 하나님 안에 감추어져 있도다"라고 말하자마자 자기 손으로 눈을 감기고는 잠들어 버렸습니다. 순교자 아나니아스(Ananias)가 무릎을 꿇고 단두대 위에 머리를 올려놓고서, 그 위에 떨어지는 작두를 받기 위해 눈을 감고 있을 때에, 그에게 이런 말이 들렸답니다: "늙은 자여, 잠시 눈을 감으라. 그러면 즉시 하나님의 빛을 보리라."

저는 그처럼 고요히 떠나는 것이 부럽기까지 합니다. 갑작스런 죽음 뒤에 갑작스런 영광이 있습니다. 번개처럼 신속히 날아가는 엘리야의 불마차를 타고 가니, 영혼이 흙집을 떠났다는 것을 미처 알기도 전에 저 아름답고 환한 광경이 보이게 되는 것입니다. 자, 그런 생각을 하면 죽음에 대한 두려움이 다소 사라질 수도 있고, 심지어 요단 강 물이 넘치는 것을 한순간도 당하지 않는다는 생각을 할 수도 있을 것입니다. 그리고는 다시 생각했습니다. 요단 강 물이 넘치는 일을 당한다 할지라도, 실제로 죽는 일은 시간이 걸리지 않는다고 말입니다.

마지막 임종의 자리에서 고통당하는 일에 대해 종종 듣습니다. 하지만 그 고통은 모두가 생명과 관련된 것이고, 죽음은 아닙니다. 우리가 아는 한 실제로 죽음이라 불리는 그것은 고통을 요하는 것이 아닙니다. 우리로 고통을 당하게 만드는 것은 우리 속에 있는 생명이고, 죽음은 마치 바늘로 한 번 찌르는 것 같은 것이고, 그것으로 모든 것이 끝나는 것입니다. 더 나아가서, 요단 강 물이 넘치는 것을 통과한다 해도, 전혀 고통이 없이 통과할 수도 있을 것입니다. 임종의 자리는 때때로 매우 고통스럽습니다. 특정한 질병들이 있을 경우, 특히 건장한 사람들의 경우는 육체와 영혼이 분리되기가 매우 힘들기도 합니다. 하지만 저는 몇몇 사람의 죽음이 지극히 편안한 것을 보는 복을 누렸습니다. 그 모습들이 어찌나 편안한지, 그들처럼 죽을 수 있다면 오로지 죽음만을 위해서라도 인생을 살 가치가 있겠다고 생각하지 않을 수 없었습니다. 예를 들어 폐병(肺病)을 보았는데, 그것이 사람의 육체를 얼마나 부드럽게 취해 가는지, 얼마나 영혼이 속히 떠나는지 모릅니다. 그리고 나이가 많고 허약할 경우에는 그 다 쇠잔한 육체로부터 영혼이 정말 쉽게 빠져나가는 것 같습니다. 한 번만 가격하면, 새장에 갇혀 있던 새가 곧바로 그 영원한 안식처로 날아가는 것입니다.

그런데, 제가 죽게 될 때에 육체의 상태가 어떨지 알 수가 없으므로, 과연 요단 강 물이 넘칠 때에 제가 어찌하겠는지를 다시 생각해 보았습니다. 저와 동일한 반석 위에 자신을 세웠고 동일한 구원의 약속을 받은 분들 중에서 저보다 앞서서 그 일을 당했던 분들처럼 저도 그렇게 당하게 되기를 소원합니다. 그들은, "승리다!"라고 외쳤습니다. 그러니 저도 그렇게 외칠 것이고, 그 다음 고요히 평안하게 죽게 될 것입니다. 그들의 임종의 상황이 제게 그대로 적용되지는 않겠지만, 최소한 제 구주님의 품에 머리를 누이고 거기서 부드럽게 제 마지막 숨을 쉬게 될 것이라 여겨집니다. 그리스도인 여러분, 다른 그리스도인이 죽는 것처럼 그렇게 죽기를 기대할 권리가 여러분에게 있습니다. 여러분은 어찌 죽으려 합니까? 여러분의 거룩한 어머니처럼 그렇게 죽게 될 것입니다. 여러분의 아버지처럼 그렇게 죽을 것입니다. "은 줄이 풀리고 금 그릇이 깨지고 항아리가 샘 곁에서 깨지고 바퀴가 우물 위에서 깨지"자(전 12:6), 그들의 영혼들이 그 주신 하나님께로 갔습니다.

여러분은 어찌 죽으려 합니까? 이 일에 대해 궁리할 때에 저는 제 작은 "약속"의 책을 끄집어냈습니다. 하나님께서 저에 대해 말씀하신 대로 제가 행할 것이라고 생각했기 때문입니다. 자, 거기에 어떻게 약속되어 있습니까? "네가 물 가운데로 지날 때에 내가 너와 함께 할 것이라"라고 말씀합니다(사 43:2). 또한 "내가 사망의 음침한 골짜기로 다닐지라도 해를 두려워하지 않을 것은 주께서 나와 함께 하심이라"라고도 말씀합니다(시 23:4). 그리고 "사망을 삼키고 이기리라"고도 말씀하고(고전 15:54), "두려워하지 말라 내가 너와 함께 함이라 놀라지 말라 나는 네 하나님이 됨이라 내가 너를 굳세게 하리라 참으로 너를 도와주리라"라고도 말씀합니다(사 41:10). 하나님의 사랑하는 백성들이 떠나는 시각에 하나님께서 그들을 위하여 임종의 베개를 얼마나 많이 만들어주셨는지 모릅니다. "요단 강 물이 넘칠 때에 나는 어찌하겠는가?" 우리가 알거니와 하나님께서 그의 약속을 반드시 지키실 것이니, 남자답게 인내로 행하여야 하는 것입니다.

이제 여러분에게 ― 곧, 그리스도 안에 있는 여러분에게 ― 다시 말씀드리겠습니다. "요단 강 물이 넘칠 때에 여러분은 어찌하렵니까?" 예, 마치 하루 종일 걸어서 이제 집이 눈에 보이는 곳까지 온 사람이 행하듯 그렇게 할 것입니다. 손으로 박수를 칠 것입니다. 눈에 눈물이 가득한 상태로 길 옆의 이정표 위에 앉아서 얼굴에 흐르는 땀을 닦아내며 이렇게 말할 것입니다: "아, 좋다. 이제 끝이로구나. 우리 집의 지붕이 보이고, 내 사랑하는 친구들과 친족들이 거하는 곳이 보이니 이 얼마나 행복한가! 이제 곧 집에 있게 될 것이고, 주님과 영원히 본향에 있을 것이다." 여러분 어찌 죽으려 하십니까? 자, 우리는 병사가 싸움을 마친 후에 하듯 그렇게 할 것입니다. 무장을 벗어던지고 길게 기지개를 펴고 휴식에 들어갈 것입니다. 전투가 다 끝났습니다. 전투에서 얻은 상처도 잊어버리고, 곧바로 얻게 될 승리와 상급의 영광스러운 것을 기대합니다. 우리 역시 그렇게 할 것입니다. 상처들과 피에 젖은 의복을 잊기 시작할 것이고, "시들지 아니하는 영광의 관"(벧전 5:4)을 생각할 것입니다.

요단 강 물이 넘칠 때에 우리는 어찌하겠습니까? 외국을 향하여 길을 떠나는 사람들처럼 할 것입니다. 그들은 뒤에 남겨둔 사람들을 돌아다보며, 그들이 눈에 보이는 동안 계속해서 손수건을 흔들지만, 그들은 이내 시야에서 사라집니다. 우리도 사랑하는 사람들과 작별을 고할 것입니다. 그들은 눈물을 흘리겠지만, 우리에게는 기쁨이 있습니다. 복락의 섬으로, 내세의 땅으로, 거룩함을 입은 자들의 본향으로 나아가, 거기서 영원토록 하나님과 함께 거할 것이기 때문입니다. 그런 항해를 출발하면서, 그것도 그렇게 복된 바다로 들어가면서, 슬피 울 사람이 어디 있겠습니까! 요단 강 물이 넘치는 상황을 맞을 때에 우리는 어떻게 하겠습니까? 사랑하는 여러분, 제 생각에는 그 때가 되면 우리가 휘장 속을 들여다볼 것이요 또한 영원히 우리 것이 될 그 복된 자들의 낙원을 누리기 시작할 것입니다. 임종의 침상을 보좌로 삼을 것이요, 또한 거기 앉아서 그리스도 예수와 함께 다스릴 것입니다. 그리고 요단 강을, 지극히 높으신 하나님의 벽옥의 보좌의 발치에서 흘러나오는 생명수 강의 한 지류(支流)로 여길 것입니다. 천국의 미풍이 그 좁은 강물 너머로 천사들의 노랫소리를 전해주므로 우리가 그 소리들을 듣게 될 것입니다. 또한 때때로 그리스도께서 강을 건너서 우리에게 주실 저 산더미 같은 몰약에서 풍겨 나오는 향기들을 한껏 들이킬 것입니다. 죽음이 닥칠 때에 우리는 요단 강 물이 넘실대는 중에 어찌하겠습니까? 예, 우리는 죽으면서 증언을 남기게 될 것입니다.

> "나의 즐거운 영혼은 요단 강가에서
> 한 번 더 에벤에셀을 노래하리로다."

오오, 여호수아가 열두 사람에게 한 말씀은 정말 위대한 것이었습니다: "요단 가운데 제사장들의 발이 굳게 선 그 곳에서 돌 열둘을 택하여 그것을 가져다가 오늘밤 너희가 유숙할 그 곳에 두게 하라"(수 4:3). 여러분과 제가 이 일을 할 것입니다. 요단 강 가운데에다 열두 돌을 둘 것입니다. 그 돌들이 우리가 한 선한 말들과 우리가 전한 작별의 인사와, 또한 우리의 사기를 높여준 그 즐거운 소망과 죽음이 우리 코앞에 닥쳤을 때에 우리가 부른 노래를 이 땅의 우리 친구들과 친족들에게 전해줄 것입니다. 그 때에 우리는 천국에서 또 한 번 에벤에셀을 노래할 것입니다. 그 때에 열두 돌이 거기에 있어서 그것들이, 요단 강을 건너 우리를 물으로 이끄신 그 사랑을 천사들에게 전해줄 것입니다. 요단 강 물이 넘칠 때에 우리는 바로 이렇게 할 것입니다. 두려움과 공포의 마음으로 죽음을 바라보지 않을 것입니다. 오늘 밤 집에 돌아가면, 우리는 입고 있던 의복들을 하나씩 벗기 시작할 것입니다. 눈물을 흘리지도 않을 것입니다. 이와 마찬가지로 죽음이 닥칠 때에도 그럴 것입니다.

> "예수님이 내 것이니 옷 벗기를 두려워하지 않으며,
> 오히려 즐거움으로 이 흙으로 지은 의복들을 벗어버리리.
> 주 안에서 죽는 것은 위로요 축복이니,
> 예수께서 죽음을 넘어 영광에로 길을 행하셨음이라."

요단 강 물이 넘칠 때에 우리는 이렇게 할 것입니다. 이 땅의 의복들을 벗어버리고 하늘의 예복을 입을 것입니다. 신랑이 혼인날을 기다리며 또한 신부가 그 남편과 하나가 되기를 기다리듯이, 우리 영혼이 하나님을 기다리는 것입니다. 포로된 자가 구원받기를 학수고대하고, 노예선에 갇힌 노예가 자기가 젓던 노에서 해방되기를 고대하듯이, 우리도 영광과 불멸을 위해 자유롭게 되기를 기다리는 것입니다. 여자가 그 남편이 집에 없는 것을 슬퍼하며 그가 돌아오기를 고대하듯이, 자식이 그 아버지의 집에 이르러 그 아버지의 얼굴을 뵙기를 사모하듯이, 우리도 그러한 것입니다.

> "내 마음이 보좌 위에 계신 그분과 함께 있으니,
> 촌각을 지체할 수 없도다.
> 매 순간마다 그의 음성이 들리니
> '서둘러 속히 나아오라' 하도다."

이제 시간이 다 지나갔으니 끝을 맺어야겠습니다. 하지만 경고를 드리는 의미로 한두 마디를 말씀하려 합니다. 아주 간단하게 줄여서, 할 수 있는 대로 제 생각을 압축시켜서 말씀드릴 수밖에 없겠습니다. "요단 강 물이 넘칠 때에는 어찌하겠느냐?"라는 말씀은 경고의 의미로도 받아들일 수 있을 것입니다. 사랑하는 여러분, 저는 여러분 스스로 한 가지 질문을 해야 한다는 생각입니다. 여러분

중에는 죽는 일에 대해 전혀 생각해보지 않은 분도 있을 것이지만, 반드시 그 문제에 대해 생각해야 합니다. 여러분이 오래 살 수도 있다고 말하지만, 그럴 수도 있고 그렇지 않을 수도 있습니다. 가령 이 식탁 위에 빵 조각이 많이 있는데, 하루에 하나씩 먹게 되어 있다고 합시다. 그런데 만일 그 조각들 중 하나에 독이 들어 있다는 말을 듣게 되면, 여러분은 먹을 때마다 크게 조심할 것입니다. 그리고 그 중 하나를 잘못 먹으면 곧바로 죽게 된다는 것을 알고서 날마다 마음속에 큰 두려움을 갖고 빵 조각을 먹을 것입니다. 여러분에게 그렇게 많은 날이 있다 해도, 그 날 중 하나는 죽음의 독이 든 날입니다. 저는 그 날이 어느 날인지 모릅니다. 내일이 그 날일 수도 있습니다. 여러 날이 지난 다음에야 그 날이 올지도 모릅니다. 그러나 여러분은 날마다 거룩한 질투로 대해야 할 것이라 생각합니다. 이것이 합당한 비유가 아닙니까?

그렇다면, "요단 강 물이 넘칠 때에는 어찌하겠느냐?"라는 질문에 대해 깊이 생각하기를 바랍니다. 여러분이 죽는다는 것이 당연한 일이니, 여러분이 금방 죽을 수도 있습니다. 마지막이 올 때에 어떻게 할 것인지를 생각하지도 않고 이 세상을 살다니, 이 얼마나 어리석은 짓입니까? 한 사람이 여관에 들어가서는 방에 앉자마자 포도주와 저녁 식사와 침대를 주문하기 시작합니다. 그러면서 온갖 까다로운 조건을 잊지 않고 다 요구하고, 온갖 화려한 것을 다 주문합니다. 그러나 그는 그 여관에 잠시 동안밖에는 머물지 않습니다. 그러다가 떠날 날이 되어 요금계산서가 그에게 전달됩니다. 그러자 그는, "오오, 이것은 한 번도 생각해본 일이 없어요. 단 한 번도 생각해본 일이 없어요!"라고 합니다. 여관 주인은 이렇게 말합니다: "이 사람, 정말 날 때부터 바보이거나 아니면 불한당이로다! 무엇이라고! 계산서 생각을 한 번도 해본 일이 없다니! 요금을 정산할 날을 생각해본 일이 없다니!" 그런데 여러분 중에 바로 이런 식으로 살고 있는 사람들이 있습니다. 이 세상이라는 여관에서(세상은 여관에 불과합니다) 이것저것 온갖 것을 갖고 누리지만, 금방 여러분의 길을 가야 합니다. 그런데 요금을 정산하는 날에 대해 전혀 생각조차 해본 일이 없습니다.

어떤 사람은, "글쎄요, 저는 오늘 아침에 정산을 하고 있었는데요"라고 말하기도 합니다. 그렇습니다. 누군가 주일에 장부를 정리한다는 이야기를 듣고는 한 목사님이 이렇게 말한 것이 기억납니다. 그 목사님이 말했습니다: "그게 참말이 아니기를 바랍니다." 그러자 그 사람은, "참말입니다. 저는 주일에 장부를 정리합니다"라고 대답했습니다. 그러자 그는 이렇게 말했답니다: "아아, 그래요? 그러면 심판 날에도 비슷하게 장부를 정리하면서 보내겠군요. 다른 날이 얼마든지 있는데도 하필 하나님을 섬기라고 주신 날에 꼭 자기 자신을 섬기는 자들에게는 화가 있을 것입니다."

이 세상이라는 여관에서 날마다 지내면서 저 큰 정산의 날에 대한 생각을 소홀히 하고 있으니, 여러분은 부정직한 사람이거나 아니면 정말로 어리석은 사람이거나 둘 중의 하나일 것입니다. 하지만 기억하십시오. 여러분은 잊어도, 하나님은 잊지 않으십니다. 하루하루가 다 계산서에 기입됩니다. 여러분이 행하는 모든 행위 하나하나가 하늘의 사진기에 찍힙니다. 여러분의 생각들도 영원하신 그분의 마음에 사진이 찍힙니다. 그러니 그 책이 펼쳐질 그 날이 오면 여러분에게 화가 있을 것입니다. 어쩌면 여러분이 열왕기에 나오는 사람처럼 이렇게 말할지도 모르겠습니다: "제가 이리저리 바빴습니다"(참조. 왕상 20:40). "제 가족과 제 재산을 돌보았고, 정치를 도모하였고, 이리저리 투자한 것들을 점검하느라 바쁜 가운데 제 영혼이 망가져버렸습니다." 그렇습니다. 하지만 그렇다고 영혼이 다시 돌아오지는 않습니다. 온 세상을 다 얻어도 여러분의 영혼을 잃어버리면 무슨 유익이 있겠습니까?

여러분이 어떻게 되든 저는 관계없습니다. 다만, 저는 여러분에게 항상 끊임없이 말씀을 전하기를 바랍니다. 그래서 여러분이 멸망해도 그것이 제가 잘못한 탓이 되지 않게 되기를 바랍니다. 가령 전투에서 원수와 끝까지 싸우라는 상관의 명령을 듣고서 한 병사가, "전투나 싸움에 대해 저는 아무것도 모릅니다. 전투에 대해서는 전혀 생각해보지 않았습니다. 다른 일은 다 할 수 있어도 싸움은 못하겠습니다!"라고 대답했다면, 여러분은 그 병사에게 무어라 말하겠습니까? 그 상관은 아연실색할 것입니다. 나라의 존망이 걸린 때에 그 나라를 위해 싸워 지키는 일이 아니라면 대체 병사가 무엇을 위해 산단 말입니까? 내세의 삶을 위해, 모든 날들의 목적이 되는 그 날을 위해 준비하는 것이 아니라면, 대체 우리의 살아가는 목적이 무엇입니까? 우리는 이 세상에 보내심을 받았고 또한 "우리 하나님을 만날 준비를 해야" 한다는 말씀을 들었는데도, 다른 일은 다 하면서도 그 일은 하지 않습니다. 그러나 이것은 지혜로운 일이 아닙니다. 온 땅의 주께서 그의 처소에서 강림하사 이 땅의 사람들을 심판하실 때에, 우리가 어리석게 처신했음을 깨닫고 통렬하게 한탄하게 될 것입니다. 지금 지혜롭게 행하시기 바랍니다. 이 일을 기억하시고, 다가올 여러분의 종말을 생각하시기 바랍니다.

제가 무슨 말을 해야 여러분이 이 문제에 대해 깊이 생각하고 제가 드리는 경고를 받아들이게 되겠습니까? 여러분, 천국에 들어가기를 원하십니까? 지옥에 가는 일을 피하고 싶으십니까, 아니면 거기에 침상을 깔고 영원토록 거하기를 바라십니까? 지금 그렇게 미친 듯이 영원한 형벌을 향해 달려가고 있는데, 과연 그 영원한 비참의 상태를 사모하십니까? 오오 여러분, 당장 멈추십시오! 돌아오십시오! 돌아오십시오! 멈추고 생각해보기 바랍니다. 생각하는 것은 사람에게 아무런 해가 되지 않습니다. 여기서는 다시 생각하는 것이 최선입니다. 생각하고 또 생각하십시오. 그리고 또다시 생각하십시오. 오오, 하나님께서 생각을 통해서 여러분에게 닥친 위험을 느끼도록 인도해주시기를 바라고, 그리하여 그리스도 예수 안에 있는 저 은혜로운 치유책을 받아들이게 해주시기를 바랍니다. 누구든지 그를 믿는 자는 정죄를 받지 않으며, 누구든지 그리스도를 신뢰하는 자는 구원을 받습니다. 죄 사함을 받고, 영혼이 영접함을 받으며, 구주를 신뢰하는 그 순간 그 영혼이 복을 받는 것입니다.

말씀을 마치기 전에 죽음을 위한 참된 준비가 무엇인지에 대해 여러분의 생각을 안내해드려야겠습니다. 임종의 시각과 관련하여 우리가 담당해야 할 임무로서 세 가지가 떠오릅니다.

첫째로, 사랑하는 구주의 피의 홍해 바다에서 씻음 받기를 구하고, 나아와 그리스도의 죽으심과 접촉하기를 구하십시오. 그러면 믿음으로 그의 죽으심 안에서 여러분 자신의 죽음과 대면하기를 준비하게 될 것입니다. 본래의 질병 증상과 유사한 효과를 냄으로써 질병을 치유한다고 공언하는, 혹은 사람들이 말하는 것처럼 "비슷한 것으로 비슷한 것을 치유한다"는 식의 의료 체계의 장점에 대해서는 굳이 좋다 나쁘다 생각을 말씀드릴 필요는 없을 것입니다. 하지만 영적인 일에서 이것을 활용하면 좋겠습니다. 그리스도께로 나아와 그의 죽으심과 연합하십시오. 그러면 여러분 자신의 악과 괴로움이 사라질 것입니다. 세례로 그리스도와 함께 죽음에 대해 장사지낸 바 되시고, 그 복된 규례로 상징되는 바 그 실체 속에서 그와 한편이 되십시오. 그러면 요단 강 물이 넘치는 것을 두려워하지 않을 것입니다. 구속주의 피가 충만히 밀려와 여러분을 적셔서 거기에 깨끗이 씻음 받았다면 두려울 것이 없을 것입니다. 여러분의 양심에 죄책이 있다면,

그것이 마치 연자 맷돌처럼 여러분의 목을 짓누를 것이고, 여러분은 끝없는 화(禍) 속으로 가라앉을 것입니다. 그러나 예수님의 사랑이 여러분의 마음에 있으면, 그것이 여러분의 머리를 물에 뜨게 하여 여러분을 안전하게 할 것이고, 그리하여 마음과 육체가 여러분을 실망시키더라도 하나님께서 여러분의 마음의 힘이 되시고 영원토록 여러분의 분깃이 되실 것입니다.

둘째로, 사도 바울에게서 "날마다 죽기"를 배우시기 바랍니다. 자기를 부인하고 육체를 죽이는 임무를 실천하여 그것이 여러분의 습관이 되게 하시기 바랍니다. 그러면 육체를 내려놓고 모든 것과 작별하여야 할 때가 오더라도, 여러분은 그 때까지 계속 해온 삶의 여정대로 그저 계속하면 될 것입니다. 생각과 기대 속에서 그것에 전혀 익숙해져 있지 않으니, 당연히 죽음이 그렇게 힘겨운 일이 되는 것입니다. 죽음이 제게 낯선 자로 다가오면 저는 깜짝 놀랄 것입니다만, 그를 맞을 준비를 스스로 갖추고 있다면, 그가 와서 문을 두드릴 때에 저는 이렇게 말할 것입니다: "그대와 함께 갈 준비가 되어 있소. 평생 그대가 오기를 기다려 왔다오." 사도의 다음과 같은 표현이 얼마나 아름다운지 모릅니다: "전제와 같이 내가 벌써 부어지고 나의 떠날 시각이 가까웠도다"(딤후 4:6). 그는 마치 친구를 기다리듯이 죽음을 기다리고 있었습니다. 그러니 죽음이 다가왔을 때 그는 분명 기쁨으로 맞았을 것입니다. 그는 또 말씀하기를, "차라리 세상을 떠나서 그리스도와 함께 있는 것이 훨씬 더 좋은 일이라"고 했습니다(빌 1:23). 그와 같이 우리도 "이리로 올라오라"는 부르심을 듣게 될 그 때를 바라보고, 그 때를 두려운 때가 아니라 사모하며 고대하는 때로 여기기를 배워야 할 것입니다. 날마다 여러분의 뜻을 하나님의 뜻에 굴복시키기를 배우십시오. 십자가의 선한 병사로 어려움을 견디기를 배워서 마지막 싸움이 올 때에 하나님의 은혜로 말미암아 그 최후의 공격을 단호한 용기로 맞서게 되어야 할 것입니다.

또한 셋째로, 삶의 종말을 대비한 마지막 준비로, 하나님을 능동적으로 섬기며 그의 명령에 순종하는 삶을 계속해서 살기를 바랍니다. 저는 사람이 자기의 임무를 행하는 현장에서 죽음을 맞는 것보다 좋은 일은 없다는 생각을 자주 해왔습니다. 만일 제가 군인이라면, 울프(Wolfe. 제임스 피터 울프 장군[James Peter Wolfe: 1727-1759])가 승리의 함성을 들으며 죽은 것처럼, 혹은 넬슨(Nelson. 호레이쇼 넬슨[Horatio Nelson: 1758-1805])이 큰 승리 중에 죽은 것처럼, 그렇게 죽고 싶을 것입니다. 죽음을 준비한다는 것은 세상과 결별하고 홀로 골방에 들어가는 것이 아니라 능동적으로 섬기는 것이요, 그 날의 임무를 그 날에 행하는 것입니다. 잠을 자기 위한 가장 좋은 준비는 ─ 가장 효과 있는 수면제는 ─ 힘들게 일하는 것이요, 또한 예수 안에서 잠들기 위한 가장 좋은 준비는 바로 그의 안에서 부지런히 선을 행하며 능동적인 삶을 사는 것입니다. 죽음이 찾아올 때에 제가 취하고픈 자세는 바로 등불을 들고 허리띠를 졸라매고 기다리며 살피는 자세입니다. 주의 영광을 위하여 제게 주어진 임무를 행하며 저의 달란트를 늘리는 일을 행하는 중에 죽음이 찾아오기를 바랍니다. 한가하게 빈둥거리는 자들은 안식을 사모하지 않습니다만, 일꾼들은 "일이 다 끝났다"는 말을 듣게 될 때를 환영해 마지않을 것입니다.

상급이 주어질 것을 주시하십시오. 하늘에 보화를 쌓으십시오. 그렇게 하면 그 시내를 건너고 그 사모하는 땅에 이를 준비를 갖추게 될 것입니다. 마음과 보화가 미리 그 곳으로 가서 길을 예비할 것이니 말입니다. 그리스도의 피에 씻음받고, 무엇이든 하나님의 뜻에 복종하기를 배우며, 하늘에서 하나님의 뜻을 행하기를 소망하듯이 이 땅에서도 그의 뜻을 행하는 데에서 기쁨을 찾으십시오. 거룩한 섬김의 삶에 합류하십시오. 그리하면 옛 사도와 함께, "나는 선한 싸움을 싸우고 나의 달려갈 길을 마치고 믿음을 지켰도다"(딤후 4:7)라고 말할 준비를 갖추게 되고, 또한 그와 함께 썩지 않을 면류관을 기대하며 고요한 중에 기쁨에 가득 차게 될 것입니다. 하나님께서 여러분을 이끄사 그렇게 되게 해주시기를 예수 그리스도의 이름으로 구합니다. 아멘.

제
12
장
—

여호와께서 말씀하셨으니 들을지어다

—

"너희는 들을지어다, 귀를 기울일지어다, 교만하지 말지어다,
여호와께서 말씀하셨음이라 그가 어둠을 일으키시기 전, 너희
발이 어두운 산에 거치기 전, 너희 바라는 빛이 사망의 그늘로
변하여 침침한 어둠이 되게 하시기 전에 너희 하나님 여호와
께 영광을 돌리라 너희가 이를 듣지 아니하면 나의 심령이 너
희 교만으로 말미암아 은밀한 곳에서 울 것이며 여호와의 양
떼가 사로잡힘으로 말미암아 눈물을 흘려 통곡하리라."

— 렘 13:15-17

이 장에서 예레미야는 매우 두드러진 두 가지 비유를 사용하여 범죄한 자기 백성에 대한 하나님의 심판을 선언하였습니다. 이스라엘은 하나님께, 사람에게 있어 허리띠와 같은 존재였습니다. 이 백성들은 하나님의 큰 사랑과 은총을 받아 하나님께 단단히 결속되어 있었습니다. 그러나 그들의 죄 때문에 하나님께서는 그들을 치워버리려고 하셨습니다. 그래서 그들의 아름다움이 망쳐질 때까지, 사실 썩은 허리띠처럼 그들의 상태가 온통 썩은 것처럼 될 때까지 그들은 유프라테스 강가에 숨어 있어야 합니다. "여호와께서 이와 같이 말씀하시니라 내가 유다의 교만과 예루살렘의 큰 교만을 이같이 썩게 하리라." 그 다음에 하나님께서는 두 번째 비유로 그들에게 이같이 말씀하셨습니다. "모든 가죽부대가 포도주로 찰 것이라." 그리고 어떻게 하나님의 진노가 이 백성들에게 임했고, 그들

이 하나님의 형벌에 몹시 취해서 정신을 제대로 가누지 못하고 헛소리를 하며 서로 싸워 함께 망하게 되는지를 보이셨습니다. 하나님께서는 이렇게 해서 "그들로 피차 충돌하여 상하게 하되 부자 사이에도 그러하게 할 것이라"고 분명히 말씀하셨습니다. 이렇게 예레미야는 세련되지 않지만 몹시 두려운 두 비유를 사용하여 백성들이 죄의식 때문에 겸손해지도록 그들에게 율법을 설교하였습니다. 백성들이 이 가르침의 의의를 느끼기만 하였더라면 자신들의 죄를 슬퍼하며, 진노에 대한 두려움으로 하나님께 자비를 베풀어주시기를 부르짖었을 것입니다. 일이 당연히 그렇게 될 것으로 생각하겠지만, 슬프게도 그런 일은 일어나지 않았고, 그래서 하나님은 선지자에게 자비를 선언하는 일을 중단시키셨습니다. 심판의 큰 벼락이 두 번 내려치고 나서야 은혜의 소나기가 왔습니다.

선지자는 소위 복음전도자의 방식이라고 할 수 있는 방법으로 백성들을 타이르고, 진정 복음다운 교훈을 그들에게 전합니다. "너희는 들을지어다, 귀를 기울일지어다, 교만하지 말지어다, 여호와께서 말씀하셨음이라." 그의 말을 들으면 우리는 "너희는 귀를 기울이고 내게로 나아와 들으라 그리하면 너희의 영혼이 살리라"(사 55:3)는 이사야 선지자의 권고가 생각납니다. 이사야는 이어서 또 이렇게 말합니다. "내게 듣고 들을지어다 그리하면 너희가 좋은 것을 먹을 것이라"(55:2). 복음 아래에서 "믿음은 들음에서 나며 들음은 그리스도의 말씀으로 말미암습니다"(롬 10:17).

말하자면 예레미야는 이렇게 본문 구절들을 통해서 다시 죄를 범하고 있는 유다 집에 복음을 설교하는 것입니다. 바로 이것이 하나님께서 자기 백성에게 심판하겠다고 으르실 때 언제나 품고 계시는 뜻입니다. 하나님은 자기 백성이 은혜를 받을 수 있도록 준비시키기 원하십니다. 나는 하나님의 도우심을 받아 이 선지자의 기질을 받아들이고, 하나님의 진실 되고 애정 어린 영을 받을 수 있으면 좋겠습니다. 지금까지 마음 깊은 데서 하나님의 목소리를 들어본 적이 없는 사람들은 오늘 그 목소리를 듣고 살면 좋겠습니다! 성령이시여, 그 목적을 위해 일하시옵소서!

나는 바로 당면한 주제를 다루기 시작하겠습니다. 이 주제에 대해서는 이야기할 것이 많습니다. 청중 여러분, 주의 깊게 들으십시오. 첫 번째 주제는 이것입니다.

1. 계시가 있다는 것입니다.

본문을 읽어봅시다. "너희는 들을지어다, 귀를 기울일지어다, 교만하지 말지어다. 여호와께서 말씀하셨음이라." 여호와께서 말씀하시지 않았다면 침묵은 깊어졌을 것이고, 여러분의 태생적인 어둠은 확고해졌을 것입니다. 여러분이 지금까지 하나님을 찾으려고 물어왔다면, 마음속으로 "아, 하나님께서 이 두려운 침묵을 깨트려주시면 좋겠다"고 외쳤을 것입니다. 우리가 우연히 하나님을 만나게된다고 할지라도, 하나님을 반드시 찾아야 했다면 우리의 상태는 참으로 슬펐을 것입니다! 사람이 여기저기 뒤져서 하나님을 찾을 수 있겠습니까? 우리 가운데 누가 논리적으로 생각해서 하나님을 아는 지식에 이를 수 있습니까? 혹은 하나님 마음의 생각을 읽을 수 있습니까? 그런데 여기서 여러분은 위로와 교훈의 큰 원천을 만납니다. 즉, "여호와께서 말씀하셨다"는 것입니다. 이것은 모든 피조물이 주의를 기울여야 할 외침이 아닙니까?

우리가 들으라고 명령받는 그 목소리는 하나님의 목소리입니다. 그것은 하늘과 땅을 지으신 분의 목소리이고, 우리는 그분의 피조물입니다. 여호와께서 말씀하셨습니다! 그것이 자신의 주님과 상관없는 선지자들의 목소리에 불과하다면, 그들이 말하는 바를 거부하는 가벼운 죄에 지나지 않을 수 있습니다. 그러나 여호와께서 말씀하셨으니, 사람들이 감히 그의 말씀을 무시하려고 하겠습니까? 말씀으로 우리를 존재케 하신 분이 우리에게 말씀하셨습니다. 그의 말씀으로 하늘을 굳게 세우고, 또 그의 말씀 한 마디로 천지를 사라지게 하실 분이 말씀하셨습니다. 사람들에게 그 목소리를 발하신 것입니다. "내가 그를 위하여 내 율법을 만 가지로 기록하였다"(호 8:12)고 말씀하시는 분은 바로 하나님이십니다. 거룩한 성경은 하나님께서 말씀하신 것의 기록입니다. 이 성경은 오직 하나님에게서 나오는 것이고, 그러므로 순결한 진리이며 변치 않는 확실한 사실이고 틀림없이 옳은 것으로서 마땅히 표시해야 할 공경심을 가지고 받아들이십시오.

그것은 지극히 분명하고 확실한 말씀입니다. 여호와께서 말씀하셨기 때문입니다. 하나님은 그의 손으로 하신 일들, 곧 하나님의 보이지 아니하는 것들, 바로 하나님의 영원하신 능력과 신성을 분명하게 볼 수 있는 그 일들을 통해서만 우리를 가르치셨을 수도 있습니다. 모든 피조물은 하나님께서 창조주와 부양자로서 자신의 성품을 적어 넣은 상징적인 두루마리가 아니고 무엇이겠습니까? 그러나 하나님은 우리가 시력이 어둡고 이해력이 둔한 것을 아시고, 상징과 그림

문자를 넘어서서 사람이 다른 사람에게 사용하는 언어, 곧 생각을 명확히 표현할 수 있는 언어를 사용하셨습니다. 여호와께서 말씀하셨습니다! 어떤 사람이 우리 앞에서 자신의 마음을 상징적인 행동으로 표현할 수 있습니다. 그러면 우리는 그 행동의 의미를 파악하지 못할 수 있습니다. 그러나 그 사람이 말을 하면, 우리는 언어에 의한 그의 의사전달을 이해합니다. 그러한 표현 방식이 인간 지성에 적합하기 때문입니다. 말은 마음과 마음이 교제하는데 적합한 방법입니다. 그러므로 지극히 영광스러우신 여호와께서 하늘에 별처럼 빛나는 문자를 적어 넣으시고, 바다에서 폭풍우 속에 자신의 모습을 나타내시는 데서 몸을 굽혀, 사람이 친구에게 말하듯이 우리에게 말씀하신다는 것은 지극히 기쁜 일입니다. 여호와는 말 못하는 신이 아니십니다. 하나님은 그의 성령을 통해 정선한 아름다운 언어로 우리에게 말씀하셨습니다. 달려가는 사람도 읽을 수 있을 만큼 아주 분명하고 확실한 증언이 있기 때문에, 이 선지자가 "너희는 들을지어다, 귀를 기울일지어다, 교만하지 말지어다, 여호와께서 말씀하셨음이라"고 말하며 우리에게 열심히 타이르는 것은 당연한 일입니다. 오래전에 죄인이 들은 이 말을 우리는 듣지 않도록 합시다. "내가 너희에게 말하되 새벽부터 부지런히 말하여도 듣지 아니하였고 너희를 불러도 대답하지 아니하였느니라"(렘 7:13)

그 다음에, 본문에 나오는 이 표현에서 나는 하나님이 우리에게 나타내신 계시는 변치 않는 영원한 말씀이라는 것을 생각합니다. 여호와께서 말씀하고 계시는 것은 오늘이 아닙니다. 여호와께서는 이미 말씀하셨습니다. 선지자들과 사도들을 통해서 말씀하시던 하나님의 목소리가 지금은 잠잠합니다. 그것은 하나님께서 구원에 필요한 진리를 모두 계시하셨기 때문입니다. 하나님께서 오늘 우리에게 "내가 지금까지 쓴 것을 이제 썼다"고 말씀하신다고 생각하면 적당할 것입니다. 하나님은 자신의 말씀을 바꾸시지 않습니다. 천지는 사라질지라도 하나님의 말씀은 그대로 있습니다. 우리는 지금 어떤 사람들이 생각하듯이 점진적인 계시가 이루어지는 시기에 살고 있지 않습니다. 여호와께서 이미 말씀하셨고, 또다시 입을 여시지 않습니다. 하나님께서는 정경인 이 성경의 계시를 종결하셨고, 이 예언의 말씀에 무엇을 보태거나 빼는 자에게는 저주를 내릴 것이라는 경고를 붙여놓으셨습니다. 여호와께서 이미 말씀하셨습니다! 그러므로 여러분은 성경 밖에서 새로운 진리를 계속 찾을 필요가 없습니다. 여러분이 할 일은 여호와 하나님의 완성된 증거를 부지런히 받는 것입니다. 하나님의 말씀은 완전하고 영혼을 변화시키기 때문입니다. 하나님은 자신과 여러분의 관계를 말씀하셨고, 여러분이 하나님과 화목하고 평화롭게 지낼 수 있는 길을 말씀하셨습니다. "너는 그의 말씀에 더하지 말라 그가 너를 책망하시겠고 너는 거짓말하는 자가 될까 두려우니라"(잠 30:6). 여호와께서 말씀하셨습니다. 그것이 하나님의 율법에 기록되었으니, "내가 너희에게 명령하는 말을 너희는 가감하지 말라"(신 4:2)고 하십니다.

사랑하는 여러분, 이 계시는 더할 수 없이 겸손한 말씀이고 우리의 기운을 북돋우는 말씀입니다. 하나님은 우리가 범죄하였을 때, 말 한 마디 없이 우리를 밟아 멸하실 수도 있었습니다. 하나님께서는, 피조물의 얼굴에 쓰여 있고 또 모든 사람의 양심에서도 나타나는 자연의 증거에 우리를 맡기시고, 우리가 이 증거들을 거부할 때는 열 배나 더 어두운 밤을 헤매도록 내버려 두셨을 수도 있었습니다. 여호와께서는 그렇게 하시지 않고 풍성하신 은혜로 말씀하셨습니다. 하나님이 옛적에 선지자들을 통하여 여러 부분과 여러 모양으로 말씀하시다가 이 모든 날 마지막에는 아들을 통하여 우리에게 말씀하셨다(히 1:1,2)는 사실을 항상 기억하기 바랍니다. 크신 하나님이 그의 아들을 통해서 우리에게 말씀하신다는 바로 그 사실에서 우리는 자비, 온유하심, 사랑, 소망, 은혜가 하나님 말씀의 취지라는 것을 알게 됩니다. 하나님의 아들 예수님은 은혜와 진리가 충만합니다. 그러므로 예수께서 지금 우리에게 말씀하시는 것은 진리일 뿐만 아니라 또한 은혜입니다. 하나님께서 예수 그리스도를 통해서 우리에게 말씀하시는 것은 참된 은혜이고 은혜로운 진리입니다. 이 교훈이 얼마나 풍성한지, 이 교훈에 담겨 있는 사랑이 얼마나 높고 깊은지 모릅니다! 자비를 연주하는 이 천상의 음악을 듣지 않을 수 있는 사람이 있겠습니까?

창조의 첫째 날에 여호와께서 "빛이 있으라"고 말씀하시자 빛이 있었습니다. 지금 이 두 번째 목소리, 곧 영적 세계를 향하여 말씀하시는 이 목소리가 우리에게 빛과 생명과 사랑을 주고, 필요하다고 생각되는 바람직한 모든 은혜를 줍니다. 이 성경책에 기록되어 있듯이 하나님의 말씀은 깊이를 헤아릴 수 없는 충만함이 있습니다. 성경 말씀은 영이요 생명입니다. 하나님께서 그리스도를 통하여 말씀하시는데, 이 그리스도 안에는 지식과 지혜의 모든 보화가 감추어 있습니다. 예레미야 선지자가 더 이상 아무것도 구하지 않고 "너희는 들을지어다, 귀를 기울일지어다, 여호와께서 말씀하셨음이라"고 말한 것은 지극히 온당한 태도였습니다. 땅 끝에 거하는 왕들이 여호와께서 말씀하셨다는 소식을 들으면 시바의 여왕처럼 하나님의 지혜를 듣기 위해 보좌를 떠나 여행하는 것이 현명한 일일 것입니다. 일꾼들이 모두 연장을 집어던지고 "여호와께서 하실 말씀을 들읍시다" 하고 말한다면, 상인들이 잠시 가게와 경리실 문을 닫고 지체 없이 함께 모여 "여호와께서 말씀하신 것을 들을 때까지는 모든 것을 중단해야 한다"고 소리친다면, 생각이 깊고 마음이 바른 사람들에게 그보다 합당한 이유가 있겠습니까? 여러분, 하나님께서 말씀하셨다면, 모든 사람이 그 말에 귀를 기울여야 합니다. 이것만큼 듣는 일을 바르고 유익한데 사용할 수 있는 일은 없을 것입니다. 여호와께서 말씀하셨고, 여호와의 말씀은 참됩니다. 그러므로 "풀은 마르고 꽃은 떨어지되 오직 주의 말씀은 세세토록 있도다 하였으니 너희에게 전한 복음이 곧 이 말씀이니라"(벧전 1:24,25). 하나님께서 준비하고 정하신 구원의 길이 있습니다. 그 길은 추측할 것이 아니고, 우리가 결코 틀림이 없는 지혜로부터 배워야 할 것입니다. 여호와께서 말씀하셨기 때문입니다. 준비되고 제공되며 지시되고 공표된 속죄가 있습니다. 우리는 그 속죄를 찾거나 거기에 무엇을 보탤 필요가 없습니다. 여호와께서 말씀하셨기 때문입니다. 하나님께서 말씀하신 것 외에 사람의 마음에 절실히 필요하고 또 정말로 이익이 되는 것은 없습니다. 하나님께서 말씀하신 어떤 진리가 있을지라도 우리가 꼬치꼬치 파고들지 않는 것은 그 일을 숨기는 것이 하나님께 영광이 되고 우리에게는 유익이 되기 때문입니다. 우리의 영원한 운명에 대해 충분히 준비하는데 필요한 것에 대해서는 하나님께서 전부 말씀하셨습니다. 하나님께서 그것을 말씀하셨고, 여기에 기록되었습니다. 이 성경책에 하나님께서 그렇게 말씀하신 것이 기록되었고, 따라서 이 예언의 책의 말씀을 읽고 지키는 사람은 복이 있습니다.

2. 이미 예상하였듯이, 둘째는, 계시가 있으므로 그 계시를 적절하게 받아들여야 한다는 것입니다.

여호와께서 말씀하셨다면 당연히 모든 주의를 기울여야 합니다. 그렇습니다. 본문에서 "너희는 들을지어다, 귀를 기울일지어다" 하고 말했듯이, 배나 주의를 기울여야 합니다. 듣고 또 들어야 합니다. 여호와 하나님의 교훈에 귀를 기울이고 부지런히 들으며 마음을 바쳐 들어야 합니다. 여러분이 하나님의 교훈을 듣고 그것을 온 몸으로 받아들일 때까지는 만족해서는 안 됩니다. 하나님의 말씀이 능력 있게 오니 "들으십시오." 여러분이 기꺼이 그 말씀을 받아들일 뜻이 있으니 "귀를 기울이십시오." 형제 여러분, 나는 우리가 영혼을 만족시키는 모든 은혜의 하나님의 목소리보다는 주의를 흩트리는 세상의 목소리들에 훨씬 더 주의를 기울이고 있지 않는가 걱정입니다. 사람들은 자기들 앞에서 서서히 사라지는 보물들을 추구하는 데는 참으로 열심이고, 부자가 될 수 있는 방법을 이야기하는 말은 한 마디도 놓치지 않고 열광적으로 받아들입니다. 그러나 양손에 영원하고 지속적인 부를 가지고 오시는 하나님께서 말씀하실 때는 사람들이 귀머거리 독사처럼 듣지 않고 들의 짐승처럼 관심이 없습니다. 하나님께서는 "내가 불렀으나 너희가 듣기 싫어하였고 내가 손을 폈으나 돌아보는 자가 없었다"(잠 1:24)고 말씀하십니다. 이것이 옳은 일입니까? 아니면 지혜로운 일입니까? 여호와께서 말씀하시면, 말씀하시는 모든 것이 의롭고 선하며 감사할 만한 것이기 때문에 우리는 그의 뜻을 알 때까지 공손한 태도로 입을 다물고 기다려야 마땅합니다. 온 우주는 조용히 하고, 모든 귀는 엄숙하고 공손한 태도로 하나님의 목소리를 기다려야 합니다.

그 다음에, 마치 우리에게 이 계시를 적절하게 듣는 방법을 가르치기라도 하는 것처럼 본문에 "너희 하나님 여호와께 영광을 돌리라"는 말씀이 보태어집니다. 하나님의 계시를 듣고 읽는 일에는 끊임없이 하나님께 영광을 돌리는 일이 나타나게 되어 있습니다. 해가 떠오르면 그 빛이 널리 퍼지고, 골짜기들이 정오의 광채를 즐길 때면 여러분과 내가 그 빛을 받지 않을 수 없듯이, 하나님께서 말씀하시면 그의 영광이 나타나게 되어 있습니다. 오늘 아침 우리는 서서 하나님의 빛을 받아 위로부터 오는 빛을 반사할 수 있도록 합시다. 하나님의 복음을 즉시 주의하여 잘 들음으로써 하나님께 영광을 돌립시다. 그러면 어떻게 해야 그렇게 할 수가 있습니까?

조용히 서서 하나님의 말씀을 들으십시오. 하나님께서 여러분에게 무엇을 말씀하시든지 그것을 전혀 틀림없는 사실로 **받아들임**으로써 하나님께 영광을 돌리십시오. 여러분의 하나님 여호와를 믿으십시오. 그러면 여러분이 굳게 설 것입니다. 하나님의 선지자들을 믿으십시오. 그러면 여러분이 형통할 것입니다. 하나님께서 무엇이라고 말씀하셨는지 아십시오. 그 말씀하신 것을 불변하는 확실한 진리로 받아들이십시오. 여러분의 믿음을 지탱하기 위해 더 이상의 이유들을 찾으려고 하지 마십시오. 모든 주장을 물리치고 다만 "여호와가 이같이 말하노라"는 말씀만을 굳게 붙드십시오. 내게는 성경의 한 문장이 논리의 핵심이고, 명확한 증거이며 의문을 제기할 수 없는 말씀입니다. 눈으로 보는 것이나 귀로 듣는 것은 의심할 수 있지만, 성령의 감동으로 기록된 말씀은 의심할 수 없습니다. 자신에 대해서 아무것도 모르고 성령의 가르침을 받으며, 자신을 전혀 생각하지 않고 오직 하나님만을 생각하며 하늘이 땅보다 높음같이 그 생각이 우리의 생각보다 높은 하나님을 따라 생각하는 것이 우리의 지혜입니다. 계시와 관련하여서 우리가 계시를 일점일획이라도 다 받아들이고 그 앞에 우리 생각을 숙일 때 하나님께 영광을 드리는 것입니다. 요즘은 사람들이 이 미덕을 가볍게 생각합니다. 그러나 주님의 이 말씀은 여전히 진리입니다. "나를 사랑하지 아니하는 자는 내 말을 지키지 아니하느니라"(요 14:24). 결국 우리는 하나님께서 말씀하시는 것은 무엇이든지 믿고, 더도 덜도 말고 바로 하나님께서 말씀하신 대로 알기 원하는 것입니다.

우리는 하나님의 말씀을 진심으로 정직하게 받아들여 그에 따라 행해야 합니다. 그러므로 우리는 하나님께서 정죄하시는 죄를 회개하고 하나님께서 혐오하시는 길에서 돌이켜야 합니다. 하나님께서 금하시는 악을 미워하고 하나님께서 명하시는 덕을 얻기를 힘써야 합니다. 우리가 하나님의 거룩한 법을 어겼음을 회개하는 마음으로 고백하고 그렇게 한 것 때문에 슬퍼할 때 하나님께 영광을 드리게 됩니다. 여호수아가 아간에게 죄를 고백하여 하나님께 영광을 돌리라고 말하지 않았습니까? 그같이 해야 합니다. 죄를 고백함으로 우리는 하나님의 공의와 전지하심, 진리를 영화롭게 하고, 더 나아가 죄를 고백하면서 우리 주 예수 그리스도로 말미암은 사죄를 구할 때 하나님의 자비하심을 영화롭게 하는 것입니다. 모든 사람이 하나님의 계시를 이렇게 받고, 회개에 합당한 열매를 내놓아야 합니다. 하나님이여, 주의 빛을 내게 비춰 주소서. 그러면 내가 내 어둠을 알겠나이다! 이 어둠을 제하여 주소서! 주께서 등에 불을 밝히셨고, 그 빛으로 내 점과 얼룩을 보고 주님 앞에서 인정합니다. "내가 주께만 범죄하여 주의 목전에 악을 행하였사오니 주께서 말씀하실 때에 의로우시다 하고 주께서 심판하실 때에 순전하시다 하리이다"(시 51:4). 이렇게 죄 때문에 겸손해질 때 우리는 하나님의 말씀을 바르게 받아들이고 하나님께 영광을 돌립니다.

그러나 우리는 회개하고 진리를 진리로 받아들이는 것에서 한 걸음 더 나아가야 합니다. 하나님께서 우리에게 그리스도를 믿고 살라고 명하실 때 하나님의 은혜로우신 목소리를 공경해야 합니다. 하나님께서 사랑의 메시지를 그처럼 복된 형태로 표현하셨으니, 그 메시지를 받아들이지 않는 자는 무엄하게도 하나님을 악의적으로 반대하는 것이고 자신의 영혼에 대해서도 악을 행하는 것임에 틀림없습니다. 하나님께서는 우리에게 참회와 고행을 행하고 비참하고 절망적인 심정을 느낌으로써 스스로 죄를 씻으라고 요구하시지 않습니다. 그보다 하나님은 이렇게 선언하셨습니다. "주 예수를 믿으라 그리하면 네가 구원을 받으리라"(행 16:31). 여호와께서 그렇게 말씀하셨다면, 여호와께서 하신 말씀의 요지가 "이 예수를 하나님이 그의 피로써 믿음으로 말미암는 화목제물로 세우셨다"(롬 3:25)는 것이라면, 우리는 하나님의 말씀에 귀를 기울여야 하고 또 기울일 것입니다. 하나님은 이렇게 말씀하십니다. "여호와께서 말씀하시되 오라 우리가 서로 변론하자 너희의 죄가 주홍 같을지라도 눈과 같이 희어질 것이요 진홍 같이 붉을지라도 양털 같이 희게 되리라"(사 1:18). 이것이 하늘의 말씀이라면 어떻게 우리가 그 말씀을 전심으로 듣지 않으려고 할 수 있겠습니까? 우리는 이런 말로 하나님께 영광을 돌립시다. "주여, 내가 주의 부르심에 즐거이 순종합니다. 내가 구주를 기뻐하고 속죄하는 피를 기뻐하며 나를 위해 십자가에서 못 박히신 주님의 사랑스런 발을 의지하고, 주 예수 안에서 나의 구원과 나의 모든 것을 발견하기를 기뻐합니다." 바로 이것이 우리가 하나님의 계시를 받아들이는 길이고, 온전한 순종으로 나아가는 길입니다.

우리는 겸손하게 이렇게 여쭈어야 합니다. "주여, 주께서 내가 더 알기를 바라시는 것이 무엇입니까? 내가 더 행하기를 바라시는 것이 무엇입니까? 내 본성 가운데 아직까지 정복되지 않은 부분이 여전히 있습니까? 나는 주님의 능하신 손 아래에서 겸손하고 싶습니다. 내 안에 혐오스런 교만이나 반역하는 육신처럼 새롭게 되지 않은 것이 있습니까? 있다면 그것을 정복하여 주소서. 나는 주님의 말씀을 내 규범과 법과 안내자로 삼기 원합니다. 주의 규례를 지키도록 내 길을 지도하여 주소서! 모든 일에서 주님의 은혜로운 뜻에 순종하기를 바랍니다." 하나님의 말씀에 인간이 차버려야 할 부분은 아무데도 없습니다. 우리 마음이 바른 상태에 있다면, 마음 문을 활짝 열고 이렇게 말해야 할 것입니다. "오소서, 거룩한 진리여. 들어오소서! 그대는 내 하나님으로부터 오는 것이니, 그대를 즐거이 환영합니다." 여호와께서 말씀하시면, 우리가 트집을 잡고 이의를 제기하며 논쟁하고 불평하기보다는 "주여, 말씀하옵소서 주의 종이 듣겠나이다"(삼상 3:10) 하고 말해야 옳지 않습니까? 하나님께서 우리에게 "너희는 내 얼굴을 찾으라"고 말씀하시면 우리는 즉시 마음으로 "여호와여 내가 주의 얼굴을 찾으리이다"(시 27:8) 하고 대답해야 합니다. 이제 요점이 분명해졌다고 생각합니다. 즉, 계시가 있으면 우리는 그 계시를 합당하게 받아들여야 한다는 것입니다.

3. 셋째로, 마음에 교만이 있으면 하나님의 말씀을 그렇게 받아들이지 못하게 됩니다.

본문은 이렇게 말합니다. "너희는 들을지어다, 귀를 기울일지어다, 교만하지 말지어다, 여호와께서 말씀하셨음이라." 이어서 선지자는 말합니다. "너희가 이를 듣지 아니하면 나의 심령이 너희 교만으로 말미암아 은밀한 곳에서 울 것이라." 여기서 선지자는 바로 그 오점을 지적하고 있습니다. 사랑하는 청중 여러분, 어째서 오늘 여러분 가운데 몇 년 동안 하나님 말씀을 들었으면서도 아직까지 그 말씀을 받아들이지 않은 사람이 있는 것입니까? 숨은 이유는 여러분의 교만입니다. 아마도 교만 때문에 여러분은 성을 내며 이 비난을 부인할 것입니다.

어떤 사람들에게는 지력(知力)의 교만이 있습니다. 사람들은 어린 아이 취급을 받고 싶어 하지 않습니다. 그들은 하나님의 나라를 어린 아이처럼 받아들이려고 하지 않습니다. 그래서 예수께서 "너희가 돌이켜 어린 아이들과 같이 되지 아니하면 결단코 천국에 들어가지 못하리라"(마 18:3)고 말씀하실 때, 그들은 자기들이 스스로 알아서 복음을 잘 생각하겠다고 대답합니다. 창의적인 생각은 한쪽으로 치우고, 예수께서 가르치시는 것을 단순하게 믿는 것이 그들의 마음에는 맞지 않습니다. 그들은 자존감을 별로 높여주지 않는 사실을 겸손하게 받아들이려고 하지 않습니다. 그런데 여러분, 만일 여러분이 너무 똑똑해서 들어가지 않기 때문에 하나님 나라의 문을 스스로 닫아버린다면, 이 점을 아시기 바랍니다. 즉, 가난한 자들은 복음이 전파되는 것을 듣고 받아들인다는 것과, 하나님께서는 이런 것을 지혜롭고 슬기 있는 자들에게는 숨기시고 어린 아이들에게는 나타내신다는 것입니다. 하나님께서는 멸시 받는 것들과 없는 것들을 택하여 있는 것들을 무효케 하시는데, 이는 아무 육체도 하나님 앞에서 자랑하지 못하게 하려 하시는 것입니다. 여러분의 지혜가 하나님의 지혜보다 크다고 할지라도 여러분이 어리석게 되는 것이 낫습니다. 여러분이 자신의 자부심을 만족시키기 위해 스스로를 망하게 하려고 한다면, 틀림없이 망하게 될 것입니다. 그러나 여러분이 끝없이 무한히 후회할 날이 올 것입니다. 우리 가운데 아무도 지극히 교만해져서 여호와께서 말씀하신 것에 반대하여 일어서지 않도록 합시다!

그런가 하면 어떤 이들에게는 자부심이라는 교만이 있습니다. 그들은 말합니다. "싫습니다. 우리가 그동안 귀가 아프도록 들어온 복음은 너무도 단순합니다. 우리는 좀 더 정교한 것을 들을 능력이 있습니다. 이 복음은 우리의 자존심을 꺾습니다. 우리를 타락하고 부패하였다고 말합니다. 우리가 아무것도 할 수 없다고 말합니다. 복음은 우리를 티끌 가운데 앉게 하고 정말로 우리를 아무것도 아닌 존재로 여깁니다. 우리를 자랑하고 큰소리칠 수 있는 희망을 깨끗이 쓸어버립니다. 우리는 더할 수 없이 몸을 납작하게 엎드립니다. 이게 은혜로 말미암은 구원입니까? 그렇다면 값없는 구원, 주권적인 구원은 우리 마음에 맞지 않습니다. 우리는 거지처럼 구원받고 싶은 마음이 없습니다. 대가를 지불할 것이 아무것도 없는 사람들처럼 공짜로 용서받고 싶지 않습니다. 채무의 변제를 일체 받아들이지 않는다는 것, 조금이라도 우리 공로로 채무를 변제하는 것을 전혀 받아들이지 않는다는 교리는 우리의 위신을 너무나 깎아내립니다." 그들은 복음이 자기들을 무시한다는 이유로 복음을 치워버립니다. 그들은 구원받기에는 너무나 대단한 존재들입니다. 여러분, 여러분이 꼭 자신을 자랑하고 싶다고 하더라도, 적어도 복음을 한쪽으로 치워버리는 그런 일은 하지 마십시오. 확실히, 값이 덜 비싼 것이 헛된 영광이라는 귀신에게 바치는 제물로는 충분할 수 있습니다. 사람들이 구속자를 믿는 어린 아이 같은 믿음이라는 좁은 길을 따라 천국에 가는 것보다는 품위 있게 지옥에 가는 것이 낫다고 생각한다는 것은 두려운 일입니다. 그리스도와 영생의 복을 받기 위한 일인데도 몸을 굽히려고 하지 않는 사람들은 멸망 받아도 할 말이 없는 자들입니다. 하나님께서 우리를 그런 어리석음에서 구원해 주시기를 바랍니다. 사람이 아무 정당한 이유 없이 곁길로 나가 보잘것없는 일생 동안 교만하게 행하기 위해 영원한 복을 내던진다는 것을 생각할 때 울지 않을 수 없습니다.

어떤 사람들은 자기의(義)라는 교만이 있습니다. 그들은 선량합니다. 어려서부터 계명들을 지켰습니다. 그들은 종교를 갖기에 이르렀고, 종교의 모든 의식과 의례들을 정당하게 수행하였습니다. 그래서 자신들이 다른 사람들과 같지 않은 것에 하나님께 감사드립니다. 그들의 이 의는 그들이 입기에 족한 훌륭한 옷입니다. 그래서 그들은 하나님의 의를 거부합니다. 교만한 여러분, 나는 여러분이 자신이 벌거벗고 가난하고 가련한 것을 알면 좋겠습니다. 몸의 한쪽만 겨우 가리는 무화과나무 잎 같은 여러분의 의가 하나님 앞에서 여러분의 벌거벗음을 결코 가리지 못한다는 것을 알면 좋겠습니다. 여러분이 이것을 안다면 하나님의 온전한 의를 구할 것이고, 그 의로 옷 입고 자신을 단장할 것입니다. 죄가 교회 밖의 세상에서 많은 사람들을 망하게 하지만 자기의는 밖의 세상에서보다는 예배당에 참석하는 사람들을 가운데서 많은 이들을 망하게 하는 것이 두렵습니다. 그들은 "안다"고 말합니다. 그렇게 말하는 것을 볼 때 그들의 눈은 열리지 않았습니다. 그들은 "깨끗하다"고 소리칩니다. 그러므로 그들은 죄악을 깨끗이 씻지 않았습니다. 그들이 스스로 영광을 취하기보다는 이런 헛된 생각을 버리고 하나님께 영광을 돌리면 좋겠습니다. 그들이 하나님 아닌 사람에게서 영광을 구하고 있는 동안에 어떻게 하나님을 믿을 수 있겠습니까?

어떤 사람들에게는 자기애(自己愛)라는 교만이 있습니다. 그들은 자신의 욕망을 거절할 수 없습니다. 오른손의 죄들을 끊어내고 오른눈의 악들을 뽑아버리는 것은 그들로서는 감당할 수 없는 일입니다. 그들은 어떤 악한 쾌락에 마음이 사로잡혀 있어서 그 악을 단념할 수 없습니다. 예수 그리스도의 복음은 복음을 받아들이는 사람들에게 죄 가운데 그대로 있으면서 구원받지 말고 죄로부터 구원받으라고 요구합니다. 복음은 우리에게 안식뿐 아니라 새롭게 함을 주고, 용서뿐 아니라 순결함을 주며 안전뿐 아니라 거룩함도 줍니다. 어리석은 방종 때문에 그럴 듯해 보이는 즐거움을 거절하지 못하고, 육신을 즐겁게 하지만 독이 들어 있는 단 것을 배부르게 먹어야 한다고 우기는 사람들이 많이 있습니다. 친구 여러분, 여러분이 이 교만을 버리기 바랍니다. 여러분에게는 영생의 소망을 잃는 것보다는 현재를 위한 생활을 희생하는 것이 지혜처럼 보입니다.

사람들을 망하게 하는 일에는 완고함이라는 교만도 작용합니다. "여호와가 누구이기에 내가 그의 목소리를 듣겠느냐"(출 5:2)는 것은 바로 외에도 많은 사람들이 외치는 소리입니다. 새롭게 되지 못한 마음은 사실상 이렇게 말하는 것입니다. "나는 이런 명령들에 신경 쓰지 않겠어. 왜 내가 손발이 묶여서 지배를 받고 통치를 받아야 해? 나는 자유롭게 생각하고 자유롭게 살고 싶어. 아무의 지시에도 따르지 않겠어." 친구 여러분, 바로 그렇게 해서 여러분은 자진해서 천국의 모든 소망을 잃는 것이고 스스로를 망치는 것입니다. 이것이 여러분의 선택이라면 여러분이 그렇게 하는 것을 누가 막을 수 있겠습니까? 나는 막을 수 없다는 것을 압니다. 주님의 인도로 여러분이 더 나은 마음자리에 이를 수 있으면 좋겠습니다. 여호와 하나님께서 여러분의 뜻을 바꾸고 마음을 새롭게 하여 주시기를 바랍니다. 그러나 여러분이 아주 교만해서 여러분을 책망하는 하나님의 증언을 거절한다면, 여러분이 영원히 멸망에 떨어질 때 누가 책임을 져야 마땅하겠습니까? 여러분 말고 누가 책임을 져야 하겠습니까? 하나님의 계시를 합당하게 받아들이지 못하게 만드는 이 큰 악을 슬프게 살펴보는 일을 이것으로 마치겠습니다.

4. 넷째로, 여기에서 중요한 경고가 나옵니다.

선지자는 이같이 경고하였습니다. "그가 어둠을 일으키시기 전, 너희 발이 어두운 산에 거치기 전에 너희 하나님 여호와께 영광을 돌리라." 나는 여러분 가운데 아무도 이 말씀이 참되다는 것을 경험하지 않도록 지극히 겸손한 마음과 크게 두려워하는 태도로 이 말씀을 설명하고자 합니다. 지금까지 하나님과 그의 그리스도를 거절해 온 여러분, 들으십시오. 여러분은 어두운 산들 가운데서 이미 길을 잘못 들어 있습니다. 믿음의 대로가 있는데, 여러분은 그 길을 거절하였습니다. 자신의 지혜를 따라 왼쪽이나 오른쪽으로 길을 잘못 들어선 것입니다. 안전한 길을 벗어나서 여러분은 지금 이 순간도 위험한 길에 있습니다. 여러분 주위에 햇빛이 비치고 발밑에서는 꽃들이 많이 피어나지만 그럼에도 불구하고 여러분은 위험한 상태에 있습니다. 그리스도의 길을 벗어나서는 안전이 없기 때문입니다. 여러분이 하나님의 명령대로 행하면 위험의 두려움이 없을 것입니다. 그 길에는 사자가 없을 것이기 때문입니다. 그러나 여러분이 스스로를 지키고 스스로가 자신에게 법이 되고 자신의 길을 따라 행하는 한, 여러분은 큰 위험 가운데 있는 것입니다. 불신자는 하나님의 아들을 믿지 않기 때문에 이미 정죄를 받은 것입니다. 제발 여러분이 그렇게 할 수 있는 동안에, 도망하여 좁고 협착하지만 마침내 영생에 이르는 길, 곧 예수님을 믿는 길로 들어가십시오.

여러분이 여전히 앞뒤를 가리지 않고 성공을 추구하고 자신을 위한 길을 선택한다면 여러분 주위에 어둠이 내리고 있다는 점을 분명히 기억하기 바랍니다. 낮이 거의 다 지나간 것입니다! 여러분 영혼 주위에 이미 안개와 어둠이 다가오고 있고, 이 안개와 어둠은 점점 더 짙어져 밤의 축축한 습기가 되어 여러분을 당혹스럽게 만들 것입니다. 믿지 않는다는 것을 생각만 해도 여러분은 금방 짙은 어둠의 공포에 사로잡힐 것입니다. 여호와께서 말씀하신 것을 듣지 않으면 여러분은 다른 목소리를 따를 것이고, 그 목소리는 여러분을 애굽의 혼란의 밤으로 꾀어 들일 것입니다. 여호와께서 말씀하신 것을 듣지 않으면 여러분은 계속해서 명상하고 숙고하거나 비판하고 가볍게 다루다가 결국에는 사색이라는 빽빽한 연기에 갇히듯 의심의 구름에 사로잡히고, 불신앙의 증기에 갇혀 곧 질식하게 될 것입니다. 여러분은 어떻게 해야 할지, 어떻게 생각해야 할지, 무슨 말을 해야 할지, 어디로 가야 할지 모를 것입니다. 그 때쯤에는 여러분이 자신의 안내자를 단념하였고 그의 횃불을 꺼트렸을 것이기 때문입니다. 또한 아마도 그 때는 고통의 어둠이 여러분에게 닥칠 것입니다. 여러분은 병들고 비참할 것이며, 힘이 없고 지칠 것이고, 고난을 겪고 근심하게 될 것이며, 아무 도움이나 구원을 보지 못할 것입니다. 그러면 여러분은 성도들 가운데 누구에게로 향할 것입니까? 재앙의 날에 누구를 찾아갈 것이고, 누가 여러분을 돕겠습니까? 그 때 여러분의 생각은 풀어져 허망하게 될 것이고, 여러분의 마음은 당황할 것입니다. "여호와께서 이와 같이 말씀하시되 보라 내가 너로 너와 네 모든 친구에게 두려움이 되게 하리라"(렘 20:4). 여러분은 맹인이 벽을 더듬듯이 위안 거리를 더듬어 찾을 것입니다. 여러분이 여호와와 그의 진리를 거부하였기 때문에 하나님께서도 여러분을 버리고 여러분이 자기 마음대로 하도록 버려두실 것입니다.

그 사이에, 여러분 자신의 죄와 고집에서 생겨난 어둠이 여러분을 어둡게 만들 것입니다. 여러분은 지력의 총명함을 잃을 것이고, 생각의 명쾌함도 여러분을 떠날 것입니다. 그래서 스스로 똑똑하다고 자랑하지만 바보가 될 것입니다. 여러분은 더 이상 명석한 판단 때문에 자랑할 일이 없을 것이고, 생각이 뒤죽박죽 되어버린 것을 알게 될 것입니다. 여러분이 다른 사람들에게 물을 것이나 그들이 여러분보다 더 아는 것이 없을 것입니다. 혹은 그들이 아는 것이 있다고 할지라도 그들이 여러분에게 하는 말을 여러분이 알아듣지 못할 것입니다. 여러분은 사방을 감싸는 빽빽한 어둠 가운데 있을 것입니다. 이 사실에서 이와 같은 엄숙한 경고가 나옵니다. "그가 어둠을 일으키시기 전에 너희 하나님 여호와께 영광을 돌리라." 여러분이 아직까지 진리를 완전히 떠나지 않았고 하나님의 말씀을 완전히 거절하지 않았다면, 살아 있는 믿음으로 하나님의 말씀을 마음으로 받아들이고 하나님께 영광을 돌리십시오. 그래서 계속해서 지연시키고 두 의견 사이에서 머뭇거림으로써 여러분이 진리의 밝은 빛에서 점차 조금씩 멀어져 마침내 도망갈 길이 전혀 없는, 일곱 배나 어두운 밤에 갇히지 않도록 하십시오.

이 어둠 뒤에는, 본문에서 "너희 발이 어두운 산에 거치기 전에"라고 말하듯이 걸려 넘어지는 일이 옵니다. 계시를 떠나서 자기 길을 찾으려고 하는 자는 헤치고 나올 수 없는 비밀을 만날 것입니다. 계시에는 비밀이 있습니다. 그러나 이 비밀들은 우리 앞에 빛의 언덕처럼 일어설 것입니다. 그러나 여호와의 말씀을 소홀히 다루는 사람들에게는 어둠의 산이 나타날 것입니다. 나는 여러분이 어떤 철학을 취하든지, 곧 옛것이든 새것이든, 혹은 공공연히 세속적인 것이든 기독교가 살짝 가미된 것이든 간에 신경 쓰지 않습니다. 어떻든지 간에 여러분은 하나님의 말씀에서 신비를 제거하지 못할 것입니다. 그것은 인간 지성의 제한된 능력이 무한한 진리를 만날 때 필연적으로 생길 수밖에 없는 일입니다. 인간의 모든 길에는, 비록 그것이 인간 스스로 고안해낸 길이라 할지라도 반드시 어려움이 있기 마련입니다. 그러나 하나님의 빛을 받아들이려고 하지 않는 사람에게는 필연적으로 이 어려움들이 끝없이 깊은 나락과 길이 없는 험한 바위 언덕, 지나갈 수 없는 골짜기가 있는 어두운 산이 될 수밖에 없습니다. 그는 지혜가 제시한 길을 거부하였습니다. 그래서 그가 길이 없는 곳에서 넘어지게 되어 있는 것은 당연한 일입니다. 누구의 지도도 없고 믿음도 없이 신비들을 만나지 않도록 주의하십시오. 그렇지 않으면 여러분은 걸려 넘어져서 어리석음에 빠지거나 미신에 빠질 것이고, 일어설지라도 다시 넘어질 뿐이기 때문입니다. 그리스도의 십자가에서 넘어지는 사람들은 넘어져 지옥에 떨어지기가 쉽습니다.

방황하는 사람의 길을 가로막을 또 다른 종류의 어두운 산들이 있습니다. 즉, 당황의 산, 후회의 산, 절망의 산들이 있습니다. 사람이 통과할 수 없는 무시무시한 산 가운데서 안내자가 없고 길도 없이 한밤중에 여행을 해야 하는 처지에 있는 사람은 화가 있습니다. 사람이 의심의 땅, 곧 어둠의 땅이고 아무 질서가 없는 사망의 그늘진 땅, 빛이 어둠 같은 땅에 들어갈 때, 그의 처지는 참으로 끔찍한 것입니다! 이에 대해서는 더 말하지 않겠습니다. 청중 여러분, 감사하게도 여러분과 나는 아직 그 땅에 들어가지 않았습니다! 그러므로 하나님께서 여러분 영혼을 덮는 짙은 어둠을 보내시기 전에, 곧 여러분이 느낄 수 있고 한 번 넘어지면 다시 일어나지 못하게 만드는 어둠을 보내시기 전에 여호와의 목소리를 듣고 하나님께 영광을 돌리십시오.

걸려 넘어진 후에는 견디기 어려운 실망이 올 것입니다. 자신의 길을 발견할 수 없다는 것을 깨닫는 사람은 잠깐 앉아서 속으로 이렇게 말합니다. "달이 뜰 때까지 아니면 동이 틀 때까지 기다리겠어. 내 앞서 간 많은 사람들도 잠깐 쉬었어. 틀림없이 빛이 올 거야." 그는 보고 또 보고 또 보지만 다 소용이 없습니다. 이 선지자가 이렇게 말하기 때문입니다. "너희 바라는 빛이 사망의 그늘로 변하리라." 사망! 두려운 말입니다. 사망이 사람들 마음에 드리우는 그림자는 두렵습니다! 세월이 가면서 그 그림자가 사람에게 다가오고 있는데, 사람은 그 그림자를 물리칠 빛이 없습니다. 의사가 사망의 그림자를 제거할 수 없습니다. 사망이라는 질병은 고칠 수 없습니다. 죄인의 얼굴은 고통으로 창백하고, 그의 마음은 속에서 밀랍처럼 녹습니다. 그를 덮는 그늘이 그를 춥게 하여 뼛속까지 떨게 만들기 때문입니다! 화살이 마음속에서 괴롭히고 있으니 그가 어떻게 하겠습니까? 영원한 밤이 내려오고 있으니 그가 어떻게 하겠습니까? 그가 몸을 웅크리고 기다립니다. 그러나 그가 곁을 떠나야 하는 사람들이 울고 있는 가운데, 사망의 그늘이 짙어지는 것 외에는 아무것도 오지 않습니다. 그는 슬퍼하고 울며 이를 갈 것을 예상하는데, 이것이 그의 영원한 운명이 될 것입니다.

그리고 사람을 마비시키는 절망이 그를 사로잡습니다. 이는 하나님께서 어둠을 "캄캄하게"(사 60:2) 만드시기 때문입니다. 마치 어둠이 단단한 물건인 것처럼 손으로 만질 수 있을 정도로 깜깜하게 만드시기 때문입니다. 그 어둠이 그의 영혼의 방 속에 있고, 그의 뇌 속에, 마음속에 있습니다. 그가 검은 바다에 빠져 죽어가고 있습니다. 빛을 미워한 자가 이런 결국을 맞는 것은 합당한 일입니다! 제발, 여러분 가운데 누구든지 그 상태에 들어가기 전에 하나님께 영광을 돌리고 하나님의 말씀을 받아들이십시오. 여러분이 의심 때문에 완전히 망하기 전에 하나님을 믿으십시오. 마음이 굳어져 회의론으로 떨어지기 전에 하나님의 증언을 받아들이십시오.

이생에서 내게 어떤 일이 벌어질지 나는 모릅니다. 어쩌면 신체적으로 매우 허약해지는 일들을 만날 수 있을 것입니다. 그리고 이런 신체적 허약으로 인해 정신적으로 우울증과 고통을 겪을 수도 있을 것입니다. 하지만 나는 자기 백성을 지키겠다고 약속하신 하나님의 보호하심에 내 마음과 영과 지적인 모든 기능을 맡겼다는 이 한 가지 사실을 알고 있습니다. 나는 하나님께서 내게 말씀하시는 것 외에는 아무것도 믿을 생각이 없고, 하나님께서 명하시는 것 외에는 아무것도 행하고 싶지 않으며, 하나님께서 나를 지도하시기 위해 정하신 것 외에는 어떤 영향력도 따를 생각이 없습니다. 그러므로 내가 생각할 때, 많은 날 동안 이렇게 하였으니 나는 마지막 날에 흔들림 없는 확신을 가지고 이렇게 말할 수 있다고 봅니다. "아버지, 내 영혼을 아버지 손에 부탁하나이다"(눅 23:46). 나는 바로 그 항구에 영원히 정박할 것을 확신을 가지고 기대할 수 있다고 생각합니다. 그 정박지는 이제 내게 새로운 피난처가 되는 곳이 아니라 내 영혼이 매일 드나드는 항외(港外) 정박지입니다. 사람이 더 이상 자신을 의지하지 않고 크신 하나님을 목자로 모시고 그 뒤를 따라가는 것만큼 그 영혼이 안전할 수 있는 상태는 없습니다. 하나님의 신실하심만큼 여러분을 잘 보호해 줄 수 있는 방패가 달리 있겠습니까? 하나님의 진실하심만큼 여러분이 그 아래에서 안전하게 피할 수 있는 바위가 달리 있겠습니까? 나는 종교에서 새로운 사상이라고 하는 것들은 모두 무시해버립니다. 그런 사상들은 일체 받아들이지 않을 것입니다. 이 위대한 옛 책이 나를 실망시킨다면 나는 실패하는 것을 기꺼이 감수하겠습니다. 주님께서 나를 버리신다면 나는 기꺼이 버림을 받겠습니다. 만약 하나님이 거짓말을 하신다면 만사(萬事)가 끝이고, 우리도 다 같이 대혼란 속에서 버둥거릴 것입니다. 우리는 그러한 두려움을 견디지 못합니다. 그렇지만 나는 하나님을 믿기 때문에 미래에 대해 전혀 두려워하지 않습니다. 어두운 산도 사망의 그늘도 신자를 넘어지게 할 수 없습니다. 신자는 "내가 믿는 자를 내가 알고 또한 내가 의탁한 것을 그 날까지 그가 능히 지키실 줄을 확신함이라"(딤후 1:12)고 외칩니다. 아, 그러나 하나님이 진실하시다면, 그의 목소리를 듣지 않으려고 하는 여러분이 어떻게 되겠습니까? 성경이 사실이라면, 성령보다 더 지혜 있는 체하는 여러분의 운명이 어떻게 되겠습니까? 여러분은 헤매다가 아무도 구원해낼 수 없는 영원한 속박에 사로잡힐 것이 틀림없습니다.

이제 설교를 끝내야 하겠지만, 그 전에 마음을 무겁게 하는 또 한 가지 점을 해결하지 않을 수 없습니다. 백성들이 하나님께 복종하려고 하지 않으면 선지자는 자기가 복종하겠다고 결심하였습니다.

5. 회개하지 않는 자들에게는 한 가지 방법밖에 남아 있지 않습니다.

백성들에게 애정을 품고 있는 이 선지자는 이렇게 외칩니다. "너희가 이를 듣지 아니하면 나의 심령이 너희 교만으로 말미암아 은밀한 곳에서 울 것이며 여호와의 양 떼가 사로잡힘으로 말미암아 눈물을 흘려 통곡하리라"(렘 13:17).

선지자는 더 이상 아무것도 할 수 없습니다. 더 이상 전할 메시지도 없습니다. 그는 하나님께서 모욕을 견디시며 그들을 구원할 또 다른 길을 고안해내실 것이라고 기대할 수 없습니다. 선지자가 백성들에게 진리를 말하였는데, 백성들이 그 진리를 거부하면 그는 백성들의 마음을 기쁘게 하는 달콤한 말을 하지 않을 것입니다. 그는 여호와의 말씀을 다시 한 번 전할 것입니다. 그런데 백성들이 다시 한 번 거절하면, 하나님께서 사울을 버리셨을 때 사무엘이 그를 위하여 슬퍼하였던 것과 똑같이 선지자는 집에 가서 백성들을 위하여 슬퍼할 것입니다. 선지자가 앞 절에서 "눈물을 흘릴 것이라"고 말하지 않고 "나의 심령이 울 것이라"고 말한다는 점에 주목할 필요가 있습니다. 뜨거운 눈물 때문에 눈이 충혈됩니다. 하지만 심령으로 우는 눈물, 곧 고집을 피우며 스스로 망하려고 하는 완고한 사람들에 대해 괴로워하는 심령으로 우는 슬픔의 눈물이 어떠하겠습니까!

넘쳐흐르는 눈물로 뺨이 흠뻑 적셔진 사실에서 영혼에 대한 선지자의 슬픔이 나타났습니다. 그는 백성들을 사랑하여서 그들에게 다가오는 파멸을 그냥 아무렇지 않게 볼 수가 없었습니다. 훗날 우리 주님처럼 선지자도 예루살렘 성을 보고 울었습니다. 선지자는 더도 덜도 말고 꼭 그렇게밖에 할 수 없었습니다. 슬프게도 선지자가 슬퍼하는 것이 소용이 없을 것이고 우는 것도 아무 가망이 없을 것입니다. 그들이 들으려고 하지 않는다면 선지자는 그들에게 조만간 "더 큰 소망"이 계시될 것이라고, 즉 또 한 번의 시험 기간이 있을 것이라고, 다시 말해 현재의 말을 무효로 할 미래의 계시가 있을 것이라고 말하지 않습니다. 아, 그렇게 하지 않습니다. 그는 백성들을 아주 바르게 사랑하였기에 그들에게 헛된 기대를 불어넣지 않았습니다. 그는 에덴 동산의 옛 뱀을 본받아 "너희가 결코 죽지 아니하리라"(창 3:4)는 말로 백성들의 환심을 사려고 하지 않았습니다. 나는 현대의 많은 목사들이 "더 큰 소망"이라고 말하지만 실상은 사탄의 더 큰 올가미에 지나지 않는 것으로 자기가 속이고 있는 사람들의 피에 옷이 흠뻑 젖어 있지 않나 두렵습니다. 예레미야는 마음이 여리지만 또한 용감한 사람이었습니다. 그는 사람들에게 굽실거리지 않았고, 오늘날 설교자들이 흔히 그러기가 쉽듯이 사람들에게 듣기 좋은 예쁜 노래를 부르지 않았습니다. 그들이 어둠 가운데서 넘어질 것이고, 그들의 파멸에 대해서는 그가 심령으로 탄식할 것밖에 남은 것이 없다고 그들에게 말했습니다. 우리 각 사람은 이 거룩한 사람의 심정을 공감하는 법을 배우도록 합시다.

"일어나라, 지극히 애정 어린 생각이여, 일어나서
내 눈을 녹여 눈물이 억수 같이 쏟아지게 하라.
그리고 내 마음이여, 괴로워하라.
네가 치료할 수 없는 악들을 생각하고서.

수치에 빠진 인간 본성을 보라
예수의 이름에 퍼부어진 중상들을 보라.
아버지께서 그의 아들 안에서 상처를 입으셨고
세상이 속임을 당하고 영혼들은 망하였다.

헛된 즐거움의 짧은 행로를 보라
영원한 밤으로 끝이 나고
결코 줄어들지 않는 불길 속에서
짜디짠 눈물을 영원히 흘릴 그 행로를."

선지자가 자신의 이 슬픔을 백성들이 공감할 것으로 기대하지 않았다는 점에 주의하기 바랍니다. 그는 "나의 심령이 너희 교만으로 말미암아 은밀한 곳에서 울 것이라"고 말합니다. 그는 완전히 외톨이가 되어 숨고 은둔자가 될 것입니다. 슬프게도 지금도 사람들의 영혼에 대해 근심하는 사람들은 극소수뿐입니다! 많은 사람들이 자신들의 위험을 무시합니다. 그 위험을 잊거나 아니면 부정합니다. 불신자들에 대해 슬퍼하며, "그들을 맹렬한 불길에서 끄집어내고 구원하기 위해 눈물을 흘리며 부르짖고 애원하는" 사람들이 거의 없습니다. 사람들의 마음을 완고하게 하고 교만을 치켜 세우며 거짓말을 칭찬하는 일들이 벌어지고 있습니다. 그러니 신실한 사람들이 자기 하나님께만 구하고 은밀한 곳에서 우는 것 외에 무엇을 할 수 있겠습니까? 외로움과 우는 것이 보잘것없는 위안이지만, 그 외에는 달리 위안을 얻을 수 있는 것이 없습니다.

이 사실은 또한 신자의 눈물에 얼얼한 짠맛을 일으킵니다. 즉, 백성들이 유일한 치료책을 거부하므로 우는 것이 아무 소용이 없다는 것입니다. 여호와께서 말씀하셨습니다. 그런데 백성들이 여호와의 말씀을 들으려고 하지 않는다면 그들은 반드시 죄 가운데 죽을 것입니다. 여러분, 여러분이 그리스도를 얻으려고 하지 않는다면, 세상의 모든 성도들, 그렇습니다. 이제까지 살았던 모든 성도들, 그리고 앞으로 살 모든 성도들이 여러분을 위해 기도할지라도, 온 교회의 눈물이 큰 강물을 이루어 영원히 흐를지라도, 그들이 여러분에게 구원의 희망을 가져다 줄 수 없을 것입니다. 여러분은 그리스도를 모셔야 합니다. 그렇지 않으면 반드시 죽습니다. 여러분은 하나님의 어린 양을 믿어야 합니다. 그렇지 않으면 반드시 영원히 멸망합니다. 성경 말씀에 따를 때 그것이 확실하지 않습니까? 그렇다면 아무도 그 사실을 바꿀 수 없습니다. 이 바위와 부딪치지 마십시오! 이 돌 위에 떨어지지 마십시오!

　　사람들이 하나님께로 돌이키면 우리가 한없이 기뻐할 텐데, 그토록 많은 사람들이 우리에게 이 쓸데없는 슬픔을 일으키니 참으로 괴로운 노릇입니다. 여러분, 여러분은 왜 나를 슬프게 하려고 합니까? 돌이키십시오. 돌이키십시오. 왜 죽으려고 합니까? 여러분이 어리석게도 망하기로 작정한 것에 대해 무슨 핑계를 댈 수 있습니까? 그리스도께서 여러분에게 은혜를 베풀려고 기다리고 계시는데도 여러분을 불구덩이에 뛰어들게 만들 만큼 강한 무슨 동기가 있을 수 있습니까? 나는 여러분이 나의 중요한 메시지를 거부하고 스스로 멸망에 떨어지는 것을 보는 슬픔을 더해 주지 않아도 이 메시지를 준비하고 전하는 것만으로도 충분히 할 일이 많습니다. 때때로 나는 설교를 전하기 전에 바르게 설교하지 못할까봐 마음에 심한 고통을 겪습니다. 그런데 이것도 모자라 내가 또 그런 고통을 겪어야 하겠습니까? 나는 여러분에게 설교하는 동안 온 힘을 다 쏟습니다. 그런데 여러분이 내가 전하는 바를 믿으려 하지 않기 때문에 앉아서 슬퍼해야 하겠습니까? 복 되신 성령이시여, 오늘 모든 사람의 마음을 감화시켜 주옵소서. 아멘.

제
13
장
—

구스인

—

"구스인이 그의 피부를, 표범이 그의 반점을 변하게 할 수 있
느냐 할 수 있을진대 악에 익숙한 너희도 선을 행할 수 있으리
라." — 렘 13:23

　　예레미야에게는 흑인 친구가 한 명 있었습니다. 구스인 내시 에벳멜렉은 예
레미야가 진흙 구덩이 감옥에 갇혔을 때 애정 어린 마음으로 그를 크게 걱정하
였습니다. 그래서 에벳멜렉은 이 불쌍한 선지자의 겨드랑이가 상하지 않도록 밧
줄을 낡은 옷으로 감아 던져 넣어 진리 때문에 더러운 우물에 던져진 선지자를
끌어내었습니다. 이후에 에벳멜렉이 예레미야 선지자를 대하는 방식을 두고 생
각할 때, 두 사람은 좋은 친구들이었던 것 같습니다. 사람들이 자기가 좋아하는
사람들에 대해 보통 이야기하듯이, 예레미야가 이 구스인을 상징으로 사용하는
것은 자연스러운 일이었습니다. 예레미야 말고 다른 어떤 선지자가 그같이 하였
는지 모르겠습니다. 예레미야처럼 그렇게 아주 흑인을 좋아했던 선지자는 아마
도 달리 없었을 것입니다. 어쨌든, 예레미야의 마음에는 이 흑인의 얼굴이 새겨
져 있었고, 그래서 백성들에게 말할 때 성령께서 그가 익숙하게 알고 있는 직유
를 사용하도록 그의 마음을 감화하신 것입니다. 내가 이제까지 품었고 겪었던
모든 생각과 경험이 내 주님을 위하여 말하는 동안에 사용될 수 있으면 좋겠습
니다. 나는 어떤 사람이나 사물을 볼 때마다 모든 것을 주님의 일을 위해 이용하
려는 생각으로 보고 싶습니다. 우리 가운데 다른 사람들을 가르치는 일을 하는

분들이 눈을 크게 뜨고 돌아다니기만 한다면 우리가 선포해야 하는 진리들에 대한 예화를 풍성하게 발견할 것입니다. 우리가 흑인에게서 무언가를 배우려고만 한다면 우리의 길을 방해할 흑인은 없을 것입니다.

이제 즉시 본문으로 가서, 본문에 오직 한 가지 답변만을 허용하는 질문이 들어 있다는 점을 살펴봅시다. "구스인이 그의 피부를 변하게 할 수 있느냐?" 물론 할 수 없습니다. 이 사실은 우리에게 다음과 같은 영적 질문이 생각나게 합니다. 즉, 악을 행하기에 익숙한 사람이 스스로 변하여 선을 행할 수 있느냐는 것입니다. 물론 할 수 없습니다. 구스인이 자기 피부를 변하게 할 수 없는 것보다 더 할 수 없습니다. 우리가 한 가지 답변밖에 허용하지 않은 이 질문에 대해서 이야기하고 나서 나는 반대의 답변을 허용하는 또 다른 질문을 하겠습니다. 이 주제의 후반부에 가서 주님께서 절망하고 있는 사람들, 구스인이 자기 피부를 변하게 할 수 없고 표범이 반점을 변하게 할 수 없는 것과 마찬가지로 자신이 자기 본성을 변하게 할 수 없다는 것을 알고 있는 사람들에게 위로를 주시기를 바랍니다!

1. 첫째로, 오직 한 가지 답변만 허용하는 질문에 대해서 생각해 봅시다.

"구스인이 그의 피부를 변하게 할 수 있느냐?"

그런 일을 할 수 있었다는 말을 들은 사람은 이제까지 아무도 없었습니다. 그동안 아주 놀라운 일들이 일어났지만 이제까지 아무도 몸을 씻어 하얗게 될 수 있었다는 흑인에 대해서 들은 적이 없습니다. 그와 같은 일을 해보려고 하는 터무니없는 행동은 옛날 이솝 우화에서나 들을 수 있는 것입니다. 그래서 종종 우리는 일어날 수 없는 어떤 일을 지적하고자 할 때, 이 비유를 사용해서 "흑인의 피부는 바꿀 수 없어"라고 말합니다.

사람이 할 수 있는 것들이 있습니다. 백인은 피부에 관한 한 거의 흑인처럼 될 수 있습니다. 피부에 작용해서 아주 이상한 색깔을 내는 의약품이 있습니다. 여러분은 그동안 살면서 그와 같은 경우들을 두어 번 보았을 것입니다. 그러나 여러분이 색깔을 첨가할 수는 있어도 있는 색깔을 제거할 수는 없습니다. 피부가 하얀 남자나 살결이 매우 흰 여성이 햇볕에 오래 앉아 있으면 아가서에 나오는 신부처럼 "내가 햇볕에 쐬어서 거무스름하다"(아 1:6)라고 말할 정도로 피부가 갈색으로 변할 수 있습니다. 하지만 여러분이 백인을 흑인으로 바꿀 수는 있어도 흑인을 백인으로 변화시킬 수는 없습니다. 무엇인가를 망쳐 놓음으로써 여러분이 원하는 바를 이룰 수는 있지만 무엇인가를 고쳐서 원하는 바를 이룰 수는 없습니다. 여러분이 죄를 지어서 더러워질 수는 있어도 여러분이 원하는 바를 행해서 영적으로 깨끗해질 수는 없습니다. 내려가는 것은 쉽습니다. 절벽에서 뛰어내리는 일은 아주 쉽게 할 수 있습니다. 그러나 누가 높은 절벽 밑바닥에서 한 번에 뛰어 꼭대기로 올라갈 수 있습니까? 사람이 자기 의지와는 반대로 내려갈 수 있지만, 아무리 올라가려는 의지가 있어도 뛰어서 절벽 위로 올라갈 수는 없습니다. 여러분은 아주 쉽게 악을 행할 수 있습니다. 여러분이 양손을 동원하여 탐욕스럽게 악을 행할 수 있고, 악을 행하고 또 행해도 악을 행하는 일에 지치지 않습니다. 그러나 바른 길로 돌이키려고 해보면, 그것은 어려운 일입니다. 베르길리우스가 그늘진 땅에 내려갔을 때 자신의 힘든 일에 관하여 다음과 같이 말한 것과 같습니다. "지옥으로 내려가는 일은 쉽습니다. 그러나 다시 맑은 공기가 있는 곳으로 돌아 나오는 것, 이것은 대단한 일입니다. 어려운 일입니다." 여러분은 사람들이 겉으로 자신을 검게 할 수 있는 것을 보았을 것입니다. 정당한 직업 활동을 위해서 굴뚝 청소를 하다 보면 사람이 흑인처럼 까맣게 됩니다. 그러나 물 한 대야만 있으면 그는 얼굴 모습을 아주 쉽게 바꿀 수 있습니다. 까만색은 잠시 동안만 그의 피부에 붙어 있는 것에 불과하기 때문입니다. 그런데 본문의 질문은 "구스인이 그의 피부를 변하게 할 수 있느냐?"는 것입니다. 그의 피부색은 그 자신의 일부이므로 바꿀 수 없습니다. 구스인은 몸을 깨끗이 씻을 수 있고, 또 씻어야 합니다. 그렇게 하는 것이 그의 의무입니다. 사람이 도덕적이 될 수 있고, 또 되어야 합니다. 그렇게 하는 것이 그의 의무입니다. 흑인이 항상 그처럼 검을지라도 자신을 깨끗이 씻을 수 있습니다. 그러나 그가 몸을 씻어서 하얗게 될 수 없고, 죄인이 스스로 죄의 얼룩을 깨끗하게 씻을 수도 없습니다.

　하지만 친구 여러분, 설사 구스인이 자기 피부를 변하게 할 수 있다고 하더라도 그것은 죄인이 자기 죄를 씻는 일에 비하면 훨씬 더 작은 일이라는 점을 기억하시기 바랍니다. 죄인이 바꾸어야 하는 것은 그의 피부가 아니라 마음이기 때문입니다. 피조물들 가운데는 사지가 절단되면 다시 자라거나 다른 것이 그 자리를 대신하는 것들이 있습니다. 그러나 살아 있는 피조물들 가운데 심장을 잃어버리면 또 다른 심장이 자랄 수 있는 생물은 없습니다. 어떤 종류의 나무가 있는데, 여러분이 원하면 그 나무에 접붙일 수가 있습니다. 그러면 그 나무는 다른 종류의 열매를 내놓을 것입니다. 혹은 여러분이 나무에서 큰 가지 하나를 제거하면 또 다른 가지가 자랄 수 있습니다. 그러나 나무의 심장에 해당되는 그 중심부를 바꿀 수는 없습니다. 설사 구스인이 피부를 변하게 할 수 있더라도 그것은 내가 말하는 대로 피상적인 변화에 지나지 않을 것입니다. 그래서 그것은 죄인이 자기 죄를 씻는 일에 필적할 수 없습니다. 죄라는 나병은 피부 속에 있는 문제이기 때문입니다. "만물보다 거짓되고 심히 부패한"(렘 17:9) 것이 바로 마음입니다. 마음은 더러워진 생각과 행동의 중심이자 원천입니다. 그러므로 거기에서 변화가 일어나야 합니다. "구스인이 그의 피부를 변하게 할 수 있느냐?" 할 수 없습니다. 그러나 만약 구스인이 그렇게 할 수 있다면 죄인도 자기 마음을 변하게 할 수 있습니까? 절대로 할 수 없습니다.

여러분, 이 질문은 구스인이 스스로 자기 피부를 변하게 할 수 있느냐에 관한 것임에 유의하십시오. 그런 일은 할 수 없는 것이 확실합니다. 그러나 설사 그런 일을 할 수 있다고 할지라도, 사람은 스스로 자기 마음을 변하게 할 수 없습니다. 악한 마음이 스스로 자신을 선하게 만든다는 것은 생각할 수 없는 일입니다. 어둠은 빛을 낳지 못하였습니다. 여러분이 무덤 속에서 마른 뼈들 가운데 원하는 만큼 오랫동안 앉아 있을 수 있습니다. 그러나 생명은 결코 죽음에서 나오지 않을 것입니다. 생명은 전혀 다른 원천으로부터 나오는 것임에 틀림없습니다. 대지는 자기 품속에 있는 씨앗을 따뜻하게 하고 영양을 공급하여 자라게 합니다. 그러나 씨앗들이 죽어 있으면 아무리 온화한 계절들이 온다고 해도 싹을 틔우게 할 수 없을 것입니다. 그런데 설사 대지가 죽은 씨앗들을 살아나게 만들 수 있다고 할지라도, 그것은 내가 지금 말하고 있는 그런 기적이 아닙니다. 내가 말하는 기적은 죽은 씨앗이 스스로 살아나는 일일 것입니다. 그것은 가능성의 한계를 완전히 초월하는 일임에 틀림없습니다. 본문에 나오는 비유는 매우 강력합니다. 앞에서 말했듯이 구스인은 자기 피부를 변하게 할 수 없습니다. 그러나 그 비유마저도 인간 본성이 스스로 새롭게 되는 일에 대해서 완전히 무력한 것을 표현하기에는 충분하지 못합니다. 왜냐하면 이 변화는 더 크고 깊은 것이어서, 그 변화가 타락한 인간 본성에서 나오는 일이란 완전히 불가능하기 때문입니다.

이 일의 어려움을 좀 작은 규모에서 설명해보겠습니다. 첫 번째 어려움은 인간의 악이 그의 본성에 있기 때문에 발생합니다. 죄가 단순히 우발적인 사고라면, 죄를 예방할 수도 있습니다. 그러나 죄는 우발적인 사고가 아닙니다. 양이 수

렁에 빠지게 되면 곧바로 양을 건져 올릴 수 있습니다. 양들이 수렁에 빠지지 않도록 지키는 것은 할 수 있는 일일 것입니다. 그러나 돼지가 진흙탕에 내려갈 때는 굴러서 들어가는데, 이는 돼지들은 진흙탕에서 뒹구는 것을 좋아하기 때문입니다. 주위에 진흙탕이 있는 한, 돼지는 거기에 들어갈 수 있습니다. 돼지로 있는 한, 돼지는 기회만 있으면 진흙탕에 들어가 뒹굴 것입니다. 이는 더러움이 돼지 주변의 환경에 있을 뿐 아니라 돼지 본성에도 있기 때문입니다. 죄에 관해서는 우리도 그와 같습니다. 구스인이 몸을 깨끗이 씻을 수 있습니다. 그러나 그의 피부의 검은색은 구스인 본성의 일부이기 때문에 그는 피부색을 제거할 수 없습니다. 표범의 반점은 우연히 생긴 것이 아닙니다. 표범이기 때문에 반점이 있는 것입니다. 그와 같이 죄는 인간 본성에 우발적인 것이 아닙니다. 죄는 우리 자신의 본질적인 것입니다. 여러분이 사람을 볼 때, 죄인을 보는 것입니다. 사람의 마음속을 들여다볼 수 있다면 거기에서 온갖 해악의 온상을 볼 수 있을 것입니다. 이 온상은 쾌적한 환경만 제공되면 거기에서 악이 무성하게 자랄 것입니다. 사람이 자기 본성을 어떻게 변화시킬 수 있습니까? 내가 구스인이 될 수 있는 가능성은 조금도 없다고 생각합니다. 내가 마음을 다해 힘쓸지라도 독일인이 될 수 있는 가능성은 전혀 없습니다. 내가 독일인으로 태어나지 않았기 때문입니다. 그것은 내 본성을 따르는 일이 아니기 때문입니다. 나는 살아 있는 동안 에식스 태생의 잉글랜드 사람으로 있을 수밖에 없습니다. 오직 한 가지 기적만이 나를 전혀 다른 사람으로 만들 수 있을 것입니다. 죄인은 철저히 죄인입니다. 여러분이 그를 어디에서 보든지 간에 그는 죄인입니다. 그리고 탁월한 능력이 개입하여 그를 바꾸지 않는 한 그는 언제나 죄인일 것입니다.

슬프게도, 인간 본성이 이처럼 악하다는 데서 인간의 의지가 완전히 왜곡되었다는 사실도 함께 옵니다. 사람은 악을 행하기를 그치고 선을 행하는 법을 배우지 않을 것입니다. 그렇게 할 마음이 없기 때문입니다. 죄인들은 구원받고 싶어 하지 않습니다. 어떤 사람은 "아, 아니요. 나는 구원받고 싶어요"라고 말합니다. 하지만 여러분은 구원받는다는 것이 무엇인지 압니까? 죄인은 누구나 지옥에 가는 일을 모면하고 싶어 할 것입니다. 그러나 그것은 하나님의 구원이 의도하는 바가 아닙니다. 구원받는다는 것은 악을 사랑하는 데서, 악을 추구하는 데서, 악을 행하며 사는 데서 구원받는 것을 의미합니다. 여러분은 그런 데서 구원받기를 원합니까? 여러분은 거짓말하는 데서 구원받기를 바라십니까? 열정을 만족시키는 방종에서, 독한 술에서, 교만에서, 탐욕을 부리는 데서 구원받고 자 하십니까? 대부분의 사람들은 마음이 그런 데로 기울어지지 않습니다. 그렇 지만 사람들에게는 적어도 가끔 몰래 홀짝이며 마시고 싶은 달콤한 죄가 있습니 다. 말하자면 악은 악하기 때문에 인간 본성적인 의지에 맞지 않는 것이 아닙니 다. 사람의 본성적인 의지는 어린 아이들이 단 것을 찾는 것만큼 확실히 악한 것 을 추구합니다. 죄는 사람에게 달콤합니다. 그래서 할 수만 있으면 죄를 지으려 고 합니다. 사람이 그렇게 할 의사가 없는데, 어떻게 자기 본성을 변하게 할 수 있겠습니까? 이 인간 본성의 의지는 배의 방향타와 같은 것입니다. 주님은 사람 영혼이라는 도시의 시장이십니다. 주님은 그런 분이시므로 사람의 영혼을 매우 숭고하게 이끄십니다. 주님은 이 영혼을 사로잡고 또 저 영혼을 사로잡으며, 그 런가 하면 다른 영혼은 내버려 두실 것입니다. 주님은 사람의 주인이십니다. 인 간의 의지가 변하기 전에는, 소위 "자유 의지"라는 것이 진정으로 자유롭게 되기 전에는, 즉 악의 사슬과 죄에 대한 사랑으로부터 자유로워지기 전에는, 구스인 이 자기 피부를 변하게 할 수 있을지언정 사람이 스스로 행복에 이르고 또 하나 님께 이를 수는 없습니다.

그 다음에, 이 본성의 타락과 인간 의지의 왜곡과 관련해서 습관의 힘이 오 게 되어 있습니다. 악한 습관의 힘은 참으로 사람에게 무서운 세력을 발휘합니 다! 악한 습관이 처음 시작할 때는 그저 거미집과 같을 뿐입니다. 사람이 원할 때는 그 집을 부술 수 있습니다. 거미집이 점점 자라서 실이 됩니다. 그러면 사 람은 그 집에 의해 다소 제지를 받습니다. 그 다음에는 거미집이 끈으로 변합니 다. 그러면 사람이 그물 안에 갇힙니다. 그 다음에는 단단해져 쇠로 변합니다. 그 리고 쇠가 더욱 단단해져 강철이 되고, 사람이 그 안에 갇힙니다. 그러면 그는 "나갈 수 없어. 나갈 수 없어" 하고 부르짖는 찌르레기처럼 됩니다. 슬픈 사실은 사람이 스스로 만든 새장 안에 갇힌다는 것입니다. 그것은 자라서 온통 사람을 둘러싸 도망할 수 없게 만드는 일종의 살아 있는 새장입니다. 이것이 독한 술의 경우에 사실로 드러나는 일이 참으로 많습니다. 사람이 처음에는 아주 조금만 마셨을 뿐입니다. 그런데 지금은 얼마나 많이 마십니까?

한 번은 웨슬리 목사가 교구에서 자기에게 많은 도움을 준 친구와 저녁 식 사를 하였는데, 식사 후에 자리에서 일어나 물을 탄 브랜디 한 잔을 가져오는 것 을 보고 물었습니다. "여보게, 그게 무언가?" 친구가 이렇게 대답했습니다. "내가 소화가 잘 안 되어 아주 고생을 하고 있어서 물 조금에 겨우 식탁용 스푼 하나 정도 브랜디를 타서 마시네." 그러자 웨슬리 씨가 말했습니다. "그렇군. 그것은 확실히 아주 적은 양이네. 하지만 이보게, 그렇지만 자네가 생각하는 대로 자네에게 유익이 되기 위해서는 머지않아 브랜디를 두 스푼 타야 할 것이네. 자네가 그것을 단념하지 않는 한, 다음에는 네 스푼, 그 다음에는 여덟 스푼이 필요할 걸세. 그러다가 결국 자네가 술고래가 되어 하나님의 대의를 손상시키지 않을까 걱정이네." 웨슬리 목사가 죽은 후에, 그 사람은 여전히 살았지만 술고래가 되어 있었습니다. 그는 평판을 잃었고 그와 관련 있는 사람들을 부끄럽게 만들었으며 말로 다할 수 없는 슬픔을 자초하였습니다. 이 사실은 특정한 어느 한 가지 죄에 적용되듯이 다른 모든 죄에도 적용됩니다. 죄가 처음에는 혼자 여러분의 집에 오지만, 다음에는 자신보다 더 악한 일곱 귀신들을 데리고 오고, 이 일곱 귀신은 곧바로 각각이 일곱 귀신들을 데리고 와서, 귀신의 군대가 여러분을 둘러쌀 것입니다. 여러분에게 귀신의 부대가 하나 있으면, 또 한 부대가 여러분 마음의 막사로 들어와 거기 머무를 가능성이 아주 높습니다. 죄의 시작은 물이 흘러나오는 것과 같습니다. 처음에는 제방 둑에 작은 물방울이 똑똑 떨어지는 것과 같습니다. 다음에는 그것이 어린 아이의 손으로 막을 수 있는 작은 물줄기가 됩니다. 그 다음에는 더 커져서 개울이 되고, 이내 둑이 부풀어 오르며 금이 가기 시작합니다. 그리고 머지않아 둑이 무너지고 급류가 도시와 마을을 덮쳐서 수많은 사람들을 쓸어가 버립니다. 조심하십시오. 악한 습관은 무서운 것입니다. 악한 습관에 굴복하는 사람은 스스로 지옥을 준비하고 있는 것입니다.

이 습관 외에도, **죄를 즐기는 모습**이 널리 나타나고 있다는 것은 슬픈 일입니다. 잠시 죄에 대해 강한 만족을 느끼는 사람들이 있는 것이 분명합니다. 그렇습니다. 그들은 자신의 죄뿐만 아니라 다른 사람들의 죄도 즐깁니다. 나는 여러분이 그들의 하는 말을 듣지 않기를 바랍니다. 그런데 불행하게도 여러분이 그들의 말을 들었다면, 그들이 더러운 일을 마치 용감한 일이라도 되는 것처럼 말하려고 한다는 것을 알 것입니다. 그들은 어떤 남자 아이가 자기들에게 혐오스런 수업을 받고 행한 일을 자랑합니다. 그리고 그 애가 악한 모든 일에 매우 조숙한 모습을 보이는 것을 즐기는 것 같습니다. 어떤 사람들은 사람들의 영혼을 망치는 일을 하고 있지 않으면 결코 행복하지 않습니다. 하늘 아래에서 가장 신성한 즐거움은 영혼을 하나님께 인도하는 것인 반면에 지옥으로부터 나오는 가장 악마적인 즐거움은 영혼을 망하도록 돕는 일임이 확실합니다. 그런데도 그 끔찍한 일을 즐기는 것처럼 보이는 사람들이 많습니다. 회의론자들 가운데는 어떻게 해서든지 초신자를 함정에 빠트리려고 애쓰는 사람들이 있습니다! 어떻게 해서든지 다른 사람들을 시험하고 유혹해서 방탕에 빠트리려고 하는 방종한 사람들이 있습니다! 죄악을 행하는 일에 아주 익숙해졌고, 그래서 악한 씨앗을 널리 뿌리고, 죄를 심으며 부는 바람마다 영원한 파멸을 실어 퍼트리는 사람들이 참으로 많습니다! 그와 같이 구스인이 자기 피부를 변하게 할 수 있겠습니까? 아니면 그와 같이 표범이 반점을 변하게 할 수 있겠습니까? 물론 할 수 없습니다. 자신의 능력으로 하려고 하는 한, 그것은 완전히 가망 없는 일입니다.

그 다음에 또 한 가지 사실은 죄의 영향력이 사람에게 점점 더 커진다는 것입니다. 돌을 망대에서 떨어트리면, 돌의 떨어지는 속도는 산술적인 비율로 증가합니다. 돌은 떨어지는 마지막 부분에서는 처음 부분보다 훨씬 더 빠르게 떨어집니다. 무엇이든지 언덕에서 굴려서 그 운동량이 어떻게 증가하는지 보십시오. 철도 무개화차가 내리막길에 이르면 달려 내려가는데, 처음에는 아주 천천히 굴러가기 시작해서 여러분이 쉽게 화차가 내려가는 것을 막을 수 있을 것입니다. 그러나 화차가 계속 내려가도록 두고, 달려감에 따라 달려가는 힘이 어떻게 점점 더 커져서 마침내 가로막는 모든 장애물을 돌파하고 달려가게 되는지 보십시오. 사람들 속에 있는 죄의 힘이 바로 그렇습니다. 사람들은 아무리 죄를 지어도 부족하다고 생각하는 것처럼 보입니다. 일단 이 귀신의 힘에 한 번 사로잡히면 그 힘은 사람들에게 점점 더 강해져서 마침내 그들 속에 있는 욕구가 자라서 열정과 격정으로 변하고, 막거나 꺼트릴 수 없는 게헨나의 불길처럼 타오르는 불로 변합니다. 나는 사람들이 처음에 어떤 생각을 하는지 압니다. 즉, 사람들은 딱 거기까지만 가고 멈출 것이라고 생각합니다. 그렇지만 한 번 해보십시오. 아니, 해보지 마십시오. 불이 꼭 자신이 원하는 만큼만 타고 말게 하려는 생각으로 집에 불을 질러보는 것은 두려운 실험이 될 것입니다. 여러분이 불에게 "네가 여기까지 오고 더 넘어가지 못하리라"(욥 38:11)고 말할 수 있습니까? 여러분이 곡식밭에서 바람에 날리며 타오르는 불에게 그렇게 말하여 순종하게 할 수 있다고 하더라도, 죄에게 그렇게 말하는 것은 소용이 없을 것입니다. 죄는 난쟁이에서 거인으로 순식간에 자라며, 그 두려운 힘은 계속해서 커져서 자기 손아귀에 있는 사람을 깔아뭉개고 그 두려운 지배력으로 좌지우지 합니다. 속에 술 마시고 싶은 강박 충동이 있는 술고래들이 많습니다. 그들은 술집 앞을 그냥 지나갈 수 없는 것처럼 보입니다. 간음을 행하는 사람 가운데는 음탕한 생각 없이는 여자를 볼 수 없는 사람이 많습니다. 노름꾼에 대해서 말씀드리자면, 노름만큼 사람들을 빨리 지옥으로 데려가는 죄는 없다고 생각합니다. 일단은 푼돈으로 시작하지만 이내 그는 큰 도박에 빠져 모든 것을 잃고 맙니다. 이 악에는 사람의 마음을 무섭게 유혹하게 하는 힘이 있습니다. 이 악은 소리는 없지만 저항할 수 없는 힘으로 빨리 배를 끌고 가서 마침내 끝없는 파멸의 큰 폭포에 이르게 하는 조류입니다. 여러분이 이 악을 피할 수 있기 바랍니다! 그런데 이 악을 피할 수 없고 피하려고도 하지 않는 사람들이 있습니다. 구원하기에 능하신 주님께서 오셔서 오른손과 거룩한 팔로 승리를 쟁취하시지 않는 한 우리 가운데 이 악을 피할 수 있는 사람은 한 사람도 없습니다. 일단 죄의 세력이 정말로 사람을 움켜쥐면 그에 관해 이렇게 물을 수 있을 것입니다. "구스인이 자기 피부를 변하게 할 수 있습니까?" 그리고 대답은 "아니요, 할 수 없습니다"라는 것입니다.

이 외에도 또 한 가지 두려운 악이 있습니다. 즉, 그것은 조금 지나면 총명이 있어도 보지 못하는 악입니다. 처음에는 어떤 일이 잘못되었다는 것을 안 사람이 계속 그 잘못된 일을 행하면 나중에는 그 일이 전혀 잘못되지 않았다고 생각하게 될 수가 있습니다. 처음 내뱉기 시작하였을 때는 오싹하고 소름이 끼쳤을 신성모독적인 욕설을 이제는 보통 말하듯이 아무렇게나 말할 수 있는 사람들이 있습니다. 나는 거리에서 추잡한 말을 하는 사람들, 혹은 그들 대부분이 진짜로 자기들이 하는 말의 의미를 그대로 담아서 말한다고 생각하지 않습니다. 그러나 그들은 하나님의 이름을 오용하고 추잡한 말을 사용하는 것에 아주 익숙해져서 그 총명이 무디어져 자신들이 잘못하고 있는 것을 전혀 깨닫지 못하게 됩니다. 그들은 양심 씨에게 아편을 너무 많이 주어 양심 씨가 잠들어 버렸습니다. 어쩌면 때때로 양심 씨가 깨어나서 크게 소란을 피울 것입니다. 그러나 그들이 이내 양심 씨를 달래 다시 잠들게 하고 아무 거리낌 없이 계속해서 죄를 짓습니다. 우리는 다윗에 대해서 한 번은 그의 마음이 그를 쳤다는 기록을 읽습니다. 여러분의 마음이 여러분을 칠 때, 그것은 여러분의 급소를 치는 것이기 때문에 괴로운 타격입니다. 그렇지만 그것은 또한 복된 타격입니다. 여러분 가운데 그런 타격을 느끼지 못한 사람이 있다면, 나는 그 사람을 매우 가엾게 생각합니다. 여러분의 마음이 여러분을 치지 않는다면, 그것은 틀림없이 여러분의 양심이 깊은 잠에 빠졌거나 아니면 빨갛게 달구어진 인두로 낙인찍히듯이 마비되었기 때문일 것입니다. 사람이 거짓말을 하고 하나님의 이름으로 욕을 하고 나서 입을 닦고 거기에 아무 뜻도 없다고 말할 수 있는 단계에 이르면, 그런 사람이 어떻게 변할 수 있겠습니까? "구스인이 그의 피부를, 표범이 그의 반점을 변하게 할 수 있느냐 할 수 있을진대 악에 익숙한 너희도 선을 행할 수 있으리라."

그 다음에 또 말하지만, 사람의 양심이 잠들듯이 사람의 마음도 사람을 움직이게 할 수 있는 거룩한 모든 영향력에 대해 무감각해집니다. 그는 일찍이 예배당에 가곤 하였는데, 이제는 가려고 하지 않습니다. 그는 교회에 대해 욕을 퍼붓고, 복음 사역자들과 모든 그리스도인들을 멸시합니다. 그는 자신이 더할 수 없이 나쁘지만, 그래도 그리스도인들보다는 낫다고 생각합니다. 그래서 하나님의 성도들을 발로 짓밟으려고 합니다. 그처럼 비열한 자는 성도들의 신발 끈을 풀기에도 합당치 못한 사람이지만, 성도들에 대한 그의 악한 처사에 대해 그렇게 큰 오명을 뒤집어쓰지는 않습니다. 예전에는 집에 병이 생기면 그가 기도하였습니다. 환난의 때에는 하나님을 찾았습니다. 그 후로 많은 어려움을 겪었습니다. 그러나 이제 그는 그런 문제로 마음이 전혀 움직이지 않습니다. 다만 하나님께 화를 내고, 점점 더 죄를 짓는 일에 완고해질 뿐입니다. 한때 그의 아내는 그에게 선한 일에 대하여 굉장한 영향력을 발휘하곤 하였습니다. 그런데 그가 그 영향력에서도 벗어났습니다. 그에게는 사랑하는 딸이 있습니다. 그는 딸을 무척 사랑합니다. 딸은 아버지에게 간청하였습니다. 그에게 영향력을 행사하는 또 다른 사람이 있는데, 어린 자녀입니다. 그동안 이 어린 자녀가 그의 손을 이끌고 다녔습니다. 그런데 이제 그는 이 모든 것이 약점과 같은 것이라고 생각하고 그것을 넘어서려고 합니다. 아, 그는 스스로 마음을 완고하게 하고 있습니다. 성경에 대해서 말하자면, 그는 이제 성경을 읽지 않습니다. 그의 상태에 깊은 관심이 있는 친구가 그에게 한 마디 하면, 그는 그 말을 한쪽 귀로 듣고 한쪽 귀로 흘려보냅니다. 그렇지 않으면 그는 불같이 화를 내며, 자기가 어떻기에 그런 말을 들어야 하느냐고 말합니다. 또 자신이 완전히 썩었다는 것을 잘 알고 있으면서도 다른 여느 사람과 같이 선하다고 말합니다.

그와 같은 사람은 어떻게 해야 하겠습니까? 그는 어떻게 해서든지 지옥에 가기로 결심한 사람입니다. 머리가 허연 나이든 성도인 그의 아버지가 그의 길을 막았습니다. 그러나 그는 아버지를 옆으로 밀어제쳤습니다. 그의 어머니가 와서 말했습니다. "얘야, 네 자신을 망치지 말아라." 어머니는 그의 목에 매달려 그가 죄 짓는 것을 막으려고 애썼습니다. 그러나 그는 어머니를 뿌리쳤습니다. 아내, 자녀, 친구들의 만류에도 불구하고 그는 스스로 망하기로 결심하였습니다. 여러분은 그런 사람이 스스로 변할 수 있다고 말할 수 있겠습니까? 그렇습니다. 구스인이 자기 피부를 변하게 하고 표범이 반점을 변하게 하면, 그가 변하는 일도 일어날 것입니다. 그런 일이 일어나기 전에는 그가 결코 스스로 변할 수 없을 것입니다. 사람만 두고 생각할 때, 그것은 절망적인 경우입니다. 그 일은 결코 이루어질 수 없습니다.

　여러분은 내가 이 사람에 대해서 지금까지 충분히 잘 설명했다고 말할 것입니다. 나도 비록 고통스러웠지만 충분히 설명했다고 생각합니다. 그렇지만 그가 자기 본성을 바꾸어 스스로 새 사람이 될 수 있는 무슨 일을 할 수 있습니까? 외적인 수단들은 다 소용이 없습니다. 그가 가서 설교를 들을 수 있습니다. 나는 내 설교가 돌 같은 마음을 부드러운 마음으로 바꾸지 못하리라는 것을 압니다. 성령님이 계시지 않으면 어떤 결과도 일어나지 않을 것입니다. 그가 세례를 받고 그리스도인이 될 수 있습니다. 그러나 머리에 뿌리는 물이나 몸을 담그는 많은 물에 그의 죄 많은 본성을 바꿀 수 있는 것이 있습니까? 세상에는 모든 종교적인 의식들을 거쳤음에도 불구하고 교수대에서 생을 마감한 악인들이 있었습니다. 여러분은 피부가 벗겨질 때까지 구스인을 북북 문지를 수가 있습니다. 그러나 문지르기를 그치고 나면 그는 여느 때와 마찬가지로 검을 것입니다. 죄인이 그와 같습니다. 여러분이 죄인을 교회의 모든 의식과 형식을 다 받도록 할 수 있고, 그가 정통 신조를 받아들였다고 생각하도록 만들 수 있습니다. 심지어 외적인 생활까지도 상당한 정도로 변화시킬 수 있습니다. 그렇지만 이 모든 일을 다 마치더라도 그의 영혼을 구원하는 일에 대해서는 실제로 행해진 것은 아무것도 없습니다.

　아마 어떤 사람은 이렇게 물을 것입니다. "그렇다면 목사님은 왜 이 사람들에게 설교합니까?" 글쎄요, 첫째로 나는 설교하도록 보냄을 받았기 때문에 설교합니다. 여러분도 알다시피, 만약 하나님께서 나를 보내어 산들에게 설교하고 또 산들에게 움직이도록 명령하라고 하셨다면, 나는 가서 그대로 할 것이고, 산들이 움직이는 것을 볼 것이라 생각합니다. 만약 하나님께서 나에게 바닷가에 가서 짠 바닷물을 보고 "민물로 변해라"고 말하도록 명령하셨다면 나는 틀림없이 그렇게 할 것입니다. 그것은 내가 소금물인 바다가 스스로 민물로 변할 수 있다고 생각하기 때문이 아니라 내 주님께서 나를 헛수고 하도록 보내시지 않을 것이고, 주님께서 나에게 전달하라고 말씀하신 그 메시지를 명예롭게 하실 것이기 때문입니다. 나는 이렇게 말하는 소리를 들었습니다. 죽은 죄인에게 살라고 말하는 것은 마치 여러분이 무덤에 가서 시체에게 살라고 명령하는 것이나 같다는 것입니다. 여러분, 그것은 정확히 맞는 말입니다. 여러분은 그것이 어리석은 일이라고 말합니다. 그렇습니다. 여러분이 하나님을 고려하지 않는다면 그것은 정말로 어리석은 일입니다. 그러나 나는 그 말을 하라는 명령을 받았으므로 그 일에 대한 책임을 주님께 넘겨드리고, 사람들이 어리석다고 말할 수 있는 이 일을 계속 수행하려고 합니다. 에스겔처럼 우리는 "너희 마른 뼈들아 여호와의 말씀을 들을지어다"(겔 37:4) 하고 말하도록 명령받았습니다. 어떤 사람은 마른 뼈들은 들을 수 없다고 반대합니다. 그 점은 우리에게 중요하지 않습니다. 우리는 마른 뼈들에게 들으라고 말하도록 명령을 받았으므로, 주님께서 우리에게 마른 뼈들에게 말하라고 시키신 것을 마른 뼈들이 들을 수 있게 하실 것이라고 믿습니다.

내가 사람들이 어리석다고 말하는 일을 하는 또 한 가지 이유는 이것입니다. 즉, 내가 그동안 이 흑인들에게 복음을 전하였을 때, 지금까지 구스인들에게 예수 그리스도와 그의 십자가에 못 박히심을 전하였을 때, 그들이 하얗게 변하는 것을 보았기 때문입니다. 친구 여러분, 그래서 나는 계속해서 그 일을 할 것입니다. 그들이 스스로 하얗게 될 수는 없지만 내가 하나님의 이름으로 와서 구스인에게 "하얗게 되라"고 말했을 때, 그가 내 눈앞에서 하얗게 변했기 때문입니다. 나는 자기들이 전에는 그리스도와 그의 백성들을 박해하는 자들이었지만 이제는 그리스도의 제자가 되었다고 얘기하는 사람들, 혹은 전에는 술과 온갖 악행을 좋아했지만 이제는 어린 양의 피로 씻음을 받고 하얗게 되었다고 말하는 사람들을 수백 명이 아니라 수천 명을 보았습니다. 그래서 나는 계속해서 죄인들에게 이 불가능한 일을 하라고 말할 것입니다. 하나님이 나와 함께 하시면 마른 손이 펴질 것이고, 죽은 나사로가 주님의 명령을 받고 무덤에서 나올 것이기 때문입니다.

2. 나는 또 한 가지 질문과 또 한 가지 답변을 이야기하고 끝내겠습니다.

　그 질문과 답변에 대해서 말할 시간이 이삼 분밖에 남지 않았습니다. 본문의 질문은 "구스인이 그의 피부를 변하게 할 수 있느냐?"는 것입니다. 답변은 아니요, 아니요, 아니요, 아니요, 아니요, 아니요입니다. 여기에 또 한 가지 질문이 있습니다. "구스인의 피부가 변할 수 있느냐?" 이에 대한 답변은, 방금 앞 질문에 대해 아니요, 아니요, 아니요라고 하여 강조하였듯이 예, 예, 예 하고 말할 수 있습니다. 구스인의 피부가 변할 수 있습니까? 죄인의 본성이 새롭게 될 수 있습니까? 그렇습니다. 하나님께서는 모든 일을 하실 수 있기 때문입니다. 하나님은 태초의 어둠을 빛으로 바꾸셨습니다. 하나님은 혼돈을 질서로 바꾸셨습니다. 그래서 하나님은 망한 이 불쌍한 사람, 곧 비참한 술주정뱅이, 하나님의 이름을 들먹이며 욕하는 사람, 간음을 행하는 사람을 정결하고 순수하며 사랑스럽고 정직한 사람으로 변화시키실 수 있습니다. 모든 일이 하나님께는 가능하기 때문입니다. 우리를 만드신 하나님은 우리를 다시 새롭게 하실 수 있습니다. 여러분이 차고 있는 시계를 그것을 만든 사람만큼 잘 고칠 수 있는 사람은 없습니다. 시계가 고장 났다면, 할 수만 있다면 그 시계를 만든 사람에게 보내는 것이 좋습니다. 마음을 지으신 하나님만큼 마음을 고칠 수 있는 이는 없습니다. 여러분의 마음을 하나님께 보내십시오. 하나님은 그의 복 되신 성령으로 말미암아 마음을 새롭게 지으실 수 있습니다.

　성령께서 우리를 새롭게 만드시겠다는 사실이 은혜 언약 안에 규정되어 있다는 점을 또한 기억하시기 바랍니다. "또 새 영을 너희 속에 두고 새 마음을 너희에게 주리라"(겔 36:26)고 기록되어 있습니다. 성령 하나님께서는 영으로서 우리 영들의 주이십니다. 성격이 고약한 여러분, 성령께서는 그 악을 정복할 수 있습니다. 아주 잘 잊어버리는 여러분, 성령께서는 그 점도 고치실 수 있습니다. 교만한 여러분, 성령께서 여러분을 겸손하게 만드실 수 있습니다. 마음이 아주 완고한 여러분, 성령께서 돌 같은 마음을 녹이거나 완전히 없애버리실 수 있습니다. 구스인이, 그의 밖에 있고 그의 위에 있는 능력으로 피부를 바꿀 수 있다는 점을 의심하지 마십시오.

　더 나아가, 여러분은 이 점을 알아야 합니다. 즉, 주 예수 그리스도께서 망한 자들을 구원하러 오셨다는 것입니다. 예수께서 그리스도이심을 믿는다면, 여러분은 하나님께로서 난 사람입니다. 하나님이 예수 그리스도를 죽은 자들 가운데서 살리셨다는 것을 믿으면 여러분은 구원받을 것입니다. 그 점을 다른 말로 하면,

"아들을 믿는 자에게는 영생이 있다"(요 3:36)는 것입니다. 복음 전체를 그리스도께서 내게 가서 전하라고 말씀하신 대로 표현한다면 "믿고 세례를 받는 사람은 구원을 얻을 것이요"(막 16:16)라는 것입니다. 여러분이 오되, 구원을 얻을 만한 무엇을 행하기 위해서가 아니라 여러분을 위하여 행해진 모든 것을 얻기 위해, 그것을 하나님의 값없는 은혜로 받기 위해 온다면, 여러분이 그냥 현재의 모습 그대로, 즉 무슨 공로든지 아무것도 하나님 앞에 내세우지 말고 와서 마음으로 이렇게 말하기만 한다면 여러분은 구원받습니다. "하나님, 하나님께서 자기 아들을 죄인을 위하여 죽기까지 내어 주신 그 사랑을 찬미합니다. 주께서 죄를 위하여 드리신 그 큰 속죄를 제가 믿습니다."

그렇게 말한다면, 평안히 가십시오. 여러분은 구원받은 사람입니다. 여러분이 그렇게 믿는다면 여러분은 앞으로 구원받을 뿐만 아니라 지금 구원받은 것입니다. 여러분이 그리스도 말고 달리 믿는 것이 있습니까? 그렇다면 여러분은 망한 사람입니다. 그것은 여러분이 불순한 믿음을 갖고 있고, 그 믿음은 하나님에게서 나온 것이 아니기 때문입니다. 그렇지 않고 여러분이 하나님께서 죄를 위한 속죄 제물로 세우신 분의 피와 의에만 오로지 전적으로 진심으로 소망을 둡니까? 그렇다면 여러분은 구원받은 사람입니다. 그리고 여러분이 마음으로 이렇게 말하리라는 것을 압니다. "그 일을 인하여 하나님을 찬미합시다! 이제 내가 하나님을 사랑하니, 하나님을 위하여 무엇을 할 수 있는가?" 그것이 바른 길입니다. 나는 어제 최근에 그리스도를 만난, 40여 명 정도 되는 분들과 이야기하면서 그분들 모두 주님을 위하여 열심히 일하고 있거나 주님을 위하여 할 수 있는 일을 찾고 있는 것을 보았습니다. 내가 그분들에게 자기를 구원하신 사랑하는 주님을 위해 어떤 일을 할 수 있겠다고 꼭 집어 말할 수 있겠습니까? 사랑에서 할 수 있는 일은 율법을 따라 할 수 있는 것보다 훨씬 더 많습니다. 사람들은 어떤 일이든지 구원받기 위해 하려고 하지 않고, 할 수도 없습니다. 그러나 구원을 받았을 때는 우리가 할 수 없는 일이 있겠습니까? 살고 그 다음에 행하십시오. 행하고 그 다음에 살라고 말하지 않습니다. 그리스도 안에서 살고, 그 다음에 그리스도를 섬기십시오. 본말(本末)을 뒤바꾸지 마십시오. 여러분, 와서 그리스도를 믿으십시오. 하나님께서 여러분에게 복을 주어 성령께서 여러분이 그리스도를 믿도록 해주시기를 빕니다! 아멘.

제
14
장
—

기도와 간청

—

"여호와여 우리의 죄악이 우리에게 대하여 증언할지라도 주는
주의 이름을 위하여 일하소서 우리의 타락함이 많으니이다 우
리가 주께 범죄하였나이다 이스라엘의 소망이시요 고난당한
때의 구원자시여 어찌하여 이 땅에서 거류하는 자 같이, 하룻
밤을 유숙하는 나그네 같이 하시나이까 어찌하여 놀란 자 같
으시며 구원하지 못하는 용사 같으시니이까 여호와여 주는 그
래도 우리 가운데 계시고 우리는 주의 이름으로 일컬음을 받
는 자이오니 우리를 버리지 마옵소서." ― 렘 14:7-9

자비를 바라는 이 열렬한 간구는 극단적인 불행 때문에 백성들에게서 터져
나오지 않을 수 없었습니다. 사람들이 도성 거리에서 굶주림에 지쳐 쓰러질 정
도가 되기까지 그 땅에 기근이 있었습니다. 한발이 오랫동안 지속되었고, 물 기
근이 끔찍할 정도로 심했습니다. 동시에 적의 침공으로 인해 백성들은 끊임없
는 공포 가운데 지냈습니다. 그래서 선지자가 슬퍼하면서 이렇게 말하였습니다.
"내가 들에 나간즉 칼에 죽은 자요 내가 성읍에 들어간즉 기근으로 병든 자를 보
도다!"(렘 14:18). 하나님께서 범죄한 백성에게 그들의 죄를 인해 그런 심판을
가하신 것입니다. 땅에 있는 샘들은 모조리 말라붙었고 하늘에서는 비 한 방울
떨어지지 않았습니다. 이렇게 무서운 결핍으로 인해 온 땅에 고통이 임했습니
다. "유다가 슬퍼하며 성문의 무리가 피곤하여 땅 위에서 애통하니 예루살렘의

부르짖음이 위로 오르도다"(14:2). 재난이 용암처럼 앞길을 무섭게 태우며 지나
갔을 때, 목격자는 흔히 볼 수 있는 철저하게 황폐해진 몇몇 장면을 괴로워하면
서 묘사합니다. 귀인들과 농부들이 다 같이 큰 놀람에 사로잡힙니다. 선지자는
그들이 모두 같은 슬픔을 느낀다는 표시로 자기 머리를 가렸다고 묘사합니다.
성에서는 아이들이 웅덩이와 샘에 갔다가 물 한 방울 얻지 못하고 빈 양동이를
들고 돌아옵니다. 저기 들판에서는 이슬이나 비가 내리지 않는 가운데 작열하는
햇빛으로 인해 땅이 갈라졌습니다. 바싹 마른 땅에서는 쟁기질이 아무 소용 없
습니다. 농부들은 완전히 낙심하고 당황하여 어찌할 바를 모른 채 앉아 있습니
다. 골짜기로 내려가 보면 말 못하는 가축들이 고통스러워합니다. 암사슴은 새
끼를 낳아도 돌보지 않고 버립니다. 산꼭대기에서는 들 나귀가 온 땅에 임한 고
통을 함께 겪습니다. 멀리서도 물 냄새를 맡고 서둘러 그리로 달려가 물을 마실
수 있는 짐승들이 용들처럼 바람 냄새를 맡을지라도 시원한 시냇물을 찾지 못합
니다. 땅이 마치 불가마 입구에 놓여서 완전히 타버리는 것처럼 지극히 두려운
일을 당하여, 들짐승들조차도 풀밭을 찾을 수 없고, 풀이 없으므로 눈이 희미해
집니다.

　백성을 도울 수 있는 것이 아무것도 없었습니다. 소름끼치는 죽음이 그들의
얼굴을 빤히 쳐다보았습니다. 그들의 우상들 가운데 비를 내리게 할 수 있는 우
상은 하나도 없었습니다. 비가 내리지 않으면 백성들은 모두 죽고 말 것입니다.
그런 상황 하에서 하나님께 드리는 기도는 마지막으로 남은 유일한 수단이었습
니다. 어찌할 바를 모르는 상황에 처하게 되자 백성이 비로소 똑똑해지기 시
작했습니다. 예레미야 선지자는 곧 죽게 되어 있는 사람들의 회개의 고백과 간
절한 애원을 감탄할 만하게 표현하였습니다. 본문 말씀은 겸손한 청원이 무엇인
가를 보여주는 가장 적절한 본보기입니다. 그 땅의 모든 유대인들은 그처럼 다
급한 상황에서는 이런 기도를 아주 기꺼이 받아들이고 그 기도에 대해 열렬하게
"아멘"이라고 응답하였을 것이라고 쉽게 생각할 수 있습니다. 그러나 슬프게도
옆길로 빗나가기를 좋아했던 그들의 발은 돌아오려고 하지 않았습니다. 주님께
대한 충성을 저버린 그들의 마음은 주님의 의의 율법을 따르려고 하지 않았습니
다. 그래서 하나님은 그들에 대해 이렇게 말씀하시지 않을 수 없었습니다. "내가
내 백성을 멸하리니 이는 그들이 자기들의 길에서 돌이키지 아니함이라"(15:7,
개역개정은 "내가 내 백성을 멸하였나니 이는 그들이 자기들의 길에서 돌이키지 아니

하였음이라"—역주). 그들의 기도는 회개의 기도가 아니라 두려워서 드리는 기도였습니다. 무서운 고통의 때를 당하면 이럭저럭 기도하는 사람들이 얼마나 많습니까! 전염병이 창궐하고 있을 때, 많은 집 문에 십자가 표시가 그려져 있었습니다. 이런 일이 벌어지지 않았다면 그 문에 십자가 표시는 결코 없었을 것입니다. 콜레라가 무섭게 퍼지면 사람들이 교회에 나갑니다. 가난이 집에 들이닥치고 경제적으로 몹시 옹색해지면 사람들은 "주여, 불쌍히 여기소서" 하고 부르짖습니다. 죽음의 문턱에 이르게 되면 사람들은 "사람을 보내어 목사님을 오게 해서 내 옆에서 기도하게 해달라"고 애원합니다. 사람들이 몹시 위급한 상황에 처할 때에야 겨우 하나님을 생각하려고 한다는 이것이 얼마나 비열한 일입니까! 뻔뻔스럽게도 우리가 하나님을 위급한 경우를 당해서야 겨우 부탁을 할 분인 것처럼 대해야 하겠습니까? 우리가 이기적인 두려움에서 어쩔 수 없이 드리는 기도를 하나님께서 들으실 것이라고 기대할 수 있습니까? 아주 많은 경우에 그런 기도는 위선적이거나 미신적이어서 지존하신 하나님께서 즐겨 들으시는 회개의 기도와는 아주 거리가 먼 것이 아닌가 의심하는 것이 무자비한 일이 아닙니다.

순전히 우리가 고통 가운데 있기 때문에 하나님께 드리는 기도일지라도, 그것이 진실한 기도이면 하나님께서 들으신다는 것은 참으로 큰 자비입니다. 하나님께서 "환난 날에 나를 부르라 내가 너를 건지리니 네가 나를 영화롭게 하리로다"(시 50:15)라고 말씀하셨습니다. 방탕한 아들이 아버지를 찾아 집에 왔을 때 아버지가 이렇게 말하지 않았습니다. "너는 배를 곯게 되어서야 겨우 집에 왔구나. 네가 돼지가 먹는 쥐엄 열매로 배를 채울 수 없었으니 내 종들 가운데서 먹을 것이 있나 찾아봐라." 아니요, 그렇게 말하지 않았습니다. 말 한 마디 한 마디가 환영의 말이었고, 얼굴 표정 하나하나에 사랑이 가득 담겼습니다. 하나님은 "후히 주시고 꾸짖지 아니하십니다"(약 1:5). 하나님은 진심으로 회개하는 사람에게 과거의 일로 책망하시지 않습니다. 하늘 아버지께서는 조금도 찌푸린 얼굴을 보이시지 않고 꾸짖는 말도 일체 하시지 않습니다. 그렇지 않습니다. 오히려 하나님은 사랑의 팔을 활짝 벌리고 자신의 잃어버렸던 자녀를 품에 끌어안습니다. 자비의 주님은 빈궁한 자에게 오라고 하시며, 비록 그가 그동안 난봉꾼으로 지냈을지라도 그를 환영하십니다.

그렇다면, 모든 은혜의 하나님께서 전혀 듣지 않기로 결심하신 기도를 드리는 사람들은 참으로 두려운 상태에 있는 것이 틀림없습니다! 여러분, 감사하게도 여러분은 여전히 하나님께 기도를 드릴 수 있고 간청할 수 있는 형편에 있습니다. 희망의 경계선을 넘어 가버린 사람의 처지는 참으로 두렵습니다. 이 장에 묘사된 경우는 동정이나 용서를 받을 수 있는 여지가 없는 것이었습니다. 아무리 징계를 받는다고 할지라도 그처럼 자랑하며 거듭거듭 죄를 범하는 것은 용서받지 못할 것입니다. 여호와께서는 친히 예레미야에게 이 백성을 위해 기도하지 말라고 명하셨습니다. 여러분이 그 결말을 읽는다면, 하나님께서 모세와 사무엘이 자기 앞에 설지라도, 도고에 능한 자들과 성도들 가운데 지극히 뛰어난 자들이 연합해서 간구할지라도 그들의 기도를 듣지 않겠다고 단언하신 것을 발견할 것입니다. 이는 하나님께서 원수들을 제거하기로 결심하셨기 때문입니다. 그들의 운명의 시간이 왔습니다. 처형대가 준비되었고 사형 집행인이 당도했습니다. 하나님의 자비를 가볍게 여기는 여러분, 하나님께서 은 규(圭)를 내려놓고 칼집에서 칼을 뽑지 않으시도록 조심하십시오. 시은좌를 멸시하는 여러분, 시은좌가 불타는 진노의 보좌로 변하지 않도록, 여러분이 "하나님의 진노가 순식간에 타올라 길에서 망하지"(시 2:12) 않도록 조심하십시오.

이것이 지금 우리의 상태가 아닌 것을 인해서 하나님을 찬미합시다. 나는 여러분에게 본문의 말씀을 모범적인 기도로, 그리고 방황하는 상태에 있는 하나님 백성들을 위한 뛰어난 본보기로 보라고 권하고 싶습니다. 그리고 후에는 자기 죄를 깨닫고 하나님께 와서 자비를 얻기를 간절히 바라는 죄인들을 위한 교훈적인 예로 사용할 것입니다.

1. 첫째로, 다시 타락한 하나님의 교회에게, 그리고 살아계신 하나님에게서 얼마간 떠났을 수 있는 각 신자에게 말합니다.

여러분은 본문의 말씀을 받아들이고 하나님께로 돌이키겠습니까? 본문을 다시 한 번 읽겠습니다. "여호와여 우리의 죄악이 우리에게 대하여 증언할지라도 주는 주의 이름을 위하여 일하소서 우리의 타락함이 많으니이다 우리가 주께 범죄하였나이다 이스라엘의 소망이시요 고난당한 때의 구원자시여 어찌하여 이 땅에서 거류하는 자 같이, 하룻밤을 유숙하는 나그네 같이 하시나이까 어찌하여 놀란 자 같으시며 구원하지 못하는 용사 같으시니이까 여호와여 주는 그래도 우리 가운데 계시고 우리는 주의 이름으로 일컬음을 받는 자이오니 우리를 버리지 마옵소서."

죄를 인정하는 것부터 시작하십시오. 사람들을 이렇게 하도록 만드는 것이 어려운 일입니다. 그렇지만 그것을 떠나서는 용서받는 길은 없습니다. "여호와여 우리의 죄악이 우리에게 대하여 증언할지라도 주는 주의 이름을 위하여 일하소서 우리의 타락함이 많으니이다 우리가 주께 범죄하였나이다." 죄를 깨달은 영혼은 아무런 변명을 하지 않습니다. 자신을 위하여 아무런 핑계도 대지 않습니다. 회개하는 사람은, "죄를 지었습니다, 예, 제가 죄를 지었습니다" 하고 부르짖습니다. 그 사실을 부인할 수 없기 때문입니다. 우리의 죄악이 우리에 대하여 증언합니다. 우리의 죄를 증언하는 사람이 없을지라도, 우리의 죄 자체가 우리에 대하여 증언하는 것입니다. 하나님의 자녀는 누구나 자신이 거룩한 길에서 조금도 벗어나지 않았을지라도 이렇게 생각하기를 바랍니다! 우리 하나님만 우리를 보시는 것이 아닙니다. 우리 형제 그리스도인들이 우리의 과실들을 보았을 수 있고, 심지어 세상의 조롱하는 자들도 우리의 잘못을 찾아내고 언제든지 우리에 대하여 불리한 증언을 할 수도 있습니다. 뿐만 아니라 바로 우리들의 죄가 우리보다 앞서 판단의 보좌로 나가서 우리에 대하여 불리한 증언을 합니다. 사실들에 대한 분명한 증거가 있을 때, 무슨 핑계가 소용이 있을 수 있겠습니까? 어떤 증언도 그것만큼 확실하게 유죄 판결을 끌어낼 수 있는 것은 없습니다. 신자라고 하는 많은 사람들의 생활을 보십시오. 그렇습니다. 우리 자신의 생활을 보십시오. 밖으로부터 오는 고소가 없어도 우리 자신의 생활이 우리에게 불리한 증언을 할 만큼 잘못과 어리석음과 결핍이 충분하지 않습니까? 만약 내가 오늘 밤 하나님 앞에 서서 내 의의 문제에 대해 변호를 해야 한다면, 나는 먼지 속에 엎드려 부끄러움 때문에 얼굴을 숨길 수밖에 없을 것입니다. 그리고 그 점은 자신의 마음과 생활을 알고 하나님의 얼굴 빛 가운데서 그것을 보는 모든 신자에게 다소간에 그대로 해당되는 것임에 틀림없습니다. 우리는 길을 잃기 쉽다는 비난을 부정할 길이 없습니다. 그러므로 형제여, 나와 함께 갑시다. 죄인임을 인정하고 부끄러워하십시오. 크신 하나님 앞에 와서 "우리의 죄악이 우리에게 불리한 증언을 하나이다" 하고 말하십시오.

그 비난을 부정할 수 없지만, "우리의 타락함이 많기" 때문에 거기에 대해 변명할 수도 없다는 것을 인정하도록 합시다. 우리가 젊은 날의 변덕스러움을 어느 정도 감안하여 우리의 초기 잘못들을 변명할 수 있다고 하더라도 좀 더 나이 들었을 때의 죄들에 대해서는 무슨 말을 할 수 있겠습니까? 형제 여러분, 여러분이 "주님, 우리가 믿기 시작했을 때는 무지하고 연약하여 쉽게 시험에 넘어갔습니다" 하고 말할 수 있다고 하더라도, 많은 세월이 흘러 여러분이 견실해졌고 경험을 통해 지식을 쌓았으며, 또 하나님의 은총과 보호로 여러분의 성품이 원숙해졌거나 마땅히 그렇게 되었어야 하는 지금에는 여러분이 그런 변명을 할 수 없습니다. "우리의 타락함이 많으니이다." 내가 이 점에 관해서는 설교할 수 없을 것 같습니다. 그 점을 이야기하다 보면 마음이 울컥하여 잘못하면 울 것 같기 때문입니다. 나는 모든 사람이 스스로에게 이렇게 말했으면 좋겠습니다. "내가 지금까지 한 일이 무엇인가? 하지 않은 채 둔 것은 무엇인가? 내가 하나님의 길에서 얼마나 멀리 벗어났는가?" 그리스도인 형제 여러분, 여러분 인생의 기록들을 넘겨보십시오. 여러분이 그리스도를 위해서 지금까지 무엇을 했습니까? 진리를 위해서, 사람들의 영혼을 위해서, 하나님 나라의 확장을 위해서 무슨 일을 했습니까? 슬프게도, 여러분이 진리를 헐뜯고 여러분에게 그토록 소중한 대의에 손해를 끼치는 그런 삶을 살았을 수도 있지 않습니까? "우리의 타락함이 많으니이다." 우리는 타락한 횟수를 일일이 셀 수 없습니다. 그 횟수는 우리의 죄만큼이나 많습니다. 정상 참작과 변명과 핑계는 문제가 되지 않는다고 생각하는 것이 옳은 일입니다. 우리가 자기 합리화를 가장하는 것은 아무 소용이 없습니다. 우리는 죄 있다고 인정하지 않을 수 없습니다. 죄가 있고 죄를 더욱더 악화시키는 것들이 있다고, 거듭거듭 죄가 있다고 인정하지 않을 수 없습니다. "우리의 타락함이 많으니이다." 우리는 속박 아래서 전혀 다르게 살아왔다고 할지라도, 죄가 있는 것이 사실입니다.

그렇습니다. 이것은 부인할 수 있는 일이 아니고 변명할 수 있는 것도 아닙니다. 뿐만 아니라 이것은 계산할 수 있는 것도 아닙니다. "우리가 주께 범죄하였나이다"라는 다음 문장이 충분히 암시하고 있듯이, 그동안 우리의 죄가 얼마나 큰 것이었는지 우리는 다 헤아릴 수 없습니다. 언뜻 보아서는 이것이 본문의 세 문장 가운데 가장 약한 것처럼 보입니다. 그러나 이 문장을 다시 한 번 읽어보고, 마땅히 강조할 곳을 강조해 보면, 이 문장이 고소 가운데 가장 무거운 조항이라는 것을 알게 될 것입니다. "우리가 주께 범죄하였나이다." 이것은 다윗이 자신의 죄를 고백할 때는 언제나 강조하는 바입니다. "내가 주께만 범죄하여 주의 목전에 악을 행하였나이다"(시 51:4). 돌아온 탕자의 고백은 이것입니다. "아버지 내가 하늘과 아버지께 죄를 지었나이다"(눅 15:18). 형제자매 여러분, 우리 하나님 아버지와 그의 무한하신 사랑에 대해 죄를 짓고, 우리 주님과 그의 보혈에 대해 죄를 지으며, 성령님과 그의 온유한 모든 노력과 달콤한 위로, 복 되신 가르침에 대해 죄를 짓는 것, 이것은 극단적으로 죄를 짓는 것입니다. 우리가 스스로에 대해서 무엇이라고 말하겠습니까? 그런 죄를 생각하면 기가 막혀 말이 나오지 않지 않습니까? 율법과 복음에 대해 지은 죄들, 빛을 보고도 지은 죄들, 알고도 지은 죄들, 거룩한 일들에서 지은 죄들, 무릎을 꿇고 지은 죄들, 마음으로 지은 죄들 등, 죄가 없는 데가 없이 온갖 죄들이 있습니다. 죄가 구름처럼 높고 땅처럼 넓으며 바다처럼 광대하게 퍼져 있습니다. 누가 우리 죄악의 바다의 깊이를 잴 수 있겠습니까? 그러므로 우리가 하나님의 법정에 서서 겸손히 "우리의 죄악이 우리에게 대하여 증언하고 우리의 타락함이 많으며 우리가 주께 범죄하였나이다" 하고 고백하는 것이 지혜로운 처사입니다.

　이렇게 죄가 있다고 인정한 다음에, 죄인들이 하나님께 자비를 베풀어 주시기를 아주 뜨겁게 간청하는 것을 봅니다. 그들이 어떻게 하나님 앞에 그 이유를 제시하고, 욥이 그랬듯이 어떤 주장을 펴는지 주의하여 살펴봅시다.

　그들이 자신들에게서는 어떤 이유도 끌어낼 수 없었습니다. 그들은 하나님 앞에 만일 하나님께서 자기들에게 자비를 베풀어 주시면 자신들이 더 잘하겠다는 말을 감히 꺼내지 못합니다. 형제 여러분, 여러분은 이 시간 이후로 자신의 생활을 고치겠다고 약속하는 일에 신물이 나지 않습니까? 나는 우리가 앞으로는 더 잘할 것이라고 의기양양해한다면 자신이 죄가 많다는 것을 확실히 알고 있다고 생각하지 않습니다. 그동안 여러분을 그토록 많이 넘어지게 한 부러진 뼈를 여러분은 또다시 믿고 의지할 수 있다고 생각합니까? 여러분의 혀를 그동안 전혀 다스리지 못했는데, 다시 그 혀를 통제할 수 있다고 생각합니까? 여러분은 그동안 걸핏하면 본성의 진로에 불을 붙였던 불타는 지체를 다시 믿을 수 있다고 생각합니까? 여러분은 자신의 마음을 다시 믿을 수 있습니까? 그렇다면 가서 바람이나 믿을 수 없는 바다를 신뢰하십시오. 바람이나 바다를 믿을지언정 여러분의 변덕스러운 결심은 믿지 마십시오. 어떤 사람은 말합니다. "내가 인생을 다시 살 수만 있다면 틀림없이 더 낫게 살 거야."

　형제 여러분, 나는 더 나쁘게 살까봐 인생을 다시 살고 싶지 않습니다. 은혜를 더 많이 받지 않는 한 나는 틀림없이 더 악하게 살 것입니다. 형제 여러분, 나는 하나님께 결코 이렇게 말하지 않습니다. "하나님, 앞으로는 더 잘할 것이니 지나간 죄들을 용서하여 주옵소서." 여러분이 그렇게 말한다고 생각해 봅시다. 거기에는 아무런 장점이 없습니다. 그것은 무모한 생각일 뿐입니다. 여러분은 더 나은 일을 전혀 하지 못할 것이기 때문입니다. 그러면 여러분은 말합니다. "아, 하지만 내가 이제는 과거와는 다르게 결심했어요. 나이도 더 먹고 더 현명해졌어요. 내 결심이 참으로 굳세기 때문에 아주 안심해요." 이것이 바람에 흔들리는 갈대나 다름없는 사람에게는 듣기 좋은 말입니다. 하지만 그런 자랑이 얼마나 터무니없는 것인지 모릅니다! 여러분이 단단히 결심했다고요! 밀랍이 단단하면 불 앞에 얼마나 단단하겠습니까? 여러분의 결심이 자신에게는 철석같이 단단하게 보일 것입니다. 슬프게도 그것은 그렇게 보일 뿐입니다. 베드로가 "내가 주와 함께 죽을지언정 주를 부인하지 않겠나이다"(마 26:35) 하고 말했을 때, 그의 결심은 단단하였습니다. 그렇지만 분별없는 하녀의 표정과 웃음에 그는 입을 벌려 신성모독의 말을 마구 쏟아냈습니다. 베드로가 주님께 대해 용감한 고백을 쏟아낼 것이라고 생각했던 그 입으로 말입니다.

사람들은 자신이 어떤 영에게 속해 있는지 모릅니다. 우리는 스스로 생각하는 것보다 악한 상태에 있습니다. 젊은 사람들이 자신이 참으로 악하고 그래서 구원받을 수 없는 사람이라고 말할 때, 때로 나는 이렇게 답변합니다. "맞아요. 하지만 여러분은 스스로 생각하는 것보다 훨씬 더 악한 사람입니다." 그러면 그들은 아주 깜짝 놀랍니다. 자기들은 위로를 받을 것으로 생각했는데, 오히려 더 깊은 도랑에 떨어지게 되었으니 말입니다. 어쩌면 사람들은 자기가 살아 있는 다른 어떤 사람보다 더 악하고 어리석다고 생각한다고 말할지 모릅니다. 내가 그분들에게 말씀드리는 것은, 그들이 진리에 아주 가까이 간 것으로 생각되지만, 사실 그들은 자신들이 생각하는 것보다 더 악한 존재라는 것입니다. 사실 그들은 완전히 망하였고, 그들 속에 선한 것이 전혀 없기 때문입니다. 그들이 이 말을 듣고 당황해하는 것으로 보입니다. 그렇다면 그들에게 말하겠습니다. 주 예수께서는 약한 자들과 무가치한 자들을 구원하러 오셨고, 완전히 망한 자들을 돌아보십니다. 우리는 사람들이 생명나무로 달려가도록 하기 위해 자아라는 나무를 자릅니다. 우리 자신의 미덕에 근거한 주장을 의지해서는 안 됩니다. 우리는 은혜를 구해야 하고 자비를 베풀어 주시기를 간청해야 합니다. 은혜의 조건이 아닌 다른 어떤 조건으로는 주님이 우리를 선하게 대하실 수 없기 때문입니다.

　　하나님의 자녀 여러분, 여러분이 하나님 앞에 기도할 때 온갖 핑계, 변명 혹은 정상 참작을 다 치워달라고 구하는 것이 옳은 일입니다. 기도할 때 맨 첫머리에 자신을 고발하는 일부터 하십시오. "여호와여 우리의 죄악이 우리에게 대하여 증언할지라도 주는 주의 이름을 위하여 일하소서 우리의 타락함이 많으니이다 우리가 주께 범죄하였나이다."

　　그렇지만 여전히 한 가지 구실은 있습니다. 즉, 그들은 하나님의 이름을 들어 탄원합니다. 반역하는 신민의 악함으로부터 의로운 통치자의 선하심으로 신속히 눈을 돌리는데, 온당한 처사입니다. 하나님께서 자비롭게 처리하도록 할 수 있는 중요한 동기가 제시됩니다. 그러나 그 동기는 철저히 하나님으로부터 나옵니다. "여호와여 우리의 죄악이 우리에게 대하여 증언할지라도 주는 주의 이름을 위하여 일하소서." 여호와의 이름의 위엄이여! 여호와의 명성은 모든 세대들 가운데서 놀랍습니다. 하나님이여, 주는 죄악을 사유하시는 일로 유명하십니다. 그래서 다윗은 "여호와여 나의 죄악이 크오니 주의 이름으로 말미암아 사하소서"(시 25:11)라고 말하였습니다. 자, 그러니, 낙담한 형제들이여, 오십시오. 밤이 칠흑같이 어둡고 별 하나도 보이지 않을 때 우리에게 효력이 있는 기도가 여기 있습니다. 즉, 그것은 "주는 주의 이름을 위하여 일하소서"라고 기도하는 것입니다. 우리를 구원하는 것이 주의 이름을 영화롭게 할 것이기 때문입니다. 주의 이름에는 우리에게 희망을 갖도록 격려하는 것이 있기 때문입니다. "주는 주의 이름을 위하여 일하소서." 과거의 이야기를 현재의 고통에서 구원해 주실 구실로 제시할 때, 괴로워하는 이 민족이 하나님과 좀 더 친밀한 교제에 들어가게 됩니다.

　　이것이 전부가 아닙니다. 은혜 언약은 영광스런 미래를 약속합니다. 하나님을 "이스라엘의 소망"이라고 부를 때, 이 약속을 들어 호소하는 것입니다. 경험이라는 둑을 의지할 뿐 아니라 또한 소망이라는 둑도 의지하는 것이 잘하는 일입니다. 여러분의 잔이 슬픔으로 가득 찼고, 여러분의 얼굴은 온통 수치로 덮였으며, 여러분의 음산한 길에 빛 한 줄기 비치지 않을 때, 우리 뒤에는 은혜로 충만한 역사가 있고, 우리 앞에는 영광으로 충만한 예언이 있다는 점을 기억하십시오. 또 이 모든 것이 회개하는 모든 마음의 소망이신 하나님의 이름으로 감싸여 있다는 것을 기억하십시오. 그러나 여러분의 소망이 막연한 기대가 되지 않도록 조심하십시오. 여러분이 하나님을 굳게 믿고, 하나님 말씀의 실제적인 약속이나 하나님 나라의 법을 아주 단단히 붙잡도록 하십시오. 그러면 여러분이 흡족할 만큼 소망을 품을 수 있기 때문입니다. 여러분이 구원의 길을 볼 수 없지만 하나님께서 여러분을 손으로 붙잡으신다는 것은 느낄 수 있습니다. 이제 하나님께 이렇게 호소하십시오. "주여, 주는 나의 유일한 소망이십니다. 내가 주밖에는 아무데도 소망을 두지 않는다는 것을 주께서 아십니다. 주께서 은혜로 나를 살펴시지 않으면 나는 완전히 절망에 빠질 수밖에 없습니다." 이것은 설득력 있는 탄원입니다. 사람마다 어딘가에 소망을 두고 있습니다. 이 불쌍한 사람에게는 이 외에 다른 약이 없습니다. 그래서 이 약을 빼앗기면 이 고통 받는 사람은 더욱 절망하게 되고, 우울증 때문에 그는 거의 미칠 지경까지 갈 것입니다. 그러나 모든 사람은 가슴에 어떤 소망을 품고 있습니다. 여러분이 진심으로 "내가 아는 한 가지는, 오직 내 소망이 내 하나님이신 주께만 있다는 것입니다"라고 말할 수 있다면, 그것을 가지고 호소할 수 있습니다. 여러분은 이렇게 주장할 수 있습니다. "주여, 주의 이름을 위하여 나를 구원하소서. 그래서 내가 내 소망으로 부끄럽게 되지 않게 하소서. 이제까지 주께서는 불쌍한 영혼이 주님을 닻으로 사용하도록 두시고, 그가 막상 사용해보니 그 닻이 질질 끌리므로 배가 바람 부는 대로 표류하도록 두신 적이 없습니다. 그러니 이 주님의 이름에 어긋나지 않게 나를 구원하시고, 내가 주를 신뢰하였사오니 내 죄악을 지워주소서." 사랑하는 여러분, 그처럼 토대가 튼튼한 소망은 결코 여러분을 실망시키지 않을 것입니다.

하나님의 교회는 "고난당한 때의 구원자"라는 또 다른 직함을 사용하여 하나님의 이름을 들어 호소합니다. 하나님께서 자기 백성을 구원하셨습니다. 명성의 명부에서 하나님의 이름은 큰 구원자로 적혀 있습니다. 이스라엘의 역사는 기념일들이 가득하였습니다. 절기와 금식을 통해서 무서운 비상사태와 즐거운 탈출을 기억하도록 이 기념일들이 백성들에게 가르쳐졌습니다. 이스라엘 조상들이 그 기념일들에 관하여 자손들에게 말한 여호와의 능하신 행사들이 시편과 노래에서 찬양됩니다. 그들이 주문처럼 외우는 문구가 이것입니다. 하나님의 자비는 영원히 지속된다는 것입니다. 기도의 기술에서 배울 수 있는 교훈이 여기에 또 한 가지 있습니다. 하나님께서 지금까지 구주로 활동하셨습니다. 그러므로 구주이신 하나님께 탄원하라는 것입니다. "주여, 나는 구원받을 권리가 없습니다. 그러나 주님은 구주이십니다. 지금까지 주께서는 고난당하는 주의 백성들을 늘 구원해 오셨습니다. 그러니 저를 구하여 주옵소서. 주님의 은혜로운 직무를 수행하시옵소서. 주여, 구원하소서. 제가 죽겠나이다. 나를 구원하시는 것이 주님을 영화롭게 할 것입니다. 주의 이름이 이렇게 계시된 것은 그 이름 안에 싸여 있는 은혜를 보장하시기 위함이 아니겠습니까? 주께서 나를 구원하시지 않으면 구주라는 주의 이름은 공허한 이름이옵니다." 이것은 훌륭한 주장이 아닙니까? 라오디게아 교회와 같은 이여, 그대는 차지도 덥지도 않습니다. 그대는 자신의 미적지근함을 슬퍼합니까? 슬퍼한다면 일어나서 이렇게 탄원하십시오. "이스라엘의 소망이시요 고난당한 때의 구원자시여, 주의 이름을 위하여 내게 은혜를 베푸시고 나를 회복시키소서."

다음에, 이스라엘이 하나님의 이름을 구체적으로 언급하지 않지만 다음의 말 속에 그 이름이 함축되어 있습니다. "어찌하여 이 땅에서 거류하는 자 같이 하시나이까?" 거류하는 자란 그냥 이 땅을 지나가면서, 시민이 아니기 때문에 이 땅의 고난에 대해 별 관심을 갖지 않는 사람입니다. 그냥 집에 하룻밤 묵을 뿐이고, 그러므로 그 가정의 염려와 시련에 관여하지 않는 사람을 말합니다. 이스라엘은 사실상 하나님을 주님, 곧 그 집의 주인으로 부릅니다. 하나님께서 소유자이시라는 사실을 소송에서 이유로 내세우는 것입니다. 예수님, 주님은 가정의 가장이십니다. 예수님은 주인, 곧 남편이십니다. 그런데 주께서 단지 유숙하는 나그네 혹은 거류하는 자처럼 행동하려고 하십니까? 주님께 여러분의 집이 주님의 것이라고 말씀드리십시오. 즉, 교회는 주님의 교회이고, 주께서 교회의 머리이시라고 말씀드리십시오. 그리고 주님께, 자신의 위치를 제쳐 놓거나, 주님께서 교회를 위하여 교회의 구속주가 되기로 일을 떠맡으셨을 때 자원하여 지신 그 책임을 소홀히 하시지 말도록 탄원하십시오. 이렇게 주님의 이름을 인하여 주께 간구하면, 여러분은 은혜로운 답을 얻을 것입니다.

그 다음에, 이 주장이 조금 더 앞으로 나갑니다. 그 주장하는 바는 이것입니다. "여호와여 주는 그래도 우리 가운데 계시고 우리는 주의 이름으로 일컬음을 받는 자이옵니다." 하나님께서 하나님의 교회에 임재해 계시고, 교회와 하나님의 관계가 구실이 됩니다. 내가 교회의 죄와 일탈들을 놓고 생각할 때, 때로 내가 이 교회를 위해서 이 사실을 들어서 호소하지 않았겠습니까? 나는 이렇게 말했습니다. "그렇지만 주여, 주는 우리 가운데 계십니다. 우리는 주님의 식탁에 주님을 모시고, 기도회에도 주님을 모시고 있습니다. 주님은 참으로 복되게도 이 사람들과 함께 계시고, 우리는 주의 이름으로 일컬음을 받습니다. 그러니 주께서 우리를 떠나시면 믿지 않는 세상은 이렇게 말할 것입니다. '예전에 이 건물에 하나님의 교회가 모였는데, 이제는 이 건물이 버려졌도다. 전에는 여기서 복음 사역이 번성하였는데, 이제는 실패하고 말았구나.' 세상 사람들이 그런 말을 한다면 주님의 이름이 수치를 당할 것입니다."

본문에서 이스라엘이 어떻게 탄원하는지 봅시다. "어찌하여 놀란 자 같으시니이까?" 즉, 어찌할 바를 모르는 당황하는 사람 같고, 마음이 심란하며 깜짝 놀라는 사람 같다는 말입니다. 이스라엘은 이렇게 말하는 것입니다. "여호와여, 주께서 만일 지금 우리를 돕지 않으시면 세상 사람들이 말하기를, 그들의 하나님이 그들을 도울 수 없다고 할 것입니다. 그들은 결국, 신앙이 그들에게 아무 소용이 없고, 그들의 하나님이 그들을 구원할 수 없는 상태에 이르렀다고 할 것입니다. 어찌하여 주께서 능하신 분이시면서 구원할 수 없는 것처럼 행하시고, 용사이시면서 모든 노력에도 불구하고 패배하는 자처럼 하시나이까? 안 됩니다. 주님은 우리에게 깃발을 주셨습니다. 결코 패할 수 없는 신성한 깃발을 주셨습니다. 그 진리를 인해서 깃발을 펼칩시다. 그리고 주는 우리에게 승리를 주옵소서."

하나님을 섬기려 애쓰고 있는 여러분 가운데 여기저기 떠돌아다니다가 최근에 얕은 물에 빠진 사람들이 있습니다. 그래서 여러분은 큰 근심 가운데 있습니다. 자, 어쨌든 여러분이 지금 하고 있는 일에 하나님이 관여하시도록 할 수 있다면 여러분의 대의가 크게 힘을 받을 것입니다. 여러분이 하나님의 종으로서 하나님의 이름으로 일을 하고 있는데 양심적으로 하나님의 명령을 따르고 하나님의 약속을 신뢰하기 때문에 발생하는 곤란한 문제들에 얽혀 있습니까? 그렇다면 여러분은 하나님께 이렇게 말씀드릴 수 있습니다. "여호와여, 애굽인들이 무엇이라고 하겠습니까? 블레셋 사람들이 어떻게 이야기하겠습니까? 믿음이 망상이고, 약속은 함정이라는 것이 마침내 입증되었다고, 하나님은 없거나 아니면 하나님이 있어도 그는 자기 종들을 도울 수 없거나 혹은 그들의 기도를 듣고도 도우려고 하지 않는 신이라는 것이 입증되었다고 그들이 말하지 않겠습니까?" 나는 이 진로를 따라가게 되어 기쁩니다. 나는 하나님에게서밖에는 도움 받을 데가 없는데, 하나님께서 약속하셨으니 나를 구원하시지 않을 수 없다는 사실을 생각하면 기운이 납니다. 깊은 곳에 빠졌을 때 나는 헤엄쳐야 한다고 느낍니다. 만일 하나님의 능력이 내게 기운을 북돋우지 않는다면 나는 빠져 죽을 것이기 때문입니다. 하나님께서 자기를 신뢰하는 사람을 어떻게 죽게 버려두실 수 있겠습니까? 이 믿음이 거짓이라면, 나의 실패로 그것이 거짓임이 드러날 것입니다. 이 하나님이 살아계신 하나님이 아니고, 그래서 기도를 듣지 않는다면 하나님의 원수들이 웃을 것입니다. 그러므로 여러분은 하나님께 이렇게 탄원할 수 있습니다. "주는 주의 이름을 위하여 일하소서." 그동안 우리가 많은 죄를 지었을지라도, 우리가 주님을 마땅히 섬겨야 할 대로 섬기지 못했을지라도, 우리가 자주 타락하였을지라도, 여호와여, 우리 때문에 주님 자신을 벌하지 마소서. 우리의 어리석음 때문에 주님의 이름이 욕을 먹게 하지 마소서. 우리가 그처럼 믿음 없이 생활하는 것을 인해서 주의 복음이 참패하지 않게 하소서. 주님의 명예를 위하여 일하소서. 이제 개입하셔서 곤경에 처해 있는 주의 종들을 구원하소서.

여러분이 하나님과 씨름하고 있는 동안 굳게 서 있을 수 있는 좋은 토대를, 비록 많이 미흡하지만 지금까지 이렇게 여러분 앞에 제시하였으니 이제는 다음 주제에 대해 조금 살펴보겠습니다.

2. 마음에 근심하고 있지만 아직까지 주님을 모르거나 주님을 모른다는 것을 두려워하지 않는 불쌍한 사람들에 대해서 이야기하겠습니다.

이들은 본문의 주장을 요구할 권리가 전혀 없습니다. 그러나 그 문제로부터 그들이 이용할 수 있는 귀중한 제안들을 끌어낼 수 있습니다. 우리 가운데는 성도들의 교제에 대해서는 외인이지만 마음에 고통이 있고 하나님과 화해하기를 바라는 사람들이 많지 않습니까? 은혜의 하나님으로부터 구원 얻기를 간절히 원하는 사람들이 많지 않습니까? 여러분은 "평안하십시오" 하고 말합니다. 그렇다면 제발 여러분이 거짓 평안을 그냥 참고 지내거나 아니면 하나님과의 참된 화해가 아닌 것으로 양심을 달래는 일을 하지 않도록 조심하십시오. 잘못된 생각에서 안식을 얻기보다는 차라리 항상 불안하게 지내는 것이 낫습니다. 진리의 길에서 시작하고 그 길을 계속 가십시오. 거짓된 것은 모두 거품처럼 터져서 없어지지만 진리의 길은 끝까지 지속될 것이기 때문입니다.

먼저 여러분의 죄를 고백하는 것부터 시작하십시오. 자, 여러분, 무엇이든지 숨기려고 하는 데는 아무 유익이 없습니다. 그러므로 여러분의 죄를 인정하십시오. 하나님은 그 모든 것을 보실 수 있습니다. 여러분이 자신의 죄를 알고 하나님 앞에 고백하면 큰 유익이 있을 것입니다. 여러분 자신의 의를 보완하여 내

세우려고 하지 마십시오. 예수 그리스도는 죄인들 외에는 아무에게도 친절하시지 않습니다. 여러분은 자신이 성인(聖人)이 아니라 죄인이라는 것을 증명해야 합니다. 예수께서는 우리의 공로를 위해서가 아니라 우리의 죄를 위해서 자신을 주셨기 때문입니다. 그리스도께서 오셔서 우리를 가득 채우려고 하실 때, 우리가 알아야 할 필요가 있는 첫 번째 사실은 우리가 텅 비어 있어야 한다는 것임을 기억해야 합니다. 그러므로 자신을 방어하려는 생각을 일체 하지 말고, 자신의 죄를 인정하고 "내 죄악이 내게 대하여 증언하나이다"라고 말하십시오. 여러분 가운데는 의를 이유로 내세우려고 해도 그렇게 할 수 없는 분들이 있을 것입니다. 그렇게 해보려고 해도 자신의 일생의 행동을 생각하면 그런 생각이 사라질 것입니다.

전에 복음을 한 번도 들어보지 못한 사람들이 여기 올 때, 그들이 그리스도를 빠르게 받아들이는 경우가 종종 있는데, 이는 하나님께서 그런 사람들을 위해 세상에 복을 베푸실 때는 그들에게 죄를 깨닫게 하시는 것이 어려운 일이 아니기 때문입니다. 그들은 죄가 있다는 것을 아주 분명히 느끼기 때문에 그 사실을 숨길 생각을 조금도 하지 않습니다. 그들은 자신의 낡은 옷을 수선할 생각을 전혀 하지 않습니다. 그 옷은 너무 낡아서 쓰레기 더미에나 버려야 좋을 것이기 때문입니다. 그처럼 낡고 냄새 나는 것을 덧대어 수선하려고 하면 더 크게 찢어지기만 할 것입니다. 누더기를 입은 불쌍한 죄인이여, 찢어진 옷을 입고 오십시오. 온갖 혐오스러운 것과 죄를 그대로 안고 와서 각 사람이 이렇게 말하십시오. "주님, 내 죄악이 내게 대하여 증언한다는 것을 인정합니다. 내가 걱정한 것이 이번이 처음이 아니고 앞으로 더 나아지겠다고 약속한 것이 이번이 처음이 아닙니다. 나는 지금까지 계속해서 거짓말을 하였습니다. 나의 타락함이 많습니다. 나는 오래된 죄인이고, 완고한 죄인입니다. 그동안 나는 죄를 깨닫고서도 죄를 지었고 예민한 양심을 어기고 죄를 지었으며 성령님의 제지에도 불구하고 죄를 지었습니다. 나는 악한 길을 떠난 것처럼 보였지만 개가 토한 것을 다시 먹고, 돼지가 몸을 씻고 나서 다시 진흙탕에 뒹굴듯이 악한 길로 돌아갔습니다."

여러분, 여러분은 나쁜 사람입니다. 나는 여러분이 자신이 그런 사람이라는 것을 인정하기 바랍니다. 나는 여러분이 피고석에 죄인으로 서서 "죄가 있다"고 인정하기 바랍니다. "하지만 정상을 참작할 사유들이 있다"는 말을 절대로 덧붙이지 마십시오. 여러분의 경우에는 그런 사유들이 전혀 없습니다. 여러분은 참으로 가치가 없고 지옥으로 보내져야 마땅합니다. 여러분이 20년 전에 죄 가운데서 죽고 자비 없이 정죄를 받았다면, 여러분의 악이 재판장의 선고가 정당함을 충분히 입증하였을 것입니다. 여러분이 이 말에 반대하고 나섭니까? 그렇지 않기를 바랍니다. 자신이 마땅히 끔찍한 형벌을 받을 만한 사람이라는 것을 인정하는 것이 여러분의 지혜일 것입니다. 말로 고백하고, 여러분이 그동안 행한 바를 진심으로 이야기하십시오. 여러분의 어리석은 행동들을 회상할 때, 자신이 악하다는 사실을 더욱더 깊이 느끼게 될 것입니다.

　여러분이 하나님께 죄를 지은 다양한 형태들도 기억하십시오. 여러분은 여러분의 생활을 단속하는 법들을 어겼습니다. 여러분은 신체적 건강에 소용이 되는 조언들을 무시하였습니다. 어머니의 눈물과 아버지의 기도에도 불구하고 죄를 지은 것은 참으로 악한 일입니다. 자신의 몸을 해치는 죄를 짓고 자신의 아내와 아이들을 무시한 것은 아주 나쁜 일입니다. 그것은 참으로 슬프고 끔찍한 죄입니다. 부끄러움으로 얼굴이 빨개질 정도로 그런 죄를 깊이 지은 사람들이 많습니다. 그런데 여러분은 여러분을 지으신 하나님을 멸시했습니다. 여러분의 창조주께 굴욕을 드렸습니다. 여러분은 정욕을 만족시키며 살아왔습니다. 법을 무시하는 것을 즐겼습니다. "소는 그 임자를 알고 나귀는 그 주인의 구유를 압니다"(사 1:3). 슬프게도, 사람들 손에 끌리는 말 못하는 가축들이 여러분보다 본분을 더 잘 지켰습니다. 하나님은 여러분을 열병에서 일으키셨고, 폭풍 속에서 여러분을 보호하셨습니다. 배의 조난 사고에서 여러분을 구하셨고, 갑작스런 죽음으로 지옥에 떨어지는 데서 여러 번 구원하셨습니다. 그렇지만 여러분은 하나님께 관심이 없었고 감사하지도 않았습니다. 여러분은 하나님을 노여우시게 하는 우상들을 끔찍이 좋아했습니다. 이것을 아십시오! 이 사실을 인정하십시오! 이를 슬퍼하십시오! 깊이 회개하는 마음으로 하나님 앞에 오십시오. 진심으로 하도록 주의하십시오. 여러분이 비참하지 않고 자신이 죄인이라고 전혀 믿지 않으면서도 거짓으로 "주여, 비참한 죄인이오니 불쌍히 여기소서" 하고 말할지라도, 길게 이야기하면 효과가 있을 것이라고 생각하지 마십시오. 성령 하나님께서 여러분 마음에 너무도 깊이 죄를 깨닫게 하셔서 본문의 말씀이 여러분에게는 너무 미약한 것처럼 보이게 해주시기를 바랍니다. 여러분이 이렇게 부르짖을 수밖에 없게 되기를 바랍니다. "하나님이여, 무슨 말로도 내 죄를 다 말할 수 없나이다. 주의 자비를 인하여 저를 용서하소서."

나는 여러분이 비참한 절망 가운데 그냥 앉아 있도록 할 수 없습니다. 그런 깊은 절망 가운데서 사람들이 구원은 주님께 있다는 것을 배우는 것이 확실합니다. 여러분이 자신의 성격이나 환경에서 변명거리를 끌어낸다면 죄를 악화시키기만 할 것입니다. 여러분의 희망의 토대는 오직 하나님의 은혜에만 두어야 합니다. 지금 하나님의 이름에 부탁하십시오. "주의 이름을 위하여." 큰 죄인인 여러분, 이렇게 말하십시오. "주여, 주께서 저를 구원하신다면 그것이 주의 능력을 보여주는 큰 예가 될 것입니다." 일전에 어떤 사람이 이렇게 말했습니다. "글쎄요, 목사님이 나를 회심시키려고 애쓰는데 소용없는 일이에요. 정말로 내가 회심하려면 하나님이 친히 나서서 그 일을 하셔야 할 거예요. 나는 그만큼 흉악한 사람입니다." 예, 맞습니다. 하나님께서는 사람들에게 하나님이 무슨 일을 할 수 있는지 보게 하시기를 기뻐하십니다. 하나님은 자신이 물질세계에서뿐 아니라 도덕 세계에서도 전능하시다는 것을, 바다를 휩쓰는 거친 바람의 사나움을 제지할 수 있을 뿐 아니라 자유 의지도 복종시킬 수 있다는 것을 증명하십니다. 여호와는 하나님이십니다. 여호와 외에는 하나님이 없습니다. 하나님이 능력의 말씀을 하시면 사자를 어린 양으로, 까마귀를 비둘기로 만드실 수 있습니다.

하나님께 하나님의 능력을 영광스럽게 하시라고 간청하며 이렇게 말하십시오. "주여, 주께서 나 같은 자를 구원하시면 주의 권능이 나타날 것입니다. 내게서 귀신의 군대를 쫓아내시면 어디를 가든지 나는 주님의 능력을 보여주는 걸어 다니는 기적이 될 것입니다. 사람들과 천사들에게 내가 전능하신 하나님의 거듭나게 하시는 능력을 보여주는 확실한 증거가 될 것입니다. 그러므로 주의 이름을 위하여 나를 구원하소서." 주님께서 보통 죄인 열두 명을 용서하신다면, 그로 인해 사람들 사이에서 하나님의 자비가 나타나기보다는 특별히 악한 죄인 한 사람을 구원하는 데서 하나님의 자비가 두드러지게 나타날 것입니다. 이 점을 들어 호소하십시오. 이 말씀이 정확히 자기에게 해당되므로 이 설교에 귀를 기울이는 사람이 있을 수 있습니다. 성령께서 여러분을 위하여 이 말을 하도록 나를 부추기시는 것 같다는 느낌이 들 것입니다. "주님, 세상의 모든 죄가 공용 시궁창에 흘러들 듯이 내게로 모여든 것 같습니다. 그러나 주님, 주님께서 내 마음을 깨끗하게 하실 수 있다면 그것은 실로 주님의 자비를 보여주는 놀라운 일이 될 것이고, 주님의 이름이 영광을 얻을 것입니다. 나는 누구보다도 정죄 받아야 마땅한 자입니다. 나는 주님의 모든 화살이 겨냥하는 과녁의 중심이 되어야 마땅합니다. 그런데 주님께서 저를 용서하시면 그 일을 듣고 온 지옥이 놀라 떨 것입니다. 하나님께서 나 같은 자를 구원하시면 하늘에 기쁨이 자자해질 것이고, 하나님이 속전을 받으셨기 때문에 그런 자가 지옥으로 내려가는 데서 구원받을 것입니다.”

하나님의 모든 이름은 예수 그리스도 안에서 이해할 수 있다는 점을 여기서 기억하기 바랍니다. 주님이라는 열쇠가 모든 문을 엽니다. 만일 여러분이 “주여, 주를 위해서 나를 구원하소서. 그래서 사람들이 예수께서 정결케 하는 그 보혈의 능력으로, 그 손의 힘으로, 그 마음의 사랑으로 무슨 일을 하실 수 있는지 보게 하소서”라고 기도한다면, 여러분은 여호와의 이름을 들어 탄원한 것이 될 것입니다. 죽어가던 우편 강도! 그가 아주 오랫동안 그리스도께 어떤 영광을 돌려드렸는지 보십시오. 변화되고 새롭게 된 사도 바울! 그가 구원받은 이후로 얼마나 큰 명예를 그리스도께 드렸는지요! 그러니 이렇게 기도하십시오. “주여, 나를 구원하심으로 주님 자신을 영화롭게 하시고 주의 아들에게 영광을 돌리며 주의 성령께 영광을 돌리소서. 주를 위하여 내게 복 주시옵소서.”

여러분이 나와 함께 이 기도를 드릴 수 없습니까? 성령이시여, 사람들에게 그들이 간구할 다른 길이 없고 다른 이름이 없다는 것을 알 때까지 그들의 망한 상태를 깨닫게 해주시기를 바랍니다. 예수께서 죄인들 가운데 괴수를 구원하는 일에서 자기 영혼의 수고한 것을 보시도록 하는 것이 아버지 하나님의 바라시는 바가 아닙니까? 주님께서 여러분이 그 구실을 붙들게 해주시기를 바랍니다. “주의 이름을 위하여”라는 이 구실은 확실히 효력이 있습니다. 여러분은 아버지 하나님의 이름을 들어 이렇게 간구할 수 있습니다. “아버지여, 주의 방탕한 자식을 화해의 입맞춤으로 환영하고 ‘제일 좋은 옷을 내어다가 입히라’고 말함으로써 아버지와 같은 주의 마음을 영화롭게 하소서.” 그 다음에 여러분은 이 간구를 성령님께 사용하여 이렇게 말할 수 있을 것입니다. “거룩하신 성령이시여, 사람들이 주께서 내 안에서 행하시는 새 창조와 기사를 보도록 나 같은 자를 정결케 하고 거듭나게 하심으로써 인간 마음을 지배하는 주의 능력을 영화롭게 하소서.”

약속, 곧 이 성경책에 있는 약속을 굳게 붙잡는 것이 중요한 점입니다. 나는 주님을 찾고 있었을 때, “누구든지 주의 이름을 부르는 자는 구원을 받으리라”(롬 10:13)는 내 마음에 울린 이 말씀의 달콤함이 기억납니다. 나는 이 약속을 이유로 내세울 수 있었을 때 자유를 얻었습니다. 나는 이렇게 말했습니다.

"주여, 내가 이 말씀이 의미하는 바를 아는 한에서 정말로 주님의 이름을 부릅니다. 내가 부를 이름이 이 외에는 없습니다. 주께서는 누구든지 주의 이름을 부르는 자는 구원을 받으리라고 말씀하셨습니다. 주님이 이같이 약속하셨으니, 뒤로 물러나지 마십시오. 나는 주께서 거짓말하실 수 없다는 것을 압니다. 주의 약속을 내게도 이행하소서."

형제 여러분, 우리가 어떤 사람에게 약속을 했을 때는 그에게 "내가 너를 위해 이것을 하겠다고 약속했지만 네가 아주 나쁜 사람이어서 할 수 없다"고 말할 수 없습니다. 그것이 우리가 약속을 어길 수 있는 구실이 되지 못할 것입니다. 비록 여러분이 그 일을 행하기로 약속해 준 사람을 부끄럽게 여긴다고 할지라도 약속을 이행해야만 합니다. 주님께서 자비를 베풀어 어떤 것을 약속하셨으면 우리의 성품을 구실로 삼아 그 약속을 깨트리는 일을 결코 하시지 않습니다. 주님은 그 약속을 하셨을 때 여러분에 관한 모든 것을 알고 계셨습니다. 그래서 놀라지 않으십니다. 주님은 여러분이 자신을 아는 것보다 여러분에 대해 더 잘 아십니다. 주님은 여러분이 스스로 생각하는 것보다 천 배나 더 악한 존재라는 것을 아십니다. 주님은 여러분이 자신의 죄에 대하여 깨닫고 있는 것보다 훨씬 더 깊게 여러분의 죄를 아십니다. 그런데 그 모든 사실에도 불구하고, 주님은 여러분을 기꺼이 용서하시려고 합니다. 주님께 주님의 약속을 들어 호소하십시오. 그러면 주께서 자신의 약속을 지키실 것입니다.

여러분 가운데 자기 죄의 깊이 때문에, 혹은 그 죄가 이미 일으킨 파괴적인 결과들 때문에 주님의 자비를 얻을 수 있을지 의심하는 사람이 있습니까? 사실, 여러분은 사탄의 기만에 속은 것입니다. 자비로우시고 은혜로우신 주 하나님께서 불의와 불법과 죄를 너그럽게 보아주십니다. 이 예레미야서에는 내가 여러분에게 읽어주고 싶지 않은 부분들이 있습니다. 그 부분들은 공적으로 읽도록 기록되었다고 생각하기 어려운 것 같습니다. 그보다는 개인적인 묵상을 위해 쓰인 것으로 보입니다. 그런데 내가 종종 읽을 때마다 몹시 경악하곤 하였던 추잡한 묘사가 하나 나오는데, 여기서는 넌지시 암시만 하도록 하겠습니다. 그 묘사는 이렇게 진행됩니다. "그들이 말하기를 가령 사람이 그의 아내를 버리므로 그가 그에게서 떠나 타인의 아내가 된다 하자 남편이 그를 다시 받겠느냐 그리하면 그 땅이 크게 더러워지지 아니하겠느냐 하느니라 네가 많은 무리와 행음하였느니라 그럴지라도 내게로 돌아오라 여호와의 말씀이니라"(렘 3:1, 개역개정은 "행음하고서도 내게로 돌아오려느냐" —역주). 여러분은 이 인상적인 예화의 취지를 알 겠습니까? 제멋대로 남편을 떠날지라도 모든 면에서 친절한 대우를 받는 여자 가 있습니다. 그녀는 어떤 난봉꾼의 유혹을 받아 타락한 것이 아닙니다. 그녀는 바람이 나서 악한 마음으로 남편을 떠난 것입니다. 그녀는 자신의 이름과 명예 를 더럽혔고, 그것도 모자라 자신의 정부마저 떠나 거리로 나가 아주 천하게 됨 으로 더할 수 없는 오명을 얻었습니다. 그녀가 그렇게 명백한 부정을 많이 저지 른 후에 첫 번째 남편이 그녀를 다시 데려오려고 하겠습니까? 그렇게 하면 그 땅이 더러워지지 않겠습니까? 사람마다 이렇게 말할 것입니다. "이것은 도덕에 어긋나는 죄야. 그녀는 자신을 욕되게 하였고, 자기 남편과 나라를 욕되게 하였 어." 하나님께서는 "그럴지라도 내게로 돌아오라"고 말씀하십니다. 이것은 사람 의 방식을 뛰어넘는 것이 아닙니까? 이와 같이 하나님의 자비는 하나님께서 이 스라엘에게 주신 율법의 규례마저도 넘어섭니다. 여러분이 예레미야 3장을 신 명기 24장과 비교해 보면 이 예화의 취지를 더욱 분명하게 볼 수 있을 것입니다. 이 비유는 놀랍습니다. 어떤 사람이 부정한 아내를 받아들이는 것이 하나님 보 시기에 가증한 일임에도 불구하고 하나님께서 부정한 민족을 받아들이시는 것 으로 묘사됩니다.

여호와는 자비를 베풀기를 지극히 기뻐하시므로 공적으로 비난 받을 위험 을 무릅쓰고 자비를 베푸십니다. 하나님은 스스로 의롭다고 하는 자들이 트집을 잡고, 나이든 형제들까지도 화를 내리라는 것을 아셨지만 대담하게 그 모든 일 을 행하셨습니다. 이후로는 여러분이 반대하는 일이 있어서는 안 됩니다. "그럴 지라도 너희는 내게로 돌아오라 여호와의 말씀이니라." 누군가 비방을 한다면, 그 비 방은 그 거룩함이 더럽혀질 수 없는 하나님의 이름에 돌아갈 것이 틀림없습니 다. 우리 주님의 시대에 모세의 자리에 앉은 장로들은 주님께서 세리와 창기를 받아들이시는 것을 공공연한 추문으로 생각하였습니다. 나는 주님께서 그처럼 타락한 자들을 환영하셨을 때 그들이 기쁘게 주님께 갔다는 사실에 놀라지 않습 니다. 그러나 여러분 가운데 여러분에게 도움이 될 수 있는 유일한 복음을 제쳐 놓는 사람들을 볼 때 너무도 놀라지 않을 수 없습니다. 왜 여러분은 주님의 공공 연한 초대를 받아들이지 않고 여러분의 이익에 반대되는 일을 합니까? 어린 양 의 피로 말미암는 사죄와 평안을 전하는 모든 복음전도자는 이 시대의 윤리에 용감하게 맞섭니다.

이 시대의 새로운 가르침은, 사람들이 자기 행동의 결과들을 받아들여야 하고, 사람이 행하는 것은 무엇이든지 원상태로 돌릴 수 있는 희망이 없고, 그러므로 죄인들을 위한 복음은 있을 수 없다는 것입니다. 그렇습니다. 바로 이것이 율법의 권세가 요구하는 것이라는 점을 나는 압니다. 그러나 이 모든 사실에도 불구하고, 하나님은 그리스도 예수 안에서 자비를 바라고 하나님께 오는 불쌍한 죄인을 물리치기보다는 차라리 사람들에게서 도덕의 원칙들을 약화시킨다는 비난 받기를 택하십니다. 우리가 어떤 사람들을 교회에 받아들이면 도덕주의자들은 "어떻게 저런 사람들을 받아들일 수 있지?" 하고 소리 높여 항의한다는 것을 압니다. 하지만 여러분 죄인들이여, 오십시오. 오십시오. 아무리 악한 사람들이라도 그리스도께 오는 것을 환영합니다. 여러분이 세상에서 더할 수 없이 악한 자라도, 즉 경계의 울타리를 뛰어넘어 터무니없는 죄를 지은 자라도 예수께 올 수 있습니다. 여러분이 이렇게 노래합니까?

"자비의 바다여, 아직도 나를 위해
마련된 자비가 있을 수 있습니까?"

여러분을 위해 마련된 자비가 있습니다. 그 자비는 바로 여러분을 위해 준비된 것입니다. 이런 깊은 죄의식, 곧 여러분이 느끼고 인정하는 이 죄가, 내가 바로 여러분에게 주께로 돌이키라고 말해야 하는 사람이라는 것을 나타냅니다. 하나님께서 여러분에게 자비를 베푸시려고 하기 때문입니다. 하나님께서 여러분의 죄를 지워 없애시고 여러분의 본성을 변화시키실 것입니다. 여러분을 죄인에서 성도로 바꾸고, 여러분 안에서 하나님의 이름을 영화롭게 하실 것입니다. 하나님께서 하나님의 이름을 위하여 여러분 모두와 각 사람이 하나님의 은혜의 지극히 부요로우심을 증명할 수 있게 해주시기를 바랍니다. 아멘.

제
15
장
—

숨은 만나

—

"만군의 하나님 여호와시여 나는 주의 이름으로 일컬음을 받
는 자라 내가 주의 말씀을 얻어 먹었사오니 주의 말씀은 내게
기쁨과 내 마음의 즐거움이니이다." — 렘 15:16

예레미야는 엘리야와 정반대로 성격이 매우 예민한 사람이었습니다. 그런
데 이런 예레미야가 매우 단호하고 감정이 무딘 사람에게 적합해 보이는 의무
를 수행하도록 하나님께 보냄을 받았습니다. 예레미야 자신이 끔찍이 사랑하지
만 구원할 수 없는 백성들에게 하나님의 심판을 선포하는 것은 불행한 의무였
습니다. 그의 깊은 마음의 고통과 눈물을 자아내는 연민의 정(情)도 백성들에게
아무 효과가 없었고, 그들의 주의를 끌기보다는 오히려 조롱만 샀습니다. 백성
들은 그가 하나님의 보내심을 받았다는 것을 도대체 믿지 않았고, 여호와에 대
해서도, 그의 보내신 선지자에 대해서도 관심을 갖지 않았습니다. 천성이 온순
하고 수줍어하는 그였지만, 하나님께 대한 강한 충성심과 이스라엘에 대한 사랑
때문에 두려움 없이 진실을 증언하였습니다. 그렇지만 백성들로부터 비난과 모
욕과 위협을 넘치도록 받아 그는 마음에 심한 상처를 입었고, 백성들이 자신의
경고를 거부하지만 그 경고들이 틀림없는 사실이라는 것을 잘 알기 때문에 그의
고통은 더욱 깊어졌습니다. 그는 예루살렘이 적에게 점령되고 예루살렘의 불쌍
한 자녀들이 칼에 죽어가는 모습을 늘 마음으로 보았습니다. 예레미야의 예언에
서 "어찌하면 내 머리는 물이 되고 내 눈은 눈물 근원이 될꼬 죽임을 당한 딸 내

백성을 위하여 주야로 울리로다"(9:1)라는 외침만큼 그다운 모습을 잘 보여주는 구절은 없습니다.

누구보다도 그는 고통을 겪었지만 재난의 한가운데서 기쁨의 샘들을 발견한 사람이었습니다. 그는 찬송 받으실 분, 곧 "슬픔의 사람"(사 53:3, 개역개정은 "간고를 많이 겪었으며" ―역주)이시며 질고를 아시는 주님처럼 때로 마음으로 기뻐하고 하나님의 이름을 찬미하였습니다. 사막에 있는 한 그루 종려나무처럼 예레미야의 마음속에 자란 기쁨의 뿌리를 주의하여 보는 것은 흥미롭기도 하고 또한 유익한 일이기도 할 것입니다. 그 기쁨의 내용은 이것이었습니다. 선지자의 직무를 수행하도록 택함을 받았다는 것이 그에게는 큰 기쁨이었습니다. 하나님의 말씀이 그에게 임하였을 때, 그는 마치 맛있는 음식처럼 그 말씀을 먹었습니다. 많은 경우에 하나님 말씀 자체는 몹시 썼습니다. 하나님 말씀이 주로 고발로 이루어져 있었기 때문입니다. 그렇지만 그것이 하나님의 말씀이고 하나님께 대한 사랑이 아주 컸기 때문에 그는 하나님의 말씀이 쓰든 쓰지 않든 간에 음절 하나하나 빼놓지 않고 다 먹었습니다. 이것이 또한 항상 그에게 위안이 되었습니다. 그래서 그가 백성들에게 여호와의 선지자로 알려졌던 것입니다. "나는 주의 이름으로 일컬음을 받는 자라"는 이 차별점 때문에 온갖 박해를 받았지만, 그 사실이 그의 기쁨이었습니다. 하나님의 말씀을 받았고, 하나님의 이름이 그에게 지워졌으며, 하나님의 일을 맡았다는 이 사실들이 그의 슬픔의 밤을 위로하는 별들이었습니다. 그의 운명이 아무리 엄혹하고, 그보다 악한 때를 만난 사람이 없는 것처럼 보일 정도로 힘들지라도 아무도 그에게서 빼앗아 갈 수 없는 은밀한 기쁨이 있었습니다. 그가 "쓴 것들로 배부르고 쑥으로 취하였지만"(애 3:15) 그럴지라도 항상 흐르는 강수, 곧 우리 하나님의 도성을 기쁘게 하는 시냇물을 마셨습니다. 이 믿음의 기쁨의 기초는 고난의 홍수보다 깊은 데 있습니다. 그래서 어떤 불행의 급류도 우리 평안의 견고한 기초를 무너뜨릴 수 없습니다.

우리 마음이 하나님의 은혜로 충분히 변화를 받아 본문에 나오는 이 슬퍼하는 선지자의 말이 우리가 사용하기에 적절한 말이 되기를 바랍니다. 특별히 지난 몇 주 동안에 구주를 만난 분들에게 말씀드립니다. 사랑하는 여러분, 내가 여러분을 위하여 하나님께 기도하고 부르짖는 것은 여러분이 진심으로 이렇게 말하게 되는 것입니다. "만군의 하나님 여호와시여 나는 주의 이름으로 일컬음을 받는 자라 내가 주의 말씀을 얻어먹었사오니 주의 말씀은 내게 기쁨과 내 마음의 즐거움이니이다."

1. 첫째로, "주의 말씀을 얻어먹었다"는 중대한 발견부터 생각해 봅시다.

예레미야가 하나님의 말씀을 받았다는 뜻으로 말하였을 때, 하나님의 말씀은 이 사실을 의미하였습니다. 즉, 어떤 메시지가 그에게 왔는데 하나님으로부터 온 것이 아주 분명하고, 예레미야는 그 메시지를 하나님의 말씀으로 인식하였다는 것입니다. 그는 자기 마음속에 일어나는 생각들이 어디까지가 성령님으로부터 일어난 것이고 어디까지가 순전히 자신의 상상에서 나온 생각들인지 조사하고, 귀한 생각과 악한 생각 들을 분리하였습니다. 그리고 하나님의 말씀을 얻고 발견하고 분별하였을 때, 그때서야 그는 하나님의 말씀을 먹었습니다.

그러나 우리가 하나님의 말씀을 사용할 때, 그 말씀은 우리에게 그 이상의 어떤 것을 나타낼 수 있습니다. 사랑하는 여러분, 우리 스스로가 하나님의 말씀을 찾고 분별한다는 것은 대단한 일입니다. 몇 년 동안 하나님의 말씀을 들었지만 아직까지 그 말씀을 얻지 못한 사람들이 많습니다. 나는 그런 사람들에 대해서는 이교도 신들에게 하는 다음과 같은 말씀을 할 수 있습니다. "눈이 있어도 보지 못하며 귀가 있어도 듣지 못하느니라"(시 115:5,6). 그들은 성경의 글자에만 만족하기 때문에 내적 의미는 보지 못합니다. 그들이 생명을 주는 진리를 알았으면 좋겠습니다. 그들이 "밭에 감추인 보화"(마 13:44)를 발견하였으면 좋겠습니다! 사람들에게는 하나님의 말씀이 제임스 1세 왕(King James the First)의 말씀이나 매한가지일 수가 있습니다. 킹 제임스역이라는 명칭 때문에 우리 흠정역 성경의 명예가 훼손됩니다. 그 명칭 때문에 사람들이 우리 성경의 진리들이 하나님의 보좌에서 직접 나오며 만왕의 왕께서 친히 서명하신 것이라고 생각하지 못하였기 때문입니다. 그 명칭 때문에 사람들이 성경이 그 저작자로 인해 갖는 권위의 무게를 느끼지 못한 것입니다. 하나님의 말씀을 얻었다는 말이 무슨 뜻입니까? 그 표현에서 그 방식이 어떤 것이었는지가 암시됩니다. 어떤 것을 얻었다는 것은 보통 그것을 그동안 찾았다는 뜻입니다. 성경을 읽고 하나님 말씀을 들으며, 그러는 동안 내내 하나님의 목소리인 숨은 영적 의미를 찾는 사람은 복됩니다. 진리의 문자에 핵심이 담겨 있는데, 그 핵심이 문자의 생명입니다. 외형은 크지만 실제적인 생명의 배아는 상당히 작은 열대 과일들처럼, 이 신성한 성경 안에 많은 말씀과 책들이 있지만, 거기에 담겨 있는 생생한 비밀을 요약하자면 단 몇 마디로 할 수가 있습니다. 성경의 페이지로부터 숨겨져 있는 비밀은 사람의 혈과 육으로서는 우리에게 계시할 수 없는 은밀한 것입니다. "읽는 것을 깨닫느냐?"(행 8:30)는 말씀은 겉으로 드러나는 것 이상의 의미를 지닌, 마음을 조사하는 지극히 중요한 질문입니다. 하나님의 택하신 자들은 "은이 나는 곳이 있고 금을 제련하는 곳이 있다"(욥 28:1)고 믿고서 계시의 광산을 팝니다. 그러므로 그들은 묵상하는 일에 마음을 쓰고, 자기들에게 하나님 자신을 계시해 주시라고 하나님께 간절히 구합니다. 그렇게 하나님의 말씀을 구하는 사람들은 농부가 알곡을 키질하듯이 설교를 키질합니다. 그들은 아름다운 언변이라는 겨에는 별 관심이 없습니다. 오직 하나님의 진리라는 알곡을 얻기만을 바랍니다. 솔로몬은 잠언 2장을 시작하면서 다음과 같이 격려하는 말로 참된 지혜를 얻는 방법을 이야기합니다. "내 아들아 네가 만일 네 귀를 지혜에 기울이며 네 마음을 명철에 두며 지식을 불러 구하며 명철을 얻으려고 소리를 높이며 은을 구하는 것 같이 그것을 구하며 감추어진 보배를 찾는 것 같이 그것을 찾으면 여호와 경외하기를 깨달으며 하나님을 알게 되리라"(2:1-5). 이따금 하나님께서 "나를 찾지 아니하던 자에게 찾아냄이 되었다"(사 65:1)고 말씀하신 대로 하나님의 구원을 찾지 않은 자들에게 구원을 계시하기를 기뻐하시는 주권적인 통치를 시행하셨지만, 이런 결과를 반드시 얻도록 하겠다는 약속은 하시지 않았습니다. 이 약속은 찾는 자들에게 하신 것입니다.

하나님 말씀을 얻는다는 것은 우리가 하나님의 말씀을 이해하게 되었다는 의미입니다. 사람이 자국어 성경을 읽는 것뿐 아니라 원어 성경에도 능통할 수가 있습니다. 또 최상의 주석들을 읽는 데도 익숙하고 동양의 관습도 익히 잘 알지만 하나님의 말씀에 대해서는 완전히 무지할 수가 있습니다. 이 성경의 깊은 의미를 이해하는 것은 자연적인 학문과 인간 연구의 범위에 달려 있지 않습니다. 이성 혼자서는 빛을 과도히 받으면 눈이 멀어 대낮에도 길을 잃고 헤맵니다. 그 이유는 이것입니다. "육에 속한 사람은 하나님의 성령의 일들을 받지 아니하나니 이는 그것들이 그에게는 어리석게 보임이요, 또 그는 그것들을 알 수도 없나니 그러한 일은 영적으로 분별되기 때문이라"(고전 2:14). 회심하기 전에 나는 늘상 성경을 읽었고, 곧잘 성경의 장엄함에 감탄하고 성경 역사에 매력을 느끼며 그 언어의 위엄에 놀라곤 하였습니다. 그러나 거기에 담긴 하나님의 뜻은 완전히 놓쳤습니다. 하지만 성령께서 새롭게 빛을 받은 내 영혼에 거룩한 생명을 가지고 오셔서 성경의 페이지마다 생명을 불어넣어 보여주셨을 때, 성경의 내적 의미가 사람을 살리는 영광스런 빛과 함께 나타났습니다. 육에 속한 사람들에게는 이 성경을 읽는 것이 마치 무식한 농부가 번역되지 않은 라틴어 책을 읽는 것과 거의 마찬가지로 따분한 일이 될 것입니다. 이는 그들이 포도의 즙과 같고 견과류의 알맹이와 같은 성경의 내적 의미는 알지 못하기 때문입니다. 여러분이 그 내적 의미라는 열쇠를 얻기 전까지 성경은 애를 태우는 수수께끼와 같습니다. 그러나 일단 실마리를 찾으면, 하나님 아버지의 풍성한 은혜가 우리의 주의를 끌고 우리 지성에 기쁨을 주며 우리의 마음을 부요롭게 합니다.

하나님 말씀을 얻는다는 것은 그 말씀을 이해하는 것뿐만 아니라 그 말씀을 자신에게 속한 것으로 받아들인다는 것을 또한 의미합니다. 유언장을 읽는 것은 재미있는 일이 아닙니다. 같은 말이 반복되고, 법률적인 용어가 들어 있으며 아주 짜증날 정도로 비슷한 말이 거듭 되풀이되기 때문입니다. 그러나 그 유언장에 여러분에게 남겨진 유산이 들어 있다면, 그것은 어떤 문서보다도 매력적일 것입니다. 여러분 자신과 여러분의 후계자에게 어떤 "가옥과 전답, 상속 재산"을 남긴다는 조항에 이르면 여러분은 변호사가 쳐 놓은 울타리와 다섯 겹으로 막아놓은 문도 가볍게 넘을 것입니다. 우리는 이런 방식을 따라 우리가 하나님 말씀과 관계가 있다는 사실을 발견함으로써 하나님 말씀 즐기는 법을 배웁니다. 하나님께서 우리를 부르고 계시고 우리에게 복을 베풀고 계시다는 것을 인식할 때, 우리는 하나님 말씀을 얻은 것입니다. 하나님의 약속을 보고서 우리가 죄를 용서받았고, 우리의 영이 그리스도의 의로 옷 입었으며 우리에게 천국이 준비되었고, 하나님께서 그리스도 안에서 우리를 받으셨다는 것을 개인적으로 확신하게 될 때, 정말로 하나님의 말씀을 얻은 것입니다.

나는 이 자리에 계신 여러분 각 사람에게 이 면에서 여러분이 하나님의 말씀을 얻었는지 묻겠습니다. 여러분은 복음 진리를 무한하신 하나님께서 여러분 영혼에 말씀하시는 목소리로 듣습니까? 그리 멀지 않은 때에 희망봉에서 네덜란드 농부들은 자기들 주위에 있는 호텐토트 사람들을 그저 먹고 마시고 훔치고 거짓말하는 것밖에 할 줄 모르는, 짐승보다 조금 나은 존재들로 생각하였습니다. 우리 선교사들이 이 원주민들 가운데서 수고한 후에, 원주민들 가운데 한 사람이 길가에서 성경을 읽고 있는 모습이 보였습니다. 그것을 보고 네덜란드 농부가 그에게 물었습니다. "무슨 책을 읽고 있어요?" "성경이오" 하고 그가 대답하였습니다. "성경이라고! 이 성경은 당신 같은 사람을 위해 쓴 것이 아니에요." "아니에요. 나 같은 사람을 위해 쓴 책이에요. 여기에 내 이름이 있기 때문이에요" 하고 그 흑인이 말했습니다. 그러자 그 농부가 "당신 이름이 있다고. 어디에? 한번 보여줘 봐요" 하고 소리쳤습니다. 호텐토트 사람이 "자" 하고 손가락으로 "죄인들"이라는 단어를 가리키며 말했습니다. "이게 내 이름이에요. 나는 죄인이에요. 그런데 예수 그리스도께서 나를 구원하기 위해 오셨어요."

사람들이 성경을 읽고 이렇게 이야기하기만 한다면 그것은 정말로 잘하는 일입니다. "이 책에서 크신 하나님은 스스로 몸을 굽혀 내게 말씀하시고, 주홍 같은 내 죄를 깨끗이 하실 수 있으니 자기에게 오라고 명령하십니다. 또 이 성경에서 하나님은 내 약점을 제거하실 수 있고, 내 완고함을 꺾으실 수 있으며, 멀리 있는 나를 가까이 부르실 수 있습니다!" 자기 스스로 하나님의 말씀을 듣거나 읽고, 마음속에서 증거하며 강력하게 작용하는 생생한 능력을 항상 느끼는 사람은 복이 있습니다. 실제로 적용되지 않는 진리는 쓸모가 없습니다. 자기 것으로 받아들이지 않는 진리는 사람을 정죄할 수는 있지만 구원하지는 못합니다. 거듭나지 않은 마음에 들리는 하나님 말씀은 마치 죽은 시체의 귀에 울리는 나팔소리와 같습니다. 그 소리를 듣지 못합니다. 사랑하는 여러분, 제발 여러분이 이 진리를 분별하고 그것을 자기에게 해당되는 진리로 붙잡기를 바랍니다. 여러분이 이 약속들과 관계가 있고 또 그 약속들을 주장할 수 있는 권리가 있음을 분명히 깨달음으로, 여러분 자신이 하나님의 사랑을 받는 존재라는 것을 주제넘게 생각하는 것이 아니라 그것이 사실임을 양심으로 충분히 시인하면서 알기를 바랍니다.

"주의 말씀을 얻었습니다." 그렇습니다. 정말로 우리 가운데 많은 사람들이 하나님 말씀을 얻었습니다. 하나님 말씀을 얻은 사람은 복이 있습니다! 형제 여러분, 여러분이 처음으로 하나님의 말씀을 얻었던 때를 생각해 보십시오. 여러분이 회심하였던 때를 기억하십시오. 그때를 기억함으로 여러분 속에서 감사하는 마음이 다시 불일 듯 일어나게 하십시오. 여러분에게 하늘의 말씀을 계시하여 준 하나님의 은혜를 찬미하십시오. 그때 여러분은 어둠이 깨끗이 사라지고 갑작스럽게 영광이 비치는 것을 느꼈습니다! 여러분에게는 그것이 콜럼버스가 신대륙을 발견한 것보다, 남아메리카에서 금광을 발견한 것보다 훨씬 더 중요한 일이었습니다. 여러분은 하나님의 말씀에서 영생을 얻었습니다. 아직까지 생명을 주는 말씀을 얻지 못한 사람은 그 말씀 얻기를 소원하게 되기를 바랍니다. 하나님께서 여러분의 눈을 열어 하나님의 율법에서 기이한 것들을 볼 수 있게 해 주시기를 바랍니다.

2. 둘째로, 본문은 하나님의 말씀을 열심히 받아들였다고 증언합니다.

"내가 주의 말씀을 얻어 먹었사오니." 본문은 "내가 주의 말씀을 들었사오니"라고 하지 않습니다. 그것은 선지자가 그렇게 하였다면 망했을 수도 있었기 때문입니다. 헤롯은 요한의 말을 기쁘게 들었지만 결국 그를 죽였습니다. 선지자는 "내가 주의 말씀을 암기하여 배웠다"고 말하지 않습니다. 수많은 사람들이 성경의 여러 부분을 암기하였지만 그로 인해 유익을 얻기보다는 지치게 되었을 뿐입니다. 서기관들이 율법의 세세한 부분들을 놓고 싸웠지만, 그럼에도 불구하고 그들은 맹인으로서 맹인을 인도하는 자들이었습니다. 본문은 "주의 말씀을 얻었고, 그래서 내가 그 말씀을 되풀이해서 말했다"고 하지 않습니다. 그렇게 할 경우에는 그가 배운 말을 앵무새처럼 되풀이할 수가 있었기 때문입니다. 또 본문은 "주의 말씀을 얻었고 그래서 내가 그 말씀을 기억한다"고 하지도 않습니다. 진리를 기억하는 것이 훌륭한 일이지만, 하나님 말씀의 복된 효과는 그 말씀을 마음으로 깊이 생각하는 사람들에게 오기 때문입니다.

"내가 주의 말씀을 얻어 먹었사오니." 하나님의 말씀을 먹었다는 말은 무슨 뜻입니까? 이 표현은 다른 어떤 단어로 표현할 수 없는 것을 의미합니다. "내가 주의 말씀을 먹었다"는 말은 부지런한 연구를 암시합니다. 하나님의 말씀은 아무리 열심히 연구해도 부족하고, 아무리 철저하게 생각해도 부족한 법입니다. 구주를 사랑하는 사람은 그를 아는 데서 자라기를 바랍니다. 그는 크신 구주에 관해서 아무리 많은 것을 읽고 아무리 많이 들을지라도 부족하게 생각합니다. 그는 성경을 대할 때마다 늘 새로운 기쁨으로 대합니다. 하나님의 율법을 주야로 묵상하는 사람의 복을 얻고자 힘씁니다. 갓 회심한 사람의 간절한 영적 욕구를 보는 것은 기쁜 일입니다. 그는 의에 굶주리고 목말라합니다. 불편한 자세로 서 있어야 할지라도 피곤한 줄 모르고 설교를 들으며, 설교가 한 번 끝나면 바로 다음 설교를 듣고자 합니다. 우리 모두가 처음의 그 영적 욕구를 다시 가질 수 있으면 좋겠습니다! 신자들 가운데 매우 신경질적이 되고 거만하며 예민하게 변하는 사람들이 있는데, 그런 사람들은 하늘의 진리를 먹고 살 수 없습니다. 그들은 설교자의 스타일이나 예배 방식에서 결점들을 볼 것이 확실하기 때문입니다. 여러분 가운데는 음식 투정을 하지 않도록 하기 위해 쓴 약이 한 첩 필요한 사람들이 있습니다. 내가 하나님의 말씀을 마음으로 얻었을 때는, 세련되지 않은 표현이나 잘못된 위치에 있는 단어에 대해 비평하기 위해 하나님 말씀 읽는 것을 멈추지 않고 즉시 진리의 골수는 취하고 뼈다귀는 개들에게 주었습니다. 나는 신성한 포도송이에서 짜낸 즙은 마시고 껍질은 돼지에게 주었습니다. 나는 어떻게 해서든지 진리를 얻기를 갈망하였습니다. 내 영혼은 탐욕스럽다고 할 정도로 하늘의 양식을 먹기를 갈망하였습니다.

이 표현은 또한 즐거이 받아들임을 암시합니다. "내가 주의 말씀을 먹었사오니." 내가 주의 말씀을 참으로 사랑해서 단지 그 말씀을 붙들고 기뻐하며 환영하기만 한 것이 아니라 내 영혼 속으로 받아들였다는 말입니다. 나는 하나님의 말씀을 판단할 마음이 없었고 아무런 이의 없이 모든 말씀을 받아들였습니다. 나는 감히 나의 재판장을 판단하고 틀림없는 하나님을 수정하려는 생각을 갖지 않았습니다. 하나님 말씀에 있는 것으로 아는 것은 무엇이든지 아주 기쁘게 받아들였습니다. 신자에게는 어떤 가르침이든지 거기에 하나님의 권위를 보여주는 표지가 있으면 그것으로 충분합니다. 사람의 교만하고 완고한 마음은 성경의 교리들을 이론으로 증명하도록 요구하지만, 믿음은 그것을 논증하기보다는 여호와의 선언으로 받아들입니다. 어떤 사람들은 이렇게 소리칠 수 있습니다. "우리가 거미처럼 스스로 우리의 신조를 만들어 냅시다. 위인들의 말에서 우리 믿음의 기초들을 찾거나 아니면 미결정 상태로 있다가 새로운 사실들을 발견하면 그때 생각을 정하도록 합시다." 그러나 우리는 계시를 받았고, 마음을 결정하였습니다. 우리는 그동안 하나님의 말씀을 먹었고, 여전히 하나님의 말씀을 먹으려고 하고, 그 외에 다른 어떤 것도 필요 없고 하나님의 모든 말씀을 먹으려고 한다고 고백합니다. 광야의 들나귀 같은 여러분, 입을 벌리고 바람 냄새를 맡으십시오. 우리의 음식은 실속이 있습니다. 그래서 나는 하나님의 말씀이 여러분에게 아무 소용 없이 낭비되게 하지 않을 것입니다.

이 표현은 또한 강한 믿음을 의미합니다. "내가 주의 말씀을 얻어 먹었나이다." 예레미야 선지자는 "어쩌면 그것이 사실일지 모릅니다. 그런데 그것이 사실이라고 하더라도 그리 중요하지 않습니다"라고 말하지 않았습니다. 그보다는 하나님의 말씀을 즉시 실제로 이용하였습니다. 하나님의 말씀이 자기 영혼을 살지게 하는 능력이 있는지 시험하였습니다. 그는 하나님의 말씀을 깊이 받아들였고, 그 말씀이 자신의 중요한 부분들에 영향을 미치도록 허용하였습니다. 지금까지 우리는 하나님의 말씀이 생명이니, 그 생명을 풍성하게 소유하라는 말을 들어왔습니다. 진리는 사람들을 강하고 자유롭고 순결하며 경건하게 만듭니다. 그러니 하나님의 말씀을 먹어서, 그 말씀이 우리를 순결하고 강하게 만들며 자유롭게 하고 고상하게 만들도록 합시다. 하나님의 말씀이 성령님으로 말미암아 사람에게 끼칠 수 있는 유익이 무엇이든지 간에 우리가 직접 그것을 경험하기를 바라야 합니다. 아주 겸손하여서 어린아이처럼 거룩한 진리의 말씀의 작용에 자신의 마음과 판단력과 모든 기능을 순순히 복종시키는 사람은 복이 있습니다. 그는 하나님의 말씀을 먹었으니, 그 말씀으로 말미암아 살 것입니다.

　본문 말씀은 이 외에도 진리를 부지런히 비축하는 것과 마음속으로 진리를 소화시키는 것을 의미합니다. 삼킨 음식은 그 상태로 오래 지속되지 않습니다. 몸의 체액이 그 음식에 작용을 합니다. 그래서 내용물이 분해되고 흡수되어서 사람 몸의 일부가 됩니다. 이렇게 하나님의 진리를 얻을 때 우리는 즐겁게 묵상하고 관찰하며 깊이 생각합니다. 우리는 하나님의 진리를 마음속으로 묵상하되, 마침내 그 진리의 떠받치고 쌓아올리며 살지게 하는 영향력을 느끼고 그로 인해 우리가 자라기까지 오래 생각합니다. 우리에게 복된 일은 하나님의 말씀을 급히 삼키는 것이 아니라 꼭꼭 씹어 천천히 먹는 것입니다. 우리의 내적 생명이 진리에 작용하고 또 진리는 우리 내적 생명에 영향을 끼칩니다. 우리는 진리와 하나가 되고 진리는 우리와 하나가 됩니다. 나는 우리 모두가 좀 더 하나님 말씀의 풀밭에서 먹고 누웠으면 좋겠습니다. 그래서 양들이 한가롭게 되새김질을 하면서 살찌듯이 우리도 그렇게 하였으면 좋겠습니다. 복음에 확고히 서는 것은 묵상의 결과입니다. 이 현재의 위기에서 모든 신자가 좀 더 부지런히 하나님의 말씀을 연구하고 숙고하는 것보다 바람직한 일은 없습니다.

　그동안 이 일에 태만히 한 것이 교회를 약화시켰고, 지금도 약화시키고 있고 앞으로도 약화시킬 것입니다. 지금 우리에게 필요한 것은 단지 엄숙한 권유를 받고 정신을 차리며 깊은 감정의 영향 아래 그리스도께 마음을 드리게 된 사람들이 아닙니다. 그보다는 복음 교리에 뿌리를 박고 토대를 두고 있으며, 우리들이 진심으로 믿는 일들에 잘 교육을 받은 그리스도인들이 필요한 것입니다. 그리스도인들이라고 하는 사람들 가운데 많은 이들이 성경의 지식을 아주 가볍게 생각하는데, 특별히 거룩한 진리를 경험을 통해서 아는 일을 아주 소홀히 여깁니다. 요즘은 은혜의 교리들을 아주 깊이 연구해서 자기 속에 있는 소망에 대한 이유를 설명할 수 있을 만한 지식을 갖춘 사람이 거의 없습니다. 사람이 흥분해서 회심하게 되는 경우가 아주 많습니다. 그래서 그 결과, 흥분한 감정이 사라지면 사람들이 냉랭해지고, 그들 가운데 어떤 이들은 세상으로 돌아감으로 그들이 하나님께 가르침을 받지 못했다는 것을 드러냅니다. 그런가 하면 어떤 이들은 영혼을 떠받치는 진리를 얻지 못하였기 때문에 오래도록 반쯤 굶주린 상태로 지냅니다. 진리를 알고 진리로 말미암아 자신이 자유롭게 되었다는 것을 아는 사람은 만난을 무릅쓰고서라도 계속해서 자유롭게 지낼 것입니다.

오늘날 믿음의 원수들이 있습니다. 사람을 아주 속이기 쉬운 형태로 잘못된 생각이 제시됩니다. 복음을 파괴하려고 하는 자들은 아주 솜씨가 뛰어나고, 온갖 거짓말을 매력적으로 만드는 법을 알고 있습니다. 그들이 찢고 삼키려고 하는데, 누가 그들의 희생물이 될 것입니까? 잘 교육받은 성도들, "내가 주의 말씀을 얻어 먹었나이다"라고 말할 수 있는 사람들은 그들에게 희생되지 않을 것입니다. 명목상으로는 교회에 가입되어 있지만 자기들이 믿는 바에 대해서 거의 아무것도 알지 못하는 사람들, 혹은 그것을 순전히 문자로만 알고 마음으로는 전혀 친숙하게 알지 못하는 잡다한 많은 사람들이 그들에게 희생될 것입니다. 우리는 하나님 말씀에서 할 수만 있으면 택하신 자라도 속이려고 하는, 어떤 속이는 자들에 대해서 읽습니다. 이 사실로부터 우리는 속이는 자가 하나님의 택하신 자를 속일 수 없는데, 그것은 택하심을 받은 자가 마치 손목을 비틀어 빼앗을 수 있는 지팡이처럼 진리를 손에 쥐고 있는 것이 아니라 그 진리를 먹어버려서 진리가 그의 몸 속으로 들어가 버렸기 때문이라고 추론합니다. 여러분은 흡수되어 그 자신의 일부가 되어 버린 것을 그 사람에게서 떼어낼 수 없습니다. 여러분은 천 조각에서 비단 실을 뽑아낼 수 있고 그렇게 하면 천이 상할 것입니다. 그렇지만 성령께서 새롭게 태어난 우리 본성 속에 짜 넣은 진리는 제거할 수 없습니다. 그리스도인은 깊이 배도록 진리로 물들여진 사람입니다. 그는 날아가거나 희미해지는 색깔을 입은 것이 아닙니다. 그는 성령의 가르침으로 배운 것을 더 이상 믿지 않느니 차라리 더 이상 살지 않는 것이 나을 것입니다. 옛날에 박해자들이 맹렬한 분노를 보였지만 그리스도의 종들에게 믿음을 부인하도록 만드는 일에 실패하였습니다. 성도들이 화형 기둥에 묶였지만, 그들의 몸을 삼킨

불은 다른 증인들의 마음속에 그들의 증거가 불타오르도록 만들었을 뿐입니다. 그들은 죽기까지 믿음을 지켰습니다. 오늘날 잘못된 생각의 교활함에 맞서기 위해서는 이렇게 믿음에 확고히 서는 멋진 태도가 크게 필요합니다.

이 외에도, 사랑하는 친구 여러분, 여러분 가운데 어떤 사람들이 지금 여러분을 부양하는 설교를 듣지 못하는 자리에 떨어지게 되는 일이 하나님의 섭리 가운데 발생할 수가 있습니다. 그때 하나님의 말씀이 여러분 마음속에 있지 않다면 여러분은 어떻게 하겠습니까? 그동안 나는, 복음 설교를 듣는 동안에는 경주를 잘하였지만, 메마른 지역으로 옮겨졌을 때는 경주에 뒤처지며 늑장을 부리는 사람들을 많이 보았습니다. 그런가 하면 믿음의 원칙들을 깊이 간직하지 못한 사람들이 그 원칙들을 무시하는 사회에 들어가면 그것을 포기해 버리는 경우들도 보았습니다. 제발 나는 여러분이 복음을 아주 굳게 붙들고 있어서 설교자나 열심 있는 친구들에게 좌우될 필요가 없기를 바랍니다. 여러분의 믿음이 사람의 지혜에 있지 않고 하나님의 능력에 있도록 하십시오. 진리가 여러분 마음속에 새겨지지 않는 한, 그렇습니다, 여러분의 골수까지 스며들지 않는 한, 어떤 진리도 여러분에게 소용이 없을 것입니다. 여러분이 진리를 포기할 수 있다면, 여러분은 진리를 받아들인 것이 아닙니다. 하나님의 진리를 너무 꼭 쥐고 있어서 결코 놓을 수 없는 사람만이 하나님의 진리를 갖고 있는 것입니다. 어떤 사람이 빵 한 개를 받아 먹습니다. 그런데 그 빵을 준 사람이 다시 내놓으라고 합니다. 만일 빵을 받은 사람이 선반에 놓았거나 찬장에 넣어두었다면 빵을 건네줄 수 있습니다. 그런데 만일 그가 "빵을 먹어버렸는데"라고 말할 수 있다면, 돌려달라는 요구는 그것으로 끝이 납니다. 사람의 능력으로는 이미 먹어버린 것을 다시 만들어낼 수 없습니다.

의식주의자들은 "믿음으로 말미암아 의롭다함을 얻는다는 교리를 포기하고 성례를 믿으라"고 말합니다. 무신론자는 "믿음을 버리고 이성을 따르라"고 소리칩니다. 우리는 위의 두 요구 가운데 어느 것도 전혀 따를 수 없습니다. 왜 그렇습니까? 우리의 영적 본성이 진리를 완전히 흡수하여 하나가 되었기 때문에, 어떤 것도 진리를 우리에게서 혹은 우리를 진리에게서 떼어낼 수가 없기 때문입니다. 진리를 먹고 사는 것이 배교를 예방하는 확실한 방법입니다. "여러 가지 다른 교훈에 끌리지 말라 마음은 은혜로써 굳게 함이 아름답고 음식으로써 할 것이 아니니 음식으로 말미암아 행한 자는 유익을 얻지 못하였느니라"(히 13:9).

여러분 모두 그리스도 예수 안에 뿌리를 박으며 세움을 받고, 교훈을 받은 대로 믿음에 굳게 서서 감사함을 넘치게 하기를(골 2:7) 바랍니다.

그 다음에, 친구 여러분, 여러분이 무지한 그리스도인이라면 다른 사람들에게 별로 도움을 줄 수가 없습니다. 다른 사람들에게 많은 유익을 끼치려면 우리에게 진리가 있어서 언제든지 그것을 넘겨줄 수 있고 쉽게 가르칠 수 있어야 합니다. 나는 여러분이 자라기를 바랍니다. 새롭게 태어나서 그리스도의 가정에 들어온 여러분이 이스라엘 안에서 아버지와 어머니가 되기를 바랍니다. 여러분이 갓 태어난 어린 아기로서 하나님 말씀의 순수한 젖을 사모하지 않으면 여러분이 하나님 말씀에 의해 자라는 일은 일어날 수 없습니다. 성경을 읽는 그리스도인들이 일어났으면 좋겠습니다! 우리에게는 성경을 판매하는 협회가 오래전부터 있었습니다. 그런데 성경을 읽도록 만드는 협회는 누가 세울 것입니까? 한 번도 성경을 읽지 않은 한 청년이 친척으로부터 선물 받은 책갈피 때문에 성경을 읽고 싶은 생각이 들어 성경을 읽다가 마침내 회심하기에 이르렀습니다. 그는 책갈피를 성경에 꽂아 두되 한 곳에 이틀 동안 놓아두지 않는다는 조건으로 그것을 선물로 받았습니다. 그는 책갈피를 옮기되 성경은 읽지 않으려고 생각했지만 그의 눈이 성경 본문을 훑고 지나갔습니다. 얼마 후에 그는 흥미가 생겼고, 오래지 않아 회심하게 되었으며, 그 다음에는 책갈피가 옮겨감에 따라 기쁨도 더 커졌습니다.

나는 신자라고 하는 사람들 가운데 책갈피를 매일 옮긴다는 말을 할 수 없는 사람들이 있을까 걱정입니다. 아마도 인쇄된 모든 책들 가운데 가장 널리 보급되었으면서도 가장 적게 읽히는 책이 바로 이 하나님의 말씀일 것입니다. 사람들이 성경책 자체보다 이 성경에 관한 책들을 더 많이 읽지 않나 걱정입니다. 여러분은 사람들이 성경 영감의 교훈을 신중하게 따를지라도 우리가 모든 당파와 종파를 알아야 한다고 생각합니까? 하나님의 말씀은 하나입니다. 그러면 이 모든 신조들은 어디에서 온 것입니까? 우리는 "성경, 오직 성경만이 프로테스탄트의 종교이다"라고 외칩니다. 그러나 이 말이 프로테스탄트들 가운데 절반에게는 해당되지 않습니다. 프로테스탄트들 가운데 어떤 이들은 이 성경에 기도서를 덮어씌우므로 성경의 살아 있는 의미를 죽이고, 그런가 하면 어떤 이들은 종교 지도자의 안경을 통해서 읽고, 하나님 말씀의 본문보다는 사람의 주해를 더 따르기도 합니다. 정말로 더럽혀지지 않은 복음의 순수한 샘으로 오는 사람은 거의 없습니다. 대부분의 사람들에게는 전해들은 종교가 마음에 듭니다. 그런 종교는 사람들에게 생각하는 수고를 끼치지 않기 때문입니다. 생각하는 일이 많은 사람에게는 너무도 힘든 노동입니다. 그런데 비해 사람에게 배우는 것은 성령님을 모시고서 그에게 배우는 것보다 훨씬 더 쉬운 일입니다. 그리스도 안에서 사랑받는 자녀들인 여러분, 다윗의 말을 기억하고, 여러분도 그와 같이 말하도록 하십시오. "내가 주의 율례들을 즐거워하며 주의 말씀을 잊지 아니하리이다"(시 119:16). "주의 말씀의 맛이 내게 어찌 그리 단지요 내 입에 꿀보다 더 다니이다"(119:103). "주의 증거들로 내가 영원히 나의 기업을 삼았사오니 이는 내 마음의 즐거움이 됨이니이다"(119:111). "내가 주의 말씀을 조용히 읊조리려고 내가 새벽녘에 눈을 떴나이다"(119:148). "내 영혼이 주의 증거들을 지켰사오며 내가 이를 지극히 사랑하나이다 내가 주의 법도들과 증거들을 지켰사오니 나의 모든 행위가 주 앞에 있음이니이다"(119:167,168).

3. 셋째로, 본문은 행복한 결과들에 대해서 말합니다.

"주의 말씀은 내게 기쁨과 내 마음의 즐거움이니이다." 영적으로 하나님 말씀을 얻었고, 그 결과 그 말씀을 먹고 사는 사람은 행복한 사람입니다. 그러나 하나님 말씀에서 기쁨을 얻기 위해서 우리는 그 말씀을 전체적으로 받아들여야 합니다. 예레미야는 처음에 주의 "말씀들"(개역개정은 "주의 말씀"—역주)이라고 말하고, 그 다음에는 그 수를 바꾸어 주의 "말씀"이라고 말합니다. 우리는 복음의 일부분만을 받아들여서는 안 되고 복음 전체를 받아들여야 합니다. 그러면 복음이 우리에게 큰 기쁨을 줄 것입니다. 하나님의 모든 증거가 소중하다고 정직하게 말할 수 있는 사람의 마음은 하나님과 올바른 관계에 있는 것입니다. 어떤 사람은 이렇게 말합니다. "하지만 그것은 불가능해요. 성경의 어떤 부분들은 끔찍한 고발로 가득한데, 그런 부분이 우리에게 기쁨을 줄 수 있습니까?" 형제 여러분, 이런 식으로 우리에게 기쁨을 줄 수 있습니다. 하나님께서 죄는 반드시 처벌해야 한다고 정하시면 우리는 하나님의 의로운 규례에 반항해서는 안 되고, 하나님의 공의를 마음으로부터 깊이 고려해야 합니다. 하나님의 판단은 옳습니다. 그리고 우리는 옳은 것을 마땅히 기뻐해야 합니다. 게다가 많은 사람들이 하나님의 위협하는 말씀을 보고 죄를 버리게 되는데, 이렇게 경고의 말씀 자체가 은혜의 수단이 되는 것입니다. 정에 약한 예레미야에게는 "너의 성읍이 망할 것이고 네 부녀와 자녀들이 죽임을 당할 것이라"고 말하는 것이 큰 시련이었을 것이 확실합니다. 그러나 어떤 사람들은 그로 인해 회개하게 될 수도 있는 것을 생각하고서 예레미야는 여호와의 이 호통 소리를 눈물을 흘리며 열심히 전하고자 하였습니다. 형제 여러분, 그러나 하나님의 말씀이 모두가 다 으르는 위협의 말씀인 것은 아닙니다. 하나님 말씀 가운데 얼마나 많은 부분이 크고 귀한 약속들로 이루어져 있습니까? 벌집에서 꿀이 떨어지듯이 하나님 말씀에서는 은혜가 떨어집니다. 예레미야가 흐르는 눈물을 어떻게 닦겠습니까? 보통은 아주 우울해하는 그 얼굴이 메시야에 대해서 이야기할 때는 해처럼 빛을 발할 것입니다. 진리 전체에서 우리 마음을 기뻐 뛰게 만들 수 있는 것이 있다면, 그것은 하나님 말씀에서 영원히 명예와 영광을 돌려야 하는, 우리의 경배할 구속자이신 사랑스러운 그분과 그의 완성하신 사역을 다루는 부분인 것이 틀림없습니다. 하나님의 말씀 전부를 받아들이십시오. 성경에서 한 본문만을 잘라 내거나 그 의미를 왜곡하려고 하지 마십시오. 진리를 전체 안에서 조화롭게 붙잡으십시오. 그러면 틀림없이 진리가 여러분에게 기쁨이 되고 여러분의 영혼을 즐겁게 만들 것입니다.

여기서 또 한 가지 생각을 다루도록 하겠습니다. 예레미야가 하나님께서 자기에게 하신 말씀을 순종하지 않았다면, 어떤 하나님의 말씀도 그에게 기쁨을 주지 못하였을 것입니다. 만일 그가 주님의 메시지 가운데 어떤 부분을 전하지 않고 숨겨두었더라면 그 말씀이 그의 양심에 견딜 수 없는 짐이 되었을 것입니다. 우리가 속으로 "제가 그동안 성실하지 않았습니다. 지존하신 하나님의 명령을 소홀히 하였습니다" 하고 고백하지 않을 수 없다면, 그 사실은 마음에 아주 큰 상처를 입힙니다. 제발 여러분은 성경 가운데 어떤 본문의 말씀도 여러분이 그동안 성경의 가르침을 무시하였다거나 그 명백한 의미를 부인하였다고 고발하는 일이 없도록 하십시오. 여러분 가운데 어떤 분들은 그것이 그리스도의 뜻이라는 것을 알면서도 복종하지 않는 규례들이 있습니다. 성경이 곳곳에서 여러분이 주님의 뜻에 불순종하였다고 고발하는데 어떻게 여러분에게 기쁨과 즐거움이 될 수 있습니까? 하나님의 증거를 한껏 즐거워하려면 여러분의 마음이 부드러운 점토가 토기장이의 손에 순응하듯이 하나님께서 계시하는 것을 순히 따라야 하고, 여러분의 자원하는 심령은 날개 달린 발을 가진 것처럼 그리스도께서 명하시는 모든 것을 순종하는 길을 신속히 달려가야 합니다. 그러면 여러분이 하나님의 말씀을 얻어 먹게 되고, 그 말씀이 인생행로에서 여러분에게 노래가 될 것입니다.

하나님 말씀에서 위로로 가득한 귀한 진리들을 말씀드려서 여러분의 기억을 잠시 새롭게 하도록 하겠습니다. 선택의 교리가 있습니다. 하나님께는 창세전에 택하고 사랑하신 백성이 있습니다. 여러분이 스스로 그 사실을 발견하였고, 그 수수께끼를 풀어서 바울 사도처럼 "하나님이 미리 아신 자들을 또한 그 아들의 형상을 본받게 하기 위하여 미리 정하셨으며 또 미리 정하신 그들을 또한 부르시고 부르신 그들을 또한 의롭다 하셨느니라"(롬 8:29,30)고 말할 수 있다고 생각해 보겠습니다. 여러분이 자신이 부름 받은 것을 알고 그러므로 여러분 자신이 예정된 자라는 것을 안다고 생각해 보겠습니다. 그렇다면 이 사실이 여러분의 마음에 기쁨과 즐거움이 되지 않겠습니까? 산들이 조성되기 전에 하나님이 여러분을 사랑하셨고, 죄가 생기기 전 혹은 사탄이 타락하기 전에 여러분의 이름이 하나님의 책에 있었고 하나님께서 무한한 애정을 가지고 여러분을 보셨다고 믿는 것이 여러분에게는 바로 하늘 아래의 천국과 같은 것이 아니겠습니까? 어떤 교리가 원수들 앞에서 여러분을 위해 이보다 더 풍성하게 차려진 식탁일 수 있겠습니까?

다른 교리, 곧 하나님의 사랑의 불변함이라는 교리를 생각해 봅시다. 여러분이 이 교리의 비밀을 알기 전에는 그것은 한낱 교리에 불과하였습니다. 그러나 이제 여러분은 예수께서 결코 변하시지 않고 따라서 주님의 약속들이 예와 아멘이 된다는 것을 안다면, 여러분은 기뻐할 것이고, 또 기뻐하지 않을 수 없을 것입니다. 예수께서는 자기 사람들을 사랑하시되 끝까지 사랑하셨습니다. 이 사실이 여러분의 귀에 즐거운 음악이 아닙니까? "내가 영원한 사랑으로 너를 사랑하였노라"(렘 31:3)는 이 말씀이 신성한 보증이 아닙니까? 여러분이 앉아서 스스로에 대하여 "하나님께서 나를 사랑하셨어. 이는 하나님께서 예수 그리스도 안에서 내게 구원을 주셨기 때문이야. 그러므로 산들이 떠나며 언덕들은 옮겨질지라도(사 54:10) 하나님의 은혜 언약은 나를 떠날 수 없어"라고 말하게 될 때, 여러분의 잔이 넘쳐흐르고 여러분의 영혼이 하나님의 언약궤 앞에서 춤을 추지 않겠습니까? 물론 여러분이 스스로 하나님의 말씀을 얻어 먹기 전에는 그렇게 되지 않을 것입니다. 그러나 얻어먹을 때에는 하나님의 말씀이 여러분에게 골수와 기름이 될 것입니다.

수많은 하나님의 백성들이 두려움과 의심 가운데 사는데, 이는 그들이 마땅히 해야 하는 대로 하나님의 말씀을 먹지 않았기 때문입니다. 평안의 복음의 충만한 복들을 알지 못하기 때문입니다. 자신들이 오랫동안 신자로 지냈지만 결국 아직까지 구원을 받지 못했다는 두려움에 속박되어 있는 사람들이 참으로 많습니다. 그러나 그들이 성경을 읽고 그 의미를 받아들인다면, 죄인이 그리스도를 믿는 순간 그는 구원을 받은 것이며, 바로 그 순간 사망에서 생명으로 옮겼고 결코 정죄에 떨어지지 않으리라는 것을 알게 될 것입니다. 그들이 성경을 읽을지라도, 믿은 후에 멸망하도록 버려질 수 있을 것이라는 그런 의심을 할 수 있습니까? 그런 일은 결코 없을 것입니다. 여호와께서는 자기의 택하신 백성을 결코 버리실 수 없습니다. 그리스도의 몸의 지체들은 어떤 것도 망하게 되지 않을 것입니다. 그렇지 않으면 그리스도의 몸이 토막토막 결딴나고 말 것이고, 그리스도는 사지가 잘린 몸의 머리가 되실 것입니다. 복음을 분명하게 이해하는 것, 견고한 바위처럼 모든 복음의 복들 밑에 놓여 있는 언약을 아는 것, 그리스도를 알고 그와 우리가 연합됨을 아는 것, 그리스도의 의와 그의 온전하심 그리고 그리스도 안에서 우리의 온전함을 아는 것, 성령의 내주하심을 아는 것, 이런 사실들을 알면 우리는 반드시 여호와를 크게 기뻐하지 않을 수 없습니다. 우리가 하나님의 법들을 좀 더 친숙히 안다면 의심과 두려움의 절반은 사라질 것입니다. 다른 지식은 슬픔을 가져오지만, 이 지혜는 마음의 기쁨과 즐거움이 됩니다.

사랑하는 여러분, 여러분과 성경의 어떤 말씀 사이에 불화가 있다면 즉시 다툼을 끝내고 물러나십시오. 하나님의 말씀은 옳고 여러분은 틀렸기 때문입니다. 이렇게 말하지 마십시오. "지금까지 우리는 언제나 한 가지 사고방식에 매여 있었어. 우리 부모들이 우리 앞에서 그랬어." 하나님을 공경하고 예수님의 발 앞에 앉으십시오. 하나님의 교훈이 이 성경책에 있습니다. 성령께서 이 교훈을 여러분에게 열어 보여주시기를 빕니다. 모든 것을 하나님의 말씀으로써 판단하고, 영들이 하나님에게서 나온 것인지 시험하십시오. 여러분이 틀림이 없는 하나님으로부터 신앙을 가질 수 있는 때에 틀릴 수밖에 없는 사람에게서 신앙을 끌어내리려고 하는 어리석은 일을 하지 마십시오. 그렇게 하는 사람들 가운데 다른 문제들에서는 바보가 아닌 사람들이 있습니다. 그러나 이 경우에서는 그들에 대해 일찍이 이탈리아의 어떤 도시 사람들에게 했던 말을 할 수 있을 것입니다. "그들은 바보가 아니었다. 그런데 마치 바보인 것처럼 행동하였다." 사소한 문제들에 대해서는 다른 누구의 의견도 받아들이려고 하지 않는 사람들이 자신들의 종교는 의회의 조례나 대주교 회의 혹은 회담에 의해 결정되도록 내버려 둡니다. 우리가 두뇌를 받은 것이 무엇 때문입니까? 우리가 언제까지나 다수의 노예가 되고 많은 사람들을 따라서 악을 행해야 하겠습니까? 그럴 수 없습니다! 그리스도인이여, 똑바로 서서 장부답게 행동하십시오. 하나님께서 여러분에게 판단력을 주셨고, 성령님은 그 판단력에 빛을 비추려고 기다리고 계십니다. 성경을 자세히 살피십시오! 전통에 의해 받은 사실들이 귀신에게서 나왔는지 하나님에게서 나왔는지 보십시오. 고대의 많은 격언들을 추적해 보면 지옥에서 나온 것임을 알 수가 있기 때문입니다. "마땅히 율법과 증거의 말씀을 따를지니 그들이 말하는 바가 이 말씀에 맞지 아니하면 그들이 정녕 아침빛을 보지 못하리라"(사 8:20). 우리가 에스겔처럼 은혜를 받아서 여호와의 손에서 두루마리를 받아먹고 그것이 우리 입에 꿀처럼 단 것을 알게 되기를 바랍니다.

4. 네 번째 요점은 특징적인 호칭입니다.

"만군의 하나님 여호와시여 나는 주의 이름으로 일컬음을 받는 자라." 이 호칭이 여러분 가운데 어떤 분들에게는 별로 기쁜 것이 아닐 수가 있습니다. 그러나 예레미야에게는 말할 수 없이 기쁜 호칭이었습니다. 예레미야 시대에는 만군의 하나님 여호와라는 이름이 멸시를 받았습니다. 만군의 하나님이라는 호칭은 예루살렘 민중들에게 조롱거리였습니다. 따라서 슬픈 얼굴로 그들 민중의 즐거움을 망치는, 이 우는 선지자도 그와 함께 온갖 조롱을 겪었습니다. 그런데 예레미야는 악인들의 멸시를 받고 있는 여호와와 연합되는 것을 어려운 일로 생각하지 않고 여호와의 이름으로 일컬음을 받는 것을 기쁘게 여겼습니다. 예수 그리스도를 사랑하는 여러분, 그리스도의 십자가로 인해 비방 받는 것을 피하지 마십시오! 주님 때문에 멸시받는 것을 영광으로 생각하십시오. 결코 두려워하지 마십시오. 모세를 기억하십시오. 그에 대해서 성경은 "모세는 그리스도를 위하여 받는 수모를 애굽의 모든 보화보다 더 큰 재물로 여겼다"(히 11:26)고 쓰고 있습니다. 성경은 그가 그리스도를 더 큰 재물로 여겼다고 말하지 않습니다. 일반 신자라도 그렇게 생각할 것입니다. 그러나 모세는 그리스도와 관련해서 겪는 최악의 일을 세상에서 가장 좋다고 하는 것들보다 더 나은 것으로 여겼습니다. 그는 그리스도를 위하여 받는 수모를 바로의 왕관보다 귀하게 여긴 것입니다. 예수님의 제자들이여, 악인들이 주님을 인해서 여러분에게 퍼붓는 온갖 모욕적인 언동을 기꺼이 참으십시오. 악인들이 그렇게 함으로써 여러분을 복 받게 만들기 때문입니다. 진리와 함께 수렁을 지나가고 진창길을 지나가십시오. 진리의 행로를 함께 하는 사람들은 진리와 함께 존귀하게 될 것이기 때문입니다. 낮아지신 그리스도와 함께 거하는데 만족하십시오. 그렇게 함으로써만 여러분이 확실히 그리스도와 함께 그의 영광에 참여할 것이기 때문입니다. 자신이 멸시받는 하나님의 이름을 지녔다는 것이 예레미야에게는 위안이 되는 사실이었습니다. 그 때문에 예레미야는 멸시뿐 아니라 많은 박해를 받는 대상이 되었습니다. 왕이 그를 토굴 감옥에 집어넣었습니다. 그는 고생의 떡을 먹으며 자주 고난을 겪었습니다. 그렇지만 그는 그 모든 것을 주님을 위하여 즐거이 받아들였습니다. 오늘날 그리스도를 섬기고 그의 이름을 지니고 사는 것이 로마 전제 정치의 시대에서처럼 극단적인 고난을 가져올지라도, 형제 여러분, 우리는 즐거이 그 이름을 지니고 살아야 하고, 우리가 예수 그리스도의 이름을 위하여 고난 받기에 합당한 자로 여김을 받는다는 사실을 기쁘게 생각해야 합니다.

그렇지만 이 설교를 듣고 계시는 분들 가운데 지존하신 하나님의 이름을 지니고 사는 것을 온당한 일로 여기지 않는 사람들이 있을까 염려가 됩니다. 그런 여러분의 행동에서 나는 이 점을 짐작하게 됩니다. 여러분은 예수께 대한 믿음이 있고, 자기들에게 그런 믿음이 있다고 생각합니다. 그러나 여러분이 그리스도의 이름을 고백한 적은 없습니다. 그렇다면 여러분은 이 선지자에게 위안이 되었던 것을 놓친 것입니다. 왜 여러분이 놓쳤습니까? 그것이 여러분에게 불안을 가져다주는 원천이 될 것이라고 생각했기 때문입니다. 여러분은 그것이 여러분에게 슬픔이 될 것이라고 생각합니까? 어떤 사람은 말합니다. "아, 나는 세상의 비난을 감당할 수 없을 거야." 여러분은 주님께서 사람들 앞에서 자기를 시인하지 않은 사람들에게 "내가 너희를 도무지 알지 못하노라"(마 7:23)고 말씀하실 때 그리스도의 책망을 어떻게 견딜 수 있겠습니까? 그런데 여러분은 자신이 신앙 고백에 따라 살지 못하였다고 말합니다. 자신의 생활이 마땅히 있어야 하는 위치에 미치지 못할까 걱정하는데, 그것은 매우 유익한 염려입니다. 그러나 여러분은 불순종부터 시작함으로써 자신의 생활을 개선할 수 있다고 생각합니까? 내가 구주의 이름을 고백한다면, 나를 지키는 것은 그리스도께서 하실 일입니다. 그러나 만일 내가 지나치게 똑똑해서 불순종의 길을 갈 때 더 안전하다고 생각한다면 나는 나를 보호하는 은혜를 의지할 수가 없습니다. 그 전투는 힘듭니다. 그렇지만 우리는 자비량 하며 전투에 참가하지 않습니다. 우리를 돕겠다고 약속하신 분이 계십니다. 만일 여러분이 겁쟁이라면 나는 여러분을 동행들에게서 떼어놓을 것입니다. 오늘 여러분 한 사람 한 사람이 그리스도의 원수이거나 아니면 여러분 모두가 그리스도를 은밀히 사랑하면서도 그리스도를 자랑하는 사람은 아무도 없을지라도, 나는 단 한순간도 내 자신이 그리스도인임을 공언하지 않은 채 살 수 없을 것입니다. 나는 이것을 자랑하려고 말하는 것이 아니라 사실로서 말씀드리는 것입니다. 내 심장이 그리스도를 인정하기를 그치는 것보다는 차라리 뛰기를 그치는 것이 쉬울 것입니다. 내 주님께서 내 영혼을 지옥에서 구원하시려고 나를 위해 십자가에서 죽으시는데 나는 주님의 옷을 입기를 부끄러워하며, 또 주님께서는 그의 보혈로 나를 구속하심으로 내게 영광을 주시는데 나는 내 이름이 주의 백성들과 함께 명부에 적혀 있는 때 내 보잘것없는 이름이 드릴 수 있는 작은 명예를 주님께 돌려드리기를 거절한다는 것은 비열하고 아주 불명예스러운 일입니다. 그래서는 안 됩니다.

내가 비록 주님의 모든 제자들 가운데 가장 작은 자일지라도, 기록하는 천사여, 내 이름을 적어 주십시오. 모든 사람들이 욕하고 귀신들이 사납게 날뛸지라도 내 이름을 적어 주십시오. 꼭 그래야 할 필요가 있다면 그리스도를 위해 지옥의 고통을 받는 것도 내게는 천국이 될 것입니다. 나는 어떻게 그처럼 많은 신자들이, 보이는 그리스도의 교회 밖에 있는지 알 수가 없습니다. 예수님을 믿은 사람이라면 그 누구에 대해서도 그의 안전에 의심을 품지 않을 것입니다. 그렇지만 나는 신앙을 고백하지 않는 사람들이 부딪치는 위험을 무릅쓰지 않을 것이라고 분명히 공언합니다. 복음은 무엇을 위해 주신 것입니까? "사람이 마음으로 믿어 의에 이르고 입으로 시인하여 구원에 이르느니라"(롬 10:10). 어떻게 여러분이 이 복음 명령의 절반을 빠트릴 수 있겠습니까? 전도자 마가의 말을 따를 때 모든 족속에게 전해야 하는 복음이 무엇이었습니까? 그것은 이와 같습니다. "믿고 세례를 받는 사람은 구원을 얻을 것이요"(막 16:16). 나는 믿은 영혼의 안전에 이의를 제기하지 않습니다. 그러나 다시 한 번 말하지만, 믿었지만 세례 받기를 거부하는 사람의 위험을 무릅쓸 생각은 없습니다. 믿는 자가 세례를 받는 것이 분명 주님의 뜻입니다. 믿는다고 하는 사람이 예수 그리스도의 분명한 명령에 순종하는 데서 물러난다면 나는 그의 믿음의 진정성을 의심합니다.

사랑하는 형제 여러분, 그리스도를 고백하는 것은 아주 쉬운 짐입니다. 그리스도를 고백하는 데는 아주 잠깐 동안 손실이 따르겠지만 또한 진정한 이익이 따릅니다. 그래서 나는 여러분이 이렇게 말하면 좋겠습니다. "나는 하나님의 말씀을 얻었고 또 먹었습니다. 하나님의 말씀은 내 영혼의 기쁨과 즐거움입니다. 오늘부터 다른 사람들은 자기 원하는 대로 할지라도 나는 주님을 섬기겠습니다. 나는 즐거이 주님의 십자가를 지겠습니다. 세례를 받아 그리스도와 함께 죽어 장사되겠습니다. 나는 세상에 대해서 죽고, 성령으로 말미암아 새 생명을 받아 살아나겠습니다."

"너희는 그들 중에서 나와서 따로 있고 부정한 것을 만지지 말라 내가 너희를 영접하여 너희에게 아버지가 되고 너희는 내게 자녀가 되리라"(고후 6:17,18). 이 신성한 부르심에 순종하여 세상의 죄뿐 아니라 세상의 종교도 떠나고, 진 밖에 계시는 주님께로 가는 사람들은 복이 있습니다. 주님께서는 사랑하는 여러분을 은혜롭게 대하시고, 여러분의 적들 때문에 그리고 주님의 이름을 위하여 여러분을 평탄한 길로 인도하시기를 바랍니다. 아멘.

제
16
장
—

죄의 고질적인 성격

—

"유다의 죄는 금강석 끝 철필로 기록되되 그들의 마음판과 그
들의 제단 뿔에 새겨졌거늘." — 렘 17:1

　　중동을 여행하다 보면 바위에 새겨진 비문들을 종종 만납니다. 이 비문들
은 처음에 조각가의 도구로 새겨졌을 때와 거의 그대로 예리하고 분명하게 남
아 있었습니다. 이 비문들 가운데 어떤 것들은 비문이 새겨진 바위의 단단함 때
문에 글자가 지워지지 않고 그대로 있었습니다. 그 비문들은 본문의 표현이 풍
부한 언어를 사용하자면 "철필로" 기록되었고, "금강석 끝으로" 새겨진 것이 틀
림없습니다. 일찍이 그와 같은 비문의 글쓰기를 마쳤을 때, 자신의 목적을 달성
한 사람들은 빌라도처럼 "내가 쓸 것을 썼다"(요 19:22)고 말했을지도 모릅니다.
그 비문이 그때에 서 있었고 지금도 그대로 서 있기 때문입니다. 예레미야 선지
자는 유다의 죄가 돌에 새겨진 그 비문들처럼 백성들의 본성에 지울 수 없게 새
겨졌다고 단언합니다. 그들의 마음은 바위처럼 단단하였고, 마치 철 연장으로
새긴 것처럼 죄가 그들의 마음에 깊고 분명하게 기록되었습니다. 그들의 심령은
철석같이 무감각하고 완고하였으며, 그들의 죄악은 마치 금강석 끝으로 새긴 것
처럼 뚜렷이 나타났습니다. 유다에게 말한 것을 전 인류에게도 아주 그대로 말
할 수 있을 것입니다. 여기에서 환경이 상황을 바꾸지 못합니다. 사람들이 유다
에 속했든지 아니면 할례 받지 않은 열방에 속하였든지 간에, 그들을 비교해 보

십시오. 물에 비치면 얼굴이 서로 같은 것 같이 사람의 마음도 서로 같습니다(잠 27:19). 각 사람이 다른 사람과 같습니다. 유다 백성의 마음의 단단함은 야만인과 로마인과 헬라인과 스구디아인의 완고함에서 그대로 나타납니다. 그것은 진실로 우리에게서도 그대로 나타납니다. 우리 자신을 다루는 것이 오늘 아침 우리가 해야 할 중요한 일입니다.

1. 나는 죄가 무엇인가라는 질문에 답하는 것부터 시작하겠습니다.

우리는 그 문제에 관해 언제나 듣고 있습니다. 설교자인 이 사람에게서 귀가 따갑도록 끊임없이 듣습니다. 우리는 성경의 페이지를 넘길 때마다 죄를 만나지 않을 수 없습니다. 죄가 무엇입니까? 죄를 바르게 알고 있는 사람이 얼마나 적은지 모릅니다! 죄라는 개념을 분명하게 말할 수 있는 사람이 참으로 적습니다! 여러분이 옛날의 바리새인에게 죄가 무엇이냐고 묻는다면 그는 이렇게 말했습니다. "아, 죄는 손을 씻지 않고 먹는 것이고, 먼저 날 파리를 건져내지 않고 포도주를 마시는 것이다. 그런 곤충들은 부정하기 때문이다. 당신이 그런 곤충들 가운데 하나라도 삼킨다면 그로 인해 당신은 더러워질 것이다." 바리새인의 회개는 이방인과 접촉하였거나 세리의 집을 방문한 것에 관한 것이었습니다. 오늘날도 많은 사람들이 약간의 변화가 있기는 하지만 같은 개념을 갖고 있습니다.

나는 한 스페인 산적에 관한 기사를 읽은 적이 있습니다. 그 산적은 고해 신부 앞에서 고백할 때, 특별히 흉악한 한 가지 죄가 자기 마음에 아주 무겁게 걸려 있다고 하소연했다는 것입니다. 그가 어느 금요일에 한 사람을 칼로 찔렀는데, 그 사람의 상처에서 흐르는 피가 한두 방울 그의 입술에 떨어졌고, 그로 인해 금식일에 동물성 식품을 맛봄으로써 거룩한 교회의 교훈을 어겼다는 것입니다. 살인 사건 자체는 그의 양심에 아무런 가책도 일으키지 않은 것처럼 보였습니다. 털끝만큼도 가책을 느끼지 못한 것입니다. 그래서 그는 다음 날도 똑같이 살인을 저질렀을 수 있었겠지만, 어머니 교회의 교회법을 우연히 어긴 것에 대해서는 끔찍한 두려움을 느꼈던 것입니다.

또 나는 바로 어젯밤에 신문에서 엄격한 고위 성직자 한 사람이 플리머스 형제단(Plymouth Brethren: 1820년대 아일랜드 더블린에서 기독교 근본주의 성격의 복음주의 운동으로 태어난 개신교 교파 ─역주)의 작은 집회를 방문한 이야기를 읽었습니다. 나는 그 필자가 자신이 그런 집회에 참석했다는 것에 대해서 분명히 양심적으로 느끼는 죄책감을 보고 재미있다는 생각이 들었습니다. 그는 이렇게 말합니다. 첫째로, 자신이 그 교회에서 통상적인 긴 예배에 끝까지 앉아 있은 것은 그리 잘한 일이 아니라고 하였습니다. 그리고 둘째로, 자신이 아침에 성찬에 참여하였으므로, 호기심에 빠져 그 집회에 참석한 것에 대해 이번 한 번은 용서받을 수 있을 것으로 생각한다고 말하였습니다. 그렇게 말은 했지만 그의 마음은 자신의 악한 죄로 큰 부담을 느끼고 있는 것이 분명하였습니다. 잉글랜드에는 자신들이 미신에 사로잡혀 쳐 놓은 울타리 안에서 만나지 않는 한 지극히 거룩한 하나님의 종들과 함께 하나님을 예배하는 것은 아주 큰 죄와 비행 가운데 하나로 여길 사람들이 있습니다. 사실 많은 사람들이 죄에 대해서 갖고 있는 개념들은 기이합니다.

그러나 그런 것은 죄에 대한 하나님의 견해가 아닙니다. 성직자들이 그냥 정죄하는 것들의 절반은 전혀 죄가 아닙니다. 사람들의 계명을 어기는 것은 고결한 일이 될 수 있습니다. 사람이 만든 교회의 관습에 반대하는 것이 빛을 받았다는 증거가 될 수 있습니다. 오만한 성직자단에 경의를 표하지 않는 것이 반드시 행해야 하는 본분일 수가 있습니다. 인간의 권리를 주장하는 사람은 모두 관습의 사슬, 사회 풍조의 족쇄, 성직 제도의 속박을 경멸해야 합니다. 이런 것들을 산산이 부수는 것은 죄가 아닙니다. 죄는 하나님의 뜻에 순종하는 일에 부족한 것입니다. 하나님의 명령에 불순종하는 것입니다. 죄는 피조물과 창조주 사이에 존재하는 관계의 의무들을 소홀히 하는 것입니다. 바로 이것이 죄의 핵심 내용입니다. 다른 사람들에게 불의를 행하는 것은 진실로 죄입니다. 그러나 죄의 핵심은 그것이 하나님께 대하여 짓는 죄라는 사실에 있습니다. 하나님은 내가 침해한 그 관계를 조성하신 분입니다.

자기가 죄를 버렸다고 말하는 사람들과 이야기해 보면 그들이 죄에 대한 명확히 규정된 정의를 거의 제시하지 못하는 것이 놀랍습니다. 나는 그들이 마음으로는 죄를 이해한다고 믿습니다. 그들의 이해는 바람직한 수준에 미치지 못합니다. 그들에게 "어떤 죄가 여러분을 가장 괴롭혔습니까?" 혹은 "죄를 지었을 때 어떤 점이 가장 괴로웠습니까?"라는 질문을 해 보십시오. 그들의 대답을 들으면 놀랄 것입니다. 그들은 죄가 하나님께 대하여 짓는 불법이기 때문에 자기들에게 불쾌한 것이라는 대답을 거의 하지 못할 것입니다. 그보다는 우연히 어떤 죄를 만나면 그것을 아주 무거운 죄라고 가리킬 것입니다. 아주 진실한 한 청년이 내게 한 말입니다. 그는 지금까지 양심에 찔리는 일이 아무것도 없었는데, 최근에 창고에서 일하다가 기름통을 엎어버렸는데 어리석게도 주인이 무서워서 자기가 그렇게 한 것을 부인했다는 것입니다. 그는 자신이 거짓말을 했다는 것을 느꼈고, 수치심에 몸둘 바를 모르다가 자신이 철저히 타락한 것을 알았고 자신의 마음을 살피고 자기 본성의 타락을 발견하게 되었다는 것입니다. 그전까지만 해도 그는 자신이 그동안 하나님 없이 사는 잘못을 범했다거나 혹은 자신이 마땅히 진심 어린 봉사를 드려야 하는 자기의 창조주께 은혜를 모르고 무시하는 비천한 행동을 하고 있었다는 것을 전혀 생각지 못한 것입니다. 지금까지 살아오면서 그는 죄란 단지 죽을 수밖에 없는 다른 사람들에 대한 것이라고만 생각한 것입니다. 이제 그는 하나님께 반역하는 것이 얼마나 악한 일인지 압니다.

지난주에 존경하는 동료 목사가 내게 이런 말을 하였습니다. 그가 자신이 회심하였다고 말하는 어떤 사람과 이야기하다가 어떤 죄가 그의 마음에 여전히 짐으로 남아있느냐고 물었다고 합니다. 그러자 그 사람이 이렇게 말했다는 것입니다. "글쎄요, 저는 소들을 돌봐야 하는 사람인데, 종종 소들을 아주 심하게 때렸습니다." "그러면 지금은 어떻게 합니까?" "아, 지금은 소들을 때리지 않고 달랩니다." 구체적인 자기 직업에서 동물들에 대한 잔인한 행위가 특별히 그의 양심을 찔렀던 것이 분명합니다. 그렇지만 그 목사님은 그에게 이렇게 말했어야 합니다. "그렇습니다. 그것은 아주 잘못된 행동이지요. 그러나 형제의 잘못에서 큰 죄는 그 소들이 하나님의 피조물이고, 하나님은 우리가 그의 피조물들을 무자비하게 대하면 노여워하신다는 것입니다."

우리에게 마음과 뜻과 힘을 다하여 섬기라고 요구하실 권리가 있는 선하신 하나님께 불순종함으로 그를 노여우시게 하는 우리의 모든 행동에 죄책이 있는 것입니다. 우리가 다른 사람들을 속여서 무엇을 빼앗는다면 우리의 양심은 즉각 우리가 잘못되었다고 말합니다. 그런데 우리가 하나님의 것을 도둑질하는데도 양심이 우리를 책망하는 일이 얼마나 희미합니까! 우리가 부모님에게나 친구에게 감사할 줄 모르면 자신이 크게 잘못했다는 것을 틀림없이 느낍니다. 그런데 우리는 자신이 하나님께 감사할 줄 모른다고 고백하면서도, 잘못했다는 의식이 들었으면 마땅히 생겨나야 하는 만큼 수치심을 깊이 느끼지 못합니다. 국가에 충성하지 않고 국가의 법을 어긴다면, 우리는 틀림없이 그것이 큰 죄라고 느낄 것입니다. 그런데 우리 가운데 어떤 분들은 만왕의 왕께 여전히 충성을 보이지 않고 이제까지 규정된 것 가운데 최고의 법들에 여전히 불순종하면서도 자신의 영적 반역에 대해 소스라치게 놀라지 않습니다! 다윗은 "내가 주께만 범죄하여 주의 목전에 악을 행하였나이다"(시 51:4) 하고 말했을 때, 문제의 핵심을 지적한 것입니다. 죄는 하나님의 뜻에 순종하는 일에 부족한 것입니다. 즉 하나님의 법을 생각으로나 마음으로 혹은 말로 혹은 행동으로 어기는 것입니다. 앞에서 한 말을 다시 하자면, 죄는 피조물과 창조주 사이에 지켜져야 하는 관계를 잊고 태만히 하는 것입니다.

우리를 지으신 분이 우리의 섬김을 받으시는 것은 마땅한 일입니다. 우리가 하나님께 지음을 받고서도 그의 뜻에 순종하지 않는 것은 용납할 수 없는 큰 잘못입니다. 우리를 그처럼 선하게 대하시는 분이 우리의 사랑을 받으시는 것은 옳은 일입니다. 우리가 하나님의 선하심에 의존하여 살면서 하나님께 마음의 애정을 돌려드리지 않는 것은 죄입니다. 날마다 하나님의 시혜로 살아가는 우리가 하나님께 끊임없이 감사를 드리는 것은 옳은 일입니다. 그러나 그처럼 하나님께 부양을 받으면서도 우리가 하나님께 감사하지 않는다면, 바로 거기에 죄의 핵심이 있는 것입니다.

소위 기독교 국가라고 하는 이 땅에서 수많은 사람들이 하나님을 완전히 무시하면서 살아간다는 사실을 기억하시기 바랍니다. 하나님이 없다면 그 사실이 대부분의 사람들에게 아무런 영향을 끼치지 않을 것입니다. 그들은 정말로 하나님이 없는 것처럼 살아갑니다. "그의 모든 사상에 하나님이 없다 하나이다"(시 10:4). 그들은 어떤 행동을 하기 전에 잠시 멈추어서 "하나님께서 이 일에 대해 노여워하실까?" 하고 묻는 법이 없습니다. 그들은 미덕을 행하면 하나님께서 그것을 인정하실 것이라는 생각에 마음이 움직여 행하는 법이 없습니다. 그들의 식탁이 하나님의 섭리의 하사품들로 잔뜩 차려질지라도 그들에게는 하나님이 없습니다. 병자의 방에서 하나님의 징계의 공포를 느끼게 될지라도 하나님은 없습니다. 그들이 자연의 들판을 다니며 사방에서 신성의 증거들을 볼지라도 그들에게는 하나님이 없습니다. 자기 인생의 모든 사건에서 하나님을 볼 수 있는데도 그들에게는 하나님이 없습니다. 이 점에서 그들은 짐승처럼 삽니다. 참으로 슬픈 일입니다! 이들 가운데 많은 사람들이 똑같이 죽습니다. 하나님도 없고 소망도 없이 흙을 파고 살다가 흙에 묻힙니다. 이들 가운데 이따금 하나님에 대한 생각이 일어나는 사람들이 많이 있지만 흔히는 하나님을 잊어버리고 맙니다. 그들이 하나님의 존재, 그리고 하나님과 자신들의 관계에 대해 한 번도 생각하지 않고 지낼 수는 없습니다. 하지만 그런 생각은 아주 불쾌하고 그들 본성의 경향에 전혀 맞지 않으므로 그들은 할 수 있는 대로 그 생각을 흔들어 떨어버리고 천박하고 낭비적인 쾌락에 뛰어들거나, 아니면 사업상의 근심과 염려라는 폭풍우 치는 바다나 그 무엇에든지 뛰어들어 원하지 않는 자기 창조주에 대한 기억을 깨끗이 지워버릴 수 있게 하려고 합니다. 그들이 아주 간절한 설교를 듣는다면 자신의 창조주를 기억하겠다고 결심합니다. 그러나 그들이 전에도 결심한 적이 있었기 때문에 전에처럼 이번에도 그 결심을 쉽게 잊을 수 있다는 것을 압니다.

때로는 영원자로부터 날아온 화살이 그들의 허리에 꽂힙니다. 아, 그 화살을 뽑기 위해 얼마나 교묘한 솜씨와 기술이 발휘되는지요! 그들은 할 수 있으면 어떻게 해서든지 양심의 가책에서 벗어나고, 계속해서 경솔하고 속 편하게 자기 하나님을 잊어버리고, 하나님의 법도, 하나님의 공의도, 장차 모든 피조물을 그 앞에 불러 모을 하나님의 보좌도 잊어버리려고 합니다. 그렇습니다. 사람들이 하나님을 생각하지 않을 수 없는 때가 있지만, 그럼에도 불구하고 계속해서 죄를 짓습니다. 하나님을 생각하면서도 하나님의 명령을 어기고, 하나님의 존재를 인정하면서도 하나님의 사랑을 멸시합니다.

아, 여러분, 이것은 기이한 일입니다. 하나님께서 종일 우리를 둘러싸고 계시고, 말씀 한 마디면 나방을 발로 밟아 뭉개듯이 우리를 으깨실 수 있으며, 하나님의 뜻이면 우리를 지옥의 가장 밑바닥에 떨어트릴 수 있는데도 우리가 바로 그 하나님 앞에서 하나님의 뜻에 반하는 일을 감히 말하고 생각하며 행하는 것입니다. 이 사실에서 죄가 얼마나 무서운 괴물이고, 악마적인 불가사의인가 하는 것이 드러납니다. 죄의 오만과 뻔뻔스러움을 무슨 말로 다 고발할 수 있겠습니까? 여호와를 대놓고 무시하며, 큰 소리로 호통을 치시는 하나님께 감히 도전하는 악을 누가 다 충분히 정죄할 수 있겠습니까? 바로 이것이 죄를 더욱 죄 되게 하는 것입니다. 이것은 하나님의 피조물들에게 범하는 죄, 곧 간접적인 일이 아닙니다. 이것은 바로 지존하신 하나님께 대한 큰 반역이며, 하나님께 정면으로 도전하는 행위이고, 사람으로서 할 수 있는 한, 하나님의 심장을 찌르는 일인 것입니다.

이 점을 생각하면서 나는 여기서 잠시 멈추고 신자 여러분에게 죄 때문에 크게 겸손하라고 말씀드립니다. 나는 마음을 다해 하나님을 사랑하지 않았습니다. 나는 전적으로 하나님을 신뢰하지 않았습니다. 하나님의 이름에 마땅히 돌려야 하는 영광을 돌리지 않았습니다. 나는 피조물로서 마땅히 해야 하는 대로 행하지 않았고, 더더군다나 새로운 피조물로서는 더욱더 하지 못했습니다. 지극히 귀한 자비를 받았으면서도 나는 거기에 대해 거의 보답을 하지 못했습니다. 나는 깊이 뉘우치며 이 사실을 고백하고 구속자의 이름을 찬미하겠습니다. 구속자께서는 이것까지도 다 없애버리셨으므로 이후로 영원히 두 번 다시 내게 이 사실을 언급하지 않을 것입니다.

회심하지 않은 사람들에게 이 진리에 비추어서 자신들의 상태를 생각해 보라고 권합니다. 부정직, 거짓말, 하나님의 이름을 들어 욕하기, 술 취함만이 죄라면 여러분 가운데 많은 사람들은 자신이 죄 있다고 생각하지 않을 것입니다. 그런 점에 대해서는 아무 문제가 없을 수 있습니다. 그러나 하나님을 무시하고 하나님께 사랑을 보이지 않는 것이 여러분에게 지옥의 형벌을 가져오는 죄라면, 여러분은 어떻게 되겠습니까? 여러분도 바리새인처럼 "하나님이여 나는 다른 사람들과 같지 아니함을 감사하나이다"(눅 18:11) 하고 말한다면, 여러분이 어떻게 되겠습니까? 이 사실을 볼 때, 여러분의 외적 행동이 매우 훌륭하고 여러분을 아는 사람들은 모두 다 여러분이 언행이 일치한다고 칭찬할 수 있지만 여러분의 마음은 악하고 더러울 수 있고 여러분 자신은 정죄 받을 수 있다는 것이 나타납니다. 이 진리를 가지고 자신을 들여다보십시오. 이것이 진리라는 것을 알고 이 진리에 의해 여러분 자신을 보게 될 때는 이 점을 기억하십시오.

"임마누엘의 혈관에서 흘러나온
피로 가득한 샘이 있네."

이 점을 기억하고 그 샘으로 달려가며, 마음으로 쉬지 말고 이렇게 기도하십시오. "주여, 내 죄악을 용서하소서. 내 죄악이 크오니, 예수님으로 인하여 이 죄를 지워 없애주소서."

2. 두 번째 질문은, 본문에서 말하는 죄의 확고함이 어떻게 입증되느냐는 것입니다.

선지자는 사람의 죄가 마치 화강암에 철필로 새긴 비문처럼 사람에게 확고하게 박혀 있다고 말합니다. 이 확고함이 어떻게 증명됩니까? 본문에서 두 가지 방식으로 증명됩니다. 즉, 첫째로 죄가 사람들의 마음판에 새겨졌다는 것이고, 둘째로는 그들의 제단 뿔에 새겨졌다는 것입니다. 죄가 바로 사람의 마음에 있다는 것을 생각할 때, 악이 참으로 사람 속에 깊이 뿌리박고 있다는 점을 그 사실이 분명하게 증명합니다. 사람은 죄를 사랑합니다. 죄는 사람에게 우발적으로 발생하는 사고가 아니고, 사람이 피할 수 없어서 빠지는 개천이 아닙니다. 죄는 사람이 의도적으로 선택하는 것입니다. 사람은 악을 선택하고 선을 거부합니다. 사람이 잠시 어떤 습관에 빠질지라도 그 습관이 그에게 아무런 만족을 주지 못하면, 여러분은 아주 쉽게 그가 그 습관에서 벗어나게 할 수 있습니다. 그러나 사람이 자신의 습관이 자기 본성에 잘 맞고 심지어 아주 소중하게 여겨지기까지 한다면, 여러분은 그를 그 습관에서 돌이키게 할 수 없으리라는 것을 압니다. 구스인이 그의 피부를 변하게 할 수 없고, 표범이 그의 반점을 변하게 할 수 없습니다. 죄가 사람의 성정과 깊게 얽혀 있으면, 죄를 뿌리뽑을 수가 없습니다. 나병이 사람의 심장까지 먹어들어가면 누가 그 나병을 쫓아낼 수 있겠습니까? 그렇게 되면, 인간의 능력을 고려하는 한, 그것은 절망적인 경우가 됩니다. 죄가 사람의 성정을 지배하고 영향력을 행사하므로, 죄가 실로 뿌리 깊이 스며든 것입니다.

아직 회심하지 않은 여러분, 하나님을 무시하는 죄가 여러분 마음속에 있다는 것을 여러분은 압니다. 여러분은 하나님에 대해 생각하기를 싫어합니다. 하나님께 순종하는 것은 여러분의 바라는 바가 아닙니다. 여러분의 즐거움은 전혀 다른 방향에 있습니다. 여러분이 밤에 성경을 들고 읽기 시작하면 성경이 아주 재미없는 책이라는 것을 아주 잘 압니다. 여러분은 성경에서 흥미를 얻지 못합니다. 그리고 예배당에 가 보아도 즐거움을 얻지 못합니다. 하나님을 찬양하고 싶은 마음이 별로 들지 않습니다. 여러분은 마치 예배당에 몰래 들어갔다가 찬송가들이 바싹 마른 것을 보고 다시 나와 버린 쥐와 같습니다. 쥐에게는 식품 창고가 더 어울리는 곳이었습니다. 여러분이 그와 같습니다. 여러분의 취향에는 주로 음악당, 댄스홀, 극장이 맞습니다. 거기에서는 하나님의 일들로 고민할 일이 없을 것이기 때문입니다. 하나님, 거룩함, 천국, 지옥, 영원, 속죄, 이런 것들이 여러분에게는 케케묵은 어두운 이야기들입니다. 여러분은 그동안 이 단어들을 수도 없이 들었습니다. 이 단어들이 여러분의 귀에 음악 소리로 울리지 않았고, 장송 행진곡의 둔탁한 북소리처럼 울렸습니다! 본성적인 마음이 하나님을 찾기를 바라는 것보다는 차라리 개울물이 언덕을 거슬러 흘러 올라가는 것을 기대하는 것이 낫습니다. 이 자리에서 어떤 죄들에 대해 이야기하는 것이 옳다면, 낯을 붉히며 얼굴을 가리고 "제발 그런 죄에 빠지지 않기를 바랍니다" 하고 이야기하면서도 그 악을 이야기할 때 귀를 막지 않고 분명한 관심을 갖고 거기에 귀를 기울일 수 있는 사람들이 많습니다. 우리가 경찰 보고서와 이혼에 대한 보고서를 읽을 때, 우리 불신앙의 악한 마음이 악으로 치닫도록 굳어지지 않았다면, 깊은 고통을 느끼고 몸을 떨 것입니다. 부끄러운 죄로 마구 양념을 친 이 시대의 대중 문학을 사람들이 쉽게 받아들이고 그래서 그 책들이 거듭 인쇄된다는 것은 누구나 아는 사실입니다. 매우 점잖고 도덕적인 여러분, 여러분은 독서에 맛을 내주는 추문이나 외설적인 이야기가 조금 섞이는 것을 좋아합니다. 그렇습니다. 사람들의 마음속에는 죄에 대한 사랑이 있고, 하나님의 뜻에 어긋나는 모든 것에 대한 사랑이 있습니다. 크신 하나님, 모든 영들의 아버지를 잊어버리고, 그 하나님에 대한 생각을 싫어하며, 심지어 미워하기까지 하는 심정이 있습니다.

　여러분이 하나님을 사랑한다면, 어떤 분들이 그러듯이 기도 없이 생활하지는 않을 것입니다! 여러분이 하나님을 사랑한다면, 어떤 분들이 그러듯이 기도의 형식을 그대로 따라하지 않을 것입니다. 기도서 없이 하늘 아버지께 말씀드릴 것입니다. 우리 아이는 무엇이든지 필요할 때 나한테 와서 직접 말을 하는 대신에 어떤 책을 읽는 일은 결코 없습니다. 필요한 것이 있으면 자기 형제에게서 교육을 받지 않고 즉시 와서 자기 입으로 내게 필요한 것을 달라고 합니다. 여러분이 하나님을 사랑한다면 매일을 살면서 하나님께 말씀드리는 일이 없이, 하나님의 영광스런 행사를 묵상하는 일이 없이, 하나님과의 교제가 없이 지내지 않을 것입니다. 그런데 여러분이 그처럼 훌륭한 분, 그처럼 온유하게 여러분의 사랑을 구하는 하나님을 사랑하지 않는다면, 하나님께 대한 사랑의 부족이 여러분 마음 깊은 곳에 새겨져 있고 바로 여러분 본성에 깊이 배어 있다는 것을 누가 부인할 수 있겠습니까?

　예레미야 선지자가 인간 죄의 확고함에 대해 제시하는 두 번째 증거는 죄가 그들의 제단 뿔에 새겨졌다는 것입니다. 사람들이 나쁠 때는, 아무리 좋은 상태에서도 아주 나쁜 사람들임에 틀림없습니다. 유다의 백성들이 그러하였습니다. 그들은 바로 종교 생활에서 죄를 지었습니다. 이들은 우상을 세우고 여호와를 떠남으로 죄를 지었습니다. 우리는 전혀 다른 방식으로 죄를 짓습니다. 여러분이 회심하지 않은 사람을 종교인으로 만들 때, 그렇게 하는 것은 아주 쉬운 일인데, 그럴 때 그 사람이 어떤 종교 형태를 취합니까? 흔히 그는 자신의 취향에 잘 맞고, 듣기에 좋거나 보기에 좋은 형태를 택합니다. 그렇습니다. 물론 그 사람은 스테인드글라스, 찬양하는 기계, 우아한 복식(服飾), 세련된 음악에 의해서 조장되고 도움을 받는 종교를 반대하지 않습니다. 사람들의 육신적인 욕구는 이런 것들을 좋아하고, 그런 것들을 종교라고 부를 수 있다는 것을 아는 것이 인간 본성을 만족시킵니다. 그러나 사실 세련된 음악보다 불협화음 속에 참된 종교가 있고, 대성당보다는 오두막집에 참된 예배가 있습니다. 사람들은 예복(禮服)과 스테인드글라스, 조각들을 만드는 장인의 점포에서 그런 것을 볼 때, 그런 것들을 세워 둔 곳에서 볼 때와 같은 종교심을 가지고 볼 수가 있을 것입니다. 그런가 하면 어떤 사람들은 웅변적인 설교를 들으면 자기들이 예배하고 있다고 생각합니다. 말을 잘하는 사람이 그들에게는 멋진 악기로 기분 좋은 소리를 내는 사람과 같습니다. 그들의 종교는 기껏해야 웅변술에 감탄하는 것입니다. 그러나 그런 웅변술에는 참된 종교가 없습니다. 참된 종교를 갖는 일에 의회의 웅변적인 연사의 말을 듣는데 아무 이점이 없듯이 웅변적인 목사의 말을 듣는 것에도 아무 이점이 없습니다. 여러분의 마음이 움직이면, 바로 그것이 하나님을 예배하는 것입니다. 여러분의 마음이 하나님께 가까이 가면, 바로 그것이 하나님을 예배하는 것입니다. 그러나 여러분이 관심을 갖는 것이 단지 말의 울림이나 종지부에서 말소리를 내리는 것 혹은 목소리의 억양에 관한 것이라면, 여러분은 하나님을 예배하는 것이 아닙니다. 제단 뿔에 여러분의 죄를 새기는 것입니다. 여러분은 참된 신앙과 사랑의 자리에 자신의 감각적 기능을 만족시키는 즐거움을 가져다 놓고 스스로에게 이렇게 말하는 것입니다. "하나님을 기쁘시게 했어." 하지만 여러분은 자신을 기쁘게 했을 뿐입니다.

사람들이 신앙을 진지하게 생각하면서 다소 자신의 내부를 들여다본다면, 그들은 자신의 의를 의지함으로써 하나님의 제단을 더럽히는 것입니다. 하나님의 손에서 구원을 받을 만한 공덕(功德)을 세우게 하는 어떤 일을 하려고 하는 것만큼 인간 본성을 기쁘게 하는 것은 없습니다. 하나님께서는 큰 소리로 "율법의 행위로 의롭다 하심을 얻을 육체가 없느니라"(롬 3:20)고 말씀하십니다. 그럼에도 불구하고 수많은 사람들은 "율법의 행위로 의롭다 함을 얻겠다"고 말합니다. 이와 같이 사람들은 하나님께 와서 예배드리는 체하면서 하나님이 싫어하시는 것을 내놓으며, 하나님의 엄숙한 모든 선언을 들으면서 하나님께 그것이 거짓말이라고 비난합니다. 하나님께서 율법의 행위로 의롭다 하심을 얻을 육체가 없다고 말씀하시는데 사람이 "하지만 나는 율법의 행위로 의롭다 함을 얻겠다"고 말한다면, 그는 하나님을 거짓말쟁이로 만드는 것입니다. 그가 그 점을 알든지 모르든지 간에 그의 죄는 그 사실을 담고 있는 것입니다. 사람은 누에와 아주 흡사합니다. 본성적으로 실을 뽑고 짜는 일을 합니다. 자신을 위하여 의의 옷을 짜려고 하지만 짤 수 없을 것입니다. 사람은 자신을 위하여 실을 내리고 합니다. 누에처럼 실을 내고, 내고, 내지만 자신을 위하여 수의(壽衣)를 지을 뿐입니다. 죄인이 만들 수 있는 모든 의는 자신의 영혼, 곧 망한 영혼을 감싸는 수의밖에 되지 않을 것입니다. 하나님께서 율법의 행위를 의지하는 자는 내치실 것이기 때문입니다.

　사람들은 이 외에도 다른 방식으로 제단 뿔을 더럽힙니다. 부주의함으로 제단 뿔을 더럽히는 사람들이 있습니다. 여기에 오는 분들 가운데 허망한 생각으로 제단 뿔을 더럽히는 사람들이 있습니다. 감사하게도 나는 설교를 잘 듣지 않는 사람들 때문에 불평할 일은 없습니다. 그렇지만 여러분이 기도 시간에 마음이 하나님의 보좌 앞이 아니라 다른 데 가 있는 경우가 아주 많지 않나 하는 생각이 듭니다! 거룩한 노래가 하늘의 왕께 올라가고 있을 때, 여러분의 입술은 움직이고 있지만 마음으로는 하나님을 찬양하고 있지 않을 때가 참으로 많지 않나 걱정입니다! 아, 친구 여러분, 은밀한 일들이 널리 나타난다면 여러분의 제단 뿔이 불경(不敬)과 부주의함으로 더럽혀졌다는 것을 참으로 많이 보게 될 것입니다. 기도와 찬양을 드리는 가운데서도 계속해서 죄를 짓는 그 입술은 참으로 부패한 것임에 틀림없습니다.

　우리의 제단 뿔은 위선으로 더러워졌습니다. 데마와 유다처럼 부름을 받지도 않고서 억지로 밀고 들어와 주님의 식탁에 앉고 주님의 이름으로 세례를 받지만, 그럼에도 불구하고 허울뿐이고 부패하여서 속이기도 하고 속기도 하는 사람들이 우리 교회에 들어올 것입니다. 여러분이 두 펜싱 선수가 기술을 연습하면서 마치 서로의 목숨을 노리는 것처럼 행동하는 것을 보았는지 모르겠습니다. 그들은 정말로 상대의 목숨을 노리는 것처럼 치고 찌릅니다. 그렇지만 쇼가 끝나면 둘은 앉아서 악수를 하고 사이좋게 지냅니다. 종종 여러분의 기도와 신앙 고백도 그와 같습니다. 여러분은 자신의 죄를 인정하고 그 죄를 미워한다고 고백하며 죄와 싸우겠다고 결심합니다. 그러나 그것은 순전히 외적인 쇼입니다. 그것은 울타리를 치는 것이지 실제로 싸우는 것이 아닙니다. 그래서 울타리 치는 일이 끝나면, 영혼은 자신의 오랜 원수와 악수를 하고, 이전의 죄의 길로 돌아갑니다. 아, 이 더러운 위선이 말 그대로 제단 뿔을 더럽히고 있는 것입니다! 더 이상 길게 이야기하지 않겠습니다. 사람들이 그와 같이 행한다는 사실은 분명합니다. 따라서 만일 사람들이 마음으로 죄를 사랑한다면, 종교 생활 속에서도 여전히 계속해서 죄를 짓는다면, 죄가 마치 금강석 끝으로 새기듯이 그들 마음속에 깊이 새겨진 것이 틀림없다고 필연적으로 추론할 수 있습니다.

3. 세 번째 질문은, 간단히 말해서 이 원인이 무엇이냐는 것입니다.

어떻게 해서 죄가 인류 속에 그처럼 확고한 기반을 갖게 되었습니까? 어떻게 해서 그 악한 자가 인간 영혼의 성에 돌진하여서 마음이라는 난공불락의 요새에 참호를 구축하고 거기에 검은 깃발이 나부끼게 할 수 있었습니까? 그 답변은, 첫째로, 우리가 타락을 잊어서는 안 된다는 것입니다. 어떤 신학자들은 타락을 무시합니다. 그럴지라도 타락은 여전히 인간 역사에서 가장 슬프고, 두 번째로 가장 큰 사건입니다. 우리는 타락했습니다. 오늘날 우리 가운데 아무도 하나님께서 만드신 그대로 존재하지 않습니다. "하나님은 사람을 정직하게 지으셨으나 사람이 많은 꾀들을 낸 것이니라"(전 7:29). 우리의 첫 조상은 온전한 사람이었습니다. 그러나 그가 생명의 샘을 오염시켰습니다. 그래서 다윗이 말한 대로, "우리는 죄악 중에 출생하였고" 어머니가 죄 중에서 우리를 잉태하였습니다(시 51:5). 인간의 판단력은 균형을 잃었고, 거짓 저울과 거짓 추를 사용합니다. 그래서 "흑암으로 광명을 삼으며 광명으로 흑암을 삼습니다"(사 5:20). 인간의 의지는 마땅히 하나님의 뜻에 온순해야 하는데, 그렇지 않습니다. 우리의 목은 본래 철 힘줄처럼 뻣뻣해서 여호와의 금 규(圭)에도 고개를 숙이려고 하지 않습니다. 우리의 성정도 바른 성향을 떠나 뒤틀렸습니다. 우리는 마땅히 예수님을 찾고 하나님께 우리 덩굴손을 뻗었어야 하는데, 그러기보다는 올바르지 않은 것에 매달리고 참되지 않은 것을 감아 올라갑니다. "온 머리는 병들었고 온 마음은 피곤하였느니라"(사 1:5). 인간 본성은 완전히 폐허가 된 장엄한 성전과 같습니다. 끊임없이 기쁨의 찬양 소리가 올라가고 신성한 기쁨의 환호성이 들려야 하는 곳에서 용이 울부짖고 올빼미가 우는 소리가 들립니다. 비록 장엄한 모습이 남아 있지만, 완전히 폐허가 된 상태입니다. 이것이 우리 속에 있는 죄의 깊이와 확고함을 설명해 줍니다. 이것은 태생적인 문제입니다. 원죄를 부인하고 교묘하게 설명해서 치워버릴지라도, 원죄는 중대한 진리로 남습니다. 인간 역사에는 원죄에 대한 신앙이 없이는 설명할 수 없는 문제들이 있습니다. 정말로 사람은 누구나 본래 심각한 문제 덩어리여서, 여러분이 사람의 원초적 타락을 부인하면 사람의 생명을 이해하는 열쇠를 잃는 것입니다. 그러나 여러분이 원죄의 교리를 믿는다면 사람이 무엇인지 알 수 있고, 그러면 사람이 더 낫고 더 거룩해질 수 있는 방법을 찾는데 바른 길에 들어서게 되는 것입니다.

그러나 우리의 본성적 타락 외에도, 둘째로 죄의 습관이라는 문제가 있습니다. 20년, 40년, 50년 혹은 70년 동안 계속해서 죄악을 행한 사람에게 죄가 깊이 새겨져 있는 것은 당연한 일입니다. 양털을 진홍색 염료에 담가 보십시오. 양털이 일주일 동안만 염료 속에 있다면, 염료 색깔이 털의 조직 속까지 깊이 배어들어 그것을 지울 수 없을 것입니다. 그런데 양털을 아주 오랜 세월 동안 염료 속에 담가둔다면 어떻게 여러분이 물든 양털을 하얗게 표백시킬 수 있겠습니까? 사람은 지금까지 계속해서 죄를 지어왔습니다. 그래서 선지자가 이렇게 말하는 것입니다. "구스인이 그의 피부를, 표범이 그의 반점을 변하게 할 수 있느냐 할 수 있을진대 악에 익숙한 너희도 선을 행할 수 있으리라"(렘 13:23). 습관은 제2의 천성입니다. 본래 본성은 나쁩니다. 그런데 습관이 두 번째 해악의 원인으로 들어오면, 우리에게 배나 더 악을 행하려는 성향이 생기게 됩니다.

이 외에도, 여러분은 죄가 아주 끈질기게 사람에게 붙어서 사람을 더럽히는 것임을 기억해야 합니다. 사람이 한 번 죄를 지으면 다음에는 그런 식으로 죄를 짓는 것이 훨씬 쉽다는 것을, 아니 다음에는 그 죄를 훨씬 더 짓고 싶어 한다는 것을 모르는 사람이 누가 있겠습니까? 우리 모두가 정죄하는 육신의 어떤 죄들에서는 이 점이 뚜렷이 나타납니다. 누구든지 일단 마음이 꺾이고 나면, 함께 어울렸던 외설적인 사람들에게서 벗어나는 것은 무시무시한 싸움이 됩니다. 그 무리에서 벗어나려고 할지라도 이미 다수가 완전히 패배한 싸움을 싸우는 것입니다. 내가 이 한 가지 죄를 언급하는 것은 그 죄가 우리에게 미치는 영향력이 아주 분명하기 때문입니다. 그러나 그것은 다른 모든 죄에서 나타나는 동일한 사실을 보여주는 예에 지나지 않습니다. 여러분이 일단 탐욕에 빠지면 사람들에게 넉넉히 베푸는 것이 참으로 어려운 일임을 알 것입니다. 여러분이 계속해서 사람들을 착취하고 움켜쥐면 관대하게 베푸는 것은 불가능한 일이 될 것입니다. 팔의 근육은 여러분이 한 가지 방식으로만 사용하면 굳어지게 될 것입니다. 그러면 팔을 너무 오랫동안 쳐들고 있어서 나중에는 내릴 수 없게 되었다고 하는 저 유명한 인도의 수도승처럼 여러분은 팔을 움직일 수 없을 것입니다. 사람이 계속해서 죄를 지으면 죄의 습관에 굳어지게 됩니다. 불과 얼마 전에 나는 뉴욕의 한 백만장자에 대한 기사를 읽었습니다. 그는 일찍이 몸이 아주 약했을 때 거지에게 1페니를 주기로 결심하였습니다. 그런 그가 탐욕스럽게 생활하며 나이가 들었고, 자신이 1페니를 주려고 했던 것이 생각나자 이렇게 말했다는 것입니다. "내가 주려고 했던 1페니를 자네에게 주고 싶네. 그런데 자네도 알다시피 그 돈을 주게 되면 나는 그 이자를 영원히 잃어버리게 되네. 그래서 그 돈을 줄 수 없겠네." 습관은 점점 더 사람의 몸에 배어듭니다. 사람이 돈 버는 생활을 해 왔을지라도, 자신이 어떻게 해서든지 돈을 모으려고만 하는 습관에 빠지게 되면 그 습관이 아주 포악한 주인이 되어 자신을 완전히 옭아매리라는 것은 누구나 아는 사실입니다. 이렇게 죄가 우리 본성에 있고, 둘째로는 습관의 형태로 우리에게 달려들며, 셋째로는 죄가 본래 우리에게 끈질기게 붙어서 우리를 지배하는 것이므로, 죄가 금강석 끝으로 새기듯이 우리에게 새겨져 있다고 말하게 되는 것입니다.

나는 **공중의 권세 잡은 자**, 곧 악한 영은 할 수 있는 한 이 모든 것을 더하려 한다고 말할 수 있습니다. 이 악한 자는 타락한 본성의 모든 제안에 맞장구칩니다. 우리가 "하나"라고 말하면 그는 언제든지 "둘"이라고 말할 준비가 되어 있습니다. 우리가 어떤 계획을 행하는데 거짓말이 필요하다면 그는 즉시 우리에게 거짓말을 대줄 것입니다. 이 악한 자는 불이 타오르기 시작하는 것을 보고서, 언제 풀무를 사용해야 할지 잘 압니다. 그는 불이 잘 붙는 물건을 불꽃이 없다고 그냥 놀려두거나, 맨땅을 찔레와 엉겅퀴 씨가 없다고 그냥 놀려두려고 하지 않습니다. 그는 자신의 목적을 이루도록 인간 본성을 다루는 수완이 있습니다. 그래서 죄를 일으킬 수 있을 때는 결코 한가하게 놀고 있지 않습니다. 우리가 못을 박기 시작하면 그는 더 철저히 박고 완전히 고정시켜서 유다의 죄가 철필로 하듯이 기록되고 금강석 끝으로 하듯이 새겨지게 합니다.

사랑하는 형제자매 여러분, 지금까지 나는 아주 두려운 사실을 자세히 말하지 않을 수 없었습니다. 내가 지금까지 말한 것이 사실이라고 확신하지만, 그렇게 말하는 것이 만족스럽지 않습니다. 내가 진리라고 믿는 것은 예수께서 말씀하신 그대로라고 분명히 선언하였습니다. 그래서 이런 말을 해야 한다는 것이 부담스럽습니다. 어떤 사람도 마치 우리가 이 슬픈 교리들을 만들어낸 사람인 것처럼 생각하지 않도록 해야 합니다. 이 교리들이 사실이 아니라면, 인간이 생각해낸 것 가운데 가장 비참한 개념들인 것이 틀림없습니다. 그러나 이 교리들이 사실이라면, 사람들에게 그 사실들을 분명하게 이야기하는 것이야말로 사람이 할 수 있는 가장 정직한 일들 가운데 하나일 것입니다. 그러나 나는 이것으로 끝내지 않고, 기운을 북돋우는 주제를 한 가지 더 다루고 끝을 내도록 하겠습니다.

4. 네 번째 요점은, 이 모든 것의 치료책은 무엇이냐 하는 것입니다.

죄가 이렇게 우리 속에 새겨지고 우리 본성에 염색이 되면, 죄를 없앨 수 있습니까? 그런데 우리는 죄를 반드시 없애야 합니다. 그렇지 않으면 천국에 들어갈 수 없습니다. 무엇이든지 더럽게 하는 것은 진주 문 안으로 결코 들어가지 못할 것이기 때문입니다. 거룩하신 삼위일체 하나님께서 온전히 거룩하게 된 자들의 무리 가운데 계시는 완전한 땅에는 온전한 자들만 들어갈 수 있습니다. 우리는 깨끗이 씻음을 받고 정결하게 되어야 합니다. 그러나 어떻게 그렇게 될 수 있습니까? 초자연적인 과정을 통해서만 그렇게 될 수 있습니다. 여러분 스스로는 그 일을 할 수 없습니다. 악을 행하기에 익숙한 여러분이 선을 행하기를 배우는 것보다는 차라리 무덤 속의 죽은 자들이 스스로 일어나는 일이 더 쉬울 것입니다. 하나님의 은혜로 구원받은 사람들도 자기가 성령님이 없이는 아무것도 할 수 없다고 말하는데, 하물며 죄로 죽은 여러분이야말로 더 말할 나위가 없습니다. 장비를 잘 갖추고 선원도 배치된 배라도 하늘의 바람이 없으면 물 위로 나갈 수 없다면, 하물며 장사꾼 마당에 아무렇게나 널브러져 있는 목재가 스스로 배가 되어 바다를 항해할 수가 있겠습니까! 힘 있는 그리스도인도 하나님의 도우심이 필요하다면, 하물며 여러분이야 더 말할 나위가 없습니다. 여러분은 스스로 망하였고, 여러분 속에는 도움이 없습니다. 여러분의 도움은 하나님에게서 찾아야 합니다.

간단히 말해서, 여러분의 유일한 도움은 하나님의 아들, 곧 사람들을 그들의 본성적 타락과 파멸에서 구원하기 위해 사람이 되신 예수 그리스도에게 있습니다. 그러면 예수 그리스도께서는 깊게 새겨진 이 죄의 경향들을 어떻게 사람의 본성에서 제거하십니까? 말씀드리겠습니다. 예수께서는 첫째로 이런 식으로 그 일을 하십니다. 우리의 마음이 화강석과 같고 죄가 거기에 쓰여 있다면, 그리스도의 즉각적인 방법은 그 마음을 없애버리시는 것입니다. "또 새 영을 너희 속에 두고 새 마음을 너희에게 줄 것이라"(겔 36:26). 하나님께서 사람에게 새 마음을 주겠다고 약속하셨다는 것이 참으로 놀라운 일이라는 생각이 들지 않았습니까? 여러분이 나무를 한 그루 받았는데 가지가 한두 개 없어진 것을 보면 마음에 서운한 생각이 들 수 있습니다. 하지만 가지는 새로 나올 수 있습니다. 그러나 나무의 가지는 새로 자랄 수 있지만 새로운 마음을 얻을 수는 없습니다. 일단 나무가 그 중심이 완전히 썩어버리면 여러분은 가망 없는 것으로 알고 그 나무를 버려야 합니다. 여러분은 썩은 그 나무에 수액을 새로 주입할 수 없습니다. 그런데 여기서 하나님은 우리에게 새 마음을 주겠다고 그 아들을 통하여 약속하십니다. 곧 결코 죄를 짓지 않는 마음, 악으로 향하는 성향이 전혀 없는 순수한 마음, 모든 면에서 새롭게 된 마음, 온전하고 바르고 순결하고 착한, 하나님의 사랑으로 가득한 마음, 즉 하나님의 마음을 그대로 본딴 마음을 주겠다고 약속하십니다.

주 예수 그리스도께서는 이 자리에 참석한 많은 사람들에게 이미 이 기적을 일으키셨습니다. 그들에게 새 마음을 주셨습니다. 비록 옛 마음이 여전히 있어서 싸우고 다투지만 새 마음이 승리를 얻을 것입니다. 이제 우리에게는 새롭게 사랑하는 것이 있고 또 새롭게 미워하는 것도 있습니다. 하나님의 이름이 이제는 언제나 지극히 달콤한 소리를 내는 종이고, 하나님의 율법에 대한 생각은 우리에게 골수와 기름진 것입니다. 하나님의 사랑을 느끼는 것은 벌집에서 떨어지는 꿀처럼 달콤합니다. 지옥에 대한 생각이 엄숙하기는 하지만 이제 그로 인해 놀라지 않습니다. 천국에 대한 생각은 밝고 찬란하며, 광야를 걷는 우리에게 기운을 북돋아 줍니다. 영원을 묵상하고, 하나님을 영원히 얼굴과 얼굴을 대하여 볼 것이라는 사실은 이제 우리에게 매일의 기쁨거리입니다. 지금 우리가 마땅히 되어야 하는 그런 사람이 아니고 또 우리가 바라는 모습도 갖추고 있지는 않지만, 우리의 성향과 경향은 더 나은 것들을 추구하는 데로 기울어져 있습니다. 새 마음은 옛 마음이 향하여 나아가고 있던 방향과 정반대로 키를 돌렸습니다. 우리는 이제 새로운 깃발 아래 항해를 하고 있고, 새로운 왕 밑으로 입대하였으며, 하나님의 은혜로 이기고, 우리 주 예수 그리스도의 기쁨에 참여할 것입니다. 예수께서 우리에게, 죄로 향하는 이 경향이 사라지고, 우리 본성에 깊이 자리 잡은 죄를 이길 마음을 주실 수 있다는 것이 은혜 언약의 한 부분이고 주님의 복음이 가르치는 바입니다.

그 다음에, 죄의 책임이 죄 자체만큼이나 영구한 한, 예수 그리스도께서는 우리의 죄책을 없애실 수 있습니다. 그리스도께서 십자가 위에서 죽으심은 지옥에서 나온 지극히 사악한 죄인이라도 하나님의 천사처럼, 그것도 한순간에 깨끗하게 하실 수 있는 수단입니다. 여러분이 속죄의 교리를 알고 있지만, 다시 한 번 말씀드리겠습니다. 죄는 하나님께서 반드시 처벌하셔야 하는 것입니다. 그리고 우주의 영원한 법은 하나님의 통치를 어기고 짓는 죄는 반드시 처벌받아야 할 것을 요구합니다. 죄의 형벌은 죽음입니다. 그리고 하나님께서는 이 형벌을 경감시킬 뜻을 한 번도 보이신 적이 없습니다. 그 형벌의 공의는 형벌을 영원히 지속시킵니다. 하나님께서는 자신의 독생자를 우리의 속죄 제물로 이 세상에 보내심으로써 자비의 길을 열어주시기를 기뻐하셨습니다. 그리스도께서 사람이 되셨고, 자기 백성들이 마땅히 받았어야 하는 것을 그들을 대신해서 받으셨습니다. 그리스도께서는 구속받은 모든 자들이 마땅히 견뎠어야 하는 것을 하나님의 손에서 견디셨습니다. 자, 바로 지금 하나님께서는 죄를 용서하시기 전에 먼저 그 죄를 처벌하셨습니다. 우리를 대신해서 그리스도께 죄의 형벌을 내리신 것입니다. 하나님은 그리스도께서 대신하여 죽으신 자를 형벌하시지 않습니다. 그리스도께서 대신하여 죽으시지 않는다면, 우리가 자신의 모든 죄악을 담당해야 합니다.

여러분이 예수 그리스도를 믿는다면, 예수 그리스도께서 여러분을 위하여 죽으신 것입니다. 그러면 하나님은 한 범죄에 대하여 두 사람을 죽이실 수 없고, 한 가지 빚에 대해 두 번 갚도록 요구하실 수 없습니다. 그러므로 여러분은 하나님의 형벌을 면한 것입니다. 그리스도께서 죽은 자들 가운데서 부활하셨을 때 자기 백성의 모든 빚을 갚으셨고 그들의 완전한 방면을 얻으신 것입니다. 따라서 이제 그리스도를 믿는 사람은 누구나 하나님의 공의의 법정에서 죄가 없는 것입니다. 그것은 성경에 이같이 기록되어 있기 때문입니다. "누가 정죄하리요 죽으신 이는 그리스도 예수시니"(롬 8:34). "그 아들 예수의 피가 우리를 모든 죄에서 깨끗하게 하실 것이요"(요일 1:7).

그 다음에, 형제 여러분, 예수 그리스도께서 깊게 새겨진 우리 죄의 비문을 지워버리실 수 있고, 우리 죄악의 끔찍한 얼룩들을 없애버리시되, 그리스도께서 우리를 대신하여 받으신 것을 통해서 정당하게 없애버리실 수 있다는 것을 알기 바랍니다. 그 다음에 이 일에는 또한 성령께서 관여하십니다. 새로운 본성을 받고 죄를 용서 받은 후에는, 성령님이 오셔서 우리 안에 거하십니다. 왕이 자기 궁전에 거하듯이, 하나님께서 성전에 거하시듯이 우리 안에 거하십니다. 하나님께서 인간의 마음에 거하시다니, 참으로 놀라운 신비입니다! 하늘과 땅에 가득하시고, 온 세상을 동원해도 담을 수 없는 분이 사람의 마음에 거하시다니, 말입니다! 천사들이라도 그 앞에서는 얼굴을 가리고 절해야 하는 그분이 자기를 믿는 자의 몸 속에 거하시려 한다니, 참으로 황송한 일입니다! 여러분이 지금 예수 그리스도만을 의지하고 있다면, 오늘 아침 성령께서 여러분 속에 계십니다. 거기 계시면서 여러분의 열정을 통제하십니다. 그렇지 않으면 열정이 여러분을 지배할 것입니다. 성령님은 멍에에 길들이지 않은 수소처럼 완고한 여러분의 의지를 다스리십니다. 광야의 들 나귀처럼 제멋대로 구는 여러분의 감정을 지도하십니다. 지금 성령께서는 인간 나라에서 활동하는 하나님의 부관으로서 여러분 영혼 속에 앉아 여러분을 다스리며 막고 인도하여 빛 가운데 있는 성도의 기업을 받기에 합당한 자로 만드십니다.

나는 사람들이 이렇게 말하는 소리를 듣습니다. "그렇다면, 나는 이 거룩한 과정을 경험하고 싶습니다. 중생과 죄 씻음을 뜻하는, 새로운 본성을 받는 과정을 말입니다. 사죄와 의롭다 하심, 그리고 궁극적 견인과 완전한 성화를 보증하는 성령의 내주하심의 그 과정을 겪고 싶습니다. 아, 어떻게 해야 내가 이 귀한 것들을 얻을 수 있습니까?"

여러분이 어떤 사람이든지 간에 그저 예수님을 믿기만 하면 그런 것들을 얻을 수 있습니다. 그 일이 너무 단순해 보입니까? 한번 해보십시오. 그러면 그것이 효험이 있음을 알 것입니다. 병에 가장 잘 듣는 약이 언제나 아주 정교해야 하는 것은 아닙니다. 많은 경우에 지극히 단순한 것이 지극히 효과적일 수 있습니다. 의식(儀式)들, 회개, 눈물, 이런 것들의 뒤를 따라 어슬렁거리는 여러분, 확실히 말씀드리지만 여러분은 이런 것을 아무리 추구해 보아도 단순하게 예수님께 와서 그를 믿음으로써 얻을 수 있는 것을 결코 얻지 못할 것입니다. 여러분은 스스로 무엇인가 행하려고 하는 일을 그치고, 여러분을 대신해서 모든 것을 행하신 분을 의지하십시오. 더 이상 여러분 스스로 실을 자아 옷을 만들려고 하지 말고, 이미 만들어진 옷을 입으십시오. 더 이상 무엇을 행하려고 하지 말고 이미 치러진 속전을 취하십시오. 여러분 스스로 힘을 내어 율법의 행위를 내놓으려고 하지 말고 예수 그리스도께서 이미 성취하신 위대한 사역을 취하십시오.

믿고 사십시오. 바로 이것이 하나님께서 진리의 이마에 선명하게 쓰시는 말씀입니다. 나는 이 말씀을 천국 문 입구에 쓰고 싶습니다. 할 수만 있다면 나는 파도가 칠 때마다 이 말씀을 큰 소리로 말하고 실바람이 불 때마다 속삭이며 바람이 불 때마다 이야기했을 것입니다. 믿고 살라! 그리스도를 믿고 사십시오! 이 약이 그 병에 효험이 있을 것입니다. 이 하늘의 끌이 금강석으로 새긴 비문을 파버릴 것입니다. 그리스도께서 휘두르시는 이 망치가 철필로 여러분의 죄를 새겨둔 화강암을 산산조각 낼 것입니다. 주님을 믿어 여러분을 구원하십시오. 그러면 여러분은 아담이 처음에 그랬듯이 머지않아 하나님의 형상으로 지음을 받을 것입니다. 여러분은 영원한 보좌 앞에서 흰옷을 입은 자들 가운데서 그들처럼 순결한 자로 서고, 또 천사들 가운데 그들처럼 거룩하고 하나님 가까이 있는 자로 서며, "정욕 때문에 세상에서 썩어질 것을 피하고" 심지어 신성한 성품에 참여하는 자(벧후 1:4)가 될 것입니다. 하나님께서 여러분에게 복을 주시기 바랍니다.

제
17
장

—

여호와는 우리의 공의시라

—

"그의 이름은 여호와 우리의 공의라 일컬음을 받으리라."
— 렘 23:6

사람은 타락으로 말미암아 의의 문제에서 무한한 손실을 입었습니다. 사람은 의로운 본성을 잃었고, 그 다음에 하나님께서 보실 때 법적 의를 이중으로 잃었습니다. 사람은 죄를 지었습니다. 그러므로 더 이상 법의 위반에 대해 죄 없지 않았습니다. 사람은 하나님의 명령을 지키지 않았습니다. 그러므로 부작위(不作爲)의 죄에 대해 책임이 있었습니다. 사람이 범한 죄와 행하지 않은 죄로 말미암아 의를 추구하는 사람의 본래 성품이 완전히 결딴나고 말았습니다. 예수 그리스도께서는 자기 백성을 위해 타락의 해악을 없애기 위해 오셨습니다. 그들의 죄에 관한 한, 그리스도께서는 그들이 명령을 위반한 일을 그의 보혈로써 제거하셨습니다. 그리스도께서 자신의 한 제사에 의해 죄의 형벌을 그의 육체로 담당하셨으므로, 주님의 고통과 피 같은 땀이 신자에게서 죄의 결과를 영원히 제거한 것입니다. 예수께서는 나무에서 친히 자기 몸으로 우리 죄를 지셨습니다. 그렇지만 그것으로는 사람이 용서받기에 아직 충분치 않습니다. 물론 그 때 그리스도께서는 하나님 보시기에 죄가 없으십니다. 그러나 사람에게는 그가 실제로 하나님의 명령을 지킬 것이 요구되었습니다. 사람이 그 명령을 어기지 않았거나 그리스도의 피로 말미암아 명령을 어기지 않은 것처럼 간주되는 것으로는 충분치 않았습니다. 사람은 명령을 지켜야 하되, 율법책에 행하도록 기록된 모든 것을 언제나 지켜야 합니다. 이 요구 조건을 어떻게 충족시킬 수 있습니까? 사람은 의가 있어야 합니다. 그렇지 않으면 하나님께서 그를 받아들이실 수 없습니다. 사람은 완전한 순종을 보여야 합니다. 그렇지 않으면 하나님께서 사람에게 상을 주실 수 없습니다. 하나님께서 율법을 온전히 지키지 않은 사람에게 천국을 주셔야 하겠습니까? 그렇다면 그것은 수고를 하지 않았는데 상을 주는 것이며, 하나님 앞에서 하나님의 공의에 이의를 제기하는 행위가 될 것입니다. 그러면 사죄 받은 사람을 완전히 감싸서 하나님이 그가 율법을 지킨 것으로 간주하고 그에 대해 상을 주실 수 있게 하는 의가 어디에 있습니까?

형제 여러분, 확실히 여러분 가운데 이 의를 스스로 성취할 수 있다고 생각할 만큼 멍청해져버린 사람은 없을 것입니다. 여러분은 항상 율법을 온전하게 지킬 수 있다는 생각을 단념하지 않을 수 없습니다. 매일 여러분은 죄를 짓습니다. 여러분이 사망에서 생명으로 옮겨졌지만, 옛 아담은 여전히 여러분 속에서 지배권을 되찾으려고 애씁니다. 육신의 정욕의 세력 때문에 여러분은 지체 속에 있는 죄의 법에 사로잡힙니다. 여러분은 선을 행하려고 하지만 하지 못하고, 악을 행하지 않으려고 하지만 악을 행하는 경우가 너무나 많습니다. 그런데 어떤 사람들은 우리 속에 계신 성령의 활동이 우리를 감싸는 의를 제공할 것이라고 생각하였습니다.

형제 여러분, 나는 무슨 일이 있어도 성령의 활동을 손상시키는 말을 하지 않을 것입니다. 성령의 활동은 신성한 것입니다. 그러나 나는 성령의 활동이 결코 성자의 공로를 탈취하기 위해 의도된 것이 아니라는 사실을 신학상 매우 중요한 요점으로 생각합니다. 우리는 성령 하나님의 직무를 높이기 위해 주 예수 그리스도를 경시할 수 없을 것입니다. 삼위일체 하나님께서 행하기로 정하신 하나님의 구원의 각 부문을 각 위(位)께서 온전히 성취하셨다는 것을 우리는 압니다. 우리가 사랑하시는 자 그리스도 안에서 받아들여졌으므로, 이것은 사랑하시는 자가 행하신 어떤 일로 말미암은 것이 틀림없습니다. 우리가 그리스도 안에서 의롭다 함을 얻었으므로, 이것은 성령께서 행하신 일이 아니라 그리스도께서 행하신 어떤 일로 말미암아 이루어진 것임에 틀림없습니다. 그렇다면 우리가 옷 입어야 하는 의, 우리를 하나님께 받아들여지도록 하는 의, 우리를 영생의 유업을 받기에 합당하게 만드는 의는 바로 예수 그리스도의 사역일 수밖에 없다는 것을 믿어야 합니다. 다른 대안은 없기 때문입니다. 그러므로 우리는 성경이 우리의 입장을 온전히 보증한다는 것을 믿고서 그리스도의 생명이 그의 백성들이 입어야 하는 의를 이룬다고 주장해야 합니다. 그리스도의 죽음이 그 백성들의 죄를 씻어냈고, 그리스도의 생명이 백성들을 머리부터 발끝까지 덮은 것입니다. 그리스도의 죽음은 하나님께 드리는 희생 제사였고, 그리스도의 생명은 사람이 율법의 요구를 만족시킬 수 있게 하는, 사람에게 주신 선물이었습니다. 이렇게 해서 율법이 존중되고 영혼은 하나님께 받아들여진 것입니다. 그리스도의 죽음의 공로로 구원받는 것에 관해서는 아주 똑똑하게 아는 젊은 그리스도인들 가운데 그리스도의 생명의 공로는 알지 못하는 것 같은 사람들이 많습니다.

젊은 신자 여러분, 그리스도께서는 구유에 누우신 그 처음 순간부터 하늘로 올라가신 그 때까지 자기 백성을 위하여 일하셨다는 것을 기억하십시오. 예수께서 마리아의 품에 계셨던 때부터 죽음의 팔에 안기어 "머리를 숙이고 영혼이 떠나가신"(요 19:30) 순간까지 주님은 여러분과 나의 구원을 위하여 일하고 계셨습니다. 그리스도께서는 살면서 순종의 일을 완성하시고 아버지 하나님께 이같이 말씀하셨습니다. "아버지께서 내게 하라고 주신 일을 내가 이루었나이다"(17:4). 그 다음에 그리스도께서는 죽음으로 속죄의 사역을 완성하셨습니다. 그리고 모든 일이 성취된 것을 알고서 "다 이루었다"(19:30) 하고 외치셨습니다. 주님께서는 그의 생명을 통해서는 왕의 의복을 만들기 위한 직물을 짜셨고, 그의 죽음으로는 그 의복을 그의 피에 담그신 것입니다. 그의 생명을 통해서는 귀한 금을 모으셨고, 그의 죽음으로는 우리에게 금으로 지은 옷을 만들어 주시기 위해 그 귀한 금을 두들겨 펴신 것입니다. 여러분은 그리스도께서 죽으신 것에 대해서 감사할 뿐 아니라 그의 사신 것에 대해서도 감사해야 합니다. 그리스도의 두렵고 끔찍한 죽음에 대해서뿐 아니라 그의 흠 없는 삶에 대해서도 경건하고 공손한 마음으로 감사를 드려야 합니다. 본문은 이새의 뿌리에서 난 가지요 다윗의 후손인 그리스도에 대해 말하면서 그를 여호와 우리의 의라고 부릅니다.

지금까지 전가된 의(義)의 교리에 대해서 설명하였으니, 이제는 본문의 주제를 자세히 설명하도록 하겠습니다. 첫째로, 본문은 긍정의 방식으로 말합니다. 즉, 그리스도는 여호와 우리의 의시라는 것입니다. 둘째로, 나는 여러분에게 그리스도께 경의를 표하라고 권하겠습니다. 우리는 그리스도를 여호와 우리의 의시라고 부릅시다. 바로 이것이 그리스도를 부를 때 사용할 이름이기 때문입니다. 셋째로, 여러분에게 감사하라고 권하겠습니다. 우리로 하여금 그 약속을 지키도록 만든 강력한 그 은혜에 감탄합시다. 이는 우리가 그리스도를 여호와 우리의 의시라고 즐거이 부르지 않을 수 없기 때문입니다.

1. 긍정의 방식

첫째로, 그리스도는 그와 같으십니다. 예수 그리스도는 여호와 우리의 의이십니다. 원문에 나오는 대로, "여호와 우리의 의"(개역개정은 "여호와 우리의 공의")시라는 이 세 마디밖에 없습니다. 그는 여호와이십니다. 이 구절을 읽어보십시오. 그러면 유대인들의 메시야, 곧 나사렛 예수, 이방인들의 구주가 여호와이심에 틀림없다는 것을 확실히 알게 될 것입니다. 그리스도는 지존하신 하나님이라는 말로 표현할 수 없는 호칭이 있습니다. "보라 때가 이르리니 내가 다윗에게 한 의로운 가지를 일으킬 것이라 그가 왕이 되어 지혜롭게 다스리며 세상에서 정의와 공의를 행할 것이며 그의 날에 유다는 구원을 받겠고 이스라엘은 평안히 살 것이며 그의 이름은 여호와 우리의 공의라 일컬음을 받으리라."

아리우스주의자들과 소키누스주의자들이여, 여러분을 값으로 사신 그리스도를 부인하고 그의 신성을 부인함으로써 공공연히 주님께 모욕을 준 여러분은 이 구절을 읽고, 하나님을 모독하는 입을 다물고, 여러분이 그리스도께 지극히 어리석은 죄를 범했으니 그 완고한 마음을 버리고 회개하십시오. 그리스도는 여호와이십니다. 그렇지 않으면 하나님의 말씀은 전부가 거짓이고, 죄인의 소망을 위한 근거는 일체 없다는 것에 주의하십시오. 우리는 구유에 어린 아기로 누워계시던 바로 그 그리스도께서 그 순간에도 무한하신 하나님이셨다는 것과, 고통 때문에 어린아이처럼 소리치셨던 그분이 바로 그 순간에도 그의 손으로 지은 피조물들의 노래를 하나님으로 듣고 계셨다는 것을 우리가 알고, 오늘 그의 이름에서 그 사실을 확인합니다. 부싯돌처럼 단단한 팔레스타인의 땅을 고통 가운데 걸으셨던 그는 바로 그 순간에도 하늘과 땅을 소유한 분이셨습니다. 머리 둘 곳이 없고 사람들에게 멸시받고 거절당하신 그분이 바로 그 순간에도 만물을 다스리시는, 영원히 찬송 받으실 하나님이셨습니다. 피 같은 굵은 땀방울을 흘리시던 그분은 어깨에 땅을 지고 계셨습니다. 빌라도의 관정에서 채찍질을 당하신 그는 온전하게 된 의인들에게 영으로 경배를 받으신 분이었습니다. 나무에 달린 그는 온 창조계가 그에게 매달리고 있는 분이었습니다. 십자가에서 죽은 그는 항상 살아계시는 영원하신 분이었습니다. 그가 사람으로서 죽으셨듯이 하나님으로서 살아계십니다. 그가 마리아의 아들로서 피를 흘리셨듯이, 영원하신 하나님의 아들로서 온 세상을 지배하고 통치하셨습니다. 자연 가운데서 그리스도는 자신이 우주적인 하나님이심을 증거하십니다. 지어진 것 가운데 그가 없이 된 것은 아무것도 없었습니다. 그로 말미암아 만물이 존립합니다. 하나님보다 못한 누가 하늘과 땅을 지을 수 있겠습니까? 그 앞에 절하십시오. 그 앞에 절하십시오. 그가 여러분을 지으셨으니, 피조물이 자기의 창조주를 인정해야 하지 않겠습니까?

섭리가 그리스도의 신성을 증명합니다. 그는 능력의 말씀으로 만물을 붙드십니다. 살아 있는 모든 피조물은 그의 콧구멍으로부터 숨을 받습니다. 생명이 없는 강하고 거대한 피조물들은 오직 그의 힘에 의해 서 있습니다. 그는 땅에 관하여 "땅의 기둥은 내가 세웠노라"(시 75:3)고 말씀하실 수 있습니다. 바다의 깊은 기초에서도 그의 능력이 행사되고, 별이 총총한 높은 하늘에서도 그의 힘은 충만히 인정됩니다. 그리스도께서 위대한 은혜의 왕국의 여호와이시므로 우리는 그리스도께 은혜를 구합니다. 하나님보다 못한 누가 여러분과 나의 죄를 모두 지고 가서 없애버릴 수 있겠습니까? 하나님보다 못한 누가 개입하여서 우리를 지옥의 사자의 입에서 구원할 수 있고, 속전을 마련하고서 우리를 지옥에서 건져낼 수 있겠습니까? 하나님보다 못한 누구에게 우리가 우리를 둘러싸고 있는 무수한 시험들에서 지켜주시기를 바라고 의지할 수 있겠습니까? 그리스도께서 "볼지어다 내가 세상 끝날까지 너희와 항상 함께 있으리라"고 말씀하시는데, 어떻게 그가 하나님보다 못한 존재일 수가 있겠습니까? 그가 하나님이 아니시라면 어떻게 전능할 수 있겠습니까? 그가 총명이 무한하고 능력이 무한하시지 않다면 어떻게 우리의 기도를 들으시고, 온 땅에 흩어진 족속들이 드리는 수많은 기도를 듣고 주의를 기울이며 응답하실 수 있겠습니까? 그가 하나님보다 못한 존재라면 어떻게 이런 일이 있었겠습니까? 무신론자들은 비웃고, 이신론자(理神論者)들은 조롱하게 두십시오. 아무 쓸데없는 소키누스주의자들은 자랑하고, 아리우스주의자들은 하찮은 목소리를 높이도록 내버려 두십시오. 우리는 이 사실, 곧 우리를 그의 피로 값 주고 사신 분이 여호와이시라는, 진실로 하나님이시라는 사실을 자랑할 것입니다. 우리는 그의 발 앞에 절하고, 성부와 성령께 드리는 그 경의를 그리스도께 드립시다.

> "우리가 드릴 수 있는 이상의 찬송을
> 주여, 영원히 받으소서."

그런데 본문은 또한 의에 대해서도 말합니다. "여호와 우리의 의라." 그와 같이 그리스도는 우리의 의이십니다. 그리스도께서는 사는 동안에 그처럼 의로 우셨습니다. 그래서 우리는 그의 생애 전체에 대해서 말하기를 그것은 의 자체라고 말할 수 있습니다. 그리스도는 성육신하신 법이십니다. 내 말을 잘 이해하시기 바랍니다. 그리스도는 하나님의 율법을 완전히 지키며 사셨습니다. 그래서 여러분이 하나님의 계명이 불 가운데서 시내산 이마에 쓰인 것을 보았다면, 이제는 그 계명이 그리스도라는 분의 육신에 쓰인 것을 봅니다.

> "사랑하는 내 구속자, 주님이시여,
> 주님의 말씀에서 내 의무를 봅니다.
> 그러나 주의 생명에서는 살아 있는 문자에서
> 끌어낸 법이 나타납니다."

그리스도께서는 공의로우신 하나님의 명령을 한 번도 어긴 적이 없습니다. 그의 눈에서는 한 번도 신성하지 않은 분노의 불길이 이글거린 적이 없습니다. 그의 입술에서는 한 번도 불의한 말이나 방종한 말이 나온 적이 없습니다. 그의 마음은 한 번도 죄의 숨결이나 죄악의 얼룩 때문에 흔들린 적이 없습니다. 그의 은밀한 감정과 애정 속에 어떠한 흠도 숨어 있지 않았습니다. 그의 이해에는 결함이 없었고, 그의 판단력에는 오류가 없었습니다. 주께서 행하신 기적들에는 과시가 없었습니다. 실로 그에게는 간교함이 없었습니다. 그의 능력은 그의 총명에 의해 지배되고 있으므로 그 능력들은 모두 완전한 그의 뜻을 따라 행하여집니다. 따라서 거기에는 부작위(不作爲)의 결함이나 작위(作爲)의 오점이 전혀 없었습니다. 율법은 "네 마음을 다하여 주 너의 하나님을 사랑하라"(마 22:37)는 이 첫 계명에 달려 있습니다. 그리스도께서는 그대로 행하셨습니다. 자기를 보내신 이의 뜻을 행하는 것이 그의 음식이고 음료였습니다. 그가 하신 것처럼 힘을 다하여 하나님을 사랑한 사람은 없었습니다. 그리스도께서 자신이 받아야 하는 세례로 세례를 받을 수 있고, 또 아버지 하나님께서 자기 앞에 내놓으신 잔을 마실 수 있다면, 굶주림과 목마름과 벌거벗음이 그에게는 아무것도 아니었습니다. 심지어 죽음조차도 하찮은 것이었습니다. 율법은 또한 "네 이웃을 네 자신 같이 사랑하라"(22:39)는 이 계명에 달려 있습니다. 그리스도는 행하신 모든 일에서, 겪으신 모든 일에서 그 계명을 넉넉히 지키셨습니다. "그가 남은 구원하였으되 자기는 구원할 수 없으셨기"(27:42) 때문입니다. 그는 깊은 헌신과 애정 어린 자기희생으로 마지막 남은 사랑의 자원들까지도 다 쓰셨습니다. 그는 사람을 자기 목숨보다 더 사랑하셨습니다. 그는 사람이 지옥의 불길로 떨어지게 하기보다는 차라리 자신이 침 뱉음을 당하셨고, 아버지께서 자기에게 주신 영혼들이 버림을 당하게 하기보다는 차라리 말로 표현할 수 없는 고통 가운데 죽는 것을 택하셨습니다. 그리스도께서는 율법을 엄밀히 지키셨습니다. 율법의 숨은 뜻을 똑똑하게 밝히셨습니다. 진실로 그는 율법을 찬미하고 존중하셨습니다. 그는 자기 하나님 여호와를 마음을 다하고 목숨을 다하고 뜻을 다하여 사랑하셨습니다. 그는 이웃을 자신 같이 사랑하셨습니다. 예수 그리스도는 의를 몸으로 구현하신 분이었습니다. 그리스도께서 "너희 중에 누가 나를 죄로 책잡겠느냐?"(요 8:46) 하고 말씀하신 것은 당연한 일입니다. 그 이후로 1800년이 지나갔지만, 그의 신성모독적인 발언에 대해서는 아무도 결점을 잡아 그를 비난할 수 없었습니다. 이상하게 보일 수 있겠지만, 아주 비뚤어진 재판장들도 그의 성품에 나타나는 두려운 위엄은 인정하였습니다. 사람들은 그리스도의 기적들에 대해 악담을 퍼부었습니다. 그의 신성을 부인하였습니다. 그러나 그들이 그의 의로운 성품까지도 비난하려고 했는지 모르겠습니다. 사람들은 그의 출생에 대해 조롱하였고, 그의 가난을 비웃었으며, 그의 죽음은 상스런 사람들의 노랫거리가 되었습니다. 하지만 그의 삶에 대해서는 지극히 의심이 많은 사람들까지도 마음이 흔들렸고, 부주의한 사람들은 그것이 허구라 할지라도 어떻게 그런 인물을 생각해낼 수 있었을까 하고 의아해하였습니다. 그리고 그것이 사실이라면 어떻게 그런 삶을 살 수 있었을까 하는 점에 대해서는 훨씬 더 놀랐습니다. 내가 아는 사람 가운데는 그리스도를 사람에 대한 불의나 하나님께 대한 충성의 부족을 이유로 비난하려고 한 사람은 아무도 없었습니다. 그렇다면, 사실이 그렇다는 것을 아시기 바랍니다.

　나는 그리스도의 신성을 증명하기 위해 오래 머물지 않았던 것처럼 그의 의를 증명하는데도 오랜 시간을 들이지 않겠습니다. 사람들이 그리스도께서 여호와이시라는 것을 인정할 날이 다가오고 있습니다. 그리스도께서 이 땅에 성 육신해 계신 동안 그의 모든 삶을 보면, 사람들은 그의 생활은 의 그 자체였다고 말하지 않을 수 없을 것입니다. 그러나 그 호칭의 핵심은 "우리의"라는 이 작은 단어에 있습니다. 즉, "여호와 우리의 의라"는 것입니다. 이것은 우리가 그리스도를 붙잡는데 쓰는 철 갈고랑쇠입니다. 그리스도의 흠 없는 의의 깊은 바다 밑바닥까지 내려가는 닻입니다. 이것은 우리 영혼을 그리스도께 결합시키는 신성한 대갈못입니다. 우리 영혼이 그리스도를 만지는데 쓰는 복된 손입니다. 그리스도는 우리에게 모든 것의 모든 것, 곧 "여호와 우리의 의"가 되십니다.

이제 여러분은 우리 주와 구주시라는 이 호칭에서 나타나는 지극히 귀중한 교리가 있다는 것을 보게 될 것입니다. 나는 이 교리를 이렇게 이해할 수 있다고 생각합니다. 그리스도를 믿을 때 우리는 믿음으로 의롭다 함을 받습니다. 그리스도의 피의 공로가 우리의 죄를 없애듯이 그의 순종의 공로가 의를 얻도록 우리에게 전가되는 것입니다. 그리스도를 믿자마자 바로 우리는 마치 그리스도의 행위가 곧 우리의 행위인 것처럼 간주되는 것입니다. 하나님께서 마치 내가 방금 전까지 이야기했던 완전한 순종을 우리가 직접 행한 것처럼 우리를 보십니다. 마치 우리가 베틀에 앉아 직접 손으로 부지런히 직물을 짠 것처럼, 다시 말해 직물과 재료가 합쳐져서 성도들의 의인 고운 세마포를 이루는데, 그 직물과 재료를 마치 우리가 직접 밭에서 키운 것처럼 우리를 보시는 것입니다. 하나님께서는 마치 우리가 그리스도인 것처럼 우리를 생각하십니다. 마치 그리스도의 삶이 바로 우리의 삶인 것처럼 우리를 보시는 것입니다. 그리스도께서 행하신 모든 일을 마치 우리, 곧 그의 믿는 백성들이 행한 것처럼 우리를 기꺼이 받으시고 복 주시며 상 주시는 것입니다. 그래서 여러분이 예레미야서 33장 16절을 보면, 이렇게 기록된 것을 볼 것입니다. "이 성은 여호와는 우리의 의라는 이름을 얻으리라."

나는 소키누스(Socinus)가 그의 시대에 이것을 몹시 혐오스럽고 저주받을 방종한 교리라고 부르곤 하였다는 것을 압니다. 아마도 그가 몹시 혐오스럽고, 저주받을 방종한 사람이었습니다. 많은 사람들이 다른 사람들에게 이름을 붙일 때 자신이 생각하는 이름을 사용합니다. 그들은 자신의 성품을 아주 잘 알고 있고 스스로에 대해서 아주 의심스럽게 생각하기 때문에 다른 사람이 자기에 대해 의심을 표시하기 전에 그 의심을 다른 사람에게로 돌리는 것이 최선이라고 생각합니다. 이제 여러분도 알다시피, 우리는 이 교리가 저주받을 교리가 아니라 매우 기쁜 교리이며, 혐오스러운 것이 아니라 경건한 것이며, 방종한 것이 아니라 거룩한 교리라고 주장합니다. 다른 사람들이 자기 부르고 싶은 대로 부르도록 내버려 두십시오. 우리는 그동안 노래하였던 대로 다음과 같이 거듭 찬송할 것입니다.

> "예수시여, 주의 완전한 의는
> 나의 아름다움이고, 나의 영광스런 옷입니다."

그리고 모든 것이 불로 시험받을 때를 기다릴 것입니다. 이는 우리가 다음과 같이 확신하기 때문입니다.

> "우리가 그 큰 날에 담대히 설 것이니
> 우리를 비난할 사람이 아무도 없을 것임이라."

우리가 이 거룩한 의를 옷 입고 있으면 누가 우리를 고소할 수 있겠습니까? 이 전가(轉嫁)의 사실은 그리스도의 의에 대해서만 예외적으로 적용되는 것이 아니라 성경의 교훈 전체의 가장 밑바닥에 있는 것입니다. 우리는 아담의 죄가 우리에게 전가됨으로 타락하였습니다. 형제 여러분, 우리가 어떻게 타락하였습니까? 아담은 연합된 우리 인류의 머리였습니다. 아담은 우리의 대표였습니다. 따라서 아담이 범죄하였을 때 우리는 우리의 대표인 그 안에서 죄를 지었습니다. 아담이 행한 바가 우리에게 전가된 것입니다. 여러분은 아담의 행위가 여러분에게 전가되는 것에 동의한 적이 없다고 말합니다. 그렇습니다. 그러나 나는 여러분에게 그 점을 말하려고 한 것이 아닙니다. 우리는 대표의 원리에 의해 타락하였듯이 우리가 살아나는 것도 바로 그 대표의 원리에 의해서 살아나는 것입니다. 천사들은 각자가 스스로 타락하였고, 그래서 그들은 다시 일어나지 못합니다. 그러나 우리는 다른 사람 안에서 타락하였고, 그러므로 하나님의 은혜로 다른 사람 안에서 살아나는 능력을 받습니다. 타락의 뿌리는 아담과 그의 후손의 연합적인 관계에서 찾을 수 있습니다. 그래서 우리는 전가에 의해 타락한 것입니다. 그러므로 우리가 전가에 의해 살아나야 한다는 것이 놀랍게 생각됩니까? 이 교리를 부인하십시오. 그러면 여러분에게 묻겠습니다. 그렇다면 사람들이 어떻게 용서받을 수 있습니까? 그리스도께서 죄에 대해서 빚의 변제를 이행하셨기 때문에 사람들이 용서받지 않느냐고요? 맞습니다. 그러나 그렇게 되려면 그 빚의 변제가 사람들에게 전가되어야 합니다. 그렇지 않으면, 다른 사람의 죽음이 먼저 사람들에게 전가되지 않는 한, 하나님께서 다른 사람의 죽음의 결과를 다른 사람들에게 전가시키는 일이 어떻게 정당하다고 할 수 있겠습니까?

그리스도의 의가 믿는 모든 영혼에 전가된다고 말할 때, 우리는 예외적인 이론을 제시하는 것이 아니라 중요한 진리를 설명하는 것입니다. 이 진리는 타락과 사죄의 계획이라는 이론과 일치하는 것으로서, 복음을 분명하게 설명하기 위해서는 반드시 주장해야 하는 것입니다. 나는 마르틴 루터가 교회의 존망이 달려 있는 조항이라고 말했던 것이 바로 이 교리였다고 생각합니다. 나는 루터의 저작들 가운데서 내가 볼 때 믿음으로 말미암아 의롭다 함을 얻는다는 것을 가리키기보다는 바로 이 교리를 가리킨다고 생각되는 구절을 봅니다. 루터는 틀림없이 "믿음으로 말미암아 의롭다 함을 얻는다는 것이야말로 교회의 존망이 달린 가장 중요한 교리라"고 말했을 것입니다. 그러나 루터의 마음에는 의(義)가 전가된다는 사실이 믿음으로 의롭다 함을 얻는다는 사실과 아주 긴밀하게 짜여 있어서 그는 그 둘 사이에 아무런 차이를 볼 수 없었을 것입니다. 그리고 나도 솔직히 말씀드리자면, 차이를 살펴보려고 애쓰지만 별 차이를 보지 못한다고 고백할 수밖에 없습니다. 전가된 의를 포기한다면 믿음으로 말미암아 의롭다 함을 얻는다는 교리도 포기할 수밖에 없습니다. 믿음으로 의롭다 함을 얻는다는 것은 표층토(表層土)입니다. 그러나 전가된 의는 그 표층토 밑에 있는 화강암 반석입니다. 그러므로 여러분이 죄인이 그리스도 안에서 믿음으로 의롭다 함을 얻는다는 위대한 진리를 따라 깊이 파 내려가면, 그 단순한 교리의 기초와 근거가 되는 그리스도의 전가된 의라는 교리를 반드시 만날 수밖에 없다고 믿습니다.

이제 잠시 멈추어서 "여호와 우리의 의"라는 이 전체 호칭에 대해서 생각해 봅시다. 형제 여러분, 입법자이신 주님께서 스스로 그 법에 순종하셨습니다. 여러분은 주님의 그 순종이면 충분할 것이라고 생각하지 않습니까? 여호와께서 사람의 행사를 할 수 있기 위해 친히 사람이 되셨습니다. 그런데 여러분은 여호와께서 사람의 행사를 불완전하게 하셨을 것이라고 생각합니까? 사람보다 능력이 뛰어난 천사들을 종으로 부리시는 분께서 순종할 수 있기 위해 종의 형체를 취하셨습니다. 그런데 여러분은 그러한 주님의 봉사가 불완전할 것이라고 생각합니까? 구주께서 바로 여호와이시라는 사실을 생각하고 더욱 굳은 확신을 갖도록 합시다. 여러분은 담대하십시오. 크게 용기를 내십시오. 하늘과 땅과 지옥을 바라보고 사도처럼 이렇게 물으십시오. "누가 능히 하나님께서 택하신 자들을 고발하리요?"(롬 8:33). 여러분의 과거 죄를 돌아보고 현재의 약점들을 생각하며 장차 저지를 모든 잘못들을 생각하십시오. 그러나 여러분이 그로 인해 회개의 눈물을 흘릴지라도 정죄에 대한 두려움으로 안색이 하얗게 질려서는 안 됩니다. 여러분은 오늘 하나님 앞에서 구주의 옷을 입고 있습니다. 즉, "거룩하신 자처럼 거룩하고 흠 없는 주님의 옷을 입고" 있는 것입니다.

아담이 에덴 동산에서 나무 그늘 아래 거닐던 때에도 지금 여러분이 하나님께 받아들여지는 것만큼 받아들여지지는 않았습니다. 다시 말해 여러분이 예수님의 의로 옷 입고 그의 보혈로 뿌리심을 받았다면, 아담도 모든 것을 판단하고 죄를 미워하시는 하나님의 눈에는 여러분만큼 기쁜 존재가 못 된다는 것입니다. 여러분은 아담에게 있었던 것보다 나은 의가 있습니다. 아담에게는 인간의 의가 있었습니다. 그러나 여러분의 옷은 하나님의 옷입니다. 아담은 완전한 옷을 가지고 있었습니다. 그것은 사실입니다. 그러나 그것은 이 땅이 짠 옷입니다. 여러분도 마찬가지로 완전한 옷을 입고 있습니다. 그러나 그것은 여러분이 입도록 하늘이 짠 것입니다. 이 위대한 진리에서 힘을 얻어 나가십시오. 여러분의 하나님을 크게 자랑하고 기뻐하십시오. 이 진리를 여러분 염두에 두고 마음에 새기십시오. "여호와 우리의 의라."

여러분은 성경에서 그리스도의 의가 흰 세마포에 비유된다는 것을 기억할 것입니다. 그 옷을 입는다면, 나는 흠 없이 깨끗해질 것입니다. 그리스도의 의는 정교한 금에 비유됩니다. 그래서 그 금을 찬다면 나는 품위 있고 아름다워지며 만왕의 왕의 혼인 잔치에 앉기에 합당하게 됩니다. 또 그리스도의 의는 돌아온 탕자의 비유에서는 제일 좋은 옷에 비유됩니다. 그 옷을 입는다면 나는 천사들이 가진 것보다 나은 옷을 입는 것입니다. 천사들에게는 이 제일 좋은 옷이 없습니다. 그러나 내가 가엾은 탕자로서 한때 누더기를 걸쳤었는데 이제는 고상한 옷을 입은 사람들의 동무가 되고, 얼마 전까지만 해도 돼지들이 먹는 쥐엄 열매를 먹던 사람인데 이제는 제일 좋은 옷을 입고, 그래서 사랑하시는 주님 안에서 하나님께 받아들여졌습니다.

그 다음에, 그리스도의 의는 또한 영원한 의입니다. 이 의에 대해서 생각할 때, 이 옷은 결코 낡아지지 않고, 그 실은 한 오라기라도 풀리는 법이 없으리라는 사실이 아마도 가장 아름다운 점일 것입니다. 그 옷은 결코 죄인의 등에서 누더기가 되어 매달려 있지 않을 것입니다. 신자가 므두셀라처럼 오래 살아도 그 옷은 마치 어제 짠 것과 같을 것입니다. 신자가 죽음의 강물을 통과할지라도 시커먼 물이 그 옷을 더럽히지 못할 것입니다. 신자가 하늘에 올라가면 천사들은 죄인이 입고 있는 옷이 너무도 하얀 것에 놀라, 어떤 새로운 별이 땅에서 올라와 하늘에서 빛을 비춘다고 생각할 것입니다. 신자가 그 옷을 입고 천사들 가운데 서면, 자신이 그 모든 존재들보다 조금도 못하지 않다는 것을 발견할 것입니다. 그룹들이 입은 옷과 스랍들이 입은 외투들도 이 의(義)의 옷, 곧 그리스도께서 성취하셔서 자기의 모든 백성들에게 가져다준 이 영원한 완전만큼 위엄 있지도, 거룩하지도 않을 것입니다. 주님께 영광을 돌립니다! 예수여, 주님께 영광을 돌립니다! 주님께 영원히 할렐루야를 부릅니다! 주는 여호와이십니다! "여호와 우리의 의라."

2. 지금까지 우리 구주의 호칭을 설명하고 변호하였으니, 이제는 여러분에게 믿을 것을 권하겠습니다.

우리는 그리스도를 여호와 우리의 의라고 부릅시다. "그의 이름은 여호와 우리의 의라 일컬음을 받으리라." 우리는 그리스도를 이 위대한 이름으로 부릅시다. 이것은 만군의 여호와께서 그 입으로 친히 말씀하신 이름입니다. 불쌍한 죄인들이여, 우리가 그리스도를 부릅시다. 오늘 죄 때문에 마음에 크게 슬퍼하는 우리일지라도 그리스도를 부릅시다. 나는 이 본문 말씀이 오늘 여러분의 귀에 들리고 여러분의 경우에 성취되기를 바랍니다. 여러분은 죄가 있습니다. 여러분의 양심도 율법이 여러분을 정죄하고, 여러분이 그 형벌을 두려워한다는 것을 인정합니다. 여러분, 그리스도 예수를 믿는 자는 구원을 받고 정죄 받지 않습니다. 믿는 모든 사람에게 그리스도는 "여호와 우리의 의"이십니다. 제발 여러분이 그리스도를 그렇게 부르기 바랍니다.

여러분이 "내게는 선한 것이 하나도 없다"고 말합니까? 그리스도 안에 선한 모든 것이 있습니다. 여러분이 "내가 율법을 어겼다"고 말합니까? 여러분을 위해 흘린 피가 있습니다. 그리스도를 믿으십시오. 그러면 주께서 여러분을 깨끗이 씻으실 것입니다. "하지만 나는 율법을 지키지 못했다"고 말하겠습니까? 그리스도께서 여러분을 대신해서 율법을 지키셨습니다. 죄인이여, 그 의를 받으십시오. 그 의를 받으십시오. 그리스도를 믿으십시오. 어떤 사람은 말합니다. "아, 나는 감히 믿을 엄두가 나지 않습니다." 대담하게 그 사실을 믿음으로 그리스도께 경의를 표하도록 하십시오. "아, 하지만 그것은 불가능한 것처럼 보입니다." 그렇다면 불가능한 일을 믿음으로 그리스도를 명예롭게 하십시오. "아, 하지만 어떻게 그리스도께서 나같이 천한 사람을 구원하실 수 있겠습니까?" 여러분, 그리스도께서는 비천한 자들을 구원하신 일로 영광을 얻으십니다. 내가 일전에 말씀드렸듯이, 그리스도께서는 치료할 수 없는 죄인들을 고치십니다. 그와 같이 그리스도께서는 받아들일 수 없는 죄인들을 받아들이신다고 말씀드립니다. 그리스도는, 스스로 생각할 때 자기는 받아들여지기에 적합하지 않다고 생각하는 죄인들을 받아들이십니다. 그러므로 여러분은 다만 그리스도를 믿고 이렇게 말하기만 하십시오. "그리스도를 오늘 나의 의로 삼겠습니다." "하지만 내가 그렇게 뻔뻔스러운 일을 할 수 있겠습니까?" 여러분은 할 수 있습니다. 그리스도께서 여러분에게 그렇게 하라고 말씀하십니다. 여러분에게 명령하십니다. 그 사실을 여러분의 근거로 삼으십시오. "그의 계명은 이것이니 곧 그 아들 예수 그리스도의 이름을 믿을 것이니라"(요일 3:23). 여러분이 이 사실을 큰 소리로 말할 수 없다면, 말없이 떨리는 마음으로라도 말하여 하늘이 그 소리를 듣도록 하십시오. 그렇습니다, 예수님, "지극히 부정하고 불결한 저에게는 죄밖에 없습니다. 하지만 제가 감히 용기를 내어 떨리는 입술로 뜨겁게 주님을 부르고 주께서 여호와 나의 의가 되어 주시라고 부탁드립니다."

여러분이 떨리는 희망의 상태에서 생생한 믿음으로 옮겨갔다면, 그리스도를 여호와 나의 의라고 부르시기 바랍니다. 그리스도께서 고난을 받고 피 흘리시고 죽으신 것을 알면, 믿음으로 이렇게 말하십시오. "이렇게 해서 내 죄가 깨끗이 씻겨졌다." 이제 시내산 기슭에 와서, 번개가 번쩍이고 우렛소리가 울리는 것을 볼지라도 용기를 내어 모세처럼 이렇게 말하십시오. "우렛소리가 들리는 곳으로 올라가겠다. 폭풍우를 실은 구름 속에 서서 하나님과 이야기하겠다. 나는 두려워할 이유가 아무것도 없다. 나에게 떨어질 벼락은 없다. 어떤 번개도 내게 떨어질 수 없다. 나는 예수 그리스도의 의로 말미암아 하나님 보시기에 완전히 의롭다 함을 받았다."

하나님의 자녀여, 그렇게 말하십시오! 지난날의 죄 때문에 여러분이 말을 자신 있게 하지 못하고 더듬게 됩니까? 여러분의 모든 죄에도 불구하고 그리스도께서 여러분의 의가 되신다는 사실을 믿으십시오. 여러분의 선한 행실이 그리스도의 의를 더 낫게 하지 못합니다. 또한 여러분의 악한 행실도 그리스도의 의를 망치지 못합니다. 이것은 아무리 훌륭한 여러분의 행위도 더 낫게 만들 수 없고, 아무리 나쁜 여러분의 행위도 못쓰게 만들 수 없는 옷입니다. 여러분은 스스로 서는 것이 아니라 그리스도 안에서 섭니다. 근심하고 괴로워하며 마음이 심란한 불쌍한 신자 여러분, 여러분에게 어떤 의심과 두려움이 있을지라도 다시 한 번 이렇게 말하십시오. "그렇습니다. 주님은 여호와 나의 의이십니다."

우리 가운데는 그 사실을 그보다 훨씬 더 잘 말할 수 있는 사람들이 있습니다. 우리는 그 사실을 단지 믿음으로써만이 아니라 생활의 결실로써 말할 수 있기 때문입니다. 우리는 처음으로 그리스도를 "여호와 우리의 의"라고 불렀던 날을 똑똑히 기억합니다. 그렇게 부르자 우리에게 어떤 평안과 기쁨과 즐거움과 환희가 왔었는지요! 그 이후로 우리는 그 호칭이 사실임을 알게 되었습니다. 그리스도께서 우리의 의가 아니셨더라면 얻을 수 없었을 특전을 우리가 받았기 때문입니다. 우리는 하나님과 화해하는 특권을 받았습니다. 하나님은 온전한 의가 없는 사람과는 화해하실 수 없습니다. 우리는 담대히 가서 하나님을 직접 만날 수 있었습니다. 우리가 우리의 형제이신 그리스도의 옷을 입지 않았다면 하나님께서 우리가 하나님을 만날 수 있도록 허락하시지 않았을 것입니다. 우리는 하나님의 권속으로 입양되었습니다. 양자의 영을 받은 것입니다. 그런데 하나님께서는 의로운 사람 외에는 아무도 하나님의 권속으로 입양하실 수 없었을 것입니다. 어떻게 의로운 하나님께서 불의한 권속의 하나님이 되시겠습니까? 하나님께서 우리의 기도를 들으셨고 은혜롭게 응답하셨습니다. 그리스도의 의가 없었다면 그런 일이 있을 수 없을 것입니다. 하나님은 악인의 기도를 듣지 않으시기 때문입니다. 하나님께서 우리를 통해 그리스도께서 소리치시는 것을 들으시는 일이 없었다면, 우리 안에서 그리스도의 공로를 보셨고 그래서 우리 마음의 소원하는 바를 승인하시는 일이 없었다면 하나님께서 우리의 기도를 듣지 않으셨을 것입니다. 그동안 우리는 아버지 하나님과 그 아들 예수 그리스도와 함께하는 교제가 그런 식으로 나타나는 것을 매일 즐겁고 풍성하게 경험하였습니다. 그래서 예수 그리스도께서 "여호와 우리의 의"이시라는 사실이 우리에게는 믿음의 문제일 뿐 아니라 사실의 문제이기도 하고, 신앙 고백의 문제일 뿐 아니라 찬양의 문제이기도 합니다.

형제 여러분, 여러분의 신학은 반드시 경험할 수 있는 것이 되어야 합니다. 그렇지 않으면 그 신학이 여러분에게 유익을 주지 못할 것입니다. 여러분이 신학을 그저 대학에서나 아니면 사람의 교훈의 학문 체계로만 배운다면 나는 여러분의 신학을 대단하게 생각하지 않을 것입니다. 그래서는 안 됩니다. 우리는 이런 것들이 진실임을 생활에서 입증해야 합니다. 나는 이 증거가 자기본위적인 것이 아니라고 말할 수 있고, 그렇게 말하지 않을 수 없습니다. 나는 그리스도의 전가된 의에 대한 믿음에는 다른 어떤 교리도 내놓을 수 없는 위로가 있다는 것을 압니다. 마치 그리스도의 행위가 자기의 행위인 것처럼, 그리스도의 의가 자기의 의인 것처럼 여겨져 자신이 하나님께 받아들여졌다는 이 굳은 확신에는 그로 말미암아 사람이 죽고 살 수 있는 중요한 것이 있습니다. 사람에게서 더러운 옷을 벗기고 그 머리에는 아름다운 관(冠)을 씌우고 그에게 고운 세마포를 입히십시오. 지존하신 하나님의 제사장, 여호수아여, 크게 사랑받은 그대 사람이여, 그대가 우리의 대제사장이신 예수의 옷을 입었으니 이제 그 옷을 입고 와서 받으실 만한 제사를 드리십시오. "그러니 우리가 예배 중에 주의 이름을 '여호와 우리의 의'라 부르고 그를 찬미합시다."

그리고 이제 그리스도의 보편의 교회 전체는 한 목소리로 기쁜 노래를 부르며 예수 그리스도를 여호와 우리의 의라고 부르도록 해야 합니다. 바다의 섬들이여, 깨어라! 게달 사람들이 거하는 광야여, 소리치라! 이방인들 가운데 쫓겨나 흩어져 살며, 우상숭배자들의 더러운 대화에 괴로움을 당하는 하나님의 백성들이여, 여러분이 거하는 오두막집에서, 빈궁한 곳에서 "여호와, 우리의 의여" 하고 노래하라! 믿는 권속에 속한 사람은 아무도 이 노래 부르기를 주저하지 말고, 우리 다같이 "여호와, 우리의 의여" 하고 노래합시다. 여러분, 흰 옷을 입고 행하는 영들이여, "밤낮으로 보좌에 둘러서서 기뻐하는" 영광스런 이들이여, 약속을 받지 못했으나 그것을 멀리서 바라보고 그리스도의 때가 오기 전에 그를 보고 죽은 성도들, 곧 아브라함, 이삭, 야곱, 모세, 사무엘, 입다, 다윗, 삼손이여, 그리고 힘센 모든 천군이여! 노래하라, 노래하라, 오늘 주께 노래하라. 그리고 이것을 여러분 노래의 정점으로 삼으라. "여호와, 우리의 의라." 이제 우리가 영으로 하나님께 절합니다. 이는 참으로 시대를 뛰어넘는 즐거운 교제입니다! 우리는 앞서간 사람들과 함께 악수를 합니다. 천사들은 "거룩하다 거룩하다 거룩하다, 여호와는 의로우시도다"(사 6:3; 시 11:7)라는 말밖에 할 수 없지만, 우리는 더욱 소리를 높여 "그렇습니다. 여호와는 세 배로 거룩하십니다. 그러나 또한 그는 여호와 우리의 의이십니다" 하고 말합니다. 그러므로 하늘과 땅의 모든 성도들 가운데 아무도 그리스도를 "여호와, 우리의 의"라고 부르기를 주저해서는 안 됩니다.

3. 세 번째로, 여러분에게 감사하라고 권하며 설교를 마치겠습니다.

우리는 여러분과 나로 하여금 그리스도를 "여호와 우리의 의"라고 부르도록 인도한 놀랍고 강력한 그 은혜를 찬미하도록 합시다. 10년이나 12년을 어리석은 소년으로 지낸 시절을 돌아보면, 나는 하나님의 일들에는 별 관심이 없었고 끔찍한 죄의식으로 괴로워하며 자신이 용서받을 수 없다고 생각했습니다. 거의 절망의 경계까지 몰려갔고, 그래서 세상에 자신을 위한 행복은 전혀 없다고 생각했기 때문에 스스로 목숨을 끊고 싶어 한 적도 많은 젊은이였습니다. 그런 내가 그리스도는 여호와 우리의 의시라는 것을 알고 서 있을 뿐만 아니라 또한 여러분에게 그리스도를 전하기도 하는 것을 생각할 때, 내 자신에 대해서 그리스도 안에 있는 하나님의 은혜가 참으로 부요하다고 말할 수밖에 없습니다! 하나님이여, 주는 참으로 놀라운 일들을 행하셨습니다! 주는 예레미야 선지자의 입을 통해 "이것이 우리가 그리스도를 부를 이름이라"고 말씀하셨습니다. 나는 오늘 마음 깊은 곳에서부터 그리스도를 그렇게 부릅니다. 나사렛 예수시여! 고난 받은 사람이시여! 영광스러운 하나님이시여! 주는 여호와 나의 의이십니다! 내가 이 질문을 위층과 아래층에 있는 분들에게 돌린다면, 아주 허다한 사람들이 하나님께 감사하라는 이 권고에 즐거이 순종하겠다고 대답할 것입니다! 곧 우리 교회에 가입할 사람들 가운데는(하나님의 영광스런 은혜를 생각할 때 그분들이 틀림없이 가입할 수 있을 것이라 믿습니다) 그리스도를 자기의 의라고 즐거이 부르지 않을 수 없는 은혜를 받았다는 것을 특별히 증거할 수 있는 사람들이 아주 많습니다.

이들 가운데는 교회 집회 때 우리 앞에서 한 고백에 따르면, 술 마시기를 좋아할 뿐만 아니라 30년을 알코올 중독 때문에 술에 취해 이성을 잃고 살기까지 한 사람들도 있었습니다. 그런가 하면 방탕에 빠져 극단적인 범죄를 저지르기까지 불결하고 부정하게 산 사람들도 있었습니다. 오늘 이 자리에는 과거의 일로 얼굴을 붉히게 되겠지만 구속의 은혜를 높이기 위해, 일찍이 자신이 살인 빼고는 온갖 죄를 저질렀고, 살인죄를 범하지 않은 것도 오로지 자기를 억제하는 하나님의 주권적인 은혜 덕분이었다고 말할 사람들이 많을 것입니다. 우리 교인 가운데는 세상 곳곳에서, 이 지구 여기저기를 다니며 죄를 범하였고, 온갖 정욕과 부도덕을 저지른 사람들이 있습니다. 여러분이 10년 전에 그들에게 예배에 참석하겠느냐고 물었다면, 그들은 그것을 모욕이라고 생각하고 욕을 하며 물리쳤을 것이고, 그리스도를 믿는다고 고백하는 것을 스스로의 품위를 떨어트리는 일이라고 생각하며 여러분에게 욕설을 퍼부었을 것입니다. 형제자매 여러분, 그런 여러분이 지금 일어나서 "맞습니다. 지금도 예수님은 여호와 우리의 의이십니다" 하고 말할지라도 나는 놀라지 않을 것입니다.

> "여러분은 하나님의 기이한 은혜와
> 주님의 자비를 거듭 노래하십시오."

불경스런 말을 하는 입술이 그 예언을 성취하리라고 누가 생각하였겠습니까? 즉, 입만 열었다 하면 욕을 하던 그 입이 그리스도를 찬미하리라고 말입니다. 마음과 입으로 "그렇습니다. 바로 오늘 주는 여호와 우리의 의입니다" 하고 말한다면, 그것은 악한 정욕이 쌓여서 시커먼 마음이 음악을 위한 연주장이 되었고, 이제는 틀림없이 아주 무덤이 되어버려서 치명적인 독소를 내뿜었을 입이 노래하는 곳이 된 것입니다.

하나님께서 귀신들이 하나님을 찬양하도록 만들겠다고 맹세하신다면 놀라운 일이 될 것입니다. 그러나 내가 생각할 때, 그것이 하나님께서 우리 가운데 어떤 이들을 하나님께 영광을 돌리며 찬송하도록 만드시는 것만큼 기이한 일은 되지 못할 것입니다. 형제 여러분, 여러분과 나는 자유 의지의 교리가 아무것도 아니라는 것을 압니다. 어쨌든 우리의 입장에서 그 교리는 사실이 아닙니다. 우리 스스로 내버려두었더라면 우리가 어디로 갔겠습니까? 아르미니우스주의가 우리를 위해 무엇을 할 수 있었겠습니까? 아닙니다! 우리가 그리스도를 "여호와 우리의 의"라고 부르게 만든 것은 바로 저항할 수 없는 은혜였습니다. 우리의 뜻을 산산조각 낸 것은 하나님의 뜻이었습니다. 우리 교만한 목의 철 힘줄을 끊고,

이 사람에게 통치 받으려고 하지 않은 우리를 절하게 만든 것은 하나님의 강한 팔이었습니다. 보지 못하는 눈을 뜨게 한 것은 하나님의 손가락이었습니다. 우리 눈이 멀었다고 말하는 것은, 전에는 우리가 하나님에게서 아무런 아름다움을 보지 못하였기 때문입니다. 우리의 얼음 같은 마음을 녹인 것은 하나님의 숨결이었습니다. 우리 마음이 얼음 같았다고 하는 것은, 전에는 우리가 하나님께 대해 전혀 사랑을 느끼지 못하였기 때문입니다.

> "그러나 이제는 주권적인 은혜로 말미암아
> 우리 영이 주님의 품을 갈망하고
> 우리의 아름다움, 영광스런 우리의 옷은
> 예수, 곧 여호와 우리의 의이시네."

"여호와 우리의 의." 이것이 이 땅에서 우리의 영광이 되고 영원히 우리의 노래가 될 것입니다.

제

18

장

—

하나님의 불과 방망이

—

"여호와의 말씀이니라 내 말이 불 같지 아니하냐 바위를 쳐서
부스러뜨리는 방망이 같지 아니하냐?" — 렘 23:29

이 장을 읽으면서 예레미야 시대에 선지자인 체하는 사람들이 아주 많았다는 것을 보았듯이, 하나님의 참 선지자가 와서 "여호와께서 이같이 말씀하시니라"고 선언하였을 때, 그의 말을 반박하며 그가 말하는 것과 정반대되는 것을 말하며, 그러면서도 그 앞에 똑같이 "여호와께서 이같이 말씀하시니라"는 말을 붙이는 거짓 선지자들이 나타났습니다. 물론 거짓 선지자의 이 말은 하나님의 메시지를 듣지 않는 사람들의 마음을 훨씬 더 완고하게 만드는 경향이 있었고, 또한 예레미야를 아주 당혹스럽게 만들었습니다. 예레미야는 거기에 대해 어떻게 대응해야 할지 거의 알지 못했고, 아주 궁지에 몰린 것처럼 보였습니다.

이 악을 보고서 여호와께서도 크게 슬퍼하셨습니다. 이 거짓 선지자들이 하나님의 영감을 받은 체하고, 하나님께서 그들을 보내신 적이 없고 그들도 하나님의 메시지를 전하지 않았으면서도 마치 자기들이 하나님의 뜻을 아는 체하며 말을 하는 것이 하나님의 뜻을 따르는 일이 아니었기 때문입니다. 그래서 하나님께서 참 말과 거짓을 분별할 수 있는 시험 방법을 주셨습니다. 본문 앞의 구절에서 하나님은 "겨가 어찌 알곡과 같겠느냐?" 하고 물으십니다. 이 거짓 선지자들이 말하는 것은 예레미야가 전하는, 알곡과 같은 하나님의 메시지에 비할 때 겨에 불과하였습니다. 그래서 하나님은 그 문제를 이렇게 말씀하십니다. "너희

는 이 사람들이 말하는 것을 듣고, 흥미를 보이며 기뻐하고 속으로 '멋진 연설이다. 이 사람은 아주 말을 잘하는구나' 하고 말한다. 너희는 그의 스타일, 웅변, 생각의 깊이, 그 모든 것에 감탄한다. 하지만 나는 너희에게 말한다. '내 말이 불 같지 아니하냐?' 내 말은 아름다운 모양으로 오지 않고, 불 같이 오고 힘 있게 온다. 하나님 말씀이 너희에게 올 때는 너희가 서서 볼 수 있게 오지 않는다. 그러나 하나님 말씀은 그 속에 불태워버리는 맹렬한 힘이 있다. 그리고 바로 이 힘 때문에 내 말이 사람의 말과 다른 것으로 알려질 것이다. 다시 말해 내 말은 사람들의 말에서 볼 수 없는 신비한 능력이 있고, 또 거대한 망치가 바위를 치고 또 치고 또 치면 마침내 단단한 화강석이 깨어지고 말듯이 파괴하는 힘이 있다."

거짓 선지자들은 그들의 말에 그런 힘이 없었습니다. 그들은 자기가 하는 말에 불이 있는 체하지 못하였습니다. 그들은 아주 유쾌하게 말하였고 사람들 듣기 좋게 말하였습니다. 그들은 백성들을 우쭐대게 만들었고, 사실상 백성들을 기쁘게 하는 일만 일어날 것이라고 말하였습니다. 그들이 계속해서 죄를 지어도 다 괜찮으리라는 것이었습니다. 장차 모든 것이 자기들이 바라는 대로 이루어질 것이라고 지극히 맹목적인 희망을 가져도 좋다는 것이었습니다. 그것은 사람의 말이었습니다. 그러나 여호와께서 그의 종 예레미야를 통해서 말씀하셨을 때, 그의 말씀은 "불 같았습니다." 그 말씀에는 불타는 어떤 것이 있었습니다. 인간 본성은 하나님의 말씀을 좋아하지 않았지만 그 말씀의 힘과 능력을 느끼게 지어졌습니다. 거짓 선지자들이 말할 때는 백성들에게 굽실거리고 아첨하였으며, 온갖 듣기 좋고 부드러운 말을 하였습니다. 그러나 예레미야가 여호와의 이름으로 말할 때는 한 마디 한 마디가 듣는 사람들의 마음을 찌르는 것 같았습니다. 그것은 마치 힘센 사람이 대형 쇠망치를 들어서 자기가 깨트리려고 하는 돌에 힘껏 내려치는 것과 같았습니다. 그의 메시지는 믿음이 없는 자들에게는 위안이 되지 못하였고, 그들의 마음을 찢었습니다. 이는 예레미야가 할 수만 있다면 그렇게 해서 백성들을 그들의 죄에서 떨어트려 놓으려고 하였기 때문입니다.

나는 여기서 아주 분명하게 진술된 사실, 곧 하나님의 말씀은 그 안에 능력이 있다는 점부터 다루기 시작하겠습니다. 하나님의 말씀은 불과 같고, 방망이 같으며, 불과 방망이가 결합된 것과 같습니다. 그래서 대장장이의 불과 방망이가 쇠에 작용하여 그가 마음먹은 대로 쇠를 변화시키고 모양 짓듯이 사람들의 마음에 작용합니다. 이 점에 대해 이야기할 때 나는 먼저 이 진술을 예를 들어 설명하고,

그 다음에는 그 진술을 실제로 시험해 보도록 하겠습니다.

1. 첫째로, 하나님의 말씀은 그 안에 능력이 있습니다.

먼저, 하나님은 친히 하나님의 말씀이 불 같다고 말씀하십니다. 나는 지금 하나님의 말씀에 대해 이야기하고 있는데, 사람들이 선포하는 하나님 말씀, 곧 웅변술의 힘과 시의 아름다움, 표현의 생기를 갖추어 여러분에게 전달되는 하나님 말씀(설교)을 이야기하는 것이 아님을 아시기 바랍니다. 내가 말하는 것은 하나님 말씀 자체입니다. 이 놀라운 책에 계시된 진리, 성령께서 사람들에게 알리기를 기뻐하신 진리를 두고 말하는 것입니다. 이 진리는 "불 같습니다."

하나님의 백성들인 여러분은 복음을 듣고 있을 때 틀림없이 크게 위안을 얻고 격려를 받으며 기운이 생기는 것을 느꼈을 때가 참으로 많았을 것입니다. 마치 추운 날 여러분의 몸이 마비되었을 때, 비록 여러분이 눈가리개를 하고 있을지라도 몸에 느껴지는 온화한 기운 때문에 자신이 불 가까이 가고 있다는 것을 아는 것처럼 말입니다. 여러분은 밝고 기분 좋은 불에 손을 따뜻하게 덥히는 것처럼 하나님 말씀을 들으면 기분이 좋습니다. 하나님의 말씀이 설교될 때 그렇게 느끼지 않습니까? 사람들이 우리를 비웃으며 우리가 어떤 교리들에 대해서는 아주 사족을 못 쓴다고 말할 수 있습니다. 그러나 개들도 자기가 좋은 음식을 먹고 있는지 아닌지를 압니다. "소는 그 임자를 알고 나귀는 그 주인의 구유를 압니다"(사 1:3). 우리는 마음을 기쁘게 하고 위로하는 진리가 어떤 것인지, 불만이 가득한 한겨울 속에서도 우리를 기쁘게 만드는 교훈이 어떤 것인지 알지 못할 만큼 어리석지 않습니다.

오늘날은 쥐 한 마리도 위로하지 못할 교훈이 너무도 많습니다. 그런 교훈은 여러분이 영원히 들을지라도 그로 말미암아 인생의 짐을 조금도 덜지 못할 것입니다. 여러분은 하나님의 집에 드나들면서 어쩌면 이렇게 말할지 모릅니다. "그래, 아주 멋진 설교야. 하지만 저것이 인생의 짐을 지고 가야 하고 생활의 싸움을 싸워야 하는 사람에게 무슨 의미가 있지?" 그러나 찬송 받으실 하나님의 영광스런 복음을 들으면, 그 말씀은 여러분을 낙담에서 이끌어내고 결국 여러분이 이렇게 말하게 만듭니다. "살 만한 가치가 있어. 고난을 견딜 만한 가치가 있어. 앞으로 나아갈 만한 가치가 있어. 하나님께서 우리에 대해 품으신 큰 사랑을 알고, 자기를 사랑하는 자들을 위해 쌓아두신 참으로 선한 것들을 볼 수 있으니 말이야." 하나님의 말씀은 불과 같습니다. 하나님 백성들의 마음을 따뜻하게 하고 위로하기 때문입니다. 하나님 말씀에는 종교적 열정과 같은 것이 있습니다. 내가 그것이 무엇이라고 딱 집어 여러분에게 말할 수는 없지만, 그 열정을 지닌 사람의 설교를 들을 때는 그것이 있다고 말할 수 있고, 없는 사람의 설교를 들을 때는 없다고 말할 수 있습니다. 그것이 하나님의 말씀이라면, 거기에는 하나님의 복음의 복되고 영광스런 소리 때문에 속에서 우리 마음을 뛰게 만들고 춤추게 만드는 풍미와 열정과 달콤함과 기쁨이 있다는 것을 나는 압니다. 이 즐거운 소리를 아는 사람은 복이 있습니다!

다음으로, 불이 우리에게 위안을 줄 때는 아주 적당하게 타오르는 것입니다. 또한 불은 고통을 주고 깨어나게 하며 분발하게 하는 효력도 있습니다. 여러분이 손가락을 불에 집어넣으면 손가락이 불에 타는 것을 알 것입니다. 여러분이 손을 뜨거운 철판 위에 놓으면 아무도 여러분에게 철판 밑에 불이 있다는 것을 알려줄 필요가 없을 것입니다. 그와 같이 여러분이 회심하지 않은 사람이라도, 여러분이 아직까지 하나님의 복음의 능력을 전혀 알지 못할지라도, 복음을 만나게 되면 틀림없이 그 능력을 알게 될 것입니다. 필시 여러분은 몹시 화를 냄으로, 점점 더 분개함으로 복음을 알고 있다는 표시를 할 것입니다. 사람들은 복음에 타고 그슬리는 것을 좋아하지 않습니다. 사람이 손을 덴 적이 있으면 뜨거운 쇠를 좋아하지 않습니다. 복음이 사람들을 화나게 만들 때 사람들에게 아주 유익하게 작용하는 경우가 많습니다. 나는 진리를 계속해서 들으며 "그래, 저런 설교가 좋아. 나는 우리 목사님의 설교가 아주 마음에 들어"라고 말하는 죄인에 대해서는 별로 기대하지 않습니다. 그보다는 "다시는 저 사람의 말을 듣지 않겠어. 저 사람의 이야기는 도무지 그냥 듣고 있을 수 없겠어" 하고 화를 내며 나가는 사람에게 큰 기대를 겁니다. 그 사람은 오래지 않아 다시 올 것입니다. 갈고리가 그의 입에 걸렸고, 그는 갈고리의 예리함을 느끼고 있는 것입니다. 그래서 갈고리에서 빠져나갈 수 없을 것입니다.

하나님의 말씀은 불과 같습니다. 사람이 불을 만지면 불이 사람을 뜨겁게 만들기 때문에 자신이 불과 접촉하였다는 것을 알게 될 것입니다. 여러분, 여러분은 그런 것을 느껴보지 않았습니까? 여러분이 오랫동안 예배당에 앉아서 설교를 들었으면서도 아직까지 회심하지 않았을 뿐만 아니라 설교에 감동을 받은 적도 없다면, 그러면서도 여러분이 그동안 언제나 스스로에 대해서나 자신이 들어온 것에 대해 아주 만족하며 기쁘게 생각하였다면, 나는 여러분이 들어온 것이 예수 그리스도의 복음일 리가 없다고 생각합니다. 여러분이 들어온 것이 하나님의 은혜의 참된 복음과 같이 작용하였다면, 그것은 틀림없이 여러분이 스스로에 대해서 화나게 만들거나 아니면 여러분의 죄에 대해서 혹은 죄 자체에 대해서 화나게 만들 것이라고 생각합니다. 여러분이 자신의 죄를 미워하지 않으면 복음을 미워할 것이기 때문입니다. 하나님의 말씀은 사랑이 가득하지만 또한 악한 모든 것에 대해서는 아주 엄격하게 책망합니다. 그래서 하나님의 말씀은 사람을 고통스럽게 하고 놀라게 하며 깨어나게 한다는 점에서 불과 같습니다. 사람은 손가락에 불이 붙으면 가서 잘 수 없습니다. 그렇듯이 참된 복음이 사람의 귀에 큰 소리로 울리면 그는 가서 잘 수 없습니다.

불은 또한 녹이는 힘이 있는데, 주 예수 그리스도의 복음도 그렇습니다. 나이 먹어 백발이 되도록 오래 지속된 죄악의 체제들이 있었습니다. 그러나 마침내 그 체제들이 하나님의 교회의 공격을 받아 성령의 검에 맞았을 때 완전히 무너져버렸습니다. 예를 들면 혐오스런 노예 제도가 있었습니다. 하나님의 교회 가운데 그 제도를 변명하려고 하고 그 제도를 두고 "신성한 제도, 특별한 제도"라고 말한 일부 교회들이 있습니다. 나는 그것이 무슨 말인지 모르겠습니다. 그러나 하나님의 교회가 노예 제도를 기독교 신앙에 완전히 모순된 것이라고 공공연히 비난하자, 그 제도가 아주 빠른 속도로 불타올라 사라져버렸습니다. 복음의 불태우는 능력에 의해 사라져야 할 사회적·정치적 악들은 훨씬 더 많습니다. 우리 마음에, 우리 생활에, 우리 주변에는 복음의 불이 더욱더 맹렬하게 타오름에 따라 사라져야 할 것들이 많이 있습니다. 악을 태워 없애버릴 것은 하나님의 말씀이어야 한다는 사실을 기억하시기 바랍니다. 우리가 보잘것없는 사고와 어설픈 수고로는 별로 할 수 있는 것이 없습니다. 금과 불순물을 가르고, 불순물은 태워버리고 순수한 금만 남기는 것은 사람들에게 전해진 영원한 진리, 영구한 사실들입니다.

그런데 본문은 하나님의 말씀이 방망이와 같다고 말합니다. "바위를 쳐서 부스러뜨리는 방망이 같지 아니하냐." 그래서 목사가 복음을 사용할 때는 언제든지 이 직유에서 복음을 사용하는 방법을 배워야 합니다. 그는 자기 주님을 대신해서 복음을 가지고 힘을 다하여 무섭게 내려쳐야 합니다. 방망이, 곧 망치를 사용하는 법을 배우는 데는 무슨 대단한 교육이 필요하다고 생각하지 않습니다. 대단한 교육이 도움이 될 수 있을지 모르겠습니다. 망치를 바르게 사용하려면 사람이 망치를 가지고 치는 것 외에 달리 할 것이 없는 것 같습니다. 예를 들면, 돌 깨는 사람에게는 튼튼하고 좋은 망치가 있고, 깨트려야 할 돌무더기가 있습니다. 그가 해야 할 일은 할 수 있는 대로 열심히 돌을 치고, 또 계속 쳐서 다 깨트리는 것뿐입니다. 형제 여러분, 여러분이 설교할 때는 복음 망치를 가지고 할 수 있는 대로 열심히 치십시오. "아, 하지만 나는 망치의 모양을 좋게 해야 합니다. 마호가니 손잡이가 있어야 해요!" 망치를 사용하여 치려고 할 때, 마호가니 손잡이 같은 것은 신경 쓰지 마십시오. 망치는 장식품이 아니고, 정말로 힘든 일에 사용되도록 만들어진 것입니다. 그리고 여러분이 복음을 마땅히 사용해야 하는 대로 사용할 때, 그 결과는 놀랍습니다. 바위를 깨트리는 일을 합니다.

여러분은 "아, 정말 고집 센 사람이 있습니다!" 하고 소리칩니다. 그를 복음으로 치십시오. "하지만 그 사람은 진리를 비웃고 조롱합니다!" 그가 그렇게 할지라도 신경 쓰지 말고 계속해서 복음으로 그를 치십시오. "아, 하지만 어떤 교구에서는 내가 몇 년 동안 이 망치를 휘둘렀는데 아무것도 나온 것이 없습니다!" 계속해서 망치를 휘두르십시오. 복음은 아직까지 한 번도 실패한 적이 없는 망치이기 때문입니다. 계속해서 그 망치를 사용하기만 하십시오. 망치를 한 번 치는 것으로 모든 일이 다 이루어지는 것이 아닙니다. 어쩌면 열두 번을 쳐도 이루어지지 않을 수도 있습니다. 한 번 쳐서 깨어지지 않는 바위가 두 번, 세 번, 열두 번을 쳐도 깨어지지 않을지라도 마침내는 깨어질 것입니다. 한 번 칠 때마다 분열의 과정이 일어나고 있는 것입니다. 큰 덩어리가 여러분의 눈에는 보이지 않을지라도 내적으로는 깨어져가고 있는 것입니다. 그러다가 마침내 한 번의 망치질로 돌이 깨어지는 것처럼 보이는 순간이 올 것입니다. 그러나 그 이전의 모든 망치질이 바위를 깨는데 기여하였고, 마침내 바위를 깨어지기 적합한 상태로 만든 것입니다. 그러니 형제 여러분, 오직 예수 그리스도의 복음으로만 꾸준히 두들기십시오. 복음 망치를 맞는 마음이 해가 가도 깨어지지 않을 수 있지만 마침내는 깨어지고 말 것입니다.

내가 지금 말하고 있는 이 진리가, 이 자리에 계신 사람들 가운데 오랫동안 내 설교를 들어온 어떤 분들에게 해당된다고 믿습니다. 나는 그동안 있는 힘을 다해 여러분을 쳤습니다. 아직까지는 별 성과를 거둔 것 같지 않습니다. 그렇지만 나는 이 망치질이 기진맥진해서 그치는 일은 없으리라는 것을 잘 압니다. 내가 살아 있고 여러분이 살아 있는 한, 망치질은 계속 될 것입니다. 영원하신 하나님의 이름으로 복음을 계속해서 여러분의 마음과 양심에 증거할 것입니다. 하나님이여, 우리가 수고의 결과가 보이지 않는 것에 낙심하지 않게 하여 주시고, 완고한 마음이 결국은 복음의 망치질에 꺾이게 하여 주옵소서!

여러분 가운데 누구든지 아주 멋지고 우아하며 매우 논리적이고 품위 있는 설교를 듣는 습관이 있다면, 그럼에도 불구하고 그 설교들이 망치가 바위를 치듯이 여러분의 마음을 치지 않는다면, 그 설교들이 여러분의 마음을 깨트리려는 목적이 없다면, 더 이상 그 설교들을 듣느라 주일을 낭비하지 마십시오. 그 설교들은 하나님의 말씀이 아니기 때문입니다. 하나님의 말씀은 망치질을 하는 말씀입니다. 설교자의 메시지가 여러분을 치지 않는다면, 그 메시지가 최종적으로 여러분을 산산조각 내지 않는다면, 그것은 여러분이 지금까지 내내 들어온 것이 하나님의 말씀이 아니기 때문입니다. 하나님께서 여기서 참 것과 거짓 것을 구별하기 위해 주시는 시험 방법은 이것입니다. "내 말이 불 같지 아니하냐 바위를 쳐서 부스러뜨리는 방망이 같지 아니하냐?"

그 두 가지를 합치면, 불과 방망이입니다. 여기서 여러분은 하나님께서 그의 사용하시는 도구가 될 종들을 어떻게 만드시는지 보게 될 것입니다. 하나님은 우리를 말씀의 불 속에 집어넣으십니다. 하나님은 녹이고 부드럽게 하시며 복종시키십니다. 그 다음에는 우리를 불에서 꺼내어 하나님은 마치 우리에게 하실 수 있는 일이 그것밖에 없는 것처럼 망치로 치시고, 우리를 하나님이 사용하시기에 적합한 도구로 만드십니다. 또 하나님께서 하나님 말씀의 불과 망치로 벼린 번쩍이는 창을 손에 들고 수많은 무리를 정복하는 신성한 일에 착수하십니다.

지금까지 나는 본문의 진술, 즉, 하나님의 말씀은 불과 같고 바위를 쳐서 부스러뜨리는 망치 같은 능력이 있다는 진술을 다루었습니다.

2. 둘째로, 이 진술을 예를 들어 설명하도록 하겠습니다.

나는 하나님 말씀에서 확실히 사람들의 마음에 불과 같고 망치 같이 작용한 부분들을 살펴봄으로써 설명하겠습니다.

하나님 말씀의 많은 부분은 하나님의 율법에 대한 계시와 관련이 있습니다. 여러분이 하나님의 율법을 선포하지 않는다면 복음을 충분히 설교할 수 없습니다. 사람들이 죄가 만들어낸 상처에 대해서 다소라도 알지 않는 한, 복음의 향유를 받지 않을 것입니다. 하나님의 율법을 충실하게 온전히 설교한다면, 하나님의 율법은 아주 무서운 불이 됩니다! 무서운 망치가 됩니다! 우리의 말과 생각을 살피는 율법, 우리가 끊임없이 작위의 죄와 부작위의 죄로 위반하고 있는 율법, 하나님은 죄 있는 자를 결코 풀어주시지 않는다고 선언하는 율법, 불순종하는 자들에게는 반드시 형벌이 따르게 하는 율법은 그런 것입니다. 여호와 우리 하나님은 질투하시는 하나님이시고, 그러므로 자신의 율법이 짓밟히도록 내버려 두시지 않을 것입니다. 그래서 율법은 불이자 방망이입니다. 성령께서 하나님의 율법에 대한 엄숙한 선언들이 죄인의 양심에 와 닿도록 하기 위해 그 선언들에 복을 베푸시면, 하나님의 율법이 참으로 무서운 망치가 됩니다! 참으로 무서운 불이 됩니다!

나는 그 불을 느끼고서 밤이든 낮이든 쉴 수 없었던 때, 그 망치가 무서운 타격으로 나를 산산조각 낼 것처럼 때리던 그 시간을 잊지 못할 것입니다. 사람이 완전하게 지키기 전에는 아무도 의롭다고 하지 않을 율법, 단 한 번이라도 어긴 사람은 누구나 정죄하는 율법, 각각의 위반에 대해 사망을 형벌로 요구하는 율법, 사람을 감옥에 집어넣어서 그가 단 한 푼이라도 완전히 갚기 전에는 결코 나올 수 없게 하는 율법, 이 율법은 실로 불이요 망치입니다. 그리고 많은 사람이 이 불에 그슬렸고 이 망치에 산산이 깨어졌습니다. 존 번연이 몇 년 동안 이 율법의 힘을 어떻게 느꼈는지 기억하시기 바랍니다. 우리 가운데 많은 사람이 그보다는 짧은 기간 동안이지만 그럴지라도 세상에서 하나님의 율법의 선언만큼 두려운 가르침이 없다는 것을, 지존하신 하나님의 공의로운 요구에 대한 참된 계시만큼 사람의 마음을 산산이 찢는 것은 없다는 것을 깨달았습니다.

사랑하는 형제 여러분, 여러분은 복음의 교훈에서도 불의 작용과 망치의 작용을 경험하지 않았습니까? 여러분은 하나님의 율법을 듣고도 마음이 움직이지 않던 사람이 복음의 설교를 듣고 마침내 그리스도께 오는 것을 참으로 많이 보았을 것입니다! 값없는 은혜와 대신 죽기까지 하는 한없는 사랑, 지극히 큰 죄인들에 대한 완전한 용서, 그리스도를 믿는 모든 죄인에게 단번에 주시는 즉각적이고 취소할 수 없는 용서를 전하는 복음을 듣고서 말입니다! 이 복음이 불처럼 작용하여 죄인의 모든 반대를 완전히 태워버리고 만 것입니다! 이 복음이 망치처럼 인간의 완고를 완전히 두들겨 부수고 만 것입니다! 예수님의 보혈로 말미암은 구속을 전하는 복음, 완전한 속죄가 이루어졌음을 말하는 복음, 속전이 단 한 푼도 남기지 않고 완전히 치러졌고 그러므로 예수님을 믿는 자는 누구든지 율법에서 자유롭고, 죄책에서, 지옥에서 자유롭다고 선언하는 복음, 이 복음을 자세히 말하는 것이 사람들의 마음을 속에서 불에 타게 만들었고 죄의 머리를 박살내었으며 사람들이 기쁘게 그리스도께로 도망가도록 만든 것입니다. 그러니, 복음을 전하십시오. 믿음으로 말미암아 의롭다 함을 얻는 복음, 성령으로 말미암은 중생의 복음, 하나님의 변함없는 사랑으로 말미암은 궁극적 견인의 복음을 전하십시오. 찬송 받으실 하나님의 영광스런 복음을 은혜 언약 안에서 계시된 대로 다 전하십시오. 그러면 여러분은 불로 태우는 일과 망치로 치는 일을 더할 나위 없이 훌륭하게 수행할 것입니다.

형제 여러분, 무엇보다 십자가의 교훈에는 놀라운 불의 힘과 망치의 힘이 들어 있습니다! 항상 찬송 받으실 하나님의 그리스도께서 자기 모든 백성의 죄를 짊어지시고 수욕의 십자가에 묶이셨습니다. 천사들의 경배를 받으신 분께서 죄인으로 십자가에 매달리신 것입니다. 그는 죄인들을 위해 피를 흘리고 죽으십니다. 다른 모든 대포가 인간 영혼이라는 도성의 문을 여는데 실패하였을 때, 십자가의 공성 망치가 그 문을 박살내었습니다. 사람은 성령의 능력이 보혈의 교리를 그 마음에 적용할 때 굴복하지 않을 수 없습니다. 아주 오래된 십자가의 이야기는 이제까지 전해진 어떤 이야기보다 사람의 마음을 확실하게 녹이는 능력이 있습니다. 여러분도 틀림없이 십자가의 이야기가 그렇다는 것을 종종 느꼈을 것입니다. 하나님의 종인 여러분, 여러분은 십자가의 이야기 때문에 마음이 녹아내리고 무너진 적이 많지 않습니까? 그렇습니다. 여러분은 그처럼 마음이 무너지는 것을 부끄러워하지 않습니다. 오히려 여러분의 마음이 너무 단단해서 깨어지지 않는 것에 화가 나서 가슴을 칩니다. 여러분이 바라는 바는, 이 신성한 비극에, 다시 말해 다른 아무것에도 죄가 없는데 오직 "사랑이 지나치게 많은 것이 죄가 되는" 분에 대한 이 신성한 이야기에 언제나 깊게 반응할 수 있기를 원하는 것입니다. 그렇습니다. 형제자매 여러분, 이 진술, 곧 하나님의 말씀은 어디나 망치와 불의 능력이 있는데, 특별히 율법과 복음과 십자가를 이야기하는 부분에서 특별히 더 그렇다는 진술이 맞다는 점을 이 외에도 얼마든지 예를 들어 설명할 수 있을 것입니다.

3. 시간이 얼마 없기 때문에 여러분에게 본문의 진술을 실제로 시험해 보라고 말씀드리고 설교를 끝내야 하겠습니다.

"내 말이 불 같지 아니하냐 바위를 쳐서 부스러뜨리는 방망이 같지 아니하냐?"

첫째로, 이 진술을 우리 자신에게 시험해 봅시다. 여러분은 매우 슬픕니다. 그렇습니까? 여러분의 마음은 춥습니다. 자, 형제 여러분, 하나님 말씀에서 한 장을 읽어보십시오. 앉아서 성경을 펴고, 성경을 공부하십시오. 하나님께 성경을 공부하는 것이 여러분에게 복이 되게 해달라고 구하십시오. 나는 여러분이 얼마 지나지 않아서 성경이 불처럼 여러분을 따뜻하게 하고 위로한다는 것을 발견하게 되리라고 확신합니다. 마음이 슬플 때, 이웃집으로 달려가지 말고, 혼자 앉아 있지도 말며, 음울한 절망 가운데 울지 마십시오. 하나님의 말씀으로 가십시오. 하나님의 말씀에는 놀라운 달콤함이 있고, 놀라운 능력이 있습니다. 그래서 금방 여러분은 우울함 대신에 아름다움을 얻고 한숨 대신에 노래를 얻을 것입니다.

여러분은 자신이 슬프지 않다고 말합니다. 하지만 여러분은 아주 심하게 졸린 상태에 있습니다. 하나님의 방식들을 들으면 전혀 재미가 없고 몹시 졸리게 되었습니다. 여러분은 한때 있었던 진지한 마음이 이제는 없고, 한때 느꼈던 영적 생명과 활력을 이제는 절반도 느끼지 못합니다. 좋습니다. 그러면 하나님 말씀으로 가십시오. 하나님 말씀을 읽고 연구하고 귀 기울여 들으십시오. 하나님 말씀을 충실하게 전하는 곳을 찾아서 거기에 참석하십시오. 하나님께서는 우리 가운데 어떤 이들이 전혀 열매를 맺지 못하는 어려운 시기에 처해 있을 때 아주 속히 그들에게 복을 베푸셨습니다! 하나님 말씀의 단 한 문장이 우리를 무기력한 데서 끄집어내어 거룩한 에너지를 불어넣어 주었습니다. 하나님의 말씀을 한 장(章) 읽었을 때, 그것이 주문(呪文)보다 신속하게 우리에게 작용을 했습니다. "부지중에 내 마음이 나를 내 귀한 백성의 수레 가운데에 이르게 하였구나"(아 6:12). 여러분의 마음 상태가 어떠하든지 간에, 복음을 굳게 붙드십시오. 여러분이 첫사랑을 다시 느끼고 싶다면 그 사랑을 어디에서 받았는지 기억하십시오. 그것은 하나님의 말씀을 듣는 데서였습니다. 그러므로 가서 하나님 말씀을 듣고 또 들으며, 스스로 성경을 찾아 읽으십시오. 그러면 여러분이 다시 살아나고 힘을 얻을 것입니다.

어떤 친구는 이렇게 말할지 모릅니다. "나는 위로와 확신과 기쁨을 거의 다 잃어버렸어. 마치 내가 아주 차가와지고 완고하고 무감각해진 것 같아." 하지만 하나님의 말씀이 불과 같은데 여러분이 차가와질 필요가 있습니까? 하나님의 말씀이 바위를 쳐서 깨트리는 망치와 같은데 여러분의 마음이 여전히 돌처럼 굳어져 있어야 하겠습니까? 여러분, 복음으로 돌아가십시오. 복음이야말로 여러분의 차갑고 완고한 마음을 고치는 치료책입니다.

일전에 나는 한때 매우 정력적인 그리스도인이었던 것으로 알고 있는 사람을 보았습니다. 그는 우리 교회에서 나가 다른 교회에 가입하였습니다. 그 교회의 목사는 말을 잘하는 사람이었습니다. 그 사람은 그곳에서 몇 년을 지냈습니다. 내가 그 사람을 보고서 "잘 지내십니까?" 하고 물었습니다. 그가 대답하였습니다. "아마, 그럴 걸요. 나는 우리 목사님 설교를 듣는 것이 언제나 좋습니다." 그래서 내가 물었습니다. "그러면 형제의 영혼은 잘 자랍니까?" 그가 말했습니다. "아, 목사님이 그렇게 물으시니까, 당혹스럽군요. 내가 이 교회에 온 뒤로는 내게 영혼이 있는지 없는지에 대해서는 생각해 보지 않았거든요." 그래서 그에게 말했습니다. "아이고, 내가 형제라면 그곳에서 도망칠 것입니다. 설교가 형제의 영혼을 먹이지 못하고, 형제가 점점 더 하나님을 사랑하고 그리스도를 닮도록 자라게 하지 못한다면, 그 설교가 무슨 유익이 있겠습니까?"

우리가 하나님을 섬기는 일에서 튼튼해지고 활동적이 되려면 하나님 말씀의 능력이 우리 마음에 작용하는 것을 느껴야 합니다. 하나님 말씀의 속성에 따를 때, 하나님 말씀을 먹고 사는 사람은 하나님 말씀의 속성을 띠도록 변화합니다. 하나님의 말씀은 살아 있고 능력이 있으므로, 여러분이 하나님의 말씀을 먹고 살면 그 말씀이 여러분을 살리고 여러분에게 참된 능력을 갖추어 줄 것입니다. 여러분을 거룩하고 정결하게 해서 여러분이 하나님의 성품을 나타내도록 만들 것입니다.

형제 여러분, 다음으로 하나님의 말씀이 불 같고 망치 같기 때문에 우리가 그 말씀을 우리 자신에게 사용했다면, 이제는 실제로 본문 말씀을 사용해서 다른 사람들에게 적용해 봅시다. 이 세상에는 우리가 가망 없다고 포기한 사람들, 일생 동안 한 번도 정말로 복음으로 단련이나 시험을 받아본 적이 없는 사람들이 아주 많다는 것이 내 생각입니다. 나는 이 자리에도 우리가 전혀 회심할 것 같지 않다고 말하는 사람들, 하나님 말씀의 불의 영향력이나 복음의 망치질을 온전히 받아보지 못한 사람들이 있지 않을까 걱정입니다. 어떤 사람이 "제가 한 사람을 데려왔습니다" 하고 말합니다. 친구 여러분, 나는 여러분이 한 사람을 데려온 것이 기쁩니다. 그런데 여러분은 그 사람에게 그의 영혼에 대해서 충실하게 말해 본 적이 있습니까? "글쎄요, 그렇게 한 적은 없습니다. 그에게 조금은 이야기했습니다." 그에게 복음을 쉽게 설명한 적은 있습니까? "글쎄요, 나는 그가 그런 식으로 말하기에 적합한 사람이었다고 생각하지 않습니다." 아, 내가 보니까 여러분은 불을 사용하지 않고서 그를 태우려고 하고, 망치를 높이 들지 않고서 바위를 깨트리려고 생각했던 것 같습니다. 사실 여러분은 그의 경우는 복음의 불보다 나은 어떤 것이 필요했다고 혹은 복음 망치보다 부드러운 것이 필요했다고 믿었던 것입니다. 여러분은 이 구식 망치를 그에게 사용해볼 생각이 없습니까? 이 오래된 불을 그에게 시험해 보지 않겠습니까?

나는 어떤 교회들에서 교인들이 "여기서는 아무것도 선한 것이 나오지 않아"라고 말했다는 소리를 들었습니다. 나는 그들이 구식의 복음 설교를 전하려고 했다면, 휫필드 목사를 불러서 설교하도록 할 수 있었다면, 혹은 누군가를 불러 와서 휫필드 목사가 전했던 바로 그 진리를 설교하도록 하였다면 어떤 결과들이 나왔을까 하는 의문이 들었습니다. 사람들이 어느 교회에서 설교하든지 간에 사람들의 마음이 움직이지 않는다고 말하면, 나는 그들에게 묻습니다. "그러면 여러분이 사람들의 마음을 움직이기 위해서 전하려고 하였던 것이 복음이었습니까? 여러분이 전한 것이 바로 하나님의 말씀이었습니까?" 사람의 말은 벽에다 던진 종이 공과 같습니다. 그것은 아무런 영향을 미치지 못합니다. 그러나 하나님의 말씀은 가장 큰 울리치(Woolwich) 대포 가운데 하나로 쏜 포탄과 같습니다. 그 포탄이 떨어지면 모든 장애물을 깨부수고 그 앞을 막는 모든 것을 무너뜨립니다.

왜 우리는 구원하려고 하는 사람들 앞에 진리 전체를 제시하지 않는 것입니까? 때로 주일학교에서조차 어린아이들에게 "이방인 예수를 사랑하라"는 등의 교훈을 가르치는데, 마치 그것이 구원의 길인 것처럼 가르치는 것 같다는 생각이 듭니다. 왜 아이들에게 주 예수 그리스도를 믿으라고 말하지 않는 것입니까? 왜 사랑이 믿음을 대신하게 합니까? 여러분이 성인들에게 제시하는 바로 그 복음을 아이들에게도 전해야 합니다. 아이들에게 그 복음을 전하고 거기에서 어떤 결과가 나올지 보십시오. 도처에서 이렇게 해 보십시오.

어떤 사람은 말합니다. "하지만 목사님이 복음을 전하려고 할지라도 아무 유익을 끼칠 수 없는 교구들이 있습니다. 그 사람들에게는 바이올린을 켜주고 드럼을 쳐 주어야 합니다. 그 다음에는 사람들에게 오락과 여흥을 마련해 주어야 합니다. 책도 읽어주고 연주회도 열어 주어야 합니다." 여러분, 좋습니다. 할 수 있다면 여러분은 그 방식으로 죄인들을 회심시키십시오. 사람들을 그리스도께로 인도하는 결과를 가져온다면 나는 어떤 방법이든지 반대하지 않습니다. 하나님의 말씀이 망치와 같다면, 예수 그리스도의 길을 방해하는 모든 것을 두들겨 부수는데 하나님 말씀만한 것은 없습니다. 그렇다면 우리는 계속해서 복음을, 오직 복음만을 계속 전해야 하지 않겠습니까?

어떤 사람은 말합니다. "글쎄요, 하지만 가난한 사람들은 더럽습니다. 우리는 위생적인 환경을 다양하게 개선해 주어야 합니다." 물론 그래야 합니다. 할 수 있는 대로 빨리 가서 그 일을 하십시오. 그런 일은 많이 할수록 그만큼 좋습니다. 더러운 사람들과 불결한 곳에는 비눗물과 흰색 페인트만큼 좋은 것이 없습니다. 여러분이 원하면 그런 사람들과 장소를 비눗물로 씻고 흰색 페인트로 칠할 수 있습니다. 그러나 그리스도의 복음이 없이는 그들의 영혼을 구원하지 못할 것입니다. 여러분이 그 사람들에게 가서 술 마시지 않아야 할 이유를 설명할 수 있습니다. 그렇게 하기를 바랍니다. 그런 일은 많이 하면 할수록 그만큼 좋습니다. 여러분이 할 수만 있다면 그 사람들 하나하나를 절대금주주의자로 만드십시오. 그것이 그들에게 큰 복이 될 것이기 때문입니다. 그러나 여러분이 거기에서 멈춘다면 정말로 영구히 복이 되는 일은 하지 못한 것입니다.

복음을 시험해 보십시오! 복음을 시험해 보십시오! 복음을 시험해 보십시오! 바울의 시대에, 곧 로마라는 거대 제국의 권세가 자유를 말살하였을 때, 혐오스럽기 짝이 없는 정욕이 하나님의 코에 악취를 풍겼을 때, 복음이 이런 세상에 대해 시험을 받았을 때, 행한 일이라곤 예수 그리스도와 그의 십자가에 못 박히심을 전하는 것뿐이었고, 일반 사람들이 그리스도에 대해 즐거이 듣고 믿은 것밖에 없었습니다. 그런데 얼마 되지 않아서 바로 거짓 신들이 굴복하였고 로마 제국의 잔인한 정욕들이 무릎을 꿇었으며, 세상의 대부분의 지역에 복음이 스며들었습니다. 이제 다시 그렇게 해야 할 것입니다. 반드시 다시 그렇게 해야 합니다. 하지만 여기서 기억할 것은, 처음에 그 일을 하였던 바로 그 하나님의 말씀만을 가지고 그렇게 해야 한다는 것입니다. 우리가 하나님의 말씀으로 빨리 돌아가면 갈수록 그만큼 더 잘하는 일입니다. 단순하게 하나님의 말씀을 분명하게 이야기하는 것 외에 다른 모든 것을 집어치우면 치울수록 그만큼 더 빨리 승리를 얻을 것이고, 우리 하나님과 그리스도를 위해 그만큼 더 빠르고 확실하게 승리를 얻을 것입니다.

여러분, 여러분이 마음이 새롭게 되기를 원한다면, 여러분의 마음을 녹일 수 있는 것은 바로 복음뿐입니다! 여러분이 구원받기를 원한다면, 여러분을 틀림없이 구원할 것은 복음뿐입니다! "주 예수 그리스도를 믿으라 그리하면 네가 구원을 받으리라"(행 16:31). 바로 이것이 하늘로부터 온 계시의 핵심입니다. 이 계시를 받아들이십시오. 하나님께서 여러분에게 복 주시기를 바랍니다! 아멘.

제
19
장

—

여호와를 아는 마음

—

"내가 여호와인 줄 아는 마음을 그들에게 주리라." ― 렘 24:7

　죄는 사람의 마음을 지독한 어둠에 빠트렸습니다. 그래서 사람이 자기 창조주도 알지 못합니다! 본문에는 사람이 비록 하나님 안에서 살고 활동하며 존재하면서도 마음으로 여호와에 대해 무지하다는 사실이 함축되어 있습니다. 사람은 하나님께 대해 무지하므로 하나님을 찾을 수도 없습니다. 이로 볼 때 죄는 사람의 지성에 철저한 무능력을 가져왔습니다! 이 사실 또한 본문에서 아주 쉽게 헤아려볼 수 있습니다. 언약 안에서 택한 백성들이 여호와를 아는 마음을 받을 것이라고 약속되었다는 사실이 하나님의 가르침이 없이는, 여호와로부터 새 마음을 받지 않고서는 사람이 하나님을 알지 못할 뿐만 아니라 찾을 수도 없다는 것을 보여주는 분명한 증거입니다. 허망한 사람이여, 그대가 자신의 지성을 자랑하지만, 그대의 어리석은 마음은 아주 깜깜해서 대낮에도 한밤중처럼 걸려 넘어지는도다. 그대는 눈이 있으므로 "내가 본다"고 말합니다. 그러나 그대의 눈은 감겼고, 그대의 귀는 듣기에 둔하며 그대의 마음은 거칠어졌습니다. 그대의 영혼은 너무 둔감해져서 귀를 지으신 분만이 그대가 듣도록 만드실 수 있고, 눈을 조성하신 분만이 그대가 볼 수 있게 만드십니다. 하나님께서 몸을 굽혀 사람의 마음을 가르치신다니요, 하나님의 겸손하심은 아무리 칭송해도 부족합니다! 사람은 자기 하나님을 잊을지라도 하나님께서는 자기 백성을 잊지 않으십니다. 사람은 하나님을 알지 못할지라도 하나님은 사람을 아십니다. 하나님을 알지 못하는 사람의 무능력이 그의 마음에 있으므로, 하나님은 은혜로 사람을 찾아가시고 그에게 새 마음과 새 영을 주심으로써 사람의 힘의 근원과 본성의 중심을 새롭게 하십니다.

무한히 영광스러우신 하나님께서는 사람같이 하찮은 피조물이 하나님을 아느냐 모르느냐고 하는 문제를 전혀 대수롭지 않게 생각하실 수도 있었습니다. 하나님께서 이렇게 말씀하셨다면 당연한 일이고, 그것이 하나님의 공의의 위엄에 맞는 일이었을 것입니다. "네가 나를 알기 원치 아니하니 네가 나를 알지 못하도록 하겠다. 네가 눈을 감고 나를 보지 않으니 네가 계속해서 바깥 어둠 가운데 있게 하겠다. 네가 나를 하나님으로 알고 영광스럽게 하려고 하지 않으니 네 마음이 어둠 가운데 있게 하겠다. 네가 네 꾀에 빠지게 두겠다."

그러나 사랑의 하나님께서는 애정을 품고 계신 사람들에게 그렇게 말씀하시지 않습니다. 반대로 하나님께서는 우리를 위하여 자비의 언약을 세우셨습니다. 하나님의 말씀은 우리가 예상할 수 있었던 것과 반대입니다. 하나님은 본문에서 "내가 여호와인 줄 아는 마음을 그들에게 주리라"고 선언하십니다.

본문의 이 위대한 약속은 단지 하나님께서 회심한 자들을 인도하여 하나님이 계시다는 사실을 알게 하실 것이라는 뜻만이 아닙니다. 그 사실은 새로운 마음이 없어도 알 수 있는 것이기 때문입니다. 이성을 가진 사람은 누구나, 만물을 창조하였고 우주가 존재하도록 보존하는 신이 있다는 것을 알 수 있습니다. 하늘은 하나님의 영광을 선포하고 궁창은 그의 손으로 하신 일을 나타냅니다(시 19:1). 하나님의 솜씨와 능력의 표시들은 아주 풍부하여서 "창세로부터 그의 보이지 아니하는 것들 곧 그의 영원하신 능력과 신성이 그가 만드신 만물에 분명히 보여 알려졌습니다"(롬 1:20). 본문에서 말하는 하나님에 대한 지식은, 관찰로부터 생기고 또 사람의 지성에만 영향을 끼치는 것보다는 훨씬 더 깊은 것입니다. 하나님이 있다는 것을 아는 것은, 마음으로 "하나님이 없다"고 말한 어리석은 사람들을 제외하고 누구나 취하는 낮은 단계입니다.

본문은 하나님의 은혜를 받은 사람들은 여호와가 하나님이시라는 것을 알게 될 것이라고 약속합니다. 그래서 원문은 이와 같이 약속합니다. "내가 여호와인 줄 아는 마음을 그들에게 주리라." 하나님께서 사람들을 인도하여, 성경에 계시되고 주 예수님이라는 분에게서 나타난 하나님이 바로 천지를 지으신 그 하나님이시라는 것을 알게 하십니다. 사람은 자기가 좋아하는 대로 자신을 위하여 신을 만듭니다. 때로는 나무나 돌로 만들지 않을지라도, 자신의 의식 혹은 세련된 사상이라고 부르는 것을 가지고 자기를 위하여 자기 취향에 맞는 신을 만듭니다. 이 신은 사람의 죄악에 대해 그리 엄격하지 않고 회개하지 않는 사람들을 철저히 공의로 대하지도 않을 것입니다. 사람은 참된 하나님을 거절하고, 스스로 생각하기를 신은 마땅히 이래야 한다고 여기는 그런 신들을 정교하게 만들고, 자신의 생각으로 만들어낸 그 산물들을 보고 "이스라엘아 이는 너희 신이라"(출 32:8)고 말합니다. 그러나 성령께서 사람들의 마음에 빛을 비추실 때는 사람들이 여호와가 하나님이시고 그 외에는 다른 아무 신이 없다는 것을 알게 하십니다. 성령께서는 자기 백성들에게 천지의 하나님은 바로 성경의 하나님이시라는 것을, 즉 그 속성들이 완전히 균형이 잡혀 있는 하나님, 다시 말해 자비에 공의가 수반되고 사랑에는 거룩함이 따르며 은혜는 진리로 옷 입고, 능력은 인자와 연결되어 있는 하나님이시라는 것을 알도록 가르치십니다. 여호와는 이교도의 신들이 그러는 것처럼 죄를 눈감아 주고 더 나아가 죄를 기뻐하기까지 하는 하나님이 아니라 죄악을 그냥 두고 보실 수 없고 죄인들을 결코 용서하려 하시지 않는 하나님이십니다.

이 문제가 오늘날 철학자와 그리스도인 사이에 벌어지고 있는 큰 싸움거리입니다. 철학자는 이렇게 말합니다. "좋습니다. 여러분이 원하면 신이 있다고 하십시오. 그러나 그 신은 내가 독단적으로 당신에게 제시하는 그런 성격을 띤 신이어야 합니다." 이에 대해 그리스도인은 이렇게 대꾸합니다. "우리가 할 일은 신을 고안해 내는 것이 아니라 진리의 성경에 계시된 한 분 하나님께 순종하는 것입니다." 성경의 하나님은 사랑이십니다. 그러나 이 하나님은 또한 공의와 엄격함이 있습니다. 이 하나님은 자비로우시고 은혜로우십니다. 그러나 또한 악에 대해서는 엄격하고 두려우십니다. 이러므로 거듭나지 않은 사람은 이렇게 말합니다. "우리는 그런 신을 받아들일 수 없어." 그들은 성경의 하나님을 잔인하다고 부릅니다.

하지만 나는 여호와 외에는 다른 어떤 신도 알지 못합니다. 이 점에서 그들은 우상숭배자입니다. 그들은 참된 하나님을 버리고 다른 신을 세웁니다. 그들이 새긴 우상을 만들지 않는다고 주장할지라도, 그렇다고 해서 사정이 달라지는 것은 아닙니다. 첫째 계명은 "너는 나 외에는 다른 신들을 네게 두지 말라"(출

20:4)고 말하기 때문입니다. 하나님께서는 자기 백성들에게 자신이 여호와, 곧 이스라엘을 애굽 땅 종 되었던 집에서 인도하여 낸 하나님이시라는 것을, 바로를 역병으로 치고 그의 군대를 홍해에 빠트리신 여호와, 자기 백성을 인도하여 광야를 지나가게 하시고 그들의 원수를 그들 앞에서 강한 손과 편 팔로 쫓아내신 여호와, 자기 백성들을 구속하셨으나 그들의 죄악을 인하여 그들을 징계하시고 그들의 우상숭배에 대해 보복하신 여호와이시라는 것을 가르치십니다. 시내산의 하나님도 바로 골고다 언덕의 그 하나님이십니다. "나는 네 하나님 여호와니라"(20:2)는 것이 하나님의 엄숙한 선언입니다. 그러므로 사람이 총명이 있다면, 여호와 그는 하나님이시라는 것을, 그렇습니다, 여호와 그만 하나님이시라는 것을 아는 것이 당연한 일입니다. 사람이 하나님을 성경에 계시된 대로 믿고 더 이상 자신의 상상과 개념을 따라 자기를 위하여 신을 만들지 않는다면, 그것은 희망적인 표시입니다.

하지만 이 약속의 주된 강조점은 "나를 아는 마음을 그들에게 주리라"(개역개정은 "나를 아는"이라는 부분을 번역하고 있지 않다 ―역주)는 이 말씀에 있습니다. 즉, 단지 내가 있다는 것을, 그리고 내가 여호와라는 것을 아는 것만이 아니라 나를 개인적으로 알게 되리라고 약속하는 것입니다. 내가 여러분에게 전달하고 싶은 개념을 충분히 표현할 수 없는 것 같습니다. 하지만 여러분은 모두 사람이 누구인지, 사람의 특성이 무엇인지, 사람에 관한 모든 것과 그 사람 자신을 아는 것 사이에 차이가 있다는 것을 알 것입니다. 우리가 잘 아는 사람들이 많이 있습니다. 우리는 사람들의 속사정을 캐내기 좋아하는 이런저런 사람들 덕분에 유명한 사람들이 어떤 옷을 입는지, 그들이 하는 말, 먹는 음식, 또 그 음식을 언제 먹는지, 그리고 그들의 온갖 개인적인 습관들에 대한 세세한 이야기들을 압니다. 그러나 이 모든 정보에도 불구하고 우리는 이 사람들을 알지 못합니다. 만일 안다고 말한다면 우리는 거짓말을 하고 있는 것이 틀림없습니다. 우리가 그들을 알려면 그들에게 말을 건넬 수 있는 사이가 되어야 하고, 서로 알아보아야 하며, 그들과 우리 사이에 교제가 있어야 합니다. 그런데 그것은 내가 지금 말하고 있는, 훨씬 더 고귀한 문제에서도 마찬가지입니다.

우리의 창조주가 성경에서 말하는 여호와이시고, 그는 성품이 완전하시고 상상할 수 없이 영광스러우신 분이라는 것을 아는 것으로 충분치 않습니다. 하나님을 안다고 말하려면 우리는 그동안 하나님을 인식했어야 하고 하나님과 이야기를 나누었어야 하며, 하나님과 사이좋게 지냈고, 하나님과 교제를 나누었어야 합니다. 여러분이 하나님을 안다면 여러분의 비밀을 하나님께서 아시고, 하나님의 비밀을 여러분이 아는 것입니다. 하나님께서는 그동안 세상에 대해 하시는 것과 다르게 여러분에게 자신을 계시하셨습니다. 그동안 하나님께서는 틀림없이 성령의 신비한 영향력으로 여러분에게 자신을 계시하셨을 것입니다. 그랬기에 여러분이 하나님을 아는 것입니다. 나는 이 지식을 설명할 수 없지만, 여러분 가운데 많은 사람들이 그 지식이 무엇인지 경험으로 이해한다는 것을 생각할 때 기쁩니다. 모든 길에서 하나님이 계시는 것을 보면서 이 세상을 걸어가는 것이 즐겁지 않습니까? 여러분의 하나님 아버지는 항상 가까이 계십니다. 곤경에 처해 있을 때 하나님께서 우리를 도우신다는 것을 발견하고, 궁지에 처했을 때 "이것이 바른 길이니 너희는 이리로 가라"(사 30:21)고 하시는 하나님의 목소리를 듣는다는 것이 복이 아닙니까? 마음이 우울해질 때, 하나님의 위로는 우리를 기쁘게 하고, 우리가 미친 듯이 기뻐할 때는 하나님의 임재가 우리를 차분하게 만들어 주며 우리가 피조물들을 지나치게 기뻐하지 않도록 지켜줍니다. 에녹이 그랬듯이 하나님과 동행하고, 옛적에 아브라함이 사람이 친구와 말하듯이 하나님과 이야기하며, 모세가 호렙산에서 그랬듯이 하나님의 손 안에 감추어지는 것은 말로 다 표현할 수 없이 영광스럽고 즐거운 일입니다.

바로 이것이 본문의 방식대로 하나님을 아는 것입니다. 여러분, 여러분은 하나님을 압니까? 여러분은 예수 그리스도의 얼굴에서 하나님의 영광을 보았습니까? 여러분은 신성의 광채 때문에 우리의 유한한 감각이 눈멀게 되지 않도록 하기 위해 하나님의 모든 속성이 우리의 능력에 맞게 누그러져서 중보자를 통해서 온화하게 빛나는 것을 봅니까? 여러분은 예수님을 여러분의 구주로 알고 예수님에게 감으로 하나님을 안다는 것을 표시합니까? 그리스도를 본 사람은 아버지 하나님을 보았기 때문입니다. "아들과 또 아들의 소원대로 계시를 받는 자 외에는 아버지를 아는 자가 없느니라"(마 11:27). 사랑하는 여러분, 만일 여러분이 그리스도를 알고 그 안에서 발견된다면 여러분은 하나님을 알고 있고, 성령님께 가르침을 받은 복된 사람들 가운데 있는 것입니다. 혈과 육이 여러분에게 주님을 계시해 준 것이 아니기 때문입니다.

이제 본문을 다음과 같은 방식으로 생각해 봅시다. 먼저, 나는 이 지식의 중심지를 설명하겠습니다. "나를 아는 마음을 그들에게 주리라." 다음에는 이 지식의 필요성에 대해서, 그 다음은 이 지식의 뛰어남에 대해서, 끝으로 이 지식의 원천에 대해서 이야기하겠습니다. 성령께서 각 주제에 대해 잘 설명할 수 있도록 도와주시기를 바랍니다.

1. 이 지식의 중심지에 대해서 말씀드리겠습니다.

"내가 나를 아는 마음을 그들에게 주리라." "내가 나를 아는 머리를 그들에게 주리라"고 말씀하시지 않은 점에 유의하십시오. 앞에서 말했듯이, 하나님에게 오는 일에 있어서 사람의 큰 장애물은 그의 이성에 있지 않습니다. 사람의 이성에 어려운 점이 있지만, 그것이 큰 문제는 아닙니다. 하나님을 아는 일에 있어서 가장 중요한 첫 번째 장애물은 그의 성정에 있습니다. 사람의 마음은 악한 것에게로 기울어져 있습니다. 따라서 사람은 자기 기호에 맞는 신을 원하는데, 죄에 대해 미소를 짓거나 아니면 적어도 죄를 묵인할 신을 찾습니다. 하나님께서는 시편에서 "네가 나를 너와 같은 줄로 생각하였도다"(50:21) 하고 한탄하십니다. 사람은 하나님이 자신과 같은 줄로 생각하는 경향이 있습니다. 마음이 불결한 자들은 정결한 하나님을 생각할 수 없습니다. 설사 그런 하나님을 생각할 수 있다고 할지라도 그 하나님을 예배하기보다는 오히려 싫어할 것입니다. "마음이 청결한 자는 하나님을 볼 것임이요"(마 5:8)라는 것이 주님께서 공생애를 시작하면서 기도하신 축복 가운데 하나입니다. 마음이 불결한 자들은 하나님을 볼 수 없고, 따라서 하나님을 알지 못합니다. 마음이 그 무지의 중심지입니다. 마음 전체를 어둡게 하는 암흑이 있습니다. 그러므로 마음에 빛이 와야 합니다. 그런 마음에 빛이 약속된 것입니다.

나는 여기에서 약속된 하나님에 대한 지식이 마음에 있다는 사실을 두고 생각할 때, 첫째로 하나님께서는 어두운 마음을 새롭게 하셔서 하나님의 성품에 감탄하게 하신다는 것을 알게 됩니다. 지력(知力)은 하나님께서 공의로우시고 능력이 많으시며 신실하시고 진실하시며 은혜로우시고 인내심이 많다는 것 등등을 압니다. 그 다음에 정결하게 된 마음은 이 모든 속성들에 감탄하고, 그것들로 인해 하나님을 경배합니다. 여러분은 이런 질문으로써 하나님에 대한 여러분의 지식을 어느 정도 테스트해 볼 수 있습니다. 여러분은 하나님의 성품에 만족합니까? 성경의 하나님이 참된 하나님이시라고 알고서, 하나님께서 자신을 계시하시는 그대로의 모습에 감탄합니까? 앞에서 이야기한 것을 다시 한 번 말해야 하겠습니다.

하나님을 생각할 때 자기들이 바라는 그런 존재로 생각한 사람들이 많이 있습니다. 물론 그들은 자기들이 세운 그 형상을 칭송합니다. 그러나 하나님을 성경에서 계시하는 대로, 특별히 거룩하신 하나님으로 아는 것은 하나님의 은혜의 선물입니다. 여러분은 다윗이 시편 103편에서 어떻게 노래하는지 보았습니까? "내 영혼아 여호와를 송축하라 내 속에 있는 것들아 다 그의 거룩한 이름을 송축하라"(103:1). 이때 다윗이 하나님의 은혜로운 이름을 말하였다면 그것이 문맥에 더 맞는 것처럼 들렸을 것입니다. 이는 다윗이 "그가 네 모든 죄악을 사하시며 네 모든 병을 고치시는도다"(103:3) 하고 계속해서 하나님의 은혜로운 행위들을 이야기하기 때문입니다. 하지만 이 시인이 가장 칭송하였던 것은 이 모든 것 가운데서 하나님의 거룩하심이었습니다. 즉, 하나님께서 죄인들에게 자비를 베풀면서도 여전히 흠 없는 거룩함을 유지하실 수 있는 방식을 노래한 것입니다. 거룩함이 믿지 않는 자들에게는 큰 공포입니다. 그러므로 우리가 하나님의 거룩한 이름을 찬송할 수 있을 때, 그것은 우리 마음에 하나님께 대한 지식이 있다는 표시입니다.

천사들은 어떻게 하나님을 찬양합니까? 천사들이 "여호와 만군의 하나님이여, 능하시도다, 능하시도다, 능하시도다" 하고 노래합니까? 아니면 "우주의 창조주시여, 넉넉하시도다, 넉넉하시도다, 넉넉하시도다" 하고 노래합니까? 아닙니다. "거룩하도다, 거룩하도다, 거룩하도다, 여호와 만군의 하나님이여" 하고 노래합니다. 천사들은 삼위 하나님과 한 분 하나님을 찬미합니다. 거룩함이란 성품의 완전함, 곧 지나친 것이 하나도 없고 모든 것이 완전함을 의미합니다. 내 영혼아, 너는 모든 점에서 하나님의 무한한 완전하심을 어느 정도 볼 수 있는가? 그것을 보면서 하나님을 찬미하지 않느냐? 너는 하나님께서 악을 태워버리는 소멸하는 불이신 것을 아느냐? 하나님이 그런 분이신 것이 좋으냐? 너는 하나님의 주권, 하나님께서 죄를 미워하심, 하나님의 변치 않으심, 하나님의 질투를 알면서도 하나님을 칭송하느냐? 너는 하나님께서 모든 면에서 선하시다는 것을 알므로 하나님의 성품의 이같이 좀 더 엄격한 특성들까지도 정말로 기쁘게 여기는가? 그렇다면, "내가 나를 아는 마음을 그들에게 주리라"는 이 약속이 네게 성취된 것이다.

그러나 은혜 언약 안에서 약속된, 마음으로 하나님을 안다는 것은 단지 하나님을 알고 시인한다는 것 훨씬 이상의 의미를 나타냅니다. 새롭게 된 마음이 은혜로 말미암아 또 다른 단계를 밟으며 "하나님이여 주는 나의 하나님이시라 내가 간절히 주를 찾나이다"(시 63:1)라고 말하며 하나님을 자기 하나님으로 삼을 수 있습니다. 구원받은 사람은 모두 "이 하나님은 영원히 우리 하나님이시니 그가 우리를 죽을 때까지 인도하시리로다"(48:14)라고 말합니다. 하나님을 머리로만 아는 사람은 하나님을 누군가의 하나님으로 혹은 다른 사람의 하나님으로 생각합니다. 그러나 하나님을 마음으로 아는 사람은 도마처럼 "나의 주님이시요 나의 하나님이시니이다"(요 20:28)라고 선언합니다. 은혜를 받은 사람은 하나님을 자기 것으로 삼는 믿음의 행위를 통해서 "내 심령에 이르기를 여호와는 나의 기업이시니이다"(애 3:24) 하고 외치고, 그 다음에는 그 보답으로 자기 하나님을 섬기는 일에 자신을 바칩니다. 그 사람에게서는 "그들은 내 백성이 되겠고 나는 그들의 하나님이 될 것이라"(렘 32:38)는 또 다른 언약의 약속이 성취되는 것입니다.

하나님을 아는 참된 지식에는 모두 하나님에 대한 애정이 따릅니다. 하나님을 안다는 것을 영적인 언어로 말하자면 하나님을 사랑한다는 것입니다. "사랑하지 아니하는 자는 하나님을 알지 못하나니 이는 하나님은 사랑이심이라"(요일 4:8). 다윗은 "여호와께서 내 음성과 내 간구를 들으시므로 내가 그를 사랑하는도다"(시 116:1) 하고 말합니다. 다윗은 그동안 하나님을 모르고 지내지 않고 기도로 하나님과 대화하였으며 은총의 표시들을 받았으며, 그래서 그의 사랑이 넘쳐흘렀습니다. 다윗은 다른 시편에서는 이렇게 외칩니다. "나의 힘이신 여호와여 내가 주를 사랑하나이다"(18:1). 그리고 이어서 그는 사랑과 찬양의 말을 무더기로 쌓아 한데 모으듯이 말합니다. "여호와는 나의 반석이시요 나의 요새시요 나를 건지시는 이시요 나의 하나님이시요 내가 그 안에 피할 나의 바위시요 나의 방패시요 나의 구원의 뿔이시요 나의 산성이시로다." 하나님을 충분히 아는 경우에는 하나님을 뜨겁게 사랑합니다. 여자는 자기의 사랑하는 사람을 먼저 수풀 가운데 사과나무로 묘사하였고, 그 다음에는 "내가 사랑하므로 병이 생겼음이라"(아 2:5)고 소리쳤습니다. 또 다른 곳에서는 주님의 전체 모습을 묘사한 후에 이 여인은 이렇게 외치지 않을 수 없었습니다. "입은 심히 달콤하니 그 전체가 사랑스럽구나"(5:16). 우리가 하나님을 알 때 하나님에 대한 우리의 사랑은 그와 같아서, 다른 사람들 앞에서 자랑하지 않을 수 없게 됩니다. "내 영혼이 여호와를 자랑하리니 곤고한 자들이 이를 듣고 기뻐하리로다"(시 34:2). 자기가 알고 사랑하는 하나님을 찬양하려는 것이 새롭게 된 영혼의 큰 열망입니다. 사랑이 없는 지식은 무기력하겠지만, 하나님께서는 이 지식과 사랑을 신성하게 결합시키셨으므로, 이 둘은 떨어질 수 없습니다. 우리는 하나님을 사랑하기 때문에 하나님을 알고, 하나님을 알기 때문에 하나님을 사랑합니다.

감탄, 자기 것으로 삼음, 애정의 마무리는 애착으로 이루어집니다. 어떤 사물을 마음으로 안다는 것은 일반적인 대화에서 그 사물을 철저히 안다는 뜻입니다. 어린아이가 학과 수업을 마음으로 배우면 우리는 아이가 그 내용을 잊지 않을 것이라고 기대합니다. 머리로 배운 수업은 배우지 못한 것일 수가 있습니다. 우리의 이해력은 매우 변덕스럽고 우리의 기억력도 덧없는 것이지만 마음에 새겨진 것은 지워지지 않습니다. 성경은 "처녀가 어찌 그의 패물을 잊겠느냐 신부가 어찌 그의 예복을 잊겠느냐?"(렘 2:32) 하고 묻습니다. 처녀나 신부는 그런 것들을 맹목적으로 좋아하므로 결코 잊지 않을 것입니다. 어머니가 자기의 젖을 빠는 아기를 잊을 수 있습니까? 그럴 수 없습니다. 아이에 대한 어머니의 지식은 마음의 지식이기 때문입니다. 마음으로 기억하는 것들은 다른 모든 것이 사라져도 그대로 남아 있습니다. 어머니의 사랑, 아내의 다정함, 귀여운 아이의 애정은 생의 마지막 순간에도 우리 앞에 떠오를 것입니다. 머리가 배운 것을 잊어버리고 손이 그 솜씨를 잊을지라도, 사랑하는 사람들의 소중한 이름은 우리 입술에서 사라지지 않을 것입니다. 사랑하는 사람들의 기분 좋은 얼굴들은 우리 눈이 다가오는 죽음의 그림자 때문에 침침해지는 때에도 우리 앞에 그대로 떠오를 것입니다. 우리가 "하나님이여 내 마음이 확정되었고 내 마음이 확정되었나이다"(시 57:7) 하고 노래할 수 있다면, 마음으로 습득한 지식은 결코 마음에서 빼앗을 수 없을 것입니다. 지식에 넘치는 그리스도의 사랑을 아는 것은 덧없이 사라지는 것이 아닙니다. 이 지식은 우리에게 오래 남아 있고, 하나님께서 우리를 아시는 것처럼 우리가 하나님을 알기까지 자라날 것입니다. 이것은 장차 사라질 지식이 아니고, 낮이 밝아오고 어둠이 사라질 때 온전해질 지식입니다.

사랑하는 여러분, 여러분은 이런 하나님의 지식이 있습니까? 여러분은 여호와 여러분의 하나님께 감탄하고 하나님을 자기 하나님으로 삼고, 사랑하며 하나님을 굳게 붙들고 있습니까? 여러분은 "그들이 작은 자로부터 큰 자까지 다나를 알 것이라"(렘 31:34)는 약속에 따라 자신이 하나님에 대해서 배웠다고 생각할 수 있습니까? 여러분은 "나는 이스라엘 가운데 너무 작은 자여서 하나님을 알 수 있을 것이라고 생각할 수 없어"라고 말하지 마십시오. 언약의 약속이 큰 자뿐 아니라 작은 자도 반드시 하나님을 알 것이라고 암시하지 않습니까? 이 복된 지식은 모든 그리스도인에게 필수적인 것인데, 여러분은 이 지식이 있습니까? 없다면, 여러분은 이 지식을 갖기 바랍니까? 갖기를 바란다면, 그 지식을 달라고 간청하며 이렇게 말하십시오. "'원하건대 주의 영광을 내게 보이소서'(출 33:18). 내가 주님을 악과 과실과 죄를 용서하시는 자비롭고 은혜로우신 여호와 하나님으로 알게 하소서." 여러분이 예수님을 인하여서 간구하면 하나님께서 여러분의 기도를 들으실 것입니다.

2. 이제는 두 번째 요점, 곧 이 지식의 필요성에 대해서 생각해 보겠습니다.

우리가 조금만 생각해 보면, 이 지식이 얼마나 필요한지 알게 될 것입니다. 하나님을 아는 것은 다른 모든 참된 지식을 얻는데 필요한 준비입니다. 하나님은 우주의 중심이시고, 기초이고 기둥이며, 근본적인 힘이시고, 모든 것의 모든 것이시며, 만물을 충만케 하시는 분입니다. 하나님을 알지 못하는 것은 마치 어떤 학생이 천문학의 이론을 연구하려고 하면서 태양에 대해서 전혀 알지 못하는 것과 같고, 혹은 선원이 바다에 대해 무지하거나 농부가 씨앗의 존재조차도 알지 못하는 것과 같습니다. 하나님이 우리 마음속에서 자리를 차지하셔야 합니다. 그렇지 않으면 우리는 지식을 제대로 정리할 수 없을 것이고, 따라서 우리의 학문은 진리와 오류의 혼합덩어리에 불과하게 될 것입니다. 여러분이 성경의 교리들을 배울 수 있으나, 여러분이 그 교리들이 가르치는 하나님을 알기 전에는 그 교리들을 제대로 알지 못합니다. 여러분이 성경의 교훈과 약속을 그 문자대로 이해할 수는 있지만, 하나님을 알기 전에는 교훈도 약속도 제대로 알 수 없습니다. 하나님을 아는 지식은 지혜의 시작이자 끝입니다. 고대의 그 유명한 현인은 "인간이여, 네 자신을 알라"고 말했습니다. 그가 말한 것은 옳습니다. 그러나 이보다 먼저, 사람은 자기 하나님을 알아야 합니다. 나는 사람이 자기 하나님을 알기 전에는 아무도 자신을 바르게 알지 못한다고 대담하게 말합니다. 이는 하나님의 빛과 정결함을 볼 때 비로소 우리가 자신의 어둠과 죄됨을 보기 때문입니다. 우리가 전혀 완전하지 않다는 것을 알 수 있으려면 먼저 우리 앞에 완벽한 모범이 있어야 합니다. 여러분은 자신을 평가할 수 있는 기준이 있어야 합니다. 그렇지 않으면 자신이 부족한지 그렇지 않은지 말할 수 없습니다. 그런데 하나님이 기준입니다. 사람은 그 기준을 알기 전까지는 자신이 그 기준에 참으로 심각하게 미치지 못하였다는 것을 모릅니다. 인류가 마땅히 연구해야 할 대상은 하나님입니다. 거기에 이어서 그 다음으로 연구하기에 적당한 대상이 사람입니다. 우리는 하나님을 알아야 합니다. 그렇지 않으면 우리의 다른 지식이 다른 사람들에게 위험할 수가 있고, 우리 자신에게는 틀림없이 해로울 것입니다.

하나님을 아는 지식은 마음의 진정한 평안을 위해 반드시 필요한 것입니다. 어떤 사람이 세상에 살면서 자신이 하나님에 대해서는 아무것도 모르지만 하나님에 대한 것을 제외하고는 다른 모든 면에서는 옳다고 느낀다고 생각해 봅시다. 그가 하는 말을 들어보십시오. "내가 세상에 돌아다녀 보면 그 얼굴을 알아볼 수 있는 사람들이 많고, 내가 믿을 수 있는 친구들도 많다. 어딘가에 하나님이 있는데, 나는 하나님에 관해서는 도통 아는 것이 없다. 하나님이 내 친구인지 적인지도 모른다." 그가 생각이 깊고 지성을 갖춘 사람이라면, 속으로 이렇게 말할 수밖에 없기 때문에 틀림없이 마음에 불안을 느낄 것입니다. "이 하나님이 공의로운 하나님이신 것이 드러난다고 생각해 보자. 그러면 나는 하나님의 법을 어긴 사람이 되고 말지 않는가? 내게 참으로 엄청난 위험이 떨어지는 것이다. 이 두려운 무지를 제거하기 전에 어떻게 내가 평안할 수 있겠는가!" 구약 성경은 이렇게 말합니다. "너는 하나님과 화목하고 평안하라"(욥 22:21). 하나님을 모르는 동안에는 마음에 전혀 평안이 없습니다. 하나님은 평안의 하나님이십니다. 그러므로 영혼이 이 하나님을 알기 전에는 평안이 있을 수 없습니다. 여러분은 이 사실이 아주 확실히 그렇다는 생각이 들지 않습니까? 이 사실을 모른 채로 지낸다는 것은 행복의 가장 중요한 부분, 곧 우리의 영원한 운명이 달려 있는 요체를 위태롭게 하는 일이 될 것입니다. 여러분은 지금 그렇게 하고 있습니까? 아니면 하나님을 알고 있습니까?

이 하나님의 지식이 반드시 필요하다는 사실은 분명합니다. 사람이 영적 생명이 있으면서도 하나님을 알지 못하는 일은 있을 수 없기 때문입니다. 사람이 살아나 영적 생명을 받을 때 아는 가장 첫 번째 존재는 영들의 아버지이신 하나님입니다. 그 사람이 첫 번째로 외친 말은 "아버지, 내가 죄를 지었나이다"(눅 15:21)라는 것입니다. 그리고 일생 동안 그는 "아바, 아버지여" 하고 부르짖습니다. 기도가 그의 호흡이지만, 그가 모르는 하나님께 제대로 기도할 수는 없습니다. 믿음이 그의 생명이지만, 그가 알지 못하는 하나님을 어떻게 믿겠습니까? 나는 하나님을 모르는 사람을 영적인 사람으로 생각할 수 없습니다. 그것이 불가능하다는 것은 자명한 사실입니다. 하나님의 자녀이면서 아버지 하나님을 모른다는 것, 아버지의 품에 기대고 아버지의 용서하심을 받으면서도 용서하시는 하나님에 대해 완전히 무지하다는 것은 있을 수 없는 일입니다. 전혀 생각할 수 없는 일입니다! 하나님을 아는 지식은 영적 생활에서 절대적으로 필요한 요소입니다. 이 지식이 없이는 우리는 천국을 보지 못하고 들어가지도 못합니다.

영적 생명이 하늘에서 충분히 발전할 때, 하나님을 아는 이 지식이 영적 생명에 반드시 필요한 것이 확실합니다. 하늘에 있으면서 거기에서 통치하시는 왕을 모른다니요! 여러분이 손에 하프를 들고 있으면서, 누구를 위해서 그 아름다운 선율을 튕겨야 할지 모른다니요! 영광 가운데 흰 옷을 입고 있으면서 우리의 옷을 빤 그 피를 흘리신 구속자를 모른다니요! 터무니없는 추측입니다! 그것은 잠시도 용납할 수 없는 생각입니다. 죄인이여, 여러분은 하나님을 알아야 합니다. 하나님을 모른다면, 여러분은 하나님의 은혜를 받은 사람이 아니고, 어둠 가운데 있는 것입니다. 하나님께서 여러분에게 하나님을 아는 마음을 주셨다는 것을 알기 전에는 여러분이 천국에 들어갈 수 없습니다. 이 경고를 잊거나 가볍게 여기지 마십시오.

3. 세 번째 주제인 이 지식의 뛰어남에 대해서 생각해 보겠습니다.

여기서 이 주제에 대해 좀 길게 생각할 것인데, 여러분이 지치지 않기를 바랍니다. 소리보다 감각에 관심이 있는 분들은 지치지 않을 것입니다. 하나님을 아는 것이 사람 마음속에 일으키는 가장 중요한 효과들 가운데 한 가지는 그 지식이 우리의 우상들을 쫓아낸다는 것입니다. 바울 사도는 갈라디아서 4:8에서 갈라디아 교인들에게 그들이 하나님을 알지 못하던 때는 본질상 하나님이 아닌 자들에게 종 노릇 하였지만, 하나님을 알았을 때, 아니 그보다는 그들이 하나님에게 알려졌을 때는 즉시 우상에서 돌아섰다고 말합니다. 형제 여러분, 하나님을 아는 지식, 이것이 우상에 대해 혐오심이 생기게 하는데, 특별히 우리 마음을 노예로 사로잡았던 우상들을 혐오하게 만듭니다. 고대 그리스인들과 로마인들이, 그들의 시인들이 그들을 위해 이야기로 꾸며낸 신들을 예배할 수 있었다는 것이 우리에게는 참으로 어처구니없는 일로 보입니다. 그러나 내가 앞에서 말했듯이 지금도 사람들은 자신들이 선택할 수 있는 신을 자기를 위해 상상해내고, 거짓으로 만들어낸 이 신을 예배합니다. 오직 하나님만이 우리에게 자신을 계시하시도록 합시다. 마음으로 이 참된 하나님을 알고, 이 우상들은 쫓아버리도록 합시다. 이 우상들을 끔찍이 싫어하며 두더지와 박쥐들에게 던져버립시다. 주 예수그리스도라는 분을 통해서 찬란히 계시되는 여호와를 보십시오. 그러면 여러분은 이렇게 말할 것입니다. "내가 다시 우상과 무슨 상관이 있으리요?"(호 14:8). 여러분은 사람이 고안해낸 신들에게 거룩한 조소와 경멸을 퍼붓고 이스라엘의 하나님, 곧 살아계신 하나님을 자랑할 것입니다. 만군의 여호와의 적수들인 우상들에 대해 엘리야의 질투심이 타오르고 분노의 불길이 일어나서 바알의 선지자들을 잡고 한 사람도 도망하지 못하게 할 것입니다. 이는 그들이 감히 지존하신 하나님의 전 안에 "질투의 우상"(겔 8:5)을 세우고 사람들의 마음을 미혹케 하여 하나님이 아닌 우상들에게 예배하도록 만들었기 때문입니다. 사랑하는 여러분, 하나님은 회심한 사람의 영혼을 아주 매혹시키고 그의 모든 영적 기능을 사로잡기 때문에 전에는 아무리 우상이 소중하게 생각되었을지라도 이제는 우상을 참고 견딜 수 없게 만드십니다. 혹시는 다시 잘못에 빠져든 어떤 순간에 세상적인 사랑이 밀고 들어온다면, 그것은 그 사람이 하나님의 찬란한 광채를 보는 데서 눈을 돌이켰기 때문입니다. 일단 그가 다시 눈을 돌려 사랑의 하나님을 본다면, 다곤은 하나님의 언약궤 앞에 엎어지고 그 밑동조차도 남지 않게 됩니다. 찬송 받으실 하나님을 압시다. 그러면 더 이상 우상을 알지 않을 것입니다.

하나님을 아는 지식의 두 번째 효과는 그 지식이 영혼에 믿음을 일으키는 것입니다. 이 점을 입증하기 위해 내가 아주 많은 성경 본문을 제시할 수도 있지만, "주의 이름을 아는 자는 주를 의지하오리이다"라는 시편 9:10의 본문 하나만 인용해도 충분할 것입니다. 우리가 모르는 하나님을 믿을 수는 없습니다. 그러나 하나님께서 성령으로 우리에게 자신을 계시하시면 하나님을 믿는 것이 더 이상 어려운 일이 아닙니다. 사실은 믿을 수밖에 없게 됩니다. 사람이 하나님을 믿지 않을 때는 언제든지 그것은 그가 하나님을 모르기 때문입니다. 하나님께서 기꺼이 죄를 용서하시려 한다는 것을 의심한다면, 여러분은 하나님의 자비가 풍성하다는 것을 알지 못합니다. 하나님께서 여러분이 현재의 어려움을 견디고 나아갈 수 있게 하시는 능력을 의심한다면 여러분은 하나님의 지혜의 자원이 무한하다는 사실을 모르는 것입니다. 하나님께서 지금 여러분이 처한 이 곤경에서 여러분을 구원하실 수 없다고 생각한다면, 여러분은 하나님의 능력의 무한한 에너지를 보지 못한 것입니다. 하나님께서 여러분을 버리셨다고 생각한다면 여러분은 하나님의 변치 않으심을 알지 못한 것입니다. 하나님을 아십시오. 그러면 여러분은 반드시 하나님을 믿게 됩니다.

셋째로, 하나님을 아는 이 지식은 믿음을 일으킬 뿐만 아니라 선한 행실도 하게 만듭니다. 요한일서 2:3을 찾아서 읽어보십시오. "우리가 그의 계명을 지키면 이로써 우리가 그를 아는 줄로 알 것이요." 이 말씀은 하나님을 아는 지식이 있는 곳마다 하나님의 계명을 지키는 일이 반드시 따른다는 것을 절대적으로 확실한 사실로 간주합니다. 그 점은 틀림없이 그렇습니다. 하나님을 아십시오. 그러면 여러분이 거룩한 공경심으로 하나님께 순종할 것입니다. 바울 사도가 골로새서 1:9에서 얼마나 많은 것이 하나님을 아는 지식에서 나온다고 말하는지 보십시오. "이로써 우리도 듣던 날부터 너희를 위하여 기도하기를 그치지 아니하고 구하노니 너희로 하여금 모든 신령한 지혜와 총명에 하나님의 뜻을 아는 것으로 채우게 하시기를 원하노라." 이 지식으로부터 어떤 유익을 얻게 되었습니까? 다음 구절을 계속 읽어봅시다. "주께 합당하게 행하여 범사에 기쁘시게 하고 모든 선한 일에 열매를 맺게 하시며 하나님을 아는 것에 자라게 하시고 그의 영광의 힘을 따라 모든 능력으로 능하게 하시며 기쁨으로 모든 견딤과 오래 참음에 이르게 하시고." 우리가 하나님을 아는 지식으로 충만해지는 데서 어떤 훌륭한 은혜가 줄지어 생겨나는지 보십시오. 하나님을 아는 지식은 열두 가지 열매를 맺는 나무입니다. 하나님을 아는 영혼은 물가에 심긴 나무 같아서, 때를 맞춰 열매를 맺습니다. 다니엘은 "자기의 하나님을 아는 백성은 강하여 용맹을 떨치리라"(11:32)고 말합니다. 그래서 용기, 용맹, 용감한 행위는 이 신성한 학교에서 배우는 것입니다. 하나님을 아는 마음은 모든 덕과 미점을 낳고 기르며, 따라서 지극히 고귀한 성품의 기초가 되며, 그 성품이 영광스럽게 성숙할 때까지 은혜를 공급하는 양식입니다.

형제 여러분, 하나님을 아는 것은 우리를 변화시키는 능력이 있습니다. 사도가 고린도후서 3:18에서 어떻게 말하는지 보십시오. "우리가 다 수건을 벗은 얼굴로 거울을 보는 것 같이 주의 영광을 보매 그와 같은 형상으로 변화하여 영광에서 영광에 이르니 곧 주의 영으로 말미암음이니라." 하나님을 아는 지식은 하늘 아래에서 가장 효험 있는 영향력입니다. 이는 성령께서 그 지식을 사용하여 일하시고, 우리는 그 지식으로 말미암아 우리를 창조하신 이의 형상을 따라 지식에까지 새롭게 함을 받기 때문입니다. 마치 동물의 고기에서 동물이 먹는 음식의 맛이 나듯이, 우리가 배우고 아는 모든 것이 어느 정도 우리 성품에 영향을 미칩니다. 좋은 것이든 나쁜 것이든 간에 우리가 항상 보는 것이 우리에게 영향을 미칩니다. 우리는 지난 주 목요일 밤에 독일인 선교사가 하는 말을 들었습니다. 그는 쿠마시(Coomassie. 서아프리카 가나 아샨티 주의 주도[州都] ㅡ역주)에 있을 때, 몇 주 동안 시체들과 난도질당한 시체들을 보고 나자 마음이 아주 무감각해져서 공포심이 완전히 사라졌다고 했습니다. 마음에 스치고 가는 모든 생각은 마음을 더 나은 쪽으로든 더 나쁜 쪽으로든 영향을 미칩니다. 우리의 모든 눈길이 우리를 형성하고, 우리의 모든 바람이 우리의 성품을 형성합니다. 하나님을 보는 것이야말로 우리가 생각할 수 있는 것 가운데, 가장 놀랍게 사람을 거룩하게 만드는 영향력입니다. 여러분, 여러분은 이 놀라운 광경을 보았습니까?

하나님을 아는 지식은 또 다른 효과가 있습니다. 그 지식은 우리가 하나님을 찬양하도록 만듭니다. 그 증거 본문이 여기 있습니다. "하나님은 유다에 알려지셨으며 그의 이름이 이스라엘에 크시도다"(시 76:1). 하나님이 알려지는 곳에서는 어디든지 하나님께서 반드시 찬양을 받으십니다. 우리가 정말로 하나님을 알 때는, 하나님을 낮게 생각하거나 하나님에 대해 천한 말을 하거나 하나님의 대의에 대해 인색하게 구는 일은 있을 수 없습니다. 우리가 아는 사람들 가운데 그 앞에서는 지질한 행동을 결코 할 수 없고 그들에 대해서 고결하게 행동할 수밖에 없다고 느끼게 되는 사람들이 있습니다. 그들을 아는 것이 여러분을 고상하게 만들어 줍니다. 그들이 관계되어 있을 때는 여러분이 선한 일, 중요한 일, 고결한 일을 하지 않을 수 없습니다. 그와 같이 우리가 일단 하나님을 알면, 얼마나 더하겠습니까! 하나님을 알면 우리가 하나님을 찬양하되 입술로뿐만 아니라 생활로도 찬양하지 않을 수 없습니다. 하나님을 알면 하나님을 위하여 사는 것만큼 선한 것이 없다는 것을 느끼게 되고, 그래서 하나님을 위해서라면 죽기까지라도 할 마음이 생기는 것입니다. 우리는 하나님께서 만왕의 왕이요 만주의 주로서 가장 높은 하늘보다 높은 영광스런 보좌에 오르시기를 바랍니다.

하나님을 아는 지식은 위로를 가져다주는데, 위로는 근심 많은 세상에서 모두가 간절히 바라는 것입니다. 시편 기자가 무엇이라고 말합니까? "하나님이 그 여러 궁중에서 자기를 피난처로 알리셨도다"(48:3, 개역개정은 "요새로" 번역하고

있음 —역주). 여러분은 하나님을 압니까? 그렇다면 하나님은 여러분의 피난처
이십니다. 하나님을 찬송합시다. 폭풍우 치는 날에 우리는 이 항구에 들어가고,
전쟁의 날에는 이 성으로 달려가며 이 높은 망대에 거합니다. 여러분이 하나님
을 안다면 마음이 요동하지 않을 것입니다. 혹시 잠시 동안은 여러분이 요동할
지라도 곧 마음이 다시 안정을 찾을 것입니다. 여러분은 근심을 하나님께 맡기
고 끈기 있게 하나님을 기다리며 항상 하나님을 기뻐할 것입니다. 그러면 틀림
없이 일이 여러분에게 잘될 것입니다.

　　하나님을 아는 것은 또한 사람에게 큰 명예를 가져다줍니다. 내가 곧 인용
하려고 하는 이 멋진 본문을 이 시간에 설명할 수는 없겠습니다. 다만 묵상하기
에 좋은 주제로 여러분에게 제시합니다. 그것은 시편 91:14입니다. "그가 나를
사랑한즉 내가 그를 건지리라 그가 내 이름을 안즉 내가 그를 높이리라." "높이
리라"는 말씀을 생각해 보십시오. 주님께서 친히 높이겠다고 하십니다. 이 모든
것이 하나님의 이름을 아는 데서 나오는 결과라고 말씀하십니다. 높은 데 이르
러 거기 있는 것, 세상과 죄를 극복하는 것, 죽음과 지옥을 이기는 것은 하나님
을 앎으로써 하지 않고서는 달리 길이 없습니다. 우리가 정말로 하나님을 알 때,
하나님에 대한 묵상은 달콤할 것입니다. 그 때 우리의 머리는 우리를 두르고 있
는 적들 위로 높이 들릴 것이고, 우리 마음은 세상의 근심과 슬픔을 잊을 것이
며, 우리의 영혼은 높은 데 거할 것입니다. 그곳에서 우리의 방어 진지는 견고한
요새가 될 것입니다.

　　한 가지 더 말씀드릴 것은, 하나님을 아는 사람은 유용함을 얻게 된다는 것
입니다. 이 사실을 입증하기 위해 고린도후서 2:14을 인용하겠습니다. "항상 우
리를 그리스도 안에서 이기게 하시고 우리로 말미암아 각처에서 그리스도를 아
는 냄새를 나타내시는 하나님께 감사하노라 우리는 구원 받는 자들에게나 망하
는 자들에게나 하나님 앞에서 그리스도의 향기니." 여러분은 사도가 그리스도를
알았고 그리스도의 이름이 사도 안에 향유처럼 부어졌다는 것이 보이지 않습니
까? 하나님을 아는 사람에게는 냄새, 곧 향기가 있습니다. 그래서 어디로 가든지
그는 사람들 가운데서 능력자가 될 것입니다. 향로에서 나오는 향기가 석탄이
타오르면서 공중에 가득 차듯이 그리스도의 향기가 그에게서 끊임없이 흘러나
올 것입니다. 우리의 유용함은 아주 많은 경우에 하나님을 아는 우리 지식에 좌
우됩니다. 우리는 자신이 알지 못하는 것을 다른 사람들에게 가르칠 수 없습니

다. 우리 속에 향기가 없다면 우리에게서 향기가 흘러나갈 수 없습니다. 우리에게 그리스도 예수 안에 있는 하나님에 대한 지식이 없다면 우리는 어떤 위치에 있든지 간에 교회에 매달려 있는 장애물에 불과하게 될 것입니다. 그러나 그리스도에 대한 지식으로 충만하면 꽃에서 향기가 피어나듯이 그리스도 이름의 향기가 우리에게서 퍼져나갈 것입니다.

이렇게 해서 지금까지 많은 사실들을 한데 모아 보았습니다. 이 사실들을 자세히 설명할 수는 없지만, 이 사실들을 보면 여러분이 마음으로 하나님을 아는 것이 참으로 중요한 일이라는 것을 알 것입니다.

4. 네 번째 요점인 이 지식의 원천에 대해서 생각해 보겠습니다.

이 주제에 대해서는 잠시만 생각해 보겠습니다. 본문에서 하나님을 아는 것이 하나님의 일이라는 것을 분명히 배웁니다. "내가 나를 아는 마음을 그들에게 주리라." 창조주 외에는 아무도 사람에게 새 마음을 줄 수 없습니다. 이 변화는 너무도 근본적인 것이어서 하나님 외에 다른 어떤 손으로도 이룰 수 없는 것입니다. 사람에게 새 눈을 주거나 새 손을 주는 것은 어려운 일일 것입니다. 새 마음을 주는 것은 아예 불가능한 일입니다. 세상의 어떤 설교와 가르침, 개혁으로도 그 일은 할 수 없습니다. 그 일은 하나님께서 친히 하셔야만 합니다. 하나님께서 여러분을 창조하신 것이 확실하듯이, 하나님께서 여러분을 새롭게 만드셔야 합니다. 그렇지 않으면 여러분이 하나님을 알지 못할 것입니다.

그것이 순전히 은혜의 일인 것이 분명합니다. "그들이 성장하여 그 마음을 갖게 될 것이라" 혹은 "그 마음을 얻을 것이라"고 하시지 않고 "내가 그들에게 마음을 주리라"고 하셨습니다. "내가 나를 아는 마음을 그들에게 주리라." 하나님께서는 "나는 긍휼히 여길 자에게 긍휼을 베푸느니라"(출 33:19)고 친히 선언하신 대로 누구든지 하나님이 원하는 자에게 값없이 주십니다.

이것이 가능한 일임은 분명합니다. 하나님께는 모든 일이 가능합니다. 그래서 하나님이 "내가 나를 아는 마음을 그들에게 주리라"고 말씀하시는 것입니다. 하나님께서는 이 마음을 바랄 수는 있으나 얻기 어려운 복이라고 말씀하시지 않고, 반대로 "내가 나를 아는 마음을 그들에게 주리라"고 말씀하십니다. 그것은 하나님께서 행하기로 언약하신 일입니다. 성경에는 하나님께서 이 일을 행하시겠다고 밝히시는 귀한 구절들이 참으로 많습니다. 나는 최근에 그 구절들을 아주 기분 좋게 읽은 적이 있습니다. 그 구절들 가운데 몇 가지를 소개합니다. 호세아 2:19에서는 "내가 네게 장가들어 영원히 살되 공의와 정의와 은총과 긍휼히 여김으로 네게 장가들며 진실함으로 네게 장가들리니 네가 여호와를 알리라"고 말씀하십니다. 호세아 8:2에서는 "그들이 장차 내게 부르짖기를 나의 하나님이여 우리 이스라엘이 주를 아나이다 하리라"고 합니다. 예레미야 31:32-34에 나오는 놀라운 구절을 사도는 히브리서 8장에서 거의 그대로 옮기는데, 신약 성경에 나오는 그 구절만 읽겠습니다. "주께서 이르시되 그 날 후에 내가 이스라엘 집과 맺을 언약은 이것이니 내 법을 그들의 생각에 두고 그들의 마음에 이것을 기록하리라 나는 그들에게 하나님이 되고 그들은 내게 백성이 되리라 또 각각 자기 나라 사람과 각각 자기 형제를 가르쳐 이르기를 주를 알라 하지 아니할 것은 그들이 작은 자로부터 큰 자까지 다 나를 앎이라 내가 그들의 불의를 긍휼히 여기고 그들의 죄를 다시 기억하지 아니하리라 하셨느니라"(8:10-12). 그러므로 이것은 약속된 복입니다. 여호와께서 언약을 맺으신 사람들에게 하나님께서 보증하신 지극히 신성한 복입니다.

　　내 설교를 요약하자면 이것입니다. 만일 여러분이 하나님을 아는 이 마음을 받았다면, 여러분은 모든 은혜들 가운데 가장 좋은 이 은혜를 인해서 매 순간 하나님을 찬송하십시오. 이 은혜가 없다면 여러분은 다른 모든 언약의 복을 누릴 수 없을 것입니다. 하나님을 찬송하기를 그치지 마십시오. 하나님께서는 여러분에게 그처럼 귀한 복을 여러분에게 한량없이 베푸셨기 때문입니다.

　　그런데 여러분이 자신이 하나님을 아는지 의심하는 상태에 있다고 생각해 보십시오. 그러면 여러분이 어떻게 해야 하겠습니까? 이 좋은 충고에 귀를 기울이십시오. 여러분 자신의 길을 생각하고, 바로 지금 여호와 하나님께로 돌이키십시오. 여러분, 자신이 무지하다고 고백하십시오. 자신이 무지하다는 것을 아는 것이야말로 하나님을 아는 지식에 이를 수 있는 길입니다. 바로 오늘 하나님 앞에 가서 자신이 아무것도 모른다는 것을 인정하십시오. 하나님께 자신이 참으로 무지하고 분별이 없으며 어리석은 사람이라고 말씀드리십시오. 하나님 앞에 그 모든 사실을 솔직히 말씀드리십시오. 그렇게 하고 나면, 여러분이 의롭다 함을 받을 수 있는 것은 그리스도를 아는 지식으로 말미암아 이루어진다는 사실을 기억하십시오. "나의 의로운 종이 자기 지식으로 많은 사람을 의롭게 하리로다"(사 53:11).

그리스도라는 분을 연구하고, 그리스도의 인격과 사역을 깊이 생각하십시오. 그리스도 예수 안에 나타난 하나님을 보십시오. 그렇게 하고 나서 주님께 이같이 힘차게 말하십시오. "하나님께서 주의 언약 가운데 이 약속을 주셨습니다. 주께서 그것을 내게 약속하셨으니 그 약속을 이루어주십시오. 하나님은 '내가 나를 아는 마음을 그들에게 주리라'고 말씀하셨습니다. 주여, 제게 하나님을 아는 마음을 주십시오." 하나님께서는 "이스라엘 족속이 이같이 자기들에게 이루어 주기를 내게 구하여야 할지라"(겔 36:37)고 말씀하십니다. 가서 하나님께 그 일에 관하여 구하십시오. 하나님께서 여러분에게 그 마음을 주실 것입니다. 여러분에게 하나님 자신을 계시하여 주실 것입니다. 그러면 머지않아 여러분은 하나님께서 여러분을 어둠에서 빛으로, 본성적인 무지에서 하나님의 이름을 아는 참된 지식으로 돌이키게 해 주신 일을 인하여서 하나님의 이름을 찬송하지 않을 수 없을 것입니다.

하나님께서 바로 오늘 그 일이 여러분에게 일어날 수 있게 해 주시기를 바랍니다. 시간이 날아가고 있습니다. 우리는 이 한 해의 거의 마지막에 와 있습니다. 그런데 여러분 가운데는 아직도 하나님을 모르는 분들이 있습니다. 금년 한 해가 하늘로 돌아가서 여러분을 고소하도록 만들겠습니까? 이 복된 안식일이 지나가기 전에 여러분이 자신의 길을 살펴보고 걸음을 돌이켜 하나님의 증거를 듣도록 하십시오. 성령께서 여러분에게 즐거이 하나님의 얼굴을 구하는 마음을 주셔서, 여러분이 하나님을 알게 해 주시기를 바랍니다. 하나님께서 여러분에게 복 주시기를 바랍니다. 아멘.

제
20
장
—

두 멍에

—

"여호와의 말씀에 네가 나무 멍에들을 꺾었으나 그 대신 쇠 멍에들을 만들었느니라." ― 렘 28:13

예레미야서 전체를 훑어보면, 이 선지자가 백성들을 말로만 가르친 것이 아니라 상징으로도 가르쳤다는 것을 알 것입니다. 한번은 그가 겉옷을 가져다가 더러워지고 해어질 때까지 땅에 숨겼다가 더럽고 해어진 옷을 입고 다님으로써 백성들에게 무엇인가를 가르쳤습니다. 또 한번은 백성들 앞에서 오지병을 깨트렸습니다. 그리고 이번에는 예레미야가 이스라엘이 느부갓네살 왕에게 정복당하여 그의 권세 아래 있게 될 것이라는 표시로 자기 목에 멍에를 메었습니다. 이것은 특이한 교수 방법이었습니다. 나는 자기가 전혀 알지 못하는 것들을 비판하기 좋아하는 사람들이 불평하는 말들을 때때로 들었습니다. 어떤 교사가 진리를 아주 분명하게 제시할 때, 그가 말하자면 자기의 하는 말을 연기하듯이 표현하면 그는 당장에 연극배우 같다는 비난을 받습니다. 그에게 얼마나 심한 말이 퍼부어질지 모르겠습니다. 그런데 어쨌든 이것이 예레미야가 행한 바였습니다. 그는 표시와 상징들을 사용해서 백성들을 가르쳤습니다. 우리 주님 자신도 그와 같이 하셨습니다. 나는 주님께서 "백합화를 생각하여 보라"(눅 12:27)고 말씀하셨을 때, 틀림없이 몸을 굽혀 백합화 한 송이를 꺾으셨을 것이라고 생각합니다. 그리고 "까마귀를 생각하라"(12:24)고 말씀하셨을 때는 하늘에서 머리 위로 날아가는 까마귀들을 가리키셨을 것입니다. 어쨌든 우리는 주님께서 한번은 어린

아이를 데려다가 사람들 가운데 세우신 일이 있는 것을 압니다. 만일 내가 어린 아이를 데려다가 여기 세우고 그 아이에 대해 설교한다면 온갖 야유 소리가 터질 것입니다! 내가 어떤 상징을 조금이라도 사용했습니까? 사용했더라면 엄청난 비웃음을 받았을 것입니다!

사실, 어쨌든 하나님의 진리를 졸고 있는 세대에게 분명히 이해시키고, 사람들이 특이한 일들을 통해서라도 반드시 배워야 하고 그렇지 않으면 망할 하나님의 말씀이 사람들의 마음에 영향을 끼치도록 하기 위해서 우리가 여론의 일반적인 경향에 별로 신경 쓰지 않고 과감하게 이상한 일들을 행한다면 훨씬 더 많은 유익을 끼칠 수도 있을 것입니다. 예레미야 선지자는 하나님께서 그에게 사명을 수행하도록 하셨을 때 큰 사랑과 깊은 열망을 가지고 많은 눈물을 흘리면서 사명을 수행하였습니다. 그런데 비록 그가 자신의 사명에 매우 충실하였지만 그 길에 큰 장애물이 있었습니다. 그에게 반대하며 정면으로 그를 반박하는 거짓 선지자들을 만났습니다. 그 어떤 것도 그리 놀라운 일이 아닙니다. 일이 언제나 그렇게 되리라는 것을 우리는 항상 예상해야 합니다. 하나님께서 어떤 사람을 통해서 말씀하시면, 하나님께서 자기를 통해서 그 반대로 말씀하신다고 주장하는 사람들이 나올 것입니다. 그리스도 같은 주의 종이 나오면 적그리스도가 나타날 것입니다. 시몬 베드로 같은 사람이 나오면 박수 시몬 같은 사람이 나타날 것입니다. 하나님께서 루터 같은 사람을 일으키시면 그를 반대하고 무너뜨리려고 하는 에크(Eck. 루터의 이신칭의 교리를 반박한 가톨릭 신학자 —역주)나 그와 같은 다른 사람들이 나올 것입니다.

자신이 하나님께 대해 증거할 때 사람들에게 매정하게 반박당한다고 해서 아무도 그 때문에 실망하지 않도록 합시다. 그런 일이 있을 것으로 예상하고, 염려하지 말고 계속해서 나아가십시오. 사실, 진리는 거짓보다 오래 살아남을 것이고, 다른 모든 것은 풀과 같고 들판의 지는 꽃과 같지만 하나님의 말씀은 사람들의 모든 말의 파괴를 영원히 견디고 이겨낼 것입니다. 자신의 약함 때문에 진리도 약해질까 두려워하고, 원수들의 설득력 있는 논리와 강력한 웅변술이 하나님의 계시를 뒤집어엎을까 두려워하는, 진리의 연약한 신봉자들이여, 떨지 마십시오. 그런 일은 있을 수 없습니다. 지옥의 문들이 비록 힘에서나 궤변에서 강력하다고 할지라도 복음을 이기지 못할 것입니다. 진리가 영원히 남고 의가 이길 것입니다. 하나님은 신실한 분이시고, 틀림없이 그리스도께서 모든 원수를 발아래 굴복시킬 때까지 다스리실 것이기 때문입니다.

이렇게 사전에 조금 살펴보았으니, 이제는 본문을 우리 자신을 위하여 사용해 보도록 합시다. 하나냐가 상징적인 멍에, 곧 나무로 된 멍에를 예레미야의 목에서 벗겨 부서트렸습니다. 그러자 예레미야가 다시 와서 이렇게 말합니다. "여호와의 말씀에 네가 나무 멍에들을 꺾었으나 그 대신 쇠 멍에들을 만들었느니라." 그러므로 그들은 멍에를 바꾼 것으로부터 유익을 얻지 못했습니다. 오히려 그 반대입니다. 이 사실에서 우리는 주요한 원칙을 생각하게 됩니다. 한 가지 경우에 적용될 수 있었던 이 상징으로부터 우리는 일반적인 진리를 끌어냅니다. 사람들이 하나님께 대해 "우리가 그들의 맨 것을 끊고 그의 결박을 벗어 버리자"(시 2:3) 하고 말할 때마다 그들이 원하면 그렇게 할 수 있습니다. 그러나 나무 멍에를 벗는 대신에 쇠 멍에를 메게 될 것이 틀림없습니다. 사람들이 그리스도의 통치에 복종하려고 하지 않으면 사탄의 폭정에 굴복해야만 할 것입니다. 사람들은 어떤 멍에든지 멍에를 지지 않으면 안 될 것입니다. 만일 그들이 그리스도의 쉬운 멍에, 즉 하나님께서 그들에게 지워주시는 나무 멍에를 거부하면, 그들이 결코 꺾어버릴 수 없고 그렇다고 견디고 다닐 수도 없는 쇠 멍에가 그들을 위해 준비될 것입니다.

이제 우리는 다음과 같은 점들을 생각해 볼 것입니다. 첫째로, 사람들은 이 멍에든지 저 멍에든지 메야만 한다는 것입니다. 둘째는, 그리스도의 멍에에는 메기가 매우 쉽다는 것입니다. 셋째는, 그리스도의 멍에를 거부하면 사람들은 반드시 더 무거운 멍에를 멜 수밖에 없다는 것입니다.

1. 사람은 멍에를 메지 않으면 안 됩니다.

이것은 매우 자연스러운 일입니다. 인생의 단계에 있어서 이 사실이 적용되지 않는 때는 없습니다. 아이는 어린 시절에 멍에를 메야 합니다. 전혀 통제되지 않는 아이는 불행한 아이입니다. 사람이 스스로 인생을 이끌어갈 만큼 판단력이 충분히 성숙하지 않았는데, 자기 마음대로 하도록 방임되는 것만큼 사람에게 파괴적인 일은 없을 것입니다. 사람이 나이가 들어 청년이 되면, 우리는 보통 인생에서 어떤 윗사람, 곧 그가 부모이든지 후견인이든지 아니면 고용주든지 간에 윗사람에 대한 의무를 지게 되는 위치에 들어가게 됩니다. 설사 우리가 소위 말하는 고용주가 된다고 할지라도 문제는 크게 달라지지 않습니다. 요즘 돌아가는 상황을 보면, 순전히 주인 노릇만 하는 사람들은 없는 것 같습니다. 주인들도 하인들이 말하는 조건을 따라야 하기 때문입니다. 이런 사정은 갈수록 더 심해질 것입니다. 모험적인 자본가들과 숙련된 노동자들 사이에 문제가 벌어지고 있으므로, 이 일의 옳고 그름을 논하지는 않겠습니다. 그러나 한 가지 말씀드릴 것은, 피고용인들이 자유를 당연한 권리로 주장한다면, 주인들에게 최고의 특전 가운데 일부를 인정해 주어야 하는 것이 마땅하다는 것입니다. 일이 그러하므로, "나는 주인이다"라고 말하는 사람은 하인이 주인의 멍에를 메고 있는 것만큼 그 자신도 자기 하인의 멍에를 메고 있는 것이라고 믿습니다. 사회 가운데 사는 사람이 주변의 모든 사람과 어떤 관계를 맺는 것은 피할 수 없는 일입니다. 그런데 사람들은 언제나 자신들의 통치 형태를 바꾸기를 원합니다. 어떤 나라들은 거의 매달 혁명이 일어납니다. 그러나 그런 모든 변화에도 불구하고 그들에게는 여전히 멍에가 있습니다. 폭도들이 지배하는 무정부 상태에 이를지라도, 장담하건대 그것은 쇠 멍에, 그것도 빨갛게 달구어진 쇠 멍에가 될 것입니다. 하나님께서 우리를 그런 쇠 멍에에서 구원하여 주시기를 바랍니다.

사람들이 모든 질서를 거부하고 모든 법을 어기며 아무리 정당하고 의로운 원칙이나 통치 형태라도 거기에 일체 복종하려고 하지 않을 때 스스로 메는 멍에만큼 견디기 어려운 멍에는 없습니다. 여러분이 이 세상에 살면서 어떤 멍에도 메지 않고 갈 수는 없습니다. 나는 우리 가운데 아무도 폭군의 멍에를 메게 하고 싶지 않습니다. 영주(領主)든 토지든 자기 원하는 대로 주인을 두게 하십시오. 이 나라에서 우리는 자유로울 것이고, 우리 주인들도 자유로울 것입니다. 그러나 개인이나 어떤 계층의 이기심에 의해서 권력이나 특전의 경계선이 결정되어서는 안 됩니다. 이는 우리가 자신의 위안과 공동의 번영을 증진시키고자 한다면 모든 시민이 마땅히 존중해야 하는 법을 우리 각 사람이 올바르게 지킴으로써만 우리의 자유를 유지할 수 있기 때문입니다.

낮은 땅을 떠나 좀 더 높은 영역으로 들어가 봅시다. 사람이 멍에를 메야 한다는 것은 틀림없는 사실입니다. 하나님이 우리를 만드셨습니다. 우리가 우리 스스로를 만든 것이 아닙니다. 하나님은 우리를 자기의 종으로 만드셨습니다. 우리는 먹는 음식에 대해 매일 하나님을 의존하고 있습니다. 어떤 사람이 자기는 하나님의 도움을 받지 않는다고 말한다면, 나는 그에게 적어도 이렇게 말할 수 있습니다. "당신은 들이마시는 공기에 대해서, 그리고 공기를 들이마시는 힘에 대해서 하나님의 도움을 받고 있습니다. 당신 속에 있는 생명이 실에 매달려 있는데, 그 실은 지존하신 하나님의 손 안에 있습니다." 매 순간 우리 각 사람이 하나님의 부양을 받고 있다는 것은 너무도 확실한 사실입니다. 이 부양에 대한 보답으로 우리에게 요구되는 것이 있습니다. 그것은 우리가 하나님의 뜻에 따르고, 완전하고 공의롭고 의로운 하나님의 법에 순종해야 한다는 것이며, 우리가 하나님께 범죄하였으나 이제는 더 이상 하나님께 반역하거나 계속해서 하나님의 원수 노릇을 하지 않고 하나님과 화목해야 한다는 것입니다. 우리는 의존적인 피조물로 지어졌습니다. 바로 그 사실로 인해 우리는 하나님의 멍에를 메지 않으면 안 되는 것입니다.

친구 여러분, 그 다음에 우리 모두는 철저히 피조물로 지음을 받아 누군가를 섬기게 되어 있는데, 제어할 수 없는 격정과 성향 때문에 우리가 메게 되어 있는 멍에를 꺾고 하나님을 섬기지 않으면 즉시 우리는 또 다른 멍에에 목을 내어주고 다른 어떤 것을 섬기기 시작합니다. 곧, 우리 자신을 섬기는 것입니다. 아, 자신을 섬기는 노예 생활은 얼마나 끔찍한지요! 자기 배를 신으로 섬기고 육신의 욕망에 굴복하는 사람은 실로 폭군을 섬기는 것입니다. 사람은 이것 아니면 저것을 반드시 섬기게 되어 있습니다. 그것은 우리가 의존적인 피조물이기 때문만이 아니라 어떤 위대한 원칙을 따라야 하고 어떤 영적 영향력에 복종해야 한다는 것이 우리 마음에 새겨져 있기 때문이기도 합니다. 우리는 이 멍에든지 아니면 저 멍에를 반드시 메야 합니다. "나는 완전히 자유로워. 나는 오직 내 자신만을 위해서 산다"고 말할 사람이 있다면, 그는 천하기 짝이 없는 짐승에 불과하여, 사람이라고 불릴 가치도 없습니다. 자신은 동료 피조물들에 대해서나 자기 하나님에 대해서 져야 할 아무 의무가 없다고 자랑하는 가운데 그는 자신을 높이 평가하고 추켜세우는 것입니다. 그런데 그것은 마귀의 본을 따르는 것으로 아주 무시무시한 이기심에서 나오는 태도이며, 서서히 녹아내리며 자기 길을 가면서 다른 것들을 부수는 빙산과 같은 것입니다. 이 사람은 모든 사람이 그를 보고 경고를 받도록 빛을 비추는 등대가 아니고 무엇이겠습니까? 여러분, 멍에는 인간의 목에 맞습니다. 인간의 목은 멍에를 메게 지어졌습니다. 우리는 반드시 하나님을 모시게 되어 있고 통치자를 두게 되어 있으며 우리를 지배할 원칙을 갖고 살게 되어 있습니다. 그러므로 우리는 올바른 최상의 주인을 하나님의 이름에서 선택하도록 합시다. 그렇지 않으면 우리에게 화가 있을 것입니다.

첫 번째 요점에 대해서는 이만큼 생각하기로 하겠습니다.

2. 이제 두 번째 요점인, 그리스도의 멍에는 메기 쉽다는 점을 생각해 보겠습니다.

그리스도의 멍에는 말하자면 나무로 만든 멍에입니다. 이 점을 잠시 생각해 봅시다. 하나님께서 이 멍에를 한 번도 메 본 적이 없는 사람들이 성령의 능력을 받아 그 멍에를 멜 수 있게 해 주시기를 바랍니다.

여러분이 나사렛 사람, 하나님의 아들, 예수 그리스도의 종이 되면, 예수께서는 여러분에게 절대적으로 옳은 것만을 요구하십니다. 그리스도의 법이 살아 있는 문자로 그대로 적혀 있는 그리스도의 삶은 완전 그 자체입니다. 그리스도의 입에서 이슬처럼 스며 나오는 그의 교훈은 지극히 순결하고 선하며 의롭고 친절합니다. 사람이 타락하지 않았다면, 틀림없이 하나님의 모든 통치가 올바르다는 것을 알고 즉시 그 통치에 순종했을 것입니다. 하나님께서 사람에게 고귀한 정신을 주시면 사람은 명예로운 봉사에 참여하기를 열망합니다. 하나님 백성의 회(會)나 진(陣)에서 한 자리를 얻기를 갈망합니다. 그는 마음으로 이렇게 묻습니다. "나를 언제나 바르게 인도해줄 지도자를 어디에서 찾을 수 있는가? 나를 결코 악으로 인도하지 않을 법에 복종하려는 마음이 있다고 할지라도, 어디에서 그 법을 찾을 것인가? 내가 세세한 점들을 그대로 본받으면 마땅히 되어야 하는 사람이 될 수 있게 만드는 모범을 어디에서 찾을 수 있는가?" 그런 분들에게 하나님의 그리스도, 예수님을 추천합니다. 그리스도의 교훈이나 습관에서, 그의 공언이나 삶에서 최고의 의에 일치하지 않거나 그 범위가 웅대하지 않고 지극히 세부적인 점에서까지 철저히 하나님의 뜻에 순종하지 않는 것은 전혀 없기 때문입니다.

그리스도의 멍에는 우리의 유익을 위하여 맞추어진 것입니다. 그리스도의 법은 우리의 보혜사께서 우리의 복지를 위해 작성하고 명령하신 것입니다. 사람이 이루 말할 수 없이 지혜로워서 자신을 위해 법전을, 즉 곤란한 것은 하나도 담지 않고 즐거운 것은 모두 포함할 법전을 작성할 수 있다고 할지라도, 우리 구주의 규례들만큼 건강하고 유익하며 기분 좋은 법들을 고안해낼 수는 없을 것입니다. 그보다는 예수님을 믿는 것이 최고의 지혜이며, 죄를 회개하는 것이 지극히 기쁜 필수 사항이고, 거룩함을 추구하는 것이 지극히 복된 일이며, 하나님을 섬기는 것이야말로 최고의 기쁨이라는 것을 발견할 것입니다. 요셉이 바로의 총리가 되어 애굽 땅에서 모든 사람들을 다스렸던 때처럼, 여기서 봉사와 통치권이 한데 어우러집니다. 참으로 하나님을 섬기는 것이 통치하는 것이며, 그리스도의 종이 되는 것이 하나님께 왕과 제사장이 되는 것입니다. 이것은 인간 본성으로는 더 바랄 수 없이 큰 직위를 받아 귀하게 되는 것입니다. 예수 그리스도, 그분께서 여러분에게 무엇이든지 금하는 것이 있다면 여러분에게 해를 끼칠 것만 금하시는 것입니다. 여러분 가운데 누구든지 죄에 대해 "달콤하다"고 말하는 사람이 있습니까? 아, 그처럼 많은 사람들이 죄의 해독을 입었습니다. 여러분의 본성은 죄를 추구합니다. 그렇습니다. 많고 많은 병든 사람들이 자기에게 독이 될 것을 본성적으로 갈망합니다. 주 예수께서는 그의 멍에를 메는 사람들에게는 그들에게 해가 될 것 외에는 아무것도 거절하시지 않습니다. 그리스도의 멍에는 복된 멍에입니다. 의의 멍에이고 개인적으로 유익을 주는 멍에이기 때문입니다.

그 다음에, 그리스도의 멍에는 가혹하지 않습니다. 그리스도께서 우리에게 한 손을 바칠 것을 요구하신다면, 그는 다른 손을 아주 풍성하게 채우십니다. 그리스도께서는 우리에게 의무로서 요구하시는 것이 있을 때는 그것을 은혜로 풍성하게 우리에게 제공하십니다. 하나님의 진리를 한 측면에서 볼 때, 믿음은 사람의 행위입니다. 성령께서 아무도 대신해서 믿어주시지 않습니다. 믿는 것은 그 사람 개인의 행위입니다. 그러나 그 진리를 또 다른 측면에서 보면, 믿음은 사람 안에서 행하는 성령님의 활동입니다. 성령께서 사람이 하나님께 대해 발휘하는 믿음을 주십니다. 그러므로 예수님을 믿으라고 요구받는다면 그것은 어려운 일이 아닙니다. 예수께서 사람들에게 요구하시는 바로 그 믿음을 성령께서 사람 안에 일으키시기 때문입니다. 죄를 회개하는 것이 어렵게 생각된다면, 말하자면 바위에서 어떻게 눈물을 짜낼 수 있겠느냐고 생각한다면, 그 답변은 이것입니다. 참된 회개는 성령의 선물이라는 것이고, 따라서 주님께 참된 회개를 구할 때 결코 거절하시지 않는다는 것입니다. 그리스도께서 높이 되어 하늘로 올라가신 것은 단지 죄의 용서만을 주시기 위한 것이 아니라 또한 사죄에 앞서 오는 회개를 주시기 위함입니다. 회개를 주시고 죄의 용서를 주는 것이 바로 그리스도께서 하시는 일입니다. 이 교훈들이 어렵게 보인다면, 명령의 문제인 덕과 미점이 또한 약속의 문제라는 것을 생각하면 어려운 점이 해결됩니다. 성경 한 곳에서 명령되는 것이 다른 곳에서는 하나님의 은혜 언약에 따른 절대적인 선물로 인정됩니다. 그러므로 죄인이여, 그리스도의 멍에는 쉬운 멍에입니다. 여러분은 "믿을 수 없어" 하고 말합니까? 여러분은 믿음을 구한 적이 있습니까? 여러분의 마음이 단단합니까? 그러면 그 마음을 부드럽게 해 주시기를 구한적이 있습니까? 여러분이 상한 마음으로 그리스도께 올 수 없다면, 와서 상한마음을 주시라고 구하십시오. 상한 마음은 그리스도의 선물이기 때문입니다. 그리스도께서는 그의 복음이 요구하는 모든 것을 주실 것입니다. 그리스도는 알파와 오메가이시고, 우리 믿음의 창시자이고 완성자이시기 때문입니다. 그리스도께서 여러분에게 요구하시는 것을 주시기 때문에 그리스도의 멍에는 쉽습니다.

그리스도의 멍에가 쉽다는 사실에 대해서 나는 이제까지 그 점을 입증해온모든 사람들을 증인으로 세울 수 있습니다. 그리스도의 멍에를 메어 본 사람은언제나 그 멍에를 메기를 좋아하였습니다. 나는 엘리자베스 여왕이 언니 메리여왕의 대관식 때 왕관을 들고 가면서 왕관이 굉장히 무겁다고 했더니, 옆에 섰던 어떤 사람이 그녀 자신이 왕관을 써야 할 때는 무겁지 않을 것이라고 말했다는 이야기를 들은 적이 있습니다. 그와 같이 어떤 사람들이 손으로 들고 가기만하는 교훈들은 매우 무겁게 보입니다. 그러나 사람이 그리스도를 알고 사랑하게되면, 그 교훈들이 가볍고 쉽게 느껴집니다. 어떤 사람은 말합니다. "현재로서는나는 그리스도인이 될 수 없어. 그리스도인이 되려면 내가 소중히 여겨온 많은것을 포기해야 하는데, 그러면 내가 많은 상처를 입을 거야." 아, 그러나 여러분이 그리스도 예수 안에서 새 사람이 된다면 옛날 습관들을 버리는 것이 결코 힘들지 않을 것입니다. 까마귀가 한 마리 있는데, 훈련을 시켜 깨끗한 방에 들어가도록 하려면, 까마귀는 썩은 고기를 일체 포기하고 깨끗하고 맛있는 곡식을 먹고 살아야 합니다. 까마귀가 변형시키는 힘에 의해 비둘기로 변하지 않는 한, 이훈련을 고초로 여기고 불평하며 한탄합니다. 비둘기로 변한다면 썩은 고기를 포기하는 것이 전혀 어려운 일이 아닐 것입니다. 새로운 본성이 썩은 고기는 역겹게 느낄 것이지만, 겨를 까부른 깨끗한 알곡을 먹고 사는 것은 전혀 힘들어 하지않을 것입니다. 새로운 본성의 욕구가 알곡을 갈망할 것이기 때문입니다.

사랑하는 여러분, 참된 그리스도인의 생활은 겨와 쓸개즙 같은 성가신 금령들로 뒤섞인 생활이 아닙니다. 이는 불신자의 마음에 싫고 불쾌한 일들이 새롭게 된 마음에는 아주 기쁘게 할 수 있는 문제가 되기 때문입니다. 어떤 사람이물 한 양동이를 머리에 이고 가면 그 무게 때문에 아주 힘들어 할 것입니다. 그러나 그 사람이 바다 속에 뛰어들면, 그는 머리 위에 수천 양동이에 해당하는 물을 이고 있지만 그 무게를 느끼지 않을 것입니다. 이것은 그 사람이 자연의 한 요소 속에 들어가 있고 그 요소가 그를 온통 두르고 있기 때문입니다. 거룩한 의무들이 거룩함의 영역 속에 들어 있지 않은 사람들에게는 아주 넌더리나는 것입니다. 그러나 그런 사람들이 일단 은혜의 영역 속에 들어오게 되면, 그 때는 열 배나 짐을 져도 전혀 무게를 느끼지 않고, 오히려 그로 말미암아 말로 다할 수 없는 기쁨을 느끼고 새 힘을 얻게 됩니다. 그리스도의 멍에는 쉽습니다. 새 마음은 그 멍에를 기뻐하기 때문입니다.

그리스도의 멍에는 그리스도의 빛나는 모범에 의해 그리고 그의 백성들이 초대받는 그리스도와의 복된 교제에 의해 쉽게 질 수가 있습니다. 그리스도께서 친히 그 멍에를 메셨습니다. 여러분은 그리스의 이야기를 읽어본 적이 있습니까? 거기에 지금 우리 이야기의 요점에 맞는 경우가 한두 가지 있는 것 같습니다. 그리스 병사들이 오랫동안 행군하느라 몹시 지쳤고, 그래서 전쟁이 끝나기를 간절히 바랐습니다. 그들은 몹시 풀이 죽어 있었습니다. 그러나 그들이 거의 신처럼 숭배하는 사람이 있었습니다. 그 사람은 바로 알렉산더였습니다. 병사들은 그가 언제나 자기들의 수고를 함께 짊어지는 것을 보았습니다. 길이 험하면 이 군주는 병사들과 함께 걸었습니다. 병사들에게 물이 부족하면 알렉산더는 그들의 갈증을 함께 겪곤 하였습니다. 그를 보면 누구나 힘이 생겼습니다. 그리스도인의 생활에 시련이나 곤경이 있을지라도 그리스도께서 이미 그런 시련이나 곤경을 겪으셨고, 지금도 우리와 함께 계시면서 그 짐을 지신다고 느끼는 것은 신자에게 굉장한 일입니다. 사람들 어깨에 지기 괴로운 무거운 짐을 지우고 자신들은 손가락 하나도 움직이려고 하지 않는 서기관과 바리새인들과 달리 우리 주님은 친히 짐을 지고 가셨고, 그래서 지금 제자들에게 이렇게 말씀하시는 것입니다. "나는 마음이 온유하고 겸손하니" "나의 멍에를 메고", 곧 내가 졌던 바로 그 멍에를 메고 "내게 배우라. 나는 너희가 끝까지 지고 견뎌야 하는 그 시련을 이미 겪었다. 그러니 너희는 내 은혜로 인해 끝까지 견딜 것이다."

그리스도의 멍에에는 내가 언급하고 싶은 주목할 만한 한 가지 사실이 있습니다. 그리스도의 멍에를 멘 사람은 모두 그 무게에 해당하는 만큼의 은혜를 언제나 받았습니다. 나는 자신이 그리스도인이 되어 그리스도의 멍에를 메게 된 것에 대해 유감스럽게 생각한 하나님의 자녀들 가운데서는 십자가를 지는 사람을 아직까지 한 사람도 보지 못했습니다. 나는 그동안 임종의 자리를 많이 보아왔습니다. 기이한 장면들도 목격하였는데, 뼈만 앙상한 죽음의 손이 겹겹이 쳐진 휘장을 치우고 사람들이 오랫동안 써온 여러 가면들을 얼굴에서 벗기기 때문입니다. 하지만 내가 한 번도 보지 못했다고 엄숙하게 말할 수 있는 한 가지가 있습니다. 나는 그리스도인치고 주님을 섬기는데 진력이 났다고 말하는 사람을 본 적이 없습니다. 나는 나이 든 순례자에게서 그리스도에 대해서나 그리스도의 멍에에 대해서 불평하는 말을 한 마디도 들어본 적이 없습니다. 그리스도인들 가운데는 전혀 광신적이지 않으면서, 또 그들이 진정한 그리스도인의 성품에 어긋나는 행동을 조금도 하려고 하지 않았고, 그들 가운데 어느 누구도 자신이 그리스도를 섬기는 것을 후회한 적이 없다는 것을 아무도 의심하지 않을 사람들이 허다하게 많습니다. 여러분은 자신이 왕을 섬기는데 보였던 열심의 절반만큼도 하나님을 섬기는데 보이지 못한 것을 한탄스럽게 생각한 사람에 대해 자주 인용된 말을 압니다. 나는 여러분 가운데 누구든지 생의 마지막 순간에 하나님께 바쳤던 충성을 한탄하거나 그리스도를 따르는데 보였던 열성을 슬퍼했다는 사람에 대해 들은 기억이 있는지 모르겠습니다. 정말로 후회스러운 마음에 그런 생각이 들었다면 그것을 용감하게 말했을 사람이 있을 것이 틀림없습니다. 정말로, 정말로 그런 일이 일어났다면 그 사실을 기록할 역사가가 부족하지는 않았을 것입니다.

　　내가 생각하는 또 한 가지 사실이 그리스도의 이 멍에에 대해서 아주 설득력있게 말해줍니다. 그리스도의 종들은 언제나 자기 자녀가 같은 봉사에 참여하기를 간절히 바랍니다. 정말로 나는 사람들이 이런 말을 하는 것을 종종 듣습니다. "나는 우리 아이가 내 직업을 갖게 하고 싶지 않아요. 이 일은 더럽고 노동시간은 길고 보수는 적어요." 또 이렇게 말하는 것도 들었습니다. "나는 우리 아이가 내 회사에서 일하게 하고 싶지 않아요. 너무나 시험거리가 많아요." 등등의 얘기를 들었습니다. 여러분은 경건한 신자가 "나는 내 아이가 그리스도인이 되는 걸 바라지 않아요"라고 말하는 것을 들어보았습니까? 여러분은 경건한 부인이 "나는 내 딸이 그리스도의 제자가 되는 것을 보면 정말 슬플 거에요"라고 말하는 것을 들은 적이 있습니까? 그런 일은 없었습니다. 그들은 자신이 가졌던 것을 자기 자녀들도 갖기를 간절히 바랐습니다. 나는 할아버지께서 모든 가족을 위해 간절히 기도하시는 소리를 들은 것을 똑똑히 기억합니다. 할아버지의 마음에 늘 가까이 있었던 것은 그의 자녀들과 손자들이 하나님을 경외하기를 바라는 소원이었습니다. 나는 할아버지의 기도를 생생하게 기억합니다. 내 아버지, 그분의 기도를 여러분이 방금 전에 들었습니다. 아버지께서 자녀들을 위해 기도하는 소리를 얼마나 자주 들었는지 모릅니다. 내 심장 가장 가까이에 있는 기도는 내 아들들을 위한 기도, 곧 그들이 하나님을 섬길 수 있게 해주시라는 기도라고 진심으로 말할 수 있습니다. 내가 하늘 아래서 그것만큼 간절히 바라는 것은 없습니다. 그리스도의 멍에가 힘들다면 우리는 아이들이 그 멍에를 메는 것을 바라지 않을 수 있을 것입니다. 나도 여러분만큼 본성적인 애정이 있고 상식이 있으며, 그리스도를 그토록 오랫동안 경험한 사람으로서 말씀드리지만, 그것이 내가 내 자손에 대해서 갖는 바람입니다. 나는 지난 20년 동안 그리스도를 겪었습니다. 지내보았더니 그리스도가 까다로운 주인이었다고 말한다면, 나는 여러분을 속이고 내 양심도 속이게 될 것입니다. 정말로 그리스도와 같은 주인은 없고, 그리스도를 섬기는 것과 같은 봉사는 없습니다. 나는 이 자리에 있는 모든 젊은 이가 그리스도의 이름을 믿고 그의 권위에 복종하며, 그의 은혜로 말미암아 평안하고 쉬운 그리스도의 멍에를 스스로 메기를 바랍니다.

사람들이 그리스도의 이 멍에를 메지 않는다면 어떻게 됩니까?

3. 그리스도의 쉬운 멍에를 메려고 하지 않는 사람들은 나쁜 멍에를 메지 않을 수 없습니다.

"네가 나무 멍에들을 꺾었으나 그 대신 쇠 멍에들을 만들었느니라." 보십시오! 아담이 에덴 동산에서 쉬운 멍에를 메었는데, 그 멍에를 꺾어버렸습니다. 그 이래로 그 자신과 그의 후손은 쇠 멍에를 메야만 했습니다. 죽음이 온갖 재난을 이끌고 세상에 들어왔습니다. 이 점을 자세히 설명할 필요는 없습니다. 그것이 적절한 예라는 점을 말하는 것으로 충분합니다. 하나님의 자녀, 다시 말해 하나님의 참된 자녀가 시험을 받아 올바른 길에서 벗어날 때마다 그는 나무 멍에를 꺾은 후에는 반드시 쇠 멍에를 메게 된다는 것을 언제나 느낍니다. 존 번연의 예화가 여기서 내게 많은 도움이 될 것입니다. 크리스천과 소망이라는 두 순례 여행자가 길을 가다가 발을 다치게 하는 부싯돌들이 길에 가득한 곳에 이르렀습니다. 길에는 가시나무와 찔레가 있었습니다. 얼마 가지 않아 두 사람 중 하나가 말했습니다. "울타리 바깥에 풀밭이 있어요. 우리가 이 울타리를 넘어서 가기만

한다면 어려움을 피할 수 있을 것이에요. 그리고 틀림없이 다시 본래의 길에 들어설 것이고, 그러면 확실히 이 험한 곳을 피해 갈 수 있을 것이에요." 번연은 그 이후의 정경을 잘 묘사합니다. 두 순례자가 샛길 초원에 들어서자, 그들에게 밤이 찾아왔고 큰물이 닥쳤습니다. 그때서야 두 사람은 전에 걷던 길을 다시 찾기를 바랐습니다. 그 길이 비록 험했지만 다시 찾기를 간절히 바랐습니다. 그러나 절망 거인이 그들을 단단히 붙들어 그의 지하 감옥으로 끌고 가서 아주 심하게 때려 그들이 거반 죽게 생겼습니다. 그들은 오직 강력한 은혜에 의해서만 거기서 겨우 도망할 수 있었습니다.

조심하십시오! 그리스도인 여러분, 조심하십시오! 비록 완전히 망하지는 않을지라도 여러분이 뼈가 부러진 채로 가야만 할 경우가 종종 있을 수 있습니다. 다윗을 생각해 보십시오. 여러분은 그의 죄와 회개, 그의 슬픈 인생을 기억합니다. 어떻게 그가 죄 때문에, 즉 죄의 필연적인 결과로 절뚝거리며 무덤으로 갔는지를 여러분은 압니다. 그러므로 그리스도인의 의무가 귀찮다고 해서 그 의무를 피하지 않도록 하십시오. 그리스도인이여, 똑바른 길, 곧 의의 길이 여러분에게 부끄러움이나 손실을 줄 수 있을 것 같다고 해서 그 길에서 벗어나지 마십시오. 그리스도인의 의무를 이행하는 데서 겪는 손실은 여러분이 그것을 피하려고 하다가 당하는 손실에 비해 말할 수 없이 적을 것입니다. 요나는 자기에게 임한, "너는 일어나 니느웨로 가라"(욘 1:2)는 여호와의 말씀을 듣지 않으려고 했습니다. 그러나 그는 항해의 위험을 겪고, 사나운 폭풍우를 만나며 마침내 바다 밑바닥까지 내려가는 일을 겪지 않을 수 없었습니다. 그럼에도 결국 그는 니느웨로 가지 않으면 안 되었습니다. 여러분이 의무를 피할지라도, 결국은 그 의무를 이행하게 되는데 거기에는 혹독한 고통이 따를 것입니다. 여러분은, 그 입을 재갈과 굴레로 단속하지 않으면 여러분에게 가까이 오려고 하지 않는 무지한 말이나 노새 같이 되지 마십시오(시 32:9).

본문의 원칙은 다시 타락한 모든 사람들에게 적용될 수 있습니다. 스스로를 그리스도인이라고 고백하였으니 천국으로 가는 길을 분명히 출발한 것으로 우리가 아는 사람들이 있습니다. 그런데 얼마 후에 그들은 지치고 기운을 잃고서 더 이상 우리와 함께 걷지 않았습니다. 기독교 신앙이 그들에게는 멍에였고, 그래서 그들은 그 멍에를 벗어버렸습니다. 나는 그들이 그렇게 해서 상태가 더 나아졌는지 모르겠습니다. 나아지지 않았을 것이라고 믿습니다. 나는 여기서 한 사람의 경우를 예로 들어 설명하겠습니다. 그대가 시골에 살 때는 안식일마다 아내와 가족과 함께 하나님의 집에 갔습니다. 그대는 감리교인이었습니까? 아무래도 상관없습니다. 그대는 매우 열심이었고, 그대가 출석하는 교회는 참으로 훌륭한 곳이었습니다. 그대와 그대의 적은 식구들도 매우 행복하였습니다. 그런데 그대가 런던에 왔습니다. 얼마 후에 우리 런던 사람들이 일반적으로 아침에 게으름을 피우는 습관이 그대에게 엄습했습니다. 그대는 안식일에 한 번 예배드리는 것에 만족하였습니다. 그대는 교회에 가입하기를 힘쓰지 않았고 하나님 백성들의 길에 서려고 하지도 않았습니다. 머지않아 그대는 안식일에 한 번도 예배에 참석하지 않았습니다. 그렇지 않으면 런던의 큰 극장에 가서 음악을 듣고 종교적인 연극을 보는 것을 신앙생활이라고 불렀습니다. 나는 그대가 그저 감각적인 욕구나 만족시키며 시간을 한가하게 보내고 있었던 때를 두고 하나님을 예배하였다고 말하는 것이 아닌지 모르겠습니다. 이제 그대에게 한 가지 묻겠습니다. 그대가 나무 멍에를 치워버렸는데, 이제 그대의 어깨는 어떻습니까? 그대가 보내는 일요일이 아주 즐겁습니까? 그대의 가족은 아주 행복합니까? 그대의 마음은 아주 편안합니까?

나는 그대에게 말하고 있는 동안 그대가 다시 작은 시골 마을로 돌아가 목사님의 목소리를 다시 한번 듣고 싶은 생각이 든다는 것을 압니다. 그것은 지금 그대가 보내는 일요일이 싫고 위안이 되지 않으며, 그대가 자신의 상태를 생각할 때 주중의 날들은 비참하고 수치스러우며, 그대의 자녀들은 그대가 바라는 길로 자라고 있지 않기 때문입니다. 아, 그대여, 나는 하나님께서 그 쇠 멍에를 그대에게 훨씬 더 무겁게 만들어 주시기를 바랍니다. 그대는 쇠 멍에를 벗어버리고 다시 돌아와 그 나무 멍에를 메기를 정말로 원하십니까? 그대가 하나님의 자녀라면, 무한한 자비의 하나님께서 그대를 돌이키게 해주시기를 바라고, 혹시 그대가 하나님의 권속에 속하지 않았다면, 하나님께서 그대를 하나님의 자녀들 가운데 두시고 그대에게 하나님의 자녀에 합당하게 행하도록 가르쳐 주시기를 바랍니다.

나는 또 다른 방식으로 믿음에서 물러난 사람들을 보아왔습니다. 자, 여기에 그런 사람이 있습니다. 아마도 그대는 한때 신앙을 고백했을 것입니다. 그런데 주일에 장사가 활발하게 이루어지는 지역에 그대의 작은 점포가 자리잡고 있었습니다. 그대는 이웃 사람들이 이렇게 말하는 것을 들었습니다. "나는 당신이 어떻게 그렇게 가게 문을 닫을 수 있는지 모르겠어." 아내는 주일에 가게 문을 여는 것을 싫어했고, 남편도 싫어했습니다. 그러나 점차 가게 문을 열었습니다. 이제는 주일에도 언제나 문을 엽니다. 그래서 두 사람이 함께 예배당에 나올 수 없습니다. 한 사람밖에 나올 수 없고, 다른 사람은 집에 있어야 합니다. 그대는 그리스도의 멍에를 벗어버린 것입니다. 안식일을 지키는 것이 이제는 그대에게 너무 힘든 일처럼 보입니다. 이제 그대의 살림살이가 더 나아졌습니까? 정말로 더 나아졌습니까? 그대가 전보다 더 행복합니까? 정말로 더 행복합니까? 그대의 마음속이 이 물음에 답을 할 것입니다. 그대는 나무 멍에 대신 이제 쇠 멍에를 메었다는 것을 압니다. 하나님께서 여러분이 현재 사로잡혀 있는 노예 상태에서 도망쳐 나오도록 도우시고, 하늘의 진정한 상속자가 되도록 도우시기를 바랍니다.

어쩌면 이 자리에 아주 흔히 일어나는 일 때문에 다시 타락하게 된 사람이 있을 수 있습니다. 젊은 여성이여, 나는 한때 그대의 얼굴이 행복감으로 빛났었던 시기를 알고 있습니다. 우리가 그리스도를 전하고 시온의 찬송을 불렀을 때였습니다. 그런데 그대가 결혼을 했고, 그 결혼은 주 안에서 한 것이 아니었습니다. 내가 그대에게 "너희는 믿지 않는 자와 멍에를 함께 메지 말라"(고후 6:14)는 교훈을 상기시켰을 때 그대는 그리스도의 멍에가 성가시다고 생각했습니다. 그래서 그리스도의 멍에를 치워버렸습니다. 그대는 결혼한 후로 어떻게 지냈습니까? 나는 그와 같은 결혼을 허다하게 많이 보았습니다. 그런데 그처럼 걸맞지 않게 결혼한 부부가 행복하게 산다고 조금이라도 인정할 수 있는 경우를 지금까지 딱 한 번 보았습니다. 한 번 본 적이 있습니다. 그렇게 말하는 것이 정당합니다. 그런데 중요한 것은 내가 한 번밖에 보지 못했다는 것입니다. 아마도 하나님께서 그 과실을 용서하신 경우가 여기저기에서 일어났을 것입니다. 그런데 잘못된 결혼으로 인해 그 사람이 살아계신 하나님에게서 마음이 멀어지거나 완전히 떠난 것 같지는 않지만, 많은 경우에 실망과 상심과 굳이 설명하고 싶지 않은 비참한 처지에 떨어졌습니다. 그리스도의 멍에를 꺾고 믿음에서 물러난 사람들은 그 대신에 쇠 멍에를 목에 메게 된 것을 발견할 것입니다.

또 다른 예들을 들어보겠습니다. 세상에는 신앙 문제에서 그리스도의 멍에를 메지 않으려고 하는 사람들이 있습니다. 그들은 다른 멍에를 좋아합니다. 예를 들면, 성경으로 만족하지 않는 미신적인 사람들이 있습니다. 그들은 전통을 원합니다. 그들은 우리가 사도행전에서 보는 바와 같이 고대로부터 내려온 그리스도의 교회의 가르침에 만족하지 않습니다. 그들은 현대에 갑작스럽게 나타난 교회들을 열망합니다. 스스로를 보편적이고 사도적이라고 말하면서 중세 시대의 온갖 기괴한 방식들을 끌어 모으기 좋아하는 그런 교회들을 말입니다. 그 결과는 무엇입니까? 참된 기독교 신앙의 명에를 벗어던진 이 변절자들이 더 쉬운 명에를 메었습니까? 그들에게 물어보십시오. 그들은 고백성사, 금욕, 금식일, 축일(祝日)들, 대재(大齋) 참회(commination: 영국 국교회에서 재의 수요일[사순절이 시작되는 첫 날]에 행했던 참회의식 ―역주), 성체성사 등을 행합니다. 아, 그런데 그들은 대체 그 모든 것을 행해서 무엇을 얻습니까? 이런 것을 행하는 사람들 가운데서 자기가 구원받았다고 말할 수 있는 사람이 하나라도 있습니까? 자기가 구원받았다는 것을 알 수 있는 사람은 아무도 없다는 것이 일반적으로 그들의 중요한 교리 가운데 하나입니다. 그래서 그들이 이 세상에서 얻을 수 있는 지위란 것이 고작해야 희미한 소망에 노예처럼 매여 있다가 죽어서 냉혹한 의식을 치르고, 그가 교회에서 아무리 훌륭한 사람이었다 하더라도 한 가지 믿음을 따라 연옥에 가는 것뿐입니다. 아, 얼마나 음산한 전망입니까! 내가 만일 로마 가톨릭 교인이라면 철저한 절망 속에서 차라리 이단자가 될 것입니다. 연옥이 아니라 천국에 가고 싶기 때문입니다. 나는 이 교리가 사람에게 조금이라도 어떤 이점을 제공할 수 있는지 보지 못합니다. 여러분이 가질 수 있는 모든 것을 얻는다고 해도 그것은 아무 소용이 없습니다. 여러분 가운데 인생의 마지막에 연옥의 불길에 들어간다는 믿음에 용기를 얻어서 자발적으로 인생을 온갖 수욕 가운데 살 사람이 누가 있겠습니까? 이 믿음에서 무슨 유익을 얻습니까? 하늘 아래서 그리스도의 참된 교회 말고, 사람들에게 "믿고 살라. 즉, 그리스도를 굳게 붙들라. 그러면 너희가 구원을 얻는다"고 말하는 교회는 없습니다. 나는 하늘 아래서 가장 큰 은혜를 그리스도의 이름으로 여러분에게 드립니다. 다른 교회들은 감히 그 은혜를 제공할 수 있는 체하지 못합니다. 다른 교회들은 여러분이 어쩌면 구원받을 수 있는 상태에 들어갈 수 있다는 말밖에 하지 못하는데, 그것도 그들은 확실히 알지 못합니다. 즉, 여러분이 떨어져 나가 결국은 망할 수도 있는 것입니다. 그들은 믿음의 행위로 받는, 절대로 확실한 영원한 구원은 알지 못합니다. 그들은 메기에 고통스러운 쇠 명에를 스스로 짊어집니다.

자기 힘으로 천국에 이르려고 하는, 스스로를 의롭다고 여기는 사람들을 보십시오. 옛적의 바리새인들을 생각해 보십시오. 그들의 삶이 얼마나 노예의 생활과 같았습니까! 자신의 선한 행실로 구원받으려고 하는 사람은 누구든지 스스로를 노예로 만듭니다. 그는 자신의 선한 행실이 불완전하다는 것을 마음으로부터 알아야 하고, 그러므로 자신이 천국에 들어갈 수 있는 자격, 곧 분명하고 확실한 자격이 없다는 것을 알아야 합니다. 그리스도를 자신의 지혜와 의, 의롭다 하심, 구속함, 그리고 모든 것의 모든 것으로 모셔들이는 사람만이 구원을 받습니다. 그리스도를 모시려 하지 않는 사람은 자기 목에 끔찍한 멍에를 메는 것입니다. 미신에 조심하십시오. 자기 의를 추구하지 않도록 조심하십시오! 이런 것들은 실로 쇠 멍에입니다.

"아무것도 믿지 않을 거야. 나는 무신론자야. 계시에 고개를 숙이지 않을 거야."라고 말하는 불신자에게 내가 무슨 말로 충고할 수 있겠습니까? 이보세요, 그렇게 말하는 그대는 머지않아 틀림없이 어리석기 짝이 없는 것에 굴복할 것입니다. 일단 여러분이 무신론자가 자기가 믿지 않는다고 하는 것을 들어보면, 대체로 그에게 하나님을 믿지 않는 불신앙 못지않게 다른 것을 쉽사리 믿는 태도가 있음을 알게 될 것입니다. 그는 자기가 좋아하는 것은 아무 의심 없이 받아들입니다. 그리고 자기가 싫어하는 것은 거부하는데, 어떤 대단한 사람이 그것을 싫어했기 때문에 싫어하는 것입니다. 나는 독일의 신 학설을 읽으면서 내 방식과 섞어보려고 한 적이 있습니다. 감사하게도 나는 그 학설이 생명의 길이 아니라는 것을 느꼈습니다. 혹은 내게 신학 박사 학위가 있다고 할지라도 그 학설이 어느 쪽으로든지 내게 도움이 되리라는 것을 발견하지 못할 것이 확실합니다. 지식인들이라 하더라도 어쩌다 보니 독일 사람의 기질을 갖게 된 경우를 제외하고는 그 학설의 미궁을 빠져나오는 길을 찾기란 너무도 힘들고 어려운 일입니다. 아마도 그들은 그 길을 찾지 못할 것입니다.

하나님을 믿지 않는 사람들은 이 세상이 결코 창조되지 않았고 자란다고 믿습니다. 여러분이 채소밭에 겨자씨나 다른 채소의 씨를 아이 이름의 첫 글자를 따서 뿌렸더니 A나 B의 모양대로 싹이 난 것을 보고, 아이를 데리고 채소밭으로 가서 아이에게 "얘, 아무도 씨를 뿌린 적이 없는데, 씨가 저런 식으로 자랐어" 하고 말할지라도, 여러분은 아이가 그 말을 믿도록 만들 수 없을 것입니다. 그런데 이 철학적 사색가들은 이 큰 세상과 해와 달과 별들이 창조주 없이 생겨났다고 믿습니다. 그들은 무엇이든지 믿을 수 있는 사람들입니다. 여러분은 길거리를 돌아다니는 아무리 어수룩한 아이에게라도 그가 굴이나 그보다 열등한 어떤 피조물로부터 진화되었다는 말을 납득시킬 수 없을 것입니다. 그런데 이 심오한 사상가들은 이처럼 터무니없는 신앙에 머리를 조아리는 것입니다. 진실로 옛날과 같이 오늘날도 스스로 지혜롭다고 하는 자들이 어리석게 되는 일이 일어납니다. 하나님의 단순한 계시를 믿으려 하지 않는 사람은 이성을 분열시키고 마음을 무겁게 누르며 양심을 구속하는 체계적인 그릇된 신앙에 금방 사로잡히고 말 것입니다. 그는 나무 멍에 대신에 쇠 멍에를 멥니다.

각 경우에 해당하는 말씀을 한 마디씩만 해야 하겠습니다. 이 자리에는 하나님의 말씀을 들을 때 자주 책망을 받으면서도 죄 때문에 마음이 완고해서 회개하지 않는 사람들이 있습니다. 그들은 계속해서 저항하며 악을 행하고 있습니다. 완고한 죄인이여, 이 말을 명심하십시오. 여러분이 회개의 쉬운 멍에를 거절하였으므로 후회의 쇠 멍에를 메지 않으면 안 될 날이 올 것입니다. 이 세상에서 후회하는 사람들의 모습은 보기 딱합니다. 과거에 대해서는 무서워 떨고 미래에 대해서는 놀라면서도 그들은 무릎이 아주 뻣뻣해서 몸을 굽히지 않고, 마음은 철석같이 단단해서 아무것도 느낄 수 없으므로 눈에 핏발이 설지라도 울지 않습니다. 나는 내가 눈으로 직접 목격한 그 장면을 설명할 수 있고, 절망 가운데 떨어져 죽어가는 그 사람의 얼굴 모습을 그리고 그 표정을 그대로 보여줄 수 있지만 그렇게 하지는 않겠습니다. 하나님께서 여러분이 이 땅에서 그처럼 지옥을 미리 맛보는 일을 겪을 필요가 없게 해 주시기를 바랍니다. 그 일은 너무도 끔찍하기 때문입니다.

쾌락을 사랑하는 사람에게 내가 무슨 말을 하겠습니까! "그리스도의 멍에를 멜 수 없어. 나는 즐기며 살 거야"라고 말하는 사람들이 있습니다. 어떤 경우들에서는 쾌락이 정욕을 의미하고, 즐거움이 범죄를 뜻하기도 합니다. 어렸을 때는 훌륭하게 양육을 받았지만 쾌락을 추구하는 생활을 한 후에는 누더기를 걸치고 여러분 문 앞에서 떨고 있는 젊은이를 여러분은 본 적이 없습니까? 내가 자주 옷을 건네 준 한 사람이 있었습니다. 나는 그 사람이 죽었다고 생각했습니다. 그런데 나중에 보니까 그가 다시 이전의 그 더럽고 역겨운 생활로 돌아갔습니다. 그는 다시 와서 여전히 미덕도 수치도 모른 채 구걸하였습니다. 그 불쌍한 영혼은 살아 있지만 산다기보다는 차라리 죽은 것이나 다름없는 삶을 사는 것입니다. 스스로 정신을 차리지 않고 아버지 하나님께로 돌아가려고도 하지 않기 때문에 아무도 도울 수 없는 탕자로 사는 것입니다. 이 런던의 소굴에는 스스로 어떻게 할 수 없는 난봉꾼들이 많이 있습니다. 이들은 그들을 따라서 쾌락을 추구하는 자들은 스스로 쇠 멍에를 진다는 것을 보여주는 무서운 경고 노릇을 합니다.

병원의 진료실과 보호시설의 정신 병동에 가 보면, 방탕하게 살고 죄에 깊이 빠졌던 사람들이 지금은 쇠 멍에보다 더 끔찍한 멍에를 메고 있는 모습을 얼마든지 볼 수 있을 것입니다! 어떤 타락한 여성이 이 시설에 들어오지 않을 수 없었다면 그녀의 목에는 지금 쇠 멍에가 있는 것입니다. 그녀가 어머니의 교훈을 거절하고 아버지의 권고를 멸시하였기 때문입니다. 그 교훈과 권고를 들었더라면 쇠 멍에를 메지 않을 수 있었을 것입니다. 자매여, 그 쇠 멍에가 더 무거워지지 않도록 조심하십시오! 그리스도의 교회에는 이런 사람들이 죄에서 도망하도록 돕는 사람들이 있습니다. 일어나서, 여러분을 사로잡은 이 악에서 도망하십시오. 아직 희망이 있습니다. 하나님의 그리스도는 더럽기 짝이 없는 사람도 기꺼이 영접하십니다. 여러분은 죄악의 길을 고집하지 마십시오. 그렇지 않으면 쇠 멍에가 점점 더 무거워지고 여러분에게 단단히 고정되면 결국 여러분은 쇠 멍에 아래서 망하되, 영원히 망하게 될 것입니다.

하나님의 율법을 어기고 복음의 거룩함에서 떠나는 믿음이 없는 모든 사람들은 결국 목에 쇠 멍에를 멥니다. 아마도 이 자리에는 한때 우리와 함께 주의 식탁에 앉았었고 신앙을 고백했던 사람들이 있습니다. 그런데 그들이 술에 빠지고 말았습니다. 그들이 그 습관에서 벗어날 수 있다면 벗어나려고 하리라는 것을 압니다. 굳은 결심으로 그 습관을 끝낼 수 있다면 그들이 당장에 그렇게 할 것입니다. 어쨌든 그들이 이 예배당을 사랑해서 지금도 조용히 여기에 들어오기 때문입니다. 그들은 길에서 조금 부끄러워하며 나를 지나칠 때 자기들이 여전히 사랑하는 목사를 기억하고, 이 목사가 그들을 여전히 사랑하며 그들이 다시 돌아오기를 간절히 바라는 사람이라는 것을 압니다. 아, 그렇지만 술꾼 여러분, 일단 여러분이 이 죄에 떨어지게 되면 거기에서 좀처럼 회복하지 못할 것처럼 보입니다! 하나님께서 여러분을 도와주시기 바랍니다! 영원하신 하나님께서 여러분을 구원해 주시기를 바랍니다. 이 점 때문에 이 쇠 멍에가 깨기 어려운 경우가 종종 있습니다. 지금 결심하고, 여러분을 자유롭게 풀어주시기를 하나님의 이름으로 기도하십시오. 그 저주받을 일을 끝내버리십시오. 하나님께서, 여러분이 와서 그것을 깨끗이 제거할 수 있게 해 주시기를 바랍니다. 하나님께서 지금 그렇게 해 주시기를 바랍니다!

자주 언급되지는 않지만 그와 마찬가지로 나쁜 이 악의 또 다른 형태는 탐욕이라는 악입니다. 나는 그리스도인이라고 고백했지만 사업에 성공하자 탐욕스럽게 변해버린 사람들을 보아왔습니다. 그들이 꼭 쥐고 있는 금이 불이 붙어 그들의 살 속으로 타들어갔고, 실로 그들의 영혼 속으로 타들어가 그들의 마음이 쇠로 변해버렸습니다. 그들은 이제 가난한 자들을 전혀 동정하지 않고 하나님의 교회에도 전혀 관심이 없습니다. 아, 여러분, 탐욕이 여러분의 목에 얼마나 무서운 쇠 멍에를 지우고 있는지요! 여러분은 나이가 많이 든 사람이 여전히 더 많이 갖기를 바라고 계속해서 돈을 긁어모으며, 가지고 있는 것을 잃을까 두려워하며, 밤에는 강도가 억지로 침입하지 않을까 떨며 우리가 모르는 무엇을 두려워하는 것을 봅니다. 그의 마음은 쇠 금고 안에 있고, 금고를 만든 재료인 쇠만큼 단단합니다. 탐욕스런 사람은 술꾼과 마찬가지로 천국에 들어갈 수 없습니다. 탐욕스러운 사람들은 하나님 나라에 자리를 차지하지 못합니다. 탐욕스런 사람에게는 찍혀 있는 표시가 있습니다. 탐욕은 우상숭배입니다. 그것은 무거운 짐입니다. 탐욕이라는 무거운 짐입니다. 그리스도의 멍에를 메는 사람은 행복합니다. 왜냐하면 그들에게는 주는 것이 모두 기쁜 일이고, 희생하는 것이 그들에게는 희생이 아니라 진정으로 쌓는 것이기 때문입니다. 좀이 슬지 않고 녹도 슬지 않는 천국에 보물을 쌓는 것이기 때문입니다.

이것으로 충분히 말씀드렸습니다. 모든 경우에 적용되는 일반적인 원칙은 그리스도의 멍에를 거부하는 사람은 그보다 훨씬 더 악한 것을 목에 메게 된다는 것입니다. 이 점을 주의하십시오. 그 날이 옵니다. 그 날이 얼마나 빨리 올지는 알지 못합니다. 아마도 이 자리에서는 이 신비한 일들에 대해서는 대강으로밖에 이야기할 수 없을 것입니다. 곧 이 손을 뻗어 노래를 더듬거리는 입을 가리게 될 수 있습니다. 이 예배가 끝나기 전에 인자의 모습이 하늘 구름 속에서 보이고, 옛적의 시내산에서처럼 나팔이 울려 퍼지며 "너희 죽은 자들아, 일어나 심판을 받으라. 너희 살아 있는 죄인들아, 너희도 오너라. 큰 흰 보좌가 세워졌느니라" 하고 알릴 수 있습니다. 그 날에 그리스도의 멍에는 각 신자의 목에 걸려 있는 금 사슬이 될 것입니다. 지금까지 그리스도를 섬겼다는 것이 우리의 명예와 기쁨이 될 것입니다.

그러나 한때 즐거움이었던 죄는 참으로 비참한 것이 될 것입니다! 여러분의 즐거움의 막대기는 뱀으로 변하여 여러분을 무섭게 삼키려 들 것입니다! 여러분은 자기 자신과 자신이 좋아하고 사랑했던 것에서 도망치며, 산들에게 여러분을 가리고 바위들에게 여러분을 덮어서 여러분이 구속주의 얼굴을 보지 않을 수 있게 해달라고 구할 것입니다. 이 두려운 마지막 날이 동트기 전에 구속주에게 오십시오. 나는 지금 여러분에게 구주님을 높이 듭니다. 그리스도를 보는 사람은 누구나 살 것입니다. 하나님의 아들 예수께서 죽으셨습니다. 그를 믿는 자는 죽지 않을 것입니다. 사죄와 평안이 구주님을 믿는 영혼에게 즉시 옵니다. 여러분이 이 예배당을 떠나기 전에 그리스도를 믿기 바랍니다. 그래서 하나님께서 그로 말미암아 이제와 영원히 영광을 얻으시기를 바랍니다. 아멘.

제

21

장

—

평안과 미래와 희망을 주려는
하나님의 생각

—

"여호와의 말씀이니라 너희를 향한 나의 생각을 내가 아나니
평안이요 재앙이 아니니라 너희에게 미래와 희망을 주는 것이
니라."— 렘 29:11

　　내가 예레미야서 24장과 25장을 설명하면서 이 본문의 말씀은 예레미야가
바벨론에 있는 포로들에게 보낸 편지에 쓴 것이라고 이미 말씀드린 바 있습니
다. 이스라엘 백성 가운데 많은 수가 느부갓네살에 의해 먼 나라로 잡혀 갔습니
다. 이들은 예레미야에게서, 집들을 건축하고 가정을 세우며 하나님께서 70년이
끝날 때 그들을 인도하여 돌아오실 때까지 그곳에서 평화롭게 거주하라는 권고
를 받았습니다. 그러나 그때 바벨론의 쇠 멍에 아래에서 조용하게 쉬지 못했던
유대인들과 다른 민족들 가운데는 전반적으로 불안한 느낌이 있었습니다. 그들
은 끊임없이 반역을 도모하고 계획하였습니다. 바벨론에서 거짓 선지자들이 그
들과 함께 활동하면서 포로된 백성들 가운데 반역의 정신을 부추겼습니다. 반면
에 예레미야는 그들이 하나님의 보내심을 받아 갈대아인의 땅에 온 것은 그들의
유익을 위한 것이라고 안심시키며, 그들에게 이제 거하게 된 그 성읍의 평안을
구하라고 가르치며, 때가 되면 하나님께서 그들을 다시 그들의 땅에 심으실 것
이라고 약속하셨습니다.

바벨론에 있는 유대인들과 같은 위치에 처해 있는 사람들은 다음 두 가지 면에서 위험에 처해 있었습니다. 즉 거짓된 희망에 마음이 부풀어 어리석은 기대에 떨어지게 되거나, 아니면 절망에 빠지고 아무 희망이 없으므로 우울하고 부패한 인종이 되어 회복에 부적합하고 하나님께서 인류 역사에서 그들에게 정하여 주신 역할을 할 수 없게 될 것입니다. 이 선지자는 한편으로 백성들에게서 거짓된 희망을 꺾고, 또 한편으로는 그들에게 바른 기대를 유지시켜야 하는 이중적인 의무가 있었습니다. 그래서 선지자는 백성들에게 하나님께서 약속하신 것과 다른 것을 기대하지 않도록 주의시켰습니다. 백성들이 하나님께서 이미 약속하신 것이 성취되기를 기대하도록 일깨웠습니다. 10절을 읽고 거기에 나오는 "나의 선한 말을 너희에게 성취하여"라는 기분 좋은 표현에 주의하십시오. 지금 그리스도의 교회는 이 두 가지 교훈이 모두 필요합니다. 보증되지 않는 기대감들이 많은 곳에서 일어나고 있고, 그 기대감들이 결국은 잘못된 심각한 망상으로 이어지고 있습니다. 우리는 사람들이 "여기 보라!" "저기 보라!" 하고 소리치는 것을 듣습니다. 이 기사(奇事)를 떠벌리고 저 놀라운 일을 소리쳐 알립니다. 어떤 성미 급한 사람들에게는 기적의 시대가 다시 돌아온 것처럼 보일 것입니다. 여러분은 이 모든 일에 조심하십시오. 기록된 하나님의 말씀을 넘어가지 마십시오. 다른 한편으로 우리는 하나님을 절대적으로 믿고 하나님의 약속을 강하고 굳센 믿음으로 붙들도록 권함을 받을 필요가 있습니다. 우리가 하나님께 행하시도록 제안하는 것을 하나님께서 행하지 않으실 수 있지만, 하나님께서 약속하신 것은 반드시 행하시리라는 것을 확실히 아십시오. 거짓 선지자들은 궁지에 처하게 되겠지만 하나님의 말씀은 굳게 설 것입니다.

오늘 아침 나는 하나님의 백성들 가운데 곤란한 처지에 있는 사람들, 이렇게 포로로 끌려간 사람들을 위로할 수 있기 바랍니다. 나는 그분들에게 하나님의 인자를 확신시키고, 그 인자를 인해서 두려워하지 말고 하나님을 믿으라고 권하겠습니다. 비록 그들의 시련이 혹독할 수 있지만 그들을 향한 하나님의 생각은 선합니다.

본문에 대해서 우리는 두 가지 면을 생각해 볼 수 있습니다. 첫째로, 자기 백성들에 대한 하나님의 생각을 살펴봅시다. "여호와의 말씀이니라 너희를 향한 나의 생각을 내가 아나니 평안이요 재앙이 아니니라 너희에게 미래와 희망을 주는 것이니라." 둘째로, 하나님에 대한 신자의 태도를 살펴봅시다. 이렇게 우리에게 자신의 마음을 열어 보여주시는 은혜로우신 하나님에 대해 우리는 어떻게 생각해야 합니까?

1. 그러면 여러분, 첫째로, 자기 백성들에 대한 하나님의 생각을 살펴봅시다.

무엇보다 하나님께서 자기 백성들을 생각하시고, 그들에 대해 생각하신다는 것이 주목할 만한 사실입니다. 성경이 "너희를 향해 품었던 나의 생각을 내가 아나니"라고 말하지 않는다는 점에 유의하십시오. 그런 사실을 기억하는 것은 행복한 일일 것입니다. 자기 백성을 향한 하나님의 생각은 영원한 산들보다 오래전부터 있어 온 것이기 때문입니다. 하나님께서 자기 백성의 선을 위해 생각하시지 않은 때는 없었습니다. 하나님께서는 "내가 영원한 사랑으로 너를 사랑하기에 인자함으로 너를 이끌었다"(렘 31:3)고 말씀하셨습니다. 그러나 본문에서 제시하는 중요한 점은 하나님께서 지금도 자기 백성을 생각하신다는 사실입니다. 여러분이 어떤 친구에 대해 친절을 베풀 계획을 생각하였고, 그 계획을 실행하기로 확실히 정했기 때문에 그 후로는 그 계획에 대해서 더 이상 생각하지 않아도 자연스럽게 친구에 대해 친절을 베풀 수 있을 것입니다. 그런데 그것은 하나님의 방식이 아닙니다. 하나님의 눈과 손은 끊임없이 자기 백성들을 향하여 있습니다. 하나님께서 우리에 대해 아주 깊이 생각하셨으므로 우리에 관한 모든 일을 정하셨고 모든 필요와 모든 위험에 대해 준비하신 것이 사실입니다. 그렇지만 하나님께서 우리에 대해 생각하기를 그치신 것이 아닙니다. 하늘이 땅보다 높은 것 같이 그 생각이 우리의 생각보다 높으신 무한하신 하나님이 계속해서 우리를 생각하시는 것입니다. 다윗은 "나는 가난하고 궁핍하오나 주께서는 나를 생각하시나이다"(시 40:17)라고 말합니다. 우리는 친구들이 자신을 생각해 주는 것을 좋아합니다. 사실 생각은 사랑의 핵심적인 요소를 이룹니다. 하나님을 믿는 여러분, 하나님께서 바로 이 순간에도 여러분을 생각하신다는 이 천상적인 사실을 기뻐하십시오. "여호와께서 우리를 생각하셨고"(115:12) 지금도 우리를 생각하십니다.

하나님은 여러분을 생각하실 뿐만 아니라 여러분에 관해서도 생각하십니다. 하나님의 생각은 여러분의 길을 따라 움직입니다. 이것이 자기 백성의 평안을 바라는 하나님의 생각이라는 남풍(南風)이 움직이는 방식입니다. 그 바람이 여러분을 향하여 부는 것입니다. 하나님은 자기 백성을 결코 잊지 않으십니다. 자기 백성들을 하나님의 손바닥에 새기셨기 때문입니다. 여호와께서는 온 우주를 다스리시지만 한순간도 자기의 사랑하는 백성들에 대한 생각을 거두시는 법이 없습니다. 하나님은 자신의 교회에 대해 이렇게 말씀하십니다. "나 여호와는 포도원지기가 됨이여 때때로 물을 주며 밤낮으로 간수하여 아무든지 이를 해치지 못하게 하리로다"(사 27:3).

이 진리가 말하기는 쉬워도 그것을 온전히 기뻐할 만큼 이해하기는 쉽지 않으며, 마땅히 그래야 하는 대로 사람들이 언제나 믿는 것도 아닙니다. 포로로 잡혀간 이 백성들은 하나님께서 자기들을 잊어버리신 것이 아닌가 하고 생각하기 쉬웠습니다. 그래서 하나님께서는 여기서 약속의 말씀을 되풀이 하시고, 하나님께서 그들을 생각하셨고 지금도 생각하신다는 사실을 세 번이나 말씀하십니다. 하나님의 말씀이 거의 과하다고 생각될 정도로 반복되는데, 이는 하나님께서 그들을 위해서 행동하셨을 뿐만 아니라 지금도 여전히 그들에 대해서 생각하신다는 것을 자기 백성들이 알기를 바라시는 마음에서 그렇게 하신 것입니다. 추방당한 사람들에게는 이 사실은 큰 위안이 될 것입니다. 그들이 "융성한 성"(개역개정은 "강포한 성" — 역주)의 낯선 거리들을 걷고 알지 못하는 언어를 들을 때 하나님께서 그들을 생각하셨습니다. 하나님께서는, 아주 오만하게 허세를 부리며 대열을 지어 걸어가면서 악기 소리에 맞추어 춤을 추는 사람들에게 자기 백성들이 외국인으로 조롱을 받을 때 그들을 생각하셨습니다. 하나님께서 그의 백성들이 바벨론 운하의 물가에 홀로 앉아 버드나무들 사이에서 시온을 생각하는 것이 그들의 유일한 위로가 되었을 때 그들을 생각하셨습니다.

하나님께서 그들을 위해 행하시는 것은 모두 깊이 생각하고 하신 일이었습니다. 하나님께서 그들에 대해서 생각하시는 것은 재앙이 아니라 평안인데, 그들의 평안을 위한 하나님의 생각은 그들이 포로 생활을 하는 것이고 또 그 기간이 70년 동안 지속된다는 것이었습니다. 여러분 가운데 오늘 근심과 슬픔 가운데 있다면 그 일이 하나님의 사려 깊은 목적에서 여러분에게 보내어진 것이라는 점을 의심하지 마십시오. 어떤 행동의 진짜 성격은 이와 같이 확고한 의향과 깊은 생각에 있습니다. 어떤 사람이 어쩌다 보니 여러분에게 선한 행사를 할 수 있습니다. 그런데 그가 순전히 우연히 그렇게 하게 된 것이거나 지나가는 사람이 거지에게 한 푼 던져주는 것 정도로밖에 생각하지 않고 그런 행동을 했다는 것을 알게 된다면 여러분은 감사하는 마음이 생기지 않을 것입니다. 그러나 친구의 어떤 행동이 아주 깊이 생각한 끝에 나온 것이고, 그가 여러분의 복지에 아주 애정 어린 관심을 갖고 행동한다는 것을 알 때 여러분은 더할 수 없이 고마워하게 됩니다. 어떻게 해서든지 여러분에게 선을 행하려는 그 마음의 흔적을 보면 정말 기쁘지 않을 수 없는 것입니다. 나는 사람들이 "그 일을 한 것을 보면 그 친구는 참으로 친절하고 생각이 깊어"라고 말하는 소리를 종종 들었습니다. 그렇게 말하는 것을 보면, 사람들이 친절한 생각을 소중히 여기고 애정 어린 생각을 매우 귀중하게 여긴다는 것을 알 수 있습니다! 그렇다면 하나님 편에서 생각 없이 하는 행동은 없다는 점을 기억해야 합니다. 하나님의 마음은 하나님의 손과 함께 갑니다. 하나님의 행동들에 하나님의 마음이 담겨 있습니다. 하나님은 자기 백성을 아주 소중히 여기십니다. 그래서 그 백성들의 머리카락 하나까지 다 세십니다. 하나님께서는 큰 일을 생각하실 뿐만 아니라 마치 머리에 붙어 있는 머리카락처럼 그 큰 일에 따라다니는 작은 일들도 생각하십니다. 하나님은 고통을 보내실 때마다 그 시간과 정도를 정해서 보내시며, 위로를 보내실 때마다 그것을 일곱 배나 더 소중하게 만드는 애정 어린 깊은 생각에서 보내십니다. 신자 여러분, 하나님의 택하신 백성인 여러분에 대해서 이처럼 하나님의 아주 사려 깊은 생각이 작용하는 것입니다. 여러분에게 일어난 어떤 일도 무자비한 운명의 결과로 발생한 것은 없습니다. 여러분의 모든 환경은 살아계시고 생각이 깊은 사랑하시는 하나님이 지혜로 정하신 것입니다.

형제 여러분, 내가 더 이상 말하지 않을지라도 여러분은 기뻐하며 계속해서 여러분의 길을 갈 수 있을 것입니다. 무한하신 하나님께서 여러분에 대해 평안의 생각을 갖고 계시다는 것을 기억하십시오. 그러면 여러분도 종일 평안을 생각하게 될 것입니다.

다음 단계로 나가기 위해서 이제는 하나님의 생각은 하나님 자신만이 온전히 아신다는 점을 살펴봅시다. 하나님께서 "너희를 향한 나의 생각을 내가 안다"고 말씀하시는 것은 너무도 자명한 일일 것입니다. 사람도 보통은 자신의 생각을 압니다. 그런데 여기서 하나님이 말씀하신 의미는 이것입니다. 내가 여러분에 대해 품고 있는 생각을 여러분은 모르지만 나는 아는 것입니다. 형제 여러분, 하나님의 생각은 너무 높아서 우리가 파악할 수 없고 혹은 너무 깊어서 깨달을 수 없기 때문에 우리가 그 생각을 알 수 없지만, 하나님은 자신의 생각을 아십니다. 우리의 하늘 아버지께서는 자신이 무엇을 하고 계시는지 아십니다. 우리를 향한 하나님의 길들이 얽혀 있어서 복잡하게 보이고 우리로서는 엉킨 실타래 같은 길을 풀 수 없지만 하나님께서는 모든 일들을 분명하게 보시고 자신이 우리에 대해 갖고 계시는 생각을 압니다. 하나님께서는 자신의 길을 잃지 않으시고 당황하시는 법도 없습니다. 우리는 사람에 대한 하나님의 길들을 안다고 감히 말하지 못합니다. 하나님의 길들은 사람이 깨달을 수 있는 능력의 범위를 넘어섭니다. 섭리는 큰 바다와 같습니다. 섭리의 폭은 우리 시력의 범위를 넘어서고, 섭리의 깊이는 아무리 깊은 우리의 생각도 좌절시킵니다. "주의 길이 바다에 있고 주의 곧은길이 큰물에 있으나 주의 발자취를 알 수 없나이다"(시 77:19. 개역개정은 시제(時制)를 과거로 표현하여 "주의 길이 바다에 있었고 주의 곧은길이 큰물에 있었으나 주의 발자취를 알 수 없었나이다"로 번역함 —역주). 우리는 눈앞에 보이는 기이한 일들에 압도될 때 다음의 말씀을 기억하고서 겸손해지지 않을 수 없습니다. "보라 이런 것들은 그의 행사의 단편일 뿐이요 우리가 그에게서 들은 것도 속삭이는 소리일 뿐이라!"(욥 26:14). "하나님의 일도 하나님의 영 외에는 아무도 알지 못하느니라"(고전 2:11). 하나님만이 하나님 자신과 자신의 생각을 아십니다.

어떤 강력한 기계가 옆에 있을 때 우리는 기계의 바퀴가 이쪽저쪽으로 움직이는 것을 보지만 그것이 어떻게 작용하는지 모릅니다. 그렇지만 그것이 무슨 문제가 됩니까? 그 기계를 만들었고 제어하는 사람은 기계를 완벽하게 알고 있습니다. 이것이 실제로 중요한 점입니다. 우리가 그 기계를 이해하느냐 못하느냐 하는 것은 중요하지 않습니다. 기계를 조작하는 사람이 기계의 모든 벨트와 바퀴를 아주 능숙하게 다룬다면 기계가 본래의 목적대로 작동할 것이기 때문입니다. 비록 우리는 모를지라도 하나님께서 무한한 지식으로 만물을 다스리시는 한 아무것도 잘못될 수가 없습니다. 갑판에서 놀고 있는 어린아이는 배의 거대한 엔진이 위용을 갖춘 대서양 정기선의 심장부에 해당한다는 사실을 알지 못합니다. 그럴지라도 아이는 모든 것이 안전합니다. 기관사와 선장과 항해사가 다들 제자리에 있고, 지금 돌아가고 있는 일을 잘 알고 있기 때문입니다. 어린아이는 자기가 도무지 알 수 없는 큰 일들에 대해 걱정할 필요가 없습니다. 확실히 알 수 없는 원인들은 지혜가 무한하신 하나님께서 알아서 처리하실 것이니, 여러분은 가만히 서서 여호와께서 하나님이심을 알아야 합니다. 불신앙은 하나님의 방식들을 오해하고, 조급한 판단은 그 방식들에 관해 서둘러 그릇된 결론을 내립니다. 그러나 하나님은 자신의 생각들을 아십니다. 우리는 마땅히 확신을 가져

야 하는 경우에 의심을 품고, 확신할 만한 근거가 아무것도 없는 경우에 확신을
합니다. 이렇게 우리는 언제나 판단을 그르칩니다. 허망한 사람은 지각이 없어
서 그의 출생함이 들나귀 새끼 같은데(욥 11:12), 우리가 어떻게 해야 그와 같지
않을 수 있겠습니까? 우리는 길들이기 어렵고 가르치기 어려운 존재들입니다.
하나님에 대해서 말하자면, "하나님의 도는 완전합니다"(시 18:30).

> "하나님의 생각은 높고 하나님의 사랑은 지혜롭습니다.
> 하나님께서 상처를 내시는 것은 치료하기 위함이고,
> 하나님께서 언제나 미소를 짓지는 않으시지만
> 끝까지 사랑하십니다."

여기서 한 걸음 더 나아가 봅시다. 하나님께서는 우리에 대한 하나님의 생
각이 명확하게 정해졌다는 것을 우리가 알기를 바라십니다. 이것이 "여호와의
말씀이니라 너희를 향한 나의 생각을 내가 안다"라고 말씀하신 취지의 한 부분
입니다. 사람이 마음을 결정하지 않았기 때문에 자신의 생각을 알 수 없는 때가
있습니다. 일반 대중이 지금 생각하는 주제들이 여러 가지가 있다면, 그 주제들
에 대해서 결정하기가 쉽지 않기 때문에 여러분이 대중의 생각에 관해서 별로
말하지 않거나 아무 말도 하지 않는 것이 지혜로운 일일 것입니다. 한 문제에 관
해서 어떤 사람은 여러분에게 이 질문을 하고 다른 사람은 다른 질문을 합니다.
여러분은 찬성하는 주장들과 반대하는 주장들을 아주 신중하게 평가하였지만 어
느 쪽으로도 결론을 내릴 수 없을 수가 있습니다. 여러분의 생각이 날마다 달라
지기 때문에 여러분은 자신의 생각을 알지 못합니다. 여러분은 이 사실을 부끄
러워할 필요가 없습니다. 그것은 여러분이 자신의 지식이 불완전하다는 것을 정
당하게 인식하고 있음을 보여주는 것입니다. 어리석은 사람은 빨리 결심하는데,
이는 별 생각이 없기 때문입니다. 그러나 지혜로운 사람은 기다리고 깊이 생각
합니다. 유일하게 지혜로우신 하나님께는 사정이 전혀 다릅니다. 하나님은 사람
이 아니시므로 주저하실 필요가 없습니다. 하나님의 무한하신 생각이 결정되었
고, 하나님은 자신의 생각을 아십니다. 하나님께는 의심이 없고 논쟁도 없습니
다. "그는 뜻이 일정하시니 누가 능히 돌이키랴"(욥 23:13). 하나님의 뜻은 정해
졌고 하나님은 그 뜻을 끝까지 밀고 가십니다. 하나님께서는 자기를 부지런히

찾는 자들에게 상주시고, 자기를 믿는 자들을 명예롭게 하기로 결심하셨습니다. 자신의 언약을 영원히 기억하시고, 자기를 믿는 자들에게 약속을 지키기로 결심하셨습니다. 하나님께서 자신을 위하여 창조하신 사람들이 하나님을 찬송하도록 만드는 것이 하나님의 생각입니다. 하나님은 자기에게 속한 사람들을 아십니다. 하나님께서 자기 아들을 내어주신 사람들을 아십니다. 그리고 이들이 영원히 하나님의 보석이 되리라는 것을 아십니다.

사랑하는 여러분, 여러분은 자신의 생각을 모르지만 하나님은 자신의 생각을 아십니다. 여러분은 믿지 않을지라도 하나님은 신실하십니다. 여러분은 어둠 가운데 있지만 하나님은 빛이시고, 그의 안에는 어둠이 조금도 없습니다. 여러분의 길은 막혀 있을 수 있지만 하나님의 길은 열려 있습니다. 여러분이 아무것도 모를 때에도 하나님은 모든 것을 아십니다. 모세가 애굽에서 나왔을 때, 그는 이스라엘이 행군하여 가는 길에 대해 아무 계획이 없었습니다. 그는 자신이 이스라엘 백성을 약속된 땅으로 인도해야 한다는 것은 알았지만, 그것이 알고 있는 전부였습니다. 어쩌면 그는 가장 짧은 지름길을 통해서 즉시 이스라엘을 팔레스타인으로 데려가기를 바랐을 것입니다. 그러나 그들의 여행은 전혀 달랐습니다. 그들의 여행길은 모두 하나님께서 마음으로 미리 정해놓으셨습니다.

이스라엘 지파들이 돌이켜 믹돌과 바다 사이, 비하히롯 앞에 진을 치라는 말을 들었을 때 실수로 그렇게 된 것이 아닙니다. 여호와께서는 바로가 이렇게 말할 것을 아셨습니다. "그들이 그 땅에서 멀리 떠나 광야에 갇힌 바 되었다"(출 14:3). 뒤에는 애굽 사람들이 있었기 때문에 돌아갈 수 없었고, 앞에는 홍해 바다가 있었기 때문에 나아갈 수도 없었습니다. 그러나 여호와께서는 그 길을 마음으로 정해놓으셨습니다. 그래서 하나님은 적이 "내가 뒤쫓아 따라잡아 탈취물을 나누리라"(15:9)고 말할 때 놀라지 않으셨습니다. 이는 하나님께서 그에게 하나님의 능력을 나타내 보이시려는 이 목적을 위해 그를 세우셨기 때문입니다. 홍해를 통과하는 것은 황급히 마련한 임시 조처가 아니었습니다. 여호와께서는 자신이 어떻게 할지 알고 계셨습니다. 찬송 받으실 우리 주님께서 배고픈 군중들에게 둘러싸여 계실 때 제자들에게 "너희에게 떡 몇 개나 있는지 가서 보라"(막 6:38) 하고 말씀하셨습니다. 그러나 "예수께서는 친히 어떻게 하실지를 아셨습니다"(요 6:6). 주님께는 생각이 있었고, 그 생각을 알고 계셨습니다. "태초부터 하나님은 자신의 모든 행사를 아셨습니다"(행 15:18, 개역개정은 "예로부터 이것을 알게 하시는 주의 말씀이라" —역주). "여호와 나의 하나님이여 주께서 행하신 기적이 많고 우리를 향하신 주의 생각도 많도소이다"(시 40:5). 하나님께서 "나의 뜻이 설 것이니 내가 나의 모든 기뻐하는 것을 이루리라"(사 46:10)고 말씀하셨으니, 그대로 될 것입니다. 형제 여러분, 여러분은 어떻게 해야 할지 알지 못하지만 하나님은 여러분을 위해 하실 일을 아십니다. 그리스도의 몸인 교회여, 그대의 머리이신 주님께서 그대를 위해서 생각하시도록 맡기십시오! 그리스도의 종인 여러분, 그대의 주인이신 주님께서 여러분을 위해서 생각하시도록 맡기십시오! 하나님께서는 "너희를 향한 나의 생각을 내가 안다"고 말씀하십니다.

우리가 그동안 본문의 의미를 찾아 멀리까지 왔으니, 이제는 다음 단계로 넘어갈 준비가 되었습니다. 즉, 이제는 자기 백성을 향한 하나님의 생각은 언제나 평안이라는 점을 살펴볼 때가 된 것입니다. 하나님은 예수 그리스도의 속죄의 피로 말미암아 자기 백성들과 사이좋게 지내십니다. 하나님께서는 그리스도 안에서 자기 백성을 완전히 만족하게 여기십니다. 성령께서는 그들의 근심하는 양심에 평안을 말씀하시고, 그들 속에 양자의 영과 거룩함을 추구하는 소원을 일으키십니다. 이렇게 해서 거룩하신 하나님이 자기 백성들과 교제하실 수 있고, 그들에 대해 평안의 생각을 품으실 수 있습니다. 하나님께서는 자기 백성들을 기뻐하십니다. 그들의 평안을 추구하시고 그들에게 평안을 일으키시며 유지하십니다. 이와 같이 자기 백성에 대한 하나님의 생각은 언제나 평안입니다. 그런데 여기에 의도적으로 삽입된 부정적인 말을 잘 살펴볼 필요가 있습니다. 이 말씀이 내 마음에는 아주 기분 좋게 들립니다. "너희를 향한 나의 생각은 평안이요"라고 말했어도 충분하게 보였을 수 있습니다. 그렇습니다. 우리에게 모든 것이 밝을 때는 그렇게만 말해도 아주 충분할 것입니다.

그러나 "재앙이 아니니라"는 말씀이 삽입된 것은 밤의 도깨비들, 곧 어둠 가운데 날아드는 의심의 흡혈귀들을 막기 위한 훌륭한 처사입니다. 우리가 고통을 받아 몹시 우울해졌을 때, 하나님께서 우리와 다투실 만한 이유들이 있다는 것을 양심이 느낄 때, 우리의 원수는 이렇게 속삭입니다. "하나님은 너에 대해 나쁜 생각을 갖고 계시니까 너를 영원히 버리실 거야." 그렇지 않습니다. 사랑하는 여러분, 여러분에 대한 하나님의 생각은 재앙이 아닙니다. 하나님께서 여러분의 죄는 미워하실지라도 여러분을 미워하시지는 않습니다. 하나님께서 여러분의 어리석은 행동들에 대해서는 미워하시지만 여러분의 변치 않는 친구이십니다. 그렇습니다. 하나님은 여러분의 잘못들과 싸우시기 때문에 여러분에게 그만큼 더 진실한 친구이십니다.

하나님은 여러분을 정결하고 거룩하게 만드시고자 하십니다. 그러므로 여러분을 강물에 목욕시키고 불로 세례를 주십니다. 화가 나서 여러분을 괴롭히시는 것이 아니라 언약의 사랑으로 여러분에게 고통을 주시는 것입니다. 하나님께서 자기 자녀를 아무리 혹독하게 치셨을지라도 그것은 사랑의 손으로 때리신 것입니다. 여러분은 아침에 일어나자마자 징계를 받고 밤에는 잠자리에 들기 전까지 매를 맞아 아플 수가 있습니다. 그럴지라도, 아니 오히려 그렇기 때문에 더욱 더 여러분이 하늘의 은혜를 받은 사람일 수가 있습니다. 그러므로 사랑하는 여러분, "재앙이 아니니라"는 이 부정적인 말씀을 굳게 붙드십시오. 하나님은 자기의 택한 백성들에 대해 악한 생각을 품지 않으십니다. 하나님은 우리를 슬프게 하실 마음이 없고 우리를 구원하고자 하십니다.

우리를 향한 하나님의 선한 뜻이 없이는 머리카락 하나도 떨어지지 않을 것입니다. 하나님께서 우리에 대해 생각하시고 우리를 대하시는 것은 선을 위해서, 오직 선을 위해서입니다. 우리가 이 사실을 마음에 새기고, 어두운 예감 같은 것은 깨끗이 지워버릴 수 있으면 좋겠습니다! 비록 여러분의 길이 낮의 햇빛을 가릴 만큼 험한 바위산이 여러분 위로 아주 깎아지르듯이 높이 솟아 있는 어두운 골짜기로 나있을지라도 계속 앞으로 가십시오. 그 길이 안전하기 때문입니다. 주님을 따라가십시오. 길이 험한 곳에서는 여러분이 평탄하고 매끄러운 곳에서보다 잘 넘어지지 않을 것이기 때문입니다. 길이 가파르다면 그만큼 여러분이 높은 데로 올라가기 쉬울 것이고, 혹은 길이 아래쪽으로 내려간다면 그만큼 여러분이 필요한 겸손을 배우고, 자신을 버리고 주님을 의지하게 될 것입니다. 비록 내가 이 자리에 계시는 많은 분들처럼 나이가 들고 머리가 희어지지는 않았지만, 한 가지 아는 것이 있습니다. 그것은 하나님께서 내 평생의 모든 날 동안에 내게 재앙을 보이시지 않고 선을 행하셨다는 것입니다. 하나님께서 아주 신실하게 나를 괴롭게 하셨지만, 내게 약속하신 모든 것 가운데 선한 것은 단 하나라도 주시지 않은 것이 없음을 나는 이 시간에 모든 사람 앞에 증언합니다.

그렇습니다. 하나님의 생각은 "재앙이 아닙니다." 다음에 마귀가 와서 여러분에게 슬며시 어두운 생각을 불어넣을 때는, 마귀에게 하나님의 생각은 "재앙이 아니니라"고 말하십시오. 그 말로써 마귀를 쫓아버리십시오. 그가 은근히 더러운 생각을 제시할 때는 "재앙이 아니니라"고 말하십시오. 하나님께서는 자기의 택하신 백성들에게 악한 생각을 품으실 수 없습니다. 우리를 위해 자기 아들을 죽이는 데 내어주신 분께서 우리에 대해 선하지 않은 것을 생각하는 일이란 있을 수 없습니다.

다음의 사실을 생각한다면 본문의 의미를 좀 더 충분히 이해하게 될 것입니다. 즉, 하나님의 생각은 모두 "미래와 희망"을 주도록 작용하고 있다는 것입니다. 영어 개역 성경은 이 부분을 "말일에 너희에게 희망을 주는 것"이라고 번역하고 있습니다. 이 번역문들은 어떤 교훈을 제시합니다. 하나님은 어떤 동기를 가지고 일하십니다. 모든 일들은 한 가지 목적을 위해, 곧 하나님을 사랑하는 자들의 선을 위해 함께 작용합니다. 우리는 시작밖에 볼 수 없지만 하나님께서는 시작부터 마지막까지 다 보십니다. 우리는 알파벳을 읽을 때 알파, 베타, 감마 하고 한 글자 한 글자 읽지만, 하나님께서는 알파부터 오메가까지 한 번에 모든 글자를 읽으십니다. 하나님은 섭리의 책에 적힌 모든 글자를 아십니다. 또 자신이 지금 행하고 계시는 일을 아실 뿐만 아니라 그 일로부터 어떤 결과가 나올지도 아십니다. 하나님은 현재 우리가 겪는 고통과 슬픔만을 아시는 것이 아니라 그 고통과 슬픔으로부터 장차 어떤 기쁨과 유익이 나올지도 아십니다. 하나님은 땅을 쟁기로 찢으시는 데만 관심이 있는 것이 아니라 땅을 황금빛 추수로 옷 입히시는 데도 관심이 있습니다. 하나님은 고통의 이후 결과들도 보십니다. 그래서 고통스런 사건들을 복된 것으로 간주하시는데, 이는 그의 백성들이 그 사건들로 말미암아 결국은 큰 행복에 이르기 때문입니다. 우리는 이 사실을 생각하고 기운을 냅시다.

하나님께서는 바벨론에서 하나님을 아는 백성, 하나님께서 "그들은 내 백성이 되겠고 나는 그들의 하나님이 될 것이라"(렘 32:38)고 말씀하실 백성을 일으켜 세우실 뜻이 있었습니다. 포로 생활 70년이 끝나면 하나님께서 이 백성들을, 이를테면 다른 어떤 잘못은 범할지라도 우상숭배에는 결코 다시 빠지지 않을 새로운 인종과 같은 이 백성들을 예루살렘으로 돌려보내실 것입니다. 하나님께서는 자기 백성의 포로 생활에서 무엇을 이루려고 하셨는지 알고 계셨습니다. 우리의 경우에서도 하나님은 자신의 목적을 분명히 알고 계십니다. 우리는 그것을 알지 못합니다. "장래에 어떻게 될지는 아직 나타나지 아니하였기"(요일 3:2)

때문입니다. 여러분은 이 위대한 예술가의 걸작을 아직 보지 못하였습니다. 다 듬어지지 않은 거친 대리석을 본 적이 있고, 땅에 떨어진 대리석 조각들을 본 적 은 있습니다. 여러분은 하나님의 조각칼의 날카로운 끝을 느낀 적이 있고, 망치 의 무게를 알며, 여러분의 기억 속에는 온통 이런 것들뿐입니다. 그러나 하나님 께서 대리석에 조각하는 일을 마지막으로 끝냈을 때 나타날 그 영광스런 형상을 여러분이 볼 수 있으면 좋겠습니다. 그러면 여러분은 그 조각칼과 망치를 이해 하게 될 것입니다. 이 위대하신 일꾼이 여러분보다 일을 잘하신다는 것을 알게 될 것입니다! 형제 여러분, 우리에 대한 하나님의 뜻이 성취될 때 우리가 어떤 모습으로 변하게 될지 우리는 알지 못합니다! 그리스도께서 장차 나타나시는 것을 우리가 볼 때 우리도 그의 모습대로 될 줄을 압니다. 그러나 "그의 참모습 그대로"(요일 3:2)라는 그리스도의 모습은 어떤 것입니까? 우리가 입을 것이라 고 하는 그리스도의 그 영광은 무엇입니까? 우리는 낮아지신 그리스도의 모습 은 그릴 수 있습니다. 하지만 영광을 얻으신 그리스도의 모습은 어떤 것입니까? 그리스도는 맏아들이십니다. 그래서 우리는 그리스도를 닮게 되어 있습니다. 하 나님은 지금 일하시고 또 일하시며 마지막까지 언제나 일하고 계십니다. 그리고 하나님의 모든 생각은 이와 같이 미래와 희망을 주는데 이바지합니다.

　　여기서 잠시 멈추고 배운 점을 실제로 적용해 보아야 하겠습니다. 지금 이 자리에서 내 설교를 듣는 분 가운데 죄를 깨닫고서 큰 고통을 겪고 있는 분들이 있을 수 있습니다. 하나님께서 여러분에게 죄를 기억나게 하고 계시기 때문에 여러분은 절망하고 있습니다. 그런데 하나님께서 그렇게 하시는 데는 까닭이 없 는 것이 아닙니다. 하나님은 어떤 목적이 있어서 여러분을 포로 생활에 들어가 게 하고 계시는 것입니다. 여러분이 지금 율법에 의해 감금당하고 있는 것은 그 리스도로 말미암아 자유를 얻도록 하기 위함입니다. 하나님께서는 여러분에게 옷을 입히기 위해 지금 옷을 벗기고 있는 것이고, 여러분을 가득 채우기 위해 지 금 비우고 계시는 것입니다. 여러분이 처음부터 마지막을 볼 수 있다면 죄의 짐 을 알게 되는 것을 기뻐할 것입니다. 이는 죄의 짐을 알게 됨으로써 여러분이 그 짐으로부터 쉼을 얻기 위해 십자가로 달려갈 수밖에 없게 될 것이기 때문입니 다. 이 슬픔이 여러분의 교만과 자기의를 죽일 것입니다. 이런 방식으로 하나님 께서는 여러분에게 "미래와 희망"을 가져다주실 것입니다. 자기 자신과 깨끗이 결별하면 여러분은 예수님과 결혼하고 그의 구원을 유업으로 받을 것입니다.

아마도 지금 이 설교를 듣고 계시는 분들 가운데는 날마다 자신의 내적 타락과 싸우느라고 고생하는 하나님의 자녀도 많이 있을 것입니다. 슬프게도, 우리는 아직까지 우리 속에 옛 사람이 있는 것을 압니다. 그리스도인 안에 있는 옛 본성은 죄인 속에 있는 옛 사람이나 마찬가지입니다. 하나님께 적의를 품고서는 하나님과 화목하지 못하고, 사실 할 수도 없는 것이 바로 이 육신의 마음입니다. 새로운 본성은 육신 속에 있는 이 죽음과 맞서는 치열한 싸움을 합니다. 말하자면 우리는 썩어가는 시체에 사슬로 묶여 있는 것입니다. 그래서 우리는 "오호라 나는 곤고한 사람이로다 누가 나를 건져내랴?"(롬 7:24) 하고 소리칩니다. 자, 이런 것을 경험한다고 해서 절망하지 마십시오. 여러분이 자기 속에는 지켜보고 이겨내야 하는 죄가 없다는 헛된 생각으로 우쭐하기보다는 자신의 결점에 대해서 슬퍼하는 것이 낫습니다. 이스라엘 백성들 가운데는 예루살렘에서 시드기야와 함께 남아 있으면서 자신들의 처지를 자랑하는 사람들이 있었습니다. 그러나 그들의 처지는 결코 그들이 생각하는 그런 것이 아니었습니다. 여러분은 포로로 끌려갔고, 지금 여러분 속에 있는 죄 때문에 한숨을 지으며 울고 있습니다. 그러나 여러분을 향한 하나님의 생각은 재앙이 아니라 평안입니다. 하나님께서 여러분에게 "미래와 희망을 주실" 것입니다. 여러분은 고통스런 이 과정을 겪고서 참된 거룩함에 이를 것이고, 그렇게 해서 하나님을 영화롭게 할 것입니다.

또 지금 이 설교를 듣는 분 가운데는 매우 깊은 근심 가운데 있는 하나님의 자녀가 있을 수 있습니다. 여러분에게는 모든 일이 잘 안 되고 있습니다. 가정에서도, 직장에서도, 어쩌면 교회에서까지도 일이 잘 안 되고 있을 것입니다. 좋습니다. 여러분은 "어떻게 해야 내가 징계를 받지 않을 수 있는가?"라는 질문을 할 필요가 없습니다. 현재 징계를 받는 것은 즐겁지 않습니다. 그러나 후에는 징계 받은 사람들이 그 징계로 말미암은 의의 평강한 열매를 맺게 됩니다. 그러므로 하나님의 징계를 즐거이 견디십시오. 하나님은 여러분을 생각하십니다. 여러분을 정련하고 계시기 때문입니다. 하나님의 생각은 평화롭고, 하나님은 여러분의 최고선을 계획하십니다.

지금까지 나는 사람들에 대한 하나님의 길들이 옳다는 점을 주장하려고 노력했습니다. 성령께서 여러분이 하나님의 생각은 평안이라는 점을 느끼게 해 주시기를 바랍니다.

2. 둘째로, 여러분은 하나님 백성들이 하나님께 대해 가져야 하는 합당한 태도에 대해서 생각해보시기 바랍니다.

우리가 순종하는 태도를 가져야 한다고 말하면 여러분 모두 내 말에 동의할 것입니다. 하나님께서 우리를 위해 행하시는 모든 일에서 어떤 목적, 곧 애정 어린 목적을 가지고 행하신다면 우리는 하나님께서 선하게 여기시는 대로 모든 일을 하시도록 해야 합니다. 이제부터는 섭리의 하나님과 조금도 다투지 말고 "주의 뜻이 이루어지이다"(마 6:10) 하고 말하도록 합시다. 어느 누가 자기에게 건강과 부와 무한한 행복을 이루어주겠다는 뜻을 거절하겠습니까? "내 아들아 주의 징계하심을 경히 여기지 말며 그에게 꾸지람을 받을 때에 낙심하지 말라 주께서 그 사랑하시는 자를 징계하시고 그가 받아들이시는 아들마다 채찍질하심이라"(히 12:5,6).

그 다음에, 하나님께서 행하시는 모든 일에서 하나님의 목적이 우리에게 "미래와 희망"을 주는 것임을 알았으니 우리는 자신의 처지가 매우 희망적이라는 것을 알도록 해야 합니다. 우리는 점점 더 어두운 데로 몰려가지 않고 점점 더 밝은 데로 인도받을 것입니다. 그리스도인의 삶에는 희망을 품고 기대할 것이 언제나 있습니다. 우리는 미래를 내다보거나 현재를 생각할 때 조금도 두려워하지 맙시다. 우리가 두려워할 것은 아무것도 없습니다.

> "죄를 용서받는다면 나는 안전하겠네.
> 죽음에게 쏘는 것이 없으니.
> 율법이 죄에 정죄하는 권능을 주었으나
> 내 속전이신 그리스도께서 대신하여 죽으셨네."

그리스도의 죽음은 하나님의 자녀에게서 악이 죽은 것입니다. 이 사실을 믿고 두려워하지 맙시다. 마지못해 금욕주의적으로 인내하기로 결심하지 않도록 합시다. 우리는 하나님의 뜻을 받아들일 뿐만 아니라 또한 그 뜻을 기뻐해야 합니다. 우리가 시련을 기뻐하고 우리의 약함을 자랑하게 된다면 그것은 복된 일입니다. 우리가 "고난도 달콤하다"고 노래할 수 있다면, 그것은 아름다운 음악입니다.

어떤 사람은 "힘든 일"이라고 말합니다. 그렇습니다. 그렇지만 그것은 수고

할 만한 가치가 있는 일입니다. 그로 인해 우리가 온전한 평안을 얻기 때문입니다. 여러분이 상황에 맞게 자신의 뜻을 조정한다면, 아니 훨씬 더 낫게 여러분이 자신의 뜻을 굽히고 하나님의 뜻을 기뻐한다면, 그것은 뱀에게서 그 송곳니를 뽑아버리는 것입니다. 그것은 주의 뜻에 잠잠히 순종하겠다고 말하는 그 입으로 고난에서 슬픔을 빨아내는 것입니다. 여러분이 "내 원대로 마시옵고 아버지의 원대로 되기를 원하나이다"(눅 22:42) 하고 말할 수 있을 때, 여러분의 뜻을 이룰 것입니다. 예수님을 믿는 사람들에게는 언제나 "그 앞에 더 나은" 것이 있습니다. 여러분은 이 점을 확실히 아십시오.

> "두려워하는 성도여, 다시 용기를 내십시오.
> 여러분이 그처럼 두려워하는 구름은
> 자비로 가득 차 있어서
> 여러분 머리에 복들을 뿌려줄 것입니다."

구름에서 자비의 소나기가 내리게 되어 있다면, 구름을 환영하십시오. 우리가 언제나 햇빛만 받아야 한다는 것은 당치도 않은 일입니다. 그렇게 되면 한발이 일어날 것입니다. 구름이 복된 비를 가져다준다면 구름이 오도록 합시다.

그 다음에, 하나님과 우리의 관계는 끊임없이 기대하는 관계, 특별히 하나님의 약속들이 성취될 것을 기대하는 관계가 되어야 합니다. 나는 여러분이 다시 한 번 10절의 말씀을 보시기 바랍니다. "내가 나의 선한 말을 너희에게 성취하리라." 나는 이 표현을 참으로 좋아합니다. 나는 조만간에 이 표현을 본문으로 삼아 설교해야 하겠습니다. "내가 나의 선한 말을 너희에게 성취하리라." 하나님의 약속은 선한 말씀입니다. 우리 마음을 상쾌하고 기분 좋게 하는, 정말로 선한 말씀입니다. 여러분의 마음이 기운을 잃었을 때, 바로 그런 때 이 약속이야말로 정말로 선합니다. 주님께서 선한 말씀만큼이나 여러분을 선하게 대하신다는 것을 알기 바랍니다.

형제 여러분, 여러분은 요즘 어떤 사람들이 하듯이 하나님께서 약속하시지 않은 것을 기대함으로써 스스로 슬픔을 초래하는 일을 하지 마십시오. 나는 여러분에게 흥분한 상태에서 자신들이 첫째로 육신을 입고서 완전해질 것이고, 그 다음에는 육신으로부터 완전해지며, 그 다음에는 육신을 입었음에도 불구하고 실제로 불멸에 이르게 된다는 상상에 빠진 사람들을 조심하라고 진심으로 말씀드립니다. 하나님께서 자신의 약속을 이루실 것이지만 여러분이 그 약속에 대해 잘못 알고 있는 것을 이루려고 하시지는 않습니다. 주님께서 "사람이 떡으로만 살 것이 아니요 하나님의 입으로부터 나오는 모든 말씀으로 살 것이라"(마 4:4)고 말씀하셨다고 해서 자기는 먹지 않고도 살 수 있다고 믿을 사람들이 생긴다고 해도 나는 놀라지 않을 것입니다. 약을 먹지 않고도 병이 나을 수 있다면 왜 음식 없이 살 수 없겠습니까? 하나님께서 보이는 수단이 없이도 일하실 수 있는데, 무엇 때문에 보이는 수단들이 절대적으로 필요하겠습니까? 하나님을 진실하게 믿기 위해서는 모든 외적인 수단들을 치워버려야 할 필요가 있다고 생각하는 사람들은 머지않아 어리석은 행동을 하게 될 것입니다. 정말로 하나님께서 내게 먹지 말고 살라고 명령하셨다면 나는 하나님의 명령대로 금식하면서도 살 수 있다고 믿을 것입니다. 그러나 하나님께서 그런 명령을 내리신 적이 없기 때문에 나는 그런 생각을 하지 않을 것입니다. 하나님의 말씀의 보증을 받지 않는 믿음은 믿음이 아니라 어리석은 생각입니다. 하나님께서 자신이 친히 하신 말씀은 이행하시겠지만 미친 사람의 정신 나간 소리를 이행하시지는 않을 것입니다. 하나님의 약속을 성취하기 위해서는 수많은 기적들이 필요하다면, 곧 그 기적들이 일어날 것입니다. 그러나 주님께서는 섭리의 일반적인 방법들을 사용하여서 자신의 선한 말씀을 이루시고 우리에게 미래와 희망을 가져다주실 수 있다는 것을 믿기 때문에 우리는 기적들을 간절히 바라지 않습니다.

사랑하는 여러분, 다시 한번 말하지만, 하나님에 대한 우리의 처지는 복된 목적들이 바로 지금 이루어지고 있는 만큼 행복하고 소망스러운 것임에 틀림없습니다. 예레미야 24장을 보면, 하나님께서 그의 백성을 포로로 보내신 목적들 가운데 한 가지를 알 수 있습니다. 5절에서 하나님께서 이렇게 말씀하셨습니다. "이와 같이 내가 포로로 끌려간 유다 사람들을 인정할 것이라"(개역개정은 "내가 갈대아인의 땅에 이르게 한 유다 포로를 잘 돌볼 것이라" —역주). 그들이 당한 슬픔 때문에 하나님께서 그들을 인정하실 것입니다. 형제 여러분, 이와 같이 우리도 우리 몸에 주 예수님의 흔적을 지닙시다. 고난은 하나님의 택하심을 인증하는 표시입니다. 노샘프턴셔(Northamptonshire: 잉글랜드 중부의 주 —역주)에서 침례교회 목사로 봉사하였던 맥 씨(Mr. Mack)의 이야기가 생각납니다. 젊은 시절에 그는 군인으로 있으면서 로버트 홀 목사(Robert Hall)를 방문하였는데, 그 때 그의 연대가 레스터(레스터서의 주도[州都])를 행군해서 지나가고 있었습니다. 거기에서 한 지체 높은 사람이 그에게 관심을 갖게 되었고, 그의 주선으로 맥 씨는 군대를 나오게 되었습니다. 맥 씨가 글래스고로 설교하러 갔을 때 자신의 노모를 찾았습니다. 그는 노모를 오랫동안 보지 못했습니다. 그는 보는 순간 바로 어머니를 알아보았지만, 그의 노모는 아들을 알아보지 못했습니다. 그가 어렸을 때, 그의 어머니가 어쩌다가 칼로 아들의 손목에 상처를 내고 만 일이 있었습니다. 그때 어머니는 아들을 위로하기 위해 이렇게 말했습니다. "얘야, 괜찮아. 네가 어른이 되어도 엄마는 이 상처 때문에 너를 알아볼 거야." 맥 씨의 어머니가 점잖고 멋지게 생긴 목사가 자기 아들이라는 것을 믿으려 하지 않자, 그는 소매를 걷어 올리고 큰 소리로 말했습니다. "엄마, 엄마, 이 상처 알아볼 수 있어?" 그 순간 두 사람은 서로를 안았습니다. 사랑하는 여러분, 하나님께서는 자기 자녀들에게 있는 사마귀 점을 아십니다. 징계의 흔적을 보시고 자기 자녀임을 인정하십니다. 하나님께서 근심과 시련을 통하여 우리에게 행하시는 일은 우리가 하나님의 참된 상속자임을 인정하고 계시는 것일 뿐입니다. 하나님의 징계의 흔적들은 우리가 사생자가 아니라 참 아들임을 보여주는 증거가 될 것입니다. 하나님은 자신이 우리에게 신성한 수술을 시행하실 때 남긴 상처를 아십니다. 이 상처를 보고서 여러분도 정말로 자신이 금 덩어리라는 것을 알게 될 것입니다. 그렇지 않다면 여러분은 아직 풀무불에 들어가지 않은 상태일 것입니다. 바로 이것이 우리에게 주시는 하나님의 "미래와 희망"이 될 것입니다. 그러니 우리는 이 미래와 희망을 기뻐합시다.

우리에 대한 하나님의 처사는 모든 면에서 우리에게 선을 이룹니다. 여호와께서는 이렇게 말씀하셨습니다. "내가 이곳에서 옮겨 갈대아인의 땅에 이르게 한 유다 포로를 잘 돌볼 것이라"(렘 24:5). 우리는 "하나님을 사랑하는 자들에게는 모든 것이 합력하여 선을 이루느니라"(롬 8:28)는 것을 압니다. 이렇게 날마다 여호와께서는 우리에게 "미래와 희망"을 주십니다.

본문의 말씀을 인용한 이 장(章) 12절에서 우리는 자기 백성들에 대한 하나님의 활동으로 말미암아 기도가 일어난다는 사실을 봅니다. "너희가 내게 부르짖으며." 고난을 당할 때 우리는 무릎을 꿇지 않을 수 없습니다. 에서가 없었더라면 야곱은 얍복 강가에서 천사와 씨름하지 않았습니다. 나는 보통 우리가 자발적으로 골방에 들어간다고 믿습니다. 그런데 우리가 거기에서 채찍질을 당하는 경우가 종종 있습니다. 지극히 간절한 기도 가운데 하늘로 올라가는 기도는 많은 경우에 우리가 슬픔에 사로잡혀 있을 때 나옵니다. 그렇습니다. 하나님께서 여러 가지 방식으로 우리를 괴롭게 하셨을 때 우리 속에 기도의 영이 일어났고, 우리의 기도가 헛되지 않다는 충분한 확신이 생긴 것에 대해 우리는 하나님께 감사하지 않을 수 없습니다.

우리를 대하시는 하나님의 목적은 또한 우리의 성화(聖化)를 위하는 것입니다. "내가 여호와인 줄 아는 마음을 그들에게 주어서 그들이 전심으로 내게 돌아오게 하리니 그들은 내 백성이 되겠고 나는 그들의 하나님이 되리라"(렘 24:7). 신자를 거룩하게 하는 고통은 가치가 있다는 것을 아십시오! 우리가 은혜 안에서 자라고 우리의 미점도 자랄 수 있으면 좋겠습니다! 우리가 믿음과 희망과 사랑과 인내와 용기와 기쁨에서 강해질 수 있으면 좋겠습니다! 확실히 우리의 지식은 넓어져야 하고 우리의 헌신은 확고해져야 하고, 우리의 통찰은 더욱 분명해져야 하며, 우리의 전망은 견고해져야 합니다. 우리는 모든 경험을 통해서 더욱 그리스도를 닮게 되어야 하고, 하늘의 빛을 더욱 잘 반사하는 사람이 되어야 하며, 성령의 전으로 더욱더 합당한 사람이 되어야 합니다. 그러므로 우리는 기운을 내고, 우리가 날마다 믿음의 결국, 곧 영혼의 구원을 받으며, 그럼으로써 하나님의 목적이 이루어지고 있다는 사실에 기뻐하도록 합시다.

이제 설교를 끝내도록 하겠습니다. 우리는 지금까지 가장 좋은 포도주를 남겨두었습니다. 우리를 향한 하나님의 생각은 하나님께서 우리에게 "기대되는 결말"(개역개정은 "희망과 미래" —역주)을 주시겠다는 것입니다. 결말. 이 사실에서 우리는 기운을 얻게 됩니다. 우리는 영원히 이 땅에 머물기를 바라지 않습니다. 우리는 부지런히 달리기를 할 것이지만 그 경주가 끝나기를 간절히 바랍니다. 나는 언제나 하나님께 영광을 드릴 수 있다면 영원히 이 땅에서 설교하는 것을 기쁘게 생각할 것입니다. 그렇지만 설교를 끝낼 때가 있고 순전히 찬송만 드리는 시기가 있다는 것이 기쁩니다. 형제 여러분, 여러분은 하나님의 일을 사랑하십시오. 그렇지만 여러분이 일을 끝내고 그 삯을 받을 때를 기대하기 바랍니다. 끝이 있다는 것이 우리에게는 위로가 됩니다.

감사하게도 그것은 기대가 되는 결말입니다. 이 자리에 계시는 분 가운데 믿음이 없는 여러분들은 두려운 결말밖에 기대할 수 없습니다. 즉, 여러분의 어리석은 기쁨이 끝이 나고, 여러분이 태평하게 지내던 시절이 끝이 나며 여러분의 자랑도 끝이 나는 결말밖에 기대할 수가 없습니다. 여러분은 자신의 결말을 두려워합니다. 그러나 하나님은 자기 백성들에게 기대되는 결말을 주십니다. 그 결말이 바로 그리스도께서 오시는 때라고 생각해 보십시오! 우리가 그 때를 얼마나 간절히 바랍니까! 그 때 하나님께서 하늘로부터 큰 소리를 내면서 내려오셔서 하늘 사방으로부터 자기의 택한 백성들을 모으실 것입니다! "진실로 속히 오리라!"(계 22:20). 바로 이것이 우리의 기대되는 결말입니다.

우리 주님께서 오시지 않고 우리는 죽어서 본향으로 돌아가야 할지라도 우리는 그 기대되는 결말을 내다보면서 전혀 두려워하지 않습니다. 우리의 사랑하는 친구들이 한 사람씩 우리 교회를 떠나서 본향으로 돌아갑니다. 종종 여러분에게 말씀드렸듯이, 한 주간도 하나님께서 교인 가운데 누군가를 본향으로 데려가시는 일이 없이 지나간 적이 없습니다. 그동안 죽음을 앞둔 신자들을 많이 심방하였지만, 우리 교인 가운데서 임종의 순간에 조금이라도 두려움을 보이거나 세상을 떠날 시간에 조금이라도 당황스러워하는 사람은 한 사람도 본 적이 없습니다. 나는 형제와 자매들이 죽음을 맞이하는 모습을 보면서 기쁨을 느낍니다. 그들은 무덤으로 가는 것이 아니라 마치 결혼식에 가는 사람처럼 세상을 떠납니다. 그들이 자신의 기대하던 결말에 이르렀다는 것이 이제까지 그들에게 일어났던 일 가운데 가장 기쁜 일인 것처럼 말입니다. 여러분이 신자들이 어떻게 죽는지를 보면 모든 의심이 사라질 것입니다. 그들은 은혜를 받았습니다. 그래서 죽음의 시간에 만날 수 있는 약함을 이겨내는 것입니다. 주 예수님께서 그들 안에서 고통과 죽음을 이기시는 것입니다.

바로 얼마 전에 아주 나이 많아 세상을 떠난 우리의 훌륭한 형제요 장로였던 코트 씨(Mr. Court)는 평안한 마음으로 희망을 가지고 자신의 떠날 날을 고대하였습니다. 그는 자신이 세상을 떠나는 일을 조금도 겁낼 필요가 없는 것으로 말하곤 하였습니다. 그는 불평하거나 투덜거리는 일이 일체 없었습니다. 이생의 질병에서 빨리 놓이기를 간절히 바라지도 않았습니다. 그러면서도 자신의 결말을 행복하게 내다보며 즐거이 기대하였습니다. 주님의 성도들 가운데 아직까지 임종의 은혜를 받지 못한 분들이 있습니다. 그 은혜를 받기 전에는 그분들이 죽지 않을 것입니다. 형제 여러분, 성도들은 세상을 떠나기 전에 떠날 준비를 하게 됩니다. 우리 주님께서는 자신의 열매를 분별없이 따버리는 일을 하시지 않습니다. 어리석은 사람들은 아직 익지 않은 사과를 나무로부터 잡아당기고 비틀

어 따서 바구니에 넣는 과정에서 사과에 상처를 낼 수 있습니다. 그러나 우리 주
님은 자신의 열매를 귀하게 여기므로 열매가 완전히 익을 때까지 기다리십니다.
그리고 완전히 익으면 아주 조심스럽게 열매를 거두어들입니다. 하나님께서 손
을 내미시면 열매가 그 손길에 굴복하여 저항하지 않고 가지에서 떨어집니다.
신자가 죽게 될 때, 죽음은 그가 두려워한 결말이 아니라 기대한 결말이 될 것입
니다.

　형제 여러분, 죽음이 지나가고 나면, 여러분이 기대하던 결말, 곧 결코 끝나
지 않을 결말이 옵니다. 천국에서 처음 맞이하는 5분간이 어떠하겠습니까? 그보
다 더 큰 질문이 있습니다. 천국에서 지낼 오랜 세월이 어떠하겠습니까? 무수한
시간이 어떠하겠습니까? 육체와 분리된 내 영이 처음에는 우리 주님의 포옹을
받고 그지없이 행복할 것입니다. 그러나 때가 되어 부활의 날이 밝아오면 이 몸
이 온전한 영광 가운데 다시 일어날 것입니다. 그리고 나서 영혼과 몸이 다시 결
합될 것이고, 그러면 우리는 부활하신 우리 주님처럼 온전해질 것입니다. 아, 참
으로 기대되는 영광스런 결말입니다!

　온전해진 우리가 천사들의 사회에 소개될 때, 곧 그룹과 스랍들 앞으로 인
도될 때, 그 일이 어떻겠습니까? 우리가 그토록 오랫동안 사랑한 분을 볼 때, 심
정이 어떻겠습니까? 그리스도께서 "내 아버지께 복 받을 자들이여 나오라"(마
25:34)고 말씀하시는 것을 들으면 어떻겠습니까? 그리스도의 오른편에 앉으
면 얼마나 기쁘겠습니까! 어제, "이십사 장로들이 자기의 관을 보좌 앞에 드렸
다"(계 4:10)는 본문을 읽고서 마음이 얼마나 기뻤는지 모릅니다. 정말이지 내가
면류관을 얻는 특전을 받기라도 한다면, 그 면류관을 주님의 발 앞에 내려놓을
때 얼마나 기쁘겠습니까! 이것이 여러분의 마음이 아닙니까? 우리는 참으로 즐
거이 이렇게 노래할 것입니다! 여호와여 영광을 우리에게 돌리지 마옵소서! "우
리에게 돌리지 마옵소서 오직 주의 이름에만 영광을 돌리소서"(시 115:1).

　형제 여러분, 우리가 사람을 무기력하게 만드는 육신의 영향력에서 풀려나
게 될 때, 얼마나 기쁘게 노래하겠습니까! 우리를 그토록 방해하는 육신의 이 혀
를 처리하고 났을 때, 얼마나 기쁘게 하나님을 찬양하겠습니까! 나는 우리 주님
을 크게 찬양하고 싶지만 그렇게 하지 못합니다. 나를 이 흙집에서 벗어나게 해
주십시오. 그러면 나는 천국에 있는 생명나무에서 영원히 지저귀는 낙원의 새처
럼 즐겁게 노래할 것입니다. 여러분은 이 세상을 떠나 하늘로 올라가고 싶은 마

음이 들지 않습니까? 그런 소원을 품으십시오. 그러면 여러분은 "너희에게 기대되는 결말을 주는 것이니라"는 본문 말씀을 좀 더 가깝게 이해하게 될 것입니다. 여러분이 현재 겪고 있는 모든 것, 하나님께서 여러분에게 보내시는 모든 것, 여러분이 지금 누리고 있는 모든 것에는 다 이 한 가지 목적, 곧 여러분을 빛 가운데 있는 성도의 기업을 얻기에 합당한 자로 만들려는 이 한 가지 목적이 있습니다.

이 설교를 끝내면서 나는 여러분이 영광이 거하는 그곳에서, 즉 임마누엘의 땅에서 나를 만나겠다고 약속해 주기를 부탁드립니다. 우리는 이제 곧 천사들과 함께 있을 것입니다. 여호와께서는 지금 우리를 생각하고 계시고, 우리가 본향으로 올 것이라고 기대하십니다. 우리 주 예수님께서는 주님이 기대하시던 결말인 그의 혼인 잔치를 기다리고 계십니다. "나의 영혼아 잠잠히 하나님만 바라라 무릇 나의 소망이 그로부터 나오는도다"(시 62:5).

제
22
장
—

쫓겨나 죽어가는 자들에 대한 복된 약속

—

"여호와의 말씀이니라 그들이 쫓겨난 자라 하매 시온을 찾는
자가 없은즉 내가 너의 상처로부터 새 살이 돋아나게 하여 너
를 고쳐 주리라." — 렘 30:17

본문에 나오는 약속들이 개인적으로 그 약속을 절실히 필요로 하는 사람들
에게는 말할 수 없이 듣기 좋을 것입니다. 그러나 자기는 아프지도 않고 상처를
받지도 않는다고 자랑하는 사람들은 이 위안의 말에 아무 흥미를 갖지 않을 것
입니다. 스스로를 매력 있게 생각하는 사람들은 이 사랑스런 의사이신 예수님에
게 아무 매력을 느끼지 못할 것입니다. 나는 어떤 굶주린 여행자들에 대한 이야
기를 들은 적이 있습니다. 그들이 광야에서 길을 잃고 헤매다가 우연히 가방을
하나 주웠고, 그들은 가방에서 적당한 음식을 얻기를 간절히 바랐습니다. 그들
은 굶어죽기 직전까지 갔으므로 허겁지겁 가방을 열었습니다. 아, 그런데 슬프
게도 가방에는 진주밖에 들어 있지 않았습니다. 그들은 그 진주들을 아무 쓸모
없는 것으로 여기고 사막에다 그냥 쏟아버렸습니다. 바로 그와 같이 사람이 이
생의 것들에 굶주리고 목말라 있으며, 그의 생각이 온통 육체적인 욕구들과 세
상적인 슬픔과 기쁨에 사로잡혀 있게 되면, 그는 지극히 귀중한 하나님의 약속
들을 가치 없는 것으로 여기고 물리칠 것입니다. 하나님의 약속들이 당장에는

자기에게 아무 소용이 없는 것으로 생각하기 때문입니다. 사람은 다른 것에 굶주려야 하고, 사람의 마음은 찾을 수 없는 부를 갈망하며, 사람의 영혼은 영원한 사랑을 간절히 바라도록 해야 합니다. 그러면 그는 사물을 보는 시각이 완전히 바뀌고, 값진 진주를 사기 위해 자기에게 있는 모든 것을 기꺼이 내놓을 것입니다.

마음이 병든 여러분, 모든 은혜의 하나님이 여러분에게 주시는 말씀이 여기 있습니다. 치료하시는 여호와께서 친히 이렇게 말씀하십니다. "내가 너를 고쳐 주리라." 하나님의 창이 여러분의 가장 깊은 내면을 찌르는 것을 느낀 여러분, 마음이 상한 자들을 고치시고 그들의 상처를 싸매시는 분이 하신 말씀이 여기 있습니다. "여호와의 말씀이니라 내가 너의 상처로부터 너를 고쳐 주리라." 여기에 여러분이 들을 음악이 있고, 여러분이 맛볼 꿀이 있으며, 여러분의 마음에 들려줄 위로가 있습니다. 그러나 여러분이 아무 병도, 상처도, 약함도, 영적 필요도 느끼지 않는다면 이 신성한 위로의 말은 여러분에게 아무 소리도 내지 못하고 의미 없는 소리로 지나갈 것입니다. 우리는 이 사실을 이상하게 여기지 않을 것입니다. 아픈 사람들이 아니고는 아무도 의사를 필요로 하지 않기 때문입니다. 건강한 사람들은 약과 치료법에 대해 관심 있게 듣지 않습니다. 그런 것들이 필요한 것을 전혀 느끼지 못하기 때문입니다. 이 점 때문에 내 설교를 듣는 사람들의 수는 줄어들지만 그들의 태도는 더 나아집니다. 왜냐하면 자만심이 강한 사람들은 이 설교가 필요 없기 때문에 물러가지만 필요한 사람들은 훨씬 더 주의 깊게 설교에 귀를 기울일 것이기 때문입니다.

본문은 심각한 곤경을 묘사하고, 특별한 개입을 언급하며, 그 개입의 단 한 가지 이유를 기록하고 있습니다. 이 점들을 하나씩 설명한 뒤에, 여러분에게 적절한 조언을 제시하고서 설교를 끝내겠습니다. 성령께서 이 설교에 복을 베풀어 주시기를 바랍니다.

1. 첫째로, 본문은 앞의 구절들과 관련해서 보면 심각한 곤경에 처해 있는 어떤 계층의 사람들을 묘사합니다.

이 사람들은 두 가지 불행을 겪고 있습니다. 첫째로, 그들은 죄 때문에 병에 걸려 있습니다. 이 때 이들은 건강이 회복되어야 할 필요가 있었습니다. 둘째로, 그들은 죄 때문에 하나님의 징계를 받아 상처를 입었습니다. 그래서 상처를 고칠 필요가 있습니다. 그들은 악이라는 병 때문에 괴로워하였고, 또 양심의 우울한 불안 때문에도 괴로워하였습니다. 그들은 하나님의 계명들을 어겼고, 그래서 이제 그들의 뼈가 부러졌습니다. 그들이 하나님을 슬프시게 하였기 때문에 이제는 하나님이 그들을 슬프게 하고 있는 것입니다.

이제 그들의 슬픈 상태의 첫 번째 부분을 면밀히 살펴봅시다. 그들의 슬픈 상태란 그들이 죄로 병들어 있다는 것입니다. 그 병은 5절과 6절의 말씀대로 하자면 사람들이 정신을 차리고 하나님 앞에서 자신의 상태를 알게 될 때 그들 마음에 큰 고통과 근심을 가져다주는 것입니다. 처음에 죄악은 양심을 마비시킵니다. 그리고 죄는 뜨거운 인두로 지지듯이 양심을 무감각하게 만드는 경향이 있습니다. 죄는 중풍의 발작에 비유할 수 있습니다. 중풍의 발작이 사람의 몸에 일어나면 그에게서 모든 고통을 앗아가고, 발작이 일어난 부분을 마치 죽은 사람처럼 무감각하게 만듭니다. 죄는 불신자들의 양심을 마비시킵니다. 처음에 불신자들은 죄가 크나큰 악이라는 것을 모릅니다. 그들은 죄를 가볍게 여깁니다. 죄는 보기만 해도 독에 쏘이는 괴이한 뱀입니다. 그런데도 사람들은 마치 그것이 새라도 되는 양 죄를 가지고 놉니다. 죄는 영혼에 온통 나병을 일으키는 치명적인 질병입니다. 그런데도 사람들은 죄의 흔적들을 마치 하나님 자녀의 표시라도 되는 것처럼 드러내 보이려고 합니다. 그러나 얼마 후에 양심이 하나님의 말씀에 의해 깨어나게 되면, 이 병은 더 이상 사람을 마비시키지 못하고 참을 수 없는 고통을 일으키는 원인이 됩니다. 이 말씀을 들어보십시오. "여호와께서 이와 같이 말씀하시되 우리가 무서워 떠는 자의 소리를 들으니 두려움이요 평안함이 아니로다 너희는 자식을 해산하는 남자가 있는가 물어보라 어찌하여 모든 남자가 해산하는 여자 같이 손을 자기 허리에 대고 모든 얼굴이 겁에 질려 새파래졌는가?" 강한 죄의식 때문에 일어나는 괴로움을 보여주는 전형적인 표본으로서 가장 맹렬한 형태의 신체적 고통이 여기서 제시됩니다. 정말로 세상에서 죄를 느끼면서도 용서를 받지 못하는 것만큼 끔찍한 일은 없습니다. 자신이 죄 있다는 것을 알면서도 그 죄를 없앨 방법을 모르는 것만큼 두려운 일은 없습니다. 믿음이 없이 겪는 양심의 가책은 이 세상에서 지옥을 경험하는 것입니다.

형제 여러분, 여러분 가운데 그 점을 느낀 사람이 많을 것입니다. 그래서 그들은 내세가 없다면 죄책의 압박을 받고 사느니 차라리 죽는 것이 낫겠다고 생각합니다. "사람의 심령은 그의 병을 능히 이기려니와 심령이 상하면 그것을 누가 일으키겠느냐?"(잠 18:14). 죄는 마음의 병입니다. 우리 생명의 중심지와 수원(水源)을 쓰게 하여 모든 것에 쓸개즙과 쓴 쑥의 맛이 나게 만드는 병입니다. 죄는 즐거움을 완전히 깨버리는 끔찍한 것입니다. 아라비아 사막의 모래 열풍이 대상(隊商)을 덮쳐 죽음으로 몰아가듯이, 아프리카의 열풍이 들판의 모든 풀을 시들게 하듯이, 죄의식은 평안을 마르게 하고 희망을 결딴내며, 기쁨이 완전히 사라지게 만듭니다. 내 말을 듣는 분들 가운데 죄라는 병으로 압박을 받고 있는 사람들이 있다면, 그들이 "내가 너의 상처로부터 새 살이 돋아나게 하여 너를 고쳐 주리라"는 본문 말씀을 깊이 생각하면 큰 기쁨을 얻을 것입니다.

　더욱이, 이 병은 양심이 욱신욱신 쑤실 때는 말할 수 없이 사람을 고통스럽게 할 뿐만 아니라 또한 인간의 기술로는 전혀 치료할 수가 없습니다. 우리가 12절에서는 이러한 말씀을 듣습니다. "여호와께서 이와 같이 말씀하시니라 네 상처는 고칠 수 없고 네 부상은 중하도다." 사람의 영혼에서 죄를 치료하는 것보다 사람의 몸에서 나병을 치료하는 것이 훨씬 더 쉬울 것입니다. 죄는 인간 본성을 꼼짝달싹할 수 없게 단단히 붙잡고 있고 사람의 마음에 치명적인 바이러스를 온통 주입하여서 사람의 본질 속에 있으므로 기적이 아니고서는 결코 제거할 수 없는 병입니다. 악을 행하기에 익숙한 사람이 선을 행하기를 배우는 것보다, 더 나아가 선을 행하기를 좋아하고 기뻐하기를 배우는 것보다 구스인이 자기 피부를 변하게 하거나 표범이 반점을 변하게 하는 것이 훨씬 더 가능성 있는 일입니다. 이것이 단지 습관이나 실천의 문제라면 우리는 죄와 싸워서 이길 수 있을 것입니다. 그러나 이것이 본성의 문제이고 머리 전체가 병들었고 마음 전체가 이 병으로 힘을 잃었으면, 어떤 인간의 능력으로도 효과적으로 치료할 수가 없는 것입니다.

　어떤 사람들은 죄를 슬퍼하며 울었습니다. 그러나 그들의 눈물이 마음 깊은 곳까지 파고드는 병에는 아무 소용이 없는 로션에 지나지 않습니다. 그런가 하면 어떤 사람들은 고독하게 지내는 것으로써 악을 피하기 위해 은둔자로 물러나 세상과 담을 쌓고 혼자 지냈습니다. 그러나 그들은 악이 들어갈 수 없는 은밀한 곳을 발견하지 못하였습니다. 우리가 어디로 가야 죄를 피하여 도망할 수 있겠습니까? 죄가 일단 우리 본성을 사로잡고 나면, 우리가 아침 날개를 타고 바다 끝으로 날아갈지라도 타락한 본성은 여전히 우리와 함께 있을 것입니다. 우리가 몇 배나 더 캄캄한 밤으로 우리를 둘러쌀지라도 죄는 그럴수록 더 완벽하게 그 어둠 속에 있을 뿐입니다. 우리가 이 끔찍한 세력, 곧 항상 존재하는 이 해악으로부터 도망치기 위해 어디로 날아갈 수 있고, 무슨 일을 할 수 있습니까? 이 독이 우리 본성에 온통 침투하였기 때문에 우리는 이렇게 고백하지 않을 수 없습니다.

> "죄가 단 한 군데에만 있는 것이 아니라
> 내 안에 온통 퍼져서
> 뜨거운 열병이 내 마음 안에 있고
> 머리가 다 마비되었습니다."

몸도 혼도 영도 죄의 감염을 피하지 못하였습니다. 죄는 언제든지 우리에게 화(禍)이고 재앙입니다. 죄는 더럽게 하는 영향력을 사방에 퍼트리고, 모든 의무를 이행하는 일에 우리를 방해하고 상처를 줍니다. 이 사실을 아는 사람들은 "내가 너의 상처로부터 새 살이 돋아나게 하여 너를 고쳐 주리라"는 말씀에서 결혼식 종소리보다 더 아름다운 음악을 듣습니다. 고칠 수 없는 사람들이 고침을 받을 것이고, 만족을 모르는 탐욕스런 병이 멈추게 될 것입니다.

더 나아가서, 우리는 이 병이 수술할 수 있는 의사도, 치료할 수 있는 약도 없는 병이라는 말을 듣습니다. "네 송사를 처리할 재판관이 없고 네 상처에는 약도 없고 처방도 없도다 너는 어찌하여 네 상처 때문에 부르짖느냐 네 고통이 심하도다 네 악행이 많고 네 죄가 허다하므로 내가 이 일을 너에게 행하였느니라"(렘 30:13,15). 인간의 질병 가운데 아무리 무서운 병들이라도 적어도 어떻게 해서든 치료해보려고 시도한 전문가들이 한 사람씩은 있었다는 점을 생각해 보면, 치료할 의사가 아무도 없는 이 죄야말로 참으로 무서운 병임에 틀림없습니다. 나쁜 사람들은 이 죄라는 병을 고치는 체하지 않습니다. 그들은 죄를 병이라고 생각하지도 않고, 사람들을 거룩하게 만드는 데 아무 관심이 없습니다. 선한 사람들은 자기들이 다른 사람들 속에 있는 죄를 이길 수 있다는 생각은 추호도 하지 않습니다. 그들은 자신들 속에 있는 죄도 이길 수 없으므로, 이처럼 어려운 일에 의사가 되겠다고 나서지 않습니다. 사람으로서는 누구도 이 상처를 싸맬 수 없습니다. 세상의 어떤 기술도 뿌리 깊은 이 병을 다룰 수 없습니다. 그렇습니다. 그래서 선지자는 "네 상처에는 약도 없도다"라는 말을 덧붙입니다. 고칠

수 있는 약이 이제까지 아무것도 없었습니다. "길르앗에는 유향이 있지 아니한
가? 그 곳에는 의사가 있지 아니한가?"라는 질문을 사람들이 종종 합니다. 그 질
문에 대한 답변은 이것입니다. "아니요, 길르앗에는 유향이 없습니다. 전에도 없
었습니다. 영혼의 해악을 치료하는 유향은 길르앗의 들판에서 나지 않고, 갈멜
과 샤론에서도 나지 않습니다." 죄로 병든 영혼을 치료할 의사는 하늘 아래서 찾
을 수 없습니다.

다음의 질문이 또한 그 사실을 입증합니다. "딸 내 백성이 치료를 받지 못함
은 어찌 됨인고?"(렘 8:22). 하나님 백성의 그 질병을 치료할 유향과 의사가 있
었다면 그들이 오래전에 치료를 받았을 것입니다. 그러나 치료할 연고나 의사
를 사람들 가운데서는 찾을 수 없습니다. 여러분이 고대 문명인들의 모든 지식
을 샅샅이 뒤질지라도 죄에 대한 치료책은 찾지 못할 것입니다. 현대인들의 모
든 발명을 조사해 볼지라도 악을 사랑하는 마음을 고치는 약을 찾지 못할 것입
니다. 단 한 가지를 제외하고 어떤 것도 그 문제를 해결할 수 없습니다. 그리고
그 한 가지는 세상에 속한 것이 아닙니다. 하늘로부터 오셨고 십자가에 달리신
주님께서 이 상처를 치유할 수 있는 향유를 짜내셨습니다. 스스로 죽으심으로써
이 질병을 죽이셨습니다. 주님을 떠나서는 이 상처를 싸매거나 연고로 상처를
고칠 수 있는 사람은 아무도 없습니다. 영적으로 상처를 입은 사람들에게는 오
직 주님 한 분만이 선한 사마리아인이십니다. 주님만이 우리 상처에 붓기에 적
합한 포도주와 기름이 있습니다. 여러분은 이 사실을 느끼십니까? 이 자리에 아
직까지 하나님의 구원의 길을 찾지 못하였고, 그러면서 스스로에게도 구원의 길
이 없다는 것을 잘 알고 있는 사람이 있습니까? 그런 분이 있다면, 나는 여러분
이 거기까지 생각하게 된 것이 감사합니다. 여러분이 오래지 않아 그 자리에서
훨씬 더 앞으로 나가 예수께서 여러분의 온갖 질병을 고치실 수 있다는 것을 발
견하게 되기를 바랍니다. 여러분이 예수님께 가지 않으면 영원히 망하고 맙니
다. 여러분의 병은 죽음에 이르는 병이고, 여러분의 상처에서는 끊임없이 타락
한 것이 흘러나오고 있기 때문입니다. 끝까지 구원하실 수 있는 주 예수님이 아
니고서는 아무도 여러분의 병이나 상처를 고칠 수 없기 때문입니다.

"두들겨 맞은 영혼이 심하게 상처를 입고서
누워 그냥 피를 흘리고 있을 때는

> 못에 찔린 그 손만이
> 죄인의 상처에 연고를 바를 수 있습니다.”

죄라는 이 병은 지극히 위험한데, 그것은 죄가 마음에 슬그머니 들어가 거기에 자리를 잡기 때문입니다. 죄가 한동안 쫓겨나는 것처럼 보일지라도 우리가 전혀 생각하지 않는 때에 돌아옵니다. 베어 넘어뜨린 나무처럼 죄에서 다시 싹이 틀 것입니다. 물 냄새만 맡아도 죄는 자라기 시작할 것입니다. 죄는 모든 면에서 우리를 괴롭히고 우리의 열망을 꺾습니다. 죄는 우리에게서 위로를 앗아가며, 우리를 신음하게 만들며, 무거운 짐을 지게 만듭니다. 죄는 가장 거룩한 것들에까지 파고들며 우리의 기도를 냉랭하게 만들고 찬양이 얼어붙게 하며 우리가 유용하게 쓰이는 것을 훼방합니다. 죄는 악하고, 악할 뿐이며, 그것도 계속해서 악할 뿐입니다. 이렇게 악한 병에 감염된 피조물을 불쌍히 여기시는 것은 하나님 편에서는 참으로 크게 은혜를 베푸시는 일입니다! 하나님께서 우리의 죄악을 형벌해야 할 악으로 보기보다는 치료할 병으로 보시니, 얼마나 선하신 분인지 모릅니다!

이 곤경에는 두 가지 해악이 있다고 말씀드렸는데, 두 번째 해악은 본문에 언급되는 이 사람이 자기 죄로 상처를 입었다는 것입니다. 그의 상처는 일반적인 상처가 아닙니다. 14절을 보면, 하나님께서 친히 그에게 상처를 내셨다는 것을 알 수 있습니다. “네 악행이 많고 네 죄가 많기 때문에 나는 네 원수가 당할 고난을 네가 받게 하며 잔인한 징계를 내렸도다.” 무한하신 자비로 하나님은 죄인이 자기 죄의 악한 결과들을 보고 느끼게 만들기로 결심하십니다. 그렇게 하는 과정에서 하나님은 일체 동정을 보이지 않고 고통을 주기만을 바라는 원수가 하듯이 깊은 상처를 내십니다. 하나님께서는 이 일에서는 가볍게 해서는 아무 소용이 없는 것을 아시고 깊이 베어서 치명상을 입히십니다. 하나님은 사람의 양심을 가지고 장난치지 않으십니다. 하나님의 징계는 아주 호되어서 사람들이 하나님께서 잔인하시다고 생각할 정도입니다. 잔인한 친절과 같은 것이 있는가 하면, 그와 정반대로 애정 어린 학대, 곧 우아한 가혹 행위가 있습니다. 하나님께서 죄를 기억나게 하시고, 또 사람으로 하여금 자신이 하나님의 법을 어기는 가운데 얼마나 큰 악을 행했는지를 보게 하실 때, 상처에서 피가 흐르고 마음이 찢어지는 것입니다. 단지 현재의 느낌으로만 판단할지라도, 우리가 우리 최악의 원수에게서 당하는 타격을 가지고서 지극히 큰 우리 친구이신 주님의 타격을 말할 수 없습니다. 하나님의 손에 맞으면 영혼은 거의 절망에 떨어지지 않을 수 없습니다. 헛된 희망은 질그릇 조각들처럼 산산이 부서지고, 거짓된 빛들은 어둠 속에 꺼지며, 기쁨은 깨끗이 사라집니다. 하나님께서 이렇게 사랑으로 우리를 판단하고 징계하시는 것은 우리가 세상과 함께 죄 정함을 받지 않도록 하시기 위함입니다. 그 고통은 예리하지만 우리 영혼에 유익합니다. 하나님은 우리를 치료하기 위해 상처를 내시고, 우리를 살리기 위해 죽이시는 것입니다. 하나님의 폭풍우는 우리를 난파시켜 구원의 바위에 올라가게 하시고, 하나님의 사나운 비바람은 우리를 몰아 겸손한 믿음이라는 아름다운 항구에 들어가도록 만듭니다. 이와 같이 하나님으로 말미암아 불행하게 된 사람은 복이 있습니다. 그러나 현재는 사람들이 이 사실을 알지 못합니다. 그러므로 "내가 너의 상처로부터 새 살이 돋아나게 하여 너를 고쳐 주리라"는 약속이 그들에게 필요합니다.

　하나님께서 양심만 때리시는 것이 아닙니다. 어떻게 해서든지 사람을 자기 죄에서 도망치게 만들려고 하실 때는 하나님은 어디에서든지 사방에서 사람들을 치실 것입니다. 하나님께서는 사람들에게 발작을 일으켜 눈의 즐거움을 앗아가십니다. 자녀나 남편 혹은 아내 혹은 친구를 쓰러트리기도 하십니다. 하나님께서는 우리를 세상적으로 안전하게 지내게 하시기보다는 차라리 우리의 집들을 슬픔으로 채우려고 하십니다. 또 금과 은을 빼앗아 가시는데, 이는 우리가 세상의 우상들을 섬기도록 내버려두기보다는 차라리 우리를 거지로 만드시려고 하기 때문입니다. 기름통이 터져서 창고에 불이 나기도 하는데, 이는 하나님께서 우리가 영혼을 세상 것들에 묻게 두려고 하시지 않기 때문입니다. 하나님께서 몸을 병들게 하시고 마음은 깊은 근심에 빠트리십니다. 건강이 떠나고, 튼튼하던 일꾼이 병상에 눕게 하십니다. 그는 하나님의 손 아래에서 괴로워하며 끙끙댑니다. 사람들의 근시안적인 판단으로 보자면 하나님은 이 모든 일에서 아주 잔인하게 자기 백성을 때리고 계시는 것입니다. 그러나 사실 하나님은 애정을 품고 은혜롭게 대하고 계시는 것이며, 고통 받는 자들의 영원한 선을 이루기 위해 애쓰고 계시는 것입니다. 외과 의사가 치명적인 종기를 제거하려고 할 때는 날카로운 메스를 사용하여 살 깊은 데를 자르듯이, 하나님께서도 우리 이기심의 뿌리를 제거하기까지 정말로 혹독하게 마음에 상처를 내시는 것입니다.

　사람이 죄로 병들고 그 다음에 하나님의 징계로 두들겨 맞아 멍이 들었을 때는 확실히 비참한 곤경에 처해 있는 것입니다. 그런데 사람이 스스로 이 상처를 크게 할 수가 있습니다. 사람이 죄에 넘어지면 그로 인해 자신의 뼈를 부러트리기 때문입니다. 자신의 죄 때문에 절뚝거리며 무덤으로 갈 수밖에 없는 사람들이 많을 것입니다. 다윗이 그랬던 것이 분명합니다. 그는 밧세바에게 죄를 지었을 때 잃은 것을 결코 회복하지 못했습니다. 뼈가 부러지면 큰 고통이 발생합니다. 여러분이 스스로 어리석은 행동으로 뼈를 부러트렸을 때는 특별히 더 그렇습니다. 여러분이 고통의 직접적인 원인을 찾을 수 없고 그것이 하나님께로부터 온 고통이라고 볼 수도 없지만, 양심이 여러분에게 "네가 이를 자취함이 아니냐?"(렘 2:17) 하고 속삭이는 소리를 듣게 된다면, 여러분의 고통은 더욱 배가되고 위로를 얻을 길을 전혀 찾지 못합니다. 여러분이 재산을 낭비했기 때문에 지금 가난하다면, 여러분이 그동안 정욕과 격정을 채우며 살아왔기 때문에 지금 병들어 있다면, 누가 여러분에게 격려의 말을 할 수 있겠습니까? 여러분이 경건한 친구들을 멸시하였기 때문에 잃어버렸다면, 여러분이 심한 병에 걸려 전에 지겨워했던 하나님의 집에 올라갈 수 없게 되었다면, 특별히 더 고통스러움을 느끼지 않겠습니까?

이제, 이 세 가지 사실, 즉 여러분이 죄에 떨어짐으로 스스로 뼈를 부러트린다는 점, 하나님께서 여러분을 징계하신다는 점, 죄를 고통스런 질병으로 느낀다는 점을 종합해서 생각해 봅시다. 내가 영혼이 심각한 곤경에 처해 있다는 점을 말할 때 충분히 이야기한 것 같지 않다는 생각이 듭니다. 하나님께서 그런 곤경에 처해 있는 사람을 도와주시기 바랍니다. 하나님 외에 아무도 도울 수 있는 사람이 없기 때문입니다. 주 예수께서 그런 사람을 참으로 도우신다는 것이 우리에게 위로가 되는 사실입니다. 하나님의 은혜로운 약속이 그와 같이 말하고 있습니다. "내가 너의 상처로부터 새 살이 돋아나게 하여 너를 고쳐 주리라." 성령께서 이 첫 번째 대지의 설교가 많은 분들에게 복이 되게 해 주시기를 바랍니다!

2. 두 번째로 생각할 점에는, 특별한 간섭이라는 제목을 붙이는 것이 적절한 것 같습니다.

이 불쌍한 사람이 절망적인 상심 가운데 떨어져 있습니다. 그러나 여기에 불쌍히 여기시는 사랑의 하나님이 들어오시니, 여러분이 그 결과를 유의해서 보기 바랍니다.

무엇보다 이 간섭은 하나님에게서 나온 것입니다. "내가 너의 상처로부터 새 살이 돋아나게 하여 내가 너를 고쳐 주리라"(개역개정은 하반절에 나오는 "내가"를 번역하고 있지 않음 —역주). 무한하신 여호와 하나님만이 그처럼 위엄 있게 나라 는 말을 사용하여 "내가 하리라"고 말씀하시고, 또다시 "내가 하리라"고 말씀하 실 수 있습니다. 인간 의사들 가운데 아무리 유명하다고 하는 사람도 이렇게 말 할 수는 없을 것입니다. 의사라면 겸손히 이렇게 말할 것입니다. "당신이 건강을 회복할 수 있도록 해보겠습니다. 당신의 상처를 고치도록 노력해 보겠습니다." 그러나 하나님은 전능함에서 나오는 단정적인 태도로 말씀하십니다. 이는 자신 의 말을 이행할 수 있는 능력이 있으시기 때문입니다. 다른 모든 사람은 자신의 말을 이행하지 못할지라도 하나님은 하실 것입니다. 여러분은 스스로를 고칠 수 없을 것이나 하나님께서 여러분을 고치실 것입니다. 그러면 그처럼 담대하게 말 씀하시는 이 위대한 "나"는 누구입니까? 그는 하늘과 땅을 만드셨고 그 손의 능 력으로 만물을 보존하시는 분이십니다. 그분은 "나는 스스로 있는 자," 곧 영원 하신 여호와이십니다. 그의 말씀은 무한한 능력이 있습니다. 하나님은 사람이 곤경에 처해 있을 때 나타나시며, 아무도 도울 사람이 없을 때 친히 그 손으로 구원을 가져오십니다. 우리의 모든 죄악을 용서하시고 우리의 모든 죄를 고치시 는 하나님을 찬송합시다.

이 간섭이 하나님에게서 나온 것이므로 효과적이라는 사실에 주의하시기 바랍니다. 하나님께서 친히 손을 대시는 자들은 모두 고치십니다. 당연히 그렇 게 되지 않겠습니까? 무엇이 하나님의 행사를 좌절시킬 수 있겠습니까? 무한하 신 지혜자를 당황하게 만들 수 있는 것이 있겠습니까? 전능하신 능력자를 힘들 게 만들 수 있는 것이 있겠습니까? "이것이 너희 눈에 기이하다고 해서 내 눈에 도 기이하겠느냐고 만군의 여호와께서 말씀하십니다"(참조. 시 118:23). 하나님 께서 말씀하시니 이루어졌고 명령하시니 견고히 섰습니다(33:9). 그러므로 하나 님께서 "내가 너를 고쳐 주리라"고 말씀하시면, 죽음의 문턱에서 파리한 채 누워 있는 비참한 자들에게 건강이 찾아올 것입니다. 하나님께서 "내가 너의 상처로 부터 새 살이 돋아나게 하리라"고 말씀하시면 깊게 베이고 벌어진 상처가 즉시 아물 것입니다. 사랑스런 이 의사께 영광을 돌립시다! 근심하는 불쌍한 마음이 여, 지금 여러분은 어디에 있습니까? 여러분은 "아무도 나를 고칠 수 없다"고 말쓸하십니까? 여러분이 단 한 가지 예외를 둔다면 하나님이 예외의 경우가 될 것입니다. 하나님은 지금 여러분을 고치실 수 있습니다. 그러면 하나님께서 꺾으신 뼈가 즐거워할 것입니다. 하나님께서는 여러분의 병을 제거하시고 마치 어린아이의 살이라도 된 것처럼 건강을 완전히 회복하여 여러분이 깨끗하게 되게 하실 수 있습니다. 그러니 오직 하나님을 믿으십시오. 여러분을 지으신 하나님께서는 여러분을 새롭게 하실 수 있습니다. 여러분은 이 점을 믿습니까?

하나님의 이 개입이 지극히 온전한 일을 수행한다는 점을 유의해 볼 필요가 있습니다. 이 일은 두 가지 해악을 해결합니다. "내가 너를 고쳐 주리라." 이것은 큰 문제입니다. 사람이 건강해지면 한두 군데 부상을 당해도 그리 힘들지 않게 견딜 수 있습니다. 그러나 하나님은 무슨 일이든지 절반만 하시는 법이 없습니다. 하나님은 건강을 회복시켜주신 뒤에는 이어서 "상처로부터 새 살이 돋아나게 하는" 일도 하시기 때문입니다. 사람의 마음이 하나님께서 끌어올리실 수 없을 만큼 깊은 데로 떨어진 상태란 없습니다. 여러분이 황천의 입구에 있고 지옥의 경계에 있다고 할지라도, 여러분이 죽음의 철문을 지나가지 않은 한, 여러분의 구원은 하나님께 가능한 일입니다. 그렇습니다. 여러분이 하나님의 사랑하시는 아들을 믿기만 한다면 하나님은 얼마든지 여러분을 아주 쉽고 확실하게 구원하실 수 있습니다. 우리 구속자께서 우리를 절반만 구원하시고 일을 마무리짓는 것을 우리에게 맡기지 않으신다는 것이 참으로 자비로운 일입니다! 하나님은 치료의 일을 시작하여 어느 정도 행하고 나서 "나머지 일은 본성이 알아서하도록 맡겨두겠다"고 말씀하시지 않습니다. 그렇게 하시지 않습니다. 하나님의치료는 절대적으로 완전합니다. "내가 너의 상처로부터 새 살이 돋아나게 하여너를 고쳐 주리라." 병들고 상처받은 사람이여, 여러분의 현재 모습 그대로 가서예수님의 발 앞에 엎드리고 이렇게 말하십시오. "주님, 주의 약속을 지키소서. 저는 주의 약속을 제 마음과 입에 담고 나왔습니다. 주께서 선언하신 대로 선을 베푸시어 제게 건강을 회복시켜 주시고 제 상처를 고쳐 주옵소서."

그 다음에, 이 약속이 완전히 값없는 것임에 유의할 필요가 있습니다. 하나님은, 네가 어떤 조건을 충족시키면 "너를 고쳐 주리라"고 말씀하시지 않습니다. 그렇지 않습니다. 하나님의 이 약속에는 "…한다면"이라는 조건이 들어 있지 않습니다. 수고료에 대한 언급이 전혀 없습니다. 아무것도 바라지 않고 그냥 고쳐주시는 것입니다. 예수께서는 오셔서 돈이나 값을 요구하시지 않고, 금전이나 고행을 요구하시지 않고, 수고나 공로를 요구하시지 않고 우리에게 건강을 주십니다. 나는 여호와께서 자신의 언약 백성에게 하신 이 약속이 참으로 무조건적인 대단한 것임에 감탄하지 않을 수 없습니다. 이 약속의 취지는 "내가 하리라"는 것입니다. 여기에는 어떤 조건이나 요구가 일체 없습니다. 거기에 대해서 "어쩌면"이나 "혹시나"라는 조건이나 요구가 있을 수 있다는 생각은 암시조차 되지 않습니다. 죄 범한 불쌍한 영혼이여, 하나님께 아무것도 요구할 권리가 없는 여러분이여, 와서 하나님께서 "내가 하리라"고 약속하신 사실을 들어 호소하십시오. 하나님과 씨름할 때 언약의 천사의 손잡이만큼 붙들기 좋은 곳은 없습니다. 하나님의 약속은 거부할 수 없는 청원입니다. 하나님의 약속을 잘 사용하면 여러분은 무적의 사람이 될 것입니다. 그러니 여러분이 와서 그냥 이렇게 말하기를 바랍니다. "주여, 주의 말씀에 그렇게 쓰여 있으니, 쓰인 그대로 제가 경험하게 하여 주십시오."

이 약속이 이처럼 값없고 무조건적인 것이지만, 이것이 확실한 언약이라는 점에 유의해야 합니다. 하나님께서 그것을 약속하셨으니 그 약속을 포기하실 수 없습니다. 자기 죄를 알고서 하나님 앞에 와서 고백하는 모든 죄인에게 오늘 하나님께서 "내가 너의 상처로부터 새 살이 돋아나게 하여 너를 고쳐 주리라"고 약속하십니다. 하나님께서 옛적의 유다와 이스라엘에게 이 약속을 보내신 것처럼, 같은 죄인들인 나와 여러분에게도 이 약속을 하시는 것입니다. 여러분이 자신의 슬픔과 죄를 지극히 자비로우신 아버지 하나님 앞에 가져와 그리스도의 보혈에 호소한다면 여러분에게 이 약속을 지켜주실 것입니다. 병든 자는 누가 되었든 이 사랑의 병원에 들어가지 못하고 쫓겨나는 일은 없을 것입니다. 욥처럼 죄인이 머리부터 발끝까지 온통 상처투성이일지라도, 그가 거름더미에 앉아서 질그릇 조각으로 몸을 긁어야 비로소 편안해질지라도, 여호와께서는 "내가 고쳐주리라"고 말씀하십니다. 여러분이 자신의 죄를 보고 스스로를 역겹게 생각하여 옛적의 시인처럼 "내 상처가 썩어 악취가 난다"(시 38:5)고 부르짖을지라도 주 예수께서는 여러분을 구원하실 수 있습니다. 아니, 예수님께서는 여러분을 구원하겠다고 약속하십니다. 그 약속을 믿음으로 굳게 붙잡으십시오. 그러면 여러분은 온전하게 될 것입니다. 사람들의 온갖 죄와 불의를 용서해 주실 것입니다. 그렇습니다. 사람들이 신실하신 주님의 권능과 약속을 믿는다면 죄로 향하는 모든 경향과 모든 죄의 얼룩을 그들에게서 제거해 주실 것입니다. 죄인이여, 주님께서 손을 대시기만 하면 여러분은 당장에 깨끗해질 것입니다. 주님의 손을 믿으십시오. 그러면 기적이 일어날 것입니다.

3. 이제 세 번째 요점, 곧 그 개입의 단 한 가지 이유를 살펴보겠습니다.

"여호와의 말씀이니라 그들이 쫓겨난 자라 하매 시온을 찾는 자가 없은즉 내가 너의 상처로부터 새 살이 돋아나게 하여 너를 고쳐 주리라." 하나님께서는 죄인에게서 선이라고 여길 만한 것을 보고 자비를 베푸실 이유를 전혀 발견하지 못하십니다. 하나님은 이 병자를 보셨을 때, 복을 베풀 만한 아름다운 특징을 그에게서 전혀 보실 수 없었습니다. 그래서 하나님께서 죄인을 보시는 것은 다만 불쌍히 여기시기 때문이었습니다. 하나님께서 자비를 베푸실 이유를 스스로 의롭다고 생각하는 사람들의 의로 여기는 것에서 찾기보다는 차라리 악인들의 거짓말하는 입에서 찾고자 하신다는 것이 이상한 일입니까? 하나님은 "너희가 거룩하기 때문에" 혹은 "너희에게 선한 소원이 있기 때문에"라고 말씀하시지 않고 "그들이 쫓겨난 자라 하기 때문에"라고 하십니다. 그들은 누구였습니까? 조롱하는 사람들, 비웃는 사람들, 하나님을 모독하는 말을 하는 사람들입니다. 하나님께서는 악인들의 혀 밑에 있는 독사의 독을 실제로 변화시켜 하나님의 자비를 받을 이유가 되게 하십니다. 이 사실에서 우리는 하나님이 사람의 공로에 대한 생각을 끔찍하게 미워하신다는 것을 분명히 봅니다. 그리고 하나님께서는 자비를 베푸실 이유를 다른 데서 찾으신다는 것도 보게 됩니다.

사람들은 불쌍한 시온이라고 불렀습니다. 이 때 하나님께서는 이스라엘 백성을 버려서 "쫓겨난 자"가 되게 하신 것처럼 보였습니다. 사람들은 이렇게 말하였습니다. "이제는 예루살렘에 올라가는 사람이 아무도 없다. 한때는 거기에 성전이 있었다. 하지만 지금은 비참한 폐허더미뿐이다. 거기에 한때 고관들이 살았는데, 이제 예루살렘 거민들은 거지가 되었다. 아무도 그들과 섞이기를 원치 않는다. 그들은 세상의 버림받은 자들이다." 이 사실이 하나님께 동정심을 불러일으켰습니다. 이에 대해 하나님은 이렇게 말씀하셨습니다. "일이 이렇게 되었느냐? 그들이 감히 내 사랑하는 자를 '쫓겨난 자'라고 부르고 아무도 그를 돌보지 않는다고 말했느냐? 그렇다면 내가 그를 찾고 치료하고 회복시킬 것이다. 그런 비웃음을 참을 수 없기 때문이다." 마음으로는 똑같이 나쁜 다른 죄인들로부터 비웃음을 당하며 "저 친구는 쫓겨난 자"라는 말을 듣는 불쌍한 죄인이 세상에 있다면, 자비의 하나님께서는 이렇게 말씀하실 것입니다. "네가 누구기에 이런 말을 하느냐? 너도 똑같이 악하면서 택한 내 백성인 이 불쌍한 자를 마치 너보다 훨씬 더 악한 것처럼 감히 깔보느냐? 그러므로 내가 멸시받는 저 사람을 구원하고 거절당한 자에게 자비를 베풀 것이다." 하나님의 취향과 사람의 취향은 전혀 다릅니다. 사람이 멸시하는 자를 하나님은 기뻐하십니다. 그런가 하면 사람이 기뻐하는 자를 하나님은 멸시하십니다. 죄인이 회당에서 쫓겨났을 때 예수께서 곧바로 그를 찾으시는 일이 종종 일어납니다. 어떤 범죄자들이 믿지 않는 많은 사람들이 공공연히 비난하는 어떤 방식으로 죄를 짓게 되면, 그들은 허다한 사냥개들처럼 떼로 모여서 그 불쌍한 사람들을 죽음에 이르기까지 추격합니다. 이때 여호와 하나님께서 그들을 구원하기 위해 개입하십니다. 마치 하나님은 이렇게 말씀하시는 것처럼 행동하실 것입니다. "너희 위선자들아, 어찌하여 너희가 이렇게 하느냐? 너희보다 악한 죄를 범하지 않은 사람들에 대해서 너희가 무엇 때문에 그렇게 공공연히 비난하느냐?"

나는 주 예수님께서 간음하다가 현장에 붙잡힌 여자에게 하셨듯이 지금도 종종 서서 큰 소리로 "너희 중에 죄 없는 자가 먼저 돌로 치라"(요 8:7)고 말씀하신다고 믿습니다. 지금도 주님은 사람들의 양심에 죄를 깨닫게 하시고, 정죄 받은 불쌍한 사람에게는 자비로운 심정으로 돌아서서 "나도 너를 정죄하지 아니하노니 가서 다시는 죄를 범하지 말라"(8:11)고 말씀하십니다. 쫓기고 있는 불쌍한 죄인이여, 여러분은 지금 어디에 있습니까? 여러분이 지금 이 청중들 어딘가에 있는 것을 나는 압니다. 사람들은 어제 여러분에게 앞으로는 더 이상 여러분과 교제하지 않겠다고 말했습니다. 여러분은 자신이 악하다는 것을 부인하지 않습니다. 그러나 여러분을 힘들게 만들 사람은 여러분과 같은 다른 죄인들이 아닙니다. 그들은 여러분의 재판관이 아니기 때문입니다. 여러분은 이 약속을 믿음으로 굳게 붙잡으십시오. "그들이 쫓겨난 자라 하매 내가 너를 고쳐 주리라." 여러분이 그렇게 약속을 굳게 붙잡을 믿음만 있다면 이 약속에서 많은 것을 얻을 수 있습니다. 마귀가 여러분에게 싫증이 난 것처럼 보이니까 이제부터는 그리스도께서 여러분을 대하실 것입니다. 한때 여러분을 기뻐했던 자들이 여러분에 대해 문을 닫았으므로 이제는 여러분을 받아들이기 위해 그리스도의 문이 열렸습니다. "그들이 쫓겨난 자라 하매" 하나님께서 그들에게 가까이 오라고 부르십니다.

그러나 이것이 본문의 의미를 충분히 말했다고 생각하지 않습니다. 내가 볼 때, 본문은 자기 백성을 미워하고 나쁘게 말하는 사람들에 대해 하나님의 질투가 일어나는 것을 의미하는 것으로 생각합니다. 시온이 어떻게 되었든지 간에 그곳은 여전히 하나님의 궁정이었습니다. 예루살렘이 아무리 죄 많은 곳이 되었을지라도 여전히 그곳은 거룩한 성, 크신 왕의 거처였습니다. 하나님께서 그 큰 죄악 때문에 잠시 예루살렘에 크게 진노하셨을 때 예루살렘을 파괴자의 손에 넘기셨고, 그래서 그 성이 황폐되고 불에 탔습니다. 그러나 이교도들이 도처에서 "이 백성들은 쫓겨난 자들이고 이 성은 돌보는 사람이 아무도 없다"고 말하는 소리를 들으셨을 때 하나님께서 스스로에게 이같이 말씀하셨습니다. "이들은 내 백성이므로 쫓겨난 자라는 말을 듣지 않게 하겠고, 이것은 내 성이므로 아무도 돌보는 사람이 없다는 말을 듣지 않도록 하겠다. 그들이 헵시바라 불리게 하고 그 땅은 뿔라라 일컬음을 받게 하겠다. 이는 나 여호와가 그들을 기뻐하기 때문이다." 하나님의 사랑이 불처럼 타올랐고, 질투가 불길처럼 일어나므로 하나님께서 "내가 그를 고쳐서 원수들의 입을 다물게 하겠다"고 말씀하셨습니다.

아버지가 자식을 징계할 수 있습니다. 그러나 자식이 길거리에 있을 때 지나가는 사람이 자식을 발로 걷어차면 아버지는 그렇게 하지 말라고 분명히 말합니다. 아버지는 방금 전까지 심하게 매를 때렸던 자식일지라도 벌떡 일어나서 아이를 보호합니다. 아내가 자기를 짜증나게 하면 사람이 아내에 대해 불평할 수가 있습니다. 그런데 그런 사람이 아내를 두둔하고 나서도록 만드는 가장 빠른 방법은 누군가 그의 아내의 흠을 잡게 만드는 것이라고 생각합니다. 그러면 그 사람은 당장에 이렇게 말합니다. "당신 지금 뭐하는 거요? 내 아내 욕하는 것을 그냥 두고 보지 않겠소. 아무도 내 앞에서 내 아내에 대해 욕하지 마시오." 이것이 우리 주님의 경우에 그대로 해당됩니다. 하나님께서는 자기 백성을 얼마간 징계하시겠지만, 자기 백성의 원수들이 그들을 쫓겨난 자라고 부르는 순간 진노를 다른 곳으로 돌리고 자기 백성들은 구원하십니다. 악으로부터 선이 나온다니 얼마나 즐거운 일입니까! 하나님께서 사람의 노여움 때문에 하나님을 찬양하도록 만드신다니 참으로 은혜로운 일입니다! 하나님께서는 시온, 곧 자기 백성이 쫓겨난 자라고 불리기 때문에 그를 고치고 그의 상처를 싸매십니다.

나는 믿지 않는 자들이 욕하기 시작할 때는 언제든지 그리스도의 교회 전체에 대해 큰 희망을 갖습니다. 그들은 말합니다. "기독교는 힘을 잃었어. 교회는 시대에 뒤진 낡은 제도야. 교양 있고 지식 있는 사람들은 아무도 이 오래된 책과 오래된 신앙을 고수하지 않아. 이 예수 종교는 학식 있는 사람들 사이에서는 웃음거리에 지나지 않아." 이러므로 하나님께서 자기 교회로 돌아오셔서 자신의 진리를 높이실 것이라고 확신합니다. 사람들이 하나님의 참된 교회를 아무도 돌보지 않는 쫓겨난 자라고 부르기 때문에, 하나님께서 살아계신 것만큼 확실히 우리에게 밝고 영광스런 날을 주실 것입니다. 나는 사람들의 미움을 받는 것이 좋습니다. 왜냐하면 사람들이 욕하는 것 때문에 하나님의 영광스런 약속들이 더 빨리 성취될 것이기 때문입니다.

> "시온의 원수들은 온통 수치를 당하게 하소서.
> 시온의 자녀들은 하나님께 복 받은 자들입니다.
> 비웃는 자들이 저들을 멸시할지라도
> 여호와께서 그들의 막대기를 꺾으실 것입니다.
>
> 우리 하나님이 시온으로 돌이키시고
> 구원을 주실 것입니다.
> 그 때 유다의 하프들이 음악을 연주할 것이고
> 이스라엘이 기뻐할 것입니다."

여러분 가운데 자신이 쫓겨난 자라고 느낀 사람은 누구든지 이 본문을 개인적으로 자기에게 해당되는 말씀으로 삼으십시오. 일전에 한 여자 교우가 자기의 죄에 대해 말하고 또 후회한다고 하면서 이렇게 말하였습니다. "하지만, 목사님, 저는 쫓겨난 사람이에요." 그 말이 비수처럼 내 마음을 찔렀습니다. 그래서 내가 말했습니다. "그렇습니다. 하지만 그리스도의 교회가 세워진 것은 쫓겨난 사람들의 가정이 되기 위해서입니다. 여기에 자매님을 위한 새 가정이 있고, 자매님을 위한 새 형제자매가 있으며, 자매님을 위한 새로운 미래가 있습니다. 지금 자매님이 외로운 처지에 있지만, 하나님께서 자매님과 같은 사람들을 가족 안으로 불러들이실 것이기 때문입니다."

우리 가운데는 다른 사람들에게 쫓겨난 자라는 말을 한 번도 들은 적이 없는 사람들이 있습니다. 그러나 나는 자신을 쫓겨난 자로 생각하였습니다. 한때 나는 자신이 가인과 같다고 느꼈습니다. 마치 하나님께서 나에게 결코 복을 베풀시지 않겠다는 표시를 해 놓으신 것처럼 생각하였습니다. 자신이 법률상의 보호를 박탈당한 사람, 곧 정죄받고 버림받은 사람인 것처럼 느껴졌습니다. 그러나 내가 그런 심정에 이르렀을 때, 하나님의 자비가 내게 나타났습니다. 하나님께서 내게 "그들이 쫓겨난 자라 하매 내가 너의 상처로부터 새 살이 돋아나게 하여 너를 고쳐 주리라"고 말씀하셨습니다.

크게 짓밟힌 불쌍한 심령들에게 위로가 될 말씀을 한 마디 하겠습니다. 나는 몸이 약하고 피곤해서 도무지 설교할 수 없을 것 같습니다. 그러나 내가 약할 때, 마귀에게 쫓기느라 쉬지 못하는 불쌍한 영혼이 꼭 필요로 하는 것을 주님께서 나를 통해서 다소라도 말씀하신다는 것을 언제나 발견합니다. 나는 주님께서 트럼펫이 적합한 상태에 있을 때 나는 소리와 전혀 다른 소리를 내도록 하기 위해, 다시 말해 다른 어떤 소리도 들을 수 없는 지친 영혼이 정확히 들을 수 있는 소리를 내도록 하기 위해 일부러 트럼펫을 고장 내신다고 생각합니다. 성령께서 지금 그렇게 하시기를 바랍니다.

4. 넷째로 적절한 조언을 말씀드리고 설교를 끝내도록 하겠습니다.

나는 이 자리에 병들고 상처를 입었다가 자비의 하나님께 고침을 받은 사람들이 있다고 생각하겠습니다. 나는 그분들에게 어떤 문제들에 주의하라고 권하고 싶습니다.

첫째로 할 일은, 여러분이 여러분의 의사이신 주님께 아주 가까이서 살도록 주의하라는 것입니다. 나는 환자들이 심각한 병에 걸리면 지방에서 런던으로 올라와, 자기 경우와 같은 병을 치료하는 일에 평판이 높은 의사 가까이에 숙소를 정하는 것을 봅니다. 그들은 가정의 안락함을 떠나고, 하던 일도 손을 놓습니다. 생명이 귀하기 때문이고, 돕는 사람을 가까이 둘 필요가 있기 때문입니다. 그들이 이렇게 하는 것을 두고 비난할 사람은 아무도 없습니다. 사실 우리는 그런 사람들을 지혜롭다고 여깁니다. 그들의 본보기에서 지혜를 배웁시다. 주님께서 여러분의 상처를 싸매고 여러분을 고치셨으니, 계속해서 주님 안에 머무십시오. 주님을 떠나지 말고 주님에게서 멀리 떨어져 살지 마십시오. 여러분의 오래된 이 병이 갑자기 재발할 수가 있고, 그러면 고치는 분을 가까이 모시고 있는 것이 잘하는 일이기 때문입니다. 그분을 항상 여러분의 지붕 아래 모시고, 여러분 마음속에 모시는 것이 가장 잘하는 일일 것입니다. 주님이 함께 하시는 것이 영혼에 건강을 가져다주는 원천이기 때문입니다. 항상 그리스도와 함께 거하십시오. 그러면 낮에 해가 여러분을 상하게 하지 않고 밤에 달이 해치지 않을 것입니다. 지존자의 은밀한 곳에 거하면 어떤 악도 여러분에게 떨어지지 않고 어떤 재앙도 여러분의 거처에 가까이 하지 않을 것입니다. 죄라는 이 병은 우리가 전혀 예상하지 못할 때 갑자기 분출합니다. 이 악한 누룩이 더 이상 작용하지 않을 것이라고 생각할 때 갑자기 세력을 모을 수가 있고, 그러면 우리의 자연적인 몸 전체가 죄악으로 들끓게 될 것입니다. 위험이 가까이 있습니다. 그러므로 여러분의 방어수단 가까이에서 지내십시오. 여러분에게 독수리와 같은 힘을 새로이 주시고 여러분의 영혼을 회복시키시는 분과 함께 사십시오.

　나는 여러분이 종종 주님에게 철저한 조사를 받도록 하라고 권합니다. 이 위대하신 의사께 가서 여러분의 숨은 마음을 들여다보고 여러분을 조사하고 시험하여 여러분 속에 무슨 악한 길이 있는지 살펴서 여러분을 영원한 길로 인도해 주시라고 구하십시오. 사람이 몸에 치명적인 질병이 있으면서도 그것을 거의 알지 못할 수가 있습니다. 전문적인 지식이 있는 사람이 그를 보고 그의 증상들을 관찰하지 않으면 그럴 수 있습니다. 영적인 일에서는 이것이 많은 사람들이 당하는 일반적인 해악입니다. 그러므로 우리는 주 예수님께서 우리를 조사해 주시기를 청해야 합니다. 우리는 스스로 아무리 정직하게 살펴도 많은 것을 놓치고, 본래 자신을 편애하는 경향이 있으며, 그래서 거의 틀림없이 자기에게 유리한 평결을 내립니다. 그리고 이렇게 해서 우리는 최종적이고 치명적인 자기기만에 빠지게 될 수가 있기 때문입니다. 그 눈이 불꽃 같은 분에게 조사를 맡기면 우리는 속지 않을 것입니다.

　나는 개인적인 경험에서 여러분에게 매일 이 의사와 의논하라고 권합니다. 여러분이 세상의 썩은 공기 속으로 내려가기 전에 다시금 주님을 새롭게 믿는 믿음의 형태로 주님의 **불로생약**(Elixir Vital, 不老生藥)을 한 모금 마시는 것이 현명한 일입니다. 낮 동안에 쌓였던 모든 위험한 요소를 밤에 충분한 고백과 새로운 확신으로써 영혼으로부터 깨끗이 씻어내는 것은 아주 잘하는 일이라고 확신합니다.

　여러분의 사정을 하나님 앞에 털어놓으십시오. 아무것도 숨기지 마십시오. 하나님께 여러분의 사정을 아시는 대로 여러분의 문제를 다루어주시라고 부탁하십시오. 여러분의 사정을 남김없이 털어놓아 그리스도께서 여러분을 확실히 고치실 수 있게 하십시오. 아무리 밝히기 곤란한 증상일지라도 아무것도 숨기지 마십시오. 하나님께 모든 진실을 말하십시오. 아무리 해도 우리가 하나님을 속일수 없으니, 속이려들지 마십시오. 모든 것을 꿰뚫어 보시는 하나님 앞에 모든 은밀한 일을 털어놓으십시오. 하나님께 여러분의 생각과 감정과 계획과 동기를 조사해 주시기를 청하십시오. 하나님께서 꿰뚫어보시는 눈으로 점증하는 위험을 간파하고 즉각적인 조치를 취하여 그 위험을 막지 않으시면 악이 은밀한 곳에 모일 수 있습니다.

그 다음에, 나는 여러분에게 이 위대하신 치료자의 처방을 그대로 따르라고 아주 강력하게 권합니다. "너희에게 무슨 말씀을 하시든지 그대로 하라"(요 2:5). 주님의 명령을 어떤 한 부분만 따르고 나머지는 무시하지 마십시오. 주 예수님은 전체로 받아들여야 합니다. 그렇지 않으면 전혀 받아들이지 않는 것입니다. "이것은 중요하지 않아"라고 말하지 마십시오. 그런 말은 분명한 반항입니다. 나는 주님의 말씀 가운데 중요하지 않은 것이 있다고 생각하지 않습니다. 주님의 어떤 말씀은 우리 구원에 필수적인 것이 아닐 수가 있습니다. 그러나 그리스도의 모든 말씀이 우리의 영적 건강에는 필수적인 것입니다. 그래서 우리가 그리스도의 교훈 가운데 지극히 작은 것이라고 무시하면 반드시 불순종으로 인해 손해를 겪습니다. 어린 양께서 어디로 가시든지 그를 따르도록 주의하십시오. 이렇게 주님을 따라가는 것 외에 어떤 행위도 이처럼 악한 세상에서는 안전하지 않습니다. 그리스도께서 여러분에게 명하시는 것을 그대로 행하십시오. 그러면 여러분이 잘될 것입니다.

또한 이 위대한 의사를 굳게 신뢰하십시오. 아무 의심 없이 전적으로 주님을 신뢰하십시오. 여러분이 예수님을 진심으로 신뢰할 때 여러분의 치료가 놀랍게 이루어질 것입니다. 여러분의 온전하게 할 수 있는 구주님의 능력을 의심하지 마십시오. 우리 주님을 좌절시킬 수 있는 것은 아무것도 없습니다. 한 사람에게서 모든 질병이 발생한다고 할지라도 주님께서는 그 모든 질병을 치료하실 수 있습니다. 아주 굳은 확신으로 이 사실을 단단히 붙잡으십시오. 마귀의 꾀임에 넘어가 주님의 무한한 능력을 의심하지 않도록 하십시오. 주 예수님은 구주로 세움을 받으셨을 때 자신이 시작해야 하는 일이 무엇인지 아셨습니다. 주님은 결코 미숙하신 분이 아닙니다. 주님은 이제까지 한 번도 실패하신 적이 없습니다. 주님께서 구원해 주실 것으로 믿었는데 구원받지 못한 사람은 한 사람도 없었습니다. 그러니 여러분이 그리스도의 구원의 능력을 처음으로 좌절시키는 사람이 되지 못할 것입니다. 마음을 다해 그를 신뢰하십시오. 의심할 이유가 하나도 없습니다. 불신은 여러분이 두려워해야 할 것이고, 믿음이 여러분의 힘입니다.

여러분이 고침을 받으면, 나는 여러분이 이미 고침을 받았다고 생각하는데, 아무튼 고침을 받으면 여러분에게 은혜를 베푸신 분을 좋게 말하십시오. 이웃이 아프다는 것을 알면 반드시 이웃을 찾아가서 여러분이 어떻게 고침을 받았는지를 말하십시오. 이렇게 하면 여러분이 주님께 영예와 명성을 돌려드리게 될 것입니다. 여러분이 말 잘하는 사람이 아닐지라도 이웃에게 여러분의 이야기는 말할 수 있을 것으로 압니다. 일전에 병에서 회복되었을 때 여러분은 친구들에게 마치 주문처럼 작용한 새로운 약에 대해 아주 잘 설명할 수 있었습니다. 여러분의 주치의에게도 말을 잘할 수 있다는 것을 알았습니다. 나는 여러분이 여러분의 경우에 주께서 행하신 놀라운 일들을 얼마든지 밝히 말할 수 있는 능력이 있다고 확신합니다. "아, 하지만 나는 이야기를 재미있게 할 수 없을 겁니다." 이야기를 재미있게 하려고 하지 마십시오. 그렇게 하면 이야기를 망치기만 할 것입니다.

내가 한 가지 들은 이야기가 있는데, 세실 씨(Mr. Cecil)에 대한 것이었다고 생각합니다. 한 친구가 그의 병을 낫게 해줄 약에 대해 알려주기 위해 멀리서 그를 찾아왔습니다. 이 친구가 약에 대해 모든 것을 말해주고, 그러고 나서는 요즘 세상에 일어나고 있는 문제들에 관해 대화를 시작하였습니다. 그 결과, 세실 씨는 그 대화에 푹 빠졌고, 그래서 친구가 가고 난 다음에 그 놀라운 약에 대해서는 까마득하게 잊어버렸습니다. 많은 것들을 이야기하는 바람에 여러분 친구의 마음에 꼭 필요한 한 가지가 잊히지 않도록 주의하십시오.

내가 좋은 설교를 하면 듣는 사람들은 "설교를 얌전하게 했어"라고 말합니다. 그들은 내가 설교한 내용보다는 설교하는 방식에 더 주의를 기울입니다. 이것은 큰 악입니다. 여러분이 이웃 아주머니에게 가서 여러분의 구원에 대해 이야기하면서 아주 말을 잘하면, 그녀는 이렇게 말할 것입니다. "아무개 부인이 우리 집에 다녀갔는데, 자신의 회심에 대해서 어쩌면 그렇게 말을 예쁘게 하는지 몰라. 그 부인네처럼 말을 우아하게 하는 것을 들어본 적이 없는 것 같아. 말을 듣는 것이 아주 즐거웠어." 그 부인이 뭐라고 말했습니까? "무엇을 말했는지는 모르겠는데, 정말 예쁘게 말을 했어요." 설교나 주일학교 수업이 이렇게 그것을 치장하는 옷에 너무 가려지고 묻히는 경우가 많습니다. 우리가 복을 주려고 하는 사람들이 마땅히 경배해야 할 우리 주님에게 사로잡히기보다는 우리의 아름다운 말에 사로잡히게 된다면 참으로 애석한 일입니다. 나는 오늘 아침 내가 애석하게 여기는 이 악에 빠지지 않았기를 바랍니다. 나는 그 잘못을 조금이라도 범하지 않기 위해 본문을 깃발로 삼고 다시금 그 깃발을 펼치곤 하였습니다. 하나님께서 말씀하셨습니다. "내가 너의 상처로부터 새 살이 돋아나게 하여 너를 고쳐 주리라." 나는 병들고 상처를 입었을 때 이 말씀을 믿었습니다. "여호와께서 나를 구원하시리니 우리가 종신토록 여호와의 전에서 수금으로 나의 노래를 노래하리로다"(사 38:20).

제
23
장
—

은혜로 은밀하게 이끄신 일을 설명함

—

"옛적에 여호와께서 나에게 나타나사 내가 영원한 사랑으로
너를 사랑하기에 인자함으로 너를 이끌었다 하였노라."
— 렘 31:3

사람들이 하나님의 공의에 대한 두려움 때문에 하나님의 자비를 찾게 되는 일이 종종 있었습니다. 많은 사람이 진노의 회오리바람에 사로잡히게 되면 아주 당황하면서 사나운 비바람을 피하는 은신처이신 이분에게로 달려가 피하였습니다. 그러므로 하나님은 두려움에서 나온 동기를 사용하여 죄 범한 사람들의 마음을 움직이기를 거절하시지 않습니다. 30장 23, 24절을 보십시오. "보라 여호와의 노여움이 일어나 폭풍과 회오리바람처럼 악인의 머리 위에서 회오리칠 것이라 여호와의 진노는 그의 마음의 뜻한 바를 행하여 이루기까지는 돌이키지 아니하나니 너희가 끝날에 그것을 깨달으리라." 그 사실을 말해주는 것이 이 구절만이 아닙니다. 성경에는 다가오는 진노를 피하라는 권고가 사방에 깔려 있습니다. 그 입술이 향기로운 몰약을 떨어트리는 백합 같은 사랑하는 우리 구주께서는 사람들에게 그들의 죄의 확실한 결과들에 대해 아주 깊은 애정을 가지고 경고하셨습니다. 하나님께서 불경건한 사람들의 미래에 관해 말씀하실 때 쓰신 것만큼 강력하고 급박한 언어를 사용한 사람은 없었습니다. 하나님께서는 사람들에게 망한다고 조심하라고 말씀하기보다는 동정하는 체하여서 사람들을 망하게 하는 일은 결코 하시지 않았습니다. 그런 동정은 하고 싶지 않은 의무를 피하

려고 변명으로 내세우는 이기적인 태도에 지나지 않습니다. 우리 구주님께서는 사람들을 진정으로 뜨겁게 사랑하는 분으로서 말씀하셨습니다. 그래서 먼저는 주님 자신의 마음을 상하게 하고 주님의 눈에서 눈물을 흘리게 한 다음에 엄청난 힘으로 다른 사람들의 마음에 파고드는 말씀을 하셨습니다. 주님은 울며 이를 가는 것과, 죽지 않는 벌레, 꺼지지 않는 불에 대해 말씀하셨습니다. 주님께서는 자신이 참으로 자주 사람들을 암탉이 날개 아래 새끼들을 모으듯이 모으려고 했지만 그들이 듣지 않은 것을 상기시키며, 그러므로 거기로부터 황폐와 파멸밖에 나오지 않을 것이라고 울면서 경고하셨습니다. 형제 여러분, 우리 주님처럼 우리도 사람들에게 다가오는 심판에 대해 주저하지 말고 경고합시다. "우리는 주의 두려우심을 알므로 사람들을 권면하노라"(고후 5:11). 우리가 이 엄숙한 의무를 그만둘 생각을 하지 않는 것은, 그 의무를 소홀히 함으로 우리가 영혼을 잃게 되지 않도록 하기 위함입니다. 우리가 경보의 나팔 소리 울리기를 그치지 않는 것은 그로 인해 원수가 우리 백성을 죽이고, 그래서 백성들의 핏값을 우리가 치르게 되지 않기 위해서입니다.

그렇지만 사람을 끄는 복음의 주 요소는 두려움이 아니라 사랑입니다. 회개하는 사람들은 그리스도에게로 쫓겨가는 것이 아니라 그리스도에게 이끌리는 것입니다. 사람들을 예수님께로 인도하는 추진력으로 가장 많이 언급되는 것은 그들이 예수님에게서 구원을 얻을 수 있다고 하는 희망입니다. 사실 그때도 사람들은 악에 대한 두려움 때문에 마음이 움직이는 것이지만, 그들의 발은 주님의 온유하심과 선하심, 그리고 죄인들을 기꺼이 영접하시는 주님의 태도에 희망을 품고 주님께로 달려가게 되는 것입니다. 영원히 지속되는 하나님의 자비에 대한 소망이야말로 사람들을 회개하도록 이끄는 중요한 끈입니다. 하나님은 우리가 방금 전에 들었던 경고의 나팔 소리를 울리신 후에는 은혜의 하프 줄을 건드려 부드럽고 아름다운 선율을 울려 슬픈 자들을 위로하고 낙담한 자들을 격려하셨습니다. 따라서 경고의 나팔 소리가 울리지 않을지라도 그 은혜의 선율은 들을 수 있을 것입니다. 사랑이 싸움에서 승리합니다. 사랑의 머리카락 하나가 두려움의 밧줄보다 많은 것을 끌어당길 것입니다. 단 한 마디라도 진정으로 하나님의 사랑을 말하십시오. 그러면 그 말이 사람들의 마음에 이르고, 진노에 대한 긴 모든 설교와 경고보다도 놀라운 일들을 일으킬 것입니다. 그래서 나는 오늘 아침 하나님의 백성들에게 이야기하면서 그들이 먼저 하나님의 사랑을 받았기에 그 보답으로 하나님을 사랑하지 않을 수 없다고 설명하는 것이 기쁩니다. "우리가 사랑함은 그가 먼저 우리를 사랑하셨음이라"(요일 4:19)는 것이 그리스도인 생활의 중요한 법입니다. 우리가 하나님의 사랑을 알고 그 높이와 깊이와 길이와 넓이를 다소라도 아는 만큼 그 사랑에 영향을 받을 것입니다. 하나님이 우리에게 주신 성령께서 우리 마음에 하나님의 사랑을 널리 뿌리면, 우리가 힘을 다하여 주님을 사랑하게 됩니다. 나는 오늘 아침 여러분이 내가 말하는 사실들을 깨달을 수 있게 해주시라고 기도하고, 그래서 내가 하나님의 사랑에 대해 설교할 때 여러분의 영혼 속에서 하나님의 사랑이 타오르는 것을 느낄 수 있게 되기를 바랍니다. 로뎀 나무 아래의 숯불처럼 하나님의 사랑이 우리 마음속에서 불타오를 수 있으면 좋겠습니다! 그 숯불이 맹렬한 불길로 우리 마음을 하늘의 열정으로 태워서 우리의 모든 본성이 금 제단에서 피어나는 향기로운 연기처럼 하늘로 올라가면 좋겠습니다! 우리 하나님 아버지께서 우리 각 사람 마음속에 이렇게 말씀해주시면 좋겠습니다! "그렇다. 내가 영원한 사랑으로 너를 사랑하기에 인자함으로 너를 이끌었다."

1. 우리가 첫째로 살펴볼 사실은, 우리에 대한 하나님의 처사는 하나님께서 친히 나타내시기 전에는 알 수 없다는 것입니다.

하나님께서 말씀해 주시지 않으면 우리는 하나님의 행동들을 이해할 수 없습니다. "옛적에 여호와께서 나에게 나타나사 내가 영원한 사랑으로 너를 사랑하기에 인자함으로 너를 이끌었다 하였노라." 여호와께서 지금까지 이 백성들을 이끄셨지만 그들은 그 사실을 알지 못하였습니다. 하나님은 그들을 영원한 사랑으로 사랑하셨지만 그들은 그것을 깨닫지 못하였습니다. 여호와께서 친히 사람의 몸을 입고 그들을 찾아가셔서 그들의 눈에서 비늘을 제거하시기 전에는 하나님의 인자를 알지도 깨닫지도 못하였습니다. 하나님의 행동을 해석하시는 분은 하나님 자신이십니다. 하나님의 섭리와 은혜가 하나님을 계시하기도 하지만, 그보다는 하나님께서 친히 자신의 섭리와 은혜를 설명하고 계시하시는 비중이 훨씬 더 큽니다. 들판과 마당에서 일어나는 모든 일들이 태양이 어떤 일을 하는지 나타낼지라도, 태양이 직접 드러내기 전에는 이것들이 "태양이 결실하게 하는 선물들"인지 알 수 없습니다.

첫째로, 사람은 하나님께서 자신을 사람에게 계시하시기 전에는 하나님을 인식할 수 있는 상태에 있지 않습니다. 형제 여러분, 본래 우리는 하나님에 대하여 눈이 멀어 있습니다. 그렇습니다. 그렇습니다. 귀가 먹었고, 성령께 대하여 모든 면에서 무감각합니다. 본래 우리는 하나님 앞에서 죽은 존재들입니다. 사람은 태어나면서부터 무신론자입니다. 〈소론(小論)과 비평, *Essays and Reviews*〉(1860년 3월 존 윌리엄 파커가 발행한 영국 국교회의 광교회파적인 책으로 기독교에 대한 일곱 개의 소론이 실렸다 ―역주)이 사회적으로 큰 파장을 일으켰을 때, 한 경험 있는 설교자가 그 책에 관해 이렇게 말했습니다. "〈소론과 비평〉이 나를 괴롭히지 못하고, 현대의 의심을 담고 있는 묘책들 가운데 어떤 것도 나를 괴롭히지 못합니다. 내 마음은 〈소론과 비평〉보다 더 악한 것들을 고안해내기 때문이고, 내 악한 마음이 무신론의 원천이기 때문입니다."

형제 여러분, 아주 악명 높은 무신론자들이 지금까지 써낸 어떤 것보다 악하고 곤란한 것들이 우리에게 일어났습니다. 본래 우리는 속으로 "하나님이 없다"(시 14:1)고 말하는 어리석은 자와 같습니다. 우리의 육신적인 마음은 하나님께 적의를 품고 있습니다. 따라서 할 수만 있으면 마음에서 하나님을 제거하려고 할 것입니다. 우리는 이렇게 기도할 필요가 있고 또 정말로 이렇게 기도해야 합니다. "나를 삼위일체 하나님을 미워하는 무신론자의 마음에서 구원하여 주소서." 그러므로 하나님에게서 떨어져 살고 있는 사람은 하나님 사랑에서 나온 내적인 끌림이 결국 하나님에게서 나온 것임을 알지 못합니다. 그들은 그 내적 끌림을 흔히 일어날 수 있는 것으로 여기며, 세상의 불에서 튀는 불꽃으로 알아 밟아 꺼버립니다. 하나님께서 그 사람이 죄와 세상보다 더 낫고 고상하고 고귀한 어떤 것에 이르도록 그에게 선한 영향을 끼칠지라도 그는 그것이 하나님의 활동임을 알지 못합니다. 여호와께서는 고레스에게 이같이 말씀하셨습니다. "너는 나를 알지 못하였을지라도 나는 네 띠를 동일 것이요"(사 45:5). 바로 그와 같이 믿지 않는 많은 사람에게 이렇게 말씀하실 수 있습니다. "네가 나를 알지 못하였을 때 내가 네게 경고하였고 일깨우며 이끌었노라."

형제 여러분, 이 외에도, 우리는 참으로 자기중심적이어서 하나님께서 우리를 자신에게로 이끄실 때에도 자기 일에 너무 마음이 팔려서 우리 위에 작용하고 있는 하나님의 손을 보지 못합니다. 우리는 세상을 사랑하고 사람의 인정을 갈망하며 안락과 위안을 구합니다. 무엇보다 자기의(義)라는 헛된 생각으로 자신의 교만을 만족시키기를 바랍니다. 그래서 하나님에게 관심을 갖지 않습니다.

오히려 바로처럼 이렇게 소리칩니다. "여호와가 누구이기에 내가 그의 목소리를 듣겠느냐?"(출 5:2). 하나님께서 먼저 우리를 끌어당기셔야 우리가 마음속에 이기심으로 세운 우상들에게서 조금이라도 떨어져 나올 수 있을 것입니다. 어린 사무엘은 한밤중에 여호와의 부르심을 듣고 대답하였습니다. 그러나 우리에게는 하나님의 부르심을 듣는 일도, 대답하는 일도 없습니다. 우리의 눈이 자기에게 집착되어 멀어 있는 동안에는 어떻게 하나님을 볼 수 있겠습니까?

우리가 세상적이고 죄 아래 팔렸을 때는 우리 마음이 죽어서 하나님의 은혜의 활동들을 감지하지 못합니다. 오직 영적인 마음만이 영적인 일들을 분별할 수 있습니다. 그래서 우리가 영적이지 않는 동안은 하나님의 끌어당기심을 느끼지 못합니다. 내 경우가 그랬다는 것을 나는 압니다. 보잘것없는 경험이지만 그 경험을 분명히 기억하는 사람으로서 말씀드립니다. 오랫동안 하나님께서 나를 끌어당기셨지만 나는 하나님을 알지 못하였습니다. 하나님께서 내 마음을 움직이셨지만 나는 하나님을 깨닫지 못하였습니다. 복음의 영향력조차도 이 마음의 무감각을 제거할 수 없었다니, 슬픈 일입니다! 주님께서 친히 우리 각 사람에게 나타나셔야 합니다. 그렇지 않으면 우리는 여전히 하나님의 길을 알지 못할 것입니다.

사랑하는 친구 여러분, 그 다음에, 하나님께서 우리에 대한 자신의 처사를 설명하려면 하나님 자신을 우리에게 계시하셔야 합니다. 우리에 대한 하나님의 처사들 자체가 신비스러운 경우가 종종 있기 때문입니다. 이스라엘을 예로 들어 봅시다. 여호와께서는 바로가 이스라엘 백성을 혹독하게 다루고 엄하게 일을 시키도록 그의 마음을 움직이셨습니다. 이스라엘 백성들이 짚도 없이 벽돌을 만들었고, 만들어야 하는 수량도 배로 늘어났습니다. 그래서 마침내 이스라엘 백성들이 자기들의 공사 감독 때문에 소리쳐 항의하게 되었습니다. 여호와께서 이 모든 일을 뒤에서 조종하고 계신다는 것을 이스라엘이 어떻게 알 수 있었겠습니까? 그렇지만 여호와께서는 자기 택한 백성을 애굽에서 이끌어 내시려는 계획을 이런 식으로 해서 성취하고 계셨던 것입니다. 가장 어려운 일은 바로가 어쩔 수 없이 이스라엘을 보내도록 하는 것이 아니라 이스라엘 백성들이 기꺼이 그 비옥한 땅을 떠나려는 마음 상태에 들어가도록 하는 것이었습니다. 그들은 고센 땅에서 풍족히 살며 애굽의 부추와 마늘과 양파를 먹었습니다. 그들을 내버려 두었더라면 그들은 가나안 땅으로 갈 마음이 도무지 없었을 것입니다. 그들이 처음에 대우받은 대로 언제까지나 대우를 받았다면 그들은 기꺼이 애굽 사람들이 되었을 것입니다. 하나님께서 설명하시기 전까지는, 바로가 행하는 이 혹독한 처사가 이스라엘 백성들로 하여금 애굽에서 마음을 떼고 이 폭군에게서 도망칠 수만 있다면 기꺼이 광야에라도 들어갈 마음이 생기도록 하기 위한 것임을 이스라엘 백성이 어떻게 알 수 있었겠습니까? 바로가 이스라엘 백성의 장자를 죽이기 시작했을 때, 이스라엘 백성이 제사를 드리기 위해 며칠 간 떠나도록 하기를 거절하고 더욱더 그들을 학대하기 시작했을 때, 이것이 그들을 영원한 사랑으로 사랑하신 여호와의 계획의 일부임을 그들이 어떻게 알겠습니까? 하나님께서 바로를 온갖 재앙으로 치셨고, 애굽 사람들이 이스라엘이 떠나는 것을 기뻐한 후에, 하나님께서 왜 이스라엘을 인도하여 홍해 가에 이르도록 하셨는지를 어떻게 알 수 있었겠습니까? 믹돌과 바다 사이, 곧 바알스본 맞은편에 이스라엘 백성이 진을 치게 되었는데, 그들의 무자비한 적이 뒤에서 우르르 소리를 내며 전차를 몰고 오면 도망칠 길이 없는 곳에 진을 친 것입니다. 여호와께서는 바다 속에도 길을 내시고 깊은 물 속에도 길을 내신다는 것을 그들이 어떻게 알 수 있었겠습니까? 하나님께서 애굽을 바다 깊은 곳으로 데려가 거기서 그 용을 아주 강한 주먹으로 쳐서 박살을 내어 이스라엘이 애굽의 경계 광야에서 40년간 여행하는 동안에 이 옛 주인에게 괴롭힘을 당하지 않게 하실 계획이었다는 것을 이들이 짐작이라도 할 수 있었겠습니까? 여호와께서는 높이 든 손과 편 팔로써 자기 백성들을 이끌어 내셨지만, 하나님께서 그들에게 나타나 다음과 같이 말씀하실 때까지 애굽에서 일어난 기사들을 이해하지 못하였습니다. "나는 너를 애굽 땅, 종 되었던 집에서 인도하여 낸 네 하나님 여호와니라"(출 20:2). 자기의 택한 백성에 대한 하나님의 처사는 종종 아주 신비로워서 그들이 하나님을 알기 전에는 그것을 이해할 수 없습니다.

하나님께서 사람의 영혼 속에 영생을 일으키실 때도 그와 같습니다. 하나님께서는 보통 영생을 주실 사람에게 빛과 평안과 위로부터 주시지 않습니다. 그렇지 않습니다. 오히려 "더듬을 만한 흑암"(10:21)으로 그를 몹시 괴롭게 하십니다. 달콤하던 죄를 쓰디쓰게 만드십니다. 하나님께서는 그 사람이 한때 만족하게 여겼던 것들에 싫증을 내기 시작할 때까지 그의 육신적인 생명의 샘에 계속해서 쓸개즙을 부으십니다. 하나님께서는 양심의 가책이라는 화살을 시위에 당기시고, 그 영혼이 수천 군데 상처를 입고 피를 흘려 죽기 직전에 이르기까지 화살을 쏘고 쏘고 또 쏘시는 경우가 참으로 많습니다. 하나님은 사람을 살리시기 전에 먼저 죽이십니다. 이것이 사람들을 다루시는 하나님의 방식이라고요? 바로 그렇습니다. 이것이 하나님의 인자와 애정 어린 자비의 방식입니다. 그러나 다시 한번 말하지만, 신령하지 않은 사람들이 어떻게 이 모든 일에서 하나님의 손을 볼 수 있겠습니까? 정신이 든 사람은 자신의 고통에서 하나님의 인자보다는 진노를 더 보게 되고, 영원한 사랑이라는 개념은 그의 생각에 도무지 들어가지 않습니다. 하나님께서 자기를 사랑의 끈과 사람의 줄로 끌어당기고 계시다는 것은 어렴풋이라도 생각하지 못하는 진리입니다. 하나님께서 그 사람에게 하나님 자신을 계시해 주셔야 합니다. 그렇지 않으면 그는 영혼의 고통 속에 하나님의 손길이 있다는 것을 발견하지 못할 것입니다.

이 하나님의 나타나심은 개인에게 직접 이루어져야 합니다. "옛적에 여호와께서 나에게 나타나사." 나는 누구든지 그냥 성경을 읽는다고 해서, 혹은 복음이 진리라는 것을 개인적으로 확신한다고 해서 하나님을 안다고 생각하지 않습니다. 정말로 하나님께 배운 사람은 누구든지 하나님께서 특별히 그의 양심과 마음과 영혼에 나타나십니다. 성경의 계시가 우리 마음에 와 닿기 위해서는 성령님의 직접적인 계시가 필요합니다. 성령님의 직접적인 계시의 결과는 회심, 곧 신생(新生)입니다. 이 일은 언제나 성령께서 행하십니다. 하나님을 진정으로 아는 것은 언제나 하나님께서 행하시는 일이지, 도구에 의해 간접적으로 이루어지는 일이 아닙니다. 여호와께서 친히 오른손으로 행하시는 일입니다. 그리스도께서 "나를 보내신 아버지께서 이끌지 아니하시면 아무도 내게 올 수 없느니라"(요 6:44)고 말씀하셨습니다. 바로 이 아버지 하나님께서 그에게 가서 하나님을 나타내시지 않으면 아무도 하나님의 끌어당기심을 알지 못합니다. 나는 하나님의 자녀들에게 그들이 이 사실을 아는지 묻는 것이 아닙니다. 그들은 분명히 이 사실을 알기 때문입니다. 여러분 가운데 많은 분들이 "주께서 나에게 나타나셨다"고 말할 수 있을 것입니다. 사울이 다메섹으로 가는 길에서 그랬듯이 여러분이 목소리를 들었거나 큰 빛을 보았다는 말이 아닙니다. 큰 빛이 사울의 외적인 눈에 나타난 것만큼 생생하게 여러분의 마음의 눈에 하나님이 나타나셨고, 목소리가 사울의 외적 귀에 들린 것만큼 효력 있게 여러분의 은밀한 귀에 하나님이 말씀하셨다는 뜻입니다. 하나님께서 우리 가까이 오셨고, 주님의 이 방문이 우리를 새로운 피조물로 만든 것입니다. 우리가 주님의 이 개인적이고 직접적인 계시로 말미암아 주님을 알기 전에는 우리 마음에 쓰신 주님의 필적을 읽을 수 없고 우리에 대한 하나님의 처사도 분별할 수 없습니다.

이 하나님의 나타나심은 반복될 필요가 있습니다. 본문 말씀을 이스라엘 편에서 하는 불평으로 읽을 수도 있습니다. "옛적에 여호와께서 나에게 나타나사." 이 말은 "여호와께서 최근에는 나에게 나타나지 않으셨다"는 말이나 같습니다. 옛적에는 여호와를 시냇가에서, 덤불에서, 바다에서, 바위에서 보았습니다. 그 때는 야곱이 얍복 강가에서 여호와를 만났고 모세는 광야의 불타오르는 가시덤불에서 여호와를 만났습니다. 그러나 이제는 하나님께서 나타나시는 일이 극히 드뭅니다. "옛적에 여호와께서 나에게 나타나셨나이다." 이제도 주께서 나타나시면 좋겠습니다! 이 시간에 여러분 가운데 저런 식으로 한탄하는 말을 하는 사람들이 있다면, 그들이 그런 자리에서 일어날 수 있기를 바랍니다. 하나님께서 그 땅에서 나그네로 지내거나 밤 동안만 잠시 머무는 여행객으로 지내는 것이 하나님의 원하시는 바가 아닙니다. 하나님은 기꺼이 우리와 함께 거하기를 바라십니다. 하나님의 기쁨은 사람들에게 있습니다. 우리는 하나님께서 옛적에 우리에게 나타나셨던 때를 잊지 맙시다. 내 말은 처음에 하나님이 우리에게 나타나셨던 때를 뜻하는 것입니다. 하나님께서 처음으로 내게 나타나셨고 내가 믿음으로 하나님을 본 지가 36년 이상 된 것이 확실합니다. 내 스스로 보기에도 내 자신이 참으로 악하였고, 하나님은 내 눈에 참으로 영광스러우셨습니다! 하나님께서 나를 위해 십자가에서 피 흘리시는 것을 보았을 때 내 마음이 얼마나 녹아내렸는지 모릅니다! 하나님께서 나를 사랑하셨고 나를 위해 자신을 주셨다는 것을 깨달았을 때, 내 마음이 얼마나 하늘의 열정으로 강렬하게 타올랐는지 모릅니다! 그리고 나자 하나님의 이름, 하나님의 말씀, 하나님의 날, 하나님의 백성, 이 모든 것이 내 눈에 더할 수 없이 귀하게 보였습니다. 그것이 옛적의 일이었지만 나는 지금도 아주 생생하게 그것을 기억합니다. 우리가 주님을 처음 만나 결혼한 때를 돌아보는 것은 참으로 즐거운 일입니다. 그러나 우리가 거듭거듭 주님을 보지 않는다면 그 때를 돌아보는 것이 괴로운 일이 될 것입니다. 사람이 지금 캄캄한 지하 토굴 속에 갇혀 있다면 과거에 태양을 보았다는 것이 그에게 고통스런 기억이 될 것입니다. 형제 여러분, 우리는 옛적에 하나님이 나타나신 것을 보았다는 것에 만족하지 맙시다. 사랑하는 주님께 이렇게 부르짖읍시다. "주여, 저에게 다시 나타나소서! 숨어계시는 주여, 제게 나타나소서! 창문으로 저를 들여다보시고 주의 얼굴을 다시 보여주소서!" 옛적에 몸을 굽히시어 여러분에게 자신을 나타내신 분께서 그의 사랑을 다시금 계시하여 주실 것입니다. 예수께서 전에 하셨던 일을 지금도 행하실 것입니다. 일찍이 여러분이 길을 가다가, 예수께서 여러분에게 말씀하셨다는 사실 때문에 여러분의 마음이 속에서 불타오른 때가 있습니다. 예수께서 "내가 다시 오리라"(요 14:3)고 말씀하셨습니다. 여러분은 지금 앉아 있는 회중석에서 마음이 기뻐 "할렐루야" 하고 소리치고 싶어서 자리에 가만히 앉아 있을 수 없을 것처럼 느꼈던 때를 기억하지 않습니까? 그 행복한 시간들을 기억하되, 다만 이런 결심을 가지고서 기억하도록 하십시오. "내 주님을 다시 보겠어. 주님을 다시 기뻐하겠어." 본문 말씀을 오래전에 하나님의 나타나심을 기록한 비문으로 삼지 말고, 해가 더 이상 지지 않을 새날이 밝아오는 것을 알리는 말씀으로 삼으십시오.

하나님의 이 나타나심은 항상 큰 은혜의 행위입니다. 본문은 "여호와께서 멀리서 나에게 나타나셨다"고 읽을 수도 있습니다. 하나님께서 처음에는 그렇게 나타나셨습니다. 우리가 하나님에게서 아주 멀리 떨어져 있다가 사랑하는 주님을 보고서 노루나 어린 사슴처럼 얼마나 기쁘게 산과 언덕들을 뛰어넘어 왔습니까! 우리가 단단히 묶인 지옥의 노예로 죽음의 캄캄한 문턱에 누워 있을 때 하나님께서 무한한 사랑으로 우리에게 오셨습니다. 형제 여러분, 하나님은 다시 오실 수 있고, 또 오실 것입니다. 하나님께서 전에 멀리서 오셨다면, 이제는 우리를 하나님 가까이 두셨으므로 틀림없이 다시 오실 것입니다. 하나님께서 갑작스럽게 여러분에게 오실 것이라고 기대하십시오. 내가 지금 여러분에게 말하고 있는 동안에 혹은 언제나 여러분이 깨어 있는 동안에, 여러분의 영혼이 귀한 백성의 수레와 같게 해 달라고 기도하십시오. 하나님께서 당장에 자신을 여러분에게 아주 기쁘게 계시하시어 여러분의 영혼이 속히 하나님께 달려가게 해 주시라고 기도하십시오. 하나님께서 여러분에게 돌아오셔서 은혜롭게 자신을 나타내시면 여러분이 다시는 주님을 놓지 않도록 조심하십시오. 황송하게도 신랑이신 주님이 여러분을 찾아오시면 그를 단단히 붙잡으십시오. 여러분이 일단 주님의 찬란한 사랑을 본다면, 다시는 눈을 감지 말고 주님을 영광 가운데 얼굴로 대하여 볼 때까지 계속해서 그 사랑을 응시하십시오. "나와 함께 거하소서" 하고 기도하십시오. 여러분이 에녹처럼 항상 하나님과 동행하게 되기까지는 자신의 상태에 대해 만족하지 마십시오. 하나님께서는 그 목적을 위해 반드시 자기 백성에게 나타나십니다.

2. 둘째로, 하나님이 나타나시면 그때서야 우리는 하나님께서 지금까지 우리를 다루어오셨다는 것을 알게 됩니다.

"옛적에 여호와께서 나에게 나타나사 내가 영원한 사랑으로 너를 사랑하기에 인자함으로 너를 이끌었다 하였노라." 우리가 하나님을 알기 전에 하나님께서 우리에게 얼마나 놀라운 사랑을 보이셨습니까! 이제 오래 참으시는 그 사랑을 돌아보고 기억합시다. 오래 참으시는 그 사랑 때문에 하나님께서 우리가 죄를 기뻐할 때도 우리를 살리신 것입니다. 하나님께서는 우리가 불신앙 가운데 있을 때 우리를 끊어내시지 않았습니다. 거기에 사랑이 있습니다. 어떤 사람들은 이 본문을 이렇게 읽었습니다. "그러므로 내가 인자함으로 너에게 형 집행을 유예하였다" 혹은 "그러므로 내가 너를 위해 인자함을 끌어냈다." 이는 우리가 마음껏 죄악을 행하고 있는 동안에 하나님께서는 인자함을 펼치셨고, 우리가 계속해서 제멋대로 하나님께 반역을 하였지만 해마다 끊임없이 우리를 참으셨음을 나타내려는 의도에서 그렇게 읽은 것입니다.

> "하나님께서는 구원하시기로 결심하고서 내 길을 지켜보셨습니다.
> 내가 사탄의 눈 먼 노예로 죽음을 가지고 장난치고 있었을 때."

하나님께서 여러분에게 나타나셨기 때문에 이제는 여러분이 그것을 볼 수 있으니, 사람의 목숨을 살리시는 그 자비를 생각하십시오.

그 다음에 발견하는 놀라운 사실은 하나님의 억제하시는 은혜입니다. 그동안 하나님께서 우리를 깊디깊은 죄의 나락으로 뛰어들지 못하도록 붙잡으셨다는 것을 우리는 이제 압니다. 하나님께서는 우리가 회심 전에 스스로 생명을 끝내버릴 수도 있었을 죄를 범하지 못하게 하곤 하셨습니다. 하나님은 우리를 슬픈 관계에 얽히게 만들 수도 있을 죄를 짓지 못하도록 막으셨고, 하나님의 말씀을 전혀 듣지 못하거나 하나님의 얼굴을 도무지 구하지 못하게 되는 환경에 떨어지게 할 수 있는 죄를 짓지 않도록 막으셨습니다. 하나님께서 내게 나타나신 이후로는, 내가 전에는 희망이 무참하게 꺾이는 것밖에 보지 못하여 실망하였던 곳에서 이제는 하나님의 억제하시는 손을 보게 만드셨습니다. 독이 든 쾌락에서 나를 지켜준 내 인생의 이런 갈고리들을 인하여 하나님께 감사합시다!

또한 우리는 하나님의 은혜로운 준비들을 봅니다. 곧 슬픔으로 우리의 마음을 갈아 일구는 일, 징계로 마음에 씨를 뿌리는 일, 고통으로 마음을 써레질하는 일, 은총의 비로 마음에 물을 대는 일, 역경의 서리로 마음을 부수는 일이 그것입니다. 이런 일들 자체가 사실 은혜는 아니었지만 은혜가 들어오도록 문을 열어주었습니다. 우리가 하나님을 알지 못하였을 때 어떻게 하나님께서 수많은 방법으로 우리를 끌어당기셨는지를 이제는 압니다.

본문은 주로 하나님의 이 끌어당기심에 대해 생각합니다. 여러분이 아직 믿지 않고 있는 동안에 어떻게 하나님이 여러분을 끌어당기는 일을 하셨는지 다시 한번 기억해 보기를 바랍니다. 우리 가운데 어떤 분들에게는 그 일이 아주 일찍부터 시작되었습니다. 아주 어렸을 때부터 그런 분들은 양심이 아주 예민하였고, 다른 사람들과 다르게 성령의 활동을 많이 겪었습니다. 종종 무슨 잘못을 하였을 때는, 잠자리에 가서 죄의식과 형벌에 대한 두려움을 느끼며 자비를 간절히 바라며 울다가 잠이 들곤 하였습니다. 하나님의 이런 끌어당기심이 어떤 분들에게는 지속되었습니다. 그들이 비록 거룩한 충동들에 순종하지는 않았지만 그런 충동들이 없이 지낸 때가 거의 없을 정도입니다. 그들이 부모의 품을 떠났을 때 하나님의 이 끌어당기심은 그들의 뒤를 따라갔습니다. 여러분은 그 일들을 기억합니까? 여러분이 주 예수님을 알기 전에 성령께서 여러분과 씨름하셨습니다. 여러분 가운데 어떤 분들은 큰 죄를 범했습니다. 그러나 하나님은 계속해서 여러분을 따라가셨습니다. 심지어 꿈속에서도 하나님은 여러분을 떠나지 않으셨습니다. 여러분을 끌어당기신 이런 일들은 하나님께서 여러분을 붙잡고 있는데 사용하시는 방법이었습니다. 여러분이 깨어 있을 때는 하나님에 대하여 완고한 마음을 가졌지만, 잠들었을 때는 하나님께서 환상으로 여러분을 두렵게 만들어 장차 올 심판을 생각하게 만드셨습니다.

많은 경우에 이 끌어당김은 매우 부드러웠습니다. 그 일들은 소나 나귀를 끌 수 있을 그런 강력한 힘이 아니라 유약한 영들을 다루기에 적합한 부드러운 힘으로 행해졌습니다. 그러나 어떤 때는 그것이 아주 맹렬하게 여러분을 당겨서 거의 여러분을 넘어뜨리다시피 하였습니다. 끌어당긴다는 것은 일종의 저항을 전제로 이야기하는 것입니다. 혹은 저항은 아니라 할지라도, 적어도 자력으로는 움직이지 못하는 상태를 전제로 합니다. 정말로 우리는 스스로 움직이지 않았고, 설득을 받고 권함을 받을 필요가 있었습니다. 여러분 가운데는 여러분이 성령께 오기 전에 성령께서 여러분을 수도 없이 끌어당기셨다는 것을 기억하는 분들이 있을 것입니다. 우레 같은 설교를 듣고 여러분이 집에 가서 무릎 꿇고 기도했던 일들을 생각해 보십시오. 어찌나 깊은 인상을 받았던지 한두 주 동안 그것을 떨쳐버리지 못했던 일, 여러분이 쉽게 벗어나지 못했던 마음의 우울함과 어둠에 대한 공포를 기억하십시오. 물고기가 그물에 싸이듯이 하나님께서 여러분을 에워싸셨습니다. 여러분은 도망하려고 애를 썼지만 도망할 수 없었고 점점 더 자비의 그물 안으로 끌려들어갔습니다.

사람들에게는 회심 전에 일종의 온화함 같은 것이 슬그머니 찾아드는 때가 있습니다. 그럴 때 사람들은 아주 이치에 합당하고 은혜로운 호소에 더 이상 저항할 수 없는 것처럼 느낍니다. 어머니의 기도가 떠오르거나 어쩌면 어머니가 임종 시에 했던 말이 다시 들리는 것 같을 수도 있습니다. 혹은 다른 어떤 것에도 움직이지 않았던 사람의 마음이 어린 자녀의 죽음으로 움직이기도 합니다. 그 사람이 거룩한 영향력 아래 있지만 그는 그것을 알지 못합니다. 그 사람의 마음속에 귀신들이 있을지라도 그를 둘러싼 공기 중에는 천사들이 있습니다. 그래서 그는 죄 가운데서 편하게 지낼 수 없습니다. 그는 예수님 안에서 안식을 얻기 전에는 끊임없는 불안 가운데 지냅니다. 이 모든 일에 하나님의 끌어당기심이 있습니다. 하나님께서 우리에게 나타나신 후에야 우리는 그것이 그렇다는 것을 압니다.

여러분은 마침내 성령께서 여러분을 선을 넘어오도록 끌어당기신 때를 기억하십니까? 성령께서 여러분의 자유의지를 침해하지 않으면서 여러분 마음에 적절한 영향력을 발휘하여 자유의지를 정복하신 때를 기억하십니까? 그 날은 참으로 복된 날입니다! 그 날 여러분은 자발적으로 주님의 포로가 되어 비단 족쇄에 묶여서 주님의 뒤를 따르고, 죄와 사탄에게서 해방되어 주님께 평생의 종이 되며, 전능하신 사랑에 사로잡힌 즐거운 죄수가 되었습니다. 하나님이 여러분을 끌어당기셨습니다. 여러분이 그동안은 그 점에 대해 별로 알지 못했지만 이제는 압니다.

하나님의 은혜와 구원을 받은 후에 얼마 지나지 않아 나는 내게 대한 하나님의 활동을 살펴보았습니다. 그리고 거기에서 많은 것을 배웠습니다. 어느 날 앉아서 나는 과거에 내가 어디에 있었고, 어떤 사람이었는지를 곰곰이 생각해 보았습니다. 그리고 속으로 말했습니다. "내가 예수 그리스도를 믿었고 그래서 사망에서 생명으로 옮겨졌다. 하나님께 찬송을 드리자!" 그 때 내게 이런 생각이 들었습니다. "어떻게 해서 내가 이 상태에 이르게 되었지? 내가 스스로 이런 변화를 가져왔나? 그렇지 않다. 내가 내 자유의지를 칭찬해야 하나? 그렇지 않다. 내 친구들은 그리스도께 오지 않았는데, 나를 결국 그리스도께로 인도한 것은 본래 내 속에 있는 어떤 괴로움 때문이었는가?" 나는 그렇다고 말할 수 없었습니다. 그 변화를 만들어낸 것은 하나님의 주권적인 은혜 때문이라는 것을 알게 되었습니다. 내가 신학에서 이 외에 다른 어떤 점에서 잘못 생각하였을지 모르지만, 지금까지 말한 그런 생각들 때문에 나는 칼빈주의자가 되었습니다. 즉, 구원의 출처를 오직 하나님에게만 찾는 사람이 되었습니다. 나는 내 구원이 처음부터 마지막까지 주님에게 속한 일이라는 것을 알았습니다. 그 이후로 이 문제 관해 한 번도 의심해 본 적이 없습니다. 나는 사람의 뜻으로 난 구원 혹은 육신의 의지로 말미암은 구원을 전할 마음이 전혀 없습니다. 내가 전하고자 하는 것은 하나님께서 예수 그리스도 안에서 혹은 창세 전에 정하신 영원한 뜻을 따라 처음부터 끝까지 순전히 은혜로 주시는 구원입니다.

내가 값없는 은혜의 교리라는 반석 위에 올라서는데 복잡한 어떤 이론이 필요 없었습니다. 하나님께서 나를 구원하셨다면 그것은 하나님께서 나를 구원하기로 마음먹으셨기 때문입니다. 하나님은 우연히 혹은 실수로 나를 구원하신 것이 아닙니다. 그 다음에, 하나님께서 일단 나를 구원하기로 작정하셨다면, 그 뜻이 어떤 한 순간에 시작되어야만 할 이유는 없었습니다. 하나님께서는 영원부터 나를 구원하기로 작정하셨던 것이 틀림없습니다. 하나님께 어떤 계획과 목적이 있으면, 하나님은 자신이 실제로 행하는 일을 옛적부터 아셨고 또한 그 일을 하기로 옛적부터 작정하셨던 것이 틀림없습니다. 그 다음에 나는 안경을 끼고 보듯이 나에 대한 하나님의 방식들을 보았습니다. 하나님께서 친히 나에게 나타나시기 전까지 나는 하나님의 방식들에 대해 이런 식으로 생각하지 못했습니다. 하나님은 성령님으로 말미암아 이 전체 문제를 이런 식으로 직접 내게 설명해 주셨습니다. "내가 영원한 사랑으로 너를 사랑하기에 인자함으로 너를 이끌었다 하였노라." 우리는 주님을 직접 뵌 후에는 하나님의 이런 끌어당기심을 이해하지만, 그 전에는 알지 못합니다.

3. 그 다음에 한 걸음 더 나아가보면, 하나님의 인자가 끌어당기는 힘이라는 것을 알게 됩니다.

"그러므로 내가 인자함으로 너를 이끌었다 하였노라." 우리가 처음에는 하나님께서 우리를 엄하게 대하셨다고 생각하지만, 하나님의 관점에서 빛을 볼 때, 우리가 자비를 받아들이도록 만든 이 끌어당기는 힘이 바로 하나님의 인자라는 것을 깨닫습니다. 사랑은 매력적인 힘입니다.

하나님의 사랑하시는 아들을 선물로 주신 데서 나타나는 하나님의 인자함에 의해 처음으로 하나님께 이끌림을 받은 사람들이 얼마나 많았는지 모릅니다! 성경에서 "하나님이 세상을 이처럼 사랑하사 독생자를 주셨으니 이는 그를 믿는 자마다 멸망하지 않고 영생을 얻게 하려 하심이라"는 이 구절만큼 영혼을 구원하는 위대한 말씀은 없을 것입니다. 분명히 말씀드리건대, 내가 지금까지 이야기를 나누어 본 사람들 가운데 이 복된 구절로 말미암아 주님을 발견한 사람이 100명도 넘습니다. 나는 지금 아주 온건하게 이야기하고 있는 것입니다. 사실 나는 북극성과 같은 이 구절을 통해서 참된 자유에 이른 사람들이 수백 명이 넘는다고 말할 수도 있기 때문입니다. 하나님께서 죄인들을 구속하기 위해 자기 아들을 주셨다는 사실에 사람들을 잡아당기는 엄청난 힘이 있습니다! 예수께서 망한 세상을 위해 죽으셨습니다. 그래서 예수님을 믿는 사람들은 멸망하지 않고 영원한 생명을 얻을 것입니다. 바로 이 사실이 사람을 하나님께로 끌어당기는 주요한 힘입니다. "내가 땅에서 들리면 모든 사람을 내게로 이끌겠노라"(요 12:32). 주 예수님의 희생에서 나타나는 하나님의 인자함이 사람들을 죄로부터, 자아로부터, 사탄으로부터, 절망으로부터, 세상으로부터 끌어냅니다.

그런가 하면 하나님의 인자를 또 다른 관점에서 보고, 즉 하나님께서 기꺼이 우리를 새로운 피조물로 만드시는 사실을 보고 하나님께 이끌린 사람들을 보았습니다. 많은 사람들이 "하나님이여 내 속에 정한 마음을 창조하소서"(시 51:10) 하고 기도하였습니다. 그들은 예수 그리스도를 믿는 자는 누구든지 거듭나서 새로운 생활을 시작할 수 있고, 새로운 원칙에 지배를 받으며 성령님의 양육을 받는다는 사실에 매혹을 당했습니다. 정결한 생활과 본성을 원하고 하나님과 바른 관계에 있기를 바라는 많은 사람들이 그리스도 예수 안에서 새로운 피조물이 된다는 이 복된 전망에 매혹되어 하나님께로 왔습니다.

이 점이 여러분들에게는 다소 이상하게 보일 수 있습니다. 그러나 나를 하나님께로 끌어당기는데 주로 영향력을 발휘하였던 인자함의 형태는 바로 이것이었습니다. 나는 밝은 전망과 유망한 약속들을 갖고 인생을 시작하는 젊은이들이 많이 불안해하는 것을 보았고, 내 자신도 미래를 생각할 때 두려워 떨었습니다. 나는 신약에서 예수님을 믿는 자는 영원한 생명이 있다는 사실을 읽었습니다. 나는 그리스도께서 친히 하신 말씀 가운데서 이 말씀을 보았습니다. "내가 내 양들에게(개역개정은 '그들에게') 영생을 주노니 영원히 멸망하지 아니할 것이요 또 그들을 내 손에서 빼앗을 자가 없느니라"(요 10:28). 나는 예수님의 손 안에 있는 이 양들 가운데 한 마리가 되기를 얼마나 바랐는지 모릅니다! 내 동창생들 가운데는 학창 시절에 내게 늘 모범적인 학생으로 언급되었지만 집을 떠나서는 매우 실망스럽게 행동한 친구들이 있습니다. 그래서 나는 속으로 생각했습니다. '아, 영적 생명을 보장하는 증서가 있으면 좋겠다! 아, 내 영혼이 아주 안전하게 지켜져서 내가 죄에 희생되지 않고 끝까지 하나님의 은혜로 보존되는 길을 알 수 있으면 좋겠다!' 내가 그리스도 예수 안에서 이 영원한 은혜를 찾을 수 있다는 믿음이 다른 무엇보다 나를 예수님께로 끌어당겼습니다. "은혜로 말미암아 영원한 구원과 좋은 소망"(살후 2:16, 개역개정은 "영원한 구원"을 "영원한 위로"로 번역하고 있음 —역주)을 얻는 것은 참으로 큰 복입니다! 마음 속에 영생에 이르도록 솟아나는 생수의 샘을 받는 것은 참으로 큰 은혜입니다! 내가 나이 들어 머리가 완전히 하얘질 때까지 살지라도 주님은 내가 다시 어리석은 데로 돌아가게 하시지 않을 것입니다. 하나님의 말씀이 이같이 기록되어 있기 때문입니다. "내가 나를 경외함을 그들의 마음에 두어 나를 떠나지 않게 하리라"(렘 32:40). 나는 처음부터 이 약속을 단단히 붙들었고, 주님께서는 인자함으로 나를 당신에게로 이끄셨습니다. 나는 이제 그 사실을 보고, 그와 같은 자석을 사용하신 것을 인하여 주님의 이름을 찬송합니다.

　형제 여러분, 우리가 주님을 안 이래로, 우리를 언제나 끌어당긴 것은 주님의 인자가 아니었습니까? 여러분이 하나님의 인자함을 얼마나 많이 경험했는지 말해줄 수 있습니까? 경험한 일들을 일일이 헤아려 보십시오. 그렇습니다. 여러분이 원하면 종이와 펜을 가지고 나머지 설교 시간에 적어 보십시오. 내가 설교를 끝내고 나서 여러분에게 다 적었는지 물어보겠습니다. 그러면 여러분은 "목사님, 아직 시작도 제대로 하지 못했습니다" 하고 대답할 것입니다. 아, 하나님의 인자함은 이루 다 헤아릴 수 없습니다! 여러분이 하늘을 측량할 수 있고 바다의 깊이를 잴 수 있으며, 끝없이 깊은 구렁에 뛰어들어 그 깊이를 말할 수 있습니다. 그러나 하나님의 인자는 여러분이 측량할 수 없습니다. 하나님의 인자는 무한히 광대합니다. 하나님 자신이 우리의 생각을 초월하시듯이 하나님의 인자도 헤아릴 수가 없습니다. 하나님의 인자는 우리 뒤에, 앞에, 아래에, 위에, 속에, 밖에, 즉 도처에 있습니다. 하나님은 매일 우리에게 은혜를 베푸십니다. 하나님은 우리를 수많은 인자로 묶으셔서 우리를 끌어당기시는데, 줄 하나로 당기시는 것이 아니라 많은 줄로 묶어 당기십니다. 그리고 그 줄은 하나하나가 전능한 힘으로 당깁니다. 주께서 자비를 베푸신 일들은 우리 머리카락 수보다 많습니다. 하나님께서는 이런 사랑의 끈들로 우리를 밤낮으로 끌어당기고 끌어당기며 또 끌어당기십니다. 얼마 있지 않으면 우리의 몸과 영과 혼 전체가 전능한 사랑의 달콤한 강요에 굴복하여 우리 전인(全人)이 하나님이 계시는 곳에 하나님과 함께 있기 위하여 옮겨질 것이고, 거기서도 하나님의 영광을 뵐 때 하나님의 인자함을 느끼게 될 것입니다. 이 모든 것이 언제나 사실이었지만, 주님께서 우리에게 나타나서 하나님이 우리를 인자함으로 끌어당기셨다는 은혜로운 사실을 밝혀 주시기 전에는 그 점을 알지 못하였습니다. 이 사실이 귀하고, 그 사실을 아는 것은 지극히 기쁜 일입니다.

끝으로, 나는 하나님께서 사람에게 나타나시는 것은 하나님의 진리를 가르치는 중요한 수단이라고 믿습니다.

4. 그 다음에, 여기서 우리는 하나님께서 우리를 끌어당기시는 중요한 동기가 영원한 사랑임을 배웁니다.

나는 더 이상 설교하고 싶지 않고, 여러분이 생각하기를 바랍니다. 이제는 설명하는 것이 묵상하고 사실로 깨닫는 것만큼 필요하지 않습니다. 말씀으로 천지를 지으신 그 목소리를 여러분이 듣는다고 생각해 보십시오! 그 목소리가 세미한 음성처럼 여러분의 귀에 "내가 영원한 사랑으로 너를 사랑하기에 인자함으로 너를 이끌었다"고 속삭인다고 생각해 보십시오. 아마도 이 점에 관해서는 내가 할 수 있는 대로 말을 덜 하는 것이 나을 것입니다. 말은 말로 나타낼 수 없는 것을 표현할 수 없기 때문입니다. 여러분이 "내가 영원한 사랑으로 너를 사랑하였노라"는 이 하나님의 보증을 마음으로 한껏 받아들이십시오. 이 말씀을 이슬을 흠뻑 빨아들인 기드온의 양털처럼 여러분의 마음에 받아들이십시오.

하나님께서 그 일을 행하셨다는 점에 유의하십시오. 하나님께서 지금 여러분을 사랑하고 계신다는 것은 실제 사실입니다. "내가"와 "너를"이라는 이 두 대명사를 나란히 놓아 보십시오. 무한자, 곧 상상할 수 없이 영광스러우신 하나님이신 "나"가 보잘것없고 망한 자, 곧 아무 가치 없고 벌 받아 마땅하고 지옥에 들어가야 마땅한 죄인인 "너"와 나란히 있습니다. 이 두 사실을 연결하고 있는 고리를 보십시오. 이 둘을 영원히 하나로 결합시키는 대갈못을 보십시오. "내가 너를 사랑하였노라." 하나님의 말씀은 "내가 너를 불쌍히 여겼다"는 것이 아니고 "내가 너에 관해 생각하였다"는 것도 아니라 "내가 너를 사랑하였다"는 것입니다. 하나님은 여러분을 사랑하십니다. 아리스토텔레스가 사람이 누군가의 사랑을 확신하게 되면 그 사랑에 어느 정도 보답해야겠다고 느끼지 않을 수 없다고 말한 것으로 생각합니다. 그런데 나는 정말 그런지 잘 모르겠습니다. 그러나 사람이 하나님의 사랑을 느낄 수 있게 되면 그 사랑에 어느 정도 보답해야 하겠다고 생각하지 않을 수 없다고 믿습니다. 여러분, 여러분은 하나님의 사랑에 보답하고 있습니까?

"내가 너를 사랑하였노라." "내가 너를 사랑할 것이다"고 말씀하시지 않고 "내가 너를 사랑하였노라"고 말씀하셨습니다. 보잘것없는 "너를" 사랑하신 것입니다! 그래서 여러분이 이렇게 대답하지 않습니까? "주여, 이렇게 말씀드릴 수 있는지 모르겠지만, 주께서는 모든 것을 아시오니 내가 주님을 사랑하는 줄 주께서 아십니다. 주께서 나를 사랑하시는 것처럼 내가 주님을 사랑한다고 말하지는 못합니다. 나는 참으로 연약하고 유한한 피조물이기 때문입니다. 그렇지만 나는 정말로 확실히 주님을 사랑합니다. 이 외에는 달리 말할 수가 없습니다." 사랑하는 여러분, 여기서 내가 무슨 말을 더할 수 있겠습니까? 하나님께서 우리를 사랑하신다는 이 꾸밈없는 사실은, 우리가 일단 그 사실을 마음으로 철저히 파악한다면, 이 땅에서 누리는 천국입니다.

이 사랑이 오래 되었다는 점을 보십시오. "내가 영원한 사랑으로 너를 사랑하였노라." 내가 십자가에서 너를 위해 죽었을 때 너를 사랑하였다, 그렇다, 내가 너를 오래전에 사랑하였고, 그래서 내가 너를 위해 죽은 것이라는 말씀입니다. 내가 너의 거처를 생각하며 천지를 창조하였을 때 너를 사랑하였다. 그렇습니다. 나는 바다를 짓기 전에 너를 사랑하신 것이라는 말씀입니다. 도토리 한 컵 속에 장차 생겨날 숲이 들어 있는 것처럼 큰 세계, 곧 태양과 달과 별들이 하나님 마음속에 잠들어 있을 때 하나님께서 자기 백성을 사랑하셨습니다. 하나님은 시대가 시작되기도 전에 미리 아는 눈으로 미래의 거울에서 자기 백성들을 보셨고, 그들을 영원한 사랑으로 사랑하셨습니다. 이 세상은 시작된 때가 있습니다. 그러나 자기 백성에 대한 하나님의 사랑은 시작된 때가 없습니다.

이것으로 "영원한 사랑"의 의미를 다 설명한 것이 아닙니다. 하나님께서 자기 백성을 사랑하시지 않은 때는 없었습니다. 하나님께서 자기 백성을 사랑하시는 일은 잠시 멈추거나 쇠퇴하거나 끊어진 적이 없었습니다. 이 사랑은 변함이 없고 회전하는 그림자도 없습니다. 우리가 어린 아기여서 하나님을 알 수 없을 때에도 하나님은 우리를 사랑하셨습니다. 우리가 어리석은 젊은이로 함부로 날뛰며 죄악을 행했을 때에도 하나님은 우리를 사랑하셨습니다. 우리가 성인이 되어 완고하고 냉담하며, 하나님의 은혜를 거절하였을 때에도 하나님은 우리가 하나님의 뒤를 좇으려고 하지 않았지만 우리를 끌어당기셨습니다. 하나님은 지금 우리를 징계하고 계실 수 있을지라도 여느 때와 마찬가지로 오늘도 우리를 사랑하십니다. 하나님의 사랑은 항상 흐르며, 넘치게 흐르는 강물입니다. 이 강물은 줄어들지 않고 불어나지도 않을 것입니다. 이미 무한하기 때문입니다.

> "내 사랑은 변치 않고
> 가장 높은 산보다 높으며
> 가장 깊은 바다보다 깊고
> 값없고 신실하며, 죽음보다 강하다."

"내가 영원한 사랑으로 너를 사랑하였노라." 여러분이 미래로 뛰어들어간다고 해도 여전히 그 사랑이 여러분과 함께 있는 것을 발견할 수 있습니다. 영원은 언제까지나 지속되는 것임이 분명합니다. 그 말에서 "영원한"이라는 핵심 단어를 제거하고, 따라서 그 말이 한정된 어떤 기간을 의미한다고 주장하려고 한 목사들이 있습니다. 그런데 말(言)을 갖고 노는 장난감처럼 여기는 이런 사람들과 논쟁하는 것은 무익한 일입니다. 영원한 것은 항상 지속한다는 것은 너무도 분명한 사실입니다. 여러분과 내가 다 늙어빠지기까지 살지라도 하나님은 우리를 떠나시지 않을 것입니다. "내가 영원한 사랑으로 너를 사랑하였노라"는 말씀이 기록되어 있기 때문입니다. 우리가 죽게 될 것인데, "내가 영원한 사랑으로 너를 사랑하였노라"는 이 말씀이 우리 임종의 자리에 푹신한 베개가 될 것입니다. 우리가 지금 서둘러 향해 가고 있는 그 두려운 세계에서 깨어났을 때 "영원한 사랑" 안에 있는 무한한 복을 발견할 것입니다. 심판이 선언되고, 모든 사람이 크고 흰 보좌를 보고 두려워 떨며, 나팔이 크고 길게 소리를 울리며 먼지 같은 보잘것없는 우리가 잠잠한 무덤에서 깨어날 때, 우리는 하나님의 이 보증의 말씀을 기뻐할 것입니다. "내가 영원한 사랑으로 너를 사랑하였노라." 너, 세월은 흘러가지만 영원한 사랑은 머물러 있다! 해와 달이 소멸되고 시간이 영원 속에 묻힐지라도, 우리는 "내가 영원한 사랑으로 너를 사랑하였노라"는 이것 말고 다른 천국은 필요 없습니다. 형제 여러분, 하나님께서 우리에게 나타나심은 우리에게 영원한 사랑을 가르치면서 중요한 사실들을 가르쳤습니다.

　나는 하나님의 자녀가 하나님께서 자기를 영원한 사랑으로 사랑하신다는 이 확신을 철저히 받아들이기를 바랍니다. 그 사실을 생각하면 내 맥박이 빠르게 뜁니다. 그 사실을 생각하면 얼마나 기쁜지 거의 자제할 수 없을 정도가 됩니다! 신성한 기쁨에 몸이 떨립니다. 보잘것없는 죄인인 내가, 나 같은 자가 영원한 사랑의 대상입니다. 그렇다면 어떻게 해야 합니까? 나는 하나님을 사랑해야 합니다. 하나님을 사랑하지 않을 수 없습니다. 여러분은 이 시간 이후로 사랑하는 여러분의 주님을 일곱 배나 더 섬기도록 분발해야 하겠다고 생각하지 않습니까? 주님께서 쓰시도록 주님께 여러분 자신을 바치지 않겠습니까? 여러분에게 너무 귀해서 주님의 발 앞에 내놓을 수 없는 것이 무엇입니까? 여러분 인생에 향유 옥합이 있다면, 이제 그 옥합을 내놓으십시오! 너무 무거워서 여러분이 질 수 없는 것이 있습니까? 여러분을 그처럼 신실하게 사랑하신 분, 곧 시작한 때가 없이, 변함없이, 한량없이, 끝없이 여러분을 사랑하신 분을 위해서도 여러분이 떠맡을 수 없을 만큼 힘든 일이 있습니까?

　이 본문 말씀이 해당되지 않는 여러분은 참으로 불쌍한 존재입니다! 여기에 금 잔(盞)이 있습니다. 아, 여러분이 목이 말랐으면 좋겠습니다. 그렇다면 여러분이 이 잔으로 마실지도 모릅니다! 여러분은 하나님을 보지 못하였습니다. 그것은 여러분이 지금까지 하나님을 찾지 않았기 때문입니다. 여러분은 하나님께서 여러분을 끌어당기신다는 것을 모릅니다. 여러분이 아직까지 그리스도께 오지 않았고, 그의 크신 희생을 믿지 않았기 때문입니다. 장차 지옥이 없다고 해도, 내게는 영원한 사랑을 누리지 못하는 것 자체가 충분히 지옥이 될 것입니다.

이 본문의 달콤하고 온전한 음악을 듣지 못한 사람이야말로 영영히 망한 비참한 사람이라고 생각합니다. 뭐라고요! 여러분이 하나님 밖에서 살고 있다고요? 하나님의 사랑을 멸시한다고요? 내세가 없다고 할지라도, 하나님의 이 사랑을 아는 무한한 기쁨을 누리지 못하는 것 자체가 큰 불행입니다. 이제 여러분이 예수님을 믿고 그의 보혈로 말미암는 평안을 발견하였으면 좋겠습니다!

그러나 이 복의 잔을 받은 여러분은 그 잔을 끝까지 다 마시면 좋겠습니다! 이 확신을 가지고서 사십시오! 하나님의 그 사랑을 인하여서 노래하면서 가십시오! 고난을 만나도 불안해하지 마십시오. 불안해할 이유가 있습니까? 무슨 일을 만나도 괴로워하지 마십시오. 괴로워해야 할 이유가 있습니까? 누가 여러분을 화나게 할지라도 악을 행하지 않도록 하십시오. 하나님께서 여러분을 사랑하셨다는 것을 알고 있으니, 여러분을 화나게 하는 사람을 언제든지 용서하도록 하십시오. 하나님께서 여러분을 사랑하셨으므로, 여러분은 도무지 사랑할 수 없는 사람들도 사랑할 수 있습니다. 하나님께서 우리를 사랑하셨기 때문에 우리가 도무지 사랑할 수 없을 만큼 악한 사람은 없습니다. 내 마음은 "하나님께서 나를 사랑하시어 나를 위해 자신을 주셨다"고 노래합니다. 그러니 내게 원수가 있을지라도 원수를 사랑할 준비가 이제 된 것입니다.

주님, 이제 우리 각 사람에게 나타나시옵소서! 우리에게 나타나서 "내가 영원한 사랑으로 너를 사랑하기에 인자함으로 너를 이끌었다"고 말씀하옵소서. 주여, 그렇게 말씀해 주소서! 주님의 달콤한 사랑을 인하여 그렇게 말씀해 주소서! 아멘.

제
24
장
—

에브라임이 탄식함

—

"에브라임이 스스로 탄식함을 내가 분명히 들었노니 주께서
나를 징벌하시매 멍에에 익숙하지 못한 송아지 같은 내가 징
벌을 받았나이다 주는 나의 하나님 여호와이시니 나를 이끌어
돌이키소서 그리하시면 내가 돌아오겠나이다." ― 렘 31:18

이교도들은 그들의 꾸며낸 신 제우스를 이 낮은 세상의 일반적인 일들에
는 관심이 없이 아주 높은 곳에 앉아 있는 것으로 묘사했습니다. 제우스가 소수
의 왕과 고관들에게는 주의 깊은 눈길을 돌릴지 모르지만 대부분의 사람들은 너
무나 하찮은 피조물들이어서 그의 마음에 조금도 영향을 주지 못합니다. 그들
이 살든지 죽든지, 그에게는 아무런 문제가 되지 않았습니다. 그들은 자신의 운
명을 다하고 죽을지라도 제우스는 여전히 태평하게 지내거나 고개를 끄덕이기
만 할 뿐입니다. 천지의 하나님 여호와는 그런 분이 아니십니다. 여호와는 우
리의 길과 우리가 눕는 것을 살펴보시고 우리의 모든 행위를 익히 아십니다(시
139:3). "대저 사람의 길은 여호와의 눈 앞에 있나니 그가 그 사람의 모든 길을
헤아리시느니라"(잠 5:21). 여호와는 고통받는 자들의 부르짖음에 관심을 보이
고 귀를 기울이십니다. "여호와께서 상심한 자들을 고치시며 그들의 상처를 싸
매시는도다"(시 147:3). "여호와께서는 높이 계셔도 낮은 자를 굽어살피시니이
다"(138:6). 여호와는 하늘들의 하늘이라도 모실 수 없을 만큼 크신 하나님이시
지만 황송하게도 죄를 깊이 뉘우치는, 마음이 겸손한 사람과 함께 거하십니다.

타조는 자기 새끼를 버릴지라도 하나님은 우리를 떠나시지 않으셨습니다. 우리가 돌보아주는 친구 하나 없이 버림을 받았다고 말하지 마십시오. 우리의 창조주께서는 우리를 떠나가지 않으셨습니다. 하나님은 천국 문을 닫지 않으셨습니다. 하나님은 귀를 막고 듣지 않으시지 않았고, 손을 거두어 우리를 돕지 않으시지 않았습니다. 하나님은 여전히 에브라임 같은 사람들이 탄식할 때 그 소리를 들으시고, 그들이 갈망하는 자비를 베푸십니다.

우리는 하나님께서 슬퍼하는 모든 영혼에게 가까이 계시다는 사실을 생각합시다. 그것은 감탄할 만한 놀라운 사실입니다. 몇 달 전에 여왕 폐하께서 갱도에서 사고로 벌어진 참혹한 일에 대해 들었을 때, 애정 어린 마음으로 과부와 고아들을 위로하려고 서둘러 현장에 갔습니다. 그러나 재난이 일어난 순간에는 여왕 폐하께서 친히 그 자리에 있지 않았습니다. 여왕은, 갱도 안에 있으면서 신음소리를 듣고, 죽어가는 사람들의 믿음을 북돋울 수 없었습니다. 오두막집에서 과부의 눈물을 보고 하늘의 약속들로 과부를 위로할 수 없었습니다. 그러나 우리 하나님은 재난이 일어나는 그 현장에 계십니다. 우리가 하나님 안에서 살고 움직이며 존재하기 때문입니다. 하나님은 가장 효과적으로 위로하시는 분이고, 또 누구보다 가까이 다가가기 쉬운 분이십니다. 하나님은 "환난 중에 만날 큰 도움"(시 46:1)이십니다. 하나님은 우리의 슬픔이나 회개의 소식을 전달해 줄 심부름꾼이 필요 없으십니다. 하나님은 우리 각 사람에게서 멀리 계시지 않기 때문입니다.

슬퍼하는 이여, 하나님은 여러분이 한숨을 내쉬자마자 바로 그것을 아십니다. 아니, 여러분의 슬픔이 배출구를 찾기도 전에 하나님은 그 슬픔이 여러분 속에서 씨름하고 있는 것을 보셨습니다. 그렇습니다. 하나님은 여러분이 말로 표현할 수 없는 슬픔도 보고 해석하실 수 있습니다. 하나님은 우리 슬픔의 언어와 우리 눈물의 의미를 아십니다. 하나님은 회개하는 자들의 탄식 소리가 들리는 현장에 계시며, 자기 자녀들의 부르짖음에 은혜롭게 귀를 기울이시니, 항상 우리 곁에 계시는 하나님을 찬송합시다. 오늘 아침 나의 첫째 소원은, 우리 각 사람이 여기에 하나님께서 계시고, 따라서 우리가 하나님을 만날 수 있다는 것을 아는 것입니다. 또 우리 마음 상태가 어떠하든지 간에 하나님께서 우리 마음을 아주 잘 아시고, 아무리 약하게라도 하나님께로 향하는 마음의 파동이 이 예배를 통해서 일어난다면 하나님께서 하나님의 책에 그것을 기록하실 것이며, 그 소원이 점점 더 커져서 기도의 물결이 된다면 하나님께서 그것을 결코 놓치지 않고 보시리라는 것을 아는 것입니다. "여호와께서 빈궁한 자의 기도를 돌아보시며 그들의 기도를 멸시하지 아니하셨도다"(시 102:17).

하나님께서 내게 힘을 주셨으므로, 이제 첫째로. 여러분에게 탄식하는 죄인을 먼저 친절한 마음으로 보아 달라고 부탁하겠습니다. 둘째로, 여러분이 하나님께서 여러분의 음성을 들으신다는 것을 기억하기 바랍니다. 셋째로, 우리의 가장 중요한 주제는 하나님께서 탄식하며 회개하는 사람의 소원을 들으시고 그를 죄에서 효과적으로 돌이키게 하신다는 것입니다.

1. 첫째로, 탄식하는 죄인을 주의 깊게 살펴봅시다.

지난 주일에 나는 두 죄인에 대해 설교했습니다. 두 죄인 가운데 한 사람은 "싫소이다" 하고 말했고, 다른 한 사람은 "가겠나이다" 하고 말했습니다(마 21:29,30). 오늘 아침 우리는 그 단계에서 한 걸음 더 앞으로 나아갔습니다. 나는 마음에 은혜를 받고, 양심이 깨어났으며 영혼이 살아난 사람을 여러분에게 소개합니다. 본문의 표현대로, 우리는 그가 "탄식하는 것"을 봅니다. 탄식한다는 말 자체는 슬프게 들립니다. 이 말은 비둘기의 슬피 우는 소리를 생각나게 합니다. 우리는 이 말을 할 때마다 거기에서 깊은 슬픔이 나타나는 것을 느끼지 않을 수 없습니다. 그것은 슬픔, 번민, 두려움, 불안, 슬픈 기억, 무서운 예감, 강렬한 심정을 말해주는 단어입니다. 에브라임이 "탄식하는" 것을 사람들이 들었습니다.

우리 앞에 있는 슬픔을 생각할 때, 탄식하는 그가 어떤 **특별한 슬픔** 때문에 마음이 꺾였다는 사실에 주목하게 됩니다. 그는 라헬이 비통하게 울었듯이 자기 자녀들에 대해서 슬퍼한 것이 아닙니다. 죽음의 타격을 받아 스러진 친구와 친족을 슬퍼한 것이 아닙니다. 그는 사지가 짓밟혔거나 뼈가 부러졌기 때문에 신체적 고통으로 인해 울부짖고 있었던 것이 아닙니다. 그가 탄식하였지만 재산을 잃었기 때문이 아니었습니다. 그의 배가 바다에서 약탈을 당하였거나 그의 집이 화염에 싸였기 때문이 아니고, 그의 부가 날개를 달고서 날아가버렸기 때문이 아니었습니다. 그렇지 않습니다. 그의 슬픔은 다른 것이었습니다. 그는 다른 이유가 있고 좀 더 괴로운 슬픔 때문에 탄식하였습니다. 그 슬픔의 원인은 그의 속에 있었습니다. 그는 "자신을 슬퍼하고" 있었습니다. 말씀드리지만, 이것은 특별한 슬픔입니다. 대부분의 사람들은 무시하고 비웃는 슬픔입니다. 여러분, 나는 여러분이 이 슬픔을 모르지 않기를 바랍니다. 여러분이 스스로를 슬퍼하지 않으면, 천사들이 여러분을 보고 기뻐하지 않을 것이기 때문입니다. 천사들은 "죄인한 사람이 회개하면" 기뻐하기 때문입니다. 죄의 중한 것을 슬퍼해 본 적이 없는 사람은 영광의 중한 것을 받지 못합니다. 여러분이 스스로를 슬퍼해 본 적이 없다면 주 예수 그리스도로 말미암은 하나님과의 화평을 누려본 적이 없는 것입니다. 본문에서 말하는 슬픔은 성령님의 방문을 받은 영혼의 슬픔입니다. 죄와 의와 심판을 깨달은 사람의 내적 슬픔입니다. 그것은 쓰디쓴 슬픔이지만 그 결과들은 참으로 복된 것이어서, 나는 그것을 쓴 사탕이라고 부릅니다. 그 슬픔은 어둠을 가져오지만, 그것은 하루의 여명을 알리는, 밤의 마지막 시간의 어둠입니다.

경건한 슬픔은 충분한 이유가 있는 슬픔입니다. 그 슬픔의 원인들을 설명해 보겠습니다. 죄인이 그처럼 정당하게 슬퍼하면 이렇게 말하게 됩니다. "아, 슬프도다! 내가 보니 지금까지 하나님의 종들이 종종 말했던 것이 모두 참이구나. 내가 실로 나의 창조주께 범죄하였구나. 나를 있게 만드신 하나님을 슬프시게 하였구나. 내가 최고의 친구를 내 죄 때문에 적으로 만들었구나. 내가 만왕의 왕께 지금까지 대항하며 살았구나. 하나님은 너무 크셔서 내가 싸워 이길 수가 없는 분이시다. 어찌해야 할까? 어디로 날아가야 할까? 하나님께서 나를 형벌하실 것은 너무도 확실하고 또 정당한 일이다. 내가 하나님의 화를 감당할 수가 없으니, 슬픈 일이다. 내 갈비뼈가 철이고 내 살은 화강석이라고 할지라도 하나님의 진노의 열기에 나는 녹아버리고 말 것이다. 철과 화강석이 불에 저항할 수 없고 그루터기가 불길에 견딜 수 없듯이 나도 하나님께 저항할 수가 없다. 아, 슬프다! 내가 전능하신 분을 화나게 만들어 적으로 삼았구나! 온 천지가 나를 대항하게 만들었구나! 나는 싸울 수도 없고 도망할 수도 없으니, 어찌해야 할까? 내가 더 나은 사람이 되겠다고 약속할까? 아, 생활 태도를 개선한다고 해도 그것으로 내 과거 죄를 지울 수는 없다. 내가 더 이상 죄를 범하지 않는다고 할지라도 나의 옛 죄는 여전히 형벌을 요구할 것이다. 그런데 더욱더 곤란한 사실은, 내 본성이 죄로 가득하고 끊임없이 반역하려고 한다는 것을 이제는 내가 안다는 것이다. 가시와 찔레가 내 마음의 저주받은 땅에서 자랄 것이니, 내가 그것들을 뿌리째 뽑아버리는 일을 해야겠다. 이렇게 나는 행동으로 하나님과 원수일 뿐만 아니라 본성으로도 하나님과 원수구나. 아, 슬프다! 구스인이 자기 피부를 변하게 할 수 있고 표범이 반점을 변하게 할 수 있는가? 할 수 있다면, 악을 행하기에 익숙한 나도 선을 행하기를 배울 수 있을 것이다. 아, 나는 하나님께 반역자이고 평화와 행복을 모르는 자이며, 악에 사로잡혀 사는 죄의 노예이다."

이런 상태의 마음에 있는 사람에게는 이런 생각이 드는 것은 전혀 이상한 일이 아닙니다. "아, 내가 태어나지 않았더라면! 내 끝을 보니, 두려운 내 마지막을 보니, 죄 많은 사람으로 창조되기보다는 차라리 개나 두꺼비로 창조되었더라면 좋았을걸! 나는 악한 데서 더욱 악한 데로 계속해서 나아갈 것이다. 그래서 죽을 때가 되면 하나님의 진노가 온통 내게 덮칠 것이다. 즐거운 희망이라곤 단 한 점도 없는 곳으로 영원히 추방될 것이다. 나는 장차 올 진노를 감당할 수 없다. 어디로 가야 할까? 아니면 어떻게 해야 할까? 기도하려고 해봐도 내 입술이 마음의 소원을 표현하기를 거부하는구나. 아니, 내가 무엇을 바라는지를 알 수 없고 어떻게 기도해야 하는지도 모르겠다. 아, 슬프다! 나는 망했어! 정말로 망했다! 어떻게 해야 할지 모르겠다! 어떻게 해야 할지 도무지 모르겠다! 나를 위한 자비가 있으면 좋겠는데."

죄인의 상태에는 탄식할 만한 이유가 충분히 있습니다. 내가 지금까지 말한 이 두려움들은 탄식할 만한 이유들로 아주 타당하고 근거가 충분합니다. 두려움은 참으로 건전한 판단과 빛을 받은 양심에서 나온 결과임에 틀림없습니다. 그래서 여러분, 만일 여러분이 두려움을 느껴본 적이 없다면 나는 여러분이 해가 지기 전에 두려움을 느낄 수 있기를 바랍니다.

이 탄식은 **겸손한 슬픔**입니다. 본문의 말씀이 "에브라임이 변명함을" 혹은 "우쭐해 함을" 혹은 "새로운 결심을 말함을 내가 듣는다"고 기록되어 있지 않은 것에 유의하시기 바랍니다. 성령 하나님께서 사람에게 진정으로 죄를 깨닫게 하실 때는 사람은 자기에 대한 평가가 완전히 달라집니다! 사람은 자신의 모든 의가 더러운 누더기 꾸러미에 지나지 않는다는 것을 발견합니다. 전에는 그런 누더기들이 깨끗하고 희며, 천국의 구속 받은 자들이 입은 옷처럼 아름답다고 생각했습니다. 자기들이 그런 옷을 입었다고 생각하며 우쭐해 하였습니다. 그러나 밝은 대낮에 그 꾸러미들을 풀어보았을 때, 자신의 옷들이 구멍투성이이고 완전히 넝마와 누더기에 지나지 않았고, 설상가상으로 끔찍한 오물들로 몹시 더럽다는 것을 알았습니다. 그래서 그는 옷들을 던져버리고 스스로 탄식하게 되었습니다. 양심이 깨어나면 사람은 이렇게 말하지 않습니다. "어쩔 수 없었어. 그것이 내 본성이었어. 열정들 때문에 내가 그렇게 되었어. 주위 환경에 유혹을 받은 거야." 그렇지 않습니다. 양심이 깨어난 사람은 변명을 일절 포기합니다. 모든 변명들이 헛되다는 것을 알기 때문입니다. 그 사람은 말합니다. "내가 죄를 지었습니다. 그것이 죄라는 것을 나는 알았습니다. 내 의사로 죄 짓기를 택한 것입니다. 죄 짓는 것을 피할 수도 있었지만 피하려고 하지 않았습니다. 나는 빛을 어둠으로, 어둠을 빛으로 생각하였습니다. 나는 고의로 죄를 범한 사람입니다." 그는 아첨하는 말로 자기 영혼을 기분 좋게 하지 않고, 죄가 참으로 죄 되다는 것을 알고 탄식합니다. 여러분, 여러분 가운데는 지금 내가 말하고 있는 것에 해당되는 분들이 있습니까? 나는 이 자리에 여러분 가운데 자신의 참 모습을 볼 수 있는 분들이 있을 것이라고 믿습니다. 그런 분들이 있다면, 하나님께서 여러분에게 전하는 기쁜 소식이 내게 있습니다. 그것은 상한 심령을 주 예수님께서 친히 싸매시고, 여러분이 예수님을 믿는다면 여러분에게 영생을 주신다는 것입니다.

이 탄식이 사려 깊은 슬픔이었다는 것에 유의하시기 바랍니다. 이는 에브라임이 자신의 지난 생활을 돌아보고 "주께서 나를 징벌하셨다"고 말하였기 때문입니다. 그러면 그 일에서 무엇이 나왔습니까? "내가 징벌을 받았나이다"라는 말만 하고, 그것으로 끝이었습니다. 이 자리에는 다음과 같이 말할 사람들이 있지 않겠습니까? "크신 하나님, 주께서 친히 나를 다루셔야 합니다. 주님 외에는 아무도 나를 구원할 수 없기 때문입니다. 내가 그동안 병상에 누워 있었는데, 거기에서 회복되었습니다. 병이 끝났습니다. 그런데 그렇다고 해서 더 나아진 것은 없습니다. 나는 아내를 잃었고 자식들도 죽었습니다. 그동안 심한 타격을 받았는데, 그것이 전부입니다. 내 모든 고통들이 선한 결과를 조금도 내지 못했습니다. 주여, 내가 잇따라 병치레를 하였지만 더 나아지기는커녕 더 악해졌고, '멍에에 익숙하지 못한 송아지 같이' 매를 맞았지만 고분고분해지지 않았으며 세게 두들겨 맞고서도 여전히 완강하게 저항합니다."

길들여지지 않은 소는 뾰족한 막대기로 찌르면 찌를수록 그만큼 더 막대기를 발로 차고, 멍에를 얌전히 메려고 하지 않을 것입니다. 여러분은 그 소와 같지 않았습니까? 여러분은 설교를 듣고서 비웃었습니다. 어머니의 눈물이 여러분에게 떨어졌을 때 여러분은 그 눈물을 멸시하였습니다. 아내가 여러분을 위해 기도했을 때 여러분은 그 기도를 조롱하였습니다. 여러분은 징계를 받고 또 받았지만, 거기에서 아무런 선도 나오지 않았습니다. 여러분 가운데는 끊임없이 죄악을 행하여 주님을 지치게 만들어서 마침내 주님이 "내가 너희에게 무엇을 하여 주기를 원하느냐?"(마 20:32) 하고 묻기에 이른 사람들이 있습니다. 조심하십시오. 주님이 영원히 참으시는 것이 아니기 때문입니다. 주님은 언제까지나 돌밭을 경작하시지 않을 것입니다. 언제까지나 은혜를 모르는 모래밭에 씨를 뿌리시지는 않을 것입니다. "땅이 그 위에 자주 내리는 비를 흡수하여 밭가는 자들이 쓰기에 합당한 채소를 내면 하나님께 복을 받고 만일 가시와 엉겅퀴를 내면 버림을 당하고 저주함에 가까워 그 마지막은 불사름이 되리라"(히 6:7,8). 여러분 가운데 많은 분들이 외적인 어떤 섭리들이나 설득 혹은 설교도 여러분을 만족시키지 못하며, 여러분의 영혼을 회심시키기 위해서는 효과적인 은혜가 필요하고 그 은혜가 없으면 여러분이 영원히 망하게 되리라는 것을 알 것이라고 믿습니다.

　　나는 여러분이 본문의 이 탄식을 또 다른 관점에서 보기를 바랍니다. 즉, 그것이 절망적이지만 그래도 희망이 있는 탄식이었다는 것입니다. 에브라임은 이렇게 말합니다. "주여, 나를 징벌하시는 것은 아무 소용이 없습니다. 내가 더 나빠지기만 하기 때문입니다. 그보다는 주께서 나를 돌이키소서. 그러면 내가 돌아서겠나이다." 예전에 나는 이탈리아 북부의 한 골짜기에 있는 여관에 머물고 있었습니다. 여관의 마루가 몹시 더러웠습니다. 나는 여관집 여주인에게 마루를 솔로 박박 문지르라고 조언해 주어야겠다고 생각하였습니다. 그런데 마루가 진흙으로 만들어진 것임을 알고서 마루를 솔로 문지르면 문지를수록 상태가 더 나빠지겠다고 생각했습니다. 자신의 마음을 아는 사람은 자신의 타락한 본성이 결코 개선되지 않는다는 것을 금방 알아차립니다. 새 본성이 심어져야 합니다. 그렇지 않으면 사람은 "씻어도 얼룩이 더 심해질" 뿐입니다. "여러분은 거듭나야 합니다." 우리는 고칠 수 있는 상태가 아니라 새롭게 지음을 받아야 하는 상태입니다. 본문에 나오는 기도의 의미는 이것입니다. "주여, 나를 징벌하시지 말고 나를 돌이키소서. 주께서 친히 그 일을 하소서. 그러면 그렇게 될 것입니다. '나를 돌이키소서 그리하시면 내가 돌아오겠나이다.' 그러나 주께서 그 일을 하시지 않으면 나는 희망이 없습니다." 근심하는 영혼이여, 주님께서 오늘 아침 그 일을 시작하시면 여러분 속에 아주 놀라운 변화를 일으키실 것입니다. 그런데 그 일은 주님의 오른손만이 할 수 있습니다. 그러니 이렇게 기도하십시오. "나를 돌이키소서 그리하시면 내가 돌아오겠나이다."

"어떤 외적인 일도 여러분을 깨끗하게 할 수 없습니다.
여러분의 나병은 피부 속 깊은 곳에 있으니."

구스인이 결심한다고 해서 피부가 하얗게 될 수 없듯이 여러분이 아무리 결심을 할지라도 자신을 깨끗하게 할 수 없습니다. 오직 성령께서 예수의 피로 여러분을 정결하게 하실 수 있습니다. 죽은 자에게 생명을 주시는 분이 여러분에게 영적 생명을 주실 수 있습니다. 성령님은 여러분에게서 돌 같은 마음을 제거하고 부드러운 마음을 주실 수 있습니다. 그러므로 나는 여러분에게 "하나님이여, 나를 돌이키소서 그리하시면 내가 돌아오겠나이다" 하고 기도하라고 권합니다. 여러분에게 예수님을 자기 것으로 삼는 믿음의 은혜를 발휘하여 "주는 나의 하나님 여호와이시라"고 말하라고 권합니다. 여러분, 여러분은 여호와를 오늘 여러분의 하나님으로 기꺼이 모셔 들일 마음이 있습니까? 여러분은 기꺼이 세상을 버리고, 세상의 쾌락과 이익을 버릴 마음이 있습니까? 자신과 세상의 풍조와 허식과 방종, 온갖 모양의 죄를 기꺼이 버릴 마음이 있습니까? 그럴 마음이 있다면, 여러분은 집으로 돌아갈 때까지 기다리지 말고, 서 있든지 앉아 있든지 간에 지금 있는 자리에서 에브라임처럼 탄식하며 이렇게 기도하십시오. "주여, 나를 돌이키소서. 나를 회심시켜 주소서. 나를 새 사람으로 만드소서. 나를 돌이키소서. 그러면 내가 돌이키겠습니다. 주께서는 그 일을 아주 잘 하실 수 있으시니, 주께서 하시면 그 일이 잘 이루어지고 철저히 이루어지며, 효과적으로 그리고 영구히, 당장에 이루어질 것입니다. 여호와여, 나를 돌이키소서. 그러면 내가 돌아설 것입니다. 나 같은 자도 돌아설 것입니다. 그동안은 내가 악을 행하는데 열심이었을지라도, 곁에 있는 아무도 돌같이 단단한 내 마음을 제거할 수 없을지라도, 내가 너무도 완강하고 고집이 세어서 사람이 내 의지를 제어하기보다는 차라리 바람을 다스리거나 폭풍우에게 명령하는 것이 나았을지라도, 여호와여, 주는 그렇게 하실 수 있습니다."

지금 이 시간 내가 볼 때, 여러분 가운데 어떤 분들은 마치 야생마처럼 전속력으로 언덕을 질주해 내려가고 있는데, 아무도 여러분을 제어할 수가 없습니다. 우리가 여러분을 불러도 소용이 없고 길을 가로막는 울타리를 쳐도 소용이 없습니다. 여러분은 모든 장애물을 뛰어넘고, 아주 망하기로 작심을 했습니다. 그러나 이때 전능하신 은혜가 개입하고, 주님께서 친히 나타나셔야 합니다.

하나님께서는 우레를 두른 것 같은 목을 손으로 잡아 비트실 수 있고, 성난 군마 (軍馬)를 물리치실 수 있습니다. 탄식하는 입에 은혜를 집어넣으실 수 있고, 전에는 길들일 수 없었던 자가 사랑의 멍에를 메도록 제어하실 수 있습니다. 그처럼 위대한 은혜의 일이 오늘 죄인의 마음에 일어나기를 바랍니다.

2. 에브라임이 탄식할 때 그가 어디에 있었는지 모르지만, 여호와께서는 그를 지켜보십니다.

여러분 가운데 양심에 찔림을 받는 사람들이 지금 어디에 숨어 있는지 나는 모릅니다. 어떤 사람들은 침실로 물러가고, 어떤 사람들은 골방에 들어가 문을 닫고 있습니다. 많은 시골 사람은 울타리 뒤에 가서 울었고, 그렇지 않으면 건초 창고로 가거나 톱질하는 구덩이에 들어가 기도하였습니다. 여러분이 어디에서 하나님을 찾느냐는 것은 중요한 문제가 아닙니다. 여러분이 어디에 있든지 하나님은 틀림없이 여러분을 보실 것입니다. 여러분이 있는 곳이 사람 붐비는 런던의 중심가 거리일지라도 여러분이 마음으로 기도하고 있다면 떠들썩한 런던의 모든 소음도 여러분의 기도가 하나님의 귀에 도달하는 것을 막을 수 없습니다. 어머니 여러분, 여러분이 알다시피, 여러분은 자녀들이 아프면 밤중에라도 자녀들의 소리를 아주 금방 알아듣습니다. 여러분에게 간호사가 있다면 간호사는 졸 수 있습니다. 그러나 어린 딸이 아파서 방에 있으면 여러분은 잠이 들지라도 아무리 약한 소리라도 들으면 여러분은 금방 깹니다. 그런 여러분이라도 하나님만큼 모든 시간에 완벽하게 깨어 있지 못합니다. 하나님은 졸지도 주무시지도 않기 때문입니다. 여러분의 마음이 "내 하나님, 내 하나님, 나는 하나님과 화목하고 싶습니다. 주님, 나는 깨끗해지고 싶습니다" 하고 말하기 시작하면, 주님은 은혜를 베푸실 준비를 하고 계십니다. 여러분이 부르기도 전에 하나님은 여러분의 목소리를 들으십니다. 하나님은 언제든지 용서하실 준비가 되어 있습니다.

하나님께서 에브라임이 말할 수밖에 없었던 모든 것을 들으셨다는 점을 잘 주의하여 보시기 바랍니다. 다른 누가 그처럼 관심을 가지고 들었는지 모르겠습니다. 그래서 여러분에게 그리스도인 친구가 없다면, 참 유감스러운 일이지만 여러분에게 상관없다고 말하고 싶습니다. 친구가 없어도 여러분에게 하나님이 계시면 그것으로 충분합니다. 다른 아무도 에브라임의 말을 듣지 않았지만, 들었더라도 이해하지 못하였을 것입니다. 그러나 하나님은 에브라임에 관한 모든 것을 아셨고 그를 잘 이해하셨습니다. 여러분이 기도를 유창하게 말할 수 없을지라도 신경 쓰지 마십시오. 어떻게 하든 기도를 말하십시오. 하나님은 여러분의 기도를 알아들으실 수 있습니다. 더듬거리는 기도가 최상의 기도입니다. 하나님이 여러분의 기도를 들으시도록 하기 위해서는 세련된 말이나 우아한 표현이 필요하다고 생각하지 마십시오. 물기 어린 여러분의 눈이 말의 수사(修辭)나 은유보다 강력하고, 여러분의 무거운 한숨이 웅변가의 매끈한 종결과 고상한 점층법보다도 감동적일 것입니다. 오직 겸손한 마음과 아래를 내려다보는 눈으로 하나님 앞에서 엎드리십시오. 그러면 여러분의 아버지 하나님께서 여러분을 영접하실 것입니다. 여러분 가운데 하나님 자녀의 눈물에 대항할 수 있는 사람이 있습니까?

지나간 시대에 헨리 2세 왕이 은혜를 모르고 반역한 아들을 치러 군대를 일으켰을 때, 그는 프랑스의 한 도시에서 아들을 포위하였습니다. 곧 죽게 생긴 아들이 아버지를 뵙고 잘못했다고 고백하고 싶어 했지만, 엄하고 나이든 이 왕은 반역자의 얼굴 보기를 거절하였습니다. 몹시 괴로워하던 이 젊은이는 주위 사람들에게 말했습니다. "내가 죽어가고 있으니 나를 침대에서 내려, 아버지께 범한 배은망덕을 슬퍼하고 있다는 표시로 내게 베옷을 입히고 재를 뿌려서 뉘어주시오." 이렇게 해서 아들은 죽었고, 아들이 자신의 반역을 후회하여 재를 뒤집어쓰고 죽은 뒤에 성벽 밖에 있는 늙은 아버지에게 그 소식이 전하여졌을 때, 왕은 다윗처럼 땅에 엎드려 "차라리 내가 너를 대신하여 죽었더면"(삼하 18:33) 하고 말했습니다.

아들의 상한 마음을 생각할 때 아버지의 마음이 움직였던 것입니다. 여러분이 악할지라도 자녀의 눈물에 마음이 움직인다면, 하늘에 계시면서 여러분의 탄식과 고백을 보고서 우리 주 예수 그리스도로 말미암는 사죄의 사랑을 베푸셔야 할 이유를 찾으시는 아버지 하나님은 더 말할 나위가 없습니다. 상한 마음과 통회하는 심령, 이것이야말로 하나님께서 기뻐하시는 웅변입니다. 하나님은 에브라임이 말하는 모든 것을 듣고 아셨으며, 거기에 마음이 움직이셨습니다. 여러분은 여호와께서 하신 말씀에서 그 단어를 보셨습니까? "에브라임이 스스로 탄식함을 내가 분명히 들었노라." 마치 어떤 것도 이만큼 확실한 것은 없는 것처럼 말씀하셨습니다. 하나님께서 하늘의 음악은 듣지 않으실지라도 회개하는 자들의 기도는 들으실 것입니다. 폭풍과 사나운 비바람이 포효할 때, 하나님의 군대가 행진할 때의 북소리처럼 우레가 우르르 하고 울리고, 바다가 그 힘을 자랑할 때, 포효하는 바다의 수많은 손이 손뼉 치는 소리가 들리는데, 이런 소리를 하나님의 영원한 귀가 듣지 못할지라도 죄인의 탄식하는 소리는 분명히 들으십니다. 우레의 요란한 소리도 하나님께는 여름날 저녁에 시든 잎 하나 떨어지는 것이나 다름없습니다. 그러나 하나님 자녀 한 사람의 부르짖음은 하늘에 울려 퍼져서 무한자의 마음을 움직이고, 그래서 자비의 하나님께서 사랑의 날개를 타고 쏜살같이 날아오십니다. 그것은 단순한 동정에 그치는 것이 아닙니다. 하나님은 우리에게 실제적인 도움을 주십니다. 하나님께서는 에브라임에게 그가 구한 것을 주셨습니다. 우리 하나님은 동정심이 충만한 분이십니다. 죄를 다루실 때 하나님은 두려우신 분입니다. 하나님의 손에는 벼락이 있고, 하나님의 불꽃 같은 눈에서는 번개가 번쩍입니다. "우리 하나님은 소멸하는 불이시기"(히 12:29) 때문입니다. 그러나 하나님께서 회개하는 자들을 대하실 때, 하나님의 이름은 사랑이십니다. 하나님은 자비의 전차를 타시고 은혜의 은 규(圭)를 내미십니다. 하나님을 찾는 영혼들이여, 여호와께서 그의 아들의 공로를 인하여 여러분의 소리를 들으실 것입니다. 여호와의 얼굴을 구하십시오. 여러분의 수고가 헛되지 않을 것입니다.

3. 이제 세 번째 요점인, 여호와는 효과적인 은혜로 일하신다는 점을 살펴봅시다.

사랑하는 친구 여러분, 세상에서 사람을 구원하는 돌이킴은 마음을 돌이키는 것뿐인데, 그것은 하나님에게서 나온 돌이킴입니다. 단지 생각만 변하는 것, 그것은 머리를 돌이키는 것입니다. 그런데 많은 사람들이 그것을 회심이라고 잘못 생각하는데, 전혀 다른 문제입니다. 어떤 사람은 말합니다. "아, 예! 저는 한때 아르미니우스주의자였는데, 이제는 칼빈주의자가 되었습니다." 혹은 "아, 저는 한때 비국교도였는데 이제는 침례교회에 가입하였습니다." 혹은 "저는 한때 가톨릭 교인이었는데 이제는 개신교인이 되었습니다." 좋습니다. 그런데 여러분에게 새로운 본성이 없다면 그런 변화가 어떤 차이를 만들어내겠습니까? 도둑은 그 사람이 어떤 이름을 갖든지 도둑입니다. 이름을 바꾼다고 해서 그 사람이 정직하게 되지 않을 것입니다. 여러분이 나쁜 사람이라면 이 교파에 있든지 저 교파에 있든지 마찬가지일 것입니다. 위선과 형식주의는 모든 교파의 신자들에게서 다 같이 발견됩니다. 여러분이 까마귀를 청동 새장에 넣든지 은 새장에 넣든지 아니면 금 새장에 넣든지 간에 까마귀는 그대로 까마귀입니다. 그와 같이 여러분의 본성이 변하지 않으면 여러분이 이 교회에 가입하든지 저 교회에 가입하든지 간에 여러분은 구원받지 못한 죄인일 뿐입니다. 한 마디 덧붙이자면, 외적인 대화가 변하는 것은 유익한 일이지만, 그것으로는 충분하지 않다는 것입니다. 술고래가 절대 금주주의자가 되는 것은 큰 복입니다. 도둑이 정직한 사람이 될 때 그것은 크게 복 받은 일입니다. 어떤 악을 버리고 그와 반대되는 미덕을 실행한다면 그것은 큰 복입니다. 그러나 그것이 중요한 문제가 아닙니다. "여러분은 거듭나야 합니다." 여러분이 자기 안에서 일으킬 수 있는 어떤 변화도 여러분이 천국에 들어가는 데는 아무 쓸모가 없을 것입니다.

성 바울 대성당에 가서 흰 대리석으로 만든 조상(彫像)들을 보십시오. 그 조상들은 살아 있는 사람들이 아닙니다. 여러분은 그 조상들을 산 사람으로 만들 수 없습니다. 그 조상들을 씻기고 옷을 입히며 색을 칠해 보십시오. 여러분이 그 조상들에게 무엇을 하든지 간에, 그 상들은 산 사람들과 함께 노래를 부르거나 기도를 할 수 없습니다. 그것들은 대리석일 뿐, 사람이 아니기 때문입니다. 그 사실은 거듭나지 않은 여러분들에게도 그대로 해당됩니다. 여러분 속에는 영적 생명이 없습니다. 할 수만 있었다면 우리는 여러분을 깨끗이 씻었을 것이고, 여러분에게 도덕을 가르쳤을 것입니다. 그것은 좋은 일이고, 시체라도 깨끗이 씻어야 하기 때문입니다. 그러나 아무리 깨끗이 씻고 닦을지라도 여러분이 살아나지 않을 것입니다. 여러분은 위로부터 신성한 영향력을 받아야 합니다. 은혜가 작용하여 영혼 속에 새로운 본성이 생기지 않는 한, 어떤 돌이킴도 영구히 유익을 주지 못합니다. 그러면 그 일은 어떻게 이루어집니까? 이것은 대단한 일입니다! 어려운 일입니다! 하나님의 활동 방식을 할 수 있는 대로 간단히 설명하겠습니다.

사람 속에서 사람을 돌이키는 일을 하시는 하나님의 방식은 다음과 같습니다. 그런데 정확한 방법은 경우마다 다릅니다. 한 사람이 어떤 길을 가고 있는데 여러분이 그 사람을 돌아서게 하고 싶으면, 여러분이 해야 할 첫 번째 일은 그 사람을 멈추게 하는 것입니다. 만일 여러분이 내일 직장으로 가고 있는데 마치 화산이 폭발할 때 땅이 가장 깊은 곳에서부터 갈라지듯이 갑자기 여러분 앞에서 땅이 벌어지는 것을 본다면, 여러분은 어떻게 생각하겠습니까? 틀림없이 여러분은 더 이상 그 길로 가지 않을 것입니다. 여러분은 똑바로 서서 무시무시한 그 끝없이 깊은 구덩이를 뚫어지게 바라보거나 놀라서 돌이켜 나는 듯이 도망갈 것입니다. 정확히 이것이 하나님께서 나를 돌이키셨을 때 내게 일어난 일입니다. 나는 아주 편하게 죄를 지었고, 죄가 즐겁다고 생각했고, 그래서 계속해서 죄를 지었습니다. 하나님의 은혜로 지옥이 실제적인 사실이고, 내가 곧 지옥에 떨어지기 직전에 있다는 것을 깨닫기 전까지는 그렇게 생각했습니다. 나는 끊어지기 쉬운 내 생명의 끈이 딱 하고 끊어지면 무한한 비참함이 내 운명이 되리라는 것을, 즉 마귀가 영원히 자신의 철끈을 물어뜯는, 도망갈 수도 없고 견딜 수도 없는 곳에 내가 떨어지리라는 것을 분명히 보았습니다! 장차 올 진노를 분명히 보기만 하면 사람은 가던 길을 당장에 멈춥니다! 사람이 죄의 삯은 사망이라는 것을 마음으로 깨달으면 당장에 멈춥니다. 영원히 타는 불을 보면 사람은 "멈춰!" 하고 소리칩니다. 전에는 그가 유쾌하게 춤을 추며 파멸을 향해 갔었지만 이제는 잠시 기다리며 이마에 손을 짚고 좀 더 냉정하게 판단하고서 스스로에게 이렇게 말합니다. "어찌된 셈이지! 어떻게 해야지?" 사람이 성령님의 활동에 의해, 지옥이 자신이 마땅히 받아야 할 벌이라는 것을 깨닫게 되면, 그의 마음이 죄를 사랑하는데서 변하여 끔찍이 싫어하게 되는 것은 이상한 일이 아닙니다. 그는 이렇게 말합니다. "아, 지옥이 내 죄 때문에 불이 붙는다면, 내게 그런 무서운 진노가 임하도록 만든 죄를 어떻게 사랑할 수 있겠는가?" 자연주의자 율리시즈 안드로발두스(Ulysses Androvaldus)는 말하기를, 비둘기는 매를 너무나 무서워해서 매의 깃털 하나만 보아도 기겁을 한다고 합니다. 정말 그러는지 아닌지는, 나는 모릅니다. 그러나 이 사실 한 가지는 압니다. 즉, 사람이 지옥의 입을 보고 몹시 떨어본 경험이 있다면, 그는 죄를 아주 두려워해서 그 깃털 하나, 곧 어떤 한 가지 죄라도 보면 놀라고 두려움 때문에 온 영혼에 소름이 끼치게 되리라는 것입니다. 우리가 정말로 돌이켰을 때, 이것이 하나님께서 우리를 돌이키는 방식 가운데 한 가지입니다.

그 다음에, 깨어난 양심은 죄의 본 모습을 보게 됩니다. 우리는 모두 구덩이에 빠진 곰이나 돌로 된 사자를 본 적이 있지만, 그 짐승들 때문에 놀라지 않았습니다. 그렇지만 만일 사자가 갑자기 이 이 강단에서 회중석으로 뛰어든다면, 여러분은 전혀 다른 눈으로 사자를 볼 것임은 쉽게 생각할 수 있는 일입니다. 들짐승이 한 마리 풀려나서 여러분 가운데 돌아다닌다면 그것은 그 들짐승이 그림 속에 있거나 조각상으로 만들어져 있는 것과는 전혀 다른 일이 될 것입니다. 설교자가 죄에 대해서 말할 때, 여러분 대부분에게는 죄가 사자 그림과 같습니다. 그러나 사람이 죄를 온갖 해악이 가득한 생생한 악으로 영혼에 인식할 때, 그것은 완전히 다른 일입니다. 우리는 우화에 나오는 그 사람, 곧 얼어붙은 독사를 가슴에 따뜻하게 품은 그 사람과 같습니다. 독사가 살아났을 때에야 그는 그 뱀에게 독이 있다는 것을 알았습니다. 독사에게 물려 그의 정맥에 독이 침투한 것을 느꼈기 때문입니다. 사람들은 하나님께서 일깨우시기 전에는 죄라는 독사를 품에 안고 키우면서 이렇게 말합니다. "이 푸른색 비늘을 봐. 참 아름답지 않아? 당신은 이처럼 무해한 피조물이 나를 해칠 수 있다고 생각해?" 사람들은 이 뱀을 가슴에 품고 애지중지 여깁니다. 그러나 이 뱀이 그들을 물어 강한 독이 그들의 정맥 속으로 흘러 양심이 완전히 깨어나면, 그들은 이 뱀을 싫어하여 집어던지거나 할 수만 있다면 그렇게 하려고 합니다. 그러나 옛날이야기에서 라오콘(Laocoon: 트로이의 아폴로 신전의 사제 ―역주)이 자신의 사지를 감고 있는 뱀의 몸통을 끊어버리려고 애썼지만 소용없었듯이, 은혜가 와서 그들을 돕기 전에는 그들도 마찬가지입니다. 하여튼 죄를 제대로 보기만 하면 사람은 예전에 죄를 사랑하던 데서 즉시 완전히 돌아서게 됩니다. 일찍이 아주 대단한 종교 사기꾼이 살았습니다. 사람들은 그에 대해 이렇게 말했습니다.

> "그의 얼굴에는 베일이 드리워져 있는데
> 그가 한때 집어던졌던 은빛 베일이 드리워져 있는 것은
> 사람이 눈부신 그 얼굴빛을 감당할 수 있을 때까지
> 보고 죽지 않도록 그 얼굴을 숨기기 위해서라고."

마침내 그 베일이 치워졌을 때, 사람들은 그 얼굴에서 더럽기 짝이 없는 나병을 보았습니다. 이와 같이 죄는 은빛 베일을 쓰고서 사람들에게 옵니다. 그리고 음악처럼 부드럽고 달콤한 목소리로 이렇게 속삭입니다. "내 말을 믿어. 나는 너를 속일 수가 없어. 나는 네게 더할 수 없이 큰 기쁨을 가져다 줄 거야. 술잔에 어떻게 거품이 이는지 봐. 포도주가 얼마나 매끄럽게 목구멍으로 흘러 들어가는지 봐. 또 춤은 얼마나 즐거운지! 방탕하게 지내는 것은 정말 재미있는 일이야."

그러나 일단 그 베일이 벗겨지고 죄라는 나병에 걸린 얼굴을 보면, 사람은 그 때 하나님께 빛을 받고서 "사탄아 내 뒤로 물러가라"(마 16:23) 하고 소리치며 죄에서 돌아섭니다. 예후가 이세벨에 대해 "그를 내려던지라"(왕하 9:33)고 말했듯이, 사람들은 마술로 자신들을 파멸에 이르게 할 수 있는 이 저주받은 것을 몹시 싫어합니다. 지옥을 보고 죄를 깨닫게 하는 이 일들은 하나님께서 죄인을 자기 길에서 돌이키게 하는데 사용하시는 중요한 수단들입니다.

내가 아직 여러분에게 말씀드리지 않은 중요한 전환점이 있는데, 그것은 십자가에 달리신 그리스도를 보는 것입니다. 여러분이 여러분을 위해 죽으신 예수 그리스도를 믿음의 눈으로 본다면, 죄가 다시는 여러분에게 달콤하게 느껴지지 않을 것입니다. 찬송 받으실 우리 주님을 죽인 것이 무엇이었습니까? 그것은 우리의 죄였습니다.

> "내 죄, 내 잔인한 죄들이
> 내 주님을 괴롭힌 장본인들이었고
> 내 죄 하나하나가 못이 되고
> 내 불신앙이 창이 되어 주님을 찔렀습니다."

우리의 죄악 때문에 우리의 가장 사랑하는 최고의 친구이신 예수께서 죽으셨다는 것을 깨달을 때, 우리는 자신의 죄악에 대해 복수하겠다고 맹세하고, 이후로는 우리의 죄들을 끔찍이 싫어합니다. 이 사실을 예를 들어 아주 간단히 설명하겠습니다. 화려하게 조각이 된 상아 손잡이가 달린 칼이 하나 있습니다. 뛰어난 솜씨로 만든 칼입니다. 저기 있는 부인에게는 무자비한 원수에게 살해당한 사랑하는 자녀가 있다고 생각해 봅시다. 이 칼은 그 부인의 것입니다. 부인은 그 칼을 마음에 들어 하고 아주 소중히 여깁니다. 내가 어떻게 해야 부인이 그 칼을 버리도록 만들 수 있겠습니까? 나는 그 일을 아주 쉽게 할 수 있습니다. 그것은 바로 그녀의 아이를 죽일 때 사용된 칼이기 때문입니다. 그 칼을 보십시오. 손잡이에는 아직도 피가 묻어 있습니다. 그녀는 마치 그 칼을 전갈이라도 되는 것처럼 놀라서 떨어트립니다. 그 칼을 들고 있을 수가 없습니다. 그녀는 말합니다. "그 칼을 치워버려. 그 칼이 우리 아이를 죽였어! 아, 보기도 싫어!" 자, 죄가 그런 물건입니다. 우리에 대한 사랑에서, 즉 사욕 없는 순수한 사랑으로 우리를 위해 죽으신 주 예수님을 죽인 것이 바로 죄였다는 것을 듣기 전까지 우리는 죄를 가지고 놉니다. 그러나 그 말을 듣고 나서 우리는 "미운 물건아, 사라져라! 내가 어떻게 너를 두고 볼 수 있겠느냐?" 하고 말합니다. 안토니우스(Antonius, 83?-30 B.C., 로마의 장군, 정치가 —역주)가 어떻게 로마인들을 부추겨 카이사르를 죽인 자들에게 맹렬한 분노를 품도록 만들었는지 생각해 보십시오. 죽은 카이사르의 외투를 들고서 그는 옷의 찢어지고 갈라진 틈을 가리키면서 말했습니다.

> "이곳으로 카시우스의 단도가 통과하였고
> 카이사르에게 많은 사랑을 받은 브루투스가 이곳을 찔렀습니다."

이렇게 해서 그가 군중들에게 얼마나 맹렬한 분노의 불길을 붙였던지, 군중들은 주위에 있는 의자들을 집어 던지고, 그 음모자들의 집으로 가서 집들을 불태워버렸습니다. 아, 내 심장이 시키는 대로 말할 수 있다면, 이렇게 소리치고 싶습니다. 하나님의 아들에게 난 상처들을 보라! 그의 신성한 몸의 피로 물든 얼룩들을 보라! 가시 면류관을 보고, 못 자국 난 손을 보며, 못에 찔린 발을 보고 울라! 창이 그의 옆구리에 낸 깊은 상처를 보라! 바로 죄가 이 잔인한 일을 했고, 피비린내 나는 이런 일을 저질렀습니다. 우리의 죄들을 쓰러트리십시오. 그 죄들을 끌고 십자가로 가십시오. 골고다에서 그 죄들을 처단하십시오. 죄들이 하나도 도망하지 못하게 하십시오. 이 죄들이야말로 그리스도를 죽인 살인자들입니다. 이것이 주님께서 죄인을 돌이키시는 방식이고, 이로 인해 죄인이 정말로 돌아섭니다.

그 다음에, 하나님께서 죄인을 돌아서게 만드시는 지극히 복된 방법들 가운데 하나는 이것입니다. 즉, 하나님께서 자신의 영원한 사랑을 죄인에게 나타내시는 것입니다. 여러분은 어떤 나그네가 외투를 꼭꼭 여미고 가고 있는데, 바람과 해가 그에게서 외투를 벗기는 일로 시합을 한 우화를 아실 것입니다. 바람이 찬비를 몰아치며 아주 세차게 불어댔지만 나그네는 옷을 더욱 단단히 여미고 와들와들 떨면서 계속해서 길을 갔습니다. 바람은 옷을 벗길 수 없었습니다. 그 다음에 온화한 해가 갑자기 나타나서 나그네의 얼굴에 빛을 가득 비추었습니다. 해는 나그네의 옷을 말리고 온기로 나그네의 기분을 좋게 만들었습니다. 머지않아 나그네는 외투의 단추를 풀더니 마침내는 외투를 벗어던졌습니다. 해의 친절함이 승리를 거두었습니다. 하나님의 율법이 죄인에게 고함을 치면, 죄인이 "나는 계속 이대로 죄를 짓겠어" 하고 말하는 일이 때때로 발생합니다. 그러나 하나님의 사랑이 오면, 그 사랑에 저항할 수 있는 사람이 누가 있겠습니까? 하나님께서 죄인에게 "내가 영원한 사랑으로 너를 사랑하였노라" 하고 말씀하십니다. 새롭게 된 마음은 이렇게 외칩니다. "그렇습니까? 그렇다면, 하나님, 내가 더 이상 하나님의 원수가 될 수 없습니다." 여러분 가운데 어떤 분들이 하나님께서 여러분을 창세전에 택하셨다는 것을 알기만 한다면, 그분들이 자기가 하나님의 사랑하시는 사람들이요, 은혜를 받은 자들이라는 것을 알고, 하나님께서 자기 아들을 내어 주어 그들을 위해 죽게 하셨다는 것을 알기만 한다면 좋겠습니다. 여러분이 자신의 이름, 여러분의 하잘것없는 이름이 그리스도의 손바닥에 쓰여 있다는 것을 알기만 한다면, 여러분이 하나님을 사랑하지 않겠습니까? 하나님께서 오늘 그 사랑을 여러분에게 계시해주시기를 바랍니다. 하나님께서 그렇게 하신다면, 여러분은 이같이 노래할 것입니다.

> "주의 자비하심은 내 마음이 헤아릴 수 없을 만큼 크니,
> 내 마음의 완고함이 주의 선하심에 녹아 사라지는 것을 보고 놀라며,
> 내가 땅에 엎드려 울며
> 주의 자비를 찬양하나이다."

이렇게 하나님의 사랑을 깨닫게 되면, 새로운 사랑과 새로운 소원이 영혼을 채웁니다. 이제 그 사람은 새 사람입니다. 세상 사람들은 왜 그리스도인들이 어떤 즐거운 일들을 삼가는지 이해하지 못합니다. 그들은 말합니다. "나는 즐거운 일은 무엇이든지 삼갈 생각이 없어!" 친구 여러분, 여러분은 죄 없이 가는 것이 우리에게는 극기(克己)가 아니라는 것을 모르십니까? 피를 핥지 않고 사는 것이 양에게는 억지로 참는 일이 아닙니다. 양은 피를 보는 것을 몹시 두려워하기 때문입니다. 양은 향긋한 푸른 풀을 원하고, 시체에는 관심이 없습니다. 그와 같이 하나님께서 우리에게 새 마음과 올바른 영을 주시면, 우리는 죄를 버리는 것이 억지로 참는 일이 아니라는 것을 발견합니다. 우리의 취향이 변한 것입니다. 예전과 다르게 우리에게 새로운 사랑과 새로운 소원이 생긴 것입니다. 이 자리에 세상에서 높은 지위에 오른 분이 있을 수 있습니다. 그 사람이 일찍이 농부의 아

들이었지만, 이제는 4륜 마차를 타고 다닙니다. 농부의 아들로 있을 때 그는 거물이 되고 문에서 그네를 타며 하루 종일 베이컨을 먹는 것은 아주 멋진 일이라고 생각하곤 하였습니다. 그러나 이제 나는 그가 문에서 그네를 타는 것을 원치 않고, 한때 그토록 좋아했던 시골의 소박한 진미에 거의 흥미가 없을 것이라고 말하지 않을 수 없습니다. 그는 이제 사회적으로 다른 신분의 사람이 되었습니다. 그의 취향과 습관은 예전과는 완전히 다릅니다. 그리스도인이 바로 그와 같습니다. 하나님께서 그를 왕과 같은 사람으로 만드십니다. 그런데 그가 어떻게 예전처럼 돌아가 거지와 함께 놀 수 있겠습니까? 하나님께서 그에게 하늘의 성품을 넣어주셨으므로, 그는 죄에 아첨하는 것을 몹시 싫어합니다. 사랑하는 친구 여러분, 나는 여러분이 하나님의 아들 그리스도 안에서 그리스도와 함께 하는 상속자로 서 있음을 알기를 바랍니다. 그것을 알면, 여러분은 죄의 천한 일들에서 돌아설 것입니다. 정말로 돌아설 것입니다.

한 가지만 더 말씀드리고, 더 이상 여러분을 붙들고 있지 않겠습니다. 그리스도인을 거룩함을 지키도록 단단히 묶고, 죄를 짓지 못하게 막는 것이 있습니다. 그것은 지금 여러분이 향하여 가고 있는 저 밝은 세계에 대한 전망입니다. 이번 주에 나는 병든 한 자매를 심방하고서 믿음에 큰 힘을 얻었습니다. 나는 정말이지 그 자매와 자리를 바꾸고 싶은 생각이 듭니다. 나는 병상에 누워서 그 자매의 방에서 죽는다고 해도 아주 기쁠 것 같습니다. 그 자매는 오랫동안 죽음의 문턱에서 지내왔고 매 시간이 마지막이 될 수 있다는 것을 알았지만, 그 자매의 기쁨과 희열이 너무나 크고 풍성해서 여러분이 그 자매와 이야기해 보면 그녀의 기쁨이 넘쳐흐른다고밖에 말할 수 없을 것입니다.

자매가 내게 말했습니다. "나는 만일 하나님께서 나를 살려주실 생각이시라면 내게 한 영혼을 주시라고 기도했어요. 그런데 하나님은 내가 이 침상에 있는 동안에 내게 다섯 명의 회심자를 주셨어요." 나는 그 방에서 그 사랑스러운 다섯 친구들이 앉아 있는 것을 보고 그 말을 의심하지 않았습니다. 사람이 그녀의 기쁨과 평안을 보고, 그녀가 자기 주님을 보고 영원히 그 품에 있게 될 때를 그처럼 확신 있게 말하는 것을 듣는 것만으로도 충분히 그리스도인이 될 수 있다는 것을 전혀 이상하게 생각하지 않았습니다. 마귀는 그리스도인에게 "아, 네가 죄를 지으면 네게 아주 많은 것을 주겠어"라고 말합니다. 그에 대한 우리의 대답은 이것입니다. "네가 우리의 유업에 비할 때 무엇을 줄 수 있겠느냐? 마귀여, 너는 내게 가짜 부를 가져다주지만, 내게는 그 부를 진짜 금으로 계산할 때 그것의 만 배나 되는 부가 있어! 너는 내게 모조 보석을 주지만, 내게는 지극히 희귀한 1등급 다이아몬드와 진주들이 있어! 너 시험하는 자여, 꺼져라! 너는 그리스도인을 시험하는 법을 모른다! 그의 수익은 네가 그에게 줄 수 있는 어떤 것보다 크기 때문이다."

여러분, 만일 여러분이 우리 유업의 영광을 알고 느낄 수만 있다면 틀림없이 여러분의 마음은 돌아설 것입니다. 여러분이 내세의 땅, 곧 낙원의 새들이 영원히 노래하고 해가 항상 비추며 낮이 끝나지 않는 그곳을 한번 보기만 한다면, 틀림없이 여러분은 더 이상 죄에 홀리지 않을 것입니다. 택함을 받은 많은 사람들이 "우리는 지금 본향으로 가는 여행 중이다"라고 말합니다. 터가 있는 그 성이 그들의 걸음을 죄에서 돌이키게 만들었고, 그들은 정말로 돌아섰습니다. 그래서 그들이 다시는 예전으로 돌아갈 수 없습니다.

이제 설교를 다 마쳤습니다만, 여러분을 돌려 보내드리기 전에 다시 한번 개인적인 질문을 하고 싶습니다. 여러분은 스스로 탄식하고 있습니까? 여러분은 돌아서기를 바랍니까? 여러분은 이 은혜로운 동기들을 받아들일 생각이 있습니까? 그렇다면 일을 미루지 말고, 지금 이 시간 조용히 이렇게 기도드리십시오. "주여, 나를 돌이키소서. 그러면 내가 돌아서겠나이다." 내 마음에 큰 바람이 있는데, 그것을 여러분에게 말씀드리고 싶습니다. 그것은 일찍이 세상이 있은 이래로 어느 한 곳에서 한 번에 회심한 사람들보다 더 많은 사람이 이곳에서 회심하기를 바라는 것입니다. 왜냐하면 이처럼 많은 청중이 한 사람의 설교를 들으려고 모인 적이 과거에 없었기 때문입니다. 하나님께서 그 소원을 들어주실지 모르겠습니다. 그러나 우리에게 그것을 바랄 만한 충분한 믿음이 있다면, 그 일이 일어날 수 있고, 또 일어날 것입니다. 그렇게 되지 않아야 할 이유가 있습니까? 큰 죄인들이 구원받을 수 있으면 좋겠습니다. 큰 죄인들은 언제나 더할 수 없이 훌륭한 성도들이 되기 때문입니다! 주님께서 마귀의 군대의 주모자들을 사로잡아 하나님의 군대의 부관들로 삼으시면 좋겠습니다! 죄를 짓는데 용감했던 사람만큼 그리스도를 위해 용감하게 싸울 사람은 없습니다.

큰 죄인들 여러분, 큰 자비가 여러분을 만나주시기를 바랍니다! 구원의 길이 예수를 믿는 이것임을 기억하십시오. 예수를 믿으면 여러분이 구원받을 것입니다. 내가 조금 전까지 묘사했던 그분, 곧 십자가에서 피를 흘리며 신음하고 죽으신 그분을 보십시오. 보세요, 보십시오! 그리고 사십시오. 그분을 의지하기만 하십시오. 오직 그분께 여러분의 마음을 드리고 그 안에서 쉬십시오. 예수님께 와서 그를 신뢰하는 사람이 망하는 일이란 있을 수 없습니다.

형제 여러분, 나를 위해서 기도해 주십시오. 우리 교인들인 여러분이 나를 위해서 기도하지 않는다면, 나는 여러분의 책임으로 돌릴 일이 많다고 생각할 것입니다. 이처럼 큰 일을 하도록 부름 받은 사람은 없었습니다. 나는 오늘 아침 여러분에게 기도해 주실 것을 간절히 요청합니다. 나를 위해 기도해 주시기를 살아계신 하나님을 의지하여 부탁드립니다. 여러분이 나를 위해 기도해 주지 않는다면 나는 차라리 태어나지 않아서 이 책임을 받지 않는 것이 낫습니다. 여러분이 오늘 아침의 예배를 다시 생각하고 숙고할 때 그로 인해 백 배의 결실을 거두고, 하나님께서 영광을 얻으실 수도 있을 것입니다. 정말로 나를 위해 기도해 주십시오. 죄인이여, 회개하지 않은 죄인이여, 여러분 자신을 위해서 기도하십시오. 하나님께서 여러분의 기도를 들으시기 바랍니다. 아멘.

제
25
장
—

마음에 기록된 율법

—

"그 날 후에 내가 나의 법을 그들의 속에 두며 그들의 마음에
기록하리라 여호와의 말씀이니라." — 렘 31:33

지난 주일 아침에 나는 은혜 언약의 가장 중요한 복, 곧 완전한 죄 사함에
대해서 말했습니다. 그 때 나는 "그들의 죄와 그들의 불법을 내가 다시 기억하지
아니하리라"(히 10:17)는 놀라운 약속에 대해 기쁜 마음으로 자세히 설명하였습
니다. 하나님께서 자기 백성의 모든 죄를 등 뒤로 던져버리셨다는 것을 생각했
을 때 우리의 양심이 평안을 얻었고 우리 마음이 놀라움으로 가득 찼으리라고
생각합니다. 그래서 우리는 다윗처럼 이렇게 노래할 수 있었습니다. "내 영혼아
여호와를 송축하라 내 속에 있는 것들아 다 그의 거룩한 이름을 송축하라 내 영
혼아 여호와를 송축하며 그의 모든 은택을 잊지 말지어다 그가 네 모든 죄악을
사하시는도다"(시 103:1-3). 이 사죄(赦罪)의 큰 복은 언제나 마음이 새롭게 되
는 것과 결부됩니다. 마음이 변화되었기 때문에 죄 사함을 주시는 것이 아닙니
다. 죄 사함을 주실 때는 언제든지 그와 함께 마음이 변화됩니다. 하나님께서 죄
책(罪責)을 제거하신다면, 하나님은 반드시 그와 동시에 죄의 세력도 제거하십
니다. 하나님께서 하나님의 율법을 어긴 우리의 죄를 제거하신다면, 또한 장차
는 우리가 하나님의 법을 순종하기 원하도록 만드실 것입니다.

본문에서 우리는 하나님의 율법의 뛰어남과 위엄을 봅니다. 복음이 이 세
상에 들어온 것은 율법을 제쳐놓기 위해서가 아닙니다. 은혜로 말미암은 구원은

율법의 계명을 단 하나도 없애지 않고, 공의의 표준을 조금도 낮추지 않습니다. 반대로 바울이 말하듯이, 우리는 믿음으로 말미암아 율법을 무효화시키지 않고 오히려 율법을 견고히 세웁니다. 타락한 사람은, 율법의 정죄하는 통치에서 벗어나 믿음으로 행하고 은혜 언약 아래에서 살기 전에는 율법을 영예롭게 하지 못합니다. 행위 언약 아래 있을 때는 우리가 율법을 어기지만, 지금은 율법을 도덕적 의를 온전히 보여주는 것으로 알고 존중합니다. 우리 주 예수께서는, 율법은 가볍게 다루어서는 안 되는 것이고, 모든 죄와 불순종은 반드시 거기에 상응하는 보응을 받는다는 것을 온 세상에 보여주셨습니다. 이는 주께서 우리를 위하여 담당하신 그 죄 때문에 흠 없는 속죄제물이신 그분이 고난과 죽음의 운명을 겪으셨기 때문입니다. 우리 주 예수께서는 죄를 용서하실지라도 속죄 희생 없이 죄를 치우시지 않는다는 것을 자신의 죽음으로써 입증하셨습니다. 그리스도의 죽음은 이제까지 율법 아래 살았던 모든 사람들이 바칠 수 있었던 모든 순종보다 더 율법을 영예롭게 하는 일이었습니다. 그리스도의 죽음은 구속받은 모든 자를 지옥에 던져 넣은 것보다도 영원한 공의를 더 강력하게 옹호하는 일이었습니다.

거룩하신 하나님께서 자신의 친아들을 치실 때, 하나님이 죄에 대해 진노하신다는 사실이 모든 사람이 분명히 알 수 있게 나타났습니다. 그러나 이것으로 충분하지 않습니다. 율법은 복음 안에서 그리스도의 희생에 의해 옹호될 뿐만 아니라 사람들의 마음에 작용하는 성령님의 활동에 의해서도 존중됩니다. 옛 언약 하에서는 율법의 계명들이 우리의 악한 본성을 부추겨 반역하게 하지만, 은혜 언약 아래에서 우리는 율법이 선하다는 것을 인정하고, "여호와여, 나를 가르쳐 주의 뜻을 행하게 하소서"(시 143:10) 하고 기도합니다. 율법이 우리 육신의 연약함 때문에 할 수 없는 것을 복음이 성령님으로 말미암아 행하였습니다. 이렇게 율법은 신자들 가운데서 존중을 받습니다. 비록 신자들이 행위 언약으로서 율법 아래 더 이상 있지 않지만, 그들이 그리스도 예수의 생명 안에서 율법을 보고 속사람을 따라 율법을 기뻐하기 때문에 얼마간 율법을 따라 삽니다. 율법이 요구하는 일들을 복음이 제공합니다. 하나님은 율법 아래서 순종을 요구하시고, 복음 아래서 순종을 이루십니다. 율법은 우리에게 거룩함을 요구합니다. 그 거룩함을 복음이 우리 속에 일으키는 것입니다. 그래서 율법의 경륜과 복음의 경륜 사이의 차이점을 율법의 요구들이 줄어든다는 점에서 찾아서는 안 됩니다.

그 차이는 율법이 구속받은 자들에게 요구하는 것을 복음이 그들에게 제공하고, 율법이 요구하는 바를 구속받은 자들 속에 일으킨다는 점에서 찾아야 합니다.

사랑하는 친구 여러분, 옛 언약 하에서는 율법이 아주 두려움을 일으키는 방식으로 주어지기는 했으나 충성스런 순종을 이끌어내지 못했다는 점에 유의할 필요가 있습니다. 하나님께서 시내산에 오셨을 때 산에 연기가 자욱했습니다. 하나님께서 불 가운데 시내산에 내려오셨기 때문입니다. 산의 연기가 옹기 가마의 연기처럼 올라갔고, 온 산이 크게 진동하였습니다. 하나님께서 시내산에 친히 나타나신 광경은 너무도 두려워서 모세조차도 "내가 심히 두렵고 떨린다"(히 12:21)고 말했습니다. 장엄한 산꼭대기를 덮고 있는 빽빽한 구름 가운데서 나팔 소리가 나왔는데 점점 더 커지고 길게 소리가 울렸습니다. 그리고 열 가지 큰 도덕법의 규례와 법령 하나하나를 선언하는 목소리가 들렸습니다. 나는 이 백성들이 멀리 산 근처 경계선이 쳐져 있는 곳에서 오금을 펴지 못하는 두려움 때문에 몸을 웅크리고 있다가 마침내 하나님께서 이 말씀을 더 이상 자기들에게 말하지 마시기를 간청하는 모습이 보이는 것 같습니다. 하나님께서 복수를 선언하고 계시는 것이 아니고 단지 의를 설명하고 계시는 것인데도, 여호와의 목소리가 어찌나 두렵던지 백성들은 그 음성을 더 이상 듣고 있을 수가 없었습니다. 그러나 그들의 인생에서 이보다 영구한 인상을 남긴 일이 없었고 이보다 공손한 태도를 보인 적은 없었습니다. 사람들을 권세로 협박할 수는 있지만, 사람들을 회심시킬 수 있는 것은 오직 사랑뿐입니다. 인간 마음에 있어서 공의의 칼은 자비의 홀(笏, 왕권의 상징)보다 힘이 약합니다.

더 나아가 이 율법을 보존하시기 위해 하나님께서는 친히 율법을 두 돌판에 새기시고 돌판을 모세에게 주셨습니다. 얼마나 큰 보물입니까! 이제까지 물질의 입자들 가운데 이 돌판들만큼 명예를 얻은 입자는 단연코 없었습니다. 이 돌판들은 하나님께서 친히 쓰셨고, 하나님의 마음을 분명히 알 수 있는 흔적들을 지니고 있었기 때문입니다. 그러나 돌판에 쓰인 이 율법들은 지켜지지 않았습니다. 돌판도 율법도 공경을 받지 못했습니다. 모세가 시내산으로 올라간 지 얼마 되지 않아서 한때 몹시 두려워했던 백성들이 금송아지 앞에서 절을 했습니다. 시내산과 그 산에서 나온 장엄한 목소리를 잊어버리고, 자신들을 위하여 풀 먹는 소의 형상을 만들어 놓고 그것을 하나님의 상징으로 여기고 그 앞에 절을 한 것입니다. 모세가 지극히 귀중한 돌판들을 들고 산에서 내려와 보니, 백성들

전체가 천한 우상 숭배에 빠져 있었습니다. 몹시 화가 난 모세는 돌판들을 땅에 던져 박살을 내었습니다. 백성들이 그 돌판을 영적으로 완전히 박살내고 지존하신 하나님의 모든 말씀을 어긴 것을 보았을 때, 모세가 그처럼 한 것은 당연한 일이었습니다. 이 모든 사실에서 나는 노예적인 두려움에서는 율법을 결코 순종할 수 없다는 결론을 끌어냅니다. 여러분은 하나님의 진노와 장차 올 세상의 두려운 일들을 많이 이야기할 수 있습니다. 그러나 그 사실들은 사람의 마음을 녹여 충성스런 순종을 바치도록 만들지 못합니다. 다른 목적을 위해서는, 사람이 죄를 처벌하시려는 하나님의 굳은 결의를 아는 것이 필요할 것입니다. 그러나 그 사실로써는 사람의 마음을 효과적으로 얻지 못합니다. 오히려 사람은 더욱더 반항합니다. 사람은 아주 완고해서 명령을 받으면 받을수록 그만큼 더 반항합니다. 여러분 교회의 벽에 새겨져 있고 또 매일의 예배에서 암송되는 십계명은 그 자체의 목적이 있습니다.

그러나 십계명이 사람들의 마음에도 기록되기 전에는 사람들의 생활에서 결코 실행되지 않습니다. 십계명 돌판은 단단하고, 사람들은 하나님의 율법을 순종하는 것을 어려운 일로 여깁니다. 마음이 돌같이 단단해 있는 동안에는 사람들은 계명을 무자비한 것으로 간주합니다. 계명의 길이 사람들의 악한 마음에는 어렵기 때문에 사람들이 마음을 완고하게 갖습니다. 돌은 다 아는 대로 차갑고, 율법도 아주 차가운 것으로 보입니다. 그래서 우리의 두려움에 호소를 하는 한, 우리는 율법을 사랑하지 않습니다. 돌판이 단단한 것은 분명하지만 아주 쉽게 깨어질 수가 있는데, 그와 같이 하나님의 계명도 쉽게 어길 수가 있습니다. 그리고 사실 우리는 매일 하나님의 계명들을 어깁니다. 하나님의 뜻을 아주 분명하게 아는 사람들이 하나님의 법을 어깁니다. 형벌에 대한 비굴한 두려움이나 보상에 대한 이기적인 희망 외에 자신들을 억제할 수 있는 것이 아무것도 없는 한, 사람들은 하나님의 규례에 충성스런 경의를 표하지 않습니다.

이 시간에 나는 여러분에게 하나님께서 전혀 다른 방식으로 하나님의 율법에 대한 순종을 이끌어내는 방식을 설명하도록 하겠습니다. 그것은 시내산에서 우레 같은 목소리로 율법을 선언하시는 방식이 아니고, 율법을 돌판에 새기는 방식도 아닙니다. 그것은 한없는 동정과 온유한 태도로 사람들의 마음에 들어오시고, 육의 마음판(고후 3:3)에 율법의 계명을 쓰되 사람들이 즐거이 계명에 순종하고 기꺼이 하나님의 종이 되도록 쓰시는 방식을 통해서입니다.

이것이 언약의 두 번째 큰 특전입니다. 여기서 두 번째라 함은 가치에 있어서가 아니라 순서에 있어서 두 번째라는 것입니다. "그가 네 모든 죄악을 사하시며 네 모든 병을 고치시는도다"(시 103:3). 에스겔은 이 점을 이렇게 기술합니다. "또 내 영을 너희 속에 두어 너희로 내 율례를 행하게 하리니 너희가 내 규례를 지켜 행할지라"(36:27). 히브리서에 이 사실이 또 다른 형태로 기술되는데, 이렇게 말하고 있습니다. "주께서 이르시되 볼지어다 날이 이르리니 내가 이스라엘 집과 유다 집과 더불어 새 언약을 맺으리라 또 주께서 이르시기를 이 언약은 내가 그들의 열조의 손을 잡고 애굽 땅에서 인도하여 내던 날에 그들과 맺은 언약과 같지 아니하도다 그들은 내 언약 안에 머물러 있지 아니하므로 내가 그들을 돌보지 아니하였노라 또 주께서 이르시되 그 날 후에 내가 이스라엘 집과 맺을 언약은 이것이니 내 법을 그들의 생각에 두고 그들의 마음에 이것을 기록하리라 나는 그들에게 하나님이 되고 그들은 내게 백성이 되리라"(8:8-10). 이 약속은 말로 다할 수 없이 귀해서, 하나님을 아는 여러분은 그 약속이 이루어지기를 갈망하고 있습니다. 그리고 그 약속이 하나님의 주권적인 은혜로 여러분 안에서 이루어지게 되어 있다는 것이 여러분에게 큰 기쁨을 줍니다.

우리는 첫째로 이 판들을 보겠습니다. "내가 나의 법을 그들의 속에 두며 그들의 마음에 기록할 것이라." 둘째는 하나님의 법을 쓰는 일에 대해서 살펴보고, 셋째로는 쓰시는 분에 대해서, 그리고 넷째로는 하나님의 율법을 쓰는 이 놀라운 일에서 나오는 결과들에 대해서 살펴보겠습니다. 우리를 모든 진리 가운데로 인도하겠다고 약속하신 성령께서 지금 우리에게 빛을 비추어주시기를 바랍니다.

1. 첫째로, 여러분은 하나님께서 그의 율법을 쓰시는 판들에 주목하시기 바랍니다.

"내가 나의 법을 그들의 속에 두며." 일찍이 하나님께서 이 두 돌판을 고페르 나무 궤에 넣어두셨듯이 그의 거룩한 율법을 우리 내적 본성에 집어넣으시고, 마치 상자 속에 든 보석처럼 그 법을 우리 생각과 마음과 기억과 감정으로 둘러싸실 것입니다. 그 다음에 하나님은 "그들의 마음에 기록할 것이라"는 말을 덧붙이십니다. 거룩한 말씀이 돌에 새겨졌듯이 그 말씀을 하나님께서 친히 육필로 마음에 쓰실 것입니다. 하나님의 율법이 마음에 쓰이는 것이 아니라 마음속에, 즉 마음의 조직과 구조에 쓰여서, 순종이 절대로 필요한 원칙으로서 영혼의 중심과 핵심에 주입될 것이라는 점에 유의할 필요가 있습니다.

이렇게 하나님께서는 생명의 중심지를 그의 율법을 쓸 판으로 선택하셨습니다. 생명이 있는 곳이 바로 마음속입니다. 따라서 마음이 다치면 그 상처는 치명적입니다. 생명의 중심지가 있는 곳에서 순종이 이루어질 것입니다. 마음속에서 생명이 영원히 거처합니다. 하나님은 그의 율법을 멀리 놓여 있을 수 있는 돌판에 쓰지 않고 언제나 우리 속에 있을 수밖에 없는 마음에 쓰겠다고 말씀하셨습니다. 두 눈 사이에 묶어놓을 수 있지만 또한 쉽게 벗어버릴 수 있는 성구함에다 율법을 쓰지 않고, 언제까지나 그대로 있을 수밖에 없는 마음속에 쓰실 것입니다. 하나님께서는 그의 백성들에게 그의 율법을 그들의 집 문설주와 바깥문에 기록하라고 명령하셨습니다. 그러나 그처럼 눈에 너무 잘 띄는 곳에 기록하면 율법이 눈에 너무 익숙해서 사람들이 제대로 주의 깊게 보지 못할 수가 있습니다. 이제 하나님께서는 그의 백성이 언제나 보지 않을 수 없고 따라서 언제나 효과를 내게 되는 곳에 그의 율법을 친히 쓰십니다. 사람들이 하나님의 계명을 그의 생명의 중심지에 쓰게 되면, 그들은 율법과 함께 생활하고, 율법 없이 살 수 없습니다. 하나님께서 이 일을 하신다는 것은 놀라운 일입니다. 이것은 율법을 화강석 돌판에 쓰거나 금판에 새긴 것보다 훨씬 더 지혜로운 처사였음을 보여줍니다. 생명의 원천에 작용하여서 사람으로부터 나오는 모든 것이 성결하게 된 샘 근원으로부터 나오게 할 이 방식은 참으로 놀라운 지혜입니다!

그 다음에, 마음이 생명의 중심지일 뿐만 아니라 또한 사람 전체를 지배하는 힘이라는 사실도 살펴봅시다. 황제의 명령이 황도(皇都)로부터 반포되듯이, 손과 발, 눈과 입, 사람의 모든 지체가 복종하게 되는 그 사람의 최고의 명령은 마음으로부터 나오는 것입니다. 마음이 정상적이라면, 다른 모든 세력은 마음의 지배에 복종해야 하고, 그래야 다른 모든 세력들도 올바른 상태에 있게 됩니다. 하나님께서 그의 율법을 마음에 쓰신다면, 눈이 그 눈길을 정결하게 할 것이고, 혀는 원칙을 따라 말할 것이며, 손과 발은 하나님이 명령하시는 대로 움직일 것입니다. 마음이 전적으로 성령님의 영향을 받으면, 의지와 지성, 기억력과 상상, 그밖의 속사람을 구성하는 모든 것이 만왕의 왕께 와서 즐거이 충성을 바칩니다. 하나님은 친히 "네 마음을 내게 주라"(잠 23:26)고 말씀하십니다. 마음이 사람의 전체 위치를 결정하는 열쇠이기 때문입니다. 그러므로 하나님께서 그의 율법을 사람 전체에 영향을 미치는 곳에 두신 것은 하나님의 탁월한 지혜입니다.

그러나 하나님께서 사람의 마음에 그의 율법을 쓰시기 전에 마음이 준비되어야 합니다. 마음이 새롭게 되기 전에는 주님이 쓰실 서판이 되기에 아주 부적합합니다. 마음은 무엇보다 깨끗이 지워져야 합니다. 우리 가운데 어떤 분들은 자신들의 마음에 이미 쓰여 있는 것에 대해 대단히 유감스럽게 생각합니다. 원죄가 깊은 선들을 그었고, 사탄이 손수 검은 글자로 끔찍한 글들을 기록하였으며, 우리의 악한 습관들이 흔적을 남겼습니다. 그런데 주님께서 어떻게 거기에 그의 율법을 쓰실 수 있겠습니까? 거룩한 하나님께서 부정한 마음에 자신의 거룩한 율법을 새기실 것이라고 아무도 생각하지 않을 것입니다. 새롭고 더 나은 것을 새길 수 있는 깨끗한 지면을 확보할 수 있기 위해서 이전 것들은 지워버려야 합니다. 그런데 누가 이 선들을 지워버릴 수 있습니까? "구스인이 그의 피부를, 표범이 그의 반점을 변하게 할 수 있느냐 할 수 있을진대 악에 익숙한 너희도 선을 행할 수 있으리라"(렘 13:23). 표범에게서 반점을 지울 수 있고 구스인에게서 검은색을 제거할 수 있으신 하나님께서 지금 마음을 흉하게 만들고 있는 악한 선들도 제거하실 수 있습니다.

마음이 깨끗이 지워져야 하듯이 마음을 깨끗이 씻는 일도 필요한데, 단지 표면만이 아니라 구조 전체를 깨끗이 씻어야 합니다. 형제 여러분, 정말로 우리 마음을 깨끗이 씻는 것보다 헤라클레스가 불결하기 짝이 없는 아우게이아스 왕의 마구간을 깨끗이 치우는 것이 훨씬 쉬웠습니다. 우리 속에 있는 죄는 겉의 더러운 것이 쌓인 것이 아니라 속 전체가 부패한 것이기 때문입니다. 눈에 보이지 않는 영적인 악의 얼룩이 사람의 본성적 생명 속에 있고, 영혼의 모든 파동이 그 얼룩 때문에 장애가 일어났습니다. 모든 죄의 알들이 우리 존재 속에 있습니다. 저주받은 바이러스, 이 치명적인 독에서 모든 더러운 계획이 나올 것인데, 이 저주받은 바이러스가 우리 영혼 속에 있습니다. 죄를 지으려는 경향뿐만 아니라 죄 자체가 영혼을 사로잡아 아주 철저히 검게 하고 오염시켜서 마음의 어느 한 곳도 죄악에 물들지 않은 곳이 없게 되었습니다. 그래서 하나님은 물과 피로 우리를 깨끗이 씻기 전에는 우리 속에 그의 율법을 쓰실 수 없습니다. 하나님께서 쓰실 판은 깨끗해야 합니다. 그러므로 하나님께서 그의 율법을 새기시려고 하는 마음은 깨끗한 마음이어야 합니다. 우리 주님이라는 분에게서 마음을 깨끗이 씻는 피와 물이 흘러나왔고, 따라서 하나님의 준비가 사람의 필요를 충분히 채울 수 있다는 것을 아는 것은 큰 기쁨입니다. 우리의 은혜로우신 하나님의 이름을 찬송합시다. 하나님은 성령님을 통하여 예수님의 사역을 우리에게 적용시킴으로써 악을 제거하고 영혼을 깨끗이 씻는 법을 아십니다.

이 외에도, 마음이 부드러워져야 할 필요가 있습니다. 사람들의 마음이 본래 단단하고, 어떤 사람들의 경우에는 그 마음이 돌보다 더 단단해졌기 때문입니다. 그들은 지금까지 하나님의 사랑을 거부하였고, 그래서 이제는 하나님의 사랑에 전혀 감동하지 않는 상태에까지 이르렀습니다. 그들은 끝까지 완고하게 하나님의 뜻에 저항하였고, 그래서 이제는 필사적으로 악을 행하게 되었고 아무것도 그를 돌이키게 할 수 없는 지경에 이르렀습니다. 하나님께서 마음을 녹이셔야 하고, 마음을 단단한 화강석에서 부드러운 살로 변화시켜야 합니다. 하나님은 그렇게 하실 능력이 있습니다. 하나님을 찬송합시다. 하나님은 은혜 언약을 따라 이 놀라운 일을 행하겠다고 약속하셨으니, 그 일을 행하실 것입니다.

그런데 마음을 부드럽게 하는 것으로는 충분하지 않을 것입니다. 다른 사람들을 아주 깜박 속게 만드는 부드러움을 지닌 사람들이 있기 때문입니다. 그들은 하나님의 말씀을 기쁨으로 받습니다. 그리고 그 기쁨을 한껏 표현하기도 합니다. 그러나 그들은 속히 떠나고 자기가 어떤 사람인지를 잊어버립니다. 그들은 물처럼 감수성이 예민하지만 또한 그만큼 받은 인상이 금방 사라지고 맙니다. 그래서 또 다른 변화가 필요합니다. 즉, 그들이 선한 것을 그대로 쥐고 있게 하는 변화가 필요합니다. 그렇지 않으면 여러분이 새기고 또 새길지라도 밀랍 위에 새긴 글씨처럼 열에 가까이 가는 순간 글씨는 사라져버릴 것입니다. 하나님께서 선한 것을 굳게 붙드는 기능을 주어 마음을 새롭게 창조하시지 않으면 마귀와 세상과 인생의 시험거리들이 하나님께서 쓰신 것들을 마음에서 이내 지워버리고 말 것입니다.

한 마디로 사람의 마음은 예수께서 니고데모에게 "네가 거듭나야 하겠다"(요 3:7)고 말씀하신 대로 완전히 변화되어야 할 필요가 있습니다. 청중 여러분, 나는 여러분에게 그리스도를 믿는 자는 누구든지 영생이 있다고 설교합니다. 내가 그렇게 말할 때는 더도 덜도 아닌 바로 하나님의 진리를 말하고 있는 것입니다. 그런데 실은 거기에 마치 사람이 죽임을 당하고 다시 살아나는 것과 같은 큰 변화가 마음에서 일어나야 합니다. 새로운 창조, 곧 죽은 자들로부터 부활이 있어야 합니다. 옛것은 사라져야 하고, 모든 것이 새롭게 되어야 합니다. 하나님의 율법을 옛 본성의 마음에 쓸 수 없습니다. 새로운 영적 본성을 받아야 합니다. 그 다음에 그 새 생명의 중심지에, 우리 생명 속에 있는 새로운 권세의 보좌에 하나님께서 자신의 복된 뜻을 선포하실 것이고, 하나님이 명령하시는 것이 실행될 것입니다. 이와 같이 이 판들은 우리가 처음에 생각했던 것처럼 그렇게 쉽게 거기에 무엇을 쓸 수 있는 것이 아닙니다. 하나님께서 마음에 그의 율법을 쓰시려면 마음이 준비되어야 합니다. 그리고 그렇게 준비하기 위해서 마음은 천지를 지으신 전능하신 이의 손으로만 행할 수 있는 그런 자비의 기적을 통해 완전히 새롭게 되어야 합니다.

2. 둘째로, 이제는 쓰는 일에 대해 살펴봅시다.

"내가 나의 법을 그들의 속에 두며 그들의 마음에 기록할 것이라." 여기서 말하는, 이 쓰는 일은 무엇입니까? 첫째로, 그것은 하나님의 율법을 쓰는 일입니다. 하나님은 이미 계시된 것을 자기 백성들의 마음에 쓰십니다. 하나님은 거기에 계시되지 않은 새로운 것을 쓰시지 않고, 율법 책을 통해 이미 우리에게 주신 하나님 자신의 뜻을 쓰십니다. 하나님은 은혜로운 계시를 통해 이미 성경에 쓰신 것을 은혜로운 작용을 통해 마음에 쓰시는 것입니다. 하나님이 쓰시는데, 철학이나 상상, 미신, 광신, 쓸모없는 공상을 쓰시지 않습니다. 누구든지 내게 "하나님께서 그런 것을 써주셨다"고 말한다면, 나는 "그런 일을 성경에서 보여주시오" 하고 대답할 것입니다. 그것이 다른 어떤 성경에 있다고 한다면 그것은 하나님의 성경이 아닙니다. 사람이 선지자가 되거나 왕자가 되거나 천사가 된다는 공상을 마음으로 할 수 있지만, 하나님께서는 마음에 그런 것을 쓰시지 않았습니다. 하나님께서 친히 선언하신 바는 "내가 나의 법을 그들의 마음에 기록할 것이라"이기 때문입니다. 하나님은 그 외에 어떤 것도 말씀하시지 않습니다. 오늘날 예언하는 체하는 사람들의 터무니없는 말은 하나님이 쓰신 것이 아닙니다. 그런 것이 하나님에게서 나온 것으로 말한다는 것이 정신이 온전한 사람에게는 망신스러운 일일 것입니다. 그런 것이 어떻게 하나님에게서 나올 수 있겠습니까? 여기서 하나님은 마음에 하나님의 율법, 오직 하나님의 율법만 쓰시겠다고 약속하십니다. 여러분의 영혼에 하나님의 율법이 쓰인 것에 만족하고, 여러분이 큰 망상에 사로잡혀 거짓을 믿지 않도록 헛된 상상을 하지 마십시오.

하나님께서 마음에 하나님의 모든 율법을 쓸 것이라고 말씀하신다는 사실에 유의하십시오. 이 사실이 "나의 법"이라는 말에 담겨 있습니다. 하나님의 일은 모든 면에서 완벽하고 아름답게 조화를 이루고 있습니다. 하나님은 아주 많은 사람들이 개혁할 때 그러듯이 한 계명만 쓰고 나머지는 빠트리시지 않을 것입니다. 그들은 자신들의 미덕의 관점에서 특정한 한 가지 죄에 대해서는 분을 내지만 다른 악들은 내버려둡니다. 그들에게는 술 취함이 모든 범죄들 가운데 가장 가증스러운 일입니다. 그러나 탐욕과 부정(不貞)은 눈감아줍니다. 그들은 도둑질은 공공연히 비난하면서도 사취(詐取)하는 일에 대해서는 잠잠합니다. 교만에 대해서는 소리 높여 비난하지만 질투는 멋대로 하게 내버려둡니다. 이렇게 그들은 편파적이고, 따라서 하나님의 일을 거짓으로 행합니다. 그렇게 해서는 안 됩니다. 하나님은 우리에게 부분적인 거룩함을 제시하시는 것이 아니라 도덕법 전체를 제시하십니다. "내가 나의 법을 그들의 마음에 기록할 것이라." 인간의 개혁은 대체로 한쪽으로 치우쳐 있습니다. 그러나 하나님의 은혜의 일은 균형이 잡혀 있고 비례를 이루고 있습니다. 하나님은 온전한 사람을 내놓으려고 하시기 때문에 사람들의 마음에 온전한 율법을 쓰십니다.

마음에 어조를 누그러뜨리고 변경한 법을 쓴 것이 아니라 "나의 법," 즉 처음에 타락한 사람의 마음에 쓴 바로 그 법을 썼다는 점에 다시 한 번 유의하기 바랍니다. 바울 사도는 자연인들에 대해 "그 생각들이 그 마음에 새긴 율법의 행위를 나타내느니라"(롬 2:15)고 말합니다. 양심에는 사람들이 저지르는 대부분의 죄악에 대해 그 당사자들을 정죄하는 빛이 충분히 남아 있습니다. 창조 시에 사람의 마음에 처음 기록된 법은 인간의 타락과 그에 따른 범죄로 말미암아 훼손되고 지워졌습니다. 그러나 하나님은 마음을 새롭게 하시면서 하나님의 율법을 새롭고 생생하게 쓰시는데, 처음에 쓰신 바로 그 의와 진리의 원칙들을 새롭고 생생하게 쓰십니다.

이 문제를 좀 더 자세히 들여다봅시다. 성경은 마음에 하나님의 율법을 쓴다는 것을 무슨 뜻으로 이야기합니까? 쓴다는 것 자체가 중요한 사실들을 많이 담고 있습니다. 하나님의 율법이 마음에 쓰여 있는 사람은 무엇보다 그 사실을 압니다. 그는 하나님의 규례와 법도로 교육을 받았습니다. 그는 빛을 받은 사람이고, 더 이상 하나님의 법을 모르는 저주받은 사람이 아닙니다. 하나님의 영이 그에게 옳은 것과 그른 것을 가르치셨습니다. 그는 이 사실을 마음으로 압니다. 그래서 더 이상 빛을 어둠으로, 어둠을 빛으로 여길 수 없습니다.

그 다음에, 이 법이 그의 기억에 머물러 있습니다. 하나님의 법을 판에만 써

두었을 때는 하나님의 법을 보려면 집에 들어가야 했습니다. 그러나 이제는 마음에 그 법을 가지고 다니므로 무엇이 옳고 그른지 당장에 알 수 있습니다. 하나님은 그에게 사물을 시험해 볼 수 있는 시금석을 주셨습니다. 그는 그 시금석을 통해서 "반짝이는 것이 다 금이 아니라"는 것과 거룩한 체하는 것이 다 거룩한 것이 아니라는 것을 발견합니다. 그는 귀중한 것과 천한 것을 구별하고, 습관적으로 그 일을 합니다. 이는 하나님의 율법을 알고 그 율법을 기억하게 되자 영의 분별력이 생겼기 때문인데, 하나님께서 그의 속에 일으키신 것입니다. 그래서 그는 하나님의 마음에 일치하는 것과 일치하지 않는 것을 금방 분별합니다. 이것은 중요한 사실입니다. 사람들이 흔히 저지르는 어떤 일들이 있는데, 사람들은 거기에 아무 잘못이 없다고 말하고 심지어 그 일들이 옳다고 옹호하기까지 합니다. 그러나 하나님의 법에 따라 판단하면 그 일들은 완전히 잘못된 것입니다. 하나님의 백성들은 이런 일들을 비판하고 전혀 좋아하지 않습니다. 신자가 죄에 가까이 가면 신성한 본능이 그에게 경고를 발합니다. 그리스도인은 널리 행해지고 있는 관습에 잠시 속는 일이 있을지라도 일반 대중의 정서가 의심스런 관례에 대해 심한 비난을 퍼붓기 오래전부터 거기에 대해 떨며 불쾌하게 여깁니다. 비록 그가 전체의 의견에 눌려서 겉으로는 동의할지라도 속에 있는 어떤 것이 이의를 제기하기 때문에 그는 그 문제를 정당하다고 변호할 수 있는지 깊이 생각하게 됩니다. 그리고 그것이 악하다는 것을 간파하자마자 그는 그 일을 피합니다. 여러분에게 우주적인 간파자가 있어서 여러분이 어디를 가더라도 다른 사람들의 판단에 의존할 필요가 없고 따라서 많은 사람들이 속듯이 속는 일이 없다는 것은 대단한 일입니다.

그러나 이것은 이 문제의 한 부분에 지나지 않습니다. 상대적으로 매우 작은 부분에 불과합니다. 하나님의 율법은 사람의 마음에 이보다 더 깊은 곳에 기록됩니다. 이 때 사람은 율법에 대해 그것이 선하다고 인정합니다. 이 때 그의 양심이 회복되어 이렇게 소리칩니다. "예, 그렇습니다. 그렇게 되어야 마땅해요. 하나님께서 어떤 행동을 금하신 그 명령은 타당하고 사려깊은 명령이에요. 그 행동은 금해야 마땅해요." 사람이 더 이상 하나님의 계명들이 현재 있는 그대로와 다르기를 바라지 않고, 자신의 판단에 의해 그 계명들이 옳다고 확증할 때, 그것은 희망적인 조짐입니다. 화가 났을 때 사람을 죽이는 것이 살인이 아니기를 바라는 사람들이 있지 않습니까? 그런가 하면 도둑질을 하지 않지만 이웃의 물건을 가질 수 있기를 바라는 사람들이 있지 않습니까? 간통과 간음이 악이 아니기를 바라는 사람들이 많지 않습니까? 이 사실은 그들의 마음이 부패하였다는 것을 증명합니다. 그러나 거듭난 사람들에게는 그렇지 않습니다. 그들은 어떤 이유로도 하나님의 율법이 바뀌기를 바라지 않습니다. 그들은 하나님의 율법에 찬성투표를 던지고, 율법을 사회의 보호자로, 세계의 평화를 세울 수 있는 유일한 기초로 간주합니다. 사물의 모든 질서가 오직 의에 의해서만 수립될 수 있기 때문입니다. 하나님의 지혜를 얻을 수 있다면 우리는 틀림없이 하나님이 세우신 바로 그 법을 만들 것입니다. 하나님의 법은 거룩하고 공의롭고 선해서 사람에게 최고의 이익을 증진시켜 주기 때문입니다. 사람이 거기까지 이른다면, 그것은 대단한 일입니다.

그 다음에, 하나님은 사람의 마음에 율법에 대한 동의뿐 아니라 율법에 대한 사랑도 일으키십니다. 사람이 하나님께서 완전한 거룩함이 무엇인지를 아주 공정하고 사랑스럽게 제시하여 주신 것에 대해서, 또 하나님이 거하실 수 있는 집을 어떻게 세워야 하는지 알 수 있게 하는 그처럼 뛰어난 측정 기준을 주신 것에 대해 감사할 만큼의 사랑도 일으켜 주십니다. 이렇게 하나님께 감사함과 그의 기도, 소원, 열망, 굶주림과 목마름이 의를 추구하는 것이므로, 그는 모든 일에서 하나님의 뜻에 따라 행할 수가 있습니다. 마음이 하나님의 율법을 기뻐하고 거기에서 위안과 즐거움을 찾을 때, 그것은 영광스러운 일입니다. 사람이 거룩함을 즐거워하고, 죄가 가까이 올 때는 언제든지 고통을 느낀다면 율법이 그마음에 온전히 기록된 것입니다. 친구 여러분, 악한 일은 무엇이든지 불쾌하게 여겨진다면 하나님께서 여러분을 위하여 큰 일을 행하신 것입니다. 여러분이 육신의 연약함 때문에 죄를 범할지라도 그로 인해 여러분에게 깊은 고통과 슬픔이 생긴다면, 그것은 하나님께서 여러분의 마음에 그의 율법을 쓰셨기 때문입니다. 비록 여러분이 스스로 원하는 만큼 거룩하지는 못할지라도, 거룩한 길들이 여러분이 즐거워하는 것이라면, 거룩한 길들이 마치 물고기가 바닷속에서 사는 것만큼 여러분이 그 속에서 즐겁게 사는 바로 그 길이라면 여러분은 마음에 아주 놀라운 변화를 받은 사람인 것입니다.

여러분의 성품을 아주 분명히 알 수 있게 하는 시금석은 여러분이 무엇을 행하느냐는 것이 아니라 여러분이 기쁘게 행하는 것이 무엇이냐 하는 것입니다. 교회에 왔다 갔다 하는 매우 종교적인 많은 사람들이 자기가 어쩔 수 없이 교회에 갈 수밖에 없다고 느끼지 않는다면 교회에 가는 것을 매우 즐거워할 것입니다. 그런 사람들이 드리는 공중 예배는 전혀 활기가 없는 형식적인 예배이지 않습니까? 아주 많은 사람들이 가정 예배와 개인 경건의 시간을 갖는데, 그들 가운데는 이 귀찮은 일을 면할 수 있기를 바라는 사람들이 많습니다. 마음에 부담스런 짐이 되는 육체의 연습에 무슨 신앙적인 유익이 있겠습니까? 어떤 것이든 여러분이 기꺼이 받아들이기 전에는 하나님께서 즐거이 받지 않으십니다. 여러분이 기꺼이 드리기 전에는 하나님께서 여러분의 제사를 받지 않으실 것입니다. 이 점은 많은 사람들의 생각과 정반대가 됩니다. 많은 사람들은 이렇게 말합니다. "주님은 내가 그처럼 많은 예배에 참석하고 개인 경건의 시간을 갖기 위해 얼마나 많이 참는지 아십니다. 그러니 나는 정말로 신자인 게 틀림없어." 그러나 정반대가 진리에 훨씬 더 가깝습니다. 하나님을 섬기는 것이 고통스러운 일이 된다면, 정말로 그 마음은 영적으로 전혀 건강하지 않은 상태에 있는 것입니다. 그러나 마음이 새롭게 되면 하나님을 예배하고 섬기는 것이 기쁜 일이 됩니다. 거듭난 마음은 "할 수 있으면 기도를 빼먹고 싶어"라고 말하지 않고 "언제나 기도할 수 있으면 좋겠어"라고 말합니다. 새롭게 태어난 본성은 "할 수 있으면 하나님 백성들의 집회에 가까이 가지 않으면 좋겠어"라고 말하지 않고, 다윗처럼 하나님의 집에 영원히 거하기를 바랍니다. 바로 이것이 하나님의 율법이 마음에 기록되었음을 보여주는 큰 증거입니다. 하나님의 법이 마음에 쓰이면 거룩함이 기쁜 일이 되고 죄가 슬픈 일이 됩니다. 이렇게 될 때, 하나님께서 우리를 위해 아주 큰 일들을 행하신 것입니다!

이 교훈 전체의 중요한 요점은 이것입니다. 일찍이 우리의 본성은 하나님의 법과 아주 어긋나 있어서 하나님께서 금하시는 것은 무엇이든지 하기를 바랐고 하나님께서 명하시는 것은 무엇이든지 싫어하였지만, 성령께서 오시어 우리의 본성을 변화시키고 하나님의 율법에 순응하게 만드시자 이제는 하나님께서 금하시는 것은 무엇이든지 우리도 금하고 하나님께서 명하시는 것은 무엇이든지 우리도 명령하려고 한다는 것입니다. 하나님의 율법이 돌판에 쓰인 것보다 마음에 쓰인 것이 얼마나 나은 일인지 모릅니다!

하나님께서 사람의 마음에 쓰신 것을 어떻게 계속해서 읽기 쉽게 만드시느냐고 누가 묻는다면, 나는 잠깐 시간을 내어 그 과정을 말씀드리고 싶습니다. 성령께서 어떻게 처음에 사람의 마음에다 하나님의 법을 쓰시는지 나는 모릅니다. 외적인 수단은 하나님의 말씀을 설교하는 것과 하나님의 말씀을 읽는 것입니다. 그러나 어떻게 성령께서 사람의 영혼에 직접적으로 작용을 하시는지 우리는 알지 못합니다. 그것은 은혜의 큰 신비들 가운데 한 가지입니다. 우리가 우리 안에서 일어난 일에 대해서는 이만큼은 압니다. 즉, 우리가 전에는 눈이 멀었으나 이제는 본다는 것이고, 전에는 하나님의 법을 싫어했으나 이제는 하나님의 법을 매우 기뻐한다는 것입니다. 성령님께서 이 변화를 일으키셨다는 것도 우리가 알지만, 어떻게 그 일을 행하셨는지는 여전히 알 수 없는 문제입니다. 성령님의 하시는 일 가운데 우리가 인식할 수 있는 부분은 정신적인 작용의 통상적인 법칙을 따라 이루어지는 것입니다. 성령께서는 지식으로 일깨우시고 논증으로 납득시키시며 설득으로 인도하시고 교훈으로 힘을 북돋우시는 등의 일을 하십니다. 그리스도인의 마음에 쓰인 하나님의 법을 지키는 한 가지 방식이 이것, 곧 하나님의 임재 의식이라는 것을 또한 우리는 압니다. 신자는 하나님께서 지켜보고 계시면 자신이 죄를 지을 수 없다고 느낍니다. 사람이 왕이 보는 앞에서 반역을 꾀하려면 뻔뻔한 얼굴이 필요할 것입니다. 그런 일들은 왕이 보는 앞에서 행하지 않고 사람들이 말하는 대로 "비밀히" 행하는 것입니다. 그와 같이 그리스도인은 자기가 하나님의 면전에서 산다고 느끼고, 이것이 그로 하여금 불순종하는 일을 하지 못하도록 막습니다. 하늘 아버지의 눈이야말로 하나님의 자녀에게 최상의 감독자인 것입니다.

다음으로, 그리스도인은 일찍이 죄가 자기에게 가져온 타락을 자기 안에서 생생하게 느낍니다. 내가 개인적으로 잊어버릴 수 없는 한 가지가 있다면, 그것은 내가 아직 죄 아래 있을 때 하나님께서 내 상태를 내게 보여주셨을 때 느꼈던 마음의 공포입니다. 여러분, 자라 보고 놀란 가슴 솥뚜껑 보고 놀란다는 옛 속담이 죄에 아주 호되게 당해서 그 때문에 깊은 절망에 빠진 사람의 경우에는 상당히 일리 있는 말입니다. 그는 죄를 아주 끔찍이 싫어하고, 하나님께서는 그런 경험을 사용해서 그의 마음에 하나님의 율법을 기록하시는 것입니다.

그러나 그보다는 하나님의 사랑을 아는 것이 훨씬 더 강력한 요소입니다. 사람이 하나님께서 자기를 사랑하신다는 것을 알고, 하나님께서 창세전부터 자기를 항상 사랑하셨다는 것을 알도록 해 보십시오. 그러면 그는 틀림없이 하나님을 기쁘시게 하려고 합니다. 사람이 하나님 아버지께서 자기를 참으로 사랑하셔서 그의 독생자를 죽는데 내어주시고 그 아들로 말미암아 살도록 하셨다는 것을 확실히 알게 해 보십시오. 그는 반드시 하나님을 사랑하고 악을 미워할 것입니다. 사람이 사죄와 양자됨을 알고, 섭리와 은혜에서 나타나는 하나님의 즐거운 은총을 알면 반드시 거룩해지게 됩니다. 그는 하나님의 그런 사랑을 거슬러 죄를 지을 수 없습니다. 그 반대로 그런 헤아릴 수 없는 은혜에 대한 보답으로 하나님께 순종하지 않을 수 없다는 것을 느낍니다. 이와 같이 사랑을 깨닫는 것을 통해서 하나님은 자기 백성들의 마음에 그의 법을 기록하십니다.

하나님께서 그의 법을 쓰시는데 사용하시는 또 하나의 강력한 펜은 우리 주 예수 그리스도의 고난에서 찾을 수 있습니다. 예수께서 침 뱉음을 당하고 채찍에 맞고 십자가에 못 박히시는 것을 볼 때, 우리는 온 힘을 다해 죄를 미워해야 하겠다고 느낍니다. 여러분은 구주의 흘리신 구속의 핏방울을 다 눈여겨 본 다음에 그처럼 귀하신 주님의 목숨을 앗아간 죄악을 다시 계속해서 행하며 살 수 있겠습니까? 그럴 수 없습니다! 그리스도의 죽으심이 하나님의 법을 사람 마음의 중심에 아주 깊게 기록합니다. 십자가야말로 죄를 십자가에 못 박는 장본인입니다.

이 외에도, 하나님께서는 우리에게 새로운 하늘의 생명을 주심으로써 그의 거룩한 법을 마음의 보좌에 실제로 앉히십니다. 그리스도인 속에는 죄를 지을 수 없고 또 죽지도 않는 불멸의 행동 원리가 있는데, 이는 그것이 하나님으로부터 났기 때문입니다. 그 원리는 영원히 살아 거하는, 살아 있고 썩지 않는 씨입니다. 거듭날 때, 타락한 우리 본성에 전혀 맞지 않는 어떤 것이 우리에게 주어졌습니다. 타락시킬 수 없고 사라지게 할 수도 없는 신성한 행동 원리가 우리 영혼 속에 들어온 것입니다. 이렇게 해서 하나님의 법을 마음에 새기신 것입니다. 나는 내가 중생의 과정을 설명할 수 있다고 생각하지 않습니다. 그 과정은 성령님께서 심으시는 하나님의 생명이 관련되어 있기 때문입니다.

다시 한 번 말하지만, 성령께서는 친히 신자들 안에 거하십니다. 나는 여러분이 이 놀라운 교리를 결코 잊지 않기를 바랍니다. 그 교리란, 정말로 하나님께서 신인(神人)이신 중보자로서 사람의 몸 안에 거하셨던 것만큼 확실히 성령께서도 거듭난 모든 신자들의 몸 안에 거하신다는 것입니다. 성령의 이 내주하시는 힘으로 하나님은 마음에 영원히 거룩함이 스며들게 하시고, 사람이 지존하신 하나님의 뜻에 항상 순종하게 하십니다.

3. 이제 하나님의 법을 쓰시는 분에 대해 잠깐만 생각해보도록 하겠습니다.

마음에 하나님의 법을 쓰시는 분이 누구입니까? 그것은 바로 하나님이십니다. 하나님께서 "내가 할 것이라"고 말씀하십니다.

첫째로 하나님은 사람의 마음에 그의 법을 기록할 권한이 있으시다는 점을 생각해 봅시다. 하나님께서 마음을 지으셨습니다. 그러므로 마음은 하나님의 서판입니다. 하나님은 원하는 무엇이든지 거기에 쓰실 수 있습니다. 토기장이 손에 든 진흙처럼 우리는 하나님의 손에 있습니다.

그 다음에, 하나님만이 마음에 그의 법을 쓰실 수 있다는 점을 생각해 봅시다. 다른 어떤 손도 사람의 마음에 하나님의 법을 쓸 수 없을 것입니다. 사람의 능력으로는 하나님의 법을 마음에 쓸 수 없습니다. 슬프게도, 내가 수도 없이 하나님의 율법과 하나님의 복음을 설명했지만 나는 사람들의 귀까지밖에 가지 못하였습니다. 오직 살아계신 하나님만 살아있는 마음에 하나님의 법을 쓰실 수 있습니다. 이것은 고귀한 일입니다. 천사들도 할 수 없는 일입니다. "이는 하나님의 권능이니이다"(출 8:19). 하나님만이 마음에 쓰실 수 있고 또 쓰셔야 하듯이, 일단 그 일이 이루어졌을 때는 그 일로 영광을 얻으실 분은 오직 하나님뿐이십니다.

기록할 때는 하나님께서 온전하게 쓰십니다. 여러분과 나는 얼룩을 남기고 실수도 합니다. 그래서 모든 인간의 작품 뒤에는 정오표(正誤表)를 붙일 필요가 있지만 하나님께서 쓰실 때는 얼룩을 남기거나 실수를 한다는 것은 전혀 생각할 수 없는 일입니다. 성령의 내적 활동이 완전히 마무리될 때 성령께서 일으키시는 거룩함만큼 뛰어난 거룩함은 없을 것입니다.

그 다음에, 하나님께서는 결코 지울 수 없게 쓰십니다. 하나님께서 일단 사람의 마음에 하나님의 율법을 쓰셨으면, 나는 마귀가 사람의 마음에서 하나님의 율법을 단 한 자도 제거할 수 없다고 생각합니다. 성령께서 신성의 모든 능력으로 와서 우리 본성 위에 머물며 본성 속에 거룩한 생명을 새겨 넣으셨으면, 그 다음에는 마귀가 아무리 검은 날개를 타고 와서 온갖 부정하고 교활한 꾀를 부릴지라도 마음에 새겨진 영원한 글자들을 결코 지울 수 없습니다. 우리는 마음속에 영원하신 여호와 하나님의 흔적들을 지니고 있습니다. 그러므로 그 흔적들은 영원히 있을 것입니다. 바위에 새겨진 비문들이 오래 가지만 마음에 새겨진 것들은 영원히 갑니다. 여호와께서 "내가 나를 경외함을 그들의 마음에 두어 나를 떠나지 않게 하리라"(렘 32:40)고 말씀하시지 않습니까? 하나님의 자녀는 죄 짓는 것을 금지시키는 이 불멸의 행동 원리를 새겨 주신 일을 인하여 하나님을 찬송합시다.

4. 끝으로, 하나님의 법이 이렇게 마음에 새겨진 결과들을 살펴보겠습니다.

지금까지 내가 이 사실에 대해 설교하는 동안 여러분 가운데 많은 분들이 속으로 "하나님의 법이 내 마음에 기록되었으면 좋겠다"고 말했을 것이라고 생각합니다. 여러분은 이것이 은혜 언약의 선물이요 특전이지 사람의 행위가 아니라는 것을 기억하시기 바랍니다. 친구 여러분, 여러분 가운데 누구든지 "내 안에 선한 것이라곤 하나도 없으니 그리스도께 갈 수 없어"라고 말했다면 어리석은 말을 하는 것입니다. 여러분에게 선한 것이 없다는 바로 그 이유 때문에 여러분이 그리스도께 와서 필요한 것을 공급받아야 하는 것입니다. "아, 내가 마음에 하나님의 법을 쓸 수만 있다면 그리스도에게 갈 텐데." 뭐라고요? 여러분은 무엇 때문에 그리스도가 필요한 것입니까? 여러분 마음에 하나님의 법이 기록되어 있지 않다면, 하나님의 법이 여러분 마음에 기록되기 위해서 그리스도께 오십시오. 새 언약은 "내가 나의 법을 그들의 속에 두며 그들의 마음에 기록할 것이라"고 말합니다. 그러니 와서 하나님의 법이 이렇게 여러분 속에 기록되도록 하십시오. 단 한 글자도 기록되지 않았을지라도 그냥 현재 여러분의 모습 그대로 오십시오. 주 예수께서는 친히 자신의 서판들을 준비하시고 거기에 자기 편지의 모든 글자를 쓰기를 기뻐하십니다. 예수께서 여러분을 위해서 모든 것을 하실 수 있도록 그냥 지금 여러분의 모습 그대로 오십시오.

하나님의 법이 사람들의 마음에 기록된 결과는 무엇입니까? 많은 경우에, 첫 번째 결과는 큰 슬픔입니다. 하나님의 법이 내 마음에 기록된다면 나는 스스로에게 이렇게 말할 것입니다. "아, 어쩌지. 내가 그토록 오랫동안 하나님의 법을 어기고 살았다니! 이 복된 법을, 이 사랑스런 법을 어째서 나는 생각하지도 못했지? 아니 그 법을 생각했어도 오히려 그 법 때문에 내가 불순종하였을 거야. 계명이 이르니 죄는 살아나고 나는 죽었다(롬 7:9)." 우리는 손을 비틀어 꺾으며 이렇게 소리칩니다. "내가 얼마나 악했으면 그처럼 공의로운 법을 어길 수 있단 말인가? 얼마나 완고했으면 그처럼 자신의 이익에 반하는 일을 꾸역꾸역 하였을까? 계명을 어기는 것이 자신에게 해가 된다는 것을 왜 몰랐을까?" 이렇게 우리는 맏아들의 죽음을 슬퍼하는 사람처럼 자신의 상태에 대해 슬퍼합니다. 여러분이 죄에 대해 슬퍼하지 않았다면 나는 하나님께서 여러분의 마음에 정말로 그의 율법을 쓰신 일이 있다고 생각하지 않습니다. 은혜를 받은 사람에게서 나타나는 가장 초기의 표시들 가운데 하나는 죄 때문에 흘리는 눈물입니다.

마음에 하나님의 법이 새겨진 일의 두 번째 효과는 사람의 마음에 다시는 하나님의 법을 어기지 않고 힘을 다하여 지키겠다는 강하고 굳은 **결의**가 생기는 것입니다. 그는 다윗처럼 "내가 주의 의로운 규례들을 지키기로 맹세하고 굳게 정하였나이다"(시 119:106) 하고 소리칩니다. 그는 하나님의 계명을 읽을 때 온 마음으로 이렇게 말합니다. "그렇습니다. 바로 그것이 내가 하나님의 뜻을 따라 마땅히 되어야 하는 바이고, 되기를 바라는 바이며, 또한 장차 그렇게 될 모습입니다."

이처럼 굳은 결의는 이내 맹렬한 갈등에 이릅니다. 또 하나의 법, 곧 우리 지체 속에 있는 한 법이 일어나서 이렇게 소리치기 때문입니다. "그렇게 빨리 서두르지 마라. 너를 지배하기 위해 네 영혼 속에 들어온 새 법에 순종하지 마라. 내가 주인이 될 것이다." 우리의 왕이 되기 위해 우리 속에 태어난 분은 이 옛날 헤롯이 언제든지 이 어린아이를 죽이려고 한다는 것을 발견합니다. 안목의 정욕과 육신의 정욕과 이생의 자랑(요일 2:16), 이들 각각이 마음속에 들어온 이 새 군주, 새로운 권세와 싸우겠다고 맹세합니다. 여러분 가운데는 이 싸움이 무엇을 의미하는지 아는 분들이 있습니다. 어떤 사람들에게는 실제적인 어떤 죄를 짓지 않도록 하는 것이 참으로 힘든 싸움입니다. 여러분은 화가 불같이 일어났을 때 한때 자주 내뱉곤 하였지만 다시는 하고 싶지 않은 말을 참기 위해서 손으로 입을 막을 수밖에 없었던 적이 있지 않습니까? 여러분은 하나님께서 붙들어 주시지 않으면 곧 실족하겠다고 생각하여 방에 들어가 혼자 지낸 적이 종종 있지 않습니까? 하나님만을 상대하고 하나님께 도와주시라고 소리치는 것은 참으로 지혜로운 일입니다! 악에 떨어지지 않기 위해 밤낮으로 주의하는 것은 참으로 신중한 행동입니다! 어떤 사람들은 자기는 그런 모든 단계를 넘어섰다고 주장합니다. 그런 형제들이 있다면 기쁜 일일 것입니다. 그러나 나는 그들을 사방에서 볼 수 있도록 유리 용기 속에 넣어두거나 도둑들이 꺼내갈 수 없는 철제 금고 속에 두고 싶습니다. 여러분이 자신은 매일 주의할 필요가 없는 사람이라고 생각하는 것은 마귀의 속임수라고 생각합니다. 나로서는 아직까지도 투쟁과 갈

등을 넘어서지 못했다고 말씀드립니다. 그 싸움은 날마다 더 심해진다고 고백하지 않을 수 없습니다. 내가 아는 하나님의 백성들 가운데는 지금도 여전히 싸우고 씨름하는 사람들이 있습니다. 마귀가 으르렁거리지 않을 때가 있다는 것을 아는데, 나는 마귀가 사납게 날뛸 때보다 조용할 때 그가 더 무섭습니다. 나는 마귀가 그 둘 중에서 차라리 고함치는 것이 낫습니다. 잠자코 있는 마귀보다 으르렁거리는 마귀가 낫기 때문입니다. 마귀가 뒤로 물러날 때는 언제든지 백 보 전진하기 위해 일 보 후퇴하는 것일 뿐입니다. 여러분이 스스로에게 "내 부패한 행위들은 다 사라졌어. 이제는 죄를 지으려는 경향이 내게는 없어"라고 말하기 시작할 때는 언제든지 여러분은 두려운 위험 가운데 처해 있는 것입니다. 불쌍한 사람이여, 그대는 지금 자신이 무슨 말을 하고 있는지 모릅니다. 하나님께서 여러분을 학교에 보내시고 여러분에게 빛을 조금 비추어 주시기를 바랍니다. 그러면 여러분은 머지않아 틀림없이 다르게 말할 것입니다. 이런 것이 부수적으로 일어나는 결과들입니다. 즉, 하나님께서 마음에 그의 법을 쓰실 때, 사람 속에는 흔히 투쟁과 갈등이 일어납니다. 거룩함이 그 사람의 마음을 지배하려고 하기 때문입니다.

그러나 하나님께서 사람의 마음에 그의 법을 쓰시는 일에서 이보다 나은 것이 나오지 않습니까? 그렇습니다. 그로부터 실제적인 순종이 나옵니다. 율법이 선하다는 것을 사람이 인정할 뿐만 아니라 또한 율법에 복종하기도 합니다. 그리스도께서 명하시는 것이 있다면 그것이 무엇이든지 사람은 그 일을 행하려고 합니다. 그 일을 하기를 바랄 뿐만 아니라 또한 실제로 행합니다. 그리고 잘못된 것이 있다면 그는 그것을 삼가려고 할 뿐만 아니라 또한 실제로 그 일을 행하지 않습니다. 하나님께서 그를 도우시므로 그는 정직하고 의로우며 착실하고 경건하며, 사랑을 품은 사람이 되고 그리스도처럼 됩니다. 성령께서 그의 안에서 바로 이런 일을 하시기 때문입니다. 거듭난 사람들의 마음속에도 남아 있는 육신의 이 옛 정욕들이 없다면 그는 온전해질 것입니다. 이제 신자는 무엇이든지 선한 것을 아주 기뻐합니다. 세상에 올바르고 참된 것이 있다면 그 편에 섭니다. 진리가 실패하면 그는 좌절합니다. 그러나 진리가 계속 나아가 이기고 또 이기려 한다면 그도 기뻐하고 기쁨으로 탈취물을 나눕니다. 이제 그는 하나님의 편에 있고, 그리스도의 편에 있으며, 진리의 편에 있고, 거룩한 자들의 편에 있습니다. 사람이 그렇게 되면 행복하지 않을 수 없습니다. 비록 그에게 온갖 씨름하는 일이 있고 우는 일이 있으며 죄를 고백하는 일이 많을지라도 그는 행복한 편에 있기 때문에 행복한 사람입니다. 하나님이 그와 함께 하시고 그가 하나님과 함께 있으므로 그는 복 받은 사람임에 틀림없습니다.

이 일이 계속 진행됨에 따라 그는 더욱더 천국에 거할 수 있는 준비를 하게 됩니다. 그는 하나님의 형상으로 변화하는데 주의 영으로 변화하기 때문에 영광에서 영광에 이르게 됩니다. 우리가 천국에 들어가기에 적합하게 되는 것은 생애 마지막 순간에, 곧 우리가 죽을 때에 급하게 이루어질 일이 아닙니다. 하나님의 자녀들은 구원받는 순간 바로 천국에 들어가기에 적합한 상태가 되고, 그들이 성숙하게 되어 마치 익은 열매처럼 나무에서 떨어져 하나님 아버지 품에 들어가기까지 그 상태는 계속 발전하고 증진됩니다. 하나님께서는 영혼이 천국에 들어갈 준비가 완벽하게 된 후에는 하나님께서 영혼을 천국으로 불러들이는 일을 잠시도 지체하시지 않을 것입니다. 그래서 하나님께서 우리를 빛 가운데 있는 성도들의 기업을 받기에 합당하게 만드셨을 때 우리는 즉시 우리 주님의 기쁨에 들어갈 것입니다.

형제 여러분, 이제까지 사람이 생각한 주제들 가운데 가장 복된 주제라고 할 수 있는 주제를 내가 나약하고 단조롭게 말한 것 같습니다. 아무튼 지금까지 나는 하나님의 법을 어떻게 지킬 것인지, 하나님의 법을 어떻게 존중할 것인지, 거룩함이 어떻게 세상에 들어오고, 우리가 어떻게 해야 더 이상 하나님의 법을 어기지 않게 될 것인지에 대해서 말했습니다. 이제 우리는 "내가 나의 법을 그들의 속에 두며 그들의 마음에 기록할 것이라"는 이 큰 약속이 담겨 있는 언약의 보증이신 주 예수님을 믿읍시다. 하나님이여, 약속하신 대로 우리에게 행하소서. 아멘.

제

26

장

—

사죄 받음을 통해서 여호와를 앎

—

"그들이 다시는 각기 이웃과 형제를 가르쳐 이르기를 너는 여
호와를 알라 하지 아니하리니 이는 작은 자로부터 큰 자까
지 다 나를 알기 때문이라 내가 그들의 악행을 사하고 다시
는 그 죄를 기억하지 아니하리라 여호와의 말씀이니라." — 렘
31:34

여호와를 바르게 아는 것은 언약의 복입니다. 여호와를 살아계시고 참되신
오직 한 분 하나님으로 아는 것, 다윗처럼 "주는 나의 하나님이시라"(시 63:1)고
말할 만큼 하나님을 개인적으로 친밀하게 아는 것, 이것은 은혜 언약이 택하신
모든 백성들에게 주는 최고의 복들 가운데 하나입니다. 이 예언에서 여호와는
이스라엘 집과 유다 집에게 하나님을 아는 이 지식을 주겠다고 선언하십니다.
이 약속은 아브라함의 오랫동안 방랑하던 후손들에 대해 우리가 품게 되는 희망
입니다. 하나님께서 이들을 머지않아 다시 찾고 구원하시겠다는 것입니다.

본문 말씀이 그 순서에서 우리에게 교훈하는 바가 있다고 본다면, 하나님을
아는 이 지식은 하나님의 법이 마음에 기록된 뒤에 오는 것입니다. 그 구절을 읽
어봅시다. "그 날 후에 내가 나의 법을 그들의 속에 두며 그들의 마음에 기록하
여 나는 그들의 하나님이 되고 그들은 내 백성이 될 것이라 여호와의 말씀이니
라. 그들이 작은 자로부터 큰 자까지 다 나를 알 것이라 여호와의 말씀이니라."
은혜의 사역은, 우리가 인식할 수 있는 한에서 말하자면, 보통 성령께서 하나님

의 법을 사람의 마음속에 넣으시는 것부터 시작됩니다. 율법이 사람 밖에 있으면 잊어버리게 됩니다. 사람이 율법을 존중한다고 말할 수 있지만, 율법이 사람의 마음과 생각에 영향을 미치지는 못합니다. 그러나 성령께서 하나님의 법을 사람 속에 두기 시작하면 그 즉각적인 결과는 우리의 부족과 허물을 발견하는 것입니다. 사람이 마음으로 하나님의 법의 완전한 거룩함을 보면 볼수록 그만큼 더 자신의 더러움과 부정함을 깨닫게 됩니다. 사람은 자신의 행동을 하나님의 의에 비추어 보고 부끄러움과 슬픔과 당혹스러움으로 어찌할 줄 모르게 됩니다. 하나님께서 죄악을 주목하여 보시며 자신이 하나님 앞에 설 수 없다는 것을 느낍니다. 뿐만 아니라 하나님께서 당장에 자기를 정죄하실지라도 하나님은 정당하시다고 느낍니다. 율법의 일은 은혜의 일이 어두운 옷을 입고 행하는 것입니다. 율법의 일은 은혜가 모양을 만들고 매끄럽게 다듬도록 목재의 거친 부분을 손질하는 도끼입니다. 성령님은 율법이 양심에 작용하여서 사람에게 죄와 의와 심판을 깨닫게 함으로써 마음이 변화하도록 일하십니다. 성령께서는 마음에서 돌을 제거하고 마음을 살처럼 부드럽고 예민하게 만드십니다. 그 다음에 친히 손가락으로 마음과 감정에 하나님의 법을 기록하셔서 하나님의 계명이 사람의 생명의 축이 되고 사람의 행동을 결정하는 힘이 되게 하십니다. 그 사람이 전에는 기껏해야 두려워하기만 하였던 율법을 이제 사랑합니다. 하나님의 뜻을 행하는 것이 그의 뜻이 됩니다. 은혜의 기적으로 말미암아 본성이 변하였고, 그래서 온통 악으로만 향하던 본성의 경향들이 물러가고 전적으로 선으로 향하는 새로운 경향들이 들어섭니다. 이제 하나님의 법은 사랑으로 다스리기 때문에 정말로 영광스러운 것입니다. 하나님의 법이 모세가 산산이 부수었던 돌판에 기록되었을 때는 두려운 것이었습니다. 그러나 그 법이 마음의 중심 보좌로부터 우리 인성에 부드럽게 영향을 미치자 그 광채가 지극히 값진 진주의 광채와 같습니다. 그 법이 이제는 영원히 남아 있을 판에 기록되었습니다. 그 법이 불멸의 영에 새겨졌기 때문입니다.

하나님의 법이 마음에 쓰였기 때문에 거기에서 하나님이 나타나시게 됩니다. 그 사람이 이제는 자기 자신을 알게 되고 하나님의 법을 알게 되며, 그렇게 해서 결국 하나님을 알게 됩니다. 이제 그는 하나님을 익숙하게 알고 그래서 마음이 편안합니다.

나는 오늘 아침 하나님을 아는 이 은혜로운 지식에 대해 이야기할 생각입니다. 첫 번째 소제목은 이것입니다. 즉, 가장 필요한 지식입니다. "그들이 작은 자로부터 큰 자까지 다 나를 알 것이라. 여호와의 말씀이니라." 두 번째 소제목도 마찬가지로 본문에서 나오는데, 그것은 가장 필요한 이 지식을 얻는 중요한 수단입니다. 본문은 하나님께서 이 지식을 어떻게 주시는지에 대해 이야기합니다. "내가 그들의 악행을 사하고 다시는 그 죄를 기억하지 아니하리라." 하나님의 손으로부터 죄 사함을 받을 때, 그 때 우리는 정말로 하나님을 압니다. 이는 사가랴가 우리 주 예수께서 오신 것은 "주의 백성에게 그 죄 사함으로 말미암는 구원을 알게 하기 위하여"라고 노래하였기 때문입니다.

1. 그러면 첫째로, 가장 필요한 지식에 대해서 살펴봅시다.

"영생은 곧 유일하신 참 하나님과 그가 보내신 자 예수 그리스도를 아는 것이니이다"(요 17:3)라는 말씀은 위대한 진리입니다. 하나님을 아는 것은 빛 가운데 사는 것입니다. 이 지식은 신뢰와 평안과 사랑과 거룩함과 하나님의 용납하심을 가져옵니다. 이 구절을 뿌리째 뽑은 다음 마치 그것이 신앙이 보편적으로 보급될 것을 말해주는 예언처럼 사용하는 사람들이 있는데, 여러분은 이 구절을 그들처럼 읽지 마십시오. 우리가 우리 형제와 이웃들에게 우리의 거룩한 믿음의 중요한 진리들을 가르칠 필요가 없는 날이 올 것이라고 꿈꾸지 마십시오. 어쨌든 본문은 그런 것에 대해서 전혀 이야기하지 않습니다. 이 예언은 그것이 서 있는 위치와 문맥에 비추어서 읽어야 합니다. 첫째로, 앞에서 이미 말했듯이 이 예언은 이스라엘 집과 유다 집에 관계가 있습니다. 현재 이들은 하나님을 영적으로 참되게 예배하는 일과 관련해서는 하나님을 잊어버렸습니다. 그들이 그 얼굴에서 하나님의 영광을 볼 수 있는 메시야를 거부하였기 때문입니다. 그런데 이 민족이 전에 누렸던 최상의 상태로 돌아가게 되리라는 것입니다. 이스라엘 집과 유다 집이 모두 마음을 돌이킬 것이고, 그들의 조상이 그처럼 제멋대로 깨트렸던 언약과는 전혀 다른 새 언약 아래에 들어가게 될 것입니다. 하나님께서는 이스라엘의 남은 자들을 은혜 언약 아래 모으실 것입니다. 옛 언약 하에서 이스라엘 백성에게 정당하게 요구하셨던 것들을 이 은혜 언약을 통해 그들 안에 일으키실 것입니다. 이 은혜 언약 하에서 그들은 하나님의 법이 새겨진 마음을 얻게 될 것입니다. 여호와께서 그들의 하나님이 되시고 그들은 하나님의 백성이 될 것입니다. 그 때는, 그들의 조상이 엘리야 시대에 하늘에서 불이 내리자 백성들이 "여호와 그는 하나님이시로다 여호와 그는 하나님이시로다"(왕상 18:39) 하고 소리쳤을 때 하나님을 알았던 것처럼 정말로 하나님을 알게 될 것입니다. 이렇게 회심한 사람들이 "작은 자로부터 큰 자까지" 다른 것은 모를지라도 여호와는 알 것입니다.

이 구절을 영적 이스라엘에 적용해 보십시오. 여러분이 얼마든지 그렇게 적용해 볼 수 있을 것입니다. 그러면 하나님께서 사람들을 은혜의 방식으로 대하고 그들의 본성에 순종을 새겨 넣으시면 그들이 작은 자로부터 큰 자까지 다 하나님을 알게 되리라는 것을 배웁니다. 본문의 보편성은 새 언약 아래 들어와 마음이 새롭게 되는 모든 사람에게까지 미칩니다. 이들은 예외 없이 하나님을 압니다. 그래서 중요한 점에 대해 그들을 가르칠 필요가 없습니다. 이 사람들은 하나님을 알고 하나님을 잊을 수 없습니다. 이제부터 그들은 더 이상 하나님께 나그네가 아니라 하나님과 함께 머무는 자들입니다.

하나님을 아는 이 지식이 무엇인지 알 수 있도록, 이 지식에 대해서 생각해봅시다. 이것은 분명히 하나님에 대한 지식입니다. "그들이 다 나를 알 것이라." 사람들이 하나님에 관하여 모든 것을 알 수는 없습니다. 누가 하나님에 관한 모든 것을 알 수 있겠습니까? 하나님 자신 외에 누가 그런 의미로 하나님을 압니까? 무한자만이 무한자를 이해할 수 있습니다. 하나님의 속성들을 지적으로 이해하는 것은 우리의 능력을 초월하는 일입니다. 그렇다면 우리가 어떻게 하나님의 본질을 파악할 수 있겠습니까? 그러나 거듭난 사람들은 비록 하나님의 무한한 영광을 이해하지 못하고 또 이해할 수도 없지만 하나님을 압니다. 사람들이 알고 싶은 중요한 과학적인 사실들, 역사적인 사실들, 신학적인 사실들, 영적인 사실들, 영원한 사실들 가운데 알 수 없는 일들이 많습니다. 그러나 그런 문제들은 이 자리에서 말할 수 있는 것이 아닙니다. 여기서는 지식의 한 가지 형태, 오직 이 한 가지 형태만 언급됩니다. "그들이 다 나를 알 것이니라 여호와의 말씀이니라."

여기서 이 선지자가 하나님에 관한 사실들을 아는 것이나 하나님이 어떤 분이신가에 대한 진리들 혹은 하나님이 어떤 일을 하셨거나 하실 일에 대한 진리들을 아는 것에 대해서 말하지 않고, 바로 하나님 자신을 아는 것에 대해 말한다는 점에 유의할 필요가 있습니다. 여러분은 이 차이를 아십니까? 나는 어떤 유명한 인물에 대해 아주 많은 것을 알 수 있고, 또 실제로 압니다. 여러분이 그가 누구인지 알기 원한다면, 말씀드리겠습니다. 그 사람은 비스마르크 대공(大

公)입니다. 그의 전기를 읽어보니 그의 성품에 대해서 조금 알 것 같습니다. 이렇게 나는 그에 관해 다소 압니다. 그러나 여러분이 내게 "목사님은 그를 아십니까?" 하고 묻는다면 나는 당장에 이렇게 대답할 수밖에 없습니다. "아니요, 나는 그를 본 적이 없고 그와 이야기한 적도 없으며 그에게 편지를 쓴 적도, 그 외에 다른 어떤 식으로 교제를 나눈 적도 없습니다. 그래서 내가 그를 안다고 말할 수 없습니다." 이 엄숙한 질문을 여러분에게로 돌려 "여러분은 하나님을 아십니까?" 하고 묻는다면 여러분은 그 질문에 어떻게 대답하겠습니까? 많은 사람이 이렇게 대답할 것입니다. "나는 성경을 읽어보았습니다. 그래서 하나님의 속성들을 알고, 하나님께서 행하신 모든 일과 또 행하겠다고 약속하신 모든 일들을 아주 공경하는 마음으로 기억합니다. 그렇지만 내가 하나님을 안다고 말할 수는 없습니다. 누가 하나님을 안다고 말할 수 있겠습니까?"

이 질문을 해보겠습니다. 여러분은 하나님과 이야기해 본 적이 있습니까? 하나님께서 여러분에게 이야기하신 적이 있습니까? 신자는 "우리의 사귐은 아버지와 더불어 누림이라"(요일 1:3)고 말할 수 있습니다. 여러분은 그렇게 말할 수 있습니까? 여러분은 하나님의 임재를 느껴본 적이 있습니까? 하나님께서 어떤 특별한 방식으로 여러분에게 나타나신 적이 있습니까? 슬프게도, 학식이 뛰어나다고 하는 많은 사람들이 내 질문에 담긴 그런 의미로는 하나님을 알지 못한다고 솔직하게 고백하지 않을 수 없을 것입니다. 심지어 그리스도인이라고 하는 사람들 가운데서도 이것이 슬프지만 사실일 수가 있습니다. 심지어 바울 사도도 고린도 교인들에게 이렇게 말했습니다. "깨어 의를 행하고 죄를 짓지 말라 하나님을 알지 못하는 자가 있기로 내가 너희를 부끄럽게 하기 위하여 말하노라"(고전 15:34). 여기서 말하는 지식은 하나님 자신을 아는 것이지, 하나님이란 존재가 있다는 것을 안다거나 여호와만이 하나님이시라는 것, 또 여호와를 아는 자들은 그를 공경해야 한다는 것을 아는 것이 아니라 하나님을 아는 것입니다.

우리는 하나님이라는 분에게서 도망하려는 경향이 강합니다. 예를 들어보겠습니다. 신자들은 이렇게 말합니다. "내가, 존재하는 것으로 믿은 자를 내가 안다"(I know in whom I have believed). 그러나 바울 사도가 말한 것은 그것이 아닙니다. 그는 "내가 믿는 자를 내가 안다"(딤후 1:12, I know whom I have believed)고 선언하였습니다. 사도는 ·자기가 신뢰한 분을 알았습니다. 그는 개인적으로 예수 그리스도를 친밀하게 알았습니다. 이것이 참된 경건입니다. 곧, 인격체이신 하나님을 개인적으로 아는 것입니다. 이 지식은 믿음의 큰 버팀목입니다. 어떤 사람이 그리스도인 여성에게 자기는 성경을 믿지 않는다고 이야기하였습니다. 그러나 그 여성은 자기는 성경을 믿는다고 대답하고서 즐겁게 성경을 읽었습니다. 그녀에게 이유를 묻자 그녀는 이렇게 대답하였습니다. "아마도 그것은 내가 성경의 저자를 알기 때문일 거에요." 하나님을 개인적으로 알게 되면 믿음이 확신으로 바뀝니다. 하나님을 아는 것은 지극히 확실하고 즐거운 믿음의 기초입니다. 그것은 하나님이 우리에 대해 품으신 사랑을 우리가 알고 있고 또 믿었다는 것입니다. 하나님을 알기 때문에 우리는 하나님의 말씀이 진리라는 것을 믿습니다. 또 하나님의 판결이 정당하며 하나님의 행위들은 선하고, 하나님의 뜻은 지혜로우며 하나님의 징계에는 사랑이 담겨 있다는 것을 믿습니다. 거듭난 사람이 진정으로 하나님을 알 때는 하나님에 대해서 아무 불평이 없고 하나님께서 행하시거나 말씀하시는 어떤 것에도 아무 불평이 없습니다. 그가 외치는 말은 이것입니다. "이는 여호와이시니 선하신 대로 하실 것이니라"(삼상 3:18). 이렇게 하나님을 아는 것이 영생입니다.

여러분은 하나님을 아십니까 라는 이 질문을 다시 생각해 봅시다. 여러분, 내 말을 잘 들으십시오. 여러분이 "두렵도다 이 곳이여"(창 28:17)라고 말할 만큼 하나님께서 여러분 가까이 오신 적이 있습니까? 여러분은 하나님의 목소리를 듣고 몸이 떨고 입술이 떨린 적이 있습니까? 선지자 하박국이 몹시 떨었을 때 그를 압도한 그 느낌을 여러분은 압니까? 그 느낌을 안다면, 나는 여러분이 하나님이 계시며, 또 하나님께서 사람들을 만나신다는 사실을 과거에 확실히 알았던 어떤 것보다도 더 확실히 안다고 생각합니다. 여러분은 이런 식으로 하나님을 압니까? 나는 이 질문을 여러분 각 사람에게 묻습니다. 여러분은 하나님께 이야기해 본 적이 있습니까? 여러분은 언제든지 마음을 열어놓고 하나님의 음성을 들을 준비가 되어 있습니까? 여러분은 하나님께 모든 비밀을 다 말씀드립니까? 이렇게 말한다고 해서 내가 광신이나 미신적인 어떤 것을 이야기하는 것이 아닙니다. 나는 지금 말짱한 정신으로 진지하게 여러분에게 묻습니다. 하나님이 여러분에게는 진짜로 존재하시는 분입니까? 여러분에게 하나님이 여러분의 품에 안겨 있는 아내만큼 혹은 길에서 여러분과 함께 걷는 친구만큼 실제로 계시는 분입니까? 여러분에게는 보이지 않는 하나님이, 여러분이 볼 수 있는 어떤 사람만큼 현실적인 존재이고, 여러분이 느낄 수 있는 물체만큼 실제적인 사실입니까? 하나님께서 여러분의 영혼에 말씀하신 적이 있습니까? 나는 하나님께서 말씀하시는 그 매개체에 대해서 구체적으로 질문하지는 않겠습니다. 하나님께서 이 성경책을 통해서 혹은 그의 종을 통해서, 혹은 여러분 영혼 속에서 "세미한 소리"(왕상 19:12)를 통해서 말씀하셨을 수 있습니다. 어찌 되었든 간에 영원하신 분께서 여러분에게 말씀하신 적이 있습니까? 아, 여러분, 여러분은 여러분의 하나님과 말을 건넬 정도의 사이입니까? 그렇지 않다면 여러분은 하나님을 안다고 말할 수 없습니다. 그리고 여러분이 하나님을 알지 못한다면 여러분은 마음이 새롭게 된 사람들 가운데 있지 않은 것입니다. 그들에 대해서는 이 성경에서 하나님이 이렇게 말씀하셨기 때문입니다. "그들이 작은 자로부터 큰 자까지 다 나를 알 것이라."

친구 여러분, 다음으로, 하나님을 아는 것은 개인적인 지식입니다. 마음이 새롭게 된 사람은 그 자신이 하나님을 압니다. 여러분은 여러분 스스로 하나님을 알지 않고서는 하나님을 알 수 없습니다. 내가 그런 사람을 알고 있느냐는 질문을 받고 "글쎄요, 내 형제가 그를 압니다"라고 대답한다면 그것은 아무 쓸모가 없을 것입니다. 그것은 내가 개인적으로 그를 알지 못한다는 것을 인정하는 말이 될 것입니다. "당신은 그를 압니까?"라는 질문을 다시 받았을 때, "글쎄요, 내게는 이따금 그와 식사하는 사촌이 있어요" 하고 대답한다면, 그것은 어리석은 말이 될 것입니다. 여기서 말하는 것은 그 문제가 아닙니다. 여기서는 간접적인 지식은 인정될 수 없습니다. 여러분은 다른 사람들을 통해서 하나님을 알 수 없습니다. 여러분이 왜 다른 사람을 통해서 하나님을 알기를 바라야 하겠습니까? 대부분의 사람들이 바라는 것이 개인적인 지식이 아닙니까? 욥이 자기가 죽은 자들 가운데 일어나면 틀림없이 자신의 구속자를 볼 것을 알고 기뻐하지 않았습니까? 욥의 기쁨의 핵심은 바로 이것이었습니다. "내가 그를 보리니 내 눈으로 그를 보기를 낯선 사람처럼 하지 않을 것이라"(욥 19:27). 그는 자신의 구속자를 다른 사람의 눈으로 보기를 바라지 않았을 것이고, 그저 다른 사람을 대리로 내세워 구속자를 보기를 바랴지도 않았을 것입니다. 사랑의 샘에서 물을 마시는 것은 바로 우리의 입이고, 주님을 보는 것은 바로 우리의 눈입니다. 대부(代父)가 대신 은혜를 받을 것이라는 헛된 생각은 사람을 구원할 수 없고 만족을 줄 수도 없습니다. 여러분은 다른 사람의 눈으로 하나님을 볼 수 없습니다. 다른 사람의 지식을 통해서 하나님을 알 수 없습니다. 여러분, 여러분 자신이 거듭나야 합니다! 여러분 자신이 마음이 청결해야 합니다. 그렇지 않으면 하나님을 볼 수 없습니다. 개인의 신앙과 하나님에 대한 개인적인 지식은 절대로 없어서는 안 될 것입니다. 자, 여러분, 여러분은 여기에 대해 무엇이라고 말하겠습니까?

그 다음에, 이 지식은 하나님의 영이 우리 안에 일으키시는 것입니다. 이웃과 형제에게 "하나님을 알라"고 말하는 것은 모든 그리스도인의 의무입니다. 자기가 알고 있는 것을 말하려고 하는 것은 하나님의 새로 태어난 자녀의 본능입니다. 하나님께서는 이 노력을 사람들을 구원하시는 자신의 도구로 사용하십니다. 그러나 하나님을 정말로 아는 사람은 순전히 그런 방법에 의해서만 하나님을 아는 것이 아닙니다. 이것이 수단으로 사용될 수 있지만, 그 수단에 의해 얻은 지식은 형제나 이웃보다 더 높은 원천에서 오는 것입니다. 시온의 모든 자녀들은 하나님에게서 배웁니다. 그들은 하나님께서 자신을 그들에게 계시하시므로 하나님을 아는 것입니다. 여러분은 설교자가 여러분에게 말하는 것을 들으면서도 제대로 아는 것이 아무것도 없을 수가 있습니다. 여러분은 이 성경책이 여러분에게 무슨 말을 하는지 알지만, 성령께서 여러분을 살려서 살아 있는 진리를 깨닫도록 하시지 않으면 아무것도 바르게 알 수가 없습니다. 나는 혀가 닳아 없어질 때까지 서서 설교할 수 있고, 이 영감 된 책이 인쇄된 잉크가 하얗게 바랠 때까지 여러분 앞에 펼쳐져 있을 수 있습니다. 그럴지라도 여러분이 설교를 듣든지 성경을 읽든지 하나님을 알지 못할 수가 있습니다. 분명히 말씀드리지만, 성령께서 하나님을 여러분에게 보여주시지 않는 한 여러분은 결단코 하나님을 알지 못할 것입니다. 여러분이 어떤 사람의 말을 듣고 그 사람에 대한 책을 읽어도 그를 알 수 없습니다. 그를 직접 만나서 상대해 보아야 합니다. 여러분 각각이 하나님을 직접 만나봄으로써 하나님을 알아야 합니다. 이 외에는 하나님을 바르게 알 수 있는 방법은 없습니다. 베드로가 예수께서 그리스도이심을 고백했을 때, 주 예수께서 어떻게 말씀하셨는지 여러분은 알 것입니다. "바요나 시몬아 네가 복이 있도다 이를 네게 알게 한 이는 혈육이 아니요"(마 16:17). 여러분은 사람들의 가르침을 통해서 지적으로 많은 것을 알 수 있습니다. 그러나 마음의 지식, 곧 하나님의 택하신 자들만이 갖는 이 지식은 하나님의 가르침을 통하지 않고서는 받을 수 없습니다. 예수께서는 성령님께 대해 "그가 너희에게 모든 것을 가르치리라"(요 14:26). 이것은 "네 모든 자녀는 여호와의 교훈을 받을 것이라"(사 54:13)는 옛 약속이 이행되는 것이 아닙니까? 하나님께서 가르치시는 자들은 정말로 제대로 배웁니다. 자연도 예술도 하나님의 뜻도 이 하늘의 가르침을 대신할 수 없습니다.

사랑하는 여러분, 참된 신자들은 하나님을 압니다. 하나님께서 자신을 그들에게 계시하셨기 때문입니다. 확실히 말씀드리지만, 이 개인적인 가르침을 받은 사람들은 사람들의 의심과 부정에 속아 넘어가지 않습니다. 거짓 선지자들은 할 수만 있으면 택하신 자들이라도 속이려고 할 것입니다. 그러나 하나님의 택하신 자들이 속아 넘어가는 일은 없습니다. 왜냐하면 그들에게는 육신적인 이유가 흔들 수 없는 내적 증거가 있기 때문입니다. 그들은 지존하신 하나님과 교제하며, 하나님의 비밀이 그들에게 있습니다. 따라서 그들의 마음은 확고합니다. 우리는 보고 들은 것을 증거합니다. 사람들이 우리의 증거를 받지 않을지라도, 그 증거가 우리 마음에는 확실합니다.

우리의 믿음이 정말로 성령님의 사역이라면 결코 깨어질 수 없습니다. 하나님께서 행하시는 것은 영원히 지속될 것이기 때문입니다. 여러분의 어머니가 여러분에게 준 믿음을 여러분의 의붓어머니가 치워버릴 수 있습니다. 여러분이 아버지에게서 물려받은 믿음은 집안의 고가구가 팔려나갈 때 함께 팔려갈 수가 있습니다. 사람이 주는 것은 사람이 치워버릴 수가 있습니다. 그러나 성령께서 우리 안에 심으시는 것은 지옥의 모든 마귀가 달려들어도 뽑아버릴 수 없습니다. 성령께서 부드러운 살로 변화시킨 마음에 쓰신 비문은 어둠의 모든 세력이 동원되어도 지울 수 없습니다. 성령께서 주시는 지식은 분명하고 뚜렷하며 개인적이고 확실하며 긍정적이고 따라서 귀중합니다. 우리는 경험이 늘어나면서 더욱더 확신하게 됩니다.

뜨겁게 달구어진 인두로 새기듯이 성령의 활동으로 말미암아 우리 속에 새겨진 그 진리는 우리 자신에게 절대로 필요한 부분이 됩니다.

하나님에 대한 이 지식이 분명한 지식이 된다는 점에 유의하시기 바랍니다. 다른 사람들의 회심을 바라고 열심히 일하는 일꾼들이 이제는 이웃에게 더 이상 "여호와를 알라"고 말하지 않습니다. 이는 이웃이 그 지식을 이미 갖고 있어서 그 점에 대해 가르칠 필요가 없다는 것을 확실히 알기 때문입니다.

사랑하는 형제 여러분, 나는 이 교회의 목사로 있는 한 언제나 여러분에게 가르치지 않으면 안 된다고 느끼는 진리들이 많이 있습니다. 그런데 이 자리에 거듭난 사람들만 모여 있다면 나는 여러분에게 "여호와를 알라"고 말할 생각이 없습니다. 여러분이 작은 자로부터 큰 자까지 모두 하나님을 안다고 확신하기 때문입니다. 내가 하나님의 백성들에게 설교할 때는 그들이 이 지식을 갖고 있는 것으로 생각하고 설교합니다. 나는 그들이 하나님을 안다는 것을 당연한 사실로 여기기 때문에 그 기초를 다시 놓지 않습니다. 경건한 사람의 생활은 그가 하나님을 안다는 것을 우리가 알 만큼 확실히 다릅니다. 하나님을 아는 이 지식이 없다는 사실은 믿지 않는 많은 사람들에게서 그만큼 분명하게 나타납니다. 어떤 사람이 죄를 범하면 많은 경우에 그 고발장에는 이렇게 기록되어 있습니다. "그의 눈에는 하나님을 두려워하는 빛이 없다"(시 36:1). 여러분은 어느 때 사람이 그의 눈에 하나님을 두려워하는 빛이 없는지, 어느 때 사람이 하나님을 두려워하는지를 말할 수 있습니다. 형제 여러분, 여러분이 그 사람을 지켜본다면, 특별히 여러분이 그와 함께 산다면, 그에게 하나님에 대한 지식이 있는지 알 것입니다. 어떤 강력한 것이 그에게 작용하여 그를 제지하거나 자극하고 그의 기운을 북돋우거나 마음을 가라앉힙니다. 그가 힘써 기도할 때 그의 기도소리를 들어보십시오. 문 밖에 서서 들어보면 보이지 않는 분이 그와 함께 계시다는 것을 금방 알아차릴 것입니다. 보이지 않는 이 대단한 분이 이 사람에게는 언제나 만날 수 있는 분입니다. 여러분은 그 사실을 볼 수 있습니다. 그가 장사를 할 때 그를 주의해서 보십시오. 그가 부당한 이익을 취할 수도 있습니다. 그런데 그는 부당한 이익을 부끄럽게 여깁니다. 그는 돈이 부족하지 않습니까? 맞습니다. 돈이 많이 부족합니다. 그러나 그는 다른 사람들은 보지 못하는 분을 공경합니다. 거짓말 한 마디면 그는 많은 이익을 얻을 수도 있습니다. 그러나 그는 거짓말을 하려고 하지 않습니다. 왜 그렇습니까? "나는 하나님을 경외하므로 이같이 행하지 아니하였느니라"(느 5:15). 심령이 새롭게 되고 하나님의 법이 부드러운 마음 판에 기록된 사람들은 모두 자신이 하나님을 알고 있다는 것을 나타내고, 그 형제들은 그 사실을 알고서 그들이 알고 있다고 확신하는 것을 더 이상 그들에게 가르치지 않습니다.

그 다음에, 하나님을 아는 이 지식은 거듭난 사람들 가운데서는 누구나 다 아는 것입니다. 이 지식이 아담의 자손들 가운데서 누구나 다 아는 것이 아닙니다. 많은 수가 하나님을 알지 못하고 하나님을 상대하지 않기 때문입니다! 그러나 은혜 언약 아래 있는 사람들은 모두 하나님을 압니다. 형제 여러분, 자신의 친아버지를 모르는 자녀가 있다면, 그가 정말 그 자녀인지 의심스러울 것입니다. 집 안에 있는 남녀 자녀들은 알고 있는 지식이 다 다릅니다. 큰 아들은 곧 대학에 들어가려고 하고, 큰 딸은 대학에서 학위를 받았습니다. 그러나 저기 있는 어린아이는 자기 이름을 읽을 줄 모르지만 그래도 자기 아버지는 압니다. 그렇지 않습니까? 아버지가 저녁에 집에 오면 아이가 얼마나 좋아합니까! 그렇습니다. 하나님의 자녀들은 자기 아버지 하나님을 압니다. 또한 우리는 모두 하나님의 아들 주 예수 그리스도를 압니다. 내가 다른 것은 몰라도 이것은 말할 수 있습니다.

> "내 하나님 예수시여, 내가 주의 이름을 압니다.
> 주의 이름이 내 모든 소망입니다."

우리는 바로 예수님을 알고 그의 안에 거합니다! 또한 성령님을 압니다. 성령께서 우리의 눈을 열어주셨습니다. 성령님은 우리의 보혜사이십니다. 우리를 하나님 가까이 데려가시는 분이 바로 성령님이십니다. 이렇게 우리는 성부, 성자, 성령님을 개인적으로 압니다. 하나님의 사랑을 받는 모든 가족에게 있어서 이 원칙에 예외는 없습니다. 예레미야 선지자는 이스라엘 백성들이 작은 자로부터 큰 자까지 모두 하나님을 알 것이라고 말합니다. 말하자면 초신자로부터 장성한 성도에 이르기까지 모두 하나님을 안다는 것입니다. 본문의 이 표현이 은혜를 적게 받았거나 많이 받은 것을 가리킬 수 있습니다. 혹은 능력이나 위치 혹은 유용함에서 적거나 큰 것을 가리킬 수 있습니다. 그런 차이는 있을지라도 모두가 주님을 압니다. 한 달란트 받은 신자가 주님을 압니다. 열 달란트 받은 신자는 열 달란트 받았다는 것을 자랑하지 않고 자기가 주님을 안다는 사실을 기뻐합니다.

하나님을 안다는 이것이 거듭난 사람들의 특징적인 표시입니다. 성령께서 그들 안에 일으키신 은혜마다 이 사실을 보여줍니다. 믿음은 하나님의 백성들의 특별한 표지입니다. 그런데 어떻게 그들이 알지 못하는 분을 믿을 수 있겠습니까? "주의 이름을 아는 자는 주를 의지하오리이다"(시 9:10). 이렇게 하나님을 아는 지식은 하나님을 믿는 믿음의 기초입니다. 하나님의 백성들은 모두 하나님을 극진히 사랑합니다. 그러나 우리가 하나님을 모르면 하나님을 사랑할 수 없습니다. 하나님에 대한 우리의 지식이 커짐에 따라 하나님에 대한 우리의 사랑도 더욱더 밝게 타오릅니다. 하나님은 우리의 희망이고 신뢰이며 기대하는 바입니다.

그러나 우리가 모르는 하나님에 대해 소망을 품을 수는 없습니다. 하나님을 아는 지식은 모든 덕과 은혜의 기초가 됩니다. 우리가 그동안 들었던 하나님, 다시 말해 많은 사람들을 통해서 우리에게 보도가 된 하나님이 이제는 더 이상 우리에게 낯선 분이 아닙니다. 예, 그런 분이 아닙니다. 여호와 하나님은 우리의 친구이십니다. 우리는 매일 하나님과 고귀한 대화를 나눕니다. 우리는 하나님과 동행하고, 하나님을 기뻐합니다. 하나님은 우리의 큰 기쁨이십니다. 이 사실은 하나님께서 은혜로 불러 그의 언약 아래 데려오시고 새 마음과 의로운 심령을 주신 모든 사람들에게 대체로 적용됩니다. 즉, 그들은 작은 자로부터 큰 자까지 다 하나님을 압니다.

이제는 여러분이 착실하게 주의를 기울여야 할 두 번째 요점을 알아볼 시간입니다.

2. 하나님을 아는 이 지식을 얻는 중요한 한 가지 수단에 대해서 생각해 봅시다.

여기에 이런 말씀이 있습니다. "이는 내가 그들의 악행을 사하고 다시는 그 죄를 기억하지 않을 것이기 때문이라"(개역개정은 "내가 그들의 악행을 사하고 다시는 그 죄를 기억하지 아니하리라" —역주). 여러분은 이 말씀의 뜻을 이해합니까? 하나님을 가장 분명하게 아는 지식은 죄를 용서받는 데서 나옵니다. 우리가 여호와를 아주 분명하고 생생하며 확실하게 아는 것은 우리의 죄악이 지워질 때, 우리의 죄가 덮어질 때입니다.

잠깐만 생각해 봅시다. 죄 사함을 받는 일이 없으면 우리는 하나님을 알 수 없습니다. 우리는 하나님으로부터 도망하고 하나님을 알고 싶어 하지 않습니다. 우리 조상 아담처럼 우리는 동산 나무들 사이에 숨습니다. 우리의 창조주를 보고 싶어 하지 않는데, 우리가 창조주의 뜻을 어겼기 때문입니다. 죄인은 누구나 하나님을 생각하기를 싫어합니다. 그가 확실한 소식통으로부터 하나님이 없다는 것을 들을 수 있다면 그에게는 그것이 기쁜 소식일 것입니다. 죄인은 하나님을 알 수 없습니다. 이는 그의 마음과 뜻과 생각이 이스라엘의 거룩하신 자를 알지 못하고, 자기 하나님으로 모실 수 없는 상태에 있기 때문입니다. 죄를 사랑하는 자는 하나님을 알지 못하고 알고 싶어 하지도 않습니다.

죄가 문에 누워 있는 동안에는 하나님의 편에서도 어려움이 있습니다. 죄인이 악에 반해 있는 한, 하나님께서 어떻게 죄인이 하나님을 친밀히 아는 지식에 들어오도록 허용하실 수 있겠습니까? 크신 왕께서 반역자들을 즐거이 대접하시겠습니까? 두 사람이 마음이 맞지 않고서 어떻게 함께 갈 수 있겠습니까? "하나님은 악인에게 매일 분노하십니다"(시 7:11). 하나님은 눈이 정결하셔서 악을 차마 보지 못하십니다(합 1:13). 그러므로 죄인은 자신의 본성이 더럽기 때문에 또 하나님의 거룩한 성품 때문에 하나님을 아는 지식을 일체 거부합니다.

이 외에도, 죄인이 깨어나기 시작할 바로 그때 지독한 두려움이 죄인의 마음에 엄습합니다. 양심은 하나님이 반드시 죄를 처벌하신다고 증언합니다. 그 문제에 관해 어떤 논쟁을 벌일 수 있느냐 하는 것은 중요하지 않습니다. 우리 모두를 겁쟁이로 만드는 양심은 죄는 처벌받지 않고서 지나갈 수 없다고 우리에게 확언합니다. 회개하지 않는 사람들의 장래에 대한 이야기를 그동안 아주 많이 들었지만 내가 확실히 알고 있는 것은 이것입니다. 즉, 하나님께서 우리 본성 속에 이 믿음을 아주 뿌리 깊이 박아두셨는데, 그것은 하나님이 죄인을 결코 용서하시지 않으리라는 것입니다. 지극히 완고한 불신자의 영혼 깊은 곳에 이 신념이 박혀 있습니다. 죄인을 병상에 오래 누워서 자신의 영원한 미래를 응시하게 해보면, 그는 그렇게 하기를 좋아하든 하지 않든 간에 그 사실을 고백할 수밖에 없게 됩니다. 그런 두려움이 있는 동안에는 사람이 하나님을 알고 싶어 하지 않고, 심지어 하나님을 알 수도 없게 됩니다. 그러나 돌아온 탕자가, 아버지가 자신을 사랑으로 받아주었을 때 아버지를 가장 잘 알았듯이 사람도 하나님께서 자신의 죄를 치워버리실 때 하나님을 가장 잘 알게 됩니다. 죄를 용서받을 때, 하나님과의 교제가 시작됩니다. 죄는 문 앞에 놓여 있는 큰 돌입니다. 이 돌이 굴려 치워질 때 우리는 들어가서 하나님을 봅니다.

사랑하는 여러분, 지금 나는 우리가 경험을 통해서 증명한 문제를 이야기하는 것입니다. 그것은 죄를 용서하실 때에는 하나님께서 용서받는 사람에게 하나님을 분명하고 틀림없이 계시하시는 일이 있다는 것입니다. 나는 죄를 용서하시는 일에서만큼 하나님께서 자신을 개인에게 분명하게 계시하는 경우는 없다고 감히 말씀드립니다. 하나님을 자연에서 볼 수 있습니다. 우리 가운데 그 사실을 의심할 사람이 있겠습니까? 여기저기 걸어 다니며 사방을 둘러보고 위를 올려다보며 거기에서 여러분의 하나님을 보십시오! 그러나 사람들이 죄의 지배 아래 있는 동안에는 자연이 사람들에게 하나님을 계시하지 못합니다. 사람들은 눈을 꼭 감고 하나님을 보려고 하지 않습니다. 아주 뛰어난 자연의 학생들 가운데서도 여전히 하나님을 발견하지 못한 채 있는 사람들이 있습니다. 이 사실은 섭리에도 적용됩니다. 하나님께서는 절박한 위험으로부터 사람들의 생명을 보존하심으로써 혹은 심히 궁핍한 처지에 있을 때 사람들에게 필요한 것들을 공급하심으로써 많은 사람들에게 아주 가까이 가십니다. 그런데 우리는 사람들이 놀라운 섭리들 가운데 살면서도 그저 자신들을 운이 좋은 사람들이나 똑똑한 사람들이라고 생각하고 그래서 하나님의 자비가 우연히 왔거나 아니면 자신에게서 나온 것으로 돌리고 마는 것을 보아왔습니다. 이 성경책이 분명하기 이를 데 없는 하늘의 계시이지만, 하나님께서 이 성경책에서 보이신 계시가 죄 사함에 의해서 오는 개인적인 확신을 사람들에게 가져다주지 못합니다. 많은 사람들이 어려서부터 이 책을 읽었고 이 책의 많은 부분을 암기할 정도로 알고 있지만, 그럼에도 불구하고 하나님의 말씀에서 하나님을 보지 못하였습니다. 그러나 들어보십시오. 만일 여러분이 죄의 책임과 짐을 느낀 적이 있다면, 하나님께서 여러분에게 오셔서 여러분을 구주의 발 앞에 데려오셨고, 여러분이 위를 올려다보며 그 큰 희생 제물을 보고서 구주를 신뢰하였다면, 그리고 성령께서 여러분의 영에게 여러분의 죄악이 사해졌다는 것을 증거하셨다면, 그 때 여러분은 모든 의심을 넘어서 분명하게 주님을 아는 것입니다. 그처럼 하나님을 발견할 때는 거기에 즐거운 죄의 자각과 절대적인 확신 그리고 매우 엄밀한 논증 이상의 것이 있습니다. 죄 사함을 분명히 깨달음으로써 얻는 하나님에 대한 지식은 이생에 속한 일들에 감각을 사용하여 추론하는 지식보다 더 확실합니다.

이렇게 하나님께서 개인에게 자신을 나타내심에는 누구나 알 수 있는 독특한 영광이 있습니다. 여러분은 성경을 읽으면서 때로 하나님께서 어떻게 죄 사함을 신성의 증거로 삼으시는지 눈여겨본 적이 있습니까? 이사야 44장을 보면 여러분은 어떻게 하나님께서 이 선지자를 통해 거짓 신들을 비웃으시는지 알 수 있을 것입니다. 하나님은 나무로 만든 신들을 조롱하십니다. "철공은 철로 연장을 만들고 숯불로 일하며 망치를 가지고 그것을 만들며 그의 힘센 팔로 그 일을 하며 목공은 줄을 늘여 재고"(44:12,13). 이 모든 말씀은 거짓 신들에 대한 신성한 풍자입니다. 그러나 여호와께서 오시어 자신이 참 하나님이시라는 것을 증거하실 때는 무엇이라고 말씀하십니까? 44:22을 읽어 보십시오. "내가 네 허물을 빽빽한 구름 같이, 네 죄를 안개 같이 없이하였으니 너는 내게로 돌아오라 내가 너를 구속하였음이니라." 여기서 하나님은 천지의 창조를 인용하시지 않고 권능의 기적들을 행하신 것을 예로 드시지도 않습니다. 그보다는 죄 많은 백성들에게 "내가 네 죄를 없이하였다"는 이것을 주된 증거로 제시하십니다. 이방 신들 가운데 죄를 용서한 신이 있습니까? 목공과 금 세공인이 조각하고 금을 입혀 만든 이런 것들이 죄악을 없앤 적이 있습니까? 그런 것들이 죄를 없애는 체라도 한 적이 있습니까? 여호와의 신성은 그의 죄 사함으로써 입증됩니다. 여호와께서 하나님이라는 사실이 그 죄 사함을 받는 모든 사람들에게 입증됩니다.

그 점을 다시 한 번 봅시다. 어떻게 하나님께서 자신이 하나님이기 때문에 사람들을 자기에게로 불러 구원을 받게 하시는지 살펴봅시다. 이사야 45:22을 봅시다. "땅의 모든 끝이여 내게로 돌이켜 구원을 받으라 나는 하나님이라 다른 이가 없느니라." 여호와만이 하나님이십니다. 그러므로 사람들에게 구원을 받기 위해 자기를 보라고 명령하십니다. 하나님께서 구원을 통하여 자신의 신성을 증명하셨듯이 이제는 자신의 신성을 들어서 구원을 입증하십니다. 이 두 가지는 하나로 묶여 있습니다. 무거운 짐을 지고 있는 죄인은 이 두 가지가 어떻게 함께 결합되어 있는지 보아야 합니다.

역대하 33장에서 므낫세에 관한 구절을 읽어드리겠습니다. "여호와께서 앗수르 왕의 군대 지휘관들이 와서 치게 하시매 그들이 므낫세를 사로잡고 쇠사슬로 결박하여 바벨론으로 끌고 간지라 그가 환난을 당하여 그의 하나님 여호와께 간구하고 그의 조상들의 하나님 앞에 크게 겸손하여 기도하였으므로 하나님이 그의 기도를 받으시며 그의 간구를 들으시사 그가 예루살렘에 돌아와서 다시 왕위에 앉게 하시매 므낫세가 그제서야 여호와께서 하나님이신 줄을 알았더라." 여호와께서 그를 용서하셨을 때, 그때서야 이 큰 죄인이 여호와께서 하나님이신 줄을 알았습니다. 그와 같은 증거는 없습니다. 개인적으로 무한한 자비를 얻게 하는 것이 하나님의 신성을 증거하는 것입니다.

여러분은 하나님의 교회가 아주 기쁘고 찬송할 심정이 가득하였을 때 부르는 노래가 무엇이었다고 생각합니까? 미가서 7:18,19은 그 노래를 우리에게 이렇게 가르쳐 줍니다. "주와 같은 신이 어디 있으리이까 주께서는 죄악과 그 기업에 남은 자의 허물을 사유하시며 인애를 기뻐하시므로 진노를 오래 품지 아니하시나이다 다시 우리를 불쌍히 여기셔서 우리의 죄악을 발로 밟으시고 우리의 모든 죄를 깊은 바다에 던지시리이다." 할렐루야! 주와 같으신 하나님이 어디 있겠습니까? 우리는 호통치시는 하나님보다 용서하시는 하나님에 더 놀랍니다. 권능의 일들을 보는 것보다 자비를 얻는 일에서 하나님을 더욱 생생하게 알게 됩니다.

사랑하는 여러분, 여러분은 내가 이 기쁜 주제에 대해 이야기하는 것을 잠시 참고 들어주어야 하겠습니다. 나는 한 주간 동안 이 본문을 가지고 설교를 할 수 있어서 좋은데, 끝나고 나면 다음 달에도 해야 할 것 같습니다. 사람이 "그들의 죄와 그들의 불법을 내가 다시 기억하지 아니하리라"(히 10:17)는 이 비길 데 없는 말씀이 의미하는 완전한 용서를 마음으로 알게 될 때 하나님이 어떻게 보입니까? 이런 일이 있을 수 있습니까? 하나님께서 내 모든 죄를 깨끗이 쓸어버리십니까? 하나님께서 내 모든 죄를 그의 등 뒤로 던져버리셨다니, 그런 일이 있을 수 있습니까? 나를 고소하던 그 기록을 지워버리셨습니까? 하나님께서 내 죄를 바다 깊은 곳에 던져버리셨습니까? 할렐루야! 그는 진실로 하나님이십니다. 이것은 하나님다운 행동입니다. 여호와여! 주와 같으신 이 누가 있겠습니까? 내 죄가 용서받는 것을 알 때는 누가 내게 "여호와를 알라"고 말해줄 필요가 없습니다. 하나님의 완전한 용서를 보고 하나님을 알았기 때문입니다.

하나님께서 순전히 사랑 때문에 아주 **값없이** 용서하시며, 여기에서 하나님의 신성이 나타난다는 점도 주목할 필요가 있습니다! 우리 편에서 고난이나 봉사를 지불할 것을 전혀 요구하시지 않습니다. 하나님은 하나님 자신의 이름을 위하여 용서하십니다. 하나님은 자비를 베풀기 기뻐하시기 때문에 죄를 지우십니다. 이것이 하나님다운 처사입니다. 하나님께서 그처럼 값없이 나를 용서하셨기 때문에 내가 하나님을 알고 기뻐하는 것입니다.

사람이 하나님의 **자비의 방법**을 생각하게 될 때, 거기에는 하나님을 더 알 수 있는 지식이 있습니다. 여기에는 중요하게 생각할 점이 있습니다. 양심이 이렇게 묻습니다. "하나님이 나를 용서하신다고 하더라도, 그 일을 어떻게 정당하다고 하실 수 있는가? 하나님께서 죄인을 용서하신다면, 위대한 도덕적 통치자로서 그의 성품과 위치와 모순되지 않은가?" 우리는 하나님께서 속전(贖錢)을 내셨다는 것을 압니다. 다시 말해 하나님께서 그 자신이 의로우시면서 믿는 자를 또한 의롭다고 할 수 있게 하는 큰 희생 제사를 준비하셨다는 것을 압니다. 여기에 하나님의 지혜가 있습니다. 우리는 이 계시에서 대속이라는 단어를 생각하게 됩니다. 예수께서는 우리를 위해서 저줏거리가 되셨습니다. 이 사실을 알 때 우리는 "깊도다 하나님의 지혜여!" 하고 소리치게 됩니다. 그리스도 예수로 말미암은 은혜의 구원이라는 이 특별한 계획에서 하나님의 모든 속성이 영광스럽게 나타나고, 전과 다르게 하나님이 분명하게 알려집니다. 구속하시는 사랑의 찬란함이여! 십자가의 신비를 아는 사람은 누구나 하나님을 알지 않습니까? 예수께서는 "나를 본 자는 아버지를 보았느니라"(요 14:9)고 말씀하십니다.

형제 여러분, 구원의 계획이 실패하였을 때, 그 계획을 성취할 존엄하신 분을 보내신 하나님의 그 큰 사랑을 잊지 마십시오. "하나님이 자기 아들을 아끼지 아니하시고 우리 모든 사람을 위하여 내주셨느니라"(롬 8:32). 죄로 인해 화가 나신 하나님께서 죄 때문에 스스로 고통 받는 자가 되셨다는 것을 생각할 때, 하나님에 대한 내 생각은 과학의 흥미로운 사실들에 고양되어 올라가는 것보다 훨씬 더 높은 데까지 올라갑니다. 자연에서 하나님을 뵐 때, 나는 하나님을 공경합니다. 섭리에서 하나님을 뵐 때, 하나님을 경배합니다. 그리스도 안에서 내 죄를 용서하시는 하나님을 볼 때, 나는 하나님을 압니다.

여러분이 본문을 조금만 넘어가면 또 다른 진리를 만날 것입니다. "내가 그들의 악행을 사하고 다시는 그 죄를 기억하지 아니하리라." 내가 생각할 때, 하나님의 용서의 불변하심은 다이아몬드의 가장 빛나는 면들 가운데 하나입니다. 하나님께서 지금 용서하시지만 후에 처벌하신다고, 다시 말해, 여러분이 오늘은 의롭다 함을 받지만 내일은 정죄 받을 수 있다고 생각하는 사람들이 있습니다. 그것은 본문의 가르침이 아닙니다. 하나님께서는 그런 식으로 용서를 가지고 농락하시지 않습니다. "그들의 죄와 그들의 불법을 내가 다시 기억하지 아니하리라"(히 10:17). 하나님은 우리의 죄를 하나도 기억하시지 않을 것입니다. 우리의 죄는 하나님의 기억에서 깨끗이 사라져버렸습니다. 물론 어떤 의미에서 하나님은 잊어버릴 수 없는 분이시므로 그것은 비유적인 표현입니다. 그러나 하나님께서 기억하시지 않겠다고 말씀하시므로, 나는 기꺼이 하나님의 말씀을 믿습니다. 하나님께서는 죄 사함을 받은 자를 마치 전혀 죄를 짓지 않은 것처럼 보십니다. 우리의 빚은 우리 주 예수께서 완전히 갚으셨으므로 전능하신 하나님의 서류철에는 용서받은 자에 대한 청구서가 전혀 없습니다. 하나님 자신이 자기 백성의 죄를 기억하실 수 없습니다. 하나님께서 그들의 죄를 더 이상 기억하지 않겠다고 맹세하시기 때문입니다. "여호와의 말씀이니라 그 날 그 때에는 이스라엘의 죄악을 찾을지라도 없겠고 유다의 죄를 찾을지라도 찾아내지 못하리니 이는 내가 남긴 자를 용서할 것임이라"(렘 50:20).

형제 여러분, 이 뒤집을 수 없는 용서를 안다면, 여러분은 별들을 응시하거나 암석을 지구 중심에 이르기까지 쪼개어 봄으로써 하나님을 알게 되는 것보다 더 잘 하나님을 아는 것입니다. 여러분에게는 이것이 하나님을 보여주는 것인데, 여러분이 다른 사람들의 글을 읽거나 그들에게서 들을 수 있는 어떤 것보다 더 강력하고 효과적으로 하나님을 보여주는 것입니다. 오늘 아침 여호와 하나님께서 내가 여러분에게 말할 수 있도록 해주실 뿐만 아니라 또한 친히 그의 성령으로 주 예수님의 용서하는 피를 여러분에게 적용하여서 여러분이 하나님과 화해하였다는 생각을 즐기도록 하신다면, 이로 인해 모든 복음 문제들이 의심의 홍수에서 벗어날 것이고, 의심의 파도가 여기까지 올라올 수 없을 것입니다. 여러분이 사랑하시는 아들 안에서 하나님의 받아들이심을 받았다는 것을 성령님으로 말미암아 알게 된다면, 마치 저쪽의 햇빛이 창문을 통해서 쏟아져 들어오듯이 하나님이 자신을 받아들이셨다는 의식이 여러분 영혼 속에 흘러들어 온다면, 여러분은 속으로 나는 정말로 하나님을 안다고 말할 것입니다. 그 천상의 기쁨, 곧 그 "하나님의 평안"이 여러분에게 아무것도 깨트릴 수 없는 충만한 확신을 가져다줄 것입니다. 주장, 말, 이유들, 이런 것들은 다 항아리의 거품입니다. 하나님을 실제로 만나고 성령님의 평안을 주시는 능력을 알고 누리는 이것이 영혼에 충실한 양식입니다.

형제 여러분, 하나님께서 여러분을 만나시고 그래서 여러분이 하나님을 안다면, 이것이 확실한 지식입니다. 흘러가는 시간도, 사람을 괴롭히는 고통도, 유해한 의심도, 공포스런 죽음도 죄의 용서와 함께 오는 믿음의 확신을 여러분에게서 빼앗아갈 수 없습니다. 여러분이 하나님께서 여러분의 죄를 용서하시는 일에서 친히 자신을 나타내시는 것을 보고 하나님을 알지 못한다면, 여러분이 교훈의 풍조가 불 때마다 쉽게 흔들리는 것이 이상한 일이 아닙니다. 그러나 여러분이 하나님께서 은혜 가운데 여러분에게 나타나시는 것을 보고 하나님을 안다면, 여러분은 적의 사정거리가 짧은 총의 위험에서 벗어나 있는 것입니다. 우리의 기억력이 쇠퇴하고 우리의 의식이 사라지기 전에는 우리가 여호와의 영광스런 신성을 의심할 수 없을 것입니다.

우리가 신(新) 신학자들의 궤변 때문에 논쟁에서 질 수도 있습니다. 그러나 우리는 자신이 경험한 사실들을 굳게 붙잡고 놓을 수 없습니다. 구약의 하나님을 사람들이 공공연히 비난할 때, 우리는 "주께서 내 죄를 용서하셨고, 이렇게 해서 자신이 진실로 하나님이심을 증명하셨다"고 말하며 하나님을 자랑합니다. 그러면 우리의 적들은 돌아서서 "그것은 우리에게 전혀 상관없는 주장이다"라고 말할 수 있습니다. 이에 대해 우리는 이렇게 말할 뿐입니다. "우리는 그것이 당신들에게 상관없는 주장이 아니라고 생각한다. 우리가 볼 때는 그것이 여러분에게 충분히 상관있는 주장이다. 여러분 스스로 판단하도록 맡길 수밖에 없다. 당신들이 우리의 증언을 믿지 않으려고 할지라도, 우리의 입장은 분명하다."

하나님께서 우리에게 죄 사함 받았다는 의식을 날마다 새롭게 해 주셔서, 다른 사람들은 무어라고 말하든지 간에 우리는 하나님을 믿고 경외하는 마음으로 확고하고 즐겁게 설 수 있게 해 주시기를 바랍니다. 나는 여러분 모두가 그리스도 예수 안에서 죄를 용서하시는 하나님을 찾고 만날 수 있기를 간절히 바랍니다! 여러분이 복을 받도록 하기 위해 여러분의 구주께서 십자가에 달려 저주를 받으신 것을 보십시오. 보십시오. 그러면 여러분도 하나님을 알 것입니다. 하나님께서 여러분을 도와주시기 바랍니다. 아멘. 아멘.

제

27

장

—

창조 - 믿음을 위한 논거

—

"슬프도소이다 주 여호와여 주께서 큰 능력과 펴신 팔로 천지
를 지으셨사오니 주에게는 할 수 없는 일이 없으시니이다."
— 렘 32:17

갈대아인들이 예루살렘 성 주위에 흙무덤을 쌓고, 기근과 역병의 칼이 온
땅을 황폐하게 하였을 바로 그 때, 예레미야는 옥에 갇혀 있으면서 하나님께 명
령을 받았습니다. 곧, 자기 숙부의 아들 하나멜에게 아나돗에 있는 밭을 사되 법
과 관례에 따라 양도 행위를 확인하기 위해 통상적인 입회인이 매매증서에 서명
하도록 하고, 이 일을 감옥의 법정에 앉아 있는 모든 유대인들 앞에서 공공연히
하라는 명령을 받았습니다. 그런데 이것은 이성적인 사람이 하기에는 이상한 토
지 매입이었습니다. 신중하게 생각한다면 그 일을 정당하다고 말할 수 없을 것
입니다. 그것은 전혀 가치가 없는 부동산을 매입하는 것이었습니다. 이성은 그
밭을 매입하려는 생각을 거부할 것입니다. 그 밭을 매입하는 사람이 그 소유물
을 즐길 수 있을 가능성이 거의 없는데 사는 것이었습니다. 그러나 예레미야는
하나님께서 자기에게 명령하셨다는 것으로 충분하였습니다. 그는 하나님께서
믿음으로 행하는 자기 자녀들에게 옳은 일을 하시리라는 것을 잘 알았기 때문입
니다. 그는 땅 한 뙈기를 사서 자기 것으로 확보하였습니다. 예레미야는 명령받
은 대로 행하고 다시 지하 감옥으로 돌아갔습니다. 방으로 돌아와 혼자 있게 되
었을 때, 예레미야는 자기가 한 일에 대해 자문하며 생각을 이렇게 저렇게 굴려

보기 시작했을 것입니다. "아무 쓸모없는 땅을 구입했어" 하고 그는 말했습니다. 그런데 그가 어떻게 그 생각을 뿌리치는지 보십시오. 그는 마치 불신앙의 말이나 반항적인 말을 금방이라도 할 것처럼 "아, 여호와 하나님" 하고 말했지만 거기서 그칩니다. "여호와는 내가 이 땅을 사용할 수 있게 하실 수 있습니다. 주님은 이 땅을 이 압제자들의 손에서 구하실 수 있습니다. 내가 구입한 이 땅에서 포도나무와 무화과나무 아래 앉아 있게 하실 수 있습니다. 주님은 천지를 지으신 분이시므로 주께 어려운 일이란 아무것도 없기 때문입니다."

　사랑하는 여러분, 이 사실이 초기 성도들에게는 당당한 마음을 주었고, 그래서 그들은 하나님이 명령하시면 상식적으로 이해할 수 없고 이성적으로 받아들일 수 없는 일이라도 감연히 행하였습니다. 그들은 사람들과 상의하지 않았습니다. 그가 마른 땅 위에 배를 건조하려고 하는 노아 같은 사람이든지 혹은 하나밖에 없는 아들을 제물로 바치려고 하는 아브라함 같은 사람이든지 혹은 애굽의 보화들을 멸시하는 모세 같은 사람이든지 아니면 무기는 전혀 사용하지 않고 양각 나팔을 불면서 칠일 동안 여리고를 포위 공격하려고 하는 여호수아와 같은 사람이든지 간에, 이들은 모두 하나님의 명령에 따라 행동합니다. 이성의 명령과 반대로 행합니다. 그리고 하나님, 곧 여호와 하나님께서는 그들에게 순종하는 믿음의 결과로 풍성한 보상을 주십니다. 나는 오늘날 사람들이 하나님을 믿는 이 같은 영웅적인 믿음을 신앙에 좀 더 힘 있게 주입할 수 있으면 좋겠습니다. 그런데 실상은 그렇지 않습니다. 내가 볼 때, 그리스도의 교회는 세상의 일반 회사와 같은 원칙에 의해 움직이는 집단으로 점점 더 타락하고 있습니다. 나는 이제 교회가 "우리가 믿음으로 행하고 보는 것으로 행하지 아니함이로라"(고후 5:7)고 말할 수 없지 않나 생각이 듭니다.

　에드워드 어빙(Edward Irving, 1792~1834. 스코틀랜드의 목사 ―역주)이, 돈주머니 없이 오직 하나님만을 의지하고 말씀을 전하러 갈 수밖에 없다고 생각되었던 선교사에 관해 그 유명한 설교를 전하였을 때, 그를 광신자로 여기고 비웃는 소리가 하늘 높이 들렸습니다. 사람들은 그가 몽상적이고 비현실적이며 미쳤다고 말했습니다. 이 모든 것이 그가 하나님께 대한 믿음이 충만하여서 담대하게 설교를 전했기 때문입니다. 나는 어빙이 그 때 말한 견해에 전적으로 동조합니다. 하나님의 교회에 다시 한번 하나님의 능력의 세례가 베풀어지면 사람을 신뢰하기보다는 담대히 하나님을 의지하는 사람들, 하나님의 맨 팔만 있으면 충분히 의지할 수 있는 것처럼 행동하며, 믿음은 광신이 아니며 보이지 않는 분을 신뢰하는 것이 비정상적인 종교적 열정이 아닌 것으로 알고 행동하는 사람들이 나올 것입니다. 나는 하나님의 교회가 다시 한번 초자연적인 것들로 풍성히 기름 부음 받기를 바랍니다. 교회가 다시 믿음으로 행하고자 하면 그와 같이 기름 부음 받을 것이라고 믿습니다.

형제 여러분, 여러분과 내가 좀 더 하나님의 순전한 약속을 믿고 거기에 의지해서 행하고자 한다면 틀림없이 우리는 지금까지 알지 못하였던 기이한 일들의 세계에 들어갈 것입니다. 우리가 살아 있는 믿음으로 근심의 바다를 걷고자 하기만 한다면 틀림없이 근심의 바다가 우리 발밑에서 대리석처럼 단단해지는 것을 경험할 것입니다. 다시 한번 하나님의 능력과 섭리만을 의지할 수 있다면, 틀림없이 우리는 그렇게 하는 것이 하나님께는 영광이 되고 우리에게는 명예로운, 복되고 안전한 생활 방식이라는 것을 발견하게 될 것이라고 믿습니다. 하나님께서, 세상에 조롱받고 말로만 신자라고 하는 사람들에게 멸시를 받는 영웅들을 다시 한번 일으키시기를 바랍니다. 영원히 살아계시는 하나님을 믿는 믿음으로 행하고 인간의 팔의 약함이 나타나고 하나님의 권능이 드러날 곳에서 담대히 행동할 사람들을 다시 한번 일으켜 주기를 바랍니다. 그러면 우리는 틀림없이 천년왕국이 밝아오는 것을 보고, 우리 하나님께서 우리에게 복 주시고, 땅의 모든 끝이 하나님을 경외할 것을 보게 될 것입니다.

친구 여러분, 오늘 아침 예레미야가 지녔던 신뢰의 위치로 여러분을 데리고 가는 것이 나의 할 일입니다. 자신의 처지가 절망적인 것을 보고, 또 사람이 자신을 위해 아무것도 할 수 없다는 것을 알고서 선지자는 즉시 천지를 지으신 하나님을 의지하고 이렇게 외칩니다. "주에게는 할 수 없는 일이 없으시니이다." 나는 본문을 사용하여 다음 세 인물들에게 이야기할 것인데, 복음전도자를 격려하고, 질문하는 사람에게 용기를 북돋아주며, 신자를 위로하도록 하겠습니다.

1. 복음전도자를 격려하는 것에 대해 말씀드리겠습니다.

그러면 누가 복음전도자입니까? 여호와께서 은혜로우시다는 것을 맛본 사람이면, 남자든 여자든 누구나 복음전도자임에 틀림없습니다. 우리가 죽은 자들 가운데서 일어나신 주 예수 그리스도의 부활로 말미암아 거듭나 산 소망을 갖게 되었다면 예외 없이 모두가 주변 사람들에게 그들이 구원받기 위해 해야 할 일을 틀림없이 말해줄 수 있을 것입니다. 우리 군대에서 말하지 않고 잠잠히 있는 사람이 한 사람이라도 있어서는 안 됩니다. 추수하는 들판에서 한가로이 놀고 있는 손이 하나라도 있어서는 안 됩니다. 그보다는 남자든 여자든 모든 사람이 우리 하나님 구주 예수 그리스도를 아는 지식을 전파하기 위해 자기 분량대로 무엇인가를 해야 합니다. 이 자리에 있는 그리스도 안에 형제 된 여러분, 친구 여러분, 동료 일꾼 여러분, 여러분에게 용기를 북돋아 주는 사실이 여기 있습니다. 그것은 이 일이 하나님의 일이며, 여러분의 성공이 천지를 지으신 분 손안에 있다는 것입니다. 내가 여러분에게 창조의 옛 이야기를 다시 한번 기억하도록 이야기하면, 여러분의 일에 빛이 번쩍이는 것을 보고 그 일을 할 수 있도록 크게 용기를 얻을 것이라고 생각합니다.

(1) 첫째로, 이 세상이 아무것도 없는 데서 창조되었다는 사실을 기억하십시오. 그동안 여러분은 종종 이렇게 말했습니다. "내 일은 너무나 힘들어요. 내가 이야기하는 사람들에게서 희망적이라는 것이 전혀 보이지 않아요. 내가 돌같이 단단한 양심을 두들기지만 양심은 꼼짝도 하지 않습니다. 큰 소리로 율법을 말하지만 죽어서 무감각한 마음은 전혀 움직이지 않았어요. 그리스도의 사랑에 대해 말할지라도 그들의 눈에는 눈물이 고이지 않습니다. 지옥을 이야기해도 전혀 두려워하지 않고, 거룩한 열망이 하늘로 타오르는 일이 전혀 없습니다. 내가 이 일을 하도록 격려해 줄 만한 것이 사람에게서는 아무것도 없습니다. 당장에 이 일을 포기하고 싶어요."

형제 여러분, 나와 함께 세상의 창조 때로 돌아가 봅시다. 하나님은 무엇을 가지고 세상을 만드셨습니까? 이 둥근 지구를 빚어내는데 사용된 어떤 물질이 하나님의 손에 있었습니까? 성경이 무엇이라고 말합니까? 하나님께서 아무것도 없는 데서 이 지구를 만드시지 않았습니까? 여러분은 아무것도 없다는 무(無)의 개념을 아직까지 이해하지 못하였습니다. 눈은 무(無)를 볼 수 없습니다. 눈이 공간을 응시할 수 있는데, 공간 자체도 존재하는 것입니다. 위를 올려다보면, 그것이 무엇인지 우리가 모를지라도 저기에 푸른 대기가 있습니다. 눈은 무(無)를 볼 수 없을 것입니다. 눈이 가려져서 보지 못할 것입니다. 무(無)는 감각으로 파악할 수 없는 것입니다. 그런데 두려운 무로부터 하나님은 해와 달과 별들, 존재하는 모든 것들을 만드셨습니다. 하나님께서 창세전에 말씀하셨다면 하나님께 대답할 목소리가 전혀 없었을 것입니다. 하나님께서 큰 소리를 내셨다면 그 목소리를 되풀이하는 메아리가 없었을 것입니다. 사방에 아무것도 없었는데, 하나님께서 말씀하시자 그것이 생겨났습니다. 하나님께서 명령하시자 그것이 굳게 섰습니다! 죄인의 경우가 그와 비슷합니다. 여러분은 죄인에게는 아무것도 없다고 말합니다. 그렇습니다. 그런데 여기에는 재창조의 일을 위한 여지가 있습니다. 마음이 지금 비어 있고 공허하기 때문에 영원하신 하나님이 오셔서 팔을 뻗어 새 마음과 의로운 영을 창조하시며 전에 아무것도 없었던 곳에 하나님의 은혜를 주실 여지가 있는 것입니다. 여러분이 죄인을 회심시켜야 했다면, 정말로 여러분의 일은 아무것도 없는 데서 새로운 천체를 만들어내는 것만큼이나 절망적인 것이었습니다. 그러나 모든 일을 행하는 사람은 여러분이 아니라 여러분의 하나님이시기 때문에 여러분이 이 생각을 하면 스스로 위로받을 수가 있습니다. 즉, 아무것도 없는 데서 이 놀라운 지구를 다 창조하신 하나님께서는 그가 일하실 만한 천상적인 요소들이 아무것도 없는 곳에서도 생명과 두려움과 희망과 믿음과 사랑을 주실 수 있다는 것을 생각한다면 말입니다.

(2) 여러분은 여러분을 도와주거나 여러분과 함께 일터로 갈 사람이 없다고, 여러분은 아무런 후원을 받지 못한다고 말합니다. 어떤 사람은 말합니다. "아, 목사님, 나를 후원하는 단체가 있다면, 나와 뜻을 같이하는 마음이 따뜻한 친구가 한두 명만이라도 있다면 내가 조금이라도 위로를 받을 텐데 말입니다. 나는 혼자 갈 수밖에 없고, 사람들 가운데 나와 함께하는 사람은 아무도 없어요. 나는 사람들이 하나같이 냉담하고 무감각한 동네에서, 우리 교회 목사님조차도 내가 경솔하고 무모한 젊은이라고 하며 잠잠히 있는 게 좋다고 말하는 곳에서 복음을 전하고 있습니다. 나는 세상을 바라보지만 세상은 나를 미워합니다. 교회로 눈길을 돌리지만 교회는 나를 멸시합니다. 나는 교회에서 볼 때 지나치게 열성적이고 세상에서 볼 때는 지나치게 광신적입니다. 내가 무엇을 할 수 있겠습니까? 나는 혼자뿐이고 돕는 사람이 하나도 없습니다!"

형제 여러분, 하나님께서 여러분과 함께 계시는데, 하나님께서 세상을 창조하실 때, 그 때 하나님은 혼자 일하셨습니다. 하나님께서 가서 의견을 묻고 하나님께 가르쳐 준 사람이 있었습니까? 하나님께서 하늘의 균형을 잡으시고 땅을 위해 기초를 놓으실 때 누가 하나님께 중력의 법칙을 가르쳤습니까? 누가 접시 저울로 산들을, 막대 저울로 언덕들을 달아보았습니까(사 40:12)? 하나님 혼자서 그 일을 하시지 않았습니까? 천사들의 회의가 하나님의 오른편에 모여서 하나님께 의견을 말하지 않았습니다. 그들도 하나님께서 창조하셨기 때문입니다. 어떤 천사장도 지존하신 하나님께 머리를 조아리고 조언을 드리지 않았습니다. 천사장도 피조물에 불과하기 때문입니다. 그룹과 스랍들이 창조의 일이 끝났을 때 노래를 부를 수는 있었지만 그 일을 도울 수는 없었습니다. 천사들이 만든 별이 있는지 보십시오. 땅의 어떤 곳이 천사장의 작품입니까? 여러분은 위로 하늘이나 아래로 바다를 보십시오. 거기에서 여러분은 하나님의 손, 그 유일한 손 말고 다른 어떤 손의 흔적을 봅니까? 혼자뿐이신 그 일꾼께서 아무것도 없는 데서 충만한 것을 창조해내십니다. 무(無)부터 모든 것을 불러내시고 스스로에게서 물질과 방식, 길과 방법을 이끌어내십니다. 하나님의 궁정은 수입을 유지하기 위해 해외로부터 수익을 거둘 필요가 없습니다. 하나님은 필요한 모든 힘을 오직 스스로에게서만 끌어내시기 때문입니다. 그러니 여러분이 혼자라는 생각이 들면, 여러분을, 곧 여러분의 짐을 하나님께 맡기십시오. 여러분이 최고의 동무는 하나님에게서 밖에 찾을 수 없기 때문입니다. 여러분에게 하늘의 군대가 있다고 할지라도 하나님이 없다면 여러분이 무엇이겠습니까? 모든 교회가 깃발을 세운 무서운 군대로 여러분을 후원할지라도 성령께서 여러분 속에 거하시지 않으면 여러분은 틀림없이 패배할 것입니다. 분명히 말씀드리지만, 땅과 하늘에 있는 모든 성도들과 천사들이 연합해서 여러분을 도와서 여러분의 목적을 이루도록 할지라도, 하나님께서 여러분에게서 멀리 떨어져서 그냥 서 계시기만 한다면, 여러분의 노력은 헛될 것이고 여러분은 공연히 힘만 낭비하게 될 것입니다. 그러나 하나님이 함께 하시면 모든 사람이 여러분을 버릴지라도 여러분은 이길 것입니다.

> "하나님께서 팔을 뻗어 일하시면
> 무엇이 하나님의 일을 방해할 수 있겠습니까?
> 하나님께서 자기 백성의 대의를 옹호하시면
> 누가 그의 손을 막을 수 있겠습니까?"

　그러니 여러분이 혼자라는 이 사실 때문에 근심하지 마십시오. "아(개역개정은 이를 '슬프도소이다'로 번역하고 있음 —역주), 주 여호와여 주께서 큰 능력과 펴신 팔로 천지를 지으셨사오니 주에게는 할 수 없는 일이 없으시니이다."

(3) 그러면 여러분은 내게 이렇게 대답할 것입니다. "내 슬픔은 내가 혼자라는 사실에 있다기보다는 내 자신이 연약하고 내 일을 감당하기에 부족하다는 것을 너무도 분명히 안다는 우울한 사실에 있습니다. 내가 주일학교에서 수고한 것을 돌아볼 때 '내가 전한 것을 누가 믿었으며 여호와의 팔이 누구에게 나타났는가?'(사 53:1)라고 말하지 않을 수 없습니다. 마치 나에게는 반석을, 너무도 단단해서 보습의 날을 무디게 만드는 반석을 갈아엎는 것 같습니다. 거기에 도무지 흔적을 남길 수가 없어요. 나는 그동안 허공을 쳐 왔어요. 물에다 주먹질을 해왔던 것 같아요. 나는 필요한 은사가 없지 않나, 마땅히 받았어야 하는 은혜를 받지 못한 것이 아닌가 하는 생각이 듭니다. 슬프게도 나는 입술에 할례를 받지 못한 것 같습니다! 나는 이런 일들에 적합하지 않아요. 나는 요나처럼 하나님이 지워주시는 짐에서 벗어나기 위해 니느웨로 가지 않고 다시스로 가고 싶습니다."

그렇군요. 하지만 형제여, 와서 다시 한 번 창조의 일을 생각해 보십시오. 영원하신 하나님께서는 창조 때 아무 도구도 필요 없었습니다. 하나님께서 하늘과 땅을 만드실 때 사용하신 도구들이 있었습니까? 대장장이는 물건을 만들 때 망치와 모루를 사용하여 모양을 만들었습니다. 그런데 하나님께서 이 지구를 현재 모양과 같이 만드실 때 무슨 모루 위에 지구라는 뜨거운 재료를 놓고 두들기셨습니까? 나는 조각가가 아름다운 선을 새길 때 아주 단단히 쥐고 사용해야 하는 날카로운 도구가 필요하다는 것을 압니다. 그러나 하나님께서 이 아름다운 그림을 그리실 때, 곧 하늘과 땅의 이 놀라운 풍경을 그리실 때, 사용하실 무슨 조각칼이 있었습니까? 여러분은 하나님께서 그의 능하신 손에 어떤 도구가 있었다는 것을 어디에서 배웁니까? 목수에게는 대패와 망치와 까뀌가 있습니다. 영원하신 하나님께서 무슨 대패나 망치나 까뀌를 사용하셨습니까? 하나님께는 그의 손밖에 아무것도 없지 않았습니까? 하늘은 하나님이 손가락으로 지으신 것이고, 해와 달은 하나님의 수공물이 아닙니까? 그렇다면, 하나님께서 세상을 창조하실 때 도구 없이 일하실 수 있다면, 죄인을 회개시키실 때 아주 보잘것없는 도구를 사용해서 일하실 수 있는 것이 확실합니다. 내 자신에 대해서 생각할 때, 그것은 마치 전능한 일꾼이신 하나님께서 화강석 바위도 뚫을 수 있는 손에 밀짚 하나를 든 것처럼 여겨집니다. 그러나 그것이 비록 밀짚 하나에 불과하지만 하나님의 손에 들리면 이 지구라도 뚫을 수 있고 천체들을 실에 꿰듯이 꿸 수도 있을 것입니다. 냇가에서 주운 매끄러운 조약돌 하나에 불과하지만 하나님께서 그것을 집어 하나님의 물매에 재어서 세게 던진다면 그 조약돌이 거인의 이마라도 꿰뚫을 것을 나는 압니다. 하나님은 사람의 힘을 사용하여 구원하시지 않고 인간의 학식과 웅변, 재능을 가지고 구원하시지도 않습니다. 우리가 바라보아야 할 것은 도구의 힘이나 약함이 아니라 바로 하나님의 힘입니다. 여러분이 자신에게서 눈을 돌리기를 바랍니다. 여러분이 무엇입니까? 아무 힘이 없는 사람의 아들일 뿐입니다! 여인에게서 난 자요, 태생이 불결하고 그 행위가 죄 많은 자입니다. 여러분에게는 하나님께서 여러분을 영혼을 구원할 자로 삼아야 할 이유가 전혀 없습니다. 그러나 여러분이 아무것도 아니기 때문에 그만큼 더 여러분이 하나님께서 사용하시기에 적합한 것입니다. 하나님께서는 여러분의 약함 때문에 그만큼 더 영광을 얻으실 것입니다. 그러므로 나는 여러분이 바울 사도처럼 이렇게 말하기를 바랍니다. "나의 여러 약한 것들에 대하여 자랑하리니 이는 그리스도의 능력이 내게 머물게 하려 함이라"(고후 12:9). 여러분이 이렇게 노래하기를 바랍니다. "우리가 이 보배를 질그릇에 가졌으니 이는 심히 큰 능력은 하나님께 있고 우리에게 있지 아니함을 알게 하려 함이라"(4:7). "아, 주 여호와여 주께서 큰 능력과 펴신 팔로 천지를 지으셨사오니 주에게는 할 수 없는 일이 없으시니이다." 하나님은 지극히 하찮은 도구를 가지고서도 놀라운 일들을 할 수 있습니다.

(4) 나는 여러분이 여전히 불평하며 이렇게 말하는 소리가 들립니다. "아, 정말! 나는 말을 할 줄 몰라요. 말한다고 해도 나는 본문을 제시하고 거기에 대해서 뻔한 말 몇 마디, 말하자면 올바르고 진지하기는 하지만 대단치 않은 말 몇 마디밖에 할 수 없습니다. 나는 로버트 홀(Robert Hall, 1764-1831, 영국의 침례교 목사 —역주)처럼 똑똑하게 말을 끝낼 줄 모르고 토머스 찰머스(Thomas Chalmers, 1780-1847, 스코틀랜드의 신학자 —역주)처럼 사람들을 장엄하고 높은 세계로 끌고 올라갈 줄도 모릅니다. 나는 휫필드처럼 눈물과 거룩한 열정으로 사람들을 감동시킬 수 있는 힘이 없어요. 나는 그저 단순하게 자비를 말할 줄 밖에 모릅니다." 그렇군요. 그런데 하나님께서는 그저 그의 말씀만으로 만물을 창조하시지 않았습니까? 하나님께서 말씀하시자 그대로 이루어졌을 때 무슨 웅변술을 발휘하셨습니까? "빛이 있으라" 하시니 빛이 있었습니다. 여러분은 여기서 무슨 웅변술의 장식 같은 것을 볼 수 있습니까? 오늘날은 복음 자체가 여호와의 권능의 지팡이(시 110:2)가 아닙니까? 바로 복음이 믿는 모든 자에게 구원에 이르는

하나님의 능력이 아닙니까? 우리의 사랑하는 사도는 끊임없이 이 점을 강조하지 않습니까? 즉, 우리의 구원이 말의 지혜에 있지 않고 말의 아름다움에도 있지 않으니, 이는 심히 큰 능력은 하나님께 있고 우리에게 있지 아니함을 알게 하려 하고(고후 4:7), 사람의 믿음이 사람의 지혜에 있지 아니하고 다만 지극히 높으신 하나님의 능력에 있게 하려는 것이라(고전 2:5)고 말입니다. 동료 복음전도자 여러분, 여러분의 일을 계속 하십시오. 계속해서 하나님의 말씀을 전하십시오. 하나님의 말씀은 하나님으로 말미암아 요새를 무너뜨리는 강력한 말씀이기 때문입니다. 태초에 하늘과 땅을 만든 것은 꾸밈이 없는 단순하고 평이한 말씀이었습니다. "빛이 있으라"는 말씀만큼 장엄할 정도로 단순한 말씀이 있을 수 있겠습니까? 여러분은 가서 그처럼 단순하게 "죄인이여, 주 예수 그리스도를 믿으라"고 말하십시오. 여러분의 메시지는 하늘로부터 오는 하나님의 목소리가 되어 헛되이 하나님께로 돌아가지 않고 하나님께서 그 메시지를 보내신 목적을 이룰 것입니다.

　(5) 나는 한 형제가 이 예배당 한쪽 구석에서 이렇게 소리치는 것을 듣습니다. "아, 목사님은 내가 일하고 있는 지역의 어둠을 모르십니다. 나는 미개하고 지력이 떨어지는 무지한 사람들 가운데서 애쓰고 있습니다. 애를 쓰지만 거기에서 무슨 열매를 볼 수 있을 것으로 기대하지 않습니다." 아, 형제여, 그대가 그렇게 말하는 한 그대는 아무 열매도 보지 못할 것입니다. 하나님께서는 믿지 않는 사람들에게는 큰 일들을 보내시지 않기 때문입니다. 여러분의 믿음을 북돋우기 위해서, 여러분이 의지해야 할 분은 바로 하늘과 땅을 창조하신 하나님이시라는 것을 다시 한번 말씀드립니다. 옛적에 무엇이라고 기록되었습니까? "땅이 혼돈하고 공허하며 흑암이 깊음 위에 있고 하나님의 영은 수면 위에 운행하시니라"(창 1:2). 그 어둠이 얼마나 깊었는지 나는 알지 못합니다. 빛 한 줄기 뚫고 들어간 적이 없는 태초의 그 어둠, 해도 달도 비치지 않았고 별빛 하나 비치지 않았던 일곱 배나 빽빽하고 짙은 애굽의 어둠이 얼마나 깜깜했는지 나는 모릅니다. 태초에 어둠이 있었지만, 나는 그것을 영원한 어둠이라고 부르려고 했는데, 사실 지존하신 하나님 외에는 영원한 것은 없습니다. 아무튼 태초에 어둠이 있었는데 "빛이 있으라"는 말씀 한 마디가 있자 빛이 있었습니다.

　동료 복음전도자 여러분, 여러분은 여러분의 설교를 듣는 사람들의 어둠이 이 태고의 영원한 밤의 어둠보다 더 짙다고 생각합니까? 설사 그렇다고 할지라도 하나님은 전능하신 분입니다. 하나님께서 여러분을 통해서 말씀하시기만 하면, 여러분의 말을 하나님의 말씀으로 만드시기만 하면, 눈을 가리고 있는 막이 사람들의 눈에서 떨어질 것이고 한밤중에 갇혀 있는 사람이 놀라운 대낮으로 불려나올 것입니다. 나는 이 지구상에서 어디가 가장 어두운 곳인지 알고 싶습니다. 선교사들을 먼저 파송해야 할 곳이 바로 거기이기 때문입니다. 우리가 하나님을 위해서 담대하게 나서서 가장 어려운 일들을 먼저 시작하는 믿음이 있으면 좋겠습니다! 그런데 슬프게도 우리는 지독한 겁쟁이들입니다. 우리는 일하기 좋은 데를 선호하고, 전망이 밝기를 바랍니다. 우리는 사람들이 고맙게 생각할 만한 곳에 교회를 개척하려고 합니다. 사람들이 하나님의 말씀을 받아들일 가능성이 있다고 생각되는 곳에 선교사를 파송합니다. 그런데 우리가 사람들이 받아들이지 않을 것이라고 생각되는 곳에 선교사를 보내고, 사람들이 그를 악하게 여기고 쫓아낼 곳으로 가라고 명령하겠습니까? 이것은 믿음으로 할 수 있는 일이고, 복음의 영웅적인 자질이 필요한 일입니다. 그리스도의 제자 여러분, 분발하여 어려운 일들을 찾고 그 일들을 이겨내십시오. 여러분이 믿지 않는 사람들보다 더 낫게 행하지 않는다면 어떻게 여러분이 거룩하신 예수님의 제자라고 할 수 있겠습니까? 여러분이 다른 사람들이 단념하는 곳에서 일을 할 수 없다면, 어떻게 성령께서 여러분 안에 거하시겠습니까? 다른 사람들이 도망하는 곳에서 위험을 무릅쓰지 않는다면 여러분의 영광스럽고 당당한 믿음은 어디에 있는 것입니까?

(6) 그 다음에, 여전히 나는 그 복된 의견을 주장합니다. 어떤 사람은 말합니다. "아, 내가 들어가서 일하고 있는 사람들은 생각이 아주 뒤엉켜 있습니다. 그들은 빛을 어둠으로, 어둠을 빛으로 생각합니다. 그들의 도덕의식은 무디어 있습니다. 그들을 가르치려고 애를 쓰지만 그들의 귀는 듣기에 둔하고 그들의 마음은 꾸벅꾸벅 졸고 있습니다. 그밖에도 그들은 쓸데없는 잡담에 정신이 팔려 있고 진리에는 반대하고 나섭니다. 나는 죄인들의 모순된 행동들을 많이 봅니다. 그들은 진리를 사랑하는 마음으로 받아들이려고 하지 않습니다."

그렇다면 나는 여러분에게 새로운 창조에 관해 위로를 받도록 옛 창조를 다시 한번 생각해 보라고 말씀드립니다. 땅이 혼돈하였을 때 성령께서 그림자를 드리우는 날개로 땅을 조용히 덮고 계시지 않았습니까? 성령께서 혼돈에서 질서를 끌어내시지 않았습니까? 여러분은 어느 날 여호와께서 궁창 위에 있는 물과 궁창 아래에 있는 물을 나누신 것을 기억하지 않습니까? 하나님께서 물이 물러가 한 곳에 모이게 하시고 뭍을 땅이라 부르시고 물을 한 곳으로 모으고 바다라 부르신 것을 알지 않습니까? 이보다 더 큰 혼돈이 있을 수 있었겠습니까? 아마도 한때는 기체로 있다가 후에 액화(液化)의 구체(球體)로 응축되었을 빛나는 덩어리가 하나님의 복 되신 숨결에 쐬어 식었습니다. 그리고 이 구체의 지각(地殼)이 단단해지고 요동하는 물이 알프스 산맥 꼭대기를 덮었을 때, 바람이 으르렁거리며 소리치고 요란한 태풍으로 하늘과 땅이 뒤섞였을 때, 구름과 산과 바다와 공기가 모두 하나가 되어 소용돌이치고 있었을 때, 푸른 하늘이 나타났고 구름은 위로 말려 올라가 제자리로 갔으며 바다는 내려가 하천 바닥에 이르렀습니다. 하나님이 말씀하셨습니다. 그러자 바람에 날리는 야생마의 갈기처럼 흰 파도를 뿌리던 큰물이 고분고분하게 바다속에 정해진 자기 곳간으로 신속히 물러갔습니다. 그리고 이 큰물은 더 이상 강력한 것이 있을 수 없는 모래 벨트라는 고삐에 의해 여전히 통제되고 있습니다. 그 다음에 땅이 아주 아름답고 빛나는 모습으로 나타났습니다. 하나님께서 그렇게 되도록 일하셨기 때문입니다. 무질서가 법칙에 굴복하였고, 어둠이 물러가고 빛이 들어섰으며, 혼돈이 하나님 보시기에 영광스런 질서로 변하였습니다. 자, 이 놀라운 일들이 여러분의 경우에 일어날 수 있습니다. 여러분은 오직 하나님의 힘으로 하나님을 위해서 일하도록 주의하기만 하십시오. 그렇게 한다면 사람이 폭풍치는 바다에 잠잠하라고 명령할 수 있듯이 여러분도 사람의 혼란스러운 생각들에 그리스도 안에서 안식과 평안을 찾으라고 명령할 수 있습니다. 하늘과 땅을 만드신 분, 곧 영원하신 하나님께서는 여러분의 곤경을 치우실 수가 있습니다. 그러니 오직 하나님을 믿기만 하십시오. 하나님께서 그 일을 이루실 것입니다.

(7) 여러분은 이렇게 말합니다. "아, 사람들은 다 죽었어요, 완전히 죽었어요!" 예, 여러분, 그런데 여러분은 어떻게 바다가 생명을 풍부하게 내놓았는지, 곧 물고기와 공중을 나는 새를 내놓았는지 알지 않습니까? 땅, 곧 활기 없고 거무스름한 땅이 어떻게 기는 것들을 내놓고 가축을 그 종류대로 내놓았는지, 또 어떻게 마침내 사람이 바로 이 땅의 티끌로 지어졌는지 여러분이 알지 않습니까? 여러분, 하나님은 악한 사람들의 죽은 본성에 언제든지 생명을 불어넣으실 수 있습니다. 여러분이 하나님을 의지하기만 하면 살리는 영향력이 내려올 것이고, 그러면 여러분이 살 것입니다.

(8) 지금은 이 땅이 얼마나 아름답고 멋있는지 보십시오! 아침 별들이 함께 소리치고 하나님의 아들들이 기뻐 소리치는 것이 당연한 일일 것입니다! 여러분은 하나님께서 사람 속에 아름다운 마음을 지으시고 그 마음이 싹이 트고 꽃이 피며 거룩한 생명으로 충만하게 하실 수 없다고 생각합니까? 여러분은 그리스도께서 천사들이 피로 씻음을 받은 영혼에 대해서, 흰 옷을 입고 하나님과 어린 양을 영원히 찬송할 영혼에 대해서 훨씬 더 고귀한 기쁨의 노래를 부르게 할 수 없다고 생각합니까? 형제 여러분, 그리스도께서는 여러분과 나를 통해서 이 모든 일을 하실 수 있습니다! 그러니 우리가 애씁시다. 일하며 수고합시다. 곤경을 기쁜 일로 여기고 근심거리를 하찮은 것으로 생각합시다. 천지를 지으신 하나님을 의지합시다. 하나님께는 어려워서 하실 수 없는 일이 하나도 없기 때문입니다. 불신앙은 여러분을 불행하게 만들 것입니다. 불신앙 때문에 여러분의 봉사가 지존하신 하나님의 코에 악취를 풍기게 될 것입니다. 여러분의 불신앙 때문에 하나님은 여러분에게 복 주시려는 손길을 거두실 것입니다. "예수께서 그들이 믿지 않음으로 말미암아 거기서 많은 능력을 행하지 아니하시니라"(마 13:58). "할 수 있거든이 무슨 말이냐 믿는 자에게는 능히 하지 못할 일이 없느니라"(막 9:23). 여러분이 보이지 아니하는 이를 보는 자처럼 행동한다면 이보다 더 큰일들을 볼 것이고, 하나님께서 여러분의 길을 점점 더 빛나 한낮의 광명에 이르는 돋는 햇살같이(잠 4:18) 만드실 것입니다.

이 큰 집회에는 정말로 구원받기를 바라지만 온갖 의심과 어려움과 질문들을 잔뜩 안고 있는 사람들이 분명 많이 있을 것입니다.

2. 이제 나는 걱정하는 그 사람들에게 말합니다.

그동안 관찰하여 알게 된 한 가지 사실을 말씀드림으로써 어려운 문제 하나를 당장에 처리하도록 하겠습니다. 근심하고 있는 친구 여러분, 여러분의 구원에 관하여 중요한 문제는 여러분이 스스로 구원할 수 있느냐는 것이 아니라는 사실을 기억하시기 바랍니다. 그 문제는 하나님께서 그 보좌에서 우레 같은 목소리로 부정의 말로 답변하셨기 때문입니다. 즉, 너는 스스로를 구원할 수 없다! 하고 말씀하셨습니다. "율법의 행위로 그의 앞에 의롭다 하심을 얻을 육체가 없느니라"(롬 3:20). 문제는 하나님께서 여러분을 구원하실 수 있는가 하는 것입니다. 여러분이 그 점에서 질문을 하고자 한다면 거기에 대해 답변하기가 그리 어렵지 않을 것이라고 생각합니다.

하나님께서 여러분을 구원하실 수 있습니까? 바로 그것이 우리의 문제입니다. 나는 여러분에게 불신앙이 있으면 여러분의 마음이 너무도 어둡다는 점이 제일 먼저 어려운 문제로 떠오르리라는 것을 압니다. 사람들은 말합니다. "그리스도를 볼 수가 없어요. 나는 마음의 근심이 너무 커서 그리스도를 이해하려고 할지라도 이해할 수가 없어요. 내가 미련하다는 생각이 듭니다. 나는 스불론과 납달리 땅에 거하는 사람들, 곧 흑암에 앉고 사망의 땅과 그늘에 앉은(마 4:15,16) 사람들과 같습니다. 나는 볼 수가 없어요. 내게는 밤처럼 짙은 깜깜한 어둠이 있어요." 맞습니다. 하지만 거기에 대해 이렇게 물을 수 있습니다. 하나님께서 이 밤을 물러가게 하실 수 없습니까? 그 답변은 이것입니다. "빛이 있으라"고 말씀하시고 또 빛이 있도록 하신 분께서 분명코 그 기적을 다시 일으키실 수 있다는 것입니다.

또 한 가지 의심은 여러분이 자신이 너무 약하다고 느낀다는 사실에서 생길 것입니다.

"나는 노래하고 싶지만 할 수가 없고
기도하고 싶지만 할 수가 없네.
이는 내가 노래하고 기도하려고 하면
사탄이 나를 만나 내 영혼을 놀래어 쫓아버리기 때문이네.

나는 회개하고 싶어도 할 수가 없네,
회개하려고 자주 애를 써도.
예수께서 부드럽게 해 주시기 전에는
이 돌 같은 마음이 부드러워질 수 없네.

나는 사랑하고 싶지만 할 수가 없네,
하나님의 사랑의 호소를 받아도.
어떤 주장도 나처럼 천한 영혼을
움직일 수 있는 힘은 없네.

나는 안식하고 싶지만 할 수가 없네,
하나님의 지극히 거룩한 뜻 안에서.
하나님이 정하신 것이 최선임을 알면서도
여전히 그 뜻에 불평하네.

아, 내가 믿을 수만 있다면 좋겠네!
그러면 모든 것이 쉬워질 텐데.
나는 믿고 싶지만 믿을 수 없네.
나의 도움은 주님에게서 오니, 주여, 나를 구원하소서!"

나는 하고 싶은 것을 하지 못합니다. 나는 죄를 그치고 싶지만 여전히 죄에 빠집니다. 그리스도를 굳게 붙잡고 싶은데 그렇게 하지 못합니다. 그 때 이 질문이 생각납니다. 하나님은 그 일을 하실 수 있습니까? 이에 대해 우리는 이렇게 대답합니다. 즉, 천지를 지으신 분께서는 여러분이 스스로를 도울 수 없을 때 돕는 자 없이도 여러분을 확실히 구원하실 수 있다는 것입니다.

세상의 어떤 부분도 세상이 창조되는 것을 돕지 않았다는 점을 다시 한번 말씀드립니다. 어떤 산도 스스로 머리를 들지 않았다는 것은 너무도 확실한 사실입니다. 어떤 별도 자신의 밝은 길을 스스로 정하지 않았다는 것도 아주 분명한 사실입니다. 어떤 꽃도 머리를 꼿꼿이 들고 "내가 스스로 사랑스러움을 창조하였다"고 말하지 못합니다. 공중을 가르는 독수리 가운데 "내가 스스로 높이 날아오르는 날개와 꿰뚫어 보는 눈을 갖추었다"고 말할 수 있는 독수리는 하나도 없습니다. 하나님께서 이 모든 것을 만드셨습니다. 죄인이여, 이와 같이 그대는 무능력하기 때문에 창조된 존재이므로, 하나님은 여러분에게서 아무 능력도 바라시지 않습니다. 하나님은 약한 자에게는 능력을 주시며 무능한 자에게는 힘을 더하십니다(사 40:29). 그리스도 안에서 하나님을 믿고 그를 의지하십시오. 그러면 하나님께서 이 모든 일을 행하실 것입니다.

그러면 여러분은 또 이렇게 말합니다. "예, 하지만 내 마음은 끔찍한 상태에 있습니다. 내 속에 엄청난 혼란이 있습니다. 지옥이 밑에서 입을 벌리고 있고, 내 영혼에 슬픔이 쏟아져 들어옵니다. 눈에서는 비탄의 눈물이 강물처럼 흐릅니다. 내게 무엇이 문제인지도 모릅니다. 내 마음은 마구 뛰어다니는 말발굽에 찢긴 전쟁터와 같습니다. 나는 내가 어떤 존재인지 모릅니다. 내 자신을 알지 못하겠어요." 잠시 멈추고서 이 문제에 대답해 보시기 바랍니다. 이 세상은 옛적부터 있던 그대로 있고, 땅의 모든 아름다움이 이 무서운 혼돈으로부터 나오지 않았습니까? 그렇다면 하나님께서 여러분을 위해 이 일을 하고 모든 지각에 뛰어넘는 평안을 여러분에게 주실 수 없겠습니까? 괴로워하는 친구 여러분, 나는 여러분이 이 모든 사실에도 불구하고 그리스도를 신뢰하기 바랍니다. 그리스도는 태풍을 잠잠하게 하실 수 있고, 폭풍우를 잠들게 하실 수 있기 때문입니다.

여러분, 세상을 창조할 때 희망이 있었던 것보다 지금 여러분의 경우에 희망이 더 있다고 여러분에게 말씀드립니다. 창조 때에는 사전에 행해진 것이 아무것도 없었기 때문입니다. 도면이 그려진 것은 분명하지만 재료가 공급되지 않았고, 뜻을 실행하기 위한 물자가 비축되지 않았습니다. 우리는 성경에서 하나님이 세상에 만들어 집어넣을 성운들을 미리 모아놓으셨다는 기사를 읽지 못합니다. 그런 기사는 없습니다. 하나님께서는 아무런 사전 준비 없이 일을 시작하셨고 또 끝내셨습니다. 그러나 여러분의 경우에는 일이 사전에 이미 행해졌습니다. 피가 낭자한 십자가 위에서 그리스도께서 죄를 지셨습니다. 그리고 무덤에서 죽음을 정복하셨습니다. 그리스도는 부활하심으로써 죽음의 속박을 영원히 끊으셨습니다. 또 승천하심으로 모든 신자에게 천국 문을 열어놓으셨고, 자기를 믿는 자들을 위하여 지금도 중보 기도를 드리고 계십니다. 일이 완성되었기 때문에 세상을 창조하는 것보다 여러분을 구원하는 것이 더 쉽다는 점을 기억하시기 바랍니다. 세상이 창조될 때는 사전에 아무런 준비가 없었기 때문입니다. 그때는 준비된 것이 아무것도 없었습니다. 그러나 지금은 모든 것이 준비되어 있습니다. 그래서 이제 여러분에게 명하시는 것은 와서 이미 차려진 잔치 자리에 앉고, 이미 마련된 옷을 입으며, 이미 피로 가득 채운 욕조에 몸을 씻으라는 것뿐입니다. 죄인이여, 여러분은 이에 대해 무엇이라고 말합니까? 여러분은 하나님의 기름 부으신 자를 믿겠습니까? 믿지 않겠습니까?

다시 한 번 말하지만, 하나님께서 세상을 창조하시기 전에 행하셨던 것보다 많은 일을 여러분 안에 행하셨음을 기억하시기 바랍니다. 세상을 창조하기 전에 공허함이 "하나님이여, 나를 창조하시나이까?" 하고 소리치지 않았습니다. 어둠이 "하나님이여, 내게 빛을 주소서" 하고 기도할 줄도 몰랐습니다. 혼돈이 "하나님이여, 내게 질서를 정하여 주소서" 하고 소리칠 줄도 몰랐습니다. 하지만 하나님께서 여러분을 위하여 무슨 일을 하셨는지 보십시오! 하나님은 여러분이 "하나님이여 내 속에 정한 마음을 창조하시고 내 안에 정직한 영을 새롭게 하소서"(시 51:10) 하고 외치도록 가르치셨습니다. 하나님은 여러분이 "여호와 내 하나님이여 나의 눈을 밝히소서 두렵건대 내가 사망의 잠을 잘까 하나이다"(13:3) 하고 간구하도록 만드셨습니다. 또 여러분이 "잃은 양 같이 내가 방황하오니 주의 종을 찾으소서"(119:176)라고 말하도록 가르치셨습니다. 자, 여러분, 풀은 이슬이 내리게 해 달라고 기도할 줄 모르지만 이슬이 내립니다. 그런데 여러분이 이슬이 내리게 해 달라고 기도하면 하나님께서 거절하시겠습니까? 목마른 땅은 소나기를 내려달라고 말할 줄 모르지만, 소나기가 내립니다. 그런데 하나님께서 여러분에게 소리치도록 하시고 응답을 안 하시겠습니까? 여러분은 겨울 숲을 보십시오. 숲은 잎사귀가 피어나게 해 달라고 구할 줄 모르지만, 때가 되면 신록(新綠)이 피어납니다. 곡식이 햇빛을 달라고 구할 줄 모르지만 하나님께서는 때가 되면 모든 것에게 좋은 것들을 주십니다. 그렇다면 하나님의 형상으로 지어진 여러분, 하나님께서 친히 "주 여호와의 말씀이니라 나의 삶을 두고 맹세하노니 나는 악인이 죽는 것을 기뻐하지 아니하고 악인이 그의 길에서 돌이켜 떠나 사는 것을 기뻐하노라"(겔 33:11)고 말씀하셨으면서도, 여러분에게 소리치도록 하고서 여러분의 음성을 안 들으시겠습니까?

또 한 가지, 위로에 대한 풍성한 생각이 여기 있습니다. 하나님께서 기뻐하시는 대로 세상을 창조하시든지 않든지 하는 것은 하나님의 권한에 속한 일이었습니다. 이 때 하나님을 얽매는 어떤 약속도 없었습니다. 하나님께서 어쩔 수 없이 팔을 뻗지 않으면 안 되도록 만드는 어떤 언약도 하신 일이 없었습니다. 죄인이여, 하나님께서는 스스로 하신 약속 때문에 구원하는 것을 제외하고는 달리 구원하셔야 할 이유는 없습니다. 그리고 하나님의 약속이란 "주의 이름을 부르는 자는 구원을 받으리라"(롬 10:13)는 것입니다. 여러분이 주님을 부른다면 주께서는 여러분을 구원하기를 보류하실 수 없습니다. 결코 그럴 수 없습니다. 하나님은 스스로 하신 약속 때문에 자기 죄를 고백하는 자들에게 자비를 베푸시지 않으면 안 됩니다. 하나님은 자비롭고 공의로우셔서 우리의 죄를 용서하시고 모든 불의에서 우리를 구원하십니다. 그렇다면 이것은 아직 창조되지 않은 세상의 경우보다 더 분명하게 알 수 있는 경우입니다. 하나님께서 맹세나 언약 없이도 스스로의 뜻을 따라 땅을 지금과 같이 만드셨으므로, 지금은 하나님께서 아주 확실하게 약속하셨으므로 여러분이 예수님을 믿는다면 하나님께서 여러분을 구원하실 것입니다.

여기서 또 한 가지 생각할 점이 있습니다. 세상을 창조하신 일에서보다 여러분의 경우에 하나님께서 자신을 영화롭게 하실 여지가 더 많은 것이 확실합니다. 세상을 창조하실 때 하나님은 자신의 지혜를 나타내고 자신의 권능을 높이셨습니다. 그러나 하나님의 자비를 나타내 보이실 수 없었습니다. 물과 산과 가축과 날아다니는 새들에게 자비를 베푸실 일이 없었습니다. 친절함은 있었지만 자비는 없었습니다. 그 때는 세상 만물이 죄를 범하지 않았기 때문입니다. 그런데 이제 여러분의 경우에는 하나님의 모든 속성, 곧 하나님의 인자하심과 신실하심과 하나님의 진리와 권능과 은혜가 나타날 여지가 있습니다. 여러분의 경우가 여러분에게 절망적이기 때문에 희망이 있습니다. 여러분이 어떻게 할 수 있는 여지가 전혀 없는 것이 확실하기 때문에, 하나님이 일하실 수 있는 여지가 있는 것입니다. 내가 오늘 아침 눈물 어린 눈 하나라도 자신에게서 돌이켜 그리스도를 바라볼 수 있게 한다면, 그보다 기쁜 일은 없을 것입니다! 나는 사람들이 참으로 어리석어서 혈과 육을 보려고 한다는 것을 압니다. 죄인이여, 그리스도께서 피를 흘리고 계시는 십자가를 보십시오. 그리스도를 의지하십시오. 지은 것이 하나도 그가 없이는 된 것이 없는 그분께서 여러분을 위하여 죽으십니다. 태초에 하나님과 함께 계셨고 바로 하나님이신 분이 여러분의 구속을 이루십니다. 그분을 믿으십시오. 그러면 구속의 일이 이루어집니다. 그를 의지하십시오. 그러면 여러분의 영혼이 오늘 안전한 곳에 들어갑니다. 여러분이 사망에서 생명으로 옮겨진 것입니다.

우리가 자신을 의지할 때 그것이 얼마나 어리석은 일인지를 보여주는 작은 일화를 소개하겠습니다. 나는 최근에 호주로 가던 배가 무시무시한 폭풍을 만났고 배가 새기 시작하였는데 잠시 후에 또 한 번 태풍이 배를 덮쳤다는 말을 들었습니다. 그 때 마침 갑판에 신사가 한 사람 있었는데, 이루 말할 수 없이 흥분한 상태에 있었습니다. 아주 시끄럽게 떠들어대는 말과 심각해 보이는 태도를 보고 모든 승객들은 그가 자기들에게 위급함을 알리는 것으로 여겼습니다. 폭풍우가 들이닥쳤을 때, 엄청난 타격을 받은 것을 안 선장은 아주 힘들게 그가 있는 곳으로 갔습니다. 그 신사가 선장에게 말했습니다. "무시무시한 폭풍이에요. 우리가 바닥으로 가라앉을 것 같아요. 물이 새는 소리가 아주 심각하게 들리거든요." 선장이 말했습니다. "그래요, 당신은 그 사실을 아는 것 같은데, 아마 다른 사람들은 모를 겁니다. 당신의 말을 듣고 승객들이 낙담하지 않도록 그 사실을 다른 사람들에게 말하지 않는 게 좋겠습니다. 혹시 사태가 아주 심각하지만 당신이 우리에게 귀한 도움을 주면 우리가 이 어려움을 헤쳐나갈 수도 있을 것입니다. 여기 서서 이 밧줄을 단단히 붙들어 주십시오. 절대로 놓지 말고, 내가 당신에게 놓으라고 말할 때까지는 있는 힘껏 이 밧줄을 당겨주십시오." 그래서 이 사람은 이를 악물고 발을 단단히 딛고 서서 몇 시간 동안 있는 힘을 다해 밧줄을 붙들고 있었습니다. 폭풍이 가라앉았고 배가 순조롭게 항해를 하게 되자 그가 밧줄을 놓았습니다. 그는 누군가가 와서 모든 승객을 대표해서 자기에게 감사의 뜻을 전할 것으로 기대했는데, 승객들은 자신의 공로를 알지 못하였습니다. 그는 자기가 한 일에 대한 감사의 표시로 적어도 요리 한 접시쯤은 제공될 것으로 생각하였습니다. 그런데 아무 음식도 오지 않았습니다. 심지어 선장마저도 별로 감사하는 것 같지 않았습니다. 그래서 그는 아주 에둘러서 이런 뜻의 말을 슬쩍 하였습니다. 자신의 그처럼 귀한 봉사로 배가 구조되었으니, 그 봉사에 대해 어쨌든 자신이 몇 마디 감사의 말이라도 들어야 마땅하지 않겠느냐고 한 것입니다. 그런데 그는 선장의 하는 말을 듣고 충격을 받았습니다. "뭐라고요, 당신은 자신이 이 배를 구조했다고 생각합니까? 내가 당신에게 밧줄을 준 것은 당신이 일을 방해하지 않도록 하기 위해서였던 것이오. 내가 당신을 잠잠하게 만들기 전까지 당신은 우리에게 엄청난 손해를 주었단 말이오."

　그와 같이 아주 많은 일을 하기를 바라는 사람들이 있다는 사실에 주의하시기 바랍니다. 그들은 스스로 자신을 확실히 구원할 수 있다고 생각합니다. 그래서 그들은 이를 악물고 발을 단단히 고정시키고서 밧줄을 붙잡고 서 있는데, 사실 그렇게 하고 있는 동안 이들은 이렇게 스스로 속은 이 친구와 다름없는 일을 하고 있는 것입니다. 만약 여러분이 천국에 이른다면, 여러분이 스스로의 구원을 위해 행한 모든 것이 이 사람이 밧줄을 붙잡고 있는 동안에 했던 것만큼의 유익밖에 없었다는 것을 깨닫게 될 것입니다. 사실 배의 안전은 여러분에게 있지 않고 다른 곳에 있으며, 여러분에게 필요한 것은 그저 여러분 스스로가 구원의 길에 방해가 되지 않도록 피하는 것뿐입니다. 여러분이 길에서 나오고 어리석은 사람이 될 때, 바로 그 때 그리스도께서 오셔서 지혜를 보여주실 것입니다. 어쩌면 여러분은 자신이 그처럼 심한 대접을 받는다고 그동안 내내 한탄하고 있을지 모르지만, 전능하신 하나님께서 처음부터 끝까지 일을 하시도록 여러분을 길에서 비켜나게 하지 않았다면 여러분이 구원받는 일은 없었을 것입니다.

3. 이제 신자들에게 용기를 북돋우는 말을 한두 마디만 하고 끝내도록 하겠습니다.

그리스도 안에서 형제 된 여러분, 여러분은 이와 같이 크게 근심을 하고 있지 않습니까? 그것이 우리 모든 사람의 공통적인 태도입니다. 그래서 여러분은 이제 세상의 아무것도 의지하지 않고 오직 하나님만 의지하려고 합니까? 여러분의 배는 기울어져 있습니다. 이제 여러분이 할 일은 그저 굴러가서 하나님의 섭리와 보호에 기대는 것밖에 없습니다. 굴러가서 기대기에 그것만큼 복된 곳은 없습니다! 배를 난파시켜 사람을 이 반석에 올려놓는 폭풍은 복된 폭풍입니다! 영혼을 하나님께로, 오직 하나님께로만 몰고 가는 태풍은 복된 태풍입니다! 나는 이따금 하나님 외에 아무에게도 말할 수 없는 걱정거리들이 생기는데, 나는 그런 걱정거리들이 생기는 것을 인해서 하나님께 감사드립니다. 그런 걱정거리들이 있을 때 다른 어떤 때보다 내 하나님에 대해 더 많은 것을 배웠기 때문입니다. 우리가 때로는 친구들이 너무 많아서 하나님을 붙잡지 않는 일이 있습니다. 그러나 사람이 몹시 곤궁하고 친구가 없으며 스스로 어떻게 할 수 없을 만큼 아무것도 없을 때, 그는 아버지 하나님의 품으로 달려갑니다. 그러면 그 때 하나님께서 그를 꼭 끌어안으시는 지극히 복된 경험을 하게 됩니다! 그래서 다시 한 번 말하지만, 여러분을 아버지 하나님께로 몰아가는 근심은 행복한 근심인 것입니다! 여러분을 결딴내어 만세 반석 위에 올려놓는 폭풍은 복된 것입니다! 여러분을 떠밀어 이 천상의 바닷가로 보내는 파도는 아주 멋진 것입니다!

지금 여러분에게 의지할 것이 하나님 외에 아무것도 없다면, 여러분은 어떻게 하겠습니까? 초조해하겠습니까? 우는 소리를 하겠습니까? 나는 여러분이 여러분의 주 하나님을 부끄럽게 하지 않기를 바랍니다! 자, 남자답게 구십시오. 하나님의 사람답게 행동하십시오. 여러분의 하나님이 여러분에게는 세상보다 만 배나 더 가치 있는 분이시라는 것을 세상에 보여주십시오. 여러분이 가난할지라도 주 하나님께서 여러분을 도우실 때는 참으로 부요한 자라는 것을 세상의 부자들에게 보여주십시오. 여러분이 약할지라도 영원하신 팔이 여러분을 붙잡고 있을 때는 참으로 강하다는 것을 세상의 강한 자들에게 보여주십시오. 자, 여러분, 지금이야말로 여러분이 하나님을 영화롭게 할 때인 것입니다. 전에는 여러분이 용기를 낼 여지가 없었지만, 이제는 믿음의 능력을 발휘하고 영웅적인 위업을 달성할 여지가 있다는 것을 여러분은 압니다.

오늘날의 전투 방식은 사람들의 용기를 완전히 꺾어버리는 것 같습니다. 지금은 사람들이 아주 멀리서 싸우는 바람에 백병전이 불가능하기 때문입니다. 그러나 옛날 용감한 시대, 말하자면, 루퍼트(Rupert)의 군대와 크롬웰의 군대가 만나 백병전을 벌였을 때, 청교도의 군대가 저 "피를 흘린 자"(삼하 16:7,8에 나오는 단어로서 영국 시민혁명 때 찰스 1세를 가리키는 말 —역주)의 군대를 향하여 말에 박차를 가하여 언덕으로 올라갔을 때, 그 때는 용맹스런 행위를 할 여지가 있었습니다. 그 때는 병사들이 3킬로미터 정도 떨어져서 싸우지 않고 맞붙어서 싸웠습니다. 그 때는 용감한 사람이 앞장서서 나가 많은 수와 싸울 수 있는 여지가 있었습니다. 공성(攻城) 사다리가 성벽 꼭대기에 딸깍 하고 닿으면 결사대 가운데 용감한 사람이 입에 단도를 물고 꼭대기에 이르기까지 한 계단 한 계단 올라갔습니다. 그 때는 사람이 스스로 유명해질 수가 있었습니다. 그러나 이제는 철선(鐵船)과 거대한 암스트롱 대포가 동원되기 때문에 사람들이 용감한 행동을 할 여지가 거의 없습니다.

그러나 신자 여러분, 여러분이 홀로 고통 가운데 있다면 여러분은 "옛적의 용감한 시대로" 돌아간 것입니다. 여러분이 콘솔 공채(the Consols: consolidated annuities. 1751년 각종 공채를 정리해 만든 영구 공채 —역주)로부터 꾸준한 수입을 벌어들였을 때, 여러분의 사업이 번창했을 때, 여러분 주위에 자녀들과 친구들이 있었을 때, 그 때는 여러분이 인종(忍從)과 신뢰라는 영웅적인 행위들을 수행할 여지가 없었습니다. 그런데 이제 여러분은 그런 것들을 다 빼앗긴 채 싸움을 하는 것입니다. 여러분의 적들이 여러분 앞에 있기 때문입니다.

웰링턴 공작이 한 병사에게 또 한 번 워털루 전투를 싸워야 한다면 어떤 종류의 옷을 입고 싶은지 물었습니다. 그러자 그 병사가 말했습니다. "죄송한 말씀이지만 나는 상의를 벗고서 싸우고 싶습니다." 자, 여러분이 바로 그런 상태에 이르렀습니다. 이제 여러분을 방해하는 것은 아무것도 없습니다. 여러분은 상의를 벗고 싸울 수 있고, 이제는 승리를 얻을 때입니다. 힘을 내고 용기를 내십시오. 주 하나님께서는 천지를 지으셨을 때처럼 확실히 여러분이 약할 때 자신을 영화롭게 하시고, 여러분이 곤경에 처해 있을 때 자신의 힘을 나타내실 것이 틀림없습니다. 하나님께서 우리가 우리 자신을 의지하지 않고 전적으로 하나님을 의지하도록 도우시고, 땅이 있는 동안 영원히 하나님의 이름을 기억하도록 도와주시기를 바랍니다. 아멘. 아멘.

제
28
장
—

순전한 신앙

—

"내가 그들에게 한 마음과 한 길을 주어 자기들과 자기 후손의
복을 위하여 항상 나를 경외하게 하고." ― 렘 32:39

　　여러분 가운데 지난 주일에 참석한 사람들은 내가 여호와를 경외하고 다른
신들도 섬긴 사람들에 대하여 다룬 "잡종 신앙"에 대한 설교를 기억하실 것입니
다. 그들의 마음이 나뉘었고, 따라서 그들이 결국 잘못되었다는 것이 드러났습
니다. 그들은 히브리어가 표현하듯이 두 마음이 있었습니다. 즉, 이리로 가는 마
음이 있고 또 다른 길로 가는 마음이 있어서 사실 그들은 호세아 선지자가 말하
듯이 "지혜가 없는 어리석은 비둘기 같이"(7:11) 되었습니다. 오늘 아침 설교의
목적은 내가 최근에 공공연히 비난해온 슬픈 혼합에 반대되는 순전한 신앙을 설
명하는 것입니다. 나는 갈렙과 같은 사람들, 곧 전적으로 주님을 따르는 사람들,
하나님의 은혜로 나뉘었던 마음이 하나가 되고 그래서 온 마음으로 여호와 자기
하나님을 섬기는 사람들을 보고 싶습니다.

　　본문은 예레미야가 은혜 언약을 그대로 베낀 말씀에서 인용한 것입니다. 여
호와께서는 이스라엘에게 "그들은 내 백성이 되겠고 나는 그들의 하나님이 될
것이라"(렘 32:38)고 약속하셨습니다. 그리고 40절에서는 "내가 그들에게 복을
주기 위하여 그들을 떠나지 아니하리라 하는 영원한 언약을 그들에게 세우고 나
를 경외함을 그들의 마음에 두어 나를 떠나지 않게 하리라"고 말씀하십니다. 이
것이 하나님께서 자기 백성과 맺으신 은혜 언약인데, 이 언약의 가장 중요한 복

은 마음과 관련이 있다는 사실을 강하게 암시합니다. 왜냐하면 하나님은 사람들을 대하실 때 외적인 면부터 시작하시는 것이 아니라 내면의 심령부터 다루기 시작하시기 때문입니다. 하나님께서는 그 사실을 이렇게 표현하십니다. "내가 그들에게 한 마음과 한 길을 주리라." 여기서 길은 두 번째이고 마음이 먼저 옵니다. 그러므로 우리는 참된 모든 신앙은 반드시 마음의 일부터 시작한다고 알아야 합니다. 여러분이 내부를 점차 밝게 비추기 전에 밖을 깨끗이 닦기를 바라는 것은 소용없는 일입니다. 그보다는 먼저 빛을 안에 두어야 합니다. 그러면 그 빛이 비출 때 곁에 있는 얼룩들을 발견할 것이고, 그만큼 더 쉽게 그 얼룩들을 깨끗이 제거하게 될 것입니다. 하나님께서는 밖에서부터 일하여 중심으로 들어가시지 않고 중심에서 시작하시고, 그 다음에 중심에서부터 외적 생활로 나오십니다.

마음에 관해서 생각할 때, 은혜 언약이 마음에서 행하는 가장 초기 활동 중의 하나는 마음을 하나로 묶는 것입니다. 이상하게 들리겠지만, 내가 은혜의 첫 번째 사역들 중 하나는 마음을 깨뜨리는 것이라고 말한다면, 그것도 마찬가지로 올바른 이야기입니다. 그런데 사람은 참으로 역설적인 존재여서, 그의 마음이 깨지지 않았을 때는 마음이 나뉘어 있고, 마음이 처음으로 깨지면 마음이 붙어서 하나가 됩니다. 산산이 부서진 마음이 죄에 대해서 슬퍼하고 자비를 베풀어 주시기를 소리쳐 구하기 때문입니다. 통회하는 심령의 산산이 부서진 조각들이 하나님과 화목하기를 바라는 한 가지 열망으로 결합되는 것입니다. 마음이 죄로 말미암아, 죄로 인해 깨어지지 않고서는 마음이 하나로 결합되는 일은 없습니다. 은혜의 아침에 일찍 사람은 정신을 차리고 다시금 통일된 인간성을 회복하게 됩니다. 이 내적 재결합의 효과는 매우 유익합니다. 우리는 돌아온 탕자에 대해 이런 점을 읽습니다. "그가 정신을 차렸을 때"(개역개정은 "스스로 돌이켜" ―역주) 이렇게 말했습니다. "내가 일어나 아버지께 가리라"(눅 15:17,18). 그 마음이 하나님과 결합될 때 그 스스로 하나가 됩니다. 여호와께서 예레미야 선지자의 입을 통해서 바로 그같이 말씀하셨습니다. "내가 여호와인 줄 아는 마음을 그들에게 주어서 그들이 전심으로 내게 돌아오게 하리니 그들은 내 백성이 되겠고 나는 그들의 하나님이 되리라"(24:7).

나는 먼저 마음의 이 하나됨에 대해서 이야기하고, 그 다음에, 본문에 따를 때 그 뒤에 오는 은혜 언약의 다른 복들에 대해서 이야기할 것입니다. 이렇게 순서를 정한 것은 마음의 하나됨의 큰 가치를 보여주려는 것이고, 마음의 하나됨이 지극히 귀한 복들을 얻기 위한 첫 걸음이기 때문입니다.

그러면, 첫째로, 마음의 하나됨에 대해서 생각해겠습니다. "내가 그들에게 한 마음을 주리라." 둘째로는, 그로부터 즉각적으로 나오는 복, 곧 행실의 일관성에 대해서 생각해 보겠습니다. "내가 그들에게 한 길을 주리라." 그리고 이 두 가지로부터 세 번째 복, 곧 "원칙의 확고함"이 나옵니다. "그들이 항상 나를 경외하게 하고." 그리고 결과적으로 이 모든 것으로부터 "그들의 선을 위하는" 개인적인 복이 옵니다. 그리고 그 은총에는 "자기 후손의 복을 위하는" 것, 곧 이와 관련 있는 복이 따릅니다. 내 계획이 상당히 거창한데, 성령께서 이 계획을 다 이룰 수 있도록 도와주시기 구합니다.

1. 그러면 처음에 마음의 하나됨에 대해서부터 말씀드리겠습니다.

이 소제목 아래에서 내가 첫 번째로 말씀드릴 것은 마음은 사람이 태어날 때부터 나뉘어 있다는 것입니다. 죄는 혼란입니다. 죄는 처음부터 사람의 마음속에 바벨탑, 즉 혼란을 일으켰습니다. 사람이 죄를 짓기 전에 그의 본성은 하나였고 나뉘지 않았습니다. 그런데 타락이 사람을 망가트렸고 그의 통일성도 깨트렸습니다. 이제는 사람 속에 많은 목소리와 많은 상상, 많은 꾀들이 존재합니다. 그의 속에는 그의 정욕들로부터 나와 서로 싸우고 그의 분별력과도 싸우는 갈등과 투쟁, 전쟁과 싸움들이 있습니다. 사람의 양심과 감정 사이에서 끊임없이 나타나는 이 싸움을 주의하여 보십시오. 그의 감정은 악한 것을 택하고, 반면에 그의 양심은 옳은 것을 찬성합니다. 욕망은 즐거워 보이는 것을 따라가지만 판단력은 그것의 어리석음을 마음에 경고합니다. 그래서 영혼의 이 두 세력 사이에서 다툼이 생겨나는 것입니다. 욕망은 지성이 비난하는 것을 갈망합니다. 열정은 이성적으로 생각하면 거부할 것을 요구합니다. 판단력에 따르면 버릴 것을 의지는 계속하려고 고집합니다. 우리 인성이라는 배는 배의 키가 움직이는 대로 따르려고 하지 않습니다. 갑판에서 수병들의 반란이 일어나고, 부하로 있어야 하는 세력들이 배를 장악하려고 싸웁니다. 사람은 서로 싸우는 세력들에 의해 이리 끌려가기도 하고 저리 끌려가기도 합니다. 양심이 이리로 끌어당기면 감정은 반대 방향으로 끌어갑니다. 본래 우리의 경향과 기능들은 에베소의 연극장에 있었던 군중들, 즉 "이런 말을, 어떤 이는 저런 말을 하니 모인 무리가 분란하였다"(엡

19:32)는 말을 들은 사람들과 같습니다. 우리가 죄를 지으면 어느 정도 양심의 가책을 받습니다. 그리고 우리가 양심에 복종할 때라도 죄를 완전히 그만 두지는 못합니다. 마음은 양심이 허락하지 않는 것을 여전히 갈망하기 때문입니다. 많은 사람이 우수한 것을 감탄하기 좋아합니다. 그러면서도 혐오스러운 것을 즐거워합니다. 양심은 사람에게 분발하여 순결하고 고귀한 삶을 살라고 요구하지만 그의 천한 열정은 세속적이고 육욕적인 생활을 하도록 그를 끌고 내려갑니다.

많은 경우에 사람의 내적 지식과 외적 행동 사이에도 매우 심각한 분열이 있습니다. 사람들은 흔히 생각은 똑똑하게 하지만 행동은 어리석게 합니다. 즉, 옳은 것을 알면서도 행동은 그릇되게 하는 것입니다. 하나님의 법을 듣고 기억에 저장하지만 생활에서는 잊어버립니다. 그들이 이론적으로는 매우 명민하지만, 행동에 있어서는 단 것을 쓰다고 하고 쓴 것을 달다고 합니다. 그들은 빛을 어기며 죄를 짓습니다. "사람들이 자기 행위가 악하므로 빛보다 어둠을 더 사랑한 것이니라"(요 3:19). 아주 허다한 경우에 사람이 그 생각은 공의(公義) 자체만큼 올바르고 그 지식은 대낮처럼 분명합니다. 그렇지만 그는 맹인처럼 더듬고 한낮에도 밤중처럼 걸려 넘어집니다. 그의 지식은 이쪽 길로 가고 그의 의지는 다른 길로 갑니다. 사람은 죄의 결과를 알고 따라서 두려워합니다. 그런데 죄의 즐거움이나 이익을 생각하고 대담하게 죄를 짓습니다. 그는 어떤 잘못을 저지르는 것만큼 천한 일은 없다는 것을 확실히 압니다. 그러나 그는 점차 그리로 달려가고, 자신의 변덕스런 마음을 바꿀 때까지 그렇게 하는 것에 대해 스스로를 변호합니다. 그리고 그 다음에는 방금 전까지 허용하였던 것을 공공연히 비난합니다. 사람이 자기 자신에 대해서도 올바른 관계에 있지 못하면서 어떻게 하나님과 올바른 관계에 있을 수 있겠습니까?

육신적인 사람을 보면, 그에게는 혼란과 해악이 가득합니다. 우리는 머리가 땅 쪽으로 나 있고 발은 위로 나 있는 피조물을 보면 틀림없이 괴물이라고 부를 것입니다. 그런데 육신적인 사람이 바로 그런 자세로 생활합니다. 그는 땅을 발로 밟아야 하는데, 땅을 위에 둡니다. 반면에 그가 갈망하며 바라보아야 하는 하늘을 매일 걷어찹니다! 그는 양 무리의 개처럼 취급해야 하는 동물적 열정이 자신을 지배하게 내버려 둡니다. 그는 자연의 질서를 뒤엎고, 자기 속에 있는 짐승들에게 영을 지배하라고 명령합니다. 재갈과 굴레로 단속이 된다면 나름대로 선한 욕망들이 한없이 탐닉하도록 두고 영혼의 폭군이 되도록 허용하기 때문에 악한 것이 되고 맙니다. 육신의 이스마엘이 양심의 이삭을 조롱하는데도 꾸짖지 않는 것입니다. 솔로몬이 "내가 보았노니 종들은 말을 타고 고관들은 종들처럼 땅에 걸어 다니는도다"(전 10:7) 하고 말하였는데, 바로 그런 일을 우리 속에 있는 작은 세계에서 볼 수 있는데, 우리 속에서 욕망들이 지배하고, 더 고귀한 기능들이 노예 상태에 있습니다. 사람은 퍼즐 같은 존재인데, 처음에 그를 만드신 분 외에는 아무도 그의 퍼즐을 맞출 수가 없습니다. 사람은 자기 모순적인 존재이고, 스스로 분열하는 집이며, 죄악의 비밀이자 어리석음의 미로이고, 심술궂음과 완고와 다툼 덩어리입니다. 죄가 사람의 마음을 어찌나 심하게 분열시켰던지 마음은 쉬지 못하고 요동하는 바다와 같습니다. 혹은 부정한 새들을 가두어 놓은 새장과 같아서, 새들마다 다른 새와 싸웁니다. 혹은 우리 마음은 서로를 물고 찢기를 그치지 않는 들짐승들의 우리와 같습니다. 사람이 한 분 하나님의 멍에를 내팽개쳤을 때, 그는 패권을 차지하려고 싸우며, 한 나라를 서로 대적하는 많은 공국으로 만드는 많은 신들과 주의 속박 아래 떨어졌습니다. 죄가 사람에게 자연스러운 것이 되었기 때문에 사람의 마음이 나뉘는 것도 자연스러운 일이 되었습니다.

그러나 마음은 하나가 되어야 합니다. 이것이 요점입니다. 그래서 언약은 이렇게 약속합니다. "내가 그들에게 한 마음을 주리라." 친구 여러분, 경건의 문제에서 우리 마음이 전적으로 하나님을 뒤따르지 않는다면 우리는 하나님의 용납하심을 받을 수 없습니다. 하나님께서는 마음이 나뉜 채로 드리는 경의를 받지 않으셨고, 앞으로도 받지 않으실 것입니다. 다리우스가 두 왕이 세상을 나누어 통치하도록 제안하였을 때, 알렉산더는 하늘에서 태양을 위한 자리는 하나밖에 없다고 대답하였습니다. 알렉산더가 야망 가운데서 확언한 바를 하나님께서는 일의 필연성을 통해서 밝히십니다. 한 분 하나님께서 만물에 충만하시기 때문에 또 다른 신이 있을 자리는 없습니다. 사람이 거짓을 따르면서 여전히 진리의 지배를 받는 일이란 있을 수 없습니다. 거룩함과 불의, 이 둘을 주인으로 섬기려고 하는 것은 쓸데없는 일입니다. 하나님은 부정한 타협을 기뻐하실 수 없고, 사람들이 림몬의 산당에서 절하고 또 하나님의 성전에서 예배하도록 허락하실 수 없습니다. 하나님께서는 전부를 받으시든지 아니면 아무것도 받지 않으십니다. 하나님은 우리를 오직 전적으로 언제나 자기 것으로 삼으려 하시고, 그렇지 않으면 우리를 전혀 상대하려고 하시지 않습니다. 거짓 신들은 분열된 왕국을 용납할 수 있지만 참되신 하나님은 용납하실 수 없습니다. 우상들은 여러분이 회의를 소집할 수 있을 만큼 많지만 여호와께서는 "나는 하나님이라 나 외에 다른 이가 없느니라"(사 46:9)고 말씀하십니다. 일찍이 로마 원로원에 판테온에 있는 신들 가운데 그리스도의 상을 세우자는 제안이 들어왔습니다. 그러나 그리스도는 자신의 예배가 다른 신의 예배와 뒤섞이는 것에 동의하지 않을 것이라는 말을 들었을 때 원로원은 그리스도의 상을 신전에 두기를 당장에 거부하였습니다. 여기서 일은 어떤 면에서 그 자체로 일관성 있게 처리되었지만, "여호와께 맹세하면서 말감을 가리켜 맹세하는"(습 1:5) 사람들은 결코 용서할 수 없는 자들입니다. 우리가 하나님께 마음의 한 구석을 드리고 헛된 생각들이 마음속에 머물도록 허락하면 하나님을 질투하시게 만드는 것입니다. 잘못이 들판에서 양처럼 누워 있을 수 있지만 당당한 사자와 같은 진리 곁에 나란히 누울 수는 없습니다. 하나님 외에는 신이 없습니다. 여호와, 그는 하나님이십니다! 하나님과 사람 사이에 중보자가 한 분 있으니, 그분이 바로 그리스도 예수이십니다.

사람이 하나님께 반대하여 애정의 대상으로 마음에 세우는 것이 있다면 그것은 무엇이든지 헛되고 천하며 악한 것이며, 그 사람은 하나님께 받아들여질 수 없습니다. 여러분, 여러분은 그런 상태로 하나님을 섬기겠습니까? 여러분은 하나님만을 섬겨야 합니다. 여러분은 하나님께 헌금을 드리려고 합니까? 먼저 하나님께 마음을, 곧 나뉘지 않은 순전한 마음을 드려야 합니다. 하나님께서는 "내 아들아 네 마음을 내게 줄지어다"(잠 23:26) 하고 말씀하십니다. "네 마음을 조금 달라"고 하시지 않습니다. 하나님은 하나님 자신뿐 아니라 다른 것들도 예배하는 집을 그의 성전이라고 부르시지 않을 것입니다. 하나님을 마지못해 섬기는 사람은 하나님께 용납하심을 받는 것이 아니라 싫어하심을 받을 것입니다. 그리고 당연히 그래야 하는 것이 아닙니까? 예수님의 사랑은 우리의 순전한 사랑을 보답으로 받을 만한 가치가 있는 것이 아닙니까? 우리를 위하여 사람이 되시기까지 한 그의 사랑은 사람에게서 온전한 공경을 받을 만한 가치가 있습니다. 우리를 위하여 십자가에 달리시기까지 한 그의 사랑은 우리가 그를 위하여 기꺼이 세상에 대해 십자가에 못 박힐 만한 가치가 있는 것입니다. 우리를 위하여 죽음에까지 이른 그의 사랑은 우리에게 그를 위하여 죄에 대해 죽기를 요구합니다. 지금 우리를 위하여 온 하늘을 다스리는 그의 사랑은 우리의 영혼과 생명과 모든 것을 받을 만한 가치가 있습니다. 그리스도께서 우리를 위하여 자신을, 자기 전체를 주셨습니다. 그러므로 우리는 우리의 온 마음을 그리스도께 드려야 합니다. 본문이 들어 있는 장(章)에서 여호와는 이렇게 말씀하십니다. "내가 기쁨으로 그들에게 복을 주되 분명히 나의 마음과 정성을 다하여 그들을 이 땅에 심으리라"(32:41). 그런데 우리는 온 마음을 다하시는 하나님께 마음의 절반만 드려야 하겠습니까? 하나님께서 우리에게 복 주시는 일에 그처럼 온 마음을 다하고 계실 때 우리는 두 마음을 품어야 하겠습니까? 우리가 세상을 사랑하면서 그러면서 동시에 마음에 하나님에 대한 사랑을 품기를 바라야 하겠습니까? 하나님께서 그런 마음을 받지 않으실 것이고, 우리도 그런 상태를 바라지 않습니다. 마음은 하나가 되어야 합니다.

　　그동안 우리는 하나님께 받아들여지려면 마음이 하나가 되어야 한다는 것을 보았습니다. 이제는 마음이 진정성을 위해서는 하나가 되어야 한다는 점을 살펴보겠습니다. 나뉜 마음은 거짓된 마음입니다. 마음의 통일이 없는 곳에서는 심령에 진실함이 없습니다. 여러분이 내게 세상을 사랑한다고 말한다면 나는 여러분에게 세상을 사랑하는 것은 하나님과 원수 되는 것이라고 말하겠습니다. 여러분이 벨리알을 아주 조금만 섬기겠다고 말한다면, 나는 그리스도께 대한 여러분의 봉사가 가룟 유다의 봉사, 즉 딴 마음을 품고서 돈을 위해 임시로 행하는 봉사에 불과하다는 것을 압니다. 진정성이 있는 마음은 그리스도께 앞문을 열어 드리고 마귀에게는 뒷문을 열어주는 일을 하지 않습니다.

　　그 다음에, 우리 마음은 뜨거운 생활을 위해서 하나가 되어야 합니다. 참된 신앙을 유지하려면 영혼이 항상 뜨거워야 합니다. 우리 주님께서는 "천국은 침노를 당하나니 침노하는 자는 빼앗느니라"(마 11:12)고 말씀하십니다. 넙죽 엎드려서 기며, 모든 무거운 것을 버리고 이 거룩한 등반을 위해 전력을 기울이는 사람을 제외하고 아무도 새 예루살렘이 서 있는 저 언덕에 오르지 못할 것입니다. 더 나은 땅에 이르기를 바라고 거기에 가는 여행이 즐거울 것이라고 기대하는 순례자는 잘못 생각하고 있는 것입니다. 그것은 힘든 여행이고 열정과 인내를 요구하는 여행입니다. 이 점은 좋은 모든 말과 활동에 그대로 적용됩니다. 열의가 없는 찬송은 하나님께 모욕이 됩니다. 신앙에서 마음과 뜻과 힘을 다해 행하지 않는 것은 모두가 죄입니다. 그 일이 겉으로는 아무리 훌륭한 덕행처럼 보일지라도, 그렇습니다. 우리가 매우 열심을 낼 때도 우리는 이 중요한 사실들에 대해서 마땅히 보여야 할 만큼의 열심을 내는 것이 아닙니다. 우리가 어떻게 최선을 다하지 않으면서도 하나님을 기쁘시게 할 수 있겠다고 생각할 수 있겠습니까? 여러분은 우리 주님께서 "네가 이같이 미지근하여 뜨겁지도 아니하고 차지도 아니하니 내 입에서 너를 토하여 버리리라"(계 3:16)고 말씀하셨다는 것을 알지 않습니까? 혐오스러움을 이보다 더 강력하게 표현할 수 있는 말은 없을 것입니다. 그런데 이 혐오스러움은 담대하고 완고한 반역자에 대해서 표현된 것이 아닙니다. 분명히 하나님을 섬기기는 섬기지만 열정이 없이 섬기는 보통의 신자에 대해서 표현된 것입니다. 하나님은 순전한 마음을 좋아하시고 열의가 없는 마음을 싫어하십니다. 있는 힘을 다해 뛰는 사람들만 경주에서 승리할 것입니다. 마음이 나뉜 사람은 발을 절뚝거리기 때문에 상을 얻기를 기대할 수 없습니다. 주여, 내 마음이 나뉘지 않고 하나가 되게 하소서. 그래서 주는 내가 심령으로 기뻐하는 분이시니, 주님께 내 마음을 모두 드리고 주님을 섬기는데 온전히 쓰이게 하소서.

마음은 하나님께 바치기 위해서 하나가 되어야 합니다. 하나님을 깨진 컵과 금이 간 포도주 병으로 대접을 하고, 하나님의 제단을 찢어지고 토막 난 제물로 더럽힐 수 있겠습니까? 하나님께서 이 세상에서 성별된 것으로 인정하시는 것은 모두 하나님께, 오직 하나님께만 드려야 합니다. 여러분은 성소 안에 제단이 있는데, 제단의 일부를 여호와께 제사를 드리는데 사용하고, 또 일부는 몰록에게 희생을 드리는데 사용한다는 것을 생각할 수 있겠습니까? 그런 생각은 도무지 용납할 수 없습니다. 옛적에 여호와께서 에스겔에게 이렇게 말씀하셨습니다. "인자야 이는 내 보좌의 처소, 내 발을 두는 처소, 내가 이스라엘 족속 가운데에 영원히 있을 곳이라 이스라엘 족속 곧 그들과 그들의 왕들이 음행하며 그 죽은 왕들의 시체로 다시는 내 거룩한 이름을 더럽히지 아니하리라"(겔 43:7). 하나님께서는 하나님 외에 다른 자가 사용하는 것을 하나님께 바쳐진 것으로 간주하려고 하시지 않습니다. 형제 여러분, 우리는 자신을 전부 하나님께 바쳐야 합니다. 그렇지 않으면 우리는 조금도 하나님께 드릴 수가 없습니다. 우리가 마음이 나뉘어 있다면 우리는 성별되지 않았고 더럽혀졌으며 저주받은 물건과 같은 존재입니다.

또 한 번 이야기하지만, 우리는 마음이 하나가 되어야 합니다. 그렇지 않으면 언약의 순서를 따라 오게 되어 있는 복들이 전혀 우리에게 이르지 못할 수가 있습니다. 이는 "내가 그들에게 한 마음을 주리라"는 말씀이 있고, 그 다음에 "한 길"을 주리라는 말씀이 나오기 때문입니다. 마음이 나뉘어 있는 동안에는 아무도 변치 않는 한결같은 길을 얻지 못할 것입니다. 그 다음에는 "그들이 항상 나를 경외할 것이라"는 말씀이 나옵니다. 경외하는 심정이 온 마음을 차지하지 않는 한, 항상 하나님을 경외할 사람은 아무도 없을 것입니다. 회심한 사람이 잠시 하나님을 따르겠다고 말할 수는 있으나, 그는 이내 돌아설 것입니다. 처음부터 온 마음으로 시작하지 않는 사람은 금방 경주에 지칠 것입니다. "항상"이라는 말은 오랜 기간을 말하고, 마음을 다해 붙들고 늘어지며 끝까지 견딜 것을 요구합니다. 또한 하나님께서는 "그들과 그 후손의 복을 위하여" 이 일을 하겠다고 약속하십니다. 그러나 하나님께 마음의 일부만 드리는 사람들은 자기를 위해서 복을 얻지 못하고 자기의 후손들을 위해서도 복을 얻지 못합니다. 그들은 하나님께서 복을 베푸신 후손들 가운데 있지 않고, 있을 수도 없습니다. 여러분, 여러분의 마음이 이리저리로 움직이고, 여러분의 목적과 욕구들이 양 무리처럼 흩어져서 자신의 고집대로 사방팔방으로 달리면 목자이신 하나님께서 여러분을 먹이시지 않을 것입니다. 하나님께서 여러분을 찾아오시면, 여러분의 모든 욕구와 열망들을 한 우리 안에 모으시고, 그 다음에 여러분을 푸른 풀밭으로 인도하여 거기에 눕도록 만드실 것입니다. 옛 법 아래에서 사람들이 씨를 섞어 뿌리거나 아마와 모직으로 섞어 짠 옷을 입을 수 없었듯이 마음이 나뉘고 길이 나뉜 사람들은 하나님의 은총에 들어올 수가 없습니다.

"내가 그들에게 한 마음을 주리라"는 본문의 말씀대로 하나님께서 그의 자녀들에게 하나된 이 마음을 주실 것이라는 점을 살펴보았으니, 이제 첫 번째 소제목에 대한 설명을 마칠 때가 되었습니다. 아, 그런데 우리는 하나님의 은혜라는 값없는 선물로서 받지 않고서는 이 복을 얻을 수 없을 것입니다. 선생님들이 우리 머리 속에 거룩한 생각들을 집어넣을 수는 있으나 우리 마음을 바꾸지는 못합니다. 우리가 생각들을 묶어 어떤 신학 체계를 만들 수는 있지만 은혜의 활동이 우리 영혼에 이루어지지 않는 한, 우리의 욕구들이 모두 하나님을 향하도록 묶을 수 없습니다. 한 분이신 하나님이 우리 마음을 하나로 만드셔야 합니다. 일찍이 마음을 지으셨던 분이 마음을 새롭게 하고 하나로 만드셔야 합니다. "몸이 하나요 성령도 한 분이시니 이와 같이 너희가 부르심의 한 소망 안에서 부르심을 받았느니라 주도 한 분이시요 믿음도 하나요 세례도 하나요 하나님도 한 분이시니 곧 만유의 아버지시라 만유 위에 계시고 만유를 통일하시고 만유 가운데 계시도다"(엡 4:4-6). 그러나 "우리 각 사람에게 그리스도의 선물의 분량대로 은혜를 주셨다"(4:7)는 이 말씀이 덧붙여지지 않는다면, 그리고 그 은혜가 우리 마음을 하나로 만들지 않는 한, 여기서 언급하는 일곱 가지 가운데 어떤 것도 우리는 받지 못할 것입니다. 하나님께서는 성령의 빛으로 말미암아 우리를 깨닫게 하시는 일을 통해서 얼마간 이 일을 행하십니다. 하나님은, 예수님에게서 또 하나님에게서 우리 마음을 빼앗을 모든 것이 무가치하고 속이는 것임을 보여주십니다. 그리고 우리 원수가 악한 자임을 알 때, 우리가 예배하는 분께 마음을 온전히 드리게 됩니다. 주님께서는 또한 어떤 과정을 통해서 이 일을 훨씬 더 철저하게 행하십니다. 주님은 우리에게서 모든 우상 숭배적인 사랑을 단념시키십니다. 우리의 세속적인 즐거움들을 쓰디쓰게 만들어서 우리가 몹시 싫어하며 거기에서 돌아서게 하십니다. 하나님께서 애굽 강의 물을 피로 변하게 하셨기 때문에 애굽인들이 전에는 우상시하였던 그 강의 물을 마시기를 싫어하였던 것처럼 말입니다. 하나님께서 세상의 가슴에 쓸개즙을 넣으시면 우리는 다른 데서 위안거리를 찾습니다. 우리가 다윗처럼 "내 영혼이 젖 뗀 아이와 같도다"(시 131:2) 하고 소리치게 만들기 위해서는 많은 일이 필요합니다.

우리가 하나님께 우리 마음 전체를 드리게 되려면 그에 앞서 질병과 죽음이 출두하여 우리의 지극히 사랑하는 사람들에게 치명적인 화살을 쏘는 일이 필요합니다. 피조물을 많이 사랑하면서도 지나치게 사랑하지 않는 일은 어렵습니다. 우리의 사랑하는 사람들을 그리스도 안에서 사랑하고, 그리스도께 복종하여 사랑하는 것은 중대한 일입니다. 많은 어머니가 주님과 그의 어린 자식들 사이에서 마음이 나뉨으로 말미암아 가장 사랑하시는 분의 질투심을 불러일으킨 까닭에 자녀를 잇따라 잃지 않을 수 없었습니다. 사업을 하는 많은 사람이, 그 마음이 재물을 따라 곁길로 가는 것을 하나님께서 보셨기 때문에 부와 성공을 잃었습니다. 말을 잘하고 여러 가지 은사와 재능이 있는 많은 사람들이 그런 것들에 너무 마음을 빼앗기는 바람에 그들의 마음을 하나로 묶어 하나님께 향하도록 하기 위해 그런 것들을 제거하는 일이 필요하였습니다. 그래서 그들은 병 때문에 드러누웠고 혹은 마음이 활력을 잃었거나 목소리가 약해지고, 재능이 위로가 되기보다는 오히려 저주가 되었고, 이렇게 해서 그들의 마음이 우상을 잃고 하나님께로 돌이키게 되었습니다. 그리스도께서 우리와 결혼하신다면 주님은 우리가 주님에 대해 순결한 사람이 되게 하실 것입니다. 어떤 남자가 한 여자와 약혼을 했는데 알고 보니 또 다른 여성에게도 사랑을 주고 있다면 우리는 그에 대해 어떻게 생각합니까! 우리는 그가 부정(不貞)하고 믿을 수 없는 사람이라고 말하고, 그를 완전히 멸시합니다. 그는 아내로 맞이한 여성에게 마음을 주어야 하고, 정절을 지키며 그녀를 사랑해야 합니다. 그렇지 않으면 그는 마음이 순결한 사람이라고 볼 수 없습니다. 이와 같이 주 예수님을 대하는 일에서도 우리는 우리의 욕구나 감정이 조금이라도 주님께 성실치 않은 것으로 드러나지 않도록 조심해야 합니다. 해가 그 빛으로써 온 하늘을 충만히 채우고, 그 앞에서 별들은 완전히 잊히듯이 우리의 애정을 온전히 받을 수 있는 그처럼 영광스런 대상이 우리 영혼 전체를 차지해야 합니다. 강들이 모두 바다로 흘러 들어가는데, 그와 같이 우리의 모든 사랑도 예수님께로 흘러가야 합니다. 형제자매 여러분, 아무도 밤중에 여러분의 마음을 주님에게서 훔쳐가지 않도록 마음 문을 닫아두십시오. 마음은 전체로 온전히 주님의 것이 되어야 합니다. 여러분이 머리에 큰 상처가 나도 살 수 있지만, 심장에 바늘 구멍만한 틈만 생겨도 여러분이 죽는다는 것을 기억하십시오. 여러분이 이 시편 기자처럼 "하나님이여 내 마음이 확정되었나이다"(57:7) 하고 말할 수 있는 은혜를 구하십시오. 그렇게 말할 수 있는 은혜를 받으면, 정말로 여러분은 그같이 노래하고 찬송할 것입니다. 이것은 단지 중요한 것만이 아니라 반드시 필요한 것입니다. 여러분, 여러분은 각각 자신이 은혜 언약에서 오는 이 최상의 복, 곧 마음을 하나로 만드는 성령님의 거룩한 이 사역을 받았는지 보십시오.

　여러분이 이 복을 받았다면, 이제 우리는 본문에서 언급되는 언약의 두 번째 복을 살펴볼 수 있겠습니다.

2. 우리가 살펴볼 두 번째 복은 행실의 일관성입니다.

　"내가 그들에게 한 길을 주리라." 마음이 하나가 되면 사람은 한 가지 목적, 오직 그 한 가지 목적을 위해 삽니다. 그는 한 방향으로 달리고 한 가지 목적을 위해 애쓰며 천국으로 인도하는 그 한 길을 끝까지 갑니다. 그리스도는 우리에게 한 생명이시듯이 또한 우리에게 한 길이십니다.

　이런 통일성이 없으면 사람의 생활에 진실이 있을 수 없습니다. 사람이 낮에는 고치를 짓고 밤에는 짠 실을 푼다면, 그는 거짓을 행하고 있는 것입니다.

사람들이 자기를 보는 동안에는 옳은 데로 달려가지만 사람들이 자기에게서 눈을 돌리자마자 옛날의 자리로 다시 돌아간다면, 그의 생활은 거짓을 그럴 듯한 말로 포장하고 있는 허위에 불과합니다. 사람이 거짓말을 하는 것은 두려운 일입니다. 그러나 사람의 인생 전체가 거짓말이 된다는 것은 훨씬 더 끔찍한 일입니다. 우리는 스스로 생각하는 것보다 자신에 대해 훨씬 더 거짓말을 많이 할 수가 있습니다. 그 사실을 분명히 알고, 나다나엘처럼 우리 속에 간사한 것이 없게 해주시기를 하나님께 구합시다. 우리는 이런저런 신앙으로 수없이 덧대어서 우리의 생활이 마치 아무도 그 본래의 상태를 알아볼 수 없는 거지의 누더기처럼 될 수가 있습니다. 위에서부터 전체를 이음매가 없이 진리로 짠 옷은 그리스도인을 아름답게 보이도록 하지만, 잡다한 실로 짠 옷은 입은 사람이 어리석다는 것을 드러냅니다. 우리가 주님을 한 마음과 한 길로 따르지 않으면, 결국 거짓말쟁이인 것이 드러날 것입니다. 거짓말쟁이마다 둘째 사망인, 불과 유황이 타는 못에 들어가는 운명에 처해진다면, 인생이 그 자체로 거짓되고 하나님께도 거짓된 사람은 어떤 운명에 처해지겠습니까?

　친구 여러분, 우리는 일관된 행실을 가져야 합니다. 그렇지 않으면 우리 인생이 조금도 진보를 이루지 못할 것입니다. 반대되는 두 방향으로 걷는 사람은 자신이 조금도 앞으로 나아가지 못한다는 것을 알게 될 것입니다. 신자라고 하는 사람들 가운데는 20년 전에 있었던 자리에 아주 그대로 있는 사람들이 있는데, 어떻게 된 것입니까? 세월이 흘러서 그들이 나이는 들었지만 더 은혜롭게 되지는 않았습니다. 그들은 밤에 배를 강의 작은 어귀에 단단히 묶어놓았고, 조류가 빠질 때는 물이 거의 바닥에 이를 때까지 계속 기다렸다가 조수를 따라 조금 내려갔습니다. 그리고 물이 빠지는 것이 곧 그쳤고, 그래서 그들은 밀물과 함께 다시 돌아와 전처럼 진흙투성이의 바닷가로 얼른 배를 끌어올렸습니다. 그들은 시계추처럼 어느 정도까지 앞으로 나가지만 결코 더 이상 멀리 가지 않습니다. 그들은 성장, 진보, 전진이라는 것을 전혀 경험할 수 없습니다. 두 마음을 품고 있고 그래서 땅에서 이리저리 달리며 헛되이 인생을 낭비하기 때문입니다. 수많은 사람들이 이렇게 하고 있습니다. 그들은 어느 주일에 이제부터는 하나님을 위하여 살겠다고 결심할 만큼 대단한 진보를 보입니다. 그들은 무서운 속도로 시작하고, 인생의 바다를 가르며 열심히 달립니다. 그들은 마치 기관을 새로 장착한 배와 같습니다. 그런데 내일이 되면 그들은 어디에 있습니까? 그들은 기관을 과

열시켜 고장을 냈거나 불을 꺼트리고 말았습니다. 그래서 이제부터는 영적 생명이나 활력이 없이 지내고 통나무처럼 누워서 강물이 흐르는 대로 갑니다. 이런 것은 도움이 되지 않을 것입니다.

우리에게는 변치 않는 생명력을 지닌 한 길이 있어야 합니다. 나는 지금 우리가 언제나 똑같은 정도로 진보를 보여야 한다고 말하는 것이 아닙니다. 강의 바닥에 흐르는 강력한 흐름이 우리 인생에 영향을 끼치는데, 반대하는 힘을 성공적으로 극복하는 사람은 많은 일을 할 수 있기 때문입니다. 맹렬한 바람이 불고 있을 때, 선장은 자신이 태풍을 정면으로 맞서서 뚫고 가지 않으면 해안가로 밀려가게 되리라는 것을 알 수 있습니다. 만일 그렇게 한다면, 그가 어떻게 해서든지 치명적인 위험을 피하며 현재 있는 곳을 고수한다면, 정말로 지극히 확실한 진보를 이루고 있는 것이 아닙니까? 만일 그냥 따라간다면 신속하게 우리를 파멸시킬 강한 충동들을 거부한다면, 비록 우리가 앞으로 나아가고 있는 것처럼 보이지 않을지라도 하나님이 보실 때는 참된 진보를 이루고 있는 것이 될 수 있다고 말씀드립니다. 그러나 만일 우리가 두 길을 마음에 품고 이리 갔다 저리 갔다 하며 사람들을 기쁘게 하고 일을 쉽게 하려는 생각으로 끊임없이 길을 바꾸면, 바라는 천국을 향해서 나아갈 수가 없습니다.

우리는 한 길을 선택하고 그 길을 고수해야 합니다. 그렇지 않으면 유용한 사람이 될 수 없습니다. 두 마음을 품은 사람이 무슨 영향력이 있겠습니까? 사람이 오늘은 하나님을 대변하고 내일은 사실상 마귀를 대변하는 사람으로 생활한다면 그가 주변 사람들에게 무슨 영향을 끼칠 수 있겠습니까? 자신의 길이 없는 사람이 어떻게 사람들을 인도할 수 있겠습니까? 여러분의 행동이 확고하지 못해 믿을 수 없다면, 여러분의 생활이 끊임없는 부침으로 불안하다면, 여러분은 매사가 끊임없이 바뀌고 오래 가는 것이 하나도 없다면, 여러분이 선을 이루기 위해서 무슨 힘을 발휘할 수 있겠습니까? 생활의 일관성과 통일성은 유용함을 이루는데 반드시 필요한 것입니다.

나는 그런 것이 확신과 같은 것을 얻기 위해서는 반드시 필요하다고 확신합니다. 가장 훌륭한 신자들도 때로는 거룩한 근심으로 자신의 상태에 의문을 제기할 수가 있습니다. 그러나 두 길을 마음에 품고 있는 사람은 이렇게 말하는 것이 당연한 일입니다.

"내가 정말로 알고 싶은 것이 이 점이네.
그것은 종종 나를 근심케 하는 생각이니
내가 주님을 사랑하는가, 아닌가?
내가 주님의 것인가, 아닌가?

생활에 일관성이 없는 여러분, 내가 여러분에게 담대히 말하지 않을 수 없는 것은 여러분 친구들 가운데 많은 사람은 여러분이 스스로에 대해 의심하는 것보다 여러분에 대해 훨씬 더 많이 의심한다는 것입니다. 그것은 나도 정말로 알고 싶은 점입니다. 왜냐하면 나도 여러분이 주님을 사랑하는지 아닌지, 여러분이 주님의 것인지 아닌지 알지 못하기 때문입니다. 때로 나는 여러분에게서 즐거운 표시들을 봅니다. 그리고 우리는 사랑으로 모든 것을 바랍니다. 그러나 여러분이 다시 악한 길을 가는 것을 볼 때, 우리는 괴로워하고 사랑 때문에 여러분에 대해 슬퍼합니다. 생활이 변화된 모습을 거의 보지 못할 때 어떻게 우리가 여러분의 마음이 바뀌었다고 확신할 수 있겠습니까? 여러분을 가장 사랑하는 사람들이 여러분의 상태에 대해서 어떤 판단도 내리기 어렵게 만드는 생활을 한다는 것은 참으로 애석한 일입니다. 여러분이 현재 상태로 죽는다면 우리는 여러분이 어디로 갈지 알지 못합니다. 여러분의 현재 길이 의심스럽고 얽혀 있기 때문입니다. 여러분은 천국에 가고 싶습니까? 아니면 지옥에 가고 싶습니까? 일반적으로는 여러분이 잘 준비된 상태에서 죽었느냐 아니면 준비되지 못한 상태에서 죽었느냐에 따라 판단하게 될 것입니다. 그런데 이것이 그 점을 설명하는 적합한 방식입니까? 변덕스러운 여러분, 여러분은 잘 알 수 없는 사람입니다. 일반적으로 옆에서 지켜보는 사람들에게 여러분은 지옥에 가기에는 너무 착하고 천국에 갈 만큼 착하지는 않은 사람입니다. 여러분은 끝까지 두 길로 갈 수 없을 것입니다. 그러므로 결국은 악의 세력들이 여러분을 자기 것으로 움켜쥘 것이 확실합니다.

사람이 생활을 이중적으로 하고 있는 한, 진정으로 개인적인 확신에 이를 수 있는 사람은 아무도 없습니다. 그러나 내게 한 마음이 있고 그 마음이 주님께 속해 있으며, 또 내게 한 길, 곧 하나님께 순종하는 길이 있다는 것을 안다면 나는 내가 하나님의 것이라고 확신할 수 있습니다. 내가 원하는 만큼 대단한 진보를 이룰 수 없을지라도, 내가 주님을 따르며 언제나 확고하게 예루살렘을 바라

본다면 나는 내가 어디에 있는지, 내가 어떤 존재이며 어디로 가고 있는지를 압니다. 생활의 거룩함은 우리의 믿음을 증명하고, 우리의 믿음은 우리의 구원을 보증합니다. 그리고 구원은 기쁨과 평안과 확신을 낳습니다. "우리가 그의 계명을 지키면 이로써 우리가 그를 아는 줄로 알 것이요"(요일 2:3). 분명한 길은 우리의 상태를 분명하게 만들 것입니다. 길의 이 일치성은 언약의 복인데, 이것은 사람에게 속한 것도, 사람에 의해서 오는 것도 아닙니다. 하나님께서 더할 수 없이 소중한 은혜 가운데 하나로 자기의 택하신 자에게 주시는 것입니다. "내가 그들에게 한 마음과 한 길을 주리라."

3. 세 번째로, 그 다음 언약의 복인 원칙의 확고함을 간단히 살펴봅시다.

"항상 나를 경외하게 하고." 마음과 길을 올바르게 가지십시오. 그러면 하나님을 경외함의 영적인 힘이 앞으로 올 모든 날 동안 우리 안에 거할 것입니다.

참된 신앙의 기초, 그것은 하나님을 경외하는 것인데, 그 기초를 살펴봅시다. 여기서 사람들이 교회에 가입하여 신앙고백을 하고 영원히 거룩한 말을 할 것이라고 이야기하고 있지 않습니다. 그보다는 "그들이 항상 나를 경외하게 한다"고 말합니다. 형제자매 여러분, 우리 신앙의 핵심에는 하나님이 계셔야 합니다. 우리는 끊임없이 하나님과 교제해야 하고, 마음속에 진정으로 하나님을 경외하는 심정이 있어야 합니다. 이것이 지혜의 시작이듯이 또한 궁극적 구원의 유일한 안전책이기 때문입니다. 하나님께서 우리에게 하나님께 대한 진정한 영적 경외심을 주셨을 때는 그 경외심이 모든 시험을 이길 것입니다. 외적인 신앙은 그 신앙을 일으킨 흥분된 감정에 좌우됩니다. 그러나 여호와를 경외함은 주변의 모든 것이 얼어붙었을 때에도 계속 살아 있습니다. 많은 회심자들에게 어떤 일들이 일어납니까? 부흥전도 집회가 끝나고 나면 그들도 사라져버렸습니다. 그러나 하나님께서 우리에게 하나님을 사랑하고 순종하는 한 마음과 한 길을 주셨고 우리 속에 여호와를 경외함이 있다면, 우리는 정신적인 상태에 좌우되지 않습니다. 우리는 불도마뱀처럼 불 속에서도 살 수 있습니다. 그런가 하면 바다표범처럼 북극 얼음물속에서도 살 수 있습니다. 우리는 특별한 봉사와 친절한 권고를 의지하지 않습니다. 우리 속에 솟아나는 샘물이 있기 때문입니다. 우리는 주인을 의지해서 살지, 종들에 의지해서 살지 않습니다. 우리가 다른 모든 사람과 수단을 버리고 떠나왔기 때문에 성령께서는 우리를 떠나지 않으십니다. 아니, 하나님께서는 우리에게 항상 하나님을 경외하는 심정을 주셨습니다.

박해가 옵니다. 그리스도인들이 직장에서 조롱을 받고 길거리에서 손가락질을 당하며, 세상 사람들은 그들을 비웃으며 무례한 말을 합니다. 이렇게 될 때우리는 누가 하나님의 택하신 자이고 그렇지 않은지를 알게 될 것입니다. 박해는 까부르는 키처럼 작용합니다. 겨처럼 가벼운 사람들은 박해의 돌풍에 날려가버립니다. 그러나 진짜 알곡인 사람들은 그대로 남아 있고 정련됩니다. 한 마음을 가지고 진정으로 하나님을 경외하는 사람은 사람의 평가에 개의치 않고 하나님의 한 길을 붙잡고 항상 하나님을 경외합니다.

그 다음에는 어쩌면 더 어려운 시험, 곧 성공의 시련이 올지 모릅니다. 사람이 부자가 되면 사회에서 또 다른 계층으로 올라섭니다. 그가 진정한 그리스도인이 아니라면 그는 하나님을 버릴 것입니다. 그러나 진정한 천국의 상속자라면그는 항상 하나님을 경외할 것이고, 자신의 재물을 하나님께 바칠 것입니다. 마음을 전적으로 하나님께 바친 사람은 어떤 상태에 있든지, 곧 명예로운 위치에있든지 아니면 멸시를 받는 가운데 있든지 간에 생활의 닳아 해짐과 찢어짐을견딜 것입니다. 가난은 많은 사람에게 혹독한 시련입니다. 나는 신자라고 하는많은 사람들이, 그들의 말에 따를 때 예배당에 입고 올 적당한 옷이 없기 때문에하나님의 집을 떠나는 것을 보았습니다. 그러나 그것은 보잘것없는 변명입니다. 나는 그 사람들의 마음이 예배당에 오기에 적당하지 못한 것이 아닌가 하는 생각이 듭니다. 하나님을 경외함이 있으면 경건한 사람은 자존심을 버리고 누더기를 걸치고라도 그리스도를 따를 것입니다. 그는 떡과 물이 없는 것은 견디겠지만 하나님 말씀의 기근은 견디지 못할 것입니다. 그의 영혼에게 먹을 것을 주어야 합니다. 그러면 그가 하나님의 식탁이 하늘의 떡으로 차려진 곳에 반드시 있게 되며, 또 있을 것입니다. 하나님께서 욥에게서 그의 모든 부를 빼앗으셨을 때, 바로 그 때 그의 순전함이 나타나고 입증되었습니다.

여러분 가운데 어떤 분들에게는 노년의 때가 지나가고 있습니다. 하지만 나는 여러분의 은혜가 쇠퇴하고 있지 않다는 것을 알기에 기쁩니다. 여러분은 점점 더 귀가 들리지 않고 눈이 침침해지며 팔다리는 떨립니다. 하지만 여전히 하나님의 목소리는 들을 수 있고, 하나님 말씀의 아름다움을 볼 수 있으며 하나님의 규례의 길로 달려갈 수 있습니다. 하나님께서 젊은 사람에게 한 마음과 한 길을 주셨다면 그는 항상 하나님을 경외할 것이고, 몸이 점점 더 쇠약해져도 하나님을 버리지 않을 것입니다. 노년에도 열매를 맺어 하나님께서 의로우심을 나타 낼 것입니다. 우리의 심령이 전적으로 그리스도의 것이라면 우리는 결코 다시 파멸로 돌아갈 수 없습니다. "누가 우리를 그리스도의 사랑에서 끊으리요?"(롬 8:35). 하나님께서는 그처럼 강력한 사랑의 줄로 묶어서 우리를 단단히 붙드십 니다. 우리는 아버지와 어머니를 잃을 수 있고, 우리의 생명도 잃을 수 있습니다. 그러나 우리를 그 피로 사서 지옥에서 구원하신 주님을 버릴 수는 없습니다. 우 리가 지금 천국을 향해 가고 있는데, 누가 우리를 그 길을 가지 못하게 막을 수 있겠습니까? 우리는 화살처럼 하나님의 활로부터 이미 발사되었습니다. 그래서 우리는 영원한 복의 과녁에 도달하여 안식할 때까지 계속해서 빠른 속도로 앞으 로 나아갈 것입니다. 우리 속에 여호와를 경외함이 몇 년 동안만 지속되는 것이 아니라 항상 있게 된다는 것은 참으로 큰 자비입니다.

　4. 그 다음의 사실, 곧 개인적인 복을 아주 서둘러 언급하고 마치도록 하겠 습니다.

　"그들의 복을 위하여." 하나님께서 우리에게 한 마음과 한 길, 그리고 확고 한 원칙을 주실 때, 그것이 가장 고상한 의미에서 우리의 복을 위하여 주시는 것 임에 틀림없습니다. 누가 가장 행복한 그리스도인인지 한번 말해 보십시오. 그 들은 순전한 마음을 지닌 그리스도인들일 것입니다. 마음과 생활이 분리되면, 행복이 틈을 통해서 새어나갑니다. 우리가 평안을 누리며 살기를 원한다면 계속 해서 의를 추구해야 합니다. 형제 여러분, 여러분이 신앙의 달콤함을 맛보고자 한다면 신앙의 깊이를 알아야 합니다. 흔히 신성한 잔의 꼭대기에 있는 거품은 쓰지만, 그 바닥에는 달콤한 에센스가 있습니다. 나는 깊이 들이마셔라, 그렇지 않으면 아무것도 마시지 못할 것이라고 말하지 않겠습니다. 그보다는 피상적인 경건에 만족하는 사람들은 하나님과의 교제의 깊은 곳에 있는 기쁨을 전혀 알지 못할 것이라고 말씀드립니다. 생명의 강물에 뛰어드십시오. 그래서 몸과 마음과 영을 강물에 잠그십시오. 그러면 여러분은 말할 수 없는 기쁨 속을 헤엄칠 것입 니다. 여러분이 세속의 바닷가를 잊어버리면 바닷속에서 하나님의 놀라운 일들 을 볼 것입니다. 하나님께 뜨겁게 헌신하면, 보석과 같이 귀한 만족을 얻을 것입 니다. "은혜가 풍성하고 여호와의 복이 가득한 납달리여!"(신 33:23).

　이것은 모든 면에서 여러분에게 복이 될 것입니다. 즉, 사업에서 여러분의 인도가 되고 신앙에서 여러분의 지침이 되며, 이생에서 여러분 마음의 복이 되고 내세에서 여러분 영혼의 복이 될 것입니다. 은혜로 한 마음과 한 길을 받는 것은 사는 일에나 죽는 일에나 다 같이 적합하게 되는 것입니다. 여러분이 사람들의 전기를 읽어보면, 그 전기들이 공정하게 기록되었다면, 여러분은 선한 사람들, 진실한 사람들, 위대한 사람들, 고귀한 사람들이 일편단심의 한 마음을 가졌다는 것을 확실히 알게 됩니다. 하나님을 아주 분명히 보는 사람들은 마음이 순결한 사람들, 마음이 나뉘지 않은 사람들입니다. 이 땅에서도 천국을 누리는 사람들은 마음과 생활이 천상적인 것들로 가득 차 있는 사람들입니다. 복된 생활은 뜨거운 사랑과 철저한 헌신으로 이루어진 생활입니다.

형제 여러분, 여러분에게는 이런 점들이 풍성합니까? 나는 마음이 순전한 그리스도인들이 다른 어떤 집회에서 만날 수 있는 것보다 이 회중 가운데 많다고 믿습니다. 그렇지만 이 자리에도 그리스도인이라고 하면서 하나님의 일에 마음을 온전히 바치는 것이 무엇인지, 예수님을 사랑한다는 것이 무엇인지 모르는 사람이 있을까 걱정하지 않을 수 없습니다. 이런 사람들은 고생하는 때를 만나면 의기소침해지고 반발심을 품게 됩니다. 그들이 하나님의 뜻에 완전히 복종한다면 그렇게 되겠습니까? 이들은 영적인 위로를 받지 못하는 경우가 많습니다. 그런데 이들이 분명하고 확고하게 자신을 하나님께 맡겼다면 그렇게 위로를 받지 못하며 지내겠습니까? 그렇지 않을 것이라고 생각합니다. 먹지 않으려고 하는 사람들은 굶주리고 약해집니다. 그러면 몸이 약해짐으로 인해 사람들 속에 많은 병이 생길 수 있는 환경이 조성됩니다. 그러나 하늘의 양식인 그리스도를 먹고 사는 사람들은 자양분을 섭취하여 튼튼해지고, 바로 그 점 때문에 수많은 병으로부터 보호를 받습니다. 성령님이시여, 나는 그리스도의 종들에게 말하고 싶은 대로 말할 수가 없습니다. 그러나 성령님께서는 지금 이들의 마음을 움직여 그들이 자신을 온전히 주님께 드리기를 열망하도록 만드실 수 있습니다. 이렇게 하는 것이 그들에게 복이 될 것입니다!

5. 끝으로 생각해 볼 점은, 이와 관련 있는 복입니다.

"자기 후손의." 마음이 순전한 그리스도인들은 보통 같은 신앙을 지닌 후손을 보는 복을 받습니다. 하나님께 헌신한 사람들은 살면서 자기 자녀들이 자기들의 뒤를 따르는 것을 봅니다. 자녀들이 신앙의 길을 버릴 때, 여러분이 그들

부모의 가정생활을 조사해 보면 그 일을 이상하게 생각하지 않을 것입니다. 부모의 신앙이 가짜라면, 정직한 젊은이가 그 신앙을 존중할 것이라고 기대할 수 있습니까? 아버지가 신앙고백을 거짓으로 한다면 자녀들이 그 신앙고백을 멸시하지 않겠습니까? 진실 되고 교양 있는 그리스도인이 미움을 받는 경우는 종종 있지만 사람들에게 경멸의 대상이 되는 일은 없습니다. 사람들은 그를 바보라고 하며 비웃을 수 있지만, 그가 행복한 사람이라는 것은 인정하지 않을 수 없습니다. 그래서 비웃는 사람들 가운데 좀 더 똑똑한 사람들은 자기도 그들처럼 바보가 되기를 바랍니다. 철저하고 진실한 그리스도인이 되십시오. 그러면 여러분의 가족이 여러분의 신앙을 존중할 것입니다. 자녀가 부모를 존경하는 경우, 거의 필연적인 결과는 자녀가 부모를 닮기 바란다는 것입니다. 이것이 언제나 그런 것은 아니지만 대체로 그렇습니다. 부모들이 순전한 마음으로 하나님을 위하여서 살면, 그들의 자녀들도 자기 부모와 똑같이 하기를 바랍니다. 그들은 가정에서 난롯가에 둘러앉아 신앙의 아름다운 모습들을 봅니다. 그래서 자의식이 생기면 그들은 자기들도 그와 같은 경건을 갖게 해 주시고, 그래서 그들이 가정을 시작할 때 같은 행복을 누릴 수 있게 해 주시기를 하나님께 기도하게 됩니다.

여러분 가운데 매우 경건한 부모 밑에서 자랐는데 지금 죄 가운데 생활하고 있는 사람이 있다면, 여러분 부모의 생활을 생각할 때 틀림없이 양심의 가책을 느낄 것입니다. 여러분의 부모님이 지금 천국에 있습니까? 그렇다면 여러분은 부모님의 무덤에 가서 풀이 무성한 언덕에 앉아 여러분이 어떻게 살고 있는지 생각해 보십시오. 여러분 자신의 생활과 부모님의 생활을 비교해 보면 여러분은 눈물을 흘리지 않을 수 없을 것입니다. 여러분은 자신이 어머니의 구주님을 소홀히 하고 아버지의 하나님을 잊고 산다는 것을 생각하고 떠는 것은 당연한 일일 것입니다. 아버지와 기도와 어머니의 간청에도 불구하고 지옥불로 뛰어들어가는 사람들이 그 점을 생각하면 걸음이 주춤해질 것입니다. 그런데도 불구하고 어떤 사람들은 그런 식의 자살을 감행하기를 아주 굳게 결심한 것처럼 보입니다. 이런 사람들은 아주 적을 것이라고 생각합니다.

그리고 "마땅히 행할 길을 아이에게 가르치라 그리하면 늙어도 그것을 떠나지 아니하리라"(잠 22:6)는 말씀은 지금도 여전히 진리입니다. 가정의 머리 되는 사람들이 하나님께 온전히 헌신하는 곳에서는 이생의 복과 영적인 복들이 가족들에게 임합니다. 그렇게 한번 해 보십시오! 그렇게 한번 해 보십시오. 틀림없이 여러분은 그렇게 하는 것이 유익하다는 것을 발견할 것입니다. 만일 마지막 날에 여러분이 그리스도께 헌신한 것이 잘못이었다고 알게 된다면, 나는 기꺼이 영원히 그 책임을 지겠습니다. 나는 여러분 가운데 단 한 분이라도 내가 여러분에게 지나치게 열심을 내도록 하고 지나치게 헌신적인 생활을 하도록 부추겼다고 비난하지 않을까 하는 걱정을 하지 않습니다.

형제 여러분, 나는 여러분 가운데 신앙에 발목 깊이만큼만 발을 들여놓고 더 이상 들어가지 않는 사람들이 있지 않나 걱정입니다. 여러분이 머지않아 바닷가로 돌아오지 않을까 염려가 됩니다. 개울 한가운데로 뛰어들어 헤엄칠 만한 물이 있다는 것을 발견하는 사람들에 대해서는 전혀 걱정하지 않습니다. 그들은 끊임없이 힘이 더 강력해지는 흐름에 밀려서 계속 앞으로 나아가다가 마침내 영원한 사랑의 바닷속으로 들어가 천국에서 모습을 드러내게 될 것입니다. 나는 성령께서 여러분을 하나님의 일들에 온 마음을 기울이고, 일관되며 항상 뜨겁고 확고하며 끈기 있는 태도를 보일 수 있도록 해 주시는 것만큼 여러분에게 큰 복은 없다고 생각합니다. 여러분과 여러분의 가족에게 진심으로 이 축도를 드립니다. 하나님께서 여러분에게 한 마음과 한 길을 주시어 여러분이 항상 하나님을 경외하도록 해 주시기를 빕니다. 아멘.

제
29
장

—

자기 백성들에게 복 주시는 일에 정성을 다하시는 하나님

—

"내가 기쁨으로 그들에게 복을 주되 분명히 나의 마음과 정성
을 다하여 그들을 이 땅에 심으리라." ─ 렘 32:41

우리는 흩어진 이스라엘 백성들이 하나님께서 소금 언약으로 그들에게 주신 땅으로 돌아오는 일을 기다리지 않을 수 없습니다. 그들이 지금까지 거절해 왔던 메시야를 믿을 때, 오늘날 그들이 멸시하는 나사렛 예수를 기뻐할 때를 또한 우리는 기다립니다. 이스라엘 자손들 가운데서 일하고 있는 사람들에게는 이 예언에 크게 용기를 북돋우는 점이 있습니다. 이러한 격려가 크게 필요한 것은, 모든 선교지들 가운데서 이스라엘이 보통 가장 불모지로 알려져 왔고, 그 선교 사역에 말할 수 없을 정도로 많은 조롱이 쏟아졌기 때문입니다. 그래서 하나님은 우리가 다른 어떤 봉사의 영역에서는 거의 받을 수 없는 큰 격려를 우리의 믿음에 공급하셨습니다. 그러니 이 예언을 믿는 사람들은 계속해서 일해 나갑시다! 믿지 않는 사람들은 이 일을 포기할 수도 있습니다. 그들은 우리 주님 자신이 그 자손으로 속해 있는 이 고대 민족을 한데 모으는 일을 도왔다는 영예를 얻지 못할 것입니다. 우리는 예수께서 유대인이셨다는 것을 잊어서는 안 될 것입니다. 들 감람나무의 가지인 우리가 좋은 감람나무에 접붙여졌다면, 하나님께서 원하실 때는 본래 가지들은 불신앙 때문에 잠시 베어졌을지라도 그 본래의 줄기

에 접붙여지는 일이야 얼마나 더 쉽겠습니까! 하나님께서 그 일을 속히 이루어 주시기를 바랍니다! 아, 그 일이 지금 당장 이루어졌으면 좋겠습니다! 이스라엘이 자기들이 찌른 자를 보고 마음을 다해 그분께로 돌이키기를 바랍니다. 지금은 우리가 이렇게 말하고 노래할 수밖에 없습니다.

> "이스라엘 족속 가운데 택하신 자손인
> 약하고 보잘것없는 남은 자여,
> 은혜로 그대를 구원하시는 분을 큰 소리로 부르라
> 그분을 만유의 주로 높이라."

하나님의 말씀을 해석할 때, 자연적인 이스라엘에 대한 약속들 가운데 영적인 것들은 영적인 이스라엘에 해당하는 것으로 보는 것이 원칙입니다. 그리스도를 믿는 신자들은 진정한 아브라함의 후손입니다. 육신을 따라서 생각할 때 "아브라함은 우리를 모르고 사라는 우리를 인정하지 아니할지라도"(사 63:16 참조) 아브라함은 신자들의 조상입니다. 믿는 자들은 아브라함이 자기 조상이라고 정당하게 주장할 수 있습니다. 믿음이 있는 사람들은 하나님을 믿었고 그로 인해 하나님께 의롭다 함을 받은 아브라함의 영적 후손입니다. 아브라함과 맺은 언약은 아브라함 안에 있는 모든 사람들, 곧 이삭처럼 약속을 따라 태어난 모든 후손과 맺은 언약입니다. 그러므로 우리는 이스라엘 자손과 맺은 모든 영적 약속들을 이스라엘처럼 하나님과 씨름하여 이기는 것이 무엇인지 아는 모든 사람과 맺은 것으로 알고 의심하거나 주저함이 없이 굳게 붙잡을 수 있습니다. 그러므로 나는 이와 같은 약속을 하나님의 택하신 자들의 전체 무리, 곧 하나님께서 자기를 위해 창조하셨고 하나님을 찬송하도록 하실 이 특별한 사람들과 관련해서 받아들이고 사용할 수 있다고 확실히 믿습니다.

그 관점에서 볼 때, 우리 앞에 있는 본문은 지극히 영광스러운 것입니다. 이 본문은 내가 하나님께서 나를 위해 행하시는 모든 선하심을 인해서 두려워하고 떨지 않을 수 없는 위대한 성경 구절들 가운데 하나입니다. 나는 본문을 다룰 수 있다고는 생각했지만, 여러분에게 본문의 가장 깊은 의미를 알려줄 수 있다고 말하지는 않겠습니다. 나는 땅에 널려 있는 금덩어리들을 여기저기서 주울 것입니다. 그러나 밑에 있는 거대한 금갱은 아직 발견하지 못한 것을 생각하면 괴롭습니다. 우리가 더 깊이 파고 들어가는 은혜를 받으면 좋겠습니다! 자기 백성에 대한 하나님의 사랑의 높이와 깊이와 길이와 넓이를 더 크게 이해할 수 있는 능력이 있으면 좋겠습니다. 나는 여러분 각각에게 이렇게 말하지 않을 수 없습니다. "은과 금은 내게 없거니와 내게 있는 이것을 네게 주노라"(행 3:6). 나는 내가 마음으로 깨달을 수 있는 것밖에는 청중 여러분에게 전할 수가 없습니다. 하나님께서 그렇게 전하는 것에 복을 주시기를 바랍니다!

나는 여러분에게 첫째로, 본문이 주는 교훈을 생각하라고 말씀드리겠습니다. 둘째로, 증거를 가지고서 본문을 생각하겠습니다. 셋째는, 본문으로부터 나오는 추론을 생각하겠습니다. 성령님께서 하나님께 대한 이 깊은 사실들을 여러분에게 보여주시기를 바랍니다!

1. 첫째로, 본문이 주는 교훈을 생각해 봅시다.

그렇게 할 때, 첫 번째로 드는 생각은 하나님께서 진심으로 자기 백성에게 복을 주신다는 것입니다. "내가 기쁨으로 그들에게 복을 주되 분명히 나의 마음과 정성을 다하여 그들을 이 땅에 심으리라." 말이 나온 김에 "분명히"라는 단어를 살펴봅시다. 이 단어 때문에 그 약속이 아주 진실하고 확실한 것임을 확인할 수 있기 때문입니다. 여기에는 조금도 의심이 있어서는 안 됩니다. 분명히라는 이 단어가 의심을 완전히 쫓아버립니다. 하나님께서 자기의 택하신 백성들을 보고 그들에게 넉넉한 손을 내미실 때, 분명히 그 손과 함께 하나님의 마음도 갑니다. 하나님의 일들 가운데는 하나님의 마음이 함께 가지 않는 일들이 있습니다. 하나님은 범죄한 자들을 그의 왼손으로 치시지만, 이렇게 말씀하십니다. "주 여호와의 말씀이니라 나의 삶을 두고 맹세하노니 나는 죽을 자가 죽는 것도 내가 기뻐하지 아니하고 내게로 돌이켜 사는 것을 기뻐하노라"(겔 18:32; 33:11). 그러나 하나님께서 오른손으로 인자를 베푸실 때는 그 손과 함께 마음도 따라갑니다. 사랑하는 여러분, 여러분이 하나님의 은혜를 받는다면 복만 받는 것이 아니라 그 복과 함께 하나님의 순전한 마음도 받는다는 것을 확실히 알 수 있습니다. 하나님은 여러분에게 복을 주실 때 온 마음 혹은 온 생명을 다해서 주시는 것입니다. 하나님은 여러분에게 충족히 복을 베푸실 수 있도록 여러분에게 온 마음을 집중하십니다. 하나님께서 노하기는 더디시지만 자비를 베푸는 일은 신속하신데, 이는 자비를 베풀기를 기뻐하시기 때문입니다. 하나님께서 자기 백성들에게 은혜를 베푸실 때 여러분은 사랑하시는 하나님을 보는데, 이는 "하나님은 사랑이시기"(요일 4:8) 때문입니다. 또 살아계신 하나님을 보는데, 이는 하나님께서 온 마음을 다해 여러분에게 복을 베푸시기 때문입니다. 하나님의 사랑의 행위들에서 하나님의 신성이 나타납니다. 일을 행하는 데는 한 가지 방식이 있고, 또 다른 방식도 있습니다. 어떤 일을 규정을 따라 할 수가 있는데, 그러면 큰 실수 없이 할 수가 있습니다. 그렇지만 또한 그 일을 열의가 없이 판에 박힌 태도로 할 수가 있습니다. 그런데 또 다른 사람은 자기가 하는 일을 즐거워하며 거기에 마음과 혼을 쏟습니다. 그 결과, 사람이 말로는 거의 표현할 수 없지만 중요한 점들에서 차이가 생길 것입니다. 위대한 예술가가 마음과 혼을 쏟은 그림은 보기 드문 걸작입니다. 일하는 사람이 일을 아주 훌륭하게 잘하기 위해 온 힘을 발휘할 때, 그 결과물은 지극히 가치가 있습니다. 바로 그와 같이 하나님께서는 지금까지 손을 대신 어떤 일에서보다 예수 그리스도로 말미암는 기이한 은혜를 베푸시는 일들에서 더 충만히 힘을 쏟으시기로 결심하신 것입니다. 그 일들에서만큼 여호와의 마음이 분명하게 드러나는 것은 없습니다.

그 다음에, 하나님은 자기 백성에게 복 주시는 이 일을 철저하게 행하십니다. 하나님의 약속에 "정성을 다하여"라는 말이 덧붙여져 있는 것을 볼 때, 그것을 알 수 있습니다. 사람의 방식대로 말하자면, 하나님의 애정뿐만 아니라 하나님의 위대한 지성과 생명까지도 자기 백성을 구원하고 복 주시는 일에 쏟으신다는 것입니다. 여기서는 하나님의 본질, 곧 하나님의 영혼을 쏟으신다고 말하는 것이 편할 것입니다. 설계 논증(design argument: 인간을 포함한 모든 세계가 이미 어떤 목적에 의해 의도되고 질서 있게 설계되었다는 주장 ―역주)이 자연에 적용될 때, 그것은 하나님의 존재를 증명합니다. 우리는 자연에서 자연이 어떤 목적에 의해 설계된 표시들을 봅니다. 그리고 그런 설계가 있다는 사실은 설계자의 존재를 증명합니다. 그 논증이 은혜의 사역들에 적용될 때, 우리는 거기에서 더욱더 분명하게 하나님을 봅니다. 은혜 언약에서는 모든 일에 다 설계된 목적이 있기 때문입니다. 은혜의 행동에서 하나님의 택하신 자들을 온전하게 하려는 목적을 지니지 않은 행동은 단 한 가지도 없고, 그 언약의 복에서 그들을 영원히 복되게 하려는 목적이 없는 복은 단 한 가지도 없습니다. 구원은 하늘이 땅보다 높은 것 같이 우리 생각보다 훨씬 더 높은 하나님의 생각들로 가득 차 있습니다. 자기 백성을 구원하시는 그 목적은 하나님의 놀라운 생각이었습니다! 하나님께서는 택하신 백성들의 미래 상태를 예견하셨을 때 그들이 어떻게 될 것을 아시고 거기에 대비하셨습니다. 일어날 것으로 알고 계신 모든 곤경들을 해결하기로 결심하셨는데, 특별히 그들이 타락으로 망한다는 것을 아셨을 때 더욱 그렇게 하셨습니다. 하나님은 첫 아담이 일으킨 해악을 둘째 아담을 통해서 원상태로 돌리기로 결심하셨습니다. 그의 택하신 백성이 죽는 것을 아셨고, 그래서 그의 아들 안에서 그들에게 영생을 주기로 마음먹으셨습니다. 그들이 죄를 짓고 정죄를 받아 형벌에 처해질 것을 아시고, 희생 제사를 통해서 그 정죄를 없애기로 결심하셨습니다. 아마도 이 모든 생각 가운데 가장 위대한 것은 하나님께서 율법으로써 율법을 상대하고 죽음으로써 죽음을 상대하시며, 자기 백성들이 비록 죄가 있지만 그들의 영광스런 대속물이신 분 안에서 형벌을 받고, 그들은 이 온전한 희생 제물로 말미암아 해방되었기 때문에 직접 자기 몸으로 형벌 받는 일은 결코 없게 하신다는 생각이었을 것입니다. 여러분이 인간 지성으로 파악할 수 있는 한 최대한으로 하나님의 지혜를 배우고자 한다면 이 놀라운 구속의 체계, 곧 선택에서 시작되는 이 전체 계획을 연구해야 할 것입니다. 선택에서 시작되는 이 전체 계획은 그치지 않고 계속 진행되어 마침내

> "선택받은 모든 족속이 만나
> 하나님의 보좌에 둘러서서
> 하나님의 은혜의 행위를 찬송하고
> 그의 영광을 알리게 될 것입니다."

여러분은 하나님의 모든 애정이 그의 택하신 백성들에게로 향하고 하나님의 모든 생각이 그들에게 집중된다는 사상을 이해할 수 있습니다. 하나님은 높은 하늘을 떠받치시고 우주를 통치하십니다. 참으로 무한히 광대한 우주이지만 이 우주가 하나님의 권능과 솜씨를 보여주는 놀라운 일들로 가득 찹니다. 그렇지만 하나님의 마음과 뜻은 그의 사랑하시는 사람들에게 있습니다. 사람이 하는 일이 아무리 많을지라도 끊임없이 자신의 가족을 생각하듯이 하나님께서도 생각이 아무리 많을지라도, 결국은 하나님 자신의 손바닥에 새겼다(사 49:16)고 말씀하시는 사람들을 생각하십니다. 마음과 뜻을 다해 오로지 그들에게 집중하십니다. 내가 여러분에게 이 바다의 깊은 곳으로 뛰어들 수 있겠느냐고 묻

지 않았습니까? 나는 그동안 용기를 내어 하나님의 마음에 대해 생각하였습니다. 또 할 수 있는 대로 최선을 다해 하나님의 뜻을 생각해 보았습니다. 그러나 무한하신 하나님이 온 마음과 뜻으로 무엇을 생각하시는지 내가 어떻게 알 수 있겠습니까? 그렇지만 하나님께서 자기를 위하여 구속하신 자기 백성들에게 복을 베푸실 때 온 마음과 뜻이 발휘됩니다. 하나님께서 친히 그렇게 말씀하시므로 우리도 담대하게 그 말을 그대로 복창할 수 있습니다. "나의 마음과 뜻을 다하여"(개역개정은 "나의 마음과 정성을 다하여" —역주).

그 다음에, 우리는 하나님께서 그렇게 행하실지라도 자기의 택하신 자들에게 복을 베푸실 때 그의 자원들을 모두 사용하신다는 사실을 봅니다. 사람이 어떤 일을 마음과 뜻을 다해 행할 때, 그는 필요하다고 여기면 내놓아야 할 것을 하나도 남기지 않고 다 내놓는다는 것을 여러분은 압니다. 자신의 목적을 성취하기 위해서 사용할 것은 모두 사용하는 것입니다. 그는 모든 것을 하나도 아깝지 않게 생각하고 내놓아 자신의 마음을 빼앗은 그 계획을 이루려고 합니다. 내가 사람으로서 깊은 공경심을 갖고 말씀드리자면, 여호와 우리 하나님께서는 자기 백성에게 선을 행하시는 일에 마음을 빼앗기셨습니다. 하나님께서는 마음과 뜻을 다해 정하신 그 계획을 이루기 위해서 그 자신과 자신에게 있는 모든 것을 하나도 남김없이 다 가져오십니다.

탕자가 아버지 집으로 돌아왔을 때, 그의 아버지는 그를 기뻐하여 아무것도 아끼지 않고 베풀었습니다. 아버지가 그 마음에 사랑이 있었습니까? 아버지는 그 아들에게 입을 맞추었습니다. 아버지가 아들에게 무슨 말을 하였습니까? 사랑을 말로 표현하였습니다. 아버지는 "제일 좋은 옷을 내어다가 입히고 손에 가락지를 끼우라"(눅 15:22)고 말했습니다. 그 옷은 항상 옷장에 넣어두었던 것인데, 이제 그 옷을 아들에게 입힙니다. 보석 상자로 가서 아주 귀한 보석을 가져오라고 합니다. 그의 발에 신을 신깁니다. 가장 비싼 신을 가져와서 그에게 신겨 아주 당당하게 보이게 합니다. 대저택에 있는 모든 자원들을 아낌없이 내어다 그에게 주었습니다. "살진 송아지를 끌어다가 잡으라 우리가 먹고 즐기자"(15:23). 그 집 사람들이 항상 음악을 연주했던 것은 아닙니다. 그런데 그의 아버지가 그 날에는 하프나 탬버린을 하나도 남기지 않고 모두 동원하여 연주하도록 합니다. 처녀들의 딸랑딸랑 울리는 발들이 음악에 따라 장단을 맞추었습니다. 아버지의 사랑과 기쁨을 나타내고 그의 아들을 기쁘게 하는데 부족한 것은 하나도 없을 것입니다. 사랑하는 여러분, 하나님께서 자기 백성을 위해서 얼마나 큰 일을 행하셨습니까! 하나님은 자기 백성들에게 자기의 모든 것을 주셨습니다. 그들이 이 세상에 있는 동안에는 하나님의 섭리의 모든 지혜가 그들을 위해 발휘될 것이고, 내세에서는 하늘의 모든 영광이 그들의 것이 될 것입니다. 하나님은 하늘에 거처를 두고 계십니다. 자, 그런데 하나님께서 그 거처를 영원히 자기 백성의 거처로 삼으십니다. 천사들은 하나님의 신하들입니다. 그들은 하나님의 택하신 자를 섬기는 영이 될 것입니다. 하나님의 택하신 자들은 하나님과 함께 그의 아들의 보좌에 앉을 것입니다. 하나님의 승리를 인하여 그들이 종려나무를 들 것이고, 하나님의 기쁨을 인하여 그들이 하프를 들 것입니다. 그러나 잠깐, 그 모든 것 이상의 어떤 것이 있습니다! 하늘과 땅을 주는 것은 하나님께 작은 일이었습니다. 하나님은, 하나님의 다른 자아이며 그의 영광스런 형상이신 하나님의 아들을 내놓으시지 않으면 안 됩니다. 하나님께서 사랑하시는 품에서 예수 그리스도를 떼어내셔야만 합니다. 이는 하나님께서 그의 독생자를 믿는 자는 누구든지 멸망치 않고 영생을 얻도록 하기 위해서 그의 독생자를 주셨기 때문입니다. 크신 하나님, 하나님께는 모든 것이 있고, 하나님께서는 자기 백성들에게 모든 것을 주셨습니다! 하나님은 자기 백성들을 위해 권능이나 위엄을 아낌없이 발휘하셨습니다. 이렇게 말하는 것은 우리가 그들의 구원에서 하나님의 힘과 주권과 하나님의 자신 전체가 나타나는 것을 보기 때문입니다! 하나님은 자기 백성들을 위해 지혜를 아낌없이 베푸셨고 변치 않으심을 보이셨습니다. 그들을 영원한 영광에 이르게 하는 데서 하나님의 지혜와 변치 않으심이 나타나는 것입니다! 하나님은 자기의 많은 아들들이 영광에 이르도록 하시기 위해 그들에게 무한히 충분한 역량을 발휘하셨습니다. 하프로 정교하게 연주할 수 있으면 좋겠습니다! 내 영혼이 하나님을 찬양합니다. 어떻게 해야 내가 하나님께 합당한 찬송을 드릴 수 있겠습니까?

　하나님은 다른 모든 일을 바로 이 하나님의 사랑의 일을 이루는데 기여하도록 배치하십니다. 사람이 어떤 위대한 목적에 마음을 빼앗기게 되면, 그가 반드시 해야 할 필요가 있을 경우에 다른 일들을 할 수 있습니다. 그렇지만 여러분은 그가 다른 모든 문제들을 자신의 주목적을 이루도록 조정하는 것을 볼 것입니다. 그는 경작하는 모든 들판에서 곡식 단들을 집으로 가져와 그의 주목적이라는 창고에 쌓아둘 것입니다. 자, 하나님께서 지금까지 행하신 일을 보십시오. 하늘과 땅을 만드실 때, 하나님께서는 그의 무한하신 지혜로 그의 백성들을 생각하셨습니다. 하나님께서 오셔서 섭리 가운데 민족들을 배정하실 때 "이스라엘 자손의 수효대로 백성들의 경계를 정하셨습니다"(신 32:8). 지금 이 시간도 하나님의 궁극적인 목적을 이루는 것과 상관없이 어떤 왕이 왕위에 올라가는 일도 없고 어떤 왕조가 폐위되는 일도 없습니다. 역병, 기근, 지진, 전쟁, 이 모든 것이 하나님의 교회와 어떤 관계가 있습니다. 일어나는 모든 일, 머지않아 일어나게 되어 있는 모든 일, 그것이 쓴 쑥이라는 별(계 8:11)이 떨어지는 일이든지 대접을 쏟는 일이든지 혹은 그밖에 우리가 예언의 신비에서 희미하게 보는 무엇이든지 간에, 모든 것은 하나님의 위대한 사랑에서 나온 장엄한 목적을 이루는 데로 나아갈 것입니다. 이 사건들은 활이고, 하나님의 사랑의 목적들은 화살입니다. 처음 봉인을 떼기 시작해서부터 책을 펼치기를 마칠 때까지 일어나는 모든 것은 하나님께서 그의 아들을 주신 택하신 백성들을 부르시고 깨끗하게 하시며 훈련하시고 보존하시며 온전하게 하시는 일과 관계가 있을 것입니다. 결국, 지금 있는 하늘과 땅은 헌 옷처럼 말려서 사라질 것입니다. 그러나 그 날에 하나님께서 자기의 택하신 자들을 돌아보시고, 그들을 위해 의가 거하는 새 하늘과 새 땅을 준비하실 것입니다. 그 때에는 혼인 만찬을 위하여 이미 자기를 단장하였을 그리스도의 신부를 위해 적당한 거처가 있을 것입니다. 창조의 일이든지 파괴의 일이든지, 자비의 일이든지 심판의 일이든지 간에 모든 일은 거대한 기계의 바퀴처럼 살아계신 하나님의 백성인 사람들에게 선을 이루도록 작동할 것입니다.

그 다음으로, 하나님께서는 자기 백성들을 위해서, 그리고 자기 백성들에게 한량없이 주신다는 점을 살펴보면서 비록 약하고 피상적이긴 하지만 이런 생각들을 덧붙여 말하고 싶습니다. 하나님께서는 그들에게 마음과 뜻을 다하여 복을 베푸십니다. 마음이 내키지 않는 사람들은 여러분을 친절하게 대접할 수는 있지만 그래도 그들의 마음에 온기가 부족한 것을 은연중에 드러내기 마련입니다. 그렇지 않은 사람들은 사소한 행위 하나하나에서 뜨거운 진심을 드러냅니다. 내가 전국을 돌며 설교 여행을 할 수 있었을 때, 어쩌다 보니 몇 년 동안 나이든 잉글랜드 농부의 집에서 묵었던 것이 생각납니다. 그 농부는 식탁에 소고기 한 조각을 내놓곤 하였는데, 그 무게가 얼마나 나가는지 모르지만 굉장히 컸습니다. 그래서 어느 날 농부에게 물었습니다. "어째서 내가 여기 올 때마다 형제는 저렇게 큰 고기 덩어리를 내놓습니까? 형제는 내가 거인처럼 많이 먹을 수 있다고 생각합니까? 그렇다면 그것은 크게 잘못 생각하는 것입니다. 저 고기 덩어리를 한 번 보십시오. 내가 저것을 집에 가져간다면 한 달은 두고 먹을 수 있을 것입니다." 그러자 농부가 말했습니다. "글쎄요, 내가 더 큰 덩어리를 구할 수 있다면, 더 큰 것을 내놓았을 것입니다. 나는 목사님을 뵙는 것이 정말 기쁩니다. 목사님이 그 고기를 다 드실 수 있다면 목사님께 진심으로 감사드릴 것입니다. 나는 오늘 이 자리에 계시는 모든 분이 내가 정말 최선을 다해 여러분을 대접하려고 한다는 것을 느끼시기 바랍니다."

그는 내 필요를 아주 조금만 채운 것이 아니라 아낌없이 베풀어 채웠습니다. 내가 진심 어린 대접을 보여주는 이 소박한 예를 드는 것은 여러분에게 하나님께서 어떻게 자기 손님들을 위하여 멋지게 준비하시는지를 설명하기 위함입니다. 아, 여러분, 하나님은 자기 백성들을 대접하실 때 딱딱하고 마른 떡 한 조각을 주시는 것이 아니라 "골수가 가득한 기름진 것과 오래 저장하였던 맑은 포도주"(사 25:6)를 내놓으십니다. 하나님의 잔치는 하나님의 무한한 통치에 걸맞게 아주 호화롭습니다. 하나님께서 자기 자녀들을 먹이실 때는 비록 전에는 그들이 하나님의 식탁에서 떨어지는 부스러기들을 감사하며 먹었을지라도 이제는 그들을 방백들 가운데 앉게 하시고 그들에게 왕의 음식을 먹게 하십니다. 하나님께서는 자기 백성들의 필요를 채우기 위해, 아니 자기 백성들의 소원과 기쁨을 채우기 위해 영원을 내놓으십니다. 우리는 하나님 안에 있으면 고생하지 않습니다. 하나님께서는 우리에게 거친 옷을 입히지 않고 의의 옷을 입히셨습니다. 우리를 그냥 씻어주시기만 한 것이 아니라 장식품으로 단장한 신부처럼 우리를 보석으로 꾸며주셨습니다. 하나님께서는 우리에게 일꾼들의 셋방을 주어 거하게 하신 것이 아니었습니다. "내 아버지 집에 거할 곳이 많습니다"(요 14:2).

하나님은 세상의 짐승들을 그냥 우리 마음대로 처리하도록 맡기시기만 한 것이 아닙니다. 하나님의 천사들은 우리의 호위대들입니다. 하나님의 사랑의 성전에는 돌 하나도 하찮은 것이 아닙니다. 그 돌들은 다 귀한 보석들입니다. 요한계시록을 읽어 보면, 성벽을 쌓은 한 층 한 층이 다 벽옥과 남보석과 옥수와 녹보석으로 이루어져 있는 것을 알 수 있습니다. 하나님의 은혜의 성전 벽은 기초부터 꼭대기까지 모두 보석들로 이루어져 있습니다. 그런데 이런 보석들도 하나님께서 자신의 택하신 백성들에게 아주 넉넉하게 베푸신 무한한 부에 비하면 장난감에 지나지 않습니다. 무한하신 여호와께서 마음을 다해 주실 때 거기에 어떤 제한을 두신다는 것은 생각할 수 없는 일입니다. 하나님의 무한한 선하심을 나타내고자 할 때 내 표현은 참으로 옹색하기 그지없습니다!

사랑하는 여러분, 또 다른 점은 하나님께서 자기 백성에게 복을 베푸실 때 마음을 다하고 뜻을 다한다는 사실을 아주 분명하게 보여줍니다. 하나님께서는 우리에게 복을 베푸시는 일을 끝까지 이루시기 때문입니다. 하나님은 언제부터 우리에게 복을 베푸시는 일을 시작하셨습니까?

> "하나님의 손이 해를 지어
> 낮을 주관하게 하시기 전부터
> 혹은 땅의 기초를 놓으시기 전부터
> 혹은 아담을 흙으로 빚으시기 전부터."

그러면 언제 우리에게 복을 베푸시는 일을 끝내실 것입니까? 끝내시는 일은 없습니다. 우리의 영혼은 여호와 우리 하나님과 함께 생명 싸개 속에 싸여 있기(삼상 25:29) 때문입니다. 정말로 하나님께서 우리의 부족들을 눈여겨보셨다면 우리를 버리실 충분한 이유를 발견하셨을 것입니다. 그러나 하나님은 우리를 우리의 죄대로 처치하지 않으셨습니다. 하나님의 백성인 여러분, 여러분의 양심에 묻습니다. 그동안 하나님께서 여러분에 대해 "내가 너에게 지쳤다"고 말씀하신 때가 많았을 수 있지 않습니까? 그런데 지친 것은 하나님이 아니라 우리 쪽에 있었습니다. 하나님의 사랑은 여러분에게 "이스라엘아 너는 나를 싫증내었다"(사 43:22, 개역개정은 "이스라엘아 너는 나를 괴롭게 여겼다" —역주)고 불평합니다. 하나님은 우리에게 선을 행하시기를 기뻐하여 더욱더 자비를 베푸셨습니다. 여러분은 하나님께서 여러분에게 베푸신 은혜가 참으로 다양하다는 사실에 놀라지 않습니까? 어떤 옛날 작가는 "하나님의 꽃은 두 겹으로 핀다"고 말합니다. 하나님은 하나뿐인 것으로 보이지만 사실은 두 가지인 복을 보내시기 때문입니다. 그러나 나는 하나님이 보내시는 복은 빛과 같다고 말씀드리고 싶습니다. 하나님의 복은 일곱 가지입니다. 그것은 우리가 태양에서 비치는 광선 하나하나에서 일곱 가지 색깔이 조화롭게 섞여 있는 것을 보는 것과 같습니다. 구속받은 자들에게 오는 자비의 광선 하나하나에는 무한한 사랑이 일곱 가지가 일곱 번씩 겹쳐 있습니다! 죄마다 그 속에 많은 죄가 있듯이 용서에도 용서 하나하나

속에 많은 용서가 들어 있습니다. 필요마다 그 속에 많은 필요가 있듯이 공급에도 공급 하나하나 속에 많은 공급이 들어 있습니다. 하나님은 우리에게 많이 복을 베푸시고, 매번 복을 베푸십니다. 이 일의 기이한 점은 하나님께서 무더기처럼 쌓이는 이러한 자비를 계속해서 베푸신다는 것입니다. 하나님은 낮과 밤의 언약을 잊지 않으셨고, 그래서 아침마다 하나님의 자비를 새로이 베푸셨고 저녁마다 새로이 주셨습니다. 하나님의 신실하심은 큽니다. 때로 우리는 우주의 통치자께서 파종기와 추수기, 여름과 겨울, 추위와 더위에 대한 자신의 언약을 치워버리신 것이 틀림없다고 생각합니다. 금년에는 여름철인데도 춥습니다. 그러나 우리는 하나님의 약속이 이런 면에서 어겨지지 않을 것이라는 것을 확실히 압니다. 바로 그와 같이 은혜로운 하나님께서 우리에게 거칠게 대답하시고 심하게 때리십니다. 우리가 상처의 푸른 멍을 보고 정신을 차릴 때까지 계속 그렇게 하십니다. 그러나 이 모든 것이 우리에게 하나님의 사랑이 없다는 것을 보여주는 증거는 아닙니다. 주님께서도 "무릇 내가 사랑하는 자를 책망하여 징계하노라"(계 3:19)고 말씀하셨습니다. 하나님의 언약은 확고합니다. 하나님께는 변함도 없으시고 회전하는 그림자도 없으십니다. 하나님께서는 자신의 택한 백성들에게 은혜를 베푸시려는 뜻을 계속해서 지금도 굳게 쥐고 계시고, 또 끝까지 그렇게 하실 것입니다. 모든 영광을 하나님의 이름에 돌립시다!

하나님은 자신의 일을 끝까지 하시듯이 또한 그 일에 성공하십니다. 하나님은 자기 백성을 특별한 존재로 만드시려고 하였으니, 그렇게 하실 것입니다. 하나님은 우리가 하나님께서 행하셨을 것이라고 생각한 것보다 훨씬 더 많은 일을 우리에게 행하셨습니다. 하나님은 죄인들을 불러 성도로, 반역자들을 종으로, 외국인들을 자녀로 만드셨습니다. 여러분 가운데는 한때 사탄의 종이었으나 지금은 하나님을 섬기는 일에 쓰임을 받고 있는 분들이 있습니다. 여러분이 일찍이 어떤 존재였는지 기억하십시오. 여러분이 자랄 때 지내던 쓰레기더미를 잊지 마십시오. 사랑의 하나님께서 여러분을 건져 올리신 그 수렁을 생각하십시오. 하나님께서 얼마나 놀라운 변화를 일으키셨는지 모릅니다! 여러분이 마음이 몹시 우울해질 때는 그 변화를 생각해야 합니다. 하나님께서는 여러분이 큰 소리로 영원히 하나님을 찬양해야 마땅할 일을 이미 여러분을 위해 행하셨습니다. 그러나 하나님은 여러분을 위해서 계속해서 더 많은 일을 행하려고 하십니다. 하나님께서는 표면의 아주 거친 부분들은 이미 벗겨내셨습니다. 그러나 앞으로

는 여러분을 아주 아름답게 빛나도록 하기 위해 문질러 닦으실 것입니다. 우리
가 앞으로 나타날 모습을 볼 수 있다면 틀림없이 아주 기뻐하며 웃을 것이라고
확신합니다. 사람이 자신의 영광스런 모습을 볼 수 있는 마술 거울을 볼 수 있다
면 우리는 앉아서 보고 깜짝 놀라며 "저것이 정말 나란 말이야? 내가 정말로 저
런 영광과 아름다움에 이를 수가 있단 말이야?" 하고 소리치게 될 것입니다. 형
제 여러분, 여러분은 아직까지 달걀 속에 있습니다. 여러분은 달걀을 조금 깨고
밖을 내다본 것입니다. 하지만 여러분이 본 것은 대부분 여러분이 들어 앉아 있
는 껍질입니다. 여러분은 자신에게 날개가 있다는 것을 모르지 않습니까? 그렇
습니다. 여러분은 아직 날개를 펼 수 없습니다. 껍질 때문에 날개가 접혀 있기
때문입니다. 그러나 머지않아 여러분은 날개를 펴고 독수리들이 활개 치는 맑고
푸른 하늘로 높이 날아올라 갈 것입니다. 여러분은 눈에 보이는 모든 것들 위로
올라가 복 받은 자들의 평화로운 거처에 도달할 것입니다. 거기에서 여러분은

> "이 세상의 모든 천한 것을 떠나
> 죽음과 시간을 이기고서
> 영원히 영광을 받아 누릴 것입니다."

하나님의 큰 목적은 그의 독생자의 영광을 높이는 것이었다고 생각합니다.
둘째 아담을 위한 협조자를 찾을 수 없었습니다. 그래서 하나님은 그를 위해 소
중한 동반자인 신부를 짓기로 마음먹으셨습니다. 영광스런 성자께서는 이 생각
을 기뻐하셨고, 그 이후부터 그의 기쁨은 사람의 아들들에게 있었습니다. 이 목
적을 위해서 말씀이 육신이 되었고, 우리가 그의 영광을 보았습니다. 바로 그 목
적을 위해서 우리도 그리스도를 닮게 되어 있습니다. 그리스도는 보이지 아니하
는 하나님의 형상이십니다. "장래에 어떻게 될지는 아직 나타나지 아니하였으나
그가 나타나시면 우리가 그와 같을 줄을 아는 것은 그의 참모습 그대로 볼 것이
기 때문이니라"(요일 3:2). 밀턴이 생각하기를, 사탄이 하늘의 별들의 삼분의 일
을 타락시킬 때 하늘의 조신(朝臣)들 사이에 큰 간격이 벌어지게 만들었고, 또
하나님께서 성전 벽을 살아있는 돌들로 수리하되 그 벽에서 제거된 돌들보다 더
비싸고 아름다운 돌들로 수리하기로 마음먹으셨다고 했을 때, 그는 진리에 가까
이 있었다고 나는 생각합니다. 하나님께서는 지금 확실히 그렇게 하고 계십니

다. 하늘에서 영원하신 하나님 가까이에 한 사람이 앉아 있고, 우리도 그와 함께 거기에 있으며 그를 닮습니다. 우리는 아들이면서 종들이고, 종이면서 또한 아들들입니다. 여호와께서 마음을 다하고 뜻을 다하여 우리에게 복을 주시지 않습니까? 나는 이제 조금 더 깊이 생각해 보겠습니다. 그 안에 들어가 헤엄칠 물이 있습니다. 내가 말하는 것이 진리이지만, 그것은 진리의 십분의 일도 되지 않습니다. "네가 지금은 알지 못하나 이 후에는 알리라"(요 13:7)는 약속은 복됩니다.

하나님은 자기 백성을 위해 자신이 행하는 모든 것을 기뻐하신다는 것을 살펴봄으로써 첫 번째 소제목을 마무리짓도록 하겠습니다. 우리는 하나님께서 우리에게 복을 주실 때 행복합니다. 그러나 하나님이 행복해하시는 만큼 행복하지는 않습니다. 우리는 죄 사함을 받을 때 즐겁습니다. 그러나 우리를 용서하시는 하나님이 훨씬 더 즐거워하십니다. 방탕한 아들은 집에 돌아왔을 때 매우, 매우 행복하였습니다. 그러나 "이 내 아들은 죽었다가 다시 살아났으며 내가 잃었다가 다시 얻었노라"(눅 15:24)고 말할 수 있었던 그의 아버지가 느낀 기쁨에는 미치지 못했습니다. 아버지의 마음은 온통 기쁨으로 충만하였습니다. 아버지의 마음은 그의 아들에 비해 훨씬 더 컸고, 따라서 더 많은 기쁨을 누릴 수 있었던 것입니다. 하나님께서는 자신의 사랑을 신뢰하는 자기 백성들을 기뻐하시고, 찬송하는 그들을 즐거워하십니다. 사랑하는 여러분, 여러분은 하나님께서 여러분을 기뻐하신다는 것은 불가능한 일이라고 생각합니다. 왜냐하면 여러분이 자기 자신을 기뻐하지 않기 때문입니다. 그럼에도 "여호와는 자기를 경외하는 자들과 그의 인자하심을 바라는 자들을 기뻐하신다"(시 147:11)는 것은 사실입니다. 어린 아기가 지혜가 있어서 자신의 모습을 볼 수 있다면 이렇게 말할 것입니다. "아빠에 비해 나는 정말 열등하구나! 힘없는 손을 봐! 기우뚱거리는 발은 어떻고! 나는 미약하고 보잘것없는 의존적인 피조물이야." 그렇습니다. 그러나 엄마는 아기에 대해 그렇게 말하지 않습니다. 엄마는 아기의 약함에서 사랑스러움을 발견하고 아기의 작은 모습에서 아름다움을 발견합니다. 엄마는 아무것도 아기가 해치지 못하도록 눈에 눈물이 가득해질 때까지 아기를 지켜봅니다. 엄마는 아기가 이제까지 보았던 존재들 가운데 가장 아름다운 존재라고 생각합니다. 아기가 엄마에게는 그런 존재인 것이 틀림없습니다. 우리 하나님은 어머니와 아버지의 모든 본능이 한데 어우러져 있습니다. 그래서 하나님은 자신의 교회를 보고 "헵시바"라고 부르시는데, 그 뜻은 "나의 기쁨이 그에게 있다"는 것입니다. 나는 이 구절을 하나님께서 자연의 작품들만을 기뻐하신다고 읽지 않고, 이 땅의 거주하기에 적당한 부분들을 기뻐하신다고 읽습니다. 하나님은 자신의 손의 작품들을 기뻐하시기보다는 마음의 작품들을 기뻐하십니다. 하나님은 영원한 사랑으로 영생을 주기로 정하신 사람들에게 복 주시는 일을 편하게 생각하십니다.

형제 여러분, 이제 이 점에 대해서는 더 이상 드릴 말씀이 없습니다. 이 중요한 주제를 여러분에게 맡깁니다. 이 보석 상자를 열고 진주들을 시험해 보십시오. 비록 여러분이 그 가치를 충분히 평가할 수 없을지라도, 그렇게 해 보십시오. "내가 기쁨으로 그들에게 복을 주되 분명히 나의 마음과 정성을 다하여 그들을 이 땅에 심으리라."

2. 둘째는, 유감스럽지만 간단하게 증거를 가지고 본문을 생각하도록 하겠습니다.

나는 이미 여러분에게 중요한 증거를 제시했습니다. 그래서 다시 한번 동일한 근거 위에서 이야기해야 할 수도 있습니다. 하나님께서 이렇게 마음과 뜻을 다하여 우리에게 복을 베푸신다는 사실을 증명하기 위해서 나는 여러분에게 삼위일체 전체가 택하신 자들에게 복 주시는 일에 관여하고 계시다는 사실을 기억하라고 말씀드리고 싶습니다. 성부, 성자, 성령 하나님이 본질로 한 분이시고, 이 애정 어린 목적을 이루는 일에 있어서도 한 마음이십니다.

맨 먼저 성부 하나님께서 오십니다. 우리를 택하신 분은 바로 성부 하나님이셨습니다. 우리를 택하신 것은 우리를 택하지 않으면 안 되는 어떤 이유가 있기 때문이 아닙니다. 아무것에도 매이지 않고 다만 자유롭게 "온 마음으로" 택하신 것뿐입니다. 하나님은 왕들과 위대한 인물들을 제쳐두고 우리를 택하셨습니다. 의도적이고 변하지 않는 영원한 선택으로 우리를 자기 백성으로 삼으셨습니다. 우리를 선택하시고 나서 하나님은 우리를 위해 계획을 세우셨습니다. 영원의 회의실에서 무한한 은혜의 계획, 곧 무한한 사랑에서 나온 원대하고 포괄적인 계획을 세우셨습니다! 하나님께서 그의 백성을 인도하고 복 주시며 거룩하게 하고 온전하게 하는 방법을 지혜로 결정하셨습니다. 이 때 크신 성부 하나님께서 마음과 뜻을 다해 거룩한 언약을 맺으셨는데, 왕으로서 약속하시고 맹세로써 그 약속을 보증하셨습니다. 이는 하나님께서 거짓으로 말하실 수 없는 이 변치 않는 두 가지 사실로 인해서 우리가 큰 위로를 받도록 하기 위함이었습니다. 만물

안에서 확실하게 정하여진 이 언약은 하나님께서 우리를 성심으로 대하신다는 점을 증명합니다. 또 여러분은 하나님께서 그의 아들을 선물로 주신 점을 기억하시기 바랍니다. 두 가지 놀라운 사실이 있습니다. 그것은 택하신 자들에게 그리스도를 선물로 주신 것과 그리스도께 택하신 자들을 선물로 주신 것입니다. 여러분이 이 두 가지 신비를 생각하면 할수록 그만큼 더 여러분은 마음에 감사가 흘러넘칠 것입니다. "놀라운 세상이여! 하고 나는 말하지 않을 수 없습니다."

이 모든 일이 우리가 태어나기도 전에 우리를 위해 다 이루어졌을 때, 하나님께서 우리에게 자신의 생명을 아낌없이 주기로 결심하셨다는 것이 인상적인 사실이었습니다. 우리가 영적으로 죽은 것을 아시고 "하나님께서 우리를 거듭나게 하사 산 소망이 있게 하셨습니다"(벧전 1:3). 이것은 놀라운 일입니다! 하나님의 택하신 자들인 우리가 또한 하나님의 자녀이고, 신의 성품에 참예한 자들입니다. 나는 이 사실을 말로 표현할 수 없습니다. 그것은 여러분이 마음속으로 깊이 생각해야 할 것입니다. 나는 그 일에 대해 여러분이 잠자다가 꿈꾼 것이라고 말하다시피 하였습니다. 그 다음에, 하나님은 우리를 양자로 삼으셨습니다. 하나님은 무슨 일이든지 절반만 하시는 법이 없습니다. 중생은 우리에게 자녀의 성품을 줍니다. 그러나 양자로 삼으심은 우리에게 자녀의 신분과 권리를 줍니다. "자녀이면 또한 상속자입니다"(롬 8:17). 무슨 상속자입니까? 이 세상의 상속자입니까? 아닙니다. 장차 올 세상의 상속자입니까? 좋습니다. 여러분이 그렇게 말하고 싶으면, 그렇게 말해도 됩니다. 그러나 성경은 그보다 더 큰 사실을 말합니다. 곧 "하나님의 상속자"가 된다고 말합니다. 하나님 자신이 그의 백성들의 유산이 되었습니다. 하나님의 백성들은 "그리스도와 함께 한 상속자"(8:17)입니다. 이렇게 해서 나는 성부 하나님께서 마음과 뜻을 다해 우리에게 복을 베푸셨다는 사실을 확실히 증명하였습니다.

우리가 참 하나님으로 예배하는, 항상 찬송 받으실 하나님의 아들에 관하여 우리는 동일한 사실을 진술합니다. 하나님의 아들 그리스도께서는 사람으로 이 땅에 오시기 오래전에 우리를 사랑하셨습니다. 그리스도께서 세상에 오셔서 피 흘리고 죽으시기 오래전에 다른 모습으로 자기 백성들을 만나셨는데, 아브라함, 야곱, 모세, 여호수아와 그 밖의 사람들이 그를 보았습니다. 이 모든 일에서 주님은 어떻게 사람들에게 온 마음과 뜻을 기울이셨는지를 보여주셨습니다. 자, 충만한 때가 왔습니다. 저기에 무엇이 보입니까? 구유에 누워있는 아기가 보입니다! 어미의 가슴에 안겨있는 어린 아기가 보입니다! 지극히 높으신 이의 아들이 이렇게 우리를 위해 몸을 낮추어 내려오십니다. 더 나아가서 나는 주님께서 비천한 사람으로 오시어 나사렛 사람이라고 멸시받는 것을 봅니다. 그는 지친 발로 갈릴리와 유대와 사마리아의 구석구석을 걷고, 슬픔의 사람으로 우리의 질병을 짊어지시며 우리의 슬픔을 익히 아십니다. 주님이 바로 그런 분이십니다. 그분은 바로 하나님의 아들이십니다! 내가 여러분을 고뇌의 동산으로 인도할 때 놀라지 마십시오. 그곳에서 주님의 신음소리에 천사들이 놀라고, 마치 주께서 포도주 틀을 밟으신 것처럼 피 같은 땀방울 때문에 주님의 옷이 온통 붉게 물듭니다. 그는 온 하늘이 경배하는 분이십니다. 지금 주께서 마음과 뜻을 다하여 우리를 섬기고 계시는 것이 아닙니까? 자, 지금 주께서 우리의 타락한 인간성에 입 맞추기 위해 머리를 숙이시고, 죄인들을 품에 안기 위해 십자가에서 팔을 벌리시며, 또 한편으로는 마치 가장 늦게 오는 자를 기다리기라도 하시듯이 발에 못을 박아 단단히 고정시키십니다. 그렇습니다. 이것이 바로 그분이십니다. 영원한 사랑으로 우리를 사랑하신 그분이십니다. 아, 그의 옆구리가 창에 찔렸고, 거기에서 물과 피가 흘러나왔습니다. 이것을 볼 때, 주께서 마음과 뜻을 다해 우리를 사랑하시지 않았습니까? 그리스도처럼 그렇게 뜨겁게 산 사람이 지금까지 있었습니까? 그리스도처럼 그렇게 순전한 마음으로 희생의 죽음을 죽은 사람이 지금까지 있었습니까? 정말로 하나님의 전을 사모하는 열심이 주님을 삼켰습니다. 우리를 구속하는 일에 그의 온 마음과 뜻을 쏟으셨습니다. 주님께서 죽으신 뒤에 다시 살아나셨습니다. 주님은 마치 잠들었다가 깨어난 것처럼 부활 후에도 우리에게 복을 베푸시는 일에 여념이 없으셨습니다. 주께서는 자신의 제자들을 찾아가 위로하셨습니다. 그 다음에 하늘로 올라가, 원래대로 성부 하나님의 위엄의 자리로 돌아가셨습니다. 그러나 마음을 바꾸지는 않으셨습니다. 주님은 여전히 마음과 뜻을 다해 우리를 위해 사십니다. 우리를 위해 천국을 준비하고 계십니다. 그리스도께서는 이미 하늘에서 우리의 땅을 마련하셨고, 지금 보좌 앞에서 우리를 위해 간구하고 계십니다. 여러분은 이 시간 그리스도께서 우리를 위하여 기도하시는 소리가 들리지 않습니까? 매일 그리스도는 자기의 구속받은 백성들의 이익을 계속해서 증진시키는 일에 마음을 다하고 계십니다. 그리고 주님은 지금 서둘러서 우리에게 오고 계십니다. 주님은 "보라 내가 속히 오리라"(계 22:12)고 말씀하십니다. 이 영광스러우신 하나님의 아들께서는 언제나,

항상 마음과 뜻을 다해 자기 백성들에게 복을 베풀고 계십니다. 우리 왕이신 하나님께 모든 영광을 돌립시다!

　　여기서 나는 "모든 존귀와 영광을 돌려야 할" 성령님을 빼놓을 수 없습니다. 모든 은혜의 성령께서 마음과 뜻을 다해 우리에게 복을 베푸십니다. 우리가 성령님을 찾지 않았을 때에도 성령님은 우리를 찾으러 오셨습니다. 우리가 죄에 미쳐 있고 죄의 쾌락을 탐욕스럽게 추구하였을 때, 성령님은 우리를 쫓아와 무모하게 달려가는 길에서 우리를 제지하고 우리를 더 나은 곳들로 오도록 손짓하며 그쪽으로 이끄시고, 우리가 옳은 데로 마음이 기울어지기 시작하였을 때 우리를 도우셨습니다. 성령님은 우리에게 생명과 빛과 자유를 주셨습니다. 성령님께 관한 가장 놀라운 사실은 성령께서 황송하게도 우리 안에 거하신다는 점입니다. 성령께서 이 몸 안에 계십니까? 그가 하나님의 자녀 안에 거하십니까? 바로 그렇습니다. 왕이 오두막집에 사는 것은 성령께서 이 비천한 우리 몸 안에 거하시는 것에 비하면 조금도 겸손한 처사라고 말할 수 없습니다. 그런데도 성령께서는 우리 안에 계십니다. 우리 안에 계시면서 마음을 다해 일하십니다. 성령께서는 사람을 살리는 일을 하시는데, 살아난 생명이 무지한 채로 있게 버려두시지 않습니다. 성령님은 우리를 가르치십니다. 우리가 유익을 얻도록 "경계에 경계를 더하며 교훈에 교훈을 더하여"(사 28:10) 가르치십니다. 그러나 가르치는 것으로 만족하고 끝내시는 것이 아니라 우리를 위로하십니다. 우리가 슬플 때, 성령님은 거룩한 위로를 가지고 오십니다. 성령께서는 정말로 이 일에 마음을 많이 쓰십니다. 성령께서는 마음과 뜻을 다해 우리를 돕는 것이 아니라면 이 일을 하시지 않을 것입니다. 우리를 위로하기를 그치지 않으시고, 계속해서 우리에게 도움을 주십니다. "성령도 우리의 연약함을 도우시느니라"(롬 8:26). 그러나 이것이 전부가 아닙니다. 성령께서 우리의 힘을 북돋우시고 우리 안에서 일하시어 그의 기뻐하시는 바를 행하기를 소원하고 또 행하도록 만드십니다.

　　시간이 많이 갔습니다. 아마도 이것으로 충분하지 않나 싶습니다. 이 중요한 문제를 다 설명할 만한 은혜나 지혜가 내게는 없는 것 같기 때문입니다. 그러나 성부, 성자, 성령께서 이렇게 우리에게 복을 베푸신다는 것이 나타난다면, 우리는 성삼위 하나님 안에서 거룩한 통일성, 곧 본성의 통일뿐만 아니라 목적의 통일도 봅니다. 그리고 한 분 여호와 하나님께서 마음과 뜻을 다해 우리에게 복을 주고 계시다는 것도 보게 됩니다. 내가 하는 말은 정말로 어린아이가 내는 혀

짤배기소리에 불과합니다! 본문의 말씀은 장엄한데, 내가 하는 말은 빈약하기 짝이 없습니다. 사람은 이와 같이 위대한 본문을 가지고 설교할 수 없습니다. 어떻게 내가 이 위대한 주제의 꼭대기에 이를 수 있겠습니까! 여러분의 영혼을 위한 만나가 여기 있습니다! 만나는 꿀로 만든 와플 맛이 납니다. 이 만나를 잘 소화시켜서, 그것이 여러분 본성의 숨은 곳들에 침투하여 영과 혼과 몸을 유쾌하게 만들도록 하십시오.

3. 본문으로부터 나오는 추론을 생각하고서 설교를 끝내도록 하겠습니다.

첫 번째 추론은 위로에 대한 것입니다. 하나님께서 마음과 뜻을 다해 우리에게 복을 베푸십니까? 그렇다면, 우리는 얼마나 행복한 사람들입니까! 자, 자매여, 눈물을 닦으십시오! 자, 형제여, 낙담에서 일어나십시오! 이와 같은 진리가 있는 한, 그대는 쓰레기더미 속에 낙담하고 앉아 있어서는 안 됩니다. 우리가 불순한 기후 때문에 뼈에 류머티즘이 걸리고, 마음은 우울해집니다. 그러나 이 영원한 진리가 일시적인 날씨보다 더 큰 영향을 미쳐야 마땅합니다. 이 주제를 묵상하면서 나는 속으로 말했습니다. "자, 자, 이렇게 하는 것은 도움이 되지 않아. 이처럼 위대한 주제가 있으니 너는 기뻐서 노래해야 마땅해." 나는 설교를 준비하는 것이 항상 노래처럼 즐거운 것이 되어야 한다고 생각했습니다. 하나님께서 마음과 뜻을 다해 나에게 복을 베푸신다니, 내가 이보다 더 좋은 소식을 들을 수 있겠습니까? 이 즐거운 확신은 우유로 목욕하는 것과 같습니다. 이 사실을 믿는 사람에 대해 우리는 이렇게 말할 수 있습니다. "그가 엉긴 젖과 꿀을 먹을 것이라"(사 7:15). 여러분이 이 본문의 의미를 알 수 있을 때 하늘의 향기를 맡게 됩니다. 향기가 꽃 속에 숨어 있듯이 이 말씀에도 기쁨이 잠들어 있습니다! 자, 하늘 바람이여, 잠들어 있는 기쁨을 깨워라. 하늘의 향기가 널리 퍼지도록 하여 우리가 그 향기를 맡고 기뻐 뛰게 하라.

우리 하나님은 사람이 거지에게 푼돈을 던져주듯이 그의 자비를 우리에게 아무렇게나 던져 주시지 않습니다. 아닙니다. 그렇지 않습니다. 주님은 마음과 뜻을 다해 우리에게 복 주십니다. 악인들의 재산이 늘어날 때, 그들을 부유하게 하는 그 선물들에 하나님의 마음이 함께 따라가지 않습니다. 그들은 도살하기 위해 살찌우는 수소와 같습니다. 하나님은 부를 중요하게 생각하시지 않습니다. 그러므로 하나님은 사람들이 개들에게 뼈다귀를 주듯이 보통 불경건한 자들에게 재물을 주십니다. 그러나 하나님께서 자기 백성들을 대하실 때는 그들에게 주시는 푼돈 하나하나에도 하나님의 마음이 따라가고, 하나님께서 그들의 식탁에 주시는 빵 한 조각 한 조각에도, 그들의 기운을 북돋우는 물 한 잔 한 잔에도, 그들의 생명을 유지시키는 공기 한 모금 한 모금에도 하나님의 마음이 따라갑니다. 여러분의 맥박이 뛸 때, 그것은 장단을 맞추어 하나님의 선하심을 노래하는 것입니다. 높은 곳에서나 깊은 곳에서, 밝은 곳에서나 어두운 곳에서, 하나님의 무한하고 무궁하며 한량없는 사랑이 항상 여러분을 비치고 있습니다. 자, 자, 다시 한번 말씀드리지만, 오늘 이 하나님의 집에는 슬픔이 있을 자리가 없습니다. 오늘은 잔칫날입니다. 여호와 우리 하나님께서 그처럼 아낌없이 우리에게 복을 주시니 마음을 다해 기뻐합시다.

또 한 가지 추론만 말씀드리면, 다 끝납니다. 그것은 권고의 추론입니다. 우리 하나님을 마음과 뜻을 다해 사랑합시다. 먼저 마음과 뜻을 다해 하나님을 신뢰하는 것부터 시작합시다. 여러분의 모든 짐을 하나님께 맡기십시오. 여러분의 슬픔을 전부 아버지 하나님께 말씀드리십시오. 과거와 현재와 미래에 대해 하나님을 신뢰하십시오. 하나님을 무조건, 완전히, 주저하지 말고 믿으십시오. 그 다음에는 하나님을 마음과 뜻을 다해 사랑하십시오. 우리는 하나님을 절반도 사랑하지 않습니다. 나는 이 재들 가운데서, 그리고 반쯤 탄 땔나무들 가운데서 사랑의 불꽃을 한두 개 찾아낸다고 생각합니다. 자, 우리는 불이 다시 타오를 때까지 불꽃을 일으킵시다. 가물거리는 불에 조심해서 계속 바람을 불어냅시다. 먼저 큰 불을 일으키고 그 다음에 새로 땔나무들을 쌓아올립시다. 하나님의 사랑과 같은 것으로 하나님을 사랑하면 좋겠습니다! 또한 우리는 마음과 뜻을 다해 하나님을 섬깁시다. 하나님을 위해 행하는 봉사가 초라하고 열의가 없으며 따분한 경우가 얼마나 많은지 모릅니다! 다시는 그렇게 하지 맙시다. 형제 여러분, 우리가 설교할 경우에는 마음과 뜻을 다해 설교하도록 합시다. 자매 여러분, 여러분이 주일학교 반을 가르친다면 마음과 뜻을 다해 가르치도록 하십시오. 여러분이 할 수 있는 일이란 것이 고작해야 전도지를 나누어주는 것이라 할지라도, 마음과 뜻을 다해 나누어 주도록 하십시오. 하나님의 마음과 뜻이 참으로 크지만 그 마음과 뜻을 여러분에게 다 주시는 하나님께서 여러분의 마음과 뜻이 작을지라도 모두 하나님께 드리기를 요구하시는 것은 당연한 일입니다. 찬송 받으실 성령께서 여러분이 순전한 마음으로 자신을 하나님께 바치도록 인도하시기를 바랍니다. 그러면 이것이 정말로 실제적인 설교가 될 것입니다! 사람들은 "채찍을 쓰기보다는 여물부터 주어라"고 말합니다. 바로 이것이 내가 지금까지 하려고 했던 것입니다. 내가 지금까지 여러분에게 먹을 것을 준 것은 여러분이 더 빨리 갈 수 있도록 하기 위해서입니다. 기운찬 너희 말들이여, 달려라. 황소처럼 강하고 독수리처럼 신속하라. 이처럼 좋은 음식을 먹고 사십시오. 그러면 여러분은 활기차고 끈기 있게 하나님의 일을 하지 않을 수 없을 것입니다. 하나님께서 여러분을 위해 이 모든 일을 하셨으니, 하나님의 이름에 영광을 돌리십시오.

여러분이 모두 이 음식을 먹고 살면 좋겠습니다! 예수께서 그리스도이심을 믿는 자는 누구든지 하나님에게서 난 자입니다. 그리고 하나님에게서 났으면, 그 사람에 대해서는 하나님께서 마음과 뜻을 다해 책임지시는 것입니다. 예수 그리스도를 믿는다면, 여러분은 내가 지금까지 말한 모든 것을 취할 수 있습니다. 그러나 믿지 않는다면 나는 여러분이 죄 가운데 죽지 않을까 걱정입니다. 하나님께서 여러분을 구원해 주시기를 빕니다! 아멘.

제
30
장
—

기도는 천국 열쇠

—

"너는 내게 부르짖으라 내가 네게 응답하겠고 네가 알지 못하
는 크고 은밀한 일을 네게 보이리라." — 렘 33:3

　　세상에서 학문적으로 가장 뛰어난 책들 가운데는 밤늦게까지 연구한 흔적
들이 배어 있는 작품들이 있습니다. 그러나 매우 영적이고 큰 위로를 주는 사람
들의 책과 진술들에서는 보통 감옥의 습하고 눅눅한 냄새가 납니다. 그에 대한
예들을 많이 열거할 수 있지만, 다른 백 권의 책을 말하는 것보다 존 번연의 「천
로역정」 한 권을 인용하는 것으로 충분할 수도 있을 것입니다. 예레미야가 누워
있던 감옥으로 인해 곰팡내가 진동하고 냉기가 풍기는 이 위대한 본문 말씀은
그럼에도 불구하고 거기에 밝은 빛과 아름다움이 있습니다. 본문이 감옥의 뜰에
갇혀 있는 이 하나님의 죄수에게 위로하는 말씀으로 오지 않았다면 거기에 그
런 빛과 아름다움은 없었을 것입니다. 하나님의 백성들은 언제나 최악의 상태에
있을 때 하나님의 가장 선하신 모습을 발견하였습니다. 하나님은 항상 선하십니
다. 그러나 하나님의 백성들이 최악의 상황에 있을 때 하나님은 가장 선한 모습
을 보이시는 것 같습니다. 종교개혁의 원칙들을 따른다는 이유로 투옥된 헤센
의 백작 필립 공(Philip 1, Landgrave of Hesse, 16세기 독일에서 개신교를 지지했던 정
치 지도자 —역주)에게 어떤 사람이 물었습니다. "당신은 어떻게 오랜 투옥 생활
을 그렇게 잘 견딜 수 있었습니까?" 그러자 그는 "하나님께서 순교자들에게 주
시는 위로가 내게 있었습니다" 하고 대답하였습니다. 하나님의 충성스런 증인

노릇을 하느라 사람의 적의로부터 오는 말할 수 없이 큰 시련을 겪지 않을 수 없는 사람들을 위해 하나님께서 마련하시는 것만큼 깊고 큰 위로는 없습니다. 한 대(frigid zone, 寒帶)에는 장엄하고 화려한 오로라가 있습니다. 별들은 북쪽 하늘에서 특별히 더 찬란하게 빛납니다. 러더퍼드(Rutherford)에게는 다음과 같은 재미있는 얘기가 있습니다. 그가 고난의 지하실에 던져졌을 때, 위대한 왕께서 언제나 그곳에 자신의 포도주를 저장해 두셨다는 것을 기억하고 즉시 포도주병을 찾아 "오래 저장하였던 맑은 포도주"(사 25:6)를 마시기 시작하였다는 것입니다. 고난의 바다에 뛰어드는 사람들은 귀한 진주를 가져옵니다. 고난에 나와 함께한 여러분들은 그것이 사실이라는 것을 압니다. 따뜻한 침상에 오랫동안 누워 있어서 피골이 상접하여 뼈가 곧 튀어나오게 생긴 여러분, 세상 재물이 다 사라져버리고 몹시 곤궁한 처지에 떨어진 여러분, 주변에서 많은 사람들이 죽어가서 마지막 남은 여러분의 세상 친구마저 무자비한 죽음이 데려갈까 두려워한 여러분, 여러분은 그것을 압니다. 여러분은 주님이 신실하신 하나님이시며, 시련이 도처에서 여러분에게 닥치는 만큼 그리스도 예수로 말미암는 위로도 그만큼 풍성합니다. 나는 오늘 아침 이 말씀을 본문으로 삼으면서 이렇게 기도하였습니다. 즉, 이 외에도 다른 하나님의 죄수들이 본문의 즐거운 약속이 바로 자기에게 말씀하신 것으로 받고, 또 답답하게 갇혀 있으면서도 현재 마음에 들어 있는 무거운 짐 때문에 거기에서 나오지 못하는 여러분이 하나님께서 마치 여러분의 귀와 마음에 조용히 속삭이듯이 "너는 내게 부르짖으라 내가 네게 응답하겠고 네가 알지 못하는 크고 은밀한 일을 네게 보이리라"고 말씀하시는 것을 들을 수 있게 되기를 기도하였습니다.

본문은 자연스럽게 뚜렷하고 작은 진리의 세 조각으로 나뉩니다. 성령님께서 힘 주시는 대로 이 점들에 대해 이야기하도록 하겠습니다. 첫째로, 기도하라고 명령하십니다. "너는 내게 부르짖으라." 둘째로, 응답해 주시겠다고 약속하십니다. "내가 네게 응답하겠고." 셋째로, 믿음을 북돋아줍니다. "네가 알지 못하는 크고 은밀한 일을 네게 보이리라."

1. 첫 번째 소제목은 기도하라는 명령입니다.

우리는 단지 기도하라는 조언을 듣고 권고를 받는 것이 아니라 명령을 받습니다. 이것은 크게 자신을 낮추어 행동하는 것입니다. 병원이 세워졌습니다.

환자들이 병원을 찾을 때는 자유롭게 들어가도록 하면, 그것으로 충분하다고 생각합니다. 그러나 사람이 반드시 병원 문으로 들어가야 한다는 규칙은 정해지지 않습니다. 무료 급식 시설이 한겨울에 설치되는 것은 적절한 일입니다. 그런데 가난한 사람들이 신청하는 대로 음식을 받을 수 있다는 주의 사항이 공표됩니다. 그러나 가난한 사람들을 강제로 오게 하여 구제를 받기 위해 문 앞에서 기다리게 하는 의회의 법령이 제정될 것이라고 아무도 생각하지 않습니다. 사람들에게 받으라는 명령을 발하지 않고서 음식을 제공하는 것으로 충분하다고 사람들은 생각합니다. 그렇지만 한편으로 몸을 생각해서 적절히 하라는 말을 들을 필요가 있을 정도로 한 곳에 깊이 빠져드는 사람의 열광적인 성향은 매우 이상합니다. 그와 같이 다른 한편으로 은혜로우신 우리 하나님께서 사랑의 명령을 발하시는 겸손은 참으로 놀라운 것입니다. 이 사랑의 명령이 없으면 아담에게서 난 사람은 아무도 이 복음 잔치에 참여하지 못할 것이고, 그 잔치자리에 오기보다는 차라리 굶어죽을 것입니다. 기도의 문제에서 사실이 바로 그렇습니다. 하나님의 친백성들은 기도하라는 명령이 필요합니다. 그렇지 않으면 그들은 복음의 진수성찬을 받지 못할 것입니다. 이것이 어떻게 된 일입니까? 친구 여러분, 사실 우리가 항상 그러는 것은 아닐지라도 일시적으로 세상적인 생각에 지배받기가 매우 쉽기 때문입니다. 우리는 먹는 일을 잊어버리지 않습니다. 가게의 문을 닫는 것을 까먹지 않습니다. 우리는 사업을 부지런히 해야 하는 것을 잊지 않고, 쉬기 위해 잠자리에 들어야 하는 것을 잊지 않습니다. 그런데 우리는 기도로 하나님과 씨름하고, 마땅히 해야 하는 대로 우리 아버지 하나님과 신성한 교제를 나누는 일에 오랜 시간을 보내야 한다는 것을 종종 잊어버립니다. 신자라고 하는 많은 사람들에게 그들의 가게 장부는 너무 커서 들고 다닐 수 없을 정도이고, 그들의 경건을 나타내는 성경은 너무 작아서 조끼 주머니에 넣어가지고 다닐 수 있을 정도입니다. 세상을 위해서는 많은 시간을 허비하고, 그리스도를 위해서는 잠깐밖에 할애하지 않습니다! 세상에는 최상의 것을 주고 우리의 골방에는 부스러기 시간을 줍니다. 우리는 부(富)의 길 앞에서는 힘과 활기참을 보이고, 하나님의 길 앞에서는 피곤과 무기력을 보입니다. 그러므로 우리는 실행할 수 있는 가장 고귀한 특전인 만큼 또한 우리의 가장 큰 행복이 됨에 틀림이 없는 바로 그 행위, 곧 우리 하나님을 만나는 일에 주의하라는 명령을 받을 필요가 있습니다. 하나님께서 "너는 내게 부르짖으라"고 말씀하시는데, 이는 우리가 하나님을 부르는 것을 잘 잊어버리는 경향이 있다는 것을 아시기 때문입니다. "자는 자여 어찌함이냐 일어나서 네 하나님께 구하라"(욘 1:6)는 말씀은 폭풍우 속에 있는 요나뿐 아니라 우리에게도 필요한 권고입니다.

하나님은 우리가 죄의식을 느낄 때 참으로 마음이 무겁다는 것을 아십니다. 사탄은 우리에게 이렇게 말합니다. "왜 네가 기도해야 하지? 기도의 응답을 받을 것이라고 어떻게 기대할 수 있지? 네가 일어나 아버지께로 가리라고 말하지만, 헛수고하는 거야. 너는 아버지의 고용된 종들의 하나로 여겨질 가치가 없기 때문이야. 네가 하나님께 반역자 노릇을 하고 나서 어떻게 하나님의 얼굴을 볼 수 있겠어? 네가 직접 제단을 더럽혔고, 네가 제단에 가져올 희생 제사는 더럽고 보잘것없는 것인데, 어떻게 제단에 가까이 갈 생각을 할 수가 있지?" 형제 여러분, 우리가 기도하라는 명령을 받는 것은 우리에게 합당한 일입니다. 그렇지 않으면 낙담한 때 우리가 기도를 포기할 수도 있습니다. 내가 부적합한 자일지라도 하나님께서 명하시면 나는 은혜의 발판에까지 기어서 갈 것입니다. 하나님께서 "쉬지 말고 기도하라"(살전 5:17)고 말씀하시므로, 비록 내가 말을 제대로 하지 못하고 마음은 여기저기 헤맬지라도, 내 갈망하는 영혼의 소원을 더듬거리는 말로 이렇게 말할 것입니다. "하나님이여, 내게 기도를 가르쳐 주시고, 내가 주님을 설복하도록 도와주소서."

우리의 잦은 불신앙 때문에도 우리가 기도하라는 명령을 받는 것이 아닙니까? 불신앙은 이렇게 속삭입니다. "네가 이러이러한 문제로 하나님께 구할지라도 그것이 무슨 유익이 있겠어?" 마귀는 이렇게 말합니다. "이것은 그동안 하나님께서 개입하셨던 일들의 경우에 해당되지 않아. 그러니 네가 다른 어떤 처지에 있다면 하나님의 능하신 팔을 의지할 수도 있어. 하지만 이 문제에서는 네 기도가 네게 도움이 되지 않을 거야. 그것이 너무 하찮은 문제이거나 아니면 세속적인 일에 너무 깊이 연관된 문제라면, 그렇지 않으면 네가 죄를 너무 많이 지은 문제이거나 혹은 너무 고상하고 너무 까다롭고 너무 복잡한 일이라면, 너는 그 문제를 하나님 앞에 가져갈 권리가 없어!" 냄새나는 지옥의 악마는 넌지시 그렇게 말합니다. 그러므로 그리스도인이 처할 수 있는 모든 경우에 적합한 매일의 교훈으로 "너는 내게 부르짖으라"는 말씀이 기록되어 있는 것입니다. 여러분은 병에 걸려 있습니까? 낫고 싶습니까? 너는 내게 부르짖으라, 나는 위대한 의사이기 때문이라고 주님은 말씀하십니다. 하나님의 섭리 가운데 곤란한 처지에 떨어졌습니까? 여러분은 사람이 보기에 좋은 물건을 공급할 수 없을까 걱정입니까? 너는 내게 부르짖으라! 자녀 때문에 속이 상합니까? 은혜를 모르는 자녀가 독사의 이보다 더 날카롭게 느껴집니까? 너는 내게 부르짖으라! 여러분의 슬픔이 가시나무의 작은 가시들처럼 작지만 고통스럽습니까? 너는 내게 부르짖으라! 여러분은 지고 있는 짐이 너무 무거워 곧 찌부러질 것 같습니까? 너는 내게 부르짖으라! "네 짐을 여호와께 맡기라 그가 너를 붙드시고 의인의 요동함을 영원히 허락하지 아니하시리로다"(시 55:22). 골짜기에 있든지, 산 위에 있든지, 메마른 바위 위에 있든지, 짠 바다에서 물결에 쓸려 가라앉았다가 다시 파도에 밀려 올라오든지, 숯이 이글거리며 타는 용광로 속에서든지, 지옥이 입을 벌려 여러분을 삼키려 하는 죽음의 문에서든지, 하나님의 계명은 항상 여러분에게 "너는 내게 부르짖으라"고 명하시니, 그렇게 기도하기를 그치지 마십시오. 기도는 여전히 능력이 있어서, 반드시 하나님을 설복하여 여러분을 구원하시도록 만듭니다. 이런 점들이 기도의 특전이 성경에서 의무로 이야기되는 이유들입니다. 이 외에도 많은 이유들이 있지만, 오늘 아침은 이 점들만 말씀드려도 충분할 것입니다.

우리가 첫 번째 부분에 대한 설명을 마치기 전에 반드시 또 한 가지 점을 살펴보아야 합니다. 우리는 하나님께서 이 명령을 확실하고 영구히 지속되도록 그의 말씀에서 우리에게 주신 것에 대해 매우 기뻐하지 않을 수 없습니다. 여러분은 바로 이 교훈을 이야기하고 있는 구절을 50군데나 찾을 수 있습니다. 나는 성경에서 "살인하지 말라" "탐내지 말라"는 말씀을 많이 보지 못합니다. 이 율법은 두 번에 걸쳐 제시되지만, 복음의 교훈들은 자주 읽습니다. 율법이 두 번 주어진다면, 복음은 일곱 번씩 일곱 번 제시됩니다. 내가 육신으로 말미암아 연약하여 지킬 수 없는 계명 하나하나에 대해 나는 하나님의 자녀 안에 거하시는 성령의 능력으로 말미암아 즐겁고 유쾌하게 지킬 수 있는 교훈 천 가지를 발견합니다. 그래서 기도하라는 이 명령이 거듭거듭 강조됩니다. 여러분 가운데 어떤 분들에게는 성경에서 기도하라는 명령을 얼마나 자주 듣는지 조사해 보는 것이 적절한 도움이 될 수 있습니다. 여러분이 하나님께서 이와 같은 말씀을 얼마나 많이 하셨는지 알게 되면 놀랄 것입니다. "환난 날에 나를 부르라 내가 너를 건지리로다"(시 50:15). "백성들아 그의 앞에 마음을 토하라"(62:8). "너희는 여호와를 만날 만한 때에 찾으라 가까이 계실 때에 그를 부르라"(사 55:6). "구하라 그리하면 너희에게 주실 것이요 찾으라 그리하면 찾아낼 것이요 문을 두드리라 그리하면 너희에게 열릴 것이니라"(마 7:7). "시험에 들지 않게 깨어 있어 기도하라"(막 14:38). "쉬지 말고 기도하라"(살전 5:16). "은혜의 보좌 앞에 담대히 나아갈 것이니라"(히 4:16). "하나님을 가까이하라 그리하면 너희를 가까이하시리라"(약 4:8). "기도를 계속하라"(골 4:2). 나는 이런 구절들을 지치지 않고 끊임없이 인용할 수 있으므로, 더 이상 열거할 필요가 없을 것입니다. 진주가 들어 있는 이 큰 가방에서 두세 개만 꺼내보겠습니다. 자, 그리스도인 여러분, 여러분은 자신에게 기도할 권리가 있는지 물어볼 필요가 없습니다. 여러분은 "내가 하나님 앞에 나아가도록 허락받을 수 있는가?" 하고 물어서는 안 됩니다. 여러분에게 그처럼 많은 명령이 있으니―하나님의 명령은 모두 약속이자 또 그렇게 할 수 있는 권한을 주는 것이므로―여러분은 휘장 가운데로 생긴 새롭고 살아 있는 길을 통해 하늘 은혜의 보좌 앞으로 담대히 나아갈 수 있습니다.

그러나 하나님께서 성경에서 자기 백성들에게 기도하라고 명령하실 뿐만 아니라 또한 직접 성령의 감동하심을 통해 기도하라고 명령하시는 때가 있습니다. 내적 생명을 아는 여러분은 즉시 내 말을 이해할 것입니다. 아마도 여러분은 한창 일하다가 갑자기 조용한 데로 물러가서 기도해야 하겠다는 긴박한 생각이 드는 것을 느낄 것입니다. 여러분이 처음에는 그런 생각이 드는 것을 특별히 눈치채지 못할 수 있습니다. 그러나 그 생각이 거듭거듭 떠오릅니다. "물러가 기도하라!" 나는 기도의 문제에서, 물이 많을 때는 잘 돌아가지만 시내의 물이 점점 줄어들면 아주 힘없이 돌아가는 물레바퀴와 아주 흡사한 것을 발견합니다. 혹은 바람이 순조로울 때는 모든 돛을 다 펴고서 파도 위를 나는 듯이 가지만 순풍이 별로 불지 않을 때는 아주 힘겹게 갈지자로 나아가지 않으면 안 되는 배와 같은 것을 봅니다. 우리 하나님께서 여러분에게 특별히 기도하고 싶은 생각을 주실 때마다 여러분이 배나 열심을 내야 한다는 생각이 듭니다. 여러분은 항상 기도하고 낙망치 말아야 합니다. 그렇지만 하나님께서 여러분에게 특별히 기도하고 싶은 열망을 주시고 또 여러분 스스로도 자신의 성향이 기도에 특별히 잘 맞고 또 기도가 즐겁게 느껴질 때, 항상 우리에게 구속력이 있는 이 명령 외에도 여러분에게 즐거이 복종하기를 요구하는 명령이 있습니다. 그런 때 우리는 하나님께서 "뽕나무 꼭대기에서 걸음 걷는 소리가 들리거든 곧 공격하라"(삼하 5:24)고 말씀하신 다윗과 같은 처지에 있을 수 있다고 생각합니다. 뽕나무 꼭대기에서 걸음 걷는 소리는 서둘러 다윗을 돕기 위해 오는 천사들의 발소리였을 수 있습니다. 그 때 다윗이 블레셋 사람들을 칠 수 있었습니다. 하나님의 자비가 올 때, 자비의 발소리는 기도하고 싶은 우리의 욕구입니다. 그리고 기도하고 싶은 우리의 욕구는 바로 시온에 은총을 베풀 정한 때가 왔다는 표시임에 틀림없습니다. 여러분이 소망 가운데 씨를 뿌릴 수 있으니, 지금 씨를 많이 뿌리십시오. 여러분이 추수할 것이 확실하니 지금 즐거이 경작하십시오. 야곱이여, 그대가 곧 하나님을 이긴 방백이 되고, 또 이스라엘이라고 불리게 될 것이니, 지금 씨름하십시오. 영적 상인들이여, 지금이 그대들의 때입니다. 시장이 한창이고 거래가 많습니다. 그대의 이익이 많을 것입니다. 그대는 이 황금 시기를 아주 잘 사용하고, 해가 비치는 동안 수확물을 거두십시오. 자주 하늘로부터 오는 방문을 맞을 때, 우리는 특별히 쉬지 말고 기도해야 합니다. 이보다 덜 긴박한 다른 의무를 잠시 간과하지 않을 수 없게 되더라도, 그것이 크게 잘못 되거나 그 때문에 우리가 실패자가 되지는 않을 것입니다. 하나님께서 성령의 감동하심으로 우리에게 특별히 기도하라고 명령하시면 우리는 힘을 내어 기도해야 합니다.

2. 이제 두 번째 소제목인 기도 응답에 대한 약속을 살펴봅시다.

　하나님께서 기도를 들어주시지 않을 것이라는 무섭고 통탄할 생각을 우리는 잠시도 묵인해서는 안 됩니다. 그리스도 예수 안에 나타난 하나님의 성품이 기도에 응답해 주실 것을 요구합니다. 하나님은 복음에서 자신을 은혜와 진리가 충만한 사랑의 하나님으로 계시하셨습니다. 그런데 어떻게 하나님께서 자신의 정하신 방법대로 겸손히 하나님의 얼굴과 은총을 구하는 자신의 피조물들을 돕지 않으실 수 있겠습니까? 아테네 원로원이 한번은 야외에서 모이는 것이 아주 편하다는 것을 알고서 야외에서 모여 회의를 하고 있을 때였습니다. 매에 쫓기는 참새 한 마리가 원로원 의원들이 있는 방향으로 날아왔습니다. 맹금에게 워낙 다급하게 쫓기던 터라 참새는 한 원로원 의원의 품속으로 숨었습니다. 그런데 그 의원은 성격이 나폭하고 천박한 사람이어서 그 참새를 품에서 꺼내어 땅에 내동댕이쳐서 죽이고 말았습니다. 그러자 모든 원로원 의원들이 일제히 소리를 지르며 일어나서, 그 의원이 자기를 신뢰하는 피조물을 구조하지 않았으니 그런 의원은 자기들과 함께 자리에 앉거나 아테네 사람이라고 불릴 가치가 없기 때문에 그를 죽여야 한다고 비난하였고 한 사람도 반대하는 목소리를 내지 않았습니다. 그 본성이 사랑이신 하늘의 하나님께서 공의의 독수리를 피하여 하나님의 자비의 품으로 날개를 퍼덕거리며 날아든 불쌍한 비둘기를 억지로 끄집어내실 것이라고 생각할 수 있습니까? 하나님께서 우리에게 그의 얼굴을 구하라고 초청하시고서, 하나님께서 아시는 대로 우리가 잔뜩 겁을 먹었지만 아주 용기를 내어 하나님의 품으로 날아들 때, 우리의 부르짖음을 듣고 응답하는 것을 잊어버리실 만큼 우리를 불의하고 불친절하게 대하시겠습니까? 우리는 하늘의 하나님을 그렇게 생각하지 맙시다.

다음으로 우리는 하나님의 본성뿐 아니라 하나님의 과거 품성도 생각하도록 합시다. 내 말은, 하나님께서 과거 은혜의 행위들로 친히 얻으신 품성을 뜻합니다. 형제 여러분, 하나님의 관대하심을 보여주는 그 엄청난 한 가지 예를 생각해보십시오. 내가 천 가지 예를 언급할지라도 "자기 아들을 아끼지 아니하시고 우리 모든 사람을 위하여 내주셨다"는 이 한 가지 행위만큼 하나님의 품성을 잘 보여주는 예는 없을 것입니다. 그리고 "이 하나님이 어찌 그 아들과 함께 모든 것을 우리에게 주시지 아니하겠느냐"(롬 8:32)는 것은 단지 내 추론이 아니라 사도가 성령의 감동으로 내린 결론입니다. 하나님께서 내가 죄인이고 원수였을 때에도 내 목소리 듣기를 거부하시지 않았다면 내가 의롭다 함을 받고 구원을 받은 지금 어떻게 내 부르짖음을 무시하실 수 있겠습니까! 내 스스로는 자신의 비참한 목소리를 알지 못하고 따라서 거기에서 구원받기를 힘쓰지 않았을 때 하나님이 그 목소리를 들으셨는데, 내가 하나님의 자녀이고 친구인 지금 어찌 하나님께서 내 말을 듣지 않으시려고 하시겠습니까? 예수님의 피가 흐르는 상처들이 기도 응답에 대한 확실한 보증입니다. 속죄 자체가 우리의 기도를 반드시 들으시겠다는 보증이고, 구주님의 심장 근처에 생긴 큰 상처는 하늘에 앉아계시는 분께서 자기 백성의 부르짖음을 들으시리라는 증거인 것이 확실합니다. 여러분이 기도를 소용없는 일이라고 생각한다면, 골고다를 잘못 아는 것입니다.

사랑하는 여러분, 우리는 그 점에 대해 주께서 친히 말씀하신 약속이 있습니다. 그리고 주님은 거짓말하실 수 없는 하나님이십니다. "환난 날에 나를 부르라 내가 네게 응답하리라"(시 50:15; 렘 33:3). "너희가 기도할 때에 무엇이든지 믿고 구하는 것은 다 받으리라 하시니라"(마 21:22). 사실 우리가 이 교훈을 믿지 않으면 기도할 수 없습니다. 이는 "하나님께 나아가는 자는 반드시 그가 계신 것과 또한 그가 자기를 찾는 자들에게 상 주시는 이심을 믿어야 하기"(히 11:6) 때문입니다. 하나님께서 우리의 기도를 들으실 것인지에 대해 의심이 있다면 우리는 요동하는 사람과 같습니다. "의심하는 자는 마치 바람에 밀려 요동하는 바다 물결 같으니 이런 사람은 무엇이든지 주께 얻기를 생각하지 말라"(약 1:6,7).

그 다음에, 우리가 스스로의 경험을 통해서 하나님께서 기도를 들으실 것이라고 믿게 된다는 점을 덧붙일 수 있고, 또 그 점이 당면한 요점을 강화할 수도 있지만, 그렇게 할 필요가 없습니다. 내가 여러분을 대신하여 이야기해서는 안 되겠지만, 내 자신에 대해서는 말할 수 있습니다. 내가 알고 있는 것이 있다면, 틀림없는 것이라고 확신하는 것이 있다면, 그것은 기도할 때 내쉬는 숨은 결코 헛되지 않다는 것입니다. 이 자리에 있는 어떤 누구도 그렇게 말할 수 없을지라도 나는 담대하게 이야기하는 바이고, 내가 그 점을 증명할 수 있다는 것을 압니다. 내 자신의 양심은 오랫동안 애정을 가지고 열심히 그리고 끈질기게 드려진 기도의 결과입니다. 부모님은 나를 위해서 기도하셨습니다. 하나님께서 부모님의 기도를 들으셨고, 그래서 내가 이 자리에 서서 복음을 전할 수 있게 되었습니다. 그 때 이후로 나는 스스로 생각한 능력을 훨씬 벗어나는 일들을 위험을 무릅쓰고 행해 왔습니다. 그러나 나는 주님을 의지하였기 때문에 한 번도 실패하지 않았습니다. 교회로서 여러분은 우리가 하나님을 위해 할 수 있다고 생각하는 중요한 아이디어들을 실행하는데 내가 주저하지 않았다는 것을 압니다. 우리는 이루려고 마음먹은 바를 모두 성취하였습니다. 나는 손을 대고 있는 많은 일들에서 하나님의 도우심을 간절히 구하였습니다. 내가 하나님의 일에서 내 개인 생활에 대한 이야기를 여기서 할 수는 없지만, 그 이야기를 글로 쓴다면 그것은 기도를 들으시는 하나님이 계시다는 것을 보여주는 변치 않는 증거가 될 것입니다. 하나님께서 내 기도를 들으셨는데, 가끔이나 한두 번 들으신 것이 아니라 무수히 많이 들으셨습니다. 그래서 내가 하나님께 구하는 것은 무엇이든지 하나님께서 주실 것이라는 절대적인 확신을 가지고 하나님 앞에 내 사정을 아뢰는 것이 습관이 되었습니다. 하나님께서 우리의 기도를 들으신다는 사실은 "아마도"라고 하거나 가능성 있는 일이라고 말할 것이 아닙니다. 나는 내 주님께서 내 기도를 들으신다는 것을 압니다. 그 사실을 의심한다는 것은 참으로 어리석은 일이라는 것을 확실히 압니다. 나는 지레의 힘을 어느 정도 이용하면 무거운 것을 들어 올릴 수 있다는 것을 확실히 알듯이, 기도의 힘을 어느 정도 이용하면 하나님에게서 무엇이든지 얻을 수 있다는 것을 압니다. 비구름이 소나기를 가져오듯이 기도는 복을 가져옵니다. 봄이 꽃을 여기저기 피워내듯이 간구는 자비를 확보합니다. 모든 수고에 이익이 따르지만, 무엇보다 기도의 일에 이익이 따릅니다. 내 자신이 그 이익을 받았기 때문에 나는 이 점을 확신합니다. 내가 여왕의 초상이 새겨진 돈을 믿고서 돈을 현금으로 낼 때 내가 원하는 물건을 사지 못한 일이 없었듯이 나는 하나님의 약속들을 신뢰하며, 하나님께서 언제 한번 내게 하나님의 그 약속들은 가짜 돈이어서 천국의 시장에서 거래하는데 도움이 되지 않을 것이라고 말씀하시기 전까지는 계속 믿을 생각입니다. 그런데 내가 이 사실을 군이 얘기할 필요가 있습니까? 형제자매 여러분, 하나님께서 기도를 들으신다는 사실을 여러분 스스로도 다 압니다. 만일 여러분이 그 사실을 알지 못한다면 여러분의 기독교 신앙은 어디에 있는 것입니까? 여러분의 믿음은 어디에 있습니까? 여러분은 기독교 진리의 가장 중요한 요소들이 무엇인지 배울 필요가 있습니다. 성도들은 젊은이든 나이든 사람이든 막론하고 모두 하나님께서 기도를 들으신다는 것을 확실한 사실로 규정하기 때문입니다.

그렇지만 여기서 우리는 언제나 하나님의 뜻에 순종하는 가운데서 기도를 드려야 한다는 점을 기억해야 합니다. 그래서 하나님께서 기도를 들으신다고 말할 때 나는 말 그대로 우리가 구하는 것을 하나님이 언제나 우리에게 주신다는 뜻으로 이야기하는 것이 아닙니다. 그보다 내 말뜻은 하나님께서 우리에게 최선인 것을 주신다는 것입니다. 하나님은 우리가 구하는 자비를 은의 모양으로 주시지 않으면, 그것을 금으로 입혀 주십니다. 하나님께서 육신에서 가시를 제거하시지는 않을지라도, "내 은혜가 네게 족하도다"(고후 12:9) 하고 말씀하십니다. 그래서 결국은 가시를 제거해 주신 것과 같은 결과에 이르게 됩니다.

볼링브로크 경(Lord Bolingbroke)이 헌팅던의 백작 부인(the Countess of Huntingdon: Selina Hastings, 18세기 영국 복음주의 부흥운동의 중심인물 —역주)에게 말했습니다. "부인, 나는 어떻게 부인이 하나님의 뜻에 시종일관 순종하면서 그렇게 열심히 기도할 수 있는지 이해할 수가 없습니다." 이에 그녀가 대답하였습니다. "경이시여, 그것은 하나도 어려운 문제가 아닙니다. 내가 어떤 아량이 큰 왕의 신하이고 왕이 내게 무엇이든지 바라는 바를 구할 수 있는 권한을 주었다면 나는 틀림없이 내가 구하는 바를 이렇게 말할 것입니다. '왕께서 너그러이 보셔서 내게 이러이러한 은총을 베풀어 주시기를 바랍니다. 그러나 또한 내가 그 은총을 몹시 바랄지라도 그것이 조금이라도 왕의 명예를 손상시키거나 왕께서 판단하시기에 내가 이 은총을 받지 않는 것이 더 낫다고 여기신다면 나는 구하는 것을 받지 못하더라도 받은 것만큼이나 기쁘게 여기고 가겠습니다.'"

하나님께 대해서 그와 같이 말할 수 있습니다. 나는 기도할 때마다 "그러나 내 원대로 마시옵고 아버지의 원대로 되기를 원하나이다"(눅 22:42)라는 조항을 반드시 집어넣습니다. 하나님의 뜻은 전적으로 우리의 뜻이기 때문에 우리의 뜻이 틀림없이 하나님의 뜻이라고 굳게 확신할 때에만 우리는 "주의 뜻이라면"이라는 말을 하지 않고 기도할 수 있을 것입니다. 많은 비방을 받은 한 시인이 다음과 같이 말했는데, 잘 이야기한 것입니다.

"자, 그대의 기도를 그대 영혼을 위하는 사랑의 의도로 알고
그대로 하여금 기도하게 만드는 섭리를 하나님의 선의의 표시로 생각하세요.
그러면 그대는 바르게 기도할 것이고 그대의 말이 받아들여질 것입니다.
또한 다른 사람들을 위해 기도할 때, 그대의 기도가 충실함을 인하여 감사하십시오.
그대가 언제든지 다른 사람들을 위해 그렇게 구할 마음이 있으면
주님께서도 그만큼 언제든지 그대의 구하는 것을 주시려 하기 때문입니다.
소금이 바다를 보존하듯이 성도들이 세상을 떠받칩니다.
성도들의 기도는 자연의 덮개를 떠받치는 기둥들입니다.
진실로, 세상적인 마음에서 기도 없이 보낸 한 시간은
시간의 달력에서 저줏거리였고, 어둠에 속한 검은 점이었습니다.
아마도 세상이 진동하여 파멸할 그 두려운 날은 기도로 밤이 밝혀지지 않은 날일 것입니다.
이 때 하나님이 세상에서 믿음을 보실 수 있겠습니까?
지혜와 권능과 수단의 경륜이 있듯이 자비의 경륜이 있고,
구하지도 않았는데 선의 보고로부터 주어지는 복은 하나도 없습니다.
사람의 행복이 달려 있는 하나님의 자비로운 마음은
그의 신민이 기도하는 한 하사품을 결코 거절하지 않습니다.
그렇습니다. 하늘의 두 번째 보좌에 그대가 원하는 것을 구하십시오.
그 보좌는 그대의 것입니다. 그 보좌는 바로 그대를 위해 정해진 것입니다.

기도에는 한계가 없습니다.

그러나 그대가 구하기를 그친다면, 스스로 자신의 특권을 일시 정지시킨 피조물이여, 떨라.

그대에게 힘이 되는 것이 삼손의 경우처럼 끊겼고, 그대의 운명의 시간이 왔기 때문입니다."

기도라는 거룩한 기술을 사용하는 모든 사람들에게 용기를 충만하게 북돋우는 것으로 생각되는 세 번째 요점을 이제 살펴봅시다.

3. 세 번째 소제목은 믿음을 북돋우는 말씀입니다.

"네가 알지 못하는 크고 은밀한 일을 네게 보이리라." 이것은 본래 감옥에 갇혀 있는 선지자에게 하신 말씀이라는 것을 먼저 알도록 합시다. 그러므로 이 말씀은 첫째로 모든 교사에게 적용됩니다. 그리고 사실 모든 교사는 학습자가 되어야 하므로 이 말씀은 거룩한 진리를 배우는 모든 학습자와 관계가 있습니다. 선지자와 교사와 학습자가 따로 보존된 진리들, 곧 더 고상하고 더 신비로운 하나님의 진리들을 알 수 있는 최상의 방법은 기도로 하나님을 찾아뵙는 것입니다. 어제는 다니엘서를 읽으면서 특별히 다니엘이 어떻게 느부갓네살의 꿈을 알아냈는지에 대해 주목하였습니다. 갈대아의 점쟁이, 마술사, 점성가들이 자신들의 진기한 책들과 이상하게 보이는 도구들을 가져와 자신들의 주문과 온갖 기도문을 외우기 시작하였지만, 그들 모두 실패하였습니다. 다니엘은 어떻게 했습니까? 그는 기도에 힘썼습니다. 사람들이 연합하여 드리는 기도는 한 사람의 기도보다 능력 있는 것을 알고서 다니엘이 자기 형제들을 불러 모아 하나님께서 무한한 자비를 베풀어 이상을 열어 보여주시도록 자기와 함께 열심히 기도하기를 명한 것을 우리는 봅니다. "이에 다니엘이 자기 집으로 돌아가서 그 친구 하나냐와 미사엘과 아사랴에게 그 일을 알리고 하늘에 계신 하나님이 이 은밀한 일에 대하여 불쌍히 여기사 다니엘과 친구들이 바벨론의 다른 지혜자들과 함께 죽임을 당하지 않게 하시기를 그들로 하여금 구하게 하니라"(단 2:17). 신약의 다니엘이었던 요한의 경우에, 여러분은 요한이 보좌에 앉으신 분이 오른손에 책을, 즉 일곱 인으로 봉인이 되어 있고 그것을 열거나 볼 자가 아무도 없는 책을 들고 있는 모습을 보았다는 것을 압니다. 그 때 요한은 어떻게 하였습니까? 그 책은 얼마 있지 않아 유다 지파의 사자에 의해 펼쳐졌습니다. 그가 이기고 그 책을 펼쳤습니다. 그런데 그 책이 펼쳐지기 전에 먼저 "내가 크게 울었다"(계 5:4)고 기록되어 있습니다. 그렇습니다. 요한이 울면서 드린 기도의 눈물이 그에게 있어서는 닫힌 책을 펴는 신성한 열쇠였던 것입니다.

　목회에 동역하고 있는 형제 여러분, 주일학교 교사 여러분, 그리스도 예수학교의 학습자 여러분, 나는 여러분이 기도가 공부의 최고의 수단이라는 것을 기억하기 바랍니다. 다니엘처럼 여러분이 하나님께 구하였을 때는 꿈을 이해하고 그것을 해석할 수 있을 것입니다. 요한처럼 여러분이 많이 운 후에는 귀한 진리를 담고 있는 일곱 봉인들이 풀리는 것을 볼 것입니다. "지식을 불러 구하며 명철을 얻으려고 소리를 높이며 은을 구하는 것 같이 그것을 구하며 감추어진 보배를 찾는 것 같이 그것을 찾으면 여호와 경외하기를 깨달으며 하나님을 알게 되리라"(잠 2:3-5). 망치를 열심히 사용하지 않고서는 돌을 깨트리지 못합니다. 그래서 돌을 깨는 사람은 보통 몸을 낮추고 무릎을 꿇습니다. 근면이라는 망치를 사용하고, 또한 기도의 무릎도 사용하십시오. 그러면 하나님의 계시에서 여러분이 이해하면 유익한 교훈들 가운데 기도와 믿음을 사용해도 산산이 깨어지지 않는 돌같이 단단한 교훈은 없습니다. 루터가 "기도를 잘하는 것이 연구를 잘하는 것이다"(Bene orasse est bene studuisse)라고 지혜로운 말을 하였는데, 이 말은 하도 많이 인용되어서 조금만 얘기해도 누구나 금방 알아듣습니다. "기도를 잘해왔다면 연구를 잘한 것이다." 여러분은 기도라는 지레대를 사용하면 무엇이든지 뚫고 나갈 수 있습니다. 생각과 추론은 진리로 들어가는 길을 열 수 있는 철 쐐기와 같을 수 있습니다. 그러나 기도는 지레입니다. 신성한 신비의 철제 상자를 비집고 열어, 힘으로라도 거기에 도달하는 길을 낼 수 있는 사람들을 위해 그 안에 숨겨둔 보물을 꺼낼 수 있도록 하는 수단입니다. 천국은 지금도 침노를 당하는데, 침노하는 자는 우격다짐으로 천국을 빼앗습니다(마 11:12). 기도라는 강력한 도구를 사용하여 계속해서 일하도록 주의하십시오. 그러면 여러분에게 맞설 수 있는 것은 아무것도 없습니다.

　그러나 우리는 거기에서 멈추어서는 안 됩니다. 나는 지금까지 본문을 한 가지 경우에만 적용하였습니다. 그러나 본문은 수많은 경우에 적용될 수 있습니다. 또 다른 경우를 생각해 보겠습니다. 기도를 많이 함으로써, 성도는 더 깊은 경험을 발견하기를 기대할 수 있고 더 고상한 영적 생활을 더 많이 알기를 기대할 수 있습니다. 본문을 다르게 번역한 역본들도 있습니다. 한 성경은 본문을 이렇게 번역합니다. "네가 알지 못하는 크고 강화된 일들을 보이리라." 또 다른 역본은 본문을 "네가 알지 못하는 따로 마련된 큰 일들을 보이리라"고 번역합니다. 영적 생활의 모든 발전들은 쉽게 달성할 수 있는 것이 아닙니다. 회개와 믿음, 기쁨, 희망의 일반적인 형태와 느낌이 있습니다. 이런 것들은 하나님의 모든 자녀가 누리는 것입니다. 그런가 하면 큰 기쁨과 교제와 그리스도와의 연합의 상층 영역이 있는데, 이런 것은 신자들이 일반적으로 거처하는 곳이 결코 아닙니다. 신자들은 모두 그리스도를 봅니다. 그러나 신자라고 해서 모두가 다 손가락을 내밀어 못 자국을 만지는 것이 아니고 손을 뻗어 그리스도의 옆구리를 만지는 것도 아닙니다. 우리가 모두 예수님의 품에 기댈 수 있는 요한의 고귀한 특권을 받는 것이 아니고 세 번째 하늘에 끌려 올라가는 바울의 특권을 받는 것도 아닙니다. 구원의 방주에는 1층과 2층과 3층이 있습니다. 모두가 방주 안에 있지만 한 층에 있는 것은 아닙니다. 경험의 강에 있어서 대부분의 그리스도인들은 그 깊이가 발목까지밖에 이르지 않습니다. 그런가 하면 어떤 사람들은 강물을 건넜을 때 깊이가 무릎까지 이르렀습니다. 그리고 소수의 사람들은 강물이 가슴 깊이에 이르는 것을 발견합니다. 그런가 하면 아주 소수는 강물이 헤엄을 칠 수 있는, 발이 바닥에 닿지 않는 큰물인 것을 발견합니다. 형제 여러분, 하나님의 일들에 대한 경험적인 지식에는 날카로운 독수리의 눈과 철학적인 사고로는 결코 보지 못한 고지들이 있습니다. 이성과 판단이라는 사자의 새끼가 아직까지 걸어가 본 적이 없는 은밀한 길들이 있습니다. 오직 하나님만이 우리를 거기로 데려가실 수 있습니다. 그러나 하나님께서 우리를 올려 태우시는 전차와 그 전차를 이끄는 불 말은 효력 있는 기도입니다. 효력 있는 기도는 자비의 하나님을 이깁니다. "야곱은 또 힘으로는 하나님과 겨루되 천사와 겨루어 이기고 울며 그에게 간구하였으며 하나님은 벧엘에서 그를 만나셨고 거기에서 우리에게 말씀하셨나니"(호 12:3,4). 효력 있는 기도는 그리스도인을 갈멜산으로 데려가서, 그가 하늘을 복의 구름으로 덮고 땅을 자비의 홍수로 덮을 수 있게 만듭니다. 효력 있는 기도는 그리스도인을 비스가산 꼭대기로 데려가고, 거기에서 그에게 따로 마련된 유업을 보여줍니다. 그렇습니다. 또 효력 있는 기도는 그리스도인을 다볼산으로 올려가 변화시키되 그도 이 세상에서 주를 닮아 주의 어떠하심과 같이 되게 합니다. 여러분이 일반적인 천박한 경험보다 고상한 어떤 것에 이르고자 한다면, 여러분보다 높은 데 있는 반석을 바라보고 믿음의 눈으로 끈질긴 기도의 창문을 통해 보십시오. 더 깊고 높은 경험을 하려면 기도를 많이 해야 합니다.

여러분은 조금만 더 참고 내가 본문을 두세 경우에 더 적용하는 것을 들어 주시기 바랍니다. 본문의 말씀이 시련을 겪고 있는 사람에게 적용되는 것은 틀림없는 사실입니다. 만일 그가 많은 기도로 하나님을 찾아뵌다면 미처 생각하지 못했던 큰 구원을 받을 것입니다. 곧, "네가 알지 못하는 크고 은밀한 일"을 만날 것입니다. 예레미야는 그 사실을 이렇게 증거합니다. "내가 주께 아뢴 날에 주께서 내게 가까이 하여 이르시되 두려워하지 말라 하셨나이다 주여 주께서 내 심령의 원통함을 풀어 주셨고 내 생명을 속량하셨나이다"(애 3:57). 다윗의 증거도 그와 같습니다. "내가 고통 중에 여호와께 부르짖었더니 여호와께서 응답하시고 나를 넓은 곳에 세우셨도다……주께서 내게 응답하시고 나의 구원이 되셨으니 내가 주께 감사하리이다"(시 118:5,21). 또 이렇게 말합니다. "이에 그들이 그들의 고통 때문에 여호와께 부르짖으매 그가 그들의 고통에서 그들을 구원하시되……또 바른 길로 인도하사 거주할 성읍에 이르게 하셨도다"(107:19,7). 한 불쌍한 여인이 "나의 남편이 이미 죽었는데 빚 준 사람이 와서 나의 두 아이를 데려가 그의 종을 삼고자 하나이다"(왕하 4:1) 하고 말하였습니다. 그녀는 엘리사가 아마도 이렇게 말할 것이라고 생각했을 것입니다. "당신 빚이 얼마요? 내가 갚아주겠소." 그런데 엘리사는 그렇게 하지 않고 그녀의 집에 있는 기름을 불려주되, 엘리사가 "너는 가서 기름을 팔아 빚을 갚고 남은 것으로 너와 네 두 아들이 생활하라"(4:7)고 말할 만큼 불려줍니다. 이와 같이 하나님께서 자기 백성을 도우시되 길의 진흙탕을 지나서 수렁 건너편에 설 수 있도록 만큼만 도우실 뿐만 아니라 또한 그들을 그 여행에서 멀리까지 안전하게 데려가시는 일도 종종 일어날 것입니다. 한창 폭풍이 치는 가운데 예수께서 바다 위로 걸어서 오셨을 때, 놀라운 기적이 일어났습니다. 제자들이 예수님을 배에 영접하였고, 그러자 바다가 잔잔하여졌을 뿐만 아니라 또한 "배는 곧 그들이 가려던 땅에 이르렀다"(요 6:21)고 기록되어 있습니다. 그것은 제자들이 구한 것에 더하여 받은 자비였습니다. 나는 여러분이 때로 기도하면서 "주님은 우리가 구하거나 생각'할 수 있는' 모든 것에 더 넘치도록 능히 하실 수 있다"는 말을 인용하는 것을 듣는데, 그것은 성경에 없는 구절입니다(엡 3:20, 원문은 생각'할 수 있는'이 아니라 생각'하는'임 ―역주). 성경에는 그렇게 기록되어 있지 않습니다. 나는 우리가 구하거나 생각할 수 있는 것이 무엇인지 모릅니다. 그러나 성경은 "주님은 우리가 구하거나 생각하는 모든 것에 더 넘치도록 능히 하실 수 있다"고 말합니다. 그러니 친구 여러분, 우리는 큰 시련에 빠져 있을 때 그냥 이렇게만 말합시다. "저는 지금 감옥에 있습니다. 예레미야처럼 그가 기도하였듯이 나도 기도하겠습니다. 그렇게 하라는 하나님의 명령이 있기 때문입니다. 예레미야가 그랬듯이 하나님께서 내가 현재는 전혀 알지 못하는, 따로 마련하신 자비를 내게 보이실 것을 바라고서 기다리겠습니다." 하나님께서는 자기 백성들을 전쟁 중에 그들의 머리를 가리고 지나가게 하시기만 하는 것이 아니라 그들이 깃발을 흔들며 앞으로 나가서 능한 자와 전리품을 나누게 하시고 강한 자와 분깃을 나누게 하실 것입니다. 이처럼 큰 약속들을 주는 하나님의 큰 일들을 기대하십시오.

그 다음에, 여기에는 일꾼을 위한 격려가 있습니다. 여러분 가운데 대부분은 그리스도를 위해 무엇인가를 하고 있습니다. 내가 여러분을 치켜세우기 위해 하는 말이 아니라는 것을 알면서 이렇게 말할 수 있다는 것이 기쁩니다. 친구 여러분, 여러분은 많은 기도로 하나님을 찾아뵈십시오. 여러분에게는 하나님께서 여러분이 알지 못하는 큰 일들을 행하시겠다는 약속이 있습니다. 우리는 유용한 일을 할 수 있는 자신의 능력이 얼마나 큰 지 알지 못합니다. 땅바닥에 굴러다니는 나귀의 턱뼈가 무슨 일을 할 수 있겠습니까? 나귀의 턱뼈가 무슨 일을 할 수 있을지 아무도 모릅니다. 그 턱뼈가 삼손의 손에 들어가면 할 수 없는 일이 무엇이겠습니까? 이제 삼손 같은 사람이 들고서 휘두르면, 나귀의 턱뼈가 할 수 없는 일은 아무것도 없을 것입니다. 친구 여러분, 여러분은 자신이 그 뼈처럼 하찮은 존재라는 생각을 종종 하여서 "내가 무엇을 할 수 있겠어?"라고 말하였습니다. 그렇습니다. 하지만 그리스도께서 성령으로 여러분을 붙드시면 여러분이 할 수 없는 일이 무엇이겠습니까? 정말로 여러분은 바울의 말을 인용하여 이렇게 말할 수 있을 것입니다. "내게 능력 주시는 자 안에서 내가 모든 것을 할 수 있느니라"(빌 4:13). 그러나 아무 노력도 하지 않은 채 기도만을 의지하지 마십시오.

어떤 학교에 주님을 아는 여자 아이가 있었습니다. 매우 얌전하고 순진하며 믿음직한 아이였습니다. 흔히 그러듯이, 그 아이의 형편에 맞게 은혜가 나타났습니다. 그 아이는 언제나 수업 시간에 배운 내용을 반의 아이들 가운데 가장 잘 안다는 말을 들었습니다. 어떤 여자 아이가 그 아이에게 물었습니다. "너는 어떻게 수업 시간에 배운 것을 그렇게 잘 말할 수 있니?" 그러자 그 아이가 대답했습니다. "나는 하나님께 내가 수업을 잘 배울 수 있게 도와주시라고 기도해." 그 말을 듣고, 질문했던 아이는 생각했습니다. "그래, 그러면 나도 똑같이 해야지." 다음 날 아침, 그 여자 아이는 일어나서 배운 내용을 말하려고 하였지만 아무것도 생각나지 않았습니다. 그 아이는 창피를 당하고서 공부 잘하는 아이에게 투덜거렸습니다. "나도 하나님께 내가 수업을 잘 배우게 도와주시라고 기도했는데, 아는 게 하나도 없어. 도대체 기도가 무슨 소용이 있어?" "하지만 너는 앉아서 복습하려고 하지 않았잖아?" "아, 그럼. 나는 책을 전혀 안 봤어." 그러자 공부 잘하는 아이가 말했습니다. "아니야, 나는 하나님께 내가 공부를 잘할 수 있도록 도와주시라고 기도했지만, 그 다음에는 앉아서 배운 내용을 꼼꼼히 공부했어. 배운 것을 잘 알 때까지 계속해서 공부했어. 하나님께 말씀드린 내 진심 어린 간구는 내가 마땅히 해야 할 내 일을 부지런히 하도록 도와주시라는 것이었어. 그랬기 때문에 내가 수업 내용을 쉽게 배운 거야."

기도회에 와서 기도하고 난 다음에는 팔짱을 끼고, 하나님의 일이 저절로 굴러갈 것이라고 생각하고 떠나는 사람들이 그와 같이 생각하는 것입니다. 한 흑인 아주머니가 "너 강력한 복음이여, 멀리 날아가라" 하고 노래하면서 헌금 바구니에는 한 푼도 넣지 않자, 친구가 그녀의 손을 잡으며 "하지만 네가 복음에 날개를 달아주지 않는다면 복음이 어떻게 날아갈 수 있겠니?" 하고 말했는데, 그와 같은 것입니다. 기도에 매우 능하고 놀랄 만한 간구를 드리는 것처럼 보이는 사람들이 많습니다. 그런데 그들은 자기들 스스로 할 수 있는 일을 하나님께 해 달라고 요구합니다. 그러므로 하나님께서는 그들을 위해 아무것도 행하시지 않습니다. 한 아랍 사람이 마호메트에게 말했습니다. "나는 내 약대를 묶어놓지 않고 섭리에 맡길 것입니다." 그러자 마호메트가 말했습니다. "낙타를 단단히 묶어두고 나서 섭리에 맡기십시오." 그와 같이 "나는 기도하고 우리 교회 혹은 우리 주일학교 반 혹은 내 일을 하나님의 선하심에 맡기겠습니다" 하고 말하는 여러분, 다음과 같이 말하는 경험과 지혜의 목소리를 들어보십시오. "너는 최선을 다하라. 마치 모든 것이 네 수고에 달려 있는 것처럼 일하라. 마치 네 팔이 너를 구원할 것처럼 일하라. 그리고 네가 모든 것을 행하고 나서 하나님을 의지하라. 하나님이 계시지 않으면 일찍 일어나고 늦게 자며 수고의 떡을 먹는 것이 소용 없다. 그리고 하나님께서 네 일을 진척시키시면 하나님께 찬양을 돌려라."

나는 여러분을 더 이상 오래 붙들고 않겠지만, 이 약속이 다른 사람들을 위해 기도하는 이들을 위로하는데 틀림없이 유용할 것이라는 점을 지적하고 싶습니다. 하나님께 자녀를 구원해 주시라고, 이웃에게 복을 베풀어 주시라고, 남편이나 아내를 기억하여 자비를 베풀어 주시라고 구하는 여러분은 "네가 알지 못하는 크고 은밀한 일을 네게 보이리라"는 이 말씀에서 위로를 얻을 수 있습니다. 지난 세기에 유명한 목사였던 베일리 씨(Mr. Bailey)는 경건한 어머니의 자녀였습니다. 이 어머니는, 아주 악한 사람이고 지독한 박해자였던 남편에 대해서는 기도하기를 거의 그쳤습니다. 이 어머니는 자기 아들을 위해 기도하였고, 아들이 열한 두 살이 되었을 때, 영원한 자비가 아이를 만났습니다. 그 아이는 하나님 나라의 일들을 아주 즐겁게 배웠습니다. 그러자 어머니는 아이에게 집에서 가정예배를 인도해달라고 부탁하였고, 아이는 한동안 계속해서 가정예배를 인도하였습니다. 아침저녁으로 이 어린 아이는 성경을 폈습니다. 아버지는 가정예배를 막으려고 하지는 않았지만 한번은 "이 아이가 가정예배 때 도대체 무슨 일을 하는지" 알고 싶은 마음이 생겼습니다. 그래서 그가 방 밖에 서서 귀를 기울였습니다. 하나님께서 열세 살짜리 아이의 기도에 복을 주셔서 그 아버지가 회심에 이르도록 하셨습니다. 어쩌면 그 어머니가 눈물 젖은 눈으로 본문을 읽으면서 이렇게 말했을지도 모릅니다. "그렇습니다, 주여, 주께서는 내가 알지 못하는 크고 은밀한 일들을 내게 보이셨습니다. 주께서는 내 아들을 구원해 주셨을 뿐만 아니라 아들을 통해 남편도 진리에 이르게 하셨습니다."

여러분은 하나님께서 여러분에게 얼마나 큰 복을 베푸시는지 짐작할 수 없을 것입니다. 여러분은 그냥 가서 문 앞에 서 있으십시오. 여러분을 위해 무엇이 마련되어 있는지 여러분은 알지 못합니다. 여러분이 전혀 구하지 않으면 아무것도 받지 못할 것입니다. 그러나 여러분이 구하면 하나님께서 여러분에게 뼈와 고기 조각을 주실 뿐만 아니라, 또한 식탁에서 종에게 "맛있는 고기를 가져다가 저 불쌍한 사람 앞에 차려주어라"고 말씀하실 수도 있습니다. 룻이 이삭을 주우러 갔습니다. 그녀는 좋은 이삭을 조금 줍기를 바랐습니다. 그러나 보아스는 "그에게 곡식 단 사이에서 줍게 하고 책망하지 말라"(룻 2:15)고 말하였습니다. 그뿐 아니라 그녀에게 "식사할 때에 이리로 와서 떡을 먹으며 네 떡 조각을 초에 찍으라"(2:14)고 하였습니다. 그렇습니다. 그녀는 겨우 보리 한 줌을 얻기를 바랐을 뿐인데 남편을 얻었습니다. 이와 같이 다른 사람을 위해 기도할 때, 하나님께서는 우리에게 아주 놀라운 자비를 베푸시므로 조금밖에 기대하지 않은 우리는 그 자비들을 보고 깜짝 놀랄 것입니다. 하나님께서 욥에게 하신 말씀을 듣고, 그 말씀의 교훈을 배우도록 하십시오. "내 종 욥이 너희를 위하여 기도할 것인즉 내가 그를 기쁘게 받으리니 너희가 우매한 만큼 너희에게 갚지 아니하리라 이는 너희가 나를 가리켜 말한 것이 내 종 욥의 말 같이 옳지 못함이라……욥이 그의 친구들을 위하여 기도할 때 여호와께서 욥의 곤경을 돌이키시고 여호와께서 욥에게 이전 모든 소유보다 갑절이나 주신지라"(욥 42:8,10).

자, 이 말씀으로 끝을 맺겠습니다. 여러분 가운데는 자신의 회심을 구하는 사람들이 있습니다. 하나님께서 여러분의 마음을 움직여 자신의 영혼을 위하여 진지한 기도를 드리도록 만드신 것입니다. 여러분은 그냥 지옥에 가려고 하지 않고 천국을 바랍니다. 여러분은 보혈로 씻음 받기를 원합니다. 영생을 얻기 원합니다. 친구 여러분, 나는 여러분이 하나님께서 친히 여러분에게 말씀하시는, "너는 내게 부르짖으라 내가 네게 응답하겠고 네가 알지 못하는 크고 은밀한 일을 네게 보이리라"는 본문 말씀을 받아들이시기 바랍니다. 즉시 하나님의 말씀을 그대로 믿으십시오. 집에 가서 방에 들어가 문을 닫고 하나님을 시험해 보십시오. 젊은이 여러분, 나는 여러분에게 하나님을 시험해 보라고 말씀드립니다. 젊은 여성 여러분, 하나님을 시험해 보십시오. 하나님의 말씀이 참인지 아닌지 알아보십시오. 하나님의 말씀이 진실이라면 여러분이 그리스도 예수를 통하여 하나님의 손에서 자비를 구하는데 부정적인 답변을 듣는 일이란 있을 수 없습니다. 하나님은 자신의 약속과 성품 때문에 그 말씀에 매여 있으시므로 마음을 다해 두드리는 여러분에게 반드시 자비의 문을 여십니다. 하나님께서 여러분이 그리스도 예수를 믿고서 큰 소리로 하나님께 부르짖도록 도와주시고, 하나님의 평안의 답변이 이미 여러분을 만나러 가고 있게 하여 주시기를 구합니다. 여러분은 주님께서 여러분에게 "너의 많은 죄가 사하여졌도다"(눅 7:47)고 말씀하시는 것을 들을 것입니다.

주께서 여러분에게 복 주시기를 바랍니다. 아멘.

제
31
장

—

징벌을 통해 받는 행복

—

"그들은 내가 이 성읍에 베푼 모든 복과 모든 평안으로 말미암
아 두려워하며 떨리라." — 렘 33:9

    슬프게도 하나님의 고대 백성들은 대대로 우상 숭배로 하나님을 노여우시
게 하였습니다. 하나님께서는 그들에 대해 극도의 인내심을 보이셨지만 결국에
는 그들에 대해 지치셨고, "여호와께서 자기의 유업을 미워하셨도다"(시 106:40)
고 하신 말씀대로 되었습니다. 하나님께서는 그들을 포로로 사로잡혀 가게 만
드셨고, 그들의 땅은 황무지가 되거나 외국인의 차지가 되었습니다. 이스라엘은
헐벗은 채로 뿔뿔이 흩어져 민족적으로 거의 멸절되다시피 한 백성이 되었습니
다. 이는 그들의 죄악으로 인해 하나님께서 그들에 대해 얼굴을 가리셨기 때문
이었습니다. 그렇지만 하나님, 곧 여호와께서는 자기 백성들에 관하여 그의 벗
아브라함과 언약을 맺으셨고, 하나님께서는 후에 그의 종 다윗과 함께 이 언약
을 갱신하셨습니다. 선지자 예레미야는 예루살렘이 황폐되었을 때에도 하나님
께서 다윗과 갱신한 이 언약을 기억하셨다고 말합니다. 우리는 20절 이후에서
이 같은 말씀을 읽습니다. "여호와께서 이와 같이 말씀하시니라 너희가 능히 낮
에 대한 나의 언약과 밤에 대한 나의 언약을 깨뜨려 주야로 그 때를 잃게 할 수
있을진대 내 종 다윗에게 세운 나의 언약도 깨뜨려 그에게 그의 자리에 앉아 다
스릴 아들이 없게 할 수 있으리라"(33:20,21). 이스라엘이 최악의 상황에 처한 시

대에도, 곧 슬피 우는 선지자 예레미야가 이스라엘을 대표하는 사람이 되었고, 이스라엘의 고통이 얼마나 큰지 그가 미처 다 표현할 수 없었던 때에도 하나님은 자신의 사랑을 계시하셨고 아브라함의 후손에게 복된 날이 밝아올 것이라고 약속하셨습니다. 이 날이 아직 오지 않았지만 반드시 올 것입니다. 이는 하나님께서 미리 아신 자기 백성들을 결코 버리지 않으셨기 때문입니다. 이스라엘을 위한 역사는 아직 남아 있습니다. 이스라엘의 태양이 흐려졌지만 아주 기울어진 것은 아닙니다. 낮과 밤의 언약이 확실히 서 있듯이, 하나님의 택한 백성들이 틀림없이 포로 생활에서 돌아올 것이고, 하나님께서 그들에게 주신 땅을 차지할 것입니다. 그 날에 여호와께서 그들을 처음처럼 다시 세우실 것이고, 그들을 모든 불의에서 깨끗하게 하실 것입니다. 그 때는 그들이 자랑하지도 거드럭거리지도 않을 것입니다. 이는 그들이 하나님의 선하심을 보고 놀랄 것이고, 여호와께서 자기들을 위해 행하신 참으로 큰 일들을 보고서 놀라다 못해 떨기까지 할 것이기 때문입니다. 자기 민족의 큰 죄들을 기억하고서, 특별히 자기들이 메시야를 오랫동안 거부한 사실을 기억하고서 그들은 교만을 일체 버리고 그들의 고귀한 작위를 겸손히 받을 것입니다. 그들은 하나님의 사랑에 압도되고, 자기들이 또다시 범죄할까봐 어린아이처럼 두려워하게 될 것입니다. 여호와 그들의 조상의 하나님이 그들에게 하나님의 모든 은혜를 영광스럽게 나타내시는 것을 볼 때 떨 것입니다.

　본문의 엄밀한 전후 관계에 대해서는 이만큼 이야기하기로 하겠습니다. 이 시간에 나는 본문의 구절을 마구간에서 풀어 우리의 목장으로 데리고 나올 것입니다. 이 구절의 일차적인 의미가 본문의 유일한 가르침은 아닙니다. 하나님의 말씀은 눈이 가득 들어 있어서 많은 면으로 보기 때문입니다. 우리는 하나님의 모든 백성들에 대해서 이 약속을 활용할 수 있습니다. 이 약속은 아브라함의 모든 후손에게 하신 것이 확실하기 때문입니다. 어떤 면에서 유대인에게 적용되는 것은 같은 면에서나 또 다른 면에서 택하신 모든 백성들에게 적용됩니다. 이 언약의 특권은 유대인이나 이방인을 막론하고 절대적으로 어떤 한 개인에게 속하는 것이 아닙니다. 그 언약이 가장 낮은 형태에서는 아니라 할지라도 가장 고귀한 형태에서는 모든 구원의 상속자들에게 공통의 자산이 됩니다. 우리는 그리스도 예수와 함께 하는 상속자입니다. 그리스도께서 모든 복을 유업으로 받듯이 우리도 받습니다. 바울이 갈라디아서에서 다음과 같이 말했는데, 바르게 이야기하였습니다. "너희가 그리스도의 것이면 곧 아브라함의 자손이요 약속대로 유업을 이을 자니라"(3:29). 그러면 내가 본문을 다시 한 번 읽고, 그것을 우리 자신에게 적용해 보겠습니다. "그들은 내가 이 성읍에 베푼 모든 복과 모든 평안으로 말미암아 두려워하며 떨리라." 이러한 명예와 복을 모든 성도가 받습니다.

본문은 이 백성의 평안을 이루는 모든 복의 출처를 조사하면 결국 하나님에게서 나온 것이라는 소견을 처음부터 밝힙니다. 우리가 좋고 온전한 선물들을 받고서 그 선물들이 나온 빛들의 아버지를 잊어버린다면 우리에게 화가 있을 것입니다. 이 모든 은혜는 아래에서 나온 것이 아니라 위로부터 온 것입니다. 그러니 우리는 이 은혜를 받고도 감사할 줄 모르고 잠잠히 있지 말고, 하늘을 향해 겸손하고 따뜻한 감사를 표하도록 합시다. 하나님의 자비를 잊어버리는 사람은 자비에게 잊어버림을 당해도 쌉니다. 하나님께서 우리가 매일 하나님으로부터 하사품을 받으면서도 매일 찬송을 드리지 않는 실천적 무신론자가 되지 않게 해 주시기를 구합니다. 바다의 반짝이는 파도마다 태양의 빛을 반사하듯이 우리 생활의 잔물결마다 하늘의 축복에 대한 감사로 반짝이게 합시다. 모든 선은 아주 선하신 분, 곧 창조주이시며 주시는 이로서 그 본질이 선하신 분에게서 나옵니다. 특별히 이 사실은 지극히 선한 것인 모든 영적 복에 적용됩니다. 이 영적 복은 피조물들에 대한 친절에서 나오는 것이라기보다는 죄인들에 대한 자비에서 나온 것입니다. 한 존재로서 나는 나의 창조주께서 내게 친절하시다는 사실에 감사드립니다. 그러나 죄인으로 나는 나의 재판장이 내게 미소를 짓는다면 그의 큰 은혜에 감탄하게 됩니다. 그의 자비가 용서하고 깨끗이 씻는 길을 발견하지 않았다면 그의 공의는 내가 복을 받지 못하고 죄 때문에 망하게 버려두었을 것입니다. 자신이 하찮은 존재일 뿐만 아니라 또한 무가치하다는 것을 아는 여러분은 분발해서 하나님께 뜨겁게 감사를 드려야 합니다.

그 다음에, 세상적인 자비들이 적절한 순서에 따라 올 때 우리에게 최상의 것이 된다는 점에 주목하시기 바랍니다. 나는 본문에 세상적인 선과 영적인 선이 모두 들어 있다고 확신합니다. 그러나 세상적인 것들은 두 번째 줄에 배치되고 있는 것이 확실합니다. 왜냐하면 먼저 8절에서 "내가 그들을 내게 범한 그 모든 죄악에서 정하게 하며 그들이 내게 범하며 행한 모든 죄악을 사할 것이라"고 말하고, 그 후에 복과 평안에 대해 언급하기 때문입니다. 죄 사함 후에 받는 평안과 번영이야말로 황금처럼 빛나는 복입니다. 죄 사함이 없으면 그런 것이 저줏거리가 될 수도 있습니다. 죄 사함을 받지 못한 죄인에게 지극히 풍성한 이생의 즐거움은 마치 거세한 소에게 도살을 위해 살찌우도록 먹이는 음식과 같은 것입니다. 그러나 죄를 용서받으면 일상적인 자비가 하나님의 사랑의 표시들이 되고, 하나님의 사랑의 태양 아래 말할 수 없이 달콤한 것으로 변합니다. 하나님의 자녀들은 떡과 물을 주시는 것에 대해 하나님께 감사합니다. 하나님께서 이런 것을 주겠다고 약속하셨고, 따라서 떡과 물이 언약의 양식으로 오기 때문입니다. 가난한 사람이라도 은혜로 힘을 얻으면 감옥의 음식이라고밖에 볼 수 없는 것을 만족하게 여깁니다. 많다든지 적다든지 하는 것은 그것을 보는 방식에 좌우됩니다. 신자에게 충분한 것이 세상 사람들에게는 아주 적은 것에 불과할 수가 있습니다. 이는 그의 마음이 은혜로 하나님의 뜻을 기뻐하도록 훈련받지 못하였기 때문입니다. 하나님께서 우리에게 먼저 은혜의 해의 열매들을 주셨고, 그 다음에 섭리의 달(Moon)에 의해 열매들이 나온다면 하나님을 찬송합시다. 중요한 것은 다음과 같이 찬송할 수 있다는 것입니다. "내 영혼아 여호와를 송축하라. 그가 네 모든 죄악을 사하시며 네 모든 병을 고치시는도다." 그 후에야 아주 즐겁게 이 말을 덧붙일 수 있습니다. "좋은 것으로 네 소원을 만족하게 하시는도다"(시 103:3,5).

하나님께서 위의 샘과 아래 샘을 모두 주셔서 영적인 복과 아울러 세상적인 복도 받아서 이 세상에 필요한 모든 것을 적절하게 받고 그 다음에 무엇보다 장차 올 세상의 복도 즐기는 사람들의 행복에 대해서 내가 무엇이라고 말하겠습니까? 그런 사람들은 먼저 심령에 복을 받고, 그 다음에는 그들의 바구니와 가게에 복을 받습니다. 그들의 경우에는 은총을 두 배로 받으므로 찬양도 두 배로 하고, 봉사를 두 배로 하므로 하나님을 기뻐하는 것도 배로 기뻐합니다. 그런 사람들은 시편 71편에서 자신이 창대해지고 사방에서 위로받는 것을 알고서 이렇게 외친 시편 기자를 모범으로 삼아야 합니다. "나의 하나님이여 내가 또 비파로 주를 찬양하며 주의 성실을 찬양하리이다 이스라엘의 거룩하신 주여 내가 수금으로 주를 찬양하리이다 내가 주를 찬양할 때에 나의 입술이 기뻐 외치며 주께서 속량하신 내 영혼이 즐거워하리이다"(71:22,23).

그렇지만, 그렇지만, 그렇지만 우리가 오늘 매우 행복하고, 그 행복이 합당한 순서를 따라 영적인 것들과 세상적인 것들에서 나온 것이기 때문에 적법하고 타당하다고 생각할지라도 인간의 모든 행복에는 위험이 숨어 있습니다. 부

(富) 가운데는 필연적으로 슬픔이 연결되어 있는 부가 있습니다. 하나님께서 부를 주시고 그와 함께 슬픔을 주시지 않는 경우에도, 하나님은 그렇게 하지 않으면 반드시 오게 되어 있는 악에 대비하십니다. 여러분에게 다음과 같이 잊기 어려운 구절을 말씀드리겠습니다. "거기에서 영광스러우신 하나님이 넓은 강과 개울이 될 것임이라"(사 33:21, 개역개정은 "여호와는 거기에 위엄 중에 우리와 함께 계시리니 그 곳에는 여러 강과 큰 호수가 있으리라"—역주). 하나님은 믿는 그의 백성들에게 그 모든 것이 되십니다. 그러나 넓은 강과 개울은 거기에 따르는 위험이 있습니다. 강과 개울은 바다의 해적들이 도시로 접근하여 약탈하는 수로가 되기 때문입니다. 그러므로 시온을 보호하기 위해 다음과 같은 말씀이 덧붙여집니다. "거기에서는 노 젓는 배나 큰 배가 통행하지 못하리라." 이렇게 하나님께서는 자연스럽게 따라다니는 위험이 없는 은혜를 베푸십니다.

하나님은 평안을 주시지만 육신적인 안심감을 예방하시고, 행복을 주시지만 행복한 데서 흔히 생겨나기 쉬운 교만과 주제 넘는 태도를 예방하십니다. 본문은 우리에게 주시는 복과 평안에 대해 이야기하고, 거기에서 생길 수도 있는 모든 위험은 마음에 일어나는 은혜로운 작용으로 말미암아 피할 수 있다고 말합니다. 하나님께서는 징계의 기쁨을 보내주십니다. "두려워하며 떨리라." 하나님의 백성들은 자신들의 소유에 대해 지나치게 기뻐하고 그 마음이 교만하고 허영심이 커지기보다는 겸손해지고 자기를 신뢰하지 않게 되며, 이렇게 해서 그들의 행복이 하나님께 영광을 드리게 됩니다.

그래서 "이 성읍이 세계 열방 앞에서 나의 기쁜 이름이 될 것이며 찬송과 영광이 될 것이요 그들은 내가 이 백성에게 베푼 모든 복을 들을 것이요"라는 하나님의 말씀이 성취될 것입니다. 그 다음에는, 우리의 기쁨이 거룩해지고 더욱 달콤해진다는 이것이 우리가 다룰 주제입니다. 우리가 하나님을 더욱 지혜롭게 사랑하고 우리를 위한 하나님의 사려 깊은 행위를 더욱 잘 이해하도록 이 문제에서 하나님의 애정 어린 지혜를 살펴보도록 합시다. 첫째로는, 이렇게 우리의 기쁨이 누그러지는 것을 살펴보겠습니다. 둘째로는, 이 징계 받는 효과를 일으키는 느낌에 대해서 살펴보겠습니다. 셋째로, 우리들 대부분이 이렇게 기쁨이 두렵고 떨림으로 인해 조정되고 분위기가 변화되는 경험을 할 수 있는 방법을 살펴보겠습니다.

1. 우리의 큰 기쁨이 누그러지는 것에 대해 조금 생각해 보겠습니다.

앞에서 말했듯이, 우리는 세상적인 번영과 영적인 번영을 모두 누릴 수 있는 은혜가 필요합니다. 그래서 나는 그 두 가지 번영에 대해 말하겠습니다. 우리가 거룩한 기쁨으로 충만한 때에도 가득 찬 잔을 흔들리지 않는 손으로 옮기는 것은 어려운 일입니다. 영적인 기쁨으로 아주 고양되어 있을 때에도 우리는 적의 사격에서 벗어나 있지 않습니다. 우리는 왼팔뿐 아니라 오른팔에도 하나님의 갑주가 필요합니다. 우리가 하나님을 섬길 때에도 두려워하면서 섬겨야 하고, 하나님의 영광스런 임재 앞에서도 떨면서 기뻐해야 합니다.

구원의 잔에는 쓴 물이 몇 방울 있고, 또 그렇게 되어야 합니다. 왜냐하면 이 세상에서 아무것도 섞인 것이 없는 순수한 기쁨은 위험할 수 있기 때문입니다. 세상 일에서 중단 없는 성공이 많은 그리스도인들에게 위험한 것이었음이 증명되었습니다. 많은 사람들이 한 세상에 대해 올라가면 그만큼 다른 세상에 대해서는 내려간다는 것이 이론이 아닙니다. 슬프지만 사실입니다. 나는 오랜 기간 지속되는 신체의 건강이 사람 영혼의 건강에 언제나 도움이 되는 것은 아니며, 근심과 염려 없이 지내는 것이 언제든지 영혼의 행복에 이를 수 있는 길은 아니라고까지 생각합니다. 바다가 잔잔할 때는 배가 항해하기 어렵습니다. 사람들은 평안과 안락의 덫에 걸려서 하늘로 날아가고 싶은 마음이 별로 없는 새입니다. 우리는 물질 때문에 하나님을 잃어버리기가 쉽습니다. 그렇지 않습니까? 이 세상의 장미에 가시가 없다면 우리는 세상을 낙원으로 생각하고, 위에 있는 낙원을 바라는 모든 소원을 버리지 않겠습니까? 이스라엘이 애굽에서 사치스럽게 지냈다면 구원해 주시기를 바라는 부르짖음이 하늘에까지 올라갔겠습니까? 바로가 이스라엘 백성의 짐을 가볍게 해주었다면 그들이 가나안을 향해 나아갔겠습니까? 우리는 울타리 안쪽의 따뜻한 곳에 이르고 세상 언어의 매끄러운 말을 들으면 천국을 바라는 욕구가 식기 쉽습니다. 세상 꽃들의 아름다움에 눈이 팔리면 우리는 아래를 내려다보고 하늘의 별들을 잊어버립니다. 적어도 그 길에 위험이 있다는 사실을 잊어버립니다.

지혜로운 사람들은 완벽한 성공을 구하지 않습니다. 자신이 그런 성공을 견딜 수 있을지 확신할 수 없기 때문입니다. 처음에 우리가 남쪽으로 여행하여 이 안개 짙은 땅을 벗어날 때, 햇빛 속에서 한없이 기뻐하며 하루 종일 햇볕을 쬐기를 간절히 바랍니다. 그렇지 않습니까? 그런데 얼마 가지 않아 양산을 찾게 됩니다. 여행하는 사람은 쨍쨍 내려쬐는 햇볕을 자신의 머리가 감당하지 못한다는 것을 알게 되기 때문입니다. 바로 그와 같이 많은 사람이 너무 빨리 돈을 벌고 너무 많이 성공함으로 인해 마음과 심령과 성품에 일사병이 걸렸습니다.

아주 평탄하고 즐겁기만 한 영적 경험에는 또 다른 위험이 있습니다. 여러분은 젊었을 때 편안하였고 바람이 미치지 않는 곳에 정착한 모압의 운명을 압니다. 우리는 그런 운명에 처하여지지 않기를 바랍니다. 그런데 나는 신자라고 하는 사람들이 기쁨이 충만하였을 때 마음의 평정을 잃는 것을 보았습니다. 나는 신앙에 있어서 흥분 상태를 나쁘게 말하려고 하는 사람이 아닙니다. 사람들이 정치 문제에 관해 흥분하는데, 영원한 일들에 관해 흥분하지 말아야 할 이유가 있겠습니까? 그렇지만 내가 사람들로 하여금 피하게 하고 싶은 광적인 신앙이 있습니다. 그런 신앙의 기쁨은 평온하고 조용하지 않고 광적이고 시끄럽습니다. 여러분은 차분하도록 하십시오. 감정의 고삐를 놓지 말고 감정이 여러분을 사로잡아 가지 않도록 하십시오. 어떤 그리스도인들은 여수룬이 살찌자 발로 찼듯이 언제나 즐거우므로 마음이 우쭐해지고 교만해졌습니다. 그래서 어떤 사람들은 육신 가운데 있으면서 자신이 절대적으로 완전하다고까지 생각하였습니다. 하지만 그것은 그들에게 겸손이 부족하다는 사실에 의해 틀렸음이 증명되는 단순한 생각에 불과합니다. 나는 죄와 씨름하고 있고 하나님의 힘으로 자신의 부패한 행위들을 싸워 이기는 불쌍한 신자를 도무지 이해하지 못하는, 머리를 아주 꼿꼿이 세우고 다니는 형제들을 보았습니다. 그들은 트집 잡기를 좋아하고, 마치 자기들이 이스라엘 가운데서 원하는 자들은 일으켜 세우고 지목하는 자들은 주저앉힐 수 있는 재판장으로 임명된 것처럼 형제들을 정죄하였습니다. 사람들은 영적인 기쁨에 의해서 얻는 것만큼 확실한 신체적 건강에 의해서 마음의 평안을 얻으면 병들어 슬퍼하는 성도들에 대해 무정하게 생각하였습니다. 이 약한 성도들이 자기들 스스로에 대해서 미덥지 못하게 생각하지만 예수님께는 지극히 소중한 존재들입니다. 슬프게도, 어떤 경우들에서는 종교적 흥분 상태가 계속되면 자만심이 생기고, 이 때문에 사람들이 경솔하게 되어서 여러 가지 이단에 쏠려가 버렸습니다. 교회사를 보면, 자신의 고상한 영적 기쁨을 자랑한 어떤 사람들이 터무니없이 헛된 상상을 하는 데로 빠졌고, 결국에는 말할 수 없이 부도덕한 생활에 떨어지고 말았습니다. 많은 경우에 초영성(super-spirituality, 超靈性)이라는 것이 자칫하면 육욕적인 생활로 넘어가기가 아주 쉽고, 그래서 사람들이 거룩한 사랑의 포도주를 정욕의 식초로 바꾼 일들이 흔하였다는 것은 뜻밖의 사실입니다. 이 사실을 증명하기 위해 고대 역사를 들출 필요가 없습니다. 지혜로운 사람들에게는 말 한 마디면 충분합니다. 영적인 기쁨조차도 거기에 쓴 쑥을 섞지는 않는다 할지라도 약간의 소금을 섞을 필요가 있습니다. 거룩한 기쁨에는 신성한 슬픔이 결합될 필요가 있습니다. 회개는 믿음과 함께 가야 하고, 인내는 소망과 함께, 겸손은 충만한 확신과 함께 가야 하고, 또 자신이 텅 비었다는 의식은 그리스도께서 충만하시다는 의식과 함께 가야 합니다.

그 다음으로 여러분에게 말씀드릴 것은, 아무것도 섞이지 않은 순전한 기쁨은 이제 말씀드릴 다음과 같은 것이 없기 때문에 믿을 수 없는 것이라는 사실입니다. 어떤 사람이 이 세상 것들에 완전히 만족하게 된다면 그것은 사물에 대한 그릇된 견해에서 생기는 결과일 것입니다. 이것은 우리가 범하지 않기를 기도해야 하는 오류입니다. 이 세상은 사람의 영혼을 만족시킬 수 없기 때문입니다. 만일 어떤 사람이 이 세상으로 자기 영혼을 만족시켰다고 생각한다면 그는 큰 미망에 사로잡혀 있는 것이 틀림없습니다. 세상에서 가장 좋다고 하는 것이 무지개 색깔이 입혀져 있지만 꿈처럼 실체가 없는 거품에 불과하지 않습니까? 세상의 기쁨이라고 하는 것에는 모두 그 속에 파멸의 씨앗이 들어 있지 않습니까? 여러분, 여러분이 자신을 알고, 하나님을 훨씬 더 잘 알기만 한다면, 보이는 것들이 영적인 존재의 욕구를 만족시킬 수 없다는 것을 확실히 알게 될 것입니다.

영적 기쁨에 대해서 말하자면, 어떤 사람도 오랫동안 지속되면서도 아무것도 섞인 것이 없이 순수한 영적 기쁨을 경험할 수는 없습니다. 그리스도인은 어느 때라도 자신에 대해서 불만을 품지 않고, 시험하는 자를 두려워하지 않으며, 충성스럽게 봉사하려는 열망을 품지 않아도 될 만한 처지에 있을 수는 없습니다. 우리 기쁨의 시내는 두려움의 개울과 섞입니다. 감사하게도, 내가 죄 사함을 받았습니다. 이 기쁨은 내 심령의 균형을 잡는 생각, 곧 성령께서 내가 다시 죄를 짓지 않도록 도와주시기를 바라는 생각을 요구합니다. 또 나는 노래합니다. 감사하게도 내가 악한 습관을 이겼습니다. 그렇지만 내 찬송 뒤에는 이 기도가 따릅니다. 주여, 내가 모든 악을 이길 수 있게, 아직 내가 알지 못하는 악까지도 이길 수 있게 힘을 주소서 하는 기도를 드리게 됩니다. 이렇게 기쁨과 두려움이 마치 천칭의 두 접시처럼 매달려 있습니다. 나는 지금 사랑이 내쫓는 두려움을 뜻하는 것이 아니라 사랑으로 인해 길러지는 두려움을 말하는 것입니다. 하나님께서 전쟁의 날에 자기 종을 보존하셨을지라도 하나님의 종인 그는 자랑할 여유가 없습니다. 또 다른 적이 오기 때문입니다. 시험은 파도가 연이어 치는 것처럼 옵니다. 한 가지 시험을 맞서고 나서 우리는 또 다른 시험을 맞을 준비를 합니다. 우리는 아직 승리의 환호성을 지를 수 없습니다. 자, 적들이 대대를 편성해서 나오기 때문입니다. 적들의 대대가 패하면 그 뒤를 이어 새 군대가 옵니다. 그리고 이것을 보면 우리는 장부답게 맞서는 마음이 생기게 됩니다. 어떤 처지에 거하든지 우리가 기뻐해야 할 가장 큰 이유는 하나님에게 있습니다. 그러나 모든 일에서 우리는 엄숙하게 생각해야 할 가장 중대한 논거들을 봅니다. 항상 기뻐하십시오. 그러나 여호와께서 여러분에게 주신 복과 평안을 인해 두려워하고 떨기를 그치지 마십시오.

또 한 가지는, 세상에서 누리는 순전한 기쁨은 부자연스럽다는 것입니다. 우리는 아직 천국에 있지 않습니다. 완전한 지복(至福)은 구름 낀 이 하늘 아래 있지 않고, 창백한 달빛이 비치는 세계에 있지 않습니다. 우리는 비록 성령의 처음 익은 열매를 받았지만 이 몸을 입고 있는 동안에는 신음합니다. 우리는 지금까지 함께 탄식하며 고통하는 피조물 속에 있기 때문입니다. 이 지구가 돌아가는 동안 우리 인생에는 겨울이 있을 수밖에 없습니다. 네덜란드 사람들이 동양과 무역을 하였을 때, 그 지역을 여행해 보지 않은 사람들에게 낙원의 새를 팔곤 하였습니다. 이 기이한 새들은 발이 없었습니다. 장사꾼들이 발을 감쪽같이 잘라버렸기 때문입니다. 이 상인들은 말하기를, 이 새들은 공중에서 살고 결코 땅에 내려앉지 않는다고 하였습니다. 그 새들은 정말로 "낙원의 새"였고, 그래서 이 지구상에 발붙일 곳을 찾지 못하였을 것이라는 꾸며낸 그 이야기에 상당한 일리가 있었습니다. 진실로 낙원의 새들은 오고 가며, 하늘로부터 땅으로 순식간에 내려오지만, 우리는 그 새들을 보지 못하고 붙들어 둘 장막을 지을 수도 없습니다. 여러분이 이 세상에 있는 동안에는 여기가 여러분의 안식처가 아니라는 사실을 생각나게 해주는 것들이 있으리라는 것을 아십시오. 이 세상에서 완전한 기쁨에 이를 수 있다면 여러분이 이렇게 말해도 정당할 것입니다. "나는 천국에 가고 싶은 마음이 없어요. 나는 죄와 근심과 걱정에서 완전히 벗어났어요. 그러니 내가 지금 있는 곳에 머물러 있어도 좋습니다. 내가 더 나은 곳으로 갈 수 없다면 여기서 더 멀리 갈 필요가 있겠습니까?" 아무도 일이 이 사람이 생각하는 것처럼 될 것이라고 꿈에도 생각하지 마십시오. 아, 사랑스런 봄의 꽃들이여, 금년에는 너희가 너무 일찍 나왔다. 12월치고는 날씨가 이상할 정도로 포근하지만, 봄은 아직 오지 않았다. 어쩌면 이것은 지금 이 설교를 듣는 어떤 분들에게 해당되는 이야기일 수 있습니다. 하나님께서 지금 여러분에게 미소를 짓고 계시기 때문에 여러분 영혼에는 지금이 매우 포근한 날씨입니다. 그래서 여러분은 고난의 겨울이 끝났고 여러분의 천국이 시작되었다고 생각합니다. 그러나 속지 마십시오. 여러분은 "영원한 봄이 머무르고 꽃이 결코 시들지 않는 곳에" 아직 이르지 않았습니다. 아마도 서리가 조금 내리는 것이 여러분이 부자연스럽고 건강하지 못한 상태에 들어가지 않도록 막음으로써 여러분에게 유익을 끼칠 수 있을 것입니다.

우리의 첫 번째 요점, 곧 우리 하늘 아버지께서 지혜롭고 사려 깊게 조정하시는 일로써 우리의 기쁨을 누그러뜨리는 점에 대해서는 이만큼 생각하기로 하겠습니다.

2. 둘째로, 이렇게 기쁨을 누그러뜨리는 일이 어떻게 시행되는지, 그리고 이렇게 마음을 차분하게 만드는 느낌을 살펴보겠습니다.

"그들이 내가 이 성읍에 베푼 모든 복과 모든 평안으로 말미암아 두려워하며 떨리라." 왜 두려워하고 떱니까? 이것은 부분적으로 하나님의 임재에 대한 거룩한 두려움이 아닙니까? "복종하여 두렵고 떨림으로 너희 구원을 이루라 너희 안에서 행하시는 이는 하나님이시니 자기의 기쁘신 뜻을 위하여 너희에게 소원을 두고 행하게 하시나니라"(빌 2:12,13). 두려워하고 떨도록 설득하는 것은 하나님께서 영혼 속에서 행하시는 일입니다. 하나님께서 여러분 속에서 일하고 계시기 때문에 무익한 행동이란 있을 수 없습니다. 영원하신 하나님께서 황송하게도 내 본성을 일터로 삼으신다면, 나도 일해야 하는데 두렵고 떠는 마음으로 일해야 하는 것입니다.

이렇게 신자의 기쁨에는 하나님의 복된 임재가 나타나고, 하나님께서 신자 속에 그 기쁨을 일으키셨다는 바로 그 사실이 즐거워하는 신자의 심령에 임하는 두려움과 떨림의 원인인 것입니다. 그리고 나는 바로 이것이 본문에 담겨 있는 첫 번째 의미라고 생각합니다. 하나님께서는 그동안 나를 선대해 오셨습니다. 내게 이루 말로 다할 수 없는 선을 베푸셨습니다. 나는 내 인생에서 하나님의 아버지와 같은 손길을 명백히 보았습니다. 그렇습니다. 그 손길들을 너무도 뚜렷이 보았기 때문에 나는 벧엘과 같은 많은 곳에서 놀라고 경배하는 심정으로 이같이 부르짖었습니다. "두렵도다 이곳이여 이것은 다름 아닌 하나님의 집이요 이는 하늘의 문이로다"(창 28:17). 친구 여러분, 그동안 이 자리가 여러분에게 바로 그와 같은 곳이었습니다. 하나님께서 자비의 불길 가운데 여러분에게 아주 가까이 오셨을 때, 여러분이 기대하지 않았던 일들을 행하셨을 때, 하나님의 선하심을 인해서 여러분의 입이 웃음으로 가득하고 여러분의 혀에 노래가 가득하였을 때, 또한 여러분은 하나님의 넘치는 은혜에 압도되는 것을 느끼지 않았습니까? 여러분은 베드로가 배에 고기가 가득 찬 것을 보고서 "주여 나를 떠나소서 나는 죄인이로소이다"(눅 5:8) 하고 소리쳤을 때, 베드로의 심정을 이해할 수 있지 않았습니까? 여러분은 마노아가 자신이 하나님의 천사를 보았기 때문에 틀림없이 죽을 것이라고 두려워하였을 때 느낀 엄숙한 떨림을 여러분도 느끼지 않았습니까? 여러분도 그와 같이 느꼈다는 것을 압니다. 작은 자비를 만났으면 여러분이 찬송하였을 것입니다. 그러나 큰 자비를 만났기 때문에 여러분은 하나님 앞에서 잠잠히 앉아 있거나 무릎을 꿇고 경배하였습니다. 보통의 섭리를 만났다면 여러분의 마음이 기뻤을 것입니다. 그러나 특별한 섭리를 만났기 때문에 여러분의 마음이 압도당하였습니다. 여러분은 자신이 먼지와 재에 불과하다는 것을 느끼고서 예수님의 발 앞에서 먼지 가운데 누워 있었습니다. 그런데 먼지 알갱이 하나하나가 하나님께 대한 기이한 사랑으로 가득한 것을 알았습니다. 이것이 하나님께서 자기 백성들이 기뻐하는 날에 그들을 바르게 보호하시는 한 가지 길입니다. 이 때 조금 마셨더라면 여러분이 취하였을 수 있지만, 하나님께서 아주 깊이 마시도록 하여 위험이 지나가게 하시고, 악한 교만 대신에 거룩한 경외감이 자리 잡게 하십니다.

그 다음에는, 은혜를 받은 모든 그리스도인에게는 마음에 과거의 죄에 대한 깊은 회개가 일어납니다. 그래서 은혜를 받은 그리스도인은 이렇게 묻습니다. "하나님께서 내게 그처럼 큰 사랑을 보이셨는데 어떻게 내가 지금까지 그렇게 살 수 있었단 말인가?" 나는 하나님의 은혜의 선택을 깨닫고 우리 주 예수께서 얼마나 큰 값을 치르고 나를 구속하셨는지를 알았을 때, 나의 모든 악한 행실들이 부끄러웠습니다. 내 이름이 예수님의 손바닥에 새겨져 있다는 것을 알고, 내가 결코 끊어질 수 없는 관계로 그리스도께 연합되었다는 것을 알았을 때 나는 스스로에게 이렇게 말했습니다. "내가 지금까지 나의 가장 고귀한 영광을 잊어버리고 나의 가장 소중한 친구에게 무관심한 채로 얼마나 어리석게 살았는가!"

내가 해마다 내 주님께 대해 공공연히 적의를 품고 살았다는 사실이 너무나 끔찍해서 결코 사실로 생각할 수 없는, 무섭고 소름끼치는 꿈처럼 여겨졌습니다. 여러분은 그렇게 느껴본 적이 없습니까? 여러분은 자신의 이전 생활을 생각할 때 부끄럽고 당혹스러움을 느껴본 적이 없습니까? 마치 여러분이 하늘 아버지께 보인 몰인정한 모든 행위 때문에 더 이상 입을 열 수 없을 것처럼 느낀 적이 없습니까? 이와 같이 죄를 뉘우치는 반성이 하나님의 백성들에게 하나님의 넘치는 선하심 앞에서 두렵고 떨리는 심정을 일으킴으로써 그들을 바르게 보존합니다.

　여러분에게 또 한 가지 질문을 하겠습니다. 여러분이 비할 데 없이 큰 자비를 받았음을 알았을 때 자신이 정말로 무가치하다는 생각이 뼈저리게 든 적이 없습니까? 하나님께서 여러분을 징계하시고 징벌하셨을 때 여러분이 슬픔 가운데서 자신의 죄를 보고 부끄러워하였습니다. 그러나 하나님께서 자신을 크게 선대하심을 기억하였을 때, 여러분은 훨씬 더 크게 자신의 잘못을 깨닫고 겸손해졌습니다. 우리의 은밀한 죄들이 하나님의 얼굴 빛 가운데 놓일 때, 그것은 정말로 작은 불꽃처럼 보입니다! 그런데 하나님께서 나를 어루만지시고 내게 입 맞추셨을 때 내 영혼은 부끄러움을 느꼈습니다. 그 때 나는 말했습니다. "아, 주님, 어찌하여 내게 이같이 하시나이까? 내가 무엇이기에 주께서 이렇게 나를 애정으로 대하시나이까?" 욥이 "이제는 눈으로 주를 뵈옵나이다 그러므로 내가 티끌과 재 가운데에서 회개하나이다"(욥 42:5,6) 하고 말했을 때는, 여호와께서 오셔서 욥에게 나타나 하나님의 불로써나 회오리바람으로써 혹은 지독한 부스럼과 물집으로써 징계하셨을 때가 아니라 욥의 소중한 언약의 하나님으로서 나타나셨을 때입니다. 사랑은 죄의 짙은 분홍색을 어느 때보다 더 붉게 만듭니다. 핏값으로 산 용서를 생각할 때 죄가 머리카락처럼 검게 보입니다. 여러분, 무엇보다 우리를 하나님 앞에서 심히 떨게 만드는 것은 지옥의 불길이 아니라 천국의 영광입니다. 예기치 않은 과분한 사랑만큼 마음을 감동시키는 것은 없습니다. 사랑의 눈길은 심장 가운데까지 번쩍하고 빛을 비추고, 죄인으로 하여금 베드로처럼 나가서 심히 통곡하게 만듭니다. 그리고 우리 각 사람은 이렇게 소리치게 되지 않습니까? "다시는 죄를 짓지 않을 수 있으면 좋겠다. 내게 대한 하나님의 큰 사랑 때문에 내가 마지막 날까지 다시는 실족하는 일 없이 하나님을 온전히 섬길 수 있으면 좋겠다." 우리의 철저한 무가치함을 완전히 덮어버리고 승리하여 우뚝 서는, 말로 다할 수 없는 은혜 때문에 우리는 떨고 두려워합니다.

여러분은 하나님께서 어떻게 자기 백성들이 큰 사랑을 느끼고 있을 때 그 마음에 "어떻게 해야 내가 이 같은 은혜를 받은 자답게 살 수 있을까?"라는 질문을 일으킴으로써 자신을 반성하고 굳게 서도록 만드시는지 생각해 본 적이 있습니까? 여러분은 사랑의 궁전의 영광을 보고서 그 안에 살기가 두렵다는 생각이 든 적이 있습니까? 여러분이 최상의 의복을 입었을 때, 즉, 세상의 어떤 세탁업자도 그처럼 깨끗하게 할 수 없을 만큼 깨끗한 옷, 다시 말해 하나님의 비길 데 없는 의를 입었을 때, 여러분은 그 옷을 더럽힐까 두려움을 느낀 적이 없습니까? 여러분은 자신이 남편을 위해 꾸민 신부처럼 성령의 온갖 은사와 은혜로 단장한 모습을 보고서 스스로에게 이렇게 말하지 않았습니까? "나와 같은 사람이 어디에 있겠는가?" 여러분은 어느 길로 가야 할지 어떻게 움직여야 할지 거의 알지 못하였습니다. 여러분은 은 샌들과 방금 씻은 발을 더럽힐까봐 걷기를 무서워하였습니다. 여러분은 그리스도께서 효력 있는 씻으심으로 상아처럼 깨끗이 씻고 그의 사랑으로 장식한 손에 얼룩을 묻힐까봐 무엇을 만져야 할지 몰랐습니다. 여러분은 "주여 내 입술을 열어 주소서"(시 51:15)라고 기도하게 되기까지 감히 입을 열 수 없을 것처럼 느낀 적이 없습니까? 여러분은 눈으로 흘긋 악을 보기라도 할까봐 무엇을 보기를 두려워하였습니다. 그래서 여러분은 이렇게 기도하였습니다. "내 눈을 돌이켜 허탄한 것을 보지 말게 하소서"(119:37). 여러분에게 그와 같이 큰 두려움, 조심함, 거룩한 경계심이 있어서 여러분은 은혜를 받음으로 마음이 높아지기보다는 그로 인해 겸손해졌습니다. 은혜는 사람을 결코 허탄하게 만들지 않습니다. 영혼이 영광과 아름다움으로 장식되고 아침의 별처럼 빛나게 될 때, 아름다움과 밝음을 갖추고 반사된 광선으로 인해 은은하게 빛납니다. 우리 하나님의 특별한 은혜로 말미암아 하나님과 교제하는 자리에 이르게 되면, 우리는 놀라운 사랑에 대한 예의를 어기게 될까봐 두려워하고, 더없이 큰 은혜에 대한 예의범절을 어기게 될까봐 무서워합니다. 여호와 우리 하나님은 질투하시는 하나님이십니다. 그래서 하나님 둘레에 있는 사람들은 하나님을 공경할 것입니다. 이 사실을 알았을 때 우리는 큰 기쁨뿐 아니라 두려움도 마음에 가득했던 사도들의 심정을 이해할 수 있었습니다. 하나님의 집에서 어떻게 처신해야 옳은지 알고 싶은 것이 우리의 간절히 바라는 바였습니다. 우리는 황무지에서 낳고 자랐는데 궁정에 서게 되자 그런 곳이 아주 낯설게 여겨지는 초라한 시골사람처럼 느낀 것입니다. 이렇게 우리는 찬양의 옷을 입을 때 마음이 겸손해 졌습니다. 왕과 제사장으로 높임을 받았을 때, 하나님의 나라와 제사장 직분이 우리에게 사려 깊은 생각을 불러일으켰고, 이렇게 해서 허영심이 쫓겨났습니다.

그리고 여러분은 자신이 하나님의 선하심을 오용할지 모르겠다는 두려움을 느 낀 적이 없습니까? 나는 한창 기뻐하는 순간에 '결국 내가 은혜 받고서도 하나 님을 충실하게 섬기지 않고 마지막에 하나님의 인정을 받지 못하면 어떻게 하 나? 내가 그리스도에 대해 말하면서도 소리 나는 구리나 울리는 꽹과리에 불과 하다면 어떻게 하나?' 하고 생각하자, 나도 모르게 한 대 맞은 것처럼 큰 충격을 받았습니다. 마음을 찌르는 그 두려움은 자존심에 상처를 줄 것입니다. 여러분 은 양심적으로 생각할 때 그런 질문에 봉착한 적이 없습니까? 그와 비슷한 다른 문제들이 떠오른 적이 없습니까? 여러분이 둘레에 자녀들이 있는 것을 보고 그 아이들로 인해 행복하였습니다. 그런데 그 때 이런 생각이 들지 않았습니까? '내 가 이 아이들을 바르게 훈련시키지 않아서 이들이 자라서 내게 슬픔거리가 되고 하나님의 교회에 수치가 된다면 어떻게 하나?' 사업이 번창할 때 여러분은 이렇 게 자문한 적이 없습니까? '내가 금송아지를 예배하는 사람이 된다면 어떻게 하 나? 탐욕이 내 신앙을 속까지 파먹어버리면 어떻게 하나? 내 주님께서 내게 주 신 은사에 대해 셈하라고 하실 때 내가 그 은사들을 수건에 싸두었다고 해서 나 를 쫓아내시면 어떻게 하나?' 여러분은 이런 생각으로 시달린 적이 없습니까? 여러분이 한 번도 이런 생각으로 자신을 조사해 본 적이 없다면 당장에 한 번 해 보십시오. 자신의 상태를 한 번도 의심해보지 않은 사람은 즉시 자신을 조사해 보는 것이 좋습니다. 양심의 가책을 크게 느껴본 적이 없는 사람은 촛불을 들고 마음을 살펴볼 필요가 있습니다. 사물을 당연한 것으로 여기는 것은 게으른 일 입니다. 우리 모두 불로써 심판을 받지 않으면 안 되고, 심지어 "의인이 겨우 구 원을 받기"(벧전 4:18) 때문입니다. 천국을 너무 확신한 나머지 자신의 권리증서 가 진짜인지 아닌지를 물어보는 일반적인 예방책마저 강구하려고 하지 않는, 자 신감이 넘치는 사람이 만나는 지옥만큼 두려운 것은 없을 것입니다.

매우 즐거워하는 신자에게 일어날 수 있는 또 한 가지 생각이 있습니다. 그 런 사람은 이렇게 말할 것입니다. "이 모든 복을 기뻐하고 지냈는데, 후에 그것을 잃 으면 어떻게 하나?" 어떤 사람은 이렇게 외칩니다. "뭐라고요, 목사님은 성도의 궁 극적 견인을 믿지 않습니까?" 물론 나는 그 교리를 굳게 믿습니다. 그런데 내가 정말로 성도입니까? 거기에 문제가 있습니다. 또 많은 신자들이 영혼을 잃지 않았지만 현세의 기쁨과 번영을 잃었습니다. 우리는 그러지 않으리라고 믿을 이유가 있습니까? 저 훌륭한 사람은 1등급 별처럼 밝게 빛났습니다. 그런데 갑자기 빛을 잃고 깜깜해졌습니다. 그동안 그는 방심하며 지냈고, 그 결과 십여 년이 지났을 때 조용히 영혼의 쓴 맛을 맛보지 않을 수 없었습니다. 우리는 탈선한 이스라엘의 조상들을 압니다. 그들은 뼈저린 회개를 통해 천국에 이르는 길을 발견하였지만 울면서 그 길을 갔습니다. 다윗의 생애를 보십시오. 그의 인생의 초기 시절만큼 행복한 때를 보낸 사람이 누가 있습니까? 그러나 그가 밧세바와 함께 저지른 죄를 보고, 그 이후 그의 순례여행길 내내 다윗만큼 시련과 고통을 당한 사람이 있는지 생각해 보십시오. 성도의 궁극적 견인이라는 교리는 자신을 살피기를 두려워하거나 조심하지 않는 사람을 위로하기 위해 지어낸 것이 아닙니다. 이 교리는 마음으로 천국에 들어갈 것을 확신했지만 예수께서 그들을 알지 못하셨기 때문에 천국에 들어가지 못할 사람들이 많을 것이라는 다른 교리와 결코 모순되지 않습니다. 큰 기쁨은 한낱 유성에 불과할 수 있고, 큰 흥분도 사막의 신기루일 수가 있으며, 큰 확신은 파멸로 꾀어 들이는 도깨비불일 수가 있습니다. 어떤 사람이 회당의 아주 높은 자리에 앉는다고 해서 그 사람이 반드시 천국의 빛나는 자들 가운데 한 자리를 차지할 것이라는 보장이 되지 않습니다. 기뻐하는 신자들 가운데 많은 사람들이 머지않아 자기들이 있던 자리가 하나님 백성들의 자리가 아니었고 자기들이 부르던 노래가 하나님께서 그들의 입에 넣어주신 새 노래가 아니었다는 것을 알게 될 것입니다. 바로 그것이 여러분과 나의 경우라면 어떻게 합니까? 그래서 나는 높은 산에 섰을 때 이렇게 기도하겠습니다. "여호와여, 나를 붙드소서"(시 119:117). "그런즉 선 줄로 생각하는 자는 넘어질까 조심하라"(고전 10:12). 섰다고 생각하는 사람이 가장 위험한 상태에 있기 때문입니다. 사람이 거룩한 기쁨으로 충만해지더라도 여전히 조심해야 합니다. 예수께서 이렇게 말씀하셨기 때문입니다. "깨어 있으라 내가 너희에게 하는 이 말은 모든 사람에게 하는 말이니라"(막 13:37). 하나님께서 우리가 어두울 때 퍼지는 전염병에 대해서 만큼이나 낮에 날아드는 화살에 대해서도 주의하도록 도와주시기를 바랍니다.

　이렇게 해서 여러분은 본문이 "내가 이 성읍에 베푼 모든 복과 모든 평안으로 말미암아 두려워하며 떨리라"고 말하듯이 어떻게 하나님이 우리의 가장 깊은 감정에 작용을 하여서 기쁜 순간에도 우리를 차분하게 만드시는지를 알았습니다.

3. 실천적인 적용을 통해서 여러분과 내가 이 같은 경험을 할 수 있는 방법을 살펴봅시다.

내가 이 점을 개인적으로 적용하기 시작한다면 그 일은 끝도 없이 이어질 것이라고 생각했습니다. 그것은 모든 사람이 기쁨의 고지에 안전하게 서 본 적이 있다면 사람마다 이 진리에 대한 독특한 경험을 가지고 있을 것이기 때문입니다. 우리 가운데 많은 사람들이 인생의 그림에서 어두운 선과 그늘이 주는 유익을 깨달았습니다. 그래서 우리는 큰 기쁨에 떨림과 어우러지는 것이 참으로 적절하고 합당한 일이라는 것을 압니다. 경험의 소산으로서 나는 전에 없이 기쁜 평온이 있으면 곧 이어서 태풍이 닥칠 것을 예상하는 법을 배웠습니다. 바람이 심하게 불고 폭풍우가 사나워지면 나는 머지않아 평온함이 찾아들 것이라고 기대합니다. 그러나 바닷새가 파도에 앉고 돛이 하는 일 없이 늘어져 있으면 나는 언제 강풍이 닥칠 것인가 하고 생각합니다. 내 생각에, 전혀 시험을 받지 않는 것만큼 나쁜 시험은 없습니다. 세상에서 가장 좋지 않은 일은 여러분이 마귀를 전혀 볼 수 없을 때입니다. 그 때는 마귀가 마음속으로 숨어서 여러분에게 치명적인 상처를 입히기 위해 준비하고 있는 것이기 때문입니다.

> "나는 머리 위에서 요란하게 소리를 내는 폭풍우보다
> 안전한 것 같지만 사실은 위험한 평온이 더 무섭습니다."

이렇게 일반적으로 이야기하는 것으로 충분할 수가 있습니다. 각 사람에게 개인적으로 적용할 수 없기 때문에 나는 이 진리를 우리 교회 전체에 적용하려고 생각합니다. 이 건물을 아직 공개적으로 사용할 수 있기 전에 우리가 이 건물에서 모임을 가졌습니다. 설교자들 가운데 지금은 하나님과 함께 있는 월워스(Walworth)에서 온 조나단 조지(Mr. Jonathan George)라는 목사가 있었던 것이 생각납니다. 그는 짧은 설교에서 이 본문을 사용하였습니다. 그는 이렇게 말했습니다. "우리 모두는 하나님께서 우리에게 조금이라도 성공하도록 복을 주실 때, 그 성공은 감당하기가 매우 어렵다는 것을 아는 것이 좋을 것입니다. 어째서 그

렇습니까? 기독교 신앙이나 하나님의 은혜가 그것을 감당할 수 없다는 말입니까? 아닙니다. 감당할 수 없는 것은 우리 마음의 극단적인 육욕(肉慾)과 교만 때문입니다. 여기서 우리 모두가 생각해야 할 성경 구절이 있습니다. '내가 이 성읍에 베푼 모든 복과 모든 평안으로 말미암아 두려워하며 떨리라.' 하나님께서 우리의 보잘것없는 노력들에 이어서 우리에게 복을 주셨을 때, 만일 우리가 방심하지 않고 두려워 떤다면 그것은 우리에게 복이 됩니다. 하나님이여, 주는 참으로 부유하시고 자비로우십니다! 우리는 교만 때문에, 부차적인 어떤 원인을 가리키며 '내가 했어. 바로 우리가 했어. 우리 목사들이 했어'라고 말함으로써 하나님의 충만한 복을 잃지 않도록 합시다."

진실로 나는 여러분에게 이 하나님의 사람의 말이 성취되었다고 말씀드립니다. 그동안 우리에게 베푸신 하나님의 자비가 참으로 대단한 것이었기 때문에 나는 몹시 두려워하고 떨었습니다. 우리 교회는 아주 오랫동안 성장과 번영과 화합과 행복을 누려왔습니다. 그래서 사람들은 이 상태가 더 이상 지속될 수 없다고 생각하는 경향이 있습니다. 확실히 이 상태는 놀랍게 일하시는 주님으로부터 새로운 힘을 공급받지 않고서는 지속될 수 없습니다. 어떤 사람은 이렇게 생각하기 시작합니다. '우리의 화합을 해치는 어떤 일이 틀림없이 일어나지 않을까? 설교 말씀에 언제까지나 힘이 있을 것인가? 초가 촛대에서 힘없이 타지 않을까?' 이런 거룩한 경계심은, 그와 더불어 믿음이 또한 발휘된다면, 우리가 계속해서 바르게 서 가는데 도움이 될 것입니다. 악은 그것을 미리 내다봄으로써 막을 수 있습니다. 넘어질까 두려워함으로써 우리가 서도록 도움을 받을 수 있는데, 이것이 은혜로 말미암아 이루어지는 일입니다.

형제 여러분, 우리는 지금 교회로 살아가면서 매우 중요한 시기에 놓여 있습니다. 우리 활동에서 어떤 새로운 것이 있든지 간에 그것은 오래전에 사라졌고, 우리 가운데 호기심 때문에 나온 사람들은 더 이상 우리를 알려고 하지 않습니다. 여러분 목사의 설교는 예전처럼 새롭고 활기차기를 기대할 수 없습니다. 그의 머리를 보면 흰 머리가 검은 머리보다 많습니다. 그래서 아마도 노년의 세월이 어느덧 그의 설교에도 침투하고 있을 것입니다. 타고난 활력이 약해지면, 이제는 그동안 우리를 떠받치고 왔던 능력이 하나님에게서 온 것인지 아닌지를 알게 되는 시간입니다.

형제 여러분, 이 외에도 처음에 우리와 함께 하였던 매우 귀중한 조력자들,

그 수가 많지 않았는데, 아무튼 그 조력자들이 이제는 본향으로 가고 있습니다. 우리의 지도자들이 한 명 한 명 부름을 받아 떠나고 있습니다. 그런 사람들을 더 찾을 수 있겠습니까? 새로 찾은 지도자들이 그들만큼 가치와 무게를 지닐 것입니까? 그들이 그러리라는 것을 나는 압니다. 하지만 이것은 심각한 문제입니다. 우리는 지금 강 한가운데 있습니다. 강의 중간은 아주 깊어서 걸어서 건너가기가 매우 힘듭니다. 이제 우리 밑에는 우리를 떠받칠 영원한 팔이 있어야 합니다. 나는 이전보다 약하고 여러분도 예전보다 약합니다. 그러나 영원하신 하나님은 약해지시지 않습니다. 우리에게는 옛날의 그 복음이 있고, 여러분은 비록 옛날의 그 스펄전이 설교하지만 그 복음에 질리지 않을 것입니다. 성령께서 우리와 함께 계시며 우리 심령의 약함을 메우실 것입니다. 우리가 지금도 은혜의 시은좌에 가까이 나갈 수 있기 때문에 그동안 열심히 기도해온 여러분이 열심을 잃지 않을 것이라고 나는 믿습니다.

견딘다는 것은 어려운 일입니다. 5분 동안 화형대에서 불에 타 죽는 것은 쉬운 일일 것입니다. 계속해서 연기를 내는 푸른 나뭇단에 둘려서 천천히 타 죽는 것은 정말로 끔찍한 고통일 것입니다. 그런데 바로 그런 것이 성도들의 인내입니다. 여러분이 불타는 열심과 개인적인 거룩함, 복음을 전하려는 노력, 모든 영적인 활동을 27년 이상을 유지해왔다는 사실은 여러분의 믿음을 보여주는 결코 하찮은 증거가 아닙니다. 끝까지 견디는 자는 구원을 얻을 것입니다(마 24:13). 그렇습니다. 형제 여러분, 이런 것들이 내 마음에 떠오르는 생각입니다. 그래서 우리가 그동안 일을 잘하였으니 이제는 일을 쉴 수 있다고 말할 수가 없습니다. 나는 우쭐하거나 자축하려는 심정과 같은 것이 들기는커녕, 오히려 그 어느 때보다 주님의 발 앞에 납작 엎드려 주님이 서 계시는 땅에 입을 맞추고 싶은 심정이 많이 듭니다. 내가 그 어느 때보다도 더 주님의 일을 하기에 자격이 없고 부적합하며 능력이 없다는 것을 느낍니다. 그렇지만 나는 주님을 기뻐하고 주님의 이름에서 기쁨을 얻습니다. 결코 마비되지 않는 영원한 팔이 있고, 나이 들어 주름지는 일이 결코 없는 이마가 있으며, 결코 당혹스러워하는 법이 없는 거룩한 마음이 있기 때문에 우리는 희망을 가지고 앞으로 나아가며 우리의 영원한 조력자를 다시 한번 의지합니다.

여러분은 고대의 거인 안타이오스(Antaeus: 포세이돈[Poseidon]과 가이아 [Gaea] 사이에 태어난 거인 ―역주)에 대해서 들었을 것입니다. 그는 도무지 이길 수 없는 거인이었는데, 헤라클레스가 그를 땅에 집어던질 때마다 그의 어머니인 대지와 접촉하여 다시 힘을 얻어 일어났기 때문입니다. 여러분과 나의 생활이 자주 내팽개쳐지지만 팽개쳐질 때마다 그로 인해서 다시 일어서는 삶이 되도록 합시다. "내가 약한 그 때에 강함이라"(고후 12:10). 그리스도의 능력이 우리에게 임하기 때문에 우리는 약함을 자랑합시다. 그리스도가 흥하기 위해 우리가 쇠하는 것에 만족하고, 그리스도께서 모든 것의 모든 것이 되시도록 우리는 아무것도 아닌 것이 되는 것에 만족합시다. 우리가 하나님께서 우리에게 베푸신 모든 복을 인하여 두려워하고 떨지라도, 그것은 하나님께서 변하실 것이라는 생각에서 오는 두려움이 아니고, 또 하나님께서 패배하실까봐 떠는 것도 아닙니다. 나는 복음에 대해서 두려워하지도 떨지도 않습니다.

나는 이 자리에서 오랫동안 복음을 전하였는데, 복음의 매력적인 향기는 줄어들지 않습니다. 나는 일전에 공기가 끊임없이 바뀌는 방에 10년 동안 보존되어 온 사향 냄새 나는 식물 알갱이에 대한 기사를 읽은 적이 있습니다. 그 알갱이는 해마다 그 방에 냄새를 풍겼다는 것입니다. 그런데 그 알갱이를 아주 정교한 저울로 무게를 쟀을 때, 그 크기가 전혀 줄어들지 않았다고 합니다. 그와 같이 복음은 향유가 부어진 것처럼 계속해서 해마다 여기에 오는 수많은 사람들에게 향기를 풍기지만, 지금도 여느 때처럼 향기와 신선함이 가득합니다. 그리고 천 년 동안 복음을 설교의 주제로 삼을지라도 그 향기는 여전할 것입니다. 그러니 우리는 변경할 수 없는 복음으로, 영원하신 성령께로, 변치 않으시는 하나님께로 마음 편히 돌아갑시다. 영광으로 충만한, 말로 다할 수 없는 기쁨을 누릴 여지가 여기에 있습니다. 그러니 여러분의 깃발을 높이 세우십시오! 나아가서 새로운 승리를 쟁취하십시오! 야곱의 하나님의 이름으로 우리가 견실하며 흔들리지 말고 항상 주의 일에 더욱 힘쓰도록(고전 15:58) 합시다. 아멘.

제
32
장
—

죄를 반대하는 두 가지 주장

—

"내가 나의 모든 종 선지자들을 너희에게 보내되 '일찍'(개역
개정은 '끊임없이') 보내어 이르기를 너희는 내가 미워하는 이
가증한 일을 행하지 말라 하였으나." ― 렘 44:4

이 구절은 목사가 어떠해야 하는지를 그리고 있습니다. 이 그림이 내 마음
과 양심에는 무거운 짐입니다. 이 구절을 보면 참된 설교자, 곧 하나님의 사람인
선지자는 하나님께서 하나님의 일을 하도록 일찍 보내는 사람이어야 한다는 것
을 알 수 있습니다. 그것은 마치 주인이 아침 일찍 일어나 종에게 서둘러 가서
일하도록 시켜 꾸물거리다가 기회를 놓치지 않게 하는 것과 같습니다. 사람들이
죄를 짓고 있는데, 그렇게 계속 죄를 짓고 있으면서 한 시간도 책망을 받지 않고
지내는 것은 정말로 두려운 일입니다. 그것은 마치 사람이 집이 불에 타고 있는
데 경보를 발하지도 않고 소방관을 부르지도 않은 채 그냥 두고 있는 것과 같으
며, 혹은 어떤 사람이 길에서 절박한 위험에 처해 있는데 그를 구조하기 위해 아
무런 조처도 취하지 않은 채 그냥 보고 있는 것과 같습니다.

이 구절에서 하나님은 사람이 처한 위험이 크고, 따라서 사람을 그 위험에
서 빨리 구원하는 것이 중요함을 알고 계심을 보여주기 위해 스스로 일찍 일어
나시는 것으로 묘사하고 있다는 사실에 유의할 필요가 있습니다. 여호와께서는
그의 선지자들을 보내시기 위해 일찍 일어나셨다고 말씀하셨습니다. 물론 그것

은 하나님의 선지자들이 일찍 갈 수 있도록 하기 위해, 다시 말해 그들이 시간을 낭비하지 않고 즉시 가고, 언제든지 사람들에게 즉시 경고하여 하나님께서 미워하신 가증한 일들을 하지 않도록 하기 위함이었습니다. 그러므로 목사는 주님의 일에 부지런하고 뜨거운 마음으로 주님을 섬기되, 어떻게 해서든지 사람들에게 죄의 끔찍한 성격과 결과를 알려서 죄를 피하게 함으로써 주님을 섬겨야 하는 사람입니다.

목사는 또한 하나님의 대리인으로서 말하는 사람이 되어야 합니다. 하나님의 진리를 말할 뿐만 아니라 하나님의 입으로서 진리를 말해야 하는 것입니다. 이 선지자들은 "너희는 하나님이 미워하시는 이 가증한 일을 행하지 말라"고 말해서는 안 되고, 하나님의 화신이 되어 하나님의 자리에서 서서 마치 하나님이 말씀하시는 것처럼 "너희는 내가 미워하는 이 가증한 일을 행하지 말라"고 해야 했습니다. 이런 식으로 하나님을 대신해서 말해야 하는 이것은 사람이 떠맡기에는 책임이 막중한 지극히 특권적인 위치입니다! 바울이 고린도 교인들에게 "그러므로 우리가 그리스도를 대신하여 사신이 되어 하나님이 우리를 통하여 너희를 권면하시는 것 같이 그리스도를 대신하여 간청하노니 너희는 하나님과 화목하라"(고후 5:20)고 말하였을 때 이 점을 언급한 것입니다.

그리스도를 대신해서 탄원하고, 중보자이신 그리스도를 대신해서 중보 노릇을 하며 마치 하나님께서 우리를 한동안 그의 대변인으로 세워 자신을 대신해서 사람들에게 간청하도록 하신 것처럼 서서 하나님의 생각을 말하는 것은 큰 영예이지만 또한 무서운 책무입니다. 이 책무가 어떤 것인지 깨달았을 때, 나는 이 직분을 세상 모든 제국의 통치자가 되거나 심지어 천국에서 천사장이 되는 것과 바꿀 마음은 없었지만 때로 내 직무를 말로 다할 수 없이 두려워했습니다. 이는 천사들 가운데서 으뜸이 되는 것조차도 하나님의 손에 들려 사람들의 영혼을 구원하는 도구가 되는 것에 비하면 아무것도 아니라고 생각하기 때문입니다. 그렇지만 누구든지 부름을 받아 서서 마치 하나님께서 그를 통해서 말씀하시는 것처럼 "너희는 내가 미워하는 이 가증한 일을 행하지 말라"고 말하는 것은 참으로 두렵고 엄숙한 일입니다.

이 그림에서 배워야 할 교훈이 또 한 가지 있습니다. 즉, 목사는 일찍 행하시는 하나님을 만나기 위해 일찍 일어나서 하나님의 이름으로 말해야 할 뿐만 아니라 또한 하나님의 방식대로, 다시 말해 탄원하는 심정으로 그리고 연민을 자아내는 태도로 말해야 한다는 것입니다. 나는 사람이 교실 책상에서 하듯이 진리를 선포하거나 다른 사람들에게 알려야 하는 중요한 주제들에 대해 웅변적으로 설득력 있게 말하는 것은 쉬운 일이라고 생각합니다. 그러나 사람들에게 간청하고 연민의 심정을 품고서 여기서 하나님이 하시듯이 "너희는 내가 미워하는 이 가증한 일을 행하지 말라"고 말하는 것은 전혀 다른 문제입니다. 이것은 참으로 중요한 일입니다. 그래서 이것은 종종 우리 마음을 무겁게 하는 어려운 일입니다. 여러분은 제자들이 한 번 그리스도께 "주여, 우리에게 기도를 가르쳐 주옵소서"(눅 11:1) 하고 말했던 것을 압니다. 이렇게 말한 것은 제자들이 주님의 마음속에서 타오르는 강한 욕구가 자기들 속에서도 타오르는 것이 당연하고, 또 자신들은 주님보다 기도할 필요가 훨씬 더 크다고 생각했기 때문입니다. 그러나 주께서 설교하는 것을 듣고서 그들은 주님이 자신들 모두를 훨씬 뛰어넘는 분이시라는 것을 즉시 알았습니다. 주님의 눈에서 동정의 눈물이 흐르는 것을 보고, 멸망하게 되어 있는 예루살렘 성에 대해 한탄하시는 소리를 들었을 때, 그들은 주님께서 자기들이 넘볼 수 있는 분이 아니라는 것을 깨달았습니다. 그리고 비록 "그 사람이 말하는 것처럼 말한 사람은 이때까지 없었나이다"(요 7:46)라는 말은 하지 않았지만 그렇게 느꼈고, 그래서 "주여, 주님이 기도하시듯이 우리도 기도하기를 가르쳐 주옵소서"라고 말하지 않았습니다.

제자들은 그렇게 높은 고지에 오르기를 바랄 수 없었습니다. 그리고 우리도 제자들이 느꼈던 것처럼 느낍니다. 우리의 이 입술이 사랑하는 주님의 입에서 나온 언어를 사용할 수 있으면 좋겠습니다! 우리의 이 눈에 죄인들을 사랑하시는 구주님의 고귀한 마음에서 솟아난 것과 같은 눈물이 흐를 수 있으면 좋겠습니다! 주님의 설교는 참된 설교가 무엇인지 우리에게 보여줍니다. 참된 설교는 최고의 설득입니다. 참된 설교는 정말로 특별한 간청인데, 다만 이 용어를 일반적으로 사용하는 것보다 더 나은 의미에서 특별한 간청입니다. 다시 말해, 중요한 논증으로써 사람들에게 죄를 버리고 하나님께로 돌이키라는 간청입니다. 성령 하나님께서 자신의 최고의 직무를 맡아 설교자의 말을 통해서 청중들의 마음에 작용하는 간청입니다. 이것이 목회자가 마땅히 갖추어야 하는 모습이므로, 하나님께서 우리 불쌍한 피조물들이 이 높은 수준에 오를 수 있도록 도와주시기를 바랍니다! 하나님의 백성들인 여러분도 우리에게 참으로 필요한 여러분의 기도를 통해서 우리를 도울 수 있습니다.

자, 여러분, 예레미야 시대의 유대인들과 특별히 연관이 있는 본문을 나는 아직 회심하지 않은 여러분에게 적용하고 싶습니다. 이 구절에서 하나님은 어떤 백성들에게 자기가 일찍 일어나서 자기의 종 선지자들을 그들에게 잇따라 보내어 자기를 대신해서 간청하도록 하셨다고 말씀하십니다. 할 수 있으면 여러분은 언제 여러분의 양심이 처음으로 감동을 받았는지 생각해 보십시오! 여러분은 그 일이 언제 일어났는지 기억할 수 있습니까? 여러분에게 최초의 신앙적 생각들은 필시 어머니의 달콤한 목소리와 연관되어 있을 것입니다. 그렇지 않으면 아마도 어떤 경건한 사람이 있었을 것입니다. 그분이 여러분의 아버지일 수 있는데, 하늘로 들어간 이후로도 그의 아들인 여러분에게 그리스도의 이름으로 간청하였을 것입니다. 바로 이들이 하나님께서 여러분에게 보내신 선지자들이었습니다. 인자한 어머니나 할머니 혹은 경건한 아버지만큼 하나님께서 보내신 좋은 사자가 있을 수 있겠습니까?

여러분 가운데 어떤 분들은 다른 무엇을 알기도 전에 자주 복음의 권함을 받았습니다! 여러분은 어떤 명백한 죄를 짓기 전에 예수님의 놀라운 은혜와 여러분을 위해 죽으시기까지 한 사랑에 대해서 들었습니다. 그 때 이후로 여러분은 하늘로부터 온 사자(使者)들이 없이 지낸 적이 없습니다. 그 사자들은 지금까지 여러분에게 애정 어린 간청과 초대를 말하였습니다. 그런데 여러분은 그 모든 것을 어떻게 대하였습니까? 여러분이 아직도 회심하지 않았다면 틀림없이 여러분은 그런 것을 받아들였어야 마땅한데 받아들이지 않은 것입니다. 여러분은 사랑과 자비의 목소리에 귀를 막고 듣지 않았습니다. 그렇지 않다면 여러분이 지금 하나님 없이, 그리스도 없이, 희망도 없이 지내지 않을 것입니다. 그래서 나는 내 주님의 이름으로 다시 한 번 주님의 사자로 왔습니다. 여러분이 나를 무시하고 내 메시지를 거부하겠습니까? 여러분이 그렇게 한다면 나는 슬픈 마음으로 그것을 견디며 주님의 다른 종들과 함께 이렇게 소리치지 않을 수 없습니다. "우리가 전한 것을 누가 믿었느냐?"(사 53:1). 하지만 나는 여러분이 그렇게 하지 않기를 간절히 바랍니다. 비록 내가 말하는 것은 미약하지만, 그래도 나만큼 여러분의 유익을 마음으로부터 충실히 바라는 사람은 없을 것입니다. 그러므로 나는 주님을 모르는 여러분이 나와 함께 성령 하나님께서 내가 이제 그리스도의 이름으로 전하려고 하는 설교에 복을 베풀어 주시기를 간구하기를 부탁드립니다.

본문에는 죄를 반대하는 두 가지 주장이 나옵니다. 하나님께서 회심하지 않은 사람들에게 말씀하시지 않을 수 없는 것이 여기서 몇 마디로 제시됩니다. "너희는 내가 미워하는 이 가증한 일을 행하지 말라." 이 짧은 문장에는 내가 앞으로 이야기하려고 하는, 죄를 반대하는 두 가지 주장이 담겨 있습니다. 첫째는 죄의 성격으로부터 나오는 주장입니다. "이 가증한 일"이 바로 그것입니다. 둘째는 죄에 대한 하나님의 감정으로부터 나오는 주장입니다. "내가 미워하는 이 가증한 일"이 바로 그것입니다.

1. 본문에서 죄에 반대하는 첫 번째 주장은 죄의 성격으로부터 추론된 것입니다.

죄는 "이 가증한 일"입니다. 선지자가 이 때 이야기하고 있던 구체적인 죄는 우상 숭배였습니다. 유대인들은 이런저런 형태의 우상들을 만들고 그 앞에 절하며 보이지 아니하시는 여호와에 대한 예배를 소홀히 하곤 하였습니다. 그래서 하나님께서는 우상 숭배를 "이 가증한 일"이라고 부르십니다. 그렇게 부르는 것이 합당한 것은 우상 숭배가 혐오스러운 배은망덕이기 때문입니다. 사람이 자기의 창조주를 예배하지 않는 것, 자신의 창조주께 순종하지 않는 것, 천지를 지으시고 자신도 지으셨을 뿐 아니라 계속해서 존재하도록 하시는 분에게 이렇게 말하는 것은, 다시 한번 얘기하지만 부끄러운 배은망덕입니다. "나는 주님을 예배하지 않겠다. 주님 앞에 엎드리지 않겠다. 그보다 또 다른 신, 곧 바알이나 아스다롯, 비너스, 바커스, 유일하신 참 하나님 외에 무엇이든지 경배하겠지만, 온 세계의 창조자이신 여호와 하나님은 예배하지 않겠다."

우상 숭배는 사람을 아주 타락시키고 천하게 만들기 때문에 또한 가증한 일입니다. 지성과 마음을 가진 사람이 새긴 우상 앞에 절하는 것은 지극히 비천한 일이라는 것을 모든 사람이 알아야 합니다. 사람이 나무나 돌이나 금속으로 만든 것을 예배하는 것은 사실상 자기가 예배하는 죽은 것보다 스스로 열등한 존재가 되는 것입니다. 나는 사람이 어떤 물체 앞에서 엎드리며 "이것이 내 신이다" 혹은 "이것이 내가 예배하는 대상이다" 하고 말할 때만큼 스스로 인간 이하로 내려가는 행동은 없다고 생각합니다. 그래서 하나님은 정말로 우상 숭배를 "가증한 일"이라고 부르십니다. 여러분이 이 백성들이 만든 형상들이 나타내는 신들을 생각해 보면, 우상 숭배가 가증한 일이라는 것이 더욱더 분명하게 나타날 것입니다. 이 백성들은 하늘과 땅의 창조주 여호와, 곧 선하고 은혜로우신 하나님께 사실상 이렇게 말한 것입니다. "우리는 하나님을 예배하지 않고, 눈이 있으나 보지 못하고 손이 있으나 만지지 못하며 귀가 있으나 듣지 못하는 금송아지나 이런 형상들을 예배하겠습니다. 우리는 하나님을 예배하느니 차라리 나무로 만든 감각 없는 이 죽은 소들에게 절하겠습니다." 이것은 참으로 가증한 일입니다! 하나님께서 사용하신 말씀, 곧 "이 가증한 일"이라는 단어만큼 적합한 것은 없다고 봅니다. 불멸의 존재가 한낱 나무 조각 앞에 엎드리다니! 여호와께 창조받은 사람이 자기가 손수 만든 형상 앞에 엎드리다니! 이것은 정말로 역겨운 일입니다! 우상 숭배는 하나님을 모욕하고 극도로 화나게 만드는 일입니다.

여러분은 "우리 모두 그 말에 동의한다"고 말합니다. 여러분이 그렇게 말하는 것을 들으니 기쁩니다. 그러나 말은 그렇게 하면서도 여러분은 우상 숭배자일 수가 있습니다. 바울이 빌립보서에서 "그들의 신은 배요 그 영광은 그들의 부끄러움에 있고 땅의 일을 생각하는 자라"(빌 3:19)라고 말한 사람들에 대해 들어본 적이 없습니까? 여러분은 "자기 스스로 정한 창조주를 예배하는, 자수성가한 그 사람"에 대해 들어본 적이 있습니까? 나는 그에 대해 들었고 그를 보기도 하였습니다. 솔직히 말씀드리자면, 나는 자기를 예배하는 사람보다 더러운 개집으로 만든 신을 예배하는 사람을 더 존중합니다. 사람이 자기 자신을 예배하는 것이 타락의 가장 밑바닥으로 보이기 때문입니다.

이스라엘 사람들이 금송아지를 보고 "이스라엘아 이는 너희를 애굽 땅에서 인도하여 낸 너희 신이라"(출 32:8)고 말한 것은 아주 비천하기 짝이 없는 일이었습니다. 그러나 사람이 자신에 대해서 아주 많은 이야기를 하지 않는다 할지라도 실제로 "내가 내 자신의 신이다"라고 말한다면, 이것이 그보다 사람의 품위를 훨씬 더 떨어뜨리는 일임에 틀림없습니다. 술을 예배하고, 술의 전당에 자신을 희생 제물로 바치는 사람들이 있습니다. 바커스의 제단에 아내와 자녀, 가정, 인격, 그리고 인생 자체를 제물로 바치는 사람들이 많습니다. 그들은 수치스런 죽음을 죽는데, 몰록의 팔에 안겨 불타 죽는 것이 아니라 자신들의 술잔에 빠져 죽습니다. 여러분이 우상 숭배자들과 가증한 일들에 대해서 이야기할 때, 이보다 더 악한 우상 숭배가 있습니까? 그렇다면 바울 사도가 "우상 숭배니라"고 말하는 다양한 형태의 탐심을 보십시오. 금을 더 많이 긁어모을 수 있도록 가난한 자들을 학대하고 심지어 그들의 것을 빼앗으므로 마지막에는 "그는 아주 죽어 마땅하다"고 평가되는 사람들의 죄에 대해서 생각해 보십시오. 그 때 그는 정말로 전혀 가치가 없는 사람이었습니다. 여왕의 작고 둥근 형상, 곧 돈을 예배하는 사람은 크리슈나 신이나 바알 앞에 절하는 사람만큼이나 큰 우상 숭배자입니다. 우상 숭배의 죄는 여전히 도처에서 많이 볼 수 있습니다. 그리고 우상 숭배는 그 성격과 본질에서 언제나 사람을 비천하게 만들고 하나님께 욕을 끼치는 일입니다. 그러므로 하나님은 모든 우상 숭배자들에게 계속해서 이렇게 말씀하십니다. "너희는 내가 미워하는 이 가증한 일을 행하지 말라."

우상 숭배 외에도 하나님 보시기에 가증한 죄들이 많습니다. 그런데 이 죄들에는 설교자를 아주 곤란하게 만드는 점이 한 가지 있습니다. 그것은 어떤 죄들은 그것에 대해서 이야기하는 것 자체가 그 죄들을 퍼트리는데 이바지하기 때문에 설교자가 그 죄들에 반대하는 증언을 할 수가 없다는 것입니다. 화약을 다루는 것은 위험한 일입니다. 그래서 화약을 화약고에서 옮길 필요가 있을 때에도 우리는 아주 두려워하고 떠는 태도로 화약을 다루어야 한다는 것을 압니다. 슬프게도, 슬프게도, 참으로 죄 많은 이 런던에는 아주 흔히 벌어지는 가증한 죄들이 있습니다. 즉, 몸을 더럽히고 마음을 타락시키는 부정한 죄들이 있습니다. 내 눈에는 곧 이 죄를 범하려고 하는 어떤 젊은이 곁에 하나님이 서 계시는 모습이 보인다고 생각합니다. 하나님께서 "이 가증한 일을 행하지 말라"고 말씀하시는 소리가 들리는 것 같습니다. 또 하나님께서 순결한 길에서 벗어난 어떤 여인에게 소리치시며 "이 가증한 일을 행하지 말라"고 말씀하시는 소리도 들리는 것 같습니다. 마음이 뱀의 마술적인 주문에 홀리어 있을 때는 그 죄가 실제로 그처럼 가증하다는 것이 보이지 않을 수 있습니다. 그 죄에 오염된 사람에게 그 죄는 참으로 무서운 저줏거리입니다! 젊은이여, 매춘부의 집에 결코 가까이 가지 마십시오. 그렇습니다. 나는 하나님께서 내게 그 말을 하도록 시키신다는 것을 분명하게 말하지 않을 수 없습니다. 하나님께서 친히 "너희는 내가 미워하는 이 가증한 일을 행하지 말라"고 말씀하시기 때문입니다.

이 육신의 정욕들 외에도 다른 사람들을 죄 짓도록 유혹하는 것과 같은, 영혼을 거슬러 싸우는 가증한 죄들이 있습니다. 아주 작심을 하고 다른 사람들에게 악과 죄를 짓도록 가르치는 것처럼 보이는 사람들이 있다는 것은 두려운 사실입니다. 그들은 어린아이들과 자라는 청소년들의 생각과 마음을 더럽히려고 합니다. 이것은 두려운 일입니다. 여러분 가운데 누구든지 저속한 노래를 부르거나 더러운 언어를 사용하는 습관이 있다면 나는 여러분에게 하나님께서 내 입을 통해서 "너희는 내가 미워하는 이 가증한 일을 행하지 말라"고 말씀하시는 것을 들으라고 말씀드리고 싶습니다. 여러분이 아직 꽃봉오리 상태로 있는 이 아름다운 꽃들을 망치는 것은 무서운 악이기 때문입니다. 그 다음에 신성모독적이고 더러운 말을 사용하는 습관이 있는데, 이것은 이 도시에서 아주 흔히 볼 수 있는 죄입니다. 지금은 이 악한 습관이 그 어느 때보다 널리 퍼진 것 같습니다. 이것은 악한 습관일 뿐 아니라 지극히 어리석은 습관입니다. 거기에는 유익이라곤 하나도 없습니다. 조지 허버트(George Herbert, 1593 - 1633, 시인이며 성직자 — 역주)가 다음과 같이 썼는데, 재미있으면서도 지혜로운 말입니다.

> "그대의 입을 지으신 분의 이름을 헛되이 사용하지 말라.
> 그것은 그대에게 아무것도 가져다주지 않고 아무 핑계도 댈 수 없는 일이다.
> 정욕과 포도주는 쾌락을 부르고 탐욕은 이익을 구하지만
> 하나님의 이름을 들어 욕하는 저속한 자는 자신의 벌린 입을 통해
> 아무 유익도 없이 자기 영혼을 조금도 두려워하지 않고 내보낸다.
> 만일 내가 쾌락주의자라면 나는 하나님의 이름으로 욕하는 일을 참을 것이다."

다른 사람들을 비방함으로써 큰 죄를 짓는 사람들이 많습니다. 그들은 이웃의 평판을 해치는 거짓말을 합니다. 그들은, 이웃에게 어떤 작은 흠이 있으면 과장해서 큰 잘못으로 만들 수 있을 때만큼 즐거운 시간은 없습니다. 하나님께서는 비방하고 거짓말하며 진리를 말하지 않는 모든 사람에게 "너희는 내가 미워하는 이 가증한 일을 행하지 말라"고 말씀하십니다. 그 다음에 위선이 있습니다. 이 죄는 사회에 언제나 만연해 있는데, 그 이면에 아무것도 없으면서 있는 것처럼 공언을 하는 것입니다. 마음속에 은혜가 전혀 없는데도 은혜를 받은 사람인 체하며, 믿음이 전혀 없으면서도 믿음 있는 사람인 체하는 것입니다. 여러분, 비록 여러분이 망할지라도, 제발, 위선자로서 망하지는 않도록 하십시오! 여러분이 망하기로 작심을 할지라도, 가룟 유다가 스스로 사도들에게 가담하였으면서도 은 삼십에 주님을 팔았을 때 택한 그 길이 아니라 다른 길에서 망하도록 하십

시오. 하나님께서는 여러분에게 특별히 힘주어 "너희는 내가 미워하는 이 가증한 일을 행하지 말라"고 말씀하십니다.

어떤 사람들에게서는 죄가 특별히 더 가증스럽게 나타나게 된다는 것을 여러분에게 말씀드리면, 죄의 가증스런 성격의 또 다른 면을 알 수 있을 것입니다. 나처럼 여러분도 그리스도인 가정에서 태어나 할아버지와 증조할아버지, 그 밖의 선조들이 모두 하나님의 길에서 행한 사람들이고, 여러분이 하나님을 경외하여 행하도록 가르치는 것을 무엇보다 간절히 바라는 소원으로 품고 있는 아버지와 어머니를 두고 있다면, 여러분은 자신이 그런 환경에서 죄를 짓는 것은 참으로 가증한 일이라는 것을 압니다. 불쌍한 빈민굴 아이들과 런던에서 가장 열악한 환경에서 살며 교육을 받아본 적이 없는 사람들은 죄를 지을지라도, 그토록 오랫동안 더 나은 것을 알았고 아주 일찍부터 바르게 살도록 훈련받은 우리만큼 지을 수는 없습니다.

여러분 경건한 부모의 자녀들이여, 제발 여러분은 자신의 행하는 길을 주의하고, 하나님께서 특별히 여러분에게 "너희는 내가 미워하는 이 가증한 일을 행하지 말라"고 말씀하시는 것을 듣기 바랍니다. 또한 본성적으로, 혹은 하나님께서 때로 본성에 엮어서 주시는 은혜로 말미암아 예민한 양심을 부여받은 사람들이 있습니다. 그런가 하면 어떤 사람들은 처음부터 다른 사람들보다 무정하고 냉담한 것처럼 보입니다. 그러나 우리 가운데는 아주 어렸을 때부터 기도를 드리지 않으면 잠을 잘 수 없었던 것을 기억하는 사람들도 있습니다. 혹은 우리는 거짓말을 하였으면 그 사실을 고백하기 전에는 안식을 누릴 수 없었습니다. 또 부모님께 불순종하였을 때는 비록 부모님은 우리가 한 일을 모른다고 할지라도 우리는 양심의 가책 때문에 괴로워하였습니다. 우리는 회개에 이르게 하는 징계가 필요치 않았습니다. 우리가 스스로를 징계하였기 때문입니다. 예민한 양심을 갖는다는 것은 크게 감사할 일입니다. 그런 만큼 그런 양심을 어기고 죄를 짓는 것은 특별히 더 가증한 일입니다.

바로 지금 크게 시험을 받고 있는 젊은이 여러분, 조심하십시오. 여러분의 양심을 해치는 일을 하지 마십시오. 무슨 일을 하든지, 어떻게 해서든 양심을 예민하게 유지하도록 하십시오. 예민한 양심은 여러분의 가장 좋은 친구 가운데 하나이기 때문입니다. 예민한 양심은 하나님의 은혜로 여러분을 천국으로 인도할 수단이 될 것입니다. 양심의 경고를 소홀히 여기지 마십시오. 어쩌다 한 번

짓는 죄에 의해서라도 여러분의 양심을 마비시키지 않도록 하십시오. 그보다는 구주님의 부르심에 즉시 순종하고, 주님만이 주실 수 있는 구원에 대해 주님을 의지하십시오. 누구든지 죄를 짓는 것은 가증한 일입니다. 그러나 어떤 사람들은 죄가 정말로 어떤 것인지 더 분명하고 밝히 알기 때문에 다른 사람들의 경우보다 죄 짓는 것이 백 배나 더 악한 일이 됩니다.

그리고 이전에 죄를 지었다가 그 죄로 인해 고통을 받았고 간신히 죄에서 도망쳤는데 다시 돌아가 그 죄를 범하는 사람에게는 죄가 특별히 더 가증한 것이 됩니다. 여러분은 여름날 저녁, 앉아서 일을 하고 있거나 가스 등불이나 촛불을 켜고서 책을 읽고 있을 때 불쌍한 나방을 구하려고 해본 적이 없습니까? 나방은 불빛을 향하여 돌진하여 날아와 날개를 태웁니다. 그러고 나서 무력하게 식탁에 누워 있습니다. 그러면 여러분은 아주 조심스럽게 나방을 집어서 어쩌면 나방이 살 수 있을지 모른다는 희망을 가지고서 등불에서 멀리 치웁니다. 그러나 나방이 날개를 부분적으로라도 다시 사용할 수 있게 되자마자 바로 한 일은 다시 불길로 날아드는 것이었습니다. 그것을 보고 여러분은 말했습니다. "어리석고 불쌍한 것아, 너를 구원할 길이 없구나. 네가 스스로 어리석게 굴어 죽기로 작정했으니 말이다. 너는 내가 너를 구원하도록 할 마음이 없구나." 그리고 이것은 우리가 구원하려고 애쓰는 죄인들에게 그대로 해당되는 사실입니다. 그들은 이미 자신들을 한 번 불태운 바로 그 일을 다시 행하려고 합니다.

어쩌면 지금 내 설교를 듣는 사람들 가운데는 바로 얼마 전까지만 해도 침상에 누워 있던 분이 있을지 모릅니다. 그리고 여러분은 침상에 누워서 영원을 바라보면서 "주여, 나를 구원하소서. 주께서 나를 살려주시기만 한다면 내가 죄에서 떠나고 주님을 만날 때까지 주를 찾겠습니다" 하고 부르짖었을지 모릅니다. 그런데 하나님께서 여러분을 살려주셨음에도 불구하고 여러분은 지금 그런 일을 전혀 하고 있지 않습니다. "네가 사람에게 거짓말한 것이 아니요 하나님께로다"(행 5:4)라는 베드로의 엄숙한 말이 여러분에게도 선언될 수가 있습니다. 아나니아와 삽비라가 그 같은 죄를 범했을 때 그들에게 어떤 일이 발생했는지 기억하십시오. 나는 하나님께서 여러분을 심판하러 찾아가시지 않고 큰 자비 가운데 찾아가 여러분의 죄가 무거운 짐으로 양심을 눌러서 여러분이 서원과 약속을 어긴 악을 깨닫게 해 주시기를 바랍니다. 그 죄는 정말로 하나님 보시기에 가증하고 정직하고 바르게 생각하는 모든 사람들이 판단하기에도 악한 일이기 때문입니다.

이렇게 죄인들의 죄를 더욱 무겁게 만드는 다양한 환경들에 대해서 계속해서 지적할 수 있지만, 한 가지만 더 이야기하고 우리 주제의 첫 번째 부분을 생각하는 일을 마치도록 하겠습니다. 내가 이야기하고 싶은 점은 이것입니다. 우리 가운데는 죄가 그처럼 가증한 일이라는 것을 경험한 사람들이 있습니다. 그래서 우리는 의도적으로 죄를 지으려고 하기보다는 차라리 몸으로 감당할 수 있는 모든 고통을 당하겠다고 정직하게 말할 수 있습니다. 이 세상에는 모든 사람이 싫어하는 역겨운 것들이 있습니다. 그러나 우리는 도덕적 악을 보면서 지내기보다는 비록 몸으로 겪는 고통이 아무리 불쾌한 것일지라도 차라리 그 고통 가운데서 지내기를 택할 것입니다. 도덕적 악은 우리 귀에 삐걱거리는 소리를 내고 우리의 지성을 문질러 벗겨지게 하며 우리의 마음을 괴롭히고, 우리의 모든 영적 감각을 악화시켜 죄와 접촉하게 만듭니다. 죄는 우리에게 죽음보다 무섭고 마귀보다 악마적이며 지옥보다 더 소름끼치는 것입니다. 죄가 죽지 않는 구더기처럼 끊임없이 고통을 일으키지 않는다면, 지옥의 고통은 날카로움을 잃을 것이기 때문입니다. 죄, 허물, 불의, 온갖 악, 하나님의 법에 대한 모든 위반, 이 모든 것이 가증한 일입니다. 마음이 바른 사람이라면 누구나 있는 힘껏 죄를 미워하고 역겨워하며 혐오해야 합니다. 우리가 사람들에게 죄를 버리라고 간청하고 성령께서 사람들이 그렇게 할 수 있도록 힘주시기를 기도하는 큰 한 가지 이유는 죄가 가증한 일이기 때문입니다.

어떤 사람은 "아, 죄는 달콤한 거야"라고 말합니다. 아닙니다. 그렇지 않습니다. 죄는 가증한 일입니다. 또 어떤 사람은 "죄는 즐거운 것이야" 하고 말합니다. 그렇지 않습니다. 죄는 가증한 것입니다. "아, 하지만 죄는 상류 인사가 좋아하는 거야. 왕과 여러분은 군주들의 궁정에서 죄를 볼 수 있고, 세상의 지체 높은 사람들은 죄를 사랑해." 비록 그런 사람들이 죄를 사랑한다고 할지라도 죄는 가증한 일입니다. 비록 죄가 왕의 보좌까지 기어가고 왕관의 보석들에 그 진액을 넓게 펼지라도, 여전히 가증한 일이 될 것입니다. 일찍이 죄는 하늘에까지 들어가 힘 있는 한 천사와 그를 따르는 모든 천사들을 더럽히고 타락시켰습니다. 어떻게 죄가 그 천사들을 타락시키고 그들을 높은 지위에서 내던지고 "큰 날의 심판까지 영원한 결박으로 흑암에 가두어졌다"(유 1:6)는 것을 알 때 죄가 얼마나 가증한 일인지 볼 수 있을 것입니다.

2. 이제 잠시 동안 여러분에게 죄를 회개하고 버려야 할 두 번째 이유에 대해서 말씀드리겠습니다.

즉, 죄를 회개하고 버려야 하는 것은 하나님께서 죄에 대해 느끼시는 감정 때문입니다. "너희는 내가 미워하는 이 가증한 일을 행하지 말라."

하나님은 모든 악과 불의, 비행, 부도덕, 곧 모든 종류의 죄를 미워하십니다. 하나님은 죄를 미워하십니다. 하나님은 죄에 무관심하지도 죄를 묵인하시지도 않습니다. 오히려 죄에 대해서 의로운 분노를 있는 힘껏 쏟아내십니다. 하나님은 첫째로 무한히 정결하신 분이기 때문에 죄를 미워하십니다. 하나님께서 본인 스스로 완전히 정결하신 분이 아니라면 죄를 묵인하시거나 너그러이 봐주실 수도 있을 것입니다. 그러나 비길 데 없이 섬세하고 정결한 본성 때문에 하나님은 불의한 모든 것에 대해 거룩한 분노가 일어나는 것입니다. 정결하고 거룩한 하나님은 죄를 미워하실 수밖에 없습니다.

하나님이 죄를 미워하시는 것은 또한 죄가 하나님의 피조물인 여러분에게 큰 해가 되기 때문입니다. 그래서 하나님은 여러분에게 "너희는 내가 미워하는 이 가증한 일을 행하지 말라." 죄가 하나님께서 완벽하게 만드신 것을 심하게 손상시키기 때문에 하나님께서 죄를 미워하시는 것입니다. 죄는 하나님의 큰 은총을 받은 피조물인 사람의 아름다움을 망쳐놓았습니다. 더할 나위 없이 사랑스런 존재였던 아담이 타락 전에 어떠했는지는 알 수 없습니다. 그러나 나는 아담과 하와가 타락 전에는 모두 틀림없이 비할 데 없는 우아함이 있었을 것이라고 확신합니다. 지금은 아담과 하와의 후손들 가운데 아무리 사랑스런 아들들이나 아무리 아름다운 딸들도 그 우아함에는 이를 수 없습니다. 그리고 또 한 가지 알고 있는 사실은 이것입니다. 만일 여러분이 아주 균형이 잘 잡히고 아름답게 빚어진 얼굴을 가지고 있다고 하더라도 그 이면에 악한 열정이 타오르고 있을 때 그 얼굴은 아주 악마적으로 보인다는 것입니다. 반면에 진심으로 하나님께로 돌이키고 다른 사람들에게 복을 주는 생활을 하고 있는 사람은 비록 지극히 평범한 외모를 가졌을지라도 그에게는 모든 사람이 알아볼 수 있는 진정한 아름다움이 있습니다. 내가 아는 한 여성이 있는데, 외모가 아주 평범하지만 그리스도께 대한 사랑이 충만하였고 주님께 봉사하는 일에 헌신한 그 여성은 그리스도의 은혜가 그녀의 얼굴을 통해서 빛나고 그녀의 모든 생활을 통해서 밝게 드러날 때 매우 사랑스럽게 보입니다. 그런데 죄는 남녀를 막론하고 사람을 망치는데 얼굴뿐 아니라 특별히 마음을 망치기 때문에 하나님은 죄를 미워하십니다. 하나님께서 아시는 대로 사람들은 죄 때문에 추하게 변합니다. 죄인이 지닐 수 있는 아름다움은 하나님 보시기에 손상되었고, 그래서 하나님께서 죄인을 보실 때 혐오감을 갖고 보시지 않을 수 없습니다. 이 외에도, 우리 이마에 흐르는 땀은 우리의 죄 때문에 오는 것이 아니고 어디서 오는 것이겠습니까? 우리의 아픔과 고통은 바로 우리의 죄 때문에 오는 것이 아니고 무엇이겠습니까? 우리가 애써서 파내야 하는 가시와 찔레는 우리의 죄 말고 어디에서 오겠습니까? 교회 마당에 있는 저 무덤들, 그토록 많은 사람의 마음을 찢는 저 무덤들이 바로 우리의 죄 때문에 생기는 것이 아닙니까? 죄가 하나님께서 만드신 피조물들에게 그와 같은 대황폐를 일으키기 때문에 하나님께서 죄를 미워하십니다.

하나님께서 죄를 미워하시는 것은 또한·죄가 하나님께서 하고 싶지 않은 일을 하시지 않을 수 없도록 만들기 때문입니다. 이사야는 심판이 "하나님께 낯선 일"(사 28:21, 개역개정은 "그의 일이 비상할 것이며" — 역주)이라고, 즉 하나님께서 자비와 은혜를 베푸시는 일을 하실 때만큼 편하게 여기시지 않는 일이라고 말합니다. 하나님께서 친히 하신 말씀이 선지자의 이 증언을 확증합니다. "주 여호와의 말씀이니라 나의 삶을 두고 맹세하노니 나는 악인이 죽는 것을 기뻐하지 아니하노라"(겔 33:11). 하나님께서는 죄인을 치시지 않을 수 없지만, 죄인을 치시는 일은 말하자면 마지못해 하시는 것입니다. 하나님은 죄인들이 하나님께로 돌이켜 살기를 바라시기 때문입니다. 그렇지만 하나님은 공의롭게 행하셔야 합니다. 하나님이 공의로우시지 않다면, 하나님께서 죄를 처벌하시지 않는다면 하나님은 더 이상 하나님이 되실 수 없기 때문입니다. 그러나 사실 하나님의 손에 칼을 쥐어주고, 사람들이 영원히 몸에 걸치는 사슬을 만들고 결코 꺼지지 않는 영원한 불을 붙게 만든 것은 바로 죄입니다. 여러분, 하나님은 여러분을 위해서 죄를 미워하시는 것입니다. 그래서 여러분에게 "너희는 내가 미워하는 이 가증한 일을 행하지 말라"고 소리치십니다.

내가 생각할 때, 본문에서 가장 감동적인 일은 하나님께서 사람들에게 이같이 간청하시는 것입니다. "너희는 그렇게 하지 마라. 그렇게 하지 마라. 더 이상 죄 가운데 살지 마라. '너희는 내가 미워하는 이 가증한 일을 행하지 말라.'" 죄인들에게 이렇게 간청하는 것은 하나님 편에서는 참으로 놀라울 정도로 자신을 낮추시는 일입니다. 왕의 행동은 명령하는 것입니다. 그러나 여기서 이 모습은 설득하고 타이르며 간청하고 애원하는 아버지에 더 가깝습니다. 여기서 사람들을 진지하고 엄숙하게 대하시는 분은 바로 하나님이십니다. 사람들에게 간청하는 자로서 "너희는 이 가증한 일을 행하지 말라"고 말씀하십니다. 간청하는 말은 우리가 하나님께 대해 쓰기에 적합한 것입니다. 우리가 "나를 치지 마소서. 나를 정죄하지 마소서!" 하고 외치는 것은 당연한 일입니다. 그런데 여기서 하나님은 애원하는 자의 위치에 서서 이렇게 외치십니다. "너희는 스스로 망하지 마라. 내가 너희를 처벌할 수밖에 없게 만들지 마라. 내 사랑을 거절하지 마라. 내 아들을 멸시하지 말라. 내 자비를 거절하지 말고, 내 부름을 소홀히 듣지 말라. 죄 가운데서 계속 살지 말라. 곧, '내가 미워하는 이 가증한 일'을 계속해서 행하지 말라."

그것은 마치 하나님께서 사람들에게 큰 동정심이 있어서, 사람의 친어머니나 아버지가 자식에게 하듯이 그들에게 간청하시는 것과 같습니다. 여러분은 아이가 악한 길을 따라가겠다고 굳게 결심한 것처럼 보일 때 어머니나 아버지가 "애야, 그렇게 하지 마라. 제발 그렇게 하지 말라" 하고 말하는 것을 들어본 적이 없습니까? 그런 잘못된 행동이 아버지를 다치게 합니까? 아버지에게 직접 상처를 주는 일은 없습니다. 어머니를 다치게 합니까? 그렇지 않습니다. 어머니를 직접 다치게 하지는 못합니다. 그렇지만 어쨌든 부모는 스스로 자녀들과 완전히 동일시하여서 자녀들이 죄를 범할 때 함께 고통을 받습니다. 그래서 자녀들에게 "그렇게 하지 마라. 너희가 다치면 너희로 인해 나도 흰 머리와 함께 무덤에 내려가게 되지 않도록, 제발 그렇게 하지 말라"고 말합니다.

우렛소리로 하늘을 흔드시는 하나님께서 반역하는 자신의 타락한 피조물들에게 "그렇게 하지 말라"고 말씀하신다는 것이 놀라운 일입니다. 나는 어떻게 해야 이 말을 자꾸 반복해서 말할 수 있을지 알고 싶습니다. 나로서는 불가능한 그 일을 감히 시도조차 해볼 수 없습니다. 나는 하나님께서 다음과 같이 말씀하셨을 때처럼 말할 수 없기 때문입니다. "너희는 내가 미워하는 이 가증한 일을 행하지 말라. 나는 너를 위해서 죄를 미워한다. 나는 바로 죄를 인해서 죄를 미워한다. 나를 슬프게 하지 말라. 나를 화나게 하지 말라. 나는 죄가 너희를 해치기 때문에 슬프다. 너희가 회개하지 않는 한, 죄가 틀림없이 너희에게 가져올 비참과 고통 때문에 슬프다."

이 모든 것 가운데 가장 놀라운 사실은 하나님께서 이렇게 한 번 사람들에게 간청하셨을 뿐만 아니라 또한 그 후로도 많이 간청하셨다는 것입니다. 이는 하나님께서 선지자를 연이어 보내셨고, 또 "너희는 내가 미워하는 이 가증한 일을 행하지 말라"는 이것이 언제나 하나님께서 선지자 각각에 주신 메시지였기 때문입니다. 이 점을 말씀드리고 설교를 마치도록 하겠습니다. 나는 본문의 말씀을 볼 때, 어떤 군주가 잘못을 행하고 있는 신하를 아주 크게 동정하여서 "그렇게 하지 말라, 그렇게 하지 말라"고 말하는 모습을 생각해 볼 수 있습니다. 그러나 어떤 위대한 군주가 신하에게 와서 눈물을 흘리며 거듭, 거듭, 거듭, 몇 번을 되풀이 하여 "내 법을 어기지 말라! 너는 이 가증한 일을 행하지 말라"고 말한다는 것은 상상할 수 없습니다. 그런데, 하늘이여, 이 말을 들으라. 땅이여, 이 기이한 이야기를 듣고 놀라라! 하나님께서 이곳에서 20년 동안, 20년 동안 인내하며, 20년 동안 사랑을 거절당하며 어떤 사람들에게 간청하셨습니다. 내가 20년 동안 설교하였습니까? 여러분 가운데 많은 분들에게는 30년간, 심지어 어떤 분들에게는 40년 동안 설교하였습니다. 여러분도 그 사실을 압니다. 40년 동안 하나님은 광야에서 이스라엘 자녀들을 시험하셨습니다. 그리고 40년 동안 하나님은 여전히 살아 있는 많은 사람들에게 시험을 당하셨습니다.

여러분은 누군가가 여러분을 40년 동안 화나게 하였다면 그에 대해 계속 인내하였겠습니까? 여러분 가운데는 40초도 화를 참지 못할 사람들이 있을 것입니다. 그리고 여러분은 40시간도 되지 못하여 화를 터트릴 것이 분명합니다. 그렇지만 하나님께서는 여러분에게 40년 동안 인내하셨습니다. 그렇습니다. 여러분 가운데 어떤 분들은 40년 동안 내내 복음을 들었습니다. 혹은 여러분이 예배당에 정기적으로 와서 복음을 듣지 않았다고 할지라도 복음이 여러분 아주 가까이에서 설교되었기 때문에 복음을 들었을 것입니다. 여러분 가운데 대부분이 은혜 받을 수 있는 수단이 잘 갖추어진 도시에서 그동안 살아왔습니다. 나는 40년 동안 설교했습니다. 어떤 분들의 경우에는 그 기간이 50년입니다.

저쪽에 앉아 있는 분의 경우에는 지금까지 사랑과 하나님의 자비를 무시해온 세월이 60년이 되었습니다. 그 기간이 70년이 된 분이 있습니까? 75년이 된 분은 없습니까? 80년이 된 분은 없습니까? 어쩌면 그럴 수도 있습니다. 그런데도 여러분은 여전히 하나님을 무시하고 있고 자신의 영혼을 방치하고 있습니다. 나는 어떻게 해야 여러분에게 하나님의 이름으로 "너희는 내가 미워하는 이 가증한 일을 행하지 말라"고 말할 수 있는지 정말로 알고 싶습니다.

자, 친구 여러분, 여러분의 죄를 버리고 어리석은 생각을 단념하십시오. 그리스도를 신뢰하십시오. 하나님께 여러분을 받아주시라고 구하십시오. "내가 일어나 아버지께 가서 이르기를 아버지 내가 하늘과 아버지께 죄를 지었나이다"(눅 15:18) 하고 말하십시오. 여러분이 하나님께 그렇게 고백하면 하나님께서 여러분을 받아주시리라는 것을 확신할 수 있습니다. 그렇지 않으실 것이라면 하나님께서 여러분에게 오늘 밤의 이 간청하는 메시지를 보내시지 않았을 것입니다. 하나님께서 여러분이 그의 얼굴을 구할 때 여러분을 받아주실 뜻이 없었다면 지금까지 여러분의 목숨을 살려서 이 자리에 있게 하시지 않았을 것입니다. 구원의 길은 주 예수 그리스도를 믿는데 있다는 것을 기억하십시오. 주님을 믿으십시오. 그러면 하나님께서 은혜 가운데 여러분이 죄를 이기도록 도우십니다. 여러분에게 새로운 본성을 주시고, 그래서 여러분이 구원을 받게 하십니다. 지금 예수님을 믿으십시오. 지금 예배가 거의 끝나갑니다. 시계가 예배가 끝나는 시간을 쳤습니다. 그러나 자비의 시계는 아직 종을 치지 않았습니다. 하나님께서는 지금도 여러분에게 은혜를 베풀기 위해 기다리고 계십니다. "주 예수를 믿으라 그리하면 네가 구원을 받으리라"(행 16:31). 지금 예수님을 믿으십시오. 주님께서 무한한 자비로 여러분이 믿을 수 있게 해주시기를 구합니다! 아멘.

제
33
장
—

우는 자들, 묻는 자들, 언약자들

—

"여호와의 말씀이니라 그 날 그 때에 이스라엘 자손이 돌아오
며 유다 자손도 함께 돌아오되 그들이 울면서 그 길을 가며 그
의 하나님 여호와께 구할 것이며 그들이 그 얼굴을 시온으로
향하여 그 길을 물으며 말하기를 너희는 오라 잊을 수 없는 영
원한 언약으로 여호와와 연합하라 하리라." — 렘 50:4,5

　　이 장(章)의 전반부는 이스라엘을 잔혹하게 압제하는 자의 멸망을 선언합
니다. "바벨론이 함락되고 벨이 수치를 당하며 므로닥이 부스러진다." 앗수르와
바벨론의 군대가 이 시대의 큰 압제자였는데, 하나님께서 자기 백성들을 징계하
시는데 그 군대를 사용하셨습니다. 그래서 마침내 이스라엘과 유다가 포로로 끌
려가 유프라테스 강변에 이르렀고, 그들 조상의 땅은 그들을 더 이상 알지 못하
게 되었습니다. 바벨론 포로들의 슬픈 노래는 이것이었습니다. "우리가 바벨론
의 여러 강변 거기에 앉아서 시온을 기억하며 울었도다"(시 137:1). 그런데 놀라
운 변화가 일어날 것입니다! 하나님께서 바벨론을 심판하시고 이 오만한 백성
들을 그들의 잔학함과 압제를 인하여 처벌하시는 날에, 이스라엘과 유다가 다
시 자기 땅으로 올 것입니다. "그 날 그 때에" 짓밟힌 자들에게 희망이 있을 것입
니다. 즉, 여호와께서 그 때에 대한 은혜의 약속들을 지키실 것입니다. 그래서 정
해진 그 시간에 이스라엘이 해방될 것입니다. "양 떼의 어린 것들이 반드시 적

을 찾아내고"(렘 49:20, 개역개정은 "양 떼의 어린 것들을 그들이 반드시 끌고 다니며" —역주) 적의 세력에서 달아날 것입니다. 하나님은 쫓아낸 자기 백성을 다시 데려오기 위한 수단들을 궁리하시는데, 그 수단들 가운데서 우리가 보통 볼 수 있는 것은 정복자를 멸망시키는 것입니다. 그러므로 하나님께서 바벨론에 대해 보복하실 때, 그것은 하나님께서 자기 백성을 구원하시려는 것입니다. 이 두 가지 사실이 18절과 19절에서 어떻게 함께 결합되는지 봅시다. "그러므로 만군의 여호와 이스라엘의 하나님이 이와 같이 말하노라 보라 내가 앗수르의 왕을 벌한 것 같이 바벨론의 왕과 그 땅을 벌하고 이스라엘을 다시 그의 목장으로 돌아가게 하리니 그가 갈멜과 바산에서 양을 기를 것이며 그의 마음이 에브라임과 길르앗 산에서 만족하리라." 바로의 군대가 바다에 빠져 죽었을 때 이스라엘은 구원받았습니다. 시혼과 옥이 죽임을 당했을 때 자기 백성에 대한 자비가 영원히 지속되는 것을 볼 수 있습니다. 아말렉의 멸망은 야곱의 구원이고, 바벨론의 패배는 예루살렘의 회복입니다. 유대인들처럼 철저히 짓밟히고 뿔뿔이 흩어진 민족이 포로 생활에서 돌아온다는 것은 매우 놀라운 일이었습니다. 그것은 다음과 같이 기록된 대로 하나님의 능력과 신실하심을 보여주는 지극히 놀라운 예였습니다. "이스라엘과 유다가 이스라엘의 거룩하신 이를 거역하므로 죄과가 땅에 가득하나 그의 하나님 만군의 여호와에게 버림 받은 홀아비는 아니니라"(렘 51:5).

나는 갈대아인들과 유대인들에 대해서 많이 이야기하지 않고, 우리 자신에 관해 이야기하겠습니다. 우리도 본성적으로 우리 하나님과 그의 영광의 처소에서 멀리 떨어진 곳에 추방당한 상태에 있습니다. 우리는 마땅히 되었어야 하는 그 상태에 있지 않습니다. 하나님은 애초에 우리를 죄인으로 만드시지 않았고 순종하는 행복한 피조물로 만드셨습니다. 우리의 현재 파멸된 상태는 우리의 본래 상태가 아닙니다. 우리는 큰 원수의 세력 아래 떨어지게 됨으로 말미암아 추방당한 것입니다. 죄 때문에 우리는 포로로 사로잡혔습니다. 우리는 크신 아버지의 집을 떠나 먼 나라에 있습니다. 때가 오는 것은 큰 복입니다. 그리고 때가 왔고, 그래서 이 때는 돌아갈 기회와 돌아오라는 초청이 있습니다. 오늘날 원수의 세력은 깨어졌고, 그래서 우리는 죄의 바벨론으로부터 도망할 수 있습니다. 고레스보다 크신 이가 두 짝으로 된 문을 열고, 쇠 빗장을 산산이 부수시며 포로들에게 자유를 선포하셨습니다. 이제 우리는 우리 하나님께로 돌아갈 수 있고,

우리 하나님의 도성에 속한 거룩하고 복된 교제를 마음껏 누릴 수 있습니다.

하나님께서 사람들로 하여금 하나님의 얼굴을 구하도록 인도하실 때에는 의문들이 일어나고, 근심이 많아지고 어려운 일들이 늘어납니다. 망한 지파들이 그저 돌아가는 길을 생각하기만 해서는 바벨론으로부터 돌아갈 수 없었습니다. 그 길은 멀고 위험하였으며, 한 번도 가보지 않은 험난한 길이었습니다. 시온으로 돌아가는 사람들은 그 여행이 즐거운 행진이나 화려한 행렬이 전혀 아니라는 것을 깨달았습니다. 하나님께서 쫓겨난 자기 백성들에게 하나님께로 돌아가려는 마음과 의지를 주실 때 일이 그와 같습니다. 그러므로 그들이 돌아가려는 마음 먹는 즉시 아버지 하나님의 집에 도착하는 것이 아닙니다. 그들은 바라는 처소에 이르기 전에 몇 개월 동안 피곤한 순례 여행을 견뎌야 할 수가 있습니다. 앞에서 말했듯이, 돌아가는 때는 근심하는 때입니다. 사람들이 방황할 때는 분별이 없지만 돌아설 때는 반드시 무거운 생각과 진지한 고민을 하기 마련입니다. 나는 하나님을 찾기 시작한 사람들에게 여러 질문에 답을 하고 두려움을 제거하며 돌아갈 길을 분명히 보여주는, 하나님의 손에 들린 도구가 되고 싶은 마음이 간절합니다. 하나님을 찾기 시작한 사람은 슬퍼합니다. 나는 그들을 위로하고 싶습니다. 그들이 길을 찾으면 그들에게 즐거이 길을 가르쳐 주고 싶습니다. 그들이 하나님의 무리에 속하기를 간절히 바라는데, 그들을 도와주고 싶습니다. 지난 주일 밤은 우리 교회 아버지들을 위해 설교하였는데, 오늘 밤은 거룩한 생활을 이제 막 시작한 분들을 위해 설교하도록 하겠습니다. 성령께서 내게 하나님을 찾는 자를 평강의 길로 인도하는 생각과 말을 주시기를 구합니다.

정말로 하나님을 찾고 있는 사람은 누구나 자기가 바르게 찾고 있다는 것을 확신하고 싶어 합니다. 그는 자신의 영혼이 너무나 귀해서 아무렇게나 위험에 방치할 수 없기 때문에 모든 것을 당연한 것으로 여기려고 하지 않습니다. 그는 심지어 자신에 대한 스스로의 판단도 믿지 않습니다. 그는 자기가 시온을 바라보고 있다고 생각하면서도 여전히 시온으로 가는 길을 묻습니다. 그는 묻습니다. "내가 느끼는 것이 정말로 회개하는 사람들이 느끼는 바와 같은가? 믿음으로 의롭다 함을 받은 사람들이 믿는 것처럼 내가 믿고 있는 것인가? 내가 하나님을 기쁘시게 하는 방식으로 하나님을 찾고 있는 것인가?" 그들은 아주 오랫동안 길 잃은 양으로서 이 산 저 산으로 떠돌아 다녔기 때문에 자신들의 안식처를 잊어버렸고 그래서 자기들이 또다시 그릇된 길을 가지나 않을까 하는 당혹스러움에 아주 근심스럽게 묻습니다. 어쩌면 우리는 본문 말씀을 가지고 그들에게 어떻게 다른 사람들이 길을 찾고 발견하였는지를 설명할 수도 있을 것입니다. 본문의 말씀이 그들에게 지침과 위로가 될 수 있을 것입니다. 이 말씀이 작용하는데 차이가 있고 모든 사람이 똑같이 두려움을 느끼거나 똑같이 기쁨을 누리면서 그리스도에게 오는 것은 아닙니다. 그럴지라도 거룩한 성을 향하여 가는 모든 순례자들에게는 같은 점이 있습니다. "물에 비치면 얼굴이 서로 같은 것 같이 사람의 마음도 서로 비치느니라"(잠 27:19). 하나님 백성들의 경험은 근본적인 원칙에서 언제나 같습니다. 그리스도께 오는 죄인들은 모두 같은 슬픔을 견디고 비슷한 갈등을 겪습니다. 즉, 같은 소원, 같은 두려움, 같은 희망을 느낍니다. 그리고 여호와 자기 하나님을 찾는 자들은 머지않아 같은 사실들을 깨닫게 됩니다.

본문을 주의 깊게 살펴보면, 하나님의 인도로 말미암아 시온에 돌아온 사람들은 첫째로 슬퍼하는 자들이었고, 둘째로 묻는 자들이었으며, 셋째로 계약자들이었습니다. 이렇게 말하는 것은, 이들이 결국은 영원한 언약 안에서 하나님께로 돌아왔기 때문입니다.

1. 첫째로, 하나님께로 돌아온 사람들이 은혜의 과정 중에는 무엇보다 슬퍼하는 자들이었습니다.

"여호와의 말씀이니라 그 날 그 때에 이스라엘 자손이 돌아오며 유다 자손도 함께 돌아오되 그들이 울면서 그 길을 가며 그의 하나님 여호와께 구할 것이며." 여러분, 여러분이 모든 죄를 지은 후에 여러분에게 죄에 대한 큰 슬픔이 없고 주님을 따라 애통해하는 것이 없다면 나는 여러분이 정말로 하나님께로 돌이키고 있다고 믿지 않을 것입니다. 어떤 구도자들은 이 쓴 잔을 아주 깊이 들이마시게 됩니다. 놀람의 포도주가 그들의 입술에 오래 남아 있고, 그들의 죄의식은 고통과 번민에 이를 만큼 심각합니다. 그런가 하면 이 쓴 맛을 그만큼 느끼지는 않는 사람들도 있다는 것을 압니다. 그러나 그들의 잔에도 이 쓴 맛이 들어 있습니다. 그럼에도 불구하고 단지 그리스도의 달콤한 사랑이 그들에게는 아주 신속하고 충만하게 계시되므로 건강에 좋은 회개의 쓴 쑥이 은혜로운 사죄의 지극한 달콤함 밑에 가리어지는 것입니다. 그들의 경우에는 비가 온 뒤에 맑고 화창한 날씨가 너무 빨리 오는 바람에 슬픔의 소나기가 있었다는 것을 거의 알지 못하는 것입니다. 그들의 경우에는 확실히 슬픔이 지나갔습니다. 그러나 사실은 거기에 슬픔이 있습니다. 다만 하나님의 자비에 대한 큰 기쁨이라는 다른 요소가 슬픔의 모든 날카로움을 가리는 것일 뿐입니다. 친구 여러분, 여러분은 유대인들이 포로 생활에서 돌아올 때 자기들을 그 유배지로 쫓아 보낸 자신들의 죄에 대해 크게 슬퍼하지 않았을 것이라고 도무지 생각할 수 없을 것입니다. 그들이 이전에 악하게 하나님에게서 멀어진 것에 대해 슬퍼하지 않는다면 어떻게 그들을 하나님께로 돌이킬 수 있겠습니까? 하나님께서 죄를 짓고도 회개하지 않는 자를 품에 끌어안으실 수 있겠습니까? 범죄자가 자신의 범죄를 회개하지 않는 한, 어떻게 그에게 평안이 있을 수 있겠습니까? 자신이 옆길로 간 것에 대해 마음으로 후회하지 않고, 자신의 죄에 대해 슬퍼하지 않으며, 하나님을 슬프게 한 것에 대해 괴로워하지 않는 한, 어떻게 하나님께서 그를 받아주실 수 있겠습니까? 자비의 날에도 반드시 소나기가 있을 것입니다. 언제나 오랫동안 세차게 몰아쳐서 홍수를 일으키는 비만 내리는 것은 아닙니다. 그러나 어떤 경우에든지 부드러운 빗방울은 반드시 있습니다. 우리가 하나님과 화목하기를 바란다면 반드시 하나님께 대해 부드러운 마음을 가져야 합니다. 마음으로 이렇게 소리쳐야 합니다. "그처럼 선하신 주님께 어떻게 내가 죄를 지을 수 있었단 말인가! 어떻게 내가 하나님의 사랑에 저항할 수 있었단 말인가! 어떻게 구주님과 그의 풍성한 은혜를 거절할 수 있었단 말인가! 하나님이여, 저를 용서하여 주옵소서!"

진심으로 한다면, 이런 고백은 한숨과 슬픔 없이는 결코 말할 수 없는 것입니다. 우리의 허다한 죄를 생각할 때 영혼이 흔들리고 어느 정도 비통한 심정이 들지 않을 수 없습니다. 그래서 이런 말씀이 있는 것이 아닙니까? "그들이 그 찌른 바 그를 바라보고 그를 위하여 애통하기를 독자를 위하여 애통하듯 하며 그를 위하여 통곡하기를 장자를 위하여 통곡하듯 하리로다"(슥 12:10). 그리스도를 보는 것이 생명을 주고, 또한 생명의 표지들을 일으킵니다. 이 표지들 가운데서 우리는 후회할 것이 없는 회개를 일으키는 경건한 슬픔을 봅니다. 용서받았다는 의식까지도 이 거룩한 슬픔을 물리치지 못합니다. 오히려 그 슬픔을 더 가중시킵니다. 우리가 용서받았다는 것을 확신하면 할수록 구주님을 피 흘려 죽게 만든 그 죄를 그만큼 더 혐오하게 됩니다. 우리가 하나님의 은혜를 확신하면 할수록 우리가 무한히 은혜로우신 하나님께 원수로 지냈다는 사실을 그만큼 더 후회하게 됩니다. 구속받은 모든 자에 대해 성경은 이렇게 쓰고 있습니다. "그들이 울며 돌아오리니 나의 인도함을 받고 간구하리라"(렘 31:9).

　이스라엘과 유다의 경우에는 이 슬픔이 너무 커서 그것이 다른 감정들을 억눌렀다는 사실을 살펴봅시다. 유다와 이스라엘 사이에는 오랜 반목이 있었습니다. 그들은 형제였기 때문에 그렇게 반목해서는 안 되었습니다. 그러나 서로 간에 지독한 원수 사이가 되었습니다. 그런데 이제 그들이 여호와께 돌아올 때 이런 글을 읽습니다. "이스라엘 자손이 돌아오며 유다 자손도 함께 돌아오되." 함께 하나님을 찾는 일에 행복한 연합을 이룬 것입니다! 죄에 대한 거룩한 슬픔에서 나온 첫 번째 결과들 가운데 한 가지는 마음에서 다른 사람들에 대한 모든 형태의 적의와 다툼을 버리는 것입니다. 우리가 하나님과 화목할 때 사람들과도 화목하게 됩니다. 나는 상호 간에 증오심으로 불탔던 사람들이 똑같이 성령의 감화를 받고 통회하는 마음으로 굴복하였을 때 서로 사랑하는 것을 보았습니다. 만일 여러분이 진지하게 묻는 사람으로서 앞으로 나가 천국에 이르는 길을 찾는다면, 여러분이 집 앞에서 가장 악한 원수를 만났는데 그가 여러분에게 "나는 지금 내 죄 때문에 하나님의 자비를 구하고 있습니다" 하고 말한다면, 나는 틀림없이 여러분이 서로 손을 잡고 함께 울 것이라고 생각합니다. 회개한다고 말하는 어떤 사람이 마찬가지로 회개하며 그리스도께 온 또 다른 사람을 보고 뒤로 물러나며 "나는 저 사람과 전혀 상종할 수 없어"라고 말한다면, 나는 서슴지 않고 그를 위선자라고 부를 것입니다. 혹은 그가 진지한 사람이라고 할지라도 나는 그에게 주님은 분명히 그의 회개를 받으실 수 없고 또 받으시지도 않을 것이며, 그에게 평안을 주실 수 없고 주시지도 않을 것이라고 말하지 않을 수 없습니다.

　여러분이 형제를 용서하지 않으려고 한다면 어떻게 하나님께서 여러분을 용서하시겠습니까? 여러분이 형제의 죄를 용서할 수 없다면 어떻게 "우리 죄를 사하여 주시옵소서"(마 6:12)라는 기도를 감히 드릴 수 있겠습니까? 우리가 하나님을 노여우시게 했다는 것을 뉘우치는 마음이 들면 사람들이 자극한다고 할지라도 화를 내지 않을 것입니다. 아론의 지팡이가 다른 모든 지팡이를 삼켰듯이 죄에 대해 진심으로 슬퍼하게 되면 다른 죄인들에 대해 걸핏하면 화를 내려는 심정이 사라질 것입니다. 진정으로 회개하는 사람들은 자기 영혼의 은밀한 방에서 이렇게 말합니다. "내가 사람에 대해 좋지 않게 생각하고 있는 것은 이제 모두 사라졌다. 내가 하나님께 범죄한 것 외에는 아무것도 생각나지 않기 때문이다. 하나님께서 내 죄를 용서하려고 하신다면, 내가 다른 사람들 때문에 겪을 수밖에 없었던 모든 것이 무한한 자비의 날에는 저울에 다는 먼지처럼 작아서 생각하거나 고려할 가치가 전혀 없을 것이다."

나는 지금 하나님을 찾고 있는 여러분이 스스로 올바르게 가고 있는지 확인하도록 돕는 방향으로 설교하려 하고 있습니다. 다음은 여러분에게 간단히 시험해 볼 수 있는 방법이 될 것입니다. 죄에 대해 어느 정도 슬퍼하는 것이 없다면, 자신의 죄악 때문에 가슴을 치며 한탄하는 것이 없다면, 여러분은 하나님께 제대로 돌이킬 수 없습니다. 여러분이 과거에 누가 되었든 여러분의 감정을 상하게 한 모든 일을 마음에서 아주 깨끗이 지워버리는 일이 없으면, 하나님께 바르게 갈 수 없는 것은 확실한 일입니다. 유다와 이스라엘은 하나님께서 그들에게 자비를 베푸실 때 서로에 대한 적의를 잊고, 그들이 결코 잊어서는 안 되었던 형제애를 깨닫게 됩니다. 지금 내 설교를 듣고 있는 분 가운데 하나님을 찾고 있지만 빛을 향해 별로 나아가고 있지 않는 것처럼 보이는 사람들이 있다면, 그분들에게 적의와 분노의 죄가 문 앞에 엎드려서 은혜의 길을 막고 있는 것은 아닌지 물어보라고 권합니다. 거리낌 없이 진심으로 충분히 서둘러 그들을 용서하고 나서 "우리가 우리에게 죄 지은 자를 사하여 준 것 같이 우리 죄를 사하여 주시옵소서" 하고 기도하십시오. 가족 간의 불화가 사소한 일처럼 보일 수 있습니다. 하지만 그것이 많은 사람을 그 악한 자의 치명적인 속박에 묶어 두고 있을 수 있습니다. 여러분의 형제와 화해하도록 하십시오. 그렇지 않으면 여러분이 하나님과 화목할 수 없습니다.

본문을 면밀히 살펴보면, 쫓겨났던 자들이 돌아오는 길에 행진하면서 슬퍼하였다는 것을 다시금 보게 됩니다. "울면서 가며"라는 말에 유의합시다. 우리는 아마도 그들이 자기 하나님께로 가기 시작했을 때, 갑자기 마음이 아주 밝아져서 더 이상 울지 않았을 것이라고 생각할 수도 있습니다. 그런데 그렇지 않았습니다. 그들은 "울면서 갔습니다." 하나님께로 가는 진실된 마음은 자기 행위를 뉘우치면서 길을 떠납니다. 그 마음은 자신의 죄와 죄책, 응분의 벌을 느끼므로 슬퍼합니다. 골방을 찾아서 기도를 드립니다. 그러나 그 간구에는 사랑을 인하여 슬퍼하며 끙끙거리는 것처럼 비둘기의 울음소리가 들어 있습니다. 기도가 끝났을 때는 자신의 기도에 불만을 품고 마치 이렇게 말하는 것처럼 가슴을 칩니다. "그렇게 해서는 안 되는데 나는 너무 냉랭하게 기도를 해. 그리스도를 볼 때는 그만을 보아야 하는데, 절반은 십자가 외에 다른 어떤 것에 곁눈질을 하는 게 아닌가 걱정이야." 정직하게 믿는 영혼은 자신이 잘못 믿을까봐 두려워합니다. 진정으로 기도하는 마음은 자신이 잘못된 것을 구할까봐 기도에 신경을 많이 씁니다. 아마도 더욱 뜨겁게 드리지 못했다는 깊은 후회가 따르는 기도만큼 진지한 기도는 없을 것입니다. 간구하는 사람이 자신의 부르짖음에 불만을 품고 있다는 바로 그 사실이 하나님께서 그 기도에 만족하심을 나타내는 증거가 될 것입니다. 우리의 겸손이 우리 기도가 진심에서 나온 것임을 보여주는 수위표(水位標)입니다. 우리가 자신이 기도를 잘했고, 거의 우리의 기도가 응답을 받아야 할 권한이 있는 것처럼 생각한다면 우리는 시은좌 앞에 나가지만 아무 열매를 거두지 못할 것입니다. 여호와께서는 가인과 그의 제사를 받지 않으셨습니다. 그것은 그가 드린 제사에서 죄에 대한 언급이 전혀 없고, 속죄에 대한 예표가 없으며 죄를 고백하는 일이 전혀 없었기 때문입니다. 죄가 있다고 고백하는 세리들이 자기만족에 빠져 있는 바리새인들보다 오히려 의롭다 함을 받습니다. 죄의식 때문에 기도하게 될 때, 기도 자체가 회개를 일으키는 또 다른 원인처럼 보이는데, 이는 기도에 섞여 있는 죄 때문에 그렇습니다. 하나님을 구하는 동안 마음을 낮추게 하는 겸손을 느끼는 사람은 바르게 가고 있는 것입니다. 이제 하나님을 찾는 구도자가 성경을 펴고 앉아서 약속을 읽습니다. 그리고 성경의 약속을 읽으면서 그 약속에 참으로 큰 자비가 있다고 생각합니다. 그러면서 한편으로 이 말을 덧붙입니다. "슬프다! 내가 그동안 사랑의 하나님을 슬프시게 하였으니 내 인생이 참으로 악하였구나." 그 다음에 깨어진 바위에서 왈칵 쏟아지는 물처럼 눈물이 흘러내립니다. 이는 신자는 죄사함이 실제적인 문제이고 또 자기에게 행해지는 것임을 알기 때문에, 더욱더 회개하는 슬픔으로 마음이 녹아내리기 때문입니다. 이것이 회개하는 신자의 노래입니다.

> "주님의 자비는 내 마음으로 다 이해할 수 없을 만큼 커서
> 주님의 선하심에 마음이 녹고
> 마음의 완고함이 사라지는 것이 기이하니 내가 땅에 엎드려
> 울며 내가 발견한 자비를 찬양하네."

이 약속을 굳게 붙잡고 그리스도를 바라보며 자신이 용서받은 것을 알았을 때

진실한 영혼은 계속해서 자기 하나님께 더욱더 가까이 갑니다. 그렇지만 그렇게 가까이 가는 동안 내내 그의 심정에는 죄로 인한 자책감과 황송함이 가득합니다. 그는 "내 구원의 하나님을 높일지로다. 저가 나를 죄에서 건지셨도다"(시 18:46; 39:8) 하고 외치는 동안, 또한 속으로 슬퍼하며 큰 소리로 말합니다. "슬프다! 내가 그토록 죄를 지어 성령님을 슬프시게 하였다니! 그처럼 놀라운 사랑을 거절한 것이 부끄럽다!" 이렇게 "울면서 간다"는 말은 행동과 회개가 은혜롭게 뒤섞이는 것을 묘사합니다.

　　본문 말씀을 돌려보면, "가면서 운다"는 것을 볼 뿐만 아니라 또한 울면서 간다는 말도 보게 됩니다. 여기서 나타내려고 하는 거룩한 슬픔은 결국은 가만히 앉아 있는 것으로 끝나지 않습니다. "그들이 갈 것이라"(렘 50:4, 개역개정에는 이 말이 번역되지 않았음 —역주)는 말이 덧붙여지기 때문입니다. 여기서 "운다"는 말은 두 번 언급되는 '간다'는 말 사이에 삽입되었습니다. "가면서 울고 그들이 길을 가며 여호와를 구할 것이라"(개역개정은 "울면서 그 길을 가며 그의 하나님 여호와께 구할 것이라" —역주). 앉아서 "나는 내 죄를 슬퍼하겠지만 구주님을 찾지는 않겠다"고 말하는 것은 회개하지 않는 사람이 회개하는 체하는 것이고, 그 슬픔은 생활에서 죄를 깨끗이 씻는 일이나 하나님을 부지런히 찾는 일을 전혀 가져오지 못하는, 아무 열매 없는 슬픔인 것입니다. 그러한 슬픔은 영원히 영혼에 떨어질 후회라는 무서운 소나기의 첫 방울인 것입니다. 후회는 죽지 않는 구더기이고 꺼지지 않는 불입니다. 지금 망한 상태에 있는 사람들은 모두 자기가 스스로 파멸에 이른 것에 한탄할 것이 분명합니다. 그러나 그 한탄이 하나님과 화해하였다는 증거는 아닙니다. 많은 사람들이 스스로 정죄 받는 상태에 이른 것에 대해 일종의 회개와 같은 심정을 갖습니다. 그러나 그 심정만 있다면 그것은 진정한 회개가 아닙니다.

　　방탕한 아들이 "내가 일어나 아버지께 가리라"고 큰 소리로 외칠 때, 바로 그 때 은혜의 작용이 확실히 시작되었습니다. 그러나 그 전까지는 아니었습니다. "내가 주려 죽는구나" 하고 말하는 것으로는 충분하지 않습니다. 그러나 거기에 이어서 "내가 일어나 아버지께 가서 이르기를 아버지, 내가 아버지께 죄를 지었나이다" 하고 말할 때, 바로 그 때 진정한 전환점에 도달한 것입니다. 즉, 구원이 우리 집에 이른 것입니다. 죄인이 죄에 대해 진정으로 슬퍼하며 십자가로 갑니다. 여러분이 회개에 관해 이야기할 때, 그 회개가 십자가를 등지고 있다면 그런 회개는 버려야 합니다. 여러분이 예수 그리스도의 피를 의지하지 않고 여러분의 눈물과 슬픔과 고통에 기대고 있다면 여러분은 헛된 겉치레를 신뢰하고 있는 것입니다. 헛되고 헛된 일입니다. 여러분이 자신의 눈물을 신뢰한다면 여러분의 눈물이 여러분에게 화상을 입힐 것입니다. 여러분이 자신의 신음 소리를 의지한다면 그 신음 소리는 여러분의 사형 판결에 대한 메아리가 될 것입니다. 죄인이 스스로 신뢰하려고 하는 회개는 하나님께서 받으실 만한 것으로 만들 소금이 부족하기 때문에 깨끗이 쓸려가 버릴 것입니다. 회개하는 길은 제물에 눈을 돌려 속죄의 피가 흐르는 것을 보고 귀한 핏방울 하나하나를 눈여겨보며 죽음에서 헤아릴 수 없는 그 깊이가 드러난 사랑을 믿는 것입니다. 그러는 동안 내내 우리는 이렇게 말하지 않을 수 없을 것입니다. "나의 하나님, 나의 하나님, 주님께 대한 나의 지독한 범죄 때문에 그러한 희생 제물이 필요하였다니, 내가 속으로 신음하며 괴로워합니다." 바로 이것이 우리에게 필요한 거룩한 혼합, 즉 울면서 가는 것입니다. 한편으로 울지만, 여전히 가면서 하나님을 구하는 것입니다.

우리는 "그들이 가며 그의 하나님 여호와께 구할 것이라"는 이 마지막 말씀을 간과해서는 안 됩니다. 여러분, 바로 이것이 여러분에게 자신이 현재 느끼고 있는 상태가 여러분을 올바르게 인도하고 있는 것인지 확인해 볼 수 있는 지침이 될 것입니다. 여러분은 지금 무엇을 구하고 있습니까? 어떤 사람은 말합니다. "나는 구하고 있어요. 평안을 구하고 있습니다." 여러분은 곧 평안을 얻을 수도 있습니다. 진정한 평안을 얻을지도 모릅니다. 그러나 나는 여러분이 확실히 얻을 수 있을지는 모르겠습니다. 또 어떤 사람은 말합니다. "나는 죄의 용서를 구하고 있습니다." 이번에도 나는 여러분이 죄의 용서를 얻기를 바랍니다. 그러나 나는 여러분에게 확실히 얻을 것이라고 말하지는 못합니다. 어떤 사람이 "나는 지금 하나님을 구하고 있어요. 비록 내가 그동안 하나님께 원수로 지냈지만 이제는 무엇보다 하나님을 친구로 삼고 싶어요"라고 말한다면, 나는 그에게 크게 희망을 갖습니다. 속으로 이렇게 외치고 있는 사람이 있다면 나는 그를 기뻐합니다. "나는 아버지 하나님의 얼굴이 보고 싶고, 하나님께서 '내가 네 죄를 없이 하였다'고 말씀하시는 것을 듣고 싶다. 하나님과 함께 거하며 하나님을 섬기고 하나님께 순종하며 하나님을 닮고 싶다. 그동안은 하나님과 나 사이에 다툼이 있었고, 다른 신들이 나를 지배했지만, 이제는 하나님께서 내 주와 왕이 되시고 나는 하나님의 겸손하고 충성스런 종이요 그의 사랑하는 자녀가 되고 싶다. 나는 하나님을 갈망하고 갈망한다!"

형제자매 여러분, 여러분은 우리가 구원받기 위해서는 많은 것들이 필요하다고 압니다. 그렇지만 필요한 것은 한 가지입니다. 나는 그 한 가지를 이렇게 설명하고 싶습니다. 벌거벗은 채 먹지도 못하고 병들고 더러운 모습으로 하수구에 버려져 있는 데서 구해낸 어린 아이가 있습니다. 여러분이 내게 그 아이가 필요한 목록을 만들어 달라고 한다면, 필요한 것들을 다 적기 위해서는 내게 큰 종이 한 장을 주어야 할 것입니다. 그 큰 종이를 받고서도 나는 많은 것들을 다 쓰지 못할까봐 걱정할 것입니다. 그 불쌍한 아기가 필요한 것을 한 마디로 말씀드리겠습니다. 그 아기에게 필요한 것은 아기의 엄마입니다. 만약 아기에게 엄마가 있다면 아기에게 필요한 모든 것이 있는 것입니다. 그와 같이 불쌍한 죄인에게 필요한 것을 말하려고 한다면 한참을 얘기해야 할지 모릅니다. 그러나 여러분이 죄인이 하늘 아버지를 원한다고 말한다면, 여러분은 죄인에게 필요한 모든 것을 이야기한 것입니다. 바로 이것이 방탕한 아들에게 필요했던 것이 아닙니까? 그 아들은 아버지가 필요했습니다. 그래서 자기 아버지에게 왔을 때 그는 필요한 모든 것을 공급받았습니다. 여러분, 여러분이 지금 하나님을 구하고 있다면, 바르게 구하고 있는 것입니다. 바로 이것이면 충분할 것입니다. 이 사실은 여러분이 지금 바른 길에 있는지 아닌지를 판단하는데 여러분에게 큰 도움을 줄 것입니다.

이와 같이 쫓겨났다가 돌아오는 그들은 무엇보다 슬퍼하는 자들이었습니다.

2. 둘째로, 이 슬퍼하는 자들은 묻는 자들이 되었습니다.

우리는 본문의 두 번째 구절에서 "그들이 그 얼굴을 시온으로 향하여 그 길을 물으리라"는 것을 읽습니다. 그들은 무엇인가를 알고 있었던 것이 분명합니다. 그들이 얼굴을 바른 방향으로 돌렸기 때문입니다. 그런데 그들은 바벨론에서 태어나고 자랐기 때문에 예루살렘으로 가는 길을 한 번도 밟아본 적이 없었습니다. 그 길이 그들에게는 완전히 생소한 것이었습니다. 그들은 시온이 있는 방면을 조금 알았습니다. 그래서 그쪽을 본 것입니다. 그러나 그들이 그 길에 관해서는 아무것도 알지 못했습니까? 그러면 그들이 어떻게 해야 합니까? 그들에게 도움이 되는 점은 그들이 자신의 무지를 고백하기를 부끄러워하지 않았다는 것입니다. 하나님을 만난 사람들은 결코 자신의 지혜를 자랑하지 않습니다. 세상에는 하나님의 말씀과 성령님께 배우는 것에 동의할 수만 있다면 회심할 사람들이 많습니다. 그런데 그들은 너무 똑똑하고 아는 것이 너무 많아서 은혜의 학교에 들어갈 수 없습니다. 예수께서는 그런 사람들에게 이렇게 말씀하십니다. "너희가 돌이켜 어린 아이들과 같이 되지 아니하면 결단코 천국에 들어가지 못하리라"(마 18:3). 자신의 무지를 아는 것이 지혜로 들어가는 시작입니다. 자신이 알지 못한다는 것을 기꺼이 말하려고 하지 않는 사람은 결코 알지 못할 것입니다. 포로로 잡혀갔던 이 사람들은 자신들의 무지를 기꺼이 고백하였습니다. 그들은 조금 아는 것이 있었지만, 자기들이 하나님의 전에 서서 하나님과 복된 교제를 나누려면 배워야 할 것이 훨씬 많다고 생각했습니다.

그들이 길을 물었다는 사실에서 이 묻는 사람들이 가르침을 잘 받는 사람이었다는 것을 분명히 알 수 있습니다. 그들은 지시에 복종하였을 뿐만 아니라 또한 열심히 배우려고 하였습니다. 그래서 그들은 정보를 달라고 구하였습니다. 어린 아이들이 질문을 많이 한다는 것은 희망적인 표시입니다. 우리가 아이들에게 지식을 바라도록 만들 수 있다면, 지식을 얻고자 하는 욕구는 지식 자체보다 더 소중할 것입니다. 오늘날 지식을 얻는 방식은 기억을 채워 넣는 것입니다. 그러나 우리 젊은이들이 지식을 갈망하고 질문을 많이 할 수 있게 된다면, 그들의 지성은 훨씬 더 효과적으로 유익을 얻을 것입니다. 하나님을 찾는 불쌍한 죄인이 가르침을 잘 듣는 마음이 있어서 다음과 같이 기도할 수 있다면, 크게 감사할 일입니다. "주 예수여, 주님의 복음을 내 마음에 써 주십시오. 언제든지 쓰실 수 있도록 제 마음은 준비되어 있습니다. 주님께서 내게 시키실 일을 말씀해 주시기만 하십시오. 말씀해 주시면 조금도 주저하지 않겠습니다. 주께서 도우시면 기꺼이 그 일을 하겠습니다. 혹은 내가 주님의 발 앞에 앉아 있는 것밖에 할 일이 없다면, 그렇게 말씀해 주십시오. 주님의 은혜를 받으면 할 수 있으니, 그렇게 하겠습니다." 가르침을 잘 듣는 이 마음은 모든 사람에게 큰 은혜입니다. 그것은 사실 성령의 귀한 열매입니다. "그들이 시온으로 향하여 그 길을 물으며." 그러므로 그들은 자신이 무지하다는 것을 알 것이고, 기꺼이 배우려고 할 것입니다. 이런 것은 하나님께서 받으시는 좋은 특징들입니다.

그뿐 아니라, 그들은 바른 길에 서 있음에도 불구하고 염려할 것입니다. "그들이 그 얼굴을 시온으로 향하여 그 길을 물을 것이라." 그들은 바른 방향으로 여행을 하고 있습니다. 그런데도 길을 묻습니다. 그들은 바벨론에서 서쪽, 곧 예루살렘 방향을 보았습니다. 그들이 위치를 서쪽으로 잡았는데, 이 위치는 그들의 경우에 희망적인 의미가 담겨 있었습니다. 그들은 그들의 첫 조상이 갈대아를 떠날 때와 같이 가나안 땅을 향하여 출발하였습니다. 그들은 가는 길에 대한 지도가 없기 때문에 쫓겨나 살던 곳으로부터 하나님의 도성에 이르는 길을 묻습니다. 그들은 바른 상태에 있습니다. 그 얼굴이 시온을 향하고 있기 때문입니다. 그리고 그들이 바른 상태에 있음을 보여주는 한 가지 증거는 그들이 어떻게 해서든지 계속해서 바른 길을 가려고 하거나, 혹시 방향을 벗어나면 바로잡으려고 한다는 것입니다. 자신이 바른 위치에 있다고 확신하는 사람은 잘못된 위치에 있기가 아주 쉽습니다. 그러나 하나님의 말씀에, 하나님의 종들에게, 다른 여행자들에게 끊임없이 묻는 사람들은 바른 길을 가고 있을 가능성이 아주 높습니다. 하나님 앞에서 자신의 상태에 관해 한 번도 물어본 적이 없는 사람은 지금 당장 물어보는 것이 좋을 것입니다. 우리가 아무리 충만한 믿음의 확신에 도달하였다고 할지라도 그렇다고 해서 우리가 자신을 조사하는 의무에서 면제되지는 않을 것입니다. 어떤 사람이 정말로 사업에 아주 성공하고 있을 때에라도 그가 꼼꼼하게 셈을 해보는 것이 지혜로운 일일 것입니다. 만일 그 사람이 자기 사업의 형편을 주의 깊게 살피지 않는다면, 우리는 그의 성공이 그가 깨어나고 싶어 하지 않는 즐거운 망상이 아닌가 의심할 것입니다. 자신이 하나님 앞에서 바른 위치에 있다고 철저히 확신하는 사람은 아주 기꺼이 자기 속을 들여다볼 것입니다. 자신의 마음을 살피려 하지 않고 당연히 자기가 안전하다고 여기는 사람은 그가 위험한 상태에 있다는 내 말을 믿기 바랍니다. 사람들이 바른 길을 바라보고 있을 때 조심스럽고 신중하게 되고 깊이 염려하는 것이 이상한 일입니다. 그렇게 하는 것은 그들이 자신의 영원한 운명이 소홀히 다룰 일이 아니라고 생각하기 때문입니다.

또한, 하나님과 그의 백성들에게로 오고 있는 사람들에 관해서는 그들이 질문을 하고 있지만 여전히 결심이 확고하다는 점에 유의할 필요가 있습니다. 그들이 시온으로 가는 길을 묻지만, 그 방향으로 갈 결심은 이미 단단히 하였습니다. 그들이 어떻게 하면 하나님과 바른 관계에 있을 수 있는지 묻는데, 단지 호기심에서 묻는 것이 아닙니다. 그들은 정말로 하나님과 바른 관계에서 지내기를 바라기 때문입니다. 하나님의 은혜가 있으면 그들이 어떤 것에 의해서도 하나님과 하나님의 전에서 빗나가지 않을 것입니다. 바로 이런 사실에서 어떻게 해서든지 바른 길을 가겠다는 열망이 나온 것입니다. 그들은 가만히 앉아 있는 것에 대한 구실을 얻기 위해 쓸데없는 의논을 하는 식으로 질문을 하는 것이 아닙니다. 정 말로 알고 싶기 때문에 질문을 하는 것입니다. 진정으로 회개하는 사람은 그리 스도를 모실 수 없으면 차라리 죽는 것을 택할 것입니다. 그래서 혹시라도 자신 들이 잘못된 길로 갈까봐 그들은 길을 묻고, 굳은 결심으로 그 길로 갈려고 합니 다.

　그들이 길을 묻지만, 사실 그들은 자기들이 어디로 가야 할지 알고 있다는 점 을 또한 말씀드릴 수 있을 것입니다. 그들은 시온으로 가는 길을 묻습니다. 그들 은 어떻게 해야 자기가 하나님의 백성과 동일한 시민이 될 수 있는지, 어떻게 해 야 그 위대한 희생 제사를 볼 수 있는지, 어떻게 해야 참된 유월절 어린 양을 먹 을 수 있는지, 어떻게 해야 하나님과의 교제를 누릴 수 있는지 알고 싶어 합니 다. 그들은 지각을 가지고 그 길을 묻습니다. 이는 그들이 자기가 마음으로 구하 고 있는 것이 무엇인지 알고 있기 때문입니다. 그들은 이곳이나 다른 어떤 곳에 이르는 길을 묻는 것이 아니라 시온으로 가는 길을 묻습니다. 있을 수도 있고 있 지 않을 수도 있는, 상상 속에 존재하는 지극히 복된 바닷가에 이르는 길을 묻는 것이 아닙니다. 그들은 바로 하나님의 거처, 하나님의 궁정, 곧 하나님의 희생 제 물에 이르는 길을 찾는 것입니다. 그들이 또한 담대히 묻는 것은, 사람들에게 자 기가 묻는 사람으로 알려지는 것을 부끄러워하지 않기 때문입니다. 그들이 길에 대한 정보를 들었을 때 그들의 얼굴은 이미 그 방향으로 향해 있습니다. 그러므 로 그들이 할 일은 계속해서 곧장 앞으로 가는 것밖에 없습니다. 하나님께서 우 리에게 이같이 묻는 사람들을 무수히 일으켜 주시기를 바랍니다! 여기서 바른 순서에 주의해야 합니다.

　먼저 그들은 하나님을 구하였고, 그 다음에 시온으로 가는 길을 물었습니 다. 첫째는 하나님이고, 그 다음이 하나님의 백성들입니다. 첫째는 집의 주인을 구하고, 그 다음은 그 주인의 집을 구하는 것입니다. 첫째는 여러분이 하나님의 자녀가 되기를 구하고, 둘째로 여러분이 하나님의 자녀들 가운데 있기를 구하는 것입니다. 나는 성령께서 여러분에게 이 순서를 잘 가르쳐 주시기를 바랍니다. 첫째는 여러분 자신을 하나님께 드리고, 그 후에 하나님의 말씀을 따라서 우리에게 주도록 하십시오.

이제 우리는 마지막 문제를 다룰 때가 되었습니다.

3. 끝으로, 이 질문자들은 언약자들이 되었습니다.

그들이 언약자가 되었다고 한 것은, 그들이 서로 "와서 우리가 잊을 수 없는 영원한 언약으로 여호와와 연합하자"(개역개정은 "너희는 오라 잊을 수 없는 영원한 언약으로 여호와와 연합하라" ―역주)고 말했기 때문입니다. 아, 나는 "언약"이라는 이 단어를 말할 때마다 마음에 기쁨을 느끼지 않을 수 없습니다. 언약이라는 이 단어는 내게 위로의 광산이고 기쁨의 보고이며 즐거움의 연고입니다. 신학이 언약의 진리로 온통 가득했던 때가 있었습니다. 그런데 오늘날은 이 오래된 위대한 교리들을 이 시대의 지혜롭다고 하는 사람들은 너무 진부해서 자기의 계몽된 지성으로 받아들일 수 없는 것이라고 하며 옆으로 치워버립니다. 나는 현대의 설교자들 가운데 어떤 사람들은 "언약"이라는 단어를 발음할 수 없다고 생각합니다. 그들은 그 단어를 바르게 발음할 수 있는 능력이 없습니다. 이 "언약"의 교리는 우리가 하나님의 사람과 거짓 선지자를 구별하는데 사용할 수 있는 쉽볼렛과 같은 단어입니다. 하나님의 백성들은 은혜 언약을 기뻐하지 않는 사람을 기뻐하지 않도록 합시다. 나는 언약에 관한 스코틀랜드의 옛날 책들을 좋아합니다. 언약의 진리는 스코틀랜드 사람들의 마음속에 깊이 새겨져 있어서, 스코틀랜드에서는 목사들뿐 아니라 농부들도 그 진리에 관해 항상 이야기하였습니다. 여러분은 저 훌륭한 나이든 시골 부인이 보잘것없는 죽 한 그릇을 두고 드린 감사 기도를 압니다. 나는 그 기도를 스코틀랜드 시골 사투리로 그대로 흉내낼 수 없지만, 말하자면 이런 이야기입니다. "하나님, 이 죽을 주셔서 감사합니다. 이 죽을 먹을 수 있는 식욕을 주시니 감사합니다. 그러나 무엇보다 이 죽을 받을 수 있는 언약의 권리가 내게 있다는 점을 인해서 주님께 감사드립니다." 이 죽을 받을 수 있는 언약의 권리라는 말을 한번 생각해보십시오. 언약의 약속은 "그의 양식은 공급되고 그의 물은 끊어지지 아니하리라"(사 33:16)고 말하지 않습니까? 하나님께서는 자기 자녀들에게 이 세상에서 매일의 양식을 먹을 수 있는 언약의 권리를 주셨습니다. 그렇지 않다면 우리가 매일의 양식을 위해 기도할 수 없을 것입니다. 하나님께서 우리로 이 언약을 개인적으로 경험하게 하신 날에, "나는 정직하게 행하는 자에게 좋은 것을 아끼지 아니할 것이라"(시

84:11)고 말씀하셨습니다. 따라서 하나님은 이 죽을 약속하셨고, 또 그밖에 하나님께서 "우리에게 좋은 음식"이라고 판단하시는 양식은 무엇이든지 주겠다고 약속하신 것입니다. 우리가 가난한 가운데 있을지라도, 하나님께서 우리에게 필요한 모든 것을 공급하겠다고 언약하셨기 때문에 반드시 우리에게 음식과 의복이 올 것이라고 생각할 수 있다면, 모든 것이 즐겁게 여겨집니다. 우리는 하나님께 "오늘 우리에게 일용할 양식을 주시옵소서"(마 6:11)라고 기도합니다. 그 양식이 어떻게 와서 우리의 것이 됩니까? 그것은 일용할 양식이 언약 안에서 우리에게 보장되었기 때문입니다. 언약의 규정 때문에 일용할 양식이 우리의 것이 되었습니다. 그러므로 우리가 일용할 양식을 우리에게 주시라고 구할 수 있는 것입니다. 그리스도 예수 안에서 내 것이 아닌 것을 내가 하나님께 주시라고 구할 권리가 있습니까? 죄인으로서 우리는 자비를 구하고 은혜를 얻기를 갈망합니다. 그러나 우리가 하나님의 자녀가 되면 하나님의 다른 속성들에도 호소할 수가 있는데, 특별히 하나님의 신실하심에 호소할 수가 있습니다. 하나님의 신실하심은 언약의 큰 보증입니다. 이제 우리는 이렇게 말할 수 있습니다. "내 아버지여, 내가 아버지의 자녀이니 하나님의 상속자요 그리스도와 함께 하는 상속자입니다. 그러므로 아버지께서 나를 위하여 그리스도 안에 쌓아두신 충만한 것을 내게 주십시오." 윗 샘들이 우리 것이니 아래 샘들도 거절하시지 않을 것입니다.

> "내게 천국을 확보하여 주신 분께서
> 이 땅에서 선한 모든 것을 공급하실 것이네.
> 그리스도께서 부요하시니, 내가 가난할 수 있을까?
> 내게 부족한 것이 있을 수 있을까?"

그동안 내가 잠시 벗어났던 본문으로 돌아가겠습니다. 이 묻는 자들이 언약자들이 되었습니다. 본문을 보면, 그들이 여호와와 연합하기를 구한다는 것을 알 수 있습니다. "와서 여호와와 연합하자." 타락한 상태의 해악은 우리가 하나님과 다르기를 바라고 하나님에게서 독립하려고 하는 데서 생깁니다. 둘째 아들은 말했습니다. "재산 중에서 내게 돌아올 분깃을 내게 주소서"(눅 15:12). 자, 그는 자기 몫을 현금으로 받았고, 먼 나라로 떠납니다. 그가 회개하는 심정으로 돌아올 때, 어떻게 합니까? 그는 아버지와 연합합니다. 아버지 집에 있는 것 가운데 그의 것은 아무것도 없습니다. 그는 오래전에 자기 분깃을 받았습니다. 그러나 그는 아버지와 하나이고, 따라서 아버지의 집에서 쫓겨날 수 없기 때문에 그 집에서 편하게 삽니다. 그는 아버지와 연합되어 있습니다. 그래서 그는 아버지의 모든 소유를 나누어 받습니다. 하나님의 상속자가 된다는 것은 중대한 사실입니다. 그러나 그로 말미암아 우리는 더욱더 확실히 "그리스도와 함께한 상속자"가 됩니다. 우리는 예수님과 아주 밀접하게 연결되어 있으므로 예수님에게 있는 모든 것을 나누어 받습니다. 좋은 모든 것을 받을 수 있는 우리의 권리는 예수님에게 있고, 또 우리가 그리스도와 하나라는 사실에 있습니다. "와서 여호와와 연합하자." 자, 여러분, 여러분은 그리스도와 기꺼이 하나가 되고, 그래서 아버지 하나님과도 하나가 되고자 하십니까? 여러분이 예수 그리스도로 말미암아 하나님과 화목하고, 그래서 하나님과 연합하기를 바라는 이것이 여러분이 열망하는 단한 가지가 아닙니까? 여러분은 바른 마음으로 하나님을 구하는 자입니다. 사실 여러분은 이미 하나님을 발견하였습니다. 그렇지 않다면 여러분이 여호와와 연합하기를 구한다는 그런 표현을 사용할 생각을 할 수 없을 것입니다.

다음으로, 이 언약이 얼마나 오랫동안 유지되게 되어 있는지 살펴봅시다. "우리는 영원한 언약으로 여호와와 연합하자." 최근에 잉글랜드 군대에 "단기" 사병으로 입대한 사람들이 있었습니다. 예비군에 속해 있는 한 훌륭한 형제가 지난 주에 우리 교회에 가입하게 되었습니다. 나는 그에게 말했습니다. "형제는 지금 교회에 가입하지만 1년 동안은 우리와 함께 지내지는 않겠군요. 처음 6개월은 현역으로 복무하고, 다음 6개월은 예비군으로 지내느라고 말입니다. 나는 형제가 목숨이 붙어 있는 한 깃발 아래서 싸우러 왔다고 믿습니다." 그러자 그 형제가 말했습니다. "그렇습니다, 목사님. 저를 영원히 주님께 드립니다." 구원은 영혼을 영원히 구원하는 것입니다. 구원은 영원한 구원이 되어야 합니다. 그렇지 않으면 그것은 전혀 구원이 아닙니다. 그런데 신자라고 하는 사람들 가운데 어떤 이들은 이따금씩만 하나님과 함께 하려고 합니다. 그들은 안식일에는 더할 수 없이 훌륭합니다. 그러나 안식일 밤에는 하나님 군대의 군복을 벗어버립니다. 주중에는 이들에게 신자로서 책임 의식은 전혀 없습니다. 나는 두 얼굴을 한 이 사람들이 월요일 밤에는 어디에 있는지 모릅니다. 이들이 못된 일을 꾸미고 있지 않을까 염려가 됩니다. 카멜레온 같은 이 사람들은 자기들이 있는 곳의 빛에 따라 자신의 색깔을 바꿉니다. 그들의 신앙은 일종의 가면무도회와 같은 것으로 연기를 하는 것입니다. 여러분이 입었다 벗었다 할 수 있는 신앙을 갖지 않도록 조심하십시오. 나는 로마의 카피톨 언덕에서 로마 황제들 가운데 한 사람을 보았습니다. 나는 그 황제의 짐승 같은 용모를 확실하게 기억하고 있었습니다. 그런데 보는 순간 그가 전혀 다르게 보인다는 것을 알았습니다. 거기에 이름이 붙어 있지 않았다면 나는 그가 바로 그 황제라는 것을 전혀 알아차리지 못했을 것입니다. 사실 그는 가발을 쓰고 있었던 것입니다. 아주 이상하게도 이 조상(彫像)들 가운데 어떤 것들은 그 위에 돌 머리 장식을 씌울 수 있도록 조각되었습니다. 그리고 이 머리 장식들 때문에 그 조상들의 모습이 전혀 다르게 보입니다. 나는 신앙이 어떤 신자들에게는 가발과 같은 것이 아닌가 걱정이 됩니다. 쓰거나 벗으면 여러분이 같은 사람이라는 것을 알 수 없을 만큼 그 모습을 완전히 변화시키는 가발 말입니다. 진정한 하나님의 사람은 신앙이 그의 속에 깊이 짜여서 그의 존재의 기본을 이루고 있습니다. 그는 환경이 어떻게 변하든지 간에 현재의 모습과 달라질 수 없습니다. 어떤 사람은 이렇게 말합니다. "나는 그런 사람이 싫어. 그런 사람은 우리 집에 데려오고 싶지 않아. 그는 방에 들어오면 10분도 되지 않아 종교 얘기를 시작하기 때문이야." 그런 사람은 세상이 싫어할 수 있습니다. 그러나 주님은 그런 사람을 사랑하십니다. 우리의 신앙이 우리의 눈, 입, 얼굴, 심장, 생명처럼 결코 떼어놓을 수 없고 영원히 우리에게 필수불가결한 것이 될 수 있으면 좋겠습니다. 이제 우리가 영원한 언약으로 하나님과 연합할 수 있기를 바랍니다! 생명의 언약은 일생의 언약을 요구합니다. 우리는 기한부로 임대하듯이 은혜를 받는 것이 아닙니다. 은혜는 상속으로 받는 유산입니다. 즉, 영원한 소유인 것입니다.

그 다음에, 이 언약자들이 하나님과의 이 연합을 지극히 엄숙한 방식으로 실행하려고 마음먹었다는 점을 살펴봅시다. 이들이 무엇으로 "여호와와 연합하자"고 말합니까? 영원한 "협정"으로 연합하자고 합니까? 아니면 영원한 "약속"으로 연합하자고 합니까? 둘 다 아닙니다. "언약"으로 연합하자고 합니다. 여호와와 언약하는 것은 영혼에 유익한 일입니다. 도드리지(Philip Doddridge)는 그의 저서 「영혼 속의 신앙의 시작과 진행」(Rise and Progress of Religion in the Soul)에서 개인적인 언약의 형태를 제시합니다. 어떤 사람들은 그 언약을 정성스럽게 쓰고서 심지어 혈서로 서명하기까지 하였다는 말을 들은 적이 있습니다. 그런 형식적인 계약은 영혼을 속박에 떨어지게 할 수 있다고 생각합니다. 이렇게 언약을 맺는 일은 그렇게 아주 문자적으로 이행해서는 안 되고, 그 언약을 실제로 행해야 한다고 나는 믿습니다. 사람이 인생의 어느 때에 정해진 엄숙한 형식으로 자신을 하나님께 드리는 것은 그가 이후로 믿음을 지키는데 큰 도움이 될 것이라고 생각합니다. 사람이 때때로 자신의 언약을 갱신한다면, 그것이 그가 언약을 지키는데 큰 도움이 될 수 있습니다. 세례 의식에서 우리는 이 언약이 볼 수 있는 가장 훌륭한 형태로 표현되는 것을 봅니다. 할례는 육신의 더러움을 제거하는 것을 나타냅니다. 그러나 세례(침례)는 바로 육신의 죽음과 장사를 표시합니다. 세례에서 우리는 우리가 주님과 함께 죽고 장사되었음을 나타내는 상징을 봅니다. 신자는 세례를 받음으로써 이렇게 말하는 것입니다. "이제 나는 옛 생명을 끝냈다. 나는 죽었고 장사되었기 때문이다." 그리고 그는 이후부터 그리스도와 함께 살아난 자로서 새 생명으로 활동하게 됩니다. 그 엄숙한 행위를 통해서 신자는 그리스도를 자신의 생명으로 삼을 것이고, 죽고 장사된 자신의 옛 자아가 더 이상 지배하고 다스리지 못하게 하겠다고 서약을 한 것입니다. 내가 아는 어떤 신자들이 있는데, 그들은 하루 중 어떤 시간을 따로 구별하여 자신을 주님께 새롭게 드리는 특별한 목적을 위해서 사용했는데, 지혜로운 처사라고 생각합니다. 그 시간에 그들은 이렇게 말했습니다. "주님, 제가 오늘 불쌍한 죄인으로서 엄숙하게 하나님의 말씀과 하나님의 아들과 그의 속죄 제사를 신뢰합니다. 이렇게 신뢰하면서 주께서 나를 값 주고 사셨으니 내가 나의 것이 아닌 것을 압니다. 그래서 이제 오늘 이후로 내가 전적으로 주님의 것으로 살 수 있는 은혜를 구합니다. 주여, 내게 있는 어떤 것도 지금까지 내 것인 적이 없으며 언제나 주님의 것이었음을 인정하며, 나뿐만 아니라 아내와 자녀들과 재산과 내게 있는 모든 것을 주님께 드립니다. 주님께서 영원히 내 하나님이 되시고, 죽을 때까지 내 인도자가 되시며, 죽은 뒤에는 주께서 나를 받아 영화롭게 해 주시기를 기도합니다." 이처럼 훌륭한 언약은 돌아보고 다시금 되풀이해도 좋을 것입니다. 여러분은 즐거이 이렇게 말할 수 있을 것입니다.

> "높은 하늘은 내가 엄숙히 서약하는 소리를 들었고
> 그 서약이 날마다 되풀이되는 것을 들을 것입니다.
> 내가 인생 마지막 시간에 이르러 엎드리고
> 죽을 때에도 그처럼 소중한 언약을 감사하기까지."

친구 여러분, 여러분이 몸과 영과 혼을 하나님께 드려 영원히 하나님의 것으로 삼고 있다면 하나님께 바르게 가고 있는 것입니다. 여러분이 영원한 언약으로 하나님과 연합할 때는 여러분의 안전에 대해 두려워할 것이 아무것도 없습니다.

한 마디만 더 하도록 하겠습니다. 오면서 슬퍼하고 물었던 사람들이 서약을 하게 되었을 때, 자기들에게 좋은 것을 아주 쉽게 잊어버리는 경향이 있다는 것을 알았습니다. 그래서 그들이 하나님과 언약하면서 바랐던 것의 일부가 "잊을 수 없는 영원한 언약"이었습니다. 하나님은 결코 잊지 않으실 것입니다. 그럴지라도 여러분은 "주여 당신의 나라에 임하실 때에 나를 기억하소서"(눅 23:42) 하고 기도하기 바랍니다. 두려워할 점은 여러분이 잊어버리지 않을까 하는 것입니다. 여러분은 자신이 잊어버릴 수 있다는 점을 어떻게 생각합니까? 여러분이 잊어버린다면 두렵지 않겠습니까? 그 점에 대해서 깊이 생각해 보고 이렇게 말하십시오. "내가 정말로 주 예수님을 잊는다면, 내가 주님의 큰 구원에 대한 내 의무를 잊고, 주님께서 내게 주신 영생의 선한 소망에 대한 내 의무를 정녕 잊는다면, 그것은 파렴치한 일일 것입니다. 하나님이여, 내가 내 주님을 부인하느니 차라리 죽게 하여 주옵소서!"

우리가 우리 하나님을 잊어버린다면 위로를 얻기 위해 어디로 갈 수 있겠습니까? 우리에게 영원한 절망 외에 무엇이 남아 있겠습니까? 그러므로 주님께 그 언약이 우리가 단 한 시간도 결코, 결코 잊지 않을 영원한 언약이 되게 해 주시라고 기도합시다. 주님께 이 언약이 영원히 마음에 있도록 여러분 육의 마음판(고후 3:3)에 써 주시라고 구하십시오. 시온이여, 내가 너를 잊을진대 내 오른손이 그의 재주를 잊을지로다!(시 137:5). 내 하나님이여, 내가 하나님을 잊느니 차라리 내가 속히 죽게 하여 주옵소서! 제가 약점이나 시험의 압박에 쫓기듯이 아주 거짓되고 악하게 살아서 한순간이라도 하나님을 떠나지 않도록 해 주십시오! 사랑하는 형제 여러분, 오늘 아침 그리스도를 다시 한번 굳게 붙잡고서 이렇게 말하십시오. "주님, 주님은 모든 것을 아십니다. 내가 주님을 사랑하는 줄 주께서 아십니다. 제가 주님을 버리지 않게 해 주십시오. 나를 붙들어 주옵소서. 그러면 제가 안전할 것입니다. 나는 주의 것으로 살고, 주의 것으로 죽으며, 영원히 주의 것이 되고 싶습니다." 이렇게 구하고 간청하면 여러분에게 모든 일이 잘 될 것입니다. 영원한 언약의 하나님께서 여러분에게 복 주시기를 바랍니다. 아멘.

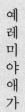

예레미야애가

제
1
장
—

너희에게는 관계가 없는가?

—

"지나가는 모든 사람들이여 너희에게는 관계가 없는가 나의 고통과 같은 고통이 있는가 볼지어다 여호와께서 그의 진노하신 날에 나를 괴롭게 하신 것이로다." — 애 1:12

고통 받는 자들에 대한 동정은 자기 혼자만 동정하는 것으로 결코 만족하지 않습니다. 다른 사람에 대해 슬퍼하는 사람은 틀림없이 다른 사람들을 권유하여 자기와 함께 동정하는 일에 참여하도록 할 것입니다. 그에게는 그것이 너무도 슬픈 일이어서 모든 사람들이 자기와 함께 그 일에 대해 슬퍼하게 하고 싶어 합니다. 그것은 너무나 큰 슬픔이어서 그는 하늘을 흑암으로 가리려 하고 세상에 삼베옷을 입히고 싶어 합니다. 그러므로 예레미야는 예루살렘의 슬픔을 보았을 때 예루살렘을 지나가면서 애통해하지 않는 모든 사람들에 대해 불평하였습니다. 그는 오래되고 영광스런 그 성이 적들에게 포위되고 사나운 군대에게 침공당하며 약탈당하고 살육당하며 불에 타고 폐허가 되는 것을 보았습니다. 거리에 예루살렘의 아들과 딸들의 피가 흐르고, 집들이 파괴되며 예루살렘의 영광스런 성전이 더럽혀지고 잿더미가 되는 것을 보았습니다. 여러분은 예레미야가 이처럼 울며 다른 사람들에게 자기와 같이 울자고 말하는 것이 이상하게 보입니까? 예레미야는 예루살렘을 심한 부상을 입고 큰 고통 가운데 있는 처녀처럼 길가에 앉아서 괴로운 나머지 이렇게 소리치는 것으로 묘사하였습니다. "지나가는 모든 사람들이여 너희에게는 관계가 없는가 나의 고통과 같은 고통이 있는가 볼지어다."

역사의 모든 연대기를 뒤져보아도 예루살렘이 당한 운명과 같은 슬픔은 없었습니다. 많은 도시들이 파괴되었지만 그처럼 무서운 공포의 도가니 속에서 무너진 도성은 없습니다. 많은 도시들이 기근에 시달리고 역병으로 황폐해지며 전쟁으로 무너졌습니다. 그렇지만 예루살렘에는 독수리가 멀리서부터 시체에 몰려오듯이 모든 악이 쏟아졌습니다. 그 도성이 아름다운 곳에 자리를 잡았더니 이제는 끔찍하게 황폐해졌습니다! 온 땅의 기쁨이었는데 이제는 슬픔의 여왕이 되었습니다! 예루살렘, 너는 아주 완전히 망가졌도다! 포도 따는 자들이 포도를 땄다면 여기저기에 한 송이씩 남겨두었을 것이지만, 너는 하나도 남기지 않고 다 약탈을 당해 열매가 하나도 남지 않았다. 너의 황폐함은 참으로 처절하구나! 너의 운명은 참으로 끔찍하였고 너의 잘못은 참으로 통탄할 만한 것이었구나! 이 선지자가 너의 두려운 운명을 미리보고서 모든 민족에게 이렇게 외친 것은 당연한 일입니다. "나의 고통과 같은 고통이 있는가 볼지어다."

그러나 친구 여러분, 동정심에는 다른 사람들에 대한 뜨거운 사랑이 들어 있다는 사실은 다른 예들에도 해당이 됩니다. 나도 예레미야의 동정심을 공감합니다. 여러분은 내게 어떤 슬픔이 있는지, 내가 어떤 사람들의 재난을 슬퍼하는지 묻습니까? 나는 여러분에게 십자가를 보고, 저기 슬픔의 사람을 보라고 말씀드립니다. 자기 주님을 사랑하는 그리스도의 모든 신실한 종들은 자기 말을 듣는 사람들에게 그리스도를 보고 슬퍼하게 하려고 합니다. 스가랴 선지자가 다음과 같이 예언한 대로 말입니다. "그들이 그 찌른 바 그를 바라보고 그를 위하여 애통하리로다"(슥 12:10). 그들이 골고다를 생각하고 상처를 입고 피 흘리는 자기 주님을 생각할 때, 예레미야를 따라서 주님이 십자가에서 "나의 고통과 같은 고통이 있는가 볼지어다" 하고 외치시는 것으로 묘사하지 않을 수 없을 것입니다. 그러므로 이것은 모든 시대에 교회가 인용하기 좋아하는 본문이었습니다. 나는 예레미야 선지자가 유다와 그의 민족의 슬픔에 관하여 기록한 말을 오늘 예수님과 그의 고난에 적용합니다. 나는 하나님의 아들이 죽음의 고통 가운데서 그의 거대한 회중에게 이렇게 말씀하시는 소리를 듣습니다. "지나가는 모든 사람들이여 너희에게는 관계가 없는가 나의 고통과 같은 고통이 있는가 볼지어다."

하나님의 아들, 예수 그리스도의 고난은 비할 데 없이 큽니다. 이것이 오늘 밤 설교의 첫 번째 소제목입니다. 이 점을 생각하고 나서, 그 다음에 둘째로, 그리스도의 고난이 많은 사람들과 깊은 관계가 있다는 점을 살펴볼 것입니다. 그리고 셋째로, 그 고난이 여러분과 아무 관계가 없는지 묻고 설교를 마치도록 하겠습니다. 주 예수 님을 증거하는 것이 본무인 성령 하나님께서 여러분 모두의 마음에 그리스도를 증거해 주시기를 바랍니다.

1. 첫째로, 십자가에서 당하신 그리스도의 고난은 아무 것에도 비할 데 없이 큽니다.

　나는 오늘 밤 한가한 이야기를 하지 않습니다. 낭만적인 그림을 그리지도 않습니다. 내가 지금 이야기하는 슬픔은 사실입니다. 이것이 하나님의 진리라면 주님께서 오늘 밤 그 뛰어난 영광 가운데서 성령의 증언으로 말미암아 이 진리를 확증하여 주시기를 바랍니다.

　하나님의 영원한 아들이신 예수께서 무한한 동정심으로 사람들 가운데 내려 오셔서 직접 인간의 본성을 취하셨습니다. 하늘의 무한한 영광을 버리시고 비천한 말구유로 내려오셨고 목수의 노고를 떠맡으셨습니다. 그는 이 땅에 거하시면서 참 사람으로서 우리 죽을 인생의 모든 슬픔과 연약을 겪으셨습니다. 우리 본성을 취하신 채 30여년을 사시면서 가난과 노고를 많이 견디셨고, 결국은 그 때문에 죽으셨는데, 그가 마땅히 받으셔야 하는 대로 모든 사람에게 박수갈채를 받는 가운데서 죽으신 것이 아니라 중죄인이나 노예처럼 멸시와 오명(汚名)의 대상으로, 곧 사람들 가운데 멸시받고 버림받는 자로 죽으셨습니다.

　이 거룩한 분이 겪으신 고난은 아무것에도 비할 데가 없었습니다. 그의 고난이 그처럼 큰 것은 첫째로 그의 인격의 위엄 때문이었습니다. 그의 인격의 위엄이 참으로 높기 때문에 그가 겪으신 모욕이 그만큼 컸습니다. 그동안 많은 왕들이 죽었고 철학자들이 죽었으며 박애주의자들이 죽었습니다. 그러나 이와 같은 분이 죽은 적은 한 번도 없었습니다. 골고다에서 피 흘려 죽으신 그분은 왕이며 제사장이고 선지자이셨기 때문입니다. 진정으로 왕 같은 사람이었고, 그 이상이었으며, 바로 지극히 높으신 이의 아들이셨기 때문입니다. 천지를 지으신 하나님께서 골고다의 십자가에서 죽으신 바로 이 사람과 인격적으로 연합되어 있으셨습니다. 그러나 아버지의 영광의 광채이신 그분이 부끄러운 형상을 입는 것이 그에게는 말할 수 없이 낮게 되는 것이었음에 틀림없습니다. 왕위에서 쫓겨난 왕은 언제나 동정의 대상이고, 한때 성문에 앉은 유명한 장군이었는데 이제는 지나가는 여행객에게 푼돈을 구걸하는 거지가 된 사람은 어느 시대를 막론하고 깊은 동정을 받는 것으로 언급됩니다. 그러면 천사들 무리의 한가운데 서셨던 분, 곧 세상 왕들의 임금이신 그분에 대해서는 무엇이라고 말해야 하겠습니까? 그는 거룩한 의복을 벗어던지셨습니다. 친히 살과 피로 된 이 옷을 걸치시고 사람들을 위하여 사람들 가운데 한 사람이 되셨지만 사람들에게 멸시를 받으셨을 뿐입니다. 이 땅에 자기 백성들 가운데 오셨지만 자기 백성들이 그를 영접하지 않았습니다. 그들은 그를 영접하기보다는 그를 끌고 재판정으로 갔습니다. 그에게 채찍질하였고 그를 데리고 군인들의 관정 안으로 들어갔습니다. 군인들이 그의 얼굴에 침을 뱉고 눈을 가리고 손으로 쳤습니다. 그들은 주님의 거룩한 모든 직무에 대해 조롱하였습니다. 그에게 한 노병의 옷을 입히고 데리고 나와서 "이 사람을 보라" 하고 소리쳤습니다. 군인들은 주님을 십자가에 못 박고 나서 곁에 서서 말했습니다. "그가 그리스도라면 십자가에서 내려올지어다"(마 27:42). 그들은 주님의 기도를 가지고 농담하였습니다. 주께서 "엘리, 엘리" 곧 "나의 하나님, 나의 하나님"이라고 말했을 때 그들은 "이 사람이 엘리야를 부른다"(27:47)고 하였습니다. 그들은 사람에게 수치심을 일으킬 수 있는 일은 하나도 빼놓지 않고 그에게 행하였습니다. 딛고 서 있는 그의 발로 인해 땅이 명예롭게 되고, 그의 눈길이 천사들에게 법이 되며 그의 입에서 나오는 말이 하나님의 귀에 음악이 되는 분에게 이 모든 일을 퍼부었습니다. "그는 멸시를 받아 사람들에게 버림 받았으며"(사 53:3). 만왕의 왕이요 만주의 주이셨고 지금도 그러하신 분이 사람들에게 멸시를 받고 버림을 받은 것입니다. 보십시오. 과연 그가 당하신 것과 같은 슬픔이 있겠는지 보십시오.

우리 구속주의 고난에는 기이한 점도 있었습니다. 즉, 그의 성품의 완전한 순결을 볼 수 있었습니다. 많은 사람들이 비난받고 있는 죄목에 결백한 채로 죽었습니다. 그러나 모든 종류의 잘못에 대해 완전히 결백한 채로 죽은 사람은 아무도 없었습니다. 그런데 바로 이 사람에게는 악이 흔적조차도 없었습니다. 그는 죄를 지으려는 성향이 없이 출생하였습니다. 우리 본성에 본래부터 있던 타락이 그에게는 없었기 때문입니다. 그는 절대적으로 완전한 분이셨습니다. 그래서 사탄이 그를 공격하러 왔을 때 "이 세상의 임금이 오겠음이라 그러나 그는 내게 관계할 것이 없느니라"(요 14:30)고 말씀하셨습니다. 자, 여기에 결코 잊어서는 안 되는 슬픔이 있습니다. 즉, 그런 그분이 피 흘리고 죽으셔야 하며, 더욱이 죄와 관계되어서 그토록 많은 고난을 받으셔야 한다는 것입니다. 순결한 마음은 악의 숨결을 쐬는 것조차 고통과 번민이 됩니다. 그는 죄가 없으셨고, 어떤 의미에서도 죄책이 있을 수 없었습니다. 그럼에도 불구하고 우리를 위하여 죄가 그의 책임으로 돌려졌습니다. 그는 반역과 신성모독의 죄목으로 죽었습니다. 그에게는 아무 죄가 없었지만 사람들의 죄가 그에게 지워졌습니다. 자, 여러 세대 사람들의 죄를 가져오십시오. 주께서 땅에 계시기 전에 살았던 사람들의 죄를 그의 등에 쌓아 올리십시오. 주님의 시대에 범죄하였던 사람들의 악과 그 이후로 모든 세대 사람들의 죄, 곧 여러분의 죄와 내 죄를 그의 등에 쌓아 올리십시오. 그 모든 죄를 가져와 하나로 모읍니다. 그 전체 양이 얼마나 무시무시하겠습니까! 이 말씀을 들어보십시오. "우리는 다 양 같아서 그릇 행하여 각기 제 길로 갔거늘 여호와께서는 우리 모두의 죄악을 그에게 담당시키셨도다"(사 53:6). 그러므로 이 죄 없으신 분은 고난을 받으실 뿐만 아니라 또한 기이하게도 죄와 관련되어서 고난을 받으시는 것입니다. 이 사실은 틀림없이 우리 주님의 지극히 거룩한 심령으로 하여금 두려움으로 움찔하게 만들었을 것입니다. 여러분과 나는 죄에 대해 마음이 아주 굳어져 있습니다. 그러므로 이 사실이 우리에게는, 점도 없고 악의 흔적조차 없는 그리스도의 완전한 심령에 일으킨 것과 같은 놀라움을 일으키지 않습니다. 몇 년 전에 살인죄로 재판을 받은 사람이 있었습니다. 어떤 사람들은 그가 피고석에 조용하고 차분한 모습으로 서 있는 것이 자신의 결백을 주장하는 태도라고 생각했습니다. 그러나 다른 사람들은 이렇게 말했습니다. "그렇지 않다. 결백한 사람들은 바로 그처럼 무서운 죄의 책임을 지게 되었을 때 몹시 떠는 사람들이다. 아무 감정 없이 그 고소를 견딜 수 있는 사람은 필시 그 죄를 저지른 당사자일 것이다." 그 말에는 일리가 있습니다. 죄 없으신 그리스도께서 우리를 위하여 죄가 되시는 것, 하나님의 진노가 우리 대신에 그에게 임하는 것, 이 일은 틀림없이 주님의 심령 속에 아무리 예민한 마음이라도 미처 다 헤아릴 수 없는 깊은 고뇌를 일으켰을 것입니다. 자, 이제까지 그의 슬픔과 같은 슬픔이 있었는지 보십시오. 이제까지 그처럼 큰 모욕을 당한 위엄 있는 인물이 있었고, 또 이제까지 그처럼 많은 죄를 담당하고 그 모든 죄를 인하여 고난을 받은 죄 없는 사람이 있었습니까?

그러나 이것이 전부가 아닙니다. 그리스도의 고난에는 기이한 점이 또 한 가지 있었습니다. 즉, 그리스도의 경우에는 많은 슬픔이 동시에 발생하였다는 것입니다. 여러분은 어떤 한 가지 근심거리가 있으면 대체로 다른 근심거리는 사라진다는 것을 생각해 본 적이 없습니까? 당연히 북풍이 불면 남풍은 잠잠합니다. 우리가 여름의 고생을 겪고 있다면 그러면서 동시에 겨울의 고충도 겪는 일은 없습니다. 한 가지 슬픔은 흔히 다른 슬픔을 억누릅니다. 우리는 사도행전에서 두 바다가 만나는 곳에 대해서 읽습니다. 형제 여러분, 두 바다가 만나는 곳에서는 항해가 힘듭니다. 많은 경우에 한 바다만 해도 선원에게는 감당하기 벅차기 때문입니다. 때로 여러분과 나는 연이어서 슬픔을 겪고 괴로운 일을 당합니다. 그 때는 일이 힘들게 지나갑니다. 구주님의 경우에는 모든 형태의 슬픔이 그 어둡고 무서운 밤에 한꺼번에 풀려 주님께로 달려드는 것처럼 보였습니다. 고뇌의 모든 바람이 그 무서운 시간에 굴에서 도망쳐 나와 주께로 덮쳤습니다. 주님은 마땅히 주님을 보호했어야 하는 친구들에게 버림을 받고, 친한 친구에게 배신을 당하며, 거짓 증인들에게 비방을 당하고 불성실한 사람들에게 박해를 당해서 마음이 무거웠습니다. 주님께는 자신을 변호해줄 사람이 아무도 없었습니다. 또 어떤 이유 때문에 자신을 변호할 수도 없었습니다. 영혼의 슬픔에 몸의 고통이 더하여졌습니다. 그의 신성한 몸 가운데 고난을 면한 부분이 있었습니까? 그런 부분이 있었는지 나는 모르겠습니다. 그의 육체 전부는 고통의 중심지였고 열의 용광로였으며 서서히 녹아내리는 죽음의 도가니였습니다. 가시면류관을 쓴 머리부터 피 흘리는 발에 이르기까지 온통 우리를 위하여 받은 상처와 멍투성이였습니다. 그러나 신체적 고통은 주님의 고난의 한 부분에 불과하였습니다. 마음과 지성과 심령의 고통이 있었습니다. 형제 여러분, 여러분이 아플 때 마음을 좋은 상태로 유지할 수 있다면 아픈 것이 별 문제가 되지 않습니다. 여러분이 속으로 풀이 죽어 있을 때, 그 때 마음에 고통이 없다면 다행입니다. 그런데 몸과 마음이 동시에 불 가운데 있다면, 이것은 정말로 심한 고통입니다. 이것은 온갖 파도와 큰 물결이 선원들을 덮치는 큰 바다에서 일하는 것과 같습니다. 지옥이 밑으로부터 일어나 주님을 대항하였습니다. 사탄은 자신의 군대에게 모두 화살을 주님의 심장에 겨냥하라고 명령하였습니다. 하늘이 해를 가리고 고통 받는 자를 차가운 어둠 속에 버려두었습니다. 하나님께서 얼굴을 숨기심으로 주께서 "어찌하여 나를 버리셨나이까"(마 27:46) 하고 소리치게 되었습니다. 땅의 거민들이 그를 내쫓기 위해 연합한 것 같았습니다. 내가 아는 바로는, 그리스도의 고통에는 고통을 완화시키는 요소가 없습니다. 그 고통은 쓰고, 쓰고 씁니다. 혼합물이 있다면 쓴 쑥이 쓸개즙과 혼합된 것뿐입니다. 모든 것이 쓰고, 모든 것이 맹렬하며, 모든 것이 무시무시합니다. 물 한 방울 맛볼 수 없었습니다. 주께서 목마르셨을 때 사람들은 식초를 마시게 하였습니다. 빛 한 줄기 없었습니다. 해가 졌습니다. 안정된 위로의 기초가 전혀 없습니다. 바위조차 갈라지고, 하늘과 땅은 주님을 대항하여 일어섭니다. 주님께서 "나의 고통과 같은 고통이 있는가 볼지어다" 하고 외치는 것은 당연한 일입니다.

내 입이 합당한 말을 알아 이처럼 중요한 주제에 대해 바르게 말할 수 있으면 좋겠습니다! 다음으로, 나는 여러분에게 우리 구주님의 슬픔에는 다른 어디에서도 볼 수 없는 특이한 점이 있다는 것을, 즉 주님의 모든 슬픔은 자발적으로 취하신 것이고, 또 자발적으로 계속해서 떠맡으신 것이었다는 점을 주목하라고 말씀드립니다. 사람은 어쩔 수 없이 그렇게 하지 않으면 안 된다고 느낄 때는 분발해서 운명의 뜻을 감당하려고 합니다. 그러나 그리스도께서는 스스로 통제할 수 없는 어떤 세력으로부터 강제 받는 일이 전혀 없었습니다. 주님은 죽습니다. 그러나 그 죽음에 대해서 "이를 내게서 빼앗는 자가 있는 것이 아니라 내가 스스로 버리노라"(요 10:18)고 말합니다. 주님은 배신을 당해 악인들의 손에 넘겨집니다. 그러나 주님은 자신이 당장 아버지 하나님께 기도할 수 있고, 그러면 하나님께서 열두 군단의 천사들을 보내실 것이라고 말씀하십니다. 주님께서 빌라도에게는 한 마디도 말씀하시지 않았습니다. 그러나 주님께서 하려고 하셨으면 만 마디도 더 말씀하실 수 있었지만, 다만 그렇게 해서는 하나님의 목적을 성취하지도 우리의 구원을 이룰 수도 없으셨을 것입니다. 이 완전한 자유 때문에 주님은 배나 수고하지 않을 수 없었습니다. 주님은 고난 받으셨을 뿐만 아니라 끝까지 고난 받으려고 하십니다. 그러므로 주님은 자신의 인간 본성이 자신에게 더 이상 견디지 않아도 된다고 암시할 수 있는 때에 스스로 거룩한 자제심을 발휘하여 계속해서 견디지 않으면 안 되었습니다. 주님의 인성은 할 수 있는 한, 죄를 짓지 않는 범위에서 고난을 피할 것을 제안했습니다. 그래서 주님이 "만일 할 만하시거든 이 잔을 내게서 지나가게 하옵소서"(마 26:39)라고 말씀하셨습니다. 그러나 주님의 거룩한 영혼이 그의 결심을 도왔습니다. 그랬기에 주님은 "그러나 나의 원대로 마시옵고 아버지의 원대로 하옵소서"라는 말을 덧붙일 수 있었습니다. 슬픔에 굴복하는 것은 우리가 해서는 안 될 일입니다. 우리가 일단 자신을 고통이나 죽음의 손에 넘기면, 그것이 한 번의 행동에 불과하지만 그로 인해 우리는 더 이상 자신을 통제할 수 없게 될 것입니다. 그러나 우리 주님은 언제나 스스로를 굳게 붙드셨습니다. 그러므로 죽으실 때까지 자신의 의지에서 나온 명백한 행위로 계속해서 자신을 하나님께 드리셨습니다. 형제 여러분, 여러분이 조국을 위해 죽는다면, 그렇게 죽지 않을 경우보다 다소 빨리 죽는 것이지만 어쨌든 때가 되면 여러분은 죽지 않을 수 없다는 점을 생각해야 합니다. 내가 오늘 밤 여러분을 위해 죽는다고 할지라도, 그 시간이 언제인지 예상할 수 없습니다. 어쩌면 아주 가까웠을 수 있는데, 어떻든 그 시간이 되면 나는 틀림없이 죽습니다. 그러나 예수님은 죽으실 필요가 없었습니다. 주님께는 죽어야 할 필연성이 없었습니다. 그의 본성을 고려할 때, 그가 무덤에서 잠잔다는 것은 생각할 수 없는 일이었습니다. 이것은 지금까지 전혀 예가 없었던 죽음입니다. 자발적으로 취하고, 다른 사람들의 유익을 위하여 감당한 죽음입니다. 주님의 완전히 자유로운 의지가 사랑 때문에 스스로 즐거이 속박당하는 자리로 들어가신 것이고, 그래서 주께서 죽으실 수밖에 없었던 것입니다. 비할 데 없는 주님의 사랑이 아니라면 어떤 줄도 주님을 묶을 수 없고 잠시라도 주님을 제지할 수 없습니다. 우리는 그처럼 특별한 희생에 대해 주님께 깊은 사랑으로 보답해 드리도록 합시다.

이런 점을 생각할 때, 주님께서 이렇게 자발적으로 위하여 죽으신 자들이 주님의 원수였다는 사실이 그만큼 더 기이하게 보입니다. 예수께서 자기를 미워한 자들을 위하여, 불의의 삶을 사랑한 자들을 위하여 목숨을 버리셨다는 이 사실을 말하십시오. 온 세상에 말하십시오. 지옥에 가서 그 사실을 말하고, 땅에서 말하며 하늘에 가서 말하십시오! 이 세 군데 세계가 이 사랑의 기적을 듣고 깜짝 놀라게 하십시오. 온 우주가 예수께서 자기 원수를 위하여 죽으셨다는 이 소식을 듣게 하십시오. 주님께서는 마지막 숨을 쉬시며 이렇게 말씀하셨습니다. "아버지 저들을 사하여 주옵소서 자기들이 하는 것을 알지 못함이니이다"(눅 23:34). 예수님은 자기를 사랑하지 않고 오히려 자기의 죽음을 간절히 바란 사람들을 위하여 죽으셨습니다. 그는 자신의 아름다움을 보지 못하는 자들, 주님께서 그들에게 기적을 일으키시지 않는 한 주님의 아름다움을 보려고 하지 않는 자들을 위하여 죽으셨습니다. 예수님은 여러분과 나를 위해 죽으셨습니다. 가장 훌륭하다고 하는 사람조차도 인색하기 짝이 없는 냉랭한 사랑으로 주님께 보답하는 부끄럽기 짝이 없는 일을 하였습니다! 이 자리에 계신 분들 가운데 주님을 완전히 무시하고 사는 분들, 다시 말해 자신들은 그리스도의 죽음과 아무 상관이 없는 것처럼 사는 분들은 지금 이 시간 주님께 아주 부끄러운 보답을 하고 있는 것입니다. 의인을 위하여 죽는 자가 쉽지 않고 선인을 위하여 용감히 죽는 자가 혹 있겠지만 "우리가 아직 죄인 되었을 때에 기약대로 그리스도께서 경건하지 않은 자를 위하여 죽으심으로 하나님께서 우리에 대한 자기의 사랑을 확증하셨습니다"(롬 5:6,8). 그 말을 들으십시오. 여러분 귀머거리들이여, 그 말을 들으십시오! 여러분 맹인들이여, 이 찬란한 사랑을 보십시오! 여러분 완고한 마음들이여, 이 마법과 같은 행위를 느끼십시오! 그리스도께서 경건하지 않은 자들을 위하여, 죄인들을 위하여, 불경스런 자들을 위하여, 술고래들을 위하여, 부정한 자들을 위하여, 사람들 가운데 가장 악한 자들을 위하여 죽으셨습니다. 그들을 정결하게 하기 위하여, 그들을 타락에서 건지기 위하여, 그들을 새사람으로 만들기 위하여, 하늘의 사랑이 무슨 일을 할 수 있는지 보여주기 위하여 죽으셨습니다. 사람들은 완전히 타락하였고 죄와 하나가 되었습니다. 정신 이상자가 정신 착란으로 미치듯이 죄에 미쳤고, 나병환자가 나병에 삼켜지듯이 죄에 먹혔습니다. 그런데 그런 자들을 위하여 그리스도께서 죽으셨습니다. 그리스도께서 자신을 주신 것은 우리의 덕 때문이 아니라 우리의 죄 때문입니다. 주께서 오셔서 구원하려고 하신 것은 선한 자들이 아니라 망한 자들입니다. 그런 자들을 위하여 그리스도께서 죽으셨습니다. 그러므로 그의 죽음은 전혀 유례가 없는 것이었습니다.

　이 경이로운 건축물을 완성하기 위해서는 한 가지 더 말할 것이 있습니다. 그리스도의 슬픔에는 이 점이 있었습니다. 그것은 하늘 아래 다른 어떤 슬픔에도 없었던 것인데, 즉 그것이 속죄의 죽음이었다는 사실입니다. 그리스도께서는 그 때 다른 사람들을 대신해서 고난을 받고 죽으셨던 것입니다. 고난 받고 죽으심으로써 다른 사람들의 죄를 치우고 계셨던 것입니다. 예수 그리스도께서 자기를 제물로 드려 죄를 없이하려고 나타나셨고(히 9:26), 그의 피에는 모든 죄에서 깨끗하게 하는 효력이 있다는 이것이 하나님의 계시의 골자입니다. 나는 철학에 능통한 어떤 신학자들이 이 속죄를 부인한다는 말을 들었습니다. 제발 여러분은 그 사람들의 말을 듣지 않도록 주의하십시오. 그들은 여러분에게서 천국에 대한 유일한 희망을 빼앗으려고 합니다. 이 점을 명심하십시오. 기독교 신앙에서 속죄가 사라지면 남는 것이 아무것도 없다는 사실을 말입니다. "그 피가 생명과 일체"(레 17:14)입니다. 그러므로 여러분이 복음의 생명인 피를 제거하면 복음은 죽을 것입니다. 설교에서 이 속죄 제사가 빠져 있는 곳에서 여러분은 무엇을 봅니까? 아주 금방 예배당이 텅 비게 될 것입니다. 사람들이 그 예배당에는 자기들을 위한 것이 아무것도 없다는 것을 곧 알아차리기 때문입니다. 사람들은 겨우 껍질이나 주는 곳에 가려고 하지 않을 것입니다. 예수 그리스도의 피로 말미암는 속죄라는 이 중대한 교리를 부인하는 것은 복음을 무력하게 만드는 것이고, 기독교를 말살하는 것입니다. 오늘 밤 이 집을 보십시오. 이 장관을 보십시오. 모인 이 많은 사람들을 보십시오! 한 사람이 더 온다고 해도 어디 비집고 들어갈 틈이 있겠습니까? 어떤 사람은 여기 들어오고 싶은 간절한 마음에서 우리가 아주 멋진 대접을 해준다고 생각할 것입니다. 그런데 여러분이 원한다면 일년 내내 아무날 밤이나 아무날 아침이든지 여기 와 보십시오. 언제든지 와도 똑같습니다. 그러면 왜 사람들이 옵니까? 멋진 옷을 입은 사람을 보기 위해서 옵니까? 우리는 세련된 모자를 쓰지 않습니다. 달콤한 음악 선율과 오르간의 장중하게 울리는 소리를 듣기 위해서 옵니까? 우리에게는 그런 것이 하나도 없습니다. 사람들은 무엇 때문에 여기에 옵니까? 웅변가의 말을 들으러 옵니까? 여기서는 전혀 웅변을 들을 수 없습니다. 나는 웅변술을 발휘하려고 마음먹거나 그 능력을 나타내 보이기를 바란 적이 한 번도 없습니다. 지금까지 나는 내 심령으로부터 그리스도를 설교하였고, 그리스도를 사람들의 구주로 높였습니다. 그러므로 사람들이 이 예배당에 몰려듭니다. 그리스도가 그들이 이해할 수 있는 말로 충만하게 전파되는 동안 사람들은 언제든지 여기에 오려고 할 것입니다. 사람들은 굶주린 사람이 빵을 필요로 하듯이 구주님을 필요로 합니다. 목마른 영혼이 마실 것을 찾듯이, 사람들은 자기들에게 필요한 것이 어디에서 설교되는지 압니다. 가서 그 사람들에게 새로운 교리를 전파하라고 말하십시오. 그들은 한두 번 사람들에게 설교하였지만 자신들의 멋진 이론으로 작은 마을 하나도 움직이지 못합니다. 그렇지만 나는 27년 동안 꼬박 그리스도의 이름 외에는 아무 마술 없이도, 십자가와 피와 "그리스도를 믿고 살라"는 이 한 마디 외에는 아무 신비 없이도 많은 사람들을 붙들 수가 있습니다. 그러므로 나는 현대 사상이라는 모든 플루트와 하프, 나팔, 현악기, 피아노보다도 많은 음악이 그 속에 들어 있는 이 신성한 줄을 언제까지고 연주하면서 이 오래되고 오래된 복음을 다시 한 번 전파합니다. 여러분이 죄 사함 받기를 바란다면 용서함은 예수님에게서, 오직 예수님에게서만 찾아야 합니다. "나의 고통과 같은 고통이 있는가 볼지어다." 다른 어떤 고통도 죄를 씻어낼 수 없기 때문입니다. 지옥의 고통조차도 속죄를 이룰 수 없습니다. 오직 그리스도의 고통만이 여러분의 죄를 제거할 수 있습니다. 십자가에 못 박히신 그리스도의 무한한 공로를 얻으려고 하십시오. 외면하지 말고 당장 구주님의 얼굴을 구하도록 하십시오.

이렇게 해서 첫 번째 소제목에 대한 이야기를 마쳤는데, 적지 않은 시간이 지나갔습니다.

2. 그러므로 예수님의 고난은 많은 사람들과 깊은 관계가 있었다는 두 번째 소제목에 대해서는 잠깐 생각해 보도록 하겠습니다.

내가 예수님을 여러분 앞에 나타내 보일 수 있다면 좋겠습니다! 자, 예수님입니다! 이분을 보십시오! 예수님이 내 눈앞에 계십니다. 기력 없는 눈이 죽음으로 감기는 것이 보입니다. 그 영광스런 머리가 가슴으로 떨구어지는 것이 보입니다. 나는 보고 경배합니다. 나는 못 때문에 그의 소중한 손과 발에 난 깊은 상처를 슬프게 바라봅니다. 그 깊은 상처로부터 그의 흠없고 순결한 육신의 백합에 붉은 장미들을 여기저기 퍼트리는 붉은 핏물이 흐릅니다. 그의 심장을 들여다보니 그 심장이 깨어지는 것이 보입니다. 군병이 여러분이 들여다볼 수 있는 구멍을 만들어낸 것입니다. 내게 구주님의 죽음은 모든 것입니다. 나는 구주님의 죽음을 묵상하며 살기도 하고 죽기도 할 수 있습니다. 구주님의 죽음은 내 피를 끓게 하고 내 눈물샘을 터트리기도 하며 내 가장 깊은 마음을 녹이기도 합니다. 구주님의 죽음은 다른 사람들에게도 강력한 사실이 아닙니까? 어떤 사람이 이 슬픔이 대체 누군가에게 어떤 유익을 가져다주었느냐고 묻는 소리를 들은 적이 있습니까? 누구라도 이 슬픔에서 유익을 얻은 사람이 있습니까? 말씀드리겠습니다. 허다한 사람들이 그리스도의 고난에서 자신들의 절망에 대한 **치료책**을 발견하였습니다. 회심한 사람들의 전기를 읽어보십시오. 그들이 당장에라도 자살하려고 했는데, 십자가에 못 박힌 구주님을 보고서 희망을 품을 용기를 얻었고 안식을 얻은 경우들을 많이 볼 것입니다. 아니, 여러분은 책을 읽을 필요가 없습니다. 여러분이 알고 있는 경건한 사람 아무에게나 말하십시오. 그러면 그는 여러분에게 예수님의 상처가 자신의 희망의 샘이었고 지금도 그렇다고 말할 것입니다. 여러분 가운데 많은 분들이 그리스도를 보는 것 외에는 아무것도 여러분을 죄로 인한 절망에서 돌이킬 수 없었을 것이라고 말할 수 있을 것입니다. 이런 얘기를 할 때마다 내 경우를 떠올리지 않을 수 없습니다. 내가 나무에 달린 분을 보기 전까지 내 고통은 참으로 견디기 어려웠고 나의 날들은 참으로 어두웠으며, 나의 밤들은 참으로 끔찍했습니다. 그러나 그분을 본 후로 나의 상태는 지속적인 슬픔에서 끊임없는 기쁨으로 바뀌었습니다. 내가 그분이 수욕을 받은 사실을 듣고서 마음이 움직이지 않을 수 있겠습니까? 여러분은 우리가 십자가에 못 박히신 예수님에 대해 알고 있는 모든 빛을 우리에게 알려준 분들이 예수님을 가볍게 생각할 수 있다고 보십니까? 제발 우리는 그처럼 비열하고 천하게 되지 않기를 바랍니다. 예수께서 우리의 어둠을 낮으로 바꾸셨기 때문에 우리는 예수님과 깊고 지속적인 관계가 있습니다.

또 어떤 사람들에게서는 십자가의 고통이 그들의 삶에 완전한 변화를 일으켰습니다. 다메섹으로 향하던 사도 바울은 그리스도인들을 찾아내어 죽이려 하고 있었습니다. 그러나 "나는 네가 박해하는 예수라"(행 9:5)고 말씀하신 분의 음성이 그의 마음을 완전히 변화시켰고, 그래서 그는 그리스도의 모든 설교자들 가운데 가장 위대한 인물이 되었습니다. 아마도 여러분 대부분은, 아주 많은 군인들이 그렇듯이 방탕한 생활을 한 난봉꾼 장교인 가디너 대령(Colonel Gardiner)의 생애에 대한 이야기를 들었을 것입니다. 어느 날 밤 그는 악하기 그지없는 약속이 있었고, 약속 장소에 한 시간 일찍 도착하였습니다. 혼자 기다리면서 그는 벽에서 십자가에 달려 있는 구주님을 보았다는 생각이 들었습니다. 그리고 구주께서 자기에게 "나는 너를 위해 이 모든 일을 하였는데, 너는 나를 위해 무엇을 하였느냐?"고 말하는 것을 들은 것으로 생각되었습니다. 그는 그 집을 도망쳐 나왔습니다. 여러분은 그 순간 이후로 그가 얼마나 훌륭한 그리스도의 신실한 군사가 되었는지 압니다. 그런 기적은 어느 시대에서나 일어났고, 세상 끝날까지 일어날 것입니다. 그런 사람들이 결코 드물지 않아서 여러분이 그들을 찾으러 멀리 갈 필요가 없습니다. 여러분이 들으려고 한다면, 이 자리에 있는 사람들 가운데도 자신들에 대한 이야기를 할 수 있는 사람들이 있을 것인데, 아무튼 여러 종류의 사람들이 여러분에게, 그리스도를 본 것이 자신들을 기적처럼 깜짝 놀랄 만한 방식으로 완전히 변화시켰다고 이야기할 것입니다. 그 일이 그들에게는 마치 깊은 심연으로 떨어져 내리는 나이아가라 폭포가 그 큰물을 지으신 분의 음성을 갑작스럽게 듣고 그 폭포의 물이 수 세기 동안 내려오던 절벽을 거슬러 위로 뛰어오르기 시작한 것과 같은 놀라운 변화였습니다. 그리스도의 십자가를 봄으로써 사람들의 삶에 일어난 변화는 마치 강들이 그 발원지로 거슬러 올라가거나 한밤중이 환한 대낮으로 변하는 것과 같은 크고 놀라운 일입니다. 그것은 비길 데 없이 멋진 일입니다. 그와 같은 일은 없습니다. 일단 그 일의 변화시키는 능력을 경험한 사람들은 불신앙을 비웃습니다. 그들은 "뭐라고, 십자가에 아무 진리가 없다고?" 하고 말합니다. 나병환자였던 사람, 절름발이였던 사람 혹은 맹인이었던 사람을 갑작스럽게 고치고 나서 그에게 이건 대단한 일이 아니라고 말해 보십시오. 그러면 그는 "뭐야, 당신에게는 대단한 일이 아니겠지. 아니면 당신은 이것을 두고 대단한 일이 아니라고 말하고 싶겠지"라고 말하며 떠날 것입니다. 이것이 그가 기껏해야 할 수 있는 대답의 전부입니다. 실제 경험하는 문제들은 부정할 수는 있지만 논박할 수는 없습니다. 사람들이 자기가 원하는 말을 할 수가 있지만, 일단 십자가가 우리 영혼에 놀라운 일들을 일으킨 뒤에는 우리는 의견이 같아집니다.

형제 여러분, 그리스도의 십자가가 다른 사람들의 마음에 얼마나 놀라운 능력을 발휘하여 그들로 영웅적인 행위를 하도록 만들었는지 다시 한 번 생각해 봅시다. 나는 리빙스턴과 악수했던 때를 잊지 못할 것입니다. 나는 그를 알고 지낸 것을 내 생의 큰 영광들 가운데 하나로 생각하고, 세상 사람들도 우리와 함께 그의 이름에 경의를 표할 것입니다. 그가 길 없는 아프리카 땅을 밟고 이교도들 가운데서 죽은 것은 그리스도의 사랑 때문이었습니다. 그런 일에 그가 처음이 아니었습니다. 그 외에도 그리스도의 십자가를 위하여 기후 때문에 죽고 외국인들 사이에서 죽는 것을 아주 기쁘게 여겼던 사람들이 많았습니다. 모펫(Moffat)은 지금도 살아 있습니다. 참으로 놀라운 인생입니다! 존 윌리엄스(John Williams)라는 사람이 있었습니다. 여러분 가운데 나이든 사람들은 그에 대해 알 것인데, 그리스도를 위하여 에로만가(Erromanga) 섬에서 목숨을 내놓은 사람입니다. 이들은 예수님을 위하여서는 목숨도 소중하게 여기지 않은 많은 무리 가운데 나중 대열에 합류한 사람들에 지나지 않습니다. 처음 몇 세기를 보십시오. 얼마나 많은 사람들이 그리스도를 위하여 고문을 받기 위해 고문대로 걸어가고, 화형을 당하기 위해 화형대로 가며, 짐승들에게 잡아먹히기 위하여 원형경기장으로 갔는지 모릅니다. 죽음을 자초하고 불길에 맞서는 허다한 남녀 무리를 안전한 곳으로 옮기기 위해서는 그리스도께서 작은 손가락을 까닥 하고 한 번 올리기만 하면 충분하였을 것입니다. 로마 제국은 그 모든 군대와 잔인한 행위를 동원하였어도 하찮고 무식하며 비천하지만 진심으로 열렬히 예수를 따르는 사람들을 이기지 못하였습니다. 그리스도의 고난이 그들을 강하게 만들어 고난을 견디게 하였습니다. 이후 시대도 같은 이야기를 합니다. 우리나라도 끝까지 견딘 십자가의 영웅들을 보아왔습니다.

여러분도 아는 저기 스미스필드(Smithfield)에는 아직 해가 뜨지 않은 이른 아침에 나와서 불타는 화형대에서 불타 죽도록 소환 받은 남녀들이 있었습니다. 그들은 손마다 불이 붙었을 때 손뼉을 치며 "오직 그리스도만을! 오직 그리스도만을!" 하고 외치는 모습을 보였습니다. 그들을 둘러선 무리들, 그들은 누구였습니까? 거기에는 잔인한 사람들과 짐승 같은 사제들이 있었습니다. 그러나 또한 남자들과 여자들, 어린아이들이 있었는데, 그 시대의 변변치 않은 교회 기록을 보면 그들은 자기 교회 목사가 불타 죽는 것을 보고 그 길을 배우기 위해 거기 간 것이라고 하였습니다. 자기 차례가 왔을 때 죽는 그 길을 배우기 위해 거기 간다는 것은 참으로 중요한 일입니다! 교황권에 굴복한다는 생각이나, 그리스도를 위해서 죽거나 아니면 그를 부인해야 하기 때문에 그리스도를 포기한다는 생각을 그들은 한 번도 해본 적이 없기 때문입니다. 어린아이들이라도 어머니 무릎에서 그리스도의 고난에 대해 아주 많이 배웠기 때문에 그들은 정복할 수 없는 사람들이 되었습니다. 그렇습니다. 같은 일이 벌어진다면 우리도 그와 같이 해야 마땅할 것입니다. 왜냐하면 이 오래된 이름과 오래된 사랑이 오늘날 그리스도인들에게 많은 과실과 약점들이 있음에도 불구하고 그들의 마음에 여전히 머물러 있기 때문입니다. 다시 한번 싸움이 벌어지고 창으로 찌르는 일이 일어난다면, 우리는 하나님의 선하신 손길과 은혜로 우리 청교도 선조들, 곧 우리 개신교 선조들이 그랬듯이 언제든지 피로써 우리 믿음을 지킬 준비가 되어 있습니다. 이것이 그리스도의 십자가가 할 수 있는 일입니다. 그리스도의 십자가가 사람들로 하여금 그리스도를 위하여 고난을 받을 수 있게 만듭니다.

아, 하지만 여러분이 그 길로 가도록 부름을 받지 않을 수도 있습니다. 그래서 여러분은 이렇게 묻습니다. "매일 생활에서 그리스도의 십자가가 우리에게 무슨 소용이 있습니까?" 이런 쓸모가 있습니다. 즉, 고난 받으신 주님을 사랑하는 사람들은 매일의 고난을 잘 견디게 된다는 것입니다. 그들은 자신에게 이같이 말합니다.

"주님의 길은 내 길보다 훨씬 더 험하고 어두웠다.
내 주 그리스도께서 고난을 겪으셨는데, 내가 불평하겠는가?"

주께서 구속을 얻기 위해 치르신 그 고통을 보고서 그들은 죄를 미워하는 법을 배웠습니다. 그들은 주께서 자신들을 사기 위해 어떤 값을 치르셨는지를 보고서 의롭게 사는 법을 배웠습니다. 즉, 그들은 십자가에 못 박히신 구주님의 발 앞에서 자기를 부인하는 법을 배웠습니다. 바로 이것이 그들이 살기 위해서 또 죽기 위해서 배우는 길입니다. 이 강단 주위에 거무스름한 색조를 드리우는 이 검은 천은 소중한 한 영혼인 우리 자매를 기념하는 것입니다. 그 자매는 아직 젊었을 때 구주님 사랑하기를 배웠고, 일찍부터 우리 교회에 가입하였습니다. 숨 한 번 쉬는 것도 아주 고통스러운 일이 된, 죽을 무렵에 그 자매는 구주님 안에서 쉬는 것이 기쁨이요 승리라는 것을 발견하였습니다. 그녀는 군인의 딸이었는데 하나님의 멸시 받는 백성들과 한 무리가 되는 것을 부끄러워하지 않았습니다. 오랜 기간 고통과 죽음의 위협 가운데 지내면서 십자가의 교리에서 자신을 붙들어 주는 힘을 알았고 죽음에서 승리를 발견하였습니다.

"흐려지는 내 눈 앞에 주의 십자가를 붙들어 주소서." 예수님, 다른 아무것도 볼 수 없을 때 주님을 보게 하여 주옵소서. 주님을 보면 내가 죽음의 시내를 뛰어넘겠습니다. 삼손이 사자를 두려워하지 않았듯이 나도 죽음을 두려워하지 않겠습니다. 주님께서 곁에 계시면 나는 정복한 그 괴물에게서 꿀을 찾겠습니다. 그리스도의 죽음이 바로 영혼의 생명이라면 죽는 것은 죽음이 아닙니다.

바로 이것이 허다한 사람들이 그리스도를 상대하여 얻은 것입니다. 그들은 그리스도를 지나가지 않고 그 발 앞에 엎드렸고, 그에게서 생명과 빛과 기쁨과 완전과 천국을 발견하였습니다.

이제 이 마지막 요점을 말씀드리고 설교를 끝내겠습니다.

3. 여러분, 여러분은 그리스도와 무슨 관계가 있습니까?

"지나가는 모든 사람들이여 너희에게는 관계가 없는가 나의 고통과 같은 고통이 있는가 볼지어다."

나는 이 자리에 계시는 어떤 사람들에게는 그리스도가 그리 중요하지 않은 분이라고 생각합니다. 나는 지금 이 세상에서 성공하고 있는 사람들을 말하는 것입니다. 그들에게는 모든 것이 아주 순조롭게 진행되고 있습니다. 여러분은 지금 풍선처럼 올라가고 있고, 성공으로 흡족하고 우쭐해 있습니다. 여러분은 바라는 만큼 많은 돈을 벌어들이고 있습니다. 구주님 없이도 아주 잘 나가고 있습니다. 여러분은 이 세상에서 여러분의 분깃을 받습니다. 나는 여러분이 갑자기 돌아서서 주님을 무시하고 주님이 전혀 필요 없다고 말할지라도 전혀 이상하게 생각하지 않을 것입니다. 젊은이 여러분, 우리는 또 다른 날 만날 것입니다. 그 때는 포도주가 모두 시어졌고 금은 좀먹었으며 즐거운 일들은 아침 서리처럼 근심이라는 이글거리는 태양 아래 사라져버렸을 것입니다. 나는 잠시 동안 예수 그리스도께서 여러분에게 아무 가치가 없는 분이 되리라는 것을 의심하지 않습니다. 그리스도에 관해 듣는 것은 지루한 얘기이고 피곤한 일입니다.

이 자리에 마음이 무거운 분이 있습니까? 이 자리에 잘못을 깨닫고 있는 분들이 많지 않습니까? 여러분은 잘못되었습니까? 바르게 되고 싶습니까? 여러분은 죄를 느끼고 있습니까? 용서받고 싶습니까? 그렇다면, 여러분을 위해 십자가가 있습니다! 여러분을 위해 예수님이 계십니다! 얼굴을 돌려 예수님을 보십시오. 여러분의 눈에 눈물이 가득해질 때까지 보십시오. 여러분이 눈물을 닦으며 이렇게 말할 때까지 보십시오. "그 모든 것이 보여. 예수님이 내 대신 고난을 받으셨어. 나는 용서받았어. 내 아버지께서 나를 양자로 삼으셨어. 나는 하나님의 자녀야. 그래서 나는 기뻐." 오, 죄인들이여, 그리스도 안에 여러분을 위한 것이 있습니다. 이는 그리스도께서 우리를 하나님께로 데려오시기 위해 의로우신 자로서 불의한 자를 위하여 죽으셨기 때문입니다.

어쩌면 이 자리에 죄의식 때문에 고생하기보다는 인생의 목적의식이 없어서 괴로워하는 사람이 있을 수 있습니다. 그 사람은 이렇게 느낍니다. "글쎄, 어쨌든 나는 인생에 아무런 목적이 없어. 나는 눈을 가린 말처럼 계속해서 맷돌 둘레를 돌지만 조금도 앞으로 나가지 못해. 더욱이 내가 무엇을 위해 수고하고 있는지도 몰라." 내 자식들을 기르기 위해서 수고하는가? 어쩌면 그 일은 다 끝났을 수 있습니다. 자녀들은 모두 생활에서 자리를 잡았습니다. 그래서 여러분은 말합니다. "더 이상 무엇을 해야 할지 모르겠어. 이제는 힘써서 얻으려고 할 만한 대상이 없는 것 같아." 주님의 슬픔이 여러분의 협력을 구할 수가 있습니다. 적십자 기사(The Red Cross Knight: 에드먼드 스펜서의 서사적 이야기 '요정 여왕'에 나오는 가공인물로서 진정한 기독교인이 지녀야 할 미덕인 거룩함을 대표하는 기사

—역주)는, 그리스도께서 우리에게 치명적인 무기를 가지고 싸우도록 하시지 않기 때문에, 크게 잘못된 생각에 사로잡혀 있었긴 했지만, 사라센 사람들과 싸울 때 십자가를 들고 있으면 그리스도의 이름이 자기에게 붙여졌다고 생각했기 때문에 강해지는 것을 느꼈습니다. 그런데 여러분이 그리스도의 영광을 위하여 삶으로써 진정한 적십자 기사가 된다면 고귀한 열심을 얻게 될 것이고, 여러분이 지치지 않고 추구할 인생의 목적을 발견하게 될 것입니다. 십자가에 못 박히신 분에 대한 사랑이 여러분 마음에 활력의 샘이 될 것입니다. 그리스도에 대한 사랑은 여러분이 모든 대적에 맞서 용감히 싸우도록 만들고 여러분에게 큰 보상과 확실한 승리를 가져다줄 것입니다. 만약 오늘 내게 삶의 목적이 없다면, 나는 자신을 그리스도께 드리고 나서 다른 사람들에게 주님의 귀한 이름을 말하여 그들의 마음에 달콤한 내 주님에 대한 사랑을 품게 하고 싶습니다. 고난 받으신 내 주님이시자 왕이신 예수 그리스도의 명성과 이름을 널리 전할 기회만 있다면 나는 아무하고도 내 자리를 바꾸고 싶지 않습니다.

어쩌면 여러분은 다른 사람들에 유익을 끼치고 싶은 마음이 간절할 수 있습니다. 그렇다면 여러분은 실제적이고 효과적인 어떤 일을 하기를 원할 것입니다. 세상은 타락하고 있습니다. 악한 것들이 사방에 널려 있습니다. 여러분은 "선을 행하고 싶다"고 말합니다. 친구 여러분, 고개를 돌려 그리스도의 고난을 보고, 여러분이 거기에서 여러분의 지레를 위한 받침을 얻지 못하는지 보십시오. 이 땅에서 바위와 산을 옮기는 것은 비할 데 없이 큰 힘입니다. 그런 일을 하려면 증기 동력이나 다이너마이트가 아니라 그보다 더 강력한 것이 필요합니다. 극소량의 십자가 교리만 있으면 모든 오류의 벽을 폭파시킬 것이고, 그 교리를 바르게 적용하기만 하면 비참의 토굴 감옥을 폭발시켜 무너트릴 것입니다. 여러분은 그리스도께 와서, 거기에서 성령의 능력으로 말미암아 모든 인류에게 선을 행하는 불굴의 힘을 얻을 수 없는지 보십시오.

어떤 사람은 "나는 그리스도를 믿지 않는다"고 말합니다. 그러면 그대는 무엇을 믿습니까? 그대가 무엇을 믿든지 간에, 그대가 믿는 것을 다른 사람들의 유익을 위해 사용하도록 하십시오. 나는 여러분이 도시 선교사들을 이 거리 저 거리로 보내어 여러분이 확실히 믿는 바를 전하는 모습을 보고 싶습니다. 자, 이치에 맞게 생각하고, 단지 사람들의 트집만 잡지 말고 그 이상의 일을 하기 바랍니다. 어떤 사람들은 허물어뜨리는 일을 아주 좋아합니다. 그들이 조금이라도 세우는 일을 하고 싶어 합니까? 그렇다면 오십시오. 사람들은 우리 그리스도인들이 아무 선행도 하고 있지 않다고 말합니다. 여러분은 그냥 가서 한 번 선을 행해 보십시오. 죽어 가고 있는 사람들에게 가십시오. 병든 자들에게 여러분의 철학이 든 병들을 가져가고, 그들을 과학적으로 의심스러운 만병통치약으로 위로해 보십시오. 그 일을 해보십시오! 누군가가 현재의 의학 체계는 결함이 많다고 말한다면, 우리는 이렇게 대답합니다. 좋습니다. 그러면 당신은 바른 약을 찾아냈습니까? 당신이 "예"라고 말한다면, 그러면 그 약을 널리 퍼트리고, 의사를 양성하며 병원을 지으십시오. 가서 그 일을 시작하십시오. 그렇게 하지 못할 이유가 있습니까? 하나님을 믿지 않고 그리스도도 믿지 않는 여러분, 여러분의 선교사들을 널리 보내십시오. 이교도들에게 하나님이 없고 죄도 없고, 지옥도, 천국도, 영혼도, 아무것도 없다고 말하여 그들을 계몽하십시오. 아프리카 한가운데로 들어가서 과학의 교리들을 전하여 사람들을 잔인한 미신으로부터 구하십시오. 자, 해 보십시오. 여러분에게 복음이 있다면 복음을 숨기지 마십시오. 뭐라고요? 여러분이 그 방면에는 열심이 없다고요? 왜 없는 것입니까? 그런 일은 특별한 쓸모가 없지 않습니까? 그것은 여러분의 돈을 쓸 만한 가치가 없는 일이라고요? 여러분은 형편없는 위로자들입니다! 여러분은 병을 고칠 수 없는 초라한 의사들입니다!

이제 여러분이 십자가에 능력이 있는지 알고 싶다면 도시 선교사에게 하루만 여러분을 데리고 같이 가게 해달라고 부탁하십시오. 적합한 사람을 만나 여러분이 가서 직접 보십시오. 그러면 그 사람이 여러분에게 십자가의 교리가 사람을 위로하고 차분하게 만들며 격려하고 마음을 고양시키는 일에 어떤 일을 할 수 있는지 보여줄 것입니다. 어떤 사람은 "나는 믿지 않아"라고 말합니다. 여러분이 믿을 것이라고 아무도 말하지 않았습니다. 하지만 나는 "백문이 불여일견"이라고 말하겠습니다. 여러분, 이것은 우리가 익숙히 잘 알고 있는 속담입니다. 물이 차오르고 있는 배가 있습니다. 여러분은 펌프를 믿지 못합니다. 좋습니다. 나는 계속해서 펌프로 물을 퍼내고 있습니다. 여러분은 어떻게 해서든지 토론하려고 합니다. 토론은 집어치우고 나는 그동안 펌프로 물을 퍼냅니다. 이 자리에 계신 모든 그리스도인은 그리스도의 십자가를 실제로 사용하고, 그것을 끝까지 붙들도록 하십시오. 사람들이 그리스도의 십자가를 사용한 결과가 어떤 것인지 알아보는 수고조차 하지 않으려고 한다면, 사람들의 불신앙은 불합리하고 변명할 수 없는 것이며, 그들은 반드시 그 결과를 거두게 될 것입니다. 우리의 옷자락은 그들의 피에서 깨끗합니다.

친구 여러분, 그리스도께서 십자가에서 여러분을 구속하신 만큼, 다시 말해 그리스도께서 십자가에서 여러분의 죄를 제거하신 만큼 여러분이 십자가와 아주 밀접한 관련이 있다는 것이 드러난다면 어떻게 하겠습니까? 그리스도께서 여러분을 값 주고 사셨기 때문에 여러분을 얻었다고 말씀하신다면 어떻게 하겠습니까? 여러분이 그리스도의 것이어서 그리스도께서 여러분을 구원하셨다고 말한다면 어떻게 하겠습니까? 그리스도께서 십자가에서 죽으셨을 때 여러분을 위하여 영생을 얻었고, 하늘에서 하나님 우편에 앉아 그리스도와 함께 다스릴 자리를 확보하셨다면 어떻게 하겠습니까?

사람들은 말합니다. "그 점을 생각한다면 그리스도께 가고 싶습니다." 그렇다면 그리스도께 오십시오. 그것은 사실입니다. "아들을 믿는 자에게는 영생이 있기"(요 3:36) 때문입니다. 이 말씀을 다시 한번 말하겠습니다. "아들을 믿는 자에게는 영생이 있느니라." 그가 조금 전에 믿었다면, 바로 조금 전이라도 믿기만 했다면 그에게 생명이 있을 뿐만 아니라 영원한 생명이 있는 것입니다. 그러므로 그 생명은 결코 죽을 수 없는 것입니다. 여러분이 예수님을 믿는다면 땅의 모든 복뿐 아니라 천국도 얻는 것입니다.

그러나 만일 여러분이 "나는 예수와 아무 관계도 맺지 않겠어"라고 말한다면, 나는 여러분이 스스로에 대해 신중하게 말하기를 바랍니다. 그리스도가 얻을 만한 가치가 없는 분이라면, 여러분은 그리스도를 얻지 않겠다고 말하십시오. 아주 분명하게 말하십시오. 나는 사람이 이쪽이든 저쪽이든 분명하게 결정할 때 희망이 있다고 느낍니다. 내가 염려하는 사람들은 "어쨌든 다 잘 될 것이라고 생각해"라고 말하는 사람들입니다. 여러분, 또 한 시간 머뭇거리지 말고, 내가 하나님의 이름으로 여러분에게 물을 때 바로 대답을 해 주세요. 여러분은 오늘 밤 그리스도를 모시겠습니까? 모시지 않겠습니까? "예"라고 말하든지 "아니요"라고 말하십시오. 나는 여러분이 집에 가면 여러분의 결심을 써두라고 말하고 싶습니다. 그리스도의 것이 여러분의 것입니까? 아닙니까? 앉아서 잘 생각해 보고 이렇게 말하십시오. "그렇습니다. 나의 주님, 내가 주님의 죽으심의 공로를 믿습니다." 혹은 여러분이 정말로 "그리스도는 전혀 나의 것이 아니다"라고 생각한다면, 그렇게 쓰십시오. 우리는 이렇게 확고한 행동에서 위로를 얻은 사람들을 보아왔습니다.

오랫동안 신자로 지내온 불쌍한 처녀가 있었습니다. 그리스도인이었지만 그녀는 병 때문에 마음이 매우 슬펐습니다. 교회의 목사가 그녀를 보러 와서 물었습니다. "수잔, 자매님은 소망을 잘 간직하고 있어요?" 그녀가 대답했습니다. "목사님, 저는 제가 그리스도인이 아니어서 두려워요. 저는 주 예수 그리스도를 사랑하지 않아요." 목사가 말했습니다. "아니, 나는 언제나 자매가 예수님을 사랑한다고 생각했어요. 자매님은 예수님을 사랑하는 사람처럼 행동했어요." 그녀는 말했습니다. "아니에요. 유감스러운 일이지만 저는 그동안 제 자신을 속였고, 또 주님을 사랑하지 않아요." 그 말을 듣고 목사는 지혜롭게 대처했습니다. 그는 창가로 걸어가서 종이쪽지에 "나는 주 예수 그리스도를 사랑하지 않습니다"라고 쓰고서 말했습니다. "수잔, 여기 연필이 있어요. 이 말에다 수잔의 이름을 쓰세요." 그러자 그녀가 말했습니다. "안 할래요, 목사님. 저는 그 말에 서명할 수 없어요." "왜 못하지요?" "목사님, 그 말에 서명하면 마음이 갈기갈기 찢어질 거에요." "하지만 그 말이 사실이라면 서명 못할 일이 없지 않아요?" 그녀가 말했습니다. "아, 목사님, 저는 그것이 사실이 아닐 것이라고 생각해요. 저는 사실 예수님을 사랑하는 것 같아요."

친구 여러분, 여러분이 지금 어디에 있는지 아십시오. 바알이 하나님이면 그를 섬기십시오. 여호와가 하나님이시라면 그를 섬기십시오. 그리스도께서 구주이시라면 그를 모시십시오. 그리스도께서 구주가 아니시라면 그를 섬기는 체하지 마십시오. 이쪽이든지 저쪽이든지 결정하십시오. 하나님께서 여러분이 오늘 밤 결심하도록 도와주시기를 바랍니다. 마치 하늘이 불타오를 때 여러분이 결심하듯이, 해와 달이 하늘에서 사라져버리고 견고한 땅이 흔들리고 비틀거리며, 모든 사람 위에서 "와서 심판 받으라! 와서 심판 받으라! 와서 심판 받으라!"는 나팔 소리처럼 큰 소리가 들릴 때 여러분이 결심하듯이 오늘 밤 결심하기를 바랍니다. 거기에 재판장, 곧 십자가에 못 박히신 분이 앉아 계십니다. 그는 다른 모든 고통을 뛰어넘는 고통을 겪으셨지만, 성도들은 오른편에, 타락한 자들은 왼편에 서게 하고, 신자들과 불신자들의 운명을 결정할 최종 판결을 내리실 때는 그의 영광은 모든 영광을 뛰어넘을 것입니다.

친구 여러분, 하나님께서 여러분 한 사람 한 사람에게 복 주시기를 바랍니다. 지금부터 영원히 여러분이 주님의 것이 되기를 바랍니다. 아멘. 아멘.

제
2
장

—

날마다 새로운 하나님의 자비

—

"여호와의 긍휼이……아침마다 새로우니……주의 성실하심이
크시도소이다." — 애 3:22,23

예레미야애가는 참으로 슬픈 책입니다. 여러분이 광야의 도마뱀과 올빼미, 사다새, 해오라기를 보면 이 선지자의 슬픈 상태를 적절히 보여주는 모습을 만나는 것입니다. 그는 빠져나갈 구멍이 없는 병처럼 슬픔으로 가득 차 있었습니다. 그의 마음은 쓴 쑥과 쓸개즙으로 가득 차 언제든지 터질 지경이었습니다.

그러나 선지자가 하나님의 자비를 기억할 때는 전체 분위기가 바뀝니다. 그는 지존하신 하나님의 긍휼을 생각하기가 무섭게 즉시 버드나무에서 하프를 내려 일찍이 이스라엘의 노래 잘하는 다윗이 하나님 앞에서 노래하였을 때만큼 즐겁게 노래하기 시작합니다. 정말로 우리가 자신의 비참한 신세를 말하고 또 말하기보다는 감사한 일들을 되돌아보기만 한다면 틀림없이 슬픈 애가를 버리고 기쁨의 노래를 부르게 될 것입니다.

하나님의 백성들이 고난 받는 백성이라는 것은 사실입니다. 그러나 하나님의 은혜가 그 시련들을 충분히 감당할 수 있을 만큼 주어진다는 것도 사실입니다. 하나님의 백성들이 하나님의 나라에 들어가려면 많은 환난을 겪어야 하는 것이 사실이지만, 겪은 다음에는 정말로 하나님 나라에 들어가고, 또 장차 올 하나님 나라에 대한 생각이 그들을 현재 당하는 고난에서 붙들어 줍니다. 그들은 종종 가슴 깊이까지 차는 고난의 강물을 힘들게 건너갑니다. 그러나 큰 물결이

그들을 덮쳐 익사시키는 일은 없을 것입니다. 그러므로 그들은 사나운 비바람이 몰아치는 가운데서도 여전히 노래할 수 있을 것입니다. 나는 이 자리에 계신 분들 가운데 불평하는 습관이 있는 분에게 말씀드리고 싶습니다. 우선 그것이 아주 나쁜 습관이라는 것을 상기시켜드리고 싶습니다. 여러분 가운데 습관적으로 불평하는 사람이 된 분에게 마음의 이런 태도는 매우 죄악적인 것이라고 말씀드리고 싶습니다. 반면에 하나님의 자비를 기억하고 그에 관해 감사하는 마음으로 이야기하는 것은 고결한 습관으로, 우리 영혼에 힘을 북돋우고 유익을 끼칠 뿐 아니라 하나님을 영예롭게도 하는 것입니다. 그러니 예레미야를 본받으십시오. 여러분이 현재의 외적 환경에서 아무 위로를 얻을 수 없다면 끊임없이 베푸시는 하나님의 자비로운 일들에 대해 묵상하십시오.

선지자가 여기서 사용하는 단어인 "동정"(compassion, 개역개정은 "긍휼")은 얼마나 복된 단어인지 모릅니다! 다윗은 "긍휼"(pity)이라는 단어를 더 자주 사용하지만 같은 사실을 의미합니다. 이것은 매우 위로가 되지만 또한 사람의 마음을 겸손하게 만드는 단어입니다. 나는 "아버지가 자식을 긍휼히 여김 같이 여호와께서는 자기를 경외하는 자를 긍휼히 여기시나니라"(시 103:13)는 본문을 기억할 때 마음이 많이 누그러지는 것을 느꼈습니다. 뭐라고요! 이것이 성도들 가운데 가장 강한 자들과 가장 훌륭한 자들에 대해서까지 보이는 하나님의 태도라고요? 하나님께서는 그들을 긍휼히 여기실 뿐이라고요? 예, 그렇습니다. 큰 공적을 세우는 사람들, 전쟁의 날에 선두에 서는 사람들, 우리가 존경심과 감탄의 마음으로 우러러 보는 사람들을 하나님께서 무한한 사랑으로 보시는데, 그럴지라도 그 사랑은 긍휼의 형태를 취합니다. 우리 눈에는 그들의 힘만 보이는 곳에서 하나님은 그들의 약함을 보실 수 있습니다. 우리는 그들 안에서 행하시는 성령의 활동에 탄복하기만 하는 곳에서 하나님은 그들의 결점을 찾아내실 수 있습니다. 그러므로 하나님은 그들을 긍휼히 여기십니다. 그럼에도 그것은 아버지의 긍휼입니다. 아이가 지금 하고 있는 시도가 비록 연약한 것이지만 더 나은 일을 할 수 있도록 아이를 교육시킬 것을 알고, 머지않아 아이가 약함을 이기고 자라서 더 큰 일들을 할 수 있게 되리라는 것을 내다보며 아이의 약함을 가만히 웃어 넘기는 아버지의 긍휼입니다.

하나님은 자기 백성들 가운데 가장 훌륭한 이들에 대해서도 긍휼을 품으십니다. 그런데 그것은 사랑에서 나온 긍휼입니다. 그것은 경멸에 가까운 긍휼이 아니고 마치 꿀이 벌집에서 떨어지듯이 사랑에서 녹아 흐르는 긍휼입니다. 나는 시련을 받고 근심 가운데 있는 친구 여러분에게 자신에 대한 하나님의 무한한 긍휼을 생각하라고 다시 한번 말씀드리고 싶습니다. 하나님께서 여러분을 때리셨습니다. 그러나 아주 심하게 때릴 수도 있었지만 그렇게 때리지는 않으셨습니다. 긍휼히 여기는 심정에서 때리기를 그치신 것입니다. 하나님은 여러분의 양심을 통해서 여러분에게 날카롭게 말씀하셨습니다. 그러나 여러분의 죄가 마땅히 받아야 하는 대로 말씀하셨다면 부드럽게 타이르기보다는 우렛소리처럼 큰 목소리로 말씀하셨을 것입니다. 만일 하나님께서 엄격한 공의가 요구하는 대로 여러분을 대하셨다면 시든 것은 조롱박이 아니라 바로 여러분 자신이 야위고 말라비틀어졌을 것입니다.

여러분을 향한 하나님의 긍휼을 찬송하십시오. 여러분 가족 중에 아이 하나가 아프다고 하더라도, 가족 모두가 아픈 것은 아닙니다. 하나님께서 여러분 친구들 가운데 한 사람을 죽음으로 불러가셨을지라도, 여러분을 즐겁게 하고 위로할 다른 친구들이 아직 많이 남아 있습니다. 여러분이 사업에서 큰 손실을 겪었을지라도 파산한 것은 아닙니다. 여러분이 건강 상태가 좋지 않지만, 아직 다른 사람들을 덮친 병에 걸리지는 않았고, 여러분의 고통은 견딜 만한 것입니다. 날씨가 흐리고 여러분의 기분을 침울하게 하는 것이 사실이지만 그것이 "사망의 음침한 골짜기"의 어둠은 아닙니다. 한창 고통과 징계를 받는 가운데서라도 용기를 내십시오. 그 가운데서도 여전히 하나님의 긍휼을 볼 수 있기 때문입니다.

이런 생각들에 마음이 움직인 선지자는 우리 앞에 다음과 같이 주목할 만한 말을 썼습니다. "여호와의 긍휼이 아침마다 새로우니 주의 성실하심이 크시도소이다." 나는 그동안 본문의 전반부 말씀에 감탄하였는데, 이제 본문 말씀은 내게 하나님의 자비의 새로운 것들을 생각나게 합니다. 본문에 대해서 말할 때, 나는 여러분이 스스로를 타이르고 옛날 일들을 회상하며 여러분의 옛날 수첩에서 일기를 보며, 여러분이 처음으로 그리스도의 이름을 알고 구원 얻은 이후로 하나님께서 여러분을 위해 행하신 일을 기억하게 하려는 것입니다.

1. 첫째로, 나는 여러분이 하나님의 자비는 언제나 새로운 것임을 생각하기 바랍니다.

"여호와의 긍휼이 아침마다 새로우니." 저수조에 있는 물은 오랫동안 쓸 수 있을 것입니다. 그러나 물은 담아 두면 신선한 상태로 오래 가지 못할 것입니다. 그 물이 저수조로 흘러든 날 아침에는 신선했을 수 있습니다. 그러나 다음 날부터는 신선하지 못할 것입니다. 물이 오래 가두어져 있으면 있을수록 그만큼 더 물은 썩게 될 것입니다. 그러나 샘에서 흘러나오는 물은 언제나 신선합니다. 나는 어렸을 때 그 물을 마셨고, 한창 나이 때 그 물을 의지했으며, 이제 머리가 희끗희끗해져가는 지금도 허리를 굽혀 그 물을 마십니다. 그런데도 그 물은 언제나처럼 신선하고 생기에 차 있습니다. 하나님은 저수조가 아니고 샘이십니다. 우리가 땅에 쌓아두는 보물은 물이 괴어 있는 웅덩이입니다. 그러나 하나님께서 섭리 가운데 은혜로 우리에게 주시는 보물은 영원한 심연으로부터 솟아나오는, 언제나 신선하고 새로운 투명한 샘입니다. 언약의 그 사자에게는 흰머리가 없으며 그의 이마에는 주름도 없습니다. 나는 그 사자에 대해 아가서에 나오는 배우자가 자기의 사랑하는 사람에게 말하는 대로 말할 수 있습니다. "머리털은 고불고불하고 까마귀 같이 검구나"(5:11). 자비는 영원만큼이나 오래 되었고 언제나 하나님의 아름다운 속성입니다. 자비는 오래 되었지만 언제나 젊고 활동적이고 밝고 아름답습니다. 자비는 일 년에 한 번밖에 열매를 맺지 않는 나무가 아닙니다. 보통 나무들은 그와 같이 일 년에 한 차례 열매를 맺습니다. 그래서 열매를 겨우내 보관하다가 썩을 수도 있습니다. 그러나 하나님의 자비는 생명나무와 같습니다. 그래서 열매를 달마다 맺습니다. 우리는 일 년 내내 언제나 하나님의 긍휼을 받을 수 있고, 그래서 "여호와의 긍휼이 아침마다 새롭다"는 것을 발견하게 될 것입니다.

하나님의 자비는 언제나 새롭다는 생각은 기분 좋은 것입니다. 그러나 하나님의 자비가 날마다 새롭다는 것은 아주 놀라운 생각입니다. 우리 가운데 어떤 이들처럼 여러분이 해마다 설교해야 한다면, 매주일 새로운 어떤 것을 설교한다는 것이 적지 않게 어려운 일이라는 것을 알 것입니다. 그러나 하나님은 매일 아침 우리를 위해 새로운 것을 마련하십니다. 나는 우리가 보는 신문의 기고가들이 매일 우리에게 새로운 어떤 것을 제공하기 위해 힘들게 머리를 써야 할 때가 종종 있을 것이라고 생각합니다. 그러나 하나님은 수백만 명의 자기 백성들에게 아침마다 새로운 것을 보내시는 것이 지극히 손쉬운 일입니다. 하나님은 똑같은 일을 되풀이하실 필요가 없습니다. 하나님께서 똑같은 자비를 보내실지라도 거기에는 새롭고 신선한 어떤 것이 있습니다. 하나님은 결코 우리에게 닳아빠지고 보기 흉하게 된 옛 돈을 주시지 않습니다. 하나님의 자비는 아주 반짝반짝하고 깨끗한 새 화폐처럼 언제나 하나님의 보고로부터 새롭게 옵니다. "여호와의 긍휼이 아침마다 새로우니이다." 어떤 날 아침에만 오는 것이 아니라 1월 첫 날부터 12월 마지막 날까지 매일 아침 옵니다. 하나님은 일을 중지하실 필요가 없고 새로운 어떤 것을 생각하기 위해 잠시 멈추실 필요가 없습니다. 하나님의 자비는 "아침마다" 자발적으로 아낌없이 우리에게 옵니다. 이 말이 의미하는 바를 잠시 생각해봅시다.

첫째로, 매일 아침이 새로운 자비를 가져오는 것은 매일 아침이 밤을 끝내기 때문입니다. 밤은 위험과 낙담의 시간입니다. 왜 우리는 환자에게 "밤새 어떻게 지냈느냐?"고 묻고 "낮 동안 어떻게 지냈느냐?"는 질문은 거의 하지 않는 것입니까? 그것은 어쨌든 우리가 밤은 불안전하고 위험하다는 생각을 갖고 있기 때문이 아닙니까? 우리는 사람들이 자고 있는 동안 그 얼굴에 대해 죽음의 이미지를 떠올립니다. 잠자고 있는 사람과 죽은 사람 사이에 정말로 차이가 별로 없다는 것이 보는 사람은 누구나 분명히 알 수 있을 것입니다. 아침마다 우리는 이렇게 말할 수 있습니다. "우리의 침상이 무덤이 되지 않았으니 얼마나 큰 자비인가! 우리가 밤에 불 때문에 놀라 깨지 않고, 우리 침상이 불에 타지 않고 침상과 함께 우리 자신이 불타지 않았으니 얼마나 큰 자비인가! 집이 악인들에게 습격을 받지 않았고 자연계의 격변으로 놀라지도 않았으며, 애굽에서 모든 부모의 입에서 터져 나왔던 비명소리처럼 우리 아이가 죽어가고 있기 때문에 나오는 고통의 부르짖음이 우리 집에서 들리지 않았으니, 얼마나 큰 자비인가!" 우리 가운데서 그런 부르짖음을 들은 이들이 있었습니다. 우리에게도 두려운 밤들이 있었습니다. 그 밤을 우리는 결코 잊지 못할 것입니다. 우리는 살 수 있는 한 오래 삽시다. 그러나 우리가 그런 놀람과 공포 없이 혹은 하나님께서 사랑하시는 자에게 잠을 주시는 조용하고 편안한 밤을 보낸 후 깨는 아침마다 우리는 새로운 자비를 받은 것입니다. 그래서 우리는 즉시 주님을 바라보며 이렇게 말할 수가 있습니다. "또 하루의 밤이 지나갔으니 주님을 찬양합니다. 주님의 긍휼은 아침마다 새롭습니다."

매일 아침이 새로운 자비를 가져오는 것은 또한 매일 아침이 새로운 한 날을 이끌어들이기 때문입니다. 바로 그것이 찬양해야 하는 새로운 이유입니다. 우리는 한 시간, 아니 일 분도 누릴 수 있는 권한이 없는데, 하물며 하루를 누리는 것이야 더 말할 나위가 없습니다. 특별히 죄인에게는 은혜의 날을 또 하루 받는 것, 회개의 기회를 또 한 번 받고, 다시 한 번 사형에 대한 집행유예를 받고, 지옥에서 도망하여 천국으로 달려갈 또 한 번의 여지를 얻는 것은 큰 자비입니다. 여러분, 여러분이 또다시 떠오르는 햇빛을 보지 못하고 그 대신에 "저주를 받은 자들아 나를 떠나 빛 한 줄기도 통과하지 못할 어둠에 들어가라"는 말씀을 들었다고 생각해 보십시오. 그랬다면 여러분의 운명이 얼마나 두려웠겠습니까? 그러니 여러분이 아직까지 목숨이 붙어 있다는 것은 참으로 큰 자비인 것입니다!

그리스도인은 에녹이 그랬듯이 하나님과 동행할 수 있는 날을 또 하루 받는 것에 대해 하나님께 감사할 수 있습니다. 아브라함이 그랬듯이 하나님을 신뢰할 수 있는 날을 또 하루 받는 것에 대해서, 바울이 그랬듯이 그리스도를 위하여 일할 수 있는 날을 또 하루 받는 것에 대해서, 복음의 추수를 거둘 수 있는 날을 또 하루 받는 것에 대해서, 임마누엘의 왕관을 위해 진주를 모을 수 있는 날을 또 하루 받는 것에 대해서 하나님께 감사할 수 있습니다. 영광을 얻기 위해 성숙해질 수 있고, 주님과 교제를 나눌 수 있으며, 천성을 향하여 가는 복된 순례여행에서 한 걸음 더 나아갈 수 있는 날을 또 하루 받는 것에 대해 감사할 수가 있습니다. "여호와의 긍휼이 아침마다 새로우니, 이것은 아침이 우리에게 또 한 날을 가져다주었기 때문입니다."

그 다음에, 새로운 자비가 아침마다 우리에게, 적어도 우리 대부분에게 오는데, 이것은 매일 아침이 그 날의 공급품을 가져다주기 때문입니다. 나는 종종 속으로 이렇게 생각했습니다. '내가 깼을 때 나를 위해 아침 식사가 준비되어 있다는 것을 아는 것이 참으로 큰 자비구나!' 슬픈 일이지만, 하루의 첫 식사가 어디에서 올지 알지 못하는 사람들이 많습니다. 그것은 슬픈 일이고 견디기 매우 힘든 훈련입니다. 그러나 확실히 그것이 우리 대부분이 겪는 상황은 아닙니다. 우리에게는 언제나 벽장에 다음 날을 위한 양식이 충분히 있기 때문입니다. 아침에 일어날 때 우리는 참새처럼 그날의 양식을 구해야 할 필요가 없습니다. 참새들은 일어나자마자 그들의 광에 아무것도 없기 때문에 쯰쯰 하고 울기 시작합니다. 그렇지만 참새들은 루터가 이해한 대로 이렇게 노래하는 것입니다.

"죽을 인생이여, 근심과 슬픔을 그치라.
하나님께서 내일을 준비하시니."

짹짹거리며 이런 노래를 부르고나서 참새들은 매일의 양식을 얻기 위해 일을 시작합니다. 이렇게 참새들이 하듯이 매일의 양식을 찾으십시오. 이는 하나님께서 하늘의 새들을 먹이시고, 여러분의 한 날의 양식이 여러분을 기다리고 있기 때문입니다. 진 밖에 여러분을 위한 만나가 있으니, 여러분은 어디에서 만나를 주워야 할지 압니다. 여러분이 만나를 주울 때, 하나님의 자비를 기억하고 하나님의 거룩한 이름을 찬미하십시오.

그런데 여러분은 바라는 모든 것을 얻지 못해서 행복하지 않다고 말합니다. 친구 여러분, 우리 모두는 "우리가 먹을 것과 입을 것이 있은즉 족한 줄로 알 것이니라"(딤전 6:8)는 사도의 명령에 순종합시다. 우리는 모두 사도가 "어떠한 형편에든지 나는 자족하기를 배웠노니 나는 비천에 처할 줄도 알고 풍부에 처할 줄도 알아 모든 일 곧 배부름과 배고픔과 풍부와 궁핍에도 처할 줄 아는 일체의 비결을 배웠노라"(빌 4:11,12)고 쓴 말씀의 교훈을 배우도록 합시다.

나는 여러분이, 특별히 여러분 가운데 부한 사람들이 언제나 다음의 사실을 기억하지 않을까 걱정이 되어 다시 한번 말씀드립니다. 즉, 여러분이 매일 하나님의 섭리에 의존해 있다는 것입니다. 다시 말해, 여러분은 마치 까마귀가 가져다주는 것처럼 매일의 양식을 하나님께 받는 것이며, 여러분이 하나님의 손으로부터 받는 모든 것을 마치 그것이 구름에서 떨어지는 것처럼 혹은 바람이 메추라기를 불어다 주는 것처럼 받는다는 것입니다. 그러니 매일 아침이 여러분 가족에게 새롭게 필요한 일용할 양식과 의복과 거처를 가져다줄 때 하나님께서 매일 여러분에게 필요한 자비도 주기를 기뻐하신다는 사실에 감사하십시오.

그리스도 안의 형제자매 여러분, 영적인 일들에서 본문 말씀이 얼마나 풍부하게 설명될 수 있는지 모릅니다! 매일 아침 내가 새로이 죄를 짓기 때문에 "여호와의 긍휼이 아침마다 새롭습니다." 나는 참으로 알 수 없는 피조물입니다. 내 복잡한 본성이 여전히 내 속에 남아 있는 어둠을 드러내기 시작하기 전에는 좀처럼 눈을 떠서 빛을 볼 수 없습니다! 나는 본래 비천한 인간입니다. 거의 숨 쉴 때마다 마음의 생각과 상상에서 죄를 짓지 않을 수가 없습니다. 비록 내가 내 눈과 혀와 사지를 정결하게 지킬 수 있다고 할지라도 여전히 내 마음은 헤매고 다니며 내 혀는 머지않아 쓸데없는 말을 지껄입니다! 그런데 감사하게도 죄를 새로 지을 때마다 언제나 용서도 새롭게 옵니다. 이는 "여호와의 긍휼이 아침마다 새롭기" 때문입니다. 그래서 우리는 침실을 떠나기 전에 "임마누엘의 정맥에서 흘러나온 피로 가득한 샘"에 새로이 가서 다시 한번 씻고 깨끗해집니다. 우리가 직장에 나가 정직하게 생계비를 벌기 위해 수고하고 애쓸 때, 우리 하나님에게서 벗어나 곁길로 가기가 아주 쉽습니다. 그런데 그 때에도 우리는 우리의 복되신 주님에 대해서 생각할 수 있습니다. 우리 주님은 친히 허리에 수건을 두르시고 대야에 물을 붓고 제자들의 발을 씻으신 다음에 그들이 깨끗하다고 말씀하셨습니다. 우리는 그 제자들과 같습니다. 우리는 매일의 오염 때문에 매일 깨끗이 씻는 일이 필요합니다. 우리는 일찍이 예수님의 보혈로 씻음을 받았습니다. 그래서 하나님 보시기에 깨끗합니다. 그러나 우리는 매일의 더러움에서 매일 씻음을 받을 필요가 있습니다. 그리고 매일 아침이 우리에게 이 은혜를 가져다주는 것입니다.

그 다음에, 우리는 침실을 떠나기가 무섭게, 아니 침실을 떠나기도 전에 새 아침은 새로운 시험을 가져옵니다. 특별히 어떤 날 아침은 우리가 이전에 경험하지 못한 시험을 가져옵니다. 이 순간까지 한 번도 우리에게 떠오르지 않았던 당혹스런 생각들이 슬며시 우리 마음속에 들어옵니다. 우리는 이런 생각들을 어떻게 다루어야 할지 잘 모릅니다. 특별히 어린 신자들은 이런 마귀의 창들이 자기들을 향하여 날아올 때 비틀거릴 때가 종종 있습니다. 그 다음에, 우리는 방에서 나가 하루의 일과를 시작할 때, 얼마나 시간이 지나야 죄를 짓도록 유혹하는 심한 시험을 받을지 알지 못합니다. 시험하는 자가 어느 시간에 올지 알 수만 있다면, 우리는 그에 대해서 조심할 수 있을 것입니다. 자, 그런데 사탄과 죄는 밤의 도둑처럼 옵니다. 하나님의 자녀가 시험에 빠져 가장 죄를 짓기 쉬운 시간은 마음이 지극히 거룩한 상태에 있을 때입니다. 여러분은 이것을 이상한 소리처럼 생각할 수 있습니다. 그러나 이것은 내 경험의 결과로 얘기하는 것입니다. 나는 아주 하나님 가까이 가서 기도하고 났을 때 혹은 많은 봉사를 하고 났을 때, 바로 그 때 언짢은 말이나 악한 말 혹은 불친절한 말을 하는 사람을 만났고, 또 나중에 가면 후회할 방식으로 대답하고 싶은 마음이 들었고, 또 실제로 그렇게 대답하기도 하는 것을 종종 발견했습니다. 사랑하는 여러분, 여러분이 나와 같은 사람들이라면, 무아경과 같은 경험으로 마음이 한껏 고양된 후에는 이렇게 마음에 거슬리는 사람들을 대응하기가 쉽지 않다는 것을 압니다. 그래서 지극히 고양된 기쁨을 맛본 순간에 여러분을 실족케 하는 일이 일어날 수가 있습니다.

자, 내가 새로운 아침을 시작할 때마다 비록 앞으로 어떤 시험이 닥칠 것인지 알 수 없지만 하나님의 자비가 날마다 새로이 베풀어진다는 것과, 그러므로 내가 새로운 시험을 이길 수 있게 하는 새로운 은혜가 있으리라는 것을 안다는 것을 생각할 때, 그것은 말할 수 없이 큰 자비입니다. 우리는 사람이 일반으로 당하는 것 외의 시험은 당하지 않을 것이고, 시험당할 때는 하나님께서 우리에게 피할 길도 내시리라는 것을 확신할 수 있습니다. 복음의 전신갑주를 입으십시오. 그러면 시험하는 자의 화살이 떨어질지라도 그것이 여러분을 상하게 하지 못할 것입니다. 혹은 여러분이 갑옷의 이음매 사이로 부상을 당할지라도 열방을 치료하는데 쓰이는 잎이 나는 나무가 있고, 하늘의 손이 여러분의 상처를 지혈할 치료하는 그 잎사귀를 따올 것입니다. 그러니 우리로 매일의 시험을 극복할 수 있게 하는 매일의 은혜가 있는 점을 인해서 기뻐합시다.

우리는 아침에 깰 때 그 날에 특별히 어떤 일들을 해야 할지 완전히 알지 못합니다. 이는 새 날이 밝을 때마다 새 의무들이 생기기 때문입니다. 그 날에 하도록 정해진 일을 사실 우리가 부분적으로밖에 알지 못하지만 설사 그 일을 완벽하게 안다고 할지라도, 그것을 감당할 만한 새로운 힘이 없다면 깨어나서 새로운 의무와 책임들을 아는 것이 슬픈 일이 될 것입니다. 매일은 매일의 새로운 의무를 가져옵니다. 혹은 새로운 의무가 새로운 형태, 곧 또 다른 모양으로 나타난 옛날 의무일 수도 있습니다. 내가 오늘 게으르게 지낸다면 어제 모든 일을 하였을지라도 그로 인해 의무에서 면제되는 것은 아닙니다. 내가 금년을 낭비한다면 1년 전에 주님을 위하여 모든 봉사를 하였다는 사실을 핑계로 대지 못할 것입니다. 나는 날아가고 있는 시간에서 매 시간을 취해야 하고, 시간이 내 앞을 지나갈 때 그 시간에서 부를 얻으려고 힘써야 합니다. 사랑하는 여러분, 하나님께서 여러분을 불러 시키시는 매일의 의무를 감당할 매일의 힘이 여러분에게 주어질 것이라는 이것이 여러분의 위로입니다. 하나님께서 우리가 하나님을 위하여 일하거나 싸우도록 하신다면 틀림없이 하나님은 우리가 스스로의 힘을 의지하여 혹은 자기 비용으로 가도록 하시지 않고 자신의 군사들에게 적절한 무기를 제공하실 것이고, 자기 포도원에서 일하는 일꾼들에게 일하기에 가장 적합한 도구들을 들려주실 것입니다. 그러므로 매일의 의무를 위해서는 매일의 은혜가 있는 것입니다.

여기에 이어서, 하루하루는 그 날의 시련과 걱정과 필요를 가져올 것이라고 말할 수 있겠지만, 나는 또한 여러분에게 하루하루의 아침은 "네가 사는 '날들'을 따라서 능력이 있으리로다"(신 33:25, 개역개정은 '날' ―역주)는 약속을 가지고 온다는 점을 말씀드리겠습니다. 여기서 유의할 점은 "날들"이라는 단어가 복수로 쓰였다는 것입니다. 그런데 아주 많은 사람들이 이 단어를 "날"이라고 단수로 잘못 인용합니다. 날들이 지속되는 한, 그리고 시간이 영원에 삼켜질 때까지 하나님의 긍휼은 날마다 새로이 베풀어져 우리의 새로운 필요와 새로운 관계들, 새로운 책임들, 새로운 시험들 그리고 새로운 죄들에 대처할 것입니다.

나는 이제 이 주제를 또 다른 관점에서 설명하려고 합니다. 왜냐하면 본문은 만화경(萬華鏡)과 아주 흡사해서 여러분이 원하는 대로 여러 방향으로 그것을 돌리면 끊임없이 새로운 형태의 아름다움을 볼 수 있기 때문입니다.

2. 그러므로 때때로 우리가 받는 하나님의 자비들은 사실 그 자체로 새로운 것이라는 점을 기억하시기 바랍니다.

틀림없이 여러분 모두 사는 동안에 새로운 자비들을 받은 어떤 기간이 있었을 것입니다. 나는 그 때를 모두 다 말씀드릴 수 없습니다. 다만 에벤에셀, 곧 여러분의 가는 길 내내 있었던 도움의 돌들을 생각해 보십시오. 여러분에게 기억할 만한 낮과 밤들을 만들어준 특별한 은혜를 받은 후에 여러분이 세운 벧엘의 돌들을 생각해 보십시오. 이러한 자비들은 특별한 의미에서 새로운 것이었습니다.

때로 하나님의 자비는 실질적으로 새로운 것입니다. 여러분은 이전에 받지 못한 것을 받은 것입니다. 또 때로는 하나님의 자비가 실질적으로 새로운 것이라기보다는 자비가 우리에게 오는 방식에서 새로운 것이기도 합니다. 나는 어제, 그러니까 지난 두세 달 동안 하나님께 우리가 관여한 여러 가지 일들을 기억해주시기를 기도한 후에 어떤 익명의 기부자로부터 스톡웰 고아원(Stockwell Orphanage)을 위한 후원금 천 파운드를 받았을 때, 나는 그것이 특별한 성격의 새로운 자비라는 것을 확실히 느꼈습니다. 내가 맡고 있는 주님의 일을 위해 여러 차례 돈이 내게 보내졌는데, 돈이 올 때마다 다른 방식이나 다른 형태로 보내졌고, 그 때마다 나는 몹시 감격하였습니다. 어제 넉넉한 후원금이 들어왔다는 소식을 들었을 때, 나는 한 형제와 함께 앉아 있었습니다. 그 형제는 그 때 막 내게 이런 말을 하고 있었습니다. "여보게, 친구, 이런 말을 하는 사람들이 있어. '우리 형제 스펄전 목사는 어디에서 멈추어야 할지를 몰라. 그는 계속해서 선한 일을 하나 끝내면 다음 일에 또 손을 대. 그러다가 실패라도 하면 끔찍한 일이 될 거야' 하고 말이야." 또 친구가 말했습니다. "그렇게 되면 그것이 대실패가 될 것이라고 자네는 생각하지 않나? 대학에 얼마나 많은 돈이 필요한가?" 그러고 나서 그는 또 다른 일들을 언급하고서 이런 말로 끝을 맺었습니다. "수입이 부족하게 될 것을 생각해 보게." 나는 말했습니다. "나는 그런 것은 추호도 생각하지 않네. 나는 이 모든 기관들을 운영하는데 있어서 하나님의 영광 외에는 아무 목적이나 추구하는 바가 없네. 나는 본의 아니게 이 일들을 하지 않을 수 없었네. 그러니 하나님께서 나를 그냥 버려두실 수 없으시네. 하나님께서 이 일을 하셔야만 하고 나는 하나님께서 하실 것이라고 확신하네. 내 표어는 여호와 이레이네." 바로 그 때 집배원이 와서 편지를 전해주었고, 그 편지를 개봉했을 때 거기에는 천 파운드를 기부한다는 글이 적혀 있었습니다. 친구가 말했습니다. "여보게, 우리 무릎을 꿇고 하나님께 그 자비를 인해서 찬송드리세."

우리는 그렇게 무릎을 꿇고 하나님께 찬미를 드렸습니다. 친구는 눈물을 많이 흘리면서 말할 수 없이 온정적인 태도로 하나님께 감사를 드렸습니다. 그리고 하나님께서 틀림없이 우리를 도우실 것이기 때문에 하나님을 대신해서 떠맡은 일들에 대해서 실패 운운하는 것은 참으로 어리석은 일이라는 것을 분명하게 느꼈습니다. 친구는 그 일이 자기에게 복된 은혜의 수단이었다고 말했습니다. 또 그리고 그 날을 자기 인생에서 최고의 날들, 곧 하나님께서 하나님의 이름으로 가난하고 궁핍한 자들을 위한 일을 떠맡고 하나님의 대의를 이루기 위해 애쓰는 사람들을 도우신다는 것을 보여준 날들 가운데 하나로 기억한다고 말했습니다. 자, 이런 것이 새로운 자비가 아니었습니까? 우리가 도움을 받는 것이 새로운 일은 아니었지만 그 자비가 오는 방식은 새로웠습니다. 하나님의 자비가 "날마다 새로운" 것은 바로 이런 방식으로 오기 때문입니다.

그런데 때로는 여러분이 자비를 아주 새로운 방식으로 얻지 못하기도 하지만, 여러분이 새로운 처지에 있기 때문에 자비가 여러분에게 새롭게 보이는 경우가 있습니다. 여러분이 지식이 더 많이 쌓이면 자비의 가치를 더 잘 이해할 수 있습니다. 경험이 더 많아지면 여러분에게 자비가 필요하다는 사실을 더 잘 이해할 수 있습니다. 20대 젊은이에게 오는 자비는 특별히 빛이 납니다. 그 젊은이가 70대가 되었을 때 그에게 오는 자비는 20대 때만큼 빛나지는 않을 수 있습니다. 나이를 먹는다고 해서 언제나 그만큼 은혜에서 장성하는 것은 아니지만 그 사람이 성숙한 그리스도인이라면, 자비를 받을 때는 의무에 대해 좀 더 깊고 엄숙한 의식이 일어날 것이라고 생각합니다. 나이가 먹으면 생각의 번쩍이는 면들은 사라질 수 있지만, 생각의 견고한 금은 남고 점점 더 불어날 것입니다. 우리가 나이가 들 뿐 아니라 심령도 정말로 성숙해진다면 말입니다. 하나님께서 우리가 그렇게 성숙할 수 있도록 해주시기를 바랍니다! 나이 든 그리스도인이 자비를 보는 시각은 어떤 면들에서 젊은 그리스도인이 보는 시각과 다르다고 믿습니다. 은혜 안의 어린 아이는 하나님의 자비에 매우 감사하며 그 자비가 참으로 귀하다는 것을 압니다. 그런데 성숙한 그리스도인은 하나님의 자비에 대해 훨씬 더 깊고 풍성한 감사의 심정을 갖습니다. 이와 같이 하나님의 자비는 우리가 그것을 새로운 시각으로 보고 또 우리가 새로운 상태에 있다는 것을 알기 때문에 우리에게 새롭습니다.

이제 우리가 실제적인 문제를 다루게 되었는데, 여러분에게 이렇게 묻고 싶습니다.

3. 셋째로, 하나님의 자비가 날마다 새로우면, 그 다음에 어떻게 해야 합니까?

그 다음에 나는 여러분에게 새로운 찬송을 드리라고 말씀드립니다. 형제자매 여러분, 여러분과 내가 언제나 예수 그리스도의 이름으로 그의 새로운 자비를 받고 있으니 마음과 입술로 시간마다, 순간마다 그리스도를 찬송하라고 말씀드립니다. 그리스도를 위하여 왕관들을 새로 짜고, 그의 거룩하신 인격에 경의를 표하여, 또한 그로부터 끊임없이 우리에게 흘러나오는 자비들에 감사하여 새로운 노래들을 부르십시오.

"하나님이여, 주의 자비는 내 노래의 주제이고
내 마음의 기쁨이며 내 혀의 자랑거리입니다.
처음부터 마지막까지 오직 주의 값없는 은혜만이
나의 애정을 얻었고 내 영혼을 굳게 붙들었습니다.

크신 자비의 하나님이시여! 내가 주의 선하심과
십자가에 못 박히신 하나님 아들의 언약의 사랑을 인정하며,

거룩한 속삭임으로 자비와 사죄와 의가 내 것이라고
보증하시는 성령님께 모든 찬송을 드립니다!"

　나는 여러분에게 단지 말로만 찬양할 것이 아니라 말보다 훨씬 더 큰 소리를 낼 새로운 행동으로 찬양하라고 권합니다. 여러분이 이미 하나님을 위해 행한 것에 만족하지 말고, 하나님께 감사하는 마음에서 할 수 있으면 계속해서 새로운 일을 하십시오. 군인이 계속해서 앞으로 나아가려고 애쓰듯이 우리도 언제나 하나님을 위하여 더욱더 많은 일을 하려고 힘씁시다. 우리는 하늘로 높이 올라가는 독수리처럼 끊임없이 빙빙 돌며 계속해서 위로 올라갑시다. 하나님께서 우리가 "젊었을 때 이런저런 일을 했지" 혹은 "과거에 하나님의 대의를 위해 아주 많은 것을 드렸지" 하고 이야기하면서 이미 얻은 성공에 만족하지 않도록 해주시기를 바랍니다. 새로운 자비가 계속해서 올 때 우리는 끊임없이 하나님께 보답하는 심정으로 새롭게 하나님을 위해 봉사하도록 합시다.

　그 다음에, 여러분에게 새로운 행동을 보이라고 말할 뿐만 아니라 또한 새로운 믿음도 보이라고 권합니다. 새로운 자비를 받을 때마다 우리는 자비의 하나님을 더욱 신뢰합시다. 언약을 지키시는 우리 하나님의 이 모든 긍휼은 아주 신속하게 우리의 불신앙을 물리치는 증거들입니다. 하나님의 이 모든 인자는 하나님께 대한 우리의 신뢰가 옳다는 것을 보여주는 강력한 많은 증거들입니다. 하나님께서 우리에게 이렇게 말씀하실 수도 있습니다. "내가 그동안 어느 때 너에게 성실치 않게 대한 적이 있느냐? 내가 잠시 너를 받아들였다가 내버린 적이 있느냐? 내가 너에게 복을 주는 일에 게으른 적이 있느냐? 내가 너에게 자비를 베풀기를 아까워한 적이 있느냐? 네게 인자를 베풀기를 보류한 적이 있느냐?" 여러분은 하나님께서 그동안 여러분에게 인색하게 구셨다고 말하지 못할 것입니다. 하나님의 자비는 그동안 "아침마다 새로웠습니다." 그런데 그렇게 하고 나서 하나님께서 여러분에게 "너는 나를 위하여 돈으로 향품을 사지 아니하며 희생의 기름으로 나를 흡족하게 하지 아니하고 네 죄짐으로 나를 수고롭게 하며 네 죄악으로 나를 괴롭게 하였느니라"(사 43:24)고 말씀하셔야 하겠습니까? 주님께서 우리를 이렇게 신랄하게 책망하시지 않도록 합시다. 우리는 감사하는 심정에서 "내게 주신 모든 은혜를 내가 여호와께 무엇으로 보답할까"(시 116:12) 하고 묻도록 합시다. 그리고 우리의 감사를 입증하기 위해 주님께 새로운 찬송과 새로운 감사, 새로운 봉사를 드리도록 합시다.

그 다음에 나는 여러분에게 하나님을 새로이 신뢰하라고 말씀드립니다. 혹은 여러분이 그처럼 높은 데 올라갈 수 없을지라도 어쨌든 이 자리에 계신 분들 가운데 하나님의 신실함을 경험한 모든 분들이 하나님께 새로운 기도를 드리기 바랍니다. 이미 여러분의 기도를 하나님께서 들으셨다면 다시 한번 하나님께 기도드리십시오. 길거리에서 거지는 "이번만 도와주십시오. 다시는 도와달라고 하지 않겠습니다" 하고 말합니다. 하나님의 자비를 구하는 여러분은 그렇게 말하지 마십시오. 그보다는 "하나님의 자비를 구실로 하나님께 더 많은 것을 구하십시오." "네 입을 크게 열라 내가 채우리라"(시 81:10)는 것이 하나님의 은혜로운 권고이자 약속입니다. 날개를 활짝 펴고 하나님의 보좌까지 높이 날아오르십시오. 그럴지라도 하나님은 여전히 여러분의 믿음보다 더 높으시고, 여러분이 구하거나 생각하는 모든 것보다 더 풍성하게 여러분에게 행하실 것임을 아십시오.

나는 모든 그리스도인들에게 그리스도께 영광을 드리기 위해 새로운 계획을 고안해내는데 거룩한 발명의 재주를 발휘하라고 부탁드립니다. 그런 계획들을 실행에 옮기는데 있어서 거룩한 인내심을 발휘하라고 말씀드립니다. 나는 아침마다 이러한 계획들을 성취하고자 하는 불타는 거룩한 열심이 언제나 진지하고 뜨거워서 주님의 인자가 아침마다 새롭듯이 우리의 감사하는 기억과 애정 어린 봉사도 아침마다 새로워지기를 부탁드립니다.

4. 시간이 많지 않아서 "주의 성실하심이 크시도소이다"라는 본문 말씀에 대해서는 두어 가지밖에 말할 수 없겠습니다.

"주의 성실하심이 크시도소이다." 주의 성실하심은 거기에 예외적인 것이 한 번도 없었을 만큼 큽니다. 하나님이여, 어느 때든지 주님은 주의 백성들 가운데 어느 누구에게도 진리와 의를 따라 대하시지 않은 적이 한 번도 없습니다. 사람이 매우 정직하고 강직할 수 있습니다. 그렇지만 그가 큰 사업을 벌인다면 때로 한도를 넘어섰다는 비난을 면하기가 어려울 것입니다. 그러나 우리 하나님께서는 모든 시대를 통하여 관여하시는 하나님의 백성들이 수없이 많았지만, 하나님께서 어떤 일에서도 자신을 절대적인 성실함을 따라 대하지 않았다고 말할 수 있는 사람이 하늘 아래에도, 별들 위에도, 지옥에도 단 한 명도 없습니다.

뿐만 아니라 우리에 대한 하나님의 약속들의 전체 명부에서 하나님께서 이행하시지 않은 항목은 하나도 없었습니다. 나이 든 여호수아는 이스라엘 백성들에게 "너희의 하나님 여호와께서 너희에게 말씀하신 모든 선한 말씀이 너희에게 임하였다"(수 23:15)고 말하였습니다. 어떤 사람이 약속의 말을 많이 하면 우리는 그에게 그 모든 약속을 지켜보라고 할 것입니다. 그 사람이 그 약속들을 지킬 능력도 있고 지킬 마음도 있다고 할지라도 그가 그 약속들을 언제나 기억할 수 있는 것은 아닐 것이기 때문입니다. 그러나 하나님은 자신이 한 약속을 하나하나 다 기억하시고, 하나님을 믿는 자들이 그 약속들 하나하나를 경험하도록 하실 것입니다. 하나님을 믿는 자들은 하나님께서 큰 일들에서뿐만 아니라 작은 일들에서도 하나님의 성실하심을 발견할 것입니다. 하나님께서 자신의 언약의 맹세를 영원히 굳게 지키시는 한, 하나님께서 아무리 작게 하신 말씀도 아주 확고하게 설 것이고, 하나님께서 선언하신 진리 가운데 아무리 작은 것도 결코 희미해지지 않을 것입니다.

하나님의 성실하심의 영광스러운 점은 인간의 어떤 죄에도 불구하고 하나님께서 불성실하신 적이 없다는 사실입니다. 불신앙이야말로 가장 저주받을 일입니다. 그런데 우리가 믿지 않을지라도 하나님은 여전히 성실하십니다. 하나님의 자녀들이 하나님의 법을 어길 수 있고 하나님의 법도를 떠나 방황할 수 있습니다. 그래서 하나님께서 그들을 많은 매로 징계하실 수 있지만 하나님은 "나의 인자함을 그에게서 다 거두지는 아니하며 나의 성실함도 폐하지 아니할 것이라"(시 89:33)고 말씀하십니다. 하나님의 성도들이 범죄함으로 지존하신 하나님을 불쾌하게 하고 하나님의 노여움을 살 수 있습니다. 그럴지라도 하나님은 그들에게 긍휼을 베푸시고 그들에게로 돌이켜 "나 곧 나는 나를 위하여 네 허물을 도말하는 자니 네 죄를 기억하지 아니하리라"(사 43:25)고 말씀하실 것입니다. 이와 같이 인간의 어떤 죄에도 하나님은 불성실할 수 없습니다.

> "기쁜 마음으로 하나님을 찬송합시다.
> 하나님은 친절하시고,
> 그의 자비는 언제까지나 충실하고
> 언제까지나 확실할 것이니."

다시 한번 말하지만, 일어날 수 있는 어떤 긴급한 상황에도 하나님은 결코 자기 백성에게 불성실하시지 않습니다. 온 세상이 파멸할지라도 하나님께서는 여전히 자기 백성의 희망의 기둥들을 붙드실 것입니다. 하나님의 성도들이 하늘 아래서 안전할 수 없을 때는 그들을 하늘로 데려가실 것입니다. 만약 우리가 살아서 인자가 오실 때까지 남아 있다면, 하나님께서 불의 큰 샘들에게 명하여 이 세상을 태우도록 하시고 그래서 원소들이 뜨거운 열에 녹을 때 우리는 주님과 함께 공중으로 들릴 것입니다. 하나님께서는 대홍수를 보내시기 전에 노아를 위해 방주를 예비하셨고, 소돔을 멸망시키시기 전에 롯을 위하여 산에 피난처를 마련하셨습니다. 다윗이 사울의 궁정에서 쫓겨날 수밖에 없을지라도 그는 엔게디에 숨을 것입니다. 그리고 머지않아 블레셋 사람들이 그 땅을 치러 올라온다면 하나님께서 자기 종을 보호하실 것입니다. 최악의 위기 상황에서 하나님은 언제나 자기 백성 곁에 계실 것입니다. 여러분은 하나님께서 자기 백성을 잊으신 적이 없다는 것을 확실한 사실로 간주할 수 있습니다. 시계가 울리고 종이 시간을 알리면 하나님께서 자기 백성을 보호하기 위해 일어나시고, 자기를 의지하는 모든 자들을 위하여 자신이 강함을 나타내실 것입니다.

사랑하는 여러분, 하나님은 거짓말하실 수 없다는 이 점을 명심하십시오. 여러분이 믿어야 한다면 사람은 누구나 거짓말쟁이라는 것을 믿으십시오. 그러나 하나님께서 여러분을 실망시키실 수 있다는 생각은 믿지 마십시오. 여러분이 속으로 "때때로 보면 악인들은 번성하고 나는 시련과 고통 가운데 있다. 그러니 '하나님이 나를 잊으셨는가? 하나님은 자기를 저주하는 자들에게 선한 모든 것을 주시고 자기 백성들은 언제나 징계를 받게 하시는가?' 하는 생각이 든다"고 말한다면, 여러분 자신에게 그 말을 조심스럽게 말하고 나서 이 말을 덧붙이기 바랍니다. "이렇게 모든 일들이 하나님의 백성에게 불리하게 보이지만 나는 하나님께서 바로 마음이 깨끗한 자들에게 하시듯이 이스라엘에게 선하시다는 것을 안다." 욥과 같이 이렇게 말합시다. "그가 나를 죽이실지라도 나는 그를 의뢰하리라……주신 이도 여호와시요 거두신 이도 여호와시오니 여호와의 이름이 찬송을 받으실지니이다"(욥 13:15; 1:21). 나이 든 엘리처럼 이렇게 말하십시오. "이는 여호와이시니 선하신 대로 하실 것이니라"(삼상 3:18). "잠잠하고 신뢰하여야 힘을 얻을 것이라"(사 30:15). "여호와를 의뢰하고 선을 행하라 땅에 거하여 정녕 먹으리로다"(시 37:3). "그러므로 너희 담대함을 버리지 말라 이것이 큰 상을 얻게 하느니라"(히 10:35). 고대 전사가 방패를 굳게 붙든 것처럼 여러분의 믿음을 굳게 붙드십시오. 믿음에 여러분의 안전이 있기 때문입니다. 하나님께서 여러분이 계속해서 하나님을 굳게 붙들도록 도와주시기를 바랍니다! 여러분이 하나님의 얼굴빛을 기뻐할 수 없을 때는 하나님의 날개 그늘을 신뢰하십시오. 그러면 다윗처럼 거기에서도 안전한 은신처를 발견할 것입니다.

나는 이제 이 주제를 여러분 개인이 묵상하도록 맡기고, 하나님께 하나님의 백성들 한 사람 한 사람에게 거룩한 기쁨과 확신의 생활을 일으켜 주시기를 기도합니다. 지금 내 설교를 듣고 있는 여러분 모두가 적어도 하나님 백성들의 경험에 대해서 조금이라도 알았기를 바랍니다! 예수님을 전혀 믿지 않고 오직 감각적인 생활만을 하는 여러분은 내가 말하는 의미를 거의 알지 못할 것입니다. 내가 주로 하나님 백성들의 슬픔에 대해서 말했지만 믿음의 기쁨은 말로 다할 수 없이 크기 때문입니다. 하나님의 사랑 한 방울이면 바다만큼 많은 쓸개즙을 달게 만들 것입니다. 그렇습니다. 나는 지옥의 고통도 그리스도의 사랑 한 방울이 일단 거기로 흘러들어가 망한 자들이 맛을 본다면 그 쓴맛이 사라질 것이라고까지 말하고 싶었습니다.

그리스도인 여러분, 여러분은 가시나무 가운데서 장미를 찾는 것이 무엇인지, 여러분의 고통과 고난이 여러분 영혼을 부요롭게 하는 것임을, 다시 말해 그런 것들이 여러분을 하나님의 포도주 잔치에 데려가고 여러분을 이끌어 하나님께서 여러분을 위하여 쌓아두신 보물을 발견하도록 하는 그리스도의 사자들이라는 것을 이제 압니다. 여러분은 이 사실을 압니다. 그러니 그 사실을 믿지 않는 자들에게 말씀하십시오. 그러면 아마도 그들이 그리스도의 식탁의 좋은 것들을 먹으려고 입을 벌릴 것입니다. 일단 그리스도의 식탁의 좋은 것들을 갈망하게 되면, 그리스도께서는 굶주린 자들을 거절하시지 않기 때문에 그들이 그 좋은 것들을 얻을 것입니다. 그러므로 이 자리에 가난하고 공허하며 빈궁한 사람이 있다면, 여러분은 이 점을 기억하십시오. 즉, 자비의 문은 언제나 열려 있고, 복음 여관의 주인이신 그리스도께서는 언제나 서서, 오는 사람을 누구나 영접하시며, 여관 문에 "내게 오는 자는 내가 결코 내쫓지 아니하리라"(요 6:37)는 이 은혜로운 약속을 써 두셨다는 것을 말입니다.

제
3
장

—

젊은이들에게 가장 적합한 짐

—

"사람은 젊었을 때에 멍에를 메는 것이 좋으니." — 애 3:27

멍에를 메는 것이 즐거운 일은 아니지만 유익한 일입니다. 유익한 일이 모두 즐거운 것은 아니고 즐거운 것이 다 유익한 것도 아닙니다. 때로 유익함은 꼭 그것의 불쾌한 정도에 비례할 수가 있습니다. 언제나 단 것을 찾는 것은 어린 아이 같은 일입니다. 효과 때문에 감각을 사용해 본 사람들은 틀림없이 입에 맞는 것보다는 건강에 좋은 것을 택할 것입니다. 우리는 어떤 것이 유익하다는 말을 들으면 맛이 없어도 그것을 기꺼이 받아들일 것입니다! 그러나 어린 아이는 아직까지 생각하고 판단할 수 없기 때문에 입에 맞지 않는 것을 그런 식으로 쉽게 받아들이지 않습니다. 그러나 하나님의 사람은 비록 어떤 것이 싫을지라도 자신에게 유익한 것이라는 것을 깨달을 때는 바로 모든 불평과 우는 소리를 가라앉힐 수 있어야 합니다. 친구 여러분, 우리는 자신에게 유익한 것을 스스로 아주 잘 판단할 수 있는 일에 어린 아이들보다 별로 낫지 못하고, 우리는 아이들이 자신에게 가장 적합한 음식을 정하는 일을 우리에게 맡기기를 바랍니다. 그러므로 우리가 모든 것을 우리 하늘 아버지께 맡기는 것이 지혜로운 일이 아니겠습니까? 우리는 즐거운 것이 무엇인지 잘 알 수 있지만 우리에게 유익한 것이 무엇인지는 분별하지 못합니다. 그러나 하늘 아버지께서 그 모든 것을 다 아십니다. 그러므로 우리가 모든 일을 하나님의 손에 맡기고 "그러나 나의 원대로 마시옵고 아버지의 원대로 하옵소서"(마 26:39)라고 말하십시오. 우리는 하나님께서 자기 백성들에게 보내시는 것은 무엇이든지 합력해서 그들의 유익을 이룰 것이라는 성경의 말씀을 굳게 확신하는 이상, 하나님의 뜻에 온전히 따라야 합니다. 아니, 그 이상으로 우리는 하나님의 뜻은 생각할 수 있는 가장 최상의 것이며, 우리가 처음부터 그 끝을 알 수 있다면, 또 우리가 우리 하늘 아버지만큼 지혜롭고 선하다면 우리도 틀림없이 바로 그것을 택하리라는 것을 굳게 확신하므로 하나님의 정하신 모든 일들이 우리 육신에는 불쾌한 것일 때도 그 모든 일을 인해서 감사해야 마땅합니다. 우리는 예수께서 우리에게 유익하다고 말씀하시는 짐을 즐거이 어깨에 집니다. 주님께서 친히 하시는 보장의 말씀 때문에 주님의 멍에가 지기 쉬워집니다.

본문 말씀은 아주 편하지는 않지만 유익한 것을 우리에게 말합니다. "사람은 젊었을 때에 멍에를 메는 것이 좋으니라." 이 예는 가축에서 끌어온 것입니다. 수소는 멍에를 메야 합니다. 수소들은 쌍으로 가는데, 멍에가 두 소의 어깨에 지워집니다. 멍에는 다소 무겁습니다. 수소가 어렸을 때 길들여지지 않는다면 쟁기질을 잘하는 소가 되지 못할 것입니다. 소가 마땅히 해야 하는 일을 싫어할 것입니다. 그러면 그런 소를 모는 것은 아주 힘든 일이 될 것이고, 농부는 거의 쟁기질을 하지 못할 것입니다. 수소는 어렸을 때 길들여지는 것이 좋은 일입니다. 그리고 그것은 모든 종류의 동물들에게 해당되는 사실입니다. 말은 망아지 때에 길들여져야 합니다. 말을 어떤 기간 동안 조련사의 손에 길들이지 않은 채 지내도록 내버려둔다면 그 때문에 그 말은 결코 유용한 말이 될 수 없을 것입니다. 여러분이 개를 훈련시키기를 원한다면 어렸을 때 데려다가 개에게 할 일을 가르쳐야 합니다. 이것은 은유입니다. 이것은 사람들에게도 그대로 적용됩니다. 우리가 아직 어렸을 때 길들여지고, 젊었을 때 멍에 메는 것을 배우는 것이 우리에게 유익한 일입니다.

여러분이 본문 말씀을 당연히 일반 생활의 진리를 나타내는 것으로 받아들일지라도, 그것은 여전히 생각할 만한 가치가 있는 것입니다. 하나님의 은혜를 떠나서도, 신앙을 떠나서도 젊어서 멍에를 메는 것은 사람에게 큰 복입니다! 말하자면 첫째로, 우리가 어렸을 때 순종을 배우는 것은 유익한 일이라는 것입니다. 다스림을 받고 제지당하는 것을 배우면 절반은 사람 구실을 할 수 있게 되는 것입니다. 젊은 사람들이 나이가 들어서 스스로 알아서 모든 일을 해야 할 때는 살아서 애정으로 그들에게 경고할 아버지가 없을 수 있고, 부드럽게 그들을 지도해

줄 어머니가 없을 수 있습니다. 젊은 사람들이 나이가 들면 스스로 처신할 것입니다. 그 사람이 순종하는 법을 배우기 전에는 그것을 가르쳐 줄 만한 사람은 아무도 없습니다. "사내아이는 어디까지나 사내아이라"는 속담이 있는데, 나는 그렇게 생각하지 않습니다. 사내아이들은 시간이 지나면 어른이 될 것입니다. 그런데 그 아이들이 어렸을 때 자제하는 것과 순종하는 법을 배우지 않으면 훌륭한 성인이 되지 못할 것입니다. 순종할 줄 모르는 사람은 다스리는 일에 적합하지 않습니다. 복종하는 것을 배운 적이 없는 사람은 권력을 쥐게 되면 폭군이 될 것입니다. 어린아이는 누구나 어리석은 고집을 버리고 길들여져야 하고, 자기 위에 윗사람이 있으며 선생이 있고 통치자가 있다는 것을 아는 것이 중요합니다. 그러면 그가 지도자가 되고 선생이 될 때 자기 밑에 있는 사람들에 대해서 그만큼 더 친절한 동정심을 갖게 될 것입니다. 여러분은 이 점을 확실히 아십시오. 즉, 아이가 순종하는 훈련을 배우지 않는다면 그 아이는 인생의 전투에서 결코 좋은 군인이 되지 못하리라는 것입니다.

　일찍부터 지식을 습득하는 일에 몰두한다는 의미에서도 멍에를 메는 것은 젊은 사람들에게 유익한 일입니다. 우리가 젊었을 때 배우지 않는다면 언제 배울 것입니까? 인생 말년에 공부를 시작한 사람들 가운데는 그럼에도 불구하고 많은 것을 성취한 이들이 있습니다. 그렇지만 그것은 많은 고난을 겪고서 얻은 성취입니다. 여러분이 젊었을 때 마음이라는 기계를 사용하지 않는다면 기계가 녹이 습니다. 그러나 그 기계를 처음부터 사용하고 계속해서 기름도 잘 치며 사용한다면 그 기계는 계속해서 인생 내내 아주 쉽게 돌아갈 것입니다. 우리의 어린 시절은 지식을 습득하기에 좋습니다. 도제로 있는 젊은이는 누구나 도제 기간을 최대한 이용해야 합니다. 인생을 시작하는 사람은 누구나 아직 젊을 때 충분한 능력을 습득하기 위해 할 수 있는 모든 일을 해야 합니다. 그렇게 하지 않으면 그는 조만간에 자신에게 충분한 능력이 없다는 것을 알게 될 것입니다. 어떤 사람이 인생의 항해를 시작하면서 닻을 집에 놓고 왔거나 자신의 비품들을 잊어버렸다면 그는 바다에 나가서 자신의 결핍들을 깨닫게 될 것입니다. 그리고 폭풍이 윙윙거리기 시작할 때는 자신이 과거에 분별 있는 지시들에 귀를 기울였더라면, 인생의 위험한 항해를 위해 좀 더 잘 준비했더라면 좋았을 것이라는 생각을 하게 될 것입니다.

　우리가 지금 이 구절의 본래 의미에 관해 이야기하고 있는데, 젊은이들이 인생을 시작할 때 어려움과 걱정거리들을 만나는 것이 그들에게도 유익합니다. 부잣집에 태어난 아이들에게는 부가 아이를 질식시키기가 아주 쉽습니다. 숨막히게 하는 그 부 때문에 제대로 말할 수 없었던 사람들이 많이 있습니다. 돈 문제에 있어서도 자본을 가지고 시작했다고 해서 누구나 다 나중에는 더 부자가 되는 것은 아닙니다. 대체로 여러분은 사람들이 말하듯이 소위 "자수성가한" 부자들은 런던에 올 때 주머니에 몇 푼밖에 없었다는 것을 발견할 것이라고 생각합니다. 나는 그들이 집을 떠나면서 가지고 오는 돈이 30페니 정도 되고, 그와 같이 반 크라운 정도 되는 돈이 부의 밑천이 되는 것을 보았습니다. 천 파운드를 가지고 시작하는 젊은이들이 끝날 때는 한 푼도 없는 경우가 종종 있습니다.

사람이 인생을 시작하면서 거친 싸움을 만나고, 사치스럽고 편안한 환경에 둘러싸여서 모든 것이 자기 뜻대로 돌아가는 것을 경험하지 않는 것이 사람에게는 유익한 일입니다. 해야 할 힘든 일이 없다면 사람은 결코 근육을 기르지 못할 것이고, 어른이 되지 못할 것입니다. 오늘날 젊은이들이 그들의 아버지에 비해 절반만큼도 힘들게 일하지 않고 그들의 할아버지에 비해서는 10분의 1도 힘들게 일하지 않음에도 불구하고 그들이 불평하기 아주 쉬운 오랜 노동 시간, 엄격한 생각, 피곤한 몸, 또 그와 같은 모든 것들이 훌륭한 남자로 만드는데 어느 정도 도움이 됩니다.

나는 지금 행복하게 보이는 좀 더 편안한 이 시대가 우리 젊은이들에게 유약하고 남자답지 못한 성품을 기르지 않기를 바랄 뿐입니다. 사람이 젊을 때 수고와 어려움의 멍에를 메는 것이 유익합니다. 우리가, 힘들어 하는 젊은이가 있을 때마다 그에게서 멍에를 벗겨주는 것은 결코 지혜로운 일이 아닐 것입니다. 인생에서 성공한 많은 사람들은 자신이 어릴 때 조금 가난을 겪어야 했고 힘들게 일하지 않으면 안 되었다는 것에 대해 하나님께 매우 감사하게 생각합니다. 이는 시련을 통해서 튼튼해지고 교육을 받는 일이 없었다면 그가 결코 현재의 위치에 이를 수 없었을 것이기 때문입니다.

그러나 이 문제들에 대해서 장황하게 설교하는 것이 내 할 일은 아닙니다. 나는 도덕을 가르치는 강연자가 아니라 복음을 전하는 목사입니다. 내가 본문의 첫 번째 의미를 설명하였을 때 목사로서의 임무를 수행한 것입니다. 이제는 더 고귀한 목적을 위해서 본문을 사용할 것입니다.

1. 무엇보다 여러분이 젊었을 때 그리스도인이 되는 것이 유익한 일입니다.

사람이 젊을 때 그리스도의 멍에를 메는 것이 좋은 일입니다. 나는 여기서 그 사실을 시험하고 입증한 사람으로서 말합니다. 확실히 나는 자기중심적인 생각 없이 그렇게 말할 수 있습니다. 내가 말하려고 하는 것은 내 자신의 명예가 아니라 하나님의 영광이기 때문입니다. 나는 하나님께서 내 안에서 행하신 일에 대해서 이야기할 것입니다. 열다섯 살에 나는 하나님을 알고 고백하게 되었습니다. 그러므로 어렸을 때 멍에를 멘 사람으로서 말할 수 있습니다. 젊은이 여러분, 나는 그것이 내게 유익하였다고 여러분에게 말씀드리고 싶습니다. 얼마나 유익하였는지 말할 수는 없지만, 정말로 유익하여서 여러분 한 사람 한 사람이 젊을 때 주님의 멍에를 메기를 간절히 바랍니다. 여러분에게 그보다 더 큰 복을 빌 수 없을 것입니다.

자, 첫째로, 어려서 그 마음이 하나님의 은혜에 정복당하는 사람은 이내 행복해지기 때문입니다. "아침에 주의 인자하심이 우리를 만족하게 하사 우리를 일생 동안 즐겁고 기쁘게 하소서"(시 90:14)라는 것이 시편에 나오는 복된 기도입니다. 사람들이 이 기도의 내용을 이해한다면 행복을 뒤로 미루기를 바랄 사람은 거의 없을 것입니다. 젊은 사람들은 대체로 지금 행복하기를 구합니다. 죄를 용서받는 것은 슬픔의 가장 중요한 원인이 되는 짐을 지금 내려놓는 것입니다. 믿음으로 예수 그리스도의 의를 받는 것은 지금 평안을 받아 누리는 것입니다. 자신이 하나님의 자녀임을 아는 것은 천국으로부터 가장 큰 기쁨을 얻는 것이고 지금 그 기쁨을 누리는 것입니다. 이 행복을 뒤로 미루기를 바랄 사람이 누가 있겠습니까? 젊은 그리스도인들이 죽을 수 있습니다. 그럴지라도 그것은 큰 문제가 되지 않습니다. 그들이 어려서 그리스도 안에 있으면 어려서부터 천국 안에 있는 것이기 때문입니다. 할 수 있는 대로 빨리 안전한 곳에 있기를 바라지 않을 사람이 누가 있겠습니까? 한순간이면 여러분을 지옥에 빠트려 가둘 수 있는 위험한 땅에서 오래 머무르기를 바랄 사람이 누가 있겠습니까? 장차 올 진노로부터 일찍이 안전하게 보호받는 것, 일찍부터 예수 그리스도 안에서 안전감을 받는 것, 이것이 좋다는 것을 입증하는데 결코 많은 말이 필요 없을 것입니다!

이 외에도, 이른 신앙이 일찍부터 행복을 가져다주지만 이른 신앙이 젊은 사람을 수많은 올가미에서 구원해준다는 사실을 결코 잊지 않아야 합니다. 죄 가운데 오래 살았던 사람이 알고 있는 일들 가운데는 그가 잊어버릴 수 있기를 바라는 일들이 있습니다! 여러분이 금지된 열매를 먹은 후에 하나님의 은혜가 여러분의 입을 헹구었습니다. 그러나 그 향기는 오래 남아서 되살아나기가 아주 쉽습니다. 하나님께 모욕이 되고 고상한 것과는 아주 거리가 먼 노래들을 일단 들으면, 여러분이 한창 기도하고 있는 가운데서 그 노래들이 불쑥 여러분 마음에 떠오를 것입니다. 여러분이 잊을 수만 있다면 기꺼이 기억력을 잃어버려도 좋다고 생각할 만한 말들이 여러분이 지극히 거룩한 시간을 보내고 있을 때 마음에 파고들 것입니다. 사람이 70세나 80세가 되었어도 그가 주 예수 그리스도를 믿는다면 구원받는다는 것은 큰 자비입니다! 제십일 시에 받는 자비는 달콤하기 그지없습니다. 그러나 이슬이 아직 풀잎에 맺혀 있는 동안에 포도원에서 일하기 시작하여서 다른 사람들이 아주 오랫동안 빈둥거리는 시장의 게으름과 악함에서 보호를 받는 것은 몇 배나 더 값진 특권입니다.

사람이 젊을 때 그리스도의 멍에를 메는 것은 유익한 일입니다. 그렇게 하면 그가 마귀의 멍에를 메는 바람에 어깨에 상처를 입는 일을 겪지 않기 때문입니다. 젊을 때 그리스도의 멍에를 메는 것은 너무도 많은 사람들이 오랜 기간에 걸쳐 습득하고 사람 마음속 깊숙이 자리 잡는 습관들에 의해 불쌍한 예속의 족쇄를 차게 되는 것에서 그를 보호합니다. 오랫동안 탐닉한 죄들은 어깨 높이까지 자라서, 그 죄들을 제거하는 것은 마치 사람의 살을 찢어내는 것과 같습니다. 젊은이 여러분, 구주님께서 여러분이 아직 젊을 때 언제든지 여러분을 영접할 준비가 되어 있다는 것에, 구주께서 여러분에게 "나를 새벽에 찾는 자가 나를 만날 것이니라"(잠 8:17)고 약속하시는 사실을 인해서 감사하십시오. 아침에 구주님을 마음에 품으므로 하루 종일 악한 영들을 마음에 들이지 않는 사람들은 복이 있습니다.

젊을 때 그리스도의 멍에를 메는 것은 여러분에게 더 오랫동안 하나님을 섬길 수 있게 하는 이런 이점이 있습니다. 만일 내가 사랑하는 사람을 섬기는 일에 고용이 된다면 나는 오랫동안 그를 위해 일하고 싶습니다. 내가 그를 위해 하루밖에 일할 수 없다는 것을 안다면, 나는 새벽의 희미한 빛에 무엇이 보이기라도 하면 바로 일을 시작하려고 애쓰고, 가물거리는 빛이 남아 있는 한 저녁 늦게까지 아주 즐겁고 기쁘게 계속해서 일할 것입니다. 감사하게도 주님께서는 저녁 무렵의 봉사를 받으실 것입니다. 그러나 여러분이 젊을 때부터 주님을 섬길 수 있다는 것은 얼마나 더 좋은 일이겠습니까! 해가 화창하고 그림자가 아직 드리워지지 않고 있을 때 새들이 마음속에서 노래하는 찬란한 시절을 주님께 드리고, 그리고 나서 저녁 무렵이 되어 주님께서 저녁 시간을 밝게 하고 나이의 연약함이 오히려 주님의 권능과 성실함을 나타내게 하실 때 주님께 긴 저녁 시간을 드리는 것이 얼마나 더 좋은 일이겠습니까! 젊은 날부터 주 예수님을 섬긴 노인의 모습만큼 멋진 광경은 없다고 생각합니다.

그 다음에, 젊을 때 그리스도의 멍에를 메는 것에는 그로 인해 신자가 하나님의 일들에서 안정되게 자리를 잡을 수 있다는 이점이 있습니다. "이는 여호와의 집에 심겼음이여 우리 하나님의 뜰 안에서 번성하리로다"(시 92:13). 옮겨 심은 나무는 뿌리를 내리는데 시간이 필요합니다. 그러나 그 나무가 안정되게 자리를 잡으면 풍성한 열매를 맺습니다. 하나님의 일들에 뿌리를 박으려면 반드시 시간이 필요합니다. 은혜 왕국의 모든 일은 10분 만에 배울 수 있는 것이 아닙니다. 나는 방금 전에 예수님을 믿은 사람도 구원받은 사람이라는 것에 하나님께 감사드립니다. 그러나 그는 교육을 받은 사람이 아니고 안정되게 자리를 잡은 사람이 아닙니다. 그는 싸울 수 있도록 훈련을 받지 않았고 수고하도록 교육을 받지도 않았습니다. 이런 일들은 시간이 걸립니다. 우리는 회심하면 그리스도에게 가서 배웁니다. 그 발 앞에 앉아 그에 대해서 배웁니다. 자, 누가 가장 훌륭한 학생입니까? 다른 모든 점들이 똑같다면, 나는 학교에 일찍 오는 사람이 가장 훌륭한 학생이라고 생각합니다. 십일 시에 오는 학생들은 많은 것을 배우지 못합니다. 저녁에 온 학생들도 훌륭한 선생님이 있고 아주 열심을 내면 얼마간 배울 수가 있지만 하루 종일 학교에서 지낸 학생들만큼 많은 것을 얻지는 못합니다. 아주 일찍부터 그리스도를 알기 시작하는 것은 참으로 복된 일입니다. 왜냐하면 여러분이 일찍부터 그리스도를 알기 시작하면 모든 성도와 함께 지식에 넘치는 그리스도의 사랑의 높이와 깊이를 계속해서 알아갈 수 있기(엡 3:18,19) 때문입니다. 그리스도에 대한 지식은 무한히 크고 복된 것이어서 비록 우리가 세상에서 7천 년을 산다고 할지라도 그리스도께 대해 배워야 할 것은 여전히 많아서 "깊도다" 하고 말하지 않을 수 없을 것입니다. 그러므로 우리가 열 살 혹은 열다섯 살 또는 스무 살에 회심하면 살면서 신앙의 신선함이 다 사라져 질리게 되지 않을까 걱정할 필요가 없습니다. 그렇지 않습니다. 일찍 회심할수록 우리는 이 신앙을 더 사랑하고 더 잘 이해할 것이고, 하나님의 은혜로 세월이 갈수록 그만큼 더 온전히 이 신앙을 실천할 것입니다. 그러므로 일찍 시작하는 것은 참으로 좋은 일입니다.

오늘 밤 이 자리에 어린 남녀 학생들이 있는 것을 보니 기쁩니다. 사랑하는 학생 여러분, 하나님께서 여러분이 노인이 될 때까지 살려주시기를 바랍니다. 그래서 여러분의 머리가 희끗희끗해지고 점점 힘이 없어지며 자신이 죽을 날이 멀지 않다는 것을 알게 될 때, 여러분이 이렇게 말할 수 있다면 참으로 기쁠 것입니다. "하나님이여 나를 어려서부터 교훈하셨으므로 내가 지금까지 주의 기이한 일들을 전하였나이다 하나님이여 내가 늙어 백발이 될 때에도 나를 버리지 마소서"(시 71:17,18). 이런 간구는 설득력이 클 것입니다. 우리에게 충성스런 종이 있다면 그가 늙어도 우리는 그를 버리지 않을 것이기 때문입니다. 여러분은 이렇게 말합니다. "그는 이제 일을 많이 할 수 없어요. 이 노인은 점점 더 힘이 약해지고 있어요. 전처럼 보지도 듣지도 못하고 행동도 굼떠요. 그러나 알겠지만 이 노인은 그가 어렸을 때부터 우리 식구들 가운데서 지냈어요. 그런데 우리가 그를 이제 쫓아낼 것이라고 생각하지는 않겠지요?" 그럼요, 주님께서는 자기의 늙은 종들을 쫓아내시지 않을 것입니다. 그들에게 이렇게 말씀하시지 않을 것입니다. "나는 그동안 너를 속였다. 내가 너의 젊은 날을 가졌고 또 네 중년의 인생을 받았다마는 이제는 네가 가서 구걸하여 살며 네 일은 네가 알아서 해라." 아닙니다. 그것은 아말렉 사람들이나 이스마엘 사람들이 말하는 방식입니다. 이스라엘의 하나님은 결코 자기 백성들을 버리시지 않습니다. 하나님은 "너희가 노년에 이르기까지 내가 그리하겠고 백발이 되기까지 내가 너희를 품을 것이라 내가 지었은즉 내가 업을 것이요 내가 품고 구하여 내리라"(사 46:4) 하고 말씀하실 것입니다. 젊을 때 주님의 풍성하고 주권적인 은혜로 말미암아 자신을 예수님께 드리고 산 여러분, 나는 여러분이 기꺼이 "여호와여 나를 버리지 마소서"(시 38:21)라는 말로 하나님을 조를 수 있다는 것을 압니다. 그러니 젊은이 여러분, 여러분이 창 밖을 내다보는 눈이 침침해질 때 위로의 귀한 보물을 쌓아두고 싶다면, 여러분이 약할 때 힘을 얻고 싶다면, 슬퍼하는 사람들이 거리를 돌아다닐 때 그 날의 위로를 얻고 싶다면, 무엇보다 여러분이 오랜 본향으로 갈 때 힘을 얻고 싶다면 바로 지금 예수님께 복종하십시오. 바로 오늘 밤 여러분이 온유하고 겸손하신 구주님의 쉬운 멍에를 메면 좋겠습니다. 그러면 여러분이 영혼에 안식을 얻을 것입니다.

이제 본문에서 또 다른 의미를 보도록 하겠습니다. 성령님께서 이 일에 복을 주시기 바랍니다.

2. 둘째로, 젊은 그리스도인들이 예수님의 멍에를 메는 것은 유익한 일입니다.

이 말이 무슨 뜻입니까? 여러분 가운데 많은 분들이 최근에 회심하였는데, 그분들에게 아주 간절히 말씀드립니다. 여러분이 처음부터 완전한 순종을 예수님께 드리며 사는 한, 그리스도의 멍에를 메는 것이 여러분에게 유익이 될 것입니다. 내가 볼 때 어떤 그리스도인들은 아주 어리둥절한 가운데서 가나안을 향하여 출발하는 것 같습니다. 그들은 본향으로 가는 순례 여행을 그릇된 방식으로 시작하는 것입니다. 젊은 그리스도인은 누구나 회심하고 나서는 시간을 갖고 생각해야 하며 스스로 이렇게 물어야 합니다. "내가 해야 할 일이 무엇이지? 그리스도인의 의무가 무엇이지?" 그는 또한 믿는 마음으로 주 예수님께 "주여, 내게 시키실 일을 가르쳐 주소서" 하고 말하고, 성령의 인도를 기다려야 합니다.

두 젊은이가 얼마 전에 회심을 하여 하나님께로 돌아왔습니다. 두 청년 중 한 사람은 이 자리에 참석하였고, 또 한 명은 다른 곳에서 예배드리고 있습니다. 두 사람은 예수 그리스도를 바르게 고백하는 길이 무엇인지에 대해서 서로 이야기하였습니다. 그들은 잘 알지 못하였지만 어떻게 해서든 그 길을 알아보기로 하였습니다. 그들은 이웃에 있는 독립교회 예배당의 열쇠를 빌려서 안에 들어가 매일 몇 시간씩을 보내며 함께 신약 성경을 읽다가 세례를 언급하는 구절을 읽게 되었습니다. 그 결과 두 사람 모두 이곳에 와서 세례를 받았습니다. 나는 모든 그리스도인이 신앙생활을 시작할 때 교회의 의식과 모든 점을 검토하고 그것에 관한 하나님의 생각이 무엇인지 살펴보면 좋겠습니다. 여러분이 성경을 찾아서 직접 보십시오. 이런 식으로 말하지 마십시오. "나는 지금까지 언제나 감독제 교회 교인들과 함께 지냈어. 그러니 나는 그 사람들이 교회에서 하는 대로 해야 해." 혹은 "나는 지금까지 언제나 침례교인들과 함께 지냈어." 혹은 "나는 웨슬리파 교인들과 함께 지냈어." 친구 여러분, 이 사람들이 여러분을 지배해서는 안 됩니다. 자, 여기에 우리의 지침이 있는데, 바로 이 성경입니다. 나는 철도로 여행을 하고 싶으면 브래드쇼 철도 안내서(Bradshaw: 영국 전역의 철도 시간표 — 역주)를 사용하고 풍문을 의지하지 않습니다. 그와 같이 내가 천국에 가고 싶으면 이 성경을 따라야 합니다. 이 철도 안내서 말고 사람들이 여러분에게 주목하여 보라고 말할 책이 또 하나 있습니다. 그것이 유일한 책이 아니라고 말하는 것만큼 그 책에 대해서 부당하게 하는 말은 없을 것입니다. 그 유일한 책이 바로 이 복된 성경입니다. 여러분은 처음부터 이렇게 생각해야 마땅합니다. "내 주님께서 나를 구원하셨다. 나는 주님의 종이다. 이 말은 내가 당장 주님의 멍에를 메야 한다는 뜻이다. 나는 할 수 있는 한 주님께서 내게 시키시려고 하는 일을 할 것이다. 내가 앞으로 빠지기가 아주 쉬운 죄들이 있다. 나는 주의를 하겠지만 때로 잘못할 수가 있을 것이다. 그러나 내가 올바르게 할 수 있는 일들도 있다. 그 일들에 대해서는 바르게 하도록 조심할 것이다." 젊은이 여러분이 하나님의 말씀을 성실하게 연구하고 모든 일에서 그리스도께서 발을 내디디신 곳에 여러분도 확고히 발을 딛고자 원한다면 나는 그렇게 하는 것이 여러분에게 유익이 될 것이라고 확신합니다. 여러분이 장성하면 평범한 사람이 아니라 건강한 그리스도인이 될 것입니다. 그러나 여러분이 하나님의 말씀을 살피는 것부터 하지 않고 다른 사람들에게서 들은 얘기로 여러분의 신앙을 삼으며 하나님의 말씀을 검토하는 것이 없이 다른 사람들이 하는 대로 한다면 여러분은 독립심과 마음의 용기, 또한 그리스도께 대한 완전한 순종이 부족할 것입니다. 이런 것들은 고귀한 그리스도인의 성품을 이루는 중요한 요소들입니다.

그 다음에, 사람이 젊을 때 하나님의 진리에 대해 분명한 가르침을 받음으로써 멍에를 메는 것은 유익한 일입니다. 우리는 단지 규례와 행실에 대해서만 아니라 무엇을 생각하고 믿어야 할 것인지를 배우기 위해서도 주 예수 그리스도께 가야 합니다. 나는 우리 한 사람 한 사람이 교리적 진술들에 대해 생각할 때 성령께서 그 위에 진리를 쓰시도록 우리의 마음을 깨끗한 종이처럼 그리스도께 드리는 일부터 시작하였으면 참으로 좋겠습니다. 그런데 슬프게도 우리는 선입견이라는 펜이 우리 마음에 그은 많은 선을 가지고 시작합니다. 친구 여러분, 여러분이 하나님께로 회심하였다면 여러분은 지금 예수님께 대해 여러분 나름의 견해를 얻기 위해서가 아니라 모든 것을 예수님으로부터 배우기 위해 예수님의 발 앞에 앉아 있는 것입니다. 흔히 쓰는 표현으로 "내 견해", "내 의견" 혹은 "나는 그런 확신이 있다"는 등의 말이 있습니다. 사랑하는 여러분, 그리스도의 가르침을 듣고 확신하십시오. 그것만이 따를 가치가 있는 유일한 확신이기 때문입니다. 그리스도께 배워서 여러분의 견해를 수립하십시오. 영원하고 천상적인 것들에 대해서는 이 외의 어떤 견해도 지닐 가치가 없습니다. 어떤 사람은 말합니다.

"아, 그렇다면 내 견해가 목사님의 견해가 아니어도 좋겠군요." 바로 그렇습니다. 나는 여러분에게 내 견해를 취하라고 말하지 않습니다. 오히려 나는 하나님 앞에서 여러분에게 명합니다. 무엇이든지 내가 말한다고 해서 믿지 말고 오직 주님의 말씀에 귀를 기울이고 이 오류 없는 성경책만을 믿으십시오. 내가 이렇게 주장하는 것은, 만일 여러분이 내가 말하기 때문에 진리를 믿는다면 바르게 믿은 것이 아니기 때문입니다. 진리는 그것이 사실이기 때문에 받아들여야 하는 것입니다. 어쩌다보니 설교하게 된 보잘것없는 죽을 인생이 그런 문제들을 해결할 권위를 가졌다는 생각이 들기 때문이 아니라 예수 그리스도의 권위가 여러분에게 그것이 진리라고 입증하기 때문에 받아들여야 하는 것입니다. 우리는 무엇이든지 우리 자신의 독단적인 주장 때문에 그것이 진리라고 주장할 권위가 없습니다. 우리가 능력 있게 말할 때 우리는 단지 그리스도의 입에 들린 나팔에 지나지 않을 뿐입니다. 그런데 슬프게도 때로 우리는 예수 그리스도께서 우리를 통해서 나팔을 부시도록 하기보다는 우리 자신이 나팔을 붑니다. 그러면 우리는 정말로 아무짝에도 쓸모가 없는 것입니다. 나는 여러분에게 젊을 때 멍에를 메되, 주 예수 그리스도께서 친히 말씀하신 길이요 진리요 생명이 무엇인지 열심히 연구하고, 성령 하나님께 배움으로써 멍에를 메라고 명합니다. 이렇게 하는 것이 여러분에게 유익합니다.

젊을 때 사람들이 일찍부터 예수 그리스도를 섬기기 시작함으로써 멍에를 메는 것이 또한 그들에게 유익합니다. 나는 어머니가 어린 자녀를 데리고 하나님의 집에 갈 때 손에 1페니를 쥐여주고 그리스도의 대의를 위해 드리도록 일찍부터 가르치는 것을 볼 때 기분이 좋습니다. 사람들이 회심하였을 때 곧바로 행할 어떤 일을 갖는 것만큼 좋은 것은 없습니다. 그런데 그들이 좀 더 장성하고 교육을 받은 그리스도인들이 할 중요한 일들을 시도하려고 해서는 안 됩니다. 그런 일들에 대해서는 "새로 입교한 자도 말지니 교만하여져서 마귀를 정죄하는 그 정죄에 빠질까 함이요"(딤전 3:6)라는 원칙을 적용해야 하기 때문입니다. 그러나 신자라면 모두가 그리스도의 포도원에서 해야 할 일이 있습니다. 어린 자녀들을 위한 일이 있고, 젊은 청년들을 위한 일도 있고 젊은 처녀들을 위한 일도 있습니다. 그리스도의 포도원에서 일찍 시작하는 것이 좋습니다. 과부의 적은 헌금을 아주 기뻐하신 주 예수 그리스도께서는 주님에 대한 어린 아이의 사랑을 매우 기뻐하십니다. 우리 어른들은 "어린 여자아이가 예수님을 위해서 무슨 일을 할 수 있겠어?" 하고 생각하기가 매우 쉽습니다. 그러나 어린 여자아이가 구원받은 지금 예수님을 위해서 무언가 하지 않는다면 그 아이는 자라서 게으른 그리스도 인이 되고 나중에 마땅히 해야 하는 것과 다르게 주님을 섬기지 않을 것입니다. 나는 사람들이 우리 교회 마당에 심은 작은 나무들을 보는 것이 좋습니다. 여러 분도 피라미드 모양의 작은 나무들과 그 밖의 난쟁이 나무들을 아실 것입니다. 나는 그 나무들이 처음부터 아주 작지만 열매를 맺는 것을 보면 좋습니다. 때로 나무에 한두 개밖에 안 열리는 배들이 큰 나무에 열리는 배들보다 훨씬 더 맛이 좋다고 생각합니다. 큰 나무들은 배가 많이 열리기는 하지만 맛은 없는 경우가 아주 흔하였습니다. 어린 그리스도인들, 연약한 그리스도인들, 소심한 그리스도 인들이 예수 그리스도를 위해 행하는 일이 상당히 은은한 맛을 지니는 경우가 종종 있는데, 예수님께서는 그것을 귀하게 여기십니다. 우리가 젊은 날부터 예 수님을 섬기기 시작하는 것은 좋은 일입니다.

어떤 사람은 말합니다. "아, 나는 설교할 수 있을 때 주님께 대한 봉사를 시 작할 것입니다." 그래요? 그보다 여러분은 학교에 함께 가는 어린 친구에게 편 지를 쓰는 것부터 시작하는 것이 좋을 것입니다. 어떤 구역에 전도지를 나누어 주거나 여러분 나이 또래의 젊은이에게 말하는 것부터 시작하는 것이 좋습니다. 교만한 마음이 있으면 여러분이 위대해지고 싶어 하겠지만 예수님에 대한 사랑 이 있으면 작은 일들을 예수께서 받으신다는 것을 배울 것입니다. 젊은이들이 하나님께로 돌이키자마자 바로 봉사의 멍에를 메는 것이 그들에게 좋은 일입니 다.

우리가 하나님을 섬기기 시작할 때 또 다른 의미에서, 즉 어려운 일들을 만 남으로써 멍에를 메는 것이 또한 유익한 일입니다. 내가 이 자리에 참석한 모든 어린 그리스도인들에게 그리스도를 섬기는 길을 아주 쉽게 만들어 줄 수 있다 고 할지라도 나는 그렇게 하고 싶지 않습니다. 주일학교의 모든 일을 아주 즐겁 게 만들 수 있다고 할지라도 나는 그렇게 하고 싶지 않습니다. 밖에 서서 설교하 는 것을 아주 쉬운 일로 만들 수 있다고 할지라도 나는 그렇게 하지 않겠습니다. 여러분이 멍에를 메는 것이 여러분에게 유익합니다. 여러분이 봉사할 때 자기를 부인해야 하고 인내심을 발휘해야 하는 것이 좋은 일입니다. 여러분이 주일학교 반에서 어린 남녀 아이들을 맡았을 때 여자 아이들은 조용하지 않고 남자 아이 들은 가르치기가 쉽지 않은 것이 여러분에게 유익합니다. 여러분이 거리에서 복음을 전할 때 사람들이 조용히 서서 아주 온순하게 여러분의 말에 귀를 기울이지 않고 믿지 않는 사람들이 고약한 질문들을 하는 것이 여러분에게 유익합니다. 신임 목사가 호기심 많은 교인들을 만나고 심지어 그를 넘어뜨리려고 하는 적을 만나는 것이 그에게 유익하다는 것을 나는 압니다. 진실한 일꾼에게는 마귀가 그를 넘어뜨리려고 애쓰는 것이 좋은 일입니다. 하나님께서 그를 세우셨으면 그를 넘어뜨릴 수 없고, 오히려 그를 넘어뜨리려고 하는 시도가 그에게 유익을 주고, 그의 영적 근육을 단련시키며 마음에서 힘을 끌어내도록 만들 것이기 때문입니다. 너무도 쉬운 길은 우리에게 유익하지 않을 것입니다. 사무엘이 다윗의 머리에 기름을 부어 그를 장래의 유다 왕으로 세운 뒤에 다윗이 어떻게 지냈는지 생각해 보십시오. 다윗이 왕이 되기까지의 기간을 부끄러울 정도로 편안한 가운데 기다리며 하는 일 없이 보냈다면, 그에게는 아주 나쁜 일이었을 것입니다. 그렇게 해서는 안 됩니다. 다윗을 광야로 보내어 양을 지키도록 하고, 사울의 궁정에 데려가며, 사울이 그에게 단창을 던지도록 하십시오. 그를 보내어 골리앗과 싸우도록 하고, 후에는 그를 산골짜기로 추방하며 굴과 동굴에서 살지 않을 수 없게 만들고, 목숨을 건지기 위해 싸우도록 하십시오. 그러면 이 과정을 통해서 여러분은 이스라엘을 통치하기에 적합한 영웅을 기르게 될 것입니다. 왕위에 오를 때, 그는 더 이상 얼굴이 붉은 젊은이가 아니라 젊었을 때부터 훈련받은 전사입니다. 그러므로 그는 언제든지 만군의 여호와의 용사로서 블레셋 사람들이나 암몬 자손들을 칠 수 있습니다. 그러니 예수님을 위한 봉사를 맡고 그 일에 어려움을 만난다는 의미에서 멍에를 메는 것이 좋은 일입니다.

그리고 이것이 더 좋은 일입니다. 여러분이 젊을 때 박해를 만나는 것이 좋습니다. 어린 그리스도인을 모두 경건한 가정에 들여보내고 세상에 결코 나가지 않도록 하며 언제나 어머니 무릎에서 지내게 할 수 있다 할지라도, 혹은 일하는 사람이 모두 아침부터 밤까지 찬송을 부르며 지낼 수 있는 가게, 하나님의 이름을 들어 욕하는 사람이 아무도 없고 여러분에게 놀리는 말을 하는 사람이 아무도 없는 가게에서만 일하도록 보장할 수 있다 할지라도, 그렇게 할 수 있다고 할지라도 그것이 지혜로운 일이라고 나는 생각하지 않습니다. 사람들이 시험에 들지 않도록 보호하는 것은 마땅히 할 일이고, 우리 가운데 아무도 누군가를 시험할 수 있는 권한이 없습니다. 그러나 우리가 때로 시험을 받는 것은 유익한 일입니다. 그렇지 않으면 우리가 마음의 실제 상태를 모를 것이고, 외형적으로 행실이 보기 좋은 동안에 내적 교만으로 썩어갈 수가 있습니다. 시험은 우리가 참으로 약하다는 것을 알게 하고 무릎을 꿇게 만듭니다. 시험은 우리 믿음을 조사하고 우리의 사랑을 단련하며 우리가 받은 은혜가 진짜인지 아닌지를 보게 합니다. 신앙이 은 실내화를 신고 금귀고리로 치장을 하고 다닐 때는 사람마다 신앙과 함께 다니기를 아주 좋아합니다. 그러나 정직하고 진실한 그리스도인은 예수 그리스도의 진리가 맨발로 진흙창과 수렁을 지나갈 때, 부정한 손 때문에 그 옷이 더럽혀질 때에도 진리를 따라갈 것입니다. 이 점에서 진실한 사람들의 시련이 있고, 속이는 자들의 정체가 드러나게 됩니다. 박해와 비방과 시련을 겪지 않도록 보호받는 것이 우리에게 유익하지 않을 것입니다. 사람이 젊을 때 이 멍에를 메는 것이 좋습니다. 그리스도인은 내구력이 있는 식물입니다. 오래전에 낙엽송 한 그루가 잉글랜드에 왔습니다. 낙엽송을 가져온 신사는 그 나무를 온실에 심었지만 나무가 건강하게 자라지 못했습니다. 나무는 허약했고, 그래서 정원사는 나무가 아무짝에도 쓸모가 없다고 생각하고 뽑아서 거름더미에 던져버렸습니다. 그곳에서 낙엽송은 아주 멋진 나무로 자랐습니다. 나무가 그곳에서는 그 본성에 적합한 온도를 만났기 때문입니다. 그 나무는 본래 눈 가까이에서 자라게 되어 있었습니다. 그 나무는 찬바람과 거친 기후를 좋아하는데, 사람들이 온실 속에서 그 나무를 혹사시켜 왔던 것입니다. 이 점은 진정한 기독교 신앙에도 해당이 됩니다. 기독교 신앙은 편안하고 사치스런 환경에서는 큰 시련 가운데 있을 때만큼 번성하지 못합니다. 그리스도인들은 어쩌다 보니 그리스도인 친구들이 아무도 없거나 친절하게 용기를 북돋아주는 것이 전혀 없는 곳에 던져지기 때문에 한결 더 강하고 나아지는 경우가 많습니다. 보통 자유가, 험준한 산 때문에 용감하고 대담해진 강건한 산악인에게 호의를 보이듯이, 일반적으로 풍성한 은혜는 고통의 큰 싸움을 견디며 많은 시련을 통해 하나님 나라를 상속하는 사람들을 찾아갑니다.

다시 한번 말하지만, 어린 그리스도인들에게는 영혼의 근심을 많이 겪는 것이 좋다고 믿습니다. 생각이 깊었던 나의 어린 시절은 괴로움의 시기였습니다. 구주님을 만나기 전에 나는 끔찍한 양심의 가책이라는 밑흙을 파 일구는 대대적인 쟁기질을 겪었습니다. 달마다 돌파구를 찾았지만 아무 희망도 발견하지 못하였습니다. 나는 내 마음의 역병, 곧 내 본성의 절망적인 악을 깨달았습니다. 지금은 겨울 같았던 그 긴 시기를 인해 하나님께 감사하는 마음이 있습니다. 그 시기가 내 영혼에 유익하였다는 것을 확실히 압니다. 일반적으로 그리스도인의 인생에는 어디쯤엔가 어둠의 시기가 있습니다. 여러분이 처음에 그 시기를 겪었다면 아마도 다시 또 그런 때를 겪지 않을 것입니다. 그러나 처음에 그 시기를 겪지 않는다면 언젠가 그 어둠을 지나가기가 쉬울 것입니다. 그런 시기를 겪어 넘기는 것이 좋습니다. "사람은 젊었을 때에 멍에를 메는 것이 좋으니라." 어떤 친구들은 천국에 이르는 특허권이 있는 길을 발견한 것처럼 보입니다. 그들이 찾은 길이 바른 길이라면 분명히 나는 아주 기뻐할 것입니다. 그런데 그들의 길은 옳다기보다는 의심스럽습니다. 철도를 시험해 보고나서 기차가 자기들이 기대한 대로 부드럽게 달리지 못하기 때문에 크게 실망한 사람들을 내가 만나기 때문입니다. 그들은 2주일간을 꼬박 완전히 죄가 없이 살지는 못했지만 거의 죄가 없이 살았습니다. 그들은 아주 이기고 승리하여서 2주간 동안 마음이 한껏 높아졌습니다. 물론 그들은 다시 내려가야만 합니다. 어떤 사람들은 내려올 때 무섭게 넘어집니다. 그들 가운데 가장 나은 사람은 와서 이렇게 말합니다. "목사님, 나는 내가 하나님의 자녀가 아니라는 걱정이 들어요. 나는 아주 비참한 심정이 들면서도 또한 매우 기쁘고 거룩한 심정도 있어요." 그런 사람들에게 나는 이렇게 말했습니다. "그래요, 형제도 알다시피 형제는 올라갔어요. 그래서 내려오지 않으면 안 되었던 것이에요. 만일 형제가 계속 몸을 낮추었다면 내려 올 필요가 없었을 것이에요."

나는 어떤 젊은이들의 경우에 풍선을 타고 별들이 있는 데까지 올라가는 것을 보면 두렵습니다. 나는 그들이 계속해서 겸손하여 자기가 아무것도 아니고 그리스도만이 전부라는 것을 알면 좋겠습니다. 사람이 일찍부터 매우 자신만만하게 되는 것보다 소심하고 떠는 것이 전체적으로 볼 때 훨씬 더 좋습니다. "항상 경외하는 자는 복되도다"(잠 28:14)는 것이 성경 말씀입니다. 이것은 노예의 두려움이 아니고 하나님을 의심하는 두려움도 아니지만 하나님을 두려워하는 것은 사실입니다. 하나님을 의심하는 것과 여러분 자신을 의심하는 것 사이에는 많은 차이가 있습니다. 여러분 자신을 의심하는 일에 있어서는 여러분이 스스로 절망에 이르기까지 자신을 의심해도 좋을 것입니다. 그러나 여러분이 도대체 하나님을 의심할 이유는 아무것도 없습니다. "사람은 젊었을 때에 멍에를 메는 것", 다시 말해 죄의 무게와 하나님의 징벌하시는 손을 느끼며 어두운 데서 "아, 내가 하나님을 찾을 수 있는 곳을 알 수 있다면, 하나님이 계신 데에 갈 수 있으면 좋겠는데" 하고 외치는 것이 유익한 일입니다. 이런 호된 시련들이 갓 믿은 신자에게 반드시 도움이 되고, 그가 영적인 생활에서 겪는 기쁜 일이나 슬픈 일이나 모두 감당할 수 있도록 준비시킵니다.

　　이제 이 마지막 소제목을 다루고 설교를 끝내도록 하겠습니다.

3. 형제자매 여러분, 실제로 우리는 대다수가 젊은이들입니다.

　　이 자리에 머리가 희끗희끗하고 벗어진 분들이 보이지만, 그분들은 소수에 지나지 않습니다. 형제 여러분, 여러분이 70세 이상 되었을지라도 천국에서는 어른이 되지 못하였습니다. 여러분이 천국에서 어른이 되었다면 여러분에게 기업이 있을 것이기 때문입니다. 우리가 천국에 들어가기 전에는 우리 가운데 아무도 어른이 되지 못할 것입니다. 우리는 지금도 어린아이들과 같기 때문에 여전히 가정교사 밑에 있습니다. 우리는 천국의 모든 기쁨을 누릴 수 있는 시기에 이르지 않았습니다. 그 시기에 이르렀다면 틀림없이 우리는 우리 하나님 아버지의 집에 가서 즉시 우리의 기업을 즐길 것이기 때문입니다. 우리는 아직도 젊습니다. 그러니 우리가 멍에를 메고, 계속해서 멍에를 메는 것이 오늘 우리에게 유익한 일입니다. 사랑하는 형제 여러분, 우리가 천국에 이르는 길에서 이미 상당한 길을 갔을지라도 멍에를 메면 여전히 그리스도를 영예롭게 할 수 있기 때문에 지금도 우리에게 지고 갈 멍에가 있다는 것은 좋은 일입니다. 우리가 그리스도와 함께 고난을 받지 않는다면 어떻게 그리스도와 교제를 가질 수 있겠습니까? 우리에게 지고 갈 십자가가 아무것도 없다면 어떻게 우리가 가장 무거운 십자가를 지고 가시는 주님과 친하게 지낼 수 있겠습니까? 그러니 우리는 환난을 면하지 않고 고통을 당하지 않도록 보호받지 않으며 오히려 인내로써, 고난을 감수함으로써, 굳건한 믿음으로 하나님을 영화롭게 하도록 허락받는 것을 기뻐합시다.

　　여러분은 주님께 아무 근심이 없게 해달라고 구하지 마십시오. 그보다 여러분이 잠시만 견디면 된다는 것을, 정말로 아주 잠시만 십자가를 지면 된다는 것을 기억하십시오. 그러면 여러분이 매 순간을 잘 사용하게 될 것입니다. 세월이 조금만 더 지나가면 여러분은 더 이상 지고 갈 십자가가 없고 슬픔도 없으며, 따라서 더 이상 인내할 여지가 없고 또 하나님의 뜻에 묵묵히 따를 기회도 없는 곳에 있게 될 것입니다. 지금 멍에를 기꺼이 메도록 하십시오. 멍에를 메는 것은 잠시뿐이고, 이때를 지나면 이 명예가 더 이상 여러분에게 주어지지 않을 것입니다.

　또한 이렇게 해서 옛 아담이 억제되기 때문에도 멍에를 메는 것이 우리 모두에게 유익합니다. 이 옛 아담은 매우 활발한 존재입니다. 이 옛 아담이 아주 오래전에 죽었다는 얘기를 들어왔지만 내가 알기에는 그는 지금도 매우 팔팔하게 활동합니다. 우리가 근심 가운데 있을 때는 교만한 옛 아담은 흔히 조용히 있고 우리를 기도하지 않도록 막는데 별로 성공을 거두지 못하는 것처럼 보입니다. 따라서 곤경에 처해 있을 때 종종 우리는 아주 달콤한 신앙의 시기를 보냅니다. 하나님의 선하심으로 우리가 시련을 면할 때가 있습니다. 그러면 슬프게도 이 옛 아담이 교만한 머리를 다시금 들어 올립니다. 옛 아담은 말합니다. "아, 너는 하늘의 은총을 받은 자야. 네 산은 견고히 서있어. 그동안 네가 받은 고통으로 너는 거룩해졌어. 너는 은혜 안에서 아주 잘 자랐어. 사실, 너는 아주 멋진 친구야." 그렇습니다. 바로 이것이 옛 아담의 방식입니다. 그는 기회만 있으면 언제나 아첨이라는 이 오래된 놀이를 시작하려고 합니다. 여러분은 우쭐대고 싶은 마음이 들 때마다 스스로에게 말하십시오. "옛 아담아, 나는 너를 안다. 너를 알아. 그래서 너의 교묘한 속임에 넘어가지 않을 거다." 우리가 자기만족에 빠지게 되면 어떤 일이 일어납니까? 그러면 다시금 우리 어깨에 무거운 멍에가 지워집니다. 우리는 또 다른 근심에 떨어지고, 그러면 옛 아담이 다시 일어나서 불평하고 반항하기 시작합니다. 육신은 오만하게 시작하다가 절망하게 되는데, 조금 전까지만 해도 자랑하고 있었습니다. 시련들이 성령님의 손에 들리면 타락을 극복하는데 큰 도움이 됩니다. 사람이 이 세상에서 부유하고 성공하며, 편안하게 오랫동안 건강을 유지하고 모든 것이 자기가 꼭 바라는 대로 잘 돌아가면서도 여전히 그리스도인으로 살아간다는 것은 매우 힘든 문제입니다. 길이 아주 평탄할 때 많은 사람이 넘어집니다. 그러나 길이 험하면 발을 단단히 딛게 되어 우리는 좀처럼 넘어지지 않습니다. 시련들이 오면 우리를 때려 하늘 아버지께 향하도록 만듭니다. 양들은 뒤에서 검은 개가 쫓아오면 곁길로 가는 일이 많지 않습니다. 개의 짖는 소리에 양들은 목자에게로 달려갑니다. 고난은 선한 목자의 검은 개로, 우리를 다시 선한 목자에게로 데려오는 일을 합니다. 주님께로 다시 돌아오지 않는다면 우리는 방황하다가 죽고 말 것입니다. 우리는 다윗보다 낫지 못합니다. 다윗이 그랬던 것처럼 우리도 정직하게 이렇게 고백할 수 있습니다.

"고난당하기 전에는 내가 그릇 행하였더니 이제는 주의 말씀을 지키나이다"(시 119:67). 그러므로 우리가 아직 젊을 동안에 멍에를 메는 것이 육신적으로는 나이가 들었지만 영적으로는 젊은 우리에게 유익합니다.

친구 여러분, 고난을 겪어보았기 때문에 여러분이 다른 사람들에게 큰 도움을 줄 수가 있습니다. 우리 자신이 한 번도 시련을 겪어보지 못했다면 어떻게 다른 사람들을 동정할 수 있을지 모르겠습니다. 내가 아는 사랑하는 한 형제가 있는데, 한 오십 세쯤 되었는데 단 하루도 아파본 적이 없는 사람입니다. 그가 말하기를 자기는 무거운 어떤 사람이 자기 발가락을 밟았을 때를 제외하고는 신체적 고통이 무엇인지 거의 알지 못하였다고 하였습니다. 자, 그는 좋은 형제입니다. 그러나 그가 다른 사람을 동정하려고 해보지만 그것은 마치 코끼리가 바늘을 주우려는 것이나 헤라클레스가 실 감는 막대기와 친해지려고 하는 것과 같습니다. 그는 정말로 사람을 동정하려고 해 보지만 그로서는 잘 알 수 없는 일입니다. 여러분이 그에게 마음이 많이 우울하다고 말하면 그는 여러분을 쳐다보며 아주 다정한 말들을 해보려고 하지만 여러분의 낙담한 마음을 이해하지 못합니다. 목사가 동정하는 능력이 부족하다면 그것은 참으로 안타까운 일일 것입니다. 그렇지 않겠습니까? 고난이 오면 하나님께 감사하십시오. 고난은 사람의 마음을 다정하게 만들고, 위로의 기술을 가르쳐 주기 때문입니다. 여러분은 고난을 겪지 않아도 보아너게(막 3:17, 우레의 아들)가 될 수 있습니다. 그러나 바나바(위로의 아들)가 될 수는 없습니다. 여러분이 우레의 아들은 될 수 있어도 위로의 아들은 되지 못할 것입니다. 우리가 다른 사람들을 섬기기 바라면, 하나님께서 우리에게 젊을 때 멍에를 메게 하심으로써 다른 사람들을 섬길 수 있는 자격을 갖추게 하시는 것에 대해 하나님께 감사합시다.

한 가지 더 말씀드릴 것이 있습니다. 멍에를 메는 것이 천국을 한결 더 즐겁게 만들 것이기 때문에 우리가 여기 있는 동안에 멍에를 메는 것이 유익하지 않겠습니까? 이 20년 동안 지긋지긋한 침상에 누워 지내며 거의 단 하룻밤도 온전하게 편히 쉬지 못한 그 자매에게는 천국이 얼마나 달콤하겠습니까! 천국이 그녀에게는 얼마나 놀라운 안식이 되겠습니까! 나는 이곳에서 3킬로미터 정도 떨어진 곳에 사는 훌륭한 한 사람을 알고 있는데, 그는 18년 동안 꼼짝못하고 누워 지냈습니다. 그런데 나는 그만큼 행복한 사람을 본 적이 없습니다. 그를 보는 것은 큰 기쁨입니다. 그럴지라도 그가 누워서만 지내던 침상에서 일어나 유리 바다에

서서 영원히 종려나무 가지를 흔들며 천상의 하프로 음악을 연주하게 된다면, 그것은 참으로 놀라운 변화가 될 것입니다. 얼마나 놀라운 변화인지 모릅니다! 구빈원(救貧院)에서 죽어가는 불쌍한 그리스도인 여성이 천사들에게 들려 아브라함 품으로 가는 것은 참으로 위대한 변화입니다! 화형주(火刑柱)에 묶인 순교자가 서서히 불에 타 죽고 나서 다시 살아 자기 주님의 영광을 보는 것은 얼마나 놀라운 변화입니까! 나이 든 여러분, 온 몸이 아프고 쑤셔서 지금 여기 앉아 있는 것조차도 고통스러운 여러분에게 참으로 놀라운 변화가 있을 것입니다! 수염이 희끗희끗한 여러분, 여러분은 곧 젊어질 것입니다. 여러분의 이마에 주름이 하나도 없게 될 것입니다. 안경이 필요 없어질 것입니다. 짚고 다니는 지팡이가 필요 없을 것입니다. 거기에서는 여러분은 아주 젊은 사람만큼 튼튼해질 것입니다. 하나님의 보좌 앞에 설 때는 여러분이 한때 그랬던 것처럼 나이 든 여자의 모습을 더 이상 보지 못할 것이고, 바로 조금 전에 그랬던 것처럼 병든 남자의 모습을 더 이상 보지 못할 것입니다. 여러분은 이 흙집을 벗어나고, 여러분의 젊은 영혼은 이 늙은 몸에서 뛰어나와 주님과 함께 거할 것입니다. 그 다음에 무덤은 육신의 찌꺼기를 태워버리는 정련하는 도가니가 될 것입니다. 머지않아 여러분의 몸은 더 이상 늙지 않고, 지치고 야위지도 않으며, 우리 주님의 영광스런 몸처럼 지극히 아름다운 모습으로 일어날 것입니다. 이 사실을 생각하면 언제든 여러분에게 기쁨이 생길 것입니다. 여러분이 천국의 영원한 안식에 이를 때, 멍에를 메었던 것으로 인해 천국이 그만큼 더 충만히 즐거운 곳이 되는 것을 알 때, 멍에를 메는 것이 틀림없이 여러분에게 유익합니다.

> "길이 험할 수 있지만 결코 길지 않을 것이네.
> 그러니 희망으로 그 길을 평탄하게 만들고
> 노래로 그 길을 즐겁게 만듭시다."

제
4
장
—

경이(驚異)는 더 큰 경이에 의해 설명됨

—

"내가 주께 아뢴 날에 주께서 내게 가까이 하여 이르시되 두려 워하지 말라 하셨나이다." — 애 3:57

두려움에 대한 우리의 경험은 사람마다 참으로 다릅니다! 이 하나님의 사람은 "내가 부르짖어 도움을 구하나 내 기도를 물리치셨도다"(애 3:8)고 말하였습니다. 또 "주께서 구름으로 자신을 가리사 기도가 상달되지 못하게 하셨나이다"(3:44)라고 하였습니다. 거기에다 이 말까지 덧붙였습니다. "손을 들어 나를 치시는도다"(3:3). 그러나 이제 그는 자신의 염려를 바로잡습니다. 기도가 물리쳐진 것이 아니었고 하나님께서 손을 들어 그를 치신 것도 아니었던 것입니다. 이는 그가 "내가 주께 아뢴 날에 주께서 내게 가까이 하여 이르시되 두려워하지 말라 하셨나이다"라고 즐거이 고백하기 때문입니다. 이것은 이렇게 말하는 것이나 같습니다. "주께서 내 말을 들으셨을 뿐만 아니라 내게 오기도 하셨습니다. 주께서 내가 말하는 것을 들으셨을 뿐만 아니라 또한 주님께서 친히 말씀하셨고, 나는 주께서 두려워 말라고 말씀하시는 것을 들었습니다. 주님께서 원수가 되어 나를 치지 않으셨을 뿐만 아니라 나를 사랑으로 다정하게 위로하심으로써 주께서 내 친구가 되신다는 것을 증명하셨습니다."

형제 여러분, 우리의 경험이 우리의 기대를 훨씬 뛰어넘어 우리의 의심들이 잘못되었다는 것을 드러낸다면, 그 경험들을 기록하도록 주의합시다. 우리의 비탄은 책에 기록하고 우리의 감사는 말해서 바람에 날려가도록 하는 일을 하지 맙시다. 여러분은 불평은 대리석에 기록하고 찬송은 모래에 새기는 일을 하지 마십시오. 하나님으로부터 받은 감사한 일은 꼼꼼하게 기록하고 정확하게 측정하고 분명하게 기술하며 정확한 날짜를 적어서 오래도록 보존하십시오. 그래서 여러분이 격려가 필요할 때는 그 기록을 찾아볼 수 있도록 하십시오. 예레미야는 그런 날에 여호와께서 그에게 가까이 하셨다고 말합니다. 다윗은 헤르몬과 미살 산에서 하나님을 기억하였습니다(시 42:6). 시간과 장소는 하나님의 크신 선을 기억할 때 중요한 요소입니다. 구체적인 사실들을 적고 세부적인 내용들을 강조하십시오. 즉, 하나님의 인자에 대한 기억을 많이 이야기하라는 것입니다. 아마도 여러분의 자녀들과 그들의 자녀들은 배우기 위해서 여러분이 경험한 이야기를 읽을지 모릅니다. 이렇게 선조들이 자기 후손들을 위해 쌓아놓은 것만큼 그들의 배움에 적합한 것은 없을 것입니다. 비록 그 기록이 여러분의 잘못을 드러내고, 여러분이 그처럼 하나님을 비방하였던 것이 생각나서 부끄러움으로 얼굴을 붉어지게 할지라도, 그 기록을 분명하게 적으십시오. 그래서 그 기록이 하나님을 찬송하고 영광을 돌리도록 하고, 장차 곤경에 처했을 때 여러분에게 위로가 되게 하십시오. 여러분의 경험을 기록하십시오. 대문자로 적으십시오. "내가 스스로 이르기를 이제는 멸절되었다 하였으나 그렇지 않은 것을 발견하였나이다. 내가 주께 아뢴 날에 주께서 내게 가까이 하여 이르시되 두려워하지 말라 하셨나이다"(애 3:54,57).

예레미야는 아주 크게 놀라면서 이 사실을 기록하는 것으로 보입니다. 그는 자신의 처지가 아주 처량하기 짝이 없었기 때문에 하나님께서 자기에게 가까이 계셨었다는 사실에 놀랍니다. 그는 아주 비천한 처지에 있어서 생명이 꺼져버린 것처럼 보였습니다. 그래서 괴로움 가운데 이렇게 말하였습니다. "나를 어둠 속에 살게 하시기를 죽은 지 오랜 자 같게 하셨도다"(3:6). 내 생각에는 죽을 인생들 가운데서 최고의 자리 가운데 하나를 선지자 예레미야에게 주어야 한다고 봅니다. 그는 하나님의 보내심을 받아 지극히 고통스런 의무를 행하였습니다. 이 의무는 그에게 아무런 명예를 가져다줄 수 없었고 그가 섬긴 사람들에게서 사랑을 얻지도 못하게 하였습니다. 그는 그의 훈계를 거절하는 완고하고 불순종하는 백성들 사이에서 예언하도록 보내심을 받았습니다. 그는 카산드라(Cassandra:

트로이의 여자 예언자로서 세상 사람들이 용납할 수 없는 흉사[凶事]를 예언하는 사람을 가리킴 ―역주)처럼 사실이지만 슬픈 소식들을 말하였고, 사람들은 그의 예언을 믿지 않았습니다. 그는 죄를 범하고 있는 이스라엘에게 애원하였습니다. 아, 그가 얼마나 간절하게 애원하였습니까! 선지자 가운데 그만큼 애처로운 사람은 없습니다. 나는 때로 이 예레미야애가서를 앉은 자리에서 다 읽습니다. 그 흐름을 파악하기 위해 성경을 그렇게 읽는 것은 좋은 일입니다. 여러분이 예레미야서를 이렇게 읽어보면, 선지자의 마음을 휩쓸었던 슬픔의 급류를 느끼게 될 것입니다. 그렇지만 예레미야는 자신을 화나게 만들고 박해하였던 바로 이 백성을 아주 변함없이 확고하게 사랑하였습니다. 그는 마치 그 백성들이 더할 수 없이 감사하는 자녀들이고 그 자신은 지극히 기뻐하는 부모인 것처럼 깊은 애정을 가지고 그들을 위하여 하나님께 부르짖고 애원합니다. 예레미야, 그는 위대한 사람이었습니다. 그는 높은 산과 깊은 골짜기에 익숙한 산의 급류처럼 비애의 가파른 경사로부터 힘을 끌어내고 있었습니다. 그가 본문의 말을 적었을 때 그의 슬픔은 절정에 이르렀습니다.

　사람들은 그를 지하 저수조에 집어넣었습니다. 나는 그를 마른 우물에 넣었다고 말하는 것입니다. 그런데 그 우물이 그냥 마른 것만은 아니었습니다. 그는 겨드랑이 높이까지 올라오는 진흙창에 빠졌습니다. 그 우물은 일 년에 한 철은 물이 가득 차지만 다른 때는 지하 감옥으로 종종 사용되곤 하던 저수조였습니다. 불쌍한 죄수들을 빛이나 신선한 공기가 전혀 들어가지 않는, 종종 진흙이 무릎 깊이까지 차오르는 끔찍한 구덩이로 내려 보냈던 것입니다. 어쩌면 큰물이 엄습하는 때가 오면, 죄수는 물이 자신이 갇혀 있는 감옥의 옆구리들에서 쏟아져 들어오는 소리를 듣고 또 그 물이 바닥에 흘러넘치며 더 낮은 곳으로 내려가는 것을 느낄 수 있었을 것입니다. 예레미야가 "물이 내 머리 위로 넘치나이다"(3:54) 하고 쓰는 것을 보면, 이 선지자의 형편이 바로 그와 같았을 것입니다. 이 선지자의 경우는 비참하기 짝이 없었습니다. 그는 인간의 목소리를 들을 수 있는 곳에서 완전히 차단되어 있었습니다. 그가 할 수 있는 대로 소리를 지를지라도 그를 동정할 사람이 아무도 없었습니다. 그는 철저히 혼자였습니다. 많은 사람들에게 잊히고 버림받고 거절당하였으며 권력 있는 소수의 사람들에게는 미움을 받았습니다. 의심할 바 없이 그의 마음은 가라앉았고, 우리는 그것을 이상하게 생각할 수 없습니다. 기회가 있었다면 자기 나라를 구하였을, 심지가 굳고 열정적인 애국자가 책망하고 충고하는 기회조차 박탈당한 처지에 떨어졌습니다. 민족적 재난의 위기에, 곧 자기 백성들에게 자신이 가장 필요하다고 여기는 때 그는 감금되었습니다. 바로 그 때 하나님께서 그에게 가까이 하셨던 것입니다. 사람들에게서 가장 심한 비난을 받고 박해를 받았을 때, 그는 자기가 섬기는 여호와께서 가까이 하심을 더없이 달콤하게 느꼈습니다. 사랑하는 여러분, 나는 우리가 그동안 하나님께서 자기 백성을 다루신 역사를 충분히 읽었기 때문에 이것이 하나님의 방식이라는 것을 이해하리라고 생각합니다. 즉, 설혹 하나님께서 자기 백성에게서 떠나 계실 때가 있다고 하더라도 그 백성이 지극히 비참한 곤경에 처해 있을 때는 아니라는 것입니다. 하나님께서 이 세상에 대해서와는 다르게 그의 백성들에게 자신을 계시하시는 때가 있다면, 그것은 그들이 모든 외적인 위로를 잃은 때이고, 하나님을 위해서 시련을 견디게 된 때입니다. 고문당하는 순교자, 추방당한 청교도, 쫓기는 스코틀랜드 언약도들은 "내가 주께 아뢴 날에 주께서 내게 가까이 하여 이르시되 두려워하지 말라 하셨나이다"라는 말을 쉽게 할 수 있을 것입니다. 병으로 약해지고 있는 환자, 지친 노동자, 죽어가는 신자는 각각 처지는 다르지만 하나님께서 자기에게 가까이 하심을 다 같이 기뻐하였습니다. "네가 물 가운데로 지날 때에 내가 너와 함께 할 것이라 강을 건널 때에 물이 너를 침몰하지 못할 것이며 네가 불 가운데로 지날 때에 타지도 아니할 것이요 불꽃이 너를 사르지도 못하리니 내가 너와 함께 함이라 놀라지 말라 나는 네 하나님이 됨이라"(사 43:2; 41:10)는 말씀이 있지 않습니까?

예레미야가 하나님께서 자기에게 가까이 하심을 알고 얼마나 놀랐던지 간에, 여러분과 나는 하나님께서 우리에게 가까이 하셨을 때마다 틀림없이 그보다 훨씬 더 크게 놀랐을 것입니다. 우리는 다윗처럼 "사람이 무엇이기에 주께서 그를 생각하시며 인자가 무엇이기에 주께서 그를 돌보시나이까?"(시 8:4) 하고 외쳤습니다. 크고 영광스러우시며 거룩한 삼위 하나님께서 무가치하고 수치스러운 죄 많은 사람들인 우리를 사랑하여 도대체 우리에게 오시어 자신을 계시하신다는 것은 우리에게 변함없는 기적입니다.

오늘 아침 설교의 주제는 첫째로, 하나님께서 우리에게 가까이 하신다는 이 경이(驚異)에 대한 설명입니다. 그 다음 둘째로는, 이 경이(驚異)에 대한 좀 더 자세한 설명입니다. 나는 우리 가운데 많은 사람이 "내가 주께 아뢴 날에 주께서 내게 가까이 하시는도다" 하고 말할 수 있기를 바랍니다. 성령님께서 우리가 이 경험을 떠올리는 동안 우리의 심신을 새롭게 하시기 바랍니다.

1. 이 경이(驚異)를 설명하도록 하겠습니다.

하나님께서는 정녕 사람들에게 가까이 하십니다. 만물을 충만케 하시는 분께서 아무것도 아닌 것보다 못한 자들과 교제하십니다. 영원자이신 하나님께서 하루살이밖에 안 되는 피조물들과 대화하십니다. 그 본성이 상상할 수 없을 만큼 엄위로우신 분이 먼지와 티끌에 지나지 않는 우리가 마치 사람이 친구에게 말하듯이 자기에게 말하도록 허락하십니다. 왜 이렇게 하십니까? 내가 이 경이를 다소 설명하기 위해서 마찬가지로 놀라운 다른 사실들, 즉 하나님의 활동의 광대한 바다에서 끌어낸 헤아릴 수 없이 큰 일들을 언급한다고 할지라도 그 놀라운 심정을 누그러뜨리지 못할 것입니다.

내가 여러분에게 말씀드리고 싶은 첫 번째 생각은 사람들이 지금까지 언제나 하나님의 생각 속에 있었다는 것입니다. 하나님 말씀이 가르쳐 주듯이, 하나님께서는 언제나 사람에게 지대한 관심을 보이셨습니다. 우리는 성경에서 영원한 지혜가 이같이 말하는 것을 읽습니다. "내가 인자들을 기뻐하였느니라"(잠 8:31). 사람이 창조되기 오래전에 그처럼 비상하고 특별하게 은총을 받은 존재를 만드는 것이 영원한 목적 속에 들어 있었습니다. 언약의 목적과 계획에 관한 모든 일들이 천사들은 볼 수 없는 그 책에 기록되었습니다. 나는 옛 창조 때부터 택하신 백성의 성화(聖化)가 거대한 피라미드와 같은 하나님의 목적의 정점이었고, 다시 말해 다른 모든 것들이 그것을 위하도록 지음을 받은, 하나님의 영광의 중심점이었다고 믿습니다. 하나님께서 사람을 마음속으로 깊이 생각하시지 않은 때는 없었습니다. 예부터 사람을 위한 평강의 언약이 있었고, 영원한 사랑이 모든 방침을 정하였습니다. "하나님이여 주의 생각이 내게 어찌 그리 보배로우신지요!"(시 139:17). 사람을 실제로 창조할 때가 이르렀을 때, 그런 생각들이 명백한 효력을 발휘하기 시작하였습니다. 여러분은 모세가 사람의 창조를 기술하는 부분에 이르러서는 그의 언어에 어조가 완전히 달라지는 것을 틀림없이 눈치챘을 것입니다. 세상, 곧 하늘의 광명체들, 나무, 짐승, 새, 물고기가 전능자의 명령에 따라 존재하기 시작합니다. 그런데 사람을 창조하는 일에 이르러서는 회의가 소집됩니다. 세 분이 나타나서 "우리가 사람을 만들자"(창 1:26) 하고 말합니다. 여기에서 하나님에 대한 계시 그리고 일체되신 하나님 간의 상호 교제에 대한 계시가 분명히 나타납니다. 그리고 또 거기에 "우리의 형상을 따라 우리의 모양대로 우리가 사람을 만들자"는 말씀을 덧붙이십니다. 하나님이 지으시는 모든 것에는 하나님의 형상과 모양이 다소 있습니다. 작품에는 언제나 만드는 사람의 흔적이 있기 마련이기 때문입니다. 그러나 여기서 "우리의 형상을 따라 우리의 모양대로"라는 말씀은 사자나 독수리에게 해당되지 않고 별들이나 해에 해당되지 않으며 오직 사람에게만 해당됩니다. 나는 스랍들이나 천사들 가운데 어느 누가 하나님의 형상과 모양을 지녔다는 글을 읽지 못합니다. 이와 같이 "우리가 우리의 형상을 따라 사람을 만들자"는 말씀은 오직 사람에 대해서만 기록되었습니다. 사람에 대해서는 언제나 하나님의 고귀한 의도가 있었습니다. 그러나 이 의도가 당시에는 분명히 나타나지 않았고, 사실 하나님이시며 사람이신 분이 나타나시기 전까지는 알 수 없었습니다. 사람의 창조에서 하나님은 언제나 사람들 가운데 참 사람이신 주 예수님, 곧 만물이 그에게로 인도되는 분을 주목하셨습니다. 사람을 창조하는 일에서 하나님은 교제를 넓혀 자신의 피조물들과도 사귀셨습니다. 하나님은, 부분적으로만 영적이고 그 본성의 한 부분은 물질과 연결되어 있는 존재와 처음으로 교제를 시작하셨습니다. 하나님께서 아담과 교제를 하셨는데, 그로 인해 아담은 명예로운 위치에 서게 되었습니다. 그런데 슬프게도 그는 계속 이 위치에 있지 못하였습니다. 사람의 창조, 그것은 놀라운 일이었습니다. 내가 설교를 마치기 전에 이 점에 대해서는 조금 더 말씀을 드려야 할 것입니다. 그런데 사람이 아주 특별한 방식으로 창조되었다는 바로 그 사실에서 하나님께서 사람에게 가까이 하신 점이 있었습니다.

이 후에 하나님의 모든 섭리는 택하신 후손의 창조와 보존을 위해 작용하였습니다. 즉, 세상으로부터 분리된 한 백성, 곧 은총을 많이 받은 특별한 백성, 하나님께서 언제나 사랑을 가지고 생각하시는 백성을 이끌어내고 보존하는 일을 위하여 작용하였습니다. "지극히 높으신 자가 민족들에게 기업을 주실 때에, 인종을 나누실 때에 이스라엘 자손의 수효대로 백성들의 경계를 정하셨도다"(신 32:8). 셈이든지 함이든지 야벳이든지 간에, 이들과 그들의 후손이 이리 저리로 보냄을 받았는데, 그들이 하나님 나라의 이익을 증진시키는데 가장 잘 공헌할 수 있는 곳으로 보냄을 받은 것입니다. 지금 이 순간, 지구상에 있는 전 인류는 하나님의 최종적 교회와 직접적으로 관계가 있습니다. 가시 면류관은 하나님의 택하신 자들에 관한 큰 목적을 이루는데 종속되어 있습니다. 이것은 지금까지 그래왔고 앞으로도 마지막까지 그럴 것입니다. 정치에 있어서 모든 일의 궁극적인 결과는 반드시 자신의 교회에 관한 하나님의 영원한 목적과 관계가 있습니다. 전쟁이나 전쟁의 소문, 혹은 기근이나 역병이 있든지 간에, 어떤 군대가 오거나 가든지, 혹은 왕조들이 일어서거나 망하든지 간에, 모든 것은 그 한 가지 목적을 이루도록 작용합니다. 눈이 가득한, 바퀴 안에 있는 바퀴들은 아무 목적 없이 회전하지 않습니다. 그 바퀴들은 언제나 이 목적을 향하여, 즉 자신의 택하신 자들에 관한 하나님의 목적을 성취하는 길로 똑바로 굴러갑니다. 그러므로 나는 하나님께서 자기 백성에게 가까이 하신다는 사실에 놀라지 않습니다. 나는 하나님께서 언제나 그렇게 하시는 것을 보고, 하나님의 백성들이 하나님의 마음을 가장 많이 차지하고 있고, 하나님의 심장에 가장 가까이 있다는 것을 압니다.

그러나 둘째로, 하나님께서 애정을 가지고 본성에서 우리 가까이 오신 데서 우리가 이제껏 말했던 것보다 더 가까이 우리에게 오셨다는 것을 기억해야 합니다. 때가 차자, 하나님의 아들이 친히 우리 본성을 취하신 날이 있었습니다. 경이 중의 경이입니다! 만물을 창조하신 분이 베들레헴에서 아기가 되셨고, 유아의 모든 유약함을 지니셨으며 소년기의 모든 성장 과정을 거치시고 고생스런 성년에 이르셨으며, 그 다음에 인생의 여정을 마치셨습니다. 예수께서는 우리가 옷 입듯이 본성을 입지 않으셨습니다. 그는 우리의 실제 본성, 곧 우리의 육신과 피를 지니셨습니다. 죄는 인성에 반드시 있어야 하는 것이 아닙니다. 예수님은 죄가 전혀 없으셨습니다. 그러나 정말로 인성에 속한 모든 것이 인자이신 예수님께 다 있었습니다. 그러나 그분은 또한 "만물 위에 계셔서 세세에 찬양을 받으실 하나님"(롬 9:5)이십니다. 예수님은 진실로 그리고 확실히 그의 어머니의 본질을 지닌 사람이 되셨습니다. 오늘 주 예수 그리스도는 모든 신자와 가까운 친족이신 것입니다. 우리는 예수 그리스도에 대해 나오미가 보아스에 관해 룻에게 말했던 것을 기분 좋게 말합니다. "그 사람은 우리와 가까우니라"(룻 2:20). 예수님은 우리의 가까운 친족이십니다. 내가 외국에서 곤경에 처해 있다면, 영국 사람의 목소리를 듣는 것이 기쁠 것입니다. 같은 마을에 살던 이웃이나 동네 사람을 찾으면 훨씬 더 힘이 날 것입니다. 그러나 무엇보다 사랑하는 친구, 형제, 남편이 우리를 위해서 나타났다는 것을 아는 만큼 힘이 나게 하는 일은 없을 것입니다. 아버지 하나님께서 그리스도께서 주신 사람들 각각에게 예수께서 바로 그처럼 가깝고 소중한 친구이신 것입니다. 자, 신자 여러분, 여기에 여러분의 형제가 계십니다. 더할 수 없이 애정 어린 감수성이 있고 그처럼 민첩하게 우리의 심정을 이해하며, 우리의 마음을 찢는 모든 고통을 함께 하시는 형제가 여기 계십니다! 그러니 여러분은 주님을 부를 때 주께서 여러분에게 가까이 하시는 것이 이상하게 생각됩니까? 자신의 골육지친으로부터 숨는 것은 그답지 않은 일입니다. 고통 받는 자신의 불쌍한 형제들에 대해 돌 같은 마음을 갖는 것은 다윗의 후손답지 않은 일입니다. 그의 본성은 바로 사랑입니다. 그분은 슬퍼하는 여러분에게 오려고 하고 반드시 오셔서 여러분과 함께 슬퍼하시며, 이렇게 해서 여러분의 마음을 위로하십니다. 예수께서 여러분의 본성을 헛되이 입지 않으시고, 그 본성을 입고서 헛되이 여러분을 위해 고난 받고 죽으신 것이 아니기 때문입니다.

이것이 전부가 아닙니다. 주 예수께서는 지상에서 사시던 날 동안에 특별히 자기 백성에게 가까이 계셨습니다. 주님은 단순한 사람들의 관찰자가 아니셨습니다. 마치 영국인 여행자가 중국이나 타타르를 지나가면서 모든 것을 보지만 아무것도 함께 하지 않는 것처럼 하시는 분이 아니셨습니다. 사람이 사람을 가까이 하듯이 그리스도께서 우리에게 가까이 하신다는 사실을 생각할 때, 그것은 참으로 아름다운 일입니다. 기질이나 마음 혹은 행동을 볼 때 다른 사람들에게서 아주 멀리 떨어져 있는 사람들이 있기 때문입니다. 여러분의 군주와 독재자들을 보십시오. 멋쟁이들, 자부심이 대단한 사람들, 교양 있는 체하는 사람들, 하늘 위로 머리를 꼿꼿이 들고 다니는 이런 사람들을 보십시오. 그러나 예수님은 모든 사람들 가운데 가장 사람다우신 분이었습니다. 예수께서 아브라함의 후손이셨다는 것을 몰랐다면 나는 오늘 여러분에게 예수께서 영국 사람이었다는 이론을 제시하고 그의 성품의 많은 면을 들어 그 사실을 입증할 수 있을 것입니다. 나사렛 예수는 유대인이시지만 그에게는 유대인 특유의 버릇이 없습니다. 그는 가장 넓은 의미에서, 가장 참된 의미에서 사람이십니다. 예수께서 어떤 민족 출신이냐 하는 것이 여러분이나 내게는 중요하지 않습니다. 사람들 가운데 최고의 세계주의자가 바로 하나님의 그리스도이셨기 때문입니다. 내가 사랑하고 공경하는 뛰어난 사람들이 여러 명 있는데, 나는 그들을 흉내 낼 생각을 단념합니다. 그들의 미덕은 그들에게만 있는 색깔을 띠고 있습니다. 나는 무엇이든지 언제나 그들의 방식대로 처리하는 그들의 기질이 감탄스럽기는 하지만 나는 그런 기질로 지어지지 않았습니다. 그러나 나는 주 예수님에 관해서 그런 식으로 생각하지 않았습니다. 하나님의 은혜로 언제나 예수님을 닮을 수 있다고 생각합니다. 그리스도는 내가 지금까지 말한 훌륭한 친구들보다 무한히 뛰어나십니다. 그럼에도 불구하고 주님은 그들보다 더 닮기가 쉬운 분입니다. 산은 더 높지만, 주님의 경우에는 그리로 올라갈 수 있는 길과 계단이 있습니다. 반면에 다른 경우에는 가까이 가지 못하도록 경고하는 험한 바위산들이 있습니다. 나는 그동안 훌륭한 사람들을 보아왔는데, 그들은 우리가 천국에서 만나기 전에는 결코 온전히 알지 못할 사람들입니다. 적어도 이 땅에서는 그들은 그들의 길을 가고 나는 내 길을 갈 때에 가장 사이좋게 지낼 것입니다. 사람들이 지극히 영광스러우신 주 예수님에 대해서는 그렇게 생각하지 않습니다. 우리는 "나의 하나님, 주께로 더 가까이, 주께로 더 가까이 가게 하소서"(찬송 '내 주를 가까이 하게 함은'의 원문 가사 ― 역주) 하고 외칩니다. 주님은 우리를 자신에게로 이끄십니다. 그래서 우리가 가까이 가면 갈수록 그만큼 더 우리는 그리스도를 충분히 압니다. 예수께서 그의 지상 생애 때 이렇게 사람들에게 가까이 오셨다면 지금 사람들에게 가까이 하시는 것이 놀라운 일입니까?

이것이 죄인들에게 가까이 하신 것이었음을 주의 깊게 생각하시기 바랍니다. 이는 예수께서 이 땅에 계실 때 종교적 명성이 높은 사람들, 즉 금욕적인 생활을 하거나 일반 생활과 관계를 끊은 사람들을 친구로 삼지 않으셨기 때문입니다. 예수께서는 갈릴리 어부들 가운데로 내려가셨고, 가난하고 교양이 없는 단순한 사람들과 어울리셨습니다. 그렇습니다. 주님은 죄인들 가운데 거하셨습니다. "모든 세리와 죄인들이 말씀을 들으러 가까이 나아오니"(눅 15:1). 예수께서는 그들과 함께 먹고 마셨습니다. 그래서 마침내 사람들이 "이 사람이 죄인을 영접하고 음식을 같이 먹는다"(15:2)는 말까지 하게 되었습니다. 주님은 평판이 나쁜 사람들이 앉는 자리에 끼셨습니다. 그들이 먹는 것을 먹었고 그들이 마시는 것을 마셨으며, 그의 시대의 종교 선생들이 예의 바르고 필요한 것으로 생각하는 기품 있는 태도를 유지하시지 않았습니다. 여러분과 나도 죄인들입니다. 우리 구속자께서 유대의 죄인들에게 가까이 하셨다는 것은 우리에게도 가까이 하신다는 것을 의미하였습니다. 그리스도께서 사람들에게 가까이 하신다는 것은 놀랍고 복된 일입니다. 주님과 사람들 사이를 가로막는 해자가 없었고 성벽도 없었습니다. 오는 사람들을 모두 받아들이셨습니다. 사람들은 마치 자기들이 친한 친구인 것처럼 주님께 마음을 털어놓았습니다. 여러분은 오늘 예수께서 자기 백성들이 슬픈 시기에 처해 있을 때 그들에게 가까이 하시는 것이 놀라운 일이라고 생각합니까? 나는 그렇게 생각하지 않습니다. 이 나사렛 사람이 보이신 기분 좋은 허물없는 언행들을 기억하면, 예수께서 자신의 구속 받은 사람들에게 나타나시는 것은 자연스러운 일입니다. 나는 거룩한 공경심을 가지고 감사하는 마음으로 "내가 주께 아뢴 날에 주께서 내게 가까이 하시나이다" 하고 말할 것인데, 이것은 지극히 귀중한 은혜이지만 죄인들의 친구이신 그런 분에게서 전혀 기대할 수 없는 은혜는 아닌 것입니다.

그 다음에, 친구 여러분, 예수 그리스도는 죽으실 때 우리에게 훨씬 더 가까이 오셨습니다. 예수께서 원수들에게 넘겨져 죽으셨을 때 죄인들에게 지극히 놀랍게 가까이 가신 것입니다. 죽는 것이 예수님께는 사람과 가장 친밀한 교제를 갖는 것이었습니다. 여러분이 죄에 대해서 어떻게 말하든지 간에, 죄에는 언제나 죄에 대한 형벌이 남아 있을 수밖에 없는데, 우리 주님께서 그 형벌을 지셨습니다. 주님은 본성상 어쩔 수 없이 죽음을 겪으신 것이 아닙니다. 죽음이 주님께는 본성상 필연적으로 겪어야 할 것이 아니었기 때문입니다. 주님은 우리의 죄를 담당하고, 죽음의 형벌을 견딤으로써 죄를 없이한다는 뚜렷한 목적을 가지고 죽으셨습니다. 바로 그 점을 생각하시기 바랍니다. 여러분은 그리스도께서 우리 가까이 오셔서 중죄인으로 재판을 받으실 것이라고 생각할 수 있었겠습니까? 그런데도 예수께서 재판 자리에 섰습니다. 여러분은 주님을 만나기 바라십니까? 여러분은 주님과 이야기하고 싶습니까? 여러분이 왕궁에 가서 그리스도를 만나게 해 달라고 요구하겠습니까? 그렇다면 여러분은 반드시 재판정에 들어가야 합니다. 예수께서 거기에 묶인 채 서서 고소를 받고 재판을 받으시기 때문입니다. 사람들은 예수님을 난동 선동과 신성모독죄로 고소합니다! "그가 범죄자 중 하나로 헤아림을 받았음이니라"(사 53:12). 예수님의 이름은 일찍이 베들레헴에 태어난 아이로서 제국의 등기소에 등록되었습니다. 이제, 그의 이름이 두 번째로 기재되지 않으면 안 됩니다. 그는 빌라도의 기입장에 죄인으로, 즉 같은 날 자신들의 범죄 때문에 교수대에 매달리게 되어 있던 세 죄수들 가운데 한 사람으로 기재됩니다. 예수님께서는 아주 실제적인 방식으로 범죄자들 가운데 하나로 간주되어 그들과 함께 고통을 받으셨습니다. 죄인으로 등록되었을 뿐만 아니라 또한 본디오 빌라도의 명령이 시행되어, 예수님께서는 일반적인 처형 장소에서 두 강도 사이에서 죽으셨습니다. 사람들이 그를 가운데에 세운 것은 거기가 가장 돋보이는 자리였기 때문입니다. 예수님께서는 가장 중죄인이라고 판결을 받은 것입니다. 생의 마지막에 주님은 우리에게 지극히 가까이 오셔서 범죄자들 가운데 하나로 죽으십니다. "그의 무덤이 악인들과 함께 있었으며"(53:9). 사람들이 십자가에서 강도들의 시체를 내릴 때 주님의 몸도 옮겼습니다. 주님의 몸은 율법의 최종적인 형벌을 받은 사람의 유해로서 주님의 친구들에게 넘겨졌습니다. 이 모든 것이 그저 외관상으로, 그리고 명목상으로만 된 일이 아니었습니다. 그리스도라는 이 거룩한 분이 죄와 접촉하여 더럽혀진 적이 없고, 사도가 "그에게는 죄가 없느니라"(요일 3:5)고 말하는 분으로 영원히 계시지만, 그에게 죄가 전가되는 일이 있었고, 그 전가로 말미암아 그가 범죄자들 가운데 하나로 헤아림을 입고 그들과 함께 죽임을 당하셨습니다. "그가 맞음은 내 백성의 허물 때문이라"(사 53:8, 개역개정에는 "그가 맞음은"이 번역되지 않았음 ─ 역주). "그가 많은 사람의 죄를 담당하였느니라"(53:12). 주님은 "죄를 알지도 못하신 이"로 "우리를 대신하여 죄"가 되셨는데, 이는 "우리로 하여금 그 안에서 하나님의 의가 되게 하려"(고후 5:21) 하심이었습니다. 이것은 하나님께서 놀라울 정도로 우리에게 가까이 오시는 것입니다. 죄는 거룩하신 하나님과 부정한 피조물 사이를 무엇보다 가장 크게 갈라놓는 것입니다. 예수님께서 우리의 사랑하는 분으로서 불의의 산을 뛰어 넘고 죄의 언덕을 건너 뛰어 오신다면, 고통을 받지만 의롭다 함을 받고 거룩함을 받은 그의 불쌍한 백성과 예수님을 무엇이 갈라놓을 수 있겠습니까? 그래서 나는 "내가 주께 아뢴 날에 주께서 내게 가까이 하시나이다"라고 기록된 것이 놀랍지 않습니다.

　　주님은 지금 하늘에 계십니다. 그러니 여러분은 하늘에 계신 주님께로 생각을 돌리시기 바랍니다. 하늘에서 주님은 지금도 끊임없이 우리 가까이 계십니다. 사랑하는 여러분, 주님은 우리의 본성을 지니시고 하늘로 들어가셨습니다. 영광 가운데 계시는 주 예수님의 몸은 무덤에 뉘었던 것과 같은 몸입니다. 주님은 마리아에게서 받으신 그 인성을 가지고 지극히 높으신 하나님의 보좌에 앉아 계십니다. 부활 후에 주님께서 이 땅에 계시는 동안 그 손의 못 자국을 볼 수 있었습니다. 그런데 지금도 그 못 자국을 볼 수가 있습니다. "그는 죽임을 당한 어린 양 같더라"(계 5:6). 주님의 상처는 성도들에게 영원히 그의 완성하신 제사를 생각나게 합니다. 그러면 주님은 하늘에서 어떤 분으로 계십니까? 그는 하늘에서 우리의 대표자로 계십니다. 그는 사람들을 대표하는 하늘의 숭고한 의회의 일원이십니다. 그런 자격으로 자리를 차지하고 계십니다. 그는 만물을 다스리시는 그의 교회의 머리이십니다. 교회는 그의 몸이고 만물 안에서 만물을 충만케 하시는 분의 충만입니다. 주님은 하늘에서 무슨 일을 하고 계십니까? 주님은 우리를 대표하고 계실 뿐만 아니라 또한 우리를 위해 준비하는 일도 하고 계십니다. 즉, 여러분을 위해 하늘에 거할 곳을 준비하고 계시고 나를 위해서도 거처를 준비하고 계십니다. 거기에 계시는 동안 내내 주님은 자기 백성을 위해 끊임없이 중보기도를 드리고 계십니다. "그가 많은 사람의 죄를 담당하며 범죄자를 위하여 기도하였느니라"(사 53:12). 그러므로 "그는 자기를 힘입어 하나님께 나아가는 자들을 온전히 구원하실 수 있으니 이는 그가 항상 살아 계셔서 그들을 위하여 간구하심이라"(히 7:25). 오, 부활하신 거룩한 그리스도시여, 하늘의 장엄한 광경들과 스랍들의 모든 시들까지도 주님의 마음을 잠시도 그의 택하신 백성들에게서 떼어낼 수 없으므로 나는 주님께서 정말로 나 같은 자의 곁에 오셔서 밤 시간을 주님 어전의 영광으로 환하게 밝히신다는 사실에 놀라지 않습니다. 우리 하나님께서 옛적에 어떻게 말씀하셨는지 생각하십시오. "나는 시온의 의가 빛 같이, 예루살렘의 구원이 횃불 같이 나타나도록 시온을 위하여 잠잠하지 아니하며 예루살렘을 위하여 쉬지 아니할 것이라"(사 62:1). 주님은 언제나 우리 이름을 그의 흉패에 간직하고 계시고 우리를 그의 손바닥에 새겨진 것처럼 항상 보고 계시므로 더 이상 가까이 할 수 없을 만큼 언제나 우리 가까이 계십니다.

이렇게 해서 나는 왜 예수님께서 우리가 외치면 그렇게 즉시 우리에게 가까이 오시는지를 설명하였다고 생각합니다. 여기서 내가 이야기하고 싶은 문제가 한 가지 더 있습니다. 그런데 그것이 매우 깊고 신비스러운 문제여서 나는 그에 대해 말을 시작하기 전에 성령님의 인도를 특별히 더 구할 것입니다. 나로서는 단순한 상상을 말씀드릴 생각은 추호도 없습니다. 나는 성경이 내게 보증하는 것만을 말할 것입니다. 예수께서 자기 백성에게 가까이 오시는 것은 당연한 일입니다. 왜냐하면 그렇게 가까이 오심을 보증하는 신비한 연합이 있기 때문입니다. 이것은 신성한 교리입니다. 이에 대해 바울 사도는 "이 비밀이 크도다 나는 그리스도와 교회에 대하여 말하노라"(엡 5:32)고 말하는데, 이것을 결혼의 연합과 관련해서 말합니다. 이제 막 교회에 가입한 사람들이 이 특별한 신비에 가까이 할 수가 있는데, 그래서 나는 이 주제에 대해 이야기할 때는, 제멋대로이고 무분별한 사람들에게는 여기에 가까이 하지 말라고 경고하고 싶은 마음이 강합니다.

그리스도와 그의 교회 사이에는 연합이 있는데, 이 연합은 남편과 아내의 연합을 예로 들어서만 겨우 어렴풋이 설명할 수가 있습니다. 그것은 지극히 거룩하고 신성한 교리여서 나는 좀처럼 그것을 말로 설명하려고 하지 않습니다. 그동안 이 교리에 대해서 말도 하고 생각도 했었는데, 아담과 하와가 같은 죄로 타락하였지만 두 사람이 각기 다른 방식으로 죄를 범했다고 생각하는 것이 옳습니다. 바울은 디모데전서에서 "아담이 속은 것이 아니고 여자가 속아 죄에 빠졌음이라"(2:14)고 말합니다. 하와는 시험을 받아 현혹되어 타락하였습니다. 그런데 아담은 왜 선악과를 먹었습니까? 그것은 아마도 피조물을 과도하게 사랑한 것 때문이 아니었겠습니까? 하나님보다 자기 아내를 더 사랑한 것 때문이 아니었겠습니까? 이것은 하와의 죄만큼 큰 죄이고, 어쩌면 그보다 더 고의적인 죄가 아니었겠습니까?

밀턴이 하와가 하나님께서 금하신 열매를 먹은 후에 아담이 그녀를 만나서 그녀에게 다음과 같이 말하는 모습을 그린 것을 보면, 밀턴이 결코 몽상가가 아니었다는 것을 알 수 있다고 생각합니다.

> "나는 내 운명을 그대와 함께하기로 결정하였소.
> 죽음처럼 반드시 겪어야 하는 그 운명을 말이오. 만일 죽음이
> 그대와 사귄다면, 죽음은 내게 생명과 같은 것이오.
> 나는 마음속으로 강력하게 느낀다오.
> 본성의 끈이 나를 내 자신의 것에게로 끌어당기는 것을,
> 바로 그대 안에 있는 내 자신의 것에게로 말이오.
> 이는 그대 자체가 내것이고
> 우리의 상태는 결코 끊어질 수 없기 때문이오. 우리는 하나,
> 곧 한 육체라오. 그대를 잃는 것은 바로 내 자신을 잃는 것이오."

자기의 창조주에게 불순종하고 그의 노를 일으키는 것이 아담에게는 무모한 일이었습니다. 그러나 아담은 자신이 아내와 완전히 하나이기 때문에 아내와 운명을 같이해야 한다고 느꼈습니다. 이제 여러분은 둘째 아담이라고 불리는 분에 대해서 생각해 보겠습니까? 그분은 죄를 지으실 수 없었고, 어떤 형태나 모양으로도 죄악을 행하실 수 없었습니다. 그러나 하나님께서 그에게 영원히

주신, 그의 신부인 그의 교회가 타락하였을 때, 그분은 자신을 교회와 묶고 있는 결속을 그대로 유지하고, 그에 따라 불가피하게 따라올 모든 형벌을 겪기로 결심하셨습니다.

> "주님께서 말씀하셨습니다. '그래, 내가 내 신부와 함께 가리라.
> 고통과 고뇌의 모든 깊은 바다를 헤치고 가고
> 십자가에서까지 감연히
> 내 신부의 죽음의 쓴 잔을 나누어 마실 것이라.'"

그래서 결코 타락한 적이 없고 그 자신이 죄인이 아니지만 무한한 사랑에서, 곧 그 자신과 그의 택하신 자들 사이의 신비하고 영원한 연합에 기초를 둔 사랑에서 교회의 머리이신 분이 오셔서 일부러 우리의 본성을 취하시고 우리 죄의 모든 결과를 다 떠맡으셨는데, 이는 그분이 영원히 우리와 하나가 되시기 위함이었습니다. 주님께서 우리와 함께 깊은 곳으로 내려가셨는데, 이는 그가 우리를 데리고 높은 곳으로 올라가 자신과 함께 있도록 하기 위함이었고, 보좌에 앉은 그의 신부가 이제까지 볼 수 없었던 영광으로 영광스러운 왕비로 자기와 함께 영원히 있도록 하기 위함이었습니다. 교회는 그리스도의 옆구리에서 나왔습니다. 그래서 교회에 대해서는 이렇게 말할 수 있는데, 합당한 얘기입니다. "여자가 남자에게서 났으며 남자는 하나님의 형상과 영광이나 여자는 남자의 영광이니라"(고전 11:8,7). 그리스도와 그의 교회는 더 이상 둘이 아니라 기이하고 신비한 연합에 의해 하나입니다. 이 연합에 대해 주께서 이렇게 말씀하십니다. "내가 그들 안에 있고 그들은 내 안에 있느니라"(요 17:23). 하나님께서 하나로 결합시키신 것을 누가 나눌 수 있겠습니까? 자, 여러분은 예수께서 자기 백성들에게 가까이 하시는 것이 이상하게 생각됩니까? 예수께서 그렇게 하시지 않는다면 나는 정말로 놀랄 것입니다. 우리 가운데서 배우자가 고통을 받고 있을 때 멀리 떠나기를 바랄 사람은 아무도 없을 것이기 때문입니다. 아내의 마음이 무거우면 우리 마음도 무겁지 않습니까? 여러분 가운데 많은 사람이 느끼는 것이라고 생각하는데, 진실한 사랑을 하는 부부에게는 그저 어느 정도 비슷한 점이 있고 친밀한 것만 있는 것이 아니라 하나가 된 두 사람 사이에 정체성마저도 같아지는 점이 있습니다. 자, 주님께 연합된 우리는 영원한 연합에 의해 한 영이 되었습니다. 그러므로 주님께서는 반드시 동정과 교제의 방식으로 우리에게 가까이 하십니다.

나는 이 신비에 대해 최선을 다해 설명하려고 하였습니다.

2. 이제 여러분에게 얼마 남지 않은 시간 동안 경이 자체에 주의를 기울이라고 말씀드립니다.

내가 지금까지 말해온 것 때문에 이 경이가 덜 놀랍게 여겨질지 모르지만 여전히 우리를 더 크게 놀라게 만드는 것으로 가득합니다. 어떤 면에서 하나님께서 그리스도 안에서 친히 우리에게 가까이 하신다는 이 사실이 이 경이를 놀랍게 만들지 않지만 다른 면에서는 어느 때보다도 이 경이를 더욱 놀랍게 만듭니다.

여러분이 이 경이에 주의를 기울이기를 바라면서, 나는 여러분에게 먼저, 빛을 받아 깨달은 지식에 근거해서 기대를 할 때는 이 경이가 결코 기대할 수 없는 것이 아니라는 점을 말씀드리고 싶습니다. 그리스도께서 자신이 그토록 사랑하시는 백성들에게 가까이 오시는 것은 자연스러운 일이고, 반드시 필요한 일입니다. 사랑은 사람의 마음을 끕니다. 사랑하는 사람의 부재가 사랑하는 심정을 더 깊어지게 만들 수 있지만, 사랑에 빠진 마음은 마귀를 미워하는 만큼이나 사랑하는 사람의 부재를 미워할 수가 있습니다. 그와 같이 그리스도의 마음은 사랑하는 자들의 부재를 견디지 못하고, 그런 일이 있도록 하려고 하시지도 않습니다. 왜냐하면 그리스도의 피가 그의 사랑하시는 자들을 그리스도께 가까이 가도록 만들고, 그 피가 나오는 그리스도의 마음은 구속받은 자들과 구속자 사이에 친밀하고 변치 않는 끊임없는 교제가 있기 전에는 결코 만족하지 않기 때문입니다. 여러분은 그리스도께서 이렇게 말씀하시는 것을 듣지 않습니까? "아버지여 내게 주신 자도 나 있는 곳에 나와 함께 있게 하시기를 원하옵나이다"(요 17:24). 분명히 말씀드리지만 하나님께서 사람들과 함께 거하신다는 것은 놀라운 경이입니다. 그러나 그것이 전혀 기대할 수 없는 경이는 아닌 것입니다.

친구 여러분, 여러분이 지금까지 이 교제를 누려왔다면 여러분이 이 점을 놀랍게 여길 수 있다는 사실을 설명하는 것을 도와드리겠습니다. 하나님께서 그의 백성들이 곤경에 처해 있을 때 그들에게 가까이 가는 방식은 무엇입니까? 때때로 하나님께서는 우리가 압박을 받고 있을 때 우리가 버티도록 은밀하게 힘을 북돋우심으로써 우리에게 가까이 하십니다. 여러분은 분명한 기쁨이 없고 특별한 황홀경도 없을 수 있지만, 그래도 조용하고 평온하며 부드러운 기쁨이 마음을 지배합니다. 내가 생각할 때, 최고의 상태란 모든 지각을 뛰어넘는 하나님의 평강에서 나오는 깊은 평온입니다. 나는 여러분의 찬란하고 화려한 기쁨을 별로 좋아하지 않습니다. 그보다는 은은한 빛깔의 조용한 기쁨이 내 눈에는 훨씬 더 좋아 보입니다. 나는 해가 내 위에 있는 것을 보게 해달라고 구할 생각이 없고 "그의 영원하신 팔이 네 아래에 있는"(신 33:27) 것을 느끼는데 만족할 것입니다. 여러분은 짐이 올 때 무서워했지만 막상 짐을 졌을 때는 무거운 것을 느끼지 못했던 것이 생각나지 않습니까? 그것은 여러분의 어깨가 튼튼해졌기 때문입니다. 여러분이 몹시 두려워하던 곤경이 닥쳤을 때, 그것이 전혀 곤경이 되지 못했던 것이 생각나지 않습니까? 이는 음식을 허락지 않으신 분께서 굶주림도 또한 가져가셨기 때문이고, 의복을 주시지 않은 분께서 또한 추위도 제거하셨기 때문입니다. 하나님께서 은밀히 영혼을 지탱하시는 일은 매우 귀합니다. 그것을 사람들은 보지 못하지만, 그 일이 있기에 성도들이 하나님을 찬미하게 됩니다. 우리에게 필요한 것은 보이지 않는 데서 불에 기름을 붓는 것입니다. 이것은 곤경의 때에 주님께서 우리에게 가까이 하시는 매우 매력적인 방식입니다.

뿐만 아니라 선하신 주님께서는 그의 백성들이 큰 고통과 연약과 지침 가운데 있을 때 그들에게 하나님의 사랑을 배나 생생하게 느끼도록 하시는 일이 종종 있습니다. 이것은 단지 그들이 하나님의 사랑이 기록되어 있다는 것을 발견하기 때문에 그 하나님의 사랑을 믿는다는 것이 아닙니다. 물론 하나님의 사랑이 기록되었음을 발견하였다는 것은 매우 기쁜 일이긴 합니다. 그러나 단지 그 사실에만 머무는 것이 아니라, 그들은 이 하나님의 사랑을 느끼고 기뻐하는 것입니다. 그들은 "그리스도께서 나를 사랑하사 나를 위하여 자기 자신을 버리셨다"(갈 2:20)는 것을 확실히 알고 분명하게 느낍니다. 그들이 믿음의 손으로 늘 굳게 쥐고 있던 향유 옥합을 이제 사랑에 의해 깨트리고 기쁨으로 향유를 붓습니다. 그래서 전에는 숨어 있던 냄새가 이제 온 영혼에 향기를 풍깁니다. "은밀한 어떤 것 때문에 모든 것이 즐거워질" 때, 여러분이 고난 가운데서 무엇인가를 견딜 수 있고, 아주 힘들게 무엇인가를 헤쳐 나갈 수 있다는 것은 놀라운 일입니다. 여기서 그 은밀한 어떤 것이란 바로 하나님의 사랑입니다. 어둡습니다. 정말로 주변이 너무나 깜깜합니다. 그 때 보이지 않는 곳에 있는 마음속 심령이 말합니다. "아니야, 나는 이 일에서도 주님의 지혜와 사랑이 분명하게 보여." 상황이 춥기 그지없습니다. 그 때 속에서 마음이 말합니다. "괜찮아. 나는 예수님의 사랑 때문에 따뜻하고 편안해. 사랑의 불이 내 속에서 타오르고 있어. 그 불에 타버릴 지경이야." 여러분은 성령께서 여러분 마음속에 뿌리시는 하나님의 사랑을 받는다는 것이 무엇인지 압니까? 그렇다면 여러분은 하나님께 부르짖는 날에 하나님께서 가까이 하신다는 것이 무엇인지도 알 것입니다.

그런 때에 주님은 우리에게 주님께서 우리를 동정하신다는 것을 느끼고 확신하도록 만드십니다. 우리는 모든 징계가 매를 때리기를 즐겨하시지 않는 아버지의 손에서 오는 것임이 분명하다는 것을 압니다. 우리는 주님의 얼굴을 들여다보면, 아버지가 자식을 불쌍히 여기듯이 주께서 우리를 동정하신다는 것을 느낍니다. 하나님 아버지께서 우리에게 슬픔을 일으키고 그 자신은 더 큰 슬픔을 겪으시는 동안, 우리는 아버지 하나님의 슬픔을 경험합니다. 이렇게 해서 우리는 주님과 직접 생명 다발로 묶여 있다는 것이 무엇인지 느낍니다. 어떤 사람이 "내 주의 생명은 내 주의 하나님 여호와와 함께 생명 싸개 속에 싸였을 것이요"(삼상 25:29)라고 말했는데, 놀라운 표현이지 않습니까? 우리가 주님과 결합되어 있는데, 우리의 고동과 함께 하나님의 심장 고동을 느낌으로써 그 사실을 압니다. 우리를 괴롭게 하시는 하나님의 심정을 충분히 공감해서, 우리가 부르짖는다고 해서 하나님께서 우리를 괴롭게 하시는 일을 그치지 않도록 한다면, 그것은 큰 은혜입니다. 비록 하나님께서 우리의 뜻을 꺾으실지라도 계속해서 하나님의 뜻을 행하시도록 합시다. 포도나무의 가지치기를 하는 것이 매우 아프지만 포도원 일꾼이 그렇게 해서 포도송이가 더 많이 열릴 것을 안다면, 우리는 다시 피를 흘리기까지 가지치기를 하도록 합시다. 여러분이 그런 생각에 이를 때마다 여러분이 받는 징계의 목적을 거의 이룬 셈입니다. 그 징계는 이미 바라던 열매를 맺은 것입니다.

때로 주님은 자기 백성들이 신음하고 있는 고난에서 매우 신속하고 분명하게 구원하심으로써 그의 백성들의 영혼에 가까이 하십니다. 여러분이 가난 가운데 떨어질 때 주님은 여러분에게 가까이 하실 수 있습니다. 하나님께서는 갑자기 여러분을 일으켜 상당한 재산을 모으도록 하실 수 있습니다. 여러분에게 모든 것이 불리하게 돌아가고 있을 때, 주님은 순식간에 친구를 일으켜 세울 수 있습니다. 여러분을 해방시킬 수 있는 어떤 기회도, 어떤 변화도 없는 것처럼 보일 때 주님께서 친히 여러분의 구원자가 되실 수 있습니다. 하나님께서 감옥에서 요셉을 끌어내어 바로의 보좌에 앉게 하시지 않았습니까? 주님께서는 원하시면 여러분의 해가 완전히 저물기 전에 여러분에게도 같은 일을 행하실 수 있습니다. 하나님께는 불가능한 일이 아무것도 없습니다. 하나님께서 고대에서뿐만 아니라 현대에 들어와서도 자기 백성들에게 베풀어 주신 구원은 우리가 감히 의심할 생각을 할 수 없을 만큼 확실합니다. 그래서 하나님의 구원에 대한 기대를 단념하는 것은 더더구나 생각할 수 없습니다. "너희는 여호와를 영원히 신뢰하라 주 여호와는 영원한 반석이심이로다"(사 26:4).

아직 설교를 다 끝내지 못했습니다. 나는 여러분이 다시 한번 본문을 보시기를 바랍니다. 자, 다시 한번 보시지요. 본문을 보면, 그 기록에 하나님의 잊을 수 없는 은혜에 대한 놀라움이 담겨 있는 것을 알 수 있을 것입니다. "내가 주께 아뢴 날에 주께서 내게 가까이 하셨나이다." 그런데 그가 하나님께 부르짖지 않았거나, 아니면 적어도 그처럼 잊을 수 없을 정도로 간절히 부르짖지는 않았던 날들도 있었다고 나는 생각합니다. 그러나 내가 주께 부르짖은 그 첫날에 하나님은 내게 가까이 하십니다. 이 말은 마치 그가 이렇게 말하는 것과 같은 암시를 주지 않습니까? "나는 그동안 하나님을 무시해왔다. 하나님께 무엇을 구한 적이 없었다. 내 믿음은 그동안 잠들어 있었는데, 내가 깨어나자마자 주님께서 내게 가까이 하셨다." 그러니 그동안 하나님을 함부로 대한 여러분은 오십시오. 죄를 지었다는 부끄러움 때문에 뒤로 물러가지 마세요. 비록 여러분은 믿지 않을지라도 하나님은 여전히 신실하십니다. 주님은 자기를 부인하실 수 없습니다. 여러분의 모든 죄와 여러분의 모든 방황에도 불구하고 하나님의 크신 마음은 여러분에게서 멀어지지 않았습니다. 회개하는 마음으로 돌이키고 다시 시작하십시오. 오늘부터 시작하십시오. 그러면 하나님께서 즉시 여러분에게 복 주신다는 것을 발견할 것입니다.

내가 볼 때, 여기에는 주의 표시가 들어 있다고 생각합니다. 하나님의 신속함을 가리키는 일종의 손과 같은 것이 있는 것입니다. "내가 주께 아뢴 날에 주께서 내게 가까이 하셨도다." 그가 아뢴 바로 그 날에 하나님께서 오셨습니다. 기도하자마자 응답이 온 것입니다. 하나님의 복된 신속함이여! 다윗은 하나님께 부르짖을 때 이렇게 말합니다. "그가 그룹을 타고 다니심이여 바람 날개를 타고 높이 솟아오르셨도다"(시 18:10). 하나님께서 자기 백성을 구원하시기 위해 오는 것만큼 빠른 속도는 없습니다. 하나님은 노하기는 더디하시고 자비를 베푸시는 일에는 신속하십니다. 풀이 죽고 상심한 여러분, 그것을 한번 시험해 보십시오. 오늘 한번 시험해 보십시오. 그것이 사실이 아니라면 와서 우리에게 말하십시오. "내가 주께 아뢴 날에 주께서 내게 가까이 하셨도다." 나는 여러분 가운데서 앞으로 나와 이렇게 말하며 교회에 가입하는 사람들이 있을 것이라고 기대합니다. "목사님, 그것은 사실이었습니다. 내가 기도를 시작하자마자 곧 주님께서 내게 나타나셨습니다. 주님께서는 또한 나를 기가 막힐 웅덩이와 수렁에서 끌어올리시고 내 발을 반석 위에 두시고 새 노래를 내 입에 두셨으며 내 걸음을 견고하게 하셨습니다"(40:2,3).

말씀드릴 것이 한 가지 더 있습니다. 이 모든 일의 지극히 애정 어린 모습에 유의하시기 바랍니다. "내가 주께 아뢴 날에 주께서 내게 가까이 하여 이르시되 두려워하지 말라 하셨나이다." 여러분은 "하나님은 후히 주시고 꾸짖지 아니하시느니라"(약 1:5)라는 말씀을 압니다. 그 말씀에 대한 실례가 여기 있습니다. 나는 하나님께서 예레미야에게 가까이 오셨을 때 그에게 "믿음이 작은 자여 왜 의심하였느냐?"(마 14:31)고 말씀하셨을 것이라고 생각했습니다. 그렇게 말씀하셨다면 그것이 매우 부드러운 책망이었을 것이지만, 그 정도의 말씀은 하셨을 것이라고 생각합니다. 그리고 주님께서 예레미야에게 오셔서 "네가 나를 부르는 일을 소홀히 하였기 때문에 이 곤경에 떨어진 것이다" 하고 말씀하신다고 하더라도, 누가 그 말을 듣고 놀라겠습니까? 놀랄 사람은 없을 것입니다. 하나님의 생각은 온통 자신의 사랑하는 자녀에 대한 것뿐이었습니다. 그래서 그에게 상처를 줄 말은 전혀 하지 않고 그를 위로하는 말만 하셨습니다. 애정 어린 태도로 "두려워하지 말라!"고 말씀하셨습니다.

어머니 여러분은 집에서 일할 때 자녀들이 잠시 함께 놀도록 내버려둡니다. 그런데 곧바로 충돌하는 소리와 아이의 울음소리가 들립니다. 아이 중 하나가 심하게 넘어진 것입니다. 아이가 올라가서는 안 되는 곳에 올라가다가 심하게 넘어진 것입니다. 한 아이가 소리칩니다. "엄마, 조니가 죽었어요!" 여러분은 문제를 조사하면 조니가 책망 받을 짓을 했다는 것을 알 것입니다. 그러나 여러분은 그 문제를 조사하지 않습니다. 여러분은 달려가서 아이를 끌어안습니다. 아이의 이마가 멍이 든 것을 봅니다. 여러분은 아이의 팔과 다리가 다쳤을까 겁이 납니다. 아이가 피를 흘리고 있는 것을 보면 여러분은 곧 까무러칠 것만 같습니다. 이 때 여러분은 아이를 꾸짖습니까? 그렇지 않습니다. 여러분은 몸을 굽혀 가엾은 아이에게 입을 맞춥니다. 아이의 잘못은 잊어버리고 오직 아이의 고통만을 생각합니다. 여러분의 관심은 오직 아이에게만 집중되어 있습니다. 우리의 은혜로우신 하나님께서도 그와 같으십니다. 하나님은 고난 가운데 낙심해 있는 불쌍한 자기 백성들에게 오십니다. 하나님은 그들에게 이렇게 말씀하시지 않습니다. "너는 이런저런 일을 해서는 안 되었다. 이것은 네가 크게 잘못한 것이다. 나는 너를 호되게 징계해야겠다."

그렇지 않습니다. 하나님은 이렇게 말씀하십니다. "두려워하지 말라, 내가 너를 용서하였으니 너를 구원하겠다." 예수님의 비유에 나오는 아버지가 방탕한 아들이 돌아왔을 때 어떻게 했는지 여러분은 압니다. 그가 자식의 부도덕한 행위에 대해 훈계하였습니까? 자식의 배은망덕과 어리석음에 대해서 한 마디라도 하였습니까? 아버지는 아들의 뾰루지가 난 얼굴을 눈여겨보지 않았고, 방탕한 친구들과 과도히 술을 마신 탓으로 얼굴에 핀 검버섯을 지적하지 않았습니다. 아버지는 자식의 누더기를 가리키며, 그런 차림이 모두 그가 돈을 흥청망청 쓴 결과라고 이야기하지 않았습니다. 그렇지 않았습니다. 아버지는 꾸짖는 말은 한 마디도 하지 않고, 오직 이 말만 하였습니다. "제일 좋은 옷을 내어다가 입히고 손에 가락지를 끼우고 발에 신을 신기라"(눅 15:22). 바로 그것이, 우리가 부르짖는다면 하늘 아버지께서 행하시고 말씀하실 일입니다. 그러므로 우리가 이 회중석을 떠나기 전에 바로 이 순간부터 진심으로 하나님께 부르짖읍시다. 주님께서 우리가 머지 않아 "내가 주께 아뢴 날에 주께서 내게 가까이 하여 이르시되 두려워하지 말라 하셨나이다"라고 말할 수 있게 해주시기를 바랍니다. 친구 여러분, 하나님께서 여러분에게 복 주시기를 바랍니다. 아멘.

제
5
장
—

하나님이 성도들을 위해 변호하고
성도들이 하나님을 위해 변호함

—

"주여 주께서 내 심령의 대의를 변호하셨고 내 생명을 속량하
셨나이다"(개역개정: "주여 주께서 내 심령의 원통함을 풀어
주셨고 내 생명을 속량하셨나이다") — 애 3:58

이 선지자는 자신의 경우에 스스로 시험해 본 문제에 대해 경험을 가지고 이
야기합니다. 하나님의 진리는 사람들 자신이 직접 경험하지 않고서는 제대로 알
수가 없습니다. 우리는 사람들이 거실에 앉아 자기가 항해와 여행에 대해 책을
몇 권이나 썼다고 말하는 것을 들었습니다. 그러나 그런 책들은 언제나 겉표지
만 한 장 넘기면 그것이 허구라는 표시들이 보이기 마련입니다. 그래서 실제로
미지의 땅을 구석구석 걸어 다닌 사람들의 모험담과는 그 흥미와 신선함에서는
도무지 경쟁이 되지 않습니다. 식물학자가 되려는 사람으로서 꽃을 보지 못한
사람은 어쩔 수 없이 식물학에 대해서 그저 아는 체하는 사람밖에 될 수 없습니
다. 총을 어깨에 메 보지 못한 군인은 신병에 지나지 않습니다. 그와 같이 하나
님의 진리를 자기가 귀로 들은 것에 따라서 문자로만 알고 "생명의 말씀에 관하
여 맛보고 자세히 보고 손으로 만져서"(요일 1:1) 알지 못하는 사람은 실제로는
아무것도 알지 못하는 것입니다. 그런 사람은 자신이 무지하다는 것을 고백하는
것이 좋습니다. 예레미야 선지자는 "주께서 다른 사람의 심령의 대의를 변호하

셨다"고 말하지 않고 "주께서 내 심령의 대의를 변호하셨다"(개역개정은 "주께서 내 심령의 원통함을 풀어 주셨다" — 역주)라고 말합니다. 이 설교를 시작하면서 나는 여러분에게 여러분이 이런 호소에 관심 있는지 스스로에게 물어보라고 말씀드립니다. 하나님께서 여러분 심령의 대의를 변호하신 적이 있습니까? 이런 생각이 여러분에게 큰 도움이 될 수 있습니다.

유명한 청교도 설교자인 토마스 돌리틀 목사(Mr. Thomas Dolittle)가 한 번은 안식일에 청교도들이 늘상 하듯이 교회 어린아이들에게 요리문답을 가르치고 있었습니다. 돌리틀 목사가 "효력 있는 부르심이 무엇입니까?"라는 질문을 다루게 되었습니다. 그는 우리의 훌륭한 요리문답에 적혀 있는 대로 답을 말했습니다. "효력 있는 부르심은 하나님의 성령께서 하시는 일로서 우리의 죄와 비참함을 깨닫게 하시고 우리의 마음을 밝게 하여 그리스도를 알게 하시고 우리의 의지를 새롭게 하셔서 우리로 하여금 복음 가운데 값없이 주시는 예수 그리스도를 영접하도록 우리를 설복하여 믿게 하시는 것입니다." 이 훌륭한 사람이 말을 멈추고서 둘레에 있는 아이들에게 말했습니다. "이제 인칭 대명사 단수를 사용해 보자. 너희 가운데 이 모든 일을 자신의 것으로 말해 볼 수 있는 사람 있니?" 아주 기쁘게도 한 아이가 일어서서 눈물이 그렁그렁한 채로 목이 많이 메어서 말했습니다. "효력 있는 부르심은 하나님의 성령께서 하시는 일로서 나의 죄와 비참함을 깨닫게 하시고 나의 마음을 밝게 하여 그리스도를 알게 하시고 나의 의지를 새롭게 하셔서 나로 하여금 복음 가운데 값없이 주시는 예수 그리스도를 영접하도록 나를 설복하여 믿게 하시는 것입니다."

자, 이것이 어떤 교리든지 하나님의 말씀에서 설명하는 대로 바르게 교리를 이해하는 방식입니다. 다시 말해 여러분 자신의 경우에서 하나님이 여러분의 마음에 작용을 하셨고, 여러분이 하나님 자신과 화목하도록 하셨으며 여러분이 하나님의 은혜로운 약속을 기뻐할 수 있게 하셨다는 것을 느낄 수 있게 함으로써 교리를 이해하도록 하는 것입니다. 여러분이 이 선지자와 같이 경험으로 그같이 말할 수 있다면 여러분은 크게 복을 받은 것입니다.

여러분은 이 선지자가 얼마나 확실하게 이야기하는지를 놓치지 말고 잘 보아야 합니다. 그는 "나는 하나님께서 내 심령의 대의를 변호하셨다고 때때로 생각한다, 혹은 믿는다, 혹은 여긴다"고 말하지 않습니다. 그보다는 그것을 논쟁의 여지가 없는 사실의 문제로 말합니다. "주께서 내 심령의 대의를 변호하셨나이다." 형제 여러분, 은혜로우신 보혜사의 도움으로 우리의 평안과 위로를 그토록 방해하는 의심과 두려움을 떨어버립시다. 오늘 우리는 이 기도를 드립시다. 즉, 우리가 추측과 의심의 목쉰 소리를 끝내고, "내가 믿는 자를 내가 알고 또한 내가 의탁한 것을 능히 지키실 줄을 확신함이라"(딤후 1:12)는 충만한 확신의 맑고 아름다운 소리로 이야기할 수 있게 해 주시라는 기도를 드립시다. 나는 그리스도인이 자신의 경험을 말할 때 자기가 하는 말을 알고 있는 사람으로서 이런 일들을 말하는 것을 듣는 것이 좋습니다. 다시 말해, 마치 그것이 순전히 자신의 어림짐작인 것처럼 말하는 것이 아니라 성령님이 자기의 영과 더불어 증거하시므로 자기가 진리를 말하고 있다는 것을 알고 절대적으로 확신하는 사람으로 말하는 것을 들으면 기분이 좋습니다. "주께서 내 심령의 대의를 변호하셨나이다."

여기서 나는 여러분에게 이 선지자가 모든 영광을 오직 하나님께만 돌리며 얼마나 감사하는 심정으로 말하는지 눈여겨보라고 말하지 않을 수 없습니다. 여러분도 보다시피 그 자신이나 자신의 탄원에 대해서는 한 마디도 하지 않습니다. 그는 자신의 구원의 원인을 조금이라도 어떤 사람에게 돌리지 않고, 자신의 공로에 돌리는 일은 더더군다나 하지 않습니다. 자신을 구원하신 분은 바로 "주님"이십니다. "주여 주께서 내 심령의 대의를 변호하셨고 내 생명을 속량하셨나이다." 그리스도인은 감사하는 심정을 언제나 길러야 합니다. 특별히 구원받은 뒤에는 우리 하나님을 위하여 부를 노래를 준비해야 합니다. 신자 여러분, 여러분은 보좌 앞에서 마음을 일깨우고 혀를 준비시켜 노래하는 일에 천사들에게 지지 않도록 하십시오. 이 땅은 감사하는 성도들의 노랫소리가 가득 울려 퍼지는 성전이 되어야 하고, 매일매일은 감사의 달콤한 유향이 피어올라 가는 향로가 되어야 합니다.

예레미야는 주님의 자비를 기록하는 동안 얼마나 즐거워하는지 모릅니다! 그가 얼마나 당당하게 높은 가락을 연주하는지 모릅니다! 그는 지금까지 낮은 지하 감옥에 있었고, 지금도 우는 선지자, 불쌍한 예레미야에 지나지 않습니다. 그럼에도 불구하고 우리는 "예레미야애가"라고 부르는 바로 이 책에서 미리암이 손으로 소고를 두드렸을 때 그녀의 목소리처럼 맑고, 드보라가 바락을 만나 승리의 함성을 외쳤을 때 그녀의 음성처럼 강력하게 예레미야의 목소리가 하늘로 올라가는 것을 듣습니다. "주여 주께서 내 심령의 대의를 변호하셨고 내 생명을 속량하셨나이다." 하나님의 자녀들이여, 하나님의 인자를 생생하게 경험하기를 추구하십시오. 여러분에게 그런 경험이 있을 때, 그것에 대해서 확실하게 말하십시오. 감사한 마음으로 노래하고 당당하게 소리치십시오. 여러분의 적들이 아무도 여러분이 하늘 이편에서 기뻐하는 것을 막지 못하도록 하십시오. 강 저편에서는 하나님의 값없는 은혜가 영원히 여러분의 찬송 거리가 되어, 여러분이 "주여 주께서 내 심령의 대의를 변호하셨고 내 생명을 속량하셨나이다" 하고 영원히 노래할 것이기 때문입니다.

나는 오늘 아침 설교에 할당된 시간을 다음 두 가지를 설명하는데 사용하겠습니다. 첫째는, 그리스도인의 기쁨으로서 하나님의 변호를 생각해보겠습니다. 그 다음에는, 그리스도인이 자신의 의무와 기쁨으로서 하나님의 대의를 변호하는 일에 대해서 말씀드리겠습니다. 하나님께서 내 대의를 변호하십니다. 이것이 내 기쁨입니다. 나는 하나님의 대의를 변호해야 합니다. 이것은 내 특권이자 또한 나의 합당한 봉사입니다.

1. 그러면 첫째로, 진심 어린 기쁨으로 하나님의 변호에 대해서 생각해 봅시다.

(1) 하나님은 섭리의 법정에서 우리의 대의를 변호하십니다. 예레미야는 낮은 지하 감옥에 갇혀 있었습니다. 그는 축축한 굴, 곧 구덩이에 던져졌습니다. 여기서 예레미야는 그냥 내버려두었다면 썩어 없어졌을 것입니다. 왕을 섬기는 에디오피아 내시 에벳멜렉 외에는 아무도 그를 변호하는 사람이 없었기 때문입니다. 그는 시드기야에게 들어가서 불쌍한 예레미야를 위하여 탄원하였습니다. 여러분은 예레미야가 에벳멜렉에게 감사할 줄 모르지 않았다는 것을 압니다. 에벳멜렉은 그가 한 일에 대한 보답으로 복을 받았습니다. 그렇지만 예레미야는 자신의 구원의 원인을 이 내시에게 돌리지 않고 하나님께 돌립니다. "주께서 내 심령의 대의를 변호하셨나이다." 그리스도인은 섭리의 과정에서 곤경에 처할 때 하나님께서 다른 시간에 예기치 않은 지역에서 그에게 관심을 갖고 그의 구원을 이룰 수단이 될 사람들을 그를 위해 일으키실 것이라고 기대할 수 있습니다. 하나님께서는 섭리의 키를 쥐고 계십니다. 그래서 배가 거의 좌초될 지경에 있을 때, 하나님은 배를 조종하여 다시 깊은 바다로 들어갈 수 있습니다. 하나님의 종들은 사나운 비바람 때문에 어쩔 수 없이 돛을 접을 수밖에 없을 때, 바다의 주인이신 하나님은 어떻게 해야 바람을 아주 부드러운 순풍으로 바꾸어서, 그의

종들이 돛을 모두 펴고 순풍의 힘을 받아 나는 듯이 바라던 항구로 갈 수 있게 하는지 아십니다.

때로 하나님은 그의 백성들의 원수를 잠잠하게 만드심으로써 그들의 대의를 변호하십니다. 여러분은 야곱의 경우에서 이 점에 대한 아주 현저한 예를 보게 됩니다! 그의 아들들은 아주 잔인하고 비열하게 세겜 사람들을 죽였습니다. 야곱의 아들들은 세겜 사람들을 거짓 약속으로 속이고서 나서 아주 무자비하게 죽였습니다. "야곱이 시므온과 레위에게 이르되 너희가 내게 화를 끼쳐 나로 하여금 이 땅의 주민 곧 가나안 족속과 브리스 족속에게 악취를 내게 하였도다 나는 수가 적은즉 그들이 모여 나를 치고 나를 죽이리니 그러면 나와 내 집이 멸망하리라"(창 34:30). 이런 상황에서 야곱이 아무런 괴롭힘을 받지 않았다는 것은 참으로 기이한 일이었습니다. 이것은 하나님께서 주변에 있는 가나안 족속들의 마음에 깊은 두려움을 일으키신 것이 확실합니다. 그들 마음속에 "나의 기름 부은 자를 손대지 말며 나의 선지자들을 해하지 말라"(시 105:15)는 하나님의 아주 위풍당당한 목소리가 그들의 마음에 들렸던 것입니다. 그래서 비록 야곱의 가족이 크게 잘못하였고 그의 아들들이 더러운 행위를 저질렀지만 하나님께서 그의 택하신 종의 대의를 변호하시자 그의 원수들이 돌같이 잠잠하였던 것입니다. 주님께 속한 특별한 사람들에게는 종종 일이 이와 같을 것입니다. 여러분이 발을 헛디뎠을 때, 즉 여러분이 분별없이 말했을 때, 그 죄를 깊이 회개하였다면 여러분은 그 문제를 하나님 앞에 내놓을 수 있습니다. 하나님께서는 모든 개들의 혀를 잠잠케 하시거나 아니면 개들의 짖는 소리가 하나님의 영광을 나타내도록 변화시키실 것입니다.

또 어떤 때는 하나님께서 하나님의 백성들을 위해 친구들을 일으켜 세움으로써 그들의 대의를 변호하셨습니다. 요셉을 예로 들어보겠습니다. 르우벤이, 그의 형제들이 요셉을 죽이려고 할 때 요셉을 위해 변호합니다. 애굽에서 보디발의 아내가 제기한 거짓 고발로 지하 감옥에 갇혔을 때 그는 일반 범죄자처럼 취급받지 않았습니다. 하나님께서 지하 감옥에서조차 그의 친구들을 두시기 때문입니다. 요셉이 매우 분별 있게 처신하므로 간수장이 그를 간수 중의 하나로 삼습니다. 하나님께서 그가 사람들에게 호의를 입도록 하셨습니다. 또 다른 경우를 살펴봅시다. 시어머니와 함께 모압에서 온 불쌍한 젊은 여자가 한 사람 있습니다. 하나님께서 그녀의 심령의 대의를 변호하려고 하십니다. 다른 많은 처녀들이 그랬듯이 그녀도 이삭을 주우러 들에 나갔습니다. 섭리의 인도로 그녀는 잘 알지 못하는 한 친족의 땅으로 갔습니다. 보아스가 그녀를 바라보고, 그녀는 오래지 않아 그의 집의 기쁨이 되고 그의 들판의 여주인이 됩니다. 좀 더 주목할 만한 예를 하나 더 들겠습니다. 모세는 갈대 상자에 담겼습니다. 이 어린아이가 자신을 위해 무슨 말을 할 수 있습니까? 이 아이는 악어들 가운데서 절박한 위험에 노출되어 있습니다. 이 때 바로의 딸이 옵니다. 아이가 곧 자신의 관이 될 수도 있는 작은 요람에서 울고 있을 때 그녀가 이 잘생긴 아이를 보고서 마음이 부드러워지게 만든 그 신비한 영향력은 무엇이었습니까? 어째서 그녀는 이렇게 말했습니까? "이는 히브리 사람의 아기로다……이 아기를 데려다가 나를 위하여 젖을 먹이라"(출 2:6,9). 일이 이렇게 될 수 있었던 것은 오직 하나님께서 사람들의 마음을 움직이고 그 마음이 자기 백성들에 대해 호의적이 되도록 만드실 수 있는 방법을 알고 계셨기 때문입니다. 하나님께서는 자기 종들의 대의를 변호하십니다. 하나님은 그들의 원수들의 뜻을 침해하시지 않으면서도 지혜롭게 그들의 뜻을 바꾸어 호의를 전달하는 통로로 삼으십니다. 다윗이 자신에 대한 사울의 적의 때문에 도움을 줄 친구가 몹시 필요했을 때 보좌 가까이에 있는 사람, 곧 이스라엘 왕국의 법정 추정 상속인을 친구로 만났다는 것은 아주 놀랄 만한 일이었습니다. 별일이 없었다면 당연히 아버지의 역할을 맡았을 것이고 다윗을 왕위를 탈취하는 자로 미워했을 요나단이 그럼에도 불구하고 그의 마음이 다윗과 얼마나 깊이 연합되었던지 자신의 왕위를 기쁘게 단념하고 다윗과 언약을 맺는다는 것은 참으로 기이한 일입니다.

친구 여러분, 이렇게 여러분도 보다시피, 하나님께서는 섭리를 통해 적들을 잠잠케 하시든지 아니면 친구들을 일으켜 세움으로써 여러분 심령의 대의를 변호하십니다. 혹은 사람들이 이런 일에 별로 관여하지 않는 것처럼 보일지라도 하나님은 **특별한 섭리**를 통해서 여러분을 깊은 곤경으로부터 이끌어내시는 방법을 아십니다. 여러분은 이 점을 요셉의 경우에서도 봅니다. 요셉이 감옥에 들어갔습니다. 바로의 술 맡은 관원이 그를 변호해 주겠다고 약속하였지만, 그를 잊어버렸습니다. 어떤 일이 일어나야 하겠습니까? 바로가 꿈을 꾸어야 합니다. 요셉이 지하 감옥에 있는 동안 바로는 잠을 잘 수 없습니다. 그의 "의가 빛 같이, 그의 구원이 횃불 같이 나타나도록"(사 62:1 참조) 하기 위해서 7년의 풍년이 오고 또 7년의 기근이 와야 합니다. 이런 경우들이 보통으로 일어날 것입니다. 내가 생각할 때, 그리스도인이라면 자기 인생의 많은 세월을 돌아볼 때 하나님께서 예기치 않은 방식으로 자신의 구원을 이루신 기이하고 놀라운 하나님의 손길을 보지 않을 수 없을 것입니다.

　자, 이것이 사실이라면 우리는 오늘 아침 힘을 냅시다. 우리는 세상일들에 대해 초조하고 근심할 필요가 없습니다. 우리의 하늘 아버지께서 우리의 대의를 변호해 주시기 때문입니다. 시련 가운데 있는 여러분, 하나님께서는 오늘 아침 여러분에게 무엇이 필요한지 아십니다. 여러분은 아무에게도 자신의 걱정거리를 말하지 않았고 말할 필요도 없습니다. 주님이 "이 모든 것이 너희에게 있어야 할 줄을 아시기"(마 6:32) 때문입니다. 주님은 여러분이 언제 도움을 받아야 가장 좋을지 아십니다. 하나님께서 여러분을 잠시 가난 가운데 있게 하신다면 하나님은 여러분을 그늘 가운데 있도록 하는 것이 여러분에게 좋은 일이라고 아시는 것입니다. 하나님은 여러분보다 섭리를 더 잘 아시며, 여러분 마음의 작은 세계에 복을 주시기 위해 이 큰 세상을 광대한 작업장으로 삼아 일하실 수 있습니다. 섭리라는 기계에서 하나님의 손에 의해 돌아가지 않는 바퀴는 단 하나도 없습니다. 여러분은 하나님의 사랑이 지혜만큼 무한하며 하나님의 능력이 사랑만큼 크다는 것을 압니다. 그렇다면 여러분은 여러분의 주님이 배의 후미로 가서 폭풍 가운데서도 하나님의 섭리의 베개를 베고 주무셨을 때 가셨던 길로 가십시오. 여러분은 지금까지 최선을 다했습니다. 열심히 일해 왔습니다. 여러분은 모든 사람들이 보기에 정직하게 일을 하려고 애썼습니다. 그럼에도 상황은 여러분이 바라는 대로 순탄하지 못하지만 기꺼이 가난하게 삽니다. 그런데 이제는 궁핍과 곤란이 너무 심해서 여러분이 감당할 수 없는 것처럼 보입니다. 지금이 살아계신 하나님을 믿음으로 붙잡을 시간입니다. 하나님께서 여러분이 도움을 필요로 할 때 도우실 수 없다면 여러분의 하나님으로 모실 가치가 없는 것입니다. 여러분이 사람들이 당할 수 있는 곤란 가운데 가장 무거운 것은 아닐지라도 어쨌든 적지 않은 곤란 가운데 있을 때 여러분의 종교가 여러분에게 힘을 북돋아줄 수 없다면 그 종교는 거짓임에 틀림없습니다. 자, 여러분의 짐을 하나님께 맡기십시오. 하나님께서 여러분을 돌보십니다. 여러분이 실제로 "주여 주께서 내 심령의 대의를 변호하셨고 내 생명을 속량하셨나이다"라는 말을 하지 않을지라도 마음에 이런 심정을 품고 있다면 많은 날이 지나가기 전에 여러분은 이 예배당에 오게 될 것입니다.

(2) 우리가 하나님의 법정을 생각한다면 이 본문을 읽을 때 큰 위로를 받을 수 있습니다. 여러분과 나는 오늘 아침 우리 자신이 하나님의 법정에 불려온 것으로 묘사할지라도 전혀 과장이나 거짓말이 아닐 것입니다. 하나님의 법은 즉시 우리가 하나님의 명령을 확실하게 어겼다는 혐의로 우리를 불러 책망합니다. 율법은 이렇게 말합니다. "그는 행실이나 말이나 생각에서 하나님의 계명들을 모두 어겼다. 이 사람이 아주 분명하게 무시하지 않은 교훈은 단 한 가지도 없다." 증인이 나옵니다. 마귀가 자원하여 증언하며 고발할 뿐 아니라 거기에 많은 거짓말을 보탭니다. 하나님의 전지하심이 일어서서 순식간에 우리에게 불리한 증언을 합니다. 우리의 양심도 우리가 정말로 죄를 범했고, "나면서부터 곁길로 나아가 거짓을 말하였다"(시 58:3)는 증언을 하지 않을 수 없습니다. 그러면 이제 무엇을 해야 합니까? 우리는 할 말이 있다면 왜 우리에게 형이 선고되지 않는지 말해 보라는 요구를 받습니다. 우리는 아무 말도 하지 못합니다. 우리가 범한 죄들에 대해서 형벌 받지 않아야 할 아무 이유가 없기 때문에 우리가 고개를 숙이고 있는 것은 당연한 일입니다. 전에 같았으면 우리는 "죄가 없다"고 항변하였을 것입니다. 그러나 이제 우리는 더 나은 사실을 알고 있습니다. 우리는 유혹의 힘을 이유로 들어 말할 수 없습니다. 왜냐하면 많은 경우에 우리가 스스로 정욕에 빠졌고 우리 마음 밖의 어떤 자극 없이도 탐욕스럽게 죄를 추구하였다는 것을 알기 때문입니다. 율법이 판단의 보좌에 앉아 있고, 우리는 스스로를 변호할 수 없으므로 율법이 이렇게 선언합니다. "침묵과 부끄러움으로 자신의 죄책을 증언하고 있는 이 반역자를 위해 변호할 사람이 법정에 있는가? 정당한 이유를 제시하여 그렇지 않다는 것을 보여줄 사람이 아무도 없다면 이 책을 펼쳐서 그의 판결을 낭독하겠다. 검은 모자(black cap: 전에 사형 선고 때 판사가 쓰던 우단 모자 — 역주)를 쓰고 그에게 판결을 내리겠다."

피 흘리시는 구주께서 위대한 변호자로 죄인들을 위해 일어서십니다. 예수께서 뭐라고 변호하십니까? 구주께서는 이렇게 말씀하십니다. "공의여, 나는 이 사람들이 죄를 짓지 않았다고 주장하지 않는다. 내가 그들이 심하게 잘못하였다고 그들을 대신해서 고백한다. 그러나 그들의 죄가 처벌되었다고, 즉, 내 안에서 처벌되었다고 그들을 대신해서 이야기한다. 그들의 죄에 대한 모든 저주가 내게 지워졌다. 나는 그들을 세상이 창조되기 전부터 사랑하였다. 그들을 사랑하기 때문에 그들의 죄를 내 자신이 담당하였다. 그러므로 이제 그들에게는 죄가 없다. 내가 그들 대신에 고난을 받았다. 그러므로 공의여, 그대는 한 범죄에 대해 두 번 처벌할 수 없다. 그들 대신에 나를 쳤으니 이제 그들을 때릴 수 없다. 내 피, 곧 일찍이 못에 의해 잔인하게 뚫린 이 상처, 일찍이 창에 찔려 벌어진 이 옆 구리를 근거로 내세운다. 내 신음, 내 눈물, 내 고뇌, 내 죽음, 이런 것들을 근거로 제시한다. 내가 그들을 위해 이런 고통들을 받았기 때문이다. 그들의 죄가 내 안에서 처벌을 받았다. 그러니 그들을 자유롭게 가게 두라!"

이렇게 주님은 영광스럽게 바르게 변호하십니다. 누가 그의 말에 대꾸를 할 수 있겠습니까? 더 이상 무엇이 필요하겠습니까? 그러나 율법은 또 다른 고소를 들이댑니다. 율법은 이렇게 말합니다. "죄가 속죄에 의해 값이 치러진다고 하더라도, 또 지극히 영광스런 구주여, 그대의 희생으로 그대의 백성들이 죄로부터 자유로워진다고 하더라도 나는 하나님을 대신해서 율법을 지킬 것을 요구한다. 이 사람들은 그저 소극적으로 죄 없이 지내기만 하면 되는 것이 아니라 마음과 성품과 힘을 다하여 적극적으로 하나님을 섬겨야만 했다. 그런데 그들은 그렇게 하지 못했기 때문에 천국에 들어갈 수가 없다. 어떻게 그들이 행하지도 않은 봉사에 대해 보답을 받을 수 있겠는가? 어떻게 그들이 그 명령을 지키지 않았음에도 면류관을 얻을 수 있겠는가?" 여기서도 우리는 아무 말을 하지 못합니다. 우리가 지금까지 무슨 짓을 했는지 알기 때문입니다. 우리에게 무슨 의가 있습니까? 우리의 의는 아무리 좋은 것이라 하더라도 더러운 옷과 같습니다. 우리는 감히 이렇게 말하지 못합니다. "주님, 내 기도가 내게 천국에 들어갈 권리를 줍니다. 내 설교, 내 행실, 내 구제가 천국에 들어갈 권리를 줍니다." 우리는 그렇게 말하지 못합니다. 우리는 이보다 나은 사실을 알고 있습니다. 우리는 자신이 악하고 온통 죄 투성이라는 것을 압니다. 그러므로 우리는 손으로 입을 가리고, 천국에서 쫓겨나야 마땅한 사람이라고 고백합니다.

다시 구주께서 일어나 이렇게 변호하십니다. "나는 하나님께 임명을 받아 그들의 대리인이 되었다. 그래서 나는 그들의 대리인이 되어 그들을 대신해서 율법을 지켰다. 이 열 계명 전체를 나는 문자적으로나 그 뜻으로나 다 완전하게 행했다. 나는 마음과 뜻을 다해 하나님을 섬겼다. 내 이웃을 내 몸처럼 사랑하였다. 나는 죽기까지, 곧 십자가에 죽기까지 순종하였다. 내가 지금까지 율법을 찬미하고 명예롭게 하지 않았는가?" 율법이 그 무시무시한 머리를 숙이고 이같이 털어놓습니다. "예수여, 당신께서는 이 사람들이 드릴 수 있었던 것보다 나은 순종을 드렸다. 당신은 하나님이시기 때문이다. 당신께서는 사람의 의 대신에 하나님의 의를 가져왔다. 당신께서는 당신의 찬란한 본성 때문에 영광스럽게 되고 높아진 당신의 완전을 가져왔고, 사람의 완전 대신에 사람은 가져올 수 없는 그 완전을 내려놓았다. 당신께서는 정말로 빚을 갚았다. 당신께서 완전하게 변호하였으니, 죄인은 해방이다."

사랑하는 여러분, "누가 능히 하나님께서 택하신 자들을 고발하리요 의롭다 하신 이는 하나님이시니 누가 정죄하리요 죽으실 뿐 아니라 다시 살아나신 이는 그리스도 예수시니 그는 하나님 우편에 계신 자요 우리를 위하여 간구하시는 자시니라"(롬 8:33,34). 내 영혼아, 네 하나님 안에서 의기양양해 하라! 오늘 힘을 다해 기뻐하라. 그리스도께서 네 대의를 유력하게 변호하셨고, 그래서 네가 석방되었기 때문이다. 아니, 네가 사랑하는 구주의 탄원으로 말미암아 하나님 보시기에 공로가 있고 받아들여질 만하다는 판결을 받았기 때문이다. 하늘의 공의의 법정에서 우리가 "주께서 내 심령의 대의를 변호하셨다"고 말할 수 있으니, 기뻐하자.

여기 모인 우리 모두가 이렇게 말할 수 있습니까? 그리스도께서 여러분을 위하여 변호하셨습니까? 여러분은 믿음으로 여러분의 영혼을 그리스도의 손에 맡겼습니까? 그렇게 하지 않았다면 여러분은 불쌍한 사람입니다. 하나님의 자녀들은 모두 이분들을 불쌍히 여기고 그들을 위해 기도합시다. 그러나 예수께서 여러분을 위해 변호하신다면 우리는 오늘 아침 다 같이 기뻐하고 기뻐할 것입니다.

(3) 셋째로, 예수께서는 양심의 법정에서 내 심령의 대의를 변호하십니다. 이 양심의 법정은 하늘의 대법정을 작게 흉내 낸 곳입니다. 형제자매 여러분, 이제 나는 하나님께서 나를 도우시는 대로 여러분에게 말씀드리도록 하겠습니다. 때로 여러분 마음속에 의심과 두려움들이 일어나고 양심은 그들을 돕습니다. 양심이 이렇게 말하는 것을 보면 그것을 알 수 있습니다. "너는 네 자신이 얼마나 죄 많은 벌레와 같은지 안다. 네가 구원받은 영혼이라고? 바로 얼마 전에 너는 하나님께 불평하고 하나님의 신실하심을 의심하고 있었다. 네 기도를 봐라. 네 기도는 얼마나 냉랭한지 모른다! 또 네 일상생활은 어떠냐? 거기에 모순된 것들이 얼마나 많이 섞여 있는지 모른다. 네 성미를 봐라. 성미가 얼마나 급하고 불 같은가! 영적인 일들에 대해서 네 모습을 보라. 너만큼 가난한 영혼이 있었는가?

너는 게달의 장막처럼 검고 더럽기 짝이 없다. 너는 자신에게서 좋은 것을 조금이라도 볼 수 있느냐? 너는 바로 타락의 시궁창이고 걸어 다니는 똥 더미이며 지겨운 것들 덩어리가 아니냐? 그런데도 너는 '나는 하나님의 자녀다'라고 말한다. 어떻게 네가 하나님의 자녀일 수가 있느냐?"

자, 이런 생각들이 떠오를 때, 여러분과 나는 때로 그런 말들에 대답하기가 힘들다는 것을 발견합니다. 만일 우리가 인간 이성의 일반적인 논리에 의거하여 "그래도 나는 내 속에 겸손한 점들이 있는 것을 본다. 내게는 하나님께로 향하는 애틋한 열망이 있다. 이것도 있고 저것도 있는 것을 본다. 그러므로 내게는 증거가 있다." 하고 주장하기 시작한다면, 십중팔구 양심과 마귀가 합세하여 우리를 칠 것이고, 우리는 금방 절망하여 드러누울 것입니다. 그러나 우리 영혼이 주 예수 그리스도의 완성하신 사역을 말할 때 그것이 얼마나 즐거운 일인지 모릅니다! 나는 지금 여러분 모두가 잘 알고 있고, 많은 분들이 알고서 즐거워하는 것을 말하고 있다고 생각합니다. 그 다음에 여러분이 예수 그리스도께로 돌이켜서 이 완전한 구주이신 귀한 분이 정결케 하는 피를 시내같이 쏟으시는 것을 볼 때, 여러분에게 말하고 여러분 심령의 대의를 변호하는 목소리가 있습니다. 그러면 여러분은 이렇게 느낍니다. "양심이 말할 것을 말하게 두라. 이 피가 그에게 이미 대답하였다. 마귀가 말하고 싶은 것을 말해 보라고 하라. 이 완전한 속죄가 그의 입을 다물게 만들 것이다."

러더퍼드 목사는 그의 유쾌한 한 편지에서 이렇게 말합니다. "나는 물에 빠져서도 그리스도를 꼭 붙들 것입니다. 내가 물속으로 들어가야 할지라도 그리스도를 붙든 손을 놓지 않을 것입니다." 이와 같이 신자는 예수님을 그처럼 꼭 붙들었다고 말할 수 있습니다. 구주님을 아주 단단히 붙들어서 두려움이 만 배나 더 머리 위에 덮칠지라도 그는 이렇게 노래할 수 있습니다.

> "나는 굳게 믿네, 또한 믿을 것이네.
> 예수께서 나를 위해 죽으셨다는 것을."

때로 힘든 싸움을 치르고 난 후에는 달콤한 평안이 여러분 마음에 가득 퍼집니다. 나는 이것을 설명하는데 폭풍과 맹렬한 소나기 뒤에 오는 평온만큼 적절한 단어를 찾을 수 없습니다. 온 땅이 전보다 더 푸르른 옷을 입은 것처럼 보입니다. 꽃들은 향기를 토해냅니다. 새들은 노래하고 사람들은 비온 뒤의 화창한 날씨를 기뻐합니다. 우리도 그와 같습니다. "새가 노래할 때가 이르렀는데 비둘기의 소리가 우리 땅에 들리는구나"(아 2:12). 이것은 예수께서 하나님의 능력으로 그의 공로와 피를 우리 양심에 발라서 모든 것이 잘 되었기 때문입니다. 나는 여러분이 이 말이 의미하는 바를 아는지 모르겠습니다. 여러분 가운데 모르는 분이 있다면, 그는 세상보다 천 배나 가치 있는 기쁨을 잃은 것입니다. 왜냐하면 나는 예수께서 마음속에서 변호하실 때 양심에 가득 퍼지는 것과 같은 평안을 천국 밖에서는 전혀 보지 못하기 때문입니다. 우리는 원래 죄인입니다. 그러나 우리는 "그리스도 안에서 완전합니다." 내가 더럽고 천하지만 그래도 예수 그리스도 안에서는 완전합니다. 첫 번째 아담 안에서는 죽고 망하고 영락(零落)했지만, 둘째 아담 안에서는 구원받고 구속받아서 하늘에 앉게 되었습니다. 아, 의심과 두려움들이여! 예수께서 내 심령 속에서 변호하시는 지금 너희는 어디에 있느냐? 기억이 나타나서 내 모든 과거를 말할 수가 있습니다. 두려움이 나를 따라다니며 미래의 어두운 환상으로 괴롭힐 수가 있습니다. 내 능력들이 잘못 사용되어 절망을 일으키는데 이바지할 수 있습니다. 그럴지라도 내 심령이 내 구주님의 완성하신 사역을 굳게 붙들고 있을 수 있다면 나는 그것들을 넉넉히 물리치고 이렇게 노래할 것입니다. "주께서 내 심령의 대의를 변호하셨고 내 생명을 속량하셨나이다."

(4) 우리는 이렇게 해서 지금까지 세 군데 법정, 곧 섭리의 법정과 공의의 법정, 양심의 법정을 다녀왔습니다. 이제 잠시 쉬는 동안, 나는 여러분이 예수 그리스도께서 하늘의 법정에서 우리의 대의를 변호하신 사실을 잊지 않게 하고 싶습니다.

기도 생활을 하는 성실한 사람에게는 그의 기도만 홀로 하늘에 올라가지 않는다는 사실이 언제나 풍성한 위로가 됩니다. 우리의 대제사장이신 예수께서는 쉬지 않고 그의 성도들을 위해 기도를 드리십니다. 예전에 한 가난한 사람이 지체 높은 사람에게 특별한 사랑을 받고 싶어 했습니다. 이 대 군주에게는 아들이 하나 있었는데, 매우 친절하고 겸손한 사람이었습니다. 그 아들이 그 가난한 사람에게 말했습니다. "당신이 내 아버지께 청원서를 쓴다면 내 아버지는 인자하시기 때문에 틀림없이 당신의 청원을 들어주실 것입니다. 당신의 청원이 받아들여지리라는 것을 의심할 것이 없으니, 그 청원서를 내게 주시오. 내가 당신 대신에 그것을 내 손으로 내 아버지 집에 가져가 내 청원이라고 주장하겠소. 아버지에게 이렇게 말하겠소. '아버지, 이 가난한 사람의 청원을 들어주십시오. 그 사람을 봐서가 아니라 내 청원이라고 생각해서 들어 주십시오. 마치 그것이 내 기도인 것처럼 내게 호의와 친절을 베풀어 이 사람의 기도를 들어 주십시오. 정말로 내가 그의 기도를 내 기도로 여기기 때문입니다.'" 그 가난한 사람이 청원서를 썼습니다. 그러나 쓰기를 마쳤을 때, 그는 스스로 이렇게 말했습니다. "아, 이것을 그 크신 분 앞에 내놓을 수가 없겠다. 이 청원서는 실수들로 가득하구나. 이 청원서를 눈물로 얼룩지게 했고, 잘못 쓴 단어를 지우려고 한 곳에서는 오히려 더 망쳤고 그래서 청원서 전체가 완전히 엉망이 되어서 그 높으신 분이 청원서를 불 속에 집어 던지거나 아니면 쳐다보지도 않을까 걱정이다."

그의 친구가 말했습니다. "하지만 내가 당신을 대신해서 이 청원서를 깨끗하게 옮겨 쓰면 얼룩진 데나 틀린 곳이 하나도 없게 될 것입니다. 그렇게 깨끗하게 다시 쓰고 나면 앞에서 말한 대로 하겠습니다. 내가 그것을 내 손으로 가져가고, 청원서 밑에 당신 이름과 나란히 내 이름을 적어서 공동 청원서로 제출하겠습니다. '아버지, 나를 위해서 이것을 처리해 주십시오. 그를 위해서가 아니라 나를 위해서 처리해 주십시오.' 하고 말하며 이 청원서를 제출하겠소." 이 가난한 사람이 자신의 청원서가 그와 같이 깨끗이 다시 정서된 것을 보고 군주의 아들의 손에 들린 것을 알았을 때, 그는 그곳을 떠나며 반드시 응답이 오리라고 확신하였고, 실제로 왔습니다.

여러분은 이 이야기를 잘 압니다. 이것이 바로 예수 그리스도께서 여러분을 위해 일하신 방식입니다. 주님은 우리의 하잘것없는 기도를 받아 고치십니다. 우리의 기도를 온전하게 하시고 거기에 자신의 피를 뿌려서 자기 아버지의 보좌 앞에 내놓고 이렇게 말씀하십니다. "아버지여, 나를 인해서 이 죄인의 기도를 들어 주십시오. 나를 인해서 그에게 사죄를 베풀어 주시고 그를 받으시고 보존해 주십시오." 그러면 자비로우신 하나님 아버지께서는 그의 사랑하는 아들에게 아무것도 거절하실 수 없으시므로 아들의 청을 기쁘게 승인하시고, 그러면 복이 여러분에게 임합니다. 이것은 큰 자비입니다.

그러나 나는 여러분에게 여전히 더 큰 자비가 되는 어떤 것에 대해 말씀드리겠습니다. 우리가 기도할 때 예수 그리스도께서 기도하신다는 것은 말할 수 없이 큰 격려가 되는 사실입니다. 그러나 그보다 나은 사실은 우리가 기도하지 않을 때도 예수 그리스도께서는 기도하신다는 것입니다. 아, 조금 전에 베드로에 관한 구절을 생각하면서 마음이 말할 수 없이 기뻤습니다. "시몬아, 시몬아, 보라 사탄이 너희를 밀 까부르듯 하려고 요구하였으나"(눅 22:31). 그러니 어떻게 해야 합입니까? "가서 너를 위해 기도하라." 그것은 좋은 충고였지만 그렇게 되지는 않습니다. 주님은 "그러나 나는 네가 계속해서 조심하도록 할 테니 네가 보호받을 것이라"고 말씀하시지 않습니다. 그렇게 말씀하셨다면 그것은 감사한 일입니다. 그렇게 말씀하시지 않았습니다. "그러나 내가 너를 위하여 네 믿음이 떨어지지 않기를 기도하였노라"고 말씀하셨습니다. 여러분은 예수 그리스도께서 언제 여러분을 위하여 기도하시는지 모릅니다. 우리는 보이지 않는 위험들을 지나가지만, 지나가는 위험들이 무엇인지 거의 알지 못합니다. 존 번연이 『천로역정』에서 그리스도인에 대해 묘사할 때 그가 사망의 골짜기를 지나가는 것으로 그리는데, 우리는 그 그리스도인과 다소 비슷합니다. 그는 오른쪽과 왼쪽에서 짐승들의 울부짖는 소리를 들을 수 있었지만 워낙 어두워서 길이 얼마나 나쁜지 알지 못하였습니다. 그러나 해가 떠올라서 그가 돌아서서 구덩이와 함정, 덫, 진구렁과 마귀와 악한 영들을 보았을 때 그는 자신이 인도를 받아 그 모든 것들을 지나왔다는 것에 놀라서 손을 들지 않을 수 없었습니다. 여러분과 내가 천국의 산꼭대기에 서서 주 우리 하나님께서 우리를 인도하여 오신 모든 길을 돌아볼 때, 천국의 노래들조차도, 영원한 보좌에 앉아 계시면서 사탄이 이 땅에 행하고 있는 해악을 원상태로 돌리시는 하나님께 대해 우리가 느낄 감사한 마음을 표현하기에는 부족할 것입니다.

우리는 주님께서 한 번도 잠자코 계시지 않으신 것에 대해 어떻게 감사해야 하겠습니까? 주님께서 밤낮으로 그의 손에 난 상처를 가리키시고, 우리의 이름을 그의 흉패에 붙이고 다니신 것에 대해 어떻게 감사할 수 있겠습니까? 우리가 어떻게 우리의 대제사장을 경배해야 하겠습니까? 주님께서 쉬지 않고 기도하시고 사탄이 시험을 시작하기도 전에 그를 앞질러 가서 하늘에 청원을 내셨다는 것을 기억할 때 우리는 말할 수 없이 큰 기쁨으로 그의 사랑스러운 발에 입을 맞출 것입니다. 여러분은 주님께서 "사탄이 너희를 밀 까부르듯 까부렀으니 내가 기도하겠다"고 말씀하시지 않는다는 것을 압니다. 그보다는 "너희를 밀 까부르듯 하려고 요구하였다"고 말씀하십니다. 주님은 사탄의 욕구조차도 간파하십니다. 그래서 그의 욕구를 미연에 방지하십니다. 독사를 아직 알 속에 있는 동안에 죽이십니다. 주님은 "그러나 내가 너희를 위하여 기도할 마음이 있었다"고 말씀하시지 않습니다. 이렇게 말씀하십니다. "내가 너희를 위하여 기도하였다. 나는 이미 일을 처리하였다. 나는 법정에 가서 고발이 들어오기도 전에 답변을 제출하였다. 나는 적이 내 갱도를 파헤치기도 전에 적의 갱도를 파괴하였다." 예수님, 내가 잠들어 있었을 때 주께서 내 심령의 대의를 변호하셨다는 것은 참으로 큰 위로입니다! 내가 계속해서 자다가 지옥으로 떨어질 수도 있었을 때 주께서 깨어 내 심령의 대의를 변호하고 계셨습니다! 그러므로 여기에 크게 기뻐하고 감사할 이유가 있습니다.

(5) 한 가지 더 말씀드릴 것은, 예수 그리스도께서 자기 백성들의 대의를 변호하실 것이고 우리 하늘 아버지께서도 마지막 큰 심판 날에 그렇게 하시리라는 것입니다. 사람이 정직하게 하나님을 섬기게 되면 평판을 잃는 것이 그리 즐거운 일은 아닙니다. 그렇지만 사랑하는 여러분, 이것이 모든 시대에 진실한 모든 사람들의 운명이었습니다. 세상은 어떤 사람이 자신의 어리석음을 책망하면 그를 그냥 내버려두지 않고 욕을 빗발치듯이 퍼부어댑니다. 세상이 그 사람의 입을 막을 수 없으면 그 사람의 평판에 먹칠을 합니다. 여러분이 하나님의 성도들 가운데 아무나 그들의 삶을 살펴보면 그들이 아주 막돼먹은 부류들에게 비방을 당했다는 것을 발견할 것입니다. 바로 오늘까지 로마 가톨릭교도들은 마르틴 루터가 술주정뱅이였다고 주장합니다. 루터가 그의 당대에는 독일 짐승이라고 불렀는데, 그가 정욕 때문에 카타리나와 결혼하지 않을 수 없었다는 것입니다.

여러분이 좀 더 현대에 들어와서 휫필드, 곧 우리의 위대하고 강력한 휫필드의 삶을 살펴본다면 그의 평판은 어떤 것이었습니까? 그는 온갖 죄악으로 고발당했고, 심지어는 소돔의 죄로 고발당하기까지 하였습니다. 사람들은 위증자를 세워 모든 것이 사실이라고 맹세하기까지 하였습니다. 웨슬리는 어떻습니까? 한 번은 그가 자기는 술주정뱅이라는 것을 제외하고 달력에 나오는 숫자만큼이나 온갖 죄목으로 고발당했는데, 한 여인이 군중들 가운데 일어서서 그를 술주정뱅이라고 고발하자 그가 "감사하게 이제 나는 그리스도를 위하여 사람들이 내게 거짓으로 말한 모든 악한 비방을 다 듣게 되었습니다" 하고 말했다는 것을 들었습니다.

여러분은 존 번연의 생애에서 아그네스 보몬트(Agnes Beaumont)에 관한 일화를 기억합니다. 이 훌륭한 사람은 보몬트라는 젊은 여인이 그의 뒤에서 말을 타고 갬링게이(Gamlingay)에 있는 집회 장소까지 따라오는 것을 묵묵히 내버려 두었습니다. 이 일로 치안 판사 앞에서 두 가지 죄목으로 고발당하여 그의 평판이 떨어지게 되었는데, 그 죄목들로 그는 명예를 더럽히는 죄에 말려들 수도 있었고, 부정(不貞)하다는 악한 평판을 들을 빌미를 제공하게 되었습니다. 그렇지만 존 번연은 언제나 글을 쓰는, 마음이 지극히 순수하고 경건한 사람이었습니다.

자, 이것은 즐거운 일은 아닙니다. 그렇지만 여러분이 진정한 그리스도인이고 하나님을 섬기는 일에서 높은 위치에 있도록 부름을 받았다면 이런 일을 당할 각오를 하십시오. 평판을 잃을 것을 예상하고, 하나님과 여러분처럼 기꺼이 멸시를 견디려 하는 신실한 사람들 외에는 아무에게서도 좋은 평판을 받을 것을 기대하지 마십시오. 그러나 이 거룩한 모든 이들이 마지막 날에 하나님께 그들의 심령의 대의를 변호하시리라는 것을 아는 것은 얼마나 큰 기쁨인지 모릅니다!

사람들이 부활하면 과거의 그들의 실제 모습이 나타나서 그들의 평판이 잘못 전하여졌고 오해되었다는 것이 드러날 것입니다. 마지막 큰 날에 평판들이 부활할 것입니다. 비방이 파서 만들었고 경멸의 뗏장으로 덮였으며 그 위에 오명의 비문을 세운 무덤에 들어가 누인 평판들이 부활할 것입니다. 이 평판들이 모두 일어날 것입니다. 그 평판들은 자신들의 옷을 빨아 깨끗하게 하였습니다. 그들은 더 이상 검지 않습니다. 손가락질을 받고 야유를 받으며 멸시를 받았던 사람들이 큰 복수자께서 소집된 세상으로부터 큰 찬양의 소리를 받아들이시는 가운데서 명성과 영광의 빛나는 길로 올라갈 것입니다. 그들은 깨어서 영광에 이르고 반면에 다른 사람들은 수치와 영원한 모욕에 이를 것입니다. 마지막 날에 여러분의 깃털 장식이 모두 뽑힌다면 어떠하겠습니까? 그 날에 바리새인의 운명은 어떻게 될 것입니까? 즉, 멋진 깃털이 모조리 잡아 뜯긴 것을 알고 땅의 굴에 부끄러운 머리를 숨길 수밖에 없으며 환한 대낮에 하나님과 사람 앞에서 이름난 거짓말쟁이로 드러나서 위로조차 받지 못하는 위선자의 운명은 어떻게 되겠습니까? 그러나 살면서 부당하게 멸시를 받은 불쌍한 사람이지만 영으로 깨어서는 자신의 밝게 빛나는 모습을 발견하고, 그의 모든 적들은 하나님께서 그의 심령의 대의를 변호하셨고 그를 비방하던 자들에게 복수하셨다는 것을 인정하지 않을 수 없는 그 사람의 상태는 천지차로 다릅니다.

이렇게 해서 여러분은 이 본문이 작은 것이 아님을 알 것입니다. 본문의 말씀은 몇 마디 안 되지만 중요한 의미가 가득합니다. 내 생각에 우리 영혼이 진리라고 믿는 바, 곧 "주께서 내 심령의 대의를 변호하셨고 내 생명을 속량하셨나이다"는 말씀을 겨우 이렇게 보잘것없는 정도로 설명하였습니다.

잠시 동안 여러분이 진지하게 귀를 기울여 주시기를 바랍니다. 이제 우리의 합당한 봉사가 무엇인지에 대해서 말씀드리겠습니다. 우리의 합당한 봉사란 이것입니다.

2. 하나님께서 우리 심령의 대의를 변호하셨다면 우리도 하나님의 대의를 변호해야 한다는 것입니다.

우리에게 기도할 숨이 있는 동안 혹은 하나님을 위해 증언할 혀가 있는 동안 하나님의 대의를 변호해야 합니다. 그리스도의 대의를 변호하는 것은 그리스도인에게 필생의 사업입니다. 현장의 높은 위치에 있는 사람들이 이 일을 해야 합니다. 이 시대는 그리스도를 위하여 증언하는 일을 모두 단념하였습니다. 사람들은 관용이라는 금박을 입힌 우상에 완전히 매료되었습니다. 그래서 오늘날에는 진리가 거리에서 쓰러졌습니다. 이제는 모든 사람들이 종교가 그 나름대로 꽤 괜찮다는 것을 아무 이의 없이 인정하게 되었습니다. 다시 말하면, 사람마다 자기 종교를 가져야 하고 다른 사람들의 종교에 간섭해서는 안 된다는 것이고, 또 거짓말이 진리가 될 수 있고 진리가 거짓말이 될 수도 있으며, 따라서 어떤 교리가 진리냐 거짓이냐 하는 것은 하등 중요하지 않다는 것입니다. 그래서 사실 사람들 모두가 하나님의 진리는 지키기 위해 싸울 만한 가치가 없다는 이 점에 동의하게 된 것입니다. 사람이 고안해낸 것과 하나님의 가르침에서 나온 것이 이제는 결탁하여 나란히 놓이게 되었고, 형제애라는 이름으로 타협이 이루어집니다.

나는 이 시대에 이르러서는 기독교 국가가 악취 나는 시궁창 같고 물이 고여 썩는 웅덩이 같이 보입니다. 평온함이 깊이 배어 있지만 그것은 죽음에 이르게 하는 평온입니다. 썩어가고 있는 무리들을 휘저을 거룩한 바람이 불었으면 좋겠습니다. 현대의 관용이 모든 진리의 옹호자들의 입에 재갈을 물리고, 모든 신실한 하나님의 종을 침상에 보내어 천년왕국이 올 때까지 잠을 재우곤 합니다. 형제 여러분, 나는 이 상황이 끝날 때가 올 것이라고 믿습니다. 말다툼과 투쟁과 악의가 일어나면 거기에 따르는 불행들 때문에 슬퍼할지라도 나는 진리에 대한 진지하고 건강한 사랑과 진리를 지키기 위한 성실한 투쟁이 이 땅에 다시 살아난 것에 대해 기뻐할 것입니다.

러더퍼드, 그의 글을 아는 신자는 누구나 반드시 그의 이름을 소중하게 여기게 되는 러더퍼드는 이렇게 말합니다. "나는 단 한 순간도 그리스도의 진리를 한 발만큼도, 아니 머리카락 한 올만큼도 타협하지 않은 것을 하나님께 감사합니다. 내가 그리스도만을, 오직 단 한 분 그리스도만을 모시고, 로마의 창녀를 위해서는 조금도 여지를 남기지 않고, 오직 그리스도, 오직 그리스도만을 위하여 살았다는 것에 하나님께 감사합니다." 앤워스(Anworth: 러더퍼드가 목회한 시골 마을 —역주)에서 쫓겨나 애버딘(Aberdeen)에 감금되어 있는 사람이 있었습니다. 그는 그의 말대로 늘상 주님을 아주 즐겁게 뵈었던 그 오래된 교회 주위를 날아다니는 참새들이 부러워서 울었습니다. 그렇지만 그는 만일 진리를 조금만 포기하면 자유를 얻고 다시 돌아가서 자신의 충실한 양무리를 섬길 수 있었지만 진리를 포기하려고 하지 않았는데, 그에게는 진리가 자유보다 더 소중하였기 때문에, 아니 생명보다도 소중하였기 때문이라고 말했습니다. "자신은 모든 결과를 받아들일 준비가 되어 있다고, 얼굴이 까만 죽음이 자기 집 문을 두드리면 그에게 들어오라고 하겠다"고 그는 말합니다.

우리의 영적 선조들은 노 젓는 사람의 변덕에 따라 왔다 갔다 하는 사람들이 아니었습니다. 그들은 진리를 알았고 그리스도를 알았습니다. 그들은 그리스도와 진리를 나누어서 "그리스도를 사랑하라. 그 다음에는 네가 믿고 싶은 대로 믿으라"고 말하지 않았습니다. 그렇지 않았습니다. 그들은 그리스도와 진리가 일치한다고 믿었습니다. 진리가 구주님의 면류관의 보석이라고 믿었습니다. 그래서 그리스도를 사랑하는 체하고 나서 그의 진리를 짓밟는 것은 왕을 사랑한다고 하고서 왕관을 짓밟는 것과 같은 것으로 생각하였습니다. 뭐라고요! 내가 이웃의 옷을 빼앗으면서 그에게 사랑한다고 말할 수 있겠습니까? 여러분은 그리스도에게서 진리를 빼앗아 마치 낡은 누더기라도 되는 것처럼 집어 던지고 나서 그리스도를 사랑한다고 말할 수 있겠습니까? 여러분이 진리를 사랑하지 않는다면 그리스도를 사랑할 수 없습니다. 여러분이 날마다 기꺼이 십자가를 지고 예수님을 따르려고 하지 않는 한 예수님을 모실 수 없습니다.

나로서는 하나님께서 도우시면 이 점을 분명히 말할 것입니다. 즉, 더 이상 아무에게서도 좋은 말을 들으려고 하지 않고, 또 더 이상 관용이라는 거짓 여신의 신전에서 예배하지 않겠으며, 할 수 있는 한 모든 형제애를 품을 것이지만 가톨릭 교회가 영국에서 아무 도전도 받지 않은 채 그냥 설 수 없는 날이 왔다는 것을 솔직하고 거리낌 없이 선포함으로써 형제애를 보이겠다는 것입니다. 절반은 프로테스탄트의 옷을 입고 절반은 천주교의 옷을 입은, 법에 의해 설립되었다고 하는 교회(영국국교회)가 말을 이상한 의미로 사용함으로써 계속해서 정직을 조롱하며, 사람들의 영혼을 속이고 퓨지주의자들(Puseyites: 옥스퍼드의 퓨지 교수[1800-82]가 제창한 종교 운동의 신봉자들 ―역주)이 제멋대로 하도록 만들고 무신론자들을 떠받들면서도 여전히 자신들이 복음적이라고 주장합니다.

　우리가 성공회 기도서에서는 천주교의 교리를 가르치고, 그 다음에 강단에서는 복음주의 교리를 가르친다는 이 오명은 반드시 끝을 내야 합니다. 우리가 그런 교회의 옷을 벗어버려야 하는 때가 왔습니다. 그 교회의 가장 훌륭하다고 하는 사람들, 우리가 지금까지 그들과 형제로서 교제를 나누어 왔을지라도 이제 그들은 그 교회에서 나와야 하고, 그렇지 않으면 더 이상 그들과 교제할 수 없는 때가 왔습니다. 바벨론의 멸망하는 날이 오기 때문입니다. 잔이 준비되었고 바벨론의 아들딸들이 그 잔을 마실 날이 올 것이기 때문입니다. 그 교회에서 나오고, 하나님의 순전한 진리의 대의와 하나님의 순전한 진리만을 변호할 사람들만 그 심판의 날에 죄 없는 자로 발견될 것입니다.

　나는 우리 주님께서, 우리 가운데 높은 지위에 있는 사람들에게서, 또 그들보다 덜 알려져 있지만 그들 못지않게 주님을 사랑하는 여러분들, 곧 우리와 함께 어깨를 나란히 하여 행진하고 우리가 비난을 받아야 하면 우리와 함께 받고, 우리가 기꺼이 거절당하듯이 우리와 함께 거절당하려고 하며, 우리와 마찬가지로 평판과 이름과 명성과 지위를 기꺼이 잃으려 하는 여러분들에게서 이런 대접을 받을 만한 가치가 있는 분이라고 생각합니다. 그러니 여러분은 멀리서도 들을 수 있는 큰 목소리로 말할 수 없을지라도 뚜렷하고 분명한 목소리로 여러분이 진리와 그리스도를 사랑한다고, 진리와 그리스도를 위해서는 모든 것을 포기할 수 있지만 이것들만은 포기할 수 없다고 선포하십시오.

　사랑하는 여러분, 그리스도를 증거하는 방식이 있습니다. 그것은 여러분이 채용해야 하는 것으로, 여러분의 일관된 행위로써 증거하는 방식입니다. 결국은 거룩함이 그리스도인이 휘두를 수 있는 가장 강력한 무기입니다. 그리스도께서 거룩하시듯이 여러분도 거룩해야 합니다. 아무도 여러분의 옷에 오물을 뿌리지 않도록 하십시오. 여러분은 내가 슬퍼하지 않도록 올바르게 행하십시오. 교회로서 여러분은 아주 정결하고 거룩하게 행하여 눈보다 깨끗하고 우유보다 하얀, 하나님의 나사렛 사람들이라고 불릴 수 있게 하십시오. 그 다음에 비록 우리에게 부가 없고 호화로운 건물이 없으며 음악을 울려 퍼트리는 기계가 없을지라도 우리는 이것, 곧 여러분의 거룩함, 여러분의 정결함, 모든 부정에서 구별됨을 음악으로 삼을 것이고, 여러분이 하나님을 위한 전으로 세워졌다는 이 사실을 우리의 건물로 삼을 것입니다.

끝으로, 우리는 모두 자기 개인의 방식으로 하나님을 변호할 수 있습니다. 개인들로서 하나님을 변호하는 일에 큰 능력이 있습니다. 한 사람이 일곱 차례에 걸쳐 여름에 어떤 시골 마을 풀밭에 설교하러 갔습니다. 좋은 일을 한 것입니다. 요셉은 때로 그 설교자의 말에 귀를 기울였지만 그를 비웃을 뿐이었습니다. 많은 사람들이 회심하였습니다. 그러나 그는 언제까지나 완고한 채로 남았습니다. 진리의 힘을 느낀 요한이라고 하는 사람이 헛간에서 그와 함께 일하였습니다. 어느 날 도리깨질을 하는 중간에 요한이 진리와 하나님에 대한 말을 하였습니다. 요셉이 그의 말을 비웃고 넌지시 그에게 위선이 아니냐고 하고 그밖에도 좋지 않은 말을 많이 하였습니다. 그런데 요한은 매우 예민한 사람이었고, 그래서 그는 요셉의 놀림으로 인해 마음에 슬픔이 가득하였습니다. 그래서 말을 한 후에 감정이 북받쳐서 그는 헛간의 한쪽 구석으로 가서 눈물이 마구 쏟아지는 동안 얼굴을 가렸습니다. 그는 작업복 한쪽 귀퉁이로 눈물을 닦고 다시 돌아와 도리깨질을 시작하였습니다. 그러나 요셉은 그가 감추려고 애쓴 눈물의 흔적을 보았습니다. 성령 하나님께서 효과적으로 사용하신 눈물은 어떤 주장과 설교도 할 수 없는 일을 하였습니다. 요셉이 속으로 이렇게 생각하였기 때문입니다. '뭐야! 요한이 내 영혼을 위해 염려하고 내 영혼을 위해 운단 말인가? 그렇다면 지금이 나도 내 영혼을 염려하고 위해서 울어야 할 시간이구나.'

사랑하는 여러분, 이렇게 그리스도를 위해 증거하십시오! 이 시대의 죄를 위해서 울고 이 시대를 책망하는 예언을 하는 것은 내가 하겠습니다. 여러분은 개인적인 행실과 대화에서 개인의 죄를 책망하는 일을 하십시오. 예수 그리스도를 많은 사람들에게 소중한 분으로 만들려는 애정 어린 열심으로써 그같이 하십시오! 그들에게 예수 그리스도께서 죄인들을 구원하러 오셨다고 말하십시오. 예수께서는 자기에게 오는 모든 자를 온전히 구원하실 수 있다고, "그를 믿는 자마다 멸망하지 않고 영생을 얻게 할" 수 있다고 말하십시오. 이렇게 하면 여러분이 여러분 심령의 대의를 변호하신 하나님의 대의를 변호할 수 있을 것입니다.